Collins GEM

ENGLISH HINDI DICTIONARY

D. P. Pandey
V. P. Sharma

INDUS

An imprint of HarperCollinsPublishers

First published in this edition 1993

© HarperCollins Publishers India and UK 1993

ISBN 0 00 458964-5

---

editor
Megan Thomson

All rights reserved

*A catalogue record for this book is
available from the British Library*

Typeset by Megatechnics, New Delhi

*Printed in India by
Swapna Printing Works Pvt Ltd, Calcutta*

INDUS
An imprint of HarperCollins*Publishers* India Pvt Ltd
7/16 Ansari Road, Daryaganj, New Delhi 110 002

INTRODUCTION

The Collins Gem *English-Hindi Dictionary* is based on the model developed by Collins for their bilingual dictionaries. Its vocabulary range, however, is much larger than that of the Collins Gem bilingual dictionaries because in India English has come to be accepted as a second language rather than a foreign one and is widely used as the medium of communication.

The user whose aim is to read and understand English will find a comprehensive and up-to-date wordlist including numerous phrases in current use. He will also find listed alphabetically the main irregular forms with a cross-reference to the basic form whose translation is given, as well as some of the most common abbreviations, acronyms and geographical names. The dictionary takes into account the varied requirements of the Indian users of an English dictionary. Translations have been provided in standard Hindi and wherever possible in Hindustani as well. Simple and brief explanations of unfamiliar technical terms and concepts are a unique feature of this dictionary.

The user who wishes to communicate and to express himself in English will find clear and detailed treatment of all the basic words, with numerous indications pointing to the appropriate translation which will help him to use it correctly.

ABBREVIATIONS

a	adjective, adjectival phrase	fig	figurative use
abbr	abbreviation	gen	in most or all senses; generally
ad	adverb, adverbial phrase	GEO	geography, geology
ADMIN	administration	GEOM	geometry
AGR	agriculture	inv	invariable
ANAT	anatomy	irg	irregular
ARCHIT	architecture	LING	grammar, linguistics
AUT(O)	the motor car and motoring	MATH	mathematics, calculus
AVIAT	flying, air travel	MED	medical term, medicine
BIO(L)	biology	MIL	military matters
BOT	botany	MUS	music
Brit	British English	n	noun
cj	conjunction	NAVIG, NAUT	sailing, navigation
col(!)	colloquial usage (! particularly offensive)	num	numeral adjective or noun
comb form	combinative form	offens	offensive
COMM	commerce, finance, banking	pass	passive
		PHOT	photography
COMPUT	computing	PHYSIOL	physiology
cpd	compound element: noun used as an adjective and which cannot follow the noun it qualifies	pl	plural
		POL	politics
		pp	past participle
		prep	preposition
		PSYCH	psychology, psychiatry
CULIN	cookery	REL	religions, church service
ECON	economics		
ELEC	electricity, electronics	sb	somebody
		SCOL	schooling, schools and universities
excl	exclamation, interjection	sl	slang

sth	something	vi	verb or phrasal verb used intransitively
sub	subjunctive		
TECH	technical term, technology	vt	verb or phrasal verb used transitively
TEL	telecommunications		
TV	television		
TYP	typography, printing	ZOOL	zoology
US	American English	®	registered trademark
vb	verb		

विशे.   विशेष, विशेषतया

PRONUNCIATION GUIDE

Vowels

Monophthongs

| i: |	as	in	beam	ई	बीम
| I |	“	”	bin	इ	बिन
| e |	“	”	pen	ए	पेन
| æ |	“	”	man	ऐ	मैन
| a: |	“	”	car	आ	कार
| ɔ: |	“	”	ball	ऑ	बॉल
| u: |	“	”	boot	ऊ	बूट
| ʌ. |	“	”	but		बट
| ə: |	“	”	about	अ	अबाउट
| ɜ: |	“	”	shirt		शर्ट

Diphthongs

| eI |	“	”	pain	ए	पेन
| eυ |	“	”	goat	ओ	गोट
| aI |	“	”	kite	आइ	काइट
| aυ |	“	”	cow	आउ	काउ
| cI |	“	”	boy	ऑ	बॉइ
| υI |	“	”	ruin	उइ	रुइन
| I∂ |	“	”	dear	इअ	डिअर
| ε∂ |	“	”	bear	एअ	बेअर
| υ∂ |	“	”	tour	ऊर	टूअर

Consonants

| p |	as	in	pen	प	पेन
| b |	“	”	bell	ब	बेल
| t |	“	”	ten	ट	टेन
| d |	“	”	deck	ड	डेक
| k |	“	”	came	क	केम

<table>
<tr><td>| g |</td><td>as</td><td>in</td><td>game</td><td>ग</td><td>गेम</td></tr>
<tr><td>| tʃ |</td><td>“</td><td>”</td><td>church</td><td>च</td><td>चर्च</td></tr>
<tr><td>| dʒ |</td><td>“</td><td>”</td><td>judge</td><td>ज</td><td>जज</td></tr>
<tr><td>| m |</td><td>“</td><td>”</td><td>mill</td><td>म</td><td>मिल</td></tr>
<tr><td>| n |</td><td>“</td><td>”</td><td>nil</td><td>न</td><td>निल</td></tr>
<tr><td>| s |</td><td>“</td><td>”</td><td>sing</td><td>ङ</td><td>सिङ</td></tr>
<tr><td>| l |</td><td>“</td><td>”</td><td>lock</td><td>ल</td><td>लॉक</td></tr>
<tr><td>| f |</td><td>“</td><td>”</td><td>fan</td><td>फ़</td><td>फ़ैन</td></tr>
<tr><td>| v |</td><td>“</td><td>”</td><td>van</td><td>व़</td><td>व़ैन</td></tr>
<tr><td>| θ |</td><td>“</td><td>”</td><td>thin</td><td>थ़/थ</td><td>थिन</td></tr>
<tr><td>| ð |</td><td>“</td><td>”</td><td>then</td><td>द़/द</td><td>देन</td></tr>
<tr><td>| s |</td><td>“</td><td>”</td><td>seat</td><td>स</td><td>सीट</td></tr>
<tr><td>| z |</td><td>“</td><td>”</td><td>zoo</td><td>ज़</td><td>ज़ू</td></tr>
<tr><td>| r |</td><td>“</td><td>”</td><td>rat</td><td>र</td><td>रैट</td></tr>
<tr><td>| ʃ |</td><td>“</td><td>”</td><td>ship</td><td>श</td><td>शिप</td></tr>
<tr><td>| ʒ |</td><td>“</td><td>”</td><td>pleasure</td><td>झ़</td><td>प्लेझ़र</td></tr>
<tr><td>| h |</td><td>“</td><td>”</td><td>hat</td><td>ह</td><td>हैट</td></tr>
<tr><td>| j |</td><td>“</td><td>”</td><td>yard</td><td>य</td><td>यार्ड</td></tr>
<tr><td>| w |</td><td>“</td><td>”</td><td>win</td><td>व</td><td>विन</td></tr>
</table>

◆ हिन्दी ध्वनि-सिद्धांत के अनुसार प = प् + अ . यही सिद्धांत व्यंजन ध्वनियों ब, ट, ल आदि पर लागू होता है . अंतिम ध्वनि व्यंजन की हो तो उसका उच्चारण हलन्त व्यंजन के समान होगा . अर्थात, क = क्, प = प् आदि . उदाहरण के लिए clip (क्लिप) में प की ध्वनि प् के बराबर है .

Note on trademarks

Entered words which we have reason to believe constitute trademarks have been designated as such. However, neither the presence nor absence of such designation should be regarded as affecting the legal status of any trademark.

A

A (ए) *n* *(MUS)* संगीत में एक स्वर ; *(AUT)* : **A road** राष्ट्र मार्ग

KEYWORD

a *(before vowel or silent h* : **an)** स्वर अथवा अनुच्चारित **h** से पहले : **an** (ए, ऐन) संज्ञा से पहले प्रयुक्त *indefinite article*

1. : **a book** एक पुस्तक; **an ox** एक बैल; **an hour** एक घंटा; **she is a doctor** वह एक डाक्टर है

2. (*instead of number 'one'*) 'एक' के अर्थ में;**a year ago** एक वर्ष पहले;**a hundred/thousand** *etc* **rupees** एक सौ/एक हज़ार आदि रुपये

3. (*in expressing ratios, prices etc*) : **once a day/week** दिन में/सप्ताह में एक बार ;**10 km an hour** 10 कि.मी. प्रति घंटा ;**10 rupees a kilo** 10 रुपये प्रति किलो

A.A. *n* (*US*) *Alcoholics Anonymous;* (*Brit*) *Automobile Association* का संक्षेप; विमानभेदी तोप

A.A.A. *n* (*US*) *American Automobile Association* का संक्षेप

aback (अ'बैक) *ad*: **to be taken aback** भौंचक्का, चकित रह जाना

abacus ('ऐबकस)*n* गिनती सीखने का उपकरण, गिनतारा

abandon (अ'बैंडन) *vt* छोड़ कर चल देना, परित्याग करना // *n* असंयम; **with abandon** असंयम या स्वच्छंदता से; **abandoned** *a* छोड़ा हुआ, परित्यक्त; निर्जन (स्थान)

abase (अ'बेस) *vt* नीचा दिखाना; अपमानित करना

abashed (अ'बैश्ट) *a* लज्जित, शर्मिन्दा

abate (अ'बेट) *vi* कम होना (पीड़ा, तूफ़ान आदि का)

abbey ('ऐबि) *n* ईसाई मठ जहां भिक्षु या भिक्षुणियां रहती हों; मठ का गिरजाघर

abbot ('ऐबट) *n* ईसाई मठ का अध्यक्ष; महंत

abbreviate (अ'ब्रीविएट) *vt* छोटा या संक्षिप्त करना; **abbreviation** (अब्रीवि'एशन) *n* संकेताक्षर; संक्षिप्त रूप

abdicate ('ऐब्डिकेट) *vt, vi* (विधिवत) त्यागना या छोड़ना (राज सिंहासन आदि); **abdication** (एब्डि'केशन) *n* राजत्याग; पदत्याग

abdomen ('ऐब्डमेन) *n* पेट, उदर; **abdominal** (ऐब्'डॉमिनल) *a* पेट या उदर संबंधी

abduct (ऐब्'डक्ट) *vt* भगा ले जाना; अपहरण करना; **abduction** (ऐब्'डक्शन) *n* अपहरण

aberration (ऐब'रेशन) *n* सही या ठीक रास्ते से हटने की क्रिया; विपथन; पथभ्रष्ठ होने की क्रिया; दोष; चूक; **aberrant** *a* विपथगामी, पथभ्रष्ट

abet (अ'बेट) *vt* देखिए **aid**

abeyance (अ'बेअंस) *n*: **in abeyance** (*law*) लागू नहीं; (*matter*) आस्थगित (विषय आदि जिस पर विचार करना स्थगित कर दिया गया हो)

abhor (अब्'हॉर) *vt* अत्यधिक घृणा करना

abhorrent (अब्'हॉरंट) *a* घृणित, घिनौना; **abhorrence** (अब्'हॉरन्स) *n* घृणा, नफ़रत

abide (अ'बाइड) *vt* : **I can't abide it/him** मुझे यह/वह बिल्कुल पसंद नहीं है; **to abide by** *vt* का पालन करना, को मानना

ability (अ'बिलिटि) *n* योग्यता; सामर्थ्य; शक्ति; (*skill*) गुण

abject ('ऐब्जेक्ट) *a* (*poverty*) बहुत अधिक (गरीबी); (*apology*) स्वाभिमान-रहित; अधम; दयनीय

abjure (अब्'ज्युअर) *vt* शपथ या कसम खा कर छोड़ना; तोबा करना

ablaze (अ'ब्लेज़) *a* जलता हुआ, धधकता हुआ

able ('एब्ल) *a* योग्य; कुशल; **to be able to do sth** कुछ करने में समर्थ होना, कर सकना; **able-bodied** *a* हृष्ट-पुष्ट; **ably** *ad* कुशलतापूर्वक, होशियारी से

ablution (अ'ब्लूशन) *n* (*usu pl*) हाथ मुंह धोना

abnormal (ऐब्'नॉरमल) *a* अनियमित; असामान्य; अस्वाभाविक; बेढंगा; **abnormality** (ऐब्नॉर'मैलिटि) *n* असामान्यता; अपसामान्यता

aboard (अ'बॉर्ड) *ad* (जहाज़, विमान या रेलगाड़ी) में सवार // *prep* (जहाज़ आदि) में

abode (अ'बोड) *n* घर, आवास; **of no fixed abode** जिसका पक्का ठिकाना न हो

abolish (अ'बॉलिश) *vt* ख़त्म करना; उन्मूलन करना (प्रथा, कुरीति आदि); **abolition** (अबॉ'लिशन) *n* उन्मूलन

A-bomb (ए'बॉम) *n* परमाणु बम, **atomic bomb** का संक्षेप

abominable (अ'बॉमिनबल) *a* घृणित, बुरा; **abominable snowman** बड़े आकार का बन्दर जैसा कल्पित प्राणी जिस के बारे में यह धारणा है कि वह हिमालय में रहता है

aborigine (ऐब'रिजिनि) *n* आस्ट्रेलिया का मूल निवासी; किसी देश का मूल निवासी; आदिवासी

abort (अ'बार्ट) *vt* समय से पहले समाप्त करना; गर्भपात कराना // *vi* गर्भपात होना; विफल होना; **abortion** (अ'बार्शन) *n* गर्भपात; **to have an abortion** गर्भपात कराना; **abortive**

abound 3 **absent**

a असफल, नाकाम

abound (अ'बाउंड) *vi* भरपूर, प्रचुर या अधिक संख्या, मात्रा में होना; **to abound in** से भरपूर होना

KEYWORD

about (अ'बाउट) ◆ *ad* **1.** (*approximately*) लगभग, करीब-करीब; **about a hundred/thousand** *etc* लगभग एक सौ/एक हज़ार; **it takes about 10 hours** इसमें लगभग 10 घंटे लगते हैं; **at about 2 o'clock** लगभग 2 बजे; **I've just about finished** मैंने अपना काम लगभग समाप्त कर लिया है

2. (*referring to place*) चारों ओर, आस-पास, इधर-उधर; **to run about** इधर-उधर दौड़-धूप या भाग दौड़ करना; **to walk about** टहलना, घूमना

3.: to be about to do sth कुछ करने ही वाला होना; **the train is about to leave** गाड़ी जाने ही वाली है

◆ *prep* **1.** (*relating to*) के बारे में; **a book about London** लंदन के विषय में पुस्तक; **what is it about?** यह किस बारे में है ? **we talked about it** हमने इस विषय में बातचीत की; **what** *or* **how about doing this?** क्या ख़याल है ऐसा करें ?

2. (*referring to place*) : **to walk about the town** शहर में इधर-उधर घूमना

about turn *n* बिल्कुल बदल जाने या पलट जाने की क्रिया

above (अ'बव़) *ad* अधिक ऊंचा; के ऊपर // *prep* से ऊंचा; से अधिक; से अच्छा; से परे; **mentioned above** पूर्व; उपर्युक्त; **above all** सब से पहले; **aboveboard** *a* ईमानदार; खरा

abrasive (अ'ब्रेज़िव़) *a* घिसकर चिकना करने का पदार्थ, अपघर्षक; (*fig*) कर्णकटु, अप्रिय; रूखा (व्यवहार आदि)

abreast (अ'ब्रेस्ट) *ad* साथ-साथ; के बराबर बराबर; (का) पूरी तरह जानकार; **to keep abreast of** (किसी विषय की) पूरी जानकारी रखना

abridge (अ'ब्रिज) *vt* संक्षिप्त या छोटा करना

abroad (अ'ब्रॉड) *ad* विदेश में या बाहर; दूर-दूर तक

abrogate ('ऐब्रोगेट) *vt* रद्द करना; निरसन करना (करार, संधि आदि)

abrupt (अ'ब्रप्ट) *a* आकस्मिक; रूखा; जल्दबाज़ी में; असम्बद्ध; (*steep, blunt*) सीधा, खड़ा; कुन्द; (*sudden*) जल्दबाज़ी में; (*gruff*) रूखा

abscess ('ऐबसेस) *n* पीवदार फोड़ा

abscond (अब्'स्कॉण्ड) *vi* पलायन करना; फ़रार हो जाना

absence ('ऐब्सन्स) *n* अनुपस्थिति, गैर-हाज़िरी

absent *a* ('ऐब्संट) अनुपस्थित, गैर-हाज़िर; अनमना, अन्यमनस्क // *vt* (अब्'संट) अनुपस्थित हो जाना; **absen-**

tee (ऐब्सन्'टी) *n* अनुपस्थित व्यक्ति; **absent-minded** *a* अन्यमनस्क, खोया हुआ

absolute ('ऐब्सलूट) *a* पूर्ण; सम्पूर्ण; असीम; बिना शर्त का; शुद्ध; **absolutely** (ऐब्स'लूटलि) *ad* पूर्णतया; बिल्कुल

absolve (अब्'ज़ॉल्व़) *vt*: **to absolve sb (from)** (*sin etc*) (को) (पाप) मुक्त करना, (दोष) मुक्त करना; **to absolve sb from** (*oath*) किसी को (उस के वचन आदि से) मुक्त करना

absorb (अब्'ज़ॉर्ब) *vt* सोख लेना, चूस लेना; तल्लीन कर देना; तन्मय कर देना; (धक्का आदि) सह लेना, समा लेना; **to be absorbed in a book** पुस्तक पढ़ने में मग्न; **absorbent cotton** *n* (*US*) नमी सोखने वाली रूई

absorption (अब्'ज़ार्पशन) *n* सोखने की क्रिया; (*fig*) तन्मयता

abstain (अब्'स्टेन) *vi* : **to abstain (from)** (से) परहेज़ करना, (से) बचना

abstemious (अब्'स्टीमिअस) *a* खाने और विशे॰ शराब पीने में मिताहारी; संयमी

abstract *a* ('ऐब्सट्रैक्ट) अमूर्त; निराकार // *n* संक्षेप; सारांश // *vt* (ऐब्स'ट्रैक्ट) हटा लेना; ले जाना; घटाना

abstruse (अब्'स्ट्रूज़) *a* अस्पष्ट; दुर्बोध; गूढ़

absurd (अब्'सर्ड) *a* तर्क के विपरीत; बेतुका; **absurdity** *n* बेतुकापन; असंगति

abundance (अ'बन्डन्स) *n* बाहुल्य; प्रचुरता; **abundant** *a* भरपूर

abuse *n* (अ'ब्यूस) गाली; दुरुपयोग // *vt* (अ'ब्यूज़) गाली देना; दुरुपयोग करना; **abusive** *a* गाली-गलौज भरा

abysmal (अ'बिज़मल) *a* बहुत ही बुरा; (*ignorance etc*) अथाह, अगाध, बहुत अधिक (अज्ञान आदि)

abyss (अ'बिस) *n* बहुत गहरा गड्ढा, खाई

AC (= *alternating current*) (प्रत्यावर्ती विद्युत धारा) का संक्षेप

A/C (= *account*) (लेखा) का संक्षेप

acacia (अ'केश्अ) *n* कीकर; बबूल

academic (ऐक'डेमिक) *a* शैक्षिक; सैद्धांतिक; पढ़ाई लिखाई या विश्वविद्यालय सम्बन्धी; (*offens : issue*) सैद्धांतिक मात्र, पंडिताऊ // *n* विश्वविद्यालय या कालेज में प्राध्यापक अथवा शोधकर्ता

academy (अ'कैडमि) *n* कला या विज्ञान के प्रसार का संगठन; विशे॰ प्रशिक्षण की संस्था; अकादमी; माध्यमिक स्कूल; **academy of music** संगीत अकादमी

accede (अक्'सीड) *vi* मान लेना, सहमति प्रकट करना, राज़ी होना; **to accede to** की (प्रार्थना) मान लेना

accelerate (ऐक्'सेलरेट) *vt* गति या चाल बढ़ाना, तेज़ करना // *vi* गति

बढ़ना; **acceleration** (ऐक्सेॅल'रेशन) *n* गतिवर्धन; **accelerator** *n* (कार आदि में) गति बढ़ाने का यंत्र, ऐक्सलरेटर

accent ('ऐक्सेन्ट) *n* उच्चारण में किसी स्वर पर बल; स्वराघात; उच्चारण चिन्ह; किसी स्थान या देश का उच्चारण विशेष; लहजा

accentuate (ऐक्'सन्टुएट) *vt* बल या ज़ोर देना

accept (अक्'सेॅप्ट) *vt* लेना; स्वीकार करना, मानना; (सदस्य) बनाना; विश्वास करना; **acceptable** *a* स्वीकार्य, मानने योग्य; **acceptance** *n* स्वीकृति, मंज़ूरी, अनुमोदन

access ('ऐक्सेॅस) *n* प्रवेश, पहुंच; उसका अधिकार या साधन, पैठ; **accessible** (ऐक्'सेॅसबल) *a* जिस तक पहुंच संभव हो

accession (एक्'सेॅशन) *n* अधिकार या पद की प्राप्ति; पदप्राप्ति, पदारोहण; वृद्धि

accessory (ऐक्'सेॅसरि) *n* कार आदि के अतिरिक्त पुर्ज़े; उपसाधन; महिलाओं की वेशभूषा; अपराध में सहायक व्यक्ति // *a* अतिरिक्त, सहायक

accident ('ऐक्सिडंट) *n* संयोगवश हुई घटना; दुर्घटना, अनावश्यक या असहज गुण; **by accident** संयोगवश; **accidental** (ऐक्सि'डेन्ट्ल) *a* आकस्मिक, संयोग से हुई (घटना आदि); **accidentally** (ऐक्सि'डेन्टलि) *ad* संयोग से; अनजाने; **accident-prone** *a* (व्यक्ति) जिसके साथ दुर्घटना होती रहती हो

acclaim (अ'क्लेम) *n* जयजयकार // *vt* की जयजयकार, अभिनंदन करना

acclimatize (अ'क्लाइमटाइज़) *vt* नये जलवायु या वातावरण के अनुकूल बनाना

accommodate (अ'कॉमडेट) *vt* किसी के रहने और भोजन की व्यवस्था करना; (*oblige, help*) अनुग्रह करना, सहायता देना; अनुकूल बनना; के लिए जगह बनाना

accommodating (अ'कॉमडेटिंग) *a* सहायता देने को तैयार (व्यक्ति)

accommodation (अकॉम'डेशन) *n* (*US*: **accommodations**) ठहरने का स्थान

accompany (अ'कम्पनि) *vt* साथ जाना; संग करना; (संगीत में) संगत करना; के साथ होना

accomplice (अ'कॉमप्लिस) *n* अपराध में सहायक या शामिल व्यक्ति, सहअपराधी

accomplish (अ'कमप्लिश) *vt* पूरा करना, निष्पादन करना; **accomplished** *a* निपुण, कुशल; गुण-सम्पन्न; **accomplishment** *n* पूरा होने की स्थिति; निष्पत्ति, उपलब्धि; **accomplishments** *npl* व्यक्तिगत प्रवीणता, दक्षता

accord (अ'कॉर्ड) *n* मेल, संगति;

समझौता // *vt* प्रदान करना, देना; **of his own accord** अपनी इच्छा से; **accordance** *n* : **in accordance with** के अनुसार; **according to** *prep* के अनुसार; **accordingly** *ad* अतः ; इसलिए

accordion (अ'कॉर्डिअन) *n* एक बाजा (जिसमें धौंकनी और सुर होते हैं)

accost (अ'कॉस्ट) *vt* किसी (अपरिचित) को रोक कर उस से कुछ पूछना अथवा अनुचित प्रस्ताव करना

account (अ'काउंट) *n* (*COMM*) हिसाब-किताब; खाता; (*report*) ब्यौरा; मूल्य, महत्व; **accounts** *npl* बही खाते; **of little account** जिस का बहुत कम महत्व हो; **on no account** किसी भी प्रकार नहीं; कभी नहीं; **on account of** के कारण; **to take into account, take account of** का ध्यान रखना; **to account for** *vt* का हिसाब देना; के कारण बताना; **accountable** *a* उत्तरदायी, ज़िम्मेदार

accountancy (अ'काउंटन्सि) *n* हिसाब-किताब रखने की विधि, लेखा शास्त्र

accountant (अ'काउंटन्ट) *n* हिसाब-किताब रखने वाला, लेखापाल, मुनीम, मुन्शी

account number *n* (बैंक में) खाते की संख्या

accredited (अ'क्रडिटिड) *a* अधिकृत; सरकार या अधिकारियों द्वारा मान्य

accrue (अ'क्रू) *vi* को प्राप्त होना (ब्याज आदि) जुड़कर बढ़ना

accumulate (अ'क्यूम्युलेट) *vt* संचय या संग्रह करना; इकट्ठा करना // *vi* अधिकाधिक मात्रा में संचित होना

accuracy ('ऐक्युरिसि) *n* शुद्धता; सही होने की स्थिति

accurate ('ऐक्युरिट) *a* शुद्ध, सही, जिसमें कोई ग़लती न हो; **accurately** *ad* सही-सही, ठीक-ठीक

accusation (अक्यु'ज़ेशन) *n* अभियोग, इलज़ाम

accuse (अ'क्यूज़) *vt* दोष या आरोप लगानाः दोष देना; **accused** *n* अभियुक्त

accustom (अ'कस्टम) *vt* अभ्यस्त या आदी बनाना; **accustomed** *a* अभ्यस्त, आदी; **accustomed to** (किसी बात, काम का) अभ्यस्त, आदी

ace (एस) *n* ताश का इक्का; पांसे का एक; टेनिस में फैंकी गयी गेंद जिसे विरोधी छू तक न सके; चोटी का विमान चालक (लड़ाकू विमान का); किसी काम में प्रवीण या माहिर व्यक्ति

ache (एक) *n* लगातार होने वाली पीड़ा //*vi* में पीड़ा होना; **my head aches** मेरे सिर में पीड़ा हो रही है

achieve (अ'चीव़) *vt* (*aim*) पूरा करना; सम्पन्न करना; (*victory, success*) (विजय, सफलता) प्राप्त करना;

(*task*) (काम) पूरा करना; **achievement** *n* कार्य-सिद्धि; उपलब्धि

acid ('ऐसिड) *a* तीखा, खट्टा // *n* तेज़ाब, अम्ल; **acid rain** *n* वर्षा जो वातावरण के प्रदूषण से तेज़ाबी बन जाय

acknowledge (अक्'नॉलिज) *vt* (*letter: also:* **acknowledge receipt of**) प्राप्ति-सूचना देना, पावती देना; (*fact*) स्वीकार करना, मानना; **acknowledgement** *n* स्वीकृति; पावती, प्राप्ति-सूचना

acme ('ऐक्मि) *n* सब से ऊंचा बिन्दु; चरम बिन्दु; पराकाष्ठा

acne ('ऐक्नि) *n* मुहांसा

acorn ('एकॉर्न) *n* बांज वृक्ष का फल; बांजफल

acoustic (अ'कूस्टिक) *a* ध्वनि या उस के सुनने से सम्बन्धित; **acoustics** *npl* ध्वनिशास्त्र; भवन में की गयी ध्वनि-व्यवस्था (लाउडस्पीकर, माइक्रोफ़ोन आदि)

acquaint (अ'क्वेंट) *vt*: **to acquaint sb with sth** किसी को किसी बारे में जानकारी या सूचना देना; **to be acquainted with** (*person*) से परिचित होना; **acquaintance** *n* परिचित व्यक्ति

acquiesce (ऐक्वि'एॅस) *vi*: **to acquiesce (in)** स्वीकार कर लेना; बिना आपत्ति किए मान जाना

acquire (अ'क्वाइअर) *vt* लेना, अधिग्रहण करना

acquisition (ऐक्वि'ज़िशन) *n* लाभ, अर्जन; धन-दौलत जमा करने या प्राप्त करने की क्रिया; **acquisitive** *a* धन-दौलत आदि जमा करने की प्रवृत्ति वाला

acquit (अ'क्विट) *vt* निर्दोष ठहराना; अपराध से मुक्त करना; (ऋण) चुकाना; **to acquit oneself well** अच्छी तरह पेश आना, अपना कार्य कुशलता से पूरा करना; **acquittal** *n* अदालत द्वारा दोष-मुक्ति, निरपराध ठहराया जाना

acre ('एकर) *n* 4,840 वर्ग गज़ का क्षेत्र, एकड़; **acreage** *n* एकड़ों में क्षेत्रफल

acrid ('ऐक्रिड) *a* तीखा; चरपरा; कटु

acrimony ('ऐक्रिमनि) *n* विचारों या भाषा की कटुता; कड़वाहट या तीखापन

acrobat ('ऐक्रबैट) *n* कलाबाज़ विशे॰ सर्कस में; **acrobatics** *npl* कलाबाज़ी; (*fig*) कोई ऐसा काम जिसमें बहुत फुर्ती की ज़रूरत हो

acronym ('ऐक्रनिम) *n* शब्दों के प्रथम अक्षरों को मिला कर बना शब्द; परिवर्णी शब्द, जैसे, UNESCO

across (अ'क्रॉस) *prep* (*on the other side*) उस पार, दूसरी ओर; (*crosswise*) आर-पार // *ad* पार, की ओर; चौड़ा; **to run/swim across** दौड़ कर/तैर कर पार करना; **she sat across from him** वह उसके सामने बैठी थी

acrylic (अ'क्रिलिक) *a, n* कृत्रिम सूत

act (ऐक्ट) *n* काम, कर्म, क्रिया; (*THEATRE*) अंक; (*in music-hall etc*) प्रदर्शन; (*LAW*) अधिनियम, कानून // *vi* (*THEATRE*) अभिनय करना; (*pretend*) का स्वांग भरना, ढोंग करना // *vt* (*part*) का अभिनय करना, का रोल अदा करना; **to act as** के रूप में काम करना; **acting** *a* कार्यवाहक, स्थानापन्न // *n* (*of actor*) अभिनय; (*activity*) **to do some acting** नाटक अथवा फ़िल्म में अभिनय करना

action ('ऐक्शन) *n* कार्यवाही, काम; व्यवहार; (*MIL*) युद्ध; (*LAW*) मुकद्दमा; कानूनी कार्यवाही; **out of action** (यंत्र आदि) जो ख़राब या बेकार हो जाये; (सैनिक) जो युद्ध में लड़ न सके; **to take action** किसी मामले में कार्यवाही करना; **action replay** *n* (*TV*) दूरदर्शन पर खेल के किसी अंश को प्रायः धीमी गति से दोबारा दिखाने की क्रिया

activate ('ऐक्टिवेट) *vt* (*mechanism*) मशीन आदि चालू करना; (*CHEM, PHYSICS*) सक्रिय बनाना; क्रियाशील बनाना

active ('एक्टिव़) *a* सक्रिय; फुर्तीला, चुस्त; (ज्वालामुखी) जो चालू हो; **actively** *ad* सक्रिय रूप से

activity (ऐक्'टिव़िटि) *n* सक्रियता; चहल-पहल, सरगर्मी; **activities** *npl* गतिविधियां

actor ('ऐक्टर) *n* (फ़िल्म, नाटक का) पात्र; अभिनेता

actress ('ऐक्ट्रिस) *n* (फ़िल्म, नाटक की) पात्र, अभिनेत्री

actual ('ऐक्चुअल) *a* वास्तविक; यथार्थ; असली; **actually** *ad* वास्तव में, सचमुच

acumen ('ऐक्युमेन) *n* कुशाग्र बुद्धि; विदग्धता

acupuncture ('ऐक्युपंक्चर) *n* चीन की चिकित्सा पद्धति जिसमें शरीर के विभिन्न अंगों में सूइयां चुभो कर इलाज किया जाता है

acute (अ'क्यूट) *a* नुकीला; पैना; होशियार, कुशाग्रबुद्धि; 90 डिग्री से कम का (कोण); तीव्र; प्रखर; प्रचण्ड

ad (ऐड) *n* **advertisement** का संक्षेप

A.D. (= *Anno Domini*) का संक्षेप, यीशु मसीह के जन्म के बाद (वर्ष के साथ लिखा जाता है, जैसे AD 506)

adamant ('ऐडमंट) *a* कठोर; बहुत कड़ा; अटल

Adam's apple ('ऐडम्ज़ ऐपल) *n* कंठमणि; टेंटुआ

adapt (अ'डैप्ट) *vt* (किसी वस्तु को नए प्रयोग के) अनुकूल बनाना; रूपांतरण करना; बदलना // *vi*: **to adapt (to)** (के) अनुसार बदल जाना; **adaptable** *a* अनुकूल बनने की योग्यता वाला; **adapter** *or* **adaptor** *n* (*ELEC*) दो पुर्ज़ों (विशे॰ बिजली के उपकरणों) को जोड़ने वाला पुर्ज़ा, उपायोजक

add (ऐड) *vt* (*figures*: **add up** भी)

adder 9 adjourn

जोड़ना // *vi*: **to add to** (*increase*) में मिलाना या जोड़ना; **it doesn't add up** (*fig*) बात दिल नहीं लगती; ठीक नहीं लगती

adder ('ऐडर) *n* गेहुंअन (एक विषैला सांप)

addict ('ऐडिक्ट) *n* नशा करने वाला, नशेड़ी; (*fig*) व्यसनी; **addicted** (अ'डिक्टिड) *a* : **to be addicted to** (*drink etc*) (शराब आदि) की लत होना; (*fig: football etc*) खेल देखने का बहुत शौक होना; **addiction** (अ'डिक्शन) *n* (*MED*) लत; किसी नशे के बिना रह न सकने की स्थिति; **addictive** *a* जिस से व्यसन या लत लगे

addition (अ'डिशन) *n* जोड़ने की क्रिया; जोड़; वृद्धि; **in addition** साथ ही; **in addition to** के इलावा; **additional** *a* अतिरिक्त

additive ('ऐडिटव़) *n* (खाद्यपदार्थ) में मिलाया गया तत्व (रंग आदि), योगज

address (अ'ड्रेस) *n* पता; सरनामा (चिट्ठी पर लिखा); भाषण // *vt* पता लिखना; (*speak to*) सम्बोधित करना; भेजना; **addressee** (अड्रे'सि) *n* (चिट्ठी आदि) पाने वाला

adept ('अडॅप्ट) *a* : **adept at** में निपुण या कुशल

adequate ('ऐडिक्विट) *a* पर्याप्त; समुचित; काफ़ी; यथेष्ट ; **adequacy** *n* यथेष्टता, पर्याप्त होने की स्थिति; **adequately** *ad* यथेष्ट रूप से/मात्रा में

adhere (अड्'हिअर) *vi*: **to adhere to** से चिपकना; से जुड़ जाना; (*fig: rule decision*) (नियम, फ़ैसले आदि) पर डटे या जमे रहना; **adherent** (अड्'हिअरंट) *n* अनुयायी ; समर्थक

adhesive (अड्'हीसिव़) *a* जोड़ने या चिपकाने वाला (पदार्थ); आसंजक; **adhesive tape** *n* पतली पट्टी (का गोला) जो चिपकाने के काम आती है, आसंजक पट्टी; (*US:MED*) ज़ख़्मों पर चिपकाने की पट्टी

ad hoc ('ऐड हॉक) *a*, *ad* किसी विशे॰ अवसर या काम के लिए; तदर्थ; काम चलाऊ (ढंग से)

adieu (अ'ड्यू) *excl* अलविदा ! // *n* विदाई

ad infinitum ('ऐड इन्फि'नाइटम) *ad Lat* बिना अंत के

adjacent (अ'जसंट) *a* साथ लगता; निकटवर्ती

adjective ('ऐडजिक्टिव़) *n* विशेषण

adjoining (अ'जॉइनिङ) *a* साथ लगता; समीप, सन्निकट

adjourn (अ'जर्न) *vt* (सभा आदि को) अस्थायी रूप से स्थगित करना // *vi* कुछ समय के लिए स्थगित होना; एक कमरे/स्थान से दूसरे कमरे/स्थान पर जाना

adjudicate (अ'जूडिकेट) *vt* निर्णय देना; फ़ैसला सुनाना

adjunct ('एजंक्ट) *a* मिलाया या जोड़ा हुआ; अनुबद्ध // *n* व्यक्ति या वस्तु जो जोड़ी जाये या सहायक अथवा गौण हो

adjust (अ'जस्ट) *vt* अनुकूल बनाना; रूपान्तरण करना; मेल में रखना; समायोजन करना // *vi*: **to adjust (to)** के अनुकूल बन जाना; **adjustable** *a* समायोज्य, अनुकूल बनने में समर्थ

ad-lib (ऐड्'लिब) *vt, vi* बिना तैयारी या पूर्व योजना के भाषण/अभिनय/संगीत आदि (में कोई अंश) तत्काल प्रस्तुत करना // *ad* : **ad lib** तत्काल (भाषण आदि देना)

administer (अड्'मिनिस्टर) *vt* प्रबन्ध चलाना; देख-भाल करना; (न्याय आदि) करना; प्रशासन चलाना; लागू करना (नियम, कानून आदि)

administration (अडमिनिस'-ट्रेशन) *n* प्रशासन; सरकार

administrative (अड'मिनिस्ट्रटिव़) *a* प्रशासनिक, सरकार सम्बन्धी

admiral ('ऐड्मरल) *n* नौसेनाध्यक्ष, ऐडमिरल; **Admiralty** *n* (*Brit* : **Admiralty Board** भी) ब्रिटेन में नौसेना विभाग

admiration (अडम'रेशन) *n* प्रशंसा, तारीफ़; आदर

admire (अड्'माइअर) *vt* प्रशंसा करना; बहुत अधिक आदर करना

admission (अड्'मिशन) *n* प्रवेश की अनुमति; प्रवेश शुल्क; (*confession*) कबूलने की क्रिया, अपराध स्वीकारोक्ति

admit (अड्'मिट) *vt* प्रवेश, दाख़िले की अनुमति देना; अन्दर आने देना; (*agree*) मानना, स्वीकार करना; **to admit to** *vt* कोई बात (तथ्य, अपराध) स्वीकार कर लेना; **admittance** *n* प्रवेश का अधिकार; **admittedly** *ad* निश्चय ही

admonish (अड्'मॉनिश) *vt* डांटना; चेतावनी देना; समझाना

ad nauseam (ऐड'नॉज़िअम) *ad Lat* ऊब्बा देने या घृणा उत्पन्न करने की सीमा तक

ado (अ'डू) *n* : **without (any) more ado** बिना किसी टालमटोल के

adolescence (ऐडो'लेसन्स) *n* किशोरावस्था

adolescent (ऐडो'लेसंट) *a* किशोर // *n* नवयुवक, नवयुवती

adopt (अ'डॉप्ट) *vt* अपनाना, अपना बनाना, विशे॰ किसी बच्चे को गोद लेना; (कोई सिद्धान्त) अपनाना; (प्रस्ताव) पास करना; **adopted** *a* गोद लिया (बच्चा), दत्तक; **adoption** (अ'डॉप्शन) *n* गोद लेने की क्रिया

adore (अ'डॉर) *vt* बेहद प्यार करना; आराधना करना; **adorable** (अ'डॉरबल) *a* श्रद्धायोग्य

adorn (अ'डॉर्न) *vt* सजाना, संवारना, सुन्दर बनाना

Adriatic (Sea) (एड्रि'ऐटिक (सी)) *n* ऐड्रिऐटिक सागर

adrift (अ'ड्रिफ़्ट) *ad* बिना नियंत्रण बहता हुआ; (*fig*) दिशाहीन

adroit (अ'ड्रॉइट) *a* कुशल; दक्ष; चतुर

adulation (ऐड्यु'लेशन) *n* चाटुकारी, चापलूसी

adult ('ऐडल्ट) *a* वयस्क, बालिग़; सयाना // *n* वयस्क या सयाना व्यक्ति

adulterate (अ'डल्टरेट) *vt* मिलावट या अपमिश्रण करना; **adulterated** *a* मिलावटी; **adulteration** (अडल्ट'रेशन) *n* मिलावट

adultery (अ'डल्टरि) *n* किसी पति या पत्नी का दूसरी स्त्री या पुरुष से सम्बन्ध रखना; परगमन

ad valorem (ऐड्व़्'लॉरम) *a, ad Lat* मूल्य के अनुसार, यथामूल्य

advance (अड्'व़ान्स) *n* आगे बढ़ने की क्रिया, प्रगति, उन्नति; ऋण // *vt* आगे लाना; बढ़ाना; सुझाव, दलील आदि देना; पेशगी देना // *vi* आगे जाना; बढ़ना; **in advance** पेशगी, अग्रिम; पहले से; **advanced** *a* उन्नत; समय से पहले; (*SCOL : studies*) उच्च, उच्चस्तरीय; आधुनिक

advantage (अड्'व़ॉण्टिज) *n* लाभ; श्रेष्ठता; अनुकूल परिस्थिति; (*TENNIS*) ऐडवांटिज, जीत के लिए अनुकूल अंक

advent ('ऐड्व़न्ट) *n* आना; आगमन; **Advent** क्रिसमस से चार सप्ताह पहले का काल

adventure (अड्'व़ेन्चर) *n* जोखिम; साहस का काम, यात्रा (या खेल); अपूर्व या उल्लेखनीय अनुभव; सट्टा; सट्टेबाज़ी; **adventurer** *n* जो साहसिक या जोखिम के काम करे; तिकड़मी आदमी

adventurous (अड्'व़ेन्चरस) *a* साहसिक, जोखिम-भरा

adverb ('ऐड्व़र्ब) *n* क्रिया-विशेषण

adversary ('ऐड्व़र्सरि) *n* शत्रु; विरोधी

adverse ('ऐड्व़र्स) *a* प्रतिकूल; विरुद्ध; हानिकारक; **adverse to** के प्रतिकूल/विपरीत

adversity (ऐड्'व़र्सिटि) *n* विपत्ति, दुर्भाग्य

advert ('एड्व़र्ट) *n* (*Brit*) **advertisement** का संक्षेप

advertise ('ऐड्व़र्टाइज़) *vi, vt* (समाचार-पत्र आदि में) विज्ञापन देना; प्रचार करना; **to advertise for** (*staff*) (कर्मचारियों की आवश्यकता का) विज्ञापन देना

advertisement (अड्'व़र्टिस्मंट) *n* (*COMM*) विज्ञापन, इश्तहार

advertiser ('ऐड्व़र्टाइज़र) *n* विज्ञापन देने वाला, विज्ञापक

advertising ('ऐड्व़र्टाइज़िङ) *n* विज्ञापन, प्रचार

advice (अड्'व़ाइस) *n* राय, सलाह,

परामर्श; सिफ़ारिश; (*notification*) विधिवत सूचना या ज्ञापन; **piece of advice** सलाह, राय; **to take legal advice** वकील की सलाह लेना

advisable (अड्'व़ाइज़ब्ल) *a* उचित, उपयुक्त, मुनासिब

advise (अड्'व़ाइज़) *vt* सलाह, परामर्श या सुझाव देना; सिफ़ारिश करना; सूचना देना; **to advise sb of sth** किसी को किसी काम की सलाह देना; **to advise against sth/doing sth** किसी को कोई काम न करने की सलाह देना; **advisedly** *ad* जानबूझकर, सोच-समझ कर; **adviser** *n* सलाहकार, परामर्शदाता; **advisory** (अड्'व़ाइज़रि) *a* परामर्श-सम्बंधी

advocate *n* ('ऐडव़किट) वकील, ऐडवोकेट; (*upholder*) समर्थक // *vt* ('ऐड्व़केट) किसी बात का समर्थन करना; सिफ़ारिश करना; **to be an advocate of** किसी बात का पक्षधर/समर्थक होना

aegis ('ईजिस) *n* तत्वावधान; संरक्षण

aerated ('ऍअरेटिड) *a* गैस-भरा (तरल पदार्थ जैसे सोडा, लैमन आदि)

aerial ('ऍअरिअल) *n* रेडियो, टी॰वी॰ आदि का एरियल // *a* वायु का; हवाई; वायुयान-सम्बन्धी

aerobatics (ऍअर'बैटिक्स) *npl* विमानों की उड़ान के करतब, हवाई करतब

aerobics (ऍअ'रोबिक्स) *n* व्यायाम की एक पद्धति

aerodrome ('ऍअरड्रोम) *n* हवाई-अड्डा

aerogram ('ऍअरग्रैम) *n* हवाई-डाक से जाने वाली चिट्ठी या पत्र, ऐअरग्राम

aeronautics (ऍअर'नॉटिक्स) *n* विमान विज्ञान, वैमानिकी

aeroplane ('ऍअरप्लेन) *n* वायुयान; विमान

aerosol ('ऍअरसॉल) *n* (हवा के दबाव से) छिड़का जाने वाला तरल पदार्थ

aesthetic (इस्'थेटिक) *a* सौन्दर्य, रुचि और कला से सम्बन्धित; सौन्दर्यबोध सम्बन्धी; **aesthetics** *n* सौन्दर्य शास्त्र

afar (अ'फ़ार) *ad* : **from afar** दूर से

affable ('ऐफ़ब्ल) *a* मिलनसार; हंसमुख

affair (अ'फ़ेअर) *n* किया गया काम; कारोबार; घटना; मामला; (**love affair** भी) प्रेम-सम्बन्ध; **affairs** *npl* व्यक्तिगत या कामकाज के मामले; सार्वजनिक हित के मामले

affect (अ'फ़ेक्ट) *vt* पर काम करना; प्रभाव या असर डालना; भावनाओं को उद्वेलित करना; ढोंग रचना; स्वांग भरना

affection (अ'फ़ेक्शन) *n* स्नेह, प्यार; **affectionate** *a* स्नेही

affidavit (ऐफ़ि'डेव़िट) *n* शपथ

लेकर दिया गया लिखित बयान, शपथ-पत्र; हलफ़नामा

affiliate (अ'फ़िलिएट) *vt* मिलाना; किसी संगठन को किसी संघ से सम्बद्ध करना

affinity (अ'फ़िनिटि) *n* सहज पसंद; मिलते-जुलते होने की क्रिया, सादृश्य; विवाह से उत्पन्न नाता

affirmation (ऐफ़र्'मेशन) *n* पुष्टि; प्रतिज्ञान; स्वीकारोक्ति

affix (अ'फ़िक्स) *vt* जोड़ना; लगाना

afflict (अ'फ़्लिक्ट) *vt* दुःख देना या कष्ट पहुंचाना; सताना; **affliction** *n* कष्ट

affluence ('ऐफ़्लुअन्स) *n* धन-दौलत, समृद्धि; बहुलता

affluent ('ऐफ़्लुअन्ट) *a* धनी; प्रचुर; बहुल

afford (अ'फ़ोर्ड) *vt* खरीद सकना; (खर्च, समय आदि) दे सकना; समर्थ होना; (*provide*) देना; प्रदान करना; पैदा करना

afforestation (अफ़ॉरिस्'टेशन) *n* वनरोपण, पेड़ लगाना

affront (अ'फ्रंट) *n* अपमान, निरादर

afield (अ'फ़ील्ड) *ad* घर से परे; (कार्य) क्षेत्र में (होना); **far afield** बहुत दूर

aflame (अ'फ़्लेम) *ad* जलता हुआ

afloat (अ'फ़्लोट) *ad* तैरता हुआ (समुद्र में); फैली हुई (अफ़वाहें)

afoot (अ'फुट) *ad* : **there is something afoot** कुछ हो रहा/चल रहा है

afraid (अ'फ्रेड) *a* डरा या सहमा हुआ; **to be afraid of** से डरना; **I am afraid that** मुझे खेद है कि

afresh (अ'फ्रेश) *ad* दोबारा, नए सिरे से

Africa ('ऐफ़्रिक्अ) *n* अफ्रीका; **African** *a* अफ़्रीका का // *n* अफ्रीका निवासी

aft (आफ़्ट) *ad* (जहाज़ के) पीछे की ओर; पिछौहें

after ('आफ़्टर) *prep* पीछे, पीछे-पीछे // *ad* बाद में, पीछे, के अनुसार, के जैसा // *conj* किसी समय विशेष के बाद; **what/who are you after?** तुम किसके पीछे पड़े हो; **after he left/having done** उसके जाने के बाद/समाप्त करके या करने के बाद; **ask after him** उसके बारे में पूछो; **after all** फिर भी, आखिर तो; **after you!** पहले आप (आप के बाद आगे चलूंगा); **after-effects** *npl* किसी घटना, काम, बीमारी आदि का बाद में होने वाला प्रभाव, उत्तर-प्रभाव; **after-life** *n* मृत्यु के बाद जीवन, मरणोत्तर-जीवन; **aftermath** *n* परिणाम, नतीजा; **in the aftermath of** के तुरंत बाद; **afternoon** *n* तीसरा पहर; **afters** *n* (*col : dessert*) भोजन के बाद मिष्टान्न; **after-sales service** *n* माल बिक्री के बाद मरम्मत

आदि की व्यवस्था, विक्रयोत्तर सेवा; **after-shave (lotion)** *n* दाढ़ी बनाने के बाद लगाने का तरल पदार्थ (लोशन); **afterthought** *n* : **I had an afterthought** (घटना के) बाद मुझे एक विचार आया; **afterwards** *ad* बाद में, पश्चात

again (अ'गेन) *ad* फिर, दोबारा; अतिरिक्त; बदले में; के अलावा; **to do sth again** कोई काम फिर करना; **not . . . again** फिर . . . नहीं; **again and again** बार-बार

against (अ'गेन्स्ट) *prep* के विरुद्ध, के खिलाफ़; के विपरीत; पहले से; के लिए; के पास या सम्पर्क में; के सामने

agape (अ'गेप) *a, ad* मुंह बाए; खुले मुंह (आश्चर्य से)

age (एज) *n* आयु; जीवनकाल; युग // *vt* बूढ़ा कर देना // *vi* बूढ़ा हो जाना; **it's been ages since** लम्बा अरसा हो गया है; **he is 20 years of age** वह बीस वर्ष का है; **to come of age** बालिग़ हो जाना; **aged 10** 10 वर्ष का; **the aged** ('एजिड) बूढ़े लोग; **age group** *n* आयुवर्ग; **age limit** *n* आयु-सीमा

agency ('एजन्सि) *n* शाखा; माध्यम, साधन; **through** *or* **by the agency of** के माध्यम से, की मार्फ़त

agenda (अ'जेंन्ड्अ) *n* विचारणीय कार्यों की सूची; कार्य-सूची

agent ('एजन्ट) *n* एजंट, जिसे किसी ने अपनी ओर से काम करने का अधिकार दिया हो; अभिकर्ता; दलाल; प्रभाव दिखाने वाला व्यक्ति, या पदार्थ; कारण; कारक; प्राकृतिक शक्ति

aggravate ('ऐग्रवेट) *vt* बिगाड़ देना; अधिक गंभीर बनाना

aggregate ('ऐग्रिगिट) *n* समूह; समुच्चय; कुल योग

aggression (अ'ग्रेशन) *n* अकारण हमला; आक्रमण; युद्ध की शुरूआत

aggressive (अ'ग्रेसिव़) *a* आक्रमणशील; लड़ाका

aggrieved (अ'ग्रीव़्ड) *a* दुःखी, व्यथित; जिसे किसी से शिकायत हो, असंतुष्ट

aghast (अ'गास्ट) *a* (घृणा या डर से) भौंचक्का या मुंह बाए; डरा हुआ

agile ('ऐजाइल) *a* फुर्तीला, तेज़, सक्रिय; **agility** ('ऐजिलिटि) *n* फुर्ती

agitate ('ऐजिटेट) *vt* परेशान कर देना; उत्तेजित करना; हिलाना; गड़बड़ फैलाना; **to agitate for** के लिए आंदोलन करना; **agitated** *a* उत्तेजित; **agitation** *n* उत्तेजना, अशांति; आंदोलन

ago (अ'गो) *ad* : **2 days ago** दो दिन पहले; **long ago** बहुत समय पहले; **not long ago** कुछ ही अरसा पहले; **how long ago?** कितना समय पहले?

agog (अ'गॉग) *a* उत्सुक; उत्तेजित

agonizing ('ऐगनाइज़िङ) *a* जिस से व्यथा या क्लेश हो

agony ('ऐगनि) *n* घोर मानसिक या शारीरिक व्यथा या पीड़ा; कड़ा संघर्ष

agrarian (अ'ग्रेअरिअन) *a* कृषि, भूमि या उसके प्रबन्ध से सम्बन्धित

agree (अ'ग्री) *vt* (*price*) मान लेना // *vi* : **to agree (with)** (*person, statement etc*) से सहमत होना; (*LING*) से अन्वय होना, से मेल खाना; **to agree to do** करने के लिए सहमत हो जाना; **to agree to sth** (बात, योजना आदि) मान लेना; **to agree that** (*admit*) स्वीकार करना, मानना; **garlic doesn't agree with me** लहसुन मुझे नहीं पचता/माफ़िक नहीं आता; **agreeable** *a* राज़ी; अनुकूल; रुचिकर; **agreed** *a* (*time, place*) नियत, तय किया हुआ; **agreement** *n* समझौता; सहमति; करारनामा; **in agreement** सहमत

agricultural (ऐग्रि'कल्चरल) *a* खेती-विषयक

agriculture ('ऐग्रिकल्चर) *n* कृषि; खेती; खेती-बाड़ी

aground (अ'ग्राउंड) *ad* (नाव) नदी आदि के तल में धंसा हुआ; **to run aground** जहाज़ का भूमि पर धंस जाना

ahead (अ'हेड) *ad* आगे; आगे की ओर; **ahead of** से आगे; **ahead of time** निश्चित समय से पहले; **go right** *or* **straight ahead** तुरन्त काम करना; **they were (right) ahead of us** वे हम से (एकदम) आगे थे

aid (एड) *n* सहायता // *vt* सहायता या मदद देना; सहारा या सहयोग देना; **first aid** प्राथमिक उपचार; **in aid of** के सहायतार्थ; **to aid and abet** (*LAW*) (अनुचित कार्य के लिए) मदद देना व उकसाना

aide, aide-de-camp (एड्, 'एड्डु 'कॉङ) *n* सैनिक अधिकारी का सहायक अफ़सर, एडीसी, परिसहायक

AIDS (एड्ज़) *n* *acquired immune deficiency syndrome* का संक्षेप; एड्स रोग जिसमें रोगों से लड़ने की शक्ति समाप्त हो जाती है

ailing ('एलिङ) *a* बीमार

ailment ('एलमंट) *n* बीमारी, रोग

aim (एम) *vt* : **to aim sth at** किसी को निशाना बनाना (बात, ताने आदि का); निशाना साधना (बन्दूक आदि का); (कैमरे को) किसी पर केंद्रित करना // *vi* (**to take aim** भी) निशाना साधना // *n* लक्ष्य, निशाना; **to aim at** पर निशाना बांधना; (*fig*) लक्ष्य होना; **to aim to do** कुछ करने का लक्ष्य होना; **aimless** *a* बिना किसी उद्देश्य के

ain't (एन्ट) (*col*) = **am not,**

aren't, isn't

air (ऍअर) *n* वायु, हवा; वायुमण्डल; (संगीत की) लय, तान // *vt* हवा लगाना; सूचना देना; (*grievances, ideas*) बताना, व्यक्त करना // *cpd* (*current, attack etc*) पवन (धारा), हवाई (हमले); **to throw sth into the air** कोई चीज़ हवा में उछालना; **to be on the air** (रेडियो, दूरदर्शन से) प्रसारित होना; **airbed** *n* हवा भर कर फुलाया गया गद्दा; **airborne** *a* हवा में उड़ता (विमान आदि); **airconditioning** *n* वातानुकूलन; **aircraft** *n, pl inv* विमान, हवाई जहाज़; **aircraft carrier** *n* विमान-वाहक जहाज़; **airfield** *n* हवाई-अड्डा; **Air Force** *n* वायु सेना; **air freshener** *n* हवा में छिड़कने की सुगन्धि; **airgun** *n* छर्रेदार बन्दूक; **air hostess** *n* विमान की परिचारिका; **air letter** *n* हवाई-डाक से जाने वाला पत्र; **airlift** *n* विमान से सामान भेजने की व्यवस्था; **airline** *n* विमान कम्पनी; **airliner** *n* यात्री ले जाने वाला बड़ा विमान; **airlock** *n* बहाव में रुकावट डालने वाला किसी पाइप में हवा का बुलबुला; ऐसा कक्ष जिससे होकर उंचे/कम दबाव वाले कक्ष में प्रविष्ट हों; **airmail** *n* हवाई-डाक; **air mattress** *n* हवा से भरा हुआ गद्दा/गद्दा जिसमें हवा भरी जाये; **airplane** *n* (*US*) विमान; **airport** *n* हवाई-अड्डा; **air raid** *n* हवाई हमला; **airsick** *a* : **to be airsick** विमान में मतली आना; **airstrip** *n* भूमि की पट्टी जहां विमान उतर सकें; **air terminal** *n* शहर में वह भवन जहां से यात्रियों को बस आदि द्वारा हवाई अड्डे ले जाया जाता है; **airtight** *a* जिस में हवा न जा सके, वायुरुद्ध; **air traffic controller** *n* विमानों के आवागमन पर नियंत्रण रखने वाला अधिकारी; **airy** *a* हवादार; चंचल, चपल; लापरवाह

aisle (आइल) *n* गिरजा या थियेटर में सीटों के बीच का रास्ता, गलियारा

ajar (अ'जार) *a* अधखुला (दरवाज़ा आदि)

akin (अ'किन) *a* : **akin to** (*similar*) के जैसा

alabaster ('ऐलबास्टर) *n* चिकना, सफ़ेद और आधा पारदर्शक पत्थर; सेलखड़ी

à la carte (आला'कार्त) *Fr a, ad* व्यंजन सूची (मैन्यू) से अलग-अलग चुने गये (व्यंजन)

alacrity (अ'लैक्रिटि) *n* फुर्ती, चुस्ती, तत्परता

alarm (अ'लार्म) *n* अचानक डर जाने की स्थिति; डर; अन्देशा; आशंका; ख़तरे की चेतावनी, घंटी

alas (अ'लास) *excl* हाय ! अफ़सोस !

albeit (ऑल्'बीइट) *conj* यद्यपि;

albino 17 **all**

हालांकि

albino (ऐल्'बीनो) *n* सफ़ेद चमड़ी और बाल व गुलाबी आंखों वाला व्यक्ति या पशु; सूरजमुखी (व्यक्ति)

album ('ऐल्बम) *n* अल्बम; एक से अधिक ग्रामाफ़ोन रिकार्डों का संग्रह

albumen ('ऐल्ब्युमिन) *n* अण्डे की सफ़ेदी

alcohol ('ऐल्कहॉल) *n* ऐलकोहल; शराब; एक रसायनिक पदार्थ; **alcoholic** (ऐल्क'हॉलिक) *a, n* जिसे शराब की लत हो, शराबी, पियक्कड़

alderman ('आल्डर्मन) *n* नगर-पालिका के प्रबन्ध-मण्डल का सदस्य

ale (एल) *n* एक प्रकार की बीयर

alert (अ'लर्ट) *a* चौकन्ना या चौकस; फुर्तीला; क्रियाशील // *vt* चेतावनी देना, विशे॰ खतरे की; ध्यान दिलाना; सावधान करना; **on the alert** (*MIL*) चौकस, सतर्क, सावधान

algae ('ऐल्जी) *npl* (*sing* **alga**) पानी में उगने वाला पौधा, विशे॰ शैवाल

algebra ('ऐल्जिब्र्अ) *n* बीजगणित

alias ('एलिअस) *ad* अन्यथा // *n* उपनाम

alibi ('ऐलिबाइ) *n* अभियुक्त की यह दलील कि अपराध के समय वह मौके पर नहीं था; (*col*) बहाना

alien ('एलिअन) *n* विदेशी // *a* : **alien (to)** के लिए अजनबी; के लिए अस्वाभाविक; **alienate** *vt* विमुख करना, की मित्रता या सहानुभूति खो देना

alight (अ'लाइट) *a, ad* जलता हुआ; उज्जवल // *vi* (*passenger*) (गाड़ी आदि से) उतरना; (*bird*) (वृक्ष आदि पर) नीचे आकर बैठ जाना

align (अ'लाइन) *vt* सीध मिलाना; इकट्ठे या सहमत करना; **alignment** *n* सीध, पंक्तिबद्धता, सरेखण; **non-alignment** *n* तटस्थता (की नीति)

alike (अ'लाइक) *a* एक जैसा; समान; **to look alike** एक जैसे दिखना

alimony ('ऐलिमनि) *n* (तलाक पाई पत्नी का) निर्वाह-व्यय

alive (अ'लाइव़) *a* जीवित; सक्रिय; जानकार; सजीव, फुर्तीला

alkali (ऐ'ल्कलाइ) *n* क्षार (पदार्थ जो तेज़ाब को बेअसर करे और उस में मिलाने से लवण बन जाय जैसे पोटाश, सोडा आदि); **alkaline** *a* क्षारीय; खारा

KEYWORD

all (ऑल) ♦ *a* (*singular*) सारा, समस्त; (*plural*) सभी, सब; **all day** सारा दिन; **all night** सारी रात; **all men** सब पुरुष; **all five** पांचों; **all the food** सारा भोजन; **all the books** सारी पुस्तकें; **all the time** सारा समय, हर वक्त; **all his life** अपनी सारी ज़िंदगी

♦ *pronoun* **1.** सब, सारा; **I ate it all, I ate all of it** मैं सारा का सारा खा

गया; **all of us went** हम सब गये; **all of the boys went** सारे लड़के गये
2. (*in phrases*): **above all** सर्वाधिक, सबसे अधिक महत्व देने योग्य; **after all** आखिरकार तो, फिर भी; **at all: not at all** (*in answer to questions*) बिलकुल नहीं; (*in answer to thanks*) कोई बात नहीं; **I'm not at all tired** मैं बिलकुल नहीं थका हूं; **anything at all will do** कुछ भी चलेगा; **all in all** सब मिलाकर ◆ *ad* : **all alone** बिलकुल अकेला; **it's not as hard as all that** यह इतना मुश्किल नहीं है; **all the more/the better** और भी अधिक/और भी अच्छा; **all the same** फिर भी; **all but** करीब-करीब; **the score is 2 all** स्कोर 2-2 पर बराबर है

allay (अ'ले) *vt* (तकलीफ़, कष्ट, डर) दूर या कम करना

all clear *n* (हमले आदि के बाद) 'कोई ख़तरा नहीं' का संकेत; (*fig*) काम शुरू करने की अनुमति

allege (अ'लेज) *vt* निश्चयपूर्वक कहना; आरोप लगाना; दलील के रूप में पेश करना; **allegation** (एलिगे'शन) *n* आरोप; **allegedly** (अ'लेजिडलि) *ad* तथाकथित रूप से

allegiance (अ'लीजंस) *n* नागरिक का राज्य/सम्राट के प्रति कर्त्तव्य, निष्ठा; राजभक्ति; स्वामिभक्ति

allegory ('ऐलिगरि) *n* कहानी जिसका अर्थ शाब्दिक न हो, अन्योक्ति, प्रतीक-कथा, रूपक कथा

allergic (अ'लर्जिक) *a* एलर्जी से उत्पन्न; (*col*) जिसे किसी व्यक्ति या वस्तु विशेष से घृणा हो

allergy ('ऐलर्जि) *n* किसी खाद्य या अन्य पदार्थ के प्रति असाधारण संवेदनशीलता, प्रत्यूर्जता, ऐलर्जी

alleviate (अ'लीविएट) *vt* हल्का या कम करना; शांत करना; (कष्ट, क्रोध आदि) में कमी करना; **alleviation** (अलीवि'एशन) *n* कमी; आराम

alley ('ऐलि) *n* संकरी गली; रास्ता या पगडंडी

alliance (अ'लाइअन्स) *n* मैत्री, साहचर्य; (परिवारों में) विवाह सम्बन्ध; (राष्ट्रों के बीच) संधि; राष्ट्र-संघ

allied (अ'लाइड) *a* समझौते से सम्बद्ध; सम्बद्ध

alligator ('ऐलिगेटर) *n* मगरमच्छ जाति का जीव, घड़ियाल

all-in (आल्'इन) *a* थकामांदा; (*Brit*: *ad* भी : *charge*) सारे खर्च समेत; **20 pounds a week all in** सब खर्चे मिलाकर 20 पाउंड प्रति सप्ताह; **all-in wrestling** *n* फ्री स्टाइल कुश्ती

alliteration (अलिट'रेशन) *n* अनुप्रास अलंकार

all-night ('आल् नाइट) *a* जो रात

भर खुला रहे (रेस्तरां आदि)

allocate ('ऐलकेट) *vt* (*share out*) (हिस्से के रूप में) देना या बांटना; (*duties*) : **to allocate sth to** को कोई काम सौंपना/देना; (*sum, time*) : **to allocate sth to** के लिए कुछ (धन, समय) निश्चित कर देना; **to allocate sth for** के लिए (कोई राशि) निर्धारित करना

allopathy (अ'लॉपथि) *n* चिकित्सा की परम्परागत पद्धति जो होम्योपैथी के विपरीत है, डाक्टरी चिकित्सा

allot (अ'लॉट) *vt* (*share out*) (हिस्से के रूप में) बांटना; (*time*) : **to allot sth to** (करने) के लिए निर्धारित कर देना; (*duties*) : **to allot sth to** को कुछ (कार्य) सिपुर्द कर देना; **allotment** *n* बांटने की प्रक्रिया; आवंटन; खेती के लिए किराए पर दी गयी भूमि; बांटा गया हिस्सा

all-out ('ऑल् आउट) *a* (*effort etc*) भरसक, भरपूर (प्रयत्न आदि) // *ad* : **all out** भरसक, भरपूर (प्रयत्न करना)

allow (अ'लाउ) *vt* (*expenditure, practice, behaviour*) करने देना; (*time*) (करने का समय) दे देना; (*concede*) : **to allow that** मान लेना कि; **to allow sb to do** किसी को कुछ करने की अनुमति देना; **he is allowed to...** उसे... (करने) की अनुमति है; **to allow for** *vt* का ध्यान रखना, की गुंजाइश छोड़ना; **allowance** (अ'लाउअन्स) *n* भत्ता; (*TAX*) टैक्स में छूट की राशि; **to make allowances for** की गुंजाइश छोड़ना; का ध्यान रखना

alloy ('अलॉइ) *n* दो या अधिक धातुओं का मिश्रण; मिश्र धातु

all-party ('ऑल्'पार्टि) *a* सर्वदलीय

all-purpose ('ऑल्'पर्पज़) *a* अनेक प्रकार से उपयोगी; बहुमुखी

all right ('ऑल्'राइट) *ad* ठीक; सहमति-सूचक (उत्तर)

all-round ('ऑल्'राउंड) *a* सर्वतोमुखी, हर प्रकार से (उन्नति आदि); चौतरफ़ा; **all-rounder** *n* व्यक्ति जो अनेक काम जानता हो (विशे॰ खेलों में); हरफ़नमौला

all-time ('ऑल्'टाइम) *a* अभूतपूर्व, सबसे अधिक

allude (अ'ल्यूड) *vi* : **to allude to** (किसी बात) की ओर हल्का सा इशारा करना

alluring (अ'ल्युअरिङ) *a* आकर्षक, ललचाने वाली (वस्तु)

allusion (अ'ल्यूझ़न) *n* संकेत

alluvial (अ'लूविअल) *a* नदी के पानी से आई (मिट्टी रेत आदि)

ally ('ऐलाइ) *n* राष्ट्र या शासक जो किसी सन्धि द्वारा दूसरे का मित्र बने

alma mater ('ऐल्म'मेटर) *n* अपना स्कूल, कालिज या विश्वविद्यालय

almanac ('आल्मनैक) *n* पंचांग, तिथिपत्री, जन्तरी

almighty (ऑल्'माइटि) *a* सर्वशक्तिमान; **the Almighty** *n* ईश्वर

almond ('आमण्ड) *n* बादाम

almost ('ऑल्मोस्ट) *ad* लगभग, करीब-करीब

alms ('आम्ज़) *npl* दान; भिक्षा

aloft (अ'लॉफ़्ट) *ad* ऊपर, ऊंचे पर; (*NAUT*) जहाज़ के रस्सों आदि के ताने-बाने में

alone (अ'लोन) *a* अकेला, एकाकी // *ad* सिर्फ़, केवल; **to leave sb alone** से छेड़-छाड़ न करना; **to leave sth alone** के विषय में चिंता न करना; **let alone...** ...की तो बात ही छोड़ो

along (अ'लॉङ) *prep* के साथ // *ad* **is he coming along?** क्या वह आ रहा है ?; **he was hopping/limping along** वह फुदकता/लंगड़ाता आ रहा था; **all along** (*all the time*) सदा, हमेशा; **alongside** *prep, ad* पास में; की बग़ल में

aloof (अ'लूफ़) *a* जो किसी से मेल जोल न बढ़ाए, अलग रहने वाला // *ad* अलग; दूर

aloud (अ'लाउड) *ad* ऊंचे स्वर में, ज़ोर से

alphabet ('ऐल्फ़बेट) *n* वर्णमाला, ककहरा; **alphabetical** (ऐल्फ़'बेटिकल) *a* वर्ण क्रम में

alpine ('ऐल्पाइन) *a* ऊंचे पर्वतों का या उनसे सम्बन्धित

Alps ('ऐलप्स) *npl* : **the Alps** स्विट्ज़रलैंड की पर्वतमाला

already (ऑल्'रैडि) *ad* पहले से ही; इस से पहले; अपेक्षित समय से पहले

alright ('आल् राइट) *ad* = **all right**

Alsatian (ऐल्'सेशन) *n* बड़े आकार का भेड़िए जैसा एक शिकारी कुत्ता

also ('ऑल्सो) *ad* भी; साथ ही; इसी तरह

altar ('ऑल्टर) *n* वेदी (ऊंचा स्थान) जहां बलि आदि दी जाय; गिरजाघर में पूजा का सामान रखने की मेज़

alter ('ऑल्टर) *vt, vi* बदलना; भिन्न कर देना या हो जाना

altercation (ऑल्टर्'केशन) *n* झगड़ा, कलह; कहा-सुनी; विवाद

alternate *a* (ऑल्'टर्निट) एक के बाद एक, बारी-बारी से // *vi* ('ऑल्टर्नेट) बारी-बारी से लाना या करना; **on alternate days** एक दिन छोड़ कर, हर तीसरे दिन; **alternating** *a* (*current*) प्रत्यावर्ती

alternative (ऑल्'टर्नटिव़) *a* (*solutions*) वैकल्पिक; स्थानापत्र, एवज़ी // *n* (*choice*) विकल्प; दूसरा रास्ता या संभावना; **alternatively** *ad* : **alternatively one**

alternator 21 ambit

could दूसरा विकल्प/रास्ता यह है कि

alternator ('आल्टर्नेटर) *n* (*AUT*) ए.सी. बिजली बनाने का उपकरण (विशे. कार आदि में)

although (ऑल्'दो) *cj* यद्यपि, हालांकि

altitude ('ऐल्टिट्यूड) *n* ऊंचाई; ऊंचा स्थान; महत्व; उच्चता

alto ('ऐल्टो) *n* (*MUS*) समूहगान में सब से ऊंचा पुरुष स्वर या सब से मद्धिम स्त्री स्वर

altogether (ऑल्ट'गेदर) *ad* पूरी तरह, पूर्णतया; कुल मिलाकर, कुल

altruism ('ऐल्ट्रूइज़्म) *n* दूसरों का भला करने का सिद्धान्त, परोपकारिता, परहितवाद

alum ('ऐलम) *n* फिटकरी

aluminium (ऐल्यु'मिनिअम), (*US*) **aluminum** (अ'लूमिनम) *n* ऐल्युमिन्यम धातु

always ('ऑल्वेज़) *ad* सदा, हमेशा, सर्वदा

am (ऐम) *vb* दे. **be**

a.m. *ad* **ante meridiem** का संक्षेप, पूर्वान्ह

amalgam (अ'मैल्गम) *n* पारे के साथ किसी अन्य धातु का मिश्रण; नरम मिश्रण जिसे कोई भी रूप दिया जा सके; कई तत्वों का मिश्रण

amalgamate (अ'मैल्गमेट) *vt* मिलाना, सम्मिलित करना // *vi* मिलना; **amalgamation** (अमैल्ग'मेशन) *n* सम्मिश्रण, एकीकरण

amass (अ'मैस) *vt* बड़ी संख्या, मात्रा में जमा या संचित करना; ढेर लगाना

amateur ('ऐमचर) *n* शौकीन, कला, खेल आदि में केवल शौक के लिए भाग लेने वाला // *a* (*SPORT*) अव्यवसायी; **amateurish** *a* (*offens*) अनाड़ी

amaze (अ'मेज़) *vt* बहुत अधिक हैरान करना, अचम्भे में डालना, चकरा देना; **to be amazed at** किसी बात पर हैरान या भौंचक्का हो जाना; **amazement** *n* विस्मय, अचम्भा; **amazing** *a* आश्चर्यजनक; असाधारण

ambassador (ऐम्'बैसडर) *n* राजदूत

amber ('ऐम्बर) *n* जीवाश्म (नीचे दबे हुए वृक्षों में मिलने वाली) पीले रंग की पारदर्शी राल; कहरुबा; **to be at amber** (*AUT*) (चौक की बत्ती का) पीला होना

ambidextrous (ऐम्बि'डेक्स्ट्रस) *a* जो दोनों हाथों से सभी काम कर सके, सव्यसाची, दुहथिया

ambiguity (ऐम्बि'ग्यूइटि) *n* अस्पष्टता (अर्थ की); द्वयर्थकता

ambiguous (ऐम्'बिग्युअस) *a* जिस का एक से अधिक अर्थ निकले, द्वयर्थक, अस्पष्ट

ambit ('ऐम्बिट) *n* विस्तार; परिधि,

घेरा; सीमा

ambition (ऐम्'बिशन) *n* आकांक्षा, महत्वाकांक्षा

ambitious (ऐम्'बिशस) *a* महत्वाकांक्षी

ambivalence (ऐम्'बिवलंस) *n* एक साथ परस्पर विरोधी इच्छाओं या विचारों का होना; **ambivalent** *a* उभयभावी; परस्परविरोधी इच्छाओं वाला

amble ('ऐम्बल) *vi* (**to amble along** भी) धीरे-धीरे या धीमी गति से चलना, टहलना

ambulance ('ऐम्ब्युलन्स) *n* बीमार या घायल व्यक्तियों को ले जाने का वाहन, अस्पताल गाड़ी

ambush ('ऐम्बुश) *n* घात लगाने की क्रिया // *vt* घात लगा कर हमला करना

ameliorate (अ'मीलिअरेट) *vt* सुधारना // *vi* सुधरना

amen (आ'मेॅन) *excl* तथास्तु, आमीन

amenable (अ'मीनबल) *a* जिसे वश में करना अथवा प्रभावित करना आसान हो, अधीन, आज्ञाकारी; **to be amenable to** सुझाव/आदेश आदि मानने को तैयार होना

amend (अ'मेॅन्ड) *vt* (*LAW*) संशोधन करना; (*text*) सुधारना; **to make amends** क्षतिपूर्ति करना, हरजाना देना; भूल सुधार लेना; **amendment** *n* संशोधन

amenities (अ'मीनिटिज़) *npl* लाभकारी सुविधा या सेवा; सुख-साधन

America (अ'मेरिक्अ) *n* अमरीका; **American** (अ'मेरिकन) *a* अमरीका महाद्वीप या संयुक्त राज्य अमरीका का या उससे सम्बंधित, अमरीकी // *n* अमरीकन, अमरीकावासी

amiable ('एमिअब्ल) *a* सौम्य, मिलनसार

amicable ('एमिकब्ल) *a* मैत्रीपूर्ण, सौहार्दपूर्ण

amid, amidst (अ'मिड, अ'मिड्स्ट) *prep* में; बीच में

amiss (अ'मिस) *a* ग़लत // *ad* ख़राब या ग़लत ढंग से; **there is sth amiss** कहीं कुछ गड़बड़ है; **to take sth amiss** किसी बात का बुरा मनाना

amity ('ऐमिटि) *n* मित्रता, सौहार्द

ammonia (अ'मोनिअ) *n* अमोनिया गैस; अमोनिया द्रव

ammunition (ऐम्यु'निशन) *n* गोला-बारूद

amnesty ('ऐम्निस्टि) *n* सर्वक्षमा, विशे॰ सरकार द्वारा अपराधियों को

amok (अ'मॉक) *ad* : **to run amok** (किसी के) सिर पर खून सवार होना, गुस्से से पागल होना

among, amongst (अ'मंग, अ'मंगस्ट) *prep* में; बीच में, दरम्यान; मिलकर

amorous ('ऐमरस) *a* प्रेमातुर;

प्रणयी; कामी

amount (अ'माउंट) *n* (*sum*) रकम, राशि, कुल योग; (*quantity*) मात्रा // *vi* : **to amount to** कुल जोड़ या योग होना; मतलब होना

amp(ère) ('ऐंप्(ऐंअर)) *n* बिजली के करंट का माप, ऐम्पियर

amphibious (ऐम्'फ़िबिअस) *a* उभयचर (जो पृथ्वी और जल दोनों में जीवित रहे या काम कर सके)

ample ('ऐम्पल) *a* लम्बा-चौड़ा; विस्तृत; पर्याप्त; **this is ample** यह काफ़ी है; **to have ample time/room** पर्याप्त समय/स्थान होना

amplifier ('ऐम्प्लिफ़ाइअर) *n* आवाज़ को ऊंचा करने का उपकरण, लाउडस्पीकर

amputate ('ऐम्प्युटेट) *vt* (शरीर का कोई अंग) काट देना; **amputation** (ऐम्प्यु'टेशन) *n* शरीर का कोई अंग काटने की क्रिया

amuck (अ'मक) *ad* = **amok**

amulet ('ऐम्युलिट) *n* तावीज़; जन्तर

amuse (अ'म्यूज़) *vt* जी, मन बहलाना; मनोरंजन करना; हंसाना; **amusement** *n* मनोरंजन; दिल-बहलाव; **amusement arcade** *n* मनोरंजन-स्थल, आमोद-प्रमोद का स्थान

an (ऐन) *indefinite article* दे॰ **a**

anaemia (अ'नीमिअ) *n* रक्त में लाल कणों की कमी, रक्ताल्पता

anaemic (अ'नीमिक) *a* जिसे रक्ताल्पता का रोग हो; जिस का रंग पीला हो या जो बीमार लगे

anaesthetic (ऐनिस्'थेटिक) *a* जिस से बेहोशी आ जाये // *n* बेहोशी लाने की दवा, निश्चेतक

analog(ue) ('ऐनलॉग) *a* सूईयों वाली (घड़ी आदि)

analogy (अ'नैलजि) *n* सादृश्य, अनुरूपता; तुल्यता

analyse ('ऐनलाइज़) *vt* विश्लेषण करना (जिस से किसी पदार्थ के सभी अंग पहचाने जा सकें)

analysis, *pl* **analyses** (अ'नैलिसिस, अ'नैलिसीज़) *n* विश्लेषण

analyst ('ऐनलिस्ट) *n* (*POL etc*) विश्लेषण करने वाला; विशेषज्ञ; (*US*) मनोरोग विशेषज्ञ

analyze ('ऐनलाइज़) *vt* (*US*) = **analyse**

anarchist ('ऐनर्किस्ट) *n* जिसे किसी शासन-व्यवस्था में विश्वास न हो, अराजकतावादी, तोड़-फोड़ करने वाला

anarchy ('ऐनर्कि) *n* किसी राष्ट्र या देश में सरकार का न होना; अराजकता; अव्यवस्था

anathema (अ'नैथिम्अ) *n* वस्तु जिस से अत्यधिक घृणा हो; **it is anathema to him** उसे इस (बात, वस्तु) से बहुत घृणा है

anatomy (अ'नैटमि) *n* शरीर-रचना

विज्ञान; शरीर का व्यापक विश्लेषण

ancestor ('ऐन्सिस्टर) *n* पूर्वज; पुरखा; किसी वस्तु का पुराना रूप

anchor ('ऐंकर) *n* जहाज़ का लंगर; **to drop anchor** लंगर डालना; **to weigh anchor** लंगर उठाना

anchovy ('ऐन्चवि) *n* हिलसा जाति की छोटी मछली

ancient ('एन्शंट) *a* पुराने समय का, पुरातन, प्राचीन; घिसापिटा; पुराना // *n* प्राचीन काल का व्यक्ति (विशे॰ *pl* में प्रयुक्त); **ancient monument** *n* महत्वपूर्ण भवन जिसे सार्वजनिक सम्पत्ति के रूप में संरक्षण दिया जाय

ancillary (ऐन्'सिलरि) *a* गौण, अनुषंगी; सहायक; पूरक

and (ऐंड) *cj* और, तथा; **and so on** इसी तरह आगे; **try and come** आने का प्रयत्न कीजिए; **he talked and talked** वह बोलता ही रहा; **better and better** अधिक अच्छा (होने की क्रिया)

anecdote ('ऐनिक्डोट) *n* किस्सा (जिसमें एक ही घटना का वर्णन हो)

anew (अ'न्यू) *ad* फिर से; नए सिरे से

angel ('एंजल) *n* देवदूत, फ़रिश्ता; देवदूत जैसे गुणों वाला व्यक्ति

anger ('ऐंगर) *n* क्रोध, गुस्सा, रोष, नाराज़गी // *vt* गुस्सा या ताव दिलाना

angina (ऐन्'जाइन्अ) *n* हृदय रोग में होने वाली छाती की तीव्र पीड़ा

angle ('ऐंगल) *vi* बंसी से मछली पकड़ना // *n* कोण, दृष्टिकोण; **from their angle** उनके दृष्टिकोण से; **angler** *n* (कांटे से) मछली पकड़ने वाला

Anglican ('ऐंग्लिकन) *a* चर्च आफ़ इंगलैण्ड-विषयक // *n* इसका सदस्य

anglicize ('ऐङलिसाइज़) *vt* अंगरेज़ी में व्यक्त करना; अंगरेज़ी ढंग का बनाना

angling ('एंगलिङ) *n* कांटे से मछली पकड़ने की क्रिया

Anglo- ('एंग्लो) *prefix* अंग्रेज़ी-, आंग्ल-, जैसे **Anglo-American**

angry ('ऐंग्रि) *a* नाराज़, क्रुद्ध, गुस्से में; **to be angry with sb/at sth** किसी से/किसी बात पर नाराज़ होना; **to get angry** गुस्सा हो जाना; **to make sb angry** किसी को गुस्सा दिलाना, नाराज़ करना

anguish ('ऐंग्विश) *n* घोर शारीरिक या मानसिक व्यथा या पीड़ा

angular ('ऐंग्युलर) *a* इकहरे बदन का या भद्दा (व्यक्ति); जिस में कोण हो; कोण से मापा गया

animal ('ऐनिमल) *n* प्राणी; जीव; पशु // *a* जीवों या पशुओं से सम्बन्धित; शारीरिक या विषयभोग सम्बन्धी

animate ('ऐनिमेट) *vt* प्राण या जीवन डालना; जीवित करना; प्रेरणा देना;

animosity 25 another

सक्रिय बनाना; (की) कार्टून फ़िल्म बनाना; **animated** *a* जोशभरा, गरमागरम (बहस); कार्टून (फ़िल्म) के रूप में

animosity (ऐनि'मॉसिटि) *n* वैर, शत्रुता

aniseed ('ऐनिसीड) *n* सौंफ़ के दाने

ankle ('ऐंकल) *n* टख़ना; **anklet** *n* पायल; नूपुर; पाज़ेब; **ankle sock** *n* टख़नों तक की जुराब

annals ('ऐनल्ज़) *npl* घटनाओं का ऐतिहासिक वृत्तांत; इतिहास

annex *n* ('ऐनेक्स) (*Brit* : **annexe** भी) साथ लगा भवन; किसी बड़े भवन का भाग // *vt* (अ'नेक्स) साथ जोड़ना, संलग्न करना; मिला लेना; (क्षेत्र आदि) कब्ज़े में करना

annihilate (अ'नाइलेट) *vt* पूर्णतया नष्ट करना, सर्वनाश करना, मिटा देना

anniversary (ऐनि'वर्सरि) *n* वर्षगांठ, वार्षिकोत्सव

annotate ('ऐनोटेट) *vt* टिप्पणी लिखना; टीका करना

announce (अ'नाउंस) *vt* सूचित करना; घोषणा करना; **announcement** *n* घोषणा, एलान; **announcer** *n* रेडियो स्टेशन पर कार्यक्रमों की सूचना देने वाला, उद्घोषक, वाचक; प्रस्तुतकर्ता

annoy (अ'नॉइ) *vt* चिढ़ाना व नाराज़ करना, खिझाना; परेशान या तंग करना; छेड़ना; गुस्सा दिलाना; **don't get annoyed!** नाराज़ न होओ, गुस्से में मत आओ !; **annoyance** *n* नाराज़गी; **annoying** *a* कष्टप्रद; खीज उत्पन्न करने वाला; परेशान करने वाला

annual ('ऐन्युअल) *a* वर्ष भर के लिए; वार्षिक, सालाना // *n* (*BOT*) पौधा जो एक वर्ष तक फलता-फूलता है, एक-वर्षीय पौधा; प्रति वर्ष प्रकाशित होने वाली पुस्तक आदि, वार्षिकी

annuity (अ'न्यूइटि) *n* प्रत्येक वर्ष दी जाने वाली रकम या अनुदान; वार्षिक वृत्ति

annul (अ'नल) *vt* (*LAW*) रद्द करना (करार आदि); समाप्त करना; निराकरण करना

annum ('ऐनम) *n* देखिए **per**

anoint (अ'नॉइन्ट) *vt* तेल या मरहम लगाना; तेल लगा कर पवित्र करना; अभिषेक करना

anomalous (अ'नॉमलस) *a* अनियमित; असामान्य; असंगत; **anomaly** *n* अनियमितता; असंगति

anonymous (अ'नॉनिमस) *a* अनाम, (विशे॰ पुस्तक) जिस पर लेखक का नाम न हो

anorak ('ऐनरैक) *n* हल्का, गरम और जलसह (वाटरप्रूफ़) जैकेट, प्रायः टोपी के साथ

another (अ'नदर) *a* कोई दूसरा; एक और; दूसरा; भिन्न; **another book** कोई दूसरी, भिन्न पुस्तक // *pronoun* दूसरा; देखिए **one** भी

answer ('आन्सर) *n* उत्तर, हल // *vi* उत्तर देना // *vt* (*reply to*) को उत्तर देना; (*problem*) हल करना; पर्याप्त होना; (*prayer*) (प्रार्थना) सुनना; **to answer the phone** टेलीफ़ोन उठाना व बात करना; **in answer to your letter** आप के पत्र के उत्तर में; **to answer the bell** *or* **the door** दरवाज़ा खोलना; **to answer back** *vi* उलटा जवाब देना (विशे॰ अफ़सर आदि को); **to answer for** *vt* की ज़िम्मेदारी लेना; **to answer to** *vt* के अनुरूप होना; **answerable** *a* जवाबदेह, उत्तरदायी; **answering machine** *n* टेलीफ़ोन से जुड़ा यंत्र जो घंटी बजने पर चोंगा उठा कर संदेश सुन और लिख लेता है

ant (ऐन्ट) *n* चींटी

antagonism (ऐन्'टैगनिज़्म) *n* विरोध (की भावना)

antagonize (ऐन्'टैगनाइज़) *vt* विरोधी बनाना, दुश्मनी मोल लेना

Antarctic (ऐन्ट्'आर्कटिक) *n* : **the Antarctic** दक्षिणी ध्रुव का क्षेत्र

ante- (ऐन्टि) *comb form* पहले का; पहला

antecedent (ऐन्टि'सीडन्ट) *a, n* पहले आने वाली (घटना, वस्तु आदि)

antelope ('ऐन्टिलोप) *n* हिरण की एक जाति, कुरंग

antenatal (ऐन्टि'नेटल) *a* गर्भ के दिनों में या जन्म से पूर्व (देखभाल आदि); **antenatal clinic** *n* गर्भिणी की देखभाल का केन्द्र

antenna (ऐन्'टेंन्अ) *n* कीड़-मकोड़ों के आगे को निकले धागे जैसे सींग जिन से वे टोह लेते हैं, शृंगिका; रेडियो या टीवी का एरियल

anthem ('ऐन्थम) *n* निष्ठा, विशे॰ देशभक्ति का गीत; राष्ट्र-गीत; **national anthem** *n* राष्ट्र-गीत या उस की धुन

anthology (ऐन्'थॉलजि) *n* कविताओं या साहित्यिक कृतियों का संग्रह; चयनिका

anthropology (ऐन्थ्र'पॉलजि) *n* मानव शास्त्र (मानव जाति के उद्‌गम और विकास का विज्ञान)

anti-, ant- (एन्टि, एन्ट) *comb form* विरोधी-; -रोधी; इस से **anti-aircraft** *a*, **antispasmodic** *a, n* जैसे शब्द बनते हैं

antibiotic (ऐन्टिबाई'ऑटिक) *n* कई प्रकार के रसायन, विशे॰ पेन्सिलिन, जो जीवाणओं से उत्पन्न रोगों के इलाज में काम आते हैं

antibody ('ऐन्टिबॉडि) *n* रक्त में पाए जाने वाले या उस में डाले गए पदार्थ जो रोग उत्पन्न करने वाले जीवाणुओं का असर दूर करते हैं

anticipate (ऐन्'टिसिपेट) *vt* पहले से जान लेना या महसूस करना; प्रत्याशा करना; (के लिए) पहले से तैयार रहना;

पूर्वानुमान करना

anticipation (एनटिसि'पेशन) *n* प्रत्याशा; पूर्वज्ञान; पूर्वानुभूति; पहले से आशा या अनुमान

anticlimax ('ऐन्टि'क्लाइमैक्स) *n* अचानक उदात्त से निम्न पर आ जाना; अपकर्ष, रसापकर्ष

anticlockwise ('ऐन्टि'क्लॉक्‌वाइज़) *a, ad* बाएं से दाएं (जाने या चलने वाला)

antics ('ऐन्टिक्स) *npl* बेतुके, भोंडे या भद्दे काम या उछल-कूद; मसख़रापन; भंडैती

antidote ('ऐन्टिडोट) *n* (किसी विष, रोग आदि का) प्रतिकार करने वाली औषधि, विषहर

antifreeze ('ऐन्टिफ़्रीज़) *n* पानी में मिलाया जाने वाला पदार्थ जिस से वह शीघ्र जमता नहीं (जैसे कार के रेडियेटर में), हिमनिरोधी

antihistamine (ऐन्टि'हिस्टमीन) *n* अलर्जी में दी जाने वाली औषधि

antipathy (ऐन्'टिपथि) *n* चिढ़; नफ़रत, घृणा

antiquated ('ऐन्टिक्वेटिड) *a* जो बहुत पुराना पड़ गया हो

antique (ऐन्'टीक) *n* पुराने समय की कोई वस्तु, विशे॰ संग्रह की गई कुर्सी, मेज़ आदि // *a* प्राचीन, पुराने जमाने का; **antique shop** *n* प्राचीन वस्तुएें बेचने वाली दुकान

anti-Semitism (ऐन्टि'सैमिटिज़्म) *n* यहूदियों से घृणा व भेदभाव करने की भावना या नीति

antiseptic (ऐन्टि'सेप्टिक) *a* जो रोगाणुओं को रोके // *n* ऐसी औषधि, पूतिरोधक, रोगाणुरोधी

antisocial ('ऐंटि'सोशल) *a* समाज-विरोधी

antlers ('ऐंट्लर्ज़) *npl* हिरण की कुछ जातियों के सींग

antonym ('ऐन्टनिम) *n* विपरीत अर्थ वाला शब्द, विलोम, विपर्याय, जैसे **cold** का *antonym* **hot** है

anus ('एनस) *n* गुदा, मलद्वार

anvil ('ऐन्विल) *n* (लोहार की) निहाई, सन्दान, अहरन

anxiety (ऐङ'ज़ाइटि) *n* चिंता, फ़िक्र; **anxiety to do** कोई काम करने की चिन्ता

anxious ('ऐंकशस) *a* चिन्तित, परेशान; उद्विग्न; उत्सुक; **anxious to do/that** किसी बात, काम की चिन्ता या उत्सुकता होना; के लिए व्यग्र होना

KEYWORD

any ('ऐनि) ◆ *a* **1.** (*in questions etc*) कोई, कुछ; **have you any butter/ink?** क्या तुम्हारे पास कुछ मक्खन/स्याही है ?; **have you any children?** क्या तुम्हारे कोई बच्चे हैं ? **2.** (*with negative*) कुछ भी; **I haven't any money/books** मेरे

पास कुछ भी पैसे/कोई किताबें नहीं हैं
3. (*no matter which*) चाहे जो भी; **choose any book you like** चाहे जो किताब ले लो
4. (*in phrases*) **in any case** जो भी हो; **any day now** किसी भी दिन, कभी भी; **at any moment** किसी भी समय; **at any rate** जो भी हो, कम से कम

♦ *pronoun* 1. (*in questions etc*): **have you got any?** तुम्हारे पास कुछ/थोड़ा-सा होगा ?; **can any of you sing?** क्या आप में कोई गाना जानता है ?
2. (*with negative*) कोई भी, एक भी; **I haven't any (of them)** मेरे पास (इनमें से) एक भी नहीं है
3. (*no matter which one*(*s*)) कोई भी, चाहे जो; **take any of those books (you like)** इनमें से जो किताब चाहो ले लो

♦ *ad* 1. (*in questions etc*): **do you want any more soup/sandwiches?** क्या तुम्हें और सूप/सैंडविच चाहिए ?; **are you feeling any better?** क्या तुम्हारी तबियत अब कुछ ठीक है ?
2. (*with negative*) और (अधिक); **I can't hear him any more** मुझे अब उसकी कोई बात सुनाई नहीं दे रही; **don't wait any longer** अब अधिक प्रतीक्षा न करो

anybody ('ऐंनिबॉडि) *pronoun* कोई (भी); (प्रश्नवाचक वाक्यों में) कोई, कौन; **I don't see anybody** मुझे कोई दिखाई नहीं दे रहा

anyhow ('ऐंनिहाउ) *ad* जैसे-कैसे; अव्यवस्थित ढंग से

anyone ('ऐंनिवन) *pronoun* देखिए **anybody**

anything ('ऐंनिथिङ) *pronoun* (देखिए *anybody*) कोई भी (वस्तु); कुछ; कुछ भी

anyway ('ऐंनिवे) *ad* किसी भी प्रकार, चाहे जैसे

anywhere ('ऐंनिवेंअर) कहीं भी, कहीं न कहीं; **I don't see him anywhere** मुझे वह कहीं भी दिखाई नहीं दे रहा

apart (अ'पार्ट) *ad* अलग; दूर, टुकड़ों में; **with one's legs apart** टांगें फैलाकर; **10 miles apart** एक दूसरे से दस मील की दूरी पर; **to take apart** अलग-अलग (टुकड़े-टुकड़े) कर देना; **apart from** *prep* के अलावा, अतिरिक्त

apartheid (अ'पार्ट्हेट) *n* (विशे॰ दक्षिण अफ्रीका में) रंग भेद नीति, जाति-पार्थक्य

apartment (अ'पार्टमन्ट) *n* कमरा; फ्लैट; **apartment building** *n* (*US*) भवन जिसमें एक-एक या दो-दो कमरों के मकान हों

apathy ('ऐपथि) *n* उदासीनता; भावशून्यता

ape (एप) *n* बिना पूंछ का बन्दर (जैसे चिम्पैंज़ी, गोरिल्ला); असभ्य, फूहड़ व्यक्ति; नक़ल करने वाला // *vt* नकल करना

aperture ('ऐपर्चर) *n* छेद, सूराख

apex ('एपेक्स) *n* शिखर; शीर्ष बिन्दु

apiary ('एपिअरि) *n* स्थान जहां मधुमक्खियां पाली जायं, मधुवाटिका

apiece (अ'पीस) *ad* प्रत्येक को/के लिए

aplomb (अ'प्लॉम) *n* आत्मविश्वास; संयत स्वभाव; धीरज

apologetic (अपॉल'जेंटिक) *a* (*tone, letter*) खेदसूचक

apologize (अ'पॉलजाइज़) *vi* : **to apologize (for sth to sb)** (किसी से किसी बात की) क्षमा मांगना, खेद प्रकट करना; सफ़ाई देना

apology (अ'पॉलजि) *n* दोष स्वीकार करने या खेद प्रकट करने की क्रिया, क्षमा-याचना; लिखित या मौखिक सफ़ाई; **apology for** का घटिया विकल्प

apoplexy ('ऐपप्लेक्सि) *n* मस्तिष्क की नस फटने से बेहोशी और (बहुधा) पक्षाघात, दौरा; रक्ताघात

apostle (अ'पॉसल) *n* देवदूत जिसे धर्म प्रचार के लिए भेजा गया हो, विशे॰ यशु मसीह के पटुशिष्यों में से कोई एक; किसी देश में रोमन कैथोलिक चर्च का संस्थापक; सुधार आन्दोलन का नेता

apostrophe (अ'पॉस्ट्रफ़ि) *n* (') चिन्ह जो वर्ण लोप का परिचायक है

appal (अ'पॉल) *vt* निराश करना; डराना; स्तब्ध कर देना

appalling (अ'पॉलिङ) *a* भयानक; डरावना; बहुत खराब

apparatus (ऐप'रेटस) *n* उपकरण, औज़ार आदि जो किसी परीक्षण अथवा प्रक्रिया में काम आएं

apparel (अ'पैरल) *n* (*US*) पहनने के कपड़े

apparent (अ'पैअरंट) *a* दृश्य, प्रकट; ऊपरी; स्वीकृत जैसे **heir apparent**; **apparently** *ad* प्रकट या दृश्य रूप से

appeal (अ'पील) *vi* (*LAW*) किसी निर्णय पर पुनः विचार करने की प्रार्थना करना // *n* ऐसी प्रार्थना, अपील; **to appeal for** के लिए याचना, प्रार्थना, अनुरोध करना; **to appeal to** (*subj: person*) (व्यक्ति) से अनुरोध/प्रार्थना करना; (*subj : thing*) (वस्तु) आकर्षक/अच्छी लगना; **it doesn't appeal to me** मुझे यह अच्छा नहीं लगता/पसंद नहीं; **appealing** *a* सुहावना; आकर्षक, मनोहर

appear (अ'पिअर) *vi* दिखाई देना या पड़ना; प्रकट होना; पेश होना; जनता के सम्मुख आना; **it would appear that** ऐसा लगता है कि; **to appear in Hamlet** हैमलेट (नाटक) में अभि-

नय करना; **to appear on TV** दूर-दर्शन पर आना; **appearance** *n* रूपरंग; दिखावट, दिखावा

appease (अ'पीज़) *vt* शांत करना; सन्तुष्ट करना; गुस्सा ठण्डा करना; शमन करना; **appeasement** *n* तुष्टीकरण; खुश करने की क्रिया

appendicitis (अपेन्डि'साइटिस) *n* बड़ी आंत के साथ लगती थैली (अपेन्डिक्स) की सूजन

appendix, *pl* **appendices** (अ'पेंन्डिक्स, अ'पेंन्डिसीज़) *n* पुस्तक के साथ जोड़ा अंश; परिशिष्ट; (*ANAT*) बड़ी आंत के साथ लगती थैली, उण्डूक; परिशेषिका

appetite ('ऐपिटाइट) *n* इच्छा; अभिलाषा; (भोजन की) इच्छा; क्षुधा; भूख

appetizer ('ऐपिटाइज़र) *n* भोजन से पहले का क्षुधावर्द्धक पदार्थ

applaud (अ'प्लॉड) *vt* ताली बजा कर प्रशंसा व्यक्त करना; वाह-वाह करना

applause (अ'प्लॉज़) *n* तालियों की आवाज़, करतल ध्वनि; वाहवाही

apple ('ऐप्ल) *n* सेब; **apple tree** *n* सेब का पेड़

appliance (अ'प्लाइअंस) *n* उपकरण, विशे॰ बिजली से चलने वाला

applicant ('ऐप्लिकंट) *n* उम्मीदवार, प्रार्थी; **applicant for** किसी पद का प्रार्थी

application (ऐप्लि'केशन) *n* प्रार्थना-पत्र (पद के लिए); अनुरोध, प्रार्थना; **application form** *n* प्रार्थना-पत्र

applied (अ'प्लाइड) *a* व्यावहारिक, प्रायोगिक

apply (अ'प्लाइ) *vt* (*paint, ointment*) : **to apply (to)** (पर रंग) लगाना; (पर मरहम) लगाना; (*theory, technique*) लगाना // *vi* : **to apply to** (*ask*) से प्रार्थना करना; (*be suitable for*) पर (नियम आदि) लागू होना; के लिए उचित होना; **to apply (for)** (अनुदान आदि के लिए) प्रार्थना-पत्र देना; नौकरी की अर्जी देना; **to apply the brakes** ब्रेक लगाना; **to apply oneself to** किसी काम पर ध्यान देना या मेहनत करना

appoint (अ'पॉइंट) *vt* (किसी पद या नौकरी पर) नियुक्त करना; तय करना; नियत या निर्धारित करना; लैस करना; **appointment** *n* किसी से मिलने का समय, पूर्व नियोजित भेंट; नौकरी पर नियुक्ति; **to make an appointment (with)** (से) मिलने का समय तय करना

apportion (अ'पॉर्शन) *vt* बांटना, अलग-अलग हिस्सों में निर्धारित करना

appraisal (अ'प्रेज़ल) *n* कूतने या मूल्य-निर्धारण का काम

appreciate (अ'प्रीशिएट) *vt* सही मूल्यांकन करना; (*assess*) कद्र करना; आभार मानना; (*be aware of*) appreciation 31 Aquarius

समझना; (*like*) पसंद करना, अच्छा लगना // *vi* (*FINANCE*) मूल्य बढ़ना

appreciation (अप्रीशिए'शन) *n* प्रशंसा, कद्र करने की क्रिया; (*COMM*) मूल्य-वृद्धि

appreciative (अ'प्रीशिएटिव़) *a* कद्र करने वाला, गुणज्ञ; प्रशंसात्मक (टिप्पणी आदि)

apprehensive (ऐप्रि'हेन्सिव़) *a* जिसे आशंका या डर हो

apprentice (अ'प्रेन्टिस) *n* कुछ शर्तों के अनुसार काम सीखने वाला व्यक्ति; प्रशिक्षार्थी; नौसिखिया // *vt* किसी को प्रशिक्षार्थी बनाना; **apprenticeship** *n* प्रशिक्षण लेने का कार्य, शिक्षुता

approach (अ'प्रोच) *vi* पास या निकट आना // *vt* के पास आना/पहुंचना; किसी से प्रार्थना करना; के सदृश होना // *n* पास आने की क्रिया; पहुंचने या करने का साधन; सादृश्य; **approachable** *a* सुगम्य; जिस तक पहुंचा जा सके, जहां पहुंचना आसान हो

appropriate *a* (अ'प्रोप्रिइट) उपयुक्त, उचित // *vt* (अ'प्रोप्रिएट) अपने अधिकार में लेना, हथिया लेना

approval (अ'प्रूव़ल) *n* अच्छा समझने या पसंद करने की क्रिया; अनुमोदन, स्वीकृति

approve (अ'प्रूव़) *vt* अच्छा समझना, पसंद करना; स्वीकृति देना; **to approve of** *vt* का अनुमोदन करना; **approved school** *n* (*Brit*) मान्यता प्राप्त स्कूल

approximate (अ'प्रॉक्सिमिट) *a* बहुत निकट; लगभग ठीक; **approximately** *ad* लगभग, करीब

apricot ('एप्रिकॉट) *n* खूबानी, ज़रदालू

April ('एप्रल) *n* अप्रैल; **April Fool's Day** पहली अप्रैल जिस दिन एक दूसरे से मज़ाक करने की परम्परा है

apron ('एप्रन) *n* कपड़ों को छींटों आदि से बचाने के लिए पहना कपड़ा; पेटबन्द; निर्धारित वेशभूषा के अंग के रूप में पहना ऐसा कपड़ा; परदे के आगे का रंगमंच; हवाई अड्डे पर वह सड़क जहां विमान खड़े रहते हैं, व जहां माल आदि लादा जाता है

apt (ऐप्ट) *a* उपयुक्त; संगत; प्रवृत्त; **apt to do** किसी के कोई काम-करने की प्रवृत्ति होना

aptitude ('ऐपटिट्यूड) *n* प्रवृत्ति, रुझान; योग्यता, सामर्थ्य

aqualung ('ऐक्वलंग) *n* पानी के नीचे (तैरते समय) सांस लेने का उपकरण

aquarium (अ'क्वेंअरिअम) *n* जल-जीवशाला, मछली घर

Aquarius (अ'क्वेअरिअस) *n* राशिचक्र की ग्यारहवीं राशि कुम्भ, जिस का काल 20 जनवरी से 20 फरवरी तक

होता है

aquatic (अ'क्वैटिक) *a* पानी में रहने या उगने वाला, जलचर; पानी में किया जाने वाला; **aquatics** *npl* पानी पर खेले जाने वाले खेल, जैसे तैराकी, नौका-चालन आदि

Arab ('ऐरब) *n* अरब का रहने वाला; अरब

Arabian (अ'रेबिअन) *a* अरब का, अरबी

Arabic ('ऐरबिक) *a* अरब का // *n* अरबी भाषा; **Arabic numerals** *npl* संख्या या आंकड़े 1 से 9 तक

arable ('ऐरबल) *a* कृषि-योग्य, खेती-लायक (ज़मीन)

arbitrary ('आर्बिट्रिरि) *a* जो किसी नियम के अनुसार न हो, मनमाना; निरंकुश; स्वेच्छाचारिता पर आधारित

arbitration (आर्बि'ट्रेशन) *n* किसी पंच या मध्यस्थ द्वारा झगड़ों विशे॰ औद्योगिक या कानूनी विवादों की सुनवाई; विवाचन; मध्यस्थता; **arbitrator** (आर्बि'ट्रेटर) *n* मध्यस्थ

arc (आर्क) *n* गोले का एक भाग; चाप; दो संवाहकों के बीच बिजली का प्रकाश, आर्क

arcade (आ'केंड) *n* खम्भों पर बनी महराबों की पंक्ति; आच्छादित मार्ग, विशे॰ जिस के दोनों ओर दुकानें हों; छत्ता; तोरणपथ

arch (आर्च) *n* महराब, चाप, डाट; मेहराब जैसी अन्य वस्तु; मेहराबदार आकृति; ऐड़ी और पंजे के बीच पैर का ऊपर उठा भाग // *vt* मेहराब बनाना // *a* मुख्य; प्रधान; अनुभवी; विशेषज्ञ; उत्कृष्ट; जानकार; नटखट; शरारती; नख़रेबाज़

archaeologist (आर्कि'ऑलजिस्ट) *n* पुरातत्ववेत्ता

archaeology (आर्कि'ऑलजि) *n* पुरातत्वविज्ञान

archaic ('आर्केइक) *a* पुराना, पुरातन, आदिकालिक

archbishop ('आर्च्‌बिशप) *n* मुख्य बिशप

arch-enemy ('आर्च्‌एँनिमि) *n* मुख्य शत्रु

archer ('ऑचर) *n* धनुर्धर; **archery** ('आर्चरि) *n* धनुष-बाण की विद्या; धनुर्विद्या, कौशल

archipelago (आर्कि'पेलगो) *n* द्वीप-पुंज; समुद्र जिसमें टापुओं की भरमार हो, विशे॰ ईजियन समुद्र

architect ('आर्किटेक्ट) *n* जिसे भवनों के डिज़ाइन और निर्माण का कौशल प्राप्त हो, वास्तुविद; **architecture** ('आर्किटेक्चर) *n* वास्तुकला

archives ('आर्काइव्ज़) *npl* किसी संस्था या वंश सम्बन्धी आलेख; स्थान जहां ऐसे अभिलेख रखे जाते हों, अभिलेखागार

archway ('आर्च्‌वे) *n* मेहराबदार

रास्ता

Arctic ('आर्कटिक) *a* उत्तरी ध्रुव के क्षेत्रों से सम्बन्धित // *n* : **the Arctic** उत्तरी ध्रुव के आसपास का क्षेत्र

ardent ('आर्डण्ट) *a* चमकता हुआ; उत्कट; उत्साही

ardour ('आर्डर) *n* उत्साह, जोश

arduous ('आर्ड्यूअस) *a* कठिन, दुष्कर; श्रमसाध्य

are (आर) *vb* देखिए **be**

area ('एॅअरिअ) *n* (*GEOM*) क्षेत्र-फल; कार्य का क्षेत्र; छोटा सा निचला अहाता

areca ('ऐरीक्अ) *n* सुपारी का पेड़

arena (अ'रीन्अ) *n* अखाड़ा; कार्य-क्षेत्र; रणभूमि; रंगभूमि

aren't (आर्न्ट) = **are not**

Argentina (अर्जन्'टीन्अ) *n* अर्जन्टीना; **Argentinian** (अर्जन्'टिनिअन) *a* अर्जन्टीना का // *n* उस देश का नागरिक

arguably ('आर्ग्युअब्लि) *ad* : **it is arguably...** यह तो तर्क सिद्ध है कि...

argue ('आर्ग्यू) *vi* झगड़ा या विवाद करना; प्रमाणित करना; दलील पेश करना // *vt* दलील से सिद्ध करना; वाद-विवाद करना; **to argue that** यह दलील देना, आपत्ति करना कि

argument ('आर्ग्युमंट) *n* दलील, तर्क; झगड़ा; वाद-विवाद, बहस, वाद-प्रतिवाद; **argumentative** ('आर्ग्यु-मेन्टेटिव़) *a* विवादप्रिय; झगड़ालू

arid ('ऐरिड) *a* धूप से तपता हुआ; सूखा; नीरस; बंजर, ऊसर

Aries ('एॅअरीज़) *n* राशिचक्र की पहली राशि, मेष, जिस का समय 21 मार्च से 20 अप्रैल तक होता है

aright (अ'राइट) *ad* ठीक तौर पर; ठीक से

arise, *pt* **arose,** *pp* **arisen** (अ'राइज़, अ'रोज़, अ'रिज़न) *vi* उठना; उत्पन्न होना; उठ खड़े होना; ऊपर उठना; **to arise from** से उत्पन्न होना, का परिणाम होना

aristocracy (ऐरि'स्टॉक्रसि) *n* कुलीन वर्ग द्वारा शासन, अभिजात तंत्र; ऊंचे वर्ग के लोग, अभिजात वर्ग

aristocrat ('ऐरिस्टक्रैट) *n* कुलीन, रईस

arithmetic (अ'रिथ्मटिक) *n* अंक-गणित

ark (आर्क) *n* पेटी (बक्सा) जिसमें यहूदियों का नियम संग्रह था; **Noah's Ark** (बाइबल के अनुसार) नूह की नाव

arm (आर्म) *n* बांह, भुजा; शाखा; आगे को निकला भाग जैसे समुद्र का संकरा भाग; कुर्सी का हत्था; आस्तीन; हथियार // *vt* हथियारों से लैस करना; **arm in arm** बांह में बांह डाले

armada (आर्'माड्अ) *n* बहुत से समुद्री जहाज़ों या विमानों का समूह, बेड़ा

armaments ('आर्ममंट्स) *npl* युद्ध के हथियार (टैंक, तोप आदि)

arm : armchair *n* बाहों वाली कुर्सी; **armed** *a* हथियार बंद; **armed robbery** *n* डाका जिस में हथियारों का प्रयोग हो

armistice ('आर्मिस्टिस) *n* युद्ध का बन्द होना, युद्ध-विराम

armour, (*US*) **armor** ('आर्मर) *n* कवच; (**armour-plating** भी) टैंको, जंगी जहाज़ों के बाहर का कवच; (*MIL : tanks*) कवचित गाड़ियों जैसे टैंकों का सामूहिक नाम; **armoured vehicle, car** *n* बख्तर बंद गाड़ी; **armoury** *n* शस्त्रागार

armpit ('आर्म्पिट) *n* बग़ल, कांख

armrest ('आर्म्रेस्ट) *n* कुर्सी का हत्था (जहां बांह रखते हैं)

army ('आर्मि) *n* सेना; लश्कर; बहुत अधिक संख्या, भीड़

aroma (अ'रोम्अ) *n* सुगन्धि; सुवास; विशिष्ट आकर्षण

arose (अ'रोज़) **arise** का *pt*

around (अ'राउंड) *ad* चारों ओर; वृत्त में; इधर-उधर; किसी विशेष स्थान पर नहीं // *prep* (के) चारों ओर; समीप या पास; लगभग (समय के बारे में); (*fig : about*) किसी स्थान में उपस्थित

arouse (अ'राउज़) *vt* जगाना, सचेत करना, भड़काना; (*curiosity, passions*) उत्तेजित करना

arrack ('ऐरक) *n* चावल आदि से बनी घटिया शराब; अरक

arrange (अ'रेंज) *vt* क्रम या तरतीब में करना; सजाना; निश्चय करना; समझौता करना; (के) उपयुक्त बनाना या (रूपान्तरण) करना (जैसे संगीत में); (झगड़े का) निपटारा करना; **to arrange to do sth** कुछ करने का प्रबंध करना; **arrangement** *n* प्रबन्ध; तरतीब; क्रम; **arrangements** *npl* व्यवस्था, बन्दोबस्त

array (अ'रे) *n* व्यूह रचना, विशे॰ सेना की; सजधज; ठाट-बाट (वेशभूषा की); प्रभावशाली या शानदार प्रदर्शन // *vt* व्यूह रचना या व्यवस्था करना; किसी क्रम या तरतीब में रखना; कपड़े पहनाना; सजाना **array of** की कतार

arrears (अ'रिअर्ज़) *npl* रकम जो देय हो, काम जो बचा हो, बकाया; **to be in arrears with one's rent** (किसी) का मकान का किराया बकाया होना

arrest (अ'रेस्ट) *vt* गिरफ़्तार करना, बन्दी बनाना; रोकना; (*sb's attention*) ध्यान आकृष्ट करना // *n* गिरफ़्तारी, बन्दी बनाने की क्रिया; **under arrest** गिरफ़्तार, हिरासत में; **arresting** *a* मन-मोहक; आकर्षक

arrival (अ'राइव़ल) *n* पहुंचने की क्रिया, आगमन; आगंतुक; **new arrival** नवागन्तुक; (*COMM*) नया माल

arrive (अ'राइव़) *vi* पहुंचना; आना; (*fig*) सफल होना या नाम पाना; **to arrive at** *vi* (*place*) पर पहुंचना; (*decision, conclusion*) (निष्कर्ष) निकालना, पर पहुंचना

arrogant ('ऐरगन्ट) *a* घमण्डी; अक्खड़; हेकड़ी बाज़

arrow ('ऐरो) *n* बाण, शर, तीर; **arrowhead** *n* बाण का फल, वाणाग्र; कोई तिकोनी आकृति

arrowroot ('ऐरोरूट) *n* वेस्ट इण्डीज़ के एक पौधे की मांड, अरारूट

arse, (*US*) **ass** (आस) *n* (*col*) चूतड़, गुदा, गांड; **my arse!** (*offens*) अविश्वास सूचक शब्द या उद्‌गार; **to sit on one's arse** निठल्ले बैठना, कुछ न करना

arsenal ('आर्सनल) *n* युद्ध की सामग्री का भण्डार, गोलाबारूद, शस्त्रागार

arsenic ('आर्स्‌निक) *n* एक सफ़ेद सलेटी रंग की धातु और उस से बना विष, संखिया

arson ('आर्सन) *n* जान-बूझ कर सम्पत्ति को आग लगाने का अपराध, आगज़नी

art (आर्ट) *n* कौशल, निपुणता; कला (कृति); चित्रकला; शिल्प; **Arts** *npl* (*SCOL*) कुछ विधाएं, भाषाएं और इतिहास आदि (विज्ञान की तुलना में)

artefact ('आर्टिफ़ैक्ट) *n* मनुष्य द्वारा बनाई गयी वस्तु विशे० हाथ से, शिल्प-कृति

artery ('आर्टरि) *n* हृदय से शरीर में रक्त ले जाने वाली धमनी; संचार का मुख्य साधन; मुख्य मार्ग

art gallery *n* स्थान जहां कला-कृतियां (बेचने या प्रदर्शन के लिए) रखी जाती हों

arthritis (आर्‌'थ्राइटिस) *n* संधि-शोथ (जोड़ों की सूजन जिस में पीड़ा होती है), गठिया

artichoke ('आर्टिचोक) *n* हाथीचक्र, वज्रांगी (एक पौधा जिसकी कलियां खाई जाती हैं); **Jerusalem artichoke** *n* उत्तरी अमरीका की एक सब्ज़ी

article ('आर्टिक्‌ल) *n* मद, वस्तु; निबन्ध, लेख; अनुच्छेद; भाग; (*LING*) उपपद, **the, a, an**; (*LAW*) करार का एक खण्ड या अनुच्छेद; नियम; शर्त; **article of clothing** *n* (पहनने का) कपड़ा

articulate *a* (आर्‌'टिक्युलिट) जो अपनी बात सुचारू रूप से कह सके; सन्धियुक्त; ज़ोरदार; स्पष्ट और बोधगम्य (भाषण) // *vi* (आर्‌'टिक्युलेट) बोलना; कहना; **articulated lorry** *n* (*Brit*) लम्बा ट्रक जो दो भागों को जोड़ कर बनाया गया हो (जिस से मोड़ने में आसानी हो)

artificial (आर्टि'फ़िशल) *a* बनावटी, कृत्रिम; नकली, झूठा

artillery (आर्'टिलरि) *n* बड़ी तोपें; उन्हें चलाने वाला सैनिक दल; तोपखाना

artisan ('आर्टिज़ैन) *n* कारीगर, दस्तकार, शिल्पकार; मज़दूर

artist ('आर्टिस्ट) *n* कलाकार; **artistic** (आर्टि'स्टिक) *a* कलात्मक; **artistry** ('आर्टिस्ट्रि) *n* कला-कौशल; कला की प्रतिभा

artless ('आर्ट्लिस) *a* सीधा-सादा, भोला-भाला

art school *n* कला विद्यालय

KEYWORD

as (ऐज़) ♦ *cj* **1.** (*referring to time*) जिस समय, ज्योंही; **he came in as I was leaving** मैं जा ही रहा था कि वह आ गया; **as the years went by** जैसे-जैसे साल गुज़रते गये; **as from tomorrow** कल से ही

2. (*in comparisons*): **as big as** के बराबर बड़ा; **twice as big as** की तुलना में दुगना; **as much** *or* **many as** के बराबर, उतना ही जितना कि; **as much money/many books as** उतना ही धन/उतनी ही पुस्तकें जितनी कि; **as soon as** ज्योंही

3. (*since, because*) क्योंकि; **he left early, as he had to be home by 10** वह जल्दी चला गया क्योंकि उसे 10 बजे तक घर पहुंचना था

4. (*referring to manner, way*) जैसा; **do as you wish** जैसा चाहो वैसा करो

5. (*concerning*) : **as for** *or* **to that** के विषय में, जहां तक (उसका) सवाल है

6: **as if** *or* **though** मानो कि; **he looked as if he was ill** वह बीमार लगता था; **long, such, well** भी देखिए

♦ *prep*: **he works as a driver** वह ड्राइवर का काम करता है; **as chairman of the company, he...** कंपनी के अध्यक्ष के अधिकार से उसने...; **dressed up as a cowboy** घुड़सवार ग्वाले के वेश में; **he gave me it as a present** यह उसने मुझे उपहार के रूप में दी थी

a.s.a.p. *as soon as possible* का संक्षेप

ascend (अ'सैन्ड) *vt* चढ़ना; ऊपर जाना

ascent (अ'सेन्ट) *n* चढ़ाई, आरोहण

ascertain (ऐसर्'टेन) *vt* जान लेना; पता लगाना; निश्चित करना

ascetic (अ'सैटिक) *n* तपस्वी; संन्यासी // *a* तपस्वी या सयंमी जैसा

ascorbic acid (अ'स्कॉर्बिक 'एसिड) *n* विटामिन 'सी' जो हरी शाक-भाजी और नारंगी जैसे सिट्रस फलों में होता है

aseptic (अ'सैप्टिक) *a* कीटाणु रहित

asexual (ए'सेक्सुअल) *a* अलिंगी

ash (ऐश) *n* भस्म, राख; **ashes** *npl* दाह-संस्कार के अवशेष; **the Ashes**

ashamed 37 **assassin**

npl इंगलैंड तथा आस्ट्रेलिया के बीच खेले जाने वाले क्रिकेट टेस्ट मैचों की श्रृंखला में विजय का प्रतीक

ashamed (अ'शेम्ड) *a* शर्मिन्दा, घबराया हुआ; **to be ashamed of** किसी बात पर लज्जित/शर्मिन्दा होना

ashen ('ऐशन) *a* विवर्ण, पीला (डर आदि से)

ashore (अ'शोर) *ad* तट पर, किनारे पर (विशे॰ समुद्र के)

ashtray ('ऐश्ट्रे) *n* राखदानी (सिग्रेट की राख झाड़ने का बर्तन)

Ash Wednesday *n* लैंट का पहला दिन

Asia ('एश्अ) *n* एशिया; **Asian** *a* एशियाई // *n* एशिया का मूल निवासी अथवा उसका वंशज

aside (अ'साइड) *ad* एक ओर, एकांत में // *n* स्वगत भाषण, दबी आवाज में बोले गए शब्द (विशे॰ नाटक में) जो पास खड़े किसी व्यक्ति ने नहीं सुनने होते

ask (आस्क) *vt* निवेदन करना; **to ask sb sth/to do sth** से कुछ पूछना/से कुछ करने को कहना; **to ask sb about sth** से किसी बारे में पूछना; **to ask (sb) a question** (किसी से) प्रश्न पूछना; **to ask sb out to dinner** किसी को होटल पर खाने के लिए बुलाना; **to ask after** *vt* का हाल-चाल पूछना; **to ask for** *vt* मांगना

askance (अ'स्कैन्स) *ad* तिरछी नज़र से, टेढ़ा; **to look askance at sb** किसी को संदेह से देखना

askew (अ'स्क्यू) *ad* एक ओर, टेढ़ा

asleep (अ'स्लीप) *a* सोया हुआ; **to be asleep** सोए हुए होना; **to fall asleep** सो जाना; नींद आ जाना

asparagus (अ'स्पैरगस) *n* शतावरी पौधा जिस के डंठल सलाद की तरह खाए जाते हैं

aspect ('ऐस्पेक्ट) *n* रूप, आकार; पक्ष, पहलू; आकृति, शक्ल; दिशा (जिसमें मकान का माथा हो); मुद्रा

asperity (ऐ'स्पेरिटि) *n* रूखापन, कर्कशता, तीखापन

aspersions (अ'स्पर्शन्ज़) *npl* : **to cast aspersions on** किसी पर लांछन लगाना

asphalt ('ऐस्फ़ैल्ट) *n* डामर, तार-कोल (जो सड़क बनाने के काम आता है)

aspire (अ'स्पाइअर) *vi* अभिलाषा करना, आकांक्षा करना, ऊंचा चढ़ना; **to aspire to** किसी बात की आकांक्षा करना

aspirin ('ऐस्प्रिन) *n* ऐस्प्रिन, दर्द तथा ज्वर निवारक दवा (की गोली)

ass (ऐस) *n* गधा; (*col*) मूर्ख व्यक्ति; (*US col*) चूतड़

assailant (अ'सेलंट) *n* आक्रमण-कारी, हमलावर

assassin (अ'सैसिन) *n* हत्यारा (विशे॰ विशिष्ट व्यक्ति की धोखे से हत्या

करने वाला क़ातिल)

assassinate (अ'सैसिनेट) *vt* हत्या करना, क़त्ल करना; **assassination** (असैसि'नेशन) *n* हत्या, क़त्ल

assault (अ'सॉल्ट) *n* आक्रमण, हमला, (विशे॰ अचानक) // *vt* हमला करना; बलात्कार का प्रयत्न करना

assemble (अ'सेम्बल) *vt* एकत्र करना; (मशीन के कल-पुरज़े) जोड़ना // *vi* एकत्र होना

assembly (अ'सेम्बलि) *n* सभा, जमावड़ा; पुर्ज़े जोड़ने की व्यवस्था; **assembly line** *n* मशीनों, कारीगरों की क्रमबद्ध व्यवस्था जिसमें पुर्ज़े जोड़ कर कोई चीज़ बनाई जाय

assent (अ'सेंन्ट) *n* स्वीकृति, सहमति, मंज़ूरी // *vi* स्वीकृति देना, सहमत होना, मंजूर करना

assert (अ'सर्ट) *vt* निश्चयपूर्वक कहना, दावा करना

assess (अ'सेस) *vt* मूल्य निर्धारित करना, मूल्यांकन करना, आंकना; (कर, जुर्माने का) निर्धारण करना, कर लगाना, जुर्माना करना; **assessment** *n* निर्धारण; अंकित मूल्य; अनुमान; **assessor** *n* मूल्यांकन विशेषज्ञ

asset ('ऐसेंट) *n* मूल्यवान अथवा उपयोगी वस्तु, व्यक्ति; **assets** *npl* वह संपत्ति जो ऋण चुकाने के काम आ सके (विशे॰ दिवालिया कर्ज़दार के)

assiduous (अ'सिड्युअस) *a* अध्यवसायी, एकाग्र; परिश्रमी, मेहनती

assign (अ'साइन) *vt* नियुक्त करना; बांटना; कारण बताना; **to assign sth to** (*task*) (किसी) को काम सौंपना; (किसी) के ज़िम्मे डालना; (*resources*) के लिए नियत/निश्चित करना; (*cause*) (किसी बात का) कारण बताना; **assignment** *n* सौंपा गया काम; निश्चित करने की क्रिया

assimilate (अ'सिमिलेट) *vt* पढ़ कर समझ लेना; सदृश बनाना; पचाना; अपनाना, समो लेना; **assimilation** (असिमि'लेशन) *n* समझ लेने, पचाने, अपनाने आदि की क्रिया, आत्मसात्करण

assist (अ'सिस्ट) *vt* सहायता करना; **assistance** *n* सहायता; **assistant** *n* सहायक; (*Brit* : **shop assistant** भी) दुकानदार का सहायक

associate *a, n* (अ'सोशिइट) साथी; साझीदार; संगी; सहयोगी; संस्था का अवर सदस्य // *vb* (अ'सोशिएट) *vt* जोड़ना; मिलाना; संयुक्त करना विशे॰ मस्तिष्क में विचारों को // *vi* मेलजोल रखना, संघटित होना, एक हो जाना; **to associate with sb** किसी के साथ मिल कर कोई काम करना

association (असोसि'एशन) *n* संस्था, संघ

assorted (अ'सॉर्टिड) *a* मिले-जुले

assortment (अ'सॉर्टमंट) *n* छंटाव, वर्गीकरण

assuage (अ'स्वेज) *vt* (भावनाओं आदि की तीव्रता) कम करना; शान्त करना

assume (अ'स्यूम) *vt* मान लेना; (का) ढोंग करना; अपने ऊपर (उत्तरदायित्व, भार आदि) लेना; हथिया लेना; **assumed name** *n* कल्पित नाम; उपनाम

assumption (अ'सम्प्शन) *n* कल्पना; धारणा; मान्यता

assurance (अ'श्युअरन्स) *n* आश्वासन; विश्वास

assure (अ'श्युअर) *vt* विश्वास दिलाना; वायदा करना; निश्चित करना; बीमा करना (विशे. जीवन का); दृढ़तापूर्वक आश्वासन देना

asterisk ('ऐस्टरिस्क) *n* छपाई में प्रयोग किया जाने वाला तारा चिन्ह (*)

astern (अ'स्टर्न) *ad* (जहाज़) के पीछे; पीछे की ओर

asthma ('ऐस्म्अ) *n* दमा; **asthmatic** (ऐस्'मैटिक) *a, n* दमा का (रोगी)

astonish (अ'स्टॉनिश) *vt* चकित करना; अचंभे में डालना; **astonishment** *n* आश्चर्य, हैरानी

astound (अ'स्टाउंड) *vt* भौंचक्का कर देना, चौंका देना, आश्चर्यचकित कर देना; **astounding** *a* विस्मयकारी, हैरत में डालने वाला

astray (अ'स्ट्रे) *ad* : **to go astray** पथभ्रष्ट होना, भटक जाना

astride (अ'स्ट्राइड) *ad* टांगें फैला कर; टांगें आर-पार कर के (जैसे घोड़े पर बैठा हो) // *prep* आर-पार

astringent (अ'स्ट्रिंजंट) *a* तेज़; तीखा, (शरीर के ऊतकों तथा नाड़ियों आदि को) संकुचित करने वाला // *n* ऐसा पदार्थ

astrology (अस्'ट्रॉलजि) *n* फलित-ज्योतिष; मध्यकालीन खगोल-विज्ञान; **astrologer** *n* ज्योतिषी

astronaut ('ऐस्ट्रनॉट) *n* अंतरिक्ष-यात्री

astronomy (अस्'ट्रॉनमि) *n* खगोल-विज्ञान, सितारों, ग्रह-नक्षत्रों आदि का वैज्ञानिक अध्ययन; **astronomer** *n* ज्योतिषविद्

astute (अस्'ट्यूट) *a* सूझ-बूझ वाला; घाघ; होशियार

asylum (अ'साइलम) *n* शरण; शरण-स्थल; सुरक्षित स्थान; पागलखाना (*old name*)

KEYWORD

at (ऐट) *prep*

1. (*referring to position, direction*) पर; **at the top** चोटी पर; **at home/school** घर पर/स्कूल में; **at the baker's** बेकर के यहां; **to look at sth** किसी वस्तु की ओर देखना

2. (*referring to time*) : **at 4 o'clock** चार बजे; **at Diwali** दीवाली पर; **at night** रात को; **at times**

कभी-कभी

3. (*referring to rates, speed etc*) प्रति; की दर से; **at Re. 1 a kilo** एक रुपया प्रति किलो; **two at a time** दो-दो करके; **at 50 km/h** 50 किलोमीटर प्रति घंटा

4. (*referring to manner*) : **at a stroke** एक ही बार में, एकदम; **at peace** शांत, स्थिर

5. (*referring to activity*) : **to be at work** काम में लगे होना; **to play at robbers** डाकू बनने का खेल/नाटक करना; **to be good at sth** किसी कार्य आदि में अच्छा/कुशल होना

6. (*referring to cause*) : **shocked/ surprised/annoyed at sth** (व्यवहार आदि) पर स्तब्ध/आश्चर्यचकित रह जाना/नाराज़ होना; **I went at his suggestion** मैं उसकी सलाह पर गया था

atavism ('ऐटविज़्म) *n* मनुष्यों (तथा पशु, पौधों) में माता-पिता को छोड़कर अन्य पूर्वजों की विशेषताओं का आविर्भाव; **atavistic** (ऐट'विस्टिक) *a* पूर्वजानुरूप

ate (ऐट) **eat** का *pt*

atheism ('एथिइज़्म) *n* नास्तिकता; **atheist** *n* नास्तिक

Athens ('ऐथिन्ज़) *n* यूनान की राजधानी एथन्ज़

athlete ('ऐथ्लीट) *n* खेल-कूद में प्रशिक्षित अथवा कुशल व्यक्ति, निपुण खिलाड़ी

athletic (ऐथ्'लैंटिक) *a* बलिष्ठ, कसरती (शरीर); **athletics** *npl* (दौड़ना, कूदना, फैंकना आदि जैसे) खेल

Atlantic (अट्'लैंटिक) *a* ऐटलांटिक महासागर का // *n* : **the Atlantic (Ocean)** ऐटलांटिक महासागर

atlas ('ऐट्लस) *n* ऐटलस, मानचित्रावली

atmosphere ('ऐट्मसफ़िअर) *n* वायु-मण्डल; वातावरण; (*fig*) (किसी स्थान पर चल रही विचारों आदि की) हवा, लहर; **political atmosphere** राजनीतिक वातावरण; *cgs* व्यवस्था में दबाव की इकाई

atom ('ऐटम) *n* परमाणु, पदार्थ की सबसे छोटी इकाई; कण; **atomic** (अ'टॉमिक) *a* परमाण्विक; परमाणु-सम्बंधी; **atom(ic) bomb** *n* परमाणु बम; **atomic energy** *n* परमाणु ऊर्जा; **atomic number** *n* परमाणु क्रमांक, परमाणु के नाभिक (न्यूक्लिअस) में प्रोटॉन की संख्या; **atomic reactor** *n* दे॰ **reactor**; **atomic weight** *n* परमाणु भार; अणु अनुपात, कार्बन 12 के अनुपात में किसी तत्व के एक परमाणु का भार; **atomizer** ('ऐटमाइज़र) *n* तरल पदार्थ को महीन फुहार में परिणित करने का उपकरण

atone (अ'टोन) *vi* : **to atone for** प्रायश्चित करना

atrocious (अ'ट्रोशस) *a* अत्यधिक क्रूर, निर्दयी, दुष्ट; ज़ालिम; शर्मनाक; (*col*) बहुत बुरा/भद्दा; **atrocity** (अ'ट्रॉसिटि) *n* निर्दयता, ज़ुल्म; अत्याचार

attach (अ'टैच) *vt* संलग्न करना; (किसी वस्तु से) बांधना; जोड़ना; लगाना; सम्बंधित होना, जुड़े होना; प्रदान करना; (विभाग आदि में) नियुक्त करना; कुर्क करना; **to be attached to sb/sth** किसी व्यक्ति/वस्तु से बहुत ज्यादा लगाव होना

attaché (अ'टैशे) *n* राजनयिक कार्यालय में नियुक्त विशेषज्ञ

attaché case (अ'टैशे केस) *n* अटैची केस

attachment (अ'टैच्मंट) *n* लगाव, प्रेम; **attachment to** (किसी से) प्रेम या प्यार

attack (अ'टैक) *vt* आक्रमण करना, हमला करना; आलोचना करना; उत्साह से (कार्य) शुरु करना; (पीड़ा, रोग आदि का किसी को) आक्रांत करना या घेर लेना // *n* आक्रमण, हमला; बीमारी का दौरा; **heart attack** *n* दिल का दौरा

attain (अ'टेन) *vt* (**to attain to** भी) (लक्ष्य आदि तक) पहुंचना; प्रयत्न के बाद प्राप्त करना, हासिल करना; पाने में सफल होना; **attainments** *npl* उपलब्धियां, सफलताएं

attar ('ऐटर) *n* इत्र, विशे॰ गुलाब का

attempt (अ'टेम्ट) *vt* प्रयत्न करना, प्रयास करना, कोशिश करना // *n* प्रयत्न, प्रयास, कोशिश; **to make an attempt on sb's life** किसी की हत्या का प्रयत्न करना

attend (अ'टेण्ड) *vt* (*course*) करना; (*meeting*) में भाग लेना; (*talk*) सुनना; (*patient*) की देख-भाल करना; (*school, church*) जाना; उपस्थित होना, हाज़िर होना; साथ जाना; **to attend to** *vt* ध्यान रखना, ध्यान देना, ध्यान से सुनना; (*customer*) की सेवा में हाज़िर होना; **attendance** *n* सेवा; उपस्थिति, हाज़िरी; उपस्थित लोगों की संख्या; **attendant** *a, n* परिचारक, नौकर

attention (अ'टेंशन) *n* ध्यान; देख-भाल; **attention!** (सेना की कवायद में) सावधान ! **for the attention of...** ...कृपया ध्यान दें

attentive (अ'टेन्टिव़) *a* जो ध्यान दे रहा हो या ध्यान से सुन रहा हो

attest (अ'टेस्ट) *vt* सत्यापन करना, अनुप्रमाणित करना, तसदीक़ करना; **attestation** (अटे'स्टेशन) *n* सत्यापन, तसदीक़

attic ('ऐटिक) *n* अटारी

attitude ('ऐटिट्यूड) *n* मनोवृत्ति, रुख़; दृष्टिकोण; विचार; भाव; मुद्रा; व्यवहार

attorney (अ'टर्नि) *n* अटार्नी; वह

व्यक्ति (विशे॰ वकील) जिसे दूसरे की ओर से कार्य करने का कानूनी अधिकार हो; मुख़्तार; **Attorney General** *n* महान्यायवादी; (*US*) न्याय मंत्री

attract (अ'ट्रैक्ट) *vt* (ध्यान आदि) आकर्षित करना; की रुचि जागृत करना; (चुम्बक आदि का) एक दूसरे को खींचना; **attraction** (अ'ट्रैक्शन) *n* आकर्षण, खिंचाव; आकर्षित करने की दृष्टि से प्रस्तुत वस्तु; **attractive** *a* आकर्षक

attribute *n* ('ऐट्रिब्यूट) किसी वस्तु का गुण, विशेषता, लक्षण, खूबी // *vt* (अ'ट्रिब्यूट); **to attribute sth to** कोई बात किसी के सिर मढ़ना

attrition (अ'ट्रिशन) *n* : **war of attrition** शत्रु को समाप्त करने के लिए लम्बा चलने वाला युद्ध

attune (अ'ट्यून) *vt* सुर मिलाना; अनुकूल करना, मेल कराना

aubergine ('ओबरझ़ीन) *n* बैंगन

auburn ('ऑबर्न) *a* सुनहरा; ललाई लिए भूरा // *n* सुनहरा रंग

auction ('ऑक्शन) *n* (**sale by auction** भी) नीलामी // *vt* (**to sell by auction** भी) नीलामी द्वारा/बोली लगा कर बेचना; (**to put up for auction** भी) नीलाम करना; **auctioneer** *n* नीलाम कार

audacious (ऑ'डेशस) *a* निर्भीक; साहसी; ढीठ

audible ('ऑडिबल) *a* श्रव्य; (ध्वनि) जो सुनी जा सके

audience ('ऑडिअन्स) *n* श्रोतागण, सुनने वाले; श्रवण; (अदालती) सुनवाई; औपचारिक साक्षात्कार (किसी बड़े आदमी के साथ); भेंट, मुलाकात

audio- ('ऑडिओ-) *comb form* ध्वनि अथवा श्रवण से सम्बंधित

audio-visual (ऑडिओ'विझुअल) *a* दृश्य-श्रव्य, सुनने-देखने दोनों से सम्बन्ध वाला; **audio-visual aids** *npl* फ़िल्में, टेप आदि

audit ('ऑडिट) *n* लेखा-परीक्षण, हिसाब-किताब की जांच // *vt* लेखा-परीक्षा करना; हिसाब-किताब की जांच करना

audition (ऑ'डिशन) *n* (रेडियो, टी.वी. आदि के कार्यक्रमों में भाग लेने के इच्छुक प्रत्याशियों के लिए) ध्वनि-परीक्षण, आवाज़ का इम्तिहान

auditor ('ऑडिटर) *n* लेखा-परीक्षक

auger ('ऑगर) *n* बरमा; बेधनी

augment (ऑग्'मेण्ट) *vt* अधिक करना, बढ़ाना; **augmentation** (ऑगमेन्'टेशन) *n* वृद्धि, बढ़ोत्तरी

augur ('ऑगर) *vi* : **it augurs well** यह शुभ संकेत है

august (ऑ'गस्ट) *a* भव्य, आलीशान; सम्मान्य, रौबदार

August ('ऑगस्ट) *n* अगस्त

aunt (आण्ट) *n* चाची; ताई; मामी; मौसी; बुआ; **auntie, aunty** *n*

aunt का लघु रूप

au pair (ओ'पेंअ) *n* विदेशी युवा जो रहने, खाने के बदले में गृह कार्य आदि करे; **au pair girl** *n* ऐसी लड़की

aura ('ऑर्‌अ) *n* गुण, विशेषता, वातावरण आदि जो व्यक्ति अथवा वस्तु के औरों से भिन्न होने, विशिष्ट होने का आभास कराये; मिरगी आदि के दौरे का पूर्वाभास

aureola, aureole (ऑ'रिअल्‌अ, 'ऑरिओल) *n* देवी-देवताओं आदि के चित्रों में सिर के चारों ओर बना ज्योति चक्र; प्रभा-मण्डल

au revoir (ओर'वार) *excl Fr* नमस्कार, अलविदा!

auspicious (ऑ'स्पिशस) *a* मंगलमयी, शुभ, अनुकूल

austerity (ऑ'स्टेरिटि) *n* सादगी; संयम; आडम्बरहीनता

Australia (ऑ'स्ट्रेलिअ) *n* आस्ट्रेलिया; **Australian** (ऑ'स्ट्रेलिअन) *a, n* आस्ट्रेलियाई

autarchy ('ऑटार्कि) *n* तानाशाही, निरंकुशता, निरंकुश प्रभुता

authentic (ऑ'थेण्टिक) *a* असली, प्रामाणिक, विश्वसनीय; **authenticate** *vt* (पुस्तक आदि के) लेखक होने के दावे इत्यादि को प्रामाणिक ठहराना, सच्चाई का पुष्टीकरण करना, निश्चित करना; **authenticity** (ऑथेंन्'टिसिटि) *n* प्रामाणिकता, सच्चाई

author ('ऑथर) *n* लेखक; जन्मदाता, बनाने वाला; **authoress** *n* लेखिका

authoritarian (ऑथॉरि'टेंअरिअन) *a* निरंकुश, मनमाना; जो अपने अधिकार का दुरुपयोग करे

authoritative (ऑ'थॉरिटटिव़) *a* अधिकार-पूर्ण; प्रामाणिक; रौबदार, प्रभावशाली

authority (ऑ'थॉरिटि) *n* कानूनी अधिकार, प्रदत्त अधिकार; प्रभाव; आज्ञा; विशेषज्ञ; प्राधिकरण; **the authorities** *npl* अधिकारी-वर्ग

authorize ('ऑथराइज़) *vt* अधिकार देना

autobiography (ऑटोबाइ'ऑग्रफ़ि) *n* आत्मकथा

autocrat ('ऑटक्रैट) *n* निरंकुश शासक; तानाशाह; **autocracy** (ऑ'टॉक्रसि) *n* निरंकुश तंत्र, निरंकुशता; **autocratic** *a* निरंकुश

autograph ('ऑटग्राफ़) *n* हस्ताक्षर (जो किसी को याददाश्त के तौर पर दिए जायें) // *vt* इस प्रकार हस्ताक्षर करना

automat ('ऑटमैट) *n* विक्रय-यंत्र (मशीन जिसमें सिक्का डालने पर सिग्रेट, काफ़ी आदि बाहर आ जाती है)

automatic (ऑट'मैटिक) *a* स्वचालित; बिना ध्यान से सोचे किया गया (कार्य) // *n* (बंदूक) जिसमें बार-बार गोली नहीं भरनी पड़ती; **automatically** *ad* अपने आप

automation (ऑट'मेशन) *n* उद्योगों में मज़दूरों की जगह यंत्रों का प्रयोग

automobile ('ऑटमबील) *n* (*US*) मोटर-कार

autonomous (ऑ'टॉनमस) *a* स्वायत्त, आंतरिक मामलों में स्वतंत्र

autonomy (ऑ'टॉनमि) *n* स्वशासन, स्वायत्तता

autopsy (ऑ'टॉप्सि) *n* (मृत्यु का कारण जानने के लिए) शव-परीक्षा; विश्लेषण

autumn ('ऑटम) *n* शरत् ऋतु

auxiliary (ऑग्'ज़िल्यरि) *a* सहायक, पूरक // *n* सहायक (सेना आदि); गौण, उप-; (*LING*) सहायक क्रिया

avail (अ'वे़ल) *vt* : **to avail oneself of** लाभ उठाना // *n* : **to no avail** बिना किसी परिणाम के, अकारथ

available (अ'वे़लबल) *a* प्राप्त, उपलब्ध; सुलभ

avalanche ('ऐव़लांश) *n* हिमस्खलन, पहाड़ों पर हिमखंडों का फिसल कर नीचे आना; अपने बोझ से दबा देने वाली किसी वस्तु की भारी मात्रा

avarice ('ऐव़रिस) *n* धन का लोभ

avaricious (ऐव़'रिशस) *a* लोभी

Ave. *n* **avenue** का संक्षेप

avenge (अ'वे़न्ज) *vt* बदला लेना या चुकाना

avenue ('ऐव़िन्यू) *n* चौड़ी सड़क; सड़क जिसके दोनों ओर वृक्ष हों

aver (अ'व़र) *vt* पुष्टि करना; निश्चयपूर्वक कहना

average ('ऐव़रिज) *a, n* औसत // *vt* औसत निकालना अथवा निश्चित करना // **on average** औसत से; **to average out** *vi* : **to average out at** औसत निकलना

averse (अ'व़र्स) *a* अनिच्छुक; प्रतिकूल; **to be averse to sth/doing** किसी वस्तु या काम के प्रति अनिच्छा होना

avert (अ'व़र्ट) *vt* (मुंह, निगाहें) फेर लेना; (गंभीर स्थिति, दुर्घटना आदि) बचा लेना

aviary ('एव़िअरि) *n* पक्षी रखने का स्थान (बड़ा पिंजरा), दरबा

aviation (एवि़'एशन) *n* विमान चलाने की कला या विद्या; वायुवहन, उड्डयन; **aviator** ('एव़िएटर) *n* विमान चालक

avid ('ऐव़िड) *a* उत्सुक, उत्कंठित; लालायित; **avidity** (अ'व़िडिटि) *n* उत्कंठा

avocado (ऐव़'काडो) *n* (*Brit* : **avocado pear** भी) नाशपाती जैसा एक फल

avocation (ऐव़'केशन) *n* पेशा, उपव्यवसाय, धन्धा

avoid (अ'व़ॉइड) *vt* (से) दूर रहना, (से)

बचना, (दुर्घटना आदि) न होने देना

avow (अ'वाउ) *vt* खुले आम कहना; स्वीकार करना

await (अ'वेट) *vt* (की) प्रतीक्षा करना; नियत होना; **death awaited him** मौत उसकी राह देख रही थी

awake (अ'वेक) *a* जागा हुआ; (*fig*) जागृत, सचेत // *vb* (*pt* **awoke**, *pp* **awoken, awaked**) *vt* जगाना // *vi* जागना; **to be awake** जागते होना; सचेत होना; **awakening** (अ'वेकनिङ) *n* सजगता, जागरूकता, जागृति

award (अ'वॉर्ड) *n* इनाम, पुरस्कार, न्यायिक निर्णय, अदालती फ़ैसला // *vt* पुरस्कार; (*LAW*) हर्जाना आदि देना

aware (अ'वेअर) *a* जानकार, अवगत; **aware of** से अवगत; **to become aware of** किसी बात की जानकारी होना; के विषय में जागरूक हो जाना; **awareness** *n* जागृति, जानकारी, बोध

awash (अ'वॉश) *a* पानी के तल के साथ; पानी से भरा हुआ; प्लावित; **streets awash with flood waters** बाढ़ के पानी से भरी सड़कें

away (अ'वे) *a* अनुपस्थित, दूर // *ad* दूर, बाहर; परे; **two kilometres away** दो किलोमीटर दूर; **two hours away by car** कार से दो घंटे का रास्ता; **the holiday was two weeks away** छुट्टियां होने/पर जाने में दो सप्ताह रहते थे; **away from** से दूर; **he's away for a week** वह एक हफ़्ते के लिए गया हुआ है; **to take away** *vt* छीन लेना; वापिस ले लेना; **to pedal/work/laugh** *etc* **away** साइकिल चलाते चले जाना/काम करते जाना/हंस देना, हंसते जाना आदि; **to fade** *etc* **away** (धीरे-धीरे कम होने के अर्थ में) क्षीण हो जाना; **away game** *n* (*SPORT*) प्रतिद्वंद्वी के मैदान पर या देश में खेला गया खेल

awe (ऑ) *n* भय और श्रद्धायुक्त आदर **awe-inspiring, awesome** *a* जिससे भय उत्पन्न हो

awful ('ऑफुल) *a* बहुत बुरा, अरुचिकर भद्दा; (*col*) अत्यधिक; **awfully** *ad* अत्यधिक

awhile (अ'वाइल) *ad* कुछ देर के लिए

awkward ('ऑक्वर्ड) *a* बेढंगा, भद्दा; भोंडा; कष्टकर; परेशान करने वाला

awl (ऑल) *n* आल (लकड़ी, चमड़े आदि में सुराख करने का सुआ)

awning ('ऑनिङ) *n* सायबान; धूप, बारिश आदि से बचाने के लिये तिरपाल से बनी छत

awoke, awoken (अ'वोक, अ'वोकन) **awake** का *pt, pp*

awry (अ'राई) *a, ad* टेढ़ा, तिरछा;

गड़बड़, उलटा-पुलटा; गलत; **to go awry** (कोई प्रयत्न, योजना) असफल हो जाना

axe, *(US)* **ax** (ऐक्स) *n* कुल्हाड़ी // *vt* नौकरी से निकालना, बर्ख़ास्त करना; (योजना आदि को) छोड़ देना; (नौकरी) समाप्त कर देना

axiom ('ऐक्सिअम) *n* स्वयंसिद्धि; किसी तर्क अथवा प्रमाण के बिना ही माना जाने वाला कथन; अभिगृहीत

axis, *pl* **axes** ('ऐक्सिस, 'ऐक्सीज़) *n* अक्ष; धुरी; **axial** ('ऐक्सिअल) *a* अक्षीय

axle ('ऐक्सल) *n* (**axle-tree** भी) धुरादण्ड जिस पर पहिया घूमता है

aye (आइ) *excl* *(yes)* स्वीकारात्मक उत्तर अथवा समर्थन में वोट; **ayes** *npl* प्रस्ताव के पक्ष में वोट देने वाले

azure ('ऐझर) *n* आसमानी रंग; आसमान // *a* आसमानी, नीला

B

B (बी) *n* (शतरंज में) **bishop** ऊंट; **boron** बोरॉन का संक्षेप; *(MUS)* पाश्चात्य संगीत में 'सी'-मेजर का सप्तम स्वर

B.A. देखिए **bachelor**

babe (बेब) *n* छोटा बच्चा; भोला-भाला व्यक्ति

babel ('बेब्‌ल) *n* शोर जिसमें कुछ समझ न आए; ऐसा दृश्य

baboon (ब'बून) *n* बैबून (अफ़्रीका तथा एशिया में पाया जाने वाला बड़ा बंदर)

baby ('बेबि) *n* छोटा बच्चा, शिशु; **baby carriage** *n* *(US)* बच्चा गाड़ी; **baby-sit** *vi* बच्चे को संभालना; **baby-sitter** *n* व्यक्ति जो माता-पिता की अनुपस्थिति में बच्चों की देख-भाल करे (केवल कुछ घंटों के लिये)

bachelor ('बैचलर) *n* कुमार, अविवाहित पुरुष; **Bachelor of Arts/Science** (**B.A., B.Sc.**) कला/विज्ञान-स्नातक

bacillus, *pl* **bacilli** (ब'सिलस, ब'सिलाइ) *n* दण्डाणु, सूक्ष्म जीवाणु जिनमें से कुछ बीमारियां फैलाते हैं; बैसिलस

back(बैक) *n* पीठ; पिछला हिस्सा; पिछवाड़ा; *(FOOTBALL)* पीछे का खिलाड़ी // *vt* समर्थन करना (*candidate*: **back up** भी); (घुड़दौड़ आदि में) दांव पर लगाना; *(car)* पीछे ले जाना // *vi* *(car etc)* पीछे जाना // *a* (समासों में) पीछे का; **back seats/wheels** *(AUT)* पीछे बैठने का स्थान/पिछले पहिए; **back payments/rent** रकम या किराए का बकाया // *ad* पीछे की ओर; **he is back** वह लौट आया है; **he ran back** वह पीछे को दौड़ा; **throw the ball back** गेंद वापिस फैंकना; **can I have it back?** क्या आप मुझे (यह)

लौटा देंगे ?; **he called back** उसने फिर टेलीफ़ोन किया; **to back down** *vi* पीछे हट जाना; **to back out** *vi* (*of promise*) (वायदे) से मुकर जाना; **to back up** *vt* किसी का समर्थन करना; (*COMPUT*) पीछे जाना; **backbencher** *n* संसद में पीछे बैठने वाला सदस्य; **backbone** *n* रीढ़ की हड्डी; **back-cloth** *n* रंग-मंच पर पीछे का परदा; **back-date** *vt* चिट्ठी पर पिछली तारीख़ डालना; **back-dated pay rise** पुरानी तारीख से वेतन में बढ़ोतरी; **backdrop** *n* = **back-cloth**; **backfire** *vi* (*AUT*) इंजन का पटाख़े जैसी आवाज़ निकालना; किसी प्रयत्न का विफल होना; उलटी आंतें गले पड़ना; **background** *n* पृष्ठभूमि (किसी घटना विशेष की); आधारभूत ज्ञान; अनुभव का आधार; **family background** परिवार की पृष्ठभूमि; **backhand** *n* (*TENNIS* : **backhand stroke** भी) हाथ पीछे करके रैकिट से गेंद वापिस फैंकने की क्रिया; **backhanded** *a* (*fig*) कपटपूर्ण; द्वयर्थक; **backhander** *n* (*Brit* : *bribe*) रिश्वत, घूस; **backing** *n* (*fig*) समर्थन; **backlash** *n* प्रतिकूल प्रतिक्रिया; **backlog** *n* : **backlog of work** इकट्ठा हुआ काम; **back number** *n* पत्रिका का पुराना अंक; **backpack** *n* पीठ पर लटकाने का थैला, पिट्ठू; **back pay** *n* पुराना, बकाया वेतन; **backside** *n* (*col*) कूल्हे, चूतड़; **backstage** *ad* नेपथ्य में; चोरी-छिपे; **backstroke** *n* पीठ के बल तैरने की शैली; **backup** *a* सहायक या अनुपूरक (रेलगाड़ी, विमान); (*COMPUT*) कम्प्यूटर फ़ाइल की बनी (प्रति) // *n* समर्थन; (**back up file** भी) कम्प्यूटर फ़ाइल की प्रति; **backward** *a* पीछे को चलने वाला, पिछड़ा हुआ; **backwards** *ad* पीछे को (चलना, मुड़ना); सूची नीचे से ऊपर को (पढ़ना); **backwater** *n* खड़ा, अप्रवाही जल; (*fig*) पिछड़ा हुआ प्रदेश; **backyard** *n* मकान के पीछे का दालान

bacon ('बेकन) *n* नमक लगा कर रखा गया सुअर का मांस

bacteria (बैक्'टिअरिअ) *npl* (*sing* : **bacterium**) सूक्ष्म जीवाणु जिन में से कुछ रोग पैदा होते हैं

bad (बैड) *a* (**worse** *comp*, **worst** *sup*) बुरा; ख़राब; घटिया; दुष्ट; भ्रष्ट; सड़ा-गला; **a bad apple** सड़ा हुआ सेब; **a bad cold** बहुत तेज़ ज़ुकाम; **his bad leg** उसकी ख़राब टांग; **to go bad** (*meat, food*) सड़ जाना; (*milk*) खट्टा हो जाना

bade (बैड, बेड) **bid** का *pt*

badge (बैज) *n* बैज, बिल्ला; पहचान चिन्ह

badger ('बैजर) *n* बिज्जू (लोमड़ी के आकार का बिल में रहने वाला जानवर)

badly 48 balcony

// *vt* तंग करना, परेशान करना

badly ('बैड्लि) *ad* बुरी तरह, भोंडे ढंग से; **badly wounded** बुरी तरह घायल; **he needs it badly** उस इस की बहुत ज़रूरत है; **badly off** *a, ad* तंगी में; तंगदस्त

badminton ('बैड्मिंटन) *n* बैडमिंटन का खेल

bad-tempered ('बैड्'टॅम्पर्ड) *a* चिड़चिड़ा

baffle ('बैफ़ल) *vt* रोकना; बाधा डालना; घबरा देना, चकरा देना; **baffling** *a* चकराने वाला

bag (बैग) *n* थैला, झोला, बोरा; भार-माप; महिलाओं का हैंडबैग; (*offens*) अनाकर्षक या कुरूप स्त्री // *vt* (*col : take*) थैले में भरना; शिकार मारना; हस्तगत करना; **bags of** (*col : lots of*) बेहद; **baggage** (बैगिज) *n* सामान; **baggy** (बैगि) *a* ढीला-ढाला; **bagpipes** *npl* स्कॉटलैंड का एक वाद्य, मश्कबीन

bagasse (ब'गैस) *n* गन्ने का रस निकलाने के बाद बचा कचरा; खोई

bail (बेल) *n* ज़मानत; ज़मानत देने वाला // *vt* (**grant bail to** भी) ज़मानत पर छोड़ना; (*col*) किसी व्यक्ति या फ़र्म को मुसीबत से निकालना; (*boat* : **bail out** भी) पानी निकाल कर फैंकना, उलीचना; **on bail** ज़मानत पर छूटा हुआ (अपराधी); **to bail out** *vt* अपराधी को ज़मानत पर छोड़ना; दे**. bale** भी; **bails** *npl* (क्रिकेट) विकेटों पर रखे लकड़ी के टुकड़े

bailiff ('बेलिफ़) *n* बेलिफ़; ज़मींदार या मकान मालिक का कारिन्दा

bait (बेट) *n* (मछली पकड़ने के लिए) चारा; प्रलोभन, लालच // *vt* प्रलोभन देना; चिढ़ाना; नाराज़ करना, परेशान करना, सताना

bake (बेक) *vt* (भट्टी में) पकाना // *vi* डबल रोटी (ब्रेड), केक आदि बनाना; गर्मी में झुलस जाना अथवा तांबे जैसा लाल पड़ जाना; **baked beans** *npl* टमाटर की चटनी में डिब्बा बंद पकी हुई फ्रांस की फली; **baker** *n* बेकर, नानबाई; **bakery** *n* बेकरी; **baking** *n* भट्टी में पकाने की क्रिया

Bakelite ('बेक'लाइट) *n* ® रकाबी (प्लेट), ट्रे तथा विद्युतरोधी (इन्सूलेटर) बनाने के काम आने वाला एक कड़ा अज्वलनशील कृत्रिम पदार्थ

balance ('बैलन्स) *n* तराज़ू; संतुलन; बक़ाया, बकाया रोकड़; दो रकमों का अंतर // *vt* तौलना; (*pros and cons*) की तुलना करना; सन्तुलित करना, बराबर करना; **balance of trade/payments** व्यापारांतर/भुगतान शेष; **balanced** *a* संतुलित; **balance sheet** *n* तुलन-पत्र, पक्का चिट्ठा; देना-पावना

balcony ('बैल्कनि) *n* बालकनी, छज्जा; सिनेमा, थियेटर में ऊपर की सीटें

bald (बॉल्ड) *a* गंजा; (*tyre*) घिसा हुआ

bale (बेल) *n* गट्ठर, बोरियों का बंडल; **to bale out** *vi* विमान से पैराशूट (हवाई छतरी) की सहायता से कूदना

baleful ('बेल्फुल) *a* धमकी भरी (आंखें आदि); अनिष्टकर

ball (बॉल) *n* गोलाकार वस्तु; गेंद; फैंकी गई गेंद (eg *a fast ball*); बन्दूक की गोली; नृत्य के लिए एकत्रित समुदाय

ballad ('बैलड) *n* गाथा-गीत; कथात्मक कविता

ballast ('बैलस्ट) *n* जहाज़ को स्थिरता देने के लिए उसमें रखा गया भारी वज़न; स्थिरता देने वाला कोई भी पदार्थ; स्थिरक

ball bearings *npl* बालबेयरिंग (मशीनों की धुरियों में लगे इस्पात के गोलियों भरे चक्कर जिससे कि घर्षण कम हो)

ballerina (बैल'रीन्अ) *n* नर्तकी

ballet ('बैले) *n* नृत्य-नाटक; नृत्य-नाट्य

ballistic (ब'लिस्टिक) *a* प्राक्षेपिक, प्रक्षेप्य वस्तु (गोली, गोले) के रूप में गतिमान, उसकी गति से सम्बंधित; **ballistics** *npl* प्राक्षेपिक गति का वैज्ञानिक अध्ययन

balloon (ब'लून) *n* गुब्बारा; (*in comic strip*) कार्टून-पात्र के शब्दों/विचारों का रेखांकित घेरा

ballot ('बैलट) *n* गुप्त मतदान (प्रायः कागज़ पर चिन्ह लगा कर मतपेटी में डालने) का तरीका; **ballot box** *n* मतपेटी

ball-point pen ('बॉल्प्वाइंट पेॅन) *n* बाल-पाइंट पैन

balm (बाम) *n* मरहम, मलहम; कोई भी आराम देने वाली चीज़

bamboo, *pl* **bamboos** (बैम्'बू, बैम्बूज़) *n* बांस

ban (बैन) *n* प्रतिबंध, निषेध // *vt* प्रतिबंध लगाना, रोक लगाना, मना करना, अवैध घोषित करना

banana (ब'नान्अ) *n* केला

band (बैंड) *n* दल, टोली; (*MIL*) वाद्य-वादकों की मण्डली; **to band together** *vi* इकट्ठे होना

bandage ('बैंडिज) *n* घावों पर बांधने की पट्टी

bandaid ('बैंडेड) *n* (*US*) घावों पर चिपकाने की छोटी पट्टी

bandicoot ('बैंडिकूट) *n* आस्ट्रेलिया में पाया जाने वाला चूहे जैसा प्राणी, घूंस

bandit ('बैंडिट) *n* दस्यु, डाकू, पहाड़ों में छिपे लुटेरों के गिरोह का सदस्य

bandwagon ('बैंड्वैगन) *n* : **to jump on the bandwagon** (*fig*) उस संस्था, राजनीतिक पार्टी आदि में सम्मिलित हो जाना जहां सफलता निश्चित

हो

bandy ('बैंडि) *vt* कहना-सुनना, तू-तू मैं-मैं करना; आपस में मज़ाक करना

bandy-legged ('बैंडि''लेगिड) *a* घुटनों से बाहर की ओर मुड़ी टांगों वाला (व्यक्ति)

bang (बैंङ) *n* धमाका; गहरा वार; ज़ोर से दरवाज़ा बंद करने की आवाज़ // *vt* धमाका करना; ज़ोरदार प्रहार करना; ज़ोर से (दरवाज़ा) बन्द करना // *vi* ज़ोर की आवाज़ के साथ बंद होना; फटना

bangle ('बैंग्ल) *n* चूड़ी, कड़ा

banish ('बैनिश) *vt* देश-निकाला देना, निर्वासित करना, भगा देना, निकाल देना

banister(s) ('बैनिस्टर्(ज़)) *n(pl)* जंगला, ज़ीने के साथ लगी टेक

banjo ('बैंजो) *n* बैन्जो (गिटार जैसा वाद्य)

bank (बैंक) *n* बैंक; नदी आदि का किनारा; बांध // *vi* (*AVIAT*) विमान का एक ओर झुक जाना; **to bank on** *vt* पर भरोसा करना, निर्भर करना; **bank account** *n* बैंक का खाता; **bank card** *n* बैंक का पहचान-पत्र; **banker** *n* बैंक का प्रबन्धक या कर्मचारी; **banker's card** *n* (*Brit*) = **bank card**; **Bank holiday** *n* बैंकों की छुट्टी; **banking** *n* बैंक का व्यवसाय; **banknote** *n* नोट (मुद्रा); **bank rate** *n* ब्याज की निर्धारित दर

bankrupt ('बैंक्रप्ट) *a* दिवालिया // *vt* दिवालिया बनाना, दिवाला निकलवाना; **to go bankrupt** का दिवाला निकलना; **bankruptcy** *n* दिवाला

bank statement *n* बैंक द्वारा खातेदार को भेजा गया विवरण

banner ('बैनर) *n* झण्डा; किसी सेना या राष्ट्र का झण्डा

banquet ('बैंक्विट) *n* दावत, भोज

banter ('बैंटर) *vt* हंसी-मज़ाक में छेड़ना // *n* हंसी-मज़ाक, छेड़छाड़

banian, banyan ('बैन्यन) *n* बरगद, बड़, वट-वृक्ष

baptism ('बैप्टिज़्म) *n* (ईसाई धर्म में) नामकरण संस्कार, बपतिस्मा

bar (बार) *n* छड़; (*of gold etc*) सलाख़; धारी; रोक; नदी के मुहाने पर रेत का टीला; कचहरी में कठघरा; (*fig*) रुकावट; (*pub*) शराबघर; होटल आदि में काउन्टर जहां पेय-पदार्थ (विशेषकर शराब) मिले; (*MUS*) संगीत की इकाई // *vt* दरवाज़े में अर्गल लगाना; (*road*) रोक लगाना; (*window*) पक्की तरह बंद कर देना; वर्जित करना; निकाल देना; **bar of soap** साबुन का डण्डा; **the Bar** (*LAW*) वकील समुदाय; **behind bars** जेल में; **bar none** बिना किसी को छोड़े

barbaric (बार्'बैरिक) *a* बर्बर, क्रूर

barbecue 51 **barren**

(आचरण)

barbecue ('बार्बिक्यू) *n* बाहर खुले में आग पर पकाया मांस; इस कार्य में प्रयुक्त चूल्हा

barbed wire ('बार्ब्ड वाइअर) *n* कांटेदार तार

barber ('बार्बर) *n* नाई, हज्जाम

barbiturate (बार्'बिट्यूरेट) *n* नींद लाने की दवाई

bar code *n* पुस्तकों व अन्य वस्तुओं पर मूल्य निर्देशन के रेखा-संकेत

bare (बेॲर) *a* नंगा, खुला; सादा; खाली, केवल मात्र // *vt* दिखाना; (आवरण, कपड़ा आदि) हटाना, उघाड़ना; (*teeth*) निकालना; **bareback** *ad* (घोड़े की बग़ैर काठी के) नंगी पीठ पर; **barefaced** *a* बेशर्म; **barefoot** *a, ad* नंगे पांव; **barely** *ad* मुश्किल से

bargain ('बार्गिन) *n* सौदा; सस्ता सौदा; समझौता // *vi* (*haggle*) सौदेबाज़ी करना, मोलभाव करना; सौदा करना; **into the bargain** साथ ही, समझौते के अतिरिक्त; **to bargain for** को ध्यान में रखना, का सोचना; **he got more than he bargained for** उसने सोचा ही न था कि ऐसा फल मिलेगा

barge (बार्ज) *n* बजरा, सामान ढोने का चपटे पैंदे की नौका // *vi* (*col*) बीच में बोलना; (*col*) (किसी से) अचानक मिलना; धक्का देना; **to barge in** *vi* बिना अनुमति जा घुसना; **to barge into** *vt* (दो व्यक्तियों की बातचीत में) विघ्न डालना

bark (बार्क) *n* कुत्ते के भौंकने की क्रिया; पेड़ की छाल // *vi* भौंकना

barley ('बार्लि) *n* जौ

barmaid ('बार्मेड) *n* शराबघर की सेविका, साकी

barman ('बार्मन) *n* शराबघर का सेवक

barn (बार्न) *n* बखार, खलिहान, खत्ता

barometer (ब'रॉमिटर) *n* बैरोमीटर, वायुदाबमापी (वायु दाब, वायु-चाप नापने का उपकरण)

baron ('बैरन) *n* (*Brit*) सबसे नीची श्रेणी के सामंत की उपाधि; शक्तिशाली व्यापारी/व्यवसायी; **baroness** *n* बैरन की पत्नी/विधवा; महिला बैरन

barracks ('बैरक्स) *npl* बैरक; स्थान जहां सैनिक रहते हैं; बहुत बड़ा (बिना मेज़ कुर्सी आदि का) भवन

barrage ('बैराझ़) *n* (*MIL*) भारी गोलाबारी; प्रश्नों आदि की लगातार भारी बौछार; नदी पर बांध

barrel ('बैरल) *n* बैरल, (लकड़ी का) पीपा; इसका आयतन; (बन्दूक व पिस्तौल आदि की) नली

barren ('बैरन) *a* बांझ, बंध्या; बंजर; (*hills*) सूखी; व्यर्थ, लाभहीन, निष्फल; मन्द; **barrenness** *n* बांझपन;

निष्फलता

barricade (बैरि'केड) *n* मोर्चा; रुकावट // *vt* मोर्चाबंदी करना; (सड़क आदि पर) रुकावट खड़ी करना

barrier ('बैरिअर) *n* रोक, रुकावट, बाधा; (चुंगी आदि के लिए) सीमा

barring ('बारिंङ) *prep* के सिवाए

barrister ('बैरिस्टर) *n* बैरिस्टर, हाई कोर्ट (तथा ऊपरी न्यायालयों) में वकील

barrow ('बैरो) *n* (**wheelbarrow** भी) हथठेला

bartender ('बार्टेण्डर) *n* (*US*) शराबघर का सेवक

barter ('बार्टर) *n* वस्तु-विनिमय सामान के बदले सामान लेना या देना // *vt* : **to barter sth for** (किसी वस्तु) के बदले कोई और वस्तु लेना

base (बेस) *n* पैंदा, तल, नींव; रेखाबिन्दु; संचालन केन्द्र, अड्डा; आधार; पदार्थ जिसमें और चीज़ें मिलाई जाती हैं; (*CHEM*) क्षारक, बेस, यौगिक जो किसी ऐसिड से मिलकर लवण बनाता है // *vt* : **to base sth on** पर आधारित करना // *a* नीच, कमीना, घृणा योग्य; खोटा, अशुद्ध

baseball ('बेस्बॉल) *n* बेसबाल (बल्ले तथा गेंद से खेला जाने वाला खेल)

basement ('बेस्मंट) *n* तहख़ाना

bases ('बेसीज़) **basis** का *npl* ('बेसिज़) **base** का *npl*

bash (बैश) *vt* (*col*) ज़ोर से प्रहार करना, मारना, फोड़ना

bashful ('बैश्फुल) *a* शर्मीला, संकोची

basic ('बेसिक) *a* आधारभूत, बुनियादी, मूल; प्रधान; (*CHEM*) क्षारीय; **basically** *ad* बुनियादी तौर पर

basil ('बैज़ल) *n* तुलसी

basin ('बेस्न) *n* (**washbasin** भी) चिलमची, तसला; बन्दरगाह; द्रोणी, भूमि का वह भाग जहां का पानी बह कर नदी में चला जाता है; नदी घाटी; तलहटी

basis, *pl* **bases** ('बेसिस, 'बेसीज़) *n* आधार, तर्क का आधार

bask (बास्क) *vi* : **to bask in the sun** धूप खाना, धूप का आनंद लेना (*often fig*)

basket ('बास्किट) *n* टोकरी, डलिया; **basketball** *n* बास्केटबॉल का खेल

bass (बेस) *n* (*MUS*) सरगम में सबसे निचला स्वर 'स' मंद; भारी आवाज़ का पुरुष गायक, भारी आवाज़

bassoon (ब'सून) *n* अलग़ोज़ा (एक नीचे स्वर वाला लकड़ी का वाद्य)

bastard ('बास्टर्ड) *n* अविवाहित माता-पिता का पुत्र, हरामज़ादा; (*col*) व्यक्ति, जैसे, **lucky bastard** में // *a* नियम-विरुद्ध, नकली

bastion ('बैस्टिअन) *n* किलेबन्दी में आगे निकला हुआ भाग; बुर्ज, सुदृढ़ सुरक्षा व्यवस्था

bat (बैट) *n* बैट, बल्ला (क्रिकेट, बेसबाल आदि में); चमगादड़ // *vi* बल्लेबाज़ी करना // *vt* पलकें झपकाना; **he didn't bat an eyelid** उसने बिल्कुल झिझक नहीं दिखाई

batch (बैच) *n* एक सी वस्तुओं का समूह, घान (एक ही बार में बनाई गई वस्तुओं का, जैसे केक, दवाइयों आदि का); दल, टोली

bated ('बेटिड) *a* : **with bated breath** (चिंता, घबराहट के कारण) सांस रोक कर

bath (बाथ, *pl* बाद्ज़) *n* दे० **baths** भी; नहाने का टब अथवा स्थान; नहाने का पानी; स्नान // *vt* टब में बच्चे को नहलाना; **to have a bath** नहाना

bathe (बेद) *vi* तैरना; नहाना // *vt* पानी में डुबाना (धोने, भिगोने आदि के लिए), नहलाना

bathing ('बेदिङ) *n* नहाने की क्रिया; **bathing cap** *n* स्त्रियों की नहाते समय पहनने की टोपी; **bathing costume**, (*US*) **bathing suit** *n* तैरते समय पहनने की पोशाक

bath : bathrobe *n* नहाने के बाद पहनने का चोग़ा; **bathroom** *n* स्नान-गृह, गुसलख़ाना

baths (बाद्ज़) *npl* नहाने, तैरने का सार्वजनिक स्थान

bath towel *n* बड़ा तौलिया

batik ('बैटिक) *n* बैटिक (कपड़ा-रंगाई की विधि जिसमें मोम का प्रयोग होता है)

batman ('बैटमन) *n* सैनिक अफ़सर का सेवक, बैटमैन

baton ('बैटन) *n* छड़ी, डण्डा विशे० पुलिसमैन, वृन्द-नायक (कन्डक्टर) व सर्वोच्च सैनिक अधिकारी, मार्शल का

batsman ('बैट्स्मन) *n* बल्लेबाज़

battalion (ब'टैल्यन) *n* बटालियन (थल सेना की करीब तीन या अधिक कम्पनियों का संगठन)

batten ('बैटन) *n* तख़्ता, पट्टी // *vt* (विशे० **batten down**) तख़्ते लगाना, (तख़्ते लगाकर) सुरक्षित करना

batter ('बैटर) *vt* लगातार टक्कर मारना // *n* (खाद्य-पदार्थ बनाने के लिए) फैंटी हुई मैदे, अण्डे और दूध की लपसी; **battered** *a* (*hat, pan*) कुचला-मसला

battery ('बैटरि) *n* विद्युत बैटरी; एक स्थान पर एक ही प्रकार की इकट्ठी रखी गई वस्तुएँ; तोपख़ाना; पंक्ति में लगे मुर्गियां रखने के डरबे

battle ('बैट्ल) *n* लड़ाई, युद्ध // *vi* युद्ध करना, संघर्ष करना; **battle-axe** ('बैटलऐक्स) *n* (*col*) दबंग या धाकड़ स्त्री; **battlefield** *n* युद्ध का मैदान; **battleship** *n* जंगी जहाज़

bawdy ('बॉडि) *a* अश्लील; गन्दा; कामोत्तेजक

bawl (बॉल) *vi* चिल्लाना, चीख़ना; रोना

bay (बे) *n* खाड़ी; भवन का खंड या

कक्ष; आला; **bay window** *n* खिड़की जो आले का काम भी देती है; **to bay (at)** *vt* भौंकना; **to hold sb at bay** (किसी को) दूर रखना, पास फटकने न देना

bayonet ('बेअनिट) *n* संगीन, बेनट // *vt* संगीन भोंकना (**bayoneted, bayoneting**)

bazaar (ब'ज़ार) *n* बाज़ार (विशे॰ पूर्वी देशों में); दान के लिए धन इकट्ठा करने के उद्देश्य से वस्तुओं की बिक्री

bazooka (ब'ज़ूकअ) *n* टैंकभेदी राकेट चलाने का शस्त्र

BB (*of pencils*) double black की पैंसिल

b. & b., B. & B. देखिए **bed**

BBC British Broadcasting Corporation का संक्षेप

B.C. *before Christ* का संक्षेप; ईसा पूर्व; साल के बाद लिखते हैं

B.C.G. *Bacillus Calmette Guerin* (क्षयरोग का टीका) का संक्षेप

B. Com. Bachelor of Commerce का संक्षेप

B.E. Bachelor of Engineering का संक्षेप

KEYWORD

be (बी), *pt* **was, were,** *pp* **been**

♦ *auxiliary vb* **1.** (*with present participle: forming continuous tenses*) : **what are you doing?** तुम क्या कर रहे हो ?; **they are coming tomorrow** वे कल आ रहे हैं; **I have been waiting for you for two hours** मैं दो घंटे से आपकी प्रतीक्षा कर रहा हूं

2. (*with pp : forming passives*) होना, हो जाना; **to be killed** मारे जाना; **he was nowhere to be seen** वह कहीं भी दिखाई नहीं दिया

3. (*in tag questions*) : **it was fun, wasn't it?** मज़ा आ गया न ?; **she's back, is she?** वह वापिस आ गई है या नहीं ?

4. (+ *to* + *infinitive*) : **the house is to be sold** मकान बिकना है/बिकाऊ है; **he's not to open it** उसे यह खोलना नहीं है (खोलने की अनुमति नहीं है)

♦ *vb* + *complement* **1.** (*gen*) होना; **I'm Indian** मैं भारतीय हूं; **I'm tired** मैं थका हुआ हूं; **I'm hot/cold** मुझे गर्मी/ठंड लग रही है; **I'm ready** मैं तैयार हूं; **I'm a doctor** मैं डाक्टर हूं; **2 and 2 are 4** दो और दो चार होते हैं

2. (*of health*) : **how are you?** क्या हाल है ?, कैसे हो ?; **I'm better now** पहले से अच्छा हूं; **he's very ill** वह बहुत बीमार है

3. (*of age*) : **how old are you?** तुम कितने बड़े हो ? (तुम्हारी कितनी आयु है ?); **I'm sixteen (years old)** मैं सोलह साल का हूं

beach 55 **bear**

4. (*cost*) : **how much was the meal?** खाना कितने का था (खाने के कितने पैसे बने) ?; **that'll be Rs.5/-, please** इसके पांच रुपये बने/हुए

♦ *vi* **1.** (*exist, occur etc*) होना, घटित होना; **the best singer that ever was** आज तक का सबसे अच्छा गायक; **be that as it may** ख़ैर, जो भी हो; **so be it** ऐसा ही हो; तथास्तु

2. (*referring to place*) : **I won't be here tomorrow;** कल मैं यहां नहीं होउंगा; **Ahmedabad is in Gujarat** अहमदाबाद गुजरात में है

3. (*referring to movement*) : **where have you been?** तुम कहां थे ?

♦ *impersonal vb* **1.** (*referring to time, distance*) : **it's 5 o'clock** पांच बजे हैं; **it's the 28th of April** आज 28 अप्रैल है; **it's 10 km to the village** (यहां से) गांव 10 कि.मि. दूर है

2. (*referring to the weather*) : **it's too hot/cold** (आज यहां) बहुत गर्मी/सर्दी है; **it's windy** तेज़ हवा चल रही है

3. (*emphatic*) : **it's me/the postman** मैं हूं/डाकिया है

beach (बीच) *n* समुद्र-तट // *vt* नाव को किनारे चढ़ाना

beacon ('बीकन) *n* (*lighthouse*) संकेत-दीप, प्रकाशस्तंभ; (*buoy*) (खतरे का संकेत देने के लिये) समुद्र में उतराती स्थिर वस्तु; जहाज़रानी में प्रयुक्त (रेडियो) संकेत

bead (बीड) *n* मनका, माला का दाना; बूंद; (भवन निर्माण में) महीन कारीगरी; **beaded** *a* मनकेदार

beak (बीक) *n* चोंच; (किसी वस्तु का) नुकीला या आगे बढ़ा हुआ भाग; (*sl*) मैजिस्ट्रेट

beaker ('बीकर) *n* बीकर (रसायनज्ञों द्वारा प्रयोग किया जाने वाला शीशे का पात्र)

beam (बीम) *n* शहतीर; जहाज़ की कड़ी, चौड़ाई अथवा बग़ल; किरण; मुस्कान; तराज़ू की डंडी, तुलादण्ड // *vt* प्रकाश किरण, रेडियो लहर आदि को फैलाना, प्रसारित करना // *vi* मुस्कराना

bean (बीन) *n* बीन, सेम (की फली); (*of coffee*) कहवा के बीज; **runner bean** एक प्रकार की फ्रांस की फली; **broad bean** बाकला (फली); **full of beans** (*col*) उत्साह से भरा; **bean-sprouts** *npl* खाने में प्रयुक्त फलियों के अंकुरित बीज

bear (बेअर) *n* रीछ // *vb* (*pt* **bore**, *pp* **borne**) *vt* ले जाना, ढोना; जन्म देना; उपजाना, फल देना; भार डालना; सहन करना // *vi* : **to bear right/left** संकेत अनुसार दांई/बांई ओर मुड़ना; **to bear out** *vt* सच सिद्ध करना, बात की सच्चाई की पुष्टि करना; **to bear up** *vi* (कठिनाइयों

में भी) धीरज रखना, हिम्मत दिखाना

beard (बिअर्ड) *n* दाढ़ी

bearer ('बेंअरर) *n* होटल का नौकर, बैरा

bearing ('बेंअरिङ) *n* सम्बद्धता; आचरण; दिशा-कोण; स्थिति; कुल-चिन्ह पर बना निशान; बेयरिंग (मशीन का वह भाग जिसके सहारे अन्य भाग घूमता है); **bearings** *npl* (**ball bearing** भी) बाल-बेयरिंग; **to take a bearing** दिशा निर्धारण करना; पता चलाना कि व्यक्ति कहां है; **to find one's bearings** अपने पैर जमाना; अपना स्थान पाना

beast (बीस्ट) *n* पशु, चौपाया; क्रूर मनुष्य, ज़ालिम आदमी; **beastly** *a* पशु जैसा, पाश्विक; क्रूर

beat (बीट) *n* चोट; धड़कन; गश्त का क्षेत्र; (*MUS*) संगीत की ताल // *vt* (*pt* **beat**, *pp* **beaten**) मारना, पीटना; हराना; से आगे निकल जाना; फैंटना; (पंख) फड़फड़ाना; (टक्करें मार कर, कुचल कर) रास्ता बनाना // *vi* धड़कना; हवा के विरुद्ध चलना; **off the beaten track** स्थान जहां अधिक पर्यटक न जाते हों या जिसके बारे में लोग प्रायः न जानते हों; **to beat time** ताल देना; **beat it!** (*col*) दफ़ा हो जाओ ! **to beat off** *vt* (हमला) रोकना, मार भगाना; **to beat up** *vt* (*col*) बुरी तरह पीट देना;' (*eggs*) फैंटना; **beater** *n* कूटने फैंटने में काम आने वाली चीज़, थापी, रई; **beating** *n* मार; करारी हार

beautiful ('ब्यूटिफुल) *a* सुन्दर, लुभावना, खूबसूरत; **beautifully** *ad* बढ़िया या प्रशंसनीय ढंग से

beauty ('ब्यूटि) *n* सुन्दरता, शोभा; सुन्दर व्यक्ति अथवा वस्तु; **beautician** (ब्यू'टिशन) *n* ब्यूटी पार्लर चलाने वाला, में कार्य करने वाला; **beautify** *vt* सजाना, सुन्दर बनाना; **beauty parlour** *or* **salon** *n* ब्यूटी पार्लर, स्थान जहां (स्त्रियों के) बाल, चेहरे, त्वचा, नाखून आदि को सुन्दर रूप दिया जाता है; **beauty spot** *n* सुन्दर पर्यटक स्थल; स्त्री के मुख को सुन्दरता प्रदान करने वाला कोई चिन्ह

beaver ('बीव़र) *n* ऊदबिलाव

became (बि'केम) **become** का *pt*

because (बि'कॉज़) *cj* क्योंकि, इसलिए कि, के कारण; **because of** *prep* के कारण

beck (बेकॅ) *n* : **to be at sb's beck and call** किसी के इशारों पर नाचना

beckon ('बेकन) *vt* (**beckon to** भी) संकेत से बुलाना

become (बि'कम) *vt* (*pt* **became**, *pp* **become**) हो जाना, बन जाना; (के लिए) उचित होना, जंचना, शोभा देना; **to become thin** पतले हो जाना

becoming (बि'कमिङ) *a* शोभनीय; उचित

bed (बेड) *n* पलंग, चारपाई, बिस्तर; क्यारी; (भवन निर्माण) आधार, नींव; नदी, समुद्र का तल; तह, परत; (चट्टान) स्तर // *vt* जमाना; क्यारी में लगाना; **to go to bed** सोना; **single, double bed** एक, दो जनों के सोने की चारपाई; **bed and breakfast (b. & b.)** *n* एक रात ठहरने का प्रबंध व अगली सुबह का नाश्ता; **bedclothes** *npl* बिछौना (चादरें आदि); **bedding** *n* बिछौना

bedlam ('बेड्लम) *n* शोर-शराबा

bedraggled (बि'ड्रैग्ल्ड) *a* धूल, मिट्टी में लिथड़ा, गंदा

bed : bedridden *a* जो बीमारी के कारण शय्याग्रस्त हो, बिस्तर से लगा हुआ; **bedrock** *n* आधारशिला; **bed-room** *n* सोने का कमरा, शयनागार; **bedside** *n* : **at sb's bedside** किसी (रोगी) के पास; **bedsit(ter)** *n* (*Brit*) बैठक जहां बिस्तर भी लगा हो; **bedspread** *n* बिछौने पर बिछी चादर; **bedtime** *n* सोने का समय

bee (बी) *n* मधुमक्खी

beech (बीच) *n* बीच; भूरे रंग की छाल वाला यूरोपियन वृक्ष

beef (बीफ़) *n* गोमांस; (*col*) शिकायत // *vi* (*col*) शिकायत करना; **roast beef** भुना गोमांस; **beefburger** *n* गोमांस से बने पकवान से भरा डबलरोटी का बंद; **beefeater** *n* टावर आफ़ लण्डन का संतरी; **beefy** *a* मोटा-ताज़ा; मंद बुद्धि

beehive ('बीहाइव़) *n* मधुमक्खियों का छत्ता

beeline ('बीलाइन) *n* : **to make a beeline for** सीधे किसी दिशा में चल देना

been (बीन, बिन) **be** का *pp*

beep (बीप) *n* कार के हार्न की रुक-रुक कर होने वाली आवाज, पीं-पीं की आवाज़ // *vi* ऐसी आवाज़ निकालना

beer (बिअर) *n* बियर (एक मादक पेय)

beetle ('बीट्ल) *n* एक प्रकार का भंवरे जैसा कीट

beetroot ('बीट्रूट) *n* चुकंदर

befit (बि'फ़िट) *vt* (के लिए) उचित होना; **befittingly** *ad* उचित ढंग से

before (बि'फ़ॉर) *prep* पहले; के आगे // *cj* से पहले // *ad* के पहले; **before going** जाने से पहले; **before she goes** इससे पहले कि वह जाए; **the week before** पिछले सप्ताह; **I've seen it before** मैंने इसे पहले भी देखा है; **beforehand** *ad* पहले से

befriend (बि'फ्रेंण्ड) *vt* से मित्रता करना

beg (बेंग) *vi* भीख मांगना, भीख पर गुज़ारा करना // *vt* विनयपूर्वक मांगना; प्रार्थना करना

began (बि'गैन) **begin** का *pt*

beggar ('बेगर) *n* भिखारी, भिखमंगा

begin (बि'गिन), *pt* **began**, *pp* **begun** *vt* आरंभ करना; (आंदोलन आदि) चलाना // *vi* आरंभ होना; **to begin doing** *or* **to do sth** कुछ शुरू करना; **beginner** *n* नौसिखिया; **beginning** *n* शुरूआत

begun (बि'गन) **begin** का *pp*

behalf (बि'हाफ़) *n* : **on behalf of** की ओर से, के पक्ष में, के लिए

behave (बि'हेव़) *vi* व्यवहार करना, पेश आना; **to behave oneself** ठीक तरह पेश आना, उचित आचरण करना

behaviour, (*US*) **behavior** (बि'हेव़्यर) *n* आचरण, व्यवहार

behead (बि'हेँड) *vt* सिर काट देना

beheld (बि'हेँल्ड) **behold** का *pt, pp*

behind (बि'हाइंड) *prep* के पीछे; का समर्थक // *ad* पीछे, पीछे की ओर // *n* चूतड़; **to be behind (schedule)** (किसी कार्य का) निश्चित समय से पीछे रह गया होना; **behind the scenes** परदे के पीछे से; **behind-hand** *a, ad* काम में पीछे

behold (बि'होल्ड) *vt* (*pt, pp* **beheld**); देखना, ध्यान से देखना; **beholder** *n* दर्शक

beige (बेझ़) *a* मटमैला

being ('बीइङ) *n* अस्तित्व; प्राणी, जीव; **be** का *pr p*; **to come into being** पैदा, उत्पन्न, प्रकट होना

belated (बि'लेटिड) *a* विलम्बित, बहुत देर से (किया गया कार्य)

belch (बेल्च) *vi* डकार लेना // *vt* (**belch out** भी) बाहर फेंकना; उगलना // *n* डकार

beleaguer (बि'लीगर) *vt* घेरा डालना

belfry ('बेॅल्फ़्रि) *n* घण्टा टांगने का स्थान, घण्टागार

belie (बि'लाइ) *vt* झूठा साबित करना; निराश कर देना; का ठीक रूप प्रस्तुत न करना

belief (बि'लीफ़) *n* धारणा; विश्वास; भरोसा

believe (बि'लीव़) *vt* सही मान लेना, विश्वास करना // *vi* विश्वास होना; **to believe in** (*God*) (ईश्वर) में विश्वास होना, आस्तिक होना; **believer** *n* आस्तिक; **believer in** में विश्वास रखने वाला; समर्थक

belittle (बि'लिट्ल) *vt* महत्व घटाना, मज़ाक उड़ाना

bell (बेॅल) *n* घन्टा, घन्टी; बिजली की घन्टी (काल बेल); **bellboy** *n* होटल परिचारक (पेजब्वाइ)

belle (बेॅल) *n* सुंदरी; (अपने समय की) सर्वसुंदर स्त्री

belligerent (बि'लिजरंट) *a* शत्रुतापूर्ण, आक्रामक, दुश्मनों जैसा (व्यवहार आदि); युद्धरत, लड़ाकू // *n* युद्धरत देश या व्यक्ति

bellow ('बॅलो) *vi* सांड का गरजना; चीख़ना // *n* सांड की गरजने की आवाज़; चीख़

bellows ('बेलोज़) *npl* धौंकनी

belly ('बॅलि) *n* उदर, पेट

belong (बि'लॉङ) *vi* : **to belong to** की सम्पत्ति होना, के अधिकार में होना; का सदस्य अथवा निवासी होना; (स्थान) का होना; से सम्बंध रखना; **this book belongs here** यह पुस्तक यहीं होनी चाहिए; **belongings** *npl* निजी सामान

beloved (बि'लविड) *a* परमप्रिय, बहुत प्यारा // *n* प्रिय व्यक्ति, प्रियतम, प्रेयसी

below (बि'लो) *prep* से नीचे; से निचली सतह पर // *ad* नीचे; **see below** नीचे देखिए

belt (बॅल्ट) *n* पेटी; कमर बंद; मेखला; घेरा; इलाका; क्षेत्र // *vt* घेर लेना; पेटी से बांधना या निशान लगाना; (*col*) धुनाई करना; पीटना; **beltway** *n* (*US AUT*) मुद्रिका मार्ग

bemoan (बि'मोन) *vt* रोना, विलाप करना (किसी वस्तु के छिन जाने पर)

bemused (बि'म्यूज़्ड) *a* हतप्रभ; चकराया हुआ

bench (बेन्च) *n* बैंच // *vt* बैंच लगाना; **the Bench** न्यायाधीशों के बैठने का स्थान या उन का समूह; न्याय पीठ; न्यायालय; **benchmark** *n* निश्चित बिन्दु; कसौटी

bend (बॅण्ड) *vb* (*pt, pp* **bent**) *vt* मोड़ना; झुकाना; टेढ़ा करना // *vi* मुड़ना; झुकना; टेढ़ा होना // *n* (*in road*) मोड़; (*in pipe, river*) घुमाव; झुकाव; **to bend down** *vi* झुक जाना; **to bend over** *vi* पिछली ओर झुकना

beneath (बि'नीथ) *prep* के नीचे; तले; के लिए अशोभनीय; से नीचे // *ad* नीचे; अशोभनीय

benefactor ('बॅनिफ़ैक्टर) *n* उपकार करने वाला, परमार्थी

beneficial (बॅनि'फ़िशल) *a* हितकर, लाभकारी; गुणकारी

benefit ('बॅनिफ़िट) *n* लाभ; फ़ायदा; हित; भला; (बेरोज़गार को सरकार द्वारा दिया) भत्ता // *vt* (किसी का) भला करना // *vi* भला होना; लाभ उठाना; **he will benefit from it** उसे इससे लाभ होगा (**benefited, benefiting**)

benevolent (बि'नॅवलंट) *a* शुभचिन्तक, हितैषी; परोपकारी

benign (बि'नाइन) *a* भद्र, सौम्य; हितकर; हितैषी; (*MED*) कैंसर-रहित

bent (बॅण्ट) **bend** का *pt, pp* // *n* झुकाव, प्रवृत्ति, रुचि // *a* (*col*) भ्रष्ट, बेईमान; मुड़ा हुआ; टेढ़ा; **to be bent on** कृतसंकल्प होना, पर आमदा होना

bequest (बि'क्वेस्ट) *n* वसीयत करने

bereaved 60 **betray**

की क्रिया; छोड़ी गयी सम्पत्ति

bereaved (बि'रीव्ड) *n* : **the bereaved** व्यक्ति जिसके/जिनके निकट सम्बंधी अथवा मित्र की मृत्यु हुई हो

beret ('बॅरे) *n* टोपी

beriberi (बॅरि'बॅरि) *n* (बेरीबेरी) गर्म प्रदेशों का रोग जो विटामिन 'बी' की कमी से उत्पन्न होता है

berm (बर्म) *n* (*US AUT*) पटरी

berry ('बॅरि) *n* बिना गुठली के बेर जैसा फल, बदरी; सरसफल

berserk (बर्'सर्क) *a* (गुस्से से) उन्मत्त; पागल; **to go berserk** पागल हो जाना व अनियंत्रित हो जाना

berth (बर्थ) *n* जहाज़ के लंगर डालने का स्थान; घाट, गोदी; जहाज़ या रेलगाड़ी में सोने का स्थान, शायिका // *vi* (जहाज़ का) लंगर डालना या घाट पर लगना

beseech (बि'सीच) *pt, pp* **besought** *vt* अनुनय-विनय या मिन्नत करना, विनती करना

beset *pt, pp* **beset** (बि'सॅट) *vt* टूट पड़ना; खतरे या समस्याओं से घेर लेना

beside (बि'साइड) *prep* पक्ष में; **to be beside oneself (with anger)** (गुस्से से) आपे से बाहर होना; **that's beside the point** यह तो अप्रासंगिक है

besides (बि'साइड्ज़) *ad, prep* के अलावा, के अतिरिक्त

besiege (बि'सीज) *vt* घेरा डालना (सैनिकों द्वारा)

besotted (बि'सॉटिड) *a* शराब के नशे में धुत; मूर्ख; सम्मोहित (जिसे किसी से प्यार हो गया हो)

besought (बि'सॉट) **beseech** का *pt, pp*

best (बॅस्ट) *a, ad* **good** व **well** का *sup* सबसे अच्छा; **the best part of** अधिकतर; **at best** अधिक से अधिक; **to make the best of sth** किसी चीज़ का जितना बन पड़े लाभ उठाना; **to do one's best** भरसक कोशिश करना; **to the best of my knowledge** जहां तक मुझे मालूम है; **to the best of my ability** पूरी सामर्थ्य से; **best man** *n* दूल्हे का शहबाला; **best seller** *n* बहुत अधिक बिकने वाली पुस्तक या अन्य वस्तु

bestow (बि'स्टो) *vt* देना; प्रदान करना

bet (बेट) *n* दांव पर लगाई राशि // *vb* (*pt, pp* **bet** *or* **betted**) *vt* बाज़ी या दांव (पर) लगाना // *vi* शर्त बदना या लगाना

betel ('बीट्ल) *n* पान, ताम्बूल; **betel nut** *n* सुपारी

betray (बि'ट्रे) *vt* विश्वासघात करना, विशे॰ शत्रु को सहायता कर के; भेद खोल देना; बता देना; का आभास देना;

betrayal *n* विश्वासघात

betrothal (बि'ट्रोदल) *n* सगाई, मंगनी; **betrothed** *a, n* जिस से मंगनी हुई हो, मंगेतर

better ('बेटॅर) *a* **good** और **well** का *comp* बेहतर, अधिक अच्छा // *vt* सुधारना, बेहतर बनाना; **to get the better of** किसी पर विजय पाना; **you had better do it** तुम्हें यह करना ही चाहिए; **he thought better of it** उसने ऐसा करने का इरादा छोड़ दिया; **to get better** (रोगी) का स्वास्थ्य/स्थिति सुधरना; **better off** *a* अधिक अच्छी स्थिति में विशे॰ आर्थिक; **you would be better off this way** तुम ऐसे अच्छे रहोगे, तुम्हें ऐसे फ़ायदा होगा; **betterment** *n* सुधार

betting ('बॅटिङ) *n* (घुड़दौड़ आदि पर) दांव लगाना; **betting shop** *n* (*Brit*) स्थान जहां ऐसे दांव लगाए जाते हैं

between (बि'ट्वीन) *prep, ad* बीच या मध्य में (समय या स्थान के); परस्पर सम्बन्ध या तुलना का सूचक भी

beverage ('बॅव़रिज) *n* पीने की वस्तु, पेय

bevy ('बॅव़ि) *n* : **a bevy of** टोली; मण्डली; झुण्ड

bewail (बि'वेल) *vt* विलाप करना; शोक प्रकट करना

beware (बि'वेंअॅर) *vi* : **to beware of** सतर्क या चौकस रहना, सावधान रहना

bewildered (बि'विल्डर्ड) *a* चक्कर में, चकित; भ्रम में

bewildering (बि'विल्डरिङ) *a* विस्मयकारी

bewitching (बि'विचिंङ) *a* मोहित करने वाला, लुभावना; आकर्षक

beyond (बि'यॉण्ड) *prep* के दूसरी ओर; बाद में; पहुंच से बाहर; से अधिक // *ad* के अतिरिक्त; **beyond doubt** सन्देह से परे

bias ('बाइअस) *n* झुकाव; व्यक्तिगत झुकाव या पसंद; एक पक्षीय झुकाव; पूर्वाग्रह // *vt* तरफ़दारी या पक्षपात कराना; दबाव डालना; **bias(s)ed** *a* एकतरफ़ा; पक्षपात भरा; पक्षपाती (व्यक्ति)

bib (बिब) *n* बच्चे की ठोड़ी के नीचे बंधा कपड़ा जिससे कि उस के कपड़ों पर दूध आदि न गिरे, गांती, गतिया

Bible ('बाइब्ल) *n* बाइबल (ईसाई धर्म का पवित्र ग्रंथ); **biblical** ('बिब्लिकल) *a* बाइबल सम्बन्धी

bibliography (बिब्लि'ऑग्रफ़ि) *n* किसी विषय सम्बन्धी पुस्तकों की सूची; पुस्तकों का इतिहास और वर्णन, ग्रंथ; सूची; ग्रंथ-विज्ञान

bicarbonate (बाइ'कार्बनिट) *n* बाइकार्बोनेट (रासायनिक मिश्रण जो

तेज़ाब में मिलाने से कार्बन डायक्साइड छोड़ता है); मीठा सोडा

biceps ('बाइसेप्स) *n* दो सिर वाली मांसपेशी, विशे॰ (कन्धे और कुहनी के बीच) बाज़ू की; डौला

bicker ('बिकर) *vi* छोटी-छोटी बातों पर झगड़ा करना

bicycle ('बाइसिकल) *n* बाइसिकल, साइकल

bid (बिड) *n* पेशकश, विशे॰ कीमत की; बोली; कोशिश; (ताश के खेल में) पत्ते दिखाने के लिए कहना // *vb* (*pt* **bid** *or* **bade**, *pp* **bid** *or* **bidden**) *vi* (नीलाम में) बोली देना // *vt* कहना; (कुछ करने को) आदेश या निमंत्रण देना; **to bid sb good day** किसी से विदा लेना; **bidder** *n* : **the highest bidder** सबसे अधिक बोली लगाने वाला; **bidding** *n* आज्ञा, कहना

bide (बाइड) *vt* : **to bide one's time** उपयुक्त अवसर के लिए काफ़ी समय तक प्रतीक्षा करना

bier (बिअर) *n* अरथी (जिस पर मुर्दे को गाड़ने/जलाने के लिए ले जाते हैं)

bifocals (बाइ'फ़ोकल्ज़) *npl* द्विफ़ोकसी (ऐसी ऐनक जिसमें दूर देखने व पास देखने का एक ही लैन्स लगा हो)

big (बिग) *a* (*comp* **bigger**, *sup* **biggest**) बड़े आकार, ऊंचाई, संख्या या शक्ति वाला; बड़ा; ऊंचा; विशाल; लम्बा चौड़ा; महत्वशाली; महान

bigamy ('बिगमि) *n* एक पति/पत्नी के होते दूसरे पुरुष/दूसरी स्त्री से विवाह करने का अपराध

big dipper (बिग्'डिपर) *n* मनोरंजन स्थल पर बनी छोटी रेलगाड़ी

bigheaded ('बिग्'हेडिड) *a* घमण्डी, अहंकारी

bigot ('बिगट) *n* व्यक्ति, जो दूसरों के विचार (विशे॰ धर्म या जाति के बारे में) न सुन व सह सके, धर्मान्ध, कट्टरपंथी; **bigoted** *a* धर्मांध, कट्टरपंथी; **bigotry** *n* कट्टरता, धर्मान्धता

big top *n* सरकस का तम्बू

bike (बाइक) **bicycle** या **motor bike** का संक्षेप

bikini (बि'कीनि) *n* स्त्रियों की तैरने की पोशाक जिसमें अंगिया और चड्डी मात्र होते हैं

bilateral (बाई'लैटरल) *a* द्विपक्षीय; दोतरफ़ा; परस्पर; **bilateral relations** *npl* परस्पर सम्बंध

bile (बाइल) *n* पित्त (जिगर से निकलने वाला स्राव); चिड़चिड़ापन; क्रोधी स्वभाव

bilingual (बाइ'लिंग्वल) *a* दो भाषाएं बोलने वाला; दो भाषाओं में लिखा, द्वैभाषिक

bill (बिल) *n* खरीदी गयी वस्तुओं की कीमत सहित सूची; बीजक; (*POL*) संसद के अधिनियम का मसौदा, विधे-

यक; (*US*) बैंकनोट; इश्तहार; हुण्डी; विपत्र; पक्षी की चोंच // *vt* बीजक या बिल बनाना या देना; विज्ञापन के माध्यम से घोषणा करना; **post/stick no bills** यहां इश्तहार न लगाइए; **to fit** *or* **fill the bill** (*fig*) उपयुक्त होना (पद के लिए); **billboard** *n* तख्ता जिस पर इश्तहार चिपकाए जायें

billet ('बिलिट) *n* सैनिकों के लिए नागरिक क्षेत्र में ठहरने का स्थान या ठिकाना; आराम करने का स्थान, विश्राम घर // *vt* सैनिकों को ठहराना

billfold ('बिलफ़ोल्ड) *n* (*US*) पुरुषों का बटुआ

billiards ('बिल्यर्डज़) *n* मेज़ पर गेन्दों और छड़ियों से खेला जाने वाला खेल

billion ('बिल्यन) *n* (*Brit*) दस खरब की संख्या; (*US, France* में एक अरब)

bin (बिन) *n* अनाज रखने की कोठड़ी; धानी; (**dustbin** भी) कचरा आदि डालने का डिब्बा आदि; एक बड़े पीपे में भरी शराब

bind (बाइण्ड) *pt, pp* **bound** *vt* कस कर बांधना; इर्दगिर्द लपेटना; इकट्ठे बांधना; उपकार या अहसान करना; वचन लेना; मुहर बन्द करना; रोकना; पट्टी बांधना; जमाना; जोड़ना या एक करना; (पुस्तक की) जिल्द बांधना; **binder** *n* (जिल्द) बांधने वाला; **binding** *n* किताब की जिल्द; कपड़े के घेरे के लिए फ़ीता // *a* बाध्यकारी (करार आदि)

binge (बिंज) *n* (*col*) खाने-पीने का दौर जिसमें संयम से काम न लिया जाय; रंगरलियां; **to go on a binge** रंगरलियां मनाना

bingo ('बिंगो) *n* एक खेल जिसमें बिना किसी क्रम के संख्या पुकारी जाती हैं और उसमें भाग लेने वाले पुकारी गयी संख्या काट देते हैं; इसे **housey - housey** और भारत में तम्बोला कहते हैं

binoculars (बाइ'नॉक्युलर्ज़) *npl* दूरबीन

bio... (बाइअ...) जीवन, जीवित; *prefix* : **biochemistry** *n* जीव-रसायन; **biography** (बाइ'ऑग्रफ़ि) *n* जीवनी, जीवनचरित; **biological** (बाइअ'लॉजिकल) *a* जीवविज्ञान संबंधी; **biology** (बाइ'ऑलजि) *n* जीवविज्ञान

biopsy ('बाइऑप्सि) *n* शरीर का कोई ऊतक (टिशू) काट कर उसकी परीक्षा; जीवोतिपरीक्षा

bipartisan (बाइपार्टि'ज़ैन) *a* दो राजनीतिक दलों को मिला कर बना या उन से समर्थन पाने वाला

bipartite (बाइ'पार्टाइट) *a* दो अंगों या दलों वाला

biped ('बाइपेड) *n* दो पैरों वाला जीव, दोपाया

birch (बर्च) *n* पेड़ जिसकी छाल चांदी के समान चमकती है; भूर्ज; भोजपत्र; इस

पेड़ की शाखा से बनी छड़ी जो बच्चों आदि को पीटने के काम आती है

bird (बर्ड) *n* पक्षी, पंछी; (*Brit col* : *girl*) जवान लड़की; **bird's-eye view** *n* विहंगम दृष्टि; **bird watcher** *n* पक्षियों का उनके प्राकृतिक वातावरण में अध्ययन करने वाला, पक्षीविज्ञानी

Biro ('बाइअरो) *n* ® बाल पांइट कलम

birth (बर्थ) *n* जन्म; पैदाइश; कुल (माता-पिता); प्रादुर्भाव; कुलीन वंशावली; **birth certificate** *n* जन्म प्रमाणपत्र; **birth control** *n* सन्तति निग्रह; **birthday** *n* जन्मदिन; **birthmark** *n* जन्म के समय शरीर पर कोई धब्बा या चिन्ह जो पहचान का कारण बने; **birth rate** *n* जन्म-दर

biscuit ('बिस्किट) *n* बिस्कुट

bisect (बाइ'सेक्ट) *vt* दो बराबर-बराबर हिस्सों में बांटना

bishop ('बिशप) *n* पादरी जो एक अंचल का अधिकारी हो; बिशप; (शतरंज के खेल में) फ़ीला; हाथी

bison ('बाइसन) *n* बड़े आकार का जंगली बैल; ग़वल; अमरीका की भैंस

bit (बिट) *vi* **bite** का *pt* // *n* बरमें का अगला भाग; घोड़े की लगाम का दहाना; छोटा टुकड़ा; (*COMPUT*) कम्प्यूटर में जानकारी की इकाई; **a bit of** कुछ, थोड़ा अंश; **a bit mad** थोड़ा पागल; **bit by bit** थोड़ा-थोड़ा करके

bitch (बिच) *n* कुत्ते, लोमड़ी या भेड़िए की मादा; कुतिया; (*offens sl*) गुस्ताख़ स्त्री; (*col*) शिकायत // *vi* शिकायत करना

bite (बाइट) *vt, vi* (*pt* **bit**, *pp* **bitten**) काटना, विशे॰ दांत से; पकड़ लेना; (मछली का) चारे की ओर आना; गला देना // *n* काटने की क्रिया; काटने का घाव; (*mouthful*) निवाला, ग्रास; **let's have a bite (to eat)** आओ थोड़ा सा खा लें; **to bite one's nails** बहुत अधिक चिंतित होना

bitter ('बिटर) *a* कड़वा; तीखा; तीता; अप्रिय; नाराज़ या दुखी (व्यक्ति); व्यंग्य-पूर्ण // *n* (*Brit*) एक प्रकार की बीयर; **we shall pursue it to the bitter end** इसमें अंत तक लगे रहेंगे; **bitterness** *n* कड़ुवाहट, वैमनस्य

bitumen ('बिट्युमिन) *n* बिट्युमिन (सड़कों पर बिछाने के तारकोल का एक तत्व), डामर

bizarre (बि'ज़ार) *a* अनोखा, असाधारण; बेतुका; भयानक

blab (ब्लैब) *vi* भेद खोल देना; बकबक करना // *n* भेद खोलने वाला; बकवादी

black (ब्लैक) *a* काला; काले रंग का, अशुभ, मनहूस, अंधकारमय // *n* काला रंग; **Black** काली जाति का,

bladder 65 **blast**

नीग्रो // *vt* (जूते पर) पालिश करना; (औद्योगिक झगड़े में) बहिष्कार करना; **to give sb a black eye** घूंसा मार कर मुंह सुजा देना; **black and blue** *a* चोट के कारण नील पड़ने का निशान; **to be in the black** (*in credit*) बैंक में रुपया-पैसा होना; **blackberry** *n* कांटेदार झाड़ी जिसमें गहरे रंग के बेर लगते हैं; **blackbird** *n* कस्तूरा (पक्षी); **blackboard** *n* ब्लैकबोर्ड, काला तख़ता; **blackcurrant** *n* किशमिश; **blacken** *vt* काला करना; **blackguard** ('ब्लैकगार्ड) *n* गुंडा; बदमाश; **black ice** *n* बर्फ़ की पतली परत जो दिखाई नहीं देती; **blackleg** *n* हड़ताल तोड़ने वाला मज़दूर; **blacklist** *n* संदिग्ध व्यक्तियों की सूची; **blackmail** *n* भंडाफोड़ करने का डर दिखा कर पैसा ऐंठने की क्रिया // *vt* इस प्रकार पैसा ऐंठना; **black market** *n* काला बाज़ार, चोर बाज़ार; **blackout** *n* (शत्रु के विमानों के डर से) बत्तियां बुझाने की क्रिया; बेहोशी, मूर्च्छा; **the Black Sea** *n* कृष्ण सागर, काला सागर; **black sheep** *n* कुल-कलंक; **blacksmith** *n* लोहार; **black spot** *n* खतरनाक स्थान, विशेषतया सड़क पर

bladder ('ब्लैडर) *n* द्रव पदार्थ डालने के लिए झिल्ली की थैली, विशे॰ मूत्राशय

blade (ब्लेड) *n* चाकू या औज़ार का वह अंश जिससे काटते हैं; धार; घास की पत्ती; तलवार; **blade of grass** घास का तिनका

blame (ब्लेम) *n* निंदा करने की क्रिया; दोष // *vt* दोष देना या निंदा करना; **to blame sb/sth for sth** किसी को किसी बात/काम के लिए दोषी ठहराना; **who's to blame?** इसकी ज़िम्मेदारी/दोष किस पर है ?

bland (ब्लैंड) *a* साधारण, फीका; अनाकर्षक; नरम; सौम्य; मृदु

blank (ब्लैंक) *a* जिस पर कुछ लिखा न हो; खाली; रिक्त; **she gave me a blank look** उसने मेरी ओर भावशून्य आंखों से देखा; चकराया हुआ; (कविता) अतुकांत // *n* शून्य; रिक्त स्थान; खाली कारतूस जिसमें गोली नहीं होती; **blank cheque** *n* चेक जिस पर रकम न लिखी हो; पूरा अधिकार

blanket ('ब्लैंकिट) *n* कम्बल; आवरण // *vi* कम्बल ओढ़ाना; आच्छादित करना; छिपाना; पूरा ढँक देना

blare (ब्लेअर) *vi* ऊंची आवाज़ निकालना; गरजना // *n* गरज; ऊंची आवाज़

blast (ब्लास्ट) *n* विस्फोट, धमाका; विस्फोट के कारण हवा का ज़ोर का झोंका; झोंका; जोर की आवाज़; (*sl*) डांट, लताड़ // *vt* विस्फोट द्वारा हटाना या खोलना; तबाह या नष्ट कर देना; **blast furnace** *n* इस्पात पिघ-

लाने की भट्टी; **blast-off** *n* अंतरिक्ष-यान की उड़ान आरंभ होना

blatant ('ब्लेटंट) *a* खुला; साफ़, स्पष्ट; घोर

blaze (ब्लेज़) *n* धधकती हुई आग; चमक; (*fig*) तड़क-भड़क; उत्तेजित होकर भड़क उठने की क्रिया // *vi* धू-धू कर के जलना; (*fig*) भड़कना (ग़ुस्से में) // *vt* : **to blaze a trail** (*fig*) नया रास्ता खोजना

blazer ('ब्लेज़र) *n* एक प्रकार का कोट जो विशे॰ खिलाड़ी पहनते हैं, ब्लेज़र

bleach (ब्लीच) *n* रंग काटने का पदार्थ, रंग काट; **household bleach** *n* कपड़े सफ़ेद करने का रसायन; **bleached** *a* सफ़ेद किया हुआ (बाल आदि); **bleachers** *npl* (ब्लीचर्ज़) (*US SPORT*) खेल के मैदान में दर्शकों के लिए खुली सीटें

bleak (ब्लीक) *a* ठंडा; रूखा; उजाड़; जहां चारों ओर कुछ न हो

bleary (-eyed) ('ब्लिअरि'(आइड)) *a* जिस की आंखें (आंसुओं या नींद से) धुंधला गयी हों

bleat (ब्लीट) *vi* मिमिआना; शिकायत भरे स्वर में बोलना // *n* मिमियाहट

bleed *pt, pp* **bled** (ब्लीड, ब्लेंड) *vi* खून निकलना // *vt* खून या कोई और तरल पदार्थ निकालना; किसी से पैसा ऐंठना; **my nose is bleeding** मेरी नकसीर फूट रही है/मेरी नाक से लहू बह रहा है

bleeper ('ब्लीपर) *n* छोटा सा (जेब में ले जाने का) इलैक्ट्रॉनिक उपकरण जिससे किसी को बुलाया जा सकता है

blemish ('ब्लेमिश) *n* धब्बा, दाग़; कलंक // *vt* बिगाड़ना या क्षति पहुंचाना; गंदा करना; दाग़ या धब्बा लगाना

blend (ब्लेंण्ड) *n* मिश्रण // *vt* मिलाना; घोल मिलाना // *vi* (*colours etc*) मिल जाना, मेल खाना; **blender** *n* जो घोल मिलाए विशे॰ रसोई घर में प्रयुक्त उपकरण जिसमें डाल कर खाद्यपदार्थ मिलाए जाते हैं, मिक्सी

bless *pt, pp* **blessed** या **blest** (ब्लेस, ब्लेस्ट) *vt* पवित्र करना (मंत्रादि से); आशीर्वाद देना, आशिष देना; (कुछ दे कर) धन्य करना; धन्य कहना या मानना; प्रसन्न करना; **blessing** *n* एक समारोह जिसमें ईश्वर से संरक्षण तथा सहायता प्रदान करने की प्रार्थना की जाती है, प्रार्थना; आशीर्वाद; स्वागत योग्य घटना; वरदान; लाभ

blew (ब्लू) **blow** का *pt*

blight (ब्लाइट) *n* पौधों की एक बीमारी; अंगमारी; हानिकारक प्रभाव; (*fig*) अभिशाप // *vt* मुरझा देना; (*hopes etc*) नष्ट कर देना

blighter ('ब्लाइटर) *n* (*col*) व्यक्ति (जिससे चिढ़ हो)

blimey ('ब्लाइमि) *excl* (*Brit col*)

विस्मयादिबोधक शब्द

blind (ब्लाइंड) *a* अंधा; बेसमझ; अंधाधुंध; (*sl*) शराब के नशे में धुत्त // *n* वस्तु जो प्रकाश रोक दे; खिड़की की झिलमिली; बहाना; **blind alley** *n* बंद गली; गतिरोध; **blind corner** *n* मोड़ जहां दूसरी ओर से आता न दिखे, अंधा मोड़; **blindfold** *n* आंखों पर बंधी पट्टी // *a, ad* आंखों पर पट्टी बांधे; आंखें बंद किये // *vt* आंखों पर पट्टी बांधना; **blindly** *ad* बिना सोचे-विचारे; **blindness** *n* नेत्रहीनता; **blind spot** *n* (*AUT etc*) ऐसा स्थान जहां कुछ दिखाई न दे; विषय जिसके बारे में मन में अज्ञान या पूर्वाग्रह हो

blink (ब्लिंक) *vi* आंख से इशारा करना; आंख झपकाना या मिचकाना; टिमटिमाना // *n* चमक; **to blink at** *vt* देख कर अनदेखी करना; **on the blink** (*col*) (यंत्रादि जो) काम न कर रहा हो; **blinkers** *npl* घोड़े की आंख पर लगे चमड़े के टुकड़े जिससे कि वह देख न सके

blip (ब्लिप) *n* बार-बार आने वाली आवाज़ या रेडार के परदे पर दीखने वाला चिन्ह

bliss (ब्लिस) *n* सम्पूर्ण सुख; परमानन्द

blister ('ब्लिस्टर) *n* फफोला, छाला; सतह पर उभरा स्थान (जैसा लकड़ी पर रोग़न सूखने पर पड़ जाता है) // *vi* छाले पड़ जाना; (*paint*) फूल जाना

blithe (ब्लाइद) *a* प्रसन्न; बहुत खुश, मस्त; **blithely** ('ब्लाइद्लि) *ad* खुशी से

blitz (ब्लिट्स) *n* अचानक ज़बरदस्त हमला

blizzard ('ब्लिज़र्ड) *n* बर्फ़ का तूफ़ान (जब बर्फ़ गिरे और तेज़ हवा चले); हिमझंझावात

blob (ब्लॉब) *n* थक्का, विशे० तरल पदार्थ की बूंद; अस्पष्ट आकृति

bloc (ब्लॉक) *n* व्यक्तियों या राष्ट्रों का (राजनीतिक) गुट

block (ब्लॉक) *n* लकड़ी या पत्थर का ठोस, चौकोर टुकड़ा; कुन्दा; शिलाखण्ड; (*in pipes*) अवरोध, रुकावट; पहिया और जंज़ीर जिससे बोझ उठाते हैं; (*of buildings*) मकनों, भवनों आदि का समूह, खण्ड; एक दूसरे को काटती सड़कों से घिरा क्षेत्र; भूखण्ड // *vt* बाधा डालना; रोकना; (आकृति) बनाना; **blockade** (ब्लॉ'केड) *n* नाकेबंदी // *vt* की नाकेबंदी करना; **blockage** *n* रुकावट; **blockbuster** *n* ज़ोरदार, प्रभावशाली व्यक्ति, वस्तु आदि; **block of flats** *n* मकानों (फ़्लैटों) का समूह; **blockhead** *n* मूर्ख; मन्द-बुद्धि (व्यक्ति); **block letters** *npl* अंग्रेज़ी वर्णमाला के capital अक्षर

bloke (ब्लोक) *n* (*col*) (मूर्ख) व्यक्ति; छोकरा

blond (ब्लॉण्ड) *a* हल्के या भूरे रंग के

(बाल); **blonde** *n* भूरे बालों वाली स्त्री

blood (ब्लड) *n* खून, रक्त; जाति; सगे-सम्बंधी; कुलीन होने की स्थिति; स्वभाव; ग़ुस्सा; **blood curdling** *a* जिसे देख कर डर के मारे खून जम जाए, अत्यधिक भयावह; **blood donor** *n* रक्तदान करने वाला, रक्तदानी; **blood group** *n* रुधिर-वर्ग, ब्लड-ग्रुप; **bloodhound** *n* भेदिया कुत्ता; जासूस; **blood poisoning** *n* रक्त-विषाक्तता, ज़हरबाद; **blood pressure** *n* रक्त चाप; **bloodshed** *n* रक्तपात, खून-खराबा; **bloodshot** *a* : **bloodshot eyes** लाल-लाल आंखें; **bloodstream** *n* रक्त-धारा; **bloodsucker** *n* परजीवी व्यक्ति/जीव; **blood test** *n* रक्त-जांच; **bloodthirsty** *a* खून का प्यासा, रक्तपिपासु, खूंखार; **blood transfusion** *n* एक व्यक्ति का खून दूसरे को चढ़ाने की क्रिया; **bloody** *a* खूनी; एक गाली/अपशब्द; **bloody strong/good** बहुत तेज़/अच्छा; **bloody-minded** *a* दुष्ट

bloom (ब्लूम) *n* पौधे का फूल; फूल का खिलना; (*fig*) युवावस्था; पूर्णता // *vi* पुष्प आना, खिलना; (*fig*) विकसित होना

blossom ('ब्लॉसम) *n* फूल; कली // *vi* फूल आना; फलना-फूलना, हरा-भरा हो जाना; विकसित होना

blot (ब्लॉट) *n* धब्बा; दाग़; कलंक, लांछन // *vt* धब्बा या दाग़ लगाना; मिटा देना; कलंकित करना; स्याही आदि चूस लेना; **to blot out** *vt* (*memories*) भुला देना; (*view*) ओझल कर देना; मिटा देना; समाप्त कर देना

blotchy ('ब्लॉचि) *a* काले धब्बों वाली (त्वचा)

blotting paper ('ब्लॉटिंग'पेपर) *n* स्याही सोखने वाला काग़ज़, स्याही-चूस

blouse (ब्लाउज़) *n* (स्त्रियों की) कमर तक की ढीली ढाली कुरती; कुरता

blow (ब्लो) *n* चोट, आघात // *vb* (*pt* **blew**, *pp* **blown**) *vi* फूंकना; (हवा) चलना; बजना; बहना // *vt* हवा फूंकना; बजाना, आवाज़ निकालना; (*sl*) फ़ज़ूल खर्ची में उड़ा देना; **to blow one's nose** नाक साफ़ करना; **to blow a whistle** सीटी बजाना; **to blow away** *vt* उड़ा ले जाना; **to blow down** *vt* (आंधी द्वारा पेड़ आदि) गिरा देना; **to blow off** *vt* ज़ोर से अलग कर देना; **to blow out** *vi* बुझ जाना, फट जाना; **to blow over** *vi* शांत हो जाना, थम जाना; **to blow up** *vi* (विस्फोट में) उड़ जाना // *vt* फ़ोटो को बड़े आकार का बनाना; उड़ा देना; (मामला) बढ़ा देना; **blow-dry** *n* गीले बाल गर्म हवा से सुखाना व संवारना; **blowlamp** *n* रोग़न आदि उतारने में प्रयुक्त बहुत तेज़ लौ

वाला बर्नर; **blow-out** *n* (टायर का) फट जाना; फ़्यूज़ का उड़ जाना; **blow-torch** *n* = **blowlamp**

blown (ब्लोन) **blow** का *pp*

bludgeon ('ब्लजन) *n* छोटे आकार का मोटा सोंटा; मोगरी // *vt* सोंटे से मारना; (किसी को किसी काम के लिए) विवश करना

blue (ब्लू) *a* नीला; आसमानी; ग़ुस्से से लाल; निराशा में डूबा हुआ; **blue film/joke** अश्लील फ़िल्म/मज़ाक; **to come out of the blue** (*fig*) अचानक प्रकट होना; **to have the blues** उदास होना; **bluebottle** *n* सड़े-गले मांस व खुले घावों में अण्डे देने वाली एक मक्खी; **blue-collar** *a* औधोगिक मज़दूरों के लिए प्रयुक्त शब्द; **blueprint** *n* (*fig*) रूपरेखा, मानचित्र आदि की प्रति; **bluestocking** *n* बुद्धिजीवी या विदुषी महिला

bluff (ब्लफ़) *vi* झांसा देना; रोब या धौंस से काम निकालना // *n* झांसा; दम बुत्ता; **to call sb's bluff** किसी को ललकारना (कि जो चाहो कर लो)

blunder ('ब्लंडर) *n* भद्दी/भयंकर भूल // *vi* मूर्खतापूर्ण भूल करना; भोंड़े या फूहड़ ढंग से काम करना

blunt (ब्लंट) *a* जिसकी धार तेज़ न हो; कुन्द; कुंठित; भोथरा; स्पष्ट, रूखी (बात); (*person*) मुंहफट // *vt* कुन्द या कुंठित करना

blur (ब्लर) *n* धुंधलापन; कोई अस्पष्ट या धुंधली आकृति // *vt* धुंधला या अस्पष्ट कर देना

blurb (ब्लर्ब) *n* पुस्तक आदि का विज्ञापन या परिचय

blurt (ब्लर्ट) : **to blurt out** *vt* (*reveal*) अचानक या किसी के बिना कहे कुछ बता देना; (*say*) कह डालना, फूट पड़ना

blush (ब्लश) *vi* (लज्जा से) मुंह लाल हो जाना; शरमा या झेंप जाना // *n* लज्जारुणिमा; लज्जा

blustery ('ब्लस्टरि) *a* (आंधी आदि) प्रचण्ड

boa ('बोअ) *n* बड़ा सांप जिसमें विष नहीं होता, अजगर; पशुओं की रोएंदार खाल या पंखों का बना लम्बा गुलूबंद

boar (बॉअर) *n* नर सूअर; जंगली सूअर, वराह

board (बॉर्ड) *n* तख्ता, मेज़; खान-पान; भोजन; कम्पनी का प्रबन्ध-मण्डल; प्रबंध-परिषद; गत्ता // *vt* (*ship, train*) सवार होना; **on board** (जहाज़, विमान पर) सवार; **full/half board** पूरा/आधा भोजन; **which goes by the board** (*fig*) जो व्यर्थ/नाकाम हो जाता है; **to board up** *vt* तख्ते लगा कर (दरवाज़ा, खिड़की आदि) बंद कर देना; **board and lodging** *n* खाने और रहने की व्यवस्था; **boarder** *n* छात्रावास आदि का निवासी; **boarding card** *n* जहाज़, विमान में

बैठने का अनुमतिपत्र; **boarding house** *n* छात्रावास; **boarding school** *n* स्कूल जहां छात्र रहते भी हों; **board room** *n* कम्पनी के प्रबन्ध-मण्डल का सभाकक्ष

boast (बोस्ट) *vi* : **to boast (about** *or* **of)** डींग या शेख़ी मारना // *vt* की शेख़ी मारना // *n* शेख़ी, गर्वोक्ति; **boastful** *a* शेख़ीख़ोर

boat (बोट) *n* नाव, किश्ती; जहाज़ // *vi* नाव या किश्ती में सैर करना; **boater** *n* एक प्रकार का हैट; **boatswain** (बोसेन) *n* जहाज़ का अधिकारी जिसके ज़िम्मे नावों या पालों की देखभाल होती है

bob (बॉब) *vi* (*boat, cork*) ऊपर-नीचे होना; (**bob up and down** भी) डूबना-उतराना // *vt* (*head*) ऊपर-नीचे करना; (स्त्री के बाल) काट कर छोटे करना // *n* झटका; छोटे बाल; गोलक या लटकन; (*col*) (भूतकाल में प्रयुक्त) शिलिंग का सिक्का; **to bob up** *vi* अचानक प्रकट हो जाना

bobbin ('बॉबिन) *n* फिरकी (जिस पर धागा चढ़ाते हैं); परेता; अटेरन

bobby ('बाबि) *n* (*Brit : col*) पुलिस का सिपाही

bobsleigh ('बॉब्स्ले) *n* बर्फ़ पर फिसलने की बिना पहियों की गाड़ी

bode (बोड) *vi* : **to bode well/ill (for)** (के लिए) अच्छा/बुरा शकुन होना

bodice ('बॉडिस) *n* चोली; कुरती

bodily ('बाडिलि) *a* शारीरिक // *ad* शारीरिक रुप से; सारा का सारा

body ('बॉडि) *n* शरीर, बदन; शरीर का मुख्य भाग; शव, लाश; किसी भी वस्तु का मुख्य भाग; (*of car, plane*) ढांचा; संस्था; (*fig : quantity*) बड़ी मात्रा; (*of wine*) तेज़ी, तीव्रता; सार; पिण्ड; व्यक्तियों का संगठित समूह; (आत्मा के विपरीत) पदार्थ; **body-building** *n* शरीर को सुडौल बनाना; **bodyguard** *n* अंगरक्षक; **bodywork** *n* मोटर गाड़ी का ढांचा

bog (बॉग) *n* दलदल; (*sl*) शौचालय; संडास // *vt* : **to get bogged down** (*fig*) (वार्ता आदि) अड़चन के कारण रुक जाना

bogey ('बोगि) *n* बुरी या शरारती प्रेतात्मा; हौआ; जूजू; किसी अच्छे गॉल्फ़ खिलाड़ी के मानक अंक; **bogeyman** *n* (काल्पनिक) व्यक्ति जिसके नाम से बच्चों को डराया जाए

boggle ('बॉग्ल) *vi* : **the mind boggles** दिमाग़ चकरा जाता है

bogie ('बोगि) *n* रेलवे की यात्री गाड़ी का डिब्बा, बोगी

bogus ('बोगस) *a* खोटा, जाली; बनावटी

bohemian (बो'हीमिअन) *a* जो किसी समाज-सम्मत तौर तरीके में विश्वास न रखे; रूढ़ि-मुक्त // *n* व्यक्ति

जो बंजारों की तरह रहता हो

boil (बॉइल) *vt* उबालना; उबाल कर पकाना // *vi* उबलना; खौलना; उबल कर पक जाना; जोश या गुस्से में आना; (*col*) गरम होना; (*col*) गुस्से हो जाना // *n* (*MED*) फोड़ा; **to come to the** (*Brit*) *or* **a** (*US*) **boil** उबलने लग जाना; **to boil down** *vi* (*fig*) : **to boil down to** का निचोड़ होना; **to boil over** *vi* उफन जाना; **boiled eggs/potatoes** *npl* उबले अण्डे/आलू; **boiler** *n* उबालने का बरतन, देग़, बायलर; **boiler suit** *n* डांगरी; **boiling point** *n* क्वथनांक (वह तापमान जिस पर कोई द्रव उबलने लगे)

boisterous ('बॉइस्टरस) *a* उच्छृंखल; ऊधमी; गुल गपाड़िया

bold (बोल्ड) *a* निर्भीक, निडर; धृष्ठ; ढीठ; (*type*) मोटा; (*outline, colour*) गहरा चमकदार

bollard ('बॉलार्ड) *n* घाट या जहाज़ पर वह स्थान जिस पर उसे रोकने के लिए रस्से बांधे जाते हैं; खूंटा; सड़क या पगडंडी पर लगी सीमा दर्शाने की खूंटी या खूंटा

bolster ('बोल्स्टर) *n* मसनद, गद्दी; सहारा // *vt* सहारा देना, थामना; **to bolster up** *vt* किसी को समर्थन देना व उसका हौसला बढ़ाना

bolt (बोल्ट) *n* काबला; छलांग; बिजली या गाज; कपड़े का थान; सिटकिनी, चटखनी // *ad* : **bolt upright** एकदम सीधा // *vt* काबले से कसना; सिटकिनी लगाना; जल्दी-जल्दी खाना; भकोसना; सटकना // *vi* एकदम भाग जाना; रस्से तुड़ा कर भागना

bomb (बॉम) *n* बम; गोला; कोई विस्फोटक वस्तु // *vt* बम गिराना; बमों से आक्रमण करना; **bomb disposal unit** *n* बम का पलीता निकालने वाला दल; **bombard** *vt* बम बरसाना, गोलाबारी करना, (*fig*) (आपत्तियों की) बौछार करना; **bombardment** *n* बम बरसाना; **bomber** *n* बम-वर्षक विमान; **bombshell** *n* बम का ख़ोल; (*fig*) अप्रिय, चौंकानेवाली सूचना; (*col*) अत्यन्त सुन्दर लड़की

bona fide ('बोन्अ'फ़ाइडि) *a Lat* सदाशयता (से); नेक नीयती (से); **bona fides** *npl* सदाशयता; नेक नीयती

bond (बॉण्ड) *n* बेड़ी, बंधन; सम्बन्ध; पैसा लौटाने का लिखित वचन; समझौता या अनुबन्ध पत्र, इकरारनामा // *vt* बांधना; जोड़ना; **in bond** शुल्क की अदायगी तक माल भण्डार में रखने की क्रिया; **bonded** *a* इस प्रकार रखा (माल); बंधक रखा गया, बंधुआ (मज़दूर आदि)

bondage ('बॉण्डिज) *n* दासता, गुलामी

bone (बोन) *n* हड्डी // *vt* हड्डी निकालना; मांस से हड्डी अलग करना //

bonfire 72 **boost**

vi (*col*) **bone up** अध्ययन करना, मन लगाकर पढ़ना; **bonehead** *n* (*col*) मूर्ख या मंद बुद्धि व्यक्ति; **bone idle** *a*, **bone lazy** *a* निठल्ला, आलसी

bonfire ('बॉन्फ़ाइअर) *n* खुले में जलाई आग, अलाव

bongo ('बॉङ्गो) *n* तबले जैसा वाद्य

bonnet ('बॉनिट) *n* स्त्रियों की टोपी; टोपी; कार आदि के इंजन का ढक्कन

bonsai ('बॉन्साइ) *n* गमलों में बौने पेड़ या झाड़ियां (उगाने की कला)

bonus ('बोनस) *n* अतिरिक्त (अप्रत्याशित) राशि या भेंट; बोनस (लाभ का हिस्सा जो मज़दूरों को दिया जाता है); लाभांश

bony ('बॉनि) *a* दुबला-पतला; (*meat, fish*) हड्डी वाला

boo (बू) *excl* तिरस्कार या नापसंद होने का चिन्ह, छी-छी ! // *vt* शोरगुल मचाना, हूट करना

booby trap ('बूबि ट्रैप) *n* कोई वस्तु जिस में विस्फोटक पदार्थ छिपाए गए हों जिसे हाथ लगाते ही विस्फोट हो जाता है; मूर्ख बनाने के लिए किया मज़ाक

book (बुक) *n* पुस्तक; साहित्यिक कृति; ग्रंथ का मुख्य खण्ड; (*COMM*) : **books** खाते // *vt* (टिकट या कमरा आदि) आरक्षित करना या कराना; अभियुक्त पर अभियोग लगाना, चालान करना; **bookbinder** *n* जिल्दसाज़; **bookcase** *n* किताबें रखने की अलमारी; **booking** *n* (टिकट, कमरे आदि का) आरक्षण; **booking office** *n* टिकट-घर; **bookish** *a* किताबी, पांडित्य-पूर्ण; अव्यावहारिक; **book-keeping** *n* व्यापार के बही खाते रखने का काम; बही खाता-पद्धति; **booklet** *n* पुस्तिका; **bookmaker** *n* जो (घुड़-दौड़ आदि में) दांव पर लगाए पैसे का हिसाब रखता है (*col* : **bookie** भी); **bookseller** पुस्तक विक्रेता; **bookshop** *n*, **bookstore** *n* किताबों की दुकान; **book worm** *n* जो हर समय किताबों से चिपका रहे, किताबी कीड़ा

boom (बूम) *n* व्यापारिक कार्य कलाप में अचानक वृद्धि, तेज़ी, गरम बाज़ारी; समृद्धि; लम्बी बल्ली; गरज की आवाज // *vi* गरजना; गूंजती आवाज़ में बोलना; समृद्ध हो जाना

boomerang ('बूमरैङ) *n* आस्ट्रेलिया के आदिवासियों द्वारा फैंका जाने वाला लकड़ी का टेढ़ा हथियार जो फैंकने वाले के पास वापिस आ जाता है // *vi* (*fig*) तदबीर उल्टी पड़ जाना, उल्टा असर होना, उल्टी आंतें गले पड़ना

boon (बून) *n* सहायक या अनुकूल वस्तु; वरदान

boor (बूअर) *n* असभ्य या गंवार व्यक्ति; **boorish** *a* असभ्य, गंवारू

boost (बूस्ट) *n* प्रोत्साहन; सहायता; बढ़ावा; बढ़त या वृद्धि // *vt* प्रोत्सा-

हन/बढ़ावा देना; **booster** *n* व्यक्ति या वस्तु जो सहारा दे या शक्ति आदि को बढ़ाए; (*MED*) एक इंजेक्शन का प्रभाव बनाये रखने के लिए दूसरा छोटा इंजेक्शन

boot (बूट) *n* टख़ने तक का जूता, बूट; (*of car*) सामान रखने का स्थान; (*col*) लात मारने की क्रिया // *vt* (*col*) (किसी को) लात मारना; (*COMPUT*) कंप्यूटर किसी क्रिया को आरंभ करने की स्थिति में लाना; **to boot** के साथ ही

booth (बूथ) *n* दुकान; छोटा कमरा या कोष; **polling** *or* **voting booth** *n* मतदान स्थान

bootleg ('बूटलेंग) *vt, vi* ग़ैर कानूनी माल, विशे॰ शराब, बनाना, ले जाना या बेचना // *a* ग़ैर कानूनी; **bootlegger** *n* अवैध शराब बेचने वाला

booty ('बूटि) *n* लूट का माल

booze (बूज़) *vi* (*col*) ज्यादा शराब पीना; // *n* शराब; **boozer** *n* व्यक्ति जिसे शराब पीने का शौक हो, पियक्कड़; मदिरालय या शराबघर

border ('बॉर्डर) *n* किनारा; हाशिया; सीमा; सीमांत (प्रदेश); बाग की पट्टी // *vt* हाशिया या किनारा लगाना // *vi* साथ लगना (किसी अन्य प्रदेश के); **to border on** *vt* के लगभग समान होना; **borderline** *n* (*fig*) सीमा-रेखा; **borderline case** *n* मामला जो किसी नियम आदि की सीमा पर हो

bore (बोर) **bear** का *pt* // *vt* छेद करना; ऊबा देना // *n* कान खाऊ, ऊबा देने वाला (व्यक्ति); (*of gun*) नली; **to be bored** ऊब जाना; **boredom** *n* ऊब, बोरियत; **boring** *a* ऊबाने वाला (विषय)

born (बॉर्न) *a* : **to be born** जन्म लेना; **I was born in 1970** मेरा जन्म 1970 में हुआ था

borne (बॉर्न) **bear** का *pp*

borough ('बर्अ) *n* नगर

borrow ('बॉरो) *vt* किसी से उधार या अमानत पर लेना; उधार लेना; (किसी के विचार आदि) अपना लेना; **to borrow sth from sb** किसी से कुछ (उधार) लेना या कोई चीज़ मांग लेना

bosom ('बुज़म) *n* वक्षःस्थल, छाती; (*fig*) भावनाओं का केन्द्र

boss (बॉस) *n* व्यक्ति जो किसी संगठन का प्रभारी या स्वामी हो, मालिक // *vt* प्रभारी होना; दूसरों पर रोब गांठना; **bossy** *a* रोब जमाने वाला

botany ('बॉटनि) *n* वनस्पति विज्ञान

botch (बॉच) *vt* (**botch up** भी) भोंडे तरीके से काम कर के काम खराब कर देना

both (बोथ) *a, pronoun*: **both (of them)** वे दोनों; **both of us went, we both went** हम दोनों गए // *ad* : **they sell both the fabric and the finished curtains** वे कपड़ा व

बने बनाये पर्दे दोनों बेचते हैं

bother ('बॉदर) *vt* परेशान करना; तंग करना; घबराहट या भ्रम में डालना // *vi* (**bother oneself** भी) परेशान होना // *n* : **it is a bother to have to do** ऐसा करना एक परेशानी का काम है; **it's no bother** कोई परेशानी नहीं है (आप के लिए यह कार्य करने में); **to bother doing** करने का कष्ट करना

bottle ('बॉट्ल) *n* बोतल, शीशी // *vt* बोतल में भरना; **to bottle up** *vt* रोकना, दबाना (भावनाएं आदि); **bottle-neck** *n* संकरा रास्ता या अड़चन जो यातायात या सामान के उत्पादन में बाधा उत्पन्न करे; रुकावट; **bottle-opener** *n* बोतल खोलने का औज़ार

bottom ('बॉटम) *n* किसी वस्तु का सब से निचला भाग; पैंदा; समुद्र या नदी का तला; चूतड़; (*of page, list*) निचला भाग; (*of chair*) आसन, सीट // *a* निचला

bough (बाउ) *n* वृक्ष की टहनी

bought (बॉट) **buy** का *pt, pp*

boulder ('बोल्डर) *n* बड़ी गोल चट्टान

bounce (बाउन्स) *vi* (*ball*) उछलना; चेक का बैंक से लौटना (बिना अदायगी) // *vt* उछालना // *n* उछलने की क्रिया; किस वस्तु में उछलने की क्षमता; (*col*) बल; तेज, ओज, उत्साह; **bouncer** *n* व्यक्ति जिसका काम शराबखाने आदि में शोर मचाने व झगड़ा करने वालों को निकालना हो

bound (बाउंड) **bind** का *pt, pp* // *n* सीमा, हद; उछाल // *vt* उछालना; की सीमा बांधना // *a* जिस ने प्रण ले रखा हो; आबद्ध; निश्चित; सम्बद्ध या बंधा हुआ; **to be bound to do sth** कुछ करने के लिए बाध्य; **he is bound to fail** उसकी असफलता निश्चित है; **bound for** के लिए रवाना; **out of bounds** निषिद्ध (क्षेत्र)

boundary ('बाउंड्रि) *n* सीमा (रेखा)

bourbon ('बर्बन) *n* (*US*) मक्की से बनी व्हिस्की

bourgeois ('बुअर्ज़्वा) *n, a* (बहुधा तिरस्कार से) धनी मध्य वर्ग का नगरवासी (व्यक्ति); रूढ़ीवादी (जो पुरानी लीक पर चल कर खुश रहे)

bourgeoisie (बूअर्ज़्वा'ज़ी) *n* मध्यमवर्ग

bout (बाउट) *n* समय जो किसी काम में बीते; (बीमारी का) दौरा; बल परीक्षा; प्रतियोगिता या लड़ाई (जैसे मुक्केबाज़ी, कुश्ती)

boutique (बू'टीक) *n* छोटी सी दुकान, विशे॰ फैशनेबल कपड़ों की

bovine ('बोव़ाइन) *a* बैल या गाय का; गोजातीय; (*fig*) भावशून्य, स्थिर-मति; नीरस, फीका

bow (बो) *n* कमान; धनुष; (सारंगी)

आदि का) गज़; रिबन की गांठ; फिसल-फन्दा; मोड़; मुड़ी हुई रेखा; इन्द्रधनुष; नाव, जहाज़ का अग्रभाग // *vi* (बाउ) (आदर से) झुक जाना; नमस्कार करना; मान लेना; (किसी के आगे) झुक जाना // *vt* नीचे को झुकाना; कुचल देना; **to bow to** *or* **before** के आगे (सम्मान से) झुक जाना; (*fig*) किसी की बात मान लेना, झुक जाना

bowels ('बाउल्ज़) *npl* अंतड़ी का निचला भाग; किसी वस्तु का आन्तरिक हिस्सा

bowl (बोल) *n* कटोरा; चौड़ा गहरा बरतन; इस आकार का भूमि क्षेत्र; लकड़ी की गेंद; तम्बाकू पीने के पाइप का भाग जिसमें तम्बाकू डालते हैं // *vi* (*CRICKET*) गेन्द फैंकना; **bowls** *n* लकड़ी की गेंदों से खेला जाने वाला खेल

bow-legged ('बोले'गिड) *a* जिस की टांगें बाहर को निकली हों

bowler ('बोलर) *n* (*CRICKET*) गेंदबाज़; पुरुषों का कड़े नमदे का चपटा हैट; **bowler hat** *n* काले रंग की गोल टोपी, हैट

bowling ('बोलिंङ) *n* लकड़ी की गेंदों से खेला जाने वाला खेल; **bowling alley** *n* इस खेल का स्थान; **bowling green** *n* इस खेल का मैदान

bow tie *n* टाई जिस की गांठ तितली जैसी होती है

box (बॉक्स) *n* (लकड़ी का) संदूक; (**cardboard box** भी) गत्ते का डिब्बा; बक्स; ख़ाना; बक्से जैसा प्रकोष्ठ; (*THEATRE*) कक्ष // *vt* (*SPORT*) से मुक्केबाज़ी करना; के (कान या सिर पर) मुक्का मारना // *vi* मुक्कों से लड़ना, मुक्केबाज़ी करना; **boxer** *n* मुक्केबाज़; बुलडॉग कुत्ते की एक जाति; **boxing** *n* मुक्केबाज़ी का खेल; **Boxing Day** *n* क्रिस्मस का अगला दिन; **boxing gloves** *npl* मुक्केबाज़ी के दस्ताने; **boxing ring** *n* मुक्केबाज़ी का अखाड़ा; **box office** *n* (सिनेमा, थियेटर में) टिकट घर; कलाकार या कृति (फ़िल्म आदि) के लिए जनता में आकर्षण; **box room** *n* बकसे रखने का कमरा

boy (बॉइ) *n* लड़का; युवक; *excl* आश्चर्य बोधक शब्द; **boyfriend** *n* प्रेमी; **boyhood** *n* लड़कपन

boycott ('बॉइकॉट) *vt* किसी काम में हिस्सा न लेना या हिस्सा लेने से इनकार करना; बहिष्कार करना // *n* बहिष्कार

B.R. **British Rail** का संक्षेप

bra (ब्रा) *n* **brassière** का संक्षिप्त रूप

brace (ब्रेस) *n* छेद करने का औज़ार, हथबर्मा; बंधनी; पट्टी; जोड़ा; टेक; दांत सीधे करने की तारें // *vt* (*fig*) अपने को तैयार करना (धक्का आदि सहने के लिए); सहारा देना; सुदृढ़ करना; **braces** *npl* कोष्ठक; (पतलून के) गैलिस; (*sl*)

हथकड़ी; **bracing** *a* स्फूर्तिदायक; **bracelet** *n* कंगन

bracken ('ब्रैकन) *n* बड़े आकार का पर्णांग जाति का पेड़

bracket ('ब्रैकिट) *n* दीवारगीर, ब्रैकट; टेक; बंधनी; वर्ग // *vt* कोष्ठकों में रखना; (के) वर्ग में रखना; **brackets** *npl* गोल कोष्ठक ( ); **square brackets** *npl* वर्गाकार कोष्ठक [ ]

brackish ('ब्रैकिश) *a* खारा (पानी); अप्रिय

brag (ब्रैग) *vi* शेख़ी मारना; डींग हांकना // *n* शेख़ी; डींग; **braggart** *n* शेखीबाज़, बड़बोला

braid (ब्रेड) *vt* गूंथना; गोटा लगाना // *n* गूंथे हुए बालों की लट या रस्सी आदि, वेणी; गोटा

braille (ब्रेल) *n* ब्रेल (उभरे हुए अक्षर छापने की प्रणाली जिससे कि नेत्रहीन उन्हें छू-छू कर पढ़ सकें)

brain (ब्रेन) *n* मस्तिष्क; दिमाग़; **he has got brains** वह कुशाग्र-बुद्धि का है; **brainchild** *n* (मस्तिष्क की) उपज; आविष्कार; **brainstorm** *n* अचानक दिमाग़ फिर जाने की स्थिति, उन्माद; **brains trust** *n* विशेषज्ञों की मण्डली जो सभी प्रश्नों का उत्तर दे सके; **brainwash** *vt* किसी के विश्वासों या विचारों को बदल देना या बिगाड़ देना; **brainwave** *n* अचानक आया विचार; सूझ; **brainy** *a* समझ-बूझ वाला

brake (ब्रेक) *n* ब्रेक // *vt, vi* ब्रेक लगाना या लगना; गाड़ी की गति धीमी करना या होना; **brake fluid** *n* कार की ब्रेक का तेल; **brake light** *n* बत्ती जो ब्रेक लगाने पर जलती है

bramble ('ब्रैम्ब्ल) *n* कांटेदार या कंटीली झाड़ी; झड़बेरी (जिस में गहरे रंग के बेर लगते हैं)

bran (ब्रैन) *n* भूसी, चोकर

branch (ब्रांच) *n* पेड़ की शाखा, डाल, डाली; किसी संगठन का अंग, शाखा // *vi* डाल या शाखाएं निकलना या फूटना; अलग रास्ता अपनाना/हो जाना; फैल जाना

brand (ब्रैंड) *n* छाप, छापा; ट्रेडमार्क; प्रकार, किस्म; गरम लोहे से दाग़ने का निशान, दाग़; जलती हुई लकड़ी; तलवार; बदनामी का दाग़, कलंक // *vt* (*cattle*) गरम लोहे से दाग़ना; निशान या छाप लगाना; कलंक लगाना

brandish ('ब्रैंडिश) *vt* घुमाना; लहराना (तलवार आदि)

brand-new *a* बिल्कुल नया (जो इस्तेमाल न हुआ हो)

brandy ('ब्रैन्डि) *n* फलों से बनने वाली शराब; ब्रांडी

brash (ब्रैश) *a* निडर; धृष्ट, ढीठ

brass (ब्रास) *n* पीतल; (*MUS*) किसी वाद्य वृंद में पीतल के वाद्य; (*col*) रुपया-पैसा; (*col*) (सेना के) अधिकारी;

the brass (*MUS*) तूती जैसे वाद्य; **brass band** *n* ऐसे वाद्यों का-समूह

brassière ('ब्रैसिअर) *n* अंगिया; चोली

brat (ब्रैट) *n* बच्चे के लिए तिरस्कार-पूर्ण शब्द, छोकरा

brave (ब्रेव़) *a* साहसी, वीर, बहादुर; बढ़िया; शानदार // *n* योद्धा // *vt* सामना करना; ललकारना या चुनौती देना; **bravery** *n* बहादुरी, वीरता

bravo (ब्रा'व़ो) *excl* शाबाश! बहुत अच्छा!

brawl (ब्रॉल) *n* मारपीट // *vi* मारपीट करना

brawn (ब्रॉन) *n* शारीरिक बल या शक्ति; सूअर के मांस का अचार; **brawny** *a* तगड़ा, हट्टा-कट्टा

bray (ब्रे) *vi* गधे का रेंकना

brazen ('ब्रेज़न) *a* पीतल का या उस जैसा; धृष्ठ, ढीठ; निर्लज्ज, बेशर्म // *vt* : **to brazen it out** निडरता से/बिना परवाह किये काम लेना

brazier ('ब्रेज़िअर) *n* जलते कोयले रखने का पात्र, अंगीठी

breach (ब्रीच) *vt* दरार डालना // *n* दरार; छिद्र; नियम या कर्त्तव्य का उल्लंघन; झगड़ा; सम्बन्ध विच्छेद; **breach of contract** समझौते का उल्लंघन; **breach of the peace** मारपीट, दंगा

bread (ब्रॅड) *n* रोटी; भोजन; डबल-रोटी; **bread and butter** *n* (*fig*) आजीविका-साधन; **breadbin**, (*US*) **breadbox** *n* डबलरोटी रखने का डब्बा; **breadcrumbs** *npl* डबल-रोटी का चूरा; **breadline** *n* मुफ़्त खाना लेने के लिए लगी कतार; **to be on the breadline** बहुत ग़रीब होना

breadth (ब्रॅड्थ) *n* चौड़ाई; उदारता; विस्तार

breadwinner *n* कमाऊ व्यक्ति (जिस की कमाई से घर चलता हो)

break (ब्रेक) *vb* (*pt* **broke**, *pp* **broken**) *vt* तोड़ना; टुकड़े टुकड़े करना; (*promise*) तोड़ना; फोड़ना; चूर-चूर करना; नष्ट कर देना; (*law*) पालन न करना (नियम आदि का); दिवालिया बना देना; छुटकारा दिलाना, कम करना (प्रचण्डता आदि); (घोड़े को) सधाना; (कूटभाषा) को पढ़ लेना // *vi* टूटना; टुकड़े-टुकड़े या चूर-चूर होना; अलग-अलग हो जाना; खुल जाना; प्रकट होना; दरार पड़ जाना; रास्ता देना; झगड़ा हो जाना; (आवाज़) भर्रा जाना // *n* (*gap*) दरार; बाधा; (*rest*) अवकाश; अंतराल; (*chance*) सुअवसर, मौका; (*CRICKET*) गेंद का पिच पर गिर कर रास्ता बदल लेना; **to break one's leg** *etc* टांग आदि तुड़ा लेना; **to break a record** रिकार्ड तोड़ना; **to break the news to sb** किसी को कोई सूचना देना (जिसकी उसे आशा न हो); **to break down** *vt* (*data* *etc*) विश्लेषण करना // *vi* बीमार पड़ जाना; रोने लगना, अविभूत होना; (*machine*) खराब हो जाना; **to break even** *vi* न लाभ न हानि की स्थिति में पहुंच जाना; **to break free** *or* **loose** *vi* (रस्सा, ज़ंजीर) तुड़ा लेना; **to break in** *vt* (*horse*) सधाना; **to break into** *vt* तोड़ कर घुस जाना; **to break off** *vi* सम्बंध तोड़ना; (*speaker*) अचानक रुकना; **to break open** *vt* (*door, etc*) तोड़ कर खोलना; **to break out** *vi* (युद्ध) छिड़ना, (लड़ाई) शुरु होना; (महामारी) फैलना; **to break out in spots** (शरीर पर) दाने निकल आना; **to break up** *vi* (*partnership*) टूटना; (*meeting*) समाप्त होना; (*friends*) अलग होना // *vt* (*crowd*) तितर-बितर करना; **breakage** *n* टूट-फूट; **breakdown** *n* (मशीन का) बिगड़ जाना; विश्लेषण; (**nervous breakdown** भी) *n* मानसिक रोग से ग्रस्त हो जाना, तंत्रिका-भंग **breakdown van** *n* बस आदि की मरम्मत करने की गाड़ी; **breaker** *n* तट या चट्टानों से टकराती लहर

breakfast ('ब्रेक्‌फ़स्ट) *n* नाश्ता, कलेवा

break: break-in *n* सेंध (लगाने की क्रिया); **breaking and entering** *n* (*LAW*) सेंध लगा कर (चोरी के लिए) घुसना; **breakneck** *a* ख़तरनाक, तेज़ (गति) **breakthrough** *n* महत्वपूर्ण खोज या सफलता; **breakwater** *n* लहरों को रोकने के लिए बनायी गयी रुकावट

breast (ब्रेस्ट) *n* छाती, वक्ष स्थल; स्त्री के स्तन या कुच; भावनाओं का केंद्र // *vt* मुकाबला या सामना करना; दौड़ के अन्त में फ़ीते से छाती भिड़ाना; **breast-feed** *vt, vi* (मां का बच्चे को) अपना दूध पिलाना; **breaststroke** *n* छाती के बल तैराकी

breath ('ब्रेथ) *n* सांस, श्वास

Breathalyser (ब्रेथलाइज़र) *n* ® यंत्र जिस से श्वास का विश्लेषण कर के पी गयी शराब की मात्रा आंकी जा सकती है

breathe (ब्रीद) *vt* सांस लेना; **to breathe in** *vt, vi* सांस अन्दर खींचना; **to breathe out** *vt, vi* सांस बाहर फैंकना; **breather** *n* थोड़ी देर का विश्राम; **breathing** *n* सांस लेने की क्रिया, सांस

breathless ('ब्रेथ्‌लेस) *a* जिस की सांस फूली हो

breath-taking ('ब्रेथ्‌टेकिंग) *a* विस्मयकारी; बहुत सुन्दर; अनुपम

bred (ब्रेड) **breed** का *pt, pp*

breech (ब्रीच) *n* नितम्ब, चूतड़; किसी भी वस्तु, विशे॰ बन्दूक का पिछला भाग; **breeches** ('ब्रिचिज़) *npl* तंग पतलून जो घुड़सवारी के लिए पहनते हैं

breed (ब्रीड) *vb* (*pt, pp,* **bred**) *vt* जनना, जन्म देना, बच्चे पैदा करना; उत्पन्न करना (किसी बात आदि को); पालना // *vi* पैदा होना // *n* नस्ल; जाति या वंश; बच्चे; किस्म; **breeding** *n* बच्चे पैदा करने की क्रिया; शिष्टाचार, सभ्य तौर-तरीके; वंश, कुल

breeze (ब्रीज़) *n* मंद समीर

breezy ('ब्रीज़ि) *a* जहां हवा बह रही हो; ज़िन्दा-दिल, हंसमुख; चुस्त; लापरवाह

brevity ('ब्रेविटि) *n* संक्षिप्त अभिव्यक्ति; संक्षिप्तता; लघुता (समय की)

brew (ब्रू) *vt* शराब बनाना जैसे माल्ट से बीयर; (गरम पानी डाल कर) चाय आदि बनाना; (*plot*) रचना (षड्यंत्र आदि) // *vi* (*tea*) कढ़ना; (*beer*) आसवन होना; (*fig*) (षड्यंत्र) तैयारी में होना // *n* तैयार किया गया पेय (शराब, चाय आदि); **brewer** *n* बीयर-उत्पादक; **brewery** *n* शराब (विशे॰ बीयर) का कारखाना

bribe (ब्राइब) *n* घूस, रिश्वत // *vt* घूस या रिश्वत देना, मुट्ठी गरम करना; **bribery** *n* घूस, रिश्वत

brick (ब्रिक) *n* ईंट; **bricklayer** *n* राजमिस्त्री; **brickworks** *n* भट्ठा जहां ईंटें बनती हैं

bridal ('ब्राइड्ल) *a* वधू का; विवाह सम्बन्धी

bride (ब्राइड) *n* दुल्हन, नववधू; **bridegroom** *n* दूल्हा; **bridesmaid** *n* वधू की सखी

bridge (ब्रिज) *n* पुल, सेतु; दूसरे हिस्सों को मिलाने या सहारा देने वाली वस्तु; टेक; जहाज़ पर बना संकरा मंच; नाक का ऊपरी भाग, बांसा; मेरू (वायलिन का वह भाग जिस पर तार लगे होते हैं); (*CARDS*) ताश का एक खेल; (*DENTISTRY*) नकली दांत को असली दांत से जोड़ने वाला धातु का टुकड़ा // *vt* पुल बनाना; (*gap*) (बीच की दूरी) कम या समाप्त करना

bridle ('ब्राइड्ल) *n* लगाम (घोड़े के साज़ का वह भाग जो उसके सिर और मुंह पर बांधा जाता है) // *vt* लगाम लगाना; **bridle path** *n* रास्ता जहां घोड़े चल सकते हों

brief (ब्रीफ़) *a* संक्षिप्त, थोड़े समय का; अल्प; अपर्याप्त // *n* (*LAW*) वकील के लिए तैयार किया गया मुकदमे का सारांश; आदेश पत्र // *vt* विवरण या आदेश देना; **briefs** *npl* चड्डी, जांघिया; **briefcase** *n* काग़ज़-पत्र ले जाने का छोटा बक्सा; **briefing** *n* आदेश या जानकारी देने का काम; **briefly** *ad* संक्षेप से

brigade (ब्रि'गेड) *n* सेना का एक अंग (जो डिवीज़न से छोटा होता है); किसी कार्य विशेष के लिए संगठित समूह, जैसे **rescue brigade; brigadier** *n* सेना का उच्च अधिकारी जो ब्रिगेड का सेनापति होता है

bright (ब्राइट) *a* चमकीला; प्रकाश-भरा, प्रदीप्त; प्रसन्नचित्त, प्रफुल्ल; चालाक, तेज़; **brighten** (**brighten up** भी) *vt* (*room*) सजाना // *vi* (*person*) खुश हो जाना

brilliance ('ब्रिल्यन्स) *n* चमक; प्रतिभा

brilliant ('ब्रिल्यंट) *a* चमकता हुआ; चटकीला; शानदार; प्रतिभाशाली; वैभवशाली या प्रतापी

brim (ब्रिम) *n* किनारा, विशे० नदी, प्याले या हैट का

brine (ब्राइन) *n* खारा पानी; नमकीन पानी; अचार

bring (ब्रिङ) *pt, pp* **brought** *vt* लाना; अपने साथ ले जाना; पहुंचाना; **to bring about** *vt* पूरा करना; उत्पन्न करना; **to bring back** *vt* वापिस लाना; याद आना; **to bring down** *vt* गिरा देना; मार डालना; **to bring forward** *vt* प्रस्तुत करना; **to bring off** *vt* पूरा करना (विशे० कठिनता से); **to bring out** *vt* स्पष्ट करना; **to bring round** *or* **to** होश में लाना; मना लेना; **to bring up** *vt* पालन-पोषण करना; (*question*) उठाना; (*food : vomit*) उल्टी करना

brinjal ('बिंजल) *n* बैंगन

brink (ब्रिंक) *n* किसी ढालू स्थान का ऊपरी भाग, किनारा, कगार

brisk (ब्रिस्क) *a* फुर्तीला, तेज़; क्रियाशील

bristle ('ब्रिसल) *n* छोटा, कड़ा बाल // *vi* खड़े हुए होना; गुस्से हो जाना

Britain ('ब्रिटन) *n* (**Great Britain** भी) ब्रिटेन

British ('ब्रिटिश) *a* ब्रिटेन का; **the British** *npl* ब्रिटेनवासी

Briton ('ब्रिटन) *n* ब्रिटेनवासी

Brittany ('ब्रिटनि) *n* फ्रांस का एक क्षेत्र, ब्रिटेनी

brittle ('ब्रिटल) *a* जो आसानी से टूट जाय; भुरभुरा; शीघ्र क्रोध करने का (स्वभाव), रूखा

broach (ब्रोच) *vt* खोलना; चर्चा चलाना

broad (ब्रॉड) *a* चौड़ा; खुला; साफ़, स्पष्ट; अश्लील; गंवारू; सामान्य; उदार; **in broad daylight** दिन दहाड़े; **broadcast** *n* रेडियो या दूरदर्शन का कार्यक्रम // *vb* (*pt, pp* **broadcast**) *vt* रेडियो या दूरदर्शन पर प्रसारित करना; प्रचार करना; फैलाना (जैसे बीज); **broadly** *ad* मोटे तौर पर; **broad-minded** *a* सहिष्णु, विशाल हृदय

brocade (ब्रो'केड) *n* ज़री, कम-ख़्वाब, कमख़ाब

broccoli ('ब्रॉकलि) *n* एक प्रकार की गोभी

brochure ('ब्रोश्युअर) *n* पुस्तिका

broil (ब्रॉइल) *vt* कोयलों की खुली

आग पर पकाना; भूनना // *vi* गरम होना

broke (ब्रोक) **break** का *pt* // *a* (*col*) ख़ाली जेब, तंगहाल

broken ('ब्रोकन) **break** का *pp* // *a* : **broken leg** *etc* टूटी हुई टांग आदि; **in broken English** टूटी-फूटी अंग्रेज़ी में; **broken-hearted** *a* निराश; जिसका दिल टूट चुका हो

broker ('ब्रोकर) *n* दलाल, आढ़तिया; **brokerage** *n* दलाल का पारिश्रमिक, दलाली

brolly ('ब्रॉलि) *n* (*col*) छाता

bromide ('ब्रोमाइड) *n* दवाओं और फ़ोटोग्राफ़ी में काम आने वाला एक रसायन

bronchitis (ब्रॉङ्'काइटिस) *n* श्वास-नली की सूजन

bronze (ब्रॉन्ज़) *n* कांसा // *a* कांसे का बना या उस जैसा

brooch (ब्रोच) *n* जड़ाउ पिन

brood (ब्रूड) *n* बच्चों विशे॰ पक्षियों के बच्चों का झुण्ड; समूह; सगे सम्बन्धियों की भीड़ // *vi* (*hen etc*) अंडे सेने के लिए बैठना; ध्यानमग्न होना; (*storm*) छाना, चढ़ना; (*person*) किसी बात को सोच कर परेशान होना

brook (ब्रुक) *n* छोटी नदी, सरिता // *vt* सहना, बर्दाश्त करना

broom (ब्रूम) *n* झाड़ू; **broomstick** *n* झाड़ू का हत्था

Bros. **Brothers** का संक्षेप

broth (ब्रॉथ) *n* शोरबा

brothel ('ब्रॉथ्ल) *n* वेश्यालय, कोठा

brother ('ब्रदर) *n* भाई; निकट सम्बन्धी; **brotherhood** *n* सम्बन्ध; भाईचारा; बिरादरी; भातृसंघ; **brother-in-law** *n* पति या पत्नी का भाई; देवर; जेठ; साला; बहनोई; बहिन का पति; नन्दोई; साढू

brought (ब्रॉट) **bring** का *pt, pp*

brow (ब्राउ) *n* (कभी-कभी **eyebrow**) भौं, भृकुटी; माथा; (*of hill*) ढलान का ऊपरी भाग; **browbeat** *vt* धौंस देना, धमकाना

brown (ब्राउन) *a* भूरे रंग का // *n* भूरा रंग // *vt* भूरा करना; (*CULIN*) पका कर भूरा बनाना या करना; **brown bread** *n* आटे की पावरोटी (भूरे रंग की)

brownie ('ब्राउनि) *n* छोटी स्काउट लड़की

brown paper *n* ख़ाकी काग़ज़

brown sugar *n* भूरे रंग की चीनी/शक्कर; नशीला पदार्थ

browse (ब्राउज़) *vi* (*among books*) पन्ने उलटना (ख़रीदने से पहले); सरसरी निगाह से बिकाऊ माल देखना; (पशु का) कोंपलें, पत्ते आदि चरना

bruise (ब्रूज़) *n* गुमटा, चोट का नीला निशान // *vt* ऐसा घाव लगना कि

त्वचा न कटे; गुमटा पड़ना

brunch (ब्रंच) *n* (*col*) सुबह के नाश्ते और दोपहर के खाने का सम्मिश्रण

brunette (ब्रू'नेट) *n* श्वेत जाति की सांवले रंग और काले बालों वाली स्त्री // *a* गहरा भूरा

brunt (ब्रंट) *n* : **to bear the brunt of** (*attack*, *criticism*) (आक्रमण, तीव्र आलोचना) का मुख्य आघात सहना

brush (ब्रश) *n* कूंची; तूलिका; बुरुश; बुरुश से पोंछने या साफ़ करने की क्रिया; हल्का स्पर्श; भिड़ंत; घने बालों वाली पूंछ; झाड़ी // *vt* बुरुश मारना या उस से साफ़ करना; **to brush past/against** छूते हुए तेज़ी से निकल जाना; **to brush aside** *vi* उपेक्षा करना; **to brush up** *vt* (*knowledge*) ताज़ा कर लेना; **brushoff** *n* (*col*) किसी को हटा देना; इनकार; झिड़की; दो टूक जवाब; **brushwood** *n* झाड़-झंखाड़

brusque (ब्रुस्क) *a* रूखा, अक्खड़; अशिष्ट

Brussels ('ब्रसल्ज़) *n* ब्रसल्ज़ (बेल्जियम की राजधानी); **Brussels sprout** एक प्रकार की बंद गोभी

brutal ('ब्रूट्ल) *a* पशु जैसा, निर्मम या निर्दय

brute (ब्रूट) *n* पशु; जीव (मानव को छोड़ कर); अक्खड़, असभ्य और दुष्ट व्यक्ति // *a* पाश्विक; बर्बर; विषयी; बुद्धिहीन; पशुवत्; **by brute force** शारीरिक बल से

B.Sc. **Bachelor of Science** का संक्षेप

bubble ('बब्ल) *n* बुलबुला, बुदबुदा; सारहीन या खोखली वस्तु // *vi* बुलबुले उठना, बुदबुदाना, खदबदाना; **bubble bath** *n* नहाने के पानी को सुगंधित व झागदार बनाने के लिए प्रयुक्त पदार्थ

buck (बक) *n* हिरन या अन्य पशुओं का नर; कांधी मारने की क्रिया; (*US col*) डालर // *vi* घोड़े का उछल-कूद करके सवार को गिराने की कोशिश करना; **to pass the buck (to sb)** इलज़ाम या ज़िम्मेदारी किसी दूसरे पर डाल देना; **to buck up** *vi* प्रोत्साहन देना; प्रसन्नचित्त होना

bucket ('बकिट) *n* बालटी; डोल

buckle ('बकल) *n* पेटी आदि बांधने का बकसुआ // *vt* बकसुए से बांधना; मोड़ देना, टेढ़ी कर देना // *vi* मुड़ना या टेढ़ा हो जाना

buckram ('बक्रम) *n* (बुकरम) गोंद आदि से कड़ा किया गया मोटा कपड़ा जो कोट आदि में अस्तर के काम आता है

bud (बड) *n* कली; गुंचा // *vi* खिलना; फूलना // *vt* कलम लगाना

Buddhism ('बुदिज़्म) *n* बौद्ध धर्म या मत; **Buddhist** *a*, *n* बौद्ध

budding ('बडिङ) *a* (*poet etc*)

उभरता हुआ (कलाकार आदि); प्रारंभिक, जैसे **budding passion**

buddy ('बडि) *n* (*US*) मित्र, बन्धु

budge (बज) *vt* सरकाना, हिलाना // *vi* हटना, परे होना; सरकना

budgerigar ('बजरिगार) *n* आस्ट्रेलिया का छोटे आकार का तोता

budget ('बजिट) *n* आय-व्ययक; बजट // *vi* : **to budget for sth** किसी काम के लिए खर्च की व्यवस्था करना

buff (बफ़) *a* हल्का पीला // *n* किसी विषय में बहुत दिलचस्पी रखने वाला // *vt* पालिश करना; चमकाना

buffalo *pl* **buffalo** *or* **buffaloes** ('बफ़लो) *n* भैंस या भैंसा; (*US*) गवल (बाइसन)

buffer ('बफ़र) *n* टक्कर रोकने का उपकरण; टक्कर-रोक; (*COMPUT*) आंकड़े-संचयन का साधन

buffet *n* ('बुफ़े) काउंटर या मेज़ जहां पकवान रखे जाते हैं; भोज जहां अतिथि स्वयं अपने लिए व्यंजन परोसते हैं; खाने की मेज़ के पास रखी अलमारी // *vt* ('बफ़िट) थप्पड़ मारना, प्रहार करना; **buffet car** *n* रेलगाड़ी में खाने का डिब्बा

buffoon (ब'फ़ून) *n* भांड; विदूषक, मसख़रा; **buffoonery** *n* भंडैती; मसख़रापन

bug (बॅग) *n* कोई छोटा कीड़ा; खटमल; (*fig* : *germ*) रोगाणु; (: *spy device*) छिपाया गया माइक्रोफ़ोन (जिस से वहां की बातें सुनी जा सकें) // *vt* इस प्रकार का माइक्रोफ़ोन लगाना

bugbear ('बग्बेअर) *n* कोई चीज़ जिस से अकारण भय हो; हौआ; जूजू; परेशान करने वाली वस्तु

bugger ('बगर) *n* लौंडेबाज़; (*vulg*) अप्रिय व्यक्ति या वस्तु // *vt* (*sl*) ऊबा या थका देना; गुदामैथुन करना

bugle ('ब्यूगल) *n* बिगुल; **bugler** *n* बिगुल बजाने वाला

build (बिल्ड) *n* (शरीर की) गठन, रचना, बनावट // *vt* (*pt, pp* **built**) बनाना, निर्माण करना; **to build up** *vt* धीरे धीरे बढ़ाना; सुदृढ़ करना; जमा करना; **builder** *n* भवन निर्माता; **building** *n* निर्माण; भवन-निर्माण; भवन, इमारत; **building society** *n* भवन निर्माण संगठन (जो किस्तों में कीमत ले)

built (बिल्ट) **build** का *pt, pp*; **built-in** *a* (*cupboard*) अंदर ही बना हुआ (आलमारी आदि जो अलग न की जा सके); (*device*) अंदर ही लगा हुआ (उपकरण); **built-up area** *n* निर्मित-क्षेत्र

bulb (बल्ब) *n* पौधे की गोलाकार जड़ जैसे प्याज़ की; बिजली का बल्ब, लट्टू

bulge (बल्ज) *n* उभार; आगे को निकला हिस्सा; अस्थायी वृद्धि या बढ़त

bulk 84 bumptious

// *vi* बाहर को निकलना; उभरना; **to be bulging with** से फूले होना, से भरा होना

bulk (बल्क) *n* आकार; परिमाण; अधिकतर भाग; (*COMM*) माल (जो कहीं भेजा जाये); **the bulk of** का अधिकांश; **bulky** *a* भारी, वज़नी

bull (बुल) *n* सांड; अन्य अनेक पशुओं का नर; **bulldog** *n* छोटे कद के कुत्ते की नस्ल

bulldozer ('बुल्डोज़र) *n* शक्तिशाली ट्रैक्टर जिसके आगे खुदाई का उपकरण लगा होता है

bullet ('बुलिट) *n* बन्दूक आदि की गोली

bulletin ('बुलिटिन) *n* (सरकारी) विज्ञप्ति; पत्रिका

bulletproof ('बुलिट्प्रूफ़) *a* (कार, वस्त्र आदि) जिस पर गोली का असर न हो

bullfight ('बुल्फ़ाइट) *n* आदमी व सांड की लड़ाई (का खेल); **bullfighter** *n* ऐसे खेल में सांड से लड़ने वाला व्यक्ति; **bullfighting** *n* ऐसा खेल

bullion ('बुल्यन) *n* सोना-चांदी

bullock ('बुलक) *n* बैल; **bullock cart** *n* बैलगाड़ी

bullring ('बुल्रिङ) *n* आदमी व सांड की लड़ाई के खेल का अखाड़ा

bull's-eye ('बुल्ज़ाइ) *n* (निशाना लगाने का) चांद

bully ('बुलि) *n* व्यक्ति जो कमज़ोर लोगों को धमकाए, तंग करे या हानि पहुंचाए; धौंसिया // *vt* धमकाना, धौंस देना; दुर्व्यवहार करना

bulrush ('बुल्रश) *n* सरकंडे जैसा पौधा, नरकट, नरकुल

bulwark ('बुल्वर्क) *n* (किले की) बाहरी दीवार, परकोटा; मोर्चा या सुरक्षा की व्यवस्था; जहाज़ का ऊपर उठा भाग, अड़वाल; समुद्र की लहरें रोकने की दीवार, तरंगरोध

bum (बम) *n* (*sl*) चूतड़, नितम्ब; गुदा; आवारा; मुफ्तख़ोरा

bumble ('बम्बल) *vi* भोंडे या फूहड़ ढंग से काम करना

bumblebee ('बम्बल्बी) *n* भौंरा, भृंग

bump (बम्प) *n* धक्का, टक्कर; (चोट से उभरा) गुमटा, गूमड़ा; उभार; उछलना // *vt* धक्का या टक्कर मारना; **to bump into** *vt* से टकरा जाना; **to bump off** *vt* (*col*) हत्या कर देना; **bumper** *n* मोटर गाड़ी के आगे पीछे लगी छड़ें जिससे कि टक्कर लगने पर उसे हानि न पहुंचे; भरा हुआ गिलास // *a* भरा-पूरा; भरपूर

bumpkin ('बम्प्किन) *n* देहाती, गंवार

bumptious ('बम्प्शस) *a* जो अपने घमण्ड से दूसरों को नाराज़ करे; अक्खड़;

घमण्डी

bumpy ('बम्पि) *a* ऊबड़-खाबड़

bun (बन) *n* छोटा गोल केक; मीठी रोटी; (बालों का) जूड़ा

bunch (बंच) *n* (फूलों, चाबियों, केलों आदि का) गुच्छा; (लोगों का) छोटा सा झुंड // *vi* गुच्छे में रखना, इकट्ठे बांधना; **bunch of grapes** अंगूरों का गुच्छा

bundle ('बंड्ल) *n* पोटली, गठड़ी; पुलिंदा; समूह; (*col*) बहुत सा धन // *vt* (**bundle up** भी) पुलिंदे में बांधना; **to bundle off** *vt* निकाल बाहर करना; चलता कर देना; **to bundle sth/sb into** किसी चीज/व्यक्ति को किसी स्थान, गाड़ी आदि में ठूंस देना

bungalow ('बंगलो) *n* बंगला

bungle ('बंग्ल) *vt* (अनाड़ियों की तरह) काम बिगाड़ देना; घपला करना; गड़बड़ कर देना // *vi* फूहड़पन से या अनाड़ियों जैसा काम करना // *n* घपला; गड़बड़; **bungling** *n* घपला, गड़बड़

bunion ('बन्यन) *n* पैर या उसके अंगूठे पर सूजन, गोखरू

bunk (बंक) *n* संकरा बिस्तर; **bunk beds** *npl* एक के ऊपर एक बने सोने के स्थान

bunker ('बंकर) *n* तेल, कोयला आदि रखने का पात्र; तहख़ाना; (सेना में) भूमि के नीचे बनाया मोर्चा

bunny ('बनि) *n* (*col*) (**bunny rabbit** भी) खरगोश

bunting (बंटिङ) *n* रंग-बिरंगी झण्डियां बनाने की सामग्री; झंडियां

buoy (बॉइ) *n* (रुकावटों आदि का) सूचक उपकरण जो समुद्र में लंगर से बंधा तैरता रहता है, बोया; डूबने से बचने के लिए बना बोया // *vt* बोया से चिन्ह या निशान लगाना; **to buoy up** *vt* डूबने से बचाना; सहारा देना; (*fig*) उल्लसित करना; **buoyancy** *n* (शेयरों में) तेज़ी; उल्लास; **buoyant** *a* उत्साह या उल्लास भरा

burden ('बर्डन) *n* भार; बोझा; (लदा हुआ) माल; वस्तु या बात जिसे सहना कठिन हो, भार // *vt* बोझ डालना; (ज़िम्मेदारी आदि) लादना

bureau, *pl* **bureaux** ('ब्युअरो, 'ब्युअरोज़) *n* लिखने की मेज़; कार्यालय, दफ़्तर; सरकारी विभाग; (*US*) दराज़ों वाली मेज़

bureaucracy (ब्युअ'रॉक्रसि) *n* अधिकारी-वर्ग; नौकरशाही, दफ़्तरशाही; **bureaucrat** *n* नौकरशाह; **bureaucratic** *a* दफ़्तरशाही (कार्य-विधि आदि)

burglar ('बर्ग्लर) *n* सेंधमार, चोर; **burglar alarm** *n* चोर के अंदर घुसते ही आवाज करके सूचना देने का उपकरण; **burglary** *n* चोरी;

burgle *vt* चोरी करना, सेंध मारना

burgundy ('बर्गंडि) *n* सफ़ेद और लाल रंग की विभिन्न शराबों का नाम (बर्गण्डी में बनी)

burial ('बेॅरिअल) *n* दफ़न

burlap ('बर्लैप) *n* मोटा कैन्वास, टाट

burlesque (बर्'लेॅस्क) *n* (कलात्मक) नकल, स्वांग; प्रहसन

burly ('बर्लि) *a* हट्टा-कट्टा, मोटा-ताज़ा

Burma ('बर्मअ) *n* बर्मा (देश)

burn (बर्न) *vb* (*pt, pp* **burned** *or* **burnt**) *vt* जलाना // *vi* जलना; (*lit or fig*) जल जाना; राख हो जाना // *n* जले का निशान या दाग़; **to burn down** *vt* जला कर राख कर देना; **burner** *n* जलने वाला भाग (हीटर, स्टोव आदि का); **burning** *a* जलता हुआ; तीव्र

burnish ('बर्निश) *vt* (रगड़ कर) चमकाना; पालिश करना

burnt (बर्न्ट) **burn** का *pt, pp*

burp (बर्प) *vi* (*col*) डकार लेना (विशे॰ दुध मुंहे बच्चे का)

burrow ('बरो) *n* (खरगोश आदि का) बिल // *vi* (भूमि में) छेद करना या उसे खोदना; छिप जाना

bursar ('बर्सर) *n* स्कूल, कालिज आदि का खज़ांची या कोषाध्यक्ष; **bursary** *n* छात्रवृत्ति

burst (बर्स्ट) *vb* (*pt, pp* **burst**) *vt* टुकड़े टुकड़े कर देना; फोड़ देना // *vi* (*tyre*) फट जाना; फूटना; टुकड़े-टुकड़े हो जाना; (गुस्से आदि में) अचानक फूट पड़ना; बरस पड़ना // *n* विस्फोट; (**burst pipe** भी) पाइप फटना; दरार; (किसी क्रिया में) अचानक तेज़ी; **to burst into flames** से लपटें निकलने लगना; **to burst out laughing** ठहाका लगाना; **to burst into tears** फूट-फूट कर रोने लगना; **to be bursting with** से भरा होना; **to burst into** *vt* (कमरे में) एकदम घुस जाना; **to burst open** *vi* ज़ोर से खुल जाना या खोलना

bury ('बेरि) *vt* (मुरदे को) जमीन में गाड़ना; दफ़नाना; छिपाना

bus, *pl* **buses** (बस, 'बसिज़) *n* बस

bush (बुश) *n* झाड़ी; जंगल; झाड़-झंखाड़; **to beat about the bush** इधर-उधर की बातें करना

bushy ('बुशि) *a* घनी (दाढ़ी), घने बालों वाली (पूंछ)

busily ('बिज़िलि) *ad* व्यस्त ढंग से

business ('बिज़्निस) *n* पेशा, व्यवसाय; कारोबार; वाणिज्यिक या औद्योगिक संस्थान; व्यापार; लेनदेन; मामला, विषय; काम; **to be away on business** काम से गये होना; **it's none of my business** यह मेरा काम/ज़िम्मेदारी नहीं है; **he means business** (प्रस्ताव आदि के बारे में) वह गंभीर है (मज़ाक करने के विपरीत); **businesslike** *a* व्यावहारिक; सुव्य-

वस्थित; **businessman/woman** *n* व्यापारी; **business trip** *n* व्यावसायिक-यात्रा, व्यापार के सिलसिले में यात्रा

busker ('बस्कर) *n* (*Brit*) जो गली कूचों में नाच-गा कर पेट पाले; घुमक्कड़ गायक

bus-stop ('बसस्टाप) *n* बस-अड्डा

bust (बस्ट) *n* सिर और कंधों की मूर्ति; अर्ध-प्रतिमा; स्त्री के स्तन // *a* (*col* : *broken*) टूटा हुआ // *vt* फोड़ना; नष्ट करना; छापा मारना; गिरफ़्तार करना; **to go bust** दिवालिया हो जाना

bustard ('बस्टर्ड) *n* सोहन चिड़िया (तेज़ी से दौड़ने वाला बड़ा पक्षी), हुकना

bustle ('बसल) *n* हलचल; हड़बड़ी // *vi* हड़बड़ाना; दौड़ धूप करना

busy ('बिज़ि) *a* व्यस्त; काम में लगा हुआ; क्रियाशील // *vt* काम में लगाना; व्यस्त रखना; **to busy oneself** (में) लग जाना; **busybody** *n* जो दूसरों के काम में टांग अड़ाए; खुदाई फ़ौजदार; दखलंदाज़; **busy signal** *n* (*US TEL*) टेलीफ़ोन लाइन व्यस्त होने का ध्वनि-संकेत

KEYWORD

but (बट) ♦ *cj* 1. परंतु, लेकिन; **I'd love to come, but I'm busy** मैं आना चाहता हूं परंतु व्यस्त हूं

♦ *prep* (*apart from, except*) के सिवाय; **we have had nothing but trouble** परेशानी के सिवाय हमें और कुछ हाथ नहीं लगा; **no-one but him can do it** उसके सिवाय और कोई यह काम नहीं कर सकता; **but for you/your help** तुम्हारे/तुम्हारी मदद के बिना; **anything but that** उसके अतिरिक्त और कुछ भी

♦ *ad* (*just, only*) केवल, लगभग; **she is but a child** वह तो बच्चा ही है; **had I but known** यदि मुझे केवल पता ही होता; **all but finished** लगभग समाप्त

butcher ('बुचर) *n* कसाई, बूचड़; क्रूर और रक्तपिपासु पुरुष // *vt* हत्या करना, वध करना; काम बिगाड़ देना; **butchery** *n* क्रूर वध या हत्या का काम

butler ('बट्लर) *n* मुख्य नौकर

butt (बट) *n* मोटा सिरा; (*of gun*) कुंदा; पेंदा; (*of cigarette*) टुकड़ा; (*fig*) उपहास का पात्र, जिसका सभी मज़ाक उड़ाएं // *vt* सिर से या सींगों से टक्कर मारना; **to butt in** *vi* (*interrupt*) बात में दखल देना

butter ('बटर) *n* मक्खन // *vt* मक्खन चुपड़ना/लगाना; चापलूसी करना; **buttercup** *n* चमकदार पीले फूलों वाला पौधा

butterfly ('बटरफ़्लाइ) *n* तितली; अस्थिर बुद्धि वाला व्यक्ति; **butterfly stroke** *n* तैरने की एक शैली

buttermilk ('बटर् मिल्क) *n* मथने

buttocks 88 by

के बाद बचा दूध, छाछ

buttocks ('बटक्स) *npl* चूतड़; पीछे को निकला भाग

button ('बट्न) *n* बटन, बुताम; घुण्डी; मशीन आदि चलाने के लिए लगी घुण्डी या बटन // *vt* (**button up** भी) बटन बंद करना/लगाना // *vi* बटन बंद करना; **buttonhole** *n* काज; फूल जो कोट पर लगाया जाये // *vt* किसी अनिच्छुक व्यक्ति को बातों में उलझाए रखना

buttress ('बट्रिस) *n* दीवार की टेक या पुश्ता; टेक // *vt* सहारा देना

buxom ('बक्सम) *n* (विशे॰ स्त्री) स्वस्थ; हृष्ट-पुष्ट, मोटी-ताज़ी; प्रसन्नचित्त, बड़े स्तनों वाली (स्त्री)

buy (बाइ) *vb* (*pt, pp* **bought**) *vt* मोल लेना; खरीदना; रिश्वत या घूस देना; **to buy sb sth** किसी को किसी से कुछ खरीद कर देना; **to buy sth from sb** किसी से कुछ खरीदना; **to buy sb a drink** किसी को शराब खरीद कर पिलाना (होटल आदि में); **buyer** *n* खरीदार

buzz (बज़्) *n* मधुमक्खियों की गुंजार; (*col*) टेलीफ़ोन पर बुलावा (कॉल) // *vt* भिनभिनाना, गुंजारना; (*col*) टेलीफ़ोन पर बुलाना

buzzard ('बज़र्ड) *n* बाज़ जाति का शिकारी पक्षी, टीसा

buzzer ('बज़र) *n* उपकरण जो भिन-भिनाहट की आवाज़ करे

buzz word *n* (*col*) शब्द जो वर्ग-विशेष में प्रचलित हो जाए

KEYWORD

by (बाइ) ♦ *prep* **1.** (*referring to cause, agent*) से, के द्वारा; **killed by lightning** बिजली (गिरने) से मर गया; **surrounded by a fence** बाड़े से घिरा हुआ; **a painting by Picasso** पिकासो का (के द्वारा बनाया गया) एक चित्र

2. (*referring to method, manner, means*) से, के द्वारा; **by bus/car** बस से/कार से; **to pay by cheque** चैक से भुगतान करना; **by saving hard, he ...** पैसा-पैसा बचा कर उसने ...

3. (*via, through*) के रास्ते; **we came by the main gate** हम मुख्य द्वार से अंदर आये

4. (*close to, past*) के पास (से); **the house by the school** स्कूल के पास मकान; **a holiday by the sea** समुद्र के किनारे छुट्टियां; **she sat by his bed** वह उसके सिरहाने (पलंग के पास) बैठी थी; **she went by me** वह मेरे पास से गुज़र गयी; **I go by the post office every day** मैं रोज़ाना डाकखाने के पास से गुज़रता हूं

5. (*with time: not later than*) में, तक, दौरान; **by daylight** दिन-दिन में; **by night** रात में/को; **by 4 o'clock** चार बजे तक; **by this time tomorrow** कल इस समय तक; **by the time I got here it was too late** मैं जब

by 89 by-your-leave

तक यहां पहुंचा बहुत देर हो चुकी थी

6. (*amount*) प्रति; **by the kilo/metre** प्रति कि./मि.; **paid by the hour** प्रति घंटा के हिसाब से भुगतान

7. (*MATH, measure*) से, गुना, और अधिक आदि; **to divide/multiply by 3** 3 से भाग/गुणा करना; **a room 3 metres by 4** 3 x 4 मी. का कमरा (3 मी. चौड़ा व 4 मी. लम्बा); **it's broader by a metre** यह एक मीटर अधिक चौड़ा है; **one by one** एक-एक करके; **little by little** थोड़ा-थोड़ा

8. (*according to*) के अनुसार; **it's 3 o'clock by my watch** मेरी घड़ी में 3 बजे हैं; **it's all right by me** मेरी तरफ से यह ठीक है

9. **(all) by oneself** *etc* अपने-आप ही आदि

10. **by the way** (बातचीत में नयी चर्चा शुरु करने के लिए) वैसे

♦ *ad* 1. दे. **go, pass** *etc*

2. **by and by** थोड़ी देर में; **by and large** सब मिलाकर

by *comb form* गौण; सहायक; आनुषंगिक; जो रास्ते से हट कर हो; समीप, जैसे **bypass, by-product, bystander**

bye *n* ऐसी स्थिति जहां विरोधी टीम की चूक के कारण जीत हो जाय; (*CRICKET*) ऐसी रन जो बल्लेबाज़ के गेंद छुए बिना मिल जाय

bye (-bye) ('बाइ (-'बाइ)) *excl* विदा लेते समय 'नमस्ते !'

by(e) law ('बाइलॉ) *n* कानून या विनियम जो स्थानीय अधीनस्थ प्रशासन ने बनाया हो; उप-विधि; उप-नियम

by - election ('बाइइलेक्शन) *n* उप-चुनाव

bygone ('बाइगॉन) *a* जो बीत गया हो; पुराना; भूतकाल का; विगत // *n* प्राय: *pl* पुरानी घटनाएं; छोटी सी प्राचीन काल की पुरानी वस्तु; **let bygones be bygones** पिछली बुरी बातें, ग़लतियां भुला दो (और माफ़ कर दो); बीती ताहि बिसार दे

bypass ('बाइपास) *n* भीड़ वाले रास्तों से बचने के लिए बनाई सड़क; (*MED*) हृदय में रक्त-प्रवाह का रास्ता बदलने के लिए किया गया आपरेशन // *vt* से बाहर-बाहर निकल जाना

by-product ('बाइ प्रॉडक्ट) *n* उपोत्पादन, गौण-उत्पादन, उपफल, मुख्य उत्पादन के साथ उत्पन्न पदार्थ

bystander ('बाइस्टैंडर) *n* दर्शक (दुर्घटना आदि का)

byte (बाइट) *n* (*COMPUT*) कंप्यूटर में स्मरणशक्ति की एक इकाई

byword ('बाइवर्ड) *n* सुपरिचित नाम; कहावत; **to be a byword for** के लिए मिसाल होना

by-your-leave ('बाइयॉर्'लीव़) *n* : **without so much as a by-your-leave** आज्ञा मांगने की औपचारिकता तक किये बिना ही

C

C (सी) *n* (*MUS*) संगीत का एक स्वर; **Celsius, Centigrade** का चिन्ह

C.A. **chartered accountant** का संक्षेप

cab (कैब) *n* टैक्सी; (*of train, truck*) चालक का कक्ष; घोड़ा-गाड़ी

cabaret ('कैबरे) *n* क्लब या रेस्तोरां में नृत्य का प्रदर्शन

cabbage ('कैबिज) *n* बंदगोभी, करमकल्ला

cabin ('कैबिन) *n* छोटा कमरा, विशे॰ जहाज़ में, दबूसा

cabinet ('कैबिनिट) *n* (*POL*) मंत्रिमंडल; (*furniture*) दराज़ों वाली मेज़ या अलमारी; टी.वी. या रेडियो का बक्सा; (**display cabinet** भी) चीज़ों के प्रदर्शन की अलमारी; **cabinet-maker** *n* बढ़िया कुर्सी-मेज़ बनाने वाला बढ़ई

cable ('केबल) *n* मज़बूत रस्सा; लोहे आदि का तार या तारों का गुच्छा जो बिजली या तार संदेश भेजने के काम आता है; समुद्री तार; समुद्री माप (100-120 fathom के बराबर) // *vt* समुद्री तार भेजना; **cable-car** *n* मोटे तारों पर लटकी गाड़ी जो मोटर से चलती है व प्रायः पहाड़ों में यात्रियों को एक चोटी से दूसरी चोटी तक ले जाने में काम आती है; **cable television** *n* टी.वी. का प्रसारण जो तारों के माध्यम से किसी स्थान/भवन में हो

cache (कैश) *n* (शस्त्रादि) छिपाने की गुप्त जगह

cackle ('कैकल) *vi* (मुर्ग़ी का) कुड़कुड़ाना // *n* कुड़कुड़ाने की आवाज़; हंसी की आवाज़; हीं-हीं; बेकार की बातें

cacophony (क'कॉफ़नि) *n* कर्णकटु ध्वनि/आवाज़; कई एक साथ आ रही बेसुरी आवाज़ें

cactus, *pl* **cacti** ('कैक्टस, 'कैक्टाइ) *n* नागफनी, सेहुंण

cad (कैड) *n* नीच, पाजी, व्यक्ति जो शिष्टाचार से अनभिज्ञ हो

cadaver (क'डेव़र) *n* शव, लाश

caddie ('कैडि) *n* गॉल्फ़ खिलाड़ी का नौकर जो उस का सामान लेकर चलता है

cadence ('केडन्स) *n* संगीत या कविता में स्वर का उतार-चढ़ाव; स्वर-लहरी

cadet (क'डेट) *n* (*MIL*) प्रशिक्षार्थी युवक, विशे॰ सैनिक अफ़सर पद के लिए प्रशिक्षण पाने वाला, छात्र सैनिक

cadge (कैज) *vt* (भोजन, धन आदि) भीख मांग कर पाना; भीख मांगना; **cadger** *n* मुफ़्तखोर; दूसरों के टुकड़ों पर पलने वाला

cadre ('काडर) *n* किसी संगठन का ढांचा; संवर्ग, विशे॰ रेजिमेंट के अधिकारी; राजनीतिक दलों के कार्यकर्ता

Caesarean section (सि'ज़ेॲरिअन'सेक्शन) *n* पेट चीर कर गर्भ से बच्चा निकालने की विधि

café 'कैफ़े) *n* छोटा रेस्तोरां जहां खाने की छोटी-मोटी चीज़ें मिलती हैं

cafeteria (कैफ़ि'टिअरिअ) *n* रेस्तोरां जहां ग्राहक स्वयं अपने लिए व्यंजन परोसते हैं

caffeine 'कैफ़ीन) *n* चाय और काफ़ी के पौधे में पाया जाने वाला उत्तेजक पदार्थ

cage (केज) *n* पिंजरा; कटघरा; बन्द करने का स्थान; लिफ़्ट का पिंजरा जिस में लोग बैठते हैं

cagey 'केजि) *a* *col*) सतर्क, चौकन्ना; घुन्ना, जो मन की बात मन में रखे

cagoule (क'गूल) *n* हल्का, घुटनों तक का बरसाती कोट ®

cahoots (क'हूट्स) *npl* *col*) : **in cahoots with** से मिला हुआ, की साझेदारी में (विशे॰ किसी बुरे काम में)

Cairo 'काइअरो) *n* काहिरा (मिस्र की राजधानी)

cajole (क'जोल) *vt* खुशामद से राज़ी करना; फुसलाना

cake (केक) *n* केक; ठोस पिण्ड; **cake of soap** साबुन की टिकिया // *vi* सूख कर कड़ा हो जाना; **caked** *a* : **caked with** से लिथड़ा/लीपा हुआ

calamity (क'लैमिटि) *n* बहुत बड़ी विपत्ति, संकट, मुसीबत

calcium 'कैल्सिअम) *n* कैल्सियम, एक धातु जो चूने का आधार है

calculate 'कैल्क्युलेट) *vt* हिसाब लगाना; कूतना; गिनना // *vi* परिगणन करना; **calculating** *a* जो हिसाब लगा सके या कूत सके; चालाक; धूर्त; **calculation** (कैलक्यु'लेशन) *n* गणन, हिसाब; **calculator** *n* हिसाब लगाने (जोड़ आदि करने) का इलैक्ट्रॉनिक यंत्र, परिकलक, कलकुलेटर

calendar 'कैलिंडर) *n* पंचांग, तिथि पत्र; घटनाओं, दस्तावेज़ों की सूची; रजिस्टर; **calendar year** *n* १ जनवरी से ३१ दिसम्बर तक का काल

calf, *pl* **calves** (काफ़, काव्ज़) *n* *of cow*) गाय का बच्चा; बछड़ा; *of other animals*) पशु का बच्चा; *ANAT*) पिंडली; **calf skin** बछड़े की खाल का बना चमड़ा; **calve** (काव़) *vi* गाय का ब्याना; बछड़े को जन्म देना

calibre, *US*) **caliber** 'कैलिबर) *n* बन्दूक, तोप आदि की नली का व्यास; चरित्रबल; सामर्थ्य; योग्यता; **calibrate** *vt* नापने के उपकरण पर निशान लगाना, अंशांकन करना

call (कॉल) *vt* बुलाना *gen, TEL* भी) टेलीफ़ोन करना // *vi* मिलने आना/जाना *visit* : **call in, call round** भी) **to call for**) के यहां आना/जाना // *n* *shout*) ज़ोर की

calligraphy 92 **camera**

आवाज़; (*visit*) मुलाकात; (**telephone call** भी) टेलीफ़ोन कॉल; आंतरिक प्रेरणा; मांग; **she is called Shanta** उसका नाम शांता है; **to be on call** सेवा के लिए तुरंत मिल सकना; **to call back** *vi* वापिस/दुबारा आना; (*TEL*) दुबारा टेलीफ़ोन करना; **to call for** *vt* लेने जाना, मंगाना; के लिए आवश्यक होना; **to call off** *vt* (हड़ताल आदि) स्थगित या रद्द करना; **to call on** *vt* (*visit*) से मिलने जाना/आना; (*request*) : **to call on sb to do** किसी से कुछ करने को कहना; **to call out** *vi* चिल्लाना, बुलाना; **to call up** *vt* (*MIL*) सेना में सेवा के लिए बुलाना; **callbox** *n* (*Brit*) सार्वजनिक टेलीफ़ोन बूथ; **caller** *n* मिलने वाला; **call girl** *n* टेलीफ़ोन पर सौदा तय करने वाली वेश्या; **call-in** *n* (*US* : *phone-in*) रेडियो या टी.वी. पर प्रोग्राम की अवधि जब श्रोताओं के टेलीफ़ोन पर पूछे गए प्रश्नों का उत्तर दिया जाता है; **calling** *n* व्यवसाय; **calling card** *n* (*US*) परिचय-कार्ड

calligraphy (क'लिग्रफ़ि) *n* सुलेख; सुलेख विद्या

callipers ('कैलिपर्ज़) *npl* व्यास नापने का उपकरण; परकार

callisthenics (कैलिस्'थेनिक्स) *npl* हल्का व्यायाम

callous ('कैलस) *a* कठोर; निर्दय; अनदेखी करने वाला

calm (काम) *a* शांत; चुपचाप; स्थिर; बंद हवा // *n* शांति; स्थिरता // *vt* शांत करना; **to calm down** *vi* शांत हो जाना // *vt* शांत करना; **calmly** *ad* शांतिपूर्वक

calorie ('कैलरि) *n* ऊष्मा या गरमी की इकाई; भोजन से प्राप्त ऊर्जा की इकाई, ऊष्मांक; कैलरी

calumny ('कैलम्नि) *n* बदनामी; झूठा आरोप

calves (काव्ज़) **calf** का *npl*

camaraderie (कैम'राडरि) *n* साथी या सखा होने की भावना; सौहार्द; परस्पर विश्वास

camber ('कैम्बर) *n* (*of road*) तल का ऊपर को गोलाई में उठे होना; उभार; विमान के पंखों का उभार; उदुब्जता; वक्रता

Cambodia (कैम्'बोड्यअ) *n* कम्बोडिया (अब कम्पूचिया)

cambric ('कैम्ब्रिक) *n* बढ़िया सन का या सूती सफ़ेद कपड़ा

came (केम) **come** का *pt*

camel ('कैमल) *n* ऊंट

cameo ('कैमिओ) *n* गोलाकार फलक या जड़ाउ पिन जिस पर पच्चीकारी की गयी हो; (किसी प्रसिद्ध) अभिनेता का किसी फ़िल्म में एक लघु दृश्य

camera ('कैमर्अ) *n* (**cine**

camera, movie camera भी) कैमरा; **in camera** (कानूनी कार्यवाही आदि) जो बंद कमरे में हो; **cameraman** *n* चित्र लेने वाला, कैमरामैन

camouflage ('कैमफ्लाझ़) *n* छद्मावरण; शत्रु की दृष्टि से बचने के लिए तोपों आदि को ढंकना व छिपाना (रंग, पत्तियों आदि से) // *vt* (छद्मावरण से) छिपाना

camp (कैम्प) *n* घुमक्कड़ों या सैनिकों के तम्बुओं का स्थान; शिविर; अस्थायी निवास के लिए कोठड़ियां आदि; पड़ाव; किसी राजनीतिक दल का समर्थक समूह // *vi* शिविर बनाना या उसमें ठहरना

campaign (कैम्'पेन) *n* (*MIL, POL etc*) किसी प्रयोजन के लिए किए गए कार्यों की शृंखला (जैसे राजनैतिक या सैन्य); अभियान // *vi* (*fig* भी) किसी अभियान में भाग लेना

campbed ('कैंप्'बेड) *n* (*Brit*) सफ़री-पलंग, बंद की जा सकने वाली चारपाई

camper ('कैंपर) *n* रिहायशी-गाड़ी (मोटर गाड़ी जिसमें खाने, पकाने, सोने का प्रबंध हो)

camphor ('कैम्फ़र) *n* कपूर, कर्पूर

camping ('कैंपिङ) *n* (मनोरंजन के लिए) शिविर में रहना या लगाना; **to go camping** शिविर लगाना

campsite ('कैंप्साइट) *n* शिविर-स्थान

campus ('कैम्पस) *n* किसी कालिज या विश्वविद्यालय का मैदान या अहाता; क्षेत्र; परिसर

can (कैन) *auxiliary vb see next headword* // *n* (*of milk, oil, water*) तरल या ठोस पदार्थ के लिए टीन का डिब्बा // *vt* डिब्बे में बंद करना

KEYWORD

can (कैन) ♦ *n, vt see previous headword*

♦ *auxiliary vb* (*negative* **cannot, can't;** *conditional and pt* **could**) **1.** (*be able to*) समर्थ; **you can do it if you try** यदि प्रयत्न करो तो तुम यह काम कर सकते हो; **I can't hear you** मैं तुम्हारी बात सुन नहीं पा रहा (सुनने में असमर्थ) हूं

2. (*know how to*) : **I can swim/play tennis/drive** मैं तैर सकता हूं/टेनिस खेल सकता हूं/गाड़ी चला सकता हूं; **can you speak Hindi?** क्या तुम हिन्दी बोल सकते हो ?

3. (*may*) : **can I use your phone?** क्या मैं आप का टेलीफ़ोन इस्तेमाल कर सकता हूं ?

4. (*expressing disbelief, puzzlement etc*) : **it can't be true!** यह सच हो ही नहीं सकता !; **what CAN**

he want? उसे भला क्या चाहिये ?
5. (*expressing possibility, suggestion etc*) : **he could be in the library** वह लाइब्रेरी में हो सकता है; **she could have been delayed** उसे देर हो गई लगती है

Canada ('कैनड्अ) *n* कनाडा

Canadian (क'नेडिअन) *n* कनाडा-वासी // *a* कनाडा का

canal (क'नैल) *n* नहर; कुल्या; शरीर में कोई नाल या नाली

canary (क'नेअरि) *n* पीले रंग की एक चिड़िया, पीतचटकी

cancel ('कैन्सल) *vt* (*train*) रद्द कर देना; (*party, appointment*) (पार्टी, सभा, मुलाकात आदि) न करने की घोषणा करना; (*cross out*) काट देना; हटा देना; **cancellation** (कैन्स'लेशन) *n* रद्द किया जाना, मनसूख़ी; (*TOURISM*) (आरक्षण) रद्द किया जाना

cancer ('कैन्सर) *n* रोग जिसमें शरीर के किसी अंग में असाध्य गांठ या वृद्धि हो जाती है; कर्कट रोग, कैन्सर; **Cancer** (*sign*) राशि चक्र की चौथी राशि, कर्क, जिसका समय 21 जून से 21 जुलाई तक होता है; **Tropic of Cancer** देखिए **tropic**

candid ('कैंडिड) *a* स्पष्टवादी; निष्कपट; निष्पक्ष; सरल

candidate ('कैंडिडेट) *n* उम्मीदवार, प्रत्याशी; प्रवेशार्थी; परीक्षार्थी

candle ('कैंडल) *n* मोमबत्ती, शमा; रोशनी; **by candlelight** मोमबत्ती की रोशनी में (भोजन करना); **candlepower** *n* प्रकाश की इकाई; **candlestick** *n* (**candle holder** भी) बत्तीदान, शमादान

candour, (*US*) **candor** ('कैंडर) *n* स्पष्टवादिता, साफ़गोई

candy ('कैंडि) *n* मिसरी; (*US*) लैमन-चूस; **candy-floss** *n* (*Brit*) पगाई चीनी से बनी हल्की रूई जैसी मिठाई

cane (केन) *n* बेंत; छड़ी // *vt* (*Brit SCOL*) बेंत से मारना

canine ('केनाइन) *a* कुत्ते जैसा या उस से सम्बन्धित; **canine tooth** *n* तीखे नुकीले चार दांतों में से कोई एक, रदनक; श्वदंत

canister ('कैनिस्टर) *n* सूखे खाद्य पदार्थ रखने का धातु का बना बक्सा, कनस्तर

canker ('कैंकर) *n* फोड़ा जो मांस को गला दे; नासूर; वस्तु जो गला दे, नष्ट कर दे या भ्रष्ट कर दे; विनाशकारी रोग

cannabis ('कैनबिस) *n* भांग; (**cannabis plant** भी) भांग का पौधा

canned (कैंड) *a* (*food*) डिब्बा बंद; (तिरस्कारपूर्ण) संगीत का पहले से रिकार्ड किया कार्यक्रम

cannibal ('कैनिबल) *n* व्यक्ति जो मानव का मांस खाए; नरभक्षी व्यक्ति

cannon, *pl* **cannon** या **cannons** ('कैनन) *n* तोप; **cannonade** (कैन'नेड) *n* तोपों से गोलाबारी; **cannonball** *n* तोप का गोला

cannot ('कैनॉट) = **can not**

canny ('कैनि) *a* समझदार; चतुर; चौकस, होशियार; चालाक, चालबाज़

canoe (क'नू) *n* हल्की, चप्पू से चलने वाली नाव, डोंगी

canon ('कैनन) *n* कानून या नियम, विशे॰ चर्च का; मापदण्ड; कसौटी; संतों की सूची (ऐसे व्यक्तियों की जिन्हें चर्च ने संत घोषित किया हो); चर्च का एक अधिकारी

can opener ('कैन'ओपनर) *n* डिब्बा खोलने का उपकरण

canopy ('कैनपि) *n* (सिंहासन या शैया के ऊपर का) छत्र; सायबान // *vt* छत्र या सायबान लगाना

cant (कैंट) *n* पाखण्डपूर्ण भाषण; (चोरों की अपनी) खास शब्दावली

can't (कैंट) = **can not**

cantankerous (कैन्'टैंकरस) *a* चिड़चिड़ा, बिगड़ैल, झगड़ालू

canteen (कैन'टीन) *n* कारखाने या स्कूल आदि का जलपानगृह, कैन्टीन; सैनिक कैम्प की छोटी दुकान; (*Brit : of cutlery*) चाकू-छुरी रखने का बकस

canter ('कैन्टर) *n* घोड़े की मद्धिम चाल; पोइया // *vi* ऐसी चाल चलना

cantilever ('कैंटिलीवऱ) *n* शहतीर, कड़ी आदि जो केवल एक ओर टिकी हो, कैन्टीलीवर

canto ('कैंटो) *n* लम्बी कविता का एक खण्ड; सर्ग

cantonment (कन्'टून्मंट) *n* छावनी

canvas ('कैन्वस) *n* (*gen*) मोटा कपड़ा जो नावों के पाल बनाने या चित्रकला में काम आता है, किरमिच, कैन्वस; नावों के पाल; चित्र

canvassing ('कैन्वसिङ) *n* (*POL*) लोगों से वोट या चन्दा मांगना; विचार-विमर्श करना; बहस करना; परखना; (*COMM*) विज्ञापन, माल के आर्डर आदि मांगना

canyon ('कैन्यन) *n* गहरी घाटी (जिसमें से प्रायः नदी गुज़रती है)

cap (कैप) *n* टोपी; (*of pen, bottle*) ढक्कन // *vt* टोपी पहनाना; (*outdo*) (किसी से) आगे निकल जाना; क्रिकेट की टीम के लिए चुनना

capability (केप'बिलिटि) *n* सामर्थ्य; योग्यता; क्षमता

capable ('केपब्ल) *a* योग्य; प्रतिभाशाली; समर्थ; जिसमें शक्ति या सामर्थ्य हो

capacity (क'पैसिटि) *n* रखने या पकड़ने की शक्ति; समाई; गुंजाइश; (रूप अथवा हैसियत में) योग्यता; सामर्थ्य; मानसिक क्षमता या शक्ति

cape (केप) *n* (*garment*) लबादा (जिस से कंधे ढके जायें); (*GEO*) भूमि का वह संकरा भाग जो समुद्र में बढ़ा हुआ हो, अंतरीप

capillary (क'पिलरि) *a* बाल जैसा // *n* सूक्ष्म छिद्र वाली नली, विशे॰ रक्तवाहिनी नली; कोशिका, कैपिलरी

capital ('कैपिटल) *n* (**capital city** भी) राजधानी; (*money*) पूंजी, मूलधन; (**capital letter** भी) बड़े आकार का अक्षर (जैसे अंग्रेज़ी में) // *a* मुख्य; महत्वपूर्ण; श्रेष्ठ; **capital gains tax** *n* पूंजीगत लाभ-कर; **capitalism** *n* पूंजीवाद; **capitalist** *n* पूंजीपति; पूंजीवाद का समर्थक // *a* पूंजीवादी; **capitalize** : **to capitalize on** *vt* का लाभ उठाना; **capital punishment** *n* मृत्युदण्ड

capitation (कैपि'टेशन) *n* प्रति व्यक्ति कर या अनुदान; गणना, गिनती

capitulate (क'पिट्युलेट) *vi* आत्म-समर्पण करना (विशे॰ कुछ शर्तों के अनुसार); झुकना, हार मानना; **capitulation** (कपिट्यु'लेशन) *n* आत्मसमर्पण

caprice (क'प्रीस) *n* मौज; सनक; **capricious** (क'प्रिशस) *a* सनकी; मनमौजी

Capricorn ('कैप्रिकॉर्न) *n* मकर; राशिचक्र की दसवीं राशि जिस का समय 21 दिसम्बर से 19 जनवरी तक होता है; तारामंडल; **Tropic of Capricorn** देखिए **tropic**

capsicum ('कैप्सिकम) *n* पहाड़ी (शिमला) मिर्च

capsize (कैप्'साइज़) *vt* उलट देना // *vi* उलट जाना

capsule ('कैप्स्यूल) *n* कैप्सूल (गोंद की बनी संपुटिका जिसमें दवाई डाली जाती है); कोई छोटा सा बंद क्षेत्र या डिब्बा; पौधे का बीजकोष

Capt. **captain** का संक्षेप

captain ('कैप्टिन) *n* जहाज़ का मुख्य अधिकारी, कप्तान; सैनिक टुकड़ी का अधिकारी; (टीम का) कप्तान; प्रमुख, सरदार // *vt* कप्तान होना

caption ('कैप्शन) *n* लेख या चित्र का शीर्षक

captivate ('कैप्टिवेट) *vt* मोहित करना, लुभाना; **captivating** *a* मनोहर, लुभावना

captive ('कैप्टिव) *n* बंदी // *a* जिसे बंदी बना लिया गया हो; **captivity** (कैप्'टिविटि) *n* कैद, बंदी-स्थिति; (*fig*) दासता

capture ('कैप्चर) *vt* पकड़ लेना; बन्दी बना लेना // *n* पकड़ लेने, कब्ज़े में करने या बन्दी बनाने की क्रिया; **captor** ('कैप्टर) *n* पकड़ने/बंदी बनाने वाला

car (कार) *n* कार

carafe (क'रैफ़) *n*, (*decanter*) मेज़

पर रखने की कांच की बनी पानी की बोतल या निथरनी

caramel ('कैरमल) *n* जलाई गयी चीनी जो खाद्य पदार्थों में काम आती है; एक प्रकार की मिठाई

carat ('कैरट) *n* छोटा वज़न जो सोना या हीरे तोलने में प्रयुक्त होता है (0.20 ग्राम के बराबर); सोने की शुद्धता का माप (शुद्ध सोना 24 कैरट का होता है)

caravan ('कैरवैन) *n* बड़ी बंद गाड़ी जिसमें रहने की व्यवस्था होती है और जिसे कार आदि के पीछे लगा देते है;(पूर्व में) इकट्ठे यात्रा करते व्यापारियों की टोली; कारवां; काफ़िला; **caravan site** *n* (*Brit*) स्थान जहां कारवां ठहरता हो

caraway ('कैरवे) *n* ज़ीरे का पौधा; ज़ीरा

carbine ('कार्बाइन) *n* छोटी नली की राइफ़ल

carbohydrates (कार्बो'हाइड्रेट्स) *npl* (*foods*) कार्बन, हाइड्रोजन और आक्सीजन का मिश्रण विशे॰ भोजन के तत्व के रूप में; शक्कर और स्टार्च (जो चावल, आलू आदि में पाया जाता है)

carbolic acid (कार्'बॉलिक'ऐसिड) *n* कोलतार से बनी एक कीटनाशक दवा

carbon ('कार्बन) *n* एक अधातुक तत्व जो लकड़ी के कोयले और सभी जीवपरक पदार्थों में होता है; **carbon dioxide** *n* रंगहीन गैस जो जीवों के बाहर छोड़े गए सांस में होती है; **carbon paper** *n* कार्बन पेपर

carbuncle ('कार्बंकल) *n* फोड़ा; सूजी हुई रसौली; लाल रंग का रत्न; माणिक्य; माणिक; लाल

carburettor, (*US*) **carburetor** (कार्ब्यु'रेटर) *n* कार आदि के इंजनों का पुर्ज़ा जिसमें पेट्रोल और हवा का मिश्रण होता है, कार्बुरेटर

carcass, carcase ('कार्कस) *n* पशु का शव, लोथ

carcinogen (कार्'सिन्जन) *n* पदार्थ जिससे कैंसर उत्पन्न हो; कैंसरजन

card (कार्ड) *n* मोटा, कड़ा काग़ज़; मोटे काग़ज़ पर छपा पहचान-पत्र; शुभ-कामना का कार्ड; ताश के 52 पत्तों में से कोई एक; **cardboard** *n* गत्ता; **card game** *n* ताश का खेल; **cards** *npl* ताश का खेल

cardiac ('कार्डिऐक) *a* हृदय सम्बन्धी; **cardiograph** *n* हृदय की गति या धड़कन नापने का यंत्र; **cardiogram** *n* हृदय की धड़कन का रेखा-चित्र या ग्राफ़

cardigan ('कार्डिगन) *n* बुनी हुई ऊनी खुली जाकेट

cardinal ('कार्डिनल) *a* प्रधान, मुख्य, प्रमुख // *n* रोमन कैथोलिक चर्च में पोप से दूसरे स्थान का पादरी; कार्डिनल; **cardinal number** *n* गणन संख्या जैसे, 1, 2, 3; **cardinal**

card index 98 **carnation**

points *npl* दिशाबिन्दु, उत्तर, दक्षिण (N., S.) आदि

card index ('कार्ड इंडेक्स) *n* कार्डों पर बनी अनुक्रमणिका

care (केअर) *n* परवाह, चिंता; सावधानी; देखरेख // *vi* परवाह करना, ध्यान रखना; **to care about** महत्वपूर्ण समझना; **care of (c/o)** मार्फ़त; **in sb's care** किसी की देख-रेख में; **to take care (to do)** (करने का) ध्यान रखना; **to take care of** *vt* देखभाल करना; **to care for** *vt* की इच्छाओं/आवश्यकताओं का ध्यान रखना; (*like*) पसंद करना या चाहना; **would you care for some tea?** थोड़ी चाय लोगे ?; **I don't care** मुझे परवाह नहीं

career (क'रिअर) *n* जीवन का रास्ता; जीवन-वृत्ति; पेशा, व्यवसाय; तेज़ प्रगति // *vi* (**career along** भी) तेज़ी से या पूरी गति से चलना या दौड़ना

carefree ('केंअरफ़्री) *a* निश्चिंत, बेफ़िक्र

careful ('केंअरफुल) *a* ध्यान से किया हुआ, भली भांति सोचा हुआ; (*cautious*) सावधान, सतर्क; **(be) careful !** ध्यान से !; **carefully** *ad* ध्यानपूर्वक

careless ('केंअर्लेस) *a* लापरवाह, असावधान

caress (क'रॅस) *n* चुमकारने या प्यार करने की क्रिया // *vt* पुचकारना, चूमना; गले लगाना, प्यार करना

caretaker ('केंअर्टेकर) *n* भवन आदि की संभाल का ज़िम्मेदार अधिकारी, प्रभारी; चौकीदार // *a* अस्थायी, अंतरिम; **caretaker government** *n* अंतरिम सरकार

car-ferry ('कार्फ़ॅरी) *n* बड़ी नाव या जहाज़ जिस पर कारें लाद कर नदी आदि पार की जाए

cargo, *pl* **cargoes** ('कार्गो) *n* माल जो जहाज़ आदि में लादा गया हो

car hire *n* कार किराए पर लेने की क्रिया

Caribbean (कैरि'बीअन) *a* : **the Caribbean (Sea)** कैरीबियन समुद्र (जिसमें वेस्टइंडीज़ द्वीप-समूह स्थित है)

caricature ('कैरिकट्युअर) *n* हंसी उड़ाने के लिए बनाया चित्र; व्यंग्य चित्र // *vt* (किसी का) ऐसा चित्र बनाना

caries ('केंअरिईज़) *n* दांतों या हड्डियों का गल जाना, अस्थिक्षय

caring ('केंअरिङ) *a* (*person*) दूसरों का ख्याल रखने वाला; (*society, organization*) मानवसेवी

carnage ('कार्निज) *n* हत्याकांड

carnal ('कार्नल) *a* शारीरिक; विषयी; इन्द्रियासक्त; सांसारिक

carnation (कार्'नेशन) *n* हल्के

गुलाबी रंग का फूल; त्वचा जैसा रंग

carnival ('कार्निव़ल) *n* (*public celebration*) आनंदोत्सव; चलता-फिरता मेला (जो स्थान-स्थान पर लगे); (*US* : *funfair*) मनोरंजन के लिए किया गया कार्यक्रम

carnivorous (कार्'निव़रस) *a* मांसभक्षी, मांसाहारी

carol ('कैरल) *n* : (**Christmas**) **carol** आनंद या ईशस्तुति का (विशे॰ क्रिस्मस के अवसर पर) गाया जाने वाला गाना या भजन

carouse (क'राउज़) *vi* खूब शराब पीना, शराब के जाम पर जाम पीते जाना

carp (कार्प) *n* (*fish*) एक दरियाई मछली, शफ़री // *vi* छोटी-छोटी बातों की शिकायत करना; दोष निकालना; कुड़कुड़ाना; **to carp at** *vt* में नुक्ता-चीनी करना

car park ('कार् पार्क) *n* (*Brit*) भवन या मैदान जहां कारें खड़ी की जा सकें, कार पार्क

carpenter ('कार्पिन्टर) *n* बढ़ई

carpentry ('कार्पिंट्रि) *n* बढ़ई का काम; (*woodwork* : *at school etc*) बढ़ई की कारीगरी/कला

carpet ('कार्पिट) *n* कालीन, ग़ालीचा; दरी // *vt* फ़र्श पर कालीन या दरी बिछाना; लताड़ना; **carpetbag** *n* सफ़री थैला या झोला; **carpetbagger** *n* राजनीतिक कार्यकर्त्ता जो अपने स्वार्थ के लिए कहीं भी पैर जमाने की कोशिश करे; **carpet slippers** *npl* पांव में पहनने के स्लीपर (चप्पल); **carpet sweeper** *n* ग़ालीचा साफ़ करने का उपकरण

carriage ('कैरिज) *n* (*of goods*) रेलगाड़ी का डिब्बा; ठवन, चाल; व्यवहार या चलन; घोड़ागाड़ी; (*cost etc*) ले जाने का काम या लागत; टाइपराइटर का बेलन; **carriage return** *n* (*on typewriter etc*) टाइपराइटर के बेलन की वापिसी; **carriageway** *n* (*Brit* : *part of road*) सड़क का वह भाग जहां गाड़ियां एक पंक्ति में चलती हैं

carrier ('कैरिअर) *n* वाहक, ले जाने वाला; (साइकिल का) कैरियर; (*MED*) रोग-वाहक, व्यक्ति जिससे दूसरों को रोग लगे, परंतु वह स्वयं उससे पीड़ित न हो; (*NAUT*) विमान-वाहक जहाज़; **carrier bag** *n* (*Brit*) खरीददारी का सामान रखने के लिए बड़ा काग़ज़ या प्लास्टिक का थैला

carrion ('कैरिअन) *n* सड़ती हुई लाश

carrot ('कैरट) *n* गाजर

carry ('कैरि) *vt* (*subj* : *person*) (साथ) लेकर चलना; (: *vehicle*) ढोना; (*a motion, bill*) (बिल) पास करना; जीत लेना; (*involve* : *responsibilities etc*) अपेक्षा करना; व्यवहार करना // *vi* (*sound*) (आवाज़)

पहुंचना; **to be** *or* **get carried away** (*fig*) उत्तेजित होना; **to carry on** *vi* : **to carry on with sth/doing** कोई कार्य/गतिविधि जारी रखना // *vt* करना, में भाग लेना; **to carry out** *vt* (*orders*) का पालन करना; (*investigation*) (तहकीकात) करना; **carrycot** *n* एक स्थान से दूसरे स्थान ले जाया जा सकने वाला बच्चे का बिस्तर; **carry-on** *n* (*col*) बखेड़ा; तमाशा; किसी कार्य आदि को अनावश्यक महत्व

cart (कार्ट) *n* घोड़ागाड़ी; बैलगाड़ी // *vt* गाड़ी में ढो कर ले जाना; **cartage** ('कार्टिज) *n* गाड़ी-भाड़ा, ढुलाई; **cartwheel** ('कार्टवील) *n* तिरछी कलाबाज़ी

carte blanche ('कार्त'ब्लांश) *n* *Fr* पूरा अधिकार

cartel (कार्'टेल) *n* उत्पादकों का संघ (जिससे कि उत्पादन कीमतों आदि पर उनका अधिकार रहे); समान उद्देश्यों के लिए व्यावसायिक गुटबंदी

cartilage ('कार्टिलिज) *n* कुरकुरी (हड्डी), उपास्थि

cartography (कार्'टॉग्रफ़ि) *n* मानचित्र बनाने की क्रिया अथवा कला

carton ('कार्टन) *n* गत्ते या प्लास्टिक का डिब्बा

cartoon (कार्'टून) *n* (*PRESS*) व्यंग्य चित्र; (*satirical*) चित्र जिसमें किसी की हंसी उड़ाई जाय; (*comic strip*) ऐसे चित्रों की श्रृंखला जिसके माध्यम से कोई कहानी प्रस्तुत की जाय; (*CINEMA*) कार्टून-फ़िल्म; चित्र की प्रारंभिक रूपरेखा; **cartoonist** *n* व्यंग्य-चित्रकार

cartridge ('कार्ट्रिज) *n* (*for gun*) कारतूस, गोली (का आवरण); (*for pen*) सिक्का; (*for camera, music tape*) फ़िल्म, टेप आदि रखने की डिबिया; (*stylus*) ग्रामाफ़ोन का एक पुर्ज़ा; **cartridge paper** *n* मज़बूत मोटा काग़ज़

carve (कार्व़) *vt* (*meat*) काटना; (*wood, stone*) तराशना; पत्थर तराश कर मूर्ति बनाना; टुकड़े करना (पके मांस के); **to carve up** *vt* टुकड़े करना; (*fig : country*) (देश के) टुकड़े करना; **carving** *n* नक्काशी; **carving knife** *n* पके मांस के टुकड़े करने में प्रयुक्त लम्बा चाकू

car wash *n* कार धोने की क्रिया या स्थान

cascade (कैस्'केड) *n* जलप्रपात; झरना; उस से मिलती-जुलती वस्तु // *vi* जलप्रपात के समान गिरना

case (केस) *n* (*LAW*) मुकदमा; (*box*) डिब्बा, पेटी; (**suitcase** भी) बकसा, सूटकेस; (*MED*) रोगी जिसका उपचार हो रहा हो; उदाहरण; परिस्थिति; (*LING*) कारक; वाद का विषय; किसी मामले के पक्ष में दलीलें;

casein 101 cast

he hasn't put forward his case very well उसने मामले में अपना पक्ष अच्छी तरह पेश नहीं किया है; **in case of** की स्थिति में; **in case he** यदि वह; **just in case** केवल यदि

casein ('केसिइन) *n* दूध, दही आदि में प्रोटीन का तत्व; छैना

casement ('केस्मंट) *n* (*lit use*) फ़रमेदार खिड़की (जिस का पट कब्ज़ों पर खुलता हो)

cash (कैश) *n* रुपया-पैसा; (*COMM*) नोट और सिक्के, नकदी; (*COMM : in payment*) नकद // *vt* (चैक) भुनाना; (चैक) का भुगतान करना; **to pay (in) cash** नकद भुगतान करना; **cash on delivery (C.O.D.)** (*COMM*) माल मिलने पर भुगतान; **cashbook** *n* रोकड़ बही; **cash card** *n* कार्ड जिसे देख कर भुगतान किया जाय; इलैक्ट्रानिक कार्ड जिसे मशीन में डाल कर पैसा निकाला जाता है; **cash desk** *n* (*Brit*) स्थान जहां भुगतान किया जाय; **cash dispenser** *n* यंत्र जिसमें कैश कार्ड डाल कर पैसा निकाला जाय

cashew (कै'शू) *n* (**cashewnut** भी) काजू

cashier (कै'शिअर) *n* खज़ांची, कोषाध्यक्ष // *vt* नौकरी से निकालना

cashmere ('कैश्मिअर) *n* बढ़िया मुलायम काशमीरी ऊन (का शाल)

cash register *n* रोकड़ का बक्स जिसमें रुपये-पैसे की गिनती यंत्र द्वारा होती है

casing ('केसिङ) *n* आवरण, खोल, केस

casino (क'सीनो) *n* जुआघर, जुआखाना

cask (कास्क) *n* काठ का पीपा

casket ('कास्किट) *n* आभूषण रखने का डिब्बा, मंजूषा; (*US : coffin*) लकड़ी का बकस जिसमें मुर्दे को बन्द करते हैं, ताबूत

cassata (क'साट्‌अ) *n* आइसक्रीम जिसमें बादाम आदि की गिरी और फल डाले जाते हैं

casserole ('कैसरोल) *n* बरतन जो पकाने और परोसने दोनों काम आता है; ऐसे बरतन में पका खाद्य पदार्थ

cassette (कै'सेट, क'सेट) *n* प्लास्टिक का डिब्बा जिसमें टेप भरी जाती है; **cassette player** *n* कैसेट प्लेयर, कैसेट चलाने का उपकरण (उसमें भरे संगीत आदि सुनने के लिए); **cassette recorder** *n* (संगीत आदि) कैसेट में भरने का उपकरण

cast (कास्ट) *vb* (*pt, pp* **cast**) *vt* फैंकना या डालना; (पत्ते) गिराना; (*shed*) (कपड़े) उतार देना; (*metal*) (सांचे में) ढालना; (*THEATRE*) : **to cast sb as Hamlet** (नाटक में) किसी को हैमलेट की भूमिका देना //

castaway 102 catarrh

n (*THEATRE*) नाटक आदि के कुल पात्र; सांचा (**plaster cast** भी); प्रतिमूर्ति; **to cast one's vote** वोट डालना; **to cast off** *vi* (*NAUT*) (जहाज़ या नाव) खुलना

castaway ('कास्टवे) *n* व्यक्ति जो डूबे हुए जहाज़ से बचकर अपरिचित भूमि पर आया हो

caste (कास्ट) *n* (भारत में) जाति; सामाजिक दर्जा

caster sugar ('कास्टर् शुगर) *n* (*Brit*) (**castor sugar** भी) महीन पिसी चीनी

castigate ('कैस्टिगेट) *vt* दण्ड देना; फटकारना, लताड़ना; सुधारना

casting ('कास्टिङ) *n* मशीन का ढला हुआ भाग // *a* : **casting vote** (*Brit*) निर्णायक मत

cast iron *n* ढला हुआ लोहा

castle ('कास्ल) *n* किला, दुर्ग; देहात में बनी हवेली; (शतरंज में) रुख़

castor ('कास्टर) *n* मेज़ आदि की टांग के नीचे लगा पहिया जिससे उसे चारों ओर मोड़ा जा सकता है; **castor oil** *n* अरण्डी का तेल

castrate (कैस्'ट्रेट) *vt* बधिया करना, प्रजनन शक्ति से वंचित करना; **castration** *n* बधिया करने की क्रिया

casual ('कैझुअल) *a* (*by chance*) प्रासंगिक या आकस्मिक; जिसका पहले से अनुमान न हो; (*irregular : work etc*) यदा कदा होने वाला; (*unconcerned*) लापरवाह; **casual wear** *n* अनौपचारिक वेशभूषा; **casually** *ad* अकस्मात्, संयोग से; यों ही

casualty ('कैझुअल्टि) *n* व्यक्ति जो दुर्घटना में हताहत हुआ हो; दुर्घटना आदि में गुम या नष्ट हुई वस्तु

cat (कैट) *n* बिल्ली

cataclysm ('कैटक्लिज़म) *n* विनाशकारी उथल-पुथल; महाप्रलय, जिसमें बाढ़ आ जाय

catalogue, (*US*) **catalog** ('कैटलॉग) *n* सूचीपत्र; ग्रंथ-सूची; सारणी // *vt* ऐसी सूची बनाना

catalyst ('कैटलिस्ट) *n* उत्प्रेरक (पदार्थ जो रसायन का रूप बदल दे, लेकिन जिसमें स्वयं परिवर्तन न हो)

catamaran (कैटम'रैन) *n* दो पेटों वाली पाल-नौका; (लकड़ी के लट्ठों का) बेड़ा

catapult ('कैटपल्ट) *n* गुलेल; (*HISTORY*) पत्थर, तीर आदि फैंकने का प्राचीन यंत्र; ऐसा यंत्र जो किसी रॉकेट आदि को वायुमण्डल में फैंके // *vt* तेज़ी से दूर फैंकना // *vi* तेज़ी से ऊपर चढ़ना; प्रगति करना

cataract ('कैटरैक्ट) *n* जलप्रपात; सफ़ेद मोतियाबिन्द (आंखों की एक बीमारी)

catarrh (क'टार) *n* श्लेष्मल झिल्ली की सूजन जिसके कारण ज़ुकाम हो

जाता है

catastrophe (क'टैस्ट्रफ़ि) *n* महा-विपत्ति; अनर्थ; विध्वंस या विनाश; **catastrophic** (कटै'स्ट्रफ़िक) *a* अनर्थकारी; विध्वंसक

catcall ('कैट्कॉल) *n* (सभा में श्रोता का मज़ाक उड़ाने के लिए) सीटी जैसी तीखी आवाज़

catch (कैच) *vb* (*pt, pp* **caught**) *vt* हाथ में लेना; (*ball, train, thief*) पकड़ना; (*cold etc*) बीमारी हो जाना; (*person: by surprise*) (चोरी आदि करते) देख लेना; (*understand*) समझना; सुनना; फंसना // *vi* (*fire*) आग पकड़ना // *n* (*fish etc caught*) कुल पकड़ी मछलियां आदि; (*thief etc caught*) पकड़ा गया व्यक्ति; (*trick*) धोखा, छल; (*TECH*) ताले आदि का वह पुर्ज़ा जो उसे बंद करता है; **to catch sb's attention** *or* **eye** किसी का ध्यान आकर्षित करना; **to catch fire** आग पकड़ना, में आग लगना; **to catch sight of** पर निगाह पड़ना; **to catch on** *vi* लोकप्रिय होना; **to catch up** *vi* पकड़ लेना, छीनना; **to catch up with** *vt* (के) बराबर जा पहुंचना

catching ('कैचिङ) *a* (*MED*) छूत की (बीमारी), संक्रामक (रोग)

catchment area ('कैच्मंट एरिअ) *n* (*Brit SCOL*) केंद्रीय स्कूल आदि के आसपास का क्षेत्र जहां से बच्चे उस स्कूल में प्रवेश पाते हैं; (*GEO*) जलग्रहण क्षेत्र (जहां वर्षा का पानी जमा हो कर नदियों में जाता है)

catch phrase *n* बहुप्रचलित वाक्यांश, मुहावरा आदि विशे॰ जो किसी वर्ग-विशेष से सम्बंधित हो

catchword ('कैच्वर्ड) *n* लोकप्रिय शब्द, मुहावरा आदि, नारा; सूचक-शब्द

catchy ('कैचि) *a* आकर्षक, मनमोहक; (*tune*) स्मरणीय

category ('कैटिगरि) *n* वर्ग; कोटि; श्रेणी; **categorical** (कैट'गारिकल) *a* सुनिश्चित; निरपेक्ष; **categorize** *vt* वर्गीकरण करना

cater ('केटर) *vi* (*provide food*) आवश्यक वस्तुओं विशे॰ खान-पान का प्रबंध करना; **to cater (for)** पार्टी आदि के लिए भोजन आदि का प्रबंध करना; **to cater for** *vt* किसी की इच्छाओं के अनुसार उसे कुछ दिलाना; **caterer** *n* खान-पान प्रबंधक; **catering** *n* खान-पान, भोजन-प्रबंध

caterpillar ('कैटर्पिलर) *n* इल्ली; झांझा; सूंडी; एक प्रकार का ट्रैक्टर जिसमें चक्रपट्टी लगी हो; **caterpillar track** *n* टैंक, ट्रैक्टर आदि के पहियों पर लगी चक्रपट्टी जो उसे चलाती है

caterwaul ('कैटर्वॉल) *vi* ज़ोर-ज़ोर से रोना; चीखना-चिल्लाना

cathedral (क'थीड्रल) *n* किसी क्षेत्र का मुख्य गिरजाघर

catholic ('कैथलिक) *a* सारे विश्व का या उसमें व्याप्त; सार्वभौम; जिसमें सभी ईसाई सम्मिलित हों; **Catholic** *a* (*REL*) रोम कैथलिक चर्च का // *n* (*REL*) रोमन कैथलिक धर्म का अनुयायी; **catholicity** (क'थॉलिसिटि) *n* उदारता; सहिष्णुता

catnap ('कैट्नैप) *n* थोड़ी सी नींद

cat's-eye (कैट्स'आइ) *n* (*Brit AUT*) सड़क में लगाया चमकने वाला कांच जिससे यातायात के रास्ते निर्धारित होते हैं; एक रत्न, लहसुनिया

cattle ('कैट्ल) *npl* ढोर, मवेशी विशे॰ गाय-बैल

catty ('कैटि) *a* झगड़ालू; ईर्ष्यालु

caucus ('कॉकस) *n* (*POL : group*) ज़िला आदि के स्तर पर दल का संगठन; (: *US*) राजनीतिक दल के ऐसे सदस्य-समूह की बैठक जिसे नीति निर्धारण का अधिकार हो

caught (कॉट) **catch** का *pt, pp*

cauldron ('कॉल्ड्रन) *n* कड़ाहा (बड़ा बर्तन जो उबालने के काम आए)

cauliflower ('कॉलिफ़्लाउअर) *n* फूलगोभी

cause (कॉज़) *n* कारण; हेतु; निमित्त; मूल; उद्देश्य; प्रयोजन; (दान) धर्म का काम; आन्दोलन; मुकदमा; मामला // *vt* उत्पन्न करना; कराना; **causal** *a* कारणात्मक; **causality** *n* कारण-कार्य सम्बन्ध

causeway ('कॉज़्वे) *n* दलदली भूमि या पानी के ऊपर बनी ऊंची सड़क; पक्की (ईंट, पत्थर लगी) गली या सड़क

caustic ('कॉस्टिक) *a* जलता हुआ; कटु; तीखा; मर्मभेदी

cauterize ('कॉटराइज़) *vt* कास्टिक या गरम लोहे से जलाना, दाग़ना

caution ('कॉशन) *n* सावधानी; सतर्कता; चौकसी; चेतावनी // *vt* चेतावनी देना

cautious ('कॉशस) *a* सावधान, चौकस; **cautiously** *ad* सावधानी से; **cautiousness** *n* सावधानी, चौकसी

cavalier (कैव़'लिअर) *a* लापरवाह; अवहेलना करने वाला

cavalry ('कैव़ल्रि) *n* घुड़सवार सेना; रिसाला

cave (केव़) *n* गुफ़ा, कन्दरा; **to cave in** *vi* धंस जाना; हार मानना; आत्म समर्पण करना; **caveman** *n* इतिहास-पूर्व का गुहामानव; गुफ़ानिवासी

cavern (कैव़र्न) *n* गहरी गुफ़ा

caviar(e) ('कैव़िआर) *n* स्टर्जन नाम की मछली का अंडे सहित अंडाशय जिसे नमक लगा कर शराब के साथ खाया जाता है

cavil ('कैव़िल) *vi* बेकार की मीनमेख या बाल की खाल निकालना; तुच्छ आपत्ति करना; छिद्रान्वेषण करना

cavity ('कैव़िटि) *n* कोटरिका, छोटा

cavort 105 Celsius

छिद्र या गड्डा

cavort (क'व़ॉर्ट) *vi* कूद-फांद करना; कल्लोल करना; इठलाना

caw (कॉ) *n* कांय-कांय; कांव-कांव // *vi* कांय-कांय या कांव-कांव करना

CB *n Citizens Band (Radio)* का संक्षेप

CBI *n Confederation of British Industries; (India) Central Bureau of Investigation* का संक्षेप

cc *carbon copy, cubic centimetres* का संक्षेप

cease (सीज़) *vt* बंद करना // *vi* बंद होना; **ceasefire** *n* युद्ध-विराम, लड़ाई-बंदी; **ceaseless** *a* लगातार

cedar ('सीडर) *n* देवदार का पेड़ या उसकी लकड़ी

cede (सीड) *vt* सौंपना, छोड़ देना या दे देना विशे॰ क्षेत्र

ceiling ('सीलिङ) *n* भीतरी छत (छत के नीचे का भाग); उच्चतम कीमत, मज़दूरी आदि; सीमा

celebrate ('सेलिब्रेट) *vt, vi* (किसी सुखद घटना या विशेष दिन पर) उत्सव मनाना; **celebrated** *a* प्रसिद्ध; विख्यात

celebration (सेलि'ब्रेशन) *n* उत्सव; समारोह

celebrity (सि'लेब्रिटि) *n* विख्यात या प्रसिद्ध व्यक्ति; प्रसिद्धि, ख्याति

celery ('सेलरि) *n* अजमोद (एक भाजी जिसके डंठल सलाद की तरह खाए जाते है)

celestial (सि'लेस्टिअल) *a* स्वर्गीय; दिव्य; आकाश का

celibacy ('सेलिबसि) *n* अविवाहित होने की स्थिति, ब्रह्मचर्य; **celibate** *n* ब्रह्मचारी; अविवाहित

cell (सेल) *n* (*gen*) छोटा कमरा, कोठड़ी विशे॰ जेल की; कोटर; (जीवों के शरीर में) कोशिका; (*ELEC*) बैटरी सेल; किसी राजनीतिक या धार्मिक संगठन की स्थानीय शाखा; गुट्ट; **cellular** *a* कोशिकीय

cellar ('सेलर) *n* तहख़ाना

cello ('चेलो) *n* सारंगी या वायलिन जैसा वाद्य, चेलो

cellophane ('सेलफ़ेन) *n* काग़ज़ जैसा पतला, पारदर्शी पदार्थ जो चीज़ों को लपेटने के काम आता है

celluloid ('सेल्युलाइड) *n* एक कृत्रिम प्लास्टिक पदार्थ जो कई कामों में आता है; फ़ोटो फ़िल्म के ऊपर किया लेप; सिनेमा की फ़िल्म

cellulose ('सेल्युलोस) *n* पौधों से प्राप्त पदार्थ; कार्बोहाइड्रेट (चीनी, मांड आदि) का एक वर्ग; रोग़न या वार्निश; सेलुलोस

Celsius ('सेल् सिअस) *n* तापमान का क्रमांक; 0° (जब पानी जमने लगता है) से 100° (जब पानी उबलने लगता है) तक

Celt (केल्ट, सेल्ट) *n* कैल्टिक-भाषी व्यक्ति; रोमन-पूर्व काल में ब्रिटेन आदि में रहने वाले भारत-योरोपीय वर्ग का सदस्य

Celtic ('केल्टिक, 'सेल्टिक) *n* भाषाओं का एक वर्ग जिसमें गैलिक और वेल्श शामिल हैं // *a* केल्टिक भाषाओं या जातियों का

cement (सि'मेन्ट) *n* जोड़ने वाला पदार्थ; सरेस // *vt* सीमेंट से जोड़ना; जोड़ना; दृढ़ करना; **cement mixer** *n* एक बड़ा ड्रम जिसमें सीमेंट, रेत व पानी मिलाकर कंक्रीट बनाया जाता है, सीमेंट मिक्सर

cemetery ('सेमिट्रि) *n* कब्रिस्तान, विशे॰ वह जो गिरजाघर के अहाते में न हो

cenotaph ('सेनटाफ़) *n* ऐसे व्यक्ति का स्मारक जो कहीं और दफ़नाया गया हो

censer ('सेन्सर) *n* धूप या अगरबत्ती जलाने का पात्र; धूपदान

censor ('सेन्सर) *n* व्यक्ति जिसे फ़िल्में, पुस्तकें आदि देख कर आपत्तिजनक अंश हटाने का अधिकार हो; खण्डवर्जक; सेन्सर // *vt* सेंसर करना; **censorious** *a* जो छिद्रान्वेषण करे; **censorship** *n* सेन्सर-व्यवस्था

censure ('सेंन्शर) *n* निंदा; कटु आलोचना // *vt* दोष देना; कटु आलोचना करना; **censure motion** *n* (संसद आदि में) निंदा प्रस्ताव

census ('सेंन्सस) *n* जनगणना; गणना

cent (सेण्ट) *n* (*US : coin*) डालर आदि का सौवां भाग, सेंट; **per** भी देखिये

centenary (सेन्'टीनरि) *n* सौ वर्ष, शताब्दी; शताब्दी समारोह; **centenarian** (सेन्'टिनेरिअन) *n* सौ साल का, शतायु

center ('सेंन्टर) *n* (*US*) = **centre**

centigrade ('सेन्टिग्रेड) *a* **Celsius** का दूसरा नाम; जिसमें 100 डिग्री हों

centimetre, (*US*) **centimeter** ('सेन्टिमीटर) *n* मीटर का सौवां भाग

centipede ('सेन्टिपीड) *n* कनखजूरा, गोजर

central ('सेण्ट्रल) *a* केंद्रीय; **Central America** *n* मध्य अमरीका; **central heating** *n* केंद्रीय तापन, भवन को गरम रखने के लिए एक स्थान पर की गयी व्यवस्था; **centralization** *n* केन्द्रीयकरण; **centralize** *vt* केंद्रित करना; **centrally** *ad* केंद्र से; **central processing unit** *n* (*COMPUT*) कम्प्यूटर का वह भाग जहां सारी गणितीय प्रक्रियाएं की जाती हैं, केंद्रीय संसाधन एकक

centre ('सेंण्टर) *n* मध्य बिन्दु; धुरी, अक्ष; केंद्र; किसी कार्य-कलाप या संगठन का स्थान // *vt* केंद्रित करना, एकाग्र करना; (*PHOT*) बिलकुल बीच में करना; **centre-forward** *n*

(*SPORT*) फुटबाल, हाकी में आक्रमण-पंक्ति का एक खिलाड़ी; **centre-half** *n* (*SPORT*) रक्षा-पंक्ति का खिलाड़ी

centrifugal ('सेन्ट्रिफ़्यूगल) *a* जो केंद्र से परे को जाए, अपकेंद्रीय

centripetal ('सेन्ट्रिपिटल) *a* जो केंद्र की ओर आए, अभिकेंद्रीय

centurion (सेन्'ट्युअरिअन) *n* प्राचीन रोम में 100 सैनिकों की टुकड़ी का अधिकारी; शतपति

century ('सेन्चरि) *n* शताब्दी, सदी, शतक; **20th century** बीसवीं शताब्दी

ceramic (सि'रैमिक) *n* पकी मिट्टी का कड़ा, परंतु चूर-चूर हो सकने वाला पदार्थ; चीनी मिट्टी; उससे बनी वस्तु; **ceramics** *n* चीनी मिट्टी के बरतन आदि बनाने की कला; ऐसे बरतन, कलावस्तु

cereal ('सिअरइल) *n* अनाज (गेहूं, चावल आदि); नाश्ते में खाने का दलिया (जौ या गेहूं आदि का)

cerebral ('सेरिब्रल) *a* मस्तिष्क का या उससे सम्बन्धित

ceremony ('सेरिमनि) *n* विधिवत अनुष्ठान; समारोह; धार्मिक अनुष्ठान; शिष्टाचार; औपचारिकता; तकल्लुफ़; **to stand on ceremony** तकल्लुफ़ करना; **ceremonial** (सेरि'मोनिअल) *a* औपचारिक, रीति-अनुरुप; **ceremonious** (सेरि'मोनिअस) *a* आडम्बरी

certain ('सर्टन) *a* निश्चित, पक्का, तय; निर्णीत; अवश्यम्भावी; अनिवार्य; कोई, कोई एक; मध्यम (मात्रा आदि); **to make certain of** की सच्चाई के बारे में आश्वस्त हो जाना; **for certain** निस्संदेह; **certainly** *ad* निस्संदेह; **certainty** *n* निश्चित रूप, बात आदि; निश्चय

certificate (सर्'टिफ़िकिट) *n* प्रमाण-पत्र, सर्टिफ़िकेट

certified ('सर्टिफ़ाइड) : **certified mail** *n* रसीदी डाक; **certified public accountant** *n* (*US*) मान्यताप्राप्त लेखापाल

certify ('सर्टिफ़ाइ) *vt* विधिवत घोषित करना; प्रमाणपत्र देना; सत्यापन या तस्दीक़ करना

certitude ('सर्टिट्यूड) *n* निश्चयता, निश्चितता

cervical ('सर्विकल) *a* : **cervical cancer** गर्भाशय-कैंसर; **cervical smear** कैंसर-जांच के लिए लिया गया योनि-द्रव

cervix ('सर्विक्स) *n* गरदन; गर्भाशय का निचला भाग

cessation (सें'सेशन) *n* अन्त, अवसान; समाप्ति, विराम

cesspit ('सेस्पिट) *n* हौदी (जिसमें गन्दा पानी जमा होता है); मलमूत्र डालने का स्थान

cesspool ('सेस्‌पूल) *n* = **cesspit**

cf. देखिए (*Lat* तुलना कीजिए)

cg **centigram** का चिन्ह

cgs units (सीजीएस यूनिट्स) दशमलव प्रणाली जिसका आधार सेंटीमीटर, ग्राम और सैकेंड हैं

ch. **chapter** का संक्षेप

chafe (चेफ़) *vt* रगड़ कर कड़ा कर देना या घिसा देना; (हाथ) रगड़ कर गरमाना; खिझाना, तंग या परेशान करना

chaff (चाफ़) *n* अनाज की भूसी, चोकर; कुट्टी; कूड़ा-करकट; हंसी-मज़ाक

chaffinch ('चैफ़िंच) *n* एक छोटी चिड़िया

chagrin ('शैग्रिन) *n* झेंप, खीझ; निराशा

chain (चेन) *n* (*gen*) ज़ंजीर; सिकड़ी; बांधने की वस्तु; वस्तुओं या घटनाओं का सिलसिला; शृंखला; क्षेत्र नापने की लम्बी ज़ंजीर; जरीब // *vt* (**chain up** भी) ज़ंजीर से बांधना; बंद करना; रोकना; **chain reaction** *n* एक से दूसरी घटना होने का सिलसिला; **to chain smoke** *vi* लगातार सिगरेट पीना; **chain store** *n* एक ही मालिक की अनेक (एक ही प्रकार की वस्तुएं बेचने वाली) दुकानों में से एक

chair (चेअर) *n* कुर्सी; पद; पीठ; प्राध्यापक का पद; रेल की पटरी की टेक // *vt* (*meeting*) अध्यक्षता करना; विजेता को (कुर्सी पर बिठा कर या कन्धों पर) ले जाना; **chairlift** *n* ज़ंजीर पर लगी कुर्सियां जिन पर लोग, विशे॰ स्की करने वाले, बैठ कर पहाड़ी के शिखर तक जाते हैं; **chairman** *n* (बैठक, सभा का) अध्यक्ष या सभापति; **chairmanship** *n* अध्यक्षता

chalice ('चैलिस) *n* सोने या चांदी का कटोरा विशे॰ जो गिरजाघर में प्रयुक्त होता है

chalk (चॉक) *n* खड़िया; चाक // *vt* चाक से रगड़ना, कोई आकृति बनाना या निशान लगाना; रूपरेखा बनाना

challenge ('चैलिंज) *n* चुनौती, ललकार // *vt* चुनौती देना; ललकारना; (किसी के कथन आदि के) ग़लत होने का दावा करना; आपत्ति करना; **to challenge sb to do** किसी को कुछ करने के लिए ललकारना; **challenging** *a* कठिन परंतु प्रेरक; चुनौती देने वाला (कार्य)

chamber ('चेम्बर) *n* सभाभवन; सभा या सदन (विधान सभा आदि); व्यक्तियों का समूह; कोठड़ी; कोटर; बंदूक में गोली रखने की जगह; **chamber of commerce** वाणिज्य-मण्डल; **chambers** *npl* वकील का कार्यालय; निवास स्थान; **chambermaid** *n* नौकरानी जो शयनागारों का प्रबन्ध देखती है; **chamber music** *n* कुछ ही वाद्यों के लिए लिखा गया संगीत

chameleon (क'मीलिअन) *n* गिरगिट; रंग बदलने वाला जीव

champ[1] (चैम्प) *vt, vi* भोजन चबाते समय घोड़े के समान आवाज़ करना

champ[2] (चैम्प) **champion** का संक्षेप

champagne (शैम्'पेन) *n* हल्की, फेनदार शराब, शैम्पेन

champion ('चैम्पिअन) *n* जो (किसी खेल आदि में) सब से आगे हो, सर्वजेता, विजेता; समर्थक, हिमायती; जो दूसरों के लिए लड़े; नायक // *vt* किसी लक्ष्य के लिए संघर्ष करना; समर्थन या हिमायत करना; **championship** *n* समर्थन; सर्वविजय, खेल-प्रतियोगिता में सर्वप्रथम स्थान

chance (चांस) *n* घटनाक्रम जिसका पहले से अनुमान न हो सके; संयोग, भाग्य, अवसर; संभावना; जोखिम // *vt* : **to chance it** दांव पर रखना, जोखिम में डालना // *a* संयोगवश; अप्रत्याशित; **to take a chance** दांव पर लगाना, भाग्य आज़माना; **by chance** संयोग से; **chancy** *a* जोखिमपूर्ण; अनिश्चित

chancellor ('चान्सलर) *n* राज्य का एक ऊंचा अधिकारी; मंत्री; विश्वविद्यालय का अध्यक्ष, कुलपति; **Chancellor of the Exchequer** *n* (*Brit*) वित्त मंत्री; **chancellorship** *n* चांसलर का पद; कुलपति का पद

chandelier (शैन्डि'लिअर) *n* (टांगने का) झाड़ (जिसमें मोमबत्तियों या बल्बों के लिए स्थान हो), दीपाधार

change (चेंज) *vt* बदलना; एक वस्तु के बदले दूसरी देना; (*COMM : money*) भुनाना, तुड़ाना, विनिमय करना; (*hands*) (एक से दूसरे हाथ में) जाना; (*gear, trains, clothes, one's name etc*) बदलना, बदल लेना; बदल देना; (*transform*) : **to change sb into** का रूप बदल देना, के कपड़े बदल देना // *vi* (*gen*) बदल जाना; **to change into** (रूप) बदल लेना; कपड़े बदल लेना // *n* परिवर्तन; (*money*) रेज़गारी; (सौदे के बाद लिए या दिए जाने वाले) बाक़ी पैसे; **to change one's mind** इरादा बदल लेना; **a change of clothes** बदलने के लिए कपड़े; **for a change** विविधता के लिए, ऊब मिटाने या रोमांच के लिए (किया गया कार्य); **changeable** *a* (*weather*) परिवर्तनशील; **change machine** *n* नकदी की मशीन (छोटे नोट/सिक्के देने के लिए); **changeover** *n* (*to new system*) एक प्रकार के कार्य, व्यवस्था, कार्य प्रणाली से दूसरी में परिवर्तन

changing ('चेंजिङ) *a* बदलने का (कमरा); **changing room** *n* (*Brit : in shop*) कपड़े पहन कर देखने का कमरा; (*: SPORT*) कपड़े बदलने व टांगने का स्थान

channel ('चैनल) *n* नदी तल; जलान्तराल; खाड़ी, बंदरगाह का गहरा भाग; खांचा; (*fig : medium*)

माध्यम; धारा; रेडियो फ्रीक्वेंसी; टी॰वी॰ प्रसारण स्टेशन // *vt* खांचा या नाली बनाना; ले जाना या पहुंचाना; **through the usual channels** सामान्य माध्यम से; **the (English) Channel** इंगलैंड व फ्रांस के बीच की खाड़ी, इंगलिश चैनल; **the Channel Islands** इंगलिश चैनल में स्थित द्वीपों का समूह

chant (चांट) *n* गीत; राग; नारा जो बार-बार लगाया जाय // *vt* बराबर एक ही नारा लगाना; एक ही राग अलापना या रट लगाना

chaos ('केऑस) *n* अव्यवस्था; गड़बड़-झाला; सृष्टि से पहले की ब्रम्हाण्ड की अवस्था, आदिगर्त; **chaotic** (के'ऑटिक) *a* अस्तव्यस्त; अव्यवस्थित

chap (चैप) *n* (*col*) व्यक्ति, आदमी

chapel ('चैप्ल) *n* निजी गिरजाघर या प्रार्थनालय; अधीनस्थ या गौण पूजा-स्थल; गिरजाघर का भाग जहां वेदी भी हो

chaperon(e) ('शैपरोन) *n* व्यक्ति (बहुधा महिला) जो किसी अविवाहित युवती के साथ रहे; संरक्षिका // *vt* संरक्षिका का काम करना

chaplain ('चैप्लिन) *n* चैपल, सैनिक रेजिमेंट, जंगी जहाज़ या किसी संस्था से सम्बद्ध पादरी

chapped ('चैप्ट) *a* फटे हुए (होंठ, त्वचा)

chapter ('चैप्टर) *n* अध्याय; अनुभाग; पादरियों की सभा या मण्डली; किसी समाज या संस्था की संगठित शाखा; बिरादरी

char (चार) *vt* झुलसाना; (लकड़ी जला कर) कोयला बनाना; **charred** *a* झुलसा हुआ

character ('कैरिक्टर) *n* स्वभाव; व्यक्तित्व के सभी गुण; चरित्र; चाल-चलन, नैतिक गुण; चरित्रबल; नाम या नेकनामी; किसी व्यक्ति के गुणों का आख्यान; सनकी व्यक्ति; (कहानी, उपन्यास का) पात्र; वर्ण; अक्षर; अंक; छाप; विशेष गुण; **characteristic** (कैरिक्ट'रिस्टिक) *a* विशिष्ट // *n* विशिष्टता, विशेषता; **characterization** *n* चरित्र-चित्रण; लक्षण-वर्णन; **characterize** *vt* चरित्र-चित्रण करना; (की) विशेषता या गुण बताना; **characterless** *a* नीरस, फीका; व्यक्तित्वहीन

charade (श'राड) *n* बेतुका या हास्यास्पद काम; विकृत रूप, नक़ल; **charades** *n* एक खेल जिसमें विरोधी टीम की भाव भंगिमा से किसी शब्द का अनुमान लगाया जाता है, शब्द-पहेली

charcoal ('चार्कोल) *n* लकड़ी का कोयला; बंद पात्र में लकड़ी या हड्डी जलने के बाद बचा पदार्थ

charge (चार्ज) *n* आरोप; (*LAW*) अभियोग, जुर्म; (*cost*) कीमत; (*MIL : attack*) आक्रमण, हमला,

chariot 111 **chasten**

(बंदूकों, तोपों आदि से) धावा; आदेश, निर्देश; (*ELEC*) चार्ज; आवेश // *vt* (*LAW*) : **to charge sb (with)** पर अभियोग/जुर्म लगाना; आक्रमण करना; (*customer, sum*) से मांगना; को करने का आदेश देना // *vi* (*gen with : up, along etc*) तेज़ी से आगे आना/बढ़ना; **charges** *npl* खर्च; **bank charges** बैंक-प्रभार, बैंक-शुल्क; **is there a charge?** इसका कुछ दाम देना है ?; **to reverse the charges** टेलीफ़ोन जिसे किया जाये उससे दाम लेना; **to take charge of** की ज़िम्मेदारी या प्रबंध संभालना, पदभार संभालना; **to be in charge of** का प्रभारी होना, के प्रबंध का ज़िम्मेदार होना; **to charge an expense (up) to sb** किसी के खाते/खर्चे में डालना

chariot ('चैरिअट) *n* रथ; राजसी गाड़ी; **charioteer** *n* सारथी

charisma (क'रिज़्मअ) *n* व्यक्ति के विशेष गुण जिन से लोग उसकी ओर आकृष्ट हों या उस पर निष्ठा रखें; आकर्षण; आकर्षक व्यक्तित्व; तेजस्वी व्यक्तित्व; **charismatic** (करिज़्'-मैटिक) *a* इस प्रकार के गुणों अथवा आकर्षक व्यक्तित्व वाला

charity ('चैरिटि) *n* दयालुता; दीन-दुखियों की सेवा करने का भाव; हितैषिता; दया; दान; परोपकार; **charitable** *a* दयालु; परोपकारी; दानी, उदार

charlady ('चार्लेडि) *n* (*Brit*) घर या दफ़्तर में सफ़ाई का काम करने वाली नौकरानी

charm (चार्म) *n* आकर्षण; आकर्षक वस्तु; गंडा, तावीज़; जन्तर // *vt* मोहित करना, आकृष्ट करना; मुग्ध करना; **charming** *a* आकर्षक, मोहक

chart (चार्ट) *n* (*map*) समुद्र का मानचित्र; रेखाचित्र; सारणी; विवरण // *vt* मानचित्र या रेखाचित्र बनाना

charter ('चार्टर) *vt* (*plane etc*) किराए पर लेना; अधिकार-पत्र द्वारा स्थापित करना // *n* (*document*) अधिकार-पत्र; **chartered accountant** *n* सनदी लेखापाल, चार्टर्ड अकाउंटैंट; **chartered flight** *n* अनुबंधित उड़ान

chase (चेस) *vt* शिकार करना; पीछे जाना; पीछे पड़ना; खदेड़ देना // *n* पीछा; शिकार; वह जिसका शिकार किया जा रहा हो; शिकार का स्थल

chasm ('कैज़्म) *n* गहरी खाई, कन्दरा; (पहाड़ी आदि की) दरार

chassis ('शैसि) *n* मोटर गाड़ी के नीचे का ढांचा (जिस पर उसकी बॉडी टिकी होती है); विमान के नीचे का ढांचा

chaste (चेस्ट) *a* सती; साध्वी; पति-व्रता; शुद्ध; सुशील; सदाचारी; **chastity** ('चेस्टिटि) *n* सतीत्व; शुद्धता

chasten ('चेसन) *vt* दण्ड देकर सुधारना, अनुशासित करना; संयत करना,

रोकना; **chastened** *a* जो दण्ड पा कर सुधर जाय

chastise (चैस्'टाइज़) *vt* दण्ड या सज़ा देना; **chastisement** *n* दण्ड; अनुशासित करने की क्रिया

chat (चैट) *vi* (**have a chat** भी) इधर-उधर की बातचीत करना; गप्प लड़ाना // *n* बातचीत; गपशप; **chat show** *n* (*Brit*) रेडियो या टी॰वी॰ कार्यक्रम जिसमें लोगों से बिना तकल्लुफ़ बातचीत की जाती है

chatter ('चैटर) *vi* बेकार की या जल्दी-जल्दी बातें करना; बकबक करना; **my teeth are chattering** मेरे दांत बज रहे है // *n* बकबक; **chatter-box** *n* बातूनी आदमी; बक्की

chatty ('चैटि) *a* (*style*) अनौपचारिक, मैत्रीपूर्ण (बातचीत); (*person*) बातूनी

chauffeur ('शोफ़र) *n* कार का वेतनभोगी चालक

chauvinism ('शोविनिज़्म) *n* अंध देशभक्ति या उग्रराष्ट्रीयता; अपने को ऊंचा समझने की प्रवृति; **chauvinist** *n* (*nationalist*) उग्र राष्ट्रवादी; (*male*) *n* स्त्री जाति को हीन समझने वाला पुरुष

cheap (चीप) *a* कम कीमत का, सस्ता; सुलभ; तुच्छ या निकम्मा, बेकार; (*joke*) भद्दा; (*poor quality*) घटिया // *ad* सस्ते दामों में; **cheapen** *vt* सस्ता या घटिया कर देना; (घटिया व्यवहार से किसी की नज़रों में) गिरा लेना; **cheaper** *a* अधिक सस्ता; **cheaply** *ad* सस्ते दामों में; आसानी से

cheat (चीट) *vi* कोई लाभ कमाने के लिए छल करना // *vt* धोखा देना; (*rob*) ठगना; बेइमानी करना; (*trick*) छल करना // *n* धोखेबाज़; कपटी

check (चेक) *vt* (*restrain*) रोकना, रोकथाम करना; (*halt*) रुकावट डालना; नियंत्रण करना; (*passport, ticket*) जांच करना // *n* (*curb*) रोक; रोध; रुकावट; (*bill*) जांच; (*pattern* : *gen pl*) कपड़े पर चारखाने; शतरंज में शह या किश्त; (*US*) = **cheque** // *a* (**checked** भी : *pattern, cloth*) चारखाने वाला; **to check in** *vi* होटल, हवाई अड्डे आदि पर नियत स्थान पर पहुंचने की सूचना देना // *vt* (*luggage*) (सामान) हवाई अड्डे आदि पर पंजीकृत करना, नोट करना; **to check out** *vi* बिल अदा करके होटल छोड़ना // *vt* (*luggage*) लेना, प्राप्त करना; **to check up** *vi* : **to check up (on sth)** (किसी बारे में) पूरी तहकीकात करना; **to check up on sb** किसी के चरित्र आदि के बारे में पूरी जांच-पड़ताल करना; **checkered** *a* (*US*) = **chequered; checkers** *n* (*US*) चारखाने (का खेल); **check-in (desk)** *n* होटल, हवाई अड्डे आदि पर

cheek 113 chequered

पहुंचने की सूचना (देने का स्थान); **checking account** *n* (*US : current account*) चालू खाता; **checkmate** *n* शतरंज में शहमात; कोई भी हार; **checkout** *n* सुपर बाज़ार आदि में सामान की कीमत चुकाने का स्थान, होटल छोड़ने का समय जिस के बाद अगले दिन का किराया चालू हो जायेगा; **checkpoint** *n* सामान, यातायात आदि की जांच की चौकी (प्रायः सीमा पर); **checkroom** *n* (*US : left-luggage office*) अमानती सामान-घर; **checkup** *n* (*MED*) रोगी की पूरी जांच, डाक्टरी जांच

cheek (चीक) *n* गाल; (*col*) धृष्ठता, गुस्ताख़ी; **cheekbone** *n* आंखों के नीचे की हड्डी, गण्डास्थि; **cheeky** *a* धृष्ठ, गुस्ताख़

cheep (चीप) *vi* पक्षियों का चींचीं करना

cheer (चिअर) *vt* दिलासा देना, धीरज बंधाना; की जय-जयकार करना // *vi* जय-जयकार करना // *n* (*gen pl*) जय-जयकार; आनंद, प्रसन्नता; मनो दशा; **cheers!** शुभ कामना ! (शराब का पहला जाम उठाते समय का उद्‌गार); विदाई का उद्‌गार; **to cheer up** *vi* प्रसन्न हो जाना, साहस बांधना // *vt* धीरज बंधाना, हिम्मत बंधाना; **cheerful** *a* प्रसन्नचित्त, प्रफुल्ल; **cheerfully** *ad* प्रसन्नतापूर्वक, खुशी से; **cheerfulness** *n* प्रसन्नता, प्रफुल्लता; **cheerless** *a* उदास

cheerio ('चिअरि'ओ) *excl* (उद्‌गार) शुभकामना

cheese (चीज़) *n* पनीर; **cheeseboard** (चीज़ बोर्ड) *n* थाली जैसा बरतन जिस पर पनीर परोसा जाता है; **cheesecloth** *n* झीना सूती कपड़ा; **cheeseparing** *a* कंजूस, कृपण

cheetah ('चीटअ) *n* चीता

chef (शेफ़) *n* मुख्य रसोइया, विशे॰ रेस्तोरां में

chem. **chemical, chemistry** का संक्षेप

chemical ('केमिक्‌ल) *a* रासायनिक // *n* रसायन

chemist ('केमिस्ट) *n* नुसखों से दवा तैयार करने वाला; दवाई आदि बेचने वाला/बेचने की दुकान, औषधि विक्रेता; रसायनशास्त्री; **chemistry** *n* रसायनशास्त्र; रसायन विज्ञान; **chemist's (shop)** *n* दवाइयों की दुकान

chemotherapy (केमो'थेरपि) *n* रसायनों से रोगों (विशे॰ कैंसर) का उपचार

cheque, (*US* **check**) (चेक) *n* बैंक को अदायगी का लिखित आदेश; चेक; **cheque book** *n* चेकों की गड्डी, चैक बुक; **cheque card** *n* बैंक द्वारा जारी किया गया कार्ड

chequered ('चेकर्ड) *a* चारखाने-

cherish 114 **child,**

दार; रंग-बिरंगा; (*fig*) उतार-चढ़ाव वाला

cherish ('चेरिश) *vt* आंख की पुतली समझना; कद्र करना; (*hope etc*) दिल में संजोए रखना; पालना-पोसना; दुलारना

cheroot (श'रूट) *n* सिगार जिसके दोनों सिरे खुले हों, चुरुट

cherry ('चेरि) *n* लाल रंग का बेर जैसा फल, गिलास, चेरी // *a* चमकीला लाल, बदरी रक्त

chess (चेस) *n* शतरंज; **chess-board** *n* बिसात; **chessman** *n* शतरंज का मोहरा

chest (चेस्ट) *n* छाती, वक्षःस्थल; (*box*) संदूक; **chest of drawers** *n* मेज़ जैसी अल्मारी जिसमें दराज़ लगे होते हैं

chestnut ('चेस्नट) *n* पांगर वृक्ष और उस का फल (जो अखरोट जैसा होता है)

chew (चू) *vt* चबाना; **chewy** *a* कड़ा, जिसे चबाना पड़े; **chewing gum** *n* चुइंग-गम

chic (शिक) *a* बना-ठना, बांका; फ़ैशनेबल

chicanery (शि'केनरि) *n* छल-फ़रेब, धोखा, झांसापट्टी

chick (चिक) *n* चूज़ा; (*US col*) लड़की; युवती; **chickpea** ('चिकपी) *n* छोटे दाने का मटर

chicken ('चिकिन) *n* मुर्गी; **chicken feed** *n* मामूली रकम; **chicken hearted** *a* कायर; डरपोक; **to chicken out** *vi* (*col*) डर के मारे किसी काम से पीछे हट जाना; **chickenpox** *n* छोटी माता; लघु मसूरिका

chicory ('चिकरि) *n* (*for coffee*) कासनी (एक पौधा जिसकी जड़ का चूर्ण काफ़ी में मिलाया जाता है या उसके स्थान पर प्रयुक्त होता है)

chide (चाइड) *vt* (पुराना प्रयोग) डांटना; भर्त्सना करना, लताड़ना; निन्दा करना; भला-बुरा कहना

chief (चीफ़) *n* मुख्य अधिकारी; मुखिया; सरदार // *a* प्रमुख; सब से बड़ा, प्रधान; सर्वोच्च; **chief executive** *n* (कंपनी का) मुख्य अधिकारी; **chiefly** *ad* मुख्यतया; **chieftain** *n* नेता; कबीले का सरदार

chiffon (शि'फ़ॉन) *n* झीना, महीन कपड़ा

chilblain ('चिल्ब्लेन) *n* हाथ-पैरों पर ठण्ड से पड़े छाले

child, *pl* **children** (चाइल्ड, 'चिल्ड्रन) *n* बालक, बच्चा; सन्तान; **childbirth** *n* प्रसव, प्रसूति; **childhood** *n* बचपन; जन्म से किशोरावस्था तक की आयु; **childish** *a* बच्चे का या उसके जैसा, बचकाना; **childlike** *a* बालसुलभ; निष्कपट; आज्ञापरायण; **child minder** *n* (*Brit*) मां बाप की अस्थायी अनुप-

स्थिति में बच्चे की देख-भाल करने वाला/वाली; **child's play** बहुत आसान काम; बाएं हाथ का खेल

Chile ('चिलि) *n* चिली (देश)

chill (चिल) *n* ठण्डक; सिहरन, कंप-कंपी; उदासी या निराशा उत्पन्न करने वाली बात; (*MED*) सरदी (से बुख़ार) // *a* ठण्डा; रूखा, अमैत्रीपूर्ण // *vt* ठण्डा कर देना, कंपकपी छुड़ाना; (*CULIN*) (पेय, भोजन) ठण्डा करना; **chilled** *a* बर्फ़ में ठण्डा किया हुआ

chilli ('चिलि) *n* लाल मिर्च या उसका पौधा

chilly ('चिलि) *a* ठण्डा (मौसम आदि); **to feel chilly** ठण्ड लगना

chime (चाइम) *n* घण्टी की आवाज़; लयपूर्ण घण्टानाद // *vi* लय से बजना; सहमत होना; **to chime in** (बातचीत में) सहमति प्रकट करना; सुर में सुर मिलाना

chimney ('चिम्नि) *n* धुआं निकालने का रास्ता; चिमनी; **chimney sweep** *n* चिमनी साफ़ करने वाला

chimpanzee (चिम्पैन्'ज़ी) *n* अफ्रीका का समूह में रहने वाला एक समझदार बन्दर, चिम्पैंज़ी

chin (चिन) *n* ठोड़ी, ठुड्डी

China ('चाइन्अ) *n* चीन (देश)

china ('चाइन्अ) *n* बढ़िया चीनी मिट्टी के बरतन; प्यालों, प्लेटों के लिए सामूहिक नाम

Chinese (चाइ'नीज़) *a* चीनी // *n* चीनवासी; (*LING*) चीनी भाषा

chink (चिंक) *n* दरार, दरक; धातु की वस्तु गिरने की हल्की आवाज़, खनक

chip (चिप) *n* (*gen pl* : *CULIN*) पतला, तला हुआ टुकड़ा (: *US* : *potato chip* भी) आलू का पतला तला हुआ टुकड़ा; (*of wood*) खपची; स्थान जहां से टुकड़ा टूट गया हो; (*of glass, stone etc*) टुकड़ा; (**microchip** भी) कम्प्यूटर आदि में लगने वाला सिलिकॉन का पतला टुकड़ा, चिप // *vt* (*cup, plate*) छोटा-सा टुकड़ा तोड़ देना // *vi* छोटा-सा टुकड़ा टूटना; **to chip in** *vi* बात काटना; चंदा या योगदान देना

chiropodist (कि'रॉपडिस्ट) *n* पैर के रोगों का चिकित्सक; **chiropody** (कि'रॉपडि) *n* पाद-चिकित्सा

chirp, chirrup (चर्प, 'चिरप) *n* चहक; पक्षी की चीं-चीं // *vi* चहकना; चीं-चीं करना; **chirpy** *a* (*col*) चहकता हुआ, प्रसन्नचित्त

chisel ('चिज़्ल) *n* (लकड़ी आदि काटने की) छेनी, रुखानी // *vt* छेनी से काटना

chit (चिट) *n* पर्ची, रुक्का; चिट्ठी; बालक; कम आयु की युवती

chitchat ('चिट्चैट) *n* गपशप, बात-चीत

chivalry ('शिवल्रि) *n* वीरता और

सज्जनता; मध्य युग की सामंत पद्धति; **chivalrous** *a* उदारचेता; क्षात्रधर्मी

chives (चाइव्ज़) *npl* एक जड़ी जिस में प्याज़ जैसी गन्ध होती है

chloroform ('क्लॉरफ़ॉर्म) *n* हवा में उड़ जाने वाला द्रव जो पहले रोगियों को बेहोश करने के काम आता था

chlorophyll ('क्लॉरफ़िल) *n* पौधों में हरे रंग का अंश, पर्णहरित, क्लोरोफ़िल

chock (चॉक) *n* कुन्दा या गट्ठा जो किसी वस्तु को खिसकने से बचाने के लिए लगाया जाय; **chock-a-block, chock-full** *a* ठसाठस (भरा हुआ)

chocolate ('चॉकलिट) *n* कोको के बीजों, चीनी आदि से बनी मिठाई, चॉकलेट; ऐसा पेय // *a* कत्थई रंग

choice (चॉइस) *n* चुनने का कार्य या अधिकार; चुनाव; विकल्प; पसंद; रुचि; चुना गया व्यक्ति या वस्तु // *a* चुनिन्दा; बढ़िया; चुनाव के योग्य

choir ('क्वाइअर) *n* गायक-मण्डली, विशे० गिरजाघर की; उनके लिए सुरक्षित गिरजाघर का भाग; **choirboy** *n* गिरजा-घर की गायक-मण्डली का सदस्य-लड़का

choke (चोक) *vi* दम घुटना // *vt* अवरुद्ध करना; सांस घोटना, गला दबाना; बाधा डालना; मुंह बंद करना // *n* दम घुटने की क्रिया या आवाज़; (*AUT*) इंजन के कार्बुरेटर में पेट्रोल और हवा का मिश्रण सुधारने का पुर्ज़ा; **choked** *a* अवरुद्ध, दबा हुआ

cholera ('कॉलर्‌अ) *n* हैज़ा, विशूचिका

cholesterol (क'लेस्टरॉल) *n* जीवों के ऊतकों और चर्बी में मिलने वाला पदार्थ

chomp (चॉम्प) *vi* चबाते समय चप-चप की आवाज़ करना

choose (चूज़), *pt* **chose**, *pp* **chosen** *vt* चुनना; पसंद करना; चुन कर लेना; **to choose to do** करना पसंद करना

choosy ('चूज़ि) *a* : **(to be) choosy** मीन-मेख निकालने वाला; जो आसानी से किसी चीज़ को पसन्द न करे

chop (चॉप) *vt* (गंडासे आदि से) काटना या टुकड़े करना; (*CULIN* : **chop up** भी) मांस, शाक-भाजी, के टुकड़े करना // *n* वार जिससे कोई वस्तु काटी जा सके; काटने की क्रिया; काटा हुआ टुकड़ा; (*CULIN*) मांस का टुकड़ा जिसमें प्रायः सीने की हड्डी हो; **chops** *npl* जबड़ा; गाल; मुंह

chopper ('चॉपर) *n* गंडासा; हेलिकॉप्टर

choppy ('चापि) *a* (समुद्र) जिसमें छोटी लेकिन ज़ोरदार लहरें उठ रही हों

chopsticks ('चॉपस्टिक्स) *npl* बांस आदि की लम्बी तीलियां या खपच्चियां जिन से चीन के लोग खाना खाते हैं

chord (कॉर्ड) *n* भावनात्मक प्रत्युत्तर, विशे० सहानुभूति; (*MUS*) स्वर

संघात; चाप के सिरों को जोड़ने वाली सीधी रेखा, जीवा

chore (चॉर) *n* (अप्रिय) काम; इधर-उधर का काम विशे० घर में; **household chores** घर का काम

chortle ('चॉट्‌र्ल) *vi* (खुशी से) घुर-घुरा कर हंसना

chorus ('कॉरस) *n* गायक-दल; वृन्द-गान; समवेत गान; (गाने की) टेक; (*fig*) सामूहिक रूप (से विरोध आदि)

chose (चोज़) **choose** का *pt*

chosen ('चोज़्न) **choose** का *pp*

Christ (क्राइस्ट) *n* ईसा मसीह

christen ('क्रिसन) *vt* बपतिस्मा देना; नाम रखना

Christian ('क्रिस्चन) *a, n* ईसाई; **Christianity** (क्रिस्टि'ऐनिटि) *n* ईसाई धर्म; ईसाई धर्म के रीति-रिवाज; **Christian name** *n* व्यक्ति का नाम (कुल नाम, गोत्र आदि के विपरीत) जो ईसाईयों में बपतिस्मा के समय रखा जाता है

Christmas ('क्रिस्मस) *n* यशु मसीह का जन्मोत्सव, क्रिस्मस; (*25th December*) **Merry Christmas!** क्रिस्मस की शुभकामनाएं!; **Christmas card** *n* क्रिस्मस-बधाई कार्ड; **Christmas Day** *n* क्रिस्मस दिवस; बड़ा दिन; **Christmas Eve** *n* क्रिस्मस की पूर्वसंध्या (*24th December*); **Christmas tree** *n* एक सदाबहार शंकुरूप वृक्ष अथवा उसका प्रतिरूप जिसे क्रिस्मस पर्व पर सजाया जाता है

chrome, chromium (क्रोम, 'क्रोमिअम) *n* मिश्रित धातुओं में प्रयुक्त धातु जो धातुओं पर पानी चढ़ाने या उन्हें चमकीला बनाने के काम आती है, क्रोम, क्रोमियम

chronic ('क्रॉनिक) *a* चिरकालिक, पुराना; स्वभावपरक; (*col*) घोर; घटिया

chronicle ('क्रॉनिक्‌ल) *n* समय क्रम में घटनाओं का वर्णन; इतिवृत्त, इतिहास

chronological (क्रॉन'लॉजिकल) *a* कालानुक्रम से, सिलसिलेवार

chronology (क्र'नॉलजि) *n* पुरानी घटनाओं का काल-निर्धारण; घटनाओं का सिलसिलेवार क्रम

chrysanthemum (क्रि'सैंथमम) *n* गुलदाउदी फूल

chubby ('चबि) *a* गोल-मटोल; मोटा

chuck (चक) *vt* फैंक देना; प्यार से थप-थपाना (ठोड़ी के नीचे); **to chuck out** *vt* उठा कर बाहर फैंक देना; **to chuck (up)** *vt* (*Brit*) (नौकरी आदि) छोड़ देना

chuckle ('चक्‌ल) *vi* धीरे-धीरे या मुंह बंद करके हंसना // *n* दबी हुई हंसी

chug (चग) *vi* छक-छक करना (रेल-गाड़ी का)

chukker (च'कर) *n* पोलो के खेल में

खेलने की अवधि या पारी, चक्कर

chum (चम) *n* (*col*) घनिष्ट मित्र; सखा; **chummy** *a* घनिष्ट; मिलनसार

chunk (चंक) *n* टुकड़ा; बड़ी रकम

church (चर्च) *n* ईसाइयों का पूजा-स्थल; गिरजाघर; **Church** *n* ईसाई मत; पादरीगण; **churchyard** *n* कब्रिस्तान (जो गिरजाघर से लगा हो)

churlish ('चर्लिश) *a* असभ्य, उजड्ड, गंवार, बद्तमीज़

churn (चर्न) *n* दूध का बड़ा बरतन; मटका; मटकी जिसमें दही बिलोते हैं; (*for transport* : **milk churn** भी) दूध का डोल // *vt* मथना, बिलोना; तरल पदार्थ को तेज़ी से हिलाना; **to churn out** *vt* लगातार पेश करना या पैदा करना (विचार, योजना आदि)

chute (शूट) *n* ढलान या ढालू रास्ता या ऊपर से सीधा नीचे रास्ता जहां से सामान या कोयला आदि नीचे भेजा जाय; ढालू नाली; (**rubbish chute** भी) कूड़ा-करकट ले जाने वाली ढालू नाली; बच्चों का फिसलने का स्थान; (*col*) **parachute** का संक्षेप

chutney ('चट्नि) *n* चटनी

CIA (*US*) *n* *Central Intelligence Agency* (केन्द्रीय गुप्तचर विभाग) का संक्षेप

CID *n* (*Brit*) *Criminal Investigation Department* का संक्षेप

cider ('साइडर) *n* सेब का आसव (एक हल्की शराब)

cigar (सि'गार) *n* तम्बाकू के पत्ते लपेट कर बना चुरुट जिस का मुंह एक ओर से खुला होता है

cigarette (सिग'रेट) *n* सिगरेट; **cigarette case** *n* सिगरेट का डिब्बा; **cigarette end** *n* सिगरेट का टुकड़ा

C.-in-C. *n* **Commander-in-Chief** का संक्षेप

cinch (सिंच) *n* (*col*) आसान काम; सुनिश्चित या अवश्यंभावी बात

cinder ('सिंडर) *n* जले कोयले की राख

cine ('सिनि) : **cine-camera** *n* (*Brit*) चलचित्र कैमरा; **cine-film** *n* (*Brit*) फ़िल्म

cinema ('सिनम्अ) *n* सिनेमाघर; चलचित्र (सामान्यतया सामूहिक रुप से)

cinnamon ('सिनमन) *n* दालचीनी; उसका पेड़

cipher, cypher ('साइफ़र) *n* गुप्त लिखाई, गूढ़लेख; शून्य; (*fig*) नगण्य या महत्वहीन व्यक्ति; शब्द-चिन्ह; गुम्फाक्षर

circle ('सर्कल) *n* वृत्त; घेरा; (रंगमंच में) सभा भवन के तल के ऊपर के स्थान; समान उद्देश्यों वाला समाज या संगठन; मण्डली; समाज का वर्ग // *vi* चक्कर लगाना // *vt* घेरा डालना; घेरे में ले लेना; के इर्दगिर्द घूमना; का चक्कर

लगाना

circuit ('सर्किट) *n* परिक्रमा, चक्कर; क्षेत्र; बिजली के करेंट का रास्ता; सर्किट; दौरा, विशे॰ न्यायाधीशों का; खेलों की शृंखला; मण्डल या जिला; **circuitous** (सर्'क्युइटस) *a* चक्करदार; अस्पष्ट; **circuitry** *n* बिजली के सर्किट

circular ('सर्क्युलर) *a* वृत्ताकार, गोल; आसपास घूमने वाला // *n* चिट्ठी जो बहुत से व्यक्तियों को एक साथ भेजी जाय, परिपत्र

circulate ('सर्क्युलेट) *vi* चक्कर लगाना; घूमना; प्रचारित होना (व्यक्तियों और स्थानों में), फैलना // *vt* प्रचारित करना, फैलाना; **circulation** *n* रक्त-संचार; प्रसार; वितरण; समाचारपत्र की बिक्री की संख्या

circumcise ('सर्कम्साइज़) *vt* लिंग की ऊपरी त्वचा काटना, ख़तना या सुन्नत करना; **circumcision** (सर्कम्'सिझ़न) *n* ख़तना

circumference (सर'कम्फ़रन्स) *n* वृत्त की परिधि; घेरा

circumflex ('सर्कम्फ़्लेक्स) *n* (**circumflex accent** भी) स्वर की लम्बाई दर्शाने के लिए उस पर बना चिन्ह (ˆ)

circumlocution (सर्कम्ल'क्यूशन) *n* घुमा फिरा कर कही गयी बात, वाग्जाल

circumnavigate (सर्कम्'नैविगेट) *vt* जहाज़ या विमान से परिक्रमा करना; **circumnavigation** (सर्कम्'नैवि-गेशन) *n* परिनौसंचालन

circumscribe (सर्कम्'स्क्राइब) *vt* सीमित या सीमाबद्ध करना; घेरना; बाधा डालना

circumspect ('सर्कम्स्पेक्ट) *a* चौकस, सतर्क, सावधान; विवेकशील

circumstances ('सर्कम्स्टन्सिज़) *npl* विवरण; घटना; तथ्य; (जीवन की) परिस्थितयां, विशे॰ वित्तीय हालत, हालात; किसी कार्य का वातावरण या उससे सम्बन्धित वस्तुएं

circumvent (सर्कम्'वेन्ट) *vt* मात करना; बचना; (से) बच निकलना

circus ('सर्कस) *n* सर्कस; सार्वजनिक प्रयोग के लिए रंगशाला; नगर का गोल चौक जहां कई सड़कें आकर मिलती हैं

cistern ('सिस्टर्न) *n* शौचालय में पानी की टंकी

citadel ('सिटडल) *n* गढ़; नगर-दुर्ग; नगर की रक्षा के लिए बना किला

citizen ('सिटिज़न) *n* किसी देश का वासी; (राष्ट्र का) नागरिक; नगरवासी; **the citizens of this town** इस शहर के निवासी/नागरिक; **citizenship** *n* नागरिकता

citron ('सिट्रन) *n* गलगल (नींबू जैसा फल), उसका पेड़; **citric** *a* नींबू या गलगल के तेज़ाब का

citrus fruit ('सिट्रस फ़्रूट) *n* नींबू;

मुसम्मी; नारंगी जैसे फल

city ('सिटि) *n* नगर, शहर; **the City** मध्य लन्दन जो ब्रिटेन का मुख्य आर्थिक/व्यापारिक केंद्र है

civic ('सिविक) *a* नगर या नागरिकों से सम्बन्धित; **civic centre** *n* (*Brit*) शहर का वह भाग जहां नगरपालिका के दफ़्तर व सार्वजनिक मनोविनोद की सुविधांए हों; **civics** *n* नागरिकों के अधिकारों और ज़िम्मेदारियों का अध्ययन, नागरिक शास्त्र

civil ('सिव़ल) *a* शिष्ट; सभ्य; राज्य के नागरिकों से सम्बन्धित; असैनिक; परिष्कृत; (*LAW*) जो फ़ौजदारी से सम्बन्धित न हो; दीवानी; **civil engineer** *n* सिविल इंजीनियर (सड़क, पुल आदि के निर्माण से सम्बंधित इंजीनियर); **civilian** (सि'व़िलिअन) *n* असैनिक व्यक्ति अथवा कर्मचारी

civilize ('सिव़िलाइज़) *vt* सभ्य बनाना; परिष्कृत करना; **civilization** (सिव़िलाइ'ज़ेशन) *n* सभ्यता; **civilized** *a* सभ्य

civil : civil law *n* दीवानी कानून (फ़ौजदारी के विपरीत); (*study*) सिविल विधि; **civil servant** *n* असैनिक/सिविल अधिकारी; **Civil Service** *n* देश का शासन चलाने वाला अधिकारी वर्ग; प्रशासनिक सेवा; **civil war** *n* गृह युद्ध

clad (क्लैड) *a* : **clad in** पहने हुए

claim (क्लेम) *vt* अधिकार के रूप में मांगना, दावा करना; मांगना // *vi* बीमे का दावा करना // *n* (अधिकार का) दावा; अधिकार; दावे की वस्तु; कानून के अनुसार खान की ज़मीन का टुकड़ा; **(insurance) claim** बीमे (की रकम) का दावा; **claimant** *n* (*ADMIN, LAW*) दावेदार

clairvoyant (क्लेअर'व़ॉइअंट) *n* सूक्ष्मदर्शी, भविष्य में होने वाली घटनाओं के बारे में बता सकने वाला व्यक्ति; **clairvoyance** *n* इस प्रकार की शक्ति, अतींद्रिय दृष्टि

clam (क्लैम) *n* एक प्रकार का घोंघा जो खाया जाता है

clamber ('क्लैम्बर) *vi* बड़ी कठिनाई से हाथ-पैर के बल चढ़ना

clammy ('क्लैमि) *a* चिपचिपा, लिजलिजा

clamour, (*US* : **clamor**) ('क्लैमर) *vi* चिल्लाना, ज़ोर-ज़ोर से बोलना या कोई चीज़ मांगना; दुहाई देना; **to clamour for** *vt* (कुछ पाने के लिए) शोर मचाना

clamp (क्लैम्प) *n* पकड़ने या दबाने का औज़ार; बांक; शिकंजा // *vt* पकड़ना या दबाना; **to clamp down on** *vt* से सख़्ती से निपटना, के लिए सख़्त कदम उठाना

clan (क्लैन) *n* क़बीला; गोत्र; वंश; दल

clandestine (कलैन्'डेस्टिन) *a*

गुप्त, चोरी छिपे; आंख बचा कर किया गया (काम)

clang (क्लैंग) *n* टनटन // *vt* टनटनाना, टनटन की आवाज़ करना

clap (क्लैप) *n* कड़कड़ाहट; गड़गड़ाहट (बादलों की); थप्पड़ या तमाचा; *vi* कड़कना; ताली बजाना; प्रशंसा करना // *vt* थपकी देना; ताली बजाना; जल्दी से रख देना; जेल में डालना; **clapping** *n* तालियां; **claptrap** *n* थोथे शब्द; ख़ाली बातें

claret ('क्लैरट) *n* बोर्दो नगर की लाल रंग की शराब

clarify ('क्लैरिफ़ाइ) *vt* स्पष्ट करना; शुद्ध करना // *vi* स्पष्ट होना, शुद्ध हो जाना, समझ में आना; **clarification** (क्लैरिफ़ि'केशन) *n* स्पष्टीकरण, सफ़ाई

clarinet (क्लैरि'नेंट) *n* शहनाई जैसा एक बाजा

clarity ('क्लैरिटि) *n* स्पष्टता, प्रांजलता

clash (क्लैश) *n* (हथियारों के टकराने की) खटखटाहट; (*fig*) झगड़ा, टक्कर, संघर्ष // *vi* टकराना; संघर्ष करना; (घटनाओं का कार्यक्रम आदि) एक ही समय होना; (रंगों, विचारों का) मेल न खाना

clasp (क्लास्प) *n* बकसुआ; आलिंगन // *vt* बांधना; आलिंगन करना, गले लगाना; जकड़ना; जोर से पकड़ना

class (क्लास) *n* वर्ग, श्रेणी, प्रकार; दर्जा, कक्षा; योग्यता पर आधारित वर्ग; गुण, (*col*) श्रेष्ठता; आचार-व्यवहार में सुघड़ता // *vt* सही वर्ग में रखना

classic ('क्लैसिक) *a* अति उत्तम; श्रेष्ठ (विशे॰ कलाकृति के लिए प्रयुक्त); आदर्श; चिरप्रतिष्ठित // *n* सर्वमान्य उच्च कोटि की साहित्यिक रचना; **classical** *a* उच्च स्तर का ग्रीक व रोमन साहित्य, कला, संस्कृति; (*MUS*) शास्त्रीय (संगीत); **classics** *npl* प्राचीन ग्रीक व लैटिन साहित्य

classified ('क्लैसिफ़ाइड) *a* वर्गीकृत; सही वर्गों में बांटी हुई (पुस्तक-सूची आदि); गुप्त; **classified advertisements, classified ads** *npl* (समाचारपत्र में) वर्गीकृत विज्ञापन

classify ('क्लैसिफ़ाइ) *vt* वर्गीकृत करना; **classification** *n* वर्गीकरण

classmate ('क्लास्मेट) *n* सहपाठी

classroom ('क्लास्रूम) *n* कक्षा

clatter ('क्लैटर) *n* खड़खड़ाहट; शोर-शराबे भरी बातचीत // *vi* खड़खड़ाना

clause (क्लॉज़) *n* (*LING*) उपवाक्य; संधि, अनुबंधपत्र (इकरारनामा) आदि का खण्ड

claw (क्लॉ) *n* पशु, पक्षियों के नख, पंजा; पंजानुमा कोई वस्तु // *vt* पंजों से दबोचना या पकड़ना; **to claw at** *vt* को पकड़ने या दबोचने की कोशिश करना

clay (क्ले) *n* चिकनी मिट्टी; मिट्टी

clean (क्लीन) *a* साफ़, स्वच्छ; शुद्ध; पवित्र; निर्मल; निर्दोष // *ad* पूरी तरह से, साफ़-साफ़: **to come clean** *vi* (*col*) दोष स्वीकार करना // *vt* सफ़ाई करना; **to clean out** *vt* (कमरा आदि) बिल्कुल साफ़ कर देना; (चोरों द्वारा दुकान आदि में) सफ़ाया कर देना, झाडू फेर देना; **to clean up** *vt* अच्छी तरह साफ़ कर देना; (*fig*) (किसी बुराई आदि का) सफ़ाया कर देना, पूरी तरह सुधार देना; **cleaner** *n* सफ़ाई करने वाला/वाली; सफ़ाई करने में प्रयुक्त वस्तु (पाउडर आदि); (**dry cleaner** भी) बिना पानी (पेट्रोल आदि से) कपड़े धोने वाला, ड्राई क्लीनर; **cleaning** *n* सफ़ाई; **cleanliness** ('क्लेनलिनिस) *n* सफ़ाई, स्वच्छता

cleanse (क्लेन्ज़) *vt* शुद्ध व स्वच्छ करना; **cleanser** *n* स्वच्छ करने का पदार्थ (पाउडर आदि); चेहरा साफ़ करने का तरल पदार्थ

clean-shaven ('क्लीन'शेव़्न) *a* व्यक्ति जिसने दाढ़ी-मूंछ बिलकुल साफ़ कर रखी हों

clear (क्लिअर) *a* शुद्ध, साफ़; स्पष्ट; बाधारहित (सड़क, रास्ता); साफ़ (आसमान) // *vt* स्पष्ट करना; (मुश्किल) पार करना, लांघना; (*COMM*) (माल) निकालना, निकासी करना; (चैक) अदायगी के लिए ठीक होने की पुष्टि करना, पास करना; (*LAW*) (अपराधी को दोष से) मुक्त करना // *vi* (आसमान) साफ़ होना, मौसम ठीक होना; (धुंध) छंटना // *ad* चमकता हुआ, साफ़-साफ़, पूरी तरह से; **clear of** दूरी पर, दूर; **to clear the table** (खाने के बाद) मेज़ साफ़ करना; **to clear up** *vi* (मौसम) ठीक हो जाना, बादल छंट जाना; स्पष्ट होना, सुलझना // *vt* (रहस्य) स्पष्ट करना, सुलझाना; **clearance** *n* साफ़ करने, रुकावटें हटाने, अतिरिक्ति माल को (विक्रय द्वारा) ठिकाने लगाने आदि की क्रिया; जहाज़ को सीमा-शुल्क विभाग का बंदरगाह से जा सकने का आज्ञा-पत्र; **clear-cut** *a* बिल्कुल स्पष्ट; **clearing** *n* जंगल का भाग जहां पेड़ साफ़ कर दिए गये हों; **clearing bank** *n* कोई भी बैंक जो केंद्रीय क्लीयरिंग हाउस (समशोधन-गृह) का सदस्य हो; समशोधन बैंक; **clearly** *ad* स्पष्टतया, साफ़-साफ़; **clear-sighted** *a* विवेकी, समझदार; **clearway** *n* (*Brit*) सड़क जिस पर कार-चालक केवल संकट में होने पर ही रुक सकते हैं

cleaver ('क्लीव़र) *n* छोटे-छोटे टुकड़े करने का छोटी कुल्हाड़ी जैसा औज़ार; गंडासा

clef (क्लेफ़) *n* (*MUS*) संगीत सारिणी में सुर-संकेत का एक चिन्ह

cleft (क्लेफ़्ट) *n* दरार, फटन; दरार के पड़ने से बना (चट्टान, पहाड़ी आदि में) खुला मुख अथवा छेद

clemency ('क्लेमॅन्सि) *n* दया-शीलता; राज्यक्षमा

clench (क्लेन्च) *vt* (मुट्ठी) बांधना; (दांत) भींचना/पीसना; जकड़ना, पकड़ना

clergy ('क्लर्जि) *n* चर्च के पादरी वर्ग का सामूहिक नाम; **clergyman** *n* पादरी

clerical ('क्लेरिकल) *a* क्लर्क के काम से सम्बन्धित; (*REL*) पादरियों से सम्बन्धित; सरकारी काम से सम्बन्धित

clerk (क्लार्क, (*US*) क्लर्क)) *n* क्लर्क, लिपिक; (*US : salesman/woman*) दुकान में विक्रय-सहायक

clever ('क्लेवॅर) *a* बुद्धिमान; योग्य; दक्ष, कुशल, प्रवीण, चतुर; (*device, arrangement*) सूझ-बूझ या सोच-समझ वाला; **cleverly** *ad* चतुरता से, चालाकी से

cliché ('क्लीशे) *n* घिसा-पिटा मुहावरा, अलंकार आदि

click (क्लिक) *n* 'खटाक' की आवाज़ (जैसे दरवाज़े की सिटकनी बंद होने की); दरवाज़े की अड़ानी // *vi* 'खट' की आवाज़ करना; सफल होना // *vt* : **to click one's tongue** जबान से 'खट' की आवाज़ करना; **to click one's heels** पांव इकट्ठे लाकर 'खट' की आवाज़ करना (जैसे सलामी देने के लिए)

client ('क्लाइअंट) *n* ग्राहक; मुवक्किल; **clientele** (क्लिऑन्'टेल) *n* ग्राहक-गण

cliff (क्लिफ़) *n* सीधी खड़ी चट्टान; **cliffhanger** *n* तनावपूर्ण स्थिति विशे॰ फ़िल्म आदि में

climate ('क्लाइमिट) *n* जलवायु, आबोहवा; वातावरण; **climatic** (क्लाइ'मैटिक) *a* जलवायु सम्बंधी

climax ('क्लाइमैक्स) *n* पराकाष्ठा, चरमोत्कर्ष, कहानी आदि में अधिकतम तनाव का स्थल; संभोग का चरम बिन्दु

climb (क्लाइम) *vi* चढ़ना; ऊंचा उठना; कठिनाई से आगे बढ़ना; धीरे-धीरे ऊपर की ओर बढ़ना // *vt* (वृक्ष, पर्वत आदि पर) चढ़ना; (सीढ़ियां) चढ़ना // *n* चढ़ाई की प्रक्रिया; चढ़ाई का स्थान; **climb-down** *n* (विचारों, मांगों आदि में) पीछे हटने की स्थिति; **climber** *n* (आरोही) बेल; (**rock climber** भी) चट्टानों आदि पर चढ़ने वाला, आरोहक; **climbing** *n* (**rock climbing** भी) खड़ी चट्टानों, पहाड़ियों आदि पर चढ़ने का खेल

clinch (क्लिंच) *vt* तय करना, समझौता या अनुबंध करना; **clincher** *n* (*col*) निर्णायक तथ्य आदि

cling (क्लिङ) *pt, pp* **clung** *vi* चिपकना; जुड़े रहना; लिपटना; (पर) आश्रित होना; **to cling to** *vt* से चिपके रहना/जुड़े रहना; (कपड़ों का) तंग या चुस्त होना

clinic ('क्लिनिक) *n* दवाखाना, क्लीनिक; **clinical** *a* रोगियों की देखभाल आदि से सम्बंधित; यथार्थ;

भावशून्य; स्पष्ट; **clinical thermometer** *n* थर्मामीटर

clink (क्लिंक) *n* खनखनाहट; झनझनाहट (धातु की वस्तुओं के गिरने, टकराने की आवाज़) // *vi* खनखनाना, झनझनाना

clinker ('क्लिंकर) *n* भट्टी में जलने के बाद बचा हुआ कोयला, खंगर; अधिक पकी, सख्त ईंट

clip (क्लिप) *n* क्लिप, (बालों, को इकट्ठा रखने के लिए) चुटकी; (**paper clip** भी) क्लिप // *vt* (**clip together** भी) (काग़ज़ों को, बालों में) क्लिप लगाना; कतरना; **clippers** *npl* कैंची, कतरनी; (**nail clippers** भी) नाखून काटने की चुटकी, नखकर्तनी; **clipping** *n* (अखबार आदि की) कतरन, बाद में काम लेने के लिए काटा गया अखबार, पत्रिका आदि से टुकड़ा

clique (क्लीक) *n* गुट

cloak (क्लोक) *n* लबादा; ओट; भेस; बहाना // *vt* लबादा पहनाना; (*fig*) ओट लेना; छिपाना; **cloakroom** *n* कोट, हैट आदि रखने का कमरा; अमानती सामान घर; (*Brit* : *W.C.*) शौचालय

clobber ('क्लॉबर) *vt* (*col*) बुरी तरह पीटना, ठुकाई करना; करारी हार देना

clock (क्लॉक) *n* घड़ी; **to clock in** *or* **on** *vi* स्वचालित समयांकक (आटोमेटिक टाइम रिकार्डर) पर (कर्मचारियों का) अपने आने का समय अंकित करना; **to clock off** *or* **out** *vi* इसी उपकरण पर कर्मचारियों द्वारा जाने का समय अंकित करना; **clockwise** *ad* बांये से दांये (घड़ी की सुइयों के घूमने की दिशा में परिक्रमा); **clockwork** *n* घड़ी की मशीन; घड़ी जैसी यंत्र रचना जैसे चाबी के खिलौने में // *a* नियमित, व्यवस्थित; यंत्रवत

clod (क्लॉड) *n* मिट्टी का ढेला; गंवार; जड़बुद्धि; मिट्टी का माधो

clog (क्लॉग) *n* अर्गल, अर्गला; बाधा // *vt* रुकावट डालना, अड़ंगा लगाना; (पाइप में तेल आदि के बहाव को) रोक देना, रुद्ध कर देना // *vi* (नाली) रुक जाना, बंद हो जाना; **clogs** *npl* खड़ाऊं

cloister ('क्लॉइस्टर) *n* आच्छादित मार्ग, छत्ता; मठ

close *a, ad* and *derivatives* (क्लोस) *a* (*near*) : **close (to)** पास, निकट, साथ में; (*argument*) सूक्ष्म, विस्तृत (तर्क); (*writing, texture*) पास-पास (अक्षर); घनी (बुनावट); (*watch*) कड़ी (निगरानी); (*examination*) कड़ी (परीक्षा); (*weather*) घुटनवाला (मौसम) // *ad* नजदीक; **close to** *prep* के नज़दीक; **close by, close at hand** *a, ad* (के) पास; **a close friend** घनिष्ठ मित्र; **to have a close shave** (*fig*) बाल-बाल बचना // *vb* and *derivatives* (क्लोज़) *vt* बंद करना;

closet 125 club

(सड़क) रोक देना; समाप्त कर देना // *vi* (*shop, door, lid etc*) बंद होना // *n* समाप्ति, अंत; **to close down** *vt* बंद/समाप्त करना // *vi* बंद होना; समाप्त होना; **closed** *a* बंद, अवरुद्ध; **closed shop** *n* कारखाना आदि जहां सभी कामगरों का एक ही मज़दूर संघ का सदस्य होना अनिवार्य हो; **close-fisted** *a* कंजूस; **closeknit** ('क्लोस्‌निट) *a* घनिष्ठ सम्बंधों वाला (परिवार, समाज); **closely** ('क्लोस्‌लि) *ad* (*examine, watch*) निकट से; ध्यानपूर्वक (परखना, निगरानी करना); **closeness** ('क्लोस्‌निस) *n* घनिष्ठता

closet ('क्लॉज़िट) *n* अलमारी; छोटा निजी कमरा; पाख़ाना, शौचगृह // *vt* गुप्त परामर्श के लिए व्यक्तिगत कक्ष में बंद कर देना

close-up ('क्लोसप) *n* (फ़िल्म आदि) में निकट से लिया गया चित्र

closure ('क्लोझर) *n* समापन; बहुमत से या किसी अन्य अधिकार से बहस समाप्त करना; कारखाने आदि के बंद करने की क्रिया

clot (क्लॉट) *n* थक्का, टुकड़ा; (*col*) मूर्ख; (*gen* : **blood clot** भी) जमा हुआ खून, खून का थक्का // *vi* थक्का बनना, खून जमना

cloth (क्लॉथ) *n* कपड़ा; (**teacloth** भी) जिस मेज़ पर परोसने के लिए चाय रखनी हो उस पर बिछाने का कपड़ा

clothe (क्लोद) *vt* कपड़े पहनाना; **clothes** *npl* कपड़े, पोशाक, बिछौना; **clothes brush** *n* कपड़े झाड़ने का बुश; **clothes line** *n* कपड़े सुखाने के लिए बंधी डोरी, अलगनी; **clothes peg**, (*US*) **clothes pin** *n* डोरी पर कपड़े टांगने की चुटकी

clothing ('क्लोदिङ) *n* = **clothes**

cloud (क्लाउड) *n* बादल, घटा; **cloudburst** *n* अचानक मूसलाधार वर्षा; **clouded** *a* धुंधला; **cloudy** *a* घुटा हुआ (आकाश); मटमैला (द्रव); धुंधला

clout (क्लाउट) *n* (*col*) प्रहार; प्रभाव, शक्ति // *vt* प्रहार करना

clove (क्लोव़) *n* लौंग; **clove of garlic** लहसुन की गांठ

clover ('क्लोव़र) *n* पशुओं के चारे का पौधा; तिपतिया; **to be in clover** ऐश-आराम की ज़िन्दगी बिताना

clown (क्लाउन) *n* मसख़रा, विदूषक; सर्कस का जोकर; मूर्ख; गंवार // *vi* (**clown about, clown around** भी) भांडों जैसा आचरण करना; **clownish** *a* मसखरों या मूर्खों जैसा

cloying ('क्लॉइङ) *a* अघा देने वाला (स्वाद, सुगंध)

club (क्लब) *n* क्लब, संघ; मोटा डण्डा, मुग्दर; (**golf club** भी) एक प्रकार का बैट // *vt* मुग्दर से प्रहार करना // *vi* : **to club together** मिल कर

किसी कार्य के लिए पैसे इकट्ठे कर लेना; **clubs** *npl* (*CARDS*) ताश में चिड़िया या चिड़ी के पत्ते; **club car** *n* (*US* : *RAIL*) भोजन-यान; **clubhouse** *n* क्लब-भवन

cluck (क्लक) *vi* मुर्गी आदि का कुट-कुट करना

clue (क्लू) *n* किसी रहस्य या पहेली का सुराग़ या सूत्र; **I haven't a clue** मुझे (इस बारे में) कुछ नहीं पता

clump (क्लंप) *n* : **clump of trees** पेड़ों का झुरमुट

clumsy ('क्लम्ज़ि) *a* बेढंगा, बेडौल, भद्दा; फूहड़; बेढंगा बनाया हुआ या सजाया हुआ; **clumsily** *ad* बेढगें तरीके से; **clumsiness** *n* बेढंगापन

clung (क्लंङ) **cling** का *pt, pp*

cluster ('क्लस्टर) *n* झुण्ड, समूह // *vi* एकत्र होना; झुण्ड में उगना

clutch (क्लच) *n* जकड़, पकड़; चंगुल; (*AUT*) मशीन के दो घूमते भागों को जोड़ने या अलग करने में सहायता करने वाला पुर्ज़ा, क्लच (कार आदि में) // *vt* जकड़ना, पकड़ना; **to clutch at** बचने के लिए कोई सहारा ढूंढना

clutter ('क्लटर) *vt* चीज़ें (कमरे आदि में) इधर-उधर फैंक देना, बेतरतीब भर देना, अव्यवस्थित कर देना

CND *Campaign for Nuclear Disarmament* का संक्षेप

Co **county, company** का संक्षेप

c/o *care of* का संक्षेप, मार्फ़त

coach (कोच) *n* लम्बी यात्रा वाली अथवा पर्यटक बस; बड़ी चार पहियों वाली (घोड़ा) गाड़ी; रेलगाड़ी का सवारी डिब्बा; शिक्षक; (*SPORT*) कोच, प्रशिक्षक // *vt* परीक्षा, खेल प्रतियोगिता आदि के लिए तैयार करना; **coachman** *n* कोचवान; **coach trip** *n* पर्यटक बस में यात्रा/भ्रमण

coagulate (को'ऐग्युलेट) *vi* (ख़ून का) जमना; स्कंधित होना, ठोस हो जाना; **coagulation** (कोऐग्यु'लेशन) *n* जमाव, स्कंधन

coal (कोल) *n* पत्थर का कोयला; दहकता अंगारा; **coal face** *n* कोयला-संस्तर की परत; **coalfield** *n* क्षेत्र जिसमें कोयला पाया जाता है या जहां कोयले की खाने हैं

coalesce (कोअ'लेस) *vi* एक हो जाना, संलीन हो जाना, मिल जाना; **coalescence** *n* संलीन या एक होने की क्रिया

coalition (कोअ'लिशन) *n* गठबंधन, सहमिलन (विशे॰ राजनीतिक दलों का)

coalman, coal merchant (कोल्मन, 'कोल्मर्चन्ट) *n* कोयला-विक्रेता

coalmine ('कोल्माइन) *n* कोयला-खान

coarse (कॉर्स) *a* खुरदरा; रूखा; स्थूल;

अश्लील, गवांरू

coast (कोस्ट) *n* समुद्रतट // *vi* गति संवेग के साथ (बिना इंजन चालू रखे) चलते चले जाना; बिना अधिक प्रयत्न के आगे बढ़ना; तट के किनारे-किनारे (जहाज़ आदि का) जाना; **coastal** *a* तटीय; **coastguard** *n* तटरक्षक; **coastline** *n* तट-रेखा

coat (कोट) *n* कोट; जानवर की बालों वाली खाल, पक्षी के पंख; आवरण // *vt* तह चढ़ाना; पहनाना; **coat of arms** *n* कुल-चिन्ह; **coat hanger** *n* कोट टांगने की खूंटी; **coating** *n* लेप, तह

coax (कोक्स) *vt* फुसलाना, मनाना, खुशामद करना; प्यार से बात मानने पर मजबूर करना

coaxial (को'ऐक्सिअल) *a* समान अक्ष वाली (तारें आदि); समाक्षी

cob (कॉब) *n* दे० **corn**

cobalt ('कोबॉल्ट) कोबाल्ट धातु, इससे बना नीला रंग

cobbler ('कॉब्लर) *n* मोची

cobbles, cobblestones('कॉबल्ज़, 'कॉबल्स्टोन्ज़) *npl* पुराने समय में सड़क पर ऊपर लगाने के विशेष आकार के पत्थर

cobra ('कोब्रअ) *n* नाग, फनियर, काला सांप

cobweb ('कॉबवेब) *n* मकड़ी का जाला

cocaine (क'केन) *n* एक नशीला पदार्थ जिसका निश्चेतक (बेहोशी की दवा) के रूप में भी प्रयोग होता है, कोकीन

cock (कॉक) *n* मुर्गा; नरपक्षी; नल की टोंटी; बन्दूक का घोड़ा // *vt* घोड़ा चढ़ाना (बन्दूक चलाने की स्थिति में लाना); सिर ऊपर करना या घुमाना; **cockerel** *n* छोटा मुर्गा, पट्ठा; **cock-eyed** *a* भैंगा, टेढ़ा, तिरछा; **cock-fight** *n* मुर्गों की लड़ाई (का खेल)

cockle ('कॉकल) *n* घोंघा

cockney ('कॉक्नि) *n* लन्दन निवासी; लंदन ईस्ट ऐंड का विशिष्ट उच्चारण व बोली

cockpit ('कॉक्पिट) *n* (वायुयान व रेस वाली कार में) चालक स्थान; छोटे जहाज़ में कक्ष

cockroach ('कॉक्रोच) *n* तिलचट्टा

cocktail ('कॉक्टेल) *n* शराब मिश्रित पेय, कॉकटेल; **cocktail cabinet** *n* शराब की बोतलें रखने की अलमारी; **cocktail party** *n* पार्टी जिसमें ऐसे पेय का सेवन किया जाए

cocky ('कॉकि) *a* घमंडी; धृष्ट, ढीठ

cocoa ('कोको) *n* कोको वृक्ष के बीज से बना पाउडर; इस पाउडर से बना पेय; कोको

coconut ('कोकनट) *n* नारियल (का वृक्ष)

cocoon (क'कून) *n* कोया; कोष जिसमें रेशम का कीड़ा पलता है, कोषा; कृमिकोष

cod (कॉड) *n* उत्तरी गोलार्ध की समुद्री मछली, स्नेहमीन, कॉड

C.O.D. **cash on delivery** का संक्षेप

coddle ('कॉड्ल) *vt* लाड़-प्यार से लालन-पालन अथवा परिचर्या करना, बहुत ज्यादा लाड़-प्यार करना या (बच्चों आदि का) ध्यान रखना

code (कोड) *n* गुप्त अथवा संक्षिप्त संदेश भेजने के लिए अक्षरों व संकेत-चिन्हों की पद्धति व उन्हें सम्बद्ध करने के नियम; आचार-संहिता; विधि-संहिता; **codify** ('कोडिफ़ाइ) *vt* संहिताबद्ध करना; **codification** *n* वर्गीकरण, संहिताकरण

cod-liver oil *n* काड मछली का तेल (जिसका दवाई के रूप में उपयोग होता है)

co-educational (कोऐजु'केशनल) *a* सहशिक्षा सम्बंधित; **co-ed** *n* सह-शिक्षकीय स्कूल आदि

coefficient (कोइ'फ़िशंट) *n* (*MATH*) गुणांक

coerce (को'अर्स) *vt* मजबूर करना, बाध्य करना

coercion (को'अर्शन) *n* ज़बरदस्ती/ बलप्रयोग

coexist (कोइग्'ज़िस्ट) *vi* सह-अस्तित्व होना; **coexistence** *n* सह-अस्तित्व; **coexistent** *a* सहवर्ती

coffee ('कॉफ़ि) *n* काफ़ी, कहवा; काफ़ी का पेय; **coffee bar** *n* (*Brit*) अल्पाहारगृह; **coffee break** *n* पूर्वान्ह या अपरान्ह में हल्के जलपान के लिए अवकाश; चायपानी; **coffeepot** *n* काफ़ी बनाने व परोसने का बरतन; **coffee table** *n* नीची लम्बी मेज़, सेंटर टेबल

coffer ('कॉफ़र) *n* तिजोरी; खज़ाना, कोष

coffin ('कॉफ़िन) *n* बाक्स जिसमें शव रखा जाता है, ताबूत, शवपेटी

cog (कॉग) *n* मशीन के पहिये का दांता; **cogwheel** *n* दांतेदार पहिया

cogent ('कोजन्ट) *a* युक्तिसंगत, निर्णायक, अकाट्य, (दलील) जिससे कोई सहमत हो जाए

cogitate ('कॉजिटेट) *vi* सोच-विचार करना, चिंतन करना

cognition (काग्'निशन) *n* ज्ञान, बोध

cognizance ('कॉग्निज़न्स) *n* ज्ञान; प्रत्यक्ष ज्ञान; संज्ञान, बोध; ध्यान देने की क्रिया

cohabit (को'हैबिट) *vi* पति-पत्नी की तरह रहना; सहवास करना

coheir (को'एँअर) *n* व्यक्ति जिसका औरों के साथ किसी सम्पत्ति में हिस्सा हो; हमवारिस

coherence (को'हिअरन्स) *n* सुसंगति, सामंजस्य, सम्बद्धता

coherent (को'हिअरंट) *a* सुसंगत

(बात, विचार, तर्क); सम्बद्ध, जुड़ा हुआ; जो समझ में आ जाए

cohesion (को'हीझ़न) *n* सम्बद्धता, पूरी तरह जुड़े होना

coil (कॉइल) *n* पिंडी; मोटर वाहन में उपकरण जो पेट्रोल को गैस में बदलने के उद्देश्य से कम वोल्टेज की विद्युत करंट को अधिक वोल्टेज की करंट में परिवर्तित करता है; गर्भाशय में लगाया जाने वाला एक गर्भनिरोधक उपकरण // *vt* लपेटना; कुण्डली जैसा बनाना // *vi* लिपटना; कुण्डलीकृत होना

coin (कॉइन) *n* सिक्का; मुद्रा // *vt* सिक्के ढालना; अंकित करना; शब्द निर्माण करना; **coinage** *n* सिक्का ढलाई; शब्द-निर्माण; प्रचिलित सिक्के (सामूहिक रुप में); **coin-box** *n* (*Brit*) सार्वजनिक टेलीफ़ोन बूथ जहां सिक्का डालकर टेलीफ़ोन किया जा सकता है; **coiner** *n* नकली सिक्के या नोट बनाने वाला

coincide (कोइन्'साइड) *vi* एक ही साथ होना; पूरी तरह मेल खाना; **coincidence** (को'इन्सिडन्स) *n* संयोग

coir (कॉइअर) *n* नारियल जटा

coition (को'इशन) *n* संभोग, मैथुन

coitus ('कोइटस) *n* संभोग, मैथुन

coke (कोक) *n* पत्थर के कोयले के आसवन के बाद बचा पदार्थ जो ईंधन के रुप में इस्तेमाल होता है; (*sl*) कोकाकोला

colander ('कॉलंडर) *n* छलनी (बड़े छेदों वाली)

cold (कोल्ड) *a* ठण्डा, शीत; उदासीन; निरुत्साह; तटस्थ; रूखा // *n* ठंडक; (*MED*) सर्दी-जुकाम; **it's cold** (आज) ठंड है; **to be cold** को ठंड लगना; **to catch cold** ठंड लग जाना; **to catch a cold** जुकाम हो जाना; **in cold blood** बेरहमी से, निष्ठुरता से; **to throw cold water on** (के बारे में) निरुत्साहित करना; **cold feet** (*sl*) डर; **cold sore** *n* जुकाम के कारण होठ अथवा नाक के पास पड़ा छाला; **cold storage** *n* खाद्य पदार्थों को कृत्रिम ढंग से तापमान घटाकर जल्दी नष्ट होने से बचाने का तरीका; **cold war** *n* आर्थिक, कूट-नीतिक परंतु असैनिक संघर्ष, शीत-युद्ध; **coldly** *ad* रूखेपन से (पेश आना)

coleslaw ('कोल्स्लॉ) *n* सलाद जिसमें मुख्य रूप से पत्तागोभी के छोटे-छोटे टुकड़े होते हैं

colic ('कॉलिक) *n* आंतों का दर्द; अंत्रशूल; **colitis** (क'लाइटिस) *n* बड़ी आन्त की सूजन; वृहदांत्र शोथ

collaborate (क'लैबरेट) *vi* किसी के साथ मिल कर कोई काम करना, सहयोग देना; **collaboration** (कलैब'-रेशन) *n* सहयोग; **collaborator** *n* सहयोगी विशे. जो शत्रु की स्वदेश पर कब्जा करने में सहायता करे

collage (क'लाझ़) *n* भांति-भांति की वस्तुओं के टुकड़ों को किसी पृष्ठभूमि पर

चिपकाकर बनाई गई कलाकृति

collapse (क'लैप्स) *vi* गिर जाना, ढह जाना, बैठ जाना; हिम्मत हारना; असफल हो जाना // *n* पतन; (का) गिरना या ढेर होना; (का) अस्त-व्यस्त होना, टूट जाना या बिल्कुल कार्य करना बंद कर देना

collapsible (क'लैप्सबल) *a* जो तह हो जाय या मुड़ जाय

collar ('कॉलर) *n* कालर; पट्टा // *vt* कालर से पकड़ना; (*col*) पकड़ना, गिरफ्तार करना; **collarbone** *n* हंसुली, कंधों को गरदन से जोड़ने वाली हड्डी

collateral (कॉ'लैटरल) *n* कर्ज़ों की अदायगी के लिए दी जाने वाली (धन या सम्पत्ति से) गारंटी या प्रतिभूति, समर्थक ऋणाधार // *a* समानान्तर, समपार्श्विक; व्यक्ति जिसका पूर्वज वहीं हो जो दूसरे व्यक्ति का परन्तु जिनकी वंशावली भिन्न हो; गौण

colleague ('कॉलीग) *n* दफ़्तर आदि में (समान पद पर) काम करने वाला साथी, सहयोगी, सहकर्मी

collect (क'लेक्ट) *vt* इकट्ठा करना, जमा करना; लेकर जाना, ले जाना, वसूल करना; (चंदा) उगाहना // *vi* इकट्ठे होना; **to call collect** (*US TEL*) ऐसा टेलीफ़ोन काल करना जिसका खर्चा करने वाले के बजाय सुनने वाला दे; **collected** *a* शांत; एकत्रित; **collection** (क'लेक्शन) *n* संग्रह; **collective** *a* सामूहिक // *n* कारखाना, फ़र्म आदि जो सामूहिकवाद के सिद्धांत पर चलाया जाये; **collectively** *ad* सामूहिक रूप से; **collectivism** *n* यह सिद्धांत कि उत्पादन के सभी साधन राज्य के नियंत्रण में होने चाहियें, सामूहिकवाद

collector (क'लेक्टर) *n* कलक्टर, ज़िलाधीश; (टैक्स) वसूल करने वाला कर्मचारी, संग्राहक

college ('कॉलिज) *n* कालिज, महाविद्यालय; विद्वानों की संस्था; संघ; **collegiate** (कॉ'लिजिएट) *a* कालिज या कालिज-छात्र सम्बन्धी; **collegian** (कॉ'लिजिअन) *n* कालिज-छात्र

collide (क'लाइड) *vi* : **to collide (with)** (से) टकराना

collie ('कॉलि) *n* भेड़ों की रखवाली के काम आने वाले कुत्ते की नस्ल

colliery ('कॉल्यरि) *n* कोयले की खान व उससे सम्बंधित इमारतें व मशीनें आदि

collision (क'लिझ़न) *n* टक्कर

colloquial (क'लोक्विअल) *a* बोलचाल की भाषा में प्रयोग किया जाने वाला (शब्द, मुहावरा आदि), बोलचाल का

collusion (क'लूझ़न) *n* सांठ-गांठ, मिलीभगत विशे॰ कानूनी मामलों में

cologne (क'लोन) *n* कोलोन नाम की खुश्बू या इत्र

colon ('कोलन) *n* (:) का चिन्ह,

अपूर्ण विराम; (*MED*) गुदा से ऊपर बड़ी आंत का भाग

colonel ('कर्नल) *n* रेजिमेंट अथवा बटालियन का कमांडर, ब्रिगेडियर से नीचे का सैनिक अधिकारी

colonial (क'लोनिअल) *a* औपनिवेशिक

colonize ('कॉलनाइज़) *vt* उपनिवेश बसाना; बस्ती बसाना; **colonization** (कॉलनाइ'ज़ेशन) *n* उपनिवेश बनाने की क्रिया

colony ('कॉलनि) *n* उपनिवेश; उन लोगों का समूह जो नए देश में बस जाने के बाद भी अपने मूल देश से जुड़े रहते हैं; ऐसा क्षेत्र/देश; एक ही व्यवसाय के लोगों की बस्ती, कालोनी

colossal (क'लॉसल) *a* विशालकाय, बहुत बड़ा

colossus (क'लॉसस) *n* विशालकाय मूर्ति; विशालकाय वस्तु या महत्वपूर्ण व्यक्ति

colour, (*US*) **color** ('कलर) *n* रंग, रंगत, आभा, (रंग-रोग़न); वर्ण; (*fig*) आभास; बहाना; ध्वनिरूप; विशेषता; मिज़ाज; **colours** *npl* (*of party, club*) झंडा; (*SPORT*) विशिष्ट बिल्ला या चिन्ह // *vt* रंगना, रंग-रोग़न करना, (*with crayons*) रंग भरना; छिपाना, बदल देना, (*news*) तोड़-मरोड़ देना // *vi* रंगा जाना; (*blush*) शरमा जाना, लजाना; **colour bar** *n* रंग-भेद (नीति), वर्ण-भेद; **colour-blind** *a* जो विभिन्न रंगों में भेद न कर सके, वर्णान्ध; **coloured** *a* अश्वेत (लोग); (*PHOTO*) रंगीन // *n* : **coloureds** अश्वेत लोग; **colour film** *n* रंगीन फ़िल्म; **colourful** *a* रंगीन, रंगबिरंगा, भड़कीला; (*personality*) सजीव, रंगीला; **colouring** *n* रंजक (जैसे खाद्य पदार्थ के लिए); (*complexion*) (चेहरे की) रंगत; **colour scheme** *n* रंग योजना; **colour television** *n* रंगीन टेलीविज़न

colt (कोल्ट) *n* बछेरा, घोड़े का 4-5 साल का बच्चा

column ('कॉलम) *n* स्तंभ, खंभा, लम्बी सीधी बेलनाकार वस्तु; (लोगों की) लम्बी पंक्ति; पृष्ठ, कालम; (सैनिक) दस्ता; **columnist** ('कॉलम्निस्ट) *n* समाचार-पत्र के लिए नियमित रुप से लेख लिखने वाला पत्रकार

coma ('कोम्अ) *n* अचेतन अवस्था, बेहोशी की हालत

comatose ('कोमटोस) *a* मूर्च्छित, बेहोश

comb (कोम) *n* कंघा, कंघी; मुर्ग़ी की कलग़ी; मधुमक्खी का छत्ता // *vt* (*hair*) कंघी करना; (*area*) छान डालना; तलाश करना

combat ('कॉम्बैट) *n* लड़ाई, संघर्ष // *vt* लड़ना, संघर्ष करना, सामना

करना; **combatant** ('कॉम्बटंट) *n* संयोधी, लड़ाकू

combination (कॉम्बि'नेशन) *n* (*gen*) संयोग, संयोजन, समिश्रण

combine *vb* (कम्'बाइन) *vt* मिलाना; (*one quality with another*), जोड़ना // *vi* मिलना; (*CHEM*) (दो अवयवों का) संघटित होना // *n* ('कॉम्बाइन) संघ; (*ECON*) व्यापार-संघ; **combine (harvester)** *n* मशीन जो एक ही साथ अनाज काटती और उसे गाहती (साफ़ करती) है

combustion (कम्'बस्चन) *n* जलने की क्रिया; दहन

come (कम), *pt* **came**, *pp* **come** *vi* आना, पहुंचना, की ओर बढ़ना; होना, घटित होना, मिलना; (से) आरंभ होना; हो जाना; **to come to** (*a decision*) (किसी निर्णय) पर पहुंचना; **to come undone/loose** (बटन आदि) टूट जाना, ढीला हो जाना; **to come about** *vi* घटित होना; **to come across** *vt* संयोग से पाना, मिलना; **to come along** *vi* = **to come on; to come away** *vi* चले आना, (हाथ लगाने पर) अलग हो जाना; **to come back** *vi* लौट आना; **to come by** *vt* (*acquire*) प्राप्त करना; **to come down** *vi* उतरना; (*prices*) गिरना; (*building*) ढहना; **to come forward** *vi* आगे बढ़ना; (सेवा) अर्पित करना, आगे आना (किसी कार्य के लिए); **to come from** *vt* का मूलवासी होना; **to come in** *vi* अंदर आना; **to come in for** *vt* (*criticism etc*) की (आलोचना आदि) होना; **to come into** *vt* (*money*) उत्तराधिकार में (संपत्ति) पाना; **to come off** *vi* (*button*) अलग होना; (*stain*) (दाग़) हट जाना; (*attempt*) (प्रयत्न) सफल होना; **to come on** *vi* (*pupil, work, project*) (बारी से अथवा निश्चित समय पर) आना; शुरू होना; (*light, electricity*) आना; **come on!** आओ ! शुरु करो; **to come out** *vi* प्रकट होना; (*book*) प्रकाशित होना; **to come round** *vi* (*after faint, operation*) (बेहोशी, आपरेशन के बाद) होश में आ जाना; सहमत हो जाना; **to come to** *vi* होश में आना; कुल योग होना; **to come up** *vi* उठना, चर्चा छिड़ना; **to come up against** *vt* (*resistance, difficulties*) का सामना करना; **to come up with** *vt* : **he came up with an idea** उसे एक विचार आया/सूझा; **to come upon** *vt* (संयोगवश) मिलना या पाना; **comeback** *n* (*THEATRE etc*) वापसी, फिर से सक्रिय (अभिनेता) बनना

comedian (क'मीडिअन) *n* हास्य अभिनेता, मसख़रा

comedown ('कम्डाउन) *n* घटिया वस्तु; सामाजिक स्तर में गिरावट

comedy ('कॉमिडि) *n* सुखान्त अथवा हास्य-नाटक, कामदी, प्रहसन

comet ('कॉमिट) *n* धूम्रकेतु, पुच्छल तारा

comeuppance (कम'पन्स) *n* : **to get one's comeuppance** किये का फल/दण्ड भुगतना

comfort ('कम्फ़र्ट) *n* आराम, चैन; दिलासा; सुख-साधन, सांत्वना देने वाली वस्तु, व्यक्ति आदि // *vt* चैन या सुख पहुंचाना; दिलासा देना; **comforts** *npl* सुख-साधन; **comfortable** *a* सुखद, आरामदेह; (*col*) आर्थिक रूप से सुखी या मज़े में; **comfortably** *ad* आराम से, चैन से; **comforter** *n* दिलासा देने वाला व्यक्ति; बच्चे की चुसनी, ऊनी गुलुबंद; **comfort station** *n* (*US*) सार्वजनिक सुविधा (शौचालय आदि)

comic ('कॉमिक) *a* (**comical** भी) कामदी से सम्बंधित; हास्यजनक; बेढंगा // *n* हास्य अभिनेता, मसख़रा; (*magazine*) पत्रिका जिसमें कार्टून-कथाएं दी जाती हैं; **comic strip** *n* चित्र-कथा

coming ('कमिङ) *n* आगमन // *a* आगामी, आने वाला; **coming(s) and going(s)** (*pl*) आना-जाना

comma ('कॉम्अ) *n* अल्पविराम (,)

command (क'मांड) *n* आदेश, हुक्म; (*MIL : authority*) अधिकार; (*mastery*) (किसी विषय का) ज्ञान; अधिकार क्षेत्र; नियंत्रण; शासन // *vt* आदेश देना; (*troops*) पर अधिकार रखना, पर नियंत्रण रखना; (*be able to get*) पर अधिकार या प्रभुत्व रखना; (*deserve*) के योग्य होना व पाना; (आसपास के क्षेत्र से) ऊंचा होना; **commandeer** (कॉमन्'डिअर) *vt* फ़ौजी इस्तेमाल के लिए कब्ज़े में ले लेना; हस्तगत कर लेना; **commander** *n* सेनापति, कमांडर

commando (क'मांडो) *n* विशेष सैनिक टुकड़ी का सदस्य जिसे जल, थल व वायु से आक्रमण करने का प्रशिक्षण दिया गया हो; कमांडो

commemorate (क'मेमरेट) *vt* स्मरणोत्सव मनाना; (की) यादगार होना; **commemoration** (कमेम'रेशन) *n* स्मरणोत्सव; **commemorative** *a* की याद में, संस्मारक

commence (क'मेन्स) *vt* शुरु करना // *vi* शुरु होना; **commencement** *n* शुरुआत, आरंभ

commend (क'मेण्ड) *vt* तारीफ़ करना, सिफ़ारिश करना; सिपुर्द करना, सौंपना; **commendable** *a* तारीफ़ के लायक, प्रशंसनीय

commensurate (क'मेन्सरिट) *a* : **commensurate with** (आकार या अवधि में) के बराबर; अनुपातिक; पर्याप्त

comment ('कॉमेन्ट) *n* टिप्पणी, आलोचना; चर्चा; नोट; व्याख्या // *vi* : **to comment (on)** पर टिप्पणी

करना; की व्याख्या करना; की आलोचना करना; पर (संक्षिप्त) नोट लिखना; **commentary** ('कॉमन्टरि) *n* विस्तृत व्याख्या; टीका; फ़िल्म आदि के साथ जुड़ा हुआ वर्णन, (*SPORT*) आंखों देखा हाल, कमेंट्री; **commentator** ('कॉमन्टेटर) *n* व्याख्याकार; आंखों देखा हालं सुनाने वाला

commerce ('कॉमर्स) *n* वाणिज्य, व्यापार

commercial (क'मर्शल) *a* व्यापारिक, वाणिज्य-सम्बंधी; जिसका उद्देश्य लाभ हो // *n* (*TV* : **commercial break** भी) विज्ञापन, विशे॰ रेडियो तथा टेलीविज़न पर

commiserate (क'मिज़रेट) *vi* : **to commiserate with sb** को दिलासा देना; से सहानुभूति प्रकट करना

commissar ('कॉमिसार) *n* कम्युनिस्ट पार्टी का राजनीतिक शिक्षा के कार्य को संभालने वाला पदाधिकारी

commission (क'मिशन) *n* करने के लिए सिपुर्द किया गया कार्य; कार्याधिकार; आयोग, समिति, कमीशन; आढ़त, कमीशन; राजकीय अधिकारपत्र, नियुक्ति-पत्र (सेना में अफ़सर के पद का); आचरण; कार्य किया जाना // *vt* कार्याधिकार देना; (*MIL*) सेना में अफ़सर नियुक्त करना; (*work of art*) (कलाकृति) बनवाना; **out of commission** (*NAUT*) जंगी जहाज़ जो (मरम्मत की आवश्यकता के कारण) काम ने आ रहा हो; **commissionaire** (कमिश'नेअर) *n* (*Brit : at shop, cinema*) दरबान (विशे॰ वर्दी में); **commissioner** *n* आयुक्त; आयोग या सरकारी बोर्ड (समिति) का सदस्य, कमिश्नर

commit (क'मिट) *vt* सिपुर्द करना, सौंपना; (*to sb's care*) हवाले करना; (अपराध, भूल आदि) करना; मुकदमे के लिए भेज देना; **to commit o.s. (to do)** (करने की) प्रतिज्ञा करना, के लिए वचनबद्ध होना; **to commit suicide** आत्महत्या कर लेना; **commitment** *n* प्रतिज्ञा, वचनबद्धता

committee (क'मिटि) *n* समिति, कमेटी

commode (क'मोड) *n* दराज़ों वाली मेज; स्टूल जिसमें शौच के लिए पात्र लगा होता है, कमोड

commodious (क'मोडिअस) *a* जिसमें बहुत स्थान हो; लंबा-चौड़ा, बड़ा

commodity (क'मॉडिटि) *n* (व्यापार में) माल; उपयोगी वस्तु

commodore ('कॉमडॉर) *n* नौसेना का कप्तान से बड़ा अफ़सर

common ('कॉमन) *a* सार्वजनिक, लोकसामान्य, आम; साधारण, मामूली; प्राय: होने वाली (घटना आदि); घटिया; गंवारू // *n* आम मैदान; पंचायती जमीन; शामलाट; *pl* जनसाधारण; **the Commons** *npl* (*Brit*) ब्रिटिश संसद का वह सदन जिसके सदस्य जनता

द्वारा चुने जाते हैं, **House of Commons; in common** सम्मिलित रूप से, साझेदारी में; **commoner** *n* साधाराण नागरिक; **common law** *n* सामान्य विधि, देशविधि; **commonly** *ad* सामान्यतया; **Common Market** *n* **(European Common Market)** यूरोपीय साझा बाज़ार; **commonplace** *a* साधारण; घिसा-पिटा // *n* घिसी-पिटी बात; सामान्य बात; **commonroom** *n* विनोद-कक्ष, विश्राम-कक्ष; **common sense** *n* सामान्य बुद्धि, व्यावहारिक ज्ञान; **the Commonwealth** *n* राष्ट्रमंडल

commotion (क'मोशन) *n* हुल्लड़, गड़बड़ी, शोरगुल

communal ('कॉम्यूनल) *a* (*life*) एक समुदाय द्वारा प्रयुक्त अथवा उसका; (*for common use*) सार्वजनिक उपयोग के लिए; साम्प्रदायिक

commune ('कॉम्यून) *n* व्यक्तियों, परिवारों का समुदाय जिनकी साझे की सम्पत्ति व जिनका (काम में) समान उत्तरदायित्व हो // *vi* (क'म्यून) **to commune with** से गहरा सम्बंध स्थापित करना

communicate (क'म्यूनिकेट) *vt* बताना, पहुंचाना (समाचार आदि); (*disease*) संचारित करना // *vi* जानकारी देना या उसका आदान-प्रदान करना; सम्पर्क रखना; (कमरों आदि के) बीच में गलियारा या दरवाज़ा होना; **communicable** *a* बतायी या पहुंचायी जाने योग्य; (*disease*) छूत की (बीमारी)

communication (कम्यूनि'केशन) *n* संचारण, संदेश पहुंचाने की क्रिया; संदेश; सूचना; **communications** *npl* संचार-व्यवस्था या साधन (रेडियो, डाक आदि), यातायात साधन (सड़क, रेल आदि); *pl* सैन्य आस्थान (अड्डा) व मोर्चे के बीच संचार सम्बंध; **communication cord** *n* (*Brit*) रेलगाड़ी में ख़तरे की स्थिति में गाड़ी रोकने के लिए खींचने की ज़ंजीर; **communicative** *a* जानकारी देने के लिए तैयार या प्रस्तुत

communion (क'म्यून्यन) *n* विचारों, भावनाओं आदि का आदान-प्रदान; भाईचारा; सहधर्मियों का संघ; **(Holy Communion** भी) यीशुमसीह के अंतिम भोज से सम्बंधित धर्मानुष्ठान में भाग लेने की क्रिया

communiqué (क'म्यूनिके) *n* विज्ञप्ति, सरकारी सूचना

communism ('कॉम्युनिज़म) *n* यह सिद्धांत कि सारी सम्पत्ति व उत्पादन के साधनों पर पूरे समाज का अधिकार हो, साम्यवाद; **communist** *a, n* साम्यवादी

community (क'म्यूनिटि) *n* समुदाय, समाज, समूह (*eg* एक जिले के निवासी), सम्प्रदाय; जनता; हिस्सेदारी; समानता; **community centre** *n*

commutation ticket 136 **compassion**

सामुदायिक कार्यों के लिए भवन; सामुदायिक केंद्र, पंचायत घर; **community chest** *n* (*US*) जनकल्याण कोष

commutation ticket (कॉम्प्यू'टेशन टिकिट) *n* (*US*) रियायती-यात्रा टिकट

commute (क'म्यूट) *vi* रोज़ाना अपने घर से कार्यस्थान तक की यात्रा करना // *vt* विनिमय करना, (*LAW*) दण्ड में कमी करना जैसे मृत्युदण्ड के बदले आजीवन कारावास; रूपांतरण करना (एक प्रकार के भुगतान को दूसरे रूप में देना); **commuter** *n* घर से कार्यस्थान की दैनिक यात्रा करने वाला व्यक्ति

compact *a* (कम्'पैक्ट) अच्छी तरह से लगाया या बांधा हुआ; ठोस; सघन; चुस्त // *vt, vi* ठोस या सघन करना या होना // *n* ('कॉम्पैक्ट) (**powder compact** भी) छोटी डिबिया जिसमें चेहरे का पाउडर, लगाने का पफ़ व आइना होता है; **compact disk** *n* छोटा तवा जिस पर आवाज़ रिकार्ड की जाती है (इसमें पी॰वी॰सी॰ का प्रयोग होता है) और फिर सुनी जा सकती है

companion (कम्'पैन्यन) *n* साथी, सहचर, व्यक्ति जिसे साथ रहने के लिए नौकर रखा गया हो; **companionable** *a* मिलनसार; **companionship** *n* साथ, साहचर्य

company ('कम्पनी) *n* मण्डली, टोली; संगति; साथ; अतिथि; (*COMM*) व्यापारिक कम्पनी; (*MIL*) कप्तान के आधीन रेजिमैंट की एक टुकड़ी; जहाज़ के कर्मचारी; (*THEATRE*) नाटक कलाकार मंडली; **company secretary** *n* (*COMM*) कम्पनी-सचिव

comparative (कम्'पैरटिव़) *a* तुलनात्मक; सापेक्ष; (*LING* : *relative*) विशेषण व क्रिया-विशेषण का रूप जो 'अधिक' होना बताए; **comparatively** *ad* (*relatively*) तुलना में

compare (कम्'पेअर) *vt* : **to compare sth/sb with/to** तुलना करना; मिलाना; समान समझना; विशेषण व क्रिया विशेषण के *comparative* तथा *superlative* रूप बताना // *vi* : **to compare (with)** समान होना; मिलना; तुलना योग्य होना; **comparability** (कम्पैरि'बिलिटि) *n* तुलनात्मकता; **comparable** ('कम्परब्ल) *a* तुलनीय; **comparison** (कम्'पैरिज़न) *n* तुलना; मिलान; सादृश्य

compartment (कम्'पार्टमंट) *n* कक्ष, ख़ाना, (रेल का) डिब्बा; कंपार्टमैंट

compass ('कम्पस) *n* दिशासूचक; कम्पास; **compasses** *npl* कोण आदि खींचने की परकार; परिधि; घेरा; क्षेत्र; विस्तार; पहुंच

compassion (कम्'पैशन) *n* दया; करुणा; सहानुभूति; **compassionate**

a दयालु; कृपालु

compatible (कम्'पैटिबल) *a* संगत; अनुरूप; अनुकूल; मेल खाता हुआ; **compatibility** (कम्पैटि'बिलिटि) *n* अनुरूपता, मेल, संगति

compatriot (कम्'पैट्रिअट) *n* सह-देशवासी, हमवतन

compeer ('काम्पिअर) *n* (बराबर का) साथी, सहयोगी; समकक्ष

compel (कम्'पेंल) *vt* मजबूर करना, बलपूर्वक काम कराना; ज़रूरी कर देना; **compelling** *a* (*fig : argument*) जिसका जवाब न हो, अकाट्य; अत्यावश्यक

compendium, *pl* **-s, -ia** (कम्'पेन्डिअम, -म्स, -आ) *n* संक्षेप, सार-संग्रह, सारांश **compendious** *a* संक्षिप्त परंतु मुख्य तथ्य समोये हुए

compensate ('कॉम्पेंन्सेट) *vt* क्षतिपूर्ति करना; भरपाई करना; हरजाना देना; बराबर कर देना; **compensation** ('कॉम्पन्सेशन) *n* हरजाना, क्षतिपूर्ति, (*money*) मुआवज़ा

compere ('कॉम्पेअर) *n* कैबरे, टेलीविज़न कार्यक्रम आदि में कलाकारों को पेश करने वाला व्यक्ति // *vt* कार्यक्रम पेश करना

compete (कम्'पीट) *vi* मुकाबला करना; प्रतियोगिता में भाग लेना; **to compete (with)** से प्रतियोगिता में मुकाबला करना

competence ('कॉम्पिटन्स) *n* दक्षता, कुशलता

competent ('कॉम्पिटंट) *a* योग्य; कुशल; सक्षम; उचित; वैध; यथेष्ट; बहुत प्रशंसनीय (कार्य आदि)

competition (कॉम्पि'टिशन) *n* प्रतियोगिता, मुकाबला; (*ECON*) प्रतिस्पर्धा

competitive (कम्'पेटिटिव़) *a* (*ECON*) प्रतिस्पर्धा (*industry, market etc*) मुकाबले वाला; (*sport*) प्रतिस्पर्धी, प्रतियोगी; (*examination*) प्रतियोगिता (परीक्षा)

competitor (कम्'पेटिटर) *n* प्रतियोगी; प्रतिस्पर्धा, प्रतियोगिता में भाग लेने वाला; मुकाबला करने वाला

compile (कम्'पाइल) *vt* (पुस्तक आदि) संकलित करना; इकट्ठा करना; तैयार करना; बनाना; **compilation** (कम्'पाइलेशन) *n* संकलन; **compiler** *n* संकलनकर्ता

complacency (कम्'प्लेसन्सि) *n* आत्मसंतोष; आत्मतुष्टि

complacent (कम्'प्लेसंट) *a* आत्मसंतुष्ट; (अपनी सफलता, योग्यता आदि से) प्रसन्न, संतुष्ट

complain (कम्'प्लेन) *vi* बड़बड़ाना; **to complain about** शिकायत करना; इल्ज़ाम लगाना; **to complain of** तकलीफ़ बताना; **complaint** *n* शिकायत; इल्ज़ाम; असंतोष का कारण;

बीमारी, तकलीफ़; **complainant** *n* फ़रियादी; शिकायत करने वाला

complement ('कॉम्पलिमंट) *n* पूरक; सम्पूरक; (*especially of ship's crew etc*) कर्मि-मण्डल; पूर्ण राशि, संख्या, पूरा साज-सामान // *vt* (में) जोड़ना (को) पूरा करना; **complementary** ('कॉम्पलिमैंन्टरि) *a* पूरक

complete (कम्'प्लीट) *a* पूरा; संपूर्ण; सम्पन्न; समाप्त; सारा; सभी भांति से // *vt* पूरा करना, समाप्त करना, सम्पूर्ण करना; **completely** *ad* पूर्ण रूप से, भली-भांति; **completeness** *n* पूर्णता; **completion** *n* (काम आदि के) पूरा होने की स्थिति

complex ('कॉम्प्लेक्स) *a* जटिल, पेचीदा; कठिन; गुथा हुआ; मिश्रित // *n* बहुत से भागों से बनी वस्तु; सम्बंधित इमारतों का समूह; मनोवैज्ञानिक रोग; मनोग्रंथि; सनक; **complexity** ('कॉम्प्लैक्सिटि) *n* जटिलता, पेचीदापन

complexion (कम्'प्लेक्शन) *n* (चेहरे का) रूप-रंग, (*of events*) स्वरूप; त्वचा विशे० मुंह का रंग, रंग-ढंग, रूप, प्रकार

compliance (कम्'प्लाइअन्स) *n* आज्ञापालन, अनुवृत्ति, स्वीकृति; जल्दी ही दूसरों की बात मान लेने की प्रवृति; **compliance with** के अनुसार

complicate ('कॉम्प्लिकेट) *vt* जटिल या कठिन बनाना; उलझाना, मिलाकर गड़बड़ कर देना; **complicated** *a* उलझा हुआ, जटिल; **complication** (कॉम्प्लि'केशन) *n* उलझन, जटिलता, पेचीदगी

complicity (कम्'प्लिसिटि) *n* अपराध या ग़लत काम में सहयोग

compliment *n* ('कॉम्प्लिमंट) प्रशंसा अथवा सम्मान की अभिव्यक्ति // *vt* ('कॉमप्लिमेण्ट) प्रशंसा करना, बधाई देना; **compliments** *npl* सम्मान; बधाई; शुभकामनाएं; **to pay sb a compliment** किसी की किसी गुण-विशेष के लिए प्रशंसा करना; **complimentary** (कॉम्प्लि'मेण्टरि) *a* प्रशंसापूर्ण; (*free*) मुफ्त; **complimentary ticket** *n* मानार्थ टिकट

comply (कम्'प्लाइ) *vi* : **to comply with** मान जाना; पालन करना; पूरा करना // **compliance** (कम्'प्लायंस) *n* पालन; **compliant** *a* आज्ञाकारी

component (कम्'पोनन्ट) *n* एक संपूर्ण वस्तु का भाग; अवयव, अंग // *a* वस्तु को संपूर्ण बनाने में सहायक

compose (कम्'पोज़) *vt* व्यवस्थित करना; (*PRESS*) (टाइप, अक्षर) ठीक क्रम में लगाना; बनाना; लिखना; रचना करना; **to compose o.s.** (अपने आप को) संयत या शांत करना; **composed** *a* संयत, शांत; **composer** *n* (*MUS*) रचियता विशे० संगीतकार

composite ('कॉम्पज़िट) *a* मिश्रित;

compositor *n* प्रेस में छपाई की सामग्री को कम्पोज़ करने (टाइप लगाने) वाला व्यक्ति

composition (कॉम्पि'ज़िशन) *n* रचना (कविता, गीत आदि)

compost ('कॉम्पॉस्ट) *n* पत्तों आदि के सड़ने से बनी खाद

composure (कम्'पोझ़र) *n* शांति, संयम, धैर्य

compound *n* ('काम्पाउण्ड) (*CHEM*) मिश्रण, यौगिक; पदार्थ; (*LING*) शब्द जो दो या अधिक घटकों को मिला कर बने (*enclosure*) अहाता, दायरा, घेरा // *a* मिश्र, चक्र-वृद्धि (ब्याज); मिश्रित, संयुक्त // *vt* (कम्'पाउण्ड) मिलाना, बनाना, संयोजित करना, तेज़ करना; बिगाड़ना; समझौता करना; कुछ भुगतान करके कर्ज़ खत्म करना; (*LAW*) पैसा लेकर अभियोग वापिस लेना; **compound fracture** *n* टूटी हड्डी जो ज़ख्म भी कर दे

comprehend (कॉम्प्रि'हेंण्ड) *vt* समझना; समोए होना; सम्मिलित करना; में होना; **comprehensible** *a* समझ में आने योग्य; **comprehension** (कॉम्प्रिहेन्शन) *n* समझने की शक्ति; बोध शक्ति

comprehensive (कॉम्प्रि'हेन्सिव़) *a* व्यापक, विस्तृत; पूर्ण; **comprehensive policy** *n* (*INSURANCE*) व्यापक-पालिसी; **comprehensive (school)** *n* (*Brit*) सभी स्तर व योग्यताओं के बच्चों के लिए माध्यमिक विद्यालय; बहुपाठ्यक्रम विद्यालय

compress *vt* (कम्'प्रेस) दबाना; दबाकर आकार में छोटा कर देना // *n* (कॉम्प्रेस) चोट आदि पर लगाने की कपड़े की गद्दी; **compression** (कम्'प्रेशन) *n* (गाड़ियों के) अन्तर्दहन इंजन में तेल को प्रज्वलन से पहले अंदर की ओर खींच कर दबाव बढ़ाना; **compressor** *n* मशीन जो हवा या गैस को सम्पीड़ित करती है (दबाकर एकत्र करती है)

comprise (कम्'प्राइज़) *vt* (**be comprised of** भी) समाविष्ट करना; के बराबर होना; (को) समोए होना

compromise ('कॉम्प्रमाइज़) *n* समझौता; मध्यमार्ग; बीच का रास्ता // *vi* समझौते द्वारा झगड़ा निपटाना // *vt* खतरे में डालना; (किसी को) संदेह की स्थिति में डालना

comptroller (कन्'ट्रोलर) *n* लेखा-नियन्ता

compulsion (कम्'पल्शन) *n* मजबूरी; विवशता; दबाव; मनोवेग जिस पर नियंत्रण न हो

compulsive (कम्'पल्सिव़) *a* अनियंत्रित, जो रोका न जा सके

compulsory (कम्'पल्सरि) *a* अनिवार्य, अत्यावश्यक; **compulsorily** *ad* अनिवार्य रूप से

compunction (कम्'पंक्शन) *n*

ग़लत काम पर पश्चाताप का अनुभव; खेद

compute (कम्'प्यूट) *vt* हिसाब लगाना; परिकलन करना विशे॰ कम्प्यूटर पर; **computation** (कम्प्यू'टेशन) *n* हिसाब, गणना, अनुमान (खर्च आदि का)

computer (कम्'प्यूटर) *n* कम्प्यूटर; **computerize** *vt* (कोई कार्य करने के लिए) कम्प्यूटर लगाना; इससे (कोई) कार्य करना; **computer programmer** *n* व्यक्ति जो कम्प्यटूर द्वारा किये जाने वाले कार्य की योजना तैयार करता है; **computer programming** *n* कम्प्यूटर कार्य-योजना (बनाना); **computer science** *n* कम्प्यूटर-विज्ञान

comrade ('कॉमरेड) *n* सहचर, साथी, दोस्त; **comradeship** *n* साथ; मित्रता; साहचर्य

con (कॉन) *vt* (**confidence trick** का संक्षेप) धोखा देना, ठगना // *n* धोखा, ठगी; **contra** (विरोधी) का संक्षेप; **pros and cons** पक्ष में व विरोध में (तर्क)

concave ('कॉन्केव़) *a* अवतल, नतोदर (कांच या लैन्स), अंदर की ओर गोलाई वाला; **concavity** (कॉन्'केविटि) *n* अवतलता

conceal (कन्'सील) *vt* छिपाना; गुप्त रखना; **concealment** *n* छिपाव

concede (कन्'सीड) *vt* मान लेना; स्वीकार कर लेना; दे देना

conceit (कन्'सीट) *n* अहंकार, घमंड, अपने बारे में बहुत अच्छी राय; बहुत असमान वस्तुओं में समानता (की कल्पना); **conceited** *a* अहंकारी

conceive (कन्'सीव़) *vt*, *vi* सोचना; कल्पना करना; बनाना (योजना आदि); गर्भवती होना; **conceivable** *a* कल्पनीय

concentrate ('कॉन्सन्ट्रेट) *vt* (कोशिशें आदि) केन्द्रित करना; गाढ़ा करना; सान्द्र करना // *vi* (पर) ध्यान लगाना; इकट्ठा होना // *n* गाढ़ा, सान्द्र (द्रव्य या अन्य पदार्थ)

concentration (कॉन्सेन्'ट्रेशन) *n* एकाग्रता, केन्द्रीकरण; **concentration camp** *n* नज़रबंदी शिविर विशे॰ नाज़ी जर्मनी में

concentric (कन्'सैन्ट्रिक) *a* एक ही केन्द्र वाला (वृत्त); संकेन्द्र

concept ('कॉन्सेप्ट) *n* धारणा; संकल्पना

conception (कन्'सेप्शन) *n* विचार; धारणा; गर्भधारण; सोचने, कल्पना करने, (योजना आदि) बनाने की क्रिया

concern (कन्'सर्न) *n* मामला; परवाह; महत्व; चिंता; (*COMM*) व्यापारिक संस्था // *vt* संबंध रखना; के लिए महत्वपूर्ण होना; पर लागू होना, **to be concerned (about)** (के बारे में) चिंतित होना; **to concern oneself with/in** में दिलचस्पी रखना **concerned** *a* से सम्बंधित; चिंतित;

concerning *prep* के बारे में

concert *n* ('कॉन्सर्ट) संगीत समारोह; मेल; सहमति // *vt* (कन्'सर्ट) मिलकर आयोजित करना; **concerted** (कन्'सर्टिड) *a* मिलकर आयोजित, संगठित; पूरी-पूरी (कोशिश आदि) **concert hall** *n* संगीत-सभाभवन

concertina (कॉन्सर्'टीना) *n* अकार्डियन जैसा एक बाजा // *vi* धौंकनी के समान सिकुड़ जाना

concerto (कन्'चर्टो) *n* आरकैस्ट्रा व एक वाद्य संगीत के लिए संगीत रचना

concession (कन्'सेशन) *n* अनुदान; रियायत; छूट; विशेष सुविधा

conch (कॉङ्क, कॉन्च) *n* शंख

conciliate (कन्'सिलिएट) *vt* शांत करना; दुश्मनी ख़त्म करने पर राज़ी कर लेना, मना लेना; **conciliation** (कन्सिलि'एशन) *n* सुलह, समझौता, मेल-मिलाप; **conciliatory** (कन्'सिलिएटरि) *a* मैत्रीपूर्ण; समझौते के रुख वाला

concise (कन्'साइस) *a* संक्षिप्त, थोड़े शब्दों में (लेखन-शैली आदि); **concisely** *ad* संक्षेप में; **conciseness** *n* संक्षिप्तता

conclave ('कॉन्क्लेव़) *n* गुप्त सभा; पोप के निर्वाचन के लिए सभा

conclude (कन्'क्लूड) *vt, vi* समाप्त करना या होना; सम्पन्न होना; निष्कर्ष निकालना; निर्णय करना; **conclusion** (कन्'क्लूझन) *n* समाप्ति; निष्कर्ष, नतीजा; **conclusive** (कन्'क्लूसिव़) *a* निर्णायक; युक्तियुक्त; पक्का (सबूत आदि); **conclusively** *ad* निर्णायक रूप से; अंतिम रूप से

concoct (कन्'कॉक्ट) *vt* कई चीज़ें मिलाकर (पकवान) तैयार करना; गढ़ना; कल्पना करना; कोरा बहाना बनाना; कपट-जाल रचना; **concoction** (कन्'कॉक्शन) *n* कई चीज़ें मिलाकर बना (अनूठा) पकवान; कपट-जाल; कपोल-कल्पित कथा

concomitant (कन्'कॉमिटंट) *a* साथ का; सहगामी; सहवर्ती

concord ('कॉन्कॉर्ड) *n* समझौता; मेल; सामंजस्य // *vi* मेल खाना, समन्वित होना; **concordance** (कॉन्'कॉर्डन्स) *n* मेल, अनुरूपता; पुस्तक में प्रयुक्त शब्दों की सूची (विशे॰ बाइबल में)

concourse ('कॉन्कॉर्स) *n* जमघट, भीड़, सार्वजनिक क्षेत्र में खुला मैदान

concrete ('कान्क्रीट) *n* रेत, सीमेन्ट आदि का मिश्रण जो मकान आदि बनाने में इस्तेमाल होता है, कंक्रीट; कंक्रीट से बना // *a* निश्चित; प्रत्यक्ष; ठोस

concubine ('कॉन्क्युबाइन) *n* उपपत्नी, रखैल

concur (कन्'कर) *vi* सहमत होना; सहमति प्रकट करना या देना; एक साथ होना; एक ही समय पड़ना; **concur-**

concurrently 142 **conducive**

rence *n* सहमति; **concurrent** *a* समवर्ती, एक साथ घटित/विद्यमान होने वाले

concurrently (कन्'करंट्ली) *ad* एक ही समय, साथ-साथ

concussion (कन्'कशन) *n* (गिरने, टकराने, घूंसे आदि से लगी) मस्तिष्क की चोट

condemn (कन्'डेम) *vt* तीव्र निंदा करना; दोषी या अपराधी ठहराना; बुरी स्थिति में पहुंचा देना; किसी वस्तु को बेकार ठहराना; **condemnation** (कन्डेम्'नेशन) *n* तीव्र निंदा; दोषी या अपराधी ठहराया जाना

condensation (कॉण्डेन्'सेशन) *n* संघनन, घनीकरण, जमना, गाढ़ा होना

condense (कन्'डेन्स) *vt* गाढ़ा करना, संघनित करना; अधिक ठोस बनाना; गैस से द्रव में परिवर्तित करना; थोड़े से शब्दों में वर्णन कर देना // *vi* गैस से द्रव बन जाना; **condensed milk** *n* गाढ़ा किया दूध, संघनित दूध; **condenser** *n* (*ELEC*) विद्युत ऊर्जा को संचित करने का उपकरण; कैपेसिटर; गैस को द्रव के बदलने का यंत्र; प्रकाश किरणों को फ़ोकस करने का कांच का लैन्स

condescend (कॉन्डि'सेन्ड) *vi* अपने से नीचे के स्तर के व्यक्ति से भद्रता का व्यवहार करना; झुक जाना

condiment ('कॉन्डिमंट) *n* मसाला

condition (कन्'डिशन) *n* स्थिति, हालत; दशा; अवस्था; परिस्थिति; उपबन्ध या शर्त; क्रिया का हेतुमद् रूप // *vt* अनुकूलित करना; नियंत्रित करना; ठीक करना; स्वस्थ करना; निर्धारण करना; शर्त लगाना; **on condition that** बशर्ते कि; **conditional** *a* परिस्थितियों अथवा घटनाओं पर निर्भर; **conditioned reflex** मनोविज्ञान व शरीर क्रिया विज्ञान में, बार-बार उद्दीपन, (*stimulus*) द्वारा प्रेरित अनुक्रिया, अनुकूलित प्रतिवर्त; **conditioner** *n* (*for hair*) बालों को ठीक करने/रखने वाला पदार्थ (लोशन आदि)

condole (कन्'डोल) *vi* प्रियजन की मृत्यु पर किसी के प्रति संवेदना अथवा सहानुभूति प्रकट करना

condolences (कन्'डोलन्सिज़) *npl* संवेदना

condom ('कॉन्डम) *n* पुरुषों द्वारा प्रयोग किया जाने वाला रबड़ का बना गर्भनिरोधक (जैसे भारत में 'निरोध')

condominium (कॉन्ड'मिनिअम) *n* दो या अधिक राज्यों द्वारा संयुक्त शासन; (*US* : *building*) भवन जिसमें बहुत से फ़्लैट हों; ऐसा फ़्लैट

condone (कन्'डोन) *vt* माफ़ करना, क्षमा करना, जाने देना

conducive (कन्'ड्यूसिव़) *a* उपयोगी; सहायक; **conducive to** के अनुकूल या में सहायक

conduct *n* ('कॉन्डक्ट) व्यवहार, आचरण, बर्ताव, प्रबंध // *vt* (कन्'डक्ट) मार्ग दिखाना; आगे चलना; (*MUS*) (आर्केस्ट्रा) (कार्यक्रम) संचालन करना; प्रबंध करना; संवहन करना (ताप, विद्युत का); **to conduct o.s.** आचरण करना; **conducted tour** *n* संचालित यात्रा; **conduction** *n* संवहन; **conductive** *a* संवहनशील **conductivity** *n* (*ELEC*) (धातु की) विद्युत, ताप आदि चालन करने की क्षमता, संवहनता; **conductor** *n* बस-कन्डक्टर; आरकेस्ट्रा संचालक; मार्गदर्शक; (*ELEC*) संवाहक (पदार्थ जिनमें से ताप व विद्युत आदि गुज़र सके; (*US*) सवारी गाड़ी का प्रभारी (इन्चार्ज) **conductress** *n* महिला बस-कन्डक्टर

conduit ('कॉन्डिट, 'कॉन्ड्युइट) *n* पानी, बिजली के तार आदि ले जाने के लिए नाली या पाइप

cone (कोन) *n* तिकोनी आकृति जिसका आधार वृत्ताकार होता है; (*for ice-cream*) कोन; (*BOT*) शंकु; चीड़, देवदार आदि का फल

confabulate (कन्'फ़ैब्युलेट) *vi* गपशप करना; **confab** *n* (*inf*) **confabulation** (कन्फ़ैब्यु'लेशन) का संक्षेप; गोपनीय बातचीत

confection (कन्'फ़ेक्शन) *n* भोज्य वस्तु विशे॰ मीठी; **confectioner** (कन्'फ़ेक्शनर) *n* केक, पेस्ट्री आदि मीठे भोज्य पदार्थ बेचने वाला; हलवाई; **confectioner's (shop)** हलवाई, केक, पेस्ट्री आदि बेचने वाले की दुकान; **confectionery** *n* मिष्टान्न, केक आदि

confederate (कन्'फ़ेडरिट) *n* साथी, षड्यंत्र में सहभागी // *vi* (कन'फ़ेडरेट) संगठित होना; **confederation** (कन्फ़ेड'रेशन) *n* राजनीतिक इकाइयों का संघ

confer (कन्'फ़र) *vt* : **to confer sth on** पदवी आदि प्रदान करना, देना, पुरस्कार के रूप में देना // *vi* परामर्श करना; सलाह लेना

conference ('कॉन्फ़रन्स) *n* सम्मेलन; परामर्श

confess (कन्'फ़ेस) *vt* कबूल करना, मानना, स्वीकार करना; (पादरी का) पापों को सुनना // *vi* मान लेना; पादरी के सामने अपने पाप स्वीकार करना; **confession** (कन्'फ़ेशन) *n* अपराध/पाप-स्वीकरण; **confessor** *n* पादरी जो पाप-स्वीकरण सुनता है

confetti (कन्'फ़ेटि) *n* रंगीन काग़ज़ के टुकड़े जो विदेशों में विवाह में बिखेरने के काम आते हैं

confide (कन्'फ़ाइड) *vi* : **to confide in** (को) रहस्य बतलाना; (पर) भरोसा रखना; (पर) दृढ़ विश्वास करना; **confidant**, *or* (*fem*) **confidante** ('कॉन्फ़िडैन्ट) *n* विश्वासपात्र, अंतरंग मित्र

confidence ('कान्फ़िडन्स) *n* विश्वास; भरोसा; आत्मविश्वास; भेद; गोपनीय बात; **in confidence** (*speak, write*) गोपनीय ढंग से कहना या लिखना; **confidence trick** *n* किसी का विश्वास प्राप्त करके पैसा उमेठना; **confident** *a* आत्मविश्वास-पूर्ण; **confidential** (कान्फ़ि'डेन्शल) *a* निजी, गोपनीय

configuration (कन्फ़िग्यु'रेशन) *n* आकृति; संरूप; (के अनुरुप) आकृति; वस्तु या पदार्थ के अवयवों की व्यवस्था, विन्यास

confine (कन्'फ़ाइन) *vt* सीमित रखना; घर के अन्दर या बिस्तर पर ही रखना; (अन्दर) बन्द कर देना; कैद रखना; **confined** *a* सीमित, बंद; **confines** (कन्'फ़ाइन्स) *npl* सीमा; सीमांत; **confinement** *n* (*MED*) स्त्री का बच्चे के जन्म के समय अंदर रहना, प्रसव; कैद

confirm (कन्'फ़र्म) *vt* पक्का करना; पता करना; पुष्टि करना; अनुमोदन करना; (नियुक्ति) स्थायी करना; **confirmation** (कान्फ़र्'मेशन) *n* दृढ़ करने या पक्का करने की क्रिया, पुष्टि; बपतिस्मा के बाद रस्म जिसके द्वारा बपतिस्मा लेने वाला विधिवत ईसाई धर्म में प्रवेश पाता है; **confirmed** (कन्'फ़र्म्ड) *a* (आदत आदि के बारे में) बहुत पुराना, न बदल सकने वाला

confiscate ('कॉन्फ़िस्केट) *vt* ज़ब्त कर लेना; **confiscation** *n* ज़ब्ती

conflagration (कॉन्फ़्ल'ग्रेशन) *n* भीषण अग्निकांड

conflict *n* ('कॉन्फ़्लिक्ट) संघर्ष; झगड़ा; विरोध // *vi* (कन्'फ़्लिक्ट) प्रतिकूल होना; मेल न खाना; (से) विरोध होना; **conflicting** *a* परस्पर-विरोधी (समाचार आदि)

confluence, **conflux** ('कॉन्फ़्लुअन्स, 'कॉन्फ़्लक्स) *n* नदियों का संगम; मिलन-स्थल

conform (कन्'फ़ॉर्म) *vi* : **to conform to** मान्य परम्परा, मानदण्ड, आदर्शों आदि का पालन करना; नियम, रिवाज, आदर्श आदि के अनुरूप होना; **conformist** *n* जो परम्पराओं आदि का पालन करे, विशे॰ आवश्यकता से अधिक; **conformity** *n* पालन, अनुरूपता

confound (कन्'फ़ाउन्ड) *vt* चकरा देना; हैरान कर देना; गड़बड़ कर देना; **confounded** *a* चकराया हुआ, हैरान; (*inf*) घृणित

confront (कन'फ़्रन्ट) *vt* का सामना करना; सामने रखाना; **confrontation** (कान्फ़्रन्'टेशन) *n* सामना; मुकाबला; टक्कर

confuse (कन्'फ़्यूज़) *vt* चकरा देना, मिलाकर गड़बड़ कर देना; भ्रम में डालना; एक वस्तु को दूसरी समझना; **confused** *a* चकराया हुआ; **confusing** *a* चकराने वाला; **confusion** (कन'फ़्यूझ़न) *n* गड़बड़, अस्तव्यस्तता;

भ्रम

confute (कन'फ़्यूट) *vt* ग़लत साबित करना; खंडन करना

congeal (कन्'जील) *vi* ठंडा होकर या जमकर ठोस हो जाना; **congelation** (कन्जी'लेशन) *n* जमने या ठोस होने की क्रिया

congenial (कन्'जीन्यल) *a* प्रिय; रुचि के अनुकूल; समान प्रकृति व रुचि वाले (व्यक्ति)

congenital (कन्'जेंनिट्ल) *a* जन्म-जात; जन्म से

congest (कन्'जेस्ट) *vt* भीड़ करना; प्रवाह रोकना

congested (कन्'जेंस्टिड) *a* भीड़-भाड़ वाला (क्षेत्र); (*MED*) अधिक रक्त या श्लेष्मा से भरा

congestion (कन्'जेंस्चन) *n* संकु-लन; बहुत ज्यादा इकट्ठा होना (फेफड़ों आदि में कफ़, रक्त आदि का)

congratulate (कन्'ग्रैट्युलेट) *vt* : **to congratulate sb (on)** किसी को (सफलता आदि पर) बधाई देना; **congratulations** *npl* बधाई; **congratulatory** *a* बधाई का (तार, संदेश)

congregate ('कॉन्ग्रिगेट) *vi* एकत्र होना या करना; इक्ट्ठे होना/करना

congregation (कॉन्ग्रि'गेशन) *n* सभा, मंडली विशे॰ पूजापाठ के लिए

congress ('कांग्रेंस) *n* सम्मेलन; विचार-विमर्श के लिए विधिवत बुलाई गई सभा; विधान सभा; **congressman** *n* (*US*) संयुक्त राष्ट्र अमेरिका की संसद का सदस्य; भारत में राजनीतिक दल कांग्रेस (**Indian National Congress**) का सदस्य

congruent ('कॉङ्ग्रुअंट) *a* संगत, समरूप, गणित में एक ही आकार वाले (त्रिकोण); सर्वांगसम (त्रिकोण); **congruence** *n* सर्वांगसमता

conjecture (कन्'जेंक्चर) *n* अट-कल, अनुमान // *vt, vi* अटकल लगाना, अनुमान लगाना

conjugal ('कॉन्जुगल) *a* वैवाहिक; पति-पत्नी के संबंध का

conjugate ('कॉन्जुगेट) *vt, vi* क्रिया के रूप बनाना (जैसे **to be** से **is, am, are, was, were** बनते हैं); **conjugation** (कॉन्जु'गेशन) *n* क्रियारूप, धातु-रूप

conjunction (कन्'जंक्शन) *n* संयुक्त होने की स्थिति; संयोग; समुच्चय बोधक शब्द जो शब्दों, उपवाक्यों आदि को जोड़ते हैं

conjunctivitis (कन्जंक्टि'वाइटिस) *n* पलकों के अंदर की पतली झिल्ली की सूजन

conjure ('कनजर) *vt* जादू का खेल करना // *vi* जादुई करतब करना; **to conjure up** *vt* (*ghost, spirit*) भूत, प्रेत बुलाना; (*memories*) (याद)

ताज़ा कर देना; कल्पना करना; **conjurer** *n* जादूगर, ऐन्द्रजालिक

conk (कॉङ्क) *vt* (*inf*) प्रहार करना (विशे॰ सिर पर); **to conk out** *vi* खराब हो जाना; बिगड़ जाना (कार आदि)

conman ('कॉन्मैन) *n* किसी का विश्वास जीत कर उसे ठगने वाला, ठग

connect (क'नेक्ट) *vt* जोड़ना; मिलाना; (*fig*) से सम्बद्ध करना; (*ELEC*) (तार) जोड़ना // *vi* : **to connect with** किसी गाड़ी, बस आदि का ऐसे समय पहुंचना कि दूसरी गाड़ी, बस आदि पकड़ी जा सके; **to be connected with** से सम्बद्ध होना (अपराध आदि से); **connection** (क'नेक्शन) *n* सम्बन्ध, संयोजन; (*ELEC*) (बिजली का) कनेक्शन; (*TEL*) टेलीफ़ोन कनेक्शन; एक गाड़ी से मेल खाती दूसरी गाड़ी; रिश्तेदार; **in connection with** के संदर्भ में, के बारे में

connive (क'नाइव़) *vi* : **to connive at** गुप्त रूप से षड़यंत्र में सहयोग देना; मिलकर षड़यंत्र रचना; ग़लत काम की अनदेखी करना; (कुकर्म की) मौन सहमति देना; **connivance** *n* कुकर्म की मौन सहमति/अनदेखी/उसमें सहयोग

connoisseur (कॉनि'सर) *n* गुणग्राहक, पारखी विशे॰ कलाकृतियों का

connote (क'नोट) *vt* संकेत करना; शब्दों, वाक्यों आदि का लाक्षणिक अर्थ बताना; **connotation** (कान'टेशन) *n* लक्षण; शब्दों के मूल अर्थ के अतिरिक्त (छिपा हुआ) अर्थ

connubial (क'न्यूबिअल) *a* वैवाहिक, विवाह सम्बन्धी

conquer ('कॉङ्कर) *vt* जीतना, हराना, विजय पाना; (*feelings*) (पर) काबू पाना // *vi* विजयी होना; **conqueror** *n* विजेता

conquest ('कॉङ्क्वेस्ट) *n* विजय, जीत; जीत से प्राप्त (क्षेत्र आदि)

cons (कॉन्ज़) *npl* दे॰ **convenience, pro**

conscience ('कॉन्शन्स) *n* अन्तःकरण, अन्तरात्मा; भले-बुरे का विवेक, अच्छे-बुरे की पहचान

conscientious (कॉन्शि'एॅन्शस) *a* ईमानदार; अंतकरण की बात मानने वाला; कर्त्तव्यनिष्ठ

conscious ('कॉन्शस) *a* जानकार; सतर्क; अपनी स्थिति तथा अपने व्यक्तित्व से परिचित // *n* चेतन; जानकर (किया गया कार्य आदि); **consciously** *ad* जानकार (कुछ करना); **consciousness** *n* (*MED*) होश में होने की स्थिति, चेतनावस्था

conscript ('कॉन्सक्रिप्ट) *n* सेना में अनिवार्य भरती के कानून के अंतर्गत भरती किया गया व्यक्ति; **conscription** (कन्'स्क्रिप्शन) *n* इस प्रकार की भरती

consecrate ('कॉन्सिक्रेट) *vt* पवित्र करना; पवित्र कार्य आदि के लिए अर्पित

करना; **consecration** ('कॉन्सि-'क्रेशन) *n* पवित्र काम के लिए अर्पित करने की क्रिया

consecutive (कॉन्'सेक्युटिव़) *a* जो एक के बाद एक आए; लगातार; निरंतर; **consecutively** *ad* लगातार

consensus (कन्'सेन्सस) *n* सहमति; आम राय; सर्वसम्मति

consent (कन'सेन्ट) *n* सहमति, अनुमति, मंजूरी // *vi* : **to consent to** राज़ी होना, मान जाना, स्वीकृति देना

consequence ('कॉन्सिक्वंस) *n* फल, नतीजा, परिणाम; प्रभाव; महत्व; **consequent** *a* परिणाम-स्वरूप

consequently ('कॉन्सिक्वंटलि) *ad* अतः इसलिए, फल-स्वरूप

conservation (कॉन्सर्'व़ेशन) *n* संरक्षण; प्राकृतिक संसाधनों व पर्यावरण का संरक्षण व उचित उपयोग; **conservationist** *n, a* प्राकृतिक साधनों का संरक्षण करने वाला

conservative (कन्'सर्वेटिव़) *a* संतुलित; रूढ़िवादी; दकियानूसी; पुराने विचारों, रीतियों आदि का समर्थक; परिवर्तन के विरुद्ध; **Conservative** *n* (*Brit POL*) कन्सर्वेटिव पार्टी का सदस्य

conservatory (कन्'सर्व़ट्रि) *n* पौधों को सरदी से बचाने के लिए कांच का बना पौधा-घर

conserve (कन्'सर्व़) *vt* सुरक्षित रखना; (*supplies, energy*) बनाए रखना; सड़ने या खराब होने से बचाए रखना // *n* जैम, मुरब्बा आदि

consider (कन्'सिडर) *vt* (के बारे में) सोचना, विचार करना, का ध्यान रखना, को ध्यान में रखना, समझाना, मानना, विचार-विनिमय करना; **to consider doing sth** कुछ करने का विचार करना/इरादा बनाना

considerable (कन्'सिडरबल) *a* महत्वपूर्ण; काफ़ी, ज़्यादा (संख्या, आकार आदि में); **considerably** *ad* ज्यादा, बहुत अधिक

considerate (कन्'सिडरिट) *a* दूसरों की भावनाओं का ध्यान रखने वाला; विचारशील

consideration (कन्सिड'रेशन) *n* सोच-विचार; महत्व; लिहाज़; (*reward*) ईनाम; रिश्वत; **under consideration** विचाराधीन

considering (कन्'सिडरिङ) *prep* को ध्यान में रखते हुए

consign (कन्'साइन) *vt* में डालना या रख देना; के हवाले कर देना; संवाहक को सौंप देना; भेजना; **consignee** (कन्'साइनि) *n* जिसे माल भेजा गया हो; **consignment** *n* भेजने के लिए सौंपा गया सामान; **consignor** *n* भेजने वाला, प्रेषक

consist (कन्'सिस्ट) *vi* : **to consist of** (से, का) बना होना; (**in** के साथ) में

होना, पर निर्भर होना

consistency (कन्'सिस्टन्सि) *n* संगति, सदैव एक-सा होना; सामंजस्य; गाढ़ेपन की मात्रा

consistent (कन्'सिस्टंट) *a* संगत, सदैव एक-सा (व्यवहार आदि); **consistent with** से मेल खाता हुआ

consolation (कॉन्स'लेशन) *n* सांत्वना; तसल्ली

console (कन्'सोल) *vt* सान्त्वना या दिलासा देना; धीरज बंधाना

consolidate (कन्'सॉलिडेट) *vt* संघटित करना; मिलाकर एक करना; दृढ़ या मज़बूत करना, पक्का करना; **consolidation** (कन्सॉलि'डेशन) *n* संघटित या मज़बूत होने की क्रिया; (भूमि की) चकबन्दी

consonant ('कॉन्सनंट) *n* (व्याकरण में) व्यंजन // *a* अनुरुप, से मेल खाता हुआ, संगत; **consonance** *n* अनुरूपता; सत्राद

consort *vi* (कन्'सार्ट) से मेल-जोल रखना; की संगति में रहना // *n* ('कॉन्सॉर्ट) शासक की पत्नी/पति; **consortium** (कन्'सॉर्टिअम) *n* बैंकों, कम्पनियों आदि का संघ, सहायता-संघ

conspicuous (कन्'स्पिक्युअस) *a* ध्यान आकर्षित करने वाला; आसानी से नज़र आने वाला; असाधारण; विशिष्ट

conspiracy (कन्'स्पिरसि) *n* षड़यंत्र, साज़िश; **conspirator** (कन्'स्पिरटर) *n* षड़यंत्रकारी

conspire (कन'स्पाइअर) *vi* बुरे काम के लिए इकट्ठे होना; षड़यंत्र रचना, षड़यंत्र की योजना बनाना

constable ('कन्सटब्ल) *n* कान्सटेबल; पुलिस का सिपाही; (*Brit*) **chief constable** (किसी क्षेत्र का) मुख्य पुलिस अधिकारी

constabulary (कन्'स्टैब्युलरि) *n* पुलिसबल

constant ('कॉन्सटंट) *a* स्थिर; अपरिवर्तनीय, न बदलने वाला, अटल, अचल, निरंतर, लगातार होने वाला // *n* स्थिरांक (विज्ञान, गणित आदि में); **constancy** *n* स्थिरता; एकनिष्ठा; वफ़ादारी; **constantly** *ad* लगातार

constellation (कॉन्सटि'लेशन) *n* तारों का समूह; तारामण्डल

consternation (कॉन्सटर्'नेशन) *n* डर, भय, घबराहट, आतंक

constipated ('कॉन्सटिपेटिड) *a* जिसे कब्ज़ हो

constipation (कॉन्सटि'पेशन) *n* कब्ज़

constituency (कन्'स्टिट्युअन्सि) *n* मतदाता-गण, चुनाव-क्षेत्र

constituent (कन्'स्टिट्युअंट) *n* अवयव, अंग, घटक; निर्वाचक // *a* (घटक, अवयव, अंश, हिस्से) जो मिलकर वस्तु आदि को पूर्ण बनाते हैं; राज्य के संविधान को बनाने व उसमें परिवर्तन का

अधिकार रखने वाले; निर्वाचक; चुनने वाले

constitute ('कॉन्सटिट्यूट) *vt* बनाना; स्थापित करना; संघटित करना; के बराबर होना; का भाग होना; **constitution** (कॉन्सटि'ट्यूशन) *n* संरचना, बनावट, गठन; स्वास्थ्य; स्वभाव; नियम-संग्रह, (देश का) संविधान; **constitutional** *a* संवैधानिक; मूलभूत // *n* स्वास्थ्य लाभ के लिए की जाने वाली सैर

constrain (कन्'स्ट्रेन) *vt* बाध्य करना, मजबूर करना

constraint (कन्'स्ट्रेंट) *n* मजबूरी; दबाव; प्रतिबंध; नियंत्रण; उलझन; तनाव

constrict (कन्'स्ट्रिकट) *vt* संकुचित करना, कसना

constriction (कन्'स्ट्रिक्शन) *n* दबाव, संकुचन, कसा होना

construct (कन्'स्ट्रक्ट) *vt* बनाना, निर्माण करना; रचना; **construction** (कन्'स्ट्रक्शन) *n* निर्माण, रचना, निर्मित वस्तु; **constructive** *a* रचनात्मक, सुधार की दिशा में (कार्य आदि)

construe (कन्'स्ट्रु) *vt* अर्थ लगाना; निष्कर्ष निकालना; व्याख्या करना; पद-निरुपण करना

consul ('कॉन्सल) *n* दूत (विशे॰ वाणिज्यदूत); **consular** ('कॉन्स्युलर) *a* दूत अथवा उसके कार्य सम्बंधी; **consulate** ('कॉन्सलिट) *n* दूतावास, वाणिज्य-दूतावास

consult (कन्'सल्ट) *vt* परामर्श लेना, सलाह करना, (पुस्तक आदि को) किसी बारे में जानकारी के लिए देखना; **consultant** *n* विशेषज्ञ, व्यवसायिक परामर्शदाता; हस्पताल में वरिष्ठ डाक्टर अथवा सर्जन; **consultation** (कान्सल्'टेशन) *n* परामर्श; व्यवसायिक रुप से सलाह लेने के लिए पूर्व निश्चित भेंट विशे॰ डाक्टर या वकील से; **consultation fee** *n* परामर्श की फ़ीस; **consultative** *a* जिसे परामर्श देने का अधिकार हो परंतु वोट देने का नहीं; सलाहकार; **consulting room** *n* (*Brit MED*) डाक्टर का मरीज़ को देखने का कमरा

consume (कन्'स्यूम) *vt* खा लेना; पी लेना; दिल-दिमाग़ पर छा जाना; खर्च कर देना; उड़ा देना; नष्ट कर देना; **consumer** *n* उपभोक्ता; **consumer goods** *npl* उपभोक्ता वस्तुएं; **consumer society** *n* उपभोक्ता समाज

consummate *vt* ('कॉन्समेट) पूरा करना; पूर्णता तक पहुंचाना (विशे॰ विवाह को संभोग द्वारा) // *a* (कन्'समिट) अतिकुशल, दक्ष, उत्कृष्ट; **consummation** (कॉन्स्यु'मेशन) *n* पूर्ण होने की क्रिया

consumption (कन्'सम्पशन) *n* उपभोग, खपत; (*MED*) यक्ष्मा, तपेदिक

contact ('कॉन्टैक्ट) *n* स्पर्श, संपर्क, दो या अधिक विद्युत संवाहकों (कंडक्टरों) का संधिस्थल या जोड़; उपयोगी

परिचित व्यक्ति // *vt* संपर्क करना; से मिलना; **contact lenses** *npl* आंखों में लगाए जाने वाले लेन्स जिससे ठीक दिखने लगता है

contagion (कन्'टेजन) *n* संसर्ग, छूत (बीमारी फैलाने वाली); हानिकारक भौतिक अथवा नैतिक प्रभाव; **contagious** (कन्'टेजस) *a* (रोग) संचारी, संक्रामक, छूत से फैलने वाला

contain (कन्'टेन) *vt* (अपने में) रखना; के लिए स्थान होना, समोये होना; रोकना, नियंत्रित करना; **container** *n* (रखने के लिए) डिब्बा, आदि जैसे पात्र; (*for shipping etc*) माल ले जाने वाला नियमित आकार का एक बड़ा पात्र जो विभिन्न प्रकार के वाहनों पर ले जाया जा सकता है

contaminate (कन्'टैमिनेट) *vt* गंदा या दूषित करना, संदूषित करना, रोग-युक्त करना; रेडियो-सक्रिय बनाना; **contamination** (कन्टैमि'नेशन) *n* प्रदूषण, संदूषण

cont'd *continued* का संक्षेप

contemplate ('कॉन्टम्प्लेट) *vt* विचार करना, चिन्तन करना, शांत भाव से देखना, अवलोकन करना, (करने का) विचार होना; **contemplation** (कॉन्टम्'प्लेशन) *n* आध्यात्मिक चिंतन, मनन; **contemplative** *a, n* चिन्तनशील, मननशील (व्यक्ति)

contemporary (कन्'टेम्परि) *a* समकालीन, एक ही समय में होने वाले व्यक्ति या घटित होने वाली घटनाएं; वर्तमान-कालीन // *n* जो (व्यक्ति) उसी समय जीवित हो जिस समय एक अन्य हो; समकालीन

contempt (कन्'टेम्प्ट) *n* किसी के प्रति तिरस्कार, घृणा, निकम्मा समझने आदि की भावना, तिरस्कार होने की स्थिति; परवाह न किए जाने, अवहेलना आदि की स्थिति; **contempt of court** (*LAW*) न्यायालय-मानहानि; **contemptuous** (कन्'टेम्ट्युअस) *a* तिरस्कारपूर्ण

contend (कन्'टेण्ड) *vt* : **to contend that** दावा करना कि, तर्क प्रस्तुत करना कि // *vi* : **to contend with** से संघर्ष करना; **contender** *n* प्रतियोगी

content ('कॉन्टेन्ट) *n* विषय-वस्तु, वस्तु जो किसी पात्र में रखी हो; वस्तु की मात्रा जो समा सकती हो; धारिता; **contents** *npl* विषय; विषय-वस्तु; **(table of) contents** विषय-सूची // *a* (कन्'टेन्ट) सन्तुष्ट; सहमत // *vt* संतुष्ट करना; *n* संतोष; **contented** *a* संतुष्ट; **contentment** *n* संतोष

contention (कन्'टेन्शन) *n* संघर्ष, विवाद, तर्क, दावा

conterminous, conterminal (कन्'टर्मिनस, कन्'टर्मिनल) *a* एक ही काल में; एक ही सीमा में; एकसीम; जिनके छोर मिलते हों

contest *n* ('कॉन्टेस्ट) प्रतियोगिता,

मुकाबला; संघर्ष // *vt* (कन्'टेस्ट) विरोध करना, (दावा आदि) झूठा अथवा गलत सिद्ध करने का प्रयत्न करना; (चुनाव आदि) लड़ना, प्रतियोगिता में भाग लेना; **contestable** (कन्'टेस्टब्ल) *a* विवादास्पद; **contestant** (कन्'टेस्टंट) *n* प्रतियोगी

context ('कॉन्टेक्सट) *n* संदर्भ, प्रसंग; घटना, तथ्य आदि की परिस्थितियां

contiguous (कन्'टिग्युअस) *a* संसक्त, सटा हुआ, लगा हुआ, समीपस्थ, नज़दीक; **contiguity** (कन्टि'ग्युइटि) *n* सटे होने की स्थिति

continent ('कॉन्टिनन्ट) *n* महाद्वीप; **the Continent** योरुप महाद्वीप // *a* संयमी, जो मल-मूत्र को वश में रख सके, जितेन्द्रिय; ब्रह्मचारी; **continence** *n* संयम; **Continental** (कॉन्टि'नन्टल) *a* महाद्वीप का (विशे॰ योरुप के लिए प्रयुक्त); **continental quilt** *n* रज़ाई

contingency (कन्'टिनजन्सि) *n* संभावना; संभावित घटना; **contingency plan** *n* आकस्मिकता-योजना

contingent (कन्'टिनजंट) *a* संभावित; आकस्मिक; सांयोगिक // *n* सैनिकों, खिलाड़ियों आदि का दल जो एक बड़े दल का भाग हो अथवा प्रतिनिधित्व करता हो; **contingent on** पर निर्भर/आश्रित

continual (कन्'टिन्युअल) *a* लगातार, निरंतर

continuation (कंटिन्यु'एशन) *n* जारी रहना; (*after interruption*) (रुकने के बाद) पुनरारम्भ, दुबारा शुरुआत; (*of story*) शेष

continue (कन्'टिन्यू) *vt* रहना, जारी रखना // *vi* चलते रहना या चलाते रहना, करते रहना; रुककर/रोक कर फिर से शुरू करना/होना; आगे बढ़ाना

continuity (कंटि'न्यूइटि) *n* ठीक क्रम में होना; निरंतरता, जारी रहने की स्थिति

continuous (कन्'टिन्युअस) *a* निरंतर, लगातार (बिना रुके); **continuous stationery** *n* साथ जुड़े कागज़ जो कम्प्यूटर में इस्तेमाल होते हैं

contort (कन्'टॉर्ट) *vt* मरोड़ना; मरोड़ कर आकृति या शक्ल बिगाड़ देना; **contortion** (कन्'टॉर्शन) *n* ऐंठन, मरोड़, विकृति; **contortionist** *n* जो अपने शरीर को तोड़-मरोड़ कर लोगों का मनोरंजन करता है, बाज़ीगर

contour ('कॉन्टुअर) *n* रूपरेखा, परिरेखा, आकृति विशे॰ पर्वत, समुद्र तट आदि की; **contour line** *n* मानचित्र पर खिंची वह रेखा जो समान ऊंचाई वाले स्थानों से गुज़रती है, समोच्च रेखा; **contour map** *n* समोच्च मानचित्र

contraband ('कॉन्ट्रबैंड) *n* तस्करी का सामान; तस्करी व्यापार // *a* निषिद्ध, वर्जित

contraceptive (कॉन्ट्र'सेप्टिव़) *a*,

गर्भ-निरोधक

contract *vi* (कन्'ट्रैक्ट) सिकुड़ना; छोटा या संक्षिप्त होना // *vt* ('कान्ट्रैक्ट) (कर्ज़ा आदि) ऊपर ले लेना, (बीमारी) लगा लेना; (*COMM*); **to contract to do sth** कुछ करने का ठेका लेना // *n* ('कॉन्ट्रैक्ट) सौदा; ठेका; इकरारनामा; अनुबंध-पत्र; **contraction** (कन्'ट्रैक्शन) *n* सिकुड़न; **contractor** *n* ठेकेदार; **contractual** *a* ठेके सम्बन्धी, अनुबंधित

contradict (कॉन्ट्र'डिक्ट) *vt* खण्डन करना; (से) विपरीत अथवा भिन्न होना; **contradiction** *n* खण्डन, परस्पर विरोध

contraption (कन्'ट्रैप्शन) *n* यंत्र, जुगत; (*offens*) यंत्र जो कुछ अधिक ही जटिल व दिखने में अजीब हो

contrary ('कॉन्ट्ररि) *a* विरुद्ध, विरोधी; विपरीत; दूसरा; (कन्'ट्रेरि) अड़ियल, औरों के विपरीत काम करने या विचार रखने वाल; हठीला // *n* वस्तु जो किसी अन्य वस्तु के एकदम विपरीत हो; उल्टा, विपर्यय; **on the contrary** इस के विपरीत; **unless you hear to the contrary** जब तक तुम्हें इसके विपरीत/प्रतिकूल समाचार न मिले

contrast *n* ('कॉन्ट्रास्ट) विषमता; अंतर; टेलीविज़न पर चित्र की स्पष्टता // *vt* (कन्'ट्रास्ट) एक वस्तु का दूसरी से अंतर दिखाना, तुलना करना // *vi* (कन्'ट्रास्ट) बहुत अधिक अंतर अथवा वैषम्य दिखलाना

contravene (कॉन्ट्र'व़ीन) *vt* उल्लंघन करना; (नियम आदि) तोड़ना; विरोध करना; खंडन करना

contribute (कन्'ट्रिब्यूट) *vi* योगदान देना // *vt* : **to contribute Rs 100 to** को सौ रुपये चंदा देना; **to contribute an article to** (समाचारपत्र में) लेख लिखना; **to contribute to** में योगदान देना; में लेख लिखना; **contribution** (कॉन्ट्रि'ब्यूशन) *n* योगदान, सहयोग; चंदा; लेख; **contributor** *n* चंदा देने वाला, अंशदाता; (*to newspapers*) समाचारपत्रों में लेख लिखने वाला; **contributory** *a* आंशिक रूप से ज़िम्मेदार, सहायक; (पेंशन, भविष्य-निधि आदि) जिसमें कर्मचारियों द्वारा अंशदान किया जाय, अंशदायी

contrite (कन्'ट्राइट, 'कॉन्ट्राइट) *a* जिसे अपने कुकर्म अथवा पापाचार पर पश्चाताप हो; अनुतापी; **contrition** (कन्'ट्रिशन) *n* पश्चाताप, पछतावा

contrive (कन्'ट्राइव़) *vt* चालाकी से काम निकालना; बनाना; आविष्कार करना // *vi* : **to contrive to do** करने का उपाय निकाल लेना; **contrivance** *n* युक्ति, जुगत; योजना, आविष्कार; यंत्र; **contrived** *a* पहले से सोचा व तैयार किया हुआ; बनावटी

control (कन्'ट्रोल) *vt* संचालन करना; शासन करना; नियंत्रण करना;

controversial 153 **converge**

नियंत्रित करना; चलाना; निरीक्षण करना // *n* शासन; संचालन; निरीक्षण; किसी प्रयोग में तुलना का मापदण्ड; **controls** *npl* वायुयान आदि को नियंत्रित रखने वाले पुर्ज़ों की व्यवस्था; **everything is under control** सब नियंत्रण में है; **to be in control of** पर अधिकार/प्रभुता प्राप्त होना; **the car went out of control** कार काबू के बाहर हो गई; **controller** *n* नियंत्रक; व्यय-नियंत्रक; **control panel** *n* नियंत्रण-पटल; **control room** *n* (*RADIO, TV, POLICE*) नियंत्रण-कक्ष; **control tower** *n* (*AVIAT*) हवाई अड्डे पर बना ऊंचा मीनार जहां से जहाज़ों के उतरने-चढ़ने का संचालन किया जाता है

controversial (कॉन्ट्र'व़र्शल) *a* विवादास्पद

controversy ('कॉन्ट्रव़र्सि, कन्'ट्रॉव़र्सि) *n* विवाद, वादविवाद विशे॰ सार्वजनिक विषयों पर

controvert ('कॉन्ट्रव़र्ट) *vt* खंडन करना; (के बारे में) विवाद करना

contumely ('कॉन्टयुमिलि) *n* अपमान-जनक भाषा अथवा व्यवहार

contusion (कन'ट्यूझ़न) *n* चोट, नील, गुमटा

conundrum (क'नन्ड्रम) *n* पहेली विशे॰ जिसके दो अर्थ निकलते हों

convalesce (कान्व़'लेस) *vi* स्वास्थ्य-लाभ करना (बीमारी, आपरेशन आदि के बाद); **convalescence** *n* स्वास्थ्य-लाभ; **convalescent** *n* स्वास्थ्य-लाभ कर रहा रोगी

convene (कन्'व़ीन) *vt* (समिति आदि की बैठक) बुलाना; संयोजन करना; (सभा आदि) आयोजित करना

convenience (कन्'व़ीनिअंस) *n* सुविधा, आराम, (सार्वजनिक) शौचालय; **at your convenience** अपनी सुविधानुसार; **all modern conveniences, all mod cons** आजकल की सभी सुख-सुविधाएं

convenient (कन्'व़ीनिअंट) *a* उपयुक्त, सुविधाजनक, आरामदेह; **conveniently** *ad* आसानी से, सुविधा-पूर्वक

convent ('कॉन्व़ंट) *n* धार्मिक-समुदाय विशे॰ ईसाई साध्वियों का; उनका मठ, आश्रम

convention (कन्'व़ेन्शन) *n* सम्मेलन; नियम, रिवाज, परिपाटी, प्रथा, प्रचलन; समझौता, अनुबन्ध; **conventional** *a* परम्परा, रूढ़ि या प्रथा के अनुसार; **conventional weapons** *npl* परमाणु हथियारों के अलावा दूसरे हथियार

converge (कन्'व़र्ज) *vi* की ओर अभिमुख होना; एक स्थान, बिंदु आदि पर मिलने या इक्ट्ठे होने के लिए आगे बढ़ना

conversant (कन्'वर्सन्ट) *a* : **to be conversant with** से खूब परिचित होना, का जानकार होना

conversation (कॉन्वर'सेशन) *n* बातचीत, वार्तालाप

converse ('कॉन्वर्स) *a* विपरीत, पूरा घूमा हुआ, दूसरी (ओर), उलटा // *n* विपर्याय; उलटा // *vi* (कन'वर्स) बातचीत करना; **conversely** (कॉन्'वर्स्लि) *ad* इसके विपरीत, उलटे

convert *vt* (कन'वर्ट) अन्य उपयोग कर लेना; बदलना, परिवर्तित करना, रूपांतरित करना; धर्म, विचार, मत परिवर्तन करा देना // *n* ('कॉन्वर्ट) व्यक्ति जिसने धर्म परिवर्तन किया हो; **conversion** (कन्'वर्झ़न) *n* रूपांतरण; परिवर्तन; धर्म-परिवर्तन

converter (कन्'वर्टर) *n* जो परिवर्तित करे; विद्युत यंत्र जो ए॰सी॰ करेंट को डी॰सी॰ करेंट में बदलता है; **convertible** *a* जिसे परिवर्तित या रूपांतरित किया जा सके // *n* कार जिसे (छत को पीछे हटा कर) खुली कार में परिवर्तित किया जा सकता है

convex ('कॉन्वेक्स, कन्'वेक्स) *a* बाहर की ओर गोलाई लिए हुए, उत्तल, उन्नतोदर, कनवेक्स (लेंस, दर्पण)

convey (कन्'वे) *vt* ले जाना; ढोना; (सूचना आदि) पहुंचाना, देना; (*LAW*) हस्तान्तरित करना, दे देना; **conveyor belt** *n* सामान ढोने का (विशे॰ कारखानों में) लगातार चलने वाला पट्टा; वाहक-पट्टा; **conveyance** *n* ले जाने, सम्पत्ति का अधिकार सौंपने की क्रिया, हस्तांतरण; सवारी, वाहन

convict *vt* (कन्'विक्ट) अपराधी या दोषी ठहराना अथवा घोषित करना // *n* ('कॉन्विक्ट) दोषी, अपराधी, कैदी; **conviction** (कन्'विक्शन) *n* दोषी ठहराने का न्यायिक फैसला; (*belief*) विश्वास; दृढ़ विश्वास; पूरा यकीन

convince (कन्'विन्स) *vt* क़ायल करना, प्रमाण अथवा तर्क देकर तसल्ली कर देना; मनवाना; **convincing** *a* (प्रमाण, तथ्य आदि) जिससे यकीन आ जाए; प्रभावकारी, निर्णायक (जीत आदि), निश्चयात्मक

convocation (कॉन्व'केशन) *n* सभा विशे॰ पादरियों, स्नातकों आदि की; दीक्षान्त समारोह

convoluted ('कॉन्वलूटिड) *a* कुण्डलित, मरोड़ा हुआ; उल्टी (दलील आदि)

convoy ('कॉन्वॉइ) *n* जहाज़ों, सैनिकों, बसों आदि का काफ़िला, कानवाई

convulse (कन्'वल्स) *vt* बुरी तरह हिला देना; (शरीर को) मरोड़ना, ऐंठना; **to be convulsed with laughter** हंसते-हंसते दोहरा हो जाना; **convulsion** (कन्'वल्शन) *n* ज़बरदस्त खलबली; **convulsions** *npl* ऐंठन, मरोड़; लगातार ठहाके; हिस्टीरिया का दौरा

coo (कू) *vi* फ़ाख़्ता, कबूतर आदि का कूजना, गुटरगूं करना

cook (कुक) *vt* खाना पकाना; (*col*) नकली (लेखा, हिसाब-किताब आदि) बनाना // *vi* पकना, रसोइये, बावरची का काम करना // *n* रसोइया, बावरची; **cookbook** *n* पाक-विद्या पुस्तक; **cooker** *n* पकाने का बर्तन, कुकर; पकाने के काम आने वाला बड़ा खट्टा सेब; **cookery** *n* पाक-विद्या/कला; **cookery book** *n* (*Brit*) = **cookbook; cookie** *n* (*esp US*) बिस्कुट; **cooking** *n* भोजन; भोजन बनाना; **to cook up** (*col*) (कहानी) गढ़ना; खाना बनाना

cool (कूल) *a* शीतल; शांत; धैर्यवान; रूखा; उदासीन; (*col*) धृष्ट, ठीक; (*col*) (व्यवहार में) सुरुचि पूर्ण व प्रशंसनीय // *vt, vi* ठण्डा, शांत या उदासीन करना या होना // *n* शीतल दिन, माह, शीतल स्थान आदि; (*col*) शांति, धीरज; **coolant** *n* औज़ार, मशीन आदि को ठंडा रखने का तरल पदार्थ; **cooler** *n* द्रव्यों को ठंडा करने का पात्र; (*sl*) जेल

coolie ('कूलि) *n* (बहुधा तिरस्कार पूर्ण) कुली, मज़दूर

coop (कूप) *n* (मुर्गियों का) दरबा // *vt* : **to coop up** (*fig*) दरबे में बंद करना, छोटी सी जगह में बंद रखना

cooperate (को'ऑपरेट) *vi* मिलकर काम करना; सहयोग देना; **cooperation** (कोऑप'रेशन) *n* सहयोग

cooperative (को'ऑपरेटिव़) *a* सहयोग देने को तैयार // *n* सहकारी संस्था

coopt (को'ऑप्ट) *vt* किसी समिति द्वारा सदस्यों की पारस्परिक सहमति से कुछ और सदस्य बिना चुनाव के बना लेना; सहयोजित करना

coordinate *vt* (को'ऑर्डिनेट) अंशों को व्यवस्थित करके उन्हें एक सम्पूर्ण इकाई का रूप देना; एक ही वर्ग में रखना; अनेक व्यक्तियों द्वारा किए जा रहे कार्य को समन्वित करना // *n* (को'ऑर्डि-निट) (*MATH*) किसी बिंदु की स्थिति बताने वाले अंकों का समुच्चय, निर्देश-कांक; **coordinates** *npl* रंग व बनावट (डिज़ाइन) में मेल खाते हुए वस्त्र; **coordination** (कोऑर्डि'नेशन) *n* समन्वय

cop (कॉप) *n* (*col*) पुलिस का सिपाही

cope (कोप) *vi* : **to cope with** निबटना, संभालना

copious ('कोपिअस) *a* काफ़ी मात्रा में, प्रचुर, खूब, भरपूर

copper ('कॉपर) *n* तांबा, तांबे या कांसे का सिक्का; (*col : policeman*) पुलिस का सिपाही; **copperplate** *n* नक्काशी की हुई तांबे की तश्तरी; इससे बनाया गया छापा; **coppers** *npl* तांबे के सिक्के; कुछ पैसे; **coppersmith** *n* तांबे का कारीगर, ताम्रकार

coppice ('कापिस) *n*, **copse** (कॉप्स) *n* छोटे वृक्षों व झाड़ियों का जंगल

copra ('कॉप्रअ) *n* खोपरा, सूखे नारियल की गरी

copulate ('कॉप्युलेट) *vi* मैथुन करना, संभोग करना; **copulation** (कॉप्यु'लेशन) *n* मैथुन, संभोग

copy ('कॉपि) *n* नकल, प्रतिलिपि; छपाई के लिए सामग्री, (पुस्तक की) प्रति // *vt* प्रतिलिपि बनाना, नकल करना, अनुकरण करना; **copyright** *n* कापीराइट, पुस्तक लेख आदि छापने व प्रकाशित करने का वैधानिक रूप से एकमात्र अधिकार; **copywriter** *n* विज्ञापन-लेखक

coquette (कों'केट, कॉ'केट) *n* नख़रेबाज़ स्त्री; स्त्री जिसे इश्कबाज़ी या प्रेम का खिलवाड़ करने की आदत हो

coral ('कॉरल) *n* मूंगा, प्रवाल // *a* मूंगे से बना; मूंगिया रंग

cord (कॉर्ड) *n* रस्सी; कपड़े पर उठी हुई धारियां; ऐसा कपड़ा (जैसे कार्डराइ)

cordial ('कॉर्डिअल) *a* हार्दिक, मैत्रीपूर्ण, स्नेहपूर्ण // *n* मीठा फलों के रस से बना पेय; **cordiality** (कॉर्डि'एलिटि) *n* मैत्री; मित्रभाव

cordon ('कॉर्डन) *n* सेना अथवा पुलिस द्वारा घेरा; **to cordon off** *vt* घेरा डालना

corduroy ('कॉर्डरॉइ, कॉर्ड'रॉइ) *n* सूती कपड़ा जिस पर मखमली (उठी हुई) धारियां होती हैं, कार्डराई

core (कोर) *n* सेब तथा अन्य फलों का कड़ा भाग, बीजकोष; किसी भी वस्तु का केंद्रीय अथवा मुख्यतम भाग // *vt* गूदा निकालना

coriander (कॉरि'ऐन्डर) *n* धनिया

cork (कॉर्क) *n* भूमध्य सागर क्षेत्र के सदाबहार ओक वृक्ष की छाल, कार्क; काग जो बोतलों आदि की डाट बनाने में प्रयुक्त होता है; **corkscrew** *n* कार्क खींचकर निकालने का औज़ार

corn (कॉर्न) *n* (*Brit*) अनाज, ग़ल्ला; (*US*) मक्का; नाटक, फ़िल्म आदि में अत्यधिक भावुकता व घिसा-पिटापन; खेत में उगने वाले नीले फूल; पैरया, पैर के अंगूठे पर कड़ी खाल का घट्ठा जिसमें पीड़ा होती है; **corn on the cob** (*CULIN*) मक्की का उबला हुआ भुट्टा

cornea ('कॉर्निअ) *n* आंख की पतली सफ़ेद झिल्ली, स्वच्छमण्डल

corned beef ('कॉर्न्‌डबीफ़) *n* गोमांस का नमक में बना अचार

corner ('कार्नर) *n* कोना; दूर छोटी सी जगह; नुक्कड़; (*COMM*) किसी वस्तु का सारा स्टाक खरीद कर बनाया एकाधिकार; कार्नर, मैदान के कोने से सीधी किक रक्षक टीम के गोल की ओर (रेफ़री के आदेश पर) // *vt* मुसीबत में फंसाना या बचने का रास्ता न छोड़ना;

एकाधिकार जमाना // *vi* मोड़ काटना; **cornerstone** *n* सबसे महत्वपूर्ण भाग, आधार

cornet ('कॉर्निट) *n* एक प्रकार की तुरही; (*wafer*) कोन की शक्ल का आइस-क्रीम वेफ़र

cornflakes ('कॉर्न्‌फ़्लेक्स) *npl* कार्नफ़्लेक, नाश्ते के लिए मक्का से बना खाद्य पदार्थ

cornflour ('कॉर्न्‌फ़्लाउअर) *n* (*Brit*) मक्का का आटा

cornice ('कॉर्निस) *n* दीवार पर बनी कंगनी, छजली, कारनिस

cornstarch ('कॉर्न्‌स्टार्च) *n* (*US*) = **cornflour**

corny ('कॉर्नि) *a* (*col*) घिसा-पिटा; अति भावुक; सामान्य

corolla (क'रॉलअ) *n* फूल की पंखुड़ियों का दलपुंज

corollary (क'रॉलरि) *n* उपप्रमेय; किसी पूर्वकथन से निकला निष्कर्ष; अनुमिति; परिणाम

corona (क'रोनअ) *n* (चन्द्रमा आदि का) प्रभामण्डल; कॉरनिस का चपटा आगे निकला हुआ भाग; फूलों का मुकुट जैसा भाग

coronary ('कॉरनरि) *a* हृदय की रक्त-शिराओं से सम्बंधित; **coronary thrombosis** *n* दिल की बीमारी (जिसमें हृदय की नाड़ी में लहू का थक्का बन जाता है)

coronation (कॉर'नेशन) *n* राज्याभिषेक

coroner ('कॉरनर) *n* अपमृत्यु-विचारक, हिंसा या दुर्घटना आदि में मरने वालों की जांच करने वाला

coronet ('कॉरनिट) *n* छोटा मुकुट

corporal ('कॉरपरल) *n* सेना में सार्जन्ट से छोटा अधिकरी // *a* शारीरिक; दैहिक; भौतिक; **corporal punishment** पीटने, बेंत लगाने का दंड

corporate ('कॉर्परिट) *a* निगम-विषयक; सामूहिक

corporation (कॉर्प'रेशन) *n* संघ, निगम, जैसे नगर निगम, बीमा निगम

corporeal (कॉर'पॉरिअल) *a* शारीरिक; भौतिक; मूर्त

corps (कॉर), *pl* **corps** (कॉर्ज़) *n* सैनिक दल, कोर; निकाय; संगठित समूह

corpse (कॉर्प्स) *n* लाश, शव

corpulent ('कॉर्प्युलंट) *a* मोटा, स्थूल; **corpulence** *n* मोटापा

corpus ('कॉर्पस) *n* रचनाओं का संग्रह (विशे॰ एक ही लेखक की); किसी वस्तु का मुख्य भाग

corpuscle ('कॉर्पसल) *n* सूक्ष्म जीव अथवा कण, कणिका; रक्त में श्वेताणु व लोहिताणु

correct (क'रेक्ट) *a* सही, बिल्कुल ठीक; तथ्यों अथवा मापदण्ड के अनुकूल; उचित // *vt* सुधारना, (में) ग़लतियां

बताना; डांटना, दण्ड देना; सही करना; **correction** (क'रेक्शन) *n* सुधार; शुद्धि; डांट-डपट

correlate ('कॉरिलेट) *vt* परस्पर सम्बंध स्थापित करना

correspond (कॉरि'स्पॉन्ड) *vi* अनुकूल होना, से मेल खाना, के जैसा होना, पत्रव्यवहार करना; **correspondence** *n* अनुकूलता, मेल, सादृश्य; पत्राचार; पत्रव्यवहार; प्राप्त चिट्ठियां; **correspondence course** *n* पत्राचार पाठ्यक्रम; **correspondent** *n* पत्र-लेखक; संवाददाता

corridor ('कॉरिडर) *n* गलियारा, इमारत, रेलगाड़ी आदि में आने-जाने का रास्ता; देश के बीच से गुज़रती ज़मीन की पट्टी अथवा हवाई-रास्ता जो उस देश के नियंत्रण में न हो

corrigendum (कॉरि'जेन्डम), *pl* **corrigenda** (कॉरि'जेन्डअ) *n* शुद्धि-पत्र

corroborate (क'रॉबरेट) *vt* पुष्टि करना, समर्थन करना (कथन आदि का)

corrode (क'रोड) *vt* धीरे-धीरे खा जाना, काट देना, नष्ट कर देना, क्षीण कर देना (रासायनिक क्रिया, बीमारी आदि द्वारा) // *vi* कट जाना या नष्ट हो जाना; **corrosion** *n* धातु का इस प्रकार क्षय होना; **corrosive** *a* (धातु को) धीरे-धीरे काट देने, खा जाने वाला (पदार्थ)

corrugated ('कॉरगेटिड) *a* नालीदार, लहरदार; **corrugated iron** *n* नालीदार लोहे आदि की चादर

corrupt (क'रप्ट) *a* बेइमान, भ्रष्ट, रिश्वतख़ोर, दुश्चरित्र, दूषित // *vt* चरित्र बिगाड़ना, भ्रष्ट करना; विकृत करना; परिवर्तन करके बिगाड़ देना (शब्द, साहित्यिक लेख आदि को); **corruption** (क'रप्शन) *n* भ्रष्टाचार, दूषण

cortege (कॉर'टेझ) *n* जलूस; शव-यात्रा

cortisone ('कॉर्टिज़ोन) *n* विभिन्न प्रकार की बीमारियों में प्रयुक्त कृत्रिम हारमोन

cosh (कॉश) *n* कड़े रबड़ से बना हथियार

cosmetic (कॉज़'मैटिक) *n* सौंदर्य-प्रसाधन सामग्री, कॉस्मटिक // *a* कांति-वर्द्धक; जो केवल सुन्दर दिखने के लिए प्रयुक्त हो

cosmic ('कॉज़्मिक) *a* ब्रह्माण्ड अथवा अंतरिक्ष से सम्बंधित; **cosmic rays** *npl* अंतरिक्ष से आने वाली विद्युत चुम्बकीय किरणें, अंतरिक्ष-किरणें

cosmonaut ('कॉज़्मनॉट) *n* सोवियत अंतरिक्ष-यात्री

cosmopolitan ('कॉज़्मपॉलिटन) *n* व्यक्ति जो अनेक देशों में रहा हो व यात्रा की हो, अनेक देशों से परिचित व संकीर्ण विचारों से परे हो // *a* (महानगर, सभ्यता आदि) जो संसार के अनेक देशों के और अनेक क्षेत्रों से आए लोगों के मिलने से बना/बनी हो

cosmos ('कॉज़्मॉस) *n* सुव्यवस्थित विश्व अथवा ब्रह्माण्ड

cossack ('कॉसैक) *n* दक्षिणपूर्वी रूस की जनजाति का सदस्य, कज़्ज़ाक

cosset ('कॉसिट) *vt* बहुत लाड़-प्यार करना

cost (कॉस्ट) *n* लागत, मूल्य, व्यय, (समय, मेहनत आदि का) ख़र्च // *vb* (*pt, pp* **cost**) // *vt* का दाम होना (की) हानि होना या (को) गंवा देना; **costing** *n* लागत-निर्धारण (उत्पादन का); (*LAW*) **costs** *npl* मुकदमे का खर्च; **it costs Rs. 100/too much** इसकी कीमत सौ रुपये/बहुत अधिक है; **at all costs** हर कीमत पर, किसी भी तरह

co-star ('कोस्टार) *n* सह-अभिनेता/ अभिनेत्री, एक मुख्य भूमिका अदा करने वाला चलचित्र सितारा/तारिका

cost-effective (कॉस्टि'फ़ैक्टिव़) *a* लागत-सार्थक; काम जिस पर खर्च की तुलना में अच्छा लाभ हो

costly ('कॉस्टलि) *a* महंगा; मूल्यवान

cost-of-living (कॉस्टव'लिव़िङ) *a* निर्वाह-खर्च; **cost-of-living allowance** निर्वाह-भत्ता; **cost of living index** निर्वाह-खर्च सूचकांक

cost price *n* लागत मूल्य

costume ('कॉस्ट्यूम) *n* वेषभूषा या पोशाक (समय या स्थान विशेष की, विशेष कार्य के लिए); नाटक में अभिनय के लिए वस्त्र; **swimming costume** *n* तैरने की पोशाक; **costume jewellery** *n* कृत्रिम गहने, सस्ते गहने

cosy, (*US*) **cozy** ('कोज़ि) *a* सुखद, आरामदेह; सुरक्षा की अनुभूति कराने वाला (स्थान) // *n* चायदानी आदि को गरम रखने के लिए उस पर डाला आवरण

cot (कॉट) *n* बच्चे का पालना; जहाज़ पर झूलना बिस्तर; खाट; (*US*) छोटी चारपाई

cote (कोट) *n* बाड़ा, मवेशी व पक्षियों को रखने का स्थान (*eg dovecote*)

coterie ('कोटरि) *n* समान हितों वाले व्यक्तियों का गुट; सामाजिक गुट

cottage ('कॉटिज) *n* झोंपड़ी, कुटीर, छोटा मकान; **cottage cheese** *n* हल्का, मुलायम पनीर; **cottage industry** *n* कुटीर उद्योग; उद्योग जिसमें कारीगर घर पर ही काम करते हैं

cotton ('कॉटन) *n* कपास; रूई; सूती कपड़ा; **to cotton on to** *vt* (*col*) समझ लेना (विचार आदि); **cotton candy** *n* (*US*) चाशनी के तारों से बनी एक मिठाई (चीनी का लच्छा); **cotton wool** *n* (*Brit*) साफ़ की हुई रूई (कपास के विपरीत)

couch (काउच) *n* कोच, सोफ़ा; गद्देदार पलंग // *vt* (शब्दों में) व्यक्त करना; लिटाना

couchette (कू'शेट) *n* रेलगाड़ी में

लेटने की बर्थ, शायिका

cougar ('कूगर) *n* प्यूमा, उत्तरी अमरीका का एक हिंस्र जीव

cough (कॉफ़) *vi* खांसना // *n* खांसी; **cough drop** *n* खांसी की (चूसने की) गोली

could (कुड) **can** का *pt*; **couldn't** = **could not**

council ('काउन्सिल) *n* परिषद; इसकी बैठक; **city** *or* **town council** नगर आदि के स्थानीय शासन के लिए प्राधिकरण; **council estate** *n* (*Brit*) नगर परिषद/पालिका-सम्पत्ति; **council house** *n* (*Brit*) नगर पालिका आवास; **councillor** *n* पार्षद

counsel ('काउन्सल) *n* परामर्श, सलाह; विनिमय, वकील; विचार; योजना // *vt* सलाह देना, सुझाव देना; **counsellor** *n* परामर्शदाता, सलाहकार; (अमरीका में) वकील; **to keep one's own counsel** रहस्य छिपाये रखना, मन की बात मन में रखना

count (काउंट) *vt* गिनना; जोड़ना; शामिल करना; समझना // *vi* गिना जाना; महत्व रखना // *n* गणना; संख्या, गिनती; ब्रिटेन में अर्ल से छोटी पदवी; **to count on** *vt* (का) भरोसा करना; **countdown** *n* उलटी गिनती (किसी कार्य आरंभ करने के पहले, जैसे अंतरिक्ष यान छोड़ने से पहले की गई उलटी गिनती)

countenance ('काउंटिनन्स) *n* मुखाकृति; मुख; मुख पर भावों की अभिव्यक्ति; अनुमोदन; समर्थन // *vt* अनुमोदन करना, समर्थन करना

counter ('काउंटर) *n* बैंक, दुकान आदि में लम्बा (लकड़ी का) समतल पट्टा जिस पर ग्राहकों से लेन-देन किया जाता है; काउंटर, कैरम-बोर्ड जैसे खेलों में डिस्क या टोकन जो खेल के अंक गिनने या बनाने के काम आता है // *ad* : **counter to** विपरीत दिशा में; के प्रतिकूल // *vt* विरोध करना; खण्डन करना; प्रतिकार करना; **counteract** *vt* प्रभावहीन या बेअसर कर देना, विरोध करना; **counter-espionage** *n* प्रतिगुप्तचर्या, शत्रु की जासूसी को नाकाम करने की कारवाई

counterattack ('कांउटर्अटैक) *n*, *vt* प्रत्याक्रमण (करना), जवाबी हमला (करना)

counterfeit ('काउंटर्फ़िट) *a* नकली, जाली, खोटा // *n* नकल, जालसाज़ी // *vt* नकली, जाली वस्तुएं बनाना; नकल करना

counterfoil ('काउंटर्फ़ॉइल) *n* चैक, रसीद, पोस्टल आर्डर का वह भाग जो भेजने वाला रिकार्ड के लिए रखता है, प्रतिपर्ण

countermand (काउंटर्'मांड) *vt* रद्द करना (पिछले आदेश को)

counterpart ('काउंटर्पार्ट) *n* एक वस्तु या व्यक्ति जैसी दूसरी वस्तु;

countersign 161 **court**

प्रतिमूर्ति; एक वस्तु या व्यक्ति की पूरक दूसरी वस्तु या व्यक्ति

countersign ('काउंटर्साइन) *vt* हस्ताक्षर किए दस्तावेज़ पर हस्ताक्षर करना; संपुष्टि या अनुसमर्थन करना

countess ('काउंटिस) *n* काउंट की पत्नी अथवा विधवा

countless ('काउंट्लिस) *a* असंख्य, अनगिनत

country ('कन्ट्रि) *n* देश; मातृभूमि; प्रदेश, क्षेत्र; ग्रामीण क्षेत्र; **country dancing** *n* (*Brit*) एक लोक नृत्य; **country house** *n* धनी अथवा सामंत का भव्य ग्राम्य निवास; **countryman** *n* देशवासी; देहाती, ग्रामीण; नगरवासी; **countryside** *n* ग्रामीण क्षेत्र; इसके लोग

county ('काउंटि) *n* प्रांत, ज़िला

coup (कू), *pl* **coups**, कूज़ *n* सफल चाल; **coup d'etat** ('कूदे'ता) *n* हिंसा द्वारा आकस्मिक शासन-परिवर्तन या सरकार का तख़्ता पलटने की क्रिया

coupé ('कूपे) *n* दो दरवाज़ों तथा चार सीटों वाली छोटी कार, रेल का छोटा डिब्बा

couple ('कपल) *n* दो; जोड़ा; पति-पत्नी; युगल; दो व्यक्ति // *vt* (*carriages*) जोड़ना, बांधना, मिलाना; (*ideas, names*) मन में सम्बंध जोड़ना // *vi* जुड़ना, सम्बंधित होना; **couplet** *n* दोहा, द्विपदी, शे'र; **coupling** *n* जोड़ विशे॰ रेल के डब्बों को जोड़ने वाला भाग; **a couple of** दो

coupon ('कूपन) *n* कूपन, टिकट या पर्ची जिसे देने से वस्तुओं की खरीद पर छूट अथवा उपहार मिले; (*COMM*) एक पर्ची जिस पर वस्तु मंगाने का आर्डर दिया जा सके

courage ('करिज) *n* साहस, हिम्मत, वीरता; **courageous** (क'रेजस) *a* साहसी

courier ('कुअरिअर) *n* संदेशवाहक; (*for tourists*) परिचारक व मार्गदर्शक

course (कॉर्स) *n* (*of ship*) दिशा, पथ, मार्ग, प्रगति; क्रम; पाठ्यक्रम, विषय; (*of meal*) (भोजन में) दौर; **first course** (भोजन में) पहला दौर; (*for golf*) मैदान; **in due course** उचित अवसर पर; **in the course of** के दौरान; **of course** निस्संदेह, बेशक; **course of action** कार्य-संचालन का स्वरूप/की दिशा; **course of lectures** व्याख्यान-माला; **course of treatment** रोगी को अवधि-विशेष में दी गयी दवाइयां

court (कोर्ट) *n* चौक, आंगन; अनेक खेलों का मैदान, (*TENNIS*) कोर्ट; (*LAW*) दरबार, न्यायालय, कचहरी; जी-हज़ूरी; प्रशंसा // *vt* (*woman*) प्रेम जताना, लुभाना; जी-हज़ूरी करना; पाने की कोशिश करना; (मुसीबत आदि) बुलाना; **to take to court** अदालती कार्यवाही करना

courteous ('कर्टिअस) *a* शिष्ट, भद्र, सुसभ्य

courtesy ('कर्टिसि) *n* भद्रता; शिष्टाचार; सुसभ्य व्यवहार; सौजन्य; **by courtesy of** के सौजन्य से; **courteously** *ad* भद्रता से

court-house (कोर्ट्हाउस) *n* (*US*) कचहरी की इमारत

courtier ('कोर्टिअर) *n* राज दरबारी

court-martial, *pl* **courts-martial** ('कोर्ट्मार्शल) *n* फ़ौजी अदालत

courtroom ('कोर्ट्रूम) *n* न्याय-कक्ष, न्यायाधीश का कमरा

courtship ('कोर्ट्शिप) *n* प्रणय-निवेदन काल (जब युवक-युवती मिलते जुलते हैं)

courtyard ('कोर्ट्यार्ड) *n* आंगन, प्रांगण

cousin ('कज़्न) *n* (**first cousin** भी) चचेरा, फुफेरा, मौसेरा, ममेरा भाई या बहिन; (पहले) कोई भी रिश्तेदार (खून के रिश्ते में अथवा विवाह के)

cove (कोव) *n* छोटी खाड़ी

covenant ('कवनन्ट) *n* प्रसंविदा; समझौता (करना); प्रतिज्ञापत्र (भरना)

cover ('कवर) *vt* ढंकना, ढक्कन बंद करना, फैला देना, बिछा देना; ओढ़ लेना; रक्षा करना, बचाना; (दूरी आदि) तय करना, पार करना, शामिल करना; (के लिए) पर्याप्त होना; विवरण देना; पर बंदूक तान कर रखना // *n* (*of book*) आवरण-पृष्ठ; ढक्कन; कोई भी ढकने वाली चीज़; लिफ़ाफ़ा; (*shelter*) आड़; **to take cover** (*shelter*) आड़ में जाना; **under cover** (वर्षा आदि में) सुरक्षित; (की) ओट में; **under cover of darkness** अंधेरे में छिप-कर; **under separate cover** (*COMM*) दूसरे लिफ़ाफ़े में; **to cover up for sb** किसी के अपराध आदि को छिपाने का प्रयत्न करना; **coverage** *n* क्षेत्र, विस्तार; (*INSURANCE*) बीमा-राशि; **cover charge** *n* कुछ रेस्तरां व नाइट-क्लबों में खाने-पीने के लिए दी जाने वाली अतिरिक्त राशि; **covering** *n* ऊपरी तह, परत; ऊपर ढंकने, ओढ़ने, बिछाने आदि की वस्तु; **covering letter** (*US* : **cover letter**) *n* व्याख्या-पत्र; **coverlet** *n* पलंग-पोश; **cover note** *n* (*INSURANCE*) पालिसी तैयार होने से पहले दी जाने वाली बीमा-राशि की रसीद

covert ('कवर्ट) *a* गुप्त; छिपी हुई (धमकी); चुपचाप (कार्य) // *n* झाड़-झंखाड, जंगली जानवरों का आश्रय-स्थल; **covertly** *ad* छिपकर

cover-up ('कवरप) *n* किसी अपराध आदि का छिपाव/पर परदा

covet ('कविट) *vt* (के लिए) ललचाना विशे॰ दूसरे की वस्तु आदि के लिए; **covetous** *a* लालची, लोभी

covey ('कवि) *n* तीतर, बटेर आदि का झुंड

cow (काउ) *n* गाय; मादा (*eg* हथिनी, व्हेल आदि) // *vt* डरा कर काम करवाना, भयभीत करना; दबाना

coward ('काउअर्ड) *n* कायर, डरपोक; **cowardice** *n* कायरता

cowboy ('काउबॉइ) *n* संयुक्त राज्य अमरीका के पश्चिमी मैदानों में मवेशियों का रखवाला

cower ('काउअर) *vi* दुबक जाना, डर से सिमट जाना

coxswain ('कॉकसन) *n* (संक्षिप्त : **cox**) कर्णधार; (*of ship*) रास्ता दिखाने वाला

coy (कॉइ) *a* संकोची, लजीला होने का दिखावा करने वाला (प्रायः युवति)

cozen (कॉज़न) *vt* धोखा देना, फुसलाना

cozy ('कोज़ि) *a* (*US*) = **cosy**

CPA *n* (*US*) **certified public accountant** का संक्षेप

Cpl **corporal** का संक्षेप

crab (क्रैब) *n* केकड़ा; एक प्रकार की जूं; **crab apple** *n* जंगली खट्टा सेब

crack (क्रैक) *a* विशेष; दक्ष, कुशल // *n* चटक की आवाज़; चटक; दरार; कमी; (*joke*) मज़ाक विशे॰ व्यंगभरा // *vt* तोड़ना, दरार डालना, चटकाना; कोड़े, बंदूक आदि से ज़ोर से 'चट' की आवाज़ करना; (चिंता आदि से) संतुलन या कार्यक्षमता का बिगड़ना; (*joke*) चुटकले सुनाना; मज़ाक करना; हल निकालना // *vi* ज़ोर से 'चट' की आवाज़ करना, चटकना, दरार पड़ना; **to crack up** *vi* मानसिक संतुलन खो बैठना; **cracker** *n* पटाख़ा; **cracksman** *n* चोर, सेंधमार विशे॰ तिजोरी-तोड़ने वाला

crackle ('क्रैकल) *vi* लगातार चट-चट की आवाज़ होना

cradle ('क्रेडल) *n* पालना (*fig*) मनुष्य का आरंभिक घर या आश्रय, ढांचा

craft (क्राफ़्ट) *n* कौशल, शिल्प विशे॰ हस्तकला या दस्तकारी में; चालाकी; दस्तकारी; शिल्पी-संघ; (*boat*) बड़ी नाव; **craftsman** *n* दस्तकार, शिल्पी, कारीगर; **craftsmanship** *n* कारीगरी; **crafty** *a* चालाक, धूर्त

crag (क्रैग) *n* ऊंची खड़ी चट्टान; **craggy** *a* पथरीला, चट्टानी

cram (क्रैम) *vt* (*fill*) : **to cram sth with** से ठूंस-ठूंस कर भरना; **to cram sth into** (एक वस्तु अन्य वस्तु) में ठूंस-ठूंस कर भरना // *vi* (*for exams*) रटना

cramp (क्रैम्प) *n* ऐंठन, मरोड़; शिकंजा // *vt* रोकना, नियंत्रण लगाना; जकड़ना, कसना; छोटी तंग जगह में रखना; **cramped** *a* तंग (जगह)

cranberry ('क्रैन्बरि) *n* छोटी सदा-बहार झाड़ी का लाल रंग का बेर जैसा

फल

crane (क्रेन) *n* सारस, क्रौंच; भारी बोझा उठाने की मशीन, क्रेन // *vt* गरदन आगे बढ़ाकर देखना

cranium ('क्रेनिअम) *n* कपाल, खोपड़ी

crank (क्रैंक) *n* धुरी से समकोण बनाता हुआ मशीन का हैंडल जो मशीन के शाफ्ट को गोलाकार गति देता है; झक्की, सनकी व्यक्ति; **cranky** *a* सनकी; (*US*, *C*) गर्म मिज़ाज; **crankshaft** *n* इंजन का मुख्य शाफ़्ट (धुरा)

cranny ('क्रैनि) *n* छोटी दरार, (दे॰ **nook**)

crash (क्रैश) *n* ज़ोर का धमाका, टकरा कर गिरना; टक्कर विशे॰ वाहनों की; जहाज़ का गिरना; ढहना या विध्वंस होना, अचानक पतन; दिवाला // *vt* धमाका कराना, धमाके के साथ ढहाना // *vi* टूटना, टुकड़े होना; ढह जाना; नष्ट होना (विशे॰ व्यापार आदि में); **to crash into** (एक कार आदि का दूसरी से) टकराना; जहाज़ का गिरना; **crash course** *n* शीघ्र परिणाम के लिए किसी विषय की मुख्य व महत्वपूर्ण बातें सिखाने के उद्देश्य से बना पाठ्यक्रम; **crash helmet** *n* सिर की सुरक्षा के लिए मोटर साइकिल सवार द्वारा पहनी जाने वाली हेलमेट; **crashlanding** *n* वायुयान का संकट की स्थिति में नीचे उतरना विशे॰ जब उतरने में यान को नुकसान पहुंचे

crass (क्रैस) *a* अत्यधिक मूर्खतापूर्ण

crate (क्रेट) *n* सामान रखने के लिए (प्रायः लकड़ी का) बड़ा कण्डा (खुला बाक्स), क्रेट

crater ('क्रेटर) *n* ज्वालामुखी का मुहाना; गोल गहरा गड्ढा विशे॰ जो बम आदि के गिरने व फटने से बना हो

cravat(e) (क्र'वैट) *n* स्कार्फ़, गर्दन पर लपेटने का लम्बा रुमाल

crave (क्रेव़) *vt, vi* : **to crave (for)** (किसी वस्तु आदि की) तीव्र लालसा रखना, तरसना; **craving** *n* तीव्र लालसा; अदम्य इच्छा

craven ('क्रेव़न) *a* कायर, कातर, भीरु

crawl (क्रॉल) *vi* रेंगना, हाथ व घुटनों के बल चलना, बहुत धीरे-धीरे चलना; घिघियाना; तैरना (एक विशेष प्रकार से जिसे क्रॉल स्ट्रोक कहा जाता है) // *n* रेंगने की क्रिया; बहुत धीमी चाल; (*SWIMMING*) एक प्रकार की तैराकी

crayfish ('क्रेफ़िश), **crawfish** ('क्रॉफ़िश) *n* नदियों में मिलने वाला झींगा जैसा जीव जो खाया जाता है, चिंगट

crayon ('क्रेअन) *n* रंगीन खड़िया, मोम से बनी पेंसिल या बत्ती

craze (क्रेज़) *n* थोड़ी देर तक अत्यधिक लोकप्रिय रहने वाली कोई वस्तु आदि; तीव्र इच्छा; धुन, सनक, पागलपन

crazy ('क्रेज़ि) *a* पागल, खब्ती, सनकी; किसी वस्तु के लिए अत्यंत व्यग्र; **crazy paving** *n* रास्ता जो अनिमित आकार के पत्थर के सपाट टुकड़ों से बनाया गया हो

creak (क्रीक) *n* चरमराहट // *vi* चरमराना

cream (क्रीम) *n* क्रीम, मलाई, क्रीम से मिलते-जुलते अनेक खाद्य पदार्थ; सौंदर्य प्रसाधन (कॉस्मेटिक) जो क्रीम जैसे मुलायम हों; हल्का पीला रंग; सर्वोत्तम अंश या व्यक्ति; **cream cake** *n* एक मिष्टान्न; **cream cheese** *n* एक प्रकार का मुलायम सफ़ेद पनीर; **creamy** *a* मुलायम; मलाई वाला; चिकना

crease (क्रीज़) *n* चुन्नट, सिलवट; (*cricket*) गेंदबाज़ और बल्लेबाज़ के नियत स्थान को बताने वाली रेखा; गोली का मामूली घाव // *vt* चुन्नट डालना // *vi* सिलवट पड़ना

create (क्री'एट) *vt* रचना, उत्पन्न करना, सृष्टि करना, बनाना // *vi* (*col*) निरर्थक तमाशा करना; **creation** (क्री'एशन) *n* सृष्टि; सृजन, रचना; **creative** *a* सृजनात्मक, रचनात्मक, मौलिक; **Creator** *n* सृष्टि बनाने वाला; परमात्मा

creature ('क्रीचर) *n* जीव, प्राणी, सृष्टि वस्तु; कठपुतली या गुलाम; **creature comforts** *npl* सांसारिक सुख-साधन

creche (क्रैश, क्रेश) *n* शिशुसदन, क्रैच

credence ('क्रीडन्स) *n* : **to lend** *or* **give credence to** (कहानी आदि) को विश्वास योग्य बनाना/मानना

credentials (क्रि'डेन्शल्ज़) *npl* प्रत्यय-पत्र; राजदूत आदि को दिया जाने वाला नियुक्ति व पहचान-पत्र; योग्यता का प्रमाण

credible ('क्रेडिबल) *a* विश्वास-योग्य, विश्वसनीय; **credibility** (क्रेडि-'बिलिटि) *n* विश्वसनीयता

credit ('क्रेडिट) *n* श्रेय, प्रतिष्ठा का कारण व स्रोत; विश्वास, आस्था; गौरव, दूसरों के विश्वास पर आधारित प्रतिष्ठा; उधार; बैंक खाते में जमा राशि, खाते का वह भाग जिसमें जमा की गई राशि अंकित हो; साख; **credits** *npl* फ़िल्म के निर्माण में भाग लेने व सहयोग देने वालों की सूची // *vt* आस्था रखना; **to credit sb with** व्यक्ति के पास गुण आदि होने का विश्वास करना; खाते में जमा करना; **to be credited with** (को) का श्रेय मिलना; **to be in credit** (*person, bank account*) (के बैंक खाते में) पैसा होना; **creditable** *a* प्रशंसनीय, श्रेयस्कर; **credit card** *n* बैंक आदि द्वारा ग्राहकों को दिया गया एक कार्ड जिसके द्वारा वे दुकानों आदि से अनेक वस्तुएं व सेवाएं उधार ले सकते हैं; **creditor** *n* लेनदार, साहूकार

credulous ('क्रेड्युलस) *a* सहज में विश्वास करने वाला, जल्दी धोखा खाने वाला, भोला-भाला; **credulity**

(क्रि'ड्युल्टि) *n* सहज विश्वास करने का स्वभाव

creed (क्रीड) *n* धर्ममत, धर्मसार; सिद्धान्त; पन्थ

creek (क्रीक) *n* संकरी खाड़ी जो तट के समीप हो; (*US*) छोटी नदी, सरिता

creep (क्रीप), *pt, pp* **crept** *vi* रेंगना, सरकना, (*fig*) आहिस्ता-आहिस्ता आगे बढ़ना; खिसकना; डर आदि से रोंगटे खड़े हो जाना // *n* रेंगने आदि की क्रिया; (*sl*) घृणित व्यक्ति; **creeps** *npl* डर व नफ़रत का अनुभव; **creeper** *n* (*plant*) बेल, लता; **creepy** (*col*) *a* (*frightening*) डरावना, भयावह

cremate (क्रि'मेट) *vt* दाह-संस्कार करना; **cremation** (क्रि'मेशन) *n* दाह-संस्कार

crematorium, *pl* **crematoria** (क्रेम'टॉरिअम, क्रेम'टॉरिअ) *n* शमशान घाट

creosote ('क्रिअसोट) *n* कोयले व लकड़ी से प्राप्त एक चिकना तरल पदार्थ जो लकड़ी को नष्ट होने से बचाने के काम आता है

crêpe (क्रेप) *n* एक प्रकार का लहरदार कपड़ा; **crêpe rubber** *n* जूते के तले पर लगाया जाने वाला खुरदरा रबड़; **crêpe bandage** *n* जोड़ों के दर्द में बांधने की लचीली पट्टी

crept (क्रैप्ट) **creep** का *pt, pp*

crescent ('क्रेसंट) बालचन्द्र, अर्धचन्द्र; इस प्रकार की कोई भी आकृति; घुमाव लिए हुए मकानों की पंक्ति

cress (क्रेस) *n* कई पौधों का नाम जिन के पत्ते सलाद की तरह खाए जाते हैं; हालिम; चंसुर

crest (क्रेस्ट) *n* कलग़ी, टोपी पर की कलग़ी या तुर्रा, पर्वत शिखर, चोटी; कगार; लहर; कुलचिन्ह के ऊपर का तमग़ा या बिल्ला; **crestfallen** *a* निराश, हतोत्साह

crevasse (क्रि'वैस) *n* गहरी, चौड़ी दरार विशे॰ हिमखण्ड में

crevice ('क्रेविस) *n* दरार; फटन; तरेड़

crew (क्रू) *n* विमान, जहाज़ आदि के कर्मचारी; कर्मीदल; (*col*) जत्था या गिरोह // *vi* कर्मीदल के रूप में काम करना; **crew cut** *n* पुरुषों के छोटे कटे बाल; **crew-neck** *n* गोल गला (स्वेटर आदि का)

crib (क्रिब) *n* पालना; खटोला; नांद; खोल; किसी की कृति अपने नाम छापना; छात्रों द्वारा (अवैध) प्रयोग किया जाने वाला अनुवाद // *vt* छोटे से स्थान में बंद कर देना; (*col*) नकल मारना; छोटी-छोटी बातों पर झींकना

crick (क्रिक) *n* ऐंठन या मरोड़, विशे॰ गर्दन में

cricket ('क्रिकिट) *n* झींगुर, झिल्ली; क्रिकेट का खेल; **cricketer** *n* क्रिकेट का खिलाड़ी

crime (क्राइम) *n* कानून का उल्लंघन; अपराध; बुरा या निषिद्ध काम; (*col*) ऐसा काम जिस पर पछतावा हो; **criminal** ('क्रिमिनल) *a, n* अपराध सम्बंधी; अपराधी

crimp (क्रिम्प) *vt* चुन्नट डालना; शिकन डालना

crimson ('क्रिम्ज़न) *a* गहरे लाल रंग का, किरमज़ी // *n* किरमज़ी रंग // *vi* किरमज़ी हो जाना

cringe (क्रिंज) *vi* दुबक जाना; (*fig*) किसी के आगे नाक रगड़ना/दांत निपोरना

crinkle ('क्रिंकल) *vt* सिलवट डालना

cripple ('क्रिपल) *n* जिसके हाथ पांव सलामत न हों, अपंग, विकलांग // *vt* अपंग बना देना; कमज़ोर कर देना; बिगाड़ना; कार्यकुशलता घटाना

crisis, *pl* **crises** ('क्राइसिस, 'क्राइ-सीज़) *n* बीमारी आदि में विकट स्थिति; संकट (जब बहुत खतरा या कठिनाई हो)

crisp (क्रिस्प) *a* भुरभुरा; खस्ता; कुरकुरा; स्पष्ट; विशद; ताज़ा, स्फूर्तिदायक, फुर्तीला; घुंघराले (बाल); **crisps** *npl* आलू के तले हुए पतले टुकड़े; **crisper** *n* रेफ़रीजेटर का ख़ाना जहां शाकभाजी रखी जाती है

criss-cross ('क्रिस्क्रॉस) *a* आड़ा-तिरछा; एक दूसरे को काटता हुआ

criterion, *pl* **criteria** (क्राइ'टिअरिअन, क्राइ'टिअरिअ) *n* कसौटी; मापदण्ड

critic ('क्रिटिक) *n* आलोचक; समीक्षक (कला साहित्य आदि का); **critical** ('क्रिटिकल) *a* छिद्रान्वेषी; आलोचना करने वाला; समीक्षक; जो सोच-समझ कर निर्णय करे; अत्यधिक महत्वपूर्ण; निर्णायक; **critically** *ad* (*examine*) बारीकी से; (*speak etc*) आलोचना करते हुए; **critically ill** सख्त बीमार; **criticism** ('क्रिटिसिज़म) *n* आलोचना; समीक्षा; **criticize** ('क्रिटिसाइज़) *vt* आलोचना करना; **critique** (क्रि'टीक) *n* आलोचना निबन्ध; समीक्षा

croak (क्रोक) *vi* (मेंढक का) टर्राना; (कौवे का) कांव-कांव करना; निराशापूर्ण बातें करना; रुंधे गले से बोलना // *vi* (*sl*) मर जाना // *n* टर्र-टर्र या कांव-कांव

crochet ('क्रोशे) *n* कांटेदार (आगे से मुड़ी) सलाई से बुनने की कला // *vt, vi* ऐसी बुनाई करना

crockery ('क्रॉकरि) *n* चीनी मिट्टी के प्याले, प्लेटें आदि

crocodile ('क्रॉकडाइल) *n* मगर, मगरमच्छ; **crocodile tears** *npl* शोक का ढोंग, मगरमच्छ के आंसू

crocus ('क्रोकस) *n* छोटा गोल जड़ वाला पौधा जिसमें पीले, सफ़ेद या बैंगनी फूल लगते हैं, कुंकुम

croft (क्रॉफ़्ट) *n* (विशे॰ स्काटलैंड में) कृषियोग्य भूमि का छोटा टुकड़ा; छोटी जोत

croissant ('क्रवासांड) *n* खमीरी मैदे से बनी अर्द्धचन्द्राकार छोटी रोटी (जो सूप के साथ खाते हैं)

crone (क्रोन) *n* बुढ़िया (तिरस्कार पूर्ण प्रयोग), बूढ़ी खूसट

crony ('क्रोनि) *n* अंतरंग मित्र; गहरा दोस्त

crook (क्रुक) *n* कंटिया लगी लाठी; कंटिया; हुक; मोड़; तीखा मोड़; (*col*) धोखेबाज़; अपराधी; **crooked** ('क्रुकिड) *a* मुड़ा हुआ; टेढ़ा; कुटिल; धूर्त; बेइमान

croon (क्रून) *v* गुनगुनाना; धीमी आवाज़ में गाना; **crooner** *n* गायक

crop (क्रॉप) *n* फ़सल; पैदावार; (*fig* भी) उपज; पक्षी की गलथैली; चाबुक की मूठ; चाबुक; छोटे कटे बाल // *vt* छोटे (बाल) काटना; फ़सल उगाना; (पशुओं द्वारा) खा जाना; चर जाना; काटना; बरताना; **to crop up** *vi* अप्रत्याशित रूप से घटना या प्रकट होना

cross (क्रॉस) *n* 90 डिग्री कोण पर परस्पर काटती हुई रेखाएं अथवा जुड़े हुए टुकड़ों का बना ढांचा; लकड़ी की सलीब जिसे फांसी देने के काम लाया जाता था; ईसाई मत का चिन्ह; सलीब की शक्ल की कोई वस्तु या चिन्ह; दुर्भाग्य; मुसीबत; खीज उत्पन्न करने वाली बात या वस्तु; नस्लों का सम्मिश्रण; संकर; दोग़ला // *a* आड़ा तिरछा; **to cross o.s.** छाती पर उंगली घुमाकर सलीब का निशान बनाना // *vt, vi* पार करना; काटना; रास्ते में मिलना और आगे निकल जाना; **to cross out** *vt* रेखाएं डाल कर काट देना; **to cross over** *vi* पार करना (सड़क आदि); **crossbar** *n* अर्गला, साइकल का डंडा (गद्दी के नीचे का); गोल का चौखटा; **crosscountry (race)** *n* लम्बी दौड़ जो किसी क्षेत्र के एक छोर से दूसरे छोर तक दौड़ी जाय; **cross-examine** *vt* (*LAW*) गवाह पर जिरह करना; **cross-eyed** *a* भैंगा; **crossfire** *n* दोनों ओर से चलती गोलियां; **crossing** *n* चौराहा; चौक (**pedestrian crossing**) पैदल सड़क पार करने का स्थान भी; **crossing guard** *n* (*US*) बच्चों के सड़क पार करने के स्थान के दोनों ओर लगा जंगला; **cross purposes** *npl* : **to be at cross purposes** परस्पर विरोधी बात कहना/करना; **cross reference** *n* पुस्तक आदि के एक अंश में किसी दूसरे अंश का संदर्भ; **crossroads** *n* चौराहा; **cross section** *n* (*BIOL*) शरीर के किसी अंग का आड़ा, तिरछा भाग; किसी समुदाय/देश का प्रतिनिधि समूह; **crosswalk** *n* (*US*) पैदल सड़क पार करने का स्थान; **crosswind** *n* आर-पार चलती वायु; **crosswise** *ad*

आर पार; तिरछे; **crossword** *n* वर्ग-पहेली

crotch (क्रॉच) *n* टांगों के बीच का भाग जहां जननेन्द्रियां स्थित हैं; कांटा

crotchety ('क्रॉचिटि) *a* खीजा हुआ; जिसे जल्दी क्रोध आए, गुस्सैल

crouch (क्राउच) *vi* नीचे झुकना; दुबकना; भूमि के साथ लग जाना; नाक रगड़ना; दांत निपोरना

croup (क्रूप) *n* बच्चों की गले की बीमारी जिसमें खांसी आती है; घोड़े की पीठ का पिछला भाग, पुट्ठा; काठी के पीछे का स्थान

croupier ('क्रूपिअर) *n* जुआघर में जुआ खिलाने वाला कर्मचारी

crow (क्रो) *n* कौआ; मुर्गे की बांग // *vi* मुर्गे का बांग देना; (*fig*) अपने सौभाग्य या गुणों का बखान करना; डींग हांकना

crowbar ('क्रोबार) *n* सब्बल

crowd (क्राउड) *n* भीड़, जनसमूह // *vi* इकट्ठे होना // *vt* ठसाठस भर देना; धक्कम धक्का होना; लोगों की भीड़ लगाना; **crowded** *a* भीड़भाड़ वाला (स्थान); **crowded with** जहां लोग भरे हों

crown (क्राउन) *n* मुकुट; किरीट; सम्राट; सम्राटतंत्र; सम्राट की शक्ति; (पहले) पांच शिलिंग का ब्रिटिश सिक्का; कई विदेशी सिक्के; शिखर; सिर का ऊपरी भाग; चोटी; किसी वस्तु की पूर्णता या सम्पूर्णता // *vt* मुकुट पहनाना; उपाधि देना; किसी घटनाक्रम का चरम-बिन्दु को पहुंचना; (*col*) सिर पर चोट मारना; **crown jewels** *npl* राजघराने के आभूषण, मुकुट आदि; **crown prince** *n* राजकुमार, युवराज

crow's feet *npl* आंखों के नीचे की झुर्रियां

crucial ('क्रूशॅल) *a* निर्णायक; संगीन; संकट काल का; (*col*) अत्यधिक महत्वपूर्ण

crucible ('क्रूसिबल) *n* धातु गलाने का छोटा पात्र; कुठाली

crucfixion (क्रूसि'फ़िक्शन) *n* यीशु मसीह के सलीब पर लटकाने की क्रिया

crucify ('क्रूसिफ़ाइ) *vt* सलीब पर लटकाना; सूली चढ़ाना; निर्दयता का व्यवहार करना; (*col*) हंसी उड़ाना; **crucifix** *n* सलीब; सलीब पर लटके यीशु मसीह की प्रतिमा; **cruciform** *a* सलीब के आकार का

crude (क्रूड) *a* असभ्य; अशिष्ट; भोंडा; कच्चा; अपरिपक्व; अशोधित; खुरदरा; जो अधूरा रह गया हो // *n* (**crude oil** भी) बिना साफ़ किया तेल

crudity ('क्रूडिटि) *n* खुरदरापन; अपरिपक्वता; असभ्यता

cruel ('क्रूअल) *a* क्रूर; निर्दय; निष्ठुर; जिस से पीड़ा या कष्ट उत्पन्न हो; **cruelty** *n* निर्दयता; क्रूरता

cruet ('क्रूइट) *n* नमक, मिर्च आदि रखने की शीशी; ऐसी शीशियों को रखने की धानी

cruise (क्रूज़) *vi* आमोद-प्रमोद के लिए समुद्री जहाज़ में यात्रा करना; (विमान आदि का) सुरक्षित औसत रफ़्तार से चलना // *n* छुट्टी मनाने वालों के लिए समुद्री यात्रा; **cruise missile** *n* राकेट, प्रक्षेपास्त्र जो रेडियो तरंगों से संचालित होता है; **cruiser** *n* यात्री जहाज़; तेज़-रफ़्तार जंगी जहाज़

crumb (क्रम) *n* टुकड़ा, विशे॰ रोटी का // *vt* टुकड़े करना या टुकड़ों से ढंक देना

crumble ('क्रम्बल) *vt* छोटे-छोटे टुकड़े कर देना; समाप्त या चूर-चूर कर देना; समाप्त या नष्ट कर देना // *vi* टुकड़े-टुकड़े हो जाना; बिखर जाना // *n* हलवा जिस पर मेवों आदि के टुकड़े डाले गए हों; **crumbly** *a* भुरभुरा

crumpet ('क्रम्पिट) *n* चपटा नरम केक जो मक्खन के साथ खाया जाता है; (*sl*) कामिनी; सुन्दरी (जिस की सभी चाह करें)

crumple ('क्रम्पॅल) *vt* ढा देना; चूर-चूर या टुकड़े-टुकड़े कर देना या हो जाना; सिल्वट या शिकन डालना या पड़ना; **crumpled** *a* जिसमें शिकन या सिल्वट पड़ी हों

crunch (क्रंच) *n* कुरकुरे पदार्थ के चबाने की आवाज़; कंकड़ या जमी बर्फ़ पर चलने की आवाज़; (*col*) संकट या निर्णय की घड़ी या स्थिति // *vt* (खाते हुए) चरमराहट की आवाज़ करना; **crunchy** *a* कुरकुरा

crusade (क्रू'सेड) *n* मध्य युग में ईसाइयों का जेरूशलम पर अधिकार करने के लिए किया युद्ध; किसी बुराई के विरुद्ध आन्दोलन; किसी उद्देश्य के लिए की गयी कार्यवाही; धर्मयुद्ध; जिहाद; **crusader** *n* धर्मयोद्धा, मुजाहिद

crush (क्रश) *vt* कुचल देना; रौंद डालना; टुकड़े-टुकड़े कर देना; करारी मात देना; तख्ता पलट देना // *n* पेराई; कुचलने की क्रिया; अत्यधिक भीड़-भाड़; किसी के प्रेम में अंधे होने की स्थिति

crust (क्रस्ट) *n* पपड़ी; ऊपरी (कड़ी) परत; **crusty** *a* जिस पर पपड़ी जमी हो; गुस्सैल; चिड़चिड़ा

crutch (क्रॅच) *n* बैसाखी; सहारा; संबल

crux (क्रक्स) *n* निर्णय का आधार; मूल प्रश्न; मर्म; पहेली

cry (क्राइ) *vi* रोना, विलाप करना; बुलाना; चिल्लाना; (**cry out** भी); मांगना, याचना करना (*for* के साथ) // *vt* ज़ोर से चिल्लाना; घोषणा करना; **to cry off** *vi* हाथ उठा लेना; सगाई आदि तोड़ देना; *n* घोषणा; मुनादी; चीख़; चिल्लाहट; विलाप; (जानवर की) बोली; नारा

cryptic ('क्रिप्टिक) *a* रहस्यमय, गूढ़, गुप्त

crystal ('क्रिस्टल) *n* एक पारदर्शी खनिज स्फटिक; बिल्लौर; क्रिस्टल; बहुत साफ़ कांच; तराशे हुए कांच के बरतन; रवा; **crystal-clear** *a* बिल्कुल स्पष्ट

cub (कब) *n* लोमड़ी या अन्य हिंसक पशुओं का बच्चा, शावक; बाल स्काउट // *vt, vi* (पशु का) बच्चे देना; ब्याना; **cub scout** *n* स्काउट संघ की बाल शाखा का सदस्य

cubbyhole ('कबिहोल) *n* छोटी बन्द जगह या कमरा

cube (क्यूब) *n* घन (छह वर्गाकार पक्षों वाला ठोस ढांचा); घन जैसा कुन्दा; किसी राशि को उसी से दो बार गुणा कर के प्राप्त राशि; त्रिघात; घन // *vt* इस प्रकार गुणा करना; **cubic** *a* घन से सम्बन्धित या उस जैसा; **cubic capacity** *n* घन की धारिता

cubicle ('क्यूबिकल) *n* कमरे में (चारों ओर से घिरा) कक्ष

cuckoo ('कुकू) *n* कोयल जैसा पक्षी जो अपने अंडे दूसरे पक्षियों के घोंसले में दे देता है // *a* (*sl*) पागल; **cuckoo clock** *n* दीवाल घड़ी जिसमें घण्टा बजने के साथ एक पक्षी बाहर निकलता है

cucumber ('क्यूकम्बर) *n* खीरा

cud (कड) *n* जुगाली; **to chew the cud** मनन करना; सोचना; ध्यान मग्न होना

cuddle ('कड्ल) *vt* गले लगाना // *vi* (किसी के साथ) लिपट कर लेटना; चिपक जाना

cue (क्यू) *n* अभिनेता के भाषण के अंतिम शब्द जो अगले अभिनेता के लिए बोलने का संकेत हैं; संकेत; इशारा; कार्य-वाही के लिए उदाहरण; बिलियर्ड्स के खेल में प्रयुक्त लम्बा डंडा जो आगे से पतला होता है; लम्बी चोटी

cuff (कफ़) *n* आस्तीन की मोहरी, कलाई-बन्द; **off the cuff** *ad* बिना किसी तैयारी के; **cufflink** *n* आस्तीन में पहनने की जंजीर

cuisine (क्वि'ज़ीन) *n* पाक प्रणाली या शैली; व्यंजनों की सूची; रेस्तोरां में उपलब्ध भोजन

cul-de-sac, *pl* **culs-de-sac** ('कल्डॅसैक, कल्डॅसैक) *n* बन्द गली

culinary ('कलिनरि) *a* भोजन पकाने या रसोई घर से सम्बन्धित

cull (कल) *vt* चुनना; इकट्ठे करना; कुछ पशुओं को चुनकर औरों से अलग करना // *n* चुनने या अलग करने की क्रिया

culminate ('कल्मिनेट) *vi* चरम-बिन्दु या पराकाष्ठा तक पहुंचना; (मामले का) चरमोत्कर्ष या समाप्ति तक पहुंचना; **to culminate in** किसी स्थिति आदि में पहुंच कर ख़त्म होना; **culmination** ('कल्मिनेशन) *n* चरमोत्कर्ष; समाप्ति

culottes (क्यू'लॉट्स) *npl* स्त्रियों का चौड़ी मोहरी का घाघरे जैसा पाजामा

culpable ('कल्पबल) *a* जिसे दोष दिया जा सके, निन्दनीय

culprit ('कल्प्रिट) *n* जो किसी साधा-

रण अपराध का दोषी हो; दोषी

cult (कल्ट) *n* पूजा या उपासना की पद्धति; किसी वस्तु, व्यक्ति या कार्य के प्रति निष्ठा का भाव

cultivate ('कल्टिव़ेट) *vt* खेती करना, ज़मीन जोतना; विकास, सुधार या परिष्करण करना; किसी से परिचय बढ़ाना, दोस्ती करना; पोषण करना; आचरण करना; **cultivation** (कल्टि'व़ेशन) *n* खेती-बाड़ी; **cultivator** *n* किसान, खेतिहर

cultural ('कल्चरल) *a* सांस्कृतिक

culture ('कल्चर) *n* संस्कृति; खेती; संवर्धन (कृत्रिम ढंग से); इस प्रकार संवर्धित जीवाणु; **cultured** *a* सुसंस्कृत; सभ्य

culvert ('कल्व़र्ट) *n* पुलिया

cum (कम) *prep Lat* (के) साथ

cumbersome ('कम्बर्सम) *a* जिसे पकड़ना या उठाना कठिन हो; बोझिल; दुर्वहनीय

cummerbund ('कमरबंड) *n* कमरबन्द

cum(m)in ('कमिन) *n* सफ़ेद ज़ीरा

cumulative ('क्यूम्युलटिव़) *a* जो बार-बार जोड़ने से बढ़ता जाय; संचयी; कई वस्तुओं के जोड़ का परिचायक; समुच्चय बोधक

cumulus, *pl* **cumuli** ('क्यूम्युलस) *n* कपास के ढेर जैसा बादल

cunning ('कनइंग) *a* चालाक; धूर्त; घुन्ना // *n* चालाकी; धूर्तता

cup (कप) *n* प्याला; चषक; छोटा कटोरा; प्याले में पड़ा पेय; प्याले जैसी आकृतियां या गड्ढे; पुरस्कार में दिया जाने वाला प्याले जैसा पात्र; भाग्य; अंगिया की कटोरी // *vt* हाथों को जोड़ कर प्याले जैसा बनाना

cupboard ('कर्बड) दीवार में बनी आल्मारी

Cupid ('क्यूपिड) *n* प्यार का देवता कामदेव

cupola ('क्यूपलअ) गुम्बद

cup-tie (कप्टाइ) *n* मैच जो कप के लिए खेला जाय

cur (कर) *n* बाज़ारू कुत्ता; पाजी, नीच या कमीना आदमी

curate ('क्युअरिट) *n* पादरी का सहायक

curative ('क्युअरटिव़) *a* जिससे बीमारी दूर हो; रोगहर

curator (क्युअ'रेटर) *n* अभिभावक या अध्यक्ष विशे॰ संग्राहलय, पुस्तकालय आदि का

curb, (*US*) **kerb** (कर्ब) *n* रोक; पाबन्दी; (घोड़े के साज़ का) दहाना // *vt* रोकना; लगाम लगाना

curd (कर्ड) *n* दही

curdle ('कर्डल) *vt* दही बनाना; दूध जमाना; थक्केदार बनाना

cure (क्युअर) *vt* इलाज करना; रोगमुक्त करना; ठीक करना; (नमक आदि लगा

कर) मांस, मछली सुखाना; चमड़ा/खाल कमाना // *n* औषधि; उपचार; रोग-मुक्ति; स्वास्थ्य-लाभ

curfew ('कर्फ़्यू) *n* घरबन्दी; कर्फ़्यू; कर्फ़्यू का समय

curio, *pl* **curios** ('क्युअरिओ) *n* विरली या विलक्षण संग्रहयोग्य कलाकृति या वस्तु

curiosity (क्यूरि'आसिटि)*n* जिज्ञासा, कौतूहल; अद्भुत वस्तु

curious ('क्यूरिअस) *a* जिज्ञासु; जो जानना चाहे; कुतूहली; विलक्षण; असाधारण; अजीब

curl (कर्ल) *n* (बालों का) कुण्डल; छल्ला; कुंचन; छल्लेदार शक्ल या चाल // *vi* कुण्डलाकार या छल्ले की शक्ल का होना // *vt* कुण्डलाकार बनाना; **to curl up** *vi* सिमट कर लेट जाना; **curler** *n* बाल घुंघराले बनाने का उपकरण

curly ('कर्लि) *a* घुंघराला

currant ('करन्ट) *n* किशमिश; गूज़बैरी के पौधे जैसे पौधों के फल

currency ('करंसि) *n* मुद्रा; प्रचलन; लोकप्रियता; प्रचलित वस्तु; **to gain currency** (*fig*) प्रचलित, लोकप्रिय हो जाना

current ('करंट) *n* (पानी की) धारा; (हवा का) वेग; प्रवृत्ति; बहाव; बिजली का करन्ट // *a* चालू; प्रचलित; वर्त्तमान; सामयिक; ताज़ा; नया; **current account** *n* चालू खाता; **current affairs** *npl* किसी समय विशेष की समस्याएं या मामले जिन में लोगों की रुचि हो; **currently** *ad* आजकल

curriculum, -s, curricula (क'रिक्युलम, क'रिक्युला) *n* पाठ्यक्रम; **curriculum vitae (CV)** *n* किसी व्यक्ति की शिक्षा, कृतत्व आदि का वृत्तान्त

curry ('करि) *n* हल्दी आदि से तैयार किया गया तीखा मसाला; उस से बनाया सालन; कढ़ी // *vt* इस मसाले से सालन बनाना; (घोड़े को) खरहरा करना; चमड़ा कमाना; **to curry favour with** खुशामद या चिकनी-चुपड़ी बातों से किसी का कृपापात्र बनना; **curry comb** *n* खरहरा

curse (कर्स) *n* गाली; दुर्वचन; शाप; अभिशाप; लानत; दुर्भाग्य // *vt* गाली देना; कोसना; लानत भेजना; **cursed** *a* घृणित; पाजी; निन्दनीय; अभिशप्त

cursor ('कर्सर) *n* (*COMPUT*) प्रकाश बिन्दु जो किसी स्थिति का निर्देश करता है

cursory ('कर्सरि) *a* जल्दबाज़ी या बिना अधिक ध्यान दिए किया गया (काम आदि); सरसरी; ऊपरी

curt (कर्ट) *a* संक्षिप्त; रूखा; टका सा; **curtness** *n* रूखाई; बेलिहाज़ी

curtail (कर्'टेल) *vt* घटाना या संक्षिप्त करना; काटना

curtain ('कर्टन) *n* परदा; परदे के

लिए लटकाया कपड़ा; रंगमंच का परदा; यवनिका // *vt* परदा लगाना

curts(e)y ('कर्टसि) *n* स्त्री द्वारा घुटने झुका कर किसी (बड़े) आदमी का अभिवादन // *vi* इस प्रकार अभिवादन करना

curve (कर्व़्) *n* वक्ररेखा; वक्र // *vt* वक्र बनाना // *vi* सड़क आदि का मुड़ना; **curvaceous** (कर्'व़ेशस) *a* (*col*) सुन्दर और कमनीय (नारी)

cushion ('कुशन) *n* गद्दी; गद्दा; तोशक; (बिलियर्ड खेल की मेज़ का) लचीला किनारा // *vt* गद्दी लगाना; किसी कुप्रभाव को कम करना

cushy ('कुशि) (*col*) आरामदेह; नरम; सुहाना; (नौकरी) जिसमें वेतन अच्छा लेकिन काम कम हो

cuspidor ('कस्पिडॉर) *n* पीकदान; उगालदान

custard ('कस्टर्ड) *n* दूध और अंडों से बना व्यंजन; दूध में मक्की का महीन आटा और चीनी मिलाकर बना हलुआ

custodian (कस्'टोडिअन) *n* अभिभावक; अभिरक्षक

custody ('कस्टडि) *n* सुरक्षित रखने की क्रिया; अभिभावकता; हिरासत; हवालात

custom ('कस्टम) *n* स्वभाव, आदत, व्यवहार; प्रथा; रीति-रिवाज; प्रचलन; ग्राहक-गण; सीमा-शुल्क, सीमाकर; **customary** *a* सदा की तरह; साधारण

customer ('कस्टमर) *n* ग्राहक, ख़रीदार

customized ('कस्टमाइज़्ड) *a* (कार आदि) जिस की शक्ल बदल दी गयी हो

custom-made ('कस्टम्'मेड) *a* (कपड़े) जो नाप दे कर सिलवाए जाएं (सिले-सिलाए कपड़ों के विपरित); कोई वस्तु जो विशेष आर्डर पर बने

customs ('कस्टम्स) सीमाशुल्क; बन्दरगाह, हवाई अड्डे का क्षेत्र जहां सीमाशुल्क लिया जाता है; **customs officer** *n* सीमाशुल्क अधिकारी

cut (कट) *vb* (*pt, pp* **cut**) *vt* काटना; कतरना; घायल करना; बांट देना; किसी औज़ार से टुकड़े करना; काटकर संवारना; कम करना; घटाना; कटौती करना; छोटा या संक्षिप्त करना; *inf* (किसी को) अनदेखा करना या पहचानने से इनकार करना; मुंह न लगाना; चाबुक मारना; क्रिकेट में गेन्द पाइंट के बाईं ओर मारना // *vi* अंदर तक जाना; आरपार जाना; अचानक तेज़ी से मुड़ जाना; **to cut a tooth** (बच्चे का) दांत निकलना; **to cut down** (पेड़ आदि) काट कर फैंक देना; कम करना (**cut down on** भी); **to cut off** *vt* काट देना; सम्बन्ध तोड़ लेना; **to cut up** *vt* टुकड़े करना; **cutback** *n* कमी, कटौती

cute (क्यूट) *a* आकर्षक; मनोहर; मन-मोहक; सुन्दर

cuticle ('क्यूटिकल) *n* मोटी त्वचा,

विशे॰ नाखूनों के नीचे की; उपत्वचा; उपचर्म; **cuticle remover** *n* मोटी त्वचा काटने का उपकरण

cutlery ('कट्लरि) *n* छुरी, कांटा, चम्मच आदि; **cutler** *n* चाकू, छुरी व अन्य काटने के औज़ार, बनाने व बेचने वाला, छुरी-साज़

cutlet ('कट्लिट) *n* भुना या तला मांस का टुकड़ा; तिक्का; क़तला; (भारत में) तले हुए आलू से बना क़तला, कटलेट

cut : cut out *n* पुर्ज़ा जिस से बिजली का करंट काटने का काम लिया जाता है; गत्ते का काटा हुआ टुकड़ा; **cut-rate** *a* सामान्य कीमत से कम मूल्य पर उपलब्ध (वस्तु); **cut throat** *n* हत्यारा, कातिल // *a* घातक प्रतिस्पर्धा आदि

cutting ('कटिङ) *a* व्यंग्य भरा; तीखा; कटु // *n* अख़बार की कतरन; पौधे की कलम

CV curriculum vitae (व्यक्ति की शिक्षा और उस के काम का वृत्तांत)

Cwlth commonwealth का संक्षेप

cwt hundredweight का संक्षेप

cyanide ('साइनाइड) *n* अत्यधिक विषैला रासायनिक संमिश्रण

cycle ('साइकल) *n* आवर्ती श्रृंखला या काल; चक्र; घटना चक्र; पूरी श्रृंखला या काल; माला; घटनाएं जो क्रमबद्ध हों; कविताओं की माला; बाइसिकल // *vi* चक्रों में चलना; बाइसिकल चलाना

cycling ('साइकलिङ) *n* साइकल चलाने की क्रिया

cyclist ('साइकलिस्ट) *n* साइकलसवार

cyclone ('साइक्लोन) *n* कम दबाव के केन्द्र के इर्दगिर्द बहने वाली हवा, चक्रवात, तूफ़ान, साइक्लोन; **cyclonic** (साइ'क्लोनिक) *a* तूफ़ानी

cyclostyle ('साइक्लस्टाइल) *vt* (बांटने के लिए पर्चे आदि) बड़ी संख्या में तैयार करना // *n* ऐसा करने का तरीका, मशीन

cygnet ('सिग्निट) *n* हंस का चूज़ा

cylinder ('सिलिन्डर) *n* बेलन जैसी चीज़; कार आदि के इंजन का पुर्जा जिसमें पिस्टन चलता है; सिलंडर; **cylinder-head gasket** *n* कार आदि के सिलेंडर के जोड़ में प्रयुक्त रबड़ या चमड़े का टुकड़ा; **cylindrical** *a* बेलनाकार

cymbals ('सिम्बल्ज़) *npl* झांझ; करताल

cynic ('सिनिक) *n* जो सभी की नीयत बुरी समझे या सोचे कि कुछ अच्छा नहीं, न होगा; दोषदर्षक; **cynical** *a* जो नैतिक मापदण्डों को तिरस्कार की दृष्टि से देखे; **cynicism** *n* दोषदर्शिता

cypher दे॰ **cipher**

cypress ('साइप्रस) *n* सरू का पेड़

cyst (सिस्ट) *n* द्रव या पीव से भरी थैली; **cystic** *a* ऐसी थैली का; मसाने/मूत्राशय का

cystitis (सिस्'टाइटिस) *n* मसाने की

सूजन

Czar, Tzar (ज़ार) *n* सम्राट, विशे॰ रूस का (1547-1917)

Czech (चेक) *n* स्लाव जाति की पश्चिमी शाखा का सदस्य; (*LING*) चेक भाषा

D

D (डी) *n* (*MUS*) 'सी' मेजर स्वरक्रम में द्वितीय स्वर

dab (डैब) *vt* हल्के दबाव से कोई गीली और नरम चीज़ लगाना; थपकी देना // *n* पुचारा; थपकी; (*paint, cream*) लगाई गयी मात्रा

dabble ('डैब्ल) *vi* पानी उछालना; **to dabble in** किसी काम में सरसरी शौक से लगना या ऊपरी तौर से दिलचस्पी लेना

dad, daddy (डैड,'डैडि) *n* पिता

daffodil ('डैफ़डिल) *n* वसन्त ऋतु का फूल; पीला नरगिस

daft (डाफ़्ट) *a* मूर्ख, बावला, पागल

dagger ('डैगर) *n* छुरा, कटार

dahlia ('डेल्यअ) *n* मैक्सिको से आया एक रंग-बिरंगे फूलों वाला पौधा, डालिया

daily ('डेलि) *a* दैनिक; जो प्रतिदिन हो या प्रकाशित हो // *n* दैनिक अखबार; घर का काम काज करने वाली नौकरानी // *ad* प्रतिदिन

dainty ('डेन्टि) *a* सुकुमार, नाज़ुक; सुरुचिसम्पन्न; नाज़ुक मिज़ाज; बढ़िया; सुन्दर और साफ़-सुथरा; नकचढ़ा जिसे कोई चीज़ आसानी से पसन्द न आए

dairy ('डेअरि) *n* दुग्धशाला; डेरी // *a* दुग्ध की; **dairymaid** *n* दुग्धशाला में काम करने वाली लड़की; **dairy produce** *n* दूध, पनीर आदि

dais ('डेइस) *n* मंच

daisy ('डेज़ि) *n* पीले केन्द्र और सफ़ेद पत्तियों वाला फूल, डेज़ी; **daisy wheel** *n* कम्प्यूटर के टाइपराइटर की चरखी

dale (डेल) *n* घाटी; **dalesman** *n* घाटी, विशे॰ उत्तरी इंगलैंड का निवासी

dally ('डैलि) *vi* खिलवाड़ करना; बेकार समय गंवाना; इधर-उधर घूमना या खड़े रहना; मन बहलाना; **dalliance** *n* आमोद-प्रमोद; क्रीड़ा, खिलवाड़

dam (डैम) *n* बांध // *vt* बांध बनाना

damage ('डैमिज) *n* क्षति, हानि; टूटफूट, नुकसान // *vt* हानि या क्षति पहुंचाना; **damages** *npl* (*LAW*) हरजाना, क्षतिपूर्ति

damn (डैम) *vt* लानत भेजना; नरक में डालना; तबाह करना; निंदा या कटु आलोचना करना; कोसना, धिक्कारना // *n* (*col*) : **I don't give a damn!** मुझे (इस की) रत्ती भर भी परवाह नहीं // *a* (*col* : **damned** भी) : **this damn(ed)...** ये बेकार का/निकम्मा...; **(damn it)!** लानत

है !; भाड़ में जाए !

damp (डैम्प) *a* नम, आर्द्र, गीला, तर // *n* नमी, सील; कोयला खान में खतरनाक गैस // *vt* (**dampen** भी) गीला या तर करना; मन्द करना; निरुत्साहित करना

damson ('डैम्ज़न) *n* छोटे आकार का आलू बुख़ारा; उस का पेड़; उस का रंग

dance (डान्स) *n* नृत्य, नाच; उस का संगीत; नाचने के लिए लोगों का जमा होना // *vi* नृत्य करना, नाचना; उछलना; **dance hall** *n* नाच का कमरा, नृत्य-कक्ष; **dancer** *n* नर्तक; नर्तकी

dancing ('डान्सिङ) *n* नाचने की क्रिया, नाच

dandelion ('डैंडिलाइअन) *n* पीले फूलों वाला जंगली पौधा

dandruff ('डैंड्रफ़) *n* सिर पर जमा होने वाली रूसी

dandy ('डैन्डि) *n* ऐसा पुरुष जिसे अपने पहरावे का बहुत अधिक ध्यान हो, छैला, बांका // *a* (*col*) बढ़िया, बहुत अच्छा

Dane (डेन) *n* डेनमार्क निवासी

danger ('डेन्जर) *n* ख़तरा; जोखिम; भय; **there is a danger of fire** आग का ख़तरा है; **in danger** जोखिम या ख़तरे में; **he was in danger of falling** उस के गिरने का ख़तरा था;

dangerous *a* ख़तरनाक

dangle ('डैंगल) *vt* झुलाना; (*fig*) प्रलोभन देना // *vi* झूलना, अस्थिर होना

Danish ('डेनिश) *a* डेनमार्क-सम्बंधी // *n* (*LING*) डेनमार्क की भाषा

dapper ('डैपर) *a* साफ़-सुथरा; बना-ठना; सजा-संवरा

dapple ('डैपल) *vt* चितकबरा कर देना; **dappled** *a* चितकबरा; **dapple-grey** *a* (घोड़ा) जिस का रंग धूसर हो और उस पर गहरे धब्बे पड़े हों

dare (डेअर) *vt* हिम्मत या साहस दिखाना; चुनौती देना; **to dare sb to do** किसी को किसी काम के लिए ललकारना // *vi* : **to dare (to) do sth** कोई काम करने का साहस दिखाना; **I dare say** (मैं समझता हूं) कि यह संभव है; **daredevil** *n* दुस्साहसी, जांबाज़; **daring** *a* साहसी // *n* साहस, हिम्मत, जांबाज़ी

dark (डार्क) *a* अंधेरा, अंधकारपूर्ण; काला; गहरा; धुंधला; गुप्त; बुरा // *n* अंधकार; कालापन; अज्ञान; **in the dark** जानकारी न होना; **in the dark about** किसी बात से अनभिज्ञ होना; **after dark** दिन छिपने के बाद; **darken** *vt* धूमिल या धुंधला कर देना // *vi* धुंधला हो जाना; **dark glasses** *npl* काला चश्मा; **darkness** *n* अंधेरा; अज्ञान; **dark room** *n* फ़ोटोग्राफ़र का अंधेरा कमरा

जहां फ़िल्म धोई जाती है

darling ('डार्लिङ) *a, n* प्रेमपात्र या बहुत प्रिय (व्यक्ति)

darn (डार्न) *vt* रफ़ू करना // *n* रफ़ू किया स्थान; **darning** *n* रफ़ूगिरी

dart (डार्ट) *n* तीर के फल जैसा तीखा अस्त्र, सांग // *vi* : **to dart towards** की ओर लपकना; **to dart away/along** तेज़ी से जाना या लपकना; **darts** *n* सांग को निशाने पर फैंकने का खेल; **dartboard** *n* तख्ता जिस पर सांग फैंकते हैं

Darwinian (डार्'विनिअन) *a* चार्ल्स डार्विन का या उनके जीवन-विकास सिद्धांत से सम्बन्धित

dash (डैश) *n* आघात; टक्कर; झपटने की क्रिया; पुट; तेज़ दौड़; शब्दों के बीच पड़ी रेखा (–) // *vt* पटक देना; टुकड़े-टुकड़े कर देना; टक्कर देना या मारना; छींटे डालना या पुट देना // *vi* झपटना; लपकना; **to dash towards** की ओर दौड़ कर जाना; **to dash away** *or* **off** *vi* तेज़ी से चल देना, लपकना

dashboard ('डैशबोर्ड) *n* कार आदि में चालक के आगे लगा चौखटा जिसमें गति-मापक और अन्य यंत्र होते हैं

dashing ('डैशिङ) *a* जोशीला; निर्भीक; सजा-संवरा; बांका

data ('डेट्अ) *npl* (बहुधा *sing vb* के साथ) आंकड़े; जानकारी; ब्यौरा; **database** *n* आंकड़ों का व्यवस्था-बद्ध संग्रह जो किसी प्रयोजन विशेष के लिए सारणीबद्ध किया जा सके; **data processing** *n* कम्प्यूटर के माध्यम से आंकड़ों को व्यवस्थाबद्ध करना

date (डेट) *n* तिथि, तारीख़, दिनांक; घटना का काल; कलाकृति का काल (कि वह कब बनी); मिलने का निर्धारित समय या वादा; खजूर // *vt* तारीख डालना; (का) काल या समय निश्चित करना; (*col*) किसी से मिलने जाना // *vi* (से) विद्यमान होना; प्रारंभ के युग का सूचक होना; दकियानूसी हो जाना; **date of birth** *n* जन्म की तिथि; **to date** *ad* किसी तिथि विशेष तक; **out of date** पुराना; **up to date** नया; अद्यतन; आधुनिक; **dated** *a* पुराना; पुराने फ़ैशन का

dative ('डेटिव़) *n* (*LING*) संप्रदान कारक, चौथी विभक्ति

datum, *pl* **data** ('डेटम, 'डेटा) *n* आंकड़ा, जानकारी

daub (डॉब) *vt* पोतना, लीपना; (रंग) छोपना // *n* छोप; भोंडा चित्र

daughter ('डॉटर) *n* पुत्री; बेटी; **daughter-in-law** *n* बेटे की पत्नी; बहू

daunting ('डांटिङ) *a* डरावना, भयावह; निरुत्साहित करने वाला

dawdle ('डाड्ल) *vi* समय गंवाना; व्यर्थ ही इधर-उधर चक्कर लगाना;

dawdler *n* निठल्ला

dawn (डॉन) *n* ऊषाकाल, भोर, सवेरा; पहली किरण या किसी चीज़/बात का प्रारंभ // *vi* भोर होना; प्रारंभ होना; (*fig*) समझ आने लगना; **it dawned on him that...** उसे सहसा समझ में आ गया कि...

day (डे) *n* दिन, दिवस; चौबीस घण्टे का समय; युग, अवधि, काल; **the day before** (बीता हुआ) कल; **the day after, the following day** (आने वाला) कल, अगला दिन; **the day after tomorrow** परसों; **the day before yesterday** (बीता हुआ) परसों; **by day** दिन में; **daybreak** *n* उषा, भोर; **daydream** *n* दिवास्वप्न // *vi* दिन में सपने देखना, ख्याली पुलाव पकाना; **daylight** *n* दिन का प्रकाश; **day return** *n* (*Brit*) एक ही दिन में जाने आने की यात्रा का रियायती टिकट; **daytime** *n* दिन का समय; **day-to-day** *a* प्रतिदिन का

daze (डेज़) *vt* हक्का-बक्का, चकित या भौंचक्का कर देना; सुन्न या स्तब्ध कर देना // *n* स्तब्ध या हक्का-बक्का होने की स्थिति; **in a daze** *or* **dazed** *a* भौंचक, हक्का-बक्का

dazzle ('डैज़ल) *vt* अत्यधिक प्रकाश से चकाचौंध कर देना या चौंधिया देना // *n* चकाचौंध

DC *direct current* का संक्षेप

DDT *n* एक कीटनाशक दवाई

de- *comb form* से हटाना या अलग करना, जैसे, **delouse** (शरीर से जुएं साफ़ करना)

deacon ('डीकन) *n* पादरियों की एक श्रेणी; प्रेज़्बिटेरियन चर्च का प्रबन्धक

dead (डेड) *a* मृतक, मरा हुआ; पुराना; जो काम न कर रह हो; बुझा हुआ; जिसमें चमक, गति या शक्ति न रही हो, निर्जीव, निश्चेष्ट // *ad* पूरी तरह; **he was shot dead** उसे गोली मार दी गयी; **dead on time** ठीक समय पर; **dead tired** बुरी तरह थका हुआ; **to stop dead** अचानक रुक जाना; **the dead** मुरदे, मृतक; स्वर्गवासी; **deaden** *vt* (*blow, sound*) चोट या आवाज़ को कम कर देना; सुन्न कर देना; **dead end** *n* गतिरोध, गत्यवरोध; **dead heat** *n* (*SPORT*) : **to finish in a dead heat** दौड़ में दो धावकों का बराबर रहना; **deadline** *n* किसी काम के लिए निर्धारित समय-सीमा; **deadlock** *n* गतिरोध; **dead loss** *n* : **to be a dead loss** व्यक्ति का बिल्कुल बेकार होना; योजना, व्यय आदि का सर्वथा निष्फल होना; **deadly** *a* घातक; भीषण; **deadpan** *a* भावशून्य

deaf (डेफ़) *a* बहरा, बधिर; उदासीन; जो (किसी की बात) सुनना न चाहे; **deafen** *vt* बहरा कर देना; **deafness** *n* बहरापन, बधिरता; **deaf-mute** *n*

मूक-बधिर; गूंगा और बहरा

deal (डील) *n* सौदा, करार; व्यवहार; हिस्सा // *vt* बांटना; देना; से सम्बन्ध रखना; (*blow*) मारना; ताश के पत्ते बांटना; **a great deal (of)** किसी वस्तु की प्रचुरता, बहुलता; **to deal in** व्यापार करना, खरीदना-बेचना; **to deal with** *vt* (*COMM*) खरीदना-बेचना; से निपटना; (*book etc*) के विषय में होना; **dealer** *n* व्यापारी; **dealings** *npl* (*COMM*) व्यवहार, लेनदेन, सम्बन्ध; वास्ता

dean (डीन) *n* विश्वविद्यालय या कालिज का अधिकारी; गिरजे का अधिकारी

dear (डिअर) *a* प्रिय, प्यारा; बहुमूल्य, कीमती; महंगा // *n* प्रिय व्यक्ति, प्रियतम // *ad* ऊंची कीमत पर; **my dear!** प्यारे/प्यारी; **dear me!** हे भगवान; **Dear Sir/Madam** (चिट्ठी में) प्रिय महोदय/महोदया; **dearly** *ad* बहुत अधिक; प्यार से; बड़ी कीमत (चुकाना)

dearth (डर्थ) *n* अभाव, कमी, दुर्लभता

death (डॆंथ) *n* मृत्यु, मौत; समाप्ति; विनाश; (**Death**) मृत्यु का मूर्त रूप जैसे नरकंकाल; **death certificate** *n* मृत्यु प्रमाणपत्र; **death duties** (*Brit*) मृतक द्वारा छोड़ी सम्पत्ति पर कर; **deathly** *a* मौत जैसा; **death penalty** *n* मृत्यु दंड, फांसी; **death rate** *n* मृत्युदर

debacle (डे'बाकल) *n* पूर्ण पराजय, करारी हार; विनाश

debar (डि'बार) *vt* वंचित करना; निकाल देना; रोकना या प्रतिबन्ध लगाना; मना करना; **to debar sb from doing** किसी को कोई काम करने से रोक देना

debase (डि'बेस) *vt* मूल्य, गुणवत्ता या स्वरूप में घटाना; (सिक्के में) खोट मिलाना; (*person*) के चरित्र में गिरावट लाना; **debasement** *n* अवमूल्यन; खोट मिलाने की क्रिया

debate (डि'बेट) *n* वाद-विवाद; बहस; विवाद // *vt* बहस या वाद-विवाद करना, विशे॰ किसी सभा में; विचार करना

debenture (डि'बेन्चर) *n* (कम्पनी आदि का) ऋणपत्र

debility (डि'बिलिटि) *n* शारीरिक दुर्बलता, कमज़ोरी; आलस्य; **debilitate** *vt* कमज़ोर या दुर्बल कर देना

debit ('डॆबिट) (*ACCOUNTING*) *n* किसी द्वारा देय राशि जो उस के नाम लिखी जाय; खाते का पत्रा जहां ऐसी राशियां लिखी जाती हैं // *vt* के नाम लिखना; देय खाते में डालना; **to debit a sum to sb or to sb's account** कोई रकम किसी के नाम में लिखना

debonair (डॆब'नेअर) *a* मिलनसार, खुशमिज़ाज; सौम्य; भद्र

debrief (डी'ब्रीफ़) *vt* सैनिक आदि द्वारा अपने किसी कार्य विशेष के परिणाम

की सूचना अपने अधिकारी को देना या लेना

debris ('डेब्रि) (*sing & pl*) *n* मलबा, कचरा

debt (डेट) *n* कर्ज़; ऋण; ऋण की राशि; **to be in debt** किसी का ऋणी/देनदार होना; **debtor** ('डेटर) *n* ऋणी, देनदार

debunk (डी'बंक) *vt* (किसी के झूठ या दंभ का) पर्दा फ़ाश करना, विशे॰ खिल्ली उड़ाकर

debut ('डेब्यू) *n* पहली बार जनता के सामने आना; अभिनेता/अभिनेत्री का प्रथम अभिनय; **debutante** ('डेब्यु-टांट) *n* युवती जो पहली बार समाज में प्रवेश कर रही हो

deca- (डेका) *comb form* दस, जैसे, **decalitre** दस लीटर

decade ('डेकेड) *n* दस वर्ष की अवधि, दशक, दशाब्द

decadence ('डेकडंस) *n* अधोगति; पतन

decadent ('डेकडंट) *a* ह्रासोन्मुख; जिस का नैतिक पतन हो रहा हो

decaffeinated (डि'कैफ़िनेटिड) *a* (काफ़ी) जिसमें से कैफ़ीन नामक तत्व निकाल दिया गया हो

decamp (डि'कैम्प) *vi* पड़ाव उठाना; भाग जाना; रफूचक्कर हो जाना; फ़रार हो जाना

decanter (डि'कैन्टर) *n* ढक्कन वाली कांच की बोतल जिसमें शराब रखी जाती है

decarbonize (डी'कार्बनाइज़) *vt* इंजन के सिलंडर में जमा हुआ कार्बन निकालना

decay (डि'के) *n* सड़न; गलन; क्षय, ह्रास; (**tooth decay** भी) दांतों का गल जाना // *vi* सड़ जाना; गल जाना; बिगड़ना; ह्रास होना

deceased (डि'सीस्ट) *n* व्यक्ति जो कुछ ही समय पहले मरा हो // *a* मृतक, मृत

deceit (डि'सीट) *n* धोखा; छल; धूर्तता; **deceitful** *n* छली; कपटी; धूर्त

deceive (डि'सीव़) *vt* ग़लत रास्ते पर डालना; धोका या छल करना; ठगना; **deceiver** *n* धोखेबाज़

December (डि'सेम्बर) *n* दिसम्बर

decency ('डीसंसि) *n* शालीनता, सज्जनता

decennial (डि'सेनिअल) *a* दस वर्षों का, दशवार्षिक

decent ('डीसन्ट) *a* सम्मानजनक; उचित; मर्यादा वाला; शालीन; समुचित; (*col*) दयालु; दयामय; **they were very decent about it** उन्होंने बड़ी सज्जनता से काम लिया

decentralize (डी'सेन्ट्रलाइज़) *vt* (सरकार या संगठन को) स्थानीय केन्द्रों में बांटना; विकेन्द्रीकरण करना

deception (डि'सेप्शन) *n* छल;

धोखा; कपट; चाल; दांव; इंद्रजाल

deceptive (डि'सेॅप्टिव़) *a* भ्रमजनक; भ्रांति पैदा करने वाला

decibel ('डेॅसिबल) *n* ध्वनि/आवाज़ (की गहनता मापने की) इकाई

decide (डि'साइड) *vt* तय करना; निर्णय/फ़ैसला करना; निर्णय देना (न्यायाधीश आदि का) // *vi* : **to decide to do/that** फ़ैसला करना कि; **to decide on** किसी निष्कर्ष या निर्णय पर पहुंचना; **decided** *a* निश्चित; सुस्पष्ट; **decidedly** *ad* निश्चय ही; निस्संदेह

deciduous (डि'सिड्युअस) *a* (वृक्ष) जिसके पत्ते हर साल झड़ें; (सींग, दांत) जो एक अवधि तक बढ़ कर गिर जायं

decimal ('डेसिमल) *a* दस से सम्बन्धित, दाश्मिक // *n* दशमलव; **decimal point** *n* दशमलव बिन्दु

decimate ('डेसिमेट) *vt* बड़े पैमाने पर तबाही करना

decipher (डि'साइफ़र) *vt* अर्थ निकालना; गूढ़लिपि पढ़ना

decision (डि'सीझन) *n* निर्णय, फ़ैसला

decisive (डि'साइसिव़) *a* निर्णायक (स्थिति आदि)

deck (डेक) *n* मंच या तखतों का बना फ़र्श, विशे॰ जहाज़ की छत; रिकार्ड बजाने के बाजे का वह भाग जहां रिकार्ड लगाया जाता है; टेप रिकार्डर का वह अंश जहां टेप रखे जाते हैं // *vt* सजाना; संवारना; **top deck** ऊपरी की मंज़िल (बस, जहाज़ आदि पर); **deckchair** *n* लकड़ी के ढांचे में कैनवस लगी आराम कुर्सी (जो इक्ट्ठी हो जाती है)

declamation (डेॅक्ल'मेशन) *n* भाषण, वक्तृता

declaration (डेॅक्ल'रेशन) *n* घोषणा, एलान

declare (डि'क्लेॅअर) *vt* घोषणा, एलान करना

decline (डि'क्लाइन) *n* अवनति; धीरे-धीरे बिगड़ने की क्रिया; ह्रास; क्षय; घटाव; ढलान // *vt* इनकार करना; मना करना // *vi* नीचे की ओर झुकना या ढालू होना; धीरे-धीरे बिगड़ना या क्षय होना; छोटा होते या घटते जाना; संज्ञा में विभक्ति लगाना

decoction (डि'कॉक्शन) *n* (जड़ी बूटी आदि) उबालकर काढ़ा बनाने की क्रिया; काढ़ा

decode (डि'कोड) *vt* गूढ़ भाषा का अर्थ निकालना; गुप्त लेख पढ़ना

decompose (डीकम्'पोज़) *vt* किसी वस्तु को उस के घटकों में विभाजित करना // *vi* सड़ या गल जाना

decontrol (डीकन्'ट्रोल) *vt* राज्य के नियंत्रण से मुक्त करना; विनियंत्रित करना

decor ('डेकॉर) *n* कमरे आदि की सजावट; सज्जा; रंगसज्जा; मंचसज्जा

decorate ('डेॅकरेट) *vt* सजाना;

अलंकृत करना; कमरे में रोग़न करना या उस की दीवारों पर छपा काग़ज़ चिपकाना; पदक या सम्मान प्रदान करना; **decoration** (डेक'रेशन) *n* सजावट; तमग़ा, सम्मान; **decorator** *n* सजाने वाला

decorum (डि'कॉरम) *n* शिष्ट व्यवहार; शिष्टाचार; मर्यादा; शालीनता

decoy (डी'कॉइ) *n* दूसरों के फंसाने या उन का ध्यान बटाने के लिए प्रयुक्त वस्तु; चारा; लासा

decrease *n* ('डीक्रीस) कमी; घटाव // *vb* (डी'क्रीस) *vt* घटाना, कम करना // *vi* घटना, कम होना

decree (डि'क्री) *n* (*POL*) आदेश; (*REL*) फ़तवा, फ़रमान; (*LAW*) कानूनी आदेश; डिगरी // *vt* कानूनी फ़ैसला करना; आदेश देना; **decree nisi** *n* (डिक्री'नाइसाइ) अस्थायी आदेश

decrepit (डि'क्रेपिट) *a* पुराना और कमज़ोर; जर्जर, जीर्ण

dedicate ('डेडिकेट) *vt* किसी प्रयोजन विशेष के लिए समर्पित करना; (पुस्तक आदि किसी को) समर्पित करना; ईश्वर की सेवा में लगाना

dedication (डेडि'केशन) *n* समर्पण; लगन

deduce (डि'ड्यूस) *vt* (तथ्यों से) निष्कर्ष निकालना

deduct (डि'डक्ट) *vt* : **to deduct sth from** घटाना; काटना; निकाल देना; **deduction** (डि'डक्शन) *n* घटाने की क्रिया; कटौती; निष्कर्ष; सामान्य को ध्यान में रखकर विशेष निष्कर्ष

deed (डीड) *n* काम, कृत्य; तथ्य; कारनामा; (*LAW*) दस्तावेज़

deem (डीम) *vt* समझना; मानना; कूतना

deep (डीप) *a* (*water, sigh, sorrow, thoughts*) गहरा; गहराई में; गंभीर; किसी गहराई विशेष तक; मार्मिक; गहन; जिसे समझना कठिन हो; गूढ़; दुर्बोध; चालाक; डूबा हुआ; निमग्न; गहरा (रंग); गंभीर (आवाज़) // *n* गहरा स्थान या तल; समुद्र; **4 metres deep** चार मीटर गहरा; *ad* : **spectators stood 20 deep** बीस-बीस दर्शक आगे-पीछे खड़े थे; **deepen** *vt* गहरा करना // *vi* गहरा हो जाना; (अंधेरा) घना हो जाना; **deep-freeze** *n* ठंड से जमे खाद्य-पदार्थ रखने का रेफ़्रिजेटर // *vt* जमाना; **deep-fry** *vt* गहरे बर्तन में तलना; **deeply** *ad* गहराई से (दिलचस्पी लेना); बहुत अधिक (कृतज्ञ होना); **deep sea diving** *n* गहरे समुद्र में ग़ोता लगाने की क्रिया

deer (डिअर) *n* हिरन; **red deer, fallow deer, roe deer** *n* हिरनों की जातियां

deface (डि'फ़ेस) *vt* (शक्ल) बिगाड़ना; विकृत करना; **defacement** *n* शक्ल बिगाड़ने की क्रिया

de facto (डे'फ़ैक्टो) *a Lat* जो

वास्तव में हो (चाहे कानून उसे स्वीकार न करे); वस्तुतः

defame (डि'फ़ेम) *vt* बदनामी करना; (बदनामी या अफ़वाहों से) मानहानि करना; **defamation** *n* (डेफ़'मेशन) मानहानि

default (डि'फ़ॉल्ट) *n* चूक; कार्यवाही न करने की स्थिति; अनुपस्थिति; बाकीदारी (ऋण चुकाने या अदायगी में चूक) // *vi* अदायगी न करना; **default of** की अनुपस्थिति में; **by default** अनुपस्थिति के कारण; **defaulter** *n* चूक करने वाला विशे॰ सैनिक जिसने आदेश का पालन न किया हो

defeat (डि'फ़ीट) *n* पराजय, हार; विफलता; कुण्ठा // *vt* हराना; परास्त करना; व्यर्थ या विफल कर देना; **defeatism** *n* पराजयवाद (हार मानने की प्रवृत्ति); **defeatist** *a, n* पराजयवादी

defect *n* (डि'फ़ेक्ट, 'डीफ़ेक्ट) दोष, खराबी, त्रुटि; कमी; कमज़ोरी // *vi* (डि'फ़ेक्ट) : **to defect to the enemy** अपने देश या साथियों को छोड़ कर विरोधियों से मिल जाना; दलबदल करना; **defection** *n* कर्त्तव्य या निष्ठा छोड़ देने की क्रिया; पक्ष, धर्म या कर्त्तव्य का त्याग; दल बदल; **defective** *a* दोषपूर्ण; अपूर्ण; त्रुटिपूर्ण

defence (डि'फ़ॆन्स) *n* प्रतिरक्षा, रक्षा; **in defence of** के समर्थन या की सफ़ाई में; **defenceless** *a* बेसहारा

defend (डि'फ़ॆण्ड) *vt* बचाव या रक्षा करना; आक्रमण रोकना; (तर्क या साक्ष्य से) पक्ष लेना; सफ़ाई पेश करना; (खेलों में) विजेता का चुनौती देने वाले को हराने की कोशिश करना; **defendant** *n* मुद्दालिया, प्रतिवादी; अभियुक्त; **defender** *n* समर्थक

defense *n* (*US*) = **defence**

defer (डि'फ़र) *vt* टालना; स्थगित करना // *vi* : **to defer to** किसी और की राय या फ़ैसला मान लेना

defiance (डि'फ़ाइअंस) *n* अवज्ञा; **in defiance of** की आज्ञा/इच्छा के विरुद्ध

defiant (डि'फ़ाइअंट) *a* अवज्ञाकारी; आदेश न मानने वाला; विद्रोही

deficiency (डि'फ़िशंसि) *n* अपूर्णता; कमी; अपर्याप्तता

deficit ('डॆफ़िसिट) *n* घाटा, कमी, अभाव

defile *vb* (डि'फ़ाइल) *vt* गंदा, अपवित्र या दूषित करना; कलुषित करना // *vi* पंक्ति में चलना // *n* ('डीफ़ाइल) संकरा दर्रा या घाटी

define (डि'फ़ाइन) *vt* निरूपण करना; परिभाषा देना; निश्चित करना; निर्धारित करना; सीमांकन करना; निशानदेही करना

definite ('डॆफ़िनिट) *a* निश्चित; निश्चयात्मक; पक्का; स्पष्ट; **he was definite about it** उसे इस बारे में पक्का विश्वास था; **definitely** *ad*

निश्चय ही, निश्चित रूप से

definition (डेफ़ि'निशन) *n* परिभाषा; निरूपण; स्पष्टता

deflate (डि'फ़्लेट) *vt* हवा निकालना; (व्यक्ति का) मानमर्दन करना

deflect (डि'फ़्लेक्ट) *vt* मोड़ना; दिशा बदल देना

deforest (डी'फ़ॉरिस्ट) *vt* वृक्षों की कटाई कर के जंगल साफ़ करना; **deforestation** *n* जंगलों की कटाई

deform (डि'फ़ॉर्म) *vt* रूप या शक्ल बिगाड़ना; विकृत करना; कुरूप बनाना; टेढ़ा-मेढ़ा कर देना; **deformed** *a* विकृत; कुरूप; **deformity** *n* विकृति; अंगभंग

defraud (डि'फ़्रॉड) *vt* ठगना; धोखे या छल से लेना; **to defraud sb of sth** किसी से धोखे से कुछ ले लेना

defrost (डी'फ़्रॉस्ट) *vt* (रेफ़्रीजरेटर की) बर्फ़ पिघलाना; (ठंड से जमी वस्तु को) पिघलाना; **defroster** *n* (*US : demister*) रेफ़्रिजरेटर का पुर्ज़ा जो बर्फ़ पिघलाने में सहायक होता है

deft (डेफ़्ट) *a* दक्ष; निपुण; कुशल

defunct (डि'फ़ंक्ट) *a* मृत; पुराना; अप्रचलित

defuse (डी'फ़्यूज़) *vt* बम आदि का पलीता निकालना (जिससे वह फटे नहीं); किसी स्थिति में तनाव दूर करना

defy (डि'फ़ाई) *vt* चुनौती देना; सफलता-पूर्वक विरोध करना; अनसुनी करना; उपेक्षा करना; न मानना

degenerate *vi* (डि'जेनरेट) अवनति होना; नैतिक, मानसिक और शारीरिक स्तर का गिरना; बिगड़ना या भ्रष्ट हो जाना // *a* (डि'जेनरिट) विकृत; भ्रष्ट; पतित // *n* चरित्रहीन या भ्रष्ट व्यक्ति

degrade (डि'ग्रेड) *vt* अपमानित करना; भ्रष्ट करना; दरजा घटाना // *vi* रासायनिक दृष्टि से सड़ जाना; **degraded** *a* अपमानित; बदनाम; भ्रष्ट; **degradation** (डेग्र'डेशॅन) *n* अधोगति; बदनामी; पदच्युति या घटा हुआ दर्जा

degree (डि'ग्री) *n* किसी प्रक्रिया, माप, दर्जे, व्यवस्था, स्थिति आदि की अवस्था; सोपान; कोटि, दर्जा; कोण या तापमान का माप; अंश; अशांक; घात; उपाधि; **a (first) degree in maths** गणित में (एक) पहला दरजा; **by degrees** धीरे-धीरे; **to some degree** किसी हद तक; **third degree** पुलिस द्वारा अपराधी से अपराध कबूलने के लिए की गयी पूछताछ और मारपीट

dehydrated (डी'हाइड्रेटिड) *a* सुखाया हुआ; (दूध या अंडे) पाउडर के रूप में

de-ice (डी'आइस) *vt* कार आदि के शीशे पर जमी बर्फ़ हटाना या उसे जमने न देना

deify ('डीइफ़ाइ) *vt* (किसी को) देवता मानने लगना; देवतुल्य जानकर पूजा करना

deign (डेन) *vt* : **to deign to do** (कार्य करने) की कृपा करना; (अपने को ऊंचा समझ कर) किसी के लिए कुछ करना

deity ('डीइटि) *n* ईश्वरीय सत्ता या गुण; देवता

deja vu ('देझा 'वू) *n Fr* किसी परि-स्थिति में यह अनुभूति कि उस से पहले भी साक्षात्कार हो चुका है

dejected (डि'जेंक्टिड) *a* उदास; हतोत्साह; निराश; **dejection** *n* उदासी; निराशा

de jure (डे'जुअरे, डि'जुअरि) *ad Lat* कानून के अनुसार; अधिकार से

delay (डि'ले) *vt* स्थगित करना; देर करना या लगाना // *vi* देर लगाना; अटकाना // *n* देर; विलम्ब; घटनाओं के बीच की अवधि

delectable (डि'लेक्टब्ल) *a* आनंद-दायक; सुखद

delegate *n* ('डॅलिगिट) प्रतिनिधि // *vt* ('डेलिगेट) प्रतिनिधि के रूप में भेजना; किसी को अधिकार आदि देना; **delegation** *n* प्रतिनिधिमण्डल; प्रत्यायोजन

delete (डि'लीट) *vt* हटाना; काटना; मिटाना; **deletion** *n* हटाने, काटने, मिटाने की क्रिया

deliberate (डि'लिबिरिट) *a* जान-बूझकर (किया गया); सोच-समझ कर (किया हुआ); बिना जल्दी के या धीरे-धीरे (किया गया) // *vi* (डि'लिबरेट) सोच-विचार, विचार-विमर्श करना; **deliberately** *ad* जान-बूझ कर या सोच-विचार से

delicacy ('डॅलिकसि) *n* स्वादिष्ट या बढ़िया व्यंजन; कोमलता; नज़ाकत

delicate ('डॅलिकिट) *a* कोमल, नाज़ुक; सुकुमार; संवेदनशील; जिसमें सावधानी या कौशल की आवश्यकता हो; कुशल, निपुण

delicatessen (डॅलिक'टॅसन) *n* दुकान जहां विदेशी या असाधारण खाद्य पदार्थ मिलते हों

delicious (डि'लिशस) *a* सुखद; रुचिकर, विशे॰ स्वादिष्ट

delight (डि'लाइट) *n* आनंद, हर्ष // *vt* बहुत आनंद देना // *vi* : **to delight in** (किसी काम/बात) में बहुत सुख मिलना; **delighted** *a* : **delighted (at** *or* **with/to do)** किसी बात पर प्रसन्न होना या कोई काम खुशी से करना; **delightful** *a* आनंद-प्रद; रुचिकर; सुन्दर

delinquent (डि'लिंक्वंट) *a, n* (व्यक्ति, विशे॰ अवयस्क) जो छोटा-मोटा अपराध करे, अपचारी

delirious (डि'लिरिअस) *a* : **to be delirious** प्रलाप करना

delirium (डि'लिरिअम) *n* प्रमाद अवस्था (विशे॰ बुखार में); प्रलाप, उन्माद, अत्यधिक उत्तेजना

deliver (डि'लिव़र) *vt* (सामान आदि) निश्चित स्थान तक ले जाना; देना; सौंपना; छोड़ना; मुक्ति दिलाना; बांटना; प्रसव कराना; बच्चे को जन्म देना; (भाषण आदि) देना; **delivery** *n* सुपुर्दगी; माल छुड़ाई; वितरण; शैली (भाषण आदि की); (*MED*) प्रसव

delta ('डेल्ट्अ) *n* त्रिकोणभूमि जो नदी के कई भागों में बट गयी हो; यूनानी वर्गमाला का चौथा अक्षर (Δ); इस अक्षर जैसी आकृति

delude (डि'लूड) *vt* धोखा देना; बहकाना

delusion (डि'लूझ़न) *n* भ्रांति, भ्रम, दृष्टिभ्रम, विभ्रम

de luxe (ड'लक्स, ड'लुक्स) *a* बढ़िया; विशिष्ट; सर्वोत्तम

delve (डेल्व़) *vi* : **to delve into** खोजबीन करना; खोदना

demand (डि'मांड) *vt* मांगना (आदेश देकर अधिकार के रूप में); अपनी देय राशि, अधिकार या आवश्यकता समझ कर मांगना; दावा करना // *n* मांग; दावा; आवश्यकता; किसी वस्तु विशेष की मांग; **in demand** जिसकी मांग हो; **on demand** कहने पर; **demanding** *a* (काम) जिस के लिए कौशल या धैर्य आवश्यक हो; (*boss*) जो बहुत काम लेता हो

demarcate ('डीमार्केट) *vt* सीमा निर्धारित करना अथवा अंकित करना; **demarcation** *n* सीमा निर्धारित करने की क्रिया

demean (डि'मीन) *vt* दर्जा कम करना; नीचा करना; (किसी को) नीचा दिखाना; **to demean o.s.** ज़लील होना, हेठी कराना

demeanour *US* : **demeanor** (डि'मीनर) *n* आचरण; व्यवहार; झुकाव; चाल; तौर-तरीका

demented (डि'मेंन्टिड) *a* पागल, विक्षिप्त; आपे से बाहर

demerit (डी'मेरिट) *n* अवगुण; अवांछनीय बात; दोष

demi- (डेमि) *comb form* आधा, जैसे **demigod** (आधा देवता)

demilitarize (डी'मिलिटराइज़) *vt* (किसी क्षेत्र से) सेनाएं हटाना; विसैन्यीकरण करना; **demilitarization** *n* विसैन्यीकरण

demise (डि'माइज़) *n* मृत्यु; देहांत; वसीयत या पट्टे द्वारा सम्पत्ति का हस्तांतरण

demister (डी'मिस्टर) *n* (*AUT*) कार के शीशे के साफ़ रखने का उपकरण

demo (डेमो) *n* (*col*) **demonstration** का संक्षेप

demobilize (डी'मोबिलाइज़) *vt* सेना का विघटन करना, सैनिक को सेवा-मुक्त करना

democracy (डि'मॉक्रसि) *n* लोकतंत्र, प्रजातंत्र

democrat ('डेमॅक्रैट) *n* लोकतंत्र-वादी; **democratic** (डेमॅ'क्रैटिक) *a* लोकतांत्रिक; जनता के अधिकारों का पक्षधर

demolish (डि'मॉलिश) *vt* ढा देना; गिरा देना; पूरी तरह नष्ट कर देना; किसी के तर्क को छिन्न-भिन्न कर देना; **demolition** (डेमॅ'लिशन) *n* ढाने की क्रिया; विध्वंस; विनाश

demon ('डीमन) *n* शैतान; दानव; राक्षस; किसी काम में माहिर या अत्यधिक लगन वाला व्यक्ति

demonstrate ('डेमॅन्स्ट्रेट) *vt* तर्क द्वारा सिद्ध करना; दिखाना; प्रयोग द्वारा सिद्ध करना; प्रदर्शित करना // *vi* जलूस या सभा द्वारा किसी पक्ष का समर्थन करना; प्रदर्शन करना; **to demonstrate for/against** किसी पक्ष में/के विरुद्ध प्रदर्शन करना; **demonstration** (डेमन्'स्ट्रेशन) *n* स्पष्ट करने की क्रिया; साक्ष्य द्वारा प्रमाणित करने की क्रिया; प्रदर्शन (जनता के विचारों का संगठित रूप से); सैन्य शक्ति का प्रदर्शन; **demonstrator** *n* जो उपकरणों आदि और उन का प्रयोग दिखाए; प्रयोगशाला में अध्यापक का सहायक; प्रदर्शनकारी

demoralize (डि'मॉरलाइज़) *vt* उत्साह भंग करना; अस्तव्यस्त कर देना; नैतिक बल तोड़ना; **demoralization** *n* उत्साह भंग; नैतिक बल की क्षीणता

demote (डि'मोट) *vt* दर्जा या पद घटाना; पदावनत करना; **demotion** *n* पदावनति

demur (डि'मर) *vi* आनाकानी करना; आपत्ति करना // *n* आपत्ति (करने की क्रिया)

demure (डि'म्युअर) *a* शांत; गंभीर; संकोची; लजीला

demurrage (डि'मरिज) *n* जहाज़ आदि को माल उतारने के लिए निश्चित समय के बाद रोकने का शुल्क; विलम्ब शुल्क

den (डेन) *n* (जंगली पशु की) मांद; छोटा कमरा, विशे॰ अध्ययन कक्ष; (अपराधियों का) अड्डा

denationalize (डी'नैश्नलाइज़) *vt* (उद्योग आदि को) राज्य के स्वामित्व से निजी हाथों में सौंपना; विराष्ट्रीयकरण करना

denatured alcohol (डी'नेचर्ड अल्'कहॉल) *n* अल्कोहल जिसमें विषैला पदार्थ मिला देते हैं जिससे कि वह शराब के रूप में पिया न जा सके

dengue ('डेंङगि) *n* उष्ण प्रदेशों का एक ज्वर, दण्डक ज्वर

denial (डि'नाइअल) *n* नकार, खंडन; प्रतिवाद; संयम; आत्मत्याग

denigrate ('डेनिग्रेट) *vt* निन्दा या बदनामी करना; तुच्छ बताना

denim ('डेनिम) *n* मोटा सूती कपड़ा जिस की पतलूनें आदि बनती हैं; **denims** *npl* नीले रंग की जीन

denomination (डिनामि'नेशन) *n* सिक्के/मुद्रा का मूल्य; (*REL*) *n* विशिष्ट नाम वाला गिरजा या सम्प्रदाय; नाम, विशे॰ किसी वर्ग या समूह का

denote (डि'नोट) *vt* का द्योतक या नाम होना; निर्दिष्ट करना; का सूचक होना; प्रदर्शित करना

denounce (डि'नाउन्स) *vt* भर्त्सना या निन्दा करना; दोषारोपण करना; (सन्धि) समाप्त करना

dense (डेंन्स) *a* घना, सघन; मन्दबुद्धि, मूर्ख

density ('डेंन्सिटि) *n* घनत्व

dent (डेंन्ट) *n* (दबाव या चोट से बना) गड्ढा; पिचक // *vt* (**make a dent in** भी) चोट या दबाव से गड्ढा बनाना; गड्ढे का निशान बनाना; घटाना, कम करना

dental ('डेन्टल) *a* दांतों का; **dental surgeon** *n* दांतों का डाक्टर

dentist ('डेन्टिस्ट) *n* नकली दांत बनाने वाला; **dentistry** *n* नकली दांत बनाने की कला

denture(s) ('डेन्चर्-ज़) *n*(*pl*) नकली दांत

deny (डि'नाइ) *vt* नकारना; खण्डन करना; अस्वीकार करना; रद्द करना; त्यागना; देने से इनकार करना; मुकरना; (*reflexive*) से परहेज़ करना, वंचित रहना

deodorant (डी'ओडरंट) *n* गंध-रहित करने वाला पदार्थ

depart (डि'पार्ट) *vi* चले जाना; चल पड़ना; प्रस्थान करना; से हट जाना; बदल जाना; मर जाना; **to depart from** किसी से भिन्न होना

department (डि'पार्टमेन्ट) *n* विभाग, महकमा; क्षेत्र; **department store** *n* बड़ी दुकान जिसमें सभी प्रकार की वस्तुएं बिकती हों

departure (डि'पार्चर) *n* रवानगी, प्रस्थान, विचलन; (*fig*) **departure from** से भिन्नता होना; **a new departure** एक नयी परम्परा या काम; **departure lounge** *n* हवाई अड्डे का वह कक्ष जहां यात्री विमान में बैठने से पहले बैठे रहते हैं; प्रतीक्षा-कक्ष

depend (डि'पेंण्ड) *vi* : **to depend on** निर्भर करना; पर भरोसा या विश्वास होना; जीना; पर आधारित होना; (निर्णय या फ़ैसले पर) निर्भर होना; **it depends on** यह इस पर निर्भर है कि; **depending on the result** परिणाम के अनुसार; **dependable** *a* भरोसे, विश्वास के योग्य; **dependant** *n* आश्रित व्यक्ति; **dependent** *a* : **to be dependent (on)** किसी पर निर्भर, आश्रित होना

depict (डि'पिक्ट) *vt* चित्रण करना; वर्णन करना; **depiction** *n* चित्रण; वर्णन

depleted (डि'प्लीटिड) *a* ख़ाली; कम; समाप्त

deplore (डि'प्लॉर) *vt* (पर) खेद प्रकट

करना; बुरा कहना; शिकायत करना; (के कारण) दुखी होना

deploy (डि'प्लॉइ) *vt* सैनिक या जहाज़ आदि (युद्ध के लिए) तैनात करना; सैन्य विन्यास करना

deport (डि'पॉर्ट) *vt* देश से निकालना (किसी विदेशी को); देश निकाला देना

deportment (डि'पॉर्टमंट) *n* व्यवहार; आचरण; चाल; ठवन; तौर-तरीका

depose (डि'पोज़) *vt* अपदस्थ या पदच्युत करना, विशे० सम्राट को गद्दी से उतारना // *vi* शपथ लेकर बयान देना, गवाही देना

deposit (डि'पॉज़िट) *n* (*COMM*) जमा की गयी, रखी गयी या किस्त के रूप में दी गयी राशि; (*GEO*) भंडार; (*CHEM*) तलछट; ज़मानत के रूप में दी गयी राशि // *vt* रखना, जमा कराना, विशे० बैंक में; तलछट के रूप में नीचे बिठाना; **deposit account** *n* जमा खाता

depot ('डेंपो) *n* गोदाम, भण्डार; स्थान जहां बसें, रेलवे इंजन आदि खड़े किये जायं या उन की मरम्मत की जाय; (*US*) ('डीपो) रेलवे स्टेशन

depraved (डि'प्रेव्ड) *a* बुरा; भ्रष्ट या व्यभिचारी, चरित्रहीन

deprecate ('डेंप्रिकेट) *vt* (की) निंदा करना; (को) बुरा समझना; विरोध करना; **deprecation** (डेप्रि'केशन) *n* निन्दा **deprecatory** *a* निंदात्मक

depreciate (डि'प्रीशिएट) *vt* कीमत, मूल्य या क्रय शक्ति घटाना; तुच्छ समझना; अवमूल्यन करना // *vi* मूल्य गिर जाना

depress (डि'प्रेस) *vt* निराश करना; स्तर या कार्यकलाप कम कर देना; मंद करना; घटाना; **depressed** *a* निराश; नीचे का दबा हुआ (क्षेत्र); **depressing** *a* निराशाजनक; **depression** *n* निराशा, विषाद, उदासी; गड्ढा, गर्त

deprivation (डेप्रि'व़ेशन) *n* अभाव, तंगी, तंगहाली, वंचित होने की स्थिति

deprive (डि'प्राइव़) *vt* छीन लेना; वंचित करना; ले लेना; **to deprive sb of** किसी को (किसी चीज़ से) वंचित करना, छीन लेना; **deprived** *a* वंचित, हीन, ग़रीब, भूखा-नंगा

dept. **department** का संक्षेप

depth (डेंप्थ) *n* गहराई; गहरा स्थान; खाई; रंग की शोख़ी; भावनाओं की तीव्रता; गंभीरता; **in the depths of** के गर्त में; में डूबा हुआ; के दिनों में

depute (डि'प्यूट) *vt* सौंपना; देना; किसी व्यक्ति को प्रतिनिधि नियुक्त करना

deputize ('डेंप्युटाइज़) *vi* : **to deputize for** किसी और के स्थान पर काम करना

deputy ('डेप्युटि) *a* सहायक // *n* एवज़ी, प्रतिनिधि; **deputy head** *n* किसी संस्था के मुखिया का सहायक

derail (डि'रेल) *vt* : **to be derailed**

पटड़ी से उतरना, रास्ते से हट जाना

derby ('डर्बि) *n* घुड़दौड़, विशे॰ (**Derby**) इंगलैंड में एप्सम में होने वाली घुड़दौड़; स्थानीय टीमों की प्रतियोगिता; (*US*) कड़े नमदे का हैट

derelict ('डेरिलिक्ट) *a* परित्यक्त, छोड़ा हुआ; टूटा फूटा; खंडहर जैसा // *n* समाज से बहिष्कृत; आवारा; परित्यक्त सम्पत्ति, जहाज़ आदि; **dereliction** *n* (कर्त्तव्य की) उपेक्षा या परित्याग; लापरवाही

deride (डि'राइड) *vt* से तिरस्कार पूर्ण व्यवहार या बात करना; की हंसी उड़ाना; **derision** (डि'रिझ़न) *n* उपहास; **derisive** (डि'राइसिव़) *a* उपहास या तिरस्कार भरा

derisory (डि'राइसरि) *a* बहुत कम (रकम); उपहास भरी (मुस्कराहट आदि)

derivative (डि'रिव़टिव़) *a* व्युत्पन्न; // *n* व्युत्पत्ति

derive (डि'राइव़) *vt* : **to derive sth from** से प्राप्त करना; परिणाम निकालना; व्युत्पत्ति दिखाना // *vi* : **to derive from** से आना, से उत्पन्न होना

derogatory (डि'रॉगटरि) *a* अपमानजनक; अनादरपूर्ण; प्रतिष्ठा कम करने वाला

derv (डर्व़) *n* (*Brit*) सड़क पर चलने वाली गाड़ियों का डीज़ल तेल (**diesel engine road vehicle** का संक्षेप)

dervish ('डर्विश) *n* मुस्लिम सन्त, दरवेश

descend (डि'सेंण्ड) *vi* नीचे आना या जाना; नीचे को ढलान होना; नीचता करना; अचानक आना, टूट पड़ना; **to descend from** का वंशज होना; उत्तराधिकार में मिलना; से आना // *vt* (सीढ़ियों आदि से) नीचे जाना या आना; **descendant** *a* वंशज

descent (डि'सेण्ट) *n* अवतरण; उतार; ढलान, नीचे का रास्ता; पीढ़ी, वंश

describe (डि'स्क्राइब) *vt* वर्णन करना; कहना या नाम देना; ज्यामिति की आकृति बनाना; **description** *n* विवरण; चित्रण; अंकन; हुलिया

desecrate ('डेसिक्रेट) *vt* पवित्रता भंग करना; अपवित्र करना; किसी पवित्र वस्तु/स्थान का बुरे काम के लिए प्रयोग करना

desert *n* ('डेज़र्ट) रेगिस्तान, मरुस्थल // *vb* (डि'ज़र्ट) *vt* साथ छोड़ देना; छोड़ कर अलग हो जाना; चल देना // *vi* काम छोड़ कर भाग जाना, विशे॰ सैनिक का; भगोड़ा बन जाना; **deserter** (डि'ज़र्टर) *n* भगोड़ा; **desertion** (डि'ज़र्शन) *n* पलायन; कर्त्तव्य-त्याग; परित्याग; **desert island** *n* उष्ण प्रदेश में स्थित टापू; **deserts** *npl* : **to get one's just deserts** अपने किए का फल पाना

deserve (डि'ज़र्व़) *vt* के योग्य या का पात्र होना; व्यवहार के कारण किसी बात का अधिकार होना; **deserving** *a*

योग्य; अधिकारी; सुपात्र

design (डि'ज़ाइन) *n* ख़ाका, ढांचा, प्रारूप; सजावटी नमूने बनाने की कला; योजना; उद्देश्य, मंसूबा // *vt* ढांचा बनाना; ख़ाका खींचना; प्रारूप तैयार करना; योजना बनाना; इरादा बांधना या मंसूबा तैयार करना; **to have designs on** किसी पर दांत रखना

designate ('डेज़िग्निट) *a* नामोद्दिष्ट (जिसे नामज़द किया गया हो लेकिन जिस ने पदग्रहण न किया हो) // *vt* ('डेज़िग्नेट) नामोद्दिष्ट करना; नाम देना; चुनाव करना; किसी पद पर नियुक्त करना; **designation** *n* पदनाम, ओहदा

designer (डि'ज़ाइनर) *n* निर्माताओं के लिए नमूने तैयार करने वाला

desire (डि'ज़ाइअर) *n* इच्छा; अभिलाषा; आकांक्षा; प्रार्थना; कामेच्छा; मांगी गयी या मनचाही वस्तु // *vt* इच्छा करना; चाहना; निवेदन करना; मांगना

desist (डि'ज़िस्ट) *vi* बन्द करना, छोड़ देना, से बाज़ आना

desk (डेस्क) *n* लिखने पढ़ने की मेज़, डेस्क; तख़्ता या काउंटर; अख़बार आदि का विशेष विषय सम्बंधी विभाग; होटल या हवाई अड्डे पर पहुंच की सूचना देने का स्थान

desolate ('डेसॅलिट) *a* निर्जन, सुनसान; उजाड़; अकेला; नीरस; अंधकारमय; निराश

despair (डिस्'पेअर) *n* पूर्ण निराशा; विषाद; अवसाद // *vi* : **to despair of** की ओर से निराश हो जाना

despatch (डिस्'पैच) *n, vt* = **dispatch**

desperate ('डेस्पॅरिट) *a* निराशा से जान पर खेलने को तैयार; दुस्साहसी; कठिन या ख़तरनाक; निराशाजनक; घोर; भयंकर; जहां आशा की किरण तक न हो; **desperately** *ad* निराशा से; सख़्त (ज़रूरत आदि)

desperation (डेस्प'रेशन) *n* घोर निराशा; दुस्साहस; **in desperation** कोई और रास्ता न दिखाई देने के कारण; कुछ परवाह न करते हुए

despicable (डिस्'पिकबल) *a* कमीना; तुच्छ; नीच; घिनावना

despise (डिस्'पाइज़) *vt* तुच्छ समझ कर घृणा करना; तिरस्कार करना

despite (डिस्'पाइट) *prep* के बावजूद, के होते हुए भी

despondent (डिस्'पॉण्डंट) *a* निराश; उदास

despot ('डेस्पॉट) *n* तानाशाह; आततायी; दमन करने वाला शासक

dessert (डि'ज़र्ट) *n* भोजन के बाद खाया जाने वाला मीठा पदार्थ या फल; **dessert spoon** *n* ऐसा मीठा पदार्थ खाने का बड़ा चम्मच

destination (डेस्टि'नेशन) *n* स्थान जहां पहुंचना हो, गंतव्य स्थान; लक्ष्य; उद्देश्य

destiny ('डेस्टिनि) *n* नियति; भाग्य, किस्मत; विधाता

destitute ('डेस्टिट्यूट) *n* जिसके पास कुछ न हो, अकिंचन; दीन-हीन; निराश्रय

destroy (डिस्'ट्रॉइ) *vt* नष्ट, तबाह या बर्बाद करना; टुकड़े-टुकड़े कर देना; समाप्त कर देना; ढा देना; गिरा देना; **destroyer** *n* तबाह करने वाला; (*NAUT*) तेज़ चलने वाला छोटा जंगी जहाज़

destruction (डिस्'ट्रक्शन) *n* विध्वंस, तबाही; बरबादी

desultory ('डेसल्टरि) *a* जिसमें कोई व्यवस्था या नियमितता न हो, बिना किसी तरीके के, बेतरतीब

detach (डि'टैच) *vt* खोल देना; अलग करना; काट देना; **detached** *a* जो अलग-थलग हो; अनासक्त; निर्लिप्त; तटस्थ; **detached house** *n* मकान जो अलग हो; **detachment** *n* (*MIL*) विशेष काम के लिए भेजी सैनिक टुकड़ी; (*fig*) अलगाव; अनासक्ति

detail ('डीटेल) *n* ब्यौरा, विवरण; तफ़सील; प्रत्येक वस्तु की चर्चा; सेना में किसी काम के लिए तैनात व्यक्ति या दल; टुकड़ी // *vt* ब्यौरा देना; काम पर तैनात करना; **in detail** ब्यौरेवार; **detailed** *a* विस्तृत

detain (डि'टेन) *vt* रोकना; अटकाना; हवालात में रखना; रोके रखना

detect (डि'टेक्ट) *vt* पता लगाना; ढूंढ निकालना; सुराग़ निकालना; **detection** *n* खोज; सुराग़; **detective** *n* जासूस; **private detective** *n* ग़ैर सरकारी जासूस; **detective story** *n* जासूसी कथा; **detector** *n* यंत्र जिस से रेडियो संकेतों का पता लगाया जा सके

detente (डे'टांट) *n* राजनीतिक या अन्तर्राष्ट्रीय क्षेत्र में तनाव की कमी

detention (डि'टेंन्शन) *n* नज़रबंदी; स्कूल के समय के बाद छात्र को (दण्ड के तौर पर) रोकने की क्रिया

deter (डि'टर) *vt* निरुत्साहित करना; डराना; रोकना; न करने देना

detergent (डि'टर्जंट) *n* (कपड़े) साफ़ करने वाला पदार्थ; प्रक्षालक // *a* जिसमें साफ़ करने की क्षमता हो

deteriorate (डि'टिअरिअरेट) *vi* (स्थिति) बिगड़ना; **deterioration** (डिटिअरिअ'रेशन) *n* बिगाड़, अधोगति, गिरावट

determine (डि'टर्मिन) *vt* निर्णय या फ़ैसला करना; निर्धारित करना; नियत करना; तय करना; निर्णायक तत्व होना; **to determine to do** करने का फ़ैसला करना; **determination** *n* निर्णय करने की स्थिति; दृढ़ निश्चय; दृढ़ता; संकल्प; **determined** *a* कृत संकल्प; पक्का इरादा किए हुए

deterrent (डि'टेरंट) *a* जो रोक सके

या बाधक हो; (हथियार या सैनिक शक्ति) जो विरोधी को आक्रमण करने से निरुत्साहित करे

detest (डि'टेस्ट) *vt* घृणा या नफ़रत करना; बहुत तुच्छ समझना

dethrone (डि'थ्रोन) *vt* गद्दी से उतारना; (राजा को) पदच्युत करना

detonate ('डेटनेट) *vt* बम, सुरंग, विस्फोटक पदार्थ आदि का विस्फोट करना, दाग़ना; **detonation** (डेट'नेशन) *n* विस्फोट; **detonator** *n* यंत्र, बिजली का यंत्र या विस्फोटक पदार्थ की मात्रा जो मुख्य विस्फोटक पदार्थ का विस्फोट करे; विस्फोटक

detour ('डीटुअर) *n* रास्ता जो मुख्य रास्ते से हटकर आगे जाकर फिर उस से मिल जाय; चक्करदार रास्ता; (*US AUT*) दूसरा रास्ता

detract (डि'ट्रैक्ट) *vt* : **to detract from** घटाना या कम करना

detriment ('डेट्रिमंट) *n* हानि, क्षति, नुकसान; **to the detriment of** को हानि पहुंचाकर; **detrimental** *a* जिस से हानि या क्षति होती हो; हानिकारक; **detrimental to** किसी के लिए हानिकारक

deuce (ड्यूस) *n* दो; ताश का दुक्का या दुक्की; (*TENNIS*) दोनों खिलाड़ियों के 40 अंक होने की स्थिति; विस्मयादि-बोधक शब्दावली में 'शैतान!'

devaluation (डीवैल्यू'एशन) *n* अवमूल्यन; मूल्य घटने/घटाने की स्थिति

devalue, devaluate (डी'वैल्यू, डी'वैल्यूएट) *vt* मुद्रा का मूल्य घटाना; अवमूल्यन करना

devastating ('डेवॅस्टेटिङ) *a* उजाड़ने या सर्वनाश करने वाला; (*col*) अभिभूत करने वाला; अत्यधिक प्रभावित करने की मुद्रा; **devastation** (डेवस्'टेशन) *n* तबाही; बरबादी

develop (डि'वेलप) *vt* विकसित करना; बढ़ाना; ब्यौरा देना; सामने लाना; उत्पन्न करना; विकास करना; फ़ोटो (चित्र) उभारना; भूमि पर निर्माण-कार्य द्वारा उस का मूल्य बढ़ाना // *vi* विकसित होना; बढ़ना; **developing country** विकासशील देश; **development** *n* विकास; उन्नति; किसी मामले का आगे बढ़ना; घटना

deviate ('डीविएट) *vi* रास्ते से हटना, पथभ्रष्ट होना

device (डि'वाइस) *n* युक्ति, तरकीब, उपाय; आविष्कार; उपकरण

devil ('डेवल) *n* शैतान; नरकदूत; राक्षस; बुराई; महापाप; पापी; दुष्ट या क्रूर व्यक्ति

devious ('डीविअस) *a* कपटी, धूर्त, कुटिल; चक्करदार या टेढ़ामेढ़ा (रास्ता)

devise (डि'वाइज़) *vt* (तरकीब, युक्ति, जुगत) सोच निकालना; अविष्कार करना; योजना या षड्यंत्र रचना; वसीयत द्वारा

देना

devoid (डि'वॉइड) *a* : **devoid of** खाली, रहित, विहीन

devolution (डीव़'लूशन) *n* ज़िम्मेदारी सौंपने की क्रिया, विशे॰ केन्द्र सरकार द्वारा प्रादेशिक सरकार को

devote (डि'व़ोट) *vt* : **to devote sth to** अर्पित करना; दे देना; किसी व्यक्ति विशेष या प्रयोजन के लिए समर्पित करना; **devoted** *a* निष्ठावान; समर्पित; प्यार करने वाला; **to be devoted to** के प्रति समर्पित होना; **devotee** (डेव़'टी) *n* भक्त, उपासक; शौकीन

devotion (डि'व़ोशन) *n* भक्ति; श्रद्धा; धर्मानुराग; निष्ठा

devour (डि'व़ाउअर) *vt* निगलना; खा जाना; बेहद चाव से पढ़ना या देखना

devout (डि'व़ाउट) *a* धर्मपरायण; श्रद्धालु; हार्दिक; सच्चा

dew (ड्यू) *n* ओस

dexterity (डेक्स'टेरिटि) *n* दक्षता; निपुणता; कौशल

d(h)ow (डाउ) *n* अरबों की तिकोने पालों वाली नाव, बगला

DHSS = (*Brit*) *Department of Health and Social Security*

dia (डाय) *comb form* के द्वारा

diabetes (डाइअ'बीटीज़) *n* मधुमेह रोग; **diabetic** *a* मधुमेह का रोगी

diabolic(al) (डाइअ'बॉलिक(ल)) *a* (: *behaviour*) शैतानी; राक्षसी; (*col* : *weather*) बहुत खराब

diacritic (डाइअ'क्रिटिक) *n* अक्षर के ऊपर लगा चिन्ह, ध्वनि-निर्देशक

diagnosis, *pl* **diagnoses** (डाइअग्'नोसिस, डाइअग्'नोसीज़) *n* रोग-निदान, रोग की पहचान

diagonal (डाइ'ऐगनल) *a* कोने से कोने तक; तिरछा // *n* कोने से कोने तक खिंची रेखा; विकर्ण

diagram ('डाइअग्रैम) *n* रेखाचित्र

dial ('डाइअल) *n* घड़ी का मुंह, डायल; अंकपट्ट (लोहे आदि की प्लेट जिस पर नम्बर लिखे रहते हैं और सूई घूमती है जैसे मीटर या वज़न तोलने की मशीन की); टेलीफ़ोन का डायल; (*sl*) चेहरा // *vt* टेलीफ़ोन का नम्बर घुमाना

dialect ('डाइअलेक्ट) *n* बोली, उपभाषा

dialling : **dialling code**, (*US*) **dial code** *n* किसी नगर, क्षेत्र विशेष का नम्बर जो घुमाने के बाद व्यक्ति-विशेष का टेलीफ़ोन नम्बर मिलाया जाता है; **dialling tone**, (*US*) **dial tone** *n* टेलीफ़ोन की डायल टोन

dialogue ('डाइअलॉग) *n* दो या अधिक व्यक्तियों के बीच बातचीत; संवाद; (नाटक, उपन्यास आदि में) संवाद; दो राज्यों या देशों के प्रतिनिधियों के बीच बातचीत

dialysis (डाइ'ऐलिसिस) *n* (*MED*)

गुरदे की बीमारी से पीड़ित रोगी का रक्त साफ़ करने की प्रक्रिया

diameter (डाइ'ऐमिटर) *n* व्यास; मोटाई; **diametrical** *a* विरोधी; उलटा

diamond ('डाइअमन्ड) *n* हीरा; सम-चतुर्भुज; **diamonds** *npl* (ताश) ईंट; **diamond jubilee** *n* 60वीं (कई बार 75वीं) वर्षगांठ, हीरक जयन्ती

diaper ('डाइअपर) *n* (*US*) पोतड़ा

diaphragm ('डाइअफ़्रैम) *n* शरीर के दो गह्वरों के बीच मांसपेशियों की दीवार; मध्यपट; झिल्ली जैसी प्लेट आदि जो शरीर की किसी नली का मुंह बंद कर दे

diarrhoea (*US*) **diarrhea** (डाइअ'रीअ) *n* दस्तों की बीमारी; अतिसार

diary ('डाइअरि) *n* दैनिक घटनाओं या विचारों का लेख; दैनिकी; डायरी (जिसमें तारीख़ें हों)

dice (डाइस) *n* (*pl* भी **dice**) पांसा // *vi* पांसा खेलना // *vt* (*CULIN*) सब्ज़ी के छोटे-छोटे टुकड़े करना

dichotomy (डाइ'कॉटमि) *n* दो भागों में बांटने की क्रिया; द्विभागीकरण

Dictaphone ('डिक्टफ़ोन) *n* ® टेपरिकार्ड का यंत्र जिसमें टाइपिस्ट के लिए भाषण आदि रिकार्ड किया जाता है

dictate *vt* (डिक्'टेट) लिखाना, लिखवाना; तय, निर्धारित करना; लागू करना (शर्तें आदि); हुक्म या आदेश देना // *n* ('डिक्टेट) आदेश, हुक्म

dictation (डिक्'टेशन) *n* लिखाने की क्रिया

dictator (डिक्'टेटर) *n* निरंकुश शासक; अधिनायक; तानाशाह; **dictatorial** *a* तानाशाह जैसा, निरंकुश; **dictatorship** *n* तानाशाही; अधिनायकतंत्र

diction ('डिक्शन) *n* शब्दों का चुनाव और प्रयोग, शैली; उच्चारण

dictionary ('डिक्शनरि) *n* शब्द-कोश

did do का *pt*

didn't = **did not**

die (डाइ) *vi* मर जाना, समाप्त हो जाना; **to be dying for sth** (किसी की) किसी वस्तु के लिए अत्यधिक लालसा/चाह होना; **to be dying to do sth** कुछ करने की बहुत अधिक चाह होना; **to die away** *vi* (शोर आदि) धीरे-धीरे कम होते हुए बंद हो जाना; **to die down** *vi* (आंधी आदि) धीरे-धीरे मन्द होते हुए बिलकुल शांत हो जाना; **to die out** *vi* बुझ जाना; अप्रचलित अथवा लुप्त हो जाना // *n* ठप्पा, रूपदा, चूड़ी डालने का औज़ार

diehard ('डाइहार्ड) *n* कट्टरपंथी, हठधर्मी

Diesel ('डीज़ल) : **diesel engine** *n* डीज़ल से चलने वाला इंजन, डीज़ल इंजन; **diesel (oil)** *n* डीज़ल (तेल)

diet ('डाइअट) *n* पथ्य; आहार; भोजन // *vi* (**be on a diet** भी) · वज़न घटाने के लिए नियमित आहार खाना; **dietary** *a* आहार सम्बन्धी

differ ('डिफ़र) *vi* : **to differ from sth** से भिन्न या अलग होना; **to differ from sb over sth** किसी से किसी बात पर असहमति या मतभेद होना; **difference** *n* भिन्नता, विशिष्टता; मतभेद; असहमति; बाकी, शेष; **different** *n* भिन्न, अलग; **differentiate** (डिफ़'रेन्शिएट) *vi* भिन्न करना; भेद या विशिष्टता दिखाना; **to differentiate between** (दो वस्तुओं में) अंतर/भेद देखना/करना

difficult ('डिफ़िकल्ट) *a* श्रमसाध्य, मुश्किल, कठिन, दुर्बोध; अस्पष्ट; **difficulty** *n* कठिनाई; दुर्बोधता; मुश्किल; समस्या; अड़चन

diffident ('डिफ़िडंट) *a* ऐसा व्यक्ति जिसमें आत्मविश्वास न हो; आत्मसंशयी, संकोची; झेंपू; **diffidence** *n* झेंपूपन; शर्मीलापन

diffuse *vt* (डि'फ़्यूज़) फैलाना या बिखेरना // *a* (डि'फ़्यूस) विकीर्ण, फैला हुआ

dig (डिग) *vt* (*pt, pp* **dug**) खोदना; गढ़ा बनाना; छेद करना // *n* खुदाई; (*fig*) ताना, व्यंग्य; **to dig in** *vi* (*MIL* : **dig oneself in** भी) (युद्ध के मैदान में) खाई खोदना; (*col : eat*) खाना खाना शुरू करना; **to dig into** (*snow, soil*) खोदना; तलाश करके खोज निकालना; **to dig one's nails into** में नाखून गड़ाना; **to dig up** *vt* खोदकर निकाल देना

digest *vt* (डाइ'जेस्ट) पचाना, हज़म करना // *vi* भोजन का पचना, हज़म होना // *n* ('डाइजेस्ट) सार-संग्रह विशे॰ कानूनों का; पत्रिका जसमें पहले से प्रकाशित लेखों का सार या संक्षिप्त रूप प्रकाशित होता है; **digestion** (डि'जेस्चन) *n* पाचनशक्ति; हाज़मा

digit ('डिजिट) *n* (हाथ या पैर की) उंगली; 0 से 9 तक की कोई संख्या, अंक; **digital** *a* उंगली का या उस जैसा; उंगली से किया जाने वाला; (घड़ी आदि) जिसमें समय सुइयों से नहीं बल्कि अंकों में दिखाई देता है

dignified ('डिग्निफ़ाइड) *a* प्रतिष्ठित, वैभवशाली, गौरवपूर्ण

dignity ('डिग्निटि) *n* गौरव, गरिमा, महिमा; प्रतिष्ठा, मानमर्यादा; बड़प्पन; वैभव, आनबान, ख्याति, नाम, ऊंचा पद

digress (डाइ'ग्रेस) *vi* : **to digress from** विषयान्तर करना; बात बदलना; भटक जाना (मुख्य विषय से); **digression** *n* विषयान्तर

digs (डिग्ज़) *npl* (*Brit col*) वासगृह; थोड़े समय के लिए किराये पर रहने की जगह, वासा

dike = **dyke**

dilapidated (डि'लैपिडेटिड) *a* टूटा-फूटा, जीर्णशीर्ण

dilate (डाइ'लेट) *vt* फैलाना; विस्तृत करना; चौड़ा करना

dilatory ('डिलटरि) *a* धीमा, सुस्त; विलम्ब या देरी करने वाला; दीर्घसूत्री

dilemma (डाइ'लेम्अ) *n* उभय-संकट; द्विविधा, असमंजस, धर्मसंकट, सांप-छछूंदर की गति

diligent ('डिलिजंट) *a* कर्मठ, परिश्रमी, मेहनती, अध्यवसायी; **diligence** *n* कर्मठता, परिश्रम, अध्यवसाय

dilly-dally ('डिलि-डैलि) *vi* इधर-उधर (अकारण) घूमना; आगापीछा करना; हिचकना

dilute (डाइ'ल्यूट) *vt* (तरल पदार्थ को, विशे॰ पानी मिलाकर) पतला करना; हल्का, कम या मन्द करना; प्रभाव या शक्ति क्षीण करना

dim (डिम) *a* धुंधला, मद्धिम, अस्पष्ट, मंदबुद्धि; प्रतिकूल // *vt* रोशनी मंदी/कम कर देना // *vi* धुंधला हो जाना

dime (डाइम) *n* (*US*), 10 सेंट का सिक्का

dimension (डाइ'मेन्शन) *n* माप; आकार; लम्बाई-चौड़ाई; पहलू

diminish (डि'मिनिश) *vt* कम करना // *vi* कम होना, घटना

diminutive (डि'मिन्युटिव़) *a* बहुत छोटा, लघु // *n* शब्द से जोड़ा जाने वाला अंश जो उसे अल्प या छोटे का अर्थ देता है, अल्पार्थक; **diminution** *n* कमी, ह्रास, घटना

dimmers ('डिमर्ज़) *npl* (*US AUT*) (कार आदि में) बिजली का प्रकाश धीरे-धीरे मद्धिम करने का उपकरण (स्विच), डिपर

dimple ('डिम्पल) *n* त्वचा में, विशे॰ गाल पर पड़ा पढ़ा गड्ढा

din (डिन) *n* शोरगुल, कोलाहल, हल्ला // *vt* कोई बात दोहराते रहना, कान खाना

dine (डाइन) *vi* भोजन करना (विशे॰ दिन का मुख्य भोजन) // *vt* किसी को भोजन खिलाना; **diner** *n* जो किसी छोटे, सस्ते रेस्तोरां में खाना खा रहा हो; (*RAIL*) = **dining car**

dinghy ('डिंगि) *n* (**sailing dinghy** भी) छोटी, खुली नाव, डोंगी; (**rubber dinghy** भी) रबड़ की नाव जो इकट्ठी की जा सकती है

dingy ('डिंजि) *a* गंदा, मैल भरा; नीरस; धुंधला

dining ('डाइनिङ) *cpd* : **dining car** *n* रेलगाड़ी में भोजनयान; **dining room** *n* भोजन कक्ष, खाने का कमरा

dinner ('डिनर) *n* दिन का मुख्य भोजन; रात्रिभोज; सरकारी दावत; **dinner's ready!** खाना तैयार है;

dinosaur 199 dis

dinner jacket *n* पश्चिमी देशों में विशेष अवसर (समारोह आदि) पर पुरुषों द्वारा पहना जाने वाला काला कोट; **dinner party** *n* प्रीति-भोज, दावत; **dinner time** *n* सांध्यभोज का समय

dinosaur ('डाइनसॉर) *n* इतिहास-पूर्व युग का रेंगने वाला विशालकाय जीव जो अब लुप्त हो चुका है

dint (डिंट) *n* : **by dint of** से, के द्वारा, के माध्यम से

dip (डिप) *n* झुकाने या डुबाने की क्रिया; (*in sea*) बहुत थोड़ी देर के लिए तैरना; डुबकी; ढलान // *vt* डुबाना; झुकाना; (*AUT : light*) कार की रोशनी नीचे को कर देना // *vi* (सड़क आदि का) ढालू होना, नीचे की ओर जाना; डुबकी लगाना

diphtheria (डिफ्'थिअरिअ) *n* गले का रोग, रोहिणी

diploma (डि'प्लोम्अ) *n* उपाधिपत्र; सनद; डिप्लोमा

diplomacy (डि'प्लोमॅसि) *n* अन्तर्राष्ट्रीय सम्बन्धों की कला, कूटनीति; बातचीत और व्यवहार में कौशल

diplomat ('डिप्लमैट) *n* कूटनीतिज्ञ, राजनयिक (राजदूत आदि); **diplomatic** *a* (डिप्ल'मैटिक) राजनयिक, कूटनीतिक; व्यवहार-कुशल

dipstick ('डिप्स्टिक) *n* (*AUT*) कार में तेल (मोबिल आयल) मापने की लोहे की छड़

dire (डाइअर) *a* भीषण, भयानक, घोर

direct (डाइ'रेक्ट) *a* सीधा // *vt* रास्ता बताना, निर्देशन करना; निर्देश देना; **can you direct me to...?** क्या आप मुझे... का रास्ता बता सकते हैं ?

direction (डि'रेक्शन) *n* दिशा; **sense of direction** दिशा-बोध; निर्देशन; लक्ष्य; **directions** *npl* आदेश; निर्देश; **directions for use** प्रयोग-विधि

directly (डि'रेक्टलि) *ad* सीधे, प्रत्यक्षत:; फौरन, तुरंत

director (डि'रेक्टर) *n* निर्देशक, संचालक, अध्यक्ष; (*THEATRE, CINEMA, TV*) निर्देशक; **directorate** *n* निदेशालय

directory (डि'रेक्टरि) *n* निर्देशिका, डायरेक्टरी, पुस्तक जिसमें किसी वर्ग-विशेष के नाम, पते आदि हों

dirt (डर्ट) *n* मैल, गन्दगी, कीचड़, मिट्टी; (*fig*) अश्लील सामग्री; दूषण; **dirt-cheap** *a* बहुत सस्ता; **dirt track** *n* कच्ची सड़क या रास्ता; **dirty** *a* गंदा, मैला, अश्लील, अनुचित; बेईमानी का // *vt* गंदा करना; **dirty trick** : **to play a dirty trick on** के साथ धोखा करना

dis (डिस) *comb form* विलोम, नकार, विरोध के अर्थ में प्रयुक्त; कई संज्ञाओं से पहले लगकर नकार का अर्थ देता है, जैसे, **disability**

disability (डिस'बिलिटि) *n* अयोग्यता, असमर्थता; विकलांगता; कमी

disabled (डिस'एबल्ड) *a* अपंग, विकलांग, बेकार; (बीमारी, बुढ़ापे के कारण) अशक्त, असमर्थ

disadvantage (डिसअड्'व़ॉन्टिज) *n* कमी; असुविधा; प्रतिकूल परिस्थिति

disaffected (डिस'फ़ेक्टिड) *a* असंतुष्ट, विरक्त; विद्रोही; **disaffection** *n* अनिष्ठा; असंतोष; राजद्रोह

disagree (डिस'ग्री) *vi* अनुकूल न होना; भिन्न होना; **to disagree (with)** से असहमत होना; **disagreeable** *a* अप्रिय, झगड़ालू; **disagreement** *n* असहमति; झगड़ा, विवाद, अंतर

disallow (डिस'लाउ) *vt* ग़लत या अमान्य होने के आधार पर अस्वीकार करना, रद्द करना

disappear (डिस'पिअर) *vi* अदृश्य या ग़ायब हो जाना; मिट जाना; लुप्त हो जाना; **disappearance** *n* लोप, अन्तर्धान

disappoint (डिस'पॉइंट) *vt* निराश करना; (आशा आदि) पूरा न होने देना; **disappointed** *a* निराश; **disappointing** *a* निराशाजनक; **disappointment** *n* निराशा

disapproval (डिस'प्रूवल) *n* निरनुमोदन, विरोध; नापसंद होने की स्थिति

disapprove (डिस'अप्रूव़) *vi* : **to disapprove of** (किसी बात को) पसन्द न करना, अनुचित समझना

disarm (डिस्'आर्म) *vt* निरस्त्र करना; हथियार डलवाना; देश का अस्त्र भंडार कम करना; **disarmament** *n* निरस्त्रीकरण

disarray (डिस'रे) *n* : **in disarray** (*hair, clothes*) अस्तव्यस्त; (*army, organization*) अव्यवस्थित

disaster (डि'ज़ास्टर) *n* घोर संकट, विनाश, विपदा; **disastrous** *a* अनर्थकारी, मुसीबत भरा

disband (डिस'बैंड) *vt* (सेना, संगठन) भंग करना // *vi* भंग होना

disbelief ('डिस्बलीफ़) *n* अविश्वास

disburse (डिस्'बर्स) *vt* रुपये-पैसे का भुगतान करना, वितरण करना; **disbursement** *n* भुगतान

disc (डिस्क) *n* कोई भी तश्तरीनुमा पतली, चपटी, गोल वस्तु; ग्रामोफ़ोन रिकार्ड; (*COMPUT*) डिस्क

discard (डिस्'कार्ड) *vt* अलग करना; (*old things*) निकाल देना, फैंक देना; (*fig*) अस्वीकार करना; छोड़ देना

discern (डि'सर्न) *vt* पहचानना; देखना; समझ लेना; **discerning** *a* पारखी; विवेकी; कुशाग्रबुद्धि

discharge *vt* (डिस्'चार्ज) (*dismiss*) बर्खास्त करना; (*waste etc*) (गंदगी, पानी आदि) छोड़ना; (*ELEC*) (विद्युत-उपकरण का विद्युत) निरावेशित

disciple 201 **discourage**

करना/छोड़ना; (*MED*) (जख्म से पीव) बहना; (*patient*) (रोगी को) छुट्टी देना; रिहा करना; (*duties*) (कर्तव्य) निभाना; (*gun*) दाग़ना; (*ship*) माल उतारना; (*debt*) (कर्ज़) चुकाना // *n* ('डिस्चार्ज) (*ELEC, MED*) बहना; (*dismissal*) बर्ख़ास्तगी; (पानी आदि का) छोड़ा जाना; रिहाई; रिहाई-पत्र; (*debt*) (कर्ज़ का) भुगतान

disciple (डि'साइप्ल) *n* अनुयायी, शिष्य, चेला

discipline ('डिसिप्लिन) *n* अनुशासन, आज्ञाकारिता; आत्मसंयम, स्वयं पर नियंत्रण, नियम-विधान // *vt* शिक्षण देना, दण्ड देना; **disciplinarian** (डिसिप्लि'नेंअरिअन) *n* जो बहुत कड़ा अनुशासन लागू करे; **disciplinary** *a* अनुशासनात्मक

disc jockey *n* (रेडियो स्टेशन पर या डिस्को में) संगीत के रिकार्ड बजाने वाला कर्मचारी

disclaim (डिस्'क्लेम) *vt* दावा छोड़ देना; न मानना

disclose (डिस्'क्लोज़) *vt* प्रकट करना, बताना; **disclosure** (डिस्'क्लोझ़र) *n* प्रकट की गई बात

disco ('डिस्को) *n* **discotheque** का संक्षेप

discolour (डिस्'कलर) *vt* रंग बिगाड़ना; धब्बे डालना // *vi* रंग बिगड़ना; फीका पड़ना

discomfort (डिस्'कम्फ़र्ट) *n* असुविधा, तकलीफ़

disconcert (डिस्कन्'सर्ट) *vt* परेशान करना; उलझन में डालना; घबरा देना; व्याकुल करना

disconnect (डिस्क'नेक्ट) *n* अलग करना; (*ELEC*) (बिजली का कनेक्शन) काटना

disconsolate (डिस्'कॉन्सलिट) *a* निराश; उदास; खिन्न; मायूस

discontent (डिसकन्'टेंन्ट) *n* असंतोष; **discontented** *a* असंतुष्ट

discontinue (डिसकन्'टिन्यू) *vt* बीच में रोक देना, बंद कर देना

discord ('डिस्कॉर्ड) *n* कलह; फूट; अनबन; बेसुरी ध्वनि

discotheque ('डिस्कटेक) *n* क्लब आदि जहां रिकार्ड किए हुए संगीत की धुन पर युवक-युवती नाचते हैं; नृत्य के लिए संगीत उपलब्ध कराने वाला चलता-फिरता साज-सामान

discount *n* ('डिस्काउंट) छूट, कटौती; मिती-काटा (ब्याज में) // *vt* (डिस्'काउंट) संभव परंतु अनुपयुक्त/अनुचित आदि समझना; विश्वास न करना; (कीमत में) छूट देना; कम कीमत पर बेचना

discourage (डिस्'करिज) *vt* (का) उत्साह या आत्मविश्वास कम करना; रोकना; नापसंदगी ज़ाहिर करना

discourse ('डिस्कॉर्स) *n* वार्तालाप; भाषण; कथन; प्रबंध, निबंध; प्रवचन // *vi* (डिस्'कॉर्स) बोलना, वार्तालाप करना; भाषण या प्रवचन करना

discover (डिस्'कव़र) *vt* खोज निकालना; (का) पता चलाना या लगाना; सामने लाना; **discovery** *n* खोज

discredit (डिस्'क्रेडिट) *vt* बदनाम करना; किसी व्यक्ति की साख के बारे में सन्देह उत्पन्न करना; विश्वास न करना

discreet (डि'स्क्रीट) *a* सावधान व सतर्क; विवेकशील

discrepancy (डि'स्क्रेपन्सि) *n* असंगति, मेल न खाना, हिसाब-किताब में अंतर

discretion (डि'स्क्रेशन) *n* विवेक, समझबूझ; सावधानी; मरज़ी, कार्य करने की स्वतंत्रता; **discretionary** *a* विवेकात्मक

discriminate (डि'स्क्रिमिनेट) *vi* : **to discriminate between** भेदभाव करना; में अंतर जानना; तमीज़ होना; **to discriminate against** किसी के विरुद्ध भेदभाव बरतना; **discriminating** *a* विवेकशील; परख वाला; **discrimination** *n* भेदभाव; तमीज़; (*judgement*) विवेक

discus ('डिस्कस) *n* चक्का जिसे फैंकने की खेल प्रतियोगिता होती है, डिस्कस

discuss (डि'स्कस) *vt* (के विषय में) विचार-विनिमय या परामर्श करना; बहस करना; **discussion** *n* वादविवाद, बहस, चर्चा

disdain (डिस्'डेन) *n* तिरस्कार, घृणा, अवहेलना

disease (डि'ज़ीज़) *n* बीमारी, रोग; **diseased** *a* रोगग्रस्त

disembark (डिसिम्'बार्क) *vt* जहाज़ आदि से उतरना

disengage (डिसिन्'गेज) *vt* अलग करना, सम्बन्ध तोड़ना; **to disengage the clutch** (*AUT*) कार आदि के इंजन का क्लच दबाना, हटाना

disfigure (डिस्'फ़िगर) *vt* आकृति या शक्ल बिगाड़ना

disgorge (डिस्'गॉर्ज) *vt* उगलना, उल्टी करना; गिराना, वापिस करना

disgrace (डिस्'ग्रेस) *n* कलंक; उच्च पद से गिरना; बदनामी, अपयश // *vt* कलंकित करना या (को) बदनामी दिलाना; **disgraceful** *a* लज्जाजनक, शर्मनाक

disgruntled (डिस्'ग्रंटल्ड) *a* असंतुष्ट, क्षुब्ध; चिड़चिड़ा

disguise (डिस्'गाइज़) *n* छद्मवेश; धोखा, पहचान छिपाने का तरीका // *vt* भेस बदलना; छिपा लेना; ढकना, असलियत छिपाना; **in disguise** जिसने भेस बदल रखा हो

disgust (डिस्'गस्ट) *n* जुगुप्सा, घिन; घृणा, तीव्र अरुचि, विरक्ति // *vt*

जुगुप्सा, घृणा आदि उत्पन्न करना; **disgusting** *a* जो घिन, जुगुप्सा उत्पन्न करे

dish (डिश) *n* तश्तरी, रकाबी; परोसा हुआ भोजन; **to do, wash the dishes** झूठे बरतन मलना, साफ़ करना; **to dish up** भोजन परोसना; **dishcloth** *n* गीले बरतन पोंछने का कपड़ा

dishearten (डिस्'हार्टिन) *vt* हतोत्साह करना, हौसला गिराना

dishevelled (डि'शेव़ल्ड) *a* बिखरे बालों वाला; परेशान, बदहवास; गन्दा

dishonest (डिस्'आनिस्ट) *a* बेईमान

dishonour (*US*) **dishonor** (डिस्'ऑनर) *n* बेइज़्ज़ती, बदनामी, कलंक // *vt* बेइज़्ज़त करना; बदनाम करना; कलंकित करना; **dishonourable** *a* जो बदनामी या कलंक का कारण बने

dish towel *n* (*US*) बरतन पोंछने का कपड़ा

dishwasher ('डिश्वॉशर) *n* बरतन धोने की मशीन; बरतन मांजने वाला/वाली

disillusion (डिसि'लूझ़न) *vt* मोह या भ्रम दूर करना, मिथ्या आदर्शों या विचारों को नष्ट करना

disincentive (डिसिन्'सेंन्टिव़) *n* : **to be a disincentive** उत्साहभंग (निरुत्साह) का कारण होना; **to be a disincentive to sb** किसी को निरुत्साहित करने का कारण होना

disinfect (डिसिन्'फ़ेक्ट) *vt* रोगाणुओं को समाप्त करना; **disinfectant** *n* रोगाणु नाशक

disinformation (डिसिन्फ़'मेशन) *n* धोखा देना या भ्रम डालने के इरादे से दी गई गलत सूचना

disingenuous (डिसिन्'जेन्युअस) *a* कपटी, घुन्ना

disinherit (डिसिन्'हेरिट) *vt* (सम्पत्ति आदि के) उत्तराधिकार से वंचित करना

disintegrate (डिस्'इंटिग्रेट) *vi* टूट जाना, टुकड़े-टुकड़े हो जाना, विघटित होना

disinterested (डिस्'इंट्रस्टिड) *a* तटस्थ, निष्पक्ष; निर्लिप्त

disjointed (डिस्'जॉइंटिड) *a* असम्बद्ध, असंगत (वार्ता); न जुड़ा हुआ

disk (डिस्क) *n* (कम्प्यूटरों में) तवे, डिस्क; **single-, double-sided disk** डिस्क जिस के एक या दोनों ओर जानकारी रिकार्ड की गयी हो; **disk drive** *n* रिकार्ड प्लेयर का पुर्ज़ा जो उसे चलाता है; **diskette** *n* (*US*) = **disk**

dislike (डिस्'लाइक) *n* नापसंदगी, नफ़रत; अरुचि // *vt* नापसंद करना; नफ़रत करना

dislocate ('डिस्लकेट) *vt* जोड़ अलग कर देना; अस्तव्यस्त करना; इधर-उधर कर देना

dislodge (डिस्'लॉज) *vt* छिपने के स्थान से निकाल देना; पद आदि से हटा देना

disloyal (डिस्'लॉइअल) *a* निष्ठाहीन, विश्वासघाती

dismal ('डिज़्मल) *a* निराशाजनक; दुःखपूर्ण; उल्लास रहित, उदास

dismantle (डिस्'मैन्टल) *vt* ढाना; (पुरज़े) अलग-अलग कर देना

dismay (डिस्'मे) *n* कातरता, भय, डर, घबराहट // *vt* निराशा अथवा भय से भर देना

dismember (डिस्'मेम्बर) *vt* (शरीर के) टुकड़े कर देना, हाथ-पैर अलग कर देना; विभाजन कर देना; **dismemberment** *n* टुकड़े-टुकड़े करने की क्रिया; विघटन

dismiss (डिस्'मिस) *vt* नौकरी से बरख़ास्त करना, पदच्युत करना; (कमरे आदि से) बाहर भेज देना; (किसी बात को) सच न मानना; **dismissal** *n* बर्ख़ास्तगी

dismount (डिस्'माउंट) *vt* (घोड़े आदि से) उतरना

disobedience (डिस'बीडिअंस) *n* अवज्ञा; आज्ञापालन न करने की क्रिया

disobedient (डिस'बीडिअंट) *a* जो आज्ञा न माने, अवज्ञाकारी

disobey (डिस'बे) *vt* आज्ञा न मानना या मानने से इनकार कर देना

disorder (डिस्'ऑर्डर) *n* अव्यवस्था, गड़बड़; दंगा; (*MED*) रोग, बीमारी, (शारीरिक) तकलीफ़ // *vt* क्रम तोड़ना; अस्त-व्यस्त कर देना; बीमार कर देना; **disorderly** *a* हंगामे वाली (सभा आदि), अस्त-व्यस्त (कमरा आदि)

disoriented (डिसॉ'रिअन्टिड) *a* जिसे दिशाभ्रम हो

disown (डिस्'ओन) *vt* अपना मानने से इनकार करना

disparaging (डिस्'पैरिजिङ) *a* (के बारे में) उपेक्षापूर्ण शब्द कहने या तुच्छ समझने वाला

disparate ('डिस्परिट) *a* एकदम भिन्न; पृथक; अलग-अलग; **disparity** *n* असमानता; विषमता

dispassionate (डिस्'पैशनिट) *a* भावना अथवा आवेगरहित; शांत; निष्पक्ष

dispatch, despatch (डिस्'पैच) *vt* (विशेष कार्य के लिए) भेजना; रवाना करना; निपटाना; कार्य को जल्दी से पूरा करना; हत्या करना // *n* प्रेषण, रवानगी; शीघ्रता; कार्यक्षमता; (*MIL, PRESS*) सूचना, रिपोर्ट

dispel (डिस्'पेॅल) *vt* मिटाना, दूर करना

dispensary (डिस्'पेन्सरि) *n* दवाखाना, औषधालय

dispense (डिस'पेॅन्स) *vt* देना; (दवाई) तैयार करना; **to dispense with** *vt* के बिना काम चलाना; अलग कर देना; **dispenser** *n* बांटने वाला;

disperse 205 **disrepair**

नुस्खे से दवाई तैयार करने वाला; **dispensing chemist** *n* (*Brit*) व्यक्ति जो नुस्खे देख कर दवा तैयार करता है

disperse (डिस्'पर्स) *vt* तितर-बितर करना, बिखेरना // *vi* बिखर जाना, तितर-बितर हो जाना

dispirited (डिस्'पिरिटिड) *a* उदास, हतोत्साह, खिन्न

displace (डिस्'प्लेस) *vt* का स्थान बदलना, हटाना, पद से हटाना, का स्थान छीन लेना

display (डिस्'प्ले) *n* प्रदर्शन, दिखावा, सूचना-पट्ट आदि; (*offens*) दिखावा // *vt* प्रदर्शन करना, दिखाना; प्रकट करना; (*offens*) प्रदर्शित करना

displease (डिस्'प्लीज़) *vt* नाराज़ करना, अप्रसन्न करना; **displeased with** से नाखुश, नाराज़; **displeasure** (डिस्'प्लेझ़र) *n* नाराज़गी, क्रोध, अप्रसन्नता

disposable (डिस्'पोज़बल) *a* प्रयोग के तुरंत बाद फैंकी जा सकनी वाली वस्तु; **disposable nappy** *n* बच्चे का एक बार प्रयोग के बाद फैंका जाने वाला पोतड़ा

disposal (डिस्'पोज़ल) *n* व्यवस्था; निपटारा (सम्पत्ति आदि का); फैंकने की क्रिया (कूड़ा आदि की); निकासी; विनाश; **at one's disposal** (किसी के) हाथ, अधिकार में होना

dispose (डिस्'पोज़) *vt* क्रम से रखना; निपटाना; झुकाव करना; झुका लेना; **to dispose of** *vt* ठिकाने लगाना; **disposed** *a* झुकाव, प्रवृत्ति होना; **disposed to do** कोई काम करने को तैयार होना; **disposition** *n* झुकाव, प्रवृत्ति

dispossess (डिस्प'ज़ेस) *vt* बेदख़ल करना, (की) सम्पत्ति छीन लेना

disprove (डिस्'प्रूव़) *vt* खण्डन करना, ग़लत सिद्ध करना

dispute (डिस्'प्यूट) *n* झगड़ा, विवाद, बहस, खंडन; (**industrial dispute** भी) औद्योगिक विवाद // *vt* चुनौती देना, (के बारे में) बहस करना; विरोध करना, खण्डन करना

disqualify (डिस्'क्वॉलिफ़ाइ) *vt* अयोग्य ठहराना; **to disqualify sb for sth/from doing** किसी को कोई काम करने के अयोग्य ठहराना; **to disqualify sb (from driving)** किसी का (मोटरगाड़ी चलाने का) लाइसेंस रद्द करना

disquiet (डिस्'क्वाइअट) *n* चिंता, परेशानी // *vt* (को) चिंतित या परेशान करना

disregard (डिसरि'गार्ड) *vt* अनदेखी करना, उपेक्षा करना; परवाह न करना

disrepair (डिसरि'पेअर) *n* जीर्णावस्था, टूटी-फूटी हालत; **to fall into disrepair** (*building*) की हालत ख़स्ता हो जाना

disreputable (डिस्'रेप्युटबल) *a* अशोभनीय; बदनाम; कुत्सित; नीच

disrupt (डिस्'रप्ट) *vt* भंग करना; गड़बड़ कर देना/करा देना; तोड़ना

dissatisfaction (डिस्सैटिस्'फ़ैक्शन) *n* असन्तोष

dissect (डाइ'सेक्ट) *vt* (प्राणी, पौधे आदि को) सूक्ष्म परीक्षण के लिए चीर-फाड़ करना या काटना; सूक्ष्म रूप से जांचना या तीव्र आलोचना करना

disseminate (डि'सेमिनेट) *vt* प्रचार या प्रसार करना; बिखेरना

dissent (डि'सेण्ट) *n* विमति, विसम्मति // *vi* असहमत होना, असहमति प्रकट करना; विरोध करना

dissertation (डिसर्'टेशन)*n* शोध-प्रबंध; शोध-निबंध

disservice (डिस्'सर्विस) *n* : **to do sb a disservice** हानि, अपकार, किसी का बुरा (करना)

dissident ('डिसिडंट) *n* असहमत व्यक्ति विशे॰ सरकार विरोधी; **dissidence** *n* असहमति, विरोध

dissimilar (डि'सिमिलर) *a* : **dissimilar (to)** से भिन्न, असमान, असमरूप

dissipate ('डिसिपेट) *vt* व्यर्थ करना, बर्बाद करना; (भय आदि को) दूर करना, मिटाना

dissociate (डि'सोशिएट) *vt* अलग करना, पृथक करना, (से) सम्बंध तोड़ना

dissolute ('डिसलूट) *a* लम्पट, दुराचारी, बदचलन

dissolve (डि'ज़ाल्व़) *vt* घोलना, पिघलाना; विसर्जन करना, समाप्त करना // *vi* घुलना, पिघलना, विलीन होना, गायब होना, भंग होना, रद्द होना

dissuade (डि'स्वेड) *vt* (कुछ) न करने की सलाह देना, (करने से) रोकना, मना करना

distance ('डिस्टन्स) *n* फ़ासला, दूरी (दो वस्तुओं या स्थानों के बीच), अंतर; सम्बंधों में दूरी, रूखापन // *vt* दूरी पर रखना, दूरी बनाए रखना; **in the distance** दूर से

distant ('डिस्टंट) *a* बहुत दूर (स्थान व समय में); रूखा; उदासीन

distaste (डिस्'टेस्ट) *n* खाने-पीने की वस्तु के लिए अरुचि; नफ़रत; **distasteful** *a* अरुचिकर; अप्रिय, नापसंद

distemper (डिस्'टेम्पर) *n* कुत्तों में एक रोग; दीवारों के पलस्तर पर बगैर तेल का रोग़न करने का एक ढंग; इस प्रकार का रोग़न, डिस्टैम्पर // *vt* डिस्टैम्पर से रोग़न करना

distended (डिस्'टेंडिड) *a* (*stomach*) फूला हुआ

distil (डिस्'टिल) *vt* द्रव को भाप बनाकर (ठंडा करके) दुबारा द्रव बनाना, आसवन करना; **distillery** *n* स्थान जहां शराब बनाई जाती है, शराब की भट्टी

distinct (डिस्'टिंक्ट) *a* स्पष्ट; साफ़

दिखाई देने या सुनाई पड़ने वाला; निश्चित; अलग; भिन्न; **as distinct from** (से) अलग; **distinction** *n* भिन्नता, भेद; विशिष्टता; श्रेष्ठता का गुण; उत्कर्ष; सम्मान-सूचक; **distinctive** *a* विशिष्ट, भिन्नता का संकेतक

distinguish (डिस्'टिंग्विश) *vt* भेद दिखलाना; पहचानना; सम्मान व ख्याति प्राप्त करना (प्रायः *refl*) // *vi* : **to distinguish between/among** में अंतर पहचान व समझ सकना; **distinguished** *a* सम्मानित, प्रख्यात, प्रतिष्ठित; **distinguishing** *a* विशेष (गुण); (ऐसी बात) जो किसी चीज़ को दूसरों से अलग करे

distort (डिस्'टॉर्ट) *vt* विकृत करना, तोड़ मरोड़ देना; किसी बात को गलत ढंग से बयान करना; तथ्यों को तोड़-मरोड़ देना

distract (डिस्'ट्रैक्ट) *vt* (काम आदि से) ध्यान हटाना, ध्यान भंग करना; घबरा देना, चकरा देना, व्याकुल कर देना, पागल बना देना; **distracted** *a* अन्यमनस्क, व्याकुल; खोया हुआ; **distraction** *n* घबराहट, परेशानी; बाधा

distraught (डिस'ट्रॉट) *a* परेशान, शोक से व्याकुल, विक्षुब्ध

distress (डिस्'ट्रेस) *n* अत्यधिक संकट; मानसिक वेदना; भूख, थकान अथवा किसी अभाव का कष्ट; (*LAW*) कुर्की // *vt* दुःख देना, मानसिक पीड़ा देना, व्यथित करना; **distressing** *a* दुःखद

distribute (डिस्'ट्रिब्यूट) *vt* बांटना, वितरण करना; फैलाना; वर्गीकरण करना; **distribution** *n* वितरण, फैलाव, विस्तार; **distributor** *n* कार-इंजन में बिजली का वितरण करने वाला स्विच; (*of goods*) वितरक

district ('डिस्ट्रिक्ट) *n* ज़िला; क्षेत्र, इलाका; **district attorney** *n* (*US*) ज़िला-अभिवक्ता; ज़िला शासन का वकील; **district nurse** *n* (*Brit*) घर जाकर चिकित्सा-सेवा देने वाली नर्स

distrust (डिस्'ट्रस्ट) *n* अविश्वास; सन्देह; आशंका // *vt* अविश्वास करना

disturb (डिस्'टर्ब) *vt* परेशानी पैदा करना; शांति भंग करना, बेचैन करना, क्षुब्ध करना; अस्तव्यस्त करना; **disturbance** *n* अशान्ति, गड़बड़, उपद्रव; **disturbed** *a* परेशान, चिंतित; गड़बड़ वाला क्षेत्र; **to be emotionally disturbed** मन अशांत होना; **disturbing** *a* परेशान करने वाला, चिन्ताजनक

disuse (डिस्'यूस) *n* वस्तु की प्रचलित अथवा प्रयोग में न होने की स्थिति; **to fall into disuse** (किसी बात का) प्रचलन न रहना

disused (डिस्'यूज़्ड) *a* पुराना; अप्रचलित

ditch (डिच) *n* खाई // *vt* (*col*)

साथ छोड़ जाना, अलग कर देना

dither ('डिदर) *vi* असमंजस में होना, फैसला न कर पाना

ditto ('डिटो) *n* वैसाही जैसा ऊपर दिया गया है

divan (डि'वैन) *n* (*furniture*) दिवान

dive (डाइव़) *n* ग़ोता; (*col*) बदनाम बार या क्लब // *vi* ग़ोता मारना, पानी में ऊपर से छलांग लगाना; (*AVIAT*) अचानक नीचे आना; ग़ायब हो जाना; अंदर गहरे में जाना; झपटना; **diver** *n* ग़ोताखोर

diverge (डाइ'व़र्ज) *vi* एक दूसरे से दूर होना, अलग होना; **divergence** *n* भिन्नता, अपसरण

diverse (डाइ'व़र्स) *a* भिन्न, विविध; **diversify** *vt* विविधता उत्पन्न करना, विविध करना; **diversity** *n* विविधता

diversion (डाइ'व़र्शन) *n* ध्यान भंग होने की क्रिया; भुलावा; धोखा; (*AUT*) दूसरा रास्ता

divert (डाइ'व़र्ट) *vt* (*traffic, river*) दूसरी दिशा में मोड़ देना; दूसरे काम में लगाना; मनोरंजन करना

divide (डि'व़ाइड) *vt* दो या अधिक भागों में बांटना, विभक्त करना, अलग करना; भाग देना; वितरण करना; मतभेद उत्पन्न करना; वर्गीकरण करना // *vi* अलग हो जाना; मतदान के लिए दो भागों में बंट जाना // *n* किसी क्षेत्र को विभाजित करने वाली नदी आदि; **divided highway** *n* (*US*) विभक्त-राजमार्ग जिस पर आने-जाने के अलग-अलग रास्ते हों; **dividers** *npl* कम्पास, परकार

dividend ('डिव़िडेण्ड) *n* लाभांश, मुनाफ़े का हिस्सा

divine (डि'व़ाइन) *a* दैवी, ईश्वरीय, पवित्र // *vt* अनुमान लगाना

diving ('डाइव़िङ) *n* ग़ोता (लगाने की क्रिया); **diving board** *n* तख़्ता जिसपर खड़े होकर पानी में छलांग लगाते हैं

divinity (डि'व़िनिटि) *n* देवत्व; धर्म-विज्ञान

division (डि'व़िझ़न) *n* विभाजन, बंटवारा; मंडल, खण्ड; सीमा; विभाग; राजनीतिक क्षेत्र, मतभेद; (*MATH*) भाग; सैन्यदल, डिवीज़न; अलग होने की क्रिया; फूट; मत-विभाजन

divorce (डि'व़ॉर्स) *n* तलाक, विवाह-विच्छेद // *vt* तलाक देना; **divorced** *a* जिसे तलाक मिला हो; **divorcee** (डिव़ॉर्'सी) *n* तलाक शुदा (व्यक्ति)

divulge (डाइ'व़ल्ज) *vt* बताना, भेद खोलना

D.I.Y. *n* (*Brit*) **do-it-yourself** का संक्षेप

dizzy ('डिज़ि) *a* चकराया हुआ;

DJ 209 do

अस्थिर, डांवांडोल; भौंचक; चकराने वाला (तेज़ पकाश आदि); (*col*) मूर्ख // *vt* चकरा देना; **to make sb dizzy** किसी को चकरा देना; **to feel dizzy** चक्कर आना, सिर घूम जाना

DJ **dinner jacket, disc jockey** का संक्षेप

KEYWORD

do (डू) ♦ *n* (*col* : *party etc*) दावत, पार्टी

♦ *vb* (*pt* **did**, *pp* **done**) **1.** (*in negative constructions*) (नकारात्मक वाक्य बनाने के लिए); **I don't understand** मुझे समझ नहीं आया

2. (*to form questions*) (प्रश्नसूचक वाक्यों में); **didn't you know?** क्या तुम्हें पता नहीं था ? **why didn't you come?** तुम आये क्यों नहीं ?

3. (*for emphasis in polite expressions*) (बल देने के लिए) : **she does seem rather late.** उसे आने में कुछ ज्यादा ही देर हो गई है; **do sit down/help yourself** बैठिए, बैठिए/खाइए, खाइए

4. (*to avoid repeating vb*) (क्रिया को दोहराने से बचने के लिए) : **she swims better than I do** वह मुझसे अच्छा तैरती है; **do you agree? – yes, I do/no, I don't** क्या तुम मानते हो ? — हां/नहीं; **she lives in Delhi – so do I** वह दिल्ली में रहती हैं — मैं भी दिल्ली में ही रहता हूं; **who broke it? – I did** ये किसने तोड़ा ? — मैंने

5. (*in question tags*) : **he laughed, didn't he?** वह हंसा था न ?; **I don't know him, do I ?** मैं उसे जानता तो नहीं, है न ?

♦ *vt* (*gen* : *carry out, perform etc*) करना; काम पूरा करना; (प्रश्न) हल करना; (फ़ासला) तय करना; तैयार करना; **what are you doing tonight?** आज रात क्या कर रहे हो (तुम्हारा क्या कार्यक्रम है) ?; **to do the cooking/washing-up** खाना पकाना/कपड़े धोना; **to do one's teeth/hair/nails** अपने दांत/बाल/नाखून साफ़ करना/संवारना; **the car was doing 100** कार 100 (मील/कि.मि. प्रति घंटा) की गति से दौड़ रही थी

♦ *vi* **1.** (*act, behave*) (व्यवहार) करना; **do as I do** जैसा मैं करता हूं वैसा ही करो

2. (*get on, fare*) चलना; **the firm is doing well** फर्म (कंपनी) अच्छी चल रही है; **how do you do?** (किसी से मिलने पर) क्या हाल चाल है/कैसे हो ? (*on being introduced*)

3. (*suit*) उपयुक्त होना; **will it do?** यह ठीक रहेगा ?

4. (*be sufficient*) काफ़ी होना; **will Rs 100 do?** सौ रुपये काफ़ी होंगे ?; **that'll do** इतना काफ़ी है !; **that'll do!** (*in annoyance*) (गुस्से में रोकने के लिए) अब बस करो ! **to make do**

docile 210 dog

से काम चलाना

to do away with *vt* दूर करना; समाप्त करना; मार डालना, नष्ट करना

to do up *vt* (*laces, dress*) सजाना, संवारना; (*button, zip*) बंद करना; (*renovate room, house*) सजाना, ठीक-ठाक करना

to do with *vt* (*need*) : **I could do with a drink/some help** मुझे कुछ पीने को/कुछ मदद चाहिए; (*be connected*) से सम्बंध होना; **that has nothing to do with you** उस (बात) का तुम से कोई सम्बंध नहीं है; **I won't have anything to do with it** मैं इसे हाथ भी नहीं लगाउंगा/मैं इससे कोई ताल्लुक नहीं रख सकता

to do without *vi* काम चलाना ◆ *vt* के बिना काम चलाना

docile ('डोसाइल) *a* आज्ञापरायण, विनीत, सीधा (व्यक्ति); आसानी से नियंत्रित किया जा सकने वाला; दब्बू; **docility** *n* दब्बूपन; आज्ञापरायणता

dock (डॉक) *n* (*LAW*) अदालत में कटघरा; बंदरगाह में वह स्थान जहां जहाज़ से माल उतारा या उस पर चढ़ाया जाता है, गोदी // *vi* जहाज़ का बंदरगाह पर लगना; **docker** *n* गोदी-मज़दूर; **dockyard** *n* डॉकयार्ड, गोदी सहित वह स्थान जहां जहाज़ बनाए अथवा मरम्मत किए जाते हैं

doctor ('डॉक्टर) *n* डाक्टर, चिकित्सक; (*Ph.D. etc.*) विश्वविद्यालय से किसी भी विषय में डॉक्टर की उपाधि प्राप्त व्यक्ति // *vt* चिकित्सा करना; ठीक करना, मरम्मत करना; रद्दोबदल करके जाली हिसाब-किताब आदि तैयार कर देना; (*col*) बधिया करना; **Doctor of Philosophy (Ph.D.)** *n* आचार्य

doctrine ('डॉक्ट्रिन) *n* शिक्षा; धर्म-सिद्धांत; मत; विश्वास; पंथ

document ('डॉक्युमंट) *n* प्रलेख, लिखित प्रमाण, काग़ज़ात; दस्तावेज़ // *vt* प्रलेख, प्रमाण-पत्र, सर्टिफ़िकेट प्रस्तुत करना; **documentary** *a* प्रमाण-रूपी // *n* वास्तविक जीवन से सम्बंधित (काल्पनिक घटनाओं के विपरीत) फ़िल्म, वृत्त-चित्र

dodder ('डॉडर) *vi* लड़खड़ाना या कांपना (विशे॰ बुढ़ापे के कारण)

dodge (डॉज) *n* चकमा, चाल, युक्ति, बचने की क्रिया // *vt* इधर-उधर बचना या बचने की कोशिश करना (वार से, पकड़े जाने से); चकमा देना

doe (डो) *n* हिरनी, हरिणी; मादा खरगोश

does (डज़) *vb* देखिए **do; doesn't = does not**

doff (डॉफ़) *vt* (हैट, कपड़े) उतारना; अलग करना, परे रख देना

dog (डॉग) *n* कुत्ता; नर-भेड़िया, लोमड़ी तथा अन्य पशु; व्यक्ति (घृणा, गाली अथवा मज़ाक में प्रयुक्त शब्द), पाजी,

बदमाश, कमीना; कल-पुरज़ों को जोड़ कर रखने-वाले अनेक पुरज़ों का नाम; (मशीन में) कुत्ता // *vt* पीछे पड़े होना; **dog collar** *n* कुत्ते का पट्टा; **dog-eared** *a* कोनों से मुड़े (पुस्तक के पत्रे)

dogged ('डॉगिड) *a* हठी, धुन का पक्का

dogma ('डॉग्म्अ) *n* धर्मसिद्धांत, सिद्धांत, मत

dogsbody ('डाग्ज़्बॉडि) *n* व्यक्ति जो दूसरों के लिए मेहनत करे, कोल्हू का बैल

doings ('डुइंग्ज़) *npl* कार्यकलाप; सरगर्मी

do-it-yourself (डू इट् यॉर्'सेल्फ़) *n* सभी काम स्वयं (अपने हाथ से) करने की क्रिया

doldrums ('डॉल्ड्रम्ज़) *npl* : **to be in the doldrums** उदासी, विषाद में डूबे होना

dole (डोल) *n* दान; (*col*) बेरोज़गारी बीमा के अंतर्गत भत्ता; **on the dole** जिसे बेरोज़गारी भत्ता मिले; **to dole out** *vt* थोड़ा-थोड़ा करके बांटना

doleful ('डोल्फुल) *a* दुःखी, उदास, शोकग्रस्त

doll ('डॉल) *n* गुड्डा, गुड़िया; (*sl*) आकर्षक लड़की अथवा स्त्री // *vt* : **to doll oneself up** बनना-ठनना, सज-धज जाना

dollar ('डॉलर) *n* डालर ($) (संयुक्त राज्य अमेरिका/कनाडा आदि का प्रचलित सिक्का)

dolphin ('डाल्फ़िन) *n* डाल्फ़िन मछली

domain (ड'मेन) *n* रियासत; क्षेत्र; अधिकार-क्षेत्र; प्रांत

dome (डोम) *n* गुम्बद, गुम्बज; ऐसा उभार लिए कोई वस्तु

domestic (ड'मेस्टिक) *a* घरेलू, जो घर में रहना पसंद करे, पारिवारिक; पालतू (जानवर); आंतरिक, देशीय // *n* घरेलू नौकर

domicile ('डॉमिसाइल) *n* निवास-स्थान

dominant ('डॉमिनंट) *a* प्रभाव-शाली; प्रमुख; महत्वपूर्ण

dominate ('डॉमिनेट) *vt* शासन करना, अधिकार में रखना; (पर) छाये होना; (स्थान) से ऊंचा होना // *vi* छा जाना, प्रमुख, प्रबल, सबसे अधिक प्रभाव-शाली या महत्वपूर्ण अंग या सदस्य होना; **domineering** *a* रोब/धाक जमाने वाला

dominion (ड'मिनिअन) *n* प्रभुत्व, शासन, राज्य; अधिकार-क्षेत्र

domino, *pl* **dominoes** ('डॉमिनो, 'डॉमिनोज़) *n* डोमिनो नाम के खेल में प्रयुक्त आयाताकार गोटी; **dominoes** *n* डोमिनो नाम का खेल

don (डॉन) *n* (*Brit*) विश्विद्यालय का अध्यापक; स्पेन में उपाधि, सर (**sir**) //

donate 212 **double**

vt कपड़े पहनना

donate (ड'नेट) *vt* दान करना; **donation** *n* दान, चन्दा

done (डन) **do** का *pp*

donkey ('डॉङकि) *n* गधा

donor ('डोनर) *n* (*of blood etc*) (रक्त-) दाता; दानी, दाता

don't (डोंट) *vb* **do not** का संक्षेप

doodle ('डूड्ल) *vi* टेढ़ी-मेढ़ी रेखाएं खींचना

doom (डूम) *n* भाग्य, प्रारब्ध, किस्मत, सर्वनाश, दुर्भाग्य; दण्डाज्ञा; (मानव का) अंतिम न्याय // *vt* दण्डाज्ञा देना; मृत्यु अथवा कष्ट भाग्य में लिख देना; **to be doomed to failure** की असफलता अवश्यंभावी होना; **doomsday** ('डूम्ज़्डे) *n* कयामत अथवा प्रलय का दिन

door (डोर) *n* द्वार, दरवाज़ा; **doorbell** *n* दरवाज़े की घंटी; **doorman** *n* दरबान; **doormat** *n* पायदान; **doorstep** *n* देहरी; **doorway** *n* अंदर जाने का रास्ता (दरवाज़े सहित या बिना दरवाज़े)

dope (डोप) *n* एक प्रकार की वारनिश; दवा, वि. ग़ैरकानूनी नशीली दवा; (*col*) सूचना; (*col*) मूर्ख // *vt* नशीली दवा खिलाना (वि. घुड़दौड़ के घोड़ों को)

dopey ('डोपि) *a* मूर्ख; नशीली दवा खाये हुए; अर्ध-सुप्त

dormant ('डारमंट) *a* निष्क्रय, कुछ समय के लिए शांत व निष्क्रय; सोया हुआ, सुप्त; कानून जो लागू न हो

dormitory ('डॉर्मिट्रि) *n* कई बिस्तरों वाला शयनागार

dose (डोस) *n* दवा की एक खुराक; (*col*) अप्रिय अनुभव; (*bout*) कष्टकारी समय वि. रोग का // *vt* खुराक देना; **dosage** *n* दवा की निर्धारित खुराक

doss house ('डास् हाउस) *n* (*Brit*) रैन बसेरा

dossier ('डॉसिए) *n* विषय अथवा घटना-विशेष पर बनी हुई फ़ाइल

dot (डॉट) *n* बिंदी, चिन्ह // *vi* बिन्दु लगाना; बिखराना; **dotted with** से भरा हुआ; **on the dot** बिलकुल ठीक समय पर

dote (डोट) *vi* : **to dote on** बेहद पसंद करना या प्यार करना

dot-matrix printer (डॉट्'मेट्रिक्स प्रिंटर) *n* छपाई की आधुनिक मशीन

dotted line ('डॉटिड-लाइन) *n* बिन्दु रेखा

double ('डब्ल) *a* दुगना, दोहरा, दोतरफ़ा, दो के लिए // *ad* दो बार; दुगनी (राशि आदि); **to cost double (sth)** से दुगनी कीमत, लागत होना // *n* प्रतिरूप, एक जैसा (दूसरा); दुगनी मात्रा; (*CINEMA*) मुख्य पात्र के स्थान पर (प्राय: जोखिम भरा) कार्य करने

वाला पात्र // *vt* दुगना करना // *vi* दुगना होना; **on the double, at the double** दौड़कर; **doubles** *n* (टेनिस आदि के खेल में) दो खिलाड़ियों का जोड़ा; **double bass** *n* एक वाद्य; **double bed** *n* बड़ा पलंग जिसमें दो व्यक्ति सो सकें; **double breasted** *a* (दोहरी छाती वाला) कोट; **doublecross** *vt* धोखा या दग़ा करना; **double decker** *n* दो छत्ती बस; **double glazing** *n* दोहरा कांच लगाने की क्रिया (खिड़की आदि में); **double room** *n* कमरा जिसमें दो व्यक्ति रह सकें; **doubly** *ad* दो तरह से

doublet ('डब्लिट) *n* पुराने समय की एक प्रकार की वास्कट

doubt (डाउट) *n* सन्देह; अनिश्चय; सन्देहात्मक स्थिति // *vt* सन्देह करना, शक करना; विश्वास न करना; **to doubt that** *vi* विश्वास अथवा मत में पक्का न होना; **doubtful** *a* सन्देहास्पद; **doubtless** *ad* निस्सन्देह, निश्चय ही

dough (डो) *n* गुंधा हुआ आटा; लोई; (*col*) रुपये-पैसे; **doughnut** *n* आटे से बना एक मीठा बड़ा (खाद्य पदार्थ)

douse (डाउज़) *vt* (*drench*) पानी में डुबाना, तर कर देना; (रोशनी) बुझाना

dove (डव़) *n* फ़ाख्ता; युद्ध-विरोधी व्यक्ति

dovetail ('डव़्टेल) *n* (फ़र्नीचर की लकड़ी में) पंखानुमा चूल से लगा जोड़ // *vi* ठीक मज़बूत जोड़ बैठ जाना या बिठा देना; (*fig*) समन्वय करना, मेल मिलाना

dowdy ('डाउडि) *a* फ़ूहड़, भद्दा, अनाकर्षक या बहुत मामूली कपड़े पहने // *n* ऐसे कपड़े पहने स्त्री

down (डाउन) *n* पक्षी के नरम पर // *ad* नीचे, नीचे की ओर, ढलान या उतार पर; क्षितिज से नीचे; उसी समय (भुगतान); तुरंत // *prep* ऊपर से नीचे, निचले भाग पर // *a* उदास, दुःखी; **down the street** तनिक आगे // *vt* गिरा देना, (नीचे) खींच लेना, उतार देना; (*col*) पी जाना (विशे॰ तेज़ी से); **down with X!** X मुरदाबाद, X का बेड़ा ग़रक़ !; **down-and-out** *n* फटे-हाल, विपन्न व्यक्ति; **down at heel** *a* फटे-हाल; **downcast** *a* निराश, हताश; **downfall** *n* पतन; पराजय; **downhearted** *a* हतोत्साह, हताश; **downhill** *ad* : **to go downhill** पहाड़ी से नीचे की ओर जाना; अवनति होना; **down payment** *n* (कीमत की) एकमुश्त अदायगी; **downpour** *n* मूसलाधार वर्षा; **downright** *a* साफ़-साफ़ (इन्कार आदि); निपट, पूरा, बहुत अधिक; **downstairs** *ad* नीचे की ओर; नीचे की मंजिल में; **downstream** *ad* नदी के बहाव के साथ (नीचे को); **down-to-earth** *a* व्यांवहारिक;

यथार्थवादी; **downtown** *ad* नगर के बीचों बीच या उस के मुख्य भाग में; **down under** *ad* आस्ट्रेलिया या न्यूज़ीलैंड; **downward** ('डाउन्वर्ड) *a, ad* नीचे की ओर (स्थित); **downwards** ('डाउन्वर्ड्ज़) *ad* नीचे की ओर

dowry ('डाउअरि) *n* दहेज

doyen ('डॉइअन) *n* किसी भी व्यवसाय या संस्था का वरिष्ठ या पुराना सदस्य

doz. **dozen** का संक्षेप

doze (डोज़) *vi* ऊंघना; **to doze off** *vi* झपकी लेना // *n* ऊंघ; झपकी

dozen ('डज़न) *n* दर्जन, बारह का समुच्चय या समूह; **a dozen books** एक दर्जन किताबें; **dozens of** बहुत से, बहुत बड़ी संख्या में

Dr. **doctor, drive** (*n*) का संक्षेप

drab (ड्रैब) *a* नीरस; एकरस; हलका भूरा

Draconian (ड्रे'कोनिअन) *a* कठोर, क्रूर; बेरहम, निर्दय

draft (ड्राफ़्ट) *n* ख़ाका, रूपरेखा, मसौदा; (*COMM*) (बैंक) ड्राफ़्ट, हुण्डी; (*MIL*) टुकड़ी, दस्ता, कुमुक; (*call-up*) अनिवार्य सैन्य सेवा के लिए सैनिकों आदि की भरती // *vt* खाका, योजना, मसौदा आदि तैयार करना; पाण्डुलिपि बनाना; (सैनिकों आदि को) अलग करके दूसरी इकाई (यूनिट) में भेज देना; दे० **draught**

draftsman *n* (*US*) = **draughtsman** चित्र, डिज़ाइन, रूपरेखा बनाने वाला

drag (ड्रैग) *vt* घसीटना, जाल या कांटा-लंगर डालकर आगे खींचना; (बहस, मामला आदि) लम्बा खींचना // *vi* पिछड़ना, (मामला आदि) लम्बा खिंचना // *n* प्रगति में रोक, बाधा; हेंगा, पटेला; स्लेज; जाल, कांटा; (*women's clothing*) : **in drag** स्त्रियों के कपड़े पहने हुए (पुरुष); **to drag on** *vi* किसी मामले का चलते रहना

dragon ('ड्रैगन) *n* काल्पनिक मगरमच्छ जैसा पंखों वाला अजगर जो आग उगलता है; छिपकली, गिरगिट आदि की जाति का एक बड़ा जीव

dragonfly ('ड्रैगनफ़्लाइ) *n* एक प्रकार का कीड़ा, चिउरा, व्याध-पतंग

drain (ड्रेन) *n* नाली, नाला; अपव्यय; धीरे-धीरे बरबादी (धन, शक्ति आदि की) // *vt* (*land, marshes*) पाइप आदि से पानी आदि खींचना या बाहर निकालना; (*vegetables*) सुखा देना; सारा पी जाना; (*reservoir*) खाली कर देना; समाप्त कर देना // *vi* बह जाना; **drainage** *n* निकास-व्यवस्था; **draining board**, (*US*) **drainboard** *n* धुले बरतन सुखाने का तख़्ता; **drainpipe** *n* गन्दे पानी की लोहे आदि की नाली

dram (ड्रैम) *n* घूंट; ड्रैम (माप की

इकाई)

drama ('ड्राम्अ) *n* नाटक, नाट्य-साहित्य व कला; घटनाओं का नाटक जैसा सिलसिला; **dramatic** (ड्'मैटिक) *a* नाटक-सम्बंधी नाटक के रुप में प्रस्तुत करने योग्य; नाटकीय; प्रभावशाली, उत्तेजनापूर्ण; **dramatist** ('ड्रैमटिस्ट) *n* नाटककार; **dramatize** *vt* टी॰वी॰, सिनेमा के लिए उपन्यास को नाटक का रूप देना

drank (ड्रैंक) **drink** का *pt*

drape (ड्रेप) *vt* ढंकना, वस्त्र पहनाकर सजाना; कपड़े की आकर्षक तहें लगकर प्रदर्शित करना या लटकाना; **drapes** *npl* परदे; **draper** *n* (*Brit*) बज़ाज़, कपड़ा बेचने वाला

drastic ('ड्रैस्टिक) *a* उग्र, कठोर, कड़ा

draught (*US*) **draft** (ड्राफ़्ट) *n* कमरे में दरवाज़े आदि की दरारों में से हवा का झोंका; खिंचाव; दवा की खुराक, घूंट; पीना; सांस खींचना; (*NAUT*) पानी में जहाज़ की गहराई, डुबाव; किसी कार्य या योजना का मसौदा, रूपरेखा; **drafts** *n* ड्राफ़्ट्स का खेल, चपटे गोल मोहरों से जो शतरंज के बोर्ड पर खेला जाता है; **on draught** (*beer*) (बोतल के विपरीत) पीपे की (बीयर); **draughtboard** *n* तख्ता जिस पर ड्राफ़्ट्स का खेल खेला जाता है

draughtsman (*US*) **draftsman** ('ड्राफ़्ट्स्मन) *n* नक्शानवीस, ड्राफ़्ट्समैन

draw (ड्रॉ) *vb* (*pt* **drew**, *pp* **drawn**) *vt* खींचना, घसीटना; ढोना; सांस लेना; फंसाना; (पेंसिल आदि से) रेखाचित्र, खाका, आदि बनाना; (नतीजा आदि) निकालना; (चैक) लिखना, आकृष्ट करना; (*out* के साथ) भावनाओं आदि को प्रकट करना, (हथियार बाहर) निकालना; लाटरी द्वारा पाना; (कुंए, पीपे आदि से पानी आदि) खींचना, निकालना; (बैंक से पैसा) प्राप्त करना; धनुष-कमान चढ़ाना या खींचना // *vi* (*SPORT*) (टीम द्वारा) मैच बराबरी पर समाप्त करना // *n* खींचने, रेखांकित करने आदि की क्रिया; लाटरी निकालना; अपूर्ण खेल, बराबर का परिणाम; **to draw near** *vi* नज़दीक/पास आना; **to draw out** *vi* खींच कर बढ़ाना; पैसा निकालना; **to draw up** *vi* रुकना या रोकना; दस्तावेज़ आदि तैयार करना; **drawback** *n* कमी, त्रुटि; **drawbridge** *n* पुल जो ऊपर उठाया जा सके

drawer (ड्राअर) *n* मेज़ का दराज़; (चेक से) पैसा निकालने वाला

drawing ('ड्रॉइंग) *n* रेखाचित्र; **drawing board** *n* तख्ता जिस पर काग़ज़ रख कर चित्र बनाते हैं; **drawing pin** *n* तख्ते पर काग़ज़ लगाने का पिन; **drawing room** *n* बैठक

drawl (ड्रॉल) *n* धीरे-धीरे बोलने की क्रिया // *vi* धीरे-धीरे बोलना

drawn (ड्रॉन) **draw** का *pp*

dread (ड्रैड) *n* भय, आशंका, त्रास // *vt* डरना, भयभीत होना; **dreadful** *a* अरुचिकर; भयानक; बुरा

dream (ड्रीम) *n* स्वप्न, सपना; कपोल-कल्पना; दिवास्वप्न, ख्याली-पुलाव, महत्वाकांक्षा; लुभावने विचार; स्वप्न के समान सुन्दर वस्तु या व्यक्ति // *vb* (*pt, pp* **dreamed** *or* **dreamt** (ड्रेम्ट)) *vt* स्वप्न में देखना, कल्पना करना, असंभव कल्पना करना // *vi* स्वप्न देखना, कल्पना करना; **dreamy** *a* विचारों में खोया रहने वाला, अव्यवहारिक; अस्पष्ट

dreary ('ड्रिअरि) *a* नीरस, उदासी भरा

dredge (ड्रेज) *vt* समुद्र तल से मिट्टी, कीचड़ आदि निकालना; इस प्रकार नहर, नाला गहरा करना; असंभावित छिपी हुई वस्तुओं को खोजना व निकालना

dregs (ड्रेग्ज़) *npl* कूड़ा-करकट, तलछट, तल; बेकार भाग

drench (ड्रेन्च) *vt* बुरी तरह भिगो देना

dress (ड्रेस) *n* स्त्रियों की चोली तथा स्कर्ट मिलाकर बनी एक ही पोशाक; वर्दी, सायंकाल पहनने का औपचारिक परिवेश // *vt* (*clothing*) पहनाना, सजाना; संवारना; तैयार करना; मरहम-पट्टी करना // *vi* कपड़े पहनना, पंक्ति बनाना; **to get dressed** कपड़े पहनना; **to dress up** *vi* सजना-संवरना; **dress circle** *n* रंगशाला में पहली गैलरी; **dresser** *n* (*THEATRE*) अभिनेताओं को वस्त्र पहनाने वाला; एक प्रकार की अल्मारी; **dressing** *n* (*MED*) घाव पर बांधने की पट्टी, मरहम आदि; (*CULIN*) मसाला; **dressing gown** *n* नहा कर कपड़े पहनने से पहले पहना लबादा; **dressing room** *n* (*THEATRE*) शृंगार-कक्ष; **dressing table** *n* शृंगार-मेज़; **dressmaker** *n* पोशाक बनाने वाला; **dress rehearsal** *n* किसी नाटक आदि का अंतिम अभ्यास; **dressy** *a* (*col*) बना-ठना

drew (ड्रु) **draw** का *pt*

dribble ('ड्रिब्ल) *vi* टपकना; चूना; लार टपकाना // *vt* (*football*) फुटबाल को पैर से ठेलते हुए आगे जाना // *n* टपकना, बूंद; **driblet** *n* कोई भी थोड़ी सी वस्तु, अल्पमात्रा; बूंद

dried (ड्राइड) *a* सूखा (मेवा, फली); (पाउडर रूप में) सूखा (दूध आदि)

drier ('ड्रायर) *n* = **dryer**

drift (ड्रिफ़्ट) *n* बहाव; अपवहन, अपने रास्ते से दूर चले जाना; आशय, वक्ता का वास्तविक अर्थ; हवा द्वारा एकत्रित बर्फ़, रेत आदि का ढेर; पानी द्वारा बहा कर ले जाई गई वस्तु // *vi* हवा, पानी के बहाव के साथ-साथ जाना; बेमतलब घूमना; रेत, बर्फ़ आदि का जमा होना; **drifter** *n* घुमक्कड़, जो कभी किसी एक स्थान या नौकरी में न रहे; **driftwood** *n* समुद्र द्वारा बहाकर तट पर लाई गई लकड़ी

drill (ड्रिल) *n* सूराख़ करने का औज़ार या मशीन; बरमा; (*MIL*) सैनिकों की कवायद, ड्रिल; (शिक्षा में) बार-बार अभ्यास; एक मोटा कपड़ा // *vt* सूराख़ करना; कवायद कराना; अभ्यास कराना // *vi* तेल की खोज में खुदाई करना

drink (ड्रिंक) *n* पेय; पीने की वस्तु; शराब // *vt, vi* (*pt* **drank**, *pp* **drunk**) पीना, सोखना, शराब पीना; **to have a drink** कोई पेय (बहुधा शराब) पीना; **a drink of water** पीने के लिए पानी (का गिलास आदि); **drinker** *n* पियक्कड़, शराबी; **drinking water** *n* पीने का पानी

drip (ड्रिप) *n* बूंद-बूंद टपकने की क्रिया; बूंद; (*MED*) नाड़ी में (ग्लूकोज़ आदि) द्रव पहुंचाना; नीरस, मूर्ख व्यक्ति // *vi* बूंद-बूंद टपकना; **drip-dry** *a* (कपड़ा) जिसे यदि गीला ही टांग दिया जाए तो सूखने पर उसकी सिकुड़ने दूर हो जाएं; **dripping** *n* भुनते हुए मांस से टपकती चर्बी // *a* बहुत गीला

drive (ड्राइव़) *n* चालन; गाड़ी में सैर; (**driveway** भी) सड़क से गैरिज या घर के मुख्य द्वार तक जाने का कार का रास्ता; (*energy*) काम कराने की शक्ति क्षमता; (*PSYCH*) सहज या प्रबल प्रवृत्ति; संगठित प्रयत्न; आंदोलन; (*SPORT*) गेंद पर तेज़ प्रहार; (*TECH*) इंजन की शक्ति जो वाहन के पहियों को चलाने में सहायक होती है; (**disk drive** भी) यंत्र का पुर्ज़ा जो उसे चलाता है // *vb* (*pt* **drove**, *pp* **driven**) *vt* हांकना; (गाड़ी आदि) चलाना; प्रेरित करना; कील ठोंक देना; (*TECH : motor*) मशीन का इंजन चलाना // *vi* (*AUT : at controls*) गाड़ी चलाना; (: *travel*) गाड़ी से कहीं जाना, दौड़ पड़ना; टकरा जाना; **left-/right-handed drive** कार में स्टीअरिंग का बाईं/दाईं ओर होना; **to drive sb mad** पागल कर देना

drivel ('ड्रिव़्ल) *n* बकवाद, बकबक

driven ('ड्रिव़्न) **drive** का *pp*

driver ('ड्राइव़र) *n* (कार आदि का) चालक; **driver's licence** *n* चालक का अनुज्ञापत्र या लाइसेंस

driveway ('ड्राइव़्वे) *n* सड़क जो किसी घर को मुख्य सड़क से मिलाए

driving ('ड्राइव़िंग) *n* कार आदि चलाने की क्रिया; **driving instructor** *n* कार चलाना सिखाने वाला प्रशिक्षक; **driving lesson** *n* कार चलाने का प्रशिक्षण; **driving licence** *n* कार चालन का लाइसेंस; **driving mirror** *n* कार आदि में लगा आइना जिसमें पीछे आने वाली गाड़ियां दीख जाती हैं; **driving school** *n* स्कूल जहां कार आदि चलाना सिखाया जाता है; **driving test** *n* कार-चालक की परीक्षा (जिसमें पास होने पर उसे लाइसेंस दिया जाता है)

drizzle ('ड्रिज़ल) *n* बूंदाबांदी // *vi* बूंदाबांदी होना, रिमझिम बरसना

droll (ड्रोल) *n* (व्यक्ति) जिसे देखकर या जिसके हाव-भाव पर हंसी आये, अजीब

dromedary ('ड्रमडरि) *n* एक कूबर वाला ऊंट जिसे दौड़ प्रतियोगिता के लिए पाला जाता है; सांडनी

drone (ड्रोन) *n* नर-मधुमक्खी; आलसी, निकम्मा व्यक्ति; भिनभिनाहट // *vi* भिनभिनाना; अस्पष्ट बोलना

drool (ड्रुल) *vi* लार टपकना; नाक बहना

droop (ड्रुप) *vi* लटक जाना; कुम्हला जाना; निरुत्साह होना; झुक जाना

drop (ड्रॉप) *n* बूंद, बहुत कम मात्रा; पतन, गिरावट; गिरने की दूरी; गिरने की क्रिया जैसे **parachute drop** // *vt* गिराना; टपकाना; यूंही कुछ कह देना; (यात्री व माल) उतारना; बन्द कर देना // *vi* गिरना; टपकना; समाप्त हो जाना; कम होना; अनौपचारिक रूप से या यूंही आना और जाना; **to drop off** *vi* सो जाना, ऊंघ जाना // *vt* किसी यात्री को (जहाज़ आदि से) उतारना; **to drop out** *vi* किसी संगठन आदि से हट जाना; (छात्र का) स्कूल जाना बंद कर देना; **drop-out** *n* जो किसी संगठन से निकल आया हो; पढ़ाई बंद कर देने वाला छात्र; **droppings** *npl* पशुओं की लीद; पक्षियों की बीट

dropsy ('ड्राप्सि) *n* जलोदर रोग जिसमें शरीर में पानी इकट्ठा हो जाता है

drought (ड्राउट) *n* सूखा, अनावृष्टि

drove (ड्रोव़) **drive** का *pt* // *n* झुंड, भीड़

drown (ड्राउन) *vt* डुबाकर मारना; ऊंची आवाज़ का किसी आवाज़ को दबा देना // *vi* डूब जाना

drowsy ('ड्राउज़ि) *a* उनींदा, निद्रालु; सुस्त

drub (ड्रब) *vt* डण्डे से मारना, पीटना; हरा देना; **drubbing** *n* पिटाई; करारी हार

drudgery ('ड्रजरि) *n* कड़ी मेहनत का नीरस काम

drug (ड्रग) *n* औषधि, दवा; नशीली दवा, स्वापक // *vt* दवा मिलाना, दवा खिलाना या पिलाना विशे० बेहोशी लाने वाली दवा; **drug addict** *n* लतिया, नशेबाज़; **druggist** *n* (*US*) दवा बेचने वाला; **drugstore** *n* (*US*) दवाइयों की दुकान जहां अनेक प्रकार का सामान बिकता है

drum (ड्रम) *n* ढोल, मृदंग; (पीपा आदि) ढोलनुमा वस्तुएं; ड्रम; कान का परदा // *vi* ढोल बजना; लगातार थप-थपाना; **drummer** *n* ढोलकिया

drunk (ड्रंक) **drink** का *pp* // *a* मदहोश, नशे में धुत्त; (*fig*) मस्त; **drunkard** *n* पियक्कड़; **drunken** *n* नशे में धुत्त

dry (ड्राइ) *a* सूखा, शुष्क; दूध न देने वाली (गाय, आदि); रूखा, भावहीन; चुभती हुई टिप्पणी; मद्य-निषेध सम्बन्धी; नीरस (विषय आदि); जिसमें मिठास न हो // *vt* सुखाना // *vi* सूखना, भाप बनकर उड़ जाना; **to dry-clean** *vt* (कपड़े) पैट्रोल आदि से साफ़ करना; **to dry up** *vi* सूख जाना; **dry cleaner's** *n* ड्राईक्लीनर की दुकान; **dryer** *n* बाल आदि सुखाने का यंत्र; **dry goods store** *n* (*US*) दुकान जहां कपड़ा और बरतन आदि बिकते हैं; **dryness** *n* सूखापन; **dry rot** *n* लकड़ी और पौधों की जड़ों में लगने वाला घुन

dual ('ड्यूअल) *a* दोहरा, दो का, दुगना, द्वैत, द्विगुण; **dual carriageway** *n* (*Brit*) दो भागों में बटी सड़क जिस पर दो मोटरगाड़ियां विपरीत दिशाओं में साथ चल सकें

dubbed ('डब्ड) *a* (*CINEMA*) फ़िल्म जिस पर किसी दूसरी भाषा में संवाद लिखे हों; जिस का कोई नाम रखा गया हो

dubious ('ड्यूबिअस) *a* संदिग्ध, संदेहात्मक; अस्पष्ट; संदिग्ध (चरित्र)

duchess ('डचिस) *n* ड्यूक की पत्नी अथवा विधवा

duck (डक) *n* बत्तख़ (*m* **drake**); (*CRICKET*) बल्लेबाज के शून्य रन // *vi* डुबाना; एकदम नीचे झुक जाना या सिर नीचा कर लेना; **duckling** *n* बत्तख़ का बच्चा

duct (डक्ट) *n* नाली, नालिका; **ductile** *a* तार बनाने योग्य, तन्य, प्रत्यस्थ, लचीला व कड़ा; विनीत, वश्य

dud (डड) *n* असफल योजना; निकम्मा व्यक्ति या वस्तु; बम का गोला या बम जो फटा न हो; चेक जिस का भुगतान न हो सके; **it's a dud!** यह बेकार है !

due (ड्यू) *a* देय, जो देना हो; प्राप्य, पावना; काफ़ी, समुचित; उचित, आने वाला, अपेक्षित, नियत या निश्चित तिथि // *ad* : **due north** ठीक उत्तर की ओर; **dues** *npl* शुल्क; फ़ीस आदि; **in due course** यथा समय; **due to** के कारण, के फलस्वरुप; **he's due to finish tomorrow** उसे अपना काम कल समाप्त करना है

duel ('ड्यूअल) *n* घातक हथियारों (तलवार, पिस्तौल) से द्वंद-युद्ध; दो पक्षों का कड़ा संघर्ष

duet ('ड्यूएट) *n* युगलगान, युगल-वादन

duffel ('डफ़ल) *a* : **duffel bag** मोटे कपड़े का लम्बा गोलाकार थैला; **duffel coat** मोटे ऊनी कपड़े का भारी कोट

duffer ('डफ़र) *n* मूर्ख, अनाड़ी व्यक्ति

dug (डग) **dig** का *pt, pp*

duke (ड्यूक) *n* यूरोप में, युवराज से नीचे सामंत; छोटी रियासत (ड्ची) का शासक

dull (डल) *a* (व्यक्ति) मन्द बुद्धि, कुण्ठ, सुस्त; (वस्तु, कार्य आदि) नीरस, उबाने वाला; निरुत्साह, उदास, धुंधला, बादलों से ढका // *vt* दर्द, दु:ख, वेदना आदि मंद या कुण्ठित करना; **dullard** *n* मंदबुद्धि व्यक्ति

duly ('ड्यूलि) *ad* यथाविधि; बाकायदा; उचित रूप से; ठीक वक्त पर

dumb (डम) *a* मूक, गूंगा; (*col*) मंद बुद्धि; **dumbbell** *n* (व्यायाम के लिए) डम्बेल; **dumbfounded** *a* हक्का-बक्का, अवाक्

dummy ('डमि) *n* डमी, पुतला (कपड़ों को प्रदर्शित करने के लिए दरज़ी अथवा वस्त्र-विक्रेता की दुकान पर); (*CARDS*) डमी, ब्रिज के खेल में मेज़ पर खोला गया हाथ; (*SPORTS*) नकली चाल; बच्चे की चूसनी // *a* नकली, दिखावटी

dump (डम्प) *n* कूड़े का ढेर; (*col*) गंदी जगह; (*MIL*) गोला-बारूद आदि का अस्थायी गोदाम; **dumps** *npl* उदासी, मायूसी // *vt* ढेर लगा देना; फैंक देना; उतार देना; पटक देना; (सस्ती वस्तुएं) विदेशों में बड़ी मात्रा में बिकने भेज देना; **dumping** *n* (*ECON*) किसी कम्पनी का (प्राय: विदेशी बाज़ार में) अपना माल सस्ते दामों पर बड़ी मात्रा में भेजने की क्रिया; मलबे, कूड़े आदि का ढेर लगाना; **'no dumping'** 'यहां मलबा आदि डालना मना है'

dumpling ('डंप्लिङ) *n* आटे तथा प्राय: फलों से बना एक मीठा पकवान; आटे में मांस व सब्जियां मिलाकर बना पकवान, कोफ़्ता

dumpy ('डंपि) *a* नाटा व मोटा (व्यक्ति वि. स्त्री)

dunce (डन्स) *n* मंदमति, मूर्ख

dunderhead ('डंडर्‌हेड) *n* मूर्ख

dune (ड्यून) *n* समुद्रतट अथवा रेगिस्तान में रेत का टीला, टिब्बा

dung (डंग) *n* गोबर, लीद, खाद

dungarees (डंग'रीज़) *npl* मोटे सूती कपड़े से बनी डांगरी (कारीगरों का लबादा)

dungeon ('डंजन) *n* तहख़ाने में कारागार, काल कोठरी; पहले समय में, किले की मीनार

duo ('ड्यूओ) *n* कलाकारों का जोड़ा

dupe (ड्यूप) *n* धोखाधड़ी का शिकार, भोला-भाला व्यक्ति // *vt* उल्लू बनाना, धोखा देना

duplex ('ड्यूप्लेक्स) *a* दोहरा, द्वैध; (: *apartment*) दो भागों में (ऊपर-नीचे) बना फ़्लैट

duplicate ('ड्यूपलिकिट) *n* प्रतिकृति, नकल // *vt* (पत्रों आदि की) प्रतिलिपि बनाना; किसी वस्तु की ठीक नकल बनाना; दोहरा, दुगुना; ठीक एक वस्तु जैसी दूसरी (वस्तु); **duplicator** *n* प्रतिलिपियां बनाने की मशीन; **duplicity** *n* कपट, छल; दोग़लापन;

धोखा

durable ('ड्युअरब्ल्) *a* टिकाऊ (वस्तु); **durability** *n* टिकाऊपन

duration (ड्यु'रेशन) *n* अवधि, मियाद

duress (डयुअ'रॅस) *n* : **under duress** दबाव/बलप्रयोग के कारण (कोई अनिच्छित बयान देना)

during ('ड्युअरिङ) *prep* के समय, की अवधि में, के दौरान

dusk (डस्क) *n* (शाम का) झुटपुटा; **dusky** *a* काला, श्यामल, काले रंग का; मटमैला, धुंधला

dust (डस्ट) *n* धूल, गर्द, किसी भी पदार्थ का चूरा, राख // *vt* धूल झाड़ना; **to dust with** पाउडर (चूर्ण) बुरकना, छिड़कना; **dustbin** *n* कूड़ेदान; **dustbowl** *n* वह क्षेत्र जिससे तेज़ हवाएं ऊपर की उपजाऊ मिट्टी उड़ा कर ले गई हैं; **duster** *n* झाड़न, धूल झाड़ने का कपड़ा; **dust jacket** *n* किताब पर चढ़ा कवर; धूलिरोधी जैकिट; **dustman** *n* (*Brit*) घरों का कचरा ले जाने वाला ज़मींदार; **dusty** *n* धूलभरा

Dutch (डच) *a* (हॉलैंड) नीदरलैंड-सम्बंधित // *n* डच भाषा; **Dutch courage** शराबी का साहस या शेख़ी; झूठा साहस; जोशे-जाम; **the Dutch** *npl* हालैंड के लोग; **to go Dutch** (दावत आदि में) प्रत्येक व्यक्ति का अपना खर्चा आप देना; **Dutch man/woman** *n* डच पुरुष/स्त्री

dutiful ('ड्यूटिफुल) *a* कर्त्तव्यपरायण; आज्ञाकारी

duty ('ड्यूटि) *n* कर्त्तव्य, धर्म, फ़र्ज़; ड्यूटी, शुल्क, कर, महसूल; सैन्य-सेवा; (नौकरी), कार्य; **duties** *npl* नौकरी में किसी के ज़िम्मे काम, ड्यूटी; **dutiable** *a* जिस पर सीमा शुल्क लगे; **off duty** जिसे नौकरी का काम (ड्यूटी) न करना हो (छुट्टी पर होने या काम का समय खत्म हो जाने के कारण); **duty-free** *a* निःशुल्क

duvet ('डूवे) *n* (*Brit*) पक्षियों के रोयों से भरी रज़ाई

dwarf (ड्वॉर्फ़) *n* बौना (मनुष्य, पशु, पौधा); (पौराणिक) बहुत छोटा मनुष्य जैसा जीव // *vt* तुलना में बहुत छोटा दिखलाना; सामान्य आकार तक बढ़ने से रोकना

dwell *pt, pp* **dwelt** (ड्वेल, ड्वेल्ट) *vi* रहना; बसना; **to dwell on** *vt* पर विस्तार से लिखना या बोलना; **dweller** *n* निवासी; **dwelling** *n* घर, निवास, मकान

dwindle ('ड्विंड्ल) *vi* घटना, क्षीण होना, कम होना

dye (डाइ) *n* द्रव में घुला या घुल सकने वाला रंग, वर्ण // *vt* कपड़ा रंगना (घुले रंग में डुबो कर); **dyer** *n* रंगरेज़

dying ('डाइंङ) *a* जो मरने वाला हो,

मरणासन्न (व्यक्ति)

dyke (डाइक) *n* समुद्र का पानी रोकने के लिए बना बांध; मैदान से पानी बाहर निकालने की नहर

dynamic (डाइ'नैमिक) *a* गतिशील, गति उत्पन्न करने वाला; सक्रिय; ओजस्वी

dynamite ('डाइनमाइट) *n* डाइनामाइट, विस्फोटक मिश्रण // *vt* डाइनामाइट से उड़ा देना

dynamo ('डाइनमो) *n* डाइनमो (बिजली उत्पन्न करने वाला यंत्र)

dynasty ('डिनस्टि) *n* वंश, राजवंश, कुल; **dynastic** (डि'नैस्टिक) *a* राजवंशीय

dysentery ('डिसंट्री) *n* पेचिश; संग्रहणी

dysfunction (डिस्'फ़ंक्शन) *n* सामान्य रूप से कार्य न करना (विशे॰ शरीर के अंगों का), दुष्क्रिया

dyslexia (डिस्'लेंक्सिअ) *n* मानसिक विकार से उत्पन्न पठन-अक्षमता; ठीक तरह पढ़ सकने में कठिनाई

dyspepsia (डिस्'पॅप्सिअ) *n* अजीर्ण, बदहज़मी

dystrophy ('डिस्ट्रफ़ि) *n* शरीर के ऊतकों (टिशू) वि॰ मांस-पेशियों का दुर्बल व क्षीण होना

E

E (ई) *n* (*MUS*) संगीत का एक स्वर

each (ईच) *a, pronoun* प्रत्येक, हर-एक (अलग-अलग); **each one** प्रत्येक व्यक्ति; **they hate each other** वे एक दूसरे से घृणा करते हैं; **you are jealous of each other** तुम्हें एक दूसरे से ईर्ष्या है; **they have 2 books each** उनके पास दो-दो किताबें हैं

eager ('ईगर) *a* उत्सुक, आतुर, व्यग्र, बेसब्र; **to be eager for** (कुछ करने या पाने) के लिए बहुत आतुर होना; **eagerly** *ad* उत्सुकता से; **eagerness** *n* उत्सुकता

eagle ('ईगल) *n* गरुड़, उकाब

ear (इअर) *n* कान, कर्ण विशे॰ बाह्यकर्ण; सुनने की शक्ति; स्वर की पहचान; ध्यान; अनाज की बाली; **earache** *n* कान की तीव्र पीड़ा; **eardrum** *n* कान का पर्दा

earl (अर्ल) *n* इंगलैंड में मारक्वीस से नीचे का सामंत

early ('अर्लि) *ad* शीघ्र, जल्दी; पहले भाग में; सवेरे-सवेरे; प्राचीन काल में // *a* प्रारंभिक; प्राचीन; पूर्व; **to have an early night** जल्दी सो जाना; **in the early** *or* **early in the spring/18th century** वसंत/18वीं शताब्दी के आरंभ में; **early retirement** *n* निश्चित समय से पहले अवकाश-ग्रहण/सेवानिवृत्ति

earmark ('इअर्मार्क) *vt* : **to earmark sth for** (किसी विशेष प्रयोजन) के लिए अलग रख देना

earn (अर्न) *vt* अर्जित करना, कमाना; प्राप्त करना, के योग्य होना

earnest ('अर्निस्ट) *a* गंभीर; उत्साही; निष्ठावान // *n* अग्रिम राशि, बयाना; **in earnest** *ad* गंभीरता से, पक्के निश्चय से, मन लगाकर

earnings ('अर्निंग्ज़) *npl* कमाई, उपार्जन

earphones ('इअर्फ़ोन्ज़) *npl* कान पर लगाकर रेडियो आदि सुनने का रिसीवर

earring ('इअरिंग) *n* बाली, झुमका

earshot ('इअर्शॉट) *n* : **out of/within earshot** सुनाई देने की सीमा के बाहर/ अंदर

earth (अर्थ) *n* पृथ्वी, ज़मीन, स्थल (जलमय स्थान के विपरीत), मिट्टी; खनिज; लोमड़ी का रहने का स्थान; (*ELEC*) विद्युत-संयंत्र को पृथ्वी से जोड़ने वाली तार, भूसंपर्क, अर्थ // *vt* (*ELEC*) विद्युत-संयंत्र को तार द्वारा पृथ्वी से जोड़ना; **earthen** *a* मिट्टी का बना; **earthenware** *n* मिट्टी के बरतन; **earthly** संभव; सांसारिक; **earthquake** *n* भूंचाल, भूकम्प; **earthwork** *n* मिट्टी की मोटी दीवार (किले, बांध आदि की सुरक्षा के लिए); **earthworm** *n* केंचुआ; **earthy** *a* पृथ्वी का; (*fig*) स्वाभाविक; अश्लील, गंवारू

ease (ईज़) *n* आराम, चैन; परेशानी, दर्द, मुसीबत से छुटकारा; आलस्य // *vt* (भार, चिंता आदि) कम करना; शारीरिक व मानसिक सुख, आराम पहुंचाना; ढीला करना; सावधानी से व धीरे-धीरे चलाना; (पीड़ा) कम करना; **at ease** (*MIL*) विश्राम की मुद्रा में; **to ease sth in/out** आराम व सावधानी से अंदर ले जाना/ बाहर ले जाना; **to ease off** *or* **up** *vi* (तीव्रता, गति आदि) कम होना

easel ('ईज़ल) *n* चित्र को टिकाने व प्रदर्शित करने का साधन (प्रायः एक ऊंची तिपाई), चित्राधार, चित्रफलक

east (ईस्ट) *n* पूर्व दिशा, पूरब // *a* पूर्व (क्षितिज) पर, पूर्व में, के समीप; पूर्वी, पूर्वीय // *ad* पूर्व से, की ओर; **the East** पूर्व के देश (दक्षिणी व पूर्वी एशिया के देश)

Easter ('ईस्टर) *n* ईसा के पुनर्जीवित होने की खुशी में पर्व; **Easter egg** *n* ईस्टर पर उपहार के रूप में दिया जाने वाला अण्डा (बहुधा चाकलेट का या रंग किया हुआ मुर्ग़ी का अण्डा)

easterly ('ईस्टर्लि) *a* पूर्वी (पवन)

eastern ('ईस्टर्न) *a* पूर्व में स्थित, पूर्वी

eastward(s) ('ईस्ट्वर्ड्(ज़)) *ad* पूर्व की ओर

easy ('ईज़ि) *a* आसान, सरल; पीड़ा-रहित; चिंता-मुक्त // *ad* : **to take it** *or* **things easy** चैन से बैठना, (किसी परिस्थिति में) शांत रहना; **easy chair**

n आराम कुर्सी; **easy-going** *a* आरामतलब, जल्दी से परेशान या नाराज़ न होने वाला; **easily** *ad* आसानी से

eat, *pt* **ate,** *pp* **eaten** (ईट, एट, 'ईट्न) *vt, vi* खाना, भोजन करना; **to eat into, to eat away at** *vt* को नष्ट करना, कुतरना, खा जाना

eau de cologne (ओ ड क'लोन) *n* *Fr* एक हल्की सुगंधि, इत्र

eaves (ईव्ज़) *npl* छत का वह भाग जो दीवार के आगे की ओर निकला हो, ओरी

eavesdrop ('ईव्ज़्ड्रॉप) *vi* : **to eavesdrop (on a conversation)** किसी की बातें छिपकर सुनना, कनसुइयां लेना

ebb (ऍब) *n* भाटा; अवनति, घटना // *vi* (समुद्र में भाटे का) उतरना, हटना; अवनति (*fig* : **to ebb away** भी) धीरे-धीरे घटकर समाप्त हो जाना; **ebb tide** *n* भाटा

ebony ('ऍबनि) *n* आबनूस की लकड़ी (एक सख़्त काली लकड़ी)

eccentric (इक्'सेंन्ट्रिक) *n* सनकी, विचित्र व्यक्ति // *a* सनकी, झक्की; विचित्र; अनियमित; अवृत्ताकार

ECG electrocardiogram, electrocardiograph का संक्षेप

echelon ('ऍश्लॉन) *n* उत्तरदायित्व अथवा प्रशासनिक महत्व का सोपान या दरजा, सोपानक

echo, echoes ('ऍको, 'ऍकोज़) *n* प्रतिध्वनि, गूंज; अनुकरण, मिलती-जुलती रचना, कार्य आदि // *vt* प्रतिध्वनित करना // *vi* गूंजना, दुहराना; **echo sounding** *n* जलमग्न वस्तु अथवा समुद्रतल से आने वाली प्रतिध्वनि का समय माप कर पानी की गहराई जानने की विधि

eclair (ए'क्लेअर) *n* उंगली नुमा जमाया हुआ केक जिसमें क्रीम भरी होती है

eclipse (इ'क्लिप्स) *n* (सूर्य या चंद्र) ग्रहण; वस्तु, व्यक्ति आदि की प्रसिद्धि बहुत कम होना, फीका पड़ना // *vt* (को) ग्रहण लगाना; एक वस्तु, व्यक्ति द्वारा दूसरे को श्रीहीन या फीका कर देना

ecology (इ'कॉलजि) *n* वनस्पति तथा जीवों के अपने पर्यावरण से सम्बंध का अध्ययन, पर्यावरण विज्ञान; **ecological** (इकॉ'लजिकल) *a* पर्यावरण-सम्बंधी; **ecologist** *n* पर्यावरण-विज्ञानी

economic (इक'नामिक) *a* अर्थशास्त्र-सम्बंधी, किफ़ायती, लाभदायक; **economical** *a* मितव्ययी, किफ़ायती; **economics** *n* अर्थशास्त्र; (*used as pl*) आर्थिक पहलू; **economist** (इ'कॉनमिस्ट) *n* अर्थशास्त्री

economize (इ'कॉनमाइज़) *vi* व्यय, अपव्यय आदि सीमित अथवा कम करना

economy (इ'कॉनमि) *n* धन का किफ़ायत से व उचित उपयोग, मितव्ययिता; देश के अर्थ, उद्योग व रोज़गार

के अंतर्सम्बन्ध की प्रणाली, अर्थ-व्यवस्था

ecstasy ('ऍक्सटसि) *n* परम हर्ष व आनंद की भावना, उल्लास, हर्षोन्माद; भावसमाधि; तन्मयता; **ecstatic** (ऍक्स'टैटिक) *a* अत्यंत हर्षित, समाधि-मग्न

eczema ('ऍक्सिम्अ) *n* ऐक्ज़ीमा, एक चर्मरोग

eddy ('ऍडि) *n* भंवर, बवण्डर

edge (ऍज) *n* किनारा, कोर; सीमा; धार (तलवार आदि की); पैनापन; कडुवाहट; **on edge** (*fig*) = **edgy**; **to have an edge on** से आगे होना; **to edge away from** (स्थान से) आहिस्ता से खिसक जाना; **edgeways** *ad* तिरछे; **he couldn't get a word in edgeways** उसे एक शब्द भी कहने का अवसर न मिला

edgy ('ऍजि) *a* चिड़चिड़ा, तेज़मिज़ाज; घबराया हुआ

edible ('ऍडिब्ल) *a* भोज्य, खाने योग्य

edict ('इडिक्ट) *n* राजाज्ञा, आदेशपत्र, फ़रमान

edifice ('ऐडिफिस) *n* भवन, बड़ी इमारत

edify ('ऍडिफ़ाइ) *vt* नैतिक रुप से सुधारना; उपदेश देना; **edification** (ऍडिफ़ि'केशन) *n* नैतिक सुधार या उन्नति, सुशिक्षा

edit ('ऍडिट) *vt* पुस्तक, समाचार पत्र आदि का सम्पादन करना; फ़िल्म, टेप आदि को प्रसारण के लिए ठीक करना या तैयार करना; **edition** (इ'डिशन) *n* संस्करण; किसी छापी गई पुस्तक आदि की संख्या; **editor** *n* सम्पादक; **editorial** (ऍडि'टॉरिअल) *a* सम्पादक का // *n* सम्पादकीय लेख, अग्रलेख

educate ('ऍड्युकेट) *vt* शिक्षित करना; पढ़ाना, शिक्षा देना; नैतिक व मानसिक प्रशिक्षण देना; प्रशिक्षित करना; सुधारना; विकास करना

education (एड्यु'केशन) *n* शिक्षा; **educational** *a* शिक्षा सम्बंधी, शैक्षिक; **educationist** *n* शिक्षाशास्त्री; **educative** (एड्यु'केटिव़) *a* शिक्षाप्रद

EEC *European Economic Community* का संक्षेप

EEG **electroencephalogram, electroencephalograph** का संक्षेप

eel (ईल) *n* सांपनुमा मछली, ईल, बाम

eerie ('इअरि) *a* भयानक, अजीबोग़रीब; अलौकिक, (अंधविश्वास के कारण) डर उत्पन्न करने वाला

efface (इ'फ़ेस) *vt* मिटा देना, (रगड़कर) ग़ायब कर देना

effect (इ'फ़ेक्ट) *n* फल, नतीजा, परिणाम; प्रभाव, असर, लागू रहने की स्थिति; **effects** *npl* (*THEATRE*) फ़िल्म, रेडियो प्रसारण नाटक आदि से

effeminate 226 eight

जुड़ी वस्तुऐं (प्रकाश, ध्वनि आदि सम्बंधी); **to take effect** (*law*) लागू होना; (*drug*) असर दिखाना; **in effect** सारांश यह कि, कहने का मतलब है कि; **effective** *a* कारगर, प्रभावशाली, लागू, कार्यान्वित; **effectively** *ad* कारगर तरीके से, पूरी तरह से; **effectiveness** *n* प्रभाव-कारिता, कारगर होने की स्थिति

effeminate (इ'फ़ेमिनिट) *a* हाव-भाव में स्त्री जैसा (पुरुष), ज़नाना; दुर्बल

efficacious (ऐंफ़ि'केशस) *a* इच्छित परिणाम दे सकने में समर्थ, प्रभावोत्पादक, असरदार, अमोघ; **efficacy** (ऐंफ़ि'कसि) *n* क्षमता, सामर्थ्य, शक्ति, असर

efficiency (इ'फ़िशन्सि) *n* कार्य-कुशलता, कार्यक्षमता, दक्षता

efficient (इ'फ़िशंट) *a* कार्यकुशल, योग्य, दक्ष; कारगर

effigy ('ऐंफ़िजि) *n* प्रतिमा, मूर्ति, पुतला

effluent ('ऐंफ़्लुअंट) *n* (कारख़ाने आदि से) छोड़ा गया पानी अथवा अन्य द्रव, निस्सारी; नदी, झील आदि से निकली धारा

effort ('ऐंफ़र्ट) *n* परिश्रम; प्रयत्न, कोशिश, प्रयास; काम, उप्लब्धि

effrontery (इ'फ्रंटरि) *n* धृष्टता, गुस्ताख़ी

effusive (इ'फ़्यूसिव़) *a* भावपूर्ण, उद्गारों को भावात्मक रूप से प्रकट करने वाला; जोशभरा

e.g. *ad exempli gratia* (*Lat, for example*) उदाहरण के लिए

egalitarian (इगैलि'टेंअरिअन) *a* यह विश्वास करने वाला कि सभी मनुष्य समान होने चाहियें; इस आदर्श का समर्थन व प्रचार करने वाला समतावादी // *n* ऐसा व्यक्ति; **egalitarianism** *n* यह सिद्धांत

egg (ऍग) *n* अण्डा; **to egg on** *vt* उकसाना; **egg cup** *n* उबला अंडा रखने की प्याली; **eggplant** *n* (विशे. *US*) बैंगन; **eggshell** *n* अण्डखोल

ego ('ईगो) *n* अहम्, अपनी ही दृष्टि में अपना व्यक्तित्व, अहंभाव; **egoism** *n* स्वार्थ, अहंभाव; सिद्धांत जिसमें नैतिकता का आधार स्वयं का हित हो; **egoist** *n* अहंकारी; स्वार्थी

egotism ('ऍगोटिज़्म) *n* स्वार्थ; अहंकार

egotist ('ऍगोटिस्ट) *n* स्वार्थी; स्वयं को दूसरों से अधिक महत्वपूर्ण समझने वाला

Egypt ('ईजिप्ट) *n* मिस्र (देश); **Egyptian** (ई'जिप्शन) *a* मिस्र सम्बंधी // *n* मिस्र निवासी

eiderdown ('आइडर्डाउन) *n* बत्तख़ के परों से भरी रज़ाई

eight (एट) *num* आठ (की संख्या); **eighteen** *num* अठारह; **eighteenth** *a, n* अठारवां; **eighth**

(एट्थ) *a, n* आठवां; **eightieth** *a, n* अस्सीवां; **eighty** *num* अस्सी

Eire (ऐअर) *n* आयरलैंड गणराज्य

either ('आइदर) *a* दोनों, प्रत्येक; **on either side** दोनों ओर // *pronoun* दोनों में से एक; **either of them** उन् दोनों में से एक; **I don't like either** मुझे (दोनों में से) कोई भी पसंद नहीं // *ad* **no, I don't either** नहीं, मैं भी नहीं (पसंद करता) //*cj* या, दो वाक्यांशों, शब्दों आदि के साथ *'or'* से पहले प्रयुक्त; **either good or bad** अच्छा या बुरा; **either he or you must go** तुम्हें या उसे (दोनों में से एक को) अवश्य जाना चाहिए

eject (इ'जेक्ट) *vt* निकाल बाहर करना, फैंक देना, (मकान आदि से) बेदख़ल करना; **ejection** (इ'जैक्शन) *n* निष्कासन; **ejectment** *n* निकाल देने की क्रिया

eke (ईक) : **to eke out** *vt* कम उपयोग से (थोड़ी रसद पर) देर तक निर्वाह करना, मुश्किल से गुज़ारा करना

elaborate (इ'लैबरिट) *a* विस्तृत (वर्णन आदि); लम्बा-चौड़ा (आयोजन); जटिल // *vb* (इ'लैबरेट) *vt* विस्तार से वर्णन करना; उत्पन्न करना // *vi* किसी बात का विस्तार से वर्णन करना

elapse (इ'लैप्स) *vi* (समय) गुज़रना

elastic (इ'लैस्टिक) *a, n* लचीला, खींचने अथवा दबाने के बाद छोड़ने पर अपने स्थान पर वापिस आ जाने वाला (पदार्थ); **elastic band** *n* लचीला फ़ीता; **elasticity** (इ'लैस्टिसिटि) *n* लचक, लचीलापन

elated (इ'लेटिड) *a* उल्लसित

elbow ('ऍल्बो) *n* कोहनी, इसे ढंकने वाला (कमीज़ की) आस्तीन का हिस्सा; मोड़ // *vt* कोहनी मारना; धक्का देते हुए आगे बढ़ना

elder ('ऍल्डर) *a* बड़ा, ज्येष्ठ // *n* सफ़ेद फूलों वाला एक पेड़; **one's elders** किसी के बुज़ुर्ग; **old** का *comp* *n* (दो व्यक्तियों में आयु में) बड़ा; वृद्ध व्यक्ति; **elderly** *a* वयोवृद्ध, अधेड़; // *npl* **the elderly** बड़े बूढ़े

eldest ('एल्डिस्ट) *a, n* : **the eldest (child)** सबसे बड़ा (पुत्र/पुत्री)

El Dorado (ऍल डॉ'राडो) *n* सोने से भरपूर काल्पनिक देश

elect (इ'लेक्ट) *vt* वोट द्वारा चुनना, (वस्तु कार्य आदि) चुनना; **to elect to do** करने का फैसला करना // *a* चुना हुआ (व्यक्ति जिसने अभी कार्यभार न संभाला हो); **the president elect** मनोनीत राष्ट्रपति; **election** (इ'लेक्शन) *n* चुनाव, निर्वाचन; **electioneering** (इलेक्श'निअरिङ) *n* राजनीतिक चुनाव में प्रचार अभियान, दौड़-धूप; **elective** *a* निर्वाचित, वैकल्पिक (विषय आदि); चयनात्मक; **elector** *n* निर्वाचक, मतदाता; **electorate** *n* निर्वाचक-

समूह, मतदाता

electric (इ'लेक्ट्रिक) *a* बिजली उत्पन्न करने वाला (संयंत्र), बिजली का संचार करने वाला, अथवा उससे चलने वाला (यंत्र या उपकरण); **electrical** *a* बिजली का, विद्युत-सम्बंधित; **electric blanket** *n* बिजली का कम्बल (जो अंदर लगी बिजली की तारों से उसे गरम रखता है); **electric fire** *n* विद्युत-तापक, कमरे को गर्म रखने के लिए लगी बिजली की अंगीठी; **electric organ** *n* (*MUS*) वाद्य जिसमें स्वर वायु के स्थान पर बिजली द्वारा उत्पन्न किया जाता है

electrician (इलेक्'ट्रिशन) *n* बिजली-मिस्तरी, इलेक्ट्रीशियन

electricity (इलेक्'ट्रिसिटि) *n* विद्युत, बिजली

electrify (इ'लेक्ट्रिफ़ाइ) *vt* बिजली लगाना; (*RAIL*) विद्युतीकरण करना; (*audience*) चौंकाना व उत्तेजित करना; **electrification** (इलेक्ट्रि-फ़ि'केशन) *n* विद्युतीकरण

electrocardiogram (इलेक्ट्रो'का-र्डिओग्राम) *n* हृदय की विद्युतीय क्रिया को अंकित (रिकार्ड) करने वाले यंत्र से बनाया गया रेखांकन

electrocardiograph (इलेक्ट्रो'का-र्डिओग्राफ़) *n* हृदय की विद्युतीय क्रिया को अंकित (रिकार्ड) करने का यंत्र

electrocute (इ'लेक्ट्रक्यूट) *vt* बिजली द्वारा प्राणदण्ड देना; **electrocution** *n* बिजली के झटके से मृत्यु

electroencephalogram (इले-क्ट्रोऐन'सेफ़लग्राम) *n* मस्तिष्क की विद्युत क्रिया को रेखांकित करने के यंत्र से बनाया गया रेखांकन

electroencephalograph (इले-क्ट्रोऐन'सेफ़लग्राफ़) *n* मस्तिष्क की विद्युत क्रिया को रेखांकित करने का यंत्र

electromagnet (इलेक्ट्रो'मैगनिट) *n* चुम्बक जिस पर तार लिपटी होती है जिसमें से विद्युत-धारा प्रवाहित होती है, विद्युत चुम्बक

electron (इ'लेक्ट्रॉन) *n* विद्युद्णु, इलेक्ट्रॉन, ऋण-विद्युत का परमाणु; परमाणु का एक मूल घटक

electronic (इलेक'ट्रॉनिक) *a* इले-क्ट्रान अथवा इलेक्ट्रानिक्स सम्बन्धी; इलेक्ट्रॉन की क्रिया पर निर्भर साधन (जैसे सेमीकंडकटर, ट्रान्ज़िस्टर, वाल्व) का उपयोग करने वाला (यंत्र, उपकरण); **electronics** *npl* इलेक्ट्रॉनिक साधनों, उपकरणों व परिपथ (सरकिट) के विकास सम्बन्धी प्रौद्योगिकी (टैक्नॉलजी); इलेक्ट्रॉन की कार्यविधि व उसके नियंत्रण का विज्ञान

electroplate (इ'लेंक्ट्रोप्लेट) *vt* विद्युत-अपघटक (इलेक्ट्रोलिसिस) द्वारा चांदी आदि की परत चढ़ाना

elegant ('ऐलिगंट) *a* सुरुचिपूर्ण, शिष्ट, परिष्कृत; रमणीय, आचार-व्यवहार में बहुत अच्छा; **elegance** *n*

लालित्य, बहुत सुरुचिपूर्ण आचार-व्यवहार

elegy ('ऍलिजि) *n* शोकगीत, शोक कविता

element ('ऍलिमंट) *n* तत्व, मूलतत्व; अवयव, हिस्सा, (राशि का) अंश; बिजली की केतली व स्टोव में गरम करने की तार; स्वाभाविक या अनुकूल वातावरण; **elements** *npl* मौसम, आंधी, तूफ़ान; प्रारंभिक ज्ञान; **elementary** (ऍलि'मंट्रि) *a* प्राथमिक, प्रारंभिक; सरल

elephant ('ऍलिफ़ंट) *n* हाथी; **elephantiasis** (ऍलिफ़न्'टाइअसिस) *n* एक रोग जिसमें टांगों की चमड़ी सख़्त हो जाती है व टांगें फूल जाती हैं, फीलपाव

elevate ('ऍलिवेट) *vt* ऊपर उठाना, ऊंचा करना; (मन) गर्व व उल्लास से भर देना, उन्नत करना; **elevation** (ऍलि'वेशन) *n* उठाना; ऊंचाई, विशे॰ समुद्रतल से

elevator ('ऍलिवेटर) *n* ऊपर उठाने का यंत्र; (*US*) लिफ़्ट

eleven (इ'लेवन) *n* ग्यारह; ग्यारह की टीम; **elevenses** (इ'लेवन्ज़िज़) *npl* (*Brit*) मध्य-प्रातः का हल्का नाश्ता; **eleventh** *a* ग्यारहवां, 1/11; **eleventh hour** *n* बिल्कुल अंतिम क्षण (पर पहुंचना आदि)

elicit (इ'लिसिट) *vt* (बात को) प्रकाश में लाना; **to elicit from** किसी से (उत्तर, सूचना आदि) निकलवाना, प्राप्त करना

eligible ('ऍलिजब्ल) *a* योग्य (चुनाव; परीक्षा आदि के लिए); उपयुक्त, वांछनीय, उचित (पात्र); **eligibility** (ऍलिज'बिलिटि) *n* योग्यता; निर्वाच्यता

eliminate (इ'लिमिनेट) *vt* हटाना, अलग कर देना; (से) मुक्ति पा लेना; **elimination** (इलिमि'नेशन) *n* हटाने, खत्म करने की क्रिया, विलोपन

elite (इ'लीट, ए'लीट) *n* विशिष्ट वर्ग, समाज के सर्वोत्कृष्ट व सबसे उत्तम लोग

elixir (इ'लिक्सर) *n* पारसमणि; अमृत; अचूक औषधि, रामबाण औषधि

elm (ऍल्म) *n* एक वृक्ष, चिराबेल, हिमरोई

elocution (ऍल'क्यूशन) *n* सार्वजनिक भाषण देने की कला; वक्तृत्वकला

elongated ('ईलॉङगेटिड) *a* लम्बा किया हुआ, बढ़ाया हुआ

elope (इ'लोप) *vi* प्रेमी के साथ घर से भाग जाना; **elopement** *n* प्रेमी के साथ भागने की क्रिया

eloquence ('ऍलक्वन्स) *n* भाषा का धाराप्रवाह प्रयोग जो भावनाओं को उभाड़े; वाक्पटुता; **eloquent** *a* वाक्पटु, भावपूर्ण

else (ऍल्स) *ad* अतिरिक्त, (कोई) और, वरना; **something else** कुछ और; **somewhere else** कहीं और; **everywhere else** और सभी जगह;

nobody else और कोई भी नहीं; where else? और कहां ?; little else और कुछ नहीं; elsewhere *ad* कहीं और

elucidate (इ'लूसिडेट) *vt* व्याख्या करना; स्पष्ट करना

elude (इ'लूड) *vt* बच निकलना, टाल-मटोल करना; समझ में न आना

elusive (इ'लूसिव़) *a* आसानी से पकड़ में न आने वाला; धोखे भरा

emaciated (इ'मेसिएटिड) *a* क्षीण-काय, दुबला पतला

emanate ('ऍमनेट) *vi* (से) निकलना, आना, शुरु होना, उत्पन्न होना

emancipate (इ'मैन्सिपेट) *vt* स्वाधीन करना, आज़ाद करना, उद्धार करना; **emancipation** (इमैन्सि'-पेशन) *n* उद्धार विशे॰ सामाजिक व न्यायिक बंधनों से, विमुक्ति

embalm (इम्'बाम) *vt* रसायनों अथवा जड़ी-बूटियों आदि का लेप करके शव को खराब होने से बचाये रखना

embankment (इम्'बैंक्मंट) *n* (*dyke*) बांध, तटबंध; सड़क या रेलमार्ग के लिए बना मिट्टी का भराव

embargo (ऍम्'बार्गो) *n* घाट-बंदी, जहाज़ों के आवागमन पर लगाई गई रोक; व्यापार पर रोक; निषेध-आज्ञा

embark (इम्'बार्क) *vi* : **to embark (on)** जहाज़, वायुयान आदि पर चढ़ना; **to embark on** (*fig*) प्रारंभ करना, (काम में) लगना; **embarkation** (ऍम्बार्'केशन) *n* जहाज़ आदि पर चढ़ने की क्रिया

embarrass (इम्'बैरस) *vt* परेशान करना; उलझन में डालना, झेंपाना; अड़चन या बाधा डालना; **embarrassed** *a* लज्जित; शरमाया हुआ, संकोची; व्याकुल; **embarrassing** *a* उलझन में डालने वाली (स्थिति); शर्मिदा करने वाला (कथन); **embarrassment** *n* घबराहट; लज्जा; उलझन, परेशानी

embassy ('ऍम्बसि) *n* राजदूतावास, दूतावास

embed (इम्'बेड) *vt* जड़ना, गाड़ना, पक्का जमा देना

embellish (इम्'बेलिश) *vt* सजाना, सुंदर बनाना

ember ('ऍम्बर) *n* अंगारा; **embers** *npl* लाल-तपते कोयले

embezzle (इम्'बेज़ल) *vt* ग़बन करना; **embezzlement** *n* ग़बन

embitter (इम्'बिटर) *vt* कटुता, कड़वाहट बढ़ाना, द्वेष उत्पन्न करना

emblem ('ऍम्ब्लम) *n* प्रतीक; कुल-चिन्ह; सूचक चिन्ह; बैज

embody (इम्'बॉडि) *vt* साकार रूप देना, मूर्त रूप देना; अभिव्यक्त करना, सम्मिलित करना; **embodiment** *n* मूर्त रूप

embolden (इम्'बोल्डन) *vt* (की) हिम्मत बढ़ाना

embossed (इम्'बॉस्ट) *a* नक्काशी किया हुआ; उभरा हुआ (शब्द, मुहर आदि)

embrace (इम्'ब्रेस) *vt* को आलिंगन करना, बांहों में लेना, गले लगाना; को ग्रहण करना; (से) फ़ायदा उठाना; को स्वीकार करना; को सम्मिलित या समाविष्ट करना // *vi* आलिंगन करना // *n* आलिंगन

embroider (इम्'ब्रॉइडर) *vt* बेलबूटा काढ़ना; (*fig*) (कहानी आदि में) नमक मिर्च लगाना; बढ़ा-चढ़ा देना; **embroidery** *n* कशीदा, कशीदाकारी, कढ़ाई

embroil (इम्'ब्रॉइल) *vt* उलझाना, लड़ाई-झगड़े में फंसा लेना

embryo ('ऍम्ब्रिओ) *n* गर्भ में (अविकसित) बच्चा, भ्रूण; अविकसित वस्तु, विचार आदि

emerald ('ऍमरल्ड) *n* एक कीमती हरे रंग का पत्थर, पन्ना // *a* इस के रंग का

emerge (इ'मर्ज) *vi* ऊपर या बाहर आना; उभरना; प्रकट होना, (तहकीकात करने पर) सामने आना

emergence (इ'मर्जन्स) *n* आविर्भाव, सामने आने की क्रिया

emergency (इ'मर्जन्सि) *n* आपातस्थिति जब किसी अप्रत्याशित वस्तु या घटना की कठिन परिस्थिति से निबटना हो; **in an emergency** आकस्मिक संकट की स्थिति में; **emergency cord** *n* (*US*) आपद् घंटी, खतरे की घंटी; **emergency exit** *n* संकट-द्वार, आपात-द्वार; **emergency landing** *n* आपात-अवतरण, वायुयान का संकटकालीन स्थिति में उतरना; **the emergency services** *npl* (*fire, police, ambulance*) आपातकालीन सेवाएं

emeritus (इ'मेरिटस) *a* सम्मानसहित सेवामुक्त व्यक्ति जिसकी उपाधि (जैसे प्रोफेसर) अवैतनिक व सम्मानार्थ उसके पास रहे

emery ('ऍमरि) *n* घिसने या चमकाने के काम आने वाला एक खनिज पदार्थ; **emery board** एमरी-गत्ता (जो नाखून घिसने के काम आता है)

emetic (इ'मेटिक) *a, n* वमनकारी दवा, उल्टी कराने वाली दवा

emigrate ('ऍमिग्रेट) *vi* अपना देश छोड़कर दूसरे देश में जाकर बस जाना; **emigrant** *n* प्रवासी; **emigration** *n* प्रवास, देश छोड़कर जाने की क्रिया

eminent ('ऍमिनंट) *a* विशिष्ट, विख्यात (व्यक्ति); श्रेष्ठ, प्रतिष्ठित; **eminence** *n* प्रतिष्ठा, ऊंचाई, श्रेष्ठता; ख्याति, मशहूरी

emissary ('ऍमिसरि) *n* दूत, प्रतिनिधि आदि (विशे॰ सरकारी) जिसे किसी विशेष कार्य के लिए भेजा गया हो

emit (इ'मिट) *vt* (किरणें, ध्वनि आदि)

emolument 232 **en-**

छोड़ना, प्रसारित करना; **emission** (इ'मिशन) *n* स्राव, प्रवाह

emolument (इ'मॉल्युमंट) *n* वेतन, आय, पारिश्रमिक, परिलाभ

emotion (इ'मोशन) *n* मन की उत्तेजना, भावावेश, (हर्ष, भय आदि के कारण) मनोभाव; **emotional** *a* (*person*) भावुक; (*scene*) भावात्मक; भावों को उभारने वाला (नाटक, कहानी आदि)

emperor ('ऍम्परर) *n* सम्राट

emphasis, *pl* **emphases** ('ऍम्फ़सिस, 'ऍम्फ़सीज़) *n* बल, ज़ोर; शब्दों पर बलाघात; महत्व

emphasize ('ऍम्फ़साइज़) *vt* (*syllable, word, point*) ज़ोर देना, महत्व देना

emphatic (ऍम्'फ़ैटिक) *a* ज़ोरदार; (*clear*) स्पष्ट; प्रभावशाली; **emphatically** *ad* ज़ोर देकर, ज़ोरदार शब्दों में

empire ('ऍम्पाइअर) *n* साम्राज्य

empirical (ऍम्'पिरिकल) *a* सिद्धांत के विपरीत अनुभव अथवा प्रयोग से प्राप्त (ज्ञान)

employ (इम्'प्लॉइ) *vt* (व्यक्ति को) नौकरी देना, काम पर लगाना; काम में लगाये रखना, उपयोग करना; **employee** *n* कर्मचारी; **employer** *n* मालिक; **employment** *n* नौकरी, रोज़गार, कार्य, व्यवसाय, धन्धा; **employment agency** *n* रोज़गार एजेन्सी/अभिकरण

emporium, *pl* **emporia** (ऍम्'पॉरिअम, एम्'पॉरिअ) *n* विविध प्रकार की वस्तुएं बेचने वाली बड़ी दुकान, एम्पोरियम; वाणिज्य-केन्द्र

empower (इम्'पाउअर) *vt* समर्थ करना; **to empower sb to do** किसी को (कार्य विशेष) करने का अधिकार देना

empress ('ऍम्प्रिस) *n* साम्राज्ञी; सम्राट की पत्नी

empty ('ऍम्प्टि) *a* रिक्त, खाली, निरर्थक; खोखला; मूर्ख // *vt* खाली करना या होना; (किसी अन्य बरतन आदि में) उंडेलना, डालना // *vi* ख़ाली होना; (नदी का समुद्र आदि में गिरना); **empties** *npl* ख़ाली बक्से, बोतलें आदि; **emptiness** *n* ख़ालीपन, शून्यता आदि; **empty-handed** *a* ख़ाली हाथ, बिना इच्छित वस्तु पाए

emulate ('ऍम्युलेट) *vt* किसी के बराबर या उससे आगे बढ़ने की चेष्टा करना; अनुकरण करना; **emulation** (ऍम्यु'लेशन) *n* प्रतिस्पर्धा, मुकाबला; अनुकरण

emulsion (इ'मलशन) *n* फ़ोटो फ़िल्म पर एक पतली तरल परत जो प्रकाश से प्रभावित होती है; दूधिया द्रव जिसमें तेल अथवा अन्य चिकनाई वाले पदार्थों के कण मिले होते हैं; **emulsion (paint)** *n* इस रूप में रंगरोग़न

en- (औष्ठ्य के पहले **em** भी) *comb form* उपसर्ग जो अनेक शब्दों से क्रिया

बनाने में प्रयुक्त होता है जैसे **rage** *n* से **enrage** *vt*

enable (इ'नेबल) *vt* समर्थ करना; अधिकार देना, **to enable sb to do** किसी को (कोई कार्य) करने के लिए समुचित साधन उपलब्ध कराना

enact (इ'नैक्ट) *vt* (*LAW*) कानून बनाना; (*play*) अभिनय करना; **enactment** *n* अधिनियमन

enamel (इ'नैमल) *n* एनैमल (धातु आदि पर लेप किया जाने वाला चमकीला पदार्थ जो उसे ज़ंग आदि से बचाता है), तामचीनी; दांत की चमकीली तह; कोई भी सख्त बाहरी तह

enamoured (इ'नैमर्ड) *a* : **enamoured of** पर आसक्त/का दीवाना

en bloc (आं'ब्लॉक) *Fr ad* सामूहिक रुप से, इकट्ठे

encased (इन्'केस्ट) *a* : **encased in** में बंद/रखा हुआ

encephalogram (ऐंन'सेफ़लग्रैम) *n* मस्तिष्क का ऐक्स-रे फोटो

enchant (इन्'चांट) *vt* मंत्रमुग्ध करना, मोहित करना; आनंदित करना; **enchanting** *a* मोहक, मनोहर; **enchantment** *n* जादू, वशीकरण

encircle (इन्'सर्कल) *vt* चारों ओर से घेर लेना, घेरा डालना

encl. **enclosed** का संक्षेप

enclave ('एन्क्लेव़) *n* क्षेत्र जो चारों ओर से विदेशी भूमि से घिरा हो, विदेशी अंतःक्षेत्र

enclose (इन्'क्लोज़) *vt* चारों ओर से बंद कर देना; घेरना; **to enclose (with)** संलग्न करना, साथ जोड़ना या रखना (पत्र आदि में); **please find enclosed** (चैक आदि) साथ संलग्न है

enclosure (इन्'क्लोझ़र) *n* (*COMM*) संलग्न वस्तु; घेरा, बाड़ा

encompass (इन्'कम्पस) *vt* घेरना; (*include*) समाना या सम्मिलित करना

encore ('ऑडकॉर) *excl, n* दुबारा, फिर से, मुकर्रर

encounter (इन्'काउंटर) *n* भिड़ंत, मुठभेड़; मिलन, भेंट // *vt* से अचानक मिलना; (मुश्किल) का सामना करना, से मुठभेड़ होना

encourage (इन्'करिज) *vt* हिम्मत बढ़ाना, प्रोत्साहित करना; समर्थन देना, प्रेरित करना; **encouragement** *n* प्रोत्साहन

encroach (इन्'क्रोच) *vi* : **to encroach (up)on** में अनधिकार हस्तक्षेप या प्रवेश करना; पर ग़ैर कानूनी कब्ज़ा करना; **encroachment** *n* अनधिकार कब्ज़ा

encumber (इन्'कम्बर) *vt* बाधा डालना; बोझ लाद देना; **encumbrance** *n* रुकावट, बाधा; भार, बोझ

encyclop(a)edia (एन्साइक्लो'पीडिअ) *n* विश्वकोश जिसमें सभी विषयों के बारे में कुछ न कुछ जानकारी

end 234 enforce

होती है

end (ऍण्ड) *n* सीमा, छोर; समाप्ति, अंत; फल, परिणाम; टुकड़ा; दूसरा भाग; मृत्यु; उद्देश्य // *vt* (**bring to an end, put an end to** भी) समाप्त करना; **in the end** अंत में, अंततः ; **on end** (*object*) खड़ी स्थिति; **to stand on end** (*hair*) (रोंगटे) खड़े होना; **for five years on end** लगातार पांच साल तक; **to end up** *vi* : **to end up in** (आरंभ में न चाहते हुए भी किसी स्थिति या स्थान) में पहुंच जाना

endanger (इन्'डेंजर) *vt* को जोखिम या खतरे में डालना

endear (इन्'डिअर) *vt* प्रिय बनाना; **endearing** *a* मोहित करने वाला

endeavour, (*US*) **endeavor** (इन'डेव़र) *n* प्रयत्न, कोशिश, प्रयास, उद्यम // *vi* : **to endeavour to do** करने का प्रयास करना

endemic (ऍन्'डेमिक) *a* किसी क्षेत्र अथवा देश में बार-बार होने वाला (बाढ़, बीमारी आदि)

ending ('ऍण्डिङ) *n* अंत, समाप्ति; (*LING*) अंत-प्रत्यय

endive ('ऍण्डाइव) *n* कासनी जिसके पत्ते सलाद में खाए जाते हैं

endless ('ऍण्ड्लिस) *a* अंतहीन, (*patience, resources*) अनंत

endo- (एण्डो) *comb from* में, के अन्दर, जैसे **endocardium, endocrine**

endorse (इन्'डॉर्स) *vt* पृष्ठांकन द्वारा पुष्टिकरण करना, समर्थन करना, अनुमोदन करना, (चैक आदि के पीछे) हस्ताक्षर करना, मोटर चालक का लाइसेंस (उसमें उसका अपराध दर्ज करके) पृष्ठांकित करना; **endorsement** *n* पृष्ठांकन

endow (इन्'डाउ) *vt* (के लिए) स्थायी आय का स्रोत प्रदान करना; **to endow with** से सम्पन्न करना, प्रदान करना; **endowment** *n* दान; स्थायी-निधि

endure (इन्'ड्युअर) *vt* झेलना, भोगना, सहना // *vi* बने रहना, टिकना; **endurable** *a* सहनीय; **endurance** *n* सहनशक्ति; धैर्य

enema ('ऍनिमअ) *n* औषधि अथवा द्रव जो गुदा से पेट में चढ़ाया जाय

enemy ('ऍनमि) *a, n* शत्रु, दुश्मन, बैरी

energetic (ऍनर्'जेटिक) *a* चुस्ती से कार्य करने वाला; क्रियाशील; चुस्ती, फुर्ती वाला (कार्य)

energy ('ऍनर्जि) *n* बल, शक्ति, कार्य करने की शक्ति; (तेल, कोयले आदि से प्राप्त) ऊर्जा; मशीन, बैटरी आदि की कार्य-सामर्थ्य अथवा शक्ति उत्पन्न करने की क्षमता

enfold (इन्'फ़ोल्ड) *vt* बाहों में भरना, आलिंगन करना; लपेटना

enforce (इन्'फ़ॉर्स) *vt* (*LAW*) लागू करना, मानने के लिए बाध्य करना;

(पर) बल देना, ज़ोर देना; **enforced** *a* ज़बरदस्ती लागू किया गया; इच्छाविरुद्ध (कार्य)

enfranchise (इन्'फ्रैन्चाइज़) *vt* मताधिकार देना, संसद में प्रतिनिधित्व देना; मुक्त करना

engage (इं'गेज) *vt* काम पर रखना; (*MIL*) से संघर्ष करना; किराए पर लेना; सगाई करना; काम में लगाना; उलझाना // *vi* (*TECH*) मशीन के कलपुर्ज़ों का जुड़ना; **to engage in** (परस्पर) संघर्ष करना; **engaged** *a* जिसकी सगाई हो चुकी हो, वाग्दत्त/वाग्दत्ता; व्यस्त; **to get engaged** की सगाई होना; **engaged tone** *n* (*TEL*) टेलीफ़ोन पर विशेष आवाज़ जो बताये कि डायल किया गया नम्बर व्यस्त है, व्यस्त ध्वनि; **engagement** *n* सगाई; पूर्व निश्चित समय पर किसी से मिलने या कहीं जाने आदि का कार्यक्रम; (*MIL*) मुठभेड़; **engagement ring** *n* सगाई की अंगूठी

engaging (इं'गेजिङ) *a* आकर्षक

engender (इन्'जेण्डर) *vt* उत्पन्न करना, पैदा करना

engine ('एॅन्जिन) *n* (*AUT*) इंजन, यंत्र; (*RAIL*) रेल का इंजन; **engine-driver** *n* इंजन ड्राइवर

engineer (एॅन्जि'निअर) *n* अभियन्ता, इंजीनियर; (*US RAIL*) इंजन ड्राइवर // *vt* इंजीनियर के रूप में निर्माण करना; चालाकी से कोई कार्य कराना; **engineering** *n* इंजीनियरी, यंत्र-शास्त्र, अभियांत्रिकी

English ('इंगलिश) *a* इंगलैंड से सम्बंधित // *n* अंगरेज़ी; इंगलैंड के लोग, अंगरेज़

engrave (इन्'ग्रेव़) *vt* धातु पर छापने के लिए अक्षर, चित्र आदि खोदना; नक्श करना, उत्कीर्ण करना; (मन में) जमाना; **engraver** *n* नक्काशी करने वाला

engraving (इन्'ग्रेविङ) *n* उत्कीर्ण की गई प्लेट से बना चित्र; नक्काशी

engrossed (इन्'ग्रोस्ट) *a* : **engrossed in** में तल्लीन/मग्न

engulf (इन्'गल्फ़) *vt* निगलना, पूरी तरह ढंक देना

enhance (इन्'हान्स) *vt* आकर्षण, मूल्य आदि बढ़ाना, अधिक करना; **enhancement** *n* बढ़ाने की क्रिया

enigma (इ'निग्म्अ) *n* रहस्यमय व्यक्ति अथवा वस्तु; पहेली; बुझौवल

enjoin (इन्'जॉइन) *vi* आदेश देना; लागू करना; निर्धारित करना

enjoy (इन्'जॉइ) *vt* आनंद लेना; (*have : health, fortune*) उपभोग करना; (*: success*) भोगना; **to enjoy oneself** आनंद लेना, मज़े लूटना; **enjoyable** *a* सुखद, आनंद-दायक; **enjoyment** *n* आनंद, रस, मज़ा, सुख; उपभोग

enlarge (इन्'लॉर्ज) *vt* बढ़ाना; (*PHOT*) बढ़े आकार में परिवर्तन

करना (जैसे फ़ोटोग्राफ़); **to enlarge on** पर विस्तारपूर्वक लिखना

enlighten (इन्'लाइट्न) *vt* जानकारी देना; प्रकाश डालना, अज्ञान दूर करना; **enlightened** *a* प्रबुद्ध, ज्ञानसम्पन्न; **enlightenment** *n* अज्ञान दूर होना, ज्ञानोदय; **the Enlightenment** *a* (*HISTORY*) = 18वीं सदी की एक दार्शनिक लहर जिसके अनुसार मानव कल्याण का आधार विज्ञान व तर्क है

enlist (इन्'लिस्ट) *vt* सिपाही भर्ती करना; (*support*) (सहयोग) प्राप्त करना // *vi* भरती होना

enliven (इन्'लाइव़न) *vt* सजीव बना देना, जान डाल देना

en masse (आं'मैस) *ad Fr* सामूहिक रूप से, इकट्ठे

enmesh (इन्'मेश) *vt* फंसाना

enmity ('एँन्मिटि) *n* शत्रुता, दुश्मनी

ennoble (इ'नोबल) *vt* कुलीन वर्ग का सदस्य बनाना; भला तथा सौम्य बनाना, उदात्त बनाना

enormous (इ'नॉर्मस) *a* बहुत बड़ा, विशाल; **enormity** *n* महापातक, अपराध, दोष, स्थिति आदि की घोरता

enough (इ'नफ़) *n* पर्याप्त, काफ़ी मात्रा, संख्या; **enough time/books** काफ़ी समय/किताबें; **have you got enough?** क्या तुम्हारे पास (खाना, पैसा आदि) काफ़ी है? // *a* पर्याप्त, काफ़ी // *ad* : **big enough** काफ़ी/इतना बड़ा; **he has not worked enough** उसने पूरी तरह मेहनत नहीं की है; **that's enough, thanks** धन्यवाद, इतना काफ़ी है; **I've had enough of him** मैं उससे तंग आ चुका हूं; **which, funnily enough...** जिसे/जो, मज़े की बात है कि...

enquire (इन्'क्वाइअर) *vt, vi* = **inquire**

enrage (इन्'रेज) *vt* गुस्सा दिलाना

enrapture (इन्'रैप्चर) *vt* आनंद-विभोर करना; मोहित करना

enrich (इन्'रिच) *vt* धनी बनाना, समृद्ध बनाना; (में) वृद्धि करना

enrol (इन्'रोल) *vt* सूची में नाम लिखना, भरती करना, सदस्य बनाना // *vi* सदस्य बनना; **enrolment** *n* भरती

en route (आं'रूट, ऑन'रूट) *ad Fr* रास्ते में

enshrine (इन्'श्राइन) *vt* पूजा-स्थल में स्थापित करना; श्रद्धा व प्रेम से सुरक्षित रखना

ensign *n* (*NAUT*) ('एँन्सन) नौसेना ध्वज, झण्डा; (*MIL*) ('एँन्साइन) ध्वज; भूतकाल में ब्रिटिश सेना का निम्नश्रेणी का अधिकारी

enslave (इन्'स्लेव़) *vt* गुलाम बनाना; वशीभूत करना

ensnare (इन्'स्नेअर) *vt* जाल आदि

में फंसाना; बहकाना

ensue (इन्'स्यू) *vi* के परिणामस्वरूप होना, के पश्चात होना

ensure (ऍन्'शुअर) *vt* सुरक्षित या सुनिश्चित करना; **to ensure that** निश्चित कर लेना कि (ऐसा होगा)

entail (इं'टेल) *vt* के लिए आवश्यक होना

entangle (इं'टैंगल) *vt* फंसाना, उलझाना; परेशानी में डालना

enter ('ऍण्टर) *vt* (*room*) में प्रवेश करना; (*club*) का सदस्य बनना; (*army*) में भरती होना; (*sb for a competition*) में भाग लेना; (*a competition*) को प्रतियोगिता आदि में प्रवेश कराना; (*write down*) दर्ज करना; (*COMPUT*) आंकड़े आदि दर्ज करना, (खाते में) चढ़ाना // *vi* अंदर आना; **to enter for** *vt* के लिए नाम देना, दाखिला भरना; **to enter into** *vt* (*explanation*) ब्यौरा देने लगना; (*debate*) बहस करने लगना; (*agreement*) (अनुबंध) करना; **to enter (up)on** *vt* प्रारंभ करना

enteric (ऍन्'टॅरिक) *a* अंतड़ियों का अथवा उनसे सम्बंधित, आंत्र-

enterprise ('ऍण्टर्प्राइज़) *n* साहसिक अथवा कठिनाइयों भरा कार्य; साहस; उत्साह (नया उद्यम प्रारंभ करने का); व्यापार; व्यापार-संगठन (कम्पनी); **free enterprise** निर्बाध/मुक्त उद्यम; **private enterprise** निजी उद्यम; निजी व्यापार

enterprising ('ऍण्टर्प्राइज़िङ) *a* उद्यमी, उत्साही

entertain (ऍण्टर्'टेन) *vt* का मन बहलाना; (भोजन आदि से) अतिथि-सत्कार करना; मन में रखना, विचार करना, (आशा) करना; ध्यान में रखना; **entertainer** *n* नर्तक/नर्तकी; गायक/गायिका; **entertaining** *a* मनोरंजक; **entertainment** *n* मनोरंजन; तमाशा

enthral (इन्'थ्रॉल) *vt* मोहित करना, वशीभूत करना; जादू कर देना; **enthralled** *a* वशीभूत

enthusiasm (इन्'थ्यूज़िऐज़्म) *n* उत्साह, उमंग

enthusiast (इन्'थ्यूज़िऐस्ट) *n* उत्साही व्यक्ति, ज़ोरदार समर्थक; **enthusiastic** (-'ऐस्टिक) *a* उत्साही, उत्साहपूर्ण; **to be enthusiastic about** (व्यक्ति को) के बारे में उत्साह होना/जोश होना

entice (इन्'टाइस) *vt* फुसलाना, लालच देना

entire (इन्'टाइअर) *a* सम्पूर्ण, सारा, अखण्ड; **entirely** *ad* पूर्ण रूप से; **entirety** (इन'टाइअर्टि) *n* सम्पूर्णता, अखण्डता; **in its entirety** पूरी तरह

entitle (इन्'टाइट्ल) *vt* (*allow*) :

entity 238 envisage

to entitle sb to do किसी को (कुछ) करने की अनुमति देना; **to entitle sb to sth** किसी को किसी (सुविधा, छूट आदि) का अधिकारी बनाना; **entitled** *a* (*book*) के शीर्षक वाली; **to be entitled to do** करने की अनुमति होना/का अधिकार होना

entity ('ऍण्टिटि) *n* अस्तित्व, हस्ती; सत्ता; वास्तविक वस्तु

entrails ('ऍण्ट्रेल्ज़) *npl* आंतें, अंतड़ियां

entrance *n* ('ऍन्ट्रन्स) प्रवेश, प्रवेश-द्वार // *vt* (इन'ट्रान्स) आनंद-विभोर करना, मंत्रमुग्ध करना; सम्मोहित करना; **to gain entrance to** (*university etc*) में प्रवेश पाना; **entrance examination** *n* प्रवेशिका-परीक्षा; **entrance fee** *n* प्रवेश-फ़ीस; (*to museum etc*) प्रवेश-शुल्क/टिकट; **entrance ramp** *n* (*US AUT*) कारों के अन्दर जाने का रास्ता

entrant ('ऍन्ट्रंट) *n* प्रवेशक (विशे॰ प्रतियोगिता में)

entreat (इन्'ट्रीट) *vt* अनुनय-विनय करना, याचना करना; घिघियाना; **entreaty** *n* विनती

entrenched (इन्'ट्रेन्च्ट) *a* डटा हुआ, जमा हुआ

entrepreneur (आंट्रप्र'नर) *n* उद्यमकर्ता; उद्यमी

entrust (इन्'ट्रस्ट) *vt* : **to entrust sth to** को कोई कार्य/वस्तु आदि सौंपना, सुपुर्द करना

entry ('ऍन्ट्रि) *n* प्रवेश, प्रवेश-द्वार; (*in register*) प्रविष्टि; इंदराज, टीप; **no entry** प्रवेश-निषिद्ध; (*AUT*) (वाहनों के लिए) अंदर आने का रास्ता बंद; **entry form** *n* प्रवेश-पत्र; **entry phone** *n* इंटर-कॉम, आंतरिक टेलीफ़ोन व्यवस्था

entwine (इन्'ट्वाइन) *vt* गूंथना; लिपटना

enumerate (इ'न्यूमरेट) *vt* एक-एक का बारी-बारी नाम बताना; गिनना; **enumeration** *n* गणना, गिनने की क्रिया; **enumerator** *n* गणनाकार

enunciate (इ'नन्सिएट) *vt* स्पष्ट रूप से व्यक्त करना, घोषित करना, (सिद्धांत) प्रतिपादित करना; उच्चारण करना

envelop (इन्'वे़लप) *vt* लपेटना; ढंकना; घेरना; अवगुण्ठित करना

envelope ('ऍन्व़लोप) *n* (पत्र भेजने का) लिफ़ाफ़ा; आवरण

enviable ('ऍन्व़िअबल) *a* जो ईर्ष्या उत्पन्न करे

envious ('ऍनव़िअस) *a* ईर्ष्यालु

environment (इन्'व़ाइरन्मंट) *n* वातावरण, पर्यावरण; अड़ोस-पड़ोस; **environmental** (इन्व़ाईरन्'मेन्टल) *a* पर्यावरण सम्बंधी; अड़ोस-पड़ोस का

envisage (इन्'व़िसिज) *vt* की संभावना देखना; का ध्यान करना, परिकल्पना

करना

envoy ('एँन्व़ॉइ) *n* विशेष राजदूत; राजदूत से पद में दूसरे स्थान पर राज-नयिक

envy ('एँन्व़ि) *n* ईर्ष्या, जलन // *vt* ईर्ष्या करना, डाह करना; **to envy sb sth** किसी से उसकी किसी वस्तु (सम्पत्ति, उपलब्धि आदि) के कारण ईर्ष्या करना

ep-, eph-, epi *comb form* पर, के दौरान, बाद में **as epidemic, epicentre, epilogue**

ephemeral (इ'फ़ेॅमरल) *a* क्षणिक, क्षणभंगुर

epic ('एँपिक) *n* महाकाव्य, वीरगाथा // *a* महाकाव्य या वीरगाथा सम्बंधित अथवा के जैसा; प्रभावशाली, भव्य (साहित्य रचना)

epicentre ('एँपिसेण्टर) *n* भूकम्प का अधिकेन्द्र, उत्केन्द्र

epidemic (एँपि'डेमिक) *n* महामारी // *a* (रोग) जो चारों ओर फैला हुआ हो, महामारी

epigram ('एँपिग्रैम) *n* सूक्ति, कहावत

epilepsy ('एँपिलेप्सि) *n* मिरगी, अपस्मार; **epileptic** (एँपि'लेप्टिक) *n* मिरगी का रोगी // *a* जिसे मिरगी के दौरे पड़ते हों

epilogue ('एँपिलॉग) *n* नाटक की अंतिम कविता या संवाद, भरतवाक्य

episode ('एँपिसोड) *n* घटना; प्रसंग; पुस्तक या दूरदर्शन के धारावाहिक कार्य-क्रम का अंश

epistle (इ'पिसल) *n* चिट्ठी

epitaph ('एँपिटाफ़) *n* किसी समाधि या मकबरे पर अंकित शब्द, समाधि-लेख

epithet ('एँपिथेट) *n* अतिरिक्त या गुणसूचक शब्द या नाम, उपनाम

epitome (इ'पिटमि) *n* विशिष्ट उदाहरण; सार, सारांश; **epitomize** *vt* विशिष्ट उदाहरण का प्रतीक होना

EPNS *electroplated nickle silver* का संक्षेप

epoch ('ईपॉक) *n* महत्वपूर्ण अवधि या काल का प्रारंभ, युग

equable ('एॅक्वबल) *a* संयत या स्थिर स्वभाव वाला, शांत, एकरूप; जिसे विचलित करना कठिन हो

equal ('ईक्वल) *a* (संख्या, आकार या गुण में) बराबर, समान, तुल्य, एक जैसा, सदृश; सन्तुलित // *n* जो किसी और के समान हो // *vt* के बराबर होना; **equal to** (*task*) कोई काम करने योग्य होना; **equality** ('ईक्वेलिटि) *n* समता, बराबरी; **equalize** *vt, vi* बराबर करना; **equalizer** *n* गोल जो टीम को दूसरी के बराबर पहुंचा दे; **equally** *ad* बराबर बराबर; वैसे ही

equanimity (इक्व'निमिटि) *n* धीरज, धैर्य; शांत या स्थिर होने का गुण, स्थिर बुद्धि

equate (इ'क्वेट) *vt* : **to equate sth**

with किसी को बराबर मानना या बनाना; एक समान स्तर पर लाना; **equation** (इ'क्वेशन) *n* (*MATH*) समीकरण; बराबर करने की क्रिया

equator (इ'क्वेटर) *n* भूमध्य रेखा

equestrian (इ'क्येस्ट्रिअन) *a* घुड़सवारी का या उसमें दक्ष // *n* घुड़सवार

equi- *comb form* बराबर, जैसे, **equidistant** में

equilibrium (ईक्वि'लिब्रिअम) *n* संतुलन, साम्य, समत्व

equip (इ'क्विप) *vt* सजाना, सज्जित या लैस करना; **to be well equipped** (किसी पद आदि के) योग्य होना; **he is well equipped for the job** वह इस काम के योग्य/समर्थ है; **equipment** *n* उपकरण; सामान (बिजली आदि का)

equities ('एक्विटिज़) *npl* (*COMM*) कम्पनी के सामान्य शेयर या हिस्से

equity ('ऍक्विटि) *n* औचित्य; निष्पक्षता का गुण, समदृष्टि; कानून में न्याय के सिद्धान्तों का उपयोग; इस प्रकार बनी विधि; कम्पनी में सामान्य शेयर या हिस्सा

equivalent (इ'क्विलंट) *a* : **equivalent (to)** के बराबर, समान, तुल्य; पर्यायवाची, समानार्थी; अनुरूप // *n* पर्यायवाची शब्द

equivocal (इ'क्विवकल) *a* जिस के दो अर्थ या संदिग्ध अर्थ हों; जिस पर सन्देह हो सके

era ('इअर्अ) *n* युग; संवत्; काल; स्मरणीय तिथि; अवधि

eradicate (इ'रैडिकेट) *vt* मिटाना; नष्ट कर देना; जड़ से उखाड़ फैंकना, उन्मूलन करना

erase (इ'रेज़) *vt* मिटाना (रबड़ के टुकड़े से लिखावट आदि); टेप पर रिकार्ड की गयी आवाज़ मिटाना; **eraser** *n* लिखावट मिटाने का रबड़

erect (इ'रेक्ट) *a* सीधा, खड़ा // *vt* खड़ा करना; निर्माण करना; बनाना; **erection** *n* खड़े होने/करने की क्रिया

ermine ('अर्मिन) *n* उत्तरी क्षेत्रों का नेवले जैसा जीव

erode (इ'रोड) *vt* काटना; (*metal*) खा जाना; (*fig*) धीरे-धीरे समाप्त कर देना; **erosion** (इ'रोझ़न) *n* कटाव

erotic (इ'रॉटिक) *a* काम-विषयक, काम सुख से सम्बन्धित

err (अर) *vi* भूल करना; (*REL*) पाप करना

errand ('ऍरंड) *n* किसी काम के लिए संक्षिप्त यात्रा; काम (जो किसी को सौंपा जाय); सन्देशवाहक का काम; उद्देश्य

erratic (इ'रैटिक) *a* अनियमित; सनकी; मनमौजी

error ('ऍरर) *n* भूल, ग़लती

erupt (इ'रप्ट) *vi* फूटना; (*fig*) अचानक व तेज़ी से (लड़ाई आदि) होने लगना; **eruption** (इ'रप्शन) *n* फूटना, विशे॰ ज्वालामुखी का; चमड़ी पर निकले दाने या फोड़े फुंसी

escalate ('ऍस्कलेट) *vi* (व्यापकता या प्रचंडता) बढ़ना

escalator ('ऍस्केलेटर) *n* चलती सीढ़ी, चलसोपान

escapade ('ऍस्कपेड) *n* शरारतपूर्ण साहसी काम

escape (इ'स्केप) *n* पलायन; बचाव; (*of gas etc*) निकलने की क्रिया // *vi* मुक्त हो जाना; (*from jail*) भाग निकलना; हाथ न आना; (*fig*) दण्ड से बच जाना; (*leak : gas etc*) निकल जाना // *vt* से बच जाना; भुला दिया जाना; **to escape from** से बचना; (*person*) से पीछा छुड़ा लेना; (*place*) से भाग निकलना; (*fig*) से मुक्ति पाना; **escapism** *n* कड़वे यथार्थ से बचने के लिए कल्पना का सहारा लेने की प्रवृत्ति, पलायनवाद

eschew (इस्'चू) *vt* परे रहना, से बचना, परहेज़ करना

escort ('ऍस्कॉर्ट) *n* यात्री आदि की रक्षा गारद; व्यक्ति जो किसी को लिवा ले जा रहा हो // *vt* (इ'स्कार्ट) रक्षा गारद का किसी को लिवा कर ले जाना

Eskimo ('ऍस्किमो) *n* एस्कीमो, उत्तर अमरीका महाद्वीप, ग्रीनलैंड आदि शीत प्रधान देशों की आदिम जाति

ESP *extrasensory perception* का संक्षेप

especially (इस्'पैशलि) *ad* विशेष रूप से, ख़ास तौर पर

espionage ('ऍस्पिअनाझ़) *n* जासूसी; गुप्तचरों का प्रयोग

espresso (ऍ'स्प्रेसो) *n* काफ़ी में से भाप गुज़ार कर बनायी काफ़ी

esprit de corps ('एस्प्रीड'कॉर) *n Fr* अपने समाज/संगठन के प्रति प्यार/निष्ठा की भावना

Esquire (इ'स्कवाइअर) *n* (संक्षेप में **Esq.**) पुरुषों के लिए सम्मानसूचक शब्द; **J. Brown Esq.** श्री जे. ब्राउन

essay ('एंसे) *n* (*SCOL*) निबन्ध, (*LITERATURE*) लेख; **essayist** *n* निबन्ध-लेखक

essence ('ऍसंस) *n* सार, तत्व, सारांश; अस्तित्व; जीवन; सत्ता; यथार्थ; आसव, अरक, सुगन्धि

essential (इ'सेंन्शल) *a* आवश्यक, अनिवार्य, लाज़मी; सारभूत, मौलिक // *n* : **essentials** अनिवार्य तत्व; मुख्य बातें; **essentially** *ad* आवश्यक रूप से

establish (इ'स्टैब्लिश) *vt* दृढ़ या स्थिर करना; (*business*) स्थापित करना, जमाना, प्रतिष्ठित करना; (*one's power etc*) प्रमाणित करना; **establishment** *n* स्थायी रूप से संगठित

संगठन आदि, संस्थान; प्रतिष्ठान; घर-गृहस्थी; उद्यम या व्यापार; सार्वजनिक संस्था; **the Establishment** किसी समाज का सत्ता सम्पन्न वर्ग या समूह

estate (इ'स्टेट) *n* जमीन-जांयदाद, जागीर, व्यक्ति की सम्पत्ति, सम्पदा; सम्पत्ति के विकास का क्षेत्र, विशे॰ जहां कारखाने और मकान हों; **estate agent** *n* मकानों के खरीदने-बेचने वाला दलाल; **estate car** *n* कार जिसमें पिछला दरवाज़ा हो और सीटों के पीछे सामान रखने का स्थान

esteem (इ'स्टीम) *n* सम्मान, आदर, श्रद्धा // *vt* सम्मान या आदर करना; समझना, मानना

estimate ('ऍस्टिमिट) *n* अनुमान, अंदाज़ा; राय; (*COMM*) अनुमति या आंकलित राशि; ठेकेदार द्वारा बताई गयी कीमत // *vt* ('ऍस्टिमेट) (राशि, आय आदि का) अंदाज़ा लगाना; कूतना, आंकना; के बारे में बताना; संभावित मूल्य बताना; **estimation** (ऍस्टि'मेशन) *n* राय, विचार, आदर, सम्मान

estranged (इ'स्ट्रेंज्ड) *a* जो अलग हो गया हो (मित्र या पति-पत्नी)

etc., & c. **et cetera** का संक्षेप

et cetera (इट्'सेट्रा) *Lat* आदि, वग़ैरा, इत्यादि (संक्षेप *etc, & c*)

etch (ऍच) *vt* धातु की पट्टी पर तेज़ाब से लिखना या आकृति बनाना, उकेरना; स्पष्ट छाप छोड़ना; **etching** *n* तेज़ाब से लिखने का काम

eternal (इ'टर्नल) *a* जिस का आदि अंत न हो, शाश्वत, नित्य; जिसमें कभी परिवर्तन न हो

eternity (इ'टर्निटि) *n* अनन्तकाल, शाश्वतत्व

ether ('ईथर) *n* रंगहीन तरल पदार्थ जो संज्ञाशून्यता (बेहोशी) के लिए प्रयुक्त होता है; छुआ न जा सकने वाला द्रव जो आकाश में व्याप्त माना जाता था; साफ़ आसमान; बादलों से ऊपर का आकाश

ethic(al) ('ऍथिक, 'ऍथकल) *a* नैतिकता सम्बन्धी

ethics ('ऍथिक्स) *npl* नीतिशास्त्र, आचारशास्त्र; नैतिक सिद्धांत; आचरण-नियम

ethnic ('ऍथ्निक) *a* मानव जातीय, जाति सम्बन्धी

ethos ('ईथॉस) *n* किसी समाज विशेष या उस की संस्कृति के विशिष्ट गुण या उन का सार; जातिगत स्वभाव या आचार

etiquette ('ऍटिकेट) *n* शिष्टाचार

etymology (ऍटि'मॉलजि) *n* शब्दों की व्युत्पत्ति का विज्ञान, निरुक्त

eu-, ev- *comb form* अच्छा, जैसे, **eugenic**

eucalypt, eucalyptus ('यूक-लिप्ट, यूक'लिप्टस) *n* गन्धसफ़ेदा, सफ़ेदा (एक पेड़)

eugenic (यू'जेनिक) *a* अच्छी संतान की उत्पत्ति से सम्बन्धित या उसमें सहा-

यक, सुजननिक

eulogy ('यूलजि) *n* किसी की प्रशंसा का लेख या भाषण; गुणगान

eunuch ('यूनक) *n* बधिया किया पुरुष विशे॰ जिसे पुराने राजाओं के अन्तःपुर में नौकर रखा जाता था; हिजड़ा; नपुंसक

euphemism ('यूफ़िमिज़्म) *n* कठोर या अप्रिय शब्द के स्थान पर हल्के शब्द का प्रयोग; प्रियोक्ति

euphoria (यू'फ़ॉरिअ) *n* सुखबोध, सुखाभास

Eurasian (युअ'रेशन, युअ'रेझ़न) *a* योरुपीय और एशियाई जातियों की सन्तान; योरुप और एशिया से सम्बन्धित // *n* • ऐसी सन्तान

eureka (यु'रीकअ) *excl* पा लिया ! मिल गया !

Eurocheque (युरो'चेक) *n* चेक जो योरुप के किसी भी बैंक में भुनाया जा सकता है

European (युअरो'पिअन) *a, n* योरुप का (निवासी या नागरिक); **European Economic Community (EEC)** *n* योरुप के देशों का व्यापार संघ

evacuate (इ'वैक्युएट) *vt* खाली करना; हटा देना, निकाल लेना; छोड़ देना; मलोत्सर्ग करना

evade (इ'वेड) *vt* टाल देना, टाल मटोल करना; बच निकलना; पकड़ में न आना

evaluate (इ'वैल्युएट) *vt* मूल्यांकन करना; मूल्य कूतना; **evaluation** *n* मूल्यांकन

evaporate (इ'वैपरेट) *vi* भाप पन कर सूख जाना // *vt* भाप बना कर सुखा देना; **evaporated milk** *n* सुखाया हुआ दूध, दूध का पाउडर

evasion (इ'वेझ़न) *n* टालमटोल, बहाने बाज़ी; संदिग्ध या द्वयर्थक बात

eve (ईव़) *n* **on the eve of** की पूर्व-सन्ध्या पर (उत्सव आदि की); किसी घटना से तुरंत पहले

even ('ईव़न) *a* समतल, बराबर; एक-रूप; मात्रा में बराबर; (संख्या) जिसे दो से भाग दिया जा सके, सम // *ad* **even if** चाहे; **even though** यद्यपि; **even more** और भी अधिक; **not even** (यह) भी नहीं; **to get even with sb** किसी से बदला लेना; **to even out** *vi* बराबर हो जाना

evening ('ईव़निंग) *n* संध्या, सायं-काल, शाम, ह्रास; अंत; **in the evening** संध्या समय; **evening class** *n* संध्या समय की कक्षा; **evening dress** *n* संध्या समय की पोशाक

event (इ'वेंण्ट) *n* घटना, उल्लेखनीय घटना; प्रश्न; परिणाम; (*SPORT*) खेलों में कोई कार्यक्रम; **in the event of** की दशा में; **eventful** *a* महत्व-पूर्ण; जिसमें सनसनीखेज़ घटनाएं हों

eventual (इ'वे़न्ट्युअल) *a* अंतिम; **eventuality** (इवे़न्ट्यु'एलिटि) *n* संभावित घटना; **eventually** *ad* अंततोगत्वा

ever ('एॅव़र) *ad* सदा, हमेशा; लगातार; किसी भी समय; **the best ever** अब तक सब से अच्छा; **have you ever seen it?** क्या तुमने कभी यह (ऐसी बात) देखा/देखी है ?; **evergreen** *n* सदाबहार पौधा, झाड़ी आदि; **everlasting** *a* सदा रहने वाला; शाश्वत

every ('एॅव़रि) *a* प्रत्येक, हर कोई; हर संभव; **every day** हर रोज़; **every other/third day** हर दूसरे/तीसरे दिन; **every other car**, हर दूसरी कार; **every now and then** थोड़े थोड़े समय बाद; **everybody** (*pronoun*) हर कोई; प्रत्येक व्यक्ति; **everyday** *a* सामान्य साधारण; **everyone** = **everybody; everything** *pronoun* प्रत्येक वस्तु; **everywhere** *ad* हर स्थान पर

evict (इ'वि़क्ट) *vt* निकाल देना; (कानूनी प्रक्रिया से) बेदख़ल करना; **eviction** *n* बेदख़ली

evidence ('एवि़डंस) *n* प्रमाण, सबूत; लक्षण, संकेत; (*of witness*) गवाही, साक्ष्य // *vt* बताना या संकेत करना; प्रमाणित करना; **to show evidence of** का प्रमाण दिखाना; **to give evidence** गवाही/साक्ष्य देना

evident ('एवि़डंट) *a* प्रकट, प्रत्यक्ष; सुस्पष्ट; **evidently** *ad* प्रत्यक्षतः; प्रकट रूप से

evil ('ईव़ल) *a* बुरा; हानिकर // *n* बुराई; दुष्टता; पाप

evoke (इ'व़ोक) *vt* बुलाना, आह्वान करना; याद करना; **evocation** (इव़'केशन) *n* आह्वान

evolution (ईव़'लूशन) *n* विकास; विकास क्रम

evolve (इ'व़ॉल्व) *v* धीरे धीरे विकसित करना या होना // *vi* वृद्धि की प्रक्रिया में धीरे धीरे बदल जाना

ewe (यू) *n* मादा भेड़

ex (एक्स) *n inf* भूतपूर्व पत्नी या पति

ex- (एक्स) *prefix* पहले, पूर्व का

ex-, e, ef- *comb form* से बाहर, से पहले जैसे *exclaim, evade, effusive*

exact (इग'ज़ैक्ट) *a* सही, यथार्थ, यथोतथ्य, ठीक-ठाक // *vt* मांगना, बलपूर्वक ले लेना; आवश्यक होना; ज़ोर देना; लागू करना; **to exact sth from** किसी से कुछ उमेठ लेना; **exacting** *a* कड़ा, सख़्त, कठोर; **exactly** *ad* ठीक यही

exaggerate (इग'ज़ैजरेट) *vt* बढ़ा चढ़ाकर कहना; अतिशयोक्ति से काम लेना; अनुमान से बढ़कर बताना; **exaggeration** (इगज़ैज'रेशन) *n* अतिशयोक्ति; अतिरंजना

exalted (इग'ज़ॉल्टिड) *a* उन्नत, ऊंचा,

उदात्त, प्रतिष्ठा वाला

exam (इग'ज़ैम) *n* (*SCOL*) **examination** का संक्षेप

examination (इग्ज़ैमि'नेशन) *n* परीक्षा; इम्तिहान

examine (इग'ज़ैमिन) *vt* जांच पड़ताल करना; पूछताछ करना; पता लगाना; (*MED*) मुआइना करना; योग्यता जानने के लिए प्रश्न पूछना; परीक्षा लेना; **examiner** *n* परीक्षक

example (इग'ज़ाम्पल) *n* उदाहरण, दृष्टांत; नमूना; बानगी; चेतावनी; **for example** उदाहरण के लिए

exasperate (इग'ज़ास्परेट) *vt* चिढ़ाना; ग़ुस्सा दिलाना; अधिक प्रचण्ड करना; बिगाड़ देना; **exasperation** (इगज़ास्प'रेशन) *n* चिढ़ाने, गुस्सा दिलाने की क्रिया

excavate ('ऍक्सकवेट) *vt* खुदाई करना, खोदना, खोद कर निकालना; खोखला करना; **excavation** (ऍक्सक'वेशन) *n* खुदाई

exceed (इक'सीड) *vt* से अधिक होना, से आगे बढ़ जाना; **exceedingly** *ad* बहुत अधिक

excellent ('इक्सेलंट) *a* बढ़िया, श्रेष्ठ, उत्तम, उत्कृष्ठ

except (इक'सेप्ट) *prep* को छोड़ कर, के सिवाय; परन्तु // *cj* यदि // *vt* छोड़ देना, निकाल देना; **except for, excepting** *prep* को छोड़ कर; **except if/when** सिवाए, यदि ऐसा हो या जब हो; **exception** (इक'सेप्शन) *n* अपवाद; आपत्ति; **take exception to** आपत्ति करना; **exceptional** (इक'सेप्शनल) *a* असाधारण, अपवादस्वरूप

excerpt ('एक्सर्प्ट) *n* पुस्तक आदि से उद्धरण // *vt* (एक'सर्प्ट) उद्धरण या हवाला देना

excess (इक्'सेस) *n* मात्रा जो फालतू हो, अधिशेष; बाहुल्य, प्राचुर्य; अति, असंयम, मर्यादारहित आचरण; **excess baggage** *n* अनुमत मात्रा से अधिक सामान; **excess fare** *n* अधिक किराया; **excessive** *a* बहुत अधिक

exchange (इक्स'चेंज) *n* विनिमय; आदान-प्रदान; मुद्रा विनिमय; किसी वस्तु के बदले दी गयी वस्तु; स्थान जहां व्यापारी विनिमय के लिए जमा होते हैं; (**telephone exchange** भी) टेलीफ़ोन केन्द्र // *vt* : **to exchange (for)** किसी वस्तु के बदले में दूसरी वस्तु लेना; **exchange rate** *n* विनिमय दर

exchequer (इक्स'चेकर) *n* राजस्व विभाग, राजकोष; **the Exchequer** ब्रिटेन का राजस्व विभाग

excise ('ऍक्साइज़) *n* उत्पादन शुल्क, आबकारी

excite (इक्'साइट) *vt* उत्तेजित करना, भड़काना, उकसाना, उभाड़ना; उत्पन्न करना; चालू करना; (*ELEC*) ध्रुवों में चुम्बकत्व का प्रवेश कराना; **to get**

excited उत्तेजित हो जाना; **excitement** *n* उत्तेजना; **exciting** *a* उत्तेजक; सनसनी पैदा करने वाला

exclaim (इक्स'क्लेम) *vi* अचानक बोल उठना; चिल्ला उठना; **exclamation** (इक्सक्ले'मशन) *n* सहसा बोल उठने की क्रिया; **exclamation mark** *n* विस्मयादि-बोधक चिन्ह (!)

exclude (इक्स'क्लूड) *vt* निकाल देना, अलग करना; रद्द कर देना; (किसी प्रार्थना आदि पर) विचार न करना

exclusive (इक्स'क्लूसिव़) *a* अनन्य, एकमात्र; अपवर्जक; विशिष्ट // *n* विशेष लेख; कोई समाचार जो एक ही समाचार पत्र में प्रकाशित हो; **exclusive of** को छोड़ कर

excrement ('एक्सक्रिमंट) *n* मल, विष्ठा; **excreta** *npl* (प्रायः *sing* में प्रयुक्त) मल; **excrete** *vi* मलत्याग करना

excruciating (इक्स'क्रूशिएटिंग) *a* भीषण (पीड़ा आदि)

excursion (इक्स्'कर्शन) *n* सैर-सपाटा, भ्रमण; विषयान्तर

excuse (इक्स्'क्यूस) *n* बहाना; क्षमा याचना // *vt* (इक्स'क्यूज़) क्षमा करना, माफ़ करना; (दोष, भूल की) अनदेखी करना; निर्दोष ठहराने की कोशिश करना; माफ़ी या छुट्टी पाना; छोड़ देना; माफ़ करना (जुर्माना आदि); **to excuse sb from** किसी को किसी काम/कर्त्तव्य से मुक्ति/छूट दे देना; **excuse me!** क्षमा कीजिए !; **now if you will excuse me,...** मुझे क्षमा कीजिए (समयाभाव के कारण बात करने में असमर्थता प्रकट करने के लिए प्रयुक्त)

ex-directory ('एक्सडिरेक्टरि) *a* (*Brit*) टेलीफ़ोन जिसका नम्बर डायरेक्टरी में न हो

execute ('ऐक्सिक्यूट) *vt* प्राणदण्ड या फांसी देना; मारना; पूरा करना; पालन करना; बनाना; उत्पन्न करना; कानूनी दस्तावेज़ पर हस्ताक्षर करना

execution (एक्ज़ि'क्यूशन) *n* फांसी, प्राणदण्ड; **executioner** *n* जो अपराधियों को प्राणदण्ड देता है, जल्लाद

executive (इग'ज़ेक्यूटिव़) *n* (*COMM*) कम्पनी आदि का प्रबन्धक; (*POL*) प्रशासन; कार्यपालिका; कार्यकारिणी (समिति) // *a* कार्यपालिका का; प्रशासन सम्बन्धी

exemplary (इग'ज़ेम्प्लरि) *a* अनुकरणीय; आदर्श; प्रशंसनीय; विशिष्ट

exemplify (इग़'ज़ैम्प्लिफ़ाइ) *vt* का उदाहरण या दृष्टांत होना; दृष्टांत उपस्थित करना; दर्शाना; सत्यापित प्रति बनाना

exempt (इग़'ज़ेम्प्ट) *a* : **exempt from** जिसे छूट या विमुक्ति मिली हो, विमुक्त; जिस पर प्रभाव न पड़ता हो // *vt* : **to exempt sb from** से मुक्त करना; से छूट या माफ़ी देना; **exemption** *n* छूट, विमुक्ति

exercise ('ऐक्सर्साइज़) *n* व्यायाम;

अभ्यास; कसरत; पाठ; पालन; प्रयोग (किसी अंग या इन्द्रिय का) // *vt* का प्रयोग करना, प्रयोग में लाना; अभ्यास या व्यायाम कराना; (आदेश या ज़िम्मेदारी क) पालन करना; कुत्ते को टहलाना // *vi* व्यायाम करना; **exercise book** *n* अभ्यास पुस्तिका; कापी, नोटबुक

exert (इग़'ज़र्ट) *vt* प्रयास या परिश्रम करना; लगन से काम में लगना; प्रयोग में लाना या इस्तेमाल करना; **to exert o.s.** कठोर परिश्रम करना; **exertion** (इग़'ज़र्शन) *n* प्रयास; परिश्रम; थकावट

ex gratia (एक्स'ग्रेशा) *a* अनुग्रह-पूर्वक दी गयी (राशि आदि), विशे॰ जहां कानूनी बंधन न हो

exhale (एँक्स'हेल, एँग'ज़ेल) *vi* सांस छोड़ना, देना; भाप छोड़ना

exhaust (इग़'ज़ॉस्ट) *n* इंजन से निकली भाप या तरल पदार्थ; कार आदि के इंजन से निकली गैस; ऐसी गैस के निकलने का रास्ता (**exhaust pipe** भी) // *vt* थका देना; इस्तेमाल कर लेना (जिससे कि कुछ न बचे); समाप्त करना; ले लेना; (किसी विषय पर) सभी पहलुओं से विचार करना; **exhausted** *a* थका हुआ; **exhaustion** (इग'ज़ास्चन) *n* अत्यधिक थकान, क्लांति; सहनशक्ति की सीमा; **exhaustive** *a* सर्वांगीन, सम्पूर्ण, ब्यौरेवार

exhibit (इग'ज़िबिट) *n* प्रदर्शित वस्तु, विशे॰ किसी प्रदर्शनी में या अदालत में प्रमाण के रूप में // *vt* प्रदर्शन करना, दिखाना; देखने वालों के लिए सजाकर रखना, प्रदर्शनी लगाना; **exhibition** (इगज़ि'बिशन) *n* प्रदर्शनी, नुमाइश

exhibitor (इग़'ज़िबिटर) *n* प्रदर्शक; विशे॰ किसी नाटक, फ़िल्म आदि का

exhilarating (इग़'ज़िलरेटिंग) *a* आल्हादित या उत्साहित करने वाला

exhort (इग़'ज़ॉर्ट) *vt* प्रेरित या उत्साहित करना; प्रबोधित करना; आग्रह करना (किसी काम के लिए)

exile ('एँक्साइल) *n* देश निकाला, निर्वसन; लम्बे समय तक विदेश में निवास; व्यक्ति जिसे देश निकाला मिला हो या जो स्थायी रूप से विदेशों में रहता है // *vt* देश निकाला देना

exist (इग'ज़िस्ट) *vi* होना, अस्तित्व होना, जीवित होना; विद्यमान होना, बने रहना; **existence** *n* अस्तित्व; **to be in existence** अस्तित्व होना; **existing** *a* जिसका अस्तित्व हो; वर्त्तमान

exit ('एक्सिट, 'एग्ज़िट) *n* निकास, बाहर का रास्ता, बाहर जाने की क्रिया; मृत्यु; रंगमंच से अभिनेता का जाना // *vi* बाहर जाना; **exit ramp** *n* (*US AUT*) निचली सतह की पार्किंग से गाड़ियों के ऊपर जाने का रास्ता

exodus ('एँक्सडस) *n* जाना, विशे॰ भीड़ का; (**E-**) बाइबल के पुराने खण्ड का दूसरा भाग

ex officio ('एँक्स'फ़िशिओ) *Lat*

ad पद के अधिकार से, पदेन

exonerate (इग़'ज़ॉनरेट) *vt* : **to exonerate from** दोष मुक्त, करना, बरी करना, निर्दोष ठहराना

exorbitant (इग़'ज़ॉबिटंट) *a* बहुत अधिक, हद से ज़्यादा; अमर्यादित

exorcise ('ऍक्सॉर्साइज़) *vt* भूत-प्रेत को भगाना; झाड़-फूंक करना; व्यक्ति को भूत-प्रेत से मुक्ति दिलाना

exotic (इग़'ज़ॉटिक) *a* जो विदेश से लाया जाय, विदेशी; बिरला; असाधारण या अनोखा; आकर्षक; मनोहारी // *n* अन्यस्थानिक पौधा आदि; **exotica** *npl* (*sing v* के साथ प्रयुक्त) विदेशी या अन्यस्थानिक वस्तुओं का संग्रह

expand (इक्'सपैंड) *vt* फैलाना, प्रसारित करना // *vi* फुलाना, बढ़ाना, (*trade etc*) विस्तार देना; विकसित करना

expanse (इक्'सपैंस) *n* विस्तृत स्थान; खुला मैदान

expansion (इक्'सपैंशन) *n* फैलाव, विस्तार; विकास

expatriate (एक्स'पैट्रिएट) *vt* निर्वासित करना, देश निकाला देना; अपना देश छोड़ कर चले जाना // *a, n* जो अपना देश छोड़ कर चला गया हो

expect (इक्'सपेक्ट) *vt* (*anticipate*) प्रत्याशा करना; प्रतीक्षा करना या राह देखना; (*hope*) आशा करना; किसी पर भरोसा करना; (*suppose*) समझ लेना; मां बनने को होना // *vi* : **to be expecting** गर्भवती होना; **to expect sb to do** किसी से किसी काम की आशा रखना; **expectancy** *n* प्रत्याशा; **life expectancy** जीवन की प्रत्याशा (कि कोई कितना जिएगा); **expectant mother** *n* गर्भवती स्त्री (जो मां बनने वाली हो); **expectation** (इक्सपेक्'टेशन) *n* प्रत्याशा; अपेक्षा

expedience, expediency (इक्'स्पीडियंस, इक्'सपीडिअंसि) *n* कार्यसाधकता; **for the sake of expediency** काम निकालने के लिए

expedient (इक्'स'पीडियंट) *a* उचित, कालोचित; नीतिसम्मत; सुविधाजनक; कार्यसाधक // *n* कार्यसाधक उपाय (जो संकट में काम आए)

expedite ('ऍक्सपिडाइट) *vt* आगे बढ़ाना; काम में तेज़ी लाना; शीघ्र पूरा करना

expedition (ऍक्सपि'डिशन) *n* किसी विशेष (सैनिक या वैज्ञानिक) काम के लिए की गयी यात्रा; अभियान; खोजयात्रा; अभियान के सदस्य या उपकरण; जल्दी, शीघ्रता

expel (इक्स्'पेॅल) *vt* बाहर निकालना निष्कासित करना; खदेड़ देना; बहिष्कार करना; निष्कासन करना (द्रव आदि का)

expend (इक्'स्पेण्ड) *vt* खर्च करना; देना; लगाना या प्रयोग में लाना; **expendable** *a* इस्तेमाल होने या नष्ट होने के लिए रखा गया; **expenditure** (इक्'सपेँण्डिचर) *n* खर्च; व्यय

expense (इक्'सपैंस) *n* खर्च (का कारण); लागत; **expenses** *npl* (*COMM*) खर्चे (घर, व्यवसाय आदि के); **at the expense of** के खर्च पर; **expense account** *n* कम्पनी आदि की ओर से किए खर्च का हिसाब

expensive (इक्'स्पेंसिव़) *a* महंगा; खर्चीला; **to be expensive** बहुत महंगा होना

experience (इक्'सपिरिअंस) *n* अनुभव; तजरुबा; अनुभूति (किसी घटना की); घटना // *vt* (का) अनुभव करना; भोगना; मिलना या साक्षात्कार होना; **experienced** *a* अनुभवी; कार्यकुशल या दक्ष

experiment (इक्'स्पेरिमंट) *n* प्रयोग; परीक्षण // *vi* : **to experiment with** प्रयोग या परीक्षण करना

expert ('एक्स्पर्ट) *n* विशेषज्ञ, माहिर; सुविज्ञ, निपुण, प्रवीण // *a* कुशल, प्रवीण; **expertise** (एक्स्प'टीज़) *n* विशेषज्ञ ज्ञान

expire (इक्'सपाइअर) *vi* अन्त होना; सांस छोड़ना; मर जाना; **expiry** *n* अन्त, समाप्ति (अवधि आदि की)

explain (इक्'सप्लेन) *vt* स्पष्ट करना; समझाना; व्याख्या करना; अर्थ बताना; प्रकाश डालना; कारण बताना; सफ़ाई देना; **explanation** (इक्सप्ले'नेशन) *n* स्पष्टीकरण; सफ़ाई, कैफ़ियत; व्याख्या; **explanatory** (इक्'सप्लेनेटरि) *a* व्याख्यात्मक

explicit (इक्'सप्लिसिट) *a* ब्यौरेवार; स्पष्ट; सुस्पष्ट; साफ़-साफ़; जिसमें सन्देह की गुंजाइश न रहे

explode (इक्'सप्लोड) *vi* धमाके से फटना; विस्फोट होना; (जनसंख्या का) तेज़ी से बढ़ना // *vt* विस्फोट करना; निर्मूल सिद्ध करना, खण्डन करना

exploit *n* ('एँक्सप्लॉइट) कारनामा, करतब // *vt* (इक्'सप्लॉइट) से लाभ उठाना; अपने लाभ के लिए काम में लाना, शोषण करना; **exploitation** (एँक्सप्लॉइ'टेशन) *n* शोषण; **exploiter** *n* शोषक

exploratory (इक्'सप्लॉरटरि) *a* (*fig* :*talks*) प्रारंभिक

explore (इक्'सप्लॉर) *vt* छानबीन करना; खोज करना; पता लगाना; परीक्षण या जांच-पड़ताल करना; किसी देश की यात्रा करके उस के बारे में पता लगाना; **explorer** *n* खोजी; अन्वेषक

explosion (इक्'स्लोझ़न) *n* फटने की क्रिया, विस्फोट; धमाका

explosive (इक्'सप्लॉसिव़) *a* विस्फोटक; गंभीर (स्थिति आदि) // *n* विस्फोटक पदार्थ

expo ('एँक्सपो) *n* (*inf*) **exposition** का संक्षेप; प्रतिपादन, व्याख्या; बड़ी अन्तर्राष्ट्रीय प्रदर्शनी

exponent (इक्'सपॉनंट) *n* प्रतिपादन करने वाला (किसी विचारधारा आदि का); प्रतिनिधि

export *vt* (ऍक्'सपॉर्ट) माल देश से बाहर भेजना, निर्यात करना // *n, a* ('ऍक्सपोर्ट) निर्यात (का); **exporter** *n* निर्यातक

expose (इक्'स्पोज़) *vt* प्रदर्शन करना, दिखाना; खोल देना, उघाड़ना; पोल खोलना, बताना (रहस्य आदि); बिना सहारे के छोड़ देना; खतरे आदि में डालना; फोटो खींचना; **exposed** *a* अनावृत्त; बिना किसी ओट के

exposé (ऍक्स्'पोज़े) *n* समाचार पत्र आदि में किसी घोटाले या अपराध का भण्डाफोड़

exposure (इक्'सपोझ़र) *n* प्रदर्शन; अनावरण; फोटो खींचने की क्रिया; **suffering from exposure** (*MED*) जिसे सरदी लग गयी हो; **exposure meter** *n* उपकरण जिससे पता चलता है कि फोटो खींचने में कितना समय दिया जाय

expound (इक्'सपाउंड) *vt* प्रतिपादन करना; व्याख्या करना; स्पष्ट करना या समझाना

express (इक्'स्प्रेस) *a* स्पष्ट; साफ़; सुनिश्चित; सोचा-समझा; विशेष रूप से तैयार; तेज़गामी; विशेष रूप से भेजा गया (दूत आदि); तेज़ (गाड़ी), जो कुछ ही स्थानों पर रुकती हो // *vt* प्रकट करना; अभिव्यक्ति करना; निचोड़ना // *ad* विशेष रूप से; विशेष उद्देश्य से; तेज़ी से // *n* तेज़ चलने वाली गाड़ी; जल्दी पार्सल पहुंचाने की सेवा; **expression** *n* अभिव्यक्ति; शब्द या शब्दावली, मुहावरा; (चेहरे का) भाव, भंगिमा, मुद्रा; भावना; कही गयी बात; **expressly** *ad* तेज़ी से; **expressway** *n* (*US* : *urban motorway*) सड़क जिस पर तेज़ रफ़्तार गाड़ियां ही चल सकती हैं

expunge (इक्'स्पंज) *vt* काट देना, मिटा देना, (कार्यवाही से) निकाल देना; **expunction** (इक्'स्पंक्शन) *n* कार्यवाही से निकाल देने की क्रिया

exquisite ('ऍक्सक्विज़िट) *a* उत्कृष्ट, उत्तम; गहरा, तीव्र, प्रचंड; अत्यधिक संवेदनशील

extend (इक्'स्टेंण्ड) *vt* तानना, फैलाना; लम्बा करना; अवधि बढ़ाना; विस्तृत करना (क्षेत्र) विस्तार देना; देना // *vi* बढ़ाना; क्षेत्र में फैलना; परास होना; विस्तृत हो जाना

extension (इक्'स्टेन्शन) *n* विस्तार, प्रसार, फैलाव; (भवन के साथ) बना हिस्सा; टेलीफ़ोन का दूसरा उपकरण जो किसी दूसरे कमरे में हो

extensive (इक्'सटेन्सिव़) *a* व्यापक, विस्तृत, विशाल, गहन (छान बीन); दूर-दूर तक फैला हुआ (क्षेत्र, प्रभाव आदि); **he's travelled extensively** उस ने दूर-दूर तक यात्रा की है

extent (इक्'सटेंट) *n* विस्तार, प्रसार, फैलाव; परिमाण; सीमा; **to some extent** किसी हद तक; **to what extent?** कहां तक/किस हद तक ?; **to**

the extent of... ...की हद तक

extenuating (इक्'स्टेन्युएटिंग) *a* : **extenuating circumstances** परिस्थितियां जो अपराध का प्रकोप कम करती हों

exterior (ऍक्'स्टिअरिअर) *n* बाहरी भाग; बाहरी रूप // *a* बाहरी, वाह्य

exterminate (ऍक्'स्टर्मिनेट) *vt* मिटा देना; पूरी तरह नष्ट कर देना; समाप्त कर देना

external (ऍक्'स्टर्नल) *a* बाहर का, बाहरी; बाहर निकला हुआ

extinct (इक्'स्टिंक्ट) *a* जो समाप्त या लुप्त हो गया हो; जिस का अस्तित्व समाप्त हो गया हो; बुझा हुआ

extinguish (इक्'स्टिंगिविश) *vt* बुझाना; मिटाना; समाप्त करना; **extinguisher** *n* आग बुझाने का उपकरण

extol (इक्'स्टॉल) *vt* गुणगान करना, अत्यधिक प्रशंसा करना

extort (इक्'स्टॉर्ट) *vt* : **to extort sth (from)** किसी से खसोटना; बलपूर्वक या धमकी से लेना; **extortion** (इक्स्'टॉर्शन) *n* लूटने-खसोटने की क्रिया; **extortionate** (इक्'स्टार्शनिट) *a* कीमत जो लूट खसोट की हद तक अधिक हो

extra ('ऍक्सट्रा) *a* अतिरिक्त; अधिक; अधिक अच्छा; सामान्य से बेहतर // *ad* अतिरिक्त; सामान्य से अधिक // *n* अतिरिक्त वस्तु; अतिरिक्त राशि (जो कीमत से अलग ली जाय) (*CRICKET*) रन जो गेंद को बैट छू कर न बनी हो; (*THEATRE*) अभिनेता जो भीड़ के दृश्य के लिए रखा जाय

extra- *prefix* इतर, परे, जैसे **extraterritorial**

extract *vt* (इक्'स्ट्रैक्ट) निकालना, विशे॰ बलपूर्वक; किसी की इच्छा के विरुद्ध कुछ लेना, छीनना, दबाव डाल कर लेना; सार या निचोड़ निकालना; प्राप्त करना; नकल करना; उद्धरण या हवाला देना // *n* (एक्स्'ट्रैक्ट) उद्धरण; सार, तत्व, निचोड़, अरक; सत्व

extracurricular (इक्स्ट्राक'रिक्युलर) *a* जो पाठ्यक्रम का अंग न हो; पढ़ाई के अतिरिक्त (गतिविधियां)

extradite ('ऍक्सट्रडाइट) *vt* किसी देश द्वारा किसी अपराधी को उस की सरकार के हवाले करना

extramarital (एक्सट्र'मैरिटल) *a* विवाहेतर; पति-पत्नी के अतिरिक्त किसी और से, जैसे, **extramarital relations**

extramural (एक्स्ट्र'म्युअरल) *a* विश्वविद्यालय, कालिज आदि के पाठ्यक्रम से बाहर का; जो किसी स्थान की सीमाओं से बाहर स्थित हो

extraneous (ऍक्स्'ट्रेन्यस) *a* बाहरी; विपयेतर; असंगत; जो बाहर से जोड़ा गया हो

extraordinary (इक्'स्ट्रॉड्नॅरि) *a*

extrasensory 252 facade

असाधारण, असामान्य; विशेष; अतिरिक्त; आश्चर्यजनक; अपूर्व

extrasensory (ऍक्स्ट्र'सॆन्सरि) *a* इन्द्रियेतर ज्ञान सम्बन्धी; ऐसे ज्ञान का जो ज्ञानेन्द्रियों से प्राप्त न हुआ हो

extravagance (इक्स्'ट्रैवॅगंस) *n* फिज़ूलखर्ची, अपव्यय

extravagant (इक्स्'ट्रैविगंट) *a* अपव्ययी; अत्यधिक; बेतुका; असंयमित; उच्छृंखल

extreme (इक्'स्ट्रीम) *a* अत्यधिक, परम, नितांत, उग्र, तीव्र, कठोर; छोर का, सिरे का, सीमा का; संयम की सीमा से परे का // *n* सिरा, छोर, सीमा, किसी शृंखला का पहला और अंतिम; **extremely** *ad* बहुत अधिक हद से परे; **extremist** *n* उग्रवादी, अतिवादी; **extremity** (इक्स्'ट्रिमिटि) *n* सीमा, अंत

extricate ('ऍक्सट्रिकेट) *vt* : to **extricate sth (from)** निकालना; छुड़ाना, मुक्त करना, आज़ाद कराना

extrovert ('ऍक्सट्रवर्ट) *n* बहिर्मुखी (व्यक्ति), व्यक्ति जो बाहर की वस्तुओं और लोगों में अधिक रुचि ले

eye (आइ) *n* आंख, दृष्टि, नज़र, ध्यान, (सूई का) नाका; छेद; दृष्टिकोण; विवेक; निगरानी // *vt* देखना, नज़र डालना; **to keep an eye on** निगरानी रखना; **eyeball** *n* कोया, नेत्रगोलक; **eyebath** *n* आंखें धोने की क्रिया; **eyebrow** *n* भौंह, भृकुटि; **eyebrow pencil** *n* भौहों को संवारने की पेंसिल; **eyedrops** *npl* आंख में डालने की दवाई; **eyelash** *n* बरौनी; **eyelid** *n* पलक; **eye-liner** *n* आंखों के नीचे लगाने का काजल जैसा पदार्थ; **eye-opener** *n* आंखे खोल देने वाला समाचार/घटना; **eye-shadow** *n* आंखों के नीचे लगाने का पाउडर आदि; **eyesight** *n* दृष्टि, नज़र; **eyesore** *n* आंख का कांटा, भद्दी वस्तु; **eye witness** *n* प्रत्यक्ष-दर्शी; चश्मदीद गवाह

F

F **Fahrenheit; farad; Fellow; (*CHEM*) fluorine** का संक्षेप

fable ('फ़ेबल) *n* कहानी जिसमें कोई सीख हो, नीतिकथा, जिस के पात्र जीव-जन्तु हों; किस्सा; पौराणिक कथा; झूठ, गप्प // *vt* किस्से-कहानियां गढ़ना

fabric ('फ़ैब्रिक) *n* कपड़ा; बुनत; बनावट; ढांचा, गढ़त

fabricate ('फ़ैब्रिकेट) *vt* बनाना; ढांचा तैयार करना; निर्माण करना; गढ़ना (झूठ आदि); जाली दस्तावेज़ तैयार करना

fabrication (फ़ैब्रि'केशन) *n* निर्माण; सरंचना; गढ़न; जालसाज़ी

fabulous ('फ़ैब्युलस) *a* आश्चर्यजनक; (*col*) सर्वश्रेष्ठ .

facade (फ़'साड) *n* इमारत का अगला

भाग, माथा; (*fig*) दिखावा; मुखौटा

face (फ़ेस) *n* चेहरा; विकृत भाव-भंगिमा; बाहरी आकार; अगला भाग, माथा; ऊपरी सतह या मुख्य भाग; घड़ी का डायल; प्रतिष्ठा, इज़्ज़त // *vt* की ओर अगला भाग होना, सामने होना; हिम्मत से सामना करना; तह या परत चढ़ाना // *vi* मुड़ना; **face down** (व्यक्ति) मुंह लटकाये; (ताश का पत्ता) औंधा; **make** *or* **pull a face** मुंह बनाना/बिचकाना; **in the face of** (*difficulty etc*) के होते हुए भी; **on the face of it** देखने में, ऊपरी दृष्टि से; **face to face** आमने-सामने; **to face up to** का सामना/मुकाबला करना; **face cloth** *n* फ़लालैन का रूमाल जो मुंह पोंछने के काम आता है; **face cream** *n* मुंह पर लगाने की क्रीम; **facelift** *n* चेहरे की झुर्रियां मिटाने का आपरेशन; मकान आदि की मरम्मत और सजावट

face value (फ़ेस 'वेल्यू) *n* (सिक्के का उस पर लिखा) मूल्य; **to take something at face value** (*fig*) किसी चीज़ को वैसी ही मान लेना जैसी दिखती हो

facile ('फ़ैसाइल) *a* आसान, सरल, जो सहज में काम करे; आरामतलब; ऊपरी; मूर्खतापूर्ण

facilities (फ़े'सिलिटीज़) *npl* सुविधाएं; उपकरण; शौचालय; **credit facilities** ऋण की सुविधाएं

facing ('फ़ेसिंग) *prep* सामने // *n* दीवार पर किया पलस्तर, रंग आदि; कपड़े का अस्तर

facsimile (फ़ैक्'सिमिलि) *n* हूबहू नकल; प्रतिकृति

fact (फ़ैक्ट) *n* तथ्य, सत्य, सच्चाई; असलियत; वास्तविकता; किया गया काम; **in fact** वास्तव में

faction ('फ़ैक्शन) *n* किसी बड़े संगठन के कुछ सदस्य जो उस से सहमत न हों, गुट; गुटबन्दी

factor ('फ़ैक्टर) *n* कारक, घटक; संख्या जो किसी अन्य संख्या से गुणा करने पर निश्चित संख्या बन जाय, गुणक; दलाल, आढ़तिया

factory ('फ़ैक्टरि) *n* कारख़ाना, उद्योगशाला

factual ('फ़ैक्चुअल) *a* तथ्यों पर आधारित, यथार्थ; ठीक-ठीक

faculty ('फ़ैकल्टि) *n* क्षमता, योग्यता; मानसिक शक्ति; मनीषा; सामर्थ्य; रुझान; विश्वविद्यालय का विभाग, संकाय; किसी पेशे के लोग; अधिकार

fad (फ़ैड) *n* रिवाज या फ़ैशन जो कुछ समय तक रहे; सनक, झक

fade (फ़ेड) *vi* रंग फीका या हल्का पड़ जाना; क्षीण या कमज़ोर हो जाना; मद्धिम हो जाना; धीरे-धीरे लुप्त हो जाना // *vt* हल्का, फीका या क्षीण कर देना; **fade in, -out** *n* (*Radio*) आवाज़ का धीरे धीरे बढ़ना, घटना, (*TV,*

CINEMA) चित्र का धीरे-धीरे उभरना या लुप्त हो जाना

fag (फ़ैग) *n* (*col*) ऊबाने वाला या नीरस काम; *sl* सिगरेट; (*US*) *sl* लौंडेबाज़ (**faggot** का संक्षेप) // *vt inf* (विशे॰ *out* के साथ) थक जाना // *vi* स्कूली छात्र का बड़ी कक्षा के छात्र की चाकरी करना; **fag end** *n* अंतिम हिस्सा; घटिया किस्म की बची खुची चीज़

faggot ('फ़ैगट) *n* लकड़ी का गट्ठर (विशे॰ ईंधन की); कलेजी का कोफ़्ता; (*US*) *sl* लौंडेबाज़

Fahrenheit ('फ़ैरन्हाइट) *a* गरमी के माप से सम्बन्धित (इस माप के अनुसार पानी 32° पर जम जाता है और 212° पर उबल जाता है)

fail (फ़ेल) *vi* असफल होना; (यंत्र आदि का) बंद हो जाना; काम न करना; (*exam*) अनुत्तीर्ण होना या आवश्यक स्तर से कम होना; अपर्याप्त होना; (*courage, memory*) ज़रूरत पड़ने पर काम न आना; (*eyesight, health*) शक्ति क्षीण हो जाना; समाप्त हो जाना; दिवाला निकल जाना // *vt* : **to fail to do sth** (*be unable*) निराश करना; सहायता न देना; (*neglect*) उपेक्षा करना; करना भूल जाना; किसी (उम्मीदवार) को आवश्यक स्तर से कम पाना, अनुत्तीर्ण करना; **without fail** हर मुश्किल के बावजूद; निश्चय ही; **failing** *n* त्रुटि, कमी; दोष, कमज़ोरी // *prep* न होने पर, के अभाव में; **failure** *n* असफलता; चूक; (*mechanical*) खराबी; क्षय

faint (फ़ेंट) *a* कमज़ोर, दुर्बल; मद्धिम, हल्का, धुंधला; फीका, पीला, कमज़ोर, अशक्त; शिथिल; जिसे चक्कर आ रहे हों; जो बेहोश होने को हो // *vi* बेहोश हो कर गिर पड़ना

fair (फ़ेअर) *a* न्यायी; निष्पक्ष; नियमानुसार; वैध, कानूनी; गोरा, गौरवर्ण; सुन्दर, मनोहर; पर्याप्त; अच्छी किस्म का; उपयुक्त मात्रा वाला; निष्कलंक; निर्मल; युक्तियुक्त; मध्यम; सुहाना (मौसम); वर्षा आदि न होने की स्थिति // *ad* ईमानदारी से // *n* मेला (जहां सर्कस और घुमन्तु नाचने-गाने वाले हों और साथ ही प्रदर्शनी भी लगे); समय-समय पर लगने वाला बाज़ार; **fair ground** *n* मेले का मैदान; **fairly** *ad* न्यायपूर्वक, निष्पक्षता से; **fairness** *n* न्याय, निष्पक्षता

fairy ('फ़ेअरि) *n* परी; *sl* लौंडा (समलिंगी पुरुष) // *a* परियों का; परी जैसा; सुन्दर और नाजुक; काल्पनिक; **fairy tale** *a* परियों की कहानी का या उस जैसा // *n* परियों की कहानी

fait accompli (फ़ैटैकॉं'म्पलि) *n Fr* जो काम/घटना हो चुकी हो और जिसे बदला न जा सके

faith (फ़ेथ) *n* भरोसा, विश्वास; बिना प्रमाण के विश्वास; धर्म; वादा, वचन; निष्ठा, वफ़ादारी, ईमान; स्थिरता; **faithful** *a* एकनिष्ठ, वफ़ादार; **faithfully**

fake 255 familiar

ad निष्ठापूर्वक

fake (फ़ेक) *n* नकली या जाली वस्तु, व्यक्ति या काम // *vt* लीपापोती से किसी वस्तु के दोष छिपाना; नकली माल बनाना // *a* नकली, जाली; **faker** *n* जो नकली माल बेचता हो; कपटी, जालसाज़, धोखेबाज़

falcon ('फ़ॉल्कन, 'फ़ॉकन) *n* शिकारी पक्षी बाज़, विशे॰ वह जिसे पक्षियों का शिकार करने के लिए सधाया गया हो

fall (फ़ॉल) *n* पतन, गिरावट; विनाश; तबाही; कमी, घटाव; (*US*) पतझड़ का मौसम // *vi* (*pt* **fell**, *pp* **fallen**) गिरना, नीचे आना; नीचे हो जाना; घट जाना; नीचे लटक जाना; भूमि पर आ गिरना; खड़े न रहना; नष्ट हो जाना; ढह जाना; किसी के कब्ज़े में आ जाना; फिर पीछे पहुंच जाना; समाप्त हो जाना; मुंह से निकलना या कहा जाना; घटना, हो जाना; **falls** *npl* (*waterfall*) जलप्रपात, झरना **to fall flat** *vi* (*on one's face*) अपने उद्देश्य में विफल हो जाना; (लतीफ़े का) फुसफुसा होना; (योजना का) विफल होना; **to fall back** *vi* पीछे हटना; **to fall back on** *vt* किसी उपाय/वस्तु का सहारा लेना; **to fall behind** *vi* पिछड़ जाना; **to fall down** *vi* (व्यक्ति का) गिर जाना; (मकान का) ढह जाना; (आशाओं पर) पानी फिर जाना; **to fall for** *vt* धोखे में आ जाना; किसी के प्रेमपाश में बंध जाना; **to fall in** *vi* (सैनिकों आदि का) पंक्ति में खड़े होना; **to fall off** *vi* किसी ऊंचे स्थान से गिर जाना; **to fall out** *vi* (मित्रों के साथ) झगड़ा कर के अलग हो जाना; **to fall through** *vi* किसी योजना आदि का विफल हो जाना

fallacy ('फ़ैलसि) *n* ग़लत, भ्रामक विचार या तर्क, तर्क-दोष; भ्रांति, दृष्टिभ्रम; **fallacious** *a* भ्रामक, भ्रमपूर्ण

fallen ('फ़ॉलन) **fall** का *pp*

fallout ('फ़ालाउट) *n* परमाणु बम के विस्फोट के बाद फैला विषाक्त बादल; **fallout shelter** *n* इस बादल से बचने का स्थान

fallow ('फ़ैलो) *a* परती (भूमि); जिस पर खेती न हो; उपेक्षित

false (फ़ॉल्स) *a* ग़लत, भूल भरा; झूठा; दिखावटी, भ्रामक, भ्रांतिजनक; निष्ठाहीन; कपटपूर्ण; नकली, जाली, खोटा; **under false pretences** धोखे/छल से; **false teeth** *npl* नकली दांत

falsehood ('फ़ाल्सहुड) *n* झूठ, असत्य; कपट, बेइमानी, धोखा

falter ('फ़ॉल्टर) *vi* झिझकना; आगा-पीछा करना; हकलाना; लड़खड़ाना, डगमगाना

fame (फ़ेम) *n* कीर्ति, ख्याति, यश, नाम; प्रसिद्धि; **famed** *a* प्रसिद्ध

familiar (फ़'मिलिअर) *a* प्रसिद्ध, सुपरिचित, जिसे सभी जानते हों; बार-बार होने वाला; सामान्यता होने वाला; घनिष्ठ, अंतरंग; बिना तकल्लुफ़ के; धृष्ट, ढीठ;

मुंहलगा // *n* अंतरंग या घनिष्ठ मित्र; **to be familiar with** परिचित होना; **familiarity** *n* घनिष्ठता; बेतकल्लुफ़ी

family ('फ़ेमिलि) *n* परिवार, घराना; वंश, कुल, जाति, वर्ग (एक जैसी वस्तुओं का समूह)

famine ('फ़ैमिन) *n* अकाल, दुर्भिक्ष; भुखमरी

famished ('फ़ैमिश्ट) *a* जिसे बहुत अधिक भूख लगी हो

famous ('फ़ेमस) *a* प्रसिद्ध, मशहूर; **famously** *ad* : (*get on*) (दो व्यक्तियों में) बहुत बनना

fan (फ़ैन) *n* पंखा (बिजली या हाथ का); पक्षी की पूंछ के फैले हुए पंख; भक्त, प्रेमी, शौकीन // *vt* पंखा करना; **to fan out** *vi* पंखे की तरह फैल जाना

fanatic (फ़'नैटिक) *a* जिसमें विशे॰ धर्म के लिए असाधारण उत्साह हो; मतांध, कट्टरपंथी; धर्मान्ध // *n* कट्टरपंथी व्यक्ति

fan belt ('फ़ैन बेल्ट) *n* कार के इंजन के पंखे की पेटी

fanciful ('फ़ैन्सिफ़ुल) *a* काल्पनिक, अनोखा, विचित्र

fancy ('फ़ैन्सि) *n* तरंग, मौज, सनक, पसंद, झुकाव; कल्पना शक्ति; कल्पना // *a* रंगबिरंगा, भड़कीला; सनकी, झक्की // *vt* कल्पना करना; विश्वास करने का रुझान होना; **to take a fancy to** किसी को पसंद करना या चाहने लगना; **fancy dress** *n* स्वांग रचने की पोशाक; **fancy-dress ball** *n* नाच जिसमें लोग ऐसी पोशाक पहन कर आते हैं

fanfare ('फ़ैनफ़ेअर) *a* तुरहीनाद; धूमधाम; तड़क-भड़क

fang (फ़ैन्ग) *n* सांप का विषदंत; लम्बा, तीखा दांत

fantastic (फ़ैन्'टैस्टिक) *a* अद्भुत, अजीब; ऊटपटांग, बेढब, बेतुका; झक या तरंग पर आधारित; विलक्षण; *inf* बहुत अच्छा; बहुत बड़ा

fantasy ('फ़ैन्टसि) *n* स्वैर कल्पना; स्वप्नचित्र; अत्यधिक उपजाऊ कल्पना

far (फ़ार) *a* : **the far side/end** परे का बाज़ू/सिरा // *ad* दूर, परे; पहले समय का; अधिक (अच्छा, बड़ा आदि); **faraway** बहुत दूर; **far better** बहुत अच्छा; **far from** (इस की तो) बात ही क्या; **by far** की तुलना में बहुत अच्छा; **go as far as the farm** फ़ार्म तक जाना; **as far as I know** जहां तक मुझे पता है; **faraway** *a* जो बहुत दूर हो

farce (फ़ार्स) *n* प्रहसन; स्वांग; तमाशा, ढोंग, विडम्बना

farcical ('फ़ार्सिकल) *a* नाटकीय (जिसे देखकर हंसी आए)

fare (फ़ेंअर) *n* भाड़ा, किराया; यात्री, सवारी; भोजन; खाना // *vi* आगे

Far East 257 **fastidious**

बढ़ना; होना; यात्रा करना; उन्नति करना; **half, full fare** आधा, पूरा किराया

Far East ('फ़ार ईस्ट) *n* : **the Far East** सुदूरपूर्व

farewell (फ़ेंअर'वे्ल) *excl, n* विदा लेने की क्रिया

farm (फ़ार्म) *n* भूमि का टुकड़ा जहां खेती या पशुपालन होता हो, फ़ारम; खेत, खेती // *vt* खेती करना; पशु पालना; **farmer** *n* किसान; **farmhand** *n* खेत मज़दूर; **farmhouse, farmstead** *n* फ़ारम, खेत; **farming** *n* खेती; **farm worker** = **farmhand** *n* खेत मज़दूर; **farmyard** *n* फ़ार्म का अहाता

far-reaching ('फ़ार-'रीचिंग) *a* दूर तक जाने वाला (प्रभाव)

fart (फ़ार्ट) (*col*) *n* पाद; अधोवायु का निकलना // *vi* पादना

farther ('फ़ार्दर) *ad, a* आगे, और आगे; **far** का *comp*

farthest ('फ़ार्देस्ट) *ad, a* सब से दूर; **far** का *superlative*

fascinate ('फ़ैसिनेट) *vt* मोहित करना, मोह लेना; मंत्रमुग्ध करना; वशीभूत कर लेना; टकटकी लगा कर देखना (जिससे कि व्यक्ति रुक जाय); स्तंभित करना; **fascinating** *a* मनमोहक, लुभावना, आकर्षक

fascism ('फ़ैशिज़्म) *n* निरंकुश शासन व्यवस्था का सिद्धांत जो लोकतन्त्र और उदारवाद का विलोम है; शासकों द्वारा निरंकुश व्यवहार; **fascist** *a, n* इस सिद्धांत में विश्वास रखने वाला (व्यक्ति)

fashion ('फ़ैशन) *n* नवीनतम शैली विशे॰ वेशभूषा की, भूषाचार, फ़ैशन; रिवाज, रीति, लोकाचार, ढंग // *vt* बनाना, रूप देना, गढ़ना; **in/out of fashion** प्रचलित, अप्रचलित; **fashionable** *a* प्रथानुसार, प्रचलित, लोकप्रिय; शौकीन (व्यक्ति); **fashion show** *n* नए कपड़ों की प्रदर्शनी जहां महिलाएं उन कपड़ों को पहन कर दिखाती हैं

fast (फ़ास्ट) *a* तेज़, शीघ्रगामी; जिस के कारण तेज़ प्रगति हो सके; (घड़ी) जो अधिक समय दिखाती हो; **to be fast** असंयमी होना; पक्का होना (रंग) // *ad* तेज़ी से; मज़बूती से // *vi* उपवास करना, रोज़ा रखना // *n* उपवास, रोज़ा; **fast asleep** गहरी नींद में; **fasting** *n* उपवास या रोज़ा

fasten ('फ़ासॅन) *vt* बांधना, कसना; जकड़ना // *vi* बंध जाना, जुड़ जाना; जकड़ा जाना; दबोच लेना; **fastener** ('फ़ास्नर), **fastening** *n* बांधने/जोड़ने का उपकरण

fast food ('फ़ास्ट 'फूड) *n* व्यंजन जो पहले से तैयार पड़ा हो और तुरंत परोसा जा सके

fastidious (फ़े'स्टिडिअस) *a* जिसे खुश करना कठिन हो; नाज़ुकमिज़ाज; मीनमेख निकालने वाला; जिसे कोई चीज़

आसानी से पसन्द न आए

fat (फ़ैट) *n* चर्बी, वसा // *a* मोटा; जिस के शरीर पर बहुत चर्बी हो; जिसमें बहुत चर्बी हो; जिसमें बहुत लाभ हो; उपजाउ

fatal (फ़ैटल) *a* घातक; खतरनाक; **fatality** *n* मृत्यु (विशे॰ सड़क दुर्घटना आदि में); मरने वाला व्यक्ति

fate (फ़ेट) *n* भाग्य, किस्मत, नियति, प्रारब्ध, नसीब, तक़दीर; मृत्यु; विनाश // *vt* किस्मत में लिखा होना; **fatalism** *n* भाग्यवाद; लिखे के आगे सिर झुकाने की प्रवृत्ति; **fateful** *a* जो किस्मत में लिखा हो; महत्वपूर्ण; विनाशकारी

father ('फ़ादर) *n* पिता, बाप, पूर्वज, पुरखा (**F-**) परमात्मा, सृष्टिकर्ता; पहला नेता; पादरी; पादरी जो पाप स्वीकरण सुनता है; आचार्य; किसी समाज का वयोवृद्ध सदस्य // *vt* पैदा करना; प्रारंभ करना; उत्तरदायित्व स्वीकार करना; पिता के रूप में काम करना; **father-in-law** *n* ससुर; **fatherly** *a* पिता समान

fathom ('फ़ैदम) *n* पानी की गहराई का माप (= 6 फुट) // *vt* थाह लेना, गहराई आंकना; तह तक पहुंचना; समझ लेना; **fathomless** *a* इतना गहरा कि थाह न ली जा सके, अथाह

fatigue (फ़'टीग) *n* थकान, थकावट, श्रांति; कठोर परिश्रम; दबाव पड़ने पर धातु की कमज़ोरी; सैनिक का (ग़ैर-सैनिक) काम // *vt* थकाना, चूर चूर करना

fatten ('फ़ैटन) *vt, vi* (खिला पिला कर) मोटा करना

fatty ('फ़ैटि) *a* (भोजन) जिसमें चर्बी अधिक हो // *n* (*col*) मोटा/स्थूलकाय व्यक्ति

fatuous ('फ़ैट्यूअस) *a* बहुत मूर्खतापूर्ण; मन्दबुद्धि

faucet ('फ़ॉसिट) *n* (*US*) नल की टोंटी

fault (फ़ॉल्ट) *n* दोष; त्रुटि; कुकर्म; कसूर; अपराध; भूल; ग़लती; चूक; (*TENNIS*) ग़लत ढंग से फैंकी गेंद; (*GEOLOGY*) किसी स्तर (चट्टानों आदि) में दरार या फटन // *vt* दोष निकालना; किसी से बुरा काम कराना या करना; **it's my fault** यह मेरा दोष है; **to find fault with** दोष/मीनमेख निकालना; **at fault** दोषी होना (किसी भूल का); **to a fault** बहुत अधिक, हद से ज्यादा; **faultless** *a* दोषरहित **faulty** *a* दोषपूर्ण

fauna ('फ़ॉनअ) *n* किसी क्षेत्र या युग के जीवों का सामूहिक नाम (*pl* -a, -ae)

faux pas (फ़ो'पा) *n* व्यवहार की भूल; विवेक-रहित काम; असावधानी

favour ('फ़ेवर) (*US*) **favor** *n* कृपादृष्टि; अनुग्रह; अनुमोदन, समर्थन; पक्षपात, तरफ़दारी; अनुमति, स्वीकृति; फीतों का बिल्ला या गांठ // *vt* पक्षपात या तरफ़दारी करना; अनुग्रह या कृपा करना; सहायता, समर्थन देना; सदृश होना; **to do sb a favour** किसी पर

अनुग्रह/कृपा करना; **to find favour with** किसी को पसंद आ जाना; **in favour of** के पक्ष में; **favourable** *a* अनुकूल; **favourite** *a, n* कृपा, प्रेम भाजन; मुंहलगा; घोड़ा जिस के दौड़ में जीतने की आशा हो

fawn (फ़ॉन) *n* हिरन का बच्चा; हिरनौटा // *a* हल्का भूरा (**fawn-coloured** भी) // *vi* : **to fawn upon** चापलूसी करना, ठकुरसुहाती करना; लल्लोचप्पो करना; कुत्ते का मालिक का प्यार पाने के लिए पूंछ हिलाना या ज़मीन पर लोट जाना

fax (फ़ैक्स) *n* टेलिप्रिंटर द्वारा सन्देश भेजने की व्यवस्था; ऐसा टेलिप्रिंटर

FBI *n* (*US*) *Federal Bureau of Investigation* का संक्षेप

fear (फ़िअर) *n* डर; भय; खटका; आशंका; अन्देशा; चिन्ता // *vt* डरना; भयभीत होना; झिझकना; डर कर पीछे हट जाना; श्रद्धा करना; **for fear of** के डर के मारे; **fearful** *a* डरावना; **fearless** *a* निडर, निर्भीक; **fearsome** *a* भयानक, भयंकर

feasible ('फ़ीज़ॅबॅल) *a* जो किया जा सके, व्यवहार्य; संभाव्य

feast (फ़ीस्ट) *n* दावत; धार्मिक वर्षगांठ, पर्व, उत्सव, त्योहार; **feast day** भी; कोई सुखद बात जिसमें वस्तुओं की प्रचुरता हो // *vi* दावत, प्रीतिभोज में जाना; आनंद मनाना // *vt* प्रीतिभोज देना; खिलाना-पिलाना और आनंद करना

feat (फ़ीट) *n* कारनामा, करतब, कमाल

feather ('फ़ैदर) *n* पक्षी के पर, पंख; पंख से मिलती-जुलती वस्तु // *vt* पंख लगाना; चप्पू किनारे लगा देना (चलाना बंद कर देना) // *vi* पंख उग आना; **feather weight** *n* वज़न में हल्का व्यक्ति या वस्तु; **to feather one's nest** हाथ रंगना, खूब पैसा बनाना; **the white feather** कायरता, बुज़दिली

feature ('फ़ीचर) *n* (*usu pl*) चेहरा-मोहरा, नयन-नक्श, रूप, शक्ल; विशेषता, विशेष लक्षण; मुख्य या विशेष मद // *vt* रूपरेखा प्रस्तुत करना, चित्रित करना; (*CINEMA*) फ़िल्म में मुख्य भूमिका में प्रस्तुत करना; प्रधानता या प्रमुख स्थान देना // *vi* प्रमुख होना; **features** *npl* नयन-नक्श; **feature film** *n* मुख्य फ़िल्म

February ('फ़ॆबरुअरि) *n* साल का दूसरा महीना, फ़रवरी

fed (फ़ॆड) **feed** का *pt, pp*

federal ('फ़ॆडरल) *a* संघीय; **federalism** *n* संघवाद; **federation** *n* संघ; राज्यसंघ

fed-up ('फ़ॆड् 'अप) *a* : **to be fed-up** तंग आ जाना, ऊब जाना

fee (फ़ी) *n* पारिश्रमिक, मेहनताना, फ़ीस

feeble ('फ़ीबल) *a* दुर्बल, कमज़ोर; शक्तिहीन; प्रभावहीन; फीका, स्वादहीन

feed (फ़ीड) *n* भोजन करने की क्रिया;

शिशु की खुराक; चारा; चरागाह; चारे की मात्रा; यंत्र में डाली गयी सामग्री; यंत्र का वह भाग जिस में से होकर सामग्री जाती है // *vt* (*pt, pp* **fed**) खिलाना, भोजन या चारा देना; देना, पहुंचाना // *vi* भोजन करना; **to feed on** *vt* खा कर जीना; **feedback** *n* बिजली के सर्किट या लाउडस्पीकर में लौटती आवाज़; पूछने पर भेजी गयी जानकारी; **feeding bottle** *n* (*Brit*) दूध पिलाने की बोतल

feel (फ़ील) *n* महसूस करने की क्रिया या घटना; अनुभूति; स्पर्श की सामर्थ्य या गुण // *vt* (*pt, pp* **felt**) छूना, स्पर्श करना; अनुभव करना; टटोलना; अनुभूति होना; भावनाओं का प्रदर्शन करना (*for* के साथ); विश्वास करना, समझना; **to feel (that)** यह महसूस करना/सोचना कि; **to feel hungry/cold** भूख लगी होना/ठंड लगना; **to feel lonely/better** एकाकीपन खटकना/तबीयत पहले से ठीक होना; **I don't feel well** मेरी तबीयत ठीक नहीं है; **to feel like** (*want*) इच्छा होना; **to feel about** *or* **around** टटोलना; **feeler** *n* कीड़े जैसे जीव की स्पर्शेन्द्रिय; दूसरों के विचार जानने के लिए रखा गया प्रस्ताव; **to put out feelers** *or* **a feeler** दूसरों के विचार जानने के लिए कुछ लिखना या कहना; **feeling** *n* बोध, ज्ञान, अनुभव; मनोभाव, भावना; संवेदनशीलता; सहानुभूति; कोमलहृदयता; विचार जो केवल तर्क पर आधारित न हो

feet (फ़ीट) **foot** का *npl*

feign (फ़ेन) *vt* बहाना करना; का स्वांग भरना या नाटक करना

feline ('फ़ीलाइन) *a* बिल्ली का; बिल्ली जैसा

fell (फ़ेल) **fall** का *pt* // *vt* गिराना, काटना (पेड़ आदि)

fellow ('फ़ेलो) *n* पुरुष, लड़का, व्यक्ति; साथी; सहकर्मी; जोड़ा; वैसी ही वस्तु; **fellow countryman** *n* हमवतन; **fellow men** *npl* समाज या कालिज का सदस्य साथी; **fellowship** *n* बिरादरी; समाज; मैत्री; (विश्वविद्यालय में) शोधकर्ता का पद या विशेष छात्रवृत्ति

felony ('फ़ेलनि) *n* गंभीर अपराध

felt (फ़ेल्ट) **feel** का *pt, pp* // *n* नमदा; नमदे की बनी वस्तु; **felt-tip pen** *n* रेशे से बनी नोक वाली कलम

female ('फ़ीमेल) *n* स्त्री; मादा (*offens* : स्त्री) // *a* स्त्री या मादा का या उस से सम्बन्धित

feminine ('फ़ेमिनिन) *a* स्त्रियों का; स्त्रीसुलभ; स्त्रियोचित; (व्याकरण में) स्त्रीलिंग

feminist ('फ़ेमिनिस्ट) *n* स्त्रियों के लिए अधिकारों की मांग करने वाली/वाला

fence (फ़ेन्स) *n* बाड़ा, बाड़, घेरा, अहाता; (मशीन के चलने वाला भाग पर

लगी) जाली; (*col*) चोरी का माल खरीदने, बेचने वाला // *vt* (**fence in** भी) बाड़ लगाना; अहाता बनाना // *vi* पटेबाज़ी करना (तलवारों से खेलना); प्रश्न का उत्तर देने में आनाकानी करना; टालमटोल करना; (*col*) चोरी का माल खरीदना, बेचना; **fencing** *n* पटेबाज़ी की कला

fend (फ़ेण्ड) *vi* : **to fend for o.s.** अपना प्रबन्ध/गुज़ारा आप करना; **to fend off** *vt* वार बचाना; आक्रमण से अपनी रक्षा करना

fender ('फ़ेन्डर) *n* आतिशदान का जंगला; कई प्रकार के जंगले जैसे उपकरण जो बचाव के लिए लगाए जाते हैं, जैसे इंजनछाज; (*US*) कार के पहियों को ढकने वाले हिस्से जिन्हें मडगार्ड कहते हैं

fennel ('फ़ेनल) *n* सौंफ़

ferment ('फ़र्मेण्ट) *n* ख़मीर; जामुन; उत्तेजना; गुल-ग़पाड़ा; शोर-शराबा // *vi* ख़मीर उठना; उत्तेजित होना

fern (फ़र्न) *n* रोएंदार पत्तों वाला एक पौधा; पर्णांग

ferocious (फ़'रोशस) *a* उग्र, क्रूर, दारुण; निर्दयी

ferret ('फ़ेरिट) *n* नेवले जैसा जीव // *vt* इस जीव की सहायता से निकालना या ढूंढना // *vi* ढूंढना, खोज निकालना

ferris wheel ('फ़ेरिस वील) *n* मेलों में लगा गोल झूला जिसमें बैठने के लिए सीटें लगी होती हैं

ferry ('फ़ेरि) *n* (**ferry boat** भी) नौका जो यात्रियों को नदी पार कराती है और नियमित रूप से चलती है; नौका-घाट // *vt* ऐसी नौका में यात्री ले जाना; नौका में यात्रा करना

fertile ('फ़र्टाइल) *a* उपजाऊ, उर्वर; (*BIOL*) जननक्षम; जिसमें नयी बातें सोचने की क्षमता हो; **fertilizer** *n* उर्वरक, खाद

fester ('फ़ेस्टर) *vi* किसी बात का खटकना या कांटे के समान चुभना; कड़वाहट उत्पन्न हो जाना

festival ('फ़ेस्टिव़ल) *n* उत्सव या पर्व, विशे॰ धार्मिक; त्योहार; समारोहों की शृंखला, विशे॰ एक ही स्थान पर; मेला

festive ('फ़ेस्टिव़) *a* उत्सव-सम्बन्धी; आनन्दमय; **the festive season** (*Brit*) क्रिस्मस का काल

festivities (फ़े'स्टिविटिज़) *npl* आनन्दोत्सव; आमोद प्रमोद

festoon (फ़ेस्'टून) *vt* : **to festoon with** लड़ी लगाना, लड़ियों से सजावट करना // *n* (स्वागत में) फूलों, झाड़ियों आदि की लड़ी

fetch (फ़ेंच) *vt* जाकर लाना, लाना, ले आना; आकर्षित करना; (किसी मूल्य पर) बिकना

fetching ('फ़ेंचिंग) *a* आकर्षक; मनमोहक

fete, fête (फ़ेट) *n* मेला, उत्सव, जशन // *vt* भोज आदि से सम्मानित करना

fetter ('फ़ेटर) *n* बेड़ी; बाधा, बंधन, नियंत्रण // *vt* बेड़ियां पहनाना; रोकना; नियंत्रित करना; बाधा डालना; बन्दी होने की स्थिति; **fetters** *npl* बेड़ियां

fetus ('फ़ीटस) *n* = **foetus**

feud (फ़्यूड) *n* दुश्मनी या बैर जो पीढ़ियों तक रहे; पुश्तैनी बैर, विशे॰ कबीलों या कुटुम्बों में

feudal ('फ़्यूड्ल) *a* मध्ययुग की सामाजिक और आर्थिक व्यवस्था जैसा; सामन्ती; *inf* बहुत पुराने तर्ज़ का; **feudalism** *n* सामन्तवाद

fever ('फ़ीव़र) *n* ज्वर, ताप, बुख़ार; व्यग्रता, विह्वलता; उत्तेजना; **feverish** *a* जिसे बुख़ार हो; जिस के साथ या जो बुख़ार के कारण हो; व्यग्र, विह्वल

few (फ़्यू) *a* थोड़े से, कुछ, इने गिने; **they were few** उनकी संख्या बहुत कम थी; **a few** थोड़े से; **fewer** *a* से भी कम

fiancé (फ़ि'आन्से) *n* पुरुष जिस की सगाई हो चुकी हो (**fiancée** फ़ि'आंसि *fem*)

fiasco (फि'ऐस्को) *n* पूर्ण असफलता; विफलता (*pl* **-co(e)s**)

fib (फ़िब) *n* छोटा-मोटा झूठ; गप्प; असत्य // *vt* झूठ बोलना, गप्प हांकना

fibre, (*US*) **fiber** ('फ़ाइबर) *n* रेशा; तन्तु; धागा जो बटा जा सके (जैसे रुई, ऊन का); **fibreglass** *n* कांच के महीन तन्तुओं से बना पदार्थ

fickle ('फ़िकल) *a* अस्थिर; चंचल, चपल; ढुलमुल, अस्थिरचित्त

fiction ('फ़िक्शन) *n* गल्प साहित्य; कल्पना पर आधारित साहित्य; **fictional** *a* कल्पित

fictitious (फ़िक्'टीशस) *a* नकली, फ़र्ज़ी, जाली; मनगढ़ंत

fiddle ('फ़िड्ल) *n* वायलिन या बेला जैसा वाद्य; तुच्छ वस्तु; ग़ैर कानूनी और धोखा धड़ी पर आधारित काम // *vt* (*Brit* : *accounts*) हिसाब-किताब में गड़बड़ी करना; **to fiddle with** *vt* छेड़छाड़ करना

fidelity (फ़ि'डेलिटि) *n* ईमानदारी, कर्तव्यपरायणता, निष्ठा, स्वामिभक्ति; आवाज़ की तदरूपता

fidget ('फ़िजिट) *vi* बेचैन होना; अशांत होना; **fidgety** *a* अशांत, बेचैन

field (फ़ील्ड) *n* खेती की भूमि का क्षेत्र; कृषि भूमि, खेत; क्षेत्र जिसमें कोई खनिज आदि प्रचुर मात्रा में हो (जैसे *goldfield*); किसी खेल के सभी खिलाड़ियों का सामूहिक नाम; संभावित विजेता को छोड़ कर सभी प्रतियोगी; युद्ध-भूमि; क्षेत्र जिस पर बिजली, गुरुत्वाकर्षण या चुम्बकत्व का प्रभाव डाला जा सकता है; ढाल या सिक्के की सतह; ज्ञान का क्षेत्र; (*fig*) कार्यक्षेत्र या उस की

व्यापकता // *vt* (*Cricket*) आदि में गेन्द को रोकना; खिलाड़ी या टीम को मैदान में भेजना; **field marshal** *n* सेना का सबसे बड़ा अधिकारी, फ़ील्ड मार्शल; **field work** *n* अनुसंधान या काम जो कक्षा या प्रयोगशाला की बजाय बाहर किया जाता है

fiend (फ़ींड) *n* नरकदूत, राक्षस; बदमाश या दुराचारी व्यक्ति; किसी चीज़ का शौकीन, जैसे, **fresh air fiend, drug fiend**

fierce (फ़िअर्स) *a* हिंस्र, खूंखार; प्रचंड, भीषण, घोर; तीव्र, प्रबल, उग्र

fiery ('फ़ाइअरि) *a* अग्निमय; जलता हुआ; उद्दीप्त; चमकता हुआ; उग्र, प्रचंड; उत्तेजित, गुसैल

fifteen (फ़िफ़्'टीन) *num* पंद्रह की संख्या, 15

fifth (फ़िफ़्थ) *a, n* पांचवां

fifty ('फ़िफ़्टी) *num* पचास की संख्या, 50; **fifty-fifty** *a* : **a fifty-fifty chance** सफलता की 50% आशा होना // *ad* बराबर-बराबर

fig (फ़िग) *n* अंजीर, गूलर; उस का पेड़

fight (फ़ाइट) *n* लड़ाई, संघर्ष // *vt* (*pt, pp* **fought**) लड़ना, संघर्ष करना, युद्ध करना; विरोध करना // *vi* लड़ाई के माध्यम से तय या निश्चित करना; **fighter** *n* लड़ने वाला, लड़ाकू, योद्धा; (*MIL*) विमान जो अन्य विमानों को मार गिराए; **fighting** *n* लड़ाई

figment ('फ़िग्मेंट) *n* : **a figment of the imagination** कल्पना की उड़ान; कल्पित वस्तु

figurative ('फ़िग्यूरेटिव़) *a* लाक्षणिक, अलंकारमय

figure ('फ़िगर) *n* संख्या; अंक; राशि; रूप; आकार; शरीर की बनावट; शक्ल, विशे॰ विशिष्ट रंगरूप और आकार; (*DRAWING, GEOM*) चित्र, रेखाचित्र; आकृति; मूर्ति; प्रतिमा; प्रारूप; नृत्य या स्केटिंग में गति; अलंकार या लाक्षणिक प्रयोग // *vt* (*US*) अनुमान लगाना, आकलन करना; रेखाचित्र या चित्र बनाना; सजावट करना या सजाना // *vi* (बहुधा *in* के साथ) दीखना, दिखाई पड़ना; दृष्टिगोचर होना; में शामिल होना; **to figure out** *vt* समझ लेना; किसी निष्कर्ष पर पहुंचना; **figurehead** *n* (*NAUT*) जहाज़ के अगले सिरे पर बनी काठ की मूर्ति; (*offens*) नाममात्र का नेता या शासक; **figure of speech** *n* अलंकार

filch (फ़िल्च) *vt* चुराना; उड़ा ले जाना

file (फ़ाइल) *n* फ़ाइल, मिसिल; किसी व्यक्ति या विषय सम्बन्धी जानकारी; सुव्यवस्थित पंक्ति, कतार (सैनिकों आदि की); रेती // *vt* कागज़ मिसिल में लगाना या नत्थी करना; रेती से घिसना या छीलना; (*LAW*) अदालत के अभिलेख में लाना या उस के सामने पेश करना; मुकदमा दायर करना // *vi* : **to file in/out** कतार में अन्दर/बाहर

filigree 264 financial

आना जाना; **to file past** पंक्ति में चलते हुए पास से निकलना

filigree ('फ़िलिग्री) *n* सोने-चांदी के तार का काम; ज़रदोज़ी

filing ('फ़ाइलिंग) *n* मिसिल में रखने की क्रिया; **filing cabinet** *n* फ़ाइल रखने की अल्मारी

fill (फ़िल) *vt* भरना, भर देना; पूरी तरह भर देना या छा जाना; (पद) ग्रहण करना और उस का काम करना; रोक देना; सन्तुष्ट करना; पूरा करना // *vi* भर जाना // *n* पूरा सामान; जितना जी चाहे उतनी मात्रा; भूमि का गड्ढा भरने योग्य मिट्टी; **to fill in** *vt* गड्ढा, प्रपत्र (फ़ार्म) भरना; **to fill up** *vt* पेट्रोल भरना; **fill it up, please** (*AUT*) गाड़ी में पूरा पेट्रोल डाल दो

fillet ('फ़िलिट) *n* मांस या मछली का बिना हड्डी का टुकड़ा, कतला; संकरी पट्टी; **fillet steak** ('फ़िलिट स्टेक) *n* मांस का बिना हड्डी का टुकड़ा

filling ('फ़िलिंग) *n* (*CULIN*) किसी व्यंजन में भरने का पदार्थ (जैसे समोसे में आलू); दांत में भरने का सीमेंट; **filling station** *n* पेट्रोल पम्प

filly ('फ़िलि) *n* चार वर्ष से कम की घोड़ी, बछेड़ी; (*inf*) तेज़ तर्रार लड़की

film (फ़िल्म) *n* चलचित्र, फ़िल्म; फ़ोटोग्राफ़ी की फ़िल्म; झिल्ली या परत; आंखों का धुंधलापन; हल्की धुंध // *vt* चलचित्र बनाना; **film star** *n* चलचित्रों का लोकप्रिय अभिनेता या अभिनेत्री; **film strip** *n* फ़िल्म का टुकड़ा

filter ('फ़िल्टर) *n* तरल पदार्थ छानने का कपड़ा या उपकरण; छन्ना; साफ़ी; फ़िल्टर // *vt* छन्ने या फ़िल्टर का काम करना // *vi* धीरे धीरे किसी स्थान, वस्तु में से गुज़रना; **filter lane** (*Brit AUT*) ब्रिटेन में सड़क का वह भाग जहां गाड़ियां दाएं या बाएं मुड़ सकती हैं; **filter-tipped** *a* सिग्रेट जिस के शुरु में काग़ज़ की छन्नी लगी हो

filth (फ़िल्थ) *n* गन्दगी, मैल; प्रदूषण; अश्लीलता; **filthy** *a* मैला; घिनावना; गन्दा; अश्लील

fin (फ़िन) *n* मछली का पंख, मीनपंख; उस से मिलती-जुलती वस्तु जैसे विमान का पंख

final ('फ़ाइनल) *a* अंतिम, आखिरी; निर्णायक; अपरिवर्तनीय // *n* प्रतियोगिता, खेल या परीक्षा जो अन्त में हो, अंतिम प्रतियोगिता आदि; **finals** *npl* अंतिम परीक्षा; **finale** (फ़ि'नालि) संगीत रचना या नृत्य नाटिका का अंतिम भाग; **finalize** *vt* अंतिम रूप देना; **finally** *ad* अंत में, अंतिम रूप से

finance (फ़ि'नैन्स, 'फ़ाइनैन्स) *n* धन का प्रबन्ध या व्यवस्था, वित्त-व्यवस्था; वित्त, धन (*pl* भी) // *vt* पूंजी या धन जुटाना (किसी काम के लिए); **financier** (फ़ि'नांसिअर, फ़ाइ'नैन्सिअर) *n* पूंजीपति; पैसा लगाने वाला

financial (फ़ि'नांशल) *a* रुपये-पैसे

से सम्बन्धित; वित्तीय

find (फ़ाइण्ड) *vt* (*pp, pt* **found**) पाना; मिलना; पता लगाना; लेना; पहचानना; अनुभव करना; खोज निकालना; जान लेना; निर्णय करना; ठहराना, देना (किसी काम के लिए) रुपया-पैसा; (*LAW*) निर्णय करना // *n* प्राप्ति; उपलब्धि; कोई मूल्यवान वस्तु मिलने की क्रिया; **to find sb guilty** (*LAW*) अदालत का किसी को दोषी पाना; **to find out** *vt* पता लगाना; सच्चाई या रहस्य जान लेना; व्यक्ति की असलियत पहचान लेना; **to find out about** जान लेना; संयोगवश पता लगा लेना; **findings** *npl* (*LAW*) निष्कर्ष; फ़ैसला; किसी रिपोर्ट के तथ्य

fine (फ़ाइन) *a* बढ़िया, उत्तम, श्रेष्ठ; कोमल, नाज़ुक; शुद्ध; बारीक या महीन; पतला; सूक्ष्म; मनोहर; सुन्दर; भड़कीला // *n* (*LAW*) जुर्माना // *vt* (*LAW*) जुर्माना करना; **to be fine** मौसम अच्छा होना; **fine arts** *npl* ललित कलाएं

finery ('फ़ाइनरि) *n* भड़कीली पोशाक

finesse (फ़ि'नेस) *n* कुशल या चातुर्य-पूर्ण काम या तरकीब

finger ('फ़िंगर) *n* उंगली; उंगली जैसी कोई वस्तु // *vt* उंगली से छूना या टटोलना; **little/index finger** छोटी उंगली/तर्जनी; **finger-nail** *n* उंगली का नाखून; **fingerprint** *n* उंगली की छाप; **fingertip** *n* उंगली का छोर

finicking, finicky ('फ़िनिकिंग, 'फ़िनिकि) *a* जिसे खुश करना कठिन हो; नाज़ुक मिज़ाज; नरम, सुकोमल

finish ('फ़िनिश) *n* अंत; (*SPORT*) धावक का पहुंचना; परिष्करण; पालिश आदि; अंतिम रूप // *vt* समाप्त करना या होना, अंत करना; पूरा करना (काम आदि); सम्पूर्ण बनाना या परिष्कृत करना; (*kill*) जान से मार देना // *vi* समाप्त/खत्म होना; **to finish doing sth** कोई काम ख़त्म करना; **to finish up** *vt, vi* ख़त्म करना, होना; **finishing line** *n* दौड़ में वह बिन्दु जहां वह समाप्त होती है; **finishing school** *n* लड़कियों का स्कूल जहां उन्हें उठना-बैठना और सामाजिक तौर-तरीके सिखाए जाते हैं

finite ('फ़ाइनाइट) *a* सीमित; सीमाबद्ध // (*LING*) *n* समापिका क्रिया

fir (फ़र) *n* देवदारु; उस पेड़ की लकड़ी

fire (फ़ाइअर) *n* आग; अग्नि; जलने की क्रिया, दहन; लपट, ज्वाला; दीप्ति; जलते ईंधन का पुंज; विनाशकारी आग; कमरा गरम रखने का उपकरण आदि; उत्साह, जोश, उमंग // *vt* : **to fire a gun** गोली दाग़ना; नौकरी से निकाल देना; पकाना (ईंट आदि); जलाना; ईंधन डालना; प्रेरणा देना; कट जाना // *vi* बन्दूक आदि चलाना; जलने लगना; उत्तेजित हो जाना; **on fire** जिसे आग लगी हो; **fire alarm** *n* आग लगने

की सूचना; **firearm** *n* बन्दूक, पिस्तौल आदि; **firebrand** *n* जलती लकड़ी का टुकड़ा; उत्साही व्यक्ति जो दूसरों को प्रेरित करे या भड़काए; **fire brigade,** (*US*) **fire department** *n* दमकल, आग बुझाने वाले व्यक्ति और उन के उपकरण; **fire engine** *n* दमकल, आग बुझाने का इंजन; **fire escape** *n* ज़ीना या सीढ़ियां जिन से भवन में आग लगने पर उतरा जा सकता है; **fire extinguisher** *n* आग बुझाने का उपकरण; **fireman** *n* दमकल दल का सदस्य; रेलवे इंजन में कोयला झोंकने वाला; **fireplace** *n* कमरे का आतिशदान या अंगीठी; **fireside** *n* चूल्हा या अंगीठी; परिवार, घर; **fire station** *n* दमकल केन्द्र (जहां आग बुझाने वाले इंजन रहते हैं); **firewood** *n* ईंधन की लकड़ी; **firework** (बहुधा *pl*) आतिशबाज़ी; *pl* गुस्से, आवेश का प्रदर्शन

firing ('फ़ाइअरिंग) *n* गोली दागने की क्रिया; **firing squad** *n* सैनिकों का दल या दस्ता जो किसी सैनिक की अन्त्येष्टि पर सम्मान सूचक गोली चलाने या किसी अपराधी को गोली मारने के लिए भेजा जाय

firm (फ़र्म) *a* ठोस, पक्का, मज़बूत; स्थिर, स्थायी; दृढ़, सुहढ़; दृढ़प्रतिज्ञ; निश्चित, निर्धारित // *n* वाणिज्यक उद्यम, फ़र्म या कम्पनी; साझेदारी; **firmly** *ad* मज़बूती से

first (फ़र्स्ट) *a* पहला (दर्जे या वर्ग में); श्रेष्ठ; मुख्य // *ad* (औरों से) पहले; पहला // *n* (दौड़ आदि में) पहला या पहले नम्बर पर; (*SCOL*) विश्वविद्यालय में प्रथम श्रेणी; कार का पहला गियर; **at first** शुरु में; **first of all** सब से पहले; **first aid** *n* डाक्टर आने से पहले रोगी/घायल का उपचार; **first-aid kit** *n* ऐसे उपचार के साधन; **first-class** *a* पहले दर्जे या श्रेणी का; **first-hand** *a* प्रत्यक्ष; आंखों देखा; **first lady** (*US*) *n* राष्ट्रपति की पत्नी; **firstly** *ad* पहली बात तो यह है कि...; **first name** *n* व्यक्ति का नाम (कुलनाम के विपरीत); **first-rate** *a* उत्कृष्ट, पहले दर्जे का

fiscal ('फ़िस्कल) *a* राजकोष सम्बन्धी

fish (फ़िश) *n* (*pl inv*) मछली; उस का मांस // *vt, vi* मछली पकड़ना; तलाश करना; परोक्ष रूप से जानकारी प्राप्त करना; **to go fishing** मछली पकड़ने के लिए जाना; **fisherman** *n* मछुआरा; (शौक से) मछली पकड़ने वाला; **fish farm** *n* जहां मछली पाली जाती हो; **fish fingers** *npl* (*Brit*) मछली के पतले कतले; **fishing boat** *n* मछली पकड़ने की नाव; **fishing line** *n* मछली पकड़ने के कांटे की डोरी; **fishing rod** *n* डंडा जिस में मछली पकड़ने की डोरी और कांटा होता है; **fishmonger** ('फ़िशमंगर) *n* मछली बेचने वाला; **fish sticks** *npl*

(*US*) = **fish fingers**; **fishy** *a* (*fig*) संदिग्ध, सन्देहास्पद

fishplate ('फ़िशप्लेट) *n* रेल की पटड़ी के नीचे लगी पट्टी; जकड़पट्टी

fissure ('फ़िशर) *n* दरार, फटन

fist (फ़िस्ट) *n* मुट्ठी, मुक्का; **fisticuffs** *npl* मुक्केबाज़ी

fit (फ़िट) *a* (*MED, SPORT*) स्वस्थ, तंदरुस्त; उचित, मुनासिब // *vt* कपड़े शरीर के अनुरूप बनाना; बैठाना; जोड़ना (पुर्ज़ा आदि); लगाना; सजाना // *vi* कपड़ों का ठीक बैठना; पुर्ज़े का ठीक होना; किसी स्थान पर बैठ जाना // *n* दौरा, बेहोशी; प्रकोप; (कपड़े की) काट; कपड़ों के ठीक बैठने की स्थिति; **fit to** के लिए उपयुक्त; **fit for** के लिए उपयुक्त; **a fit of anger** गुस्से का दौरा; **this dress is a tight/good fit** यह पोशाक तंग/ठीक बैठती है; **by fits and starts** रुक-रुक कर; **to fit in** *vi* के अनुकूल होना; **to fit out** (*Brit* : **fit up** भी) *vt* सज्जित करना (कपड़ों, वर्दी आदि से); **fitful** *a* रुक-रुक कर होने वाला; **fitment** *n* मेज़-कुर्सी आदि; **fitness** *n* (*MED*) स्वस्थ होने की स्थिति; स्वास्थ्य; औचित्य (किसी बात, राय का); **fitted carpet** *n* कालीन जो कमरे के फ़र्श के आकार में काट कर बिछाया गया हो; **fitted kitchen** *n* रसोई जिस के तख़्ते आदि दीवारों में गड़े हों; **fitter** *n* मिस्त्री; दर्ज़ी; **fitting** *a* उचित, मुनासिब, उपयुक्त // *n* (*of dress*) कपड़े की काट, बनावट; उपकरण; **fitting room** *n* कक्ष जहां गाहक नए कपड़े पहन कर देखता है; **fittings** *npl* सामान जो कहीं लगाया जाय

five (फ़ाइव़) *num* पांच की संख्या; **fiver** *n* (*col Brit*) पांच पौंड का नोट; (*US*) पांच डालर

fix (फ़िक्स) *vt* जमाना, जड़ना, बैठाना; स्थापित करना; नियुक्त करना, देना (किसी के ज़िम्मे काम डालना); नियत या निर्धारित करना; पक्का करना; मरम्मत करना; *inf* गलत ढंग या धोखे से किसी घटना के परिणाम पर प्रभाव डालना; घूस देना; *sl* किसी के होश ठिकाने लगाना, उसे ठीक करना // *vi* पक्का या ठोस हो जाना; निर्णय करना // *n* उलझन, कठिनाई, चकल्लस; राडार से विमान या जहाज़ की स्थिति का निर्धारण; *sl* नशीले पदार्थ की मात्रा जो एक बार ली जाए; **to be in a fix** असमंजस/उलझन में होना; **to fix up** *vt* मुलाकात तय करना; **to fix sb up with sth** किसी के लिए काम/रोज़गार की व्यवस्था करना; **fixation** *n* (*PSYCH*) सनक, झक या तीव्र इच्छा; (*obsession*) कोई विचार जो मन में घर कर ले; **fixed** (फ़िक्स्ट) *a* निधारित, तय (कीमत आदि); **fixture** ('फ़िक्स्चर) *n* वस्तु जो कहीं जड़ी हो; (*SPORT*) खेल प्रतियोगिता की तिथि

fizz (फ़िज़) *vi* सी-सी या सीत्कार करना

// *n* सी-सी की आवाज़; सोडे जैसा पेय जिस पर झाग आ जाए

fizzle ('फ़िज़ल) *vi* झाग निकलने जैसी हल्की आवाज़ करना // *n* सी-सी की आवाज़; पूरी असफलता; **to fizzle out** *vi* किसी प्रयत्न का असफल होना, टांय टांय फिश होना

fizzy ('फ़िज़ि) *a* झाग वाला; जिसमें गैस हो

flabbergasted ('फ़्लैबर्गास्टिड) *a* हक्का-बक्का; आश्चर्यचकित

flabby ('फ़्लैबि) *a* लटका हुआ, ढीला, शिथिल, थलथल, जिसे व्यायाम या शारीरिक श्रम की आदत न रही हो; स्थूल-काय, मोटा; कमज़ोर

flag (फ़्लैग) *n* झण्डा, ध्वज, ध्वजा, पताका; झण्डी (जो झण्डा दिवस पर बेची जाती है); (**flag stone** भी) फुटपाथ पर लगाने का पत्थर // *vt* झण्डे से संकेत द्वारा सूचित करना; **flag down** *vt* किसी को इशारे से रोकना; **flag day** *n* झण्डा दिवस (जब किसी अच्छे काम के लिए धन इकट्ठा करने के लिए झण्डियां बेची जाती हैं); **flagship** *n* नौसेनाध्यक्ष का जहाज़; बेड़े का सबसे महत्वपूर्ण जहाज़; **flagstaff** *n* डंडा जिस पर झण्डा लगा होता है

flagpole ('फ़्लैगपोल) *n* डंडा जिस पर झंडा लटकाते हैं

flair (फ़्लेअर) *n* जन्मजात योग्यता; अन्तर्बोध; रमणीयता; लालित्य; चारुता

flak (फ़्लैक) *n* विमान भेदी तोपों की गोलाबारी; (*col*) प्रतिकूल आलोचना

flake (फ़्लेक) *n* छोटा, पतला टुकड़ा, विशे. बर्फ़ का, हिमकण; पपड़ी या परत का टुकड़ा; **flake off** *vi* पपड़ी उतरना

flamboyant (फ़्लैम्'बॉइअंट) *a* भड़कीला; तड़कभड़क वाला; ज़िन्दादिल; बातूनी; दिखावा या प्रपंच करने वाला

flame (फ़्लेम) *n* लपट, लौ, ज्वाला; आग; आवेश, विशे. प्रेम का; *inf* प्रेमी या प्रेमिका // *vi* लपट उठना; जलना; चमकना; फूट पड़ना

flamingo (फ़्ल'मिंगो) *n* लम्बी गर्दन वाला जल पक्षी; हंसावर

flammable ('फ़्लैमबल) *a* जो शीघ्र आग पकड़ ले

flan (फ़्लैन) *n* (*Brit*) एक प्रकार की मीठी या खट्टी चाट

flank (फ़्लैंक) *n* नितम्ब और पसलियों के बीच का भाग; पार्श्वभाग, बाज़ू, बग़ल // *vt* सेना के बाज़ू की मोर्चे बन्दी करना; बाज़ू से आक्रमण करना; दोनों में से किसी ओर से आगे बढ़ना

flannel ('फ़्लैनल) *n* नरम, सूती कपड़ा, फ़लालैन; हाथ-मुंह पोंछने का रूमाल (**face flannel** भी); **flannels** *npl* फ़लालैन की बनी पैंट

flap (फ़्लैप) *n* कड़कड़ाहट; थपथपाहट; किसी चौड़ी वस्तु का इधर-उधर हिलना; विमान के पंख का वह भाग जो ऊपर

नीचे हिलता है; उत्तेजना चिंता या घबराहट की स्थिति // *vt* फड़फड़ाना (पंखों का); बाहों को ऊपर नीचे हिलाना; डगमगाना; थपथपाना // *vi* (*sail, flag*) हिलना, फहराना; (*col* : **to be in a flap** भी) उत्तेजना या घबराहट में होना

flare (फ़्लेअर) *n* धधक; संकेत के लिए छोड़ा गया प्रकाश का गोला; फ़्लेअर // *vi* लपटों का धधकना; **to flare up** अचानक गुस्से से भड़क उठना

flash (फ़्लैश) *n* प्रकाश या लपटों की कौंध या चमक; अचानक धधकी आग; (छोटा) पल; संक्षिप्त समाचार (**news flash** भी); फ़ीता या बिल्ला; प्रदर्शन; तड़क-भड़क; दिखावा // *vt* स्विच दबाना; सन्देश भेजना // *vi* अचानक धधक उठना; कौंधना या चमकना; अचानक दिखाई पड़ना; लपकना या तेज़ी से जाना; **in a flash** पलक झपकते में; **to flash one's headlights** (किसी का ध्यान आकृष्ट करने के लिए) कार की बत्तियां जलाना, बुझाना; **he flashed by/past** वह तेज़ी से पास से निकल गया; **flash bulb** *n* फ़ोटोग्राफ़ी में प्रयुक्त तेज़ प्रकाश वाला बल्ब; **flash cube** *n* कैमरे में लगा उपकरण जिसमें फ़्लैशबल्ब होते हैं; **flashlight** *n* टार्च

flashy ('फ़्लैशि) *a* (*offens*) तड़क-भड़क वाला, चमकीला; नकली

flask (फ़्लास्क) *n* लम्बी गर्दन की बोतल (वैज्ञानिक काम के लिए); जेबी बोतल (**vacuum flask** भी); तरल पदार्थ को गरम या ठंडा रखने की बोतल

flat (फ़्लैट) *a* समतल; सपाट; चौरस; नरम; कोरा (जवाब आदि); नीरस; स्वादहीन; निर्जीव; (*MUS*) धीमा सुर; (पहिए का टायर) जिसमें हवा न हो या छेद हो गया हो; (बैटरी) जिसकी शक्ति क्षीण हो गयी हो // *n* मकान, फ़्लैट; **to work flat out** इतना काम करना कि थक कर चूर हो जाना; **flatly** *ad* साफ़-साफ़; **flatten** *vt* (**flatten out** भी) चपटा कर देना

flatter ('फ़्लैटर) *vt* चापलूसी, खुशामद या चाटुकारी करना; झूठी प्रशंसा करना; निराधार बात पर विश्वास करने की प्रेरणा देना; तोषण करना; बढ़ा-चढ़ा कर तारीफ़ करना; **flattering** *a* खुशामद भरा; **flattery** *n* खुशामद, चाटुकारी

flaunt (फ़्लॉन्ट) *vt* इतराना, इठलाना; इतरा कर दिखाना

flavour, (*US*) **flavor** ('फ़्लेवर) *n* सुगन्धि और स्वाद की मिश्रित अनुभूति; सोंधी सुगन्ध; विशिष्ट स्वाद; महक; किसी वस्तु की न कह जा सकने वाली विशेषता या गुण // *vt* सुगन्धि डालना; (व्यंजन में) मिर्च मसाले डालना; **flavouring** *n* व्यंजनों में डालने की सुगंधि

flaw (फ़्लॉ) *n* दरार, फटन, दोष; त्रुटि; धब्बा // *vt* दोष या त्रुटि बनाना, बिगाड़ना

flax (फ़्लैक्स) *n* पौधा जिस के रेशे से

कपड़ा बनता है, क्षुमा, फ़्लैक्स; उसका बीज, तीसी, अलसी; उसका रेशा; **flaxen** *a* फ्लैक्स का; हल्के पीले रंग का, भूसे जैसे रंग का

flay (फ़्ले) *vt* चमड़ी उधेड़ना; कटु आलोचना करना

flea (फ़्ली) *n* पिस्सू

fleck (फ़्लेक) *n* धब्बा, चित्ती; छोटा सा कण

fled (फ़्लेड) **flee** का *pt, pp*

flee (फ़्ली) *vt pt, pp* **fled** (कहीं से) भाग जाना // *vi* तेज़ी से जाना

fleece (फ़्लीस) *n* भेड़ की ऊन // *vt* (*col*) लूटना

fleet (फ़्लीट) *n* जंगी जहाज़ों का बेड़ा; जहाज़, कारें आदि जो एक साथ चलती हों

fleeting ('फ़्लीटिंग) *a* क्षणिक; क्षण-भंगुर; थोड़ी देर की (मुलाकात)

Flemish ('फ़्लैमिश) *n* बेल्जियम के भाग फ्लैंडर्स का निवासी

flesh (फ़्लेश) *n* मांस; पौधों या फलों का गूदा; **flesh wound** *n* हल्का घाव

flew (फ़्ल्यू) **fly** का *pt*

flex (फ़्लेक्स) *n* बिजली का लचीला तार // *vt* झुकना या मुड़ना; झुकाना या मोड़ना; **flexible** *a* लचीला; जिसे मोड़ा या बदला जा सके; जिसे परि-स्थिति के अनुकूल बनाया जा सके

flick (फ़्लिक) *n* हल्का प्रहार या झटका; **to flick through** *vt* पत्रे पलटना (पुस्तक, पत्रिका के)

flicker ('फ़्लिकर) *vi* टिमटिमाना; रुक रुक कर जलना; झिलमिलाना; फड़-फड़ाना; कांपना // *n* टिमटिमाता प्रकाश या अस्थिर गति

flier (फ़्लाइअर) *n* विमान चालक

flight (फ़्लाइट) *n* उड़ान; उड़ने वाले पक्षियों या विमानों की संख्या; विमान द्वारा यात्रा; वायुसेना की कमान की टुकड़ी; उड़ने की शक्ति; तेज़ गति या यात्रा; यात्रा की दूरी; सीढ़ी, ज़ीना (**flight of steps** भी); (*escape*) पलायन, भाग जाने की क्रिया; **flight attendant** *n* (*US*) विमान की परिचारिका जिसे भारत में **air hostess** कहते हैं; **flight deck** *n* (*AVIAT*) विमान में चालक का कक्ष; (*NAUT*) विमान ले जाने वाले जहाज़ का ऊपरी भाग जहां से विमान उड़ते हैं

flimsy ('फ़्लिम्ज़ि) *a* (*partition*) कच्चा, कमज़ोर; (*fabric*) झीना, महीन, पतला; जो आसानी से नष्ट हो जाय; (*excuse*) घटिया

flinch (फ़्लिंच) *vi* पीछे हट जाना, से मुंह मोड़ना; हिचकना; कतराना; **to flinch from** किसी काम से हिचकना या कतराना

fling (फ़्लिंग) *pt, pp* **flung** *vt* फैंकना, पटकना, दे मारना; गिरा देना; दौड़ पड़ना

flint (फ़्लिंट) *n* चकमक (पत्थर); चक-मक का टुकड़ा (ऐसे टुकड़ों को परस्पर

टकरा कर आग जलाई जाती थी)

flip (फ़्लिप) *n* उछालने या उलटा करने की क्रिया; एक पेय जिसमें अंडा फैंट कर डाला जाता है

flippant ('फ़्लिपंट) *a* चंचल; जो गंभीर बात को भी हंसी-मज़ाक समझे

flipper ('फ़्लिपर) *n* मछली का पंख जिस से वह तैरती है; रबड़ का पैरों में पहन कर तैरने का उपकरण

flirt (फ़्लर्ट) *vi* प्रेम का ढोंग करना; हाव-भाव दिखाना; खिलवाड़ करना // *n* इश्कबाज़ या चोंचले करने वाली/वाला

flit (फ़्लिट) *vi* फुदकना; फुर्ती से स्थान परिवर्तन करना; *inf* जल्दी में या गुप-चुप चले जाना, चल देना

float (फ़्लोट) *n* तैरने वाला उपकरण, तिरौंदा; छोटी नाव विशे॰ जो बैटरी से चलती है; मोटर गाड़ी जिस पर झांकियां सजाई जाती हैं (किसी जलूस आदि के लिए); नकदी के रूप में प्रयुक्त धनराशि // *vt* तैरना, तिरना; लटकना या मंडराना; बिना मतलब इधर-उधर घूमना; कोई कम्पनी या व्यापार संगठन शुरू करना; ऋण पाना

flock (फ़्लॉक) *n* रेवड़, झुंड, गल्ला; लोगों का समूह या झुंड; धार्मिक लोगों का समूह; शिष्य वृंद // *vi* भीड़ या झुंड के रूप में इकट्ठे होना

flog (फ़्लॉग) *vt* चाबुक या सांटे से पीटना

flood (फ़्लड) *n* बाढ़, सैलाब; ज्वार; जलप्रवाह; बहता पानी; (शब्दों की) झड़ी; (आंसुओं की) धार // *vt* बाढ़ ला देना; भर देना; पानी से भर देना; बहुत बड़ी संख्या से आना या चलना; **flooding** *n* बाढ़ का पानी भर जाना; **flood-light** *n* मंच आदि पर प्रयुक्त तेज़ प्रकाश

floor (फ़्लॉर) *n* फ़र्श; मंज़िल; चपटी, समतल भूमि; (सभा आदि में) बोलने का अधिकार; **the floor** सभा में बोलने का अधिकार; **on the floor** फ़र्श पर; **ground floor,** (*US*) **first floor** पहली मंज़िल; **first floor** (*US*) **second floor** दूसरी मंज़िल; **floor-board** *n* फ़र्श पर लगा लकड़ी का तख़्ता; **floor show** *n* क्लब में नाच गाने का कार्यक्रम

flop (फ़्लॉप) *n* गिरने की क्रिया या उस की आवाज़; *inf* असफलता // *vi* नीचे को झुकना या गिर जाना; फ़र्श पर गिर कर चित हो जाना; *inf* सो जाना; *inf* असफल होना

floppy ('फ़्लॉपि) *a* लटकता हुआ; **floppy disk** *n* (*COMPUT*) लचीला चक्र या डिस्क जिस पर जानकारी अंकित की जाती है

flora ('फ़्लॉरा) *n* किसी क्षेत्र के पेड़ पौधे; उन की सूची (*pl* **-ras, -rae**)

florid ('फ़्लॉरिड) *a* लाल मुंह वाला; (*style*) तड़क भड़क वाला

florist ('फ़्लॉरिस्ट) *n* फूल बेचने वाला

flotilla (फ़्लॉ'टिलअ) *n* छोटे जहाज़ों का बेड़ा; जंगी जहाज़ों का बेड़ा

flounce (फ़्लाउन्स) *n* झालर, गोट // *vi* अचानक, अधीर हो कर चलना या जाना; झपटना

flounder ('फ़्लाउंडर) *vi* पानी या कीचड़ में गिर पड़ना और निकलने के लिए हाथ-पैर मारना; घपला करना; झिझकना // *n* (*ZOOL*) एक प्रकार की मछली

flour ('फ़्लाउअर) *n* आटा; मैदा; चूर्ण

flourish ('फ़्लरिश) *vi* फलना-फूलना; उन्नति के पथ पर होना // *vt* घुमाना, हिलाना, हवा में लहरा कर दिखाना // *n* सजावटी घुमाव या गोलाई; अलंकृत या लच्छेदार भाषा; हाथ हिलाने की क्रिया; हथियार हिलाना या घुमाना; (*of trumpets*) तुरही नाद

flout (फ़्लाउट) *vt* अनादर या तिरस्कार करना; उपहास करना; अवज्ञा करना

flow (फ़्लो) *n* बहाव, प्रवाह, संचार; बहाव की मात्रा; ज्वार का उठना; प्रचुरता, बाहुल्य // *vi* बहना; संचरण करना, जैसे लहू का रगों में; प्रवाहित होना; लहराना; लटकना; प्रचुर मात्रा में होना; **flow chart** *n* औद्योगिक प्रक्रिया के क्रम का रेखाचित्र

flower ('फ़्लाउअर) *n* फूल; पुष्प, कुसुम; सजावट; सब से उत्कृष्ट भाग; चुनी हुई वस्तु // *vi* फूल आना या खिलना; यौवन पर आना // *vt* फूलों से सजाना; **flowerbed** *n* फूलों की क्यारी; **flowerpot** *n* गमला; **flowery** *a* फूलों भरा; लच्छेदार (भाषा)

flown (फ़्लोन) **fly** का *pp*

flu (फ़्लू) **influenza** का संक्षेप

fluctuate ('फ़्लक्ट्यूएट) *vi* बदलते रहना; घटना-बढ़ना; ऊपर-नीचे या दांए बांए होना; **fluctuation** (फ़्लक्ट्यू-'एशन) *n* उतार चढ़ाव; अस्थिरता

fluency ('फ़्लूअन्सि) *n* किसी भाषा को अच्छी तरह लिखना या धाराप्रवाह बोलने की क्षमता

fluent ('फ़्लूअंट) *a* जिसमें कोई भाषा धाराप्रवाह बोलने की क्षमता हो; **he speaks fluently French** वह फ्रांसीसी धाराप्रवाह बोलता है

fluff (फ़्लफ़) *n* नरम रोयेंदार पदार्थ; पक्षी के पतले पर // *vt* नरम करना; **fluffy** *a* रोएंदार

fluid ('फ़्लूइड) *a* तरल; धाराप्रवाह // *n* गैस या तरल पदार्थ; **fluid ounce** एक माप, पाइंट के बीसवें भाग के बराबर

fluke (फ़्लूक) *n* (*col*) संयोग; किस्मत

flung (फ़्लंग) **fling** का *pt*, *pp*

fluoride ('फ़्लूअराइड) *n* फ़्लरिन युक्त नमक जिसे पीने के पानी में मिलाने से दंतक्षय को रोका जा सकता है

flurry ('फ़्लरि) *n* तेज़ हवा; हवा का

झोंका; हलचल; सरगर्मी; बर्फ़ के गालों का गिरना; **flurry of activity/excitement** सरगर्मी, हलचल; उत्तेजना की लहर

flush (फ़्लश) *n* मुंह लाल होने की क्रिया; पानी का अचानक प्रवाह; उत्तेजना; आल्हाद; रंग की तड़क-भड़क; ताज़गी // *vi* (लज्जा से) मुंह लाल हो जाना; चमड़ी का रंग लाल हो जाना; अचानक या ज़ोर से बह जाना; उत्तेजित होना // *vt* पाखाने में ज़ंजीर खींच कर पानी चलाना; उत्तेजित करना // *a* भरा हुआ; जहां बाढ़ आई हो; जो लबालब भरा हो; जो आस पास के तल के बराबर हो; **flush with** जिसके पास (किसी चीज़ की) बहुतायत हो; **flush the toilet** पाखाने के बाद ज़ंजीर खींचना; **to flush out** *vt* ढूंढ निकालना; **flushed** *a* जिस का मुंह लाल हो गया हो

flustered ('फ़्लर्स्टर्ड) *a* घबराया या चकराया हुआ

flute (फ़्लूट) *n* मुरली; बांसुरी

flutter ('फ़्लटर) *n* कड़कड़ाहट; उत्तेजना; *inf* जुए, घुड़दौड़ में लगाया दांव // *vi* (पर) फड़फड़ाना; कांपना; उत्तेजित या आशंकित करना; घबरा देना

flux (फ़्लक्स) *n* प्रवाह; निरन्तर परिवर्तन; चुम्बकीय क्षेत्र की शक्ति का माप; **in a state of flux** जहां निरंतर परिवर्तन हो रहा हो

fly (फ़्लाइ) *n* मक्खी; पतलून के बटन या ज़िप (**flies** भी); *vb* (*pp* **flew,** *pt* **flown**) *vt* उड़ाना (विमान, पतंग आदि); (सामान, यात्री) विमान द्वारा ले जाना // *vi* उड़ना; विमान द्वारा जाना; भाग निकलना; झण्डे का लहराना; **to fly away** *or* **off** *vi* भाग जाना; **flying** *n* उड़ने की क्रिया // *a* : **flying visit** थोड़ी देर के लिए मिलने जाना; **with flying colours** सफलता के साथ; **flying saucer** उड़न तश्तरी; **flying start** *n* : **to get off to a flying start** किसी काम को पहले करने का अवसर मिल जाना; **flyover** *n* (*Brit*) पुल जिस के नीचे सड़कें हों; **flysheet** *n* तम्बू के आगे का कपड़ा

foal (फ़ोल) *n* (घोड़े या गधे का) बछेड़ा // *vi* घोड़ी या गधी का बच्चे देना, ब्याना

foam (फ़ोम) *n* झाग, फेन; हल्के वज़न का फेन जैसा पदार्थ जो गरमी/सर्दी से बचने और वस्तुएं लपेटने के काम आता है (**plastic foam** भी) // *vi* झाग या फेन उठना; बहुत गुस्से में होना; **foamy** *a* झाग भरा; **foam rubber** *n* रबड़ जिस में बहुत से छेद होते हैं

fob (फ़ॉब) *n* : **to fob sb off with** किसी की तिरस्कार से उपेक्षा करना या टाल देना; भगा देना

focus ('फ़ोकस) *n* (*pl* **focuses, foci** ('फ़ोसी)) बिन्दु जहां किरणें केन्द्रित होती हैं; किरणबिन्दु; स्थिति जहां चित्र या

बिम्ब बिल्कुल स्पष्ट होता है; बिम्ब स्पष्ट करने का मिलन बिन्दु या केन्द्र बिंदु (जहां कार्यकलाप या रुचियों का मिलन होता है) // *vt* केन्द्रित करना; चित्र स्पष्ट करना // *vi* : **to focus (on)** केन्द्रित होना; स्पष्ट होना; **in/out of focus** स्पष्ट/ धुंधला

fodder ('फ़ॉडर) *n* चारा

foe (फ़ो) *n* शत्रु, दुश्मन

foetus ('फ़ीटस) *n* गर्भ में विकसित बच्चा; भ्रूण

fog (फ़ॉग्) *n* धुन्ध, कोहरा (जिसके कारण दूर तक दिखाई नहीं देता) // *vt* कुहरे से ढक देना; धूमिल कर देना; घबरा दना; चकरा देना; **foggy** *a* : **it's foggy** धुंध छाई है; **fog lamp** *n* (*AUT*) मोटरगाड़ी का धुंध में जलाने का लैम्प

foil (फ़ॉइल) *vt* व्यर्थ कर देना; हरा देना; चकरा देना // *n* बिना धार की तलवार जो अभ्यास के लिए प्रयुक्त होती है; पत्री, (सोने चांदी का) वर्क

fold (फ़ोल्ड) *n* तह; मोड़; लपेट; तह या शिकन (जो कपड़ा मोड़ने से पड़ी हो); भूमि के गर्भ में लिपटी हुई तह; वलन; भेड़ों का बाड़ा // *vt* दोहरा करना; तह करना; मोड़ना; जोड़ना (बाहें, हाथ आदि); लपेटना; गले लगाना; **to fold up** *vi* तह होना; लिपट जाना; गिर पड़ना; व्यापार, दुकान बंद होना; **folder** *n* काग़ज़ रखने की मिसिल या फ़ाइल; **folding** *a* (कुर्सी, चारपाई) जो तह की जा सके

foliage ('फ़ोलिइज) *n* पत्तों के लिए सामूहिक शब्द; पर्णावली

folk (फ़ोक) *n* जनसाधारण, जनता, लोक, परिवार, सम्बन्धी; जाति; **folks** *npl* लोग; माता पिता; **folk dance** *n* लोक नृत्य; **folklore** *n* लोगों की परम्पराएं; रीतिरिवाज और विश्वास; लोक साहित्य; **folk song** *n* लोक गीत

follow ('फ़ॉलो) *vt* पीछे जाना या आना, पीछे-पीछे चलना; चाकरी करना; किसी रास्ते आदि पर चलना; अनुयायी होना; ग्रहण करना (उपदेश आदि); बहुत अधिक रुचि या दिलचस्पी होना; परिणाम होना; अर्थ समझना // *vi* आगे आना; परिणाम होना; **he followed suit** उसने वैसा ही किया; **to follow up** *vt* बाद की कार्यवाही करना; **follower** *n* अनुयायी; शिष्य; **following** *a* बाद का, बाद में आने वाला // *n* समर्थकों, अनुयाइयों का समूह

folly ('फ़ॉलि) *n* मूर्खता; मूर्खतापूर्ण विचार या काम; बेकार का लेकिन लम्बा-चौड़ा या भड़कीला ढांचा या भवन

foment (फ़'मेंट) *vt* भड़काना, उकसाना, प्रोत्साहन देना; (गर्म पानी आदि से) सिकाई या टकोर करना; **fomentation** *n* टकोर; सिकाई

fond (फ़ॉण्ड) *a* स्नेही; प्रिय; **to be fond of** किसी व्यक्ति से प्यार होना; कोई चीज़/बात बहुत पसन्द होना

fondle ('फ़ॉन्डल) *vt* पुचकारना; दुलारना; प्यार से हाथ फेरना

food (फ़ूड) *n* आहार; खाद्य; भोजन; मन या आत्मा के लिए पौष्टिक तत्व; **food mixer** *n* खाद्य पदार्थों को पीसने, मिलाने का उपकरण, मिक्सी; **food poisoning** *n* विषैला पदार्थ खाने से हुआ रोग; **food processor** *n* बिजली का घरेलू उपकरण जिसमें शाकभाजी काटी या पीसी जा सकती है; **food stuffs** *npl* खाद्य पदार्थ

fool (फ़ूल) *n* मूर्ख या मन्दबुद्धि व्यक्ति; बुद्धू; नासमझ, मिट्टी का माधो; (*HISTORY*) राजदरबारों में विदूषक; (*CULIN*) फलों के गूदे और दूध की मलाई से बना मीठा पदार्थ // *vt* मूर्ख या बुद्धू बनाना; धोखा देना // *vi* मूर्खतापूर्ण व्यवहार करना (**fool around** भी); **foolhardy** *n* दुस्साहसी; बेकार में जोखिम उठाने वाला; **foolish** *a* बिन सोचा समझा, मूर्खतापूर्ण; मूर्ख (व्यक्ति); **foolproof** *a* जिस के असफल होने की आशंका न हो

foot (फ़ुट) *n* (*pl* : **feet**) पैर; निचला भाग (किसी भी वस्तु का); पाया; पांयता; पैताना; पैदल सेना; दूरी का माप (= 12 इंच); (कविता का) चरण, पाद // *vt* नाचना, चलना; चले जाना, पैदल चलना (विशे॰ **foot it** में); कीमत चुकाना (विशे॰ **foot the bill** में); **on foot** पैदल; **footage** *n* फ़ुटों में लम्बाई; इस्तेमाल की गयी फ़िल्म; **football** *n* फ़ुटबाल (का खेल); **footballer** *n* (*Brit*) = **football player; football ground** *n* फ़ुटबाल का मैदान; **football player** फ़ुटबाल का खिलाड़ी; **footbrake** *n* मोटरगाड़ी की पैर से दबाने की ब्रेक; **footbridge** *n* पैदलों के लिए पुल; **foothills** *npl* निचली पहाड़ियां; **foothold** *n* पैर जमाने का स्थान, स्थान जहां से आगे बढ़ा जा सके; **footing** *n* (*fig*) स्थिति; हैसियत; **to lose one's footing** पैर उखड़ जाना; **footlights** *npl* रंगमंच के फ़र्श पर लगी बत्तियां; **footman** *n* नौकर; **footnote** *n* पाद टिप्पणी; **footpath** *n* पगडंडी; **footprint** *n* पद्‌चिन्ह; **footstep** *n* पद्‌चिन्ह; **footwear** *n* जूते

KEYWORD

for (फ़ॉर) ♦ *prep* **1.** (*indicating destination, intention, purpose*) के लिए, के कारण, की वजह से; **the train for London** लंदन जाने वाली गाड़ी; **he went for the paper** वह अखबार लेने के लिए गया है; **it's time for lunch** दोपहर के खाने का समय हो गया है; **what's it for?** यह किस (उद्देश्य के) लिए है ?; **what for?** क्यों ?

2. (*on behalf of, representing*) : **the M.P. for Delhi** दिल्ली का प्रतिनिधि संसद सदस्य; **to work for sb/sth** किसी के लिए/किसी उद्देश्य से

काम करना; **G for George** जार्ज का प्रतिनिधि जी है

3. (*because of*) **for this reason** इस कारण से; **for fear of being criticised** आलोचना के डर से

4. (*with regard to*) : **it's cold for July** जुलाई के महीने में इतनी सरदी नहीं होती; **a gift for langages** भाषाएं सीखने की योग्यता

5. (*in exchange for*) : **I sold it for Rs 5** मैंने पांच रुपये में बेच दिया/बेच दी; **to pay Rs 50 for a ticket** एक टिकट के पचास रुपये देने हैं

6. (*in favour of*) : **are you for or against us?** आप हमारे पक्ष में हैं या विरुद्ध ?

7. (*referring to distance*) : **there is a road for five kilometres** पांच किलोमीटर तक सड़क है; **we walked for miles** हम मीलों तक चलते गए

8. (*referring to time*) : **he was away for 2 years** वह दो साल तक बाहर था; **she will be away for 2 months** वह दो महीने बाहर रहेगी; **I have known her for 5 years** मैं पांच बरस से उसे जानता हूं; **can you do it for tomorrow?** क्या कल का दिन ऐसा कर सकते हो ?

9. (*in infinitive clauses*) : **it is not for me to decide** यह फ़ैसला करना मेरा काम नहीं है; **it would be best for you to leave** आप के लिए यही अच्छा होगा कि आप चले जायं; **there is still time for you to do it** अभी समय है कि आप यह काम कर ले; **for this to be possible...** यह तभी सम्भव है जबकि...

10. (*in spite of*) : **for all his work/efforts** उस की सारी मेहनत/कोशिश के बावजूद; **for all his complaints he's very fond of her** सारी शिकायतों के बावजूद वह उस से बहुत प्यार करता है

♦ *cj* (*since, as* : *rather formal*) क्योंकि

forage ('फ़ॉरिज) *n* चारा, रातिब // *vi* चारा जुटाना या जमा करना; चारों ओर तलाश करना (किसी वस्तु को)

forasmuch (फ़रज़'मच) *cj* (*as* के साथ) क्योंकि, चूंकि

foray ('फ़ॉरे) *n* छापा, आक्रमण, किसी क्षेत्र में घुसने की क्रिया // *vi* छापा मारना, किसी क्षेत्र में घुसना

forbid (फ़र्'बिड) (*pt* **forbade**, *pp* **forbidden**) *vt* मना करना, निषेध करना; अनुमति देने से इन्कार करना; **to forbid sb to do** किसी को किसी काम की मनाही कर देना; **forbidden** *a* जिस की मनाही कर दी गयी हो; **forbidding** *a* अनाकर्षक; भीषण, डरावना

force (फ़ोर्स) *n* बल, शक्ति, ज़ोर, ताकत; मानसिक या नैतिक बल; सैनिकों की टुकड़ी या दस्ता; किसी विशेष उद्देश्य के

forceps 277 **forenoon**

लिए संगठित समूह; प्रभावोत्पादकता; लागू होने की स्थिति; प्रचण्डता, आवेग // *vt* रोकना, विवश करना; तोड़ डालना; धकेलना, खदेड़ना; **the Forces** *npl* (*Brit*) सेनाएं; **in force** लागू; **to come into force** लागू होना; **force-feed** *vt* जबर्दस्ती खिलाना; **forceful** *a* शक्तिशाली, ओजस्वी

forceps ('फ़ॉर्सिप्स) *npl* चिमटी, संडसी

forcibly ('फ़ॉर्सिब्लि) *ad* जबर्दस्ती; बलपूर्वक; दृढ़ता से

ford (फ़ॉर्ड) *n* नदी का छिछला भाग जिसे पैदल लांघा जा सके // *vt* पैदल नदी पार करना

fore (फ़ोर) *a* आगे // *n* अगला भाग; **to the fore** सामने, स्पष्ट

fore- (*prefix*) पहले; पीछे; आगे

forearm ('फ़ोरआर्म) *n* हाथ और कुहनी के बीच का भाग // *vt* (फ़ोर'आर्म) पहले से तैयारी करना या हथियार ले रखना

foreboding (फ़ोर्'बोडिंग) *n* अनिष्ट की आशंका या पूर्वाभास

forecast ('फ़ोर्कास्ट) *n* भविष्यवाणी; पूर्वानुमान // *vt* पहले से अनुमान लगाना (विशे॰ मौसम का); भविष्यवाणी करना

forecourt ('फ़ोकॉर्ट) *n* भवन के आगे की खुली जगह; अहाता

forefathers ('फ़ोर्फ़ादर्स) *npl* पुरखे, पूर्वज

forefinger ('फ़ोरफ़िंगर) *n* अंगूठे के साथ की उंगली, तर्जनी

forefront ('फ़ोर्फ्रन्ट) *n* : **in the forefront of** के आगे-आगे

forego (फ़ो'गों) *vt* = **forgo**

foregone ('फ़ोर्गान) *a* जिसका निर्णय हो चुका हो; **it's a foregone conclusion** यह तो पहले से ही तय है कि

foreground ('फ़ोर्ग्राउंड) *n* दृश्य का अंश, विशे॰ चित्र में, जो देखने वाले के समीप हो; अग्रभाग या अग्रभूमि

forehead ('फ़ॉरिड) *n* माथा, पेशानी

foreign ('फ़ॉरिन) *a* जो अपने देश का न हो, विदेशी; अन्य देशों से सम्बन्धित; असंगत; बाहरी; अजनबी या न जाना-पहचाना; अजीब; **foreigner** *n* विदेशी नागरिक; **foreign secretary** (*Brit*) विदेशमंत्री; **Foreign Office** (*Brit*) विदेश मंत्रालय

foreleg ('फ़ोर्लेग) *n* चौपाए की अगली टांग

foreman ('फ़ोमन) *n* मज़दूरों के काम लेने वाला; फ़ोरमैन; ज्यूरी का प्रमुख

foremost ('फ़ोमोंस्ट) *a* समय, स्थान या महत्व में पहला; प्रमुख, श्रेष्ठ // *ad* : **first and foremost** पहला और सब से महत्वपूर्ण

forenoon ('फ़ोर्नून) *n* दोपहर से पहले का समय, पूर्वान्ह

forensic (फ़'रेंन्सिक) *a* न्यायालय या अदालत से सम्बन्धित; **forensic medicine** कानूनी मामलों में चिकित्सा-विज्ञान का प्रयोग

forerunner ('फ़ोर्रनर) *n* पहले आने वाला; अग्रदूत

foresee (फ़ोर्'सी), *pt* **foresaw**, *pp* **foreseen** *vt* पहले से जान लेना, पूर्वज्ञान रखना, पूर्वानुमान लगा लेना; **foreseeable** *a* जिसे पहले से जाना जा सके

foreshadow (फ़ो'शैंडो) *vt* पूर्वाभास या पूर्वलक्षण होना; पूर्वाकृति होना

foresight ('फ़ोर्साइट) *n* दूरदर्शिता; भविष्य की चिंता

forest ('फ़ॉरिस्ट) *n* बन, वन, जंगल; (*fig*) जंगल से मिलती-जुलती वस्तु // *vt* वन लगाना; वनारोपन करना

forestall (फोर्'स्टॉल) *vt* पहले से अनुमान लगाना; पहले से किसी बात को रोकने की तैयारी करना; रोकथाम करना; पेशबन्दी करना

forestry ('फ़ॉरिस्ट्रि) *n* वनविद्या

foretaste ('फ़ोर्टेस्ट) *n* पूर्वानुमान; पूर्वास्वादन

foretell (फ़ोर्'टेंल) *pt, pp* **foretold** भविष्यवाणी करना

forethought ('फ़ोरथॉट) *n* दूरदर्शिता; आने वाली घटनाओं का पूर्वानुमान

forever (फ़ॉ'रेव़र) *ad* सदा के लिए, अनन्तकाल तक; (*fig*) बहुत लम्बे समय तक

forewarn (फ़ोर्'वार्न) *vt* पहले से चेतावनी दे देना

foreword ('फ़ोरवर्ड) *n* भूमिका, प्राक्कथन

forfeit ('फ़ॉर्फ़िट) *n* अपराध अथवा चूक से जब्त हुई वस्तु; जुर्माना; दण्ड; जब्ती // *vt* (*one's life, health*) खो बैठना; ज़ब्त हो जाना

forgave (फ़ा'गेंव़) **forgive** का *pt*

forge (फ़ॉर्ज) *n* लोहार की दुकान; भट्ठी; धातुशोधन या धातु का कारखाना // *vt* धातु को तपा कर गढ़ना; बनाना; आकृति देना; आविष्कार करना; जालसाज़ी करना; नकली वस्तु बनाना; **to forge documents** जाली/झूठे काग़ज़ात तैयार करना; **to forge money** (*Brit*) जाली सिक्के बनाना/जाली नोट छापना; **to forge ahead** *vi* आगे बढ़ते जाना; **forger** *n* जालसाज़; **forgery** *n* जालसाज़ी

forget (फ़र्'गेट) *pt* **forgot**, *pp* **forgotten**, *vt* भूल जाना; भुला देना; उपेक्षा या अनदेखी करना; **forgetful** *a* भुलक्कड़; **forgetful of** जो किसी बात को भूल गया हो; **forget-me-not** *n* छोटे नीले रंग के फूलों वाला पौधा

forgive (फ़र्'गिव़) *pt* **forgave**, *pp* **forgiven** *vt* क्षमा या माफ़ करना; जाने देना; छोड़ देना; **to forgive sb for sth** किसी को किसी बात के लिए

क्षमा कर देना; **forgiveness** *n* क्षमा, माफ़ी

forgo (फ़ॉर्'गो) *pt* **forwent,** *pp* **forgone** *vt* के बिना काम चलाना; छोड़ देना

forgot (फ़ॉर्'गॉट) **forget** का *pt*

forgotten (फ़ार्'गाटन) **forget** का *pp*

fork (फ़ॉर्क) *n* कांटा (जिससे खाना खाते हैं); पुआल आदि उठाने का यंत्र, पांचा, जंदरा; शाखाओं में विभाजन; उस विभाजन का बिन्दु; मोड़ // *vi* शाखाओं में बटना // *vt* पांचे या कांटे से उठाना या फैंकना; पांचे जैसा बनाना; **fork out** (*col*) (अनिच्छा से) देना या अदा करना; **fork-lift truck** *n* ट्रक जिस में सामान उठाने का उपकरण लगा हो

forlorn (फ़र्'लॉर्न) *a* परित्यक्त; असहाय; निरवलम्ब; निराश (व्यक्ति); निर्जन प्रदेश; (प्रयत्न) जिसकी सफलता की आशा न हो

form (फ़ॉर्म) *n* रूप, आकार, आकृति; व्यक्ति या पशु जो दिखाई दे; ढांचा; स्वभाव; जाति; श्रेणी; प्रपत्र; हालत; अच्छी हालत; (*SCOL*) स्कूल की कक्षा; काम करने का स्वाभाविक तरीका // *vt* बनाना, गढ़ना, तराशना, सांचे में बनाना; प्रबन्ध करना; संगठित करना; प्रशिक्षण देना; सोचना; से मिलकर बनना; अंग बनाना // *vi* अस्तित्व या शक्ल होना; **in top form** बहुत अच्छी हालत में

formal ('फ़ॉर्मल) *a* रस्मी, औपचारिक; नियमानुसार; ऊपरी; बाहरी; दिखावटी; बाहरी रूप या दिनचर्या के अनुरूप; औपचारिक अवसर; नियम के अनुकूल, जिस का कोई महत्व नहीं; (*ART, PHILOSOPHY*) सुस्पष्ट और नियमानुकूल; रूखा; **formally** (फ़ार्मलि) *ad* औपचारिक ढंग से

format ('फ़ार्मैट) *n* पुस्तक का आकार और रूप; टेलीविज़न के रूपक की व्यवस्था // *vt* (*COMPUT*) जानकारी या आंकड़ों का क्रम निर्धारित करना

formation (फ़ा'मेंशन) *n* रचना, बनावट, संरचना

formative ('फ़ार्मेटिव़) *a* : **formative years** विकास काल

forme (फ़ॉर्म) *n* (*PRINTING*) ढांचा जिसमें टाइप जकड़ा जाता है, फ़रमा

former ('फ़ॉर्मर) *a* पुराना, पुराने समय का; भूतपूर्व; पूर्वोल्लिखित; **the former ... the latter** पूर्वोल्लिखित वस्तु, व्यक्ति या तथ्य, बाद की वस्तु; **formerly** *ad* पहले

formidable ('फ़ॉर्मिडब्‌ल) *a* भयानक; विकट; दुर्जेय; भीषण; भयंकर; कठिन (काम आदि)

formula ('फ़ॉर्म्युलअ) *n* सूत्र; कोई काम करने या कुछ बनाने का तरीका या नियम; नुस्खा; इस प्रकार बनाया पदार्थ; कारों की दौड़ में कार की विशिष्ट श्रेणी;

forsake 280 foul

(*SCIENCE, MATH*) नियम या तथ्य जो चिन्हों और अंकों में व्यक्त किया गया हो (*pl* **-ulae, -s**)

forsake (फ़र'सेक), *pt* **forsook,** *pp* **forsaken** *vt* छोड़ देना; त्याग देना; छोड़ कर चल देना

fort (फ़ॉर्ट) *n* किला; दुर्ग

forte ('फ़ॉर्टे) *n* विशेष योग्यता या क्षमता; काम जिसमें महारत हो

forth (फ़ॉर्थ) *ad* सामने, आगे; **to go back and forth** आगे-पीछे जाना; **and so forth** आदि, आदि; **forthcoming** *a* अगला, आगामी; जो बात करने को तैयार हो; स्पष्टवादी (स्वभाव वाला); **forthright** *a* खरा; निष्कपट; **forthwith** *ad* तुरंत, एकदम

fortify ('फ़ॉर्टिफ़ाइ) *vt* मज़बूत या सुदृढ़ करना; किलेबन्दी करना; **fortified wine** *n* अंगूर आदि की शराब जिसमें अल्कोहल मिला हो

fortnight ('फ़ॉर्टनाइट) *n* दो सप्ताह का समय; पखवाड़ा, पक्ष; **fortnightly** *a* पाक्षिक (पत्रिका आदि) // *ad* जो पखवाड़े में एक बार हो

fortress ('फ़ॉर्ट्रिस) *n* गढ़, गढ़ी, किला

fortunate ('फ़ॉर्चिनिट) *a* सौभाग्यशाली; **it is fortunate that** यह बड़े सौभाग्य की बात है कि; **fortunately** *ad* सौभाग्यवश

fortune ('फ़ॉर्चन) *n* किस्मत, भाग्य; धन-दौलत, ऐश्वर्य; **fortuneteller** *n* ज्योतिषी

forty ('फ़ॉर्टि) *num* चालीस की संख्या, 40

forum ('फ़ॉरम) *n* मंच; सभा

forward ('फ़ॉर्वर्ड) *a* जो निर्धारित समय से पहले हो; (गति, स्थिति) आगे, आगे को; जो झिझके नहीं; ढीठ, बेअदब // *n* (*SPORT*) फुटबाल, हाकी आदि में आगे का खिलाड़ी // *vt* (चिट्ठी आदि) भेजना; (*fig*) आगे बढ़ाना; बढ़ावा देना; प्रोत्साहन करना; **to move forward** आगे बढ़ना; **forward(s)** *ad* आगे को

forwent (फ़ॉर्'वेन्ट) **forgo** का *pt*

fossil ('फ़ॉसल) *n* भूमि के नीचे दबे विशे० प्रागैतिहासिक जीव या पौधे के अवशेष, जीवाश्म; *inf* व्यक्ति या विचार जो प्राचीन काल का हो और बदल न सके; दकियानूसी व्यक्ति या विचार

foster ('फ़ॉस्टर) *vt* वृद्धि या विकास का प्रोत्साहन देना; बच्चे (विशे० किसी दूसरे के) का लालन-पालन करना; **foster child** *n* गोद लिया बच्चा; **foster mother** *n* मां जिसने (किसी और के बच्चे को) पाला हो

fought (फ़ॉट) **fight** का *pt, pp*

foul (फ़ाउल) *a* खराब (मौसम), दुर्गन्ध भरा, बदबूदार (भोजन); अश्लील, गाली-गलौज भरी (भाषा); बुरा या जघन्य (काम)

// *n* (*FOOTBALL*) जानबूझकर किया नियमविरुद्ध काम; नियमों का उल्लंघन // *vt* गंदा करना; रोक देना या अवरुद्ध करना; टकरा जाना; नियम-विरुद्ध काम करना

found (फाउंड) **find** का *pt, pp* // *vt* स्थापित करना; नींव डालना; आधार बनाना; **foundation** *n* आधार, नींव, संस्थापन; संस्थान आदि; **foundation cream** *n* मुंह पर लगाने की क्रीम जिस पर सुर्खी लगाई जाती है; **foundations** *npl* मकान की नींव

founder ('फ़ांउडर्) *n* धातु गला कर सांचे में ढालने वाला, ढलैया // *vi* ढह जाना, ढेर हो जाना; जहाज़ का डूबना या कीचड़ में धंस जाना

foundry ('फ़ॉउंडरि) *n* ढलाई की कला/कारख़ाना

fount (फाउंट) *n* स्रोत; एक प्रकार के छपाई के अक्षर या टाइप; **fountain** *n* फ़व्वारा; **fountain pen** *n* स्याही भरा कलम

four (फ़ोर) *num* चार (की संख्या); **on all fours** घुटंरू, घुटनों और हाथों के बल; **four-poster** *n* (**four-poster bed** भी) पलंग जिस के पायों के साथ मच्छरदानी के लिए चार डंडे लगे हों; **foursome** *n* चौकड़ी, चार का समूह; **fourteen** *num* चौदह (की संख्या); **fourth** *a* चौथा

fowl (फ़ाउल) *n* मुरग़ा या मुरग़ी; पक्षी; उस का मांस

fox (फ़ॉक्स) *n* लोमड़ी; उस की खाल; धूर्त या चालाक व्यक्ति; घाघ // *vt* चक्कर में डाल देना; चकरा देना; काग़ज़ पर भूरे धब्बे डाल देना; ग़लत रास्ते पर लगना // *vi* मक्कारी दिखाना; प्रपंच करना

foyer ('फ़ॉइए) *n* रंगशाला, होटल आदि की ड्योढ़ी

fracas ('फ्रैका) *n* उपद्रव; हल्ला; उत्पात; मारपीट; हाथापाई

fraction ('फ्रैक्शन) *n* संख्या जो पूरी न हो; भिन्न; टुकड़ा, अंश, खंड

fracture ('फ्रैक्चर) *n* टूटने की क्रिया; टूटा हुआ टुकड़ा; हड्डी का टूटना; फटन, दरार; भंग // *v* टूटना

fragile ('फ्रैजाइल) *a* भुरभुरा, जो आसानी से टूट सके; कमज़ोर, नाज़ुक, सुकुमार

fragment ('फ्रैग्मंट) *n* टूटा हुआ या छोटा टुकड़ा; अपूर्ण टुकड़ा, आंशिक खण्ड

fragrant ('फ्रैग्रंट) *a* सुगन्धित, खुशबूदार

frail (फ्रेल) *a* भंगुर, जो आसानी से टूट जाय; नाज़ुक, सुकुमार; कमज़ोर, दुर्बल; जिस का स्वास्थ्य खराब हो; नैतिक दृष्टि से कमज़ोर

frame (फ्रेम) *n* चौखटा (तस्वीर का); चौखट (दरवाज़े की); ढांचा; बनावट; गठन (शरीर की); पंजर; व्यवस्था; मनोदशा; फ़िल्म पर खींचा गया एक चित्र //

franc 282 free

vt बनाना, गठन करना, सरंचना करना; (किसी के) अनुरूप बनाना; शब्दों में व्यक्त करना; किसी पर झूठा आरोप लगाना; **frame of mind** *n* मनोदशा; **frame-up** *n sl* षड़यंत्र; झूठा साक्ष्य; **framework** *n* ढांचा जिसमें पूरक टुकड़े जोड़े जा सकें; सहारा देने के लिए बना ढांचा

franc (फ़्रांक) *n* फ़्रांस, स्विटज़रलैंड और अन्य देशों की मुद्रा; फ़्रांक

franchise ('फ़्रैन्चाइज़) *n* (*POL*) मताधिकार; नागरिकता; (*COMM*) विशेषाधिकार, विशे॰ कुछ सामान बेचने का

frank (फ़्रैंक) *a* स्पष्टवादी, साफ़गो, कुछ न छिपाने वाला; सच्चा; सरल, निष्कपट // *n* चिट्ठी पर लगी सरकारी मुहर // *vt* चिट्ठी पर मुहर लगाना; **frankly** *ad* साफ़-साफ़

Frankenstein's monster('फ़्रैंकिन्स्टाइन 'मॉन्सटर) *n* राक्षस जो विपत्तिं लाए और अपने निर्माता के काबू में न रहे; भस्मासुर

frantic ('फ़्रैंटिक) *a* गुस्से, शोक, खुशी आदि से उन्मत्त, उत्तेजित; व्यग्र; उग्र; प्रचण्ड

fraternity (फ़्रे'टर्निटि) *n* बन्धुता; भाईचारा; (*US*) कालिज का समाज

fraud (फ़्रॉड) *n* अपराधपूर्ण छल या धोखा; धोखे से कुछ छीन लेने की प्रक्रिया; ढोंग या पाखंड

fraught (फ़्रॉट) *a* : **fraught with** से भरा हुआ

fray (फ़्रे) *n* लड़ाई; झगड़ा; दंगा // *vi* घिस जाना; घिस कर उधड़ जाना; कोनों का घिस जाना; **tempers were frayed** सभी खीजे हुए थे

freak (फ़्रीक) *n* (*cpd* भी) अपसामान्य व्यक्ति, पशु या वस्तु; अजूबा

freckle ('फ़्रेकल) *n* चमड़ी पर पड़ा हल्का भूरा चकत्ता (विशे॰ धूप से); धब्बा // *vt, vi* चकत्ते डालना या पड़ना

free (फ़्री) *a* आज़ाद, स्वतंत्र, स्वाधीन; मुक्त; जिस पर कोई बन्धन न हो; निर्बाध; निःशुल्क, मुफ़्त; कर-मुक्त; मुक्त (जो शाब्दिक न हो); उदार; खाली (जो इस्तेमाल न हो रहा हो); व्यक्ति जिसे कोई काम न हो; जो नियत न हो, अनियत // *vt* आज़ाद कर देना; रिहा करना; हटाना (बाधा, पीड़ा आदि); छुटकारा दिलाना; **free (of charge), for free** *ad* मुफ़्त, निःशुल्क; **freedom** *n* आज़ादी, स्वतंत्रता; **free-for-all** *n* हाथापाई, मारपीट; दंगा; **free gift** *n* मुफ़्त भेंट (जो सामान खरीदने पर दुकानदार देते हैं); **freehold** *a* ज़मीन जिस का किराया न देना पड़े, माफ़ी जमीन; **free kick** *n* फुटबाल में विरोधी टीम को नियमों के उल्लंघन पर गेंद को किक मारने का अवसर; **freelance** *a* जो किसी संगठन में न हो और स्वतंत्र रूप से काम करता हो; **freely** *ad* स्वतंत्र रूप से, अबाध; **freemason** *n* गुप्त

संगठन जो परस्पर सहायता के लिए स्थापित किया गया है; **freepost** *n* व्यवस्था जिसमें चिट्ठी के उत्तर में डाक टिकट का खर्च चिट्ठी भेजने वाला देता है; **free-range** *a* (*eggs, hen*) खुले में रखी गयी (मुर्गी या उस का अंडा); **free trade** *n* स्वतंत्र व्यापार (जिस पर सीमा-शुल्क या दूसरे बंधन न हों); **freeway** *n* (*US*) मुख्य सड़क; **freewheel** *vi* साइकल के पैडल घुमाए बिना ढलान पर नीचे जाना; **free will** *n* इच्छा; **of one's own free will** अपनी इच्छा से

freeze (फ्रीज़) *vb* (*pt* **froze**, *pp* **frozen**) *vt* ठंड से जमा देना, बर्फ़ जमाना, ठंडे स्थान में रख कर खाद्य पदार्थों को ताज़ा रखना; कीमतें आदि निर्धारित करना // *vi* बहुत ठंड लगना; डर से जड़ हो जाना; रुक जाना; **freeze-dried** *a* ठंड से सुखाया हुआ; **freezer** *n* ठंडी अल्मारी जिसमें रखी चीज़ें बासी नहीं होती

freezing ('फ्रीज़िंग) *a* : **freezing cold** जमा देने वाली ठंड; **freezing point** *n* तापमान जिस पर पानी जम जाये, हिमांक; **3 degrees below freezing point** हिमांक से तीन डिग्री कम का तापमान

freight (फ्रेट) *n* रेल, जहाज़ आदि द्वारा माल भेजने की क्रिया; भाड़ा; इस प्रकार भेजा माल // *vt* माल भेजना; **freight train** *n* (*US*) मालगाड़ी

French (फ्रैंच) *n* फ्रांस के लोगों की भाषा, फ्रैंच // *a* फ्रांस का, फ्रांसीसी; **the French** *npl* फ्रांसीसी लोग; **French bean** *n* फ्रांसीसी सेम; **French potatoes**, (*US*) = **French fries** तले हुए आलू; **French leave** *n* बिना पूछे ली गयी छुट्टी; **French polish** *n* अलकोहल में लाखदाना मिला कर बना पालिश या रोग़न; **French window** दरवाज़े के आकार की खिड़की

frenzy ('फ्रैन्ज़ि) *n* उन्माद, पागलपन; अत्यधिक उत्तेजना

frequent ('फ्रीक्वंट) *a* बारम्बार होने या घटने वाला; सामान्य; बहुल // *vt* (फ्रि'क्वेंट) बार बार जाना, प्रायः जाना; **frequency** *n* बारम्बारता; ए.सी. बिजली की प्रति सैंकेड आवृत्ति; **frequently** *ad* बहुधा, बार-बार

fresh (फ्रैश) *a* ताज़ा, नया; अतिरिक्त; भिन्न; हाल का; अनुभवहीन; शुद्ध; जिसका अचार न पड़ा हो; जो जमा कर न रखा गया हो; जो धुंधला या पुराना न हो गया हो; जो थका न हो, तरो ताज़ा (हवा); *inf* ढीठ, बेअदब; उद्धत; घमण्डी; **freshen** *vi* हवा तेज़ हो जाना; **to freshen up** *vi* हाथ-मुंह धोकर ताज़ा होना; **fresher** *n* (*Brit SCOL : col*) पहले वर्ष का छात्र; **freshly** *ad* नए सिरे से; **freshman** *n* (*US*) = **fresher**; **freshness** *n* ताज़गी; **freshwater** *a* नदी की (मछली)

fret (फ्रेट) *vi* चिढ़ना; कुढ़ना; खीजना; चिंता करना // *n* खीज, कुढ़न, चिढ़; **fretful** *a* खीजा या चिढ़ा हुआ; गुसैल; जिसे जल्दी गुस्सा आ जाय

friar ('फ्राइअर) *n* एक भिक्षु सम्प्रदाय का सदस्य; भिक्षु

friction ('फ्रिक्शन) *n* रगड़, घर्षण; टकराव; असहमति

Friday ('फ्राइडे) *n* शुक्रवार; **Good Friday** ईस्टर से पहले का शुक्रवार

fridge (फ्रिज) *n inf* **refrigerator** का संक्षेप

fried (फ्राइड) **fry** का *pt, pp* // *a* तला हुआ; **fried egg** तला हुआ अंडा

friend (फ्रेंड) *n* मित्र, दोस्त, सखा; निकट सहकर्मी; समर्थक; **friendly** *a* मैत्रीपूर्ण; स्नेही; अनुकूल; **friendship** *n* दोस्ती, मित्रता

frieze (फ्रीज़) *n* (दीवार पर बनी) सजावटी पट्टी, चित्रवल्लरी

frigate ('फ्रिगिट) *n* तेज़ जंगी जहाज़ जो दूसरे जहाज़ों की रक्षा या पनडुब्बियों को नष्ट करता है

fright (फ्राइट) *n* अचानक डर; धक्का, झटका; त्रास; बेढंगा या हास्यास्पद व्यक्ति या वस्तु; **to take fright** डर जाना; **frighten** *vt* डराना; भयभीत करना; **frightened** *a* : **to be frightened (of)** से डरे होना; **frightening** *a* डरावना; **frightful** *a* भयंकर, भीषण

frigid ('फ्रिजिड) *a* औपचारिक, रस्मी, रूखा; मन्दकाम (स्त्री जिस की कामेच्छा अधिक न हो); ठण्डा

frill (फ्रिल) *n* झालर; बालों की कंठी; कुत्ते या पक्षी की गर्दन के बाल या रोंए; किनारा; हाशिया; अनावश्यक शब्द, विनयशीलता; बेकार की वस्तु; सजावट

fringe (फ्रिंज) *n* झब्बा, फुंदना या वैसी कोई वस्तु; बाल जो माथे पर डाल कर काटे गए हों; किनारा; हाशिया; सीमा // *vt* झब्बा लगाना या उस का काम देना // *a* (रंगमंच आदि) ग़ैर सरकारी; परम्परा या लीक से हट कर; अतिरिक्त; **on the fringe** सीमा पर; **fringe benefits** *npl* सुविधाएं; वेतन के अलावा मिलने वाले लाभ

frisk (फ्रिस्क) *vi* उछलकूद या कल्लोल करना // *vt* हिलाना; *inf* जामा तलाशी लेना (छिपे हथियार आदि बरामद करने के लिए); **frisky** ('फ्रिस्कि) *a* चंचल, उछलकूद या कल्लोल करने वाला

fritter ('फ्रिटर) *n* पकौड़ा // *vt* : **to fritter away** फेंक देना, गंवाना, नष्ट करना

frivolous ('फ्रिव़लस) *a* जो गंभीर न हो; महत्वहीन; ओछा, छिछोरा

frizzy ('फ्रिज़ि) *a* धुंघराले (बाल); लहरदार

fro (फ्रो) देखिए **to**

frock (फ्रॉक) *n* स्त्री का चोग़ा या फ्रॉक

या वैसा वस्त्र

frog (फ़्रॉग) *n* मेंढक, मण्डूक; **frogman** *n* साजसामान से लैस तैराक जो ग़ोताखोर का काम करता है, ग़ोताखोर

frolic ('फ़्रॉलिक) *n* आमोद-प्रमोद; कल्लोल // *vi* कल्लोल करना

KEYWORD

from (फ़्रॉम) *prep* **1.** (*indicating starting place, origin etc*) **where do you come from?** आप कहां के (रहने वाले) हैं?; **where are you from?** आप कहां के हैं?; **from London to Paris** लंदन से पेरिस तक; **a letter from my sister** मेरी बहिन की चिट्ठी; **to drink from the bottle** बोतल से ही पीना

2. (*indicating time*) : **from one o'clock to** *or* **until** *or* **till two** एक बजे से दो बजे तक; **from January (on)** जनवरी से

3. (*indicating distance*) : **the hotel is one kilometre from the beach** होटल समुद्र तट से एक किलोमीटर पर है

4. (*indicating price, number etc*) : **the interest rate was increased from 9% to 10%** ब्याज की दर 9% से बढ़ा कर 10% कर दी गयी

5. (*indicating difference*) : **he can't tell red from green** वह लाल और हरे में अन्तर नहीं कर सकता

6. (*because of, on the basis of*) : **from what he says** वह जो कहता है उस के आधार पर; **weak from hunger** भूख के कारण कमज़ोर

front (फ्रंट) *n* अगला या सामने का भाग, आगा, अगवाड़ा; माथा; आगे की स्थिति; समुद्र के पास सैर की जगह **sea front** भी; (*MIL, POL*) मोर्चा; युद्धस्थल; (*METEOROLOGY*) विभिन्न विशेषताओं वाली वायु के बीच की सीमा रेखा; रुख, व्यवहार, बर्ताव; *inf* प्रपंच, पाखंड; शरीफ़ों जैसा आगा जिस की आड़ में कोई अपराध किया जा रहा हो; कार्यक्षेत्र; समान लक्ष्य वाले व्यक्तियों का समूह, मोर्चा // *vt* देखना, सामने होना; *inf* आड़ होना // *a* आगे का **in front (of)** के आगे, सामने; **front door** *n* मकान का पहला दरवाज़ा, कार का अगला दरवाज़ा; **frontier** *n* सीमा (क्षेत्र); **front page** *n* मुखपृष्ट; **front room** *n* (*Brit*) बैठक; **front-wheel drive** *n* इंजन जिस से अगले पहिए चलते हों

frost (फ़्रॉस्ट) *n* पाला, तुषार; जमने की क्रिया या स्थिति; मौसम जब तापमान हिमांक से कम हो जाय (**hoar frost** भी) // *vt* पाले से या वैसी अपारदर्शी वस्तु से ढकना; **frostbite** *n* शीतदंश (जब अत्यधिक ठंड से शरीर का कोई अंग, बहुधा हाथ-पैर या कान जम जायं); **frosted** *a* अपारदर्शी (कांच); **frosty** *a* जब पाला पड़ा हो; ठंडा; रूखा

froth (फ्रॉथ) *n* झाग, फेन, बुलबुले; रद्दी या बेकार की चीज़ें; बेकार बातें या बकवास // *vt* झाग या फेन उठाना

frown (फ्राउन) *vi* त्योरी चढ़ाना; नाराज़गी प्रकट करना // *n* तेवर; नाराज़गी

froze (फ्रोज़) **freeze** का *pt*; **frozen** **freeze** का *pp* // *a* जमा हुआ (खाद्य पदार्थ)

frugal ('फ्रूगल) *a* मिताहारी; मितव्ययी; कम, अल्प

fruit (फ्रूट) *n* (*pl inv*) फल, विशे॰ खाद्य फल; परिणाम; नतीजा; लाभ; फ़ायदा // *vi* फलना; फल आना; **fruiterer** *n* फलों का व्यापारी; **fruiterer's (shop)** *n* फलों की दुकान; **fruitful** *a* लाभप्रद; **fruition** (फ्रू'इशन) *n* उपभोग; आशाएं पूरी होना; **to come to fruition** सफल होना; **fruit juice** *n* फलों का रस; **fruit machine** *n* (*Brit*) जुए की मशीन जिस में सिक्के डाले जाते हैं; **fruit salad** *n* फलों का चाट

frustrate (फ्र'स्ट्रेट) *vt* निष्फल करना (प्रयत्न आदि); विफल बना देना; मात कर देना; होने न देना; निराश कर देना; **frustrated** *a* कुंठित; जिस की आशाओं पर पानी फिर गया हो

fry (फ्राइ) *pt, pp* **fried** *vt* तलना // *vi* तला जाना // *n* तला हुआ मांस; कोई तला हुआ व्यंजन; **the small fry** छुटभैया; **frying pan** *n* तलने का चपटा बरतन

ft. **foot, feet** का संक्षेप

fuddle ('फ़ड्ल) *vt* (पिला कर) धुत्त करना; भ्रम में डालना // *n* धुत्त या भ्रमित होने की स्थिति

fuddy-duddy ('फ़डिडडि) *n* (*offens*) मंद बुद्धि वृद्ध

fudge (फ़ज) *n* (*CULIN*) नरम, कई स्वादों की मिठाई

fuel (फ़्युअल) *n* ईंधन; पोषक तत्व // *vt* ईंधन देना; **fuel tank** *n* पेट्रोल ले जाने वाला टैंकर; पेंट्रोल की टंकी

fugitive ('फ़्यूजिटिव़) *n* भगोड़ा; फ़रारी (अभियुक्त आदि) // *a* जो भाग जाए या हाथ न आए, फ़रार

fulcrum ('फ़ल्क्रम) *n* आधार, टेक, आलम्ब (*pl* **fulcra**)

fulfil (फुल'फ़िल) *vt* पूरा करना (शर्तें आदि); पालन करना; आज्ञा मानना; (इच्छा) पूरी करना; **fulfilment** *n* (इच्छा की) पूर्ति

full (फुल) *a* पूरा, परिपूर्ण; भरा हुआ, भरपूर; प्रचुर; पूर्ण; काफ़ी, प्रर्याप्त; मांसल; (कपड़ा) जो पूरा हो // *ad* पूर्णतया; भरापूरा; ठीक-ठीक; अत्यधिक; **to know full well that** पूरी तरह यह जानना कि; **I am full (up)** मेरा पेट भरा हुआ है; **full employment** पूर्णरोज़गार (साल भर सभी को काम); **a full two hours** पूरे दो घण्टे; **at**

full speed पूरी तेज़ी से; **in full** पूरा (उद्धरण, नाम); **to pay in full** पूरी रकम दे देना; **full moon** *n* पूर्णिमा का चांद; **full-scale** *a* बड़े पैमाने पर (युद्ध, आक्रमण); पूरी तरह; पूरे आकार का (माडल); **full stop** *n* पूर्ण विराम; **full time** *a* पूरे समय का (काम) // *n* (*SPORT*) पूरे समय का मैच; **fully** *ad* पूरी तरह; **fully-fledged** *a* पूरा प्रशिक्षण प्राप्त (वकील, अध्यापक); पूरे अधिकारों वाला (नागरिक, सदस्य)

fulminate ('फ़ल्मिनेट) *vi* (विशे॰ *against* के साथ) घोर निन्दा करना // *n* एक रासायनिक मिश्रण जो धमाके के साथ फटता है

fulsome (फुलसम) *a* (*offens*); बहुत अधिक, अतिरंजित (प्रशंसा)

fumble ('फ़म्बल) *v* : **to fumble with** टटोलना; ढूंढते फिरना

fume (फ़्यूम) *vi* गुस्से होना, लालपीला होना; धुआं या भाप छोड़ना; **fumes** *npl* धुआं

fun (फ़न) *n* आमोद-प्रमोद; हंसी-ठठोली; मज़ाक; **to have fun** मज़े करना; **to make fun of** *vt* हंसी उड़ाना

function ('फ़न्क्शॅन) *n* काम, क्रिया, कृत्य; समारोह, उत्सव; कर्त्तव्य; पेशा; (*MATH*) संख्या जिस का मूल्य दूसरी संख्या के परिवर्तनीय मूल्य पर आधारित हो, फलनक // *vi* काम करना; चलना (मशीन आदि का); **functional** *a* जिस का कोई विशेष उद्देश्य हो; व्यावहारिक; आवश्यक; चालू या क्रियाशील

fund (फ़ंड) *n* निधि, कोष; भंडार; मात्रा // *vt* (वित्तीय या व्यापारिक मामलों में) विभिन्न तरीकों से वित्त की व्यवस्था करना, धन जुटाना; **funds** *npl* धन-राशि

fundamental (फ़ंड'मेण्टल) *a* आधारभूत, मूलभूत; परमावश्यक; प्रारंभिक; **fundamentalist** *n* (धार्मिक मामलों में) रूढ़िवादी; कट्टरपंथी

funeral ('फ़्यूनरल) *n* मृतक के दफ़नाने या जलाने की क्रिया; अन्त्येष्टि; **funeral parlour** शव को दफ़नाने का प्रबन्ध करने वाला संगठन/दुकान; **funeral service** *n* अन्त्येष्टि के समय की प्रार्थना; **funereal** *a* शोकमय, निराशा या अंधकार में डूबा

fun fair ('फ़न फ़ेअर) *n* (*Brit*) मेला जहां आमोद-प्रमोद की व्यवस्था हो

fungus *pl* **fungi** ('फ़न्गस, 'फ़न्जाइ) *n* फंफूद, भुकड़ी; बिना फूल-पत्तियों या जड़ वाला पौधा जैसे कुकरमुत्ता

funk (फ़ंक) *n* अत्यधिक डर, त्रास (विशे॰ **blue funk** में)

funnel ('फ़नल) *n* कीप, कुप्पी; (जहाज़ या रेलवे इंजन की) चिमनी या धुआंकश; (सुरंग आदि में) हवा आने का रास्ता // *vt* चिमनी आदि के माध्यम

से पहुंचाना; चुपचाप देना; केन्द्रित करना (ध्यान आदि)

funny ('फ़नि) *a* जिसे देखकर हंसी आए; हास्यास्पद

fur (फ़र) *n* पशु की खाल के नरम बाल, रोएं; ऐसी रोयेंदार खाल (जो कमाई गयी हो); रोएंदार ऊपरी सतह; (*Brit* : *in kettle*) केतली में जमा सफ़ेद पदार्थ; **fur coat** *n* पशु की रोएंदार खाल का बना कोट

furbish ('फ़र्बिश) *n* चमकाना; मांजना

furious ('फ़्युअरिअस) *a* जिसे बहुत क्रोध आया हो, आगबबूला; हिंसा पर उतारू

furlong ('फ़रलांग) *n* दूरी का एक माप, मील का आठवां भाग = 201.17 मीटर

furlough ('फ़र्लो) *n* (*US*) छुट्टी, विशे॰ सैनिक की

furnace ('फ़र्निस) *n* (धातु गलाने की) भट्ठी; बायॅलर गरम करने की बंद अंगीठी; बहुत गरम स्थान

furnish ('फ़र्निश) *vt* घर में मेज़ कुर्सी आदि लाना; साज़ सामान से लैस करना; देना; जुटाना; **furnishings** *npl* घर सजाने का सामान, परदे आदि

furniture ('फ़र्निचर) *n* मेज़, कुर्सी आदि; **piece of furniture** मेज़, कुर्सी जैसा कोई सामान

furore ('फ़्युअरॉरि, 'फ़्युअरॉर) *n* शोर-शराबा, विशे॰ विरोध प्रदर्शन; अचानक उत्साह या उत्तेजना

furrow ('फ़रो) *n* हलरेखा, सीता, कूंड // *vt* हल से कूंड या लीक बनाना

furry ('फ़रि) *a* (*animal*) रोएंदार खाल वाला; (*toy*) जिस पर रोएंदार कपड़ा चढ़ा हो

further ('फ़र्दर) *a* और, अधिक, अतिरिक्त // *ad* और; के अतिरिक्त; आगे; और आगे // *vt* आगे बढ़ाना; सहायता या प्रोत्साहन देना; **further education** आगे की शिक्षा, जैसे किसी पेशे की; **furthermore** *ad* इसके अतिरिक्त/अलावा

furthest ('फ़र्दस्ट) **far** का *superlative*

furtive ('फ़र्टिव़) *a* चोर के समान; गोपनशील या छिपाऊ; नज़र छिपा कर काम करने वाला

fury ('फ़्युअरि) *n* आक्रोश; कोपोन्माद; आवेश; (तूफ़ान आदि की) प्रचण्डता; (बहुधा *pl*) प्रतिशोध की देवी जिस के बालों के स्थान पर सांप होते हैं

fuse (फ़्यूज़) *n* बिजली का फ़्यूज (पतली तार जो गल जाय); बम आदि का पलीता // *vt, vi* गला कर मिलाना; गरमी से पिघल जाना; संमिश्रण; (बिजली का) फ़्यूज उड़ा कर बंद कर देना; विफल बना देना; **the lights have fused** (*Brit*) बिजली का फ़्यूज़ उड़ गया है; **fuse box** *n* बकसा जिसमें फ़्यूज़

लगे होते हैं

fuselage ('फ़्यूज़िलाझ़) *n* विमान का ढांचा

fuss (फ़स) *n* (बात का) बतंगड़ (बनाने की क्रिया); शिकायत; आपत्ति (बेकार की) // *vi* बात का बतंगड़ बनाना; छोटी छोटी बातों की शिकायत करना; **to make a fuss of** तिल का ताड़ बनाना; **fussy** *a* नकचढ़ा; जिसे आसानी से कुछ पसंद न आए; बाल की खाल उतारने वाला; अत्यधिक मीन मेख निकालने वाला; सनकी (जिसे किसी वस्तु विशेष का शौक हो)

futile ('फ़्यूटाइल) *a* व्यर्थ; बेकार; निष्प्रभाव; क्षुद्र; असार

future ('फ़्यूचर) *n* भविष्य, आगे आने वाला समय; भवितव्यता; भविष्यत्कालिक // *a* भावी; आने वाले समय का; **in (the) future** भविष्य में

fuze (फ़्यूज़) (*US*) = **fuse**

fuzz (फ़ज़) *n* रुआं; रुएंदार बाल (या उन के गुच्छे); *sl.* पुलिस का सिपाही

fuzzy ('फ़ज़ि) *a* रोएंदार, रोमिल; (*PHOT*) धुंधला; अस्पष्ट

G

G (जी) *n* (*MUS*) 'सी' मेजर, संगीत सोपान में पंचम स्वर

gabble ('गैबल) *n* बड़बड़ाहट // *vi* बड़बड़ाना; **gab** (*col*) *vi* बकना, टर्र-टर्र करना; **gift of the gab** वाकपटुता, वाग्मिता; **gabby** *a* (*col*) बक्की, वाचाल

gable ('गेबल) *n* काटी छत के अन्त में ऊपरी दीवार का त्रिकोण भाग, त्रिअंकी

gadget ('गैजिट) *n* छोटी मशीन आदि जो किसी काम आए; मशीनी जुगत; वस्तु जो अपनी नवीनता या अद्भुत होने के कारण प्रिय हो

Gaelic ('गेलिक) *a* गेल जाति, उनकी भाषा या रीति-रिवाज से सम्बन्धित // *n* (*LING*) आयरलैंड और स्काटलैंड के ऊंचे प्रदेशों की भाषा

gaffe (गैफ़) *n* भयंकर भूल; असामयिक बात; बिना सोचे-समझे कही बात

gag (गैग) *n* मुंह में ठूंसा कपड़ा; (*joke*) मज़ाक; लतीफ़ा; ध्यान आकृष्ट करने के लिए कही या की गयी (निष्फल) बात // *vt* मुंह बंद करने के लिए कपड़ा ठूंसना

gaggle ('गैगल) *n* बतख़ों का समूह; (*col*) अनियंत्रित भीड़

gaiety ('गेइटि) *n* आमोद-प्रमोद, मनोरंजन; आनन्द मनाने की क्रिया

gaily ('गेलि) *ad* प्रसन्न मुद्रा में

gain (गेन) *n* लाभ; वृद्धि; सुधार // *vt* पाना; कमाना (लाभ आदि); जीतना; पहुंचना; कमाई करना // *vi* बढ़ना; सुधरना; समीप पहुंचना; (मशीन, घड़ी आदि का) तेज़ चलना; **to gain in/by** से लाभ उठाना; **to gain 3 kilos (in weight)** वज़न तीन किलो बढ़ जाना

gait (गेट) *n* चाल; ठवन

gaiter ('गेटर) *n* टांग के निचले हिस्से को ढंकने का कपड़ा या चमड़ा

gal. **gallon** का संक्षेप

gala ('गालअ) *n* उत्सव,, समारोह; नाटक आदि का प्रदर्शन; खेल प्रतियोगिता आदि

galaxy ('गैलक्सि) *n* आकाशगंगा (तारों का समूह); विशिष्ट या प्रसिद्ध व्यक्तियों का समूह

gale (गेल) *n* तेज़ हवा, झंझा; (*col*) लम्बी हंसी; ठहाका

gall (गॉल) *n* (*col*) धृष्टता, गुस्ताख़ी; कटुता; चिढ़

gallant ('गैलंट) *a* बढ़िया, भव्य; प्रतापी; वीर, बहादुर; नारीभक्त; नारीसेवा-परायण // *n* प्रेमी, आशिक; बना-ठना, बांका युवक

gall bladder ('गाल्'ब्लैडर) *n* पित्त की थैली, पित्ताशय

gallery ('गैलरि) *n* दीर्घा, गलियारा, गैलरी; गिरजा या रंगशाला में आगे को बढ़ी हुई दूसरी मंजिल; दर्शक समूह; भवन के बाहर लम्बा संकरा प्लेटफ़ार्म; कमरा या कमरे जो विशेष प्रयोजनों के लिए इस्तेमाल हों, जैसे कला प्रदर्शनी के लिए (**art gallery** भी); दीवार में होकर मकान के अन्दर जाने का रास्ता; खान में जाने का रास्ता

galley ('गैलि) *n* पाल और पतवार वाली बड़ी नाव जिसे दास या अपराधी खेते थे; विमान या जहाज़ का रसोईघर; पतवार वाली बड़ी नाव; मुद्रण के लिए जोड़े टाइप का टुकड़ा

Gallic ('गैलिक) *a* प्राचीन गॉल प्रदेश का; फ्रांसीसी

gallon ('गैलन) *n* तरल पदार्थों का नाप; (= 8 पायंट (*Brit*) = 4.55 लीटर; (*US*) = 3.785 लीटर)

gallop ('गैलप) *n* घोड़े के सरपट दौड़ने की क्रिया; सरपट दौड़ // *vi* सरपट दौड़ना; तेज़ चलना

gallows ('गैलोज़) *n* टिकठी; फांसी का तख़्ता

gallstone ('गॉल्स्टोन) *n* पित्ताशय की पथरी

Gallup poll ('गैलप्पोल) *n* किसी विषय पर जनसाधारण के विचार जानने की विधि; जनमत संग्रह

galore (ग'लॉर) *ad* ढेर सा, बहुत सा, प्रचुर मात्रा में

galvanize ('गैल्वनाइज़) *vt* क्रियाशील बनाना; उत्तेजित करना; चौंका देना; लोहे आदि पर जस्ता चढ़ाना; (*fig*) : **to galvanize sb into action** किसी को सक्रिय करना, काम में प्रवृत्त करना

gambit ('गैम्बिट) *n* (*chess*) पहली चाल; (*fig*) : **(opening) gambit** कोई पहली कार्यवाही; टिप्पणी आदि जिस का उद्देश्य कोई लाभ प्राप्त करना हो

gamble ('गैम्ब्ल) *n* जोखिम, खतरा; दांव; शर्त; जुएबाज़ी // *vt* दांव पर

लगाना // *vi* जुआ खेलना; जोखिम उठाना; **to gamble on** (*fig*) किसी आशा से कोई जोखिम का काम करना; **gambler** *n* जुएबाज़; **gambling** *n* जुआ

game (गेम) *n* खेल, क्रीड़ा; शौक; मज़ाक; योजना; चाल, तिकड़म, तरकीब; शिकार // *a* साहसी, उत्साही; **to be game (for sth/to do)** किसी काम के लिए तैयार होना; **a game of tennis/football** टैनिस/फुटबाल का खेल; **big game** *n* बड़ा शिकार (जैसे शेर, हाथी); **gamekeeper** *n* शिकार रक्षक; चौकीदार जो अनधिकृत शिकार को रोके

gammon ('गैमन) *n* सूअर का सुखाया मांस (*bacon*); सूअर की जांघ का टुकड़ा (*ham*)

gamut ('गैमट) *n* सप्तक, स्वरग्राम; पूरा विस्तार

gander ('गैंडर) *n* नर बतख़

gang (गैंङ) *n* (अपराधियों की) टोली, गिरोह; मज़दूरों का दस्ता // *vi* : **to gang together** गिरोह बनाना; **to gang up on sb** किसी के विरुद्ध संगठित होना

gangplank ('गैंग्प्लैंक) *n* जहाज़ में चढ़ने-उतरने का तख़्ता

gangrene ('गैंग्रीन) *n* घाव या बीमारी से मांस का गल जाना, कोथ

gangster ('गैंग्स्टर) *n* अपराधी गिरोह का सदस्य; बदनाम या छटा हुआ अपराधी

gangway ('गैंग्वे) *n* जहाज़ से तट तक का पुल या वैसा ढांचा; सीटों की पंक्तियों के बीच का रास्ता

gaol (जेल) *n, vt* (*Brit*) = **jail**

gap (गैप) *n* छेद, दरार; खाली जगह; अन्तराल; फटन; (*fig*) त्रुटि

gape (गेप) *vi* (आश्चर्य से) मुंह खुले का खुला रहना; जम्हाई लेते समय मुंह खोलना; पूरा खुलना, खोलना; **gaping** *a* खुला (छेद आदि)

garage ('गैराझ़, 'गैरिज) *n* कार खड़ी करने या उस की मरम्मत का स्थान, गैराज // *vt* कार गैराज में रखना

garb (गार्ब) *n* पहनावा, पोशाक; पहनावे का फ़ैशन // *vt* कपड़े पहनाना

garbage ('गार्बिज) *n* कूड़ा, कचरा; **garbage can** *n* (*US*) कूड़ा डालने का कनस्तर

garbled ('गार्बल्ड) *a* (कहानी, विवरण का) तोड़ा-मरोड़ा या भ्रष्ट रूप

garden ('गार्डन) *n* उद्यान, बाग़, बाग़ीचा; **gardener** *n* माली, बाग़वान; **gardening** *n* बागवानी

gargle ('गार्ग्ल) *vi* कुल्ला करना, ग़रारे करना // *vt* किसी औषधि से कुल्ला करना // *n* ग़रारा; ग़रारे करने की दवा

gargoyle ('गार्‌गॉइल) *n* परनाले का नक्काशी किया भोंडा चेहरा, विशे॰

गोथिक गिरजा घर में

garish ('गेअरिश) *a* भड़कीला, चटकीला

garland ('गार्लण्ड) *n* माला (फूलों की) // *vt* माला पहनाना

garlic ('गार्लिक) *n* लहसुन

garment ('गार्मन्ट) *n* सिला-सिलाया कपड़ा

garnish ('गार्निश) *vt* सजाना (विशे. किसी व्यंजन को) // *n* उसमें प्रयुक्त पदार्थ

garrison ('गैरिसन) *n* किसी नगर या किले में तैनात सैनिक; स्थान जिसकी किलेबंदी की गयी हो

garrulous ('गैरुलस) *a* बातूनी, वाचाल

garter ('गार्टर) *n* गेटिस, मोज़ाबंद; (*US*) पतलून का गेटिस

gas (गैस) *n* गैस; भूमि से निकलने वाली ईंधन की गैस; बेहोश करने की गैस; युद्ध में प्रयुक्त विषाक्त गैस; (विशे. *US*) पेट्रोल; (*col*) बेकार की शेखी भरी बातें // *vt* गैस छोड़ना; गैस से विषाक्त कर देना // *vi* शेखी बघारना; **gas cooker** *n* (*Brit*) गैस का चूल्हा; **gas cylinder** *n* गैस सिलंडर; **gas fire** *n* गैस की आग

gash (गैश) *n* खुला या गहरा घाव, कटाव या काट

gasket ('गैस्किट) *n* (*AUT*) धातु के पुर्ज़ों (विशे. इंजनों) को बंद करते समय उनमें प्रयुक्त रबड़ या अस्बस्टस (जिससे कि तेल बाहर न निकले)

gas mask *n* विषैली गैस से बचने का मुखौटा

gas meter *n* गैस नापने का मीटर

gasoline, -ene ('गैसलीन)*n* (*US*) पेट्रोल

gasp (गास्प) *vi* हांपना; (*fig*) भौंचक रह जाना // *n* हांपने की क्रिया; **to gasp out** *vt* (*say*) हांपते हुए कुछ कहना

gas ring *n* गैस के चूल्हे का बर्नर (उपकरण जिसमें गैस जलती है)

gassy ('गैसि) *a* गैस भरा या उस जैसा; (*fig*) बातूनी

gas tap *n* गैस की टोंटी (जिसमें से गैस आती है)

gastric ('गैस्ट्रिक) *a* आमाशय या मेदे का

gastroenteritis (गैस्ट्रोएंण्ट'राइ-टिस) *n* आमाशय और अन्तड़ियों की सूजन

gate (गेट) *n* (दीवार में) फाटक, द्वार या बाड़ा अथवा जंगला; पानी का द्वार, जलकपाट; आने-जाने का रास्ता; प्रवेश शुल्क; **gatecrash** *vt* (*Brit*) किसी सभा या समारोह में बिना निमंत्रण के जाना; **gateway** *n* रास्ता, प्रवेशद्वार

gather ('गैदर) *vt* इकट्ठे करना; धीरे-धीरे जमा करना या बढ़ाना; समेटना, बटोरना // *vi* जमा होना; समझना;

जानना; **to gather speed** गति बढ़ना; **gathering** *n* सभा; जनसमूह

gaudy ('गॉडि) *a* भड़कीला

gauge (गेज) *n* मानक माप, जैसे तार की गोलाई का; धातु की चादर की मोटाई; रेल की पटड़ियों के बीच की दूरी; सामर्थ्य; धारिता; विस्तार; तारों की मोटाई; वर्षा आदि मापने का यंत्र // *vt* मापना या अनुमान लगाना

Gaul (गॉल) *n* एक प्रदेश, गाल; उस का निवासी

gaunt (गॉण्ट) *a* दुबला-पतला, मरियल; (*place*) निर्जन, वीरान

gauntlet ('गॉण्ट्लिट) *n* लोहे आदि की पतरी चढ़ा दस्ताना; दस्ताना जो कुहनी तक आए; **to run the gauntlet through an angry crowd** दो पंक्तियों में लाठियां आदि लिए क्रोधित भीड़ में से गुज़रना; **to throw down the gauntlet** चुनौती देना

gauze (गॉज़) *n* जालीदार कपड़ा; जाली

gave (गेव्) **give** का *pt*

gay (गे) *a* प्रसन्नचित्त, खुशमिज़ाज; ज़िन्दादिल; हंसोड़; (*colour*) भड़कीला; विलासी, आमोदप्रिय; (*col*) समलिंगकामी (लौंडा, लौंडेबाज़)

gaze (गेज़) *n* ध्यानपूर्वक देखने की क्रिया // *vi* : **to gaze at** को टकटकी बांध कर देखना

gazelle (ग'ज़ेॅल) *n* छोटे आकार का हिरन, चिंकारा

gazette (ग'ज़ेट) *n* सरकारी समाचार पत्र जिसमें नियुक्तियों आदि की घोषणा होती है, राजपत्र; कुछ समाचारों का नाम // *vt* राजपत्र में प्रकाशित करना

gazetteer (गैज़'टिअर) *n* भूगोल कोष (किसी क्षेत्र के नगरों का विवरण)

GB **Great Britain** का संक्षेप

GCE (*Brit*) *General Certificate of Education* का संक्षेप

GCSE (*Brit*) *General Certificate of Secondary Education* का संक्षेप

GDP *gross domestic product* का संक्षेप

gear (गिअर) *n* दांतों वाले छोटे पहिए जो इकट्ठे चलते हैं; गरारी; गियर (कार आदि के इंजन में); साज़-सामान; कपड़ा-लत्ता; माल; बरतन; उपकरण; औज़ार; साज़ // *vt* (*fig* : *adapt*) : **to gear sth to** किसी वस्तु को किसी काम के अनुकूल बनाना; **top** *or* (*US*) **high/low/bottom gear** ऊंचा या नीचा गियर (गति बढ़ाने/घटाने के लिए); **in gear** गियर में (गाड़ी होना); **gearbox** *n*. डिब्बा जिसमें गरारियां होती हैं; **gear lever,** (*US*) **gear shift** *n* गियर बदलने की छड़

geese (गीज़) **goose** का *npl*

gel (जेल) *n* अवलेह जैसा गाढ़ा पदार्थ

gelatine 294 genial

जो बाल संवारते समय लगाया जाता है; (*CHEM*) (*colloid*) कोलॉइड // *vi* ऐसा पदार्थ बनाना

gelatine ('जेलॅटिन) *n* सरेस, जिलेटन; उससे मिलती-जुलती वस्तु

geld (गेल्ड) *vt* बधिया करना; **gelding** *n* बधिया घोड़ा

gelignite ('जेलिग्नाइट) *n* सरेस के रूप में एक शक्तिशाली विस्फोटक पदार्थ

gem (जेम) *n* मणि या रत्न, विशे॰ जब वह तराशा गया हो; खज़ाना, निधि

Gemini (जेमि'नी, 'जेमिनाइ) *n* राशि चक्र का तीसरा चिन्ह, मिथुन (युग्म), जिसका समय 21 मई से 20 जून तक होता है

gender ('जेंण्डर) *n* लिंग (पुल्लिग या स्त्रीलिंग)

gene (जीन) *n* एक जीविकी तत्व जो माता-पिता के गुणों का समावेश उन के बच्चों में करने के लिए ज़िम्मेदार है

genealogy (जीनि'ऐलजि) *n* वंशावली; वंशावली अध्ययन; **genealogical** *a*; वंशावली सम्बन्धी; **genealogist** *n* वंशावली विशेषज्ञ

general ('जेनरल) *n* कर्नल से ऊंचा सैनिक अधिकारी, जेनरल, जरनैल // *a* साधारण, आम, सामान्य; व्यापक; सार्वजनिक, जो सभी पर लागू हो, कुछ विभागों तक सीमित न हो; सामान्य, व्याप्त; फुटकर; जिसका सम्बन्ध मुख्य विषय से हो; अस्पष्ट; अनिश्चित; **in general** आमतौर पर; **general delivery** *n* (*US*) डाकघर से ली जाने वाली डाक; **general election** *n* आम चुनाव; **generalize** *vi* सामान्य नियम का रूप देना; सामान्य निष्कर्ष निकालना; **generally** *ad* आमतौर पर; **general practitioner (G.P.)** *n* सामान्य रोगों का डाक्टर (जो विशेषज्ञ न हो); **General Post Office** *n* बड़ा डाकघर

generate ('जेनरेट) *vt* पैदा करना, उत्पन्न करना; (*electricity*) बिजली बनाना

generation (जेन'रेशन) *n* उत्पादन; पीढ़ी; दो पीढ़ियों के बीच की अवधि

generator ('जेनॅरेटर) *n* बिजली, भाप आदि पैदा करने का उपकरण, जनित्र

generosity (जेनॅ'रॉसिटि) *n* उदारता, दानशीलता

generous ('जेनॅरस) *a* उदार; दानी, दानशील; (*copious*) प्रचुर, भरपूर

genesis ('जेनिसिस) *n* उत्पत्ति, उद्गम; रचना विधि; **Genesis** बाइबल का पहला खण्ड

genetics (जि'नेटिक्स) *n* आनुवंशिकता और जीवों में परिवर्तन का अध्ययन, आनुवंशिकी; **genetic** *a* आनुवंशिकीय

Geneva (जि'जीव्अ) *n* जिनीवा (स्विटज़रलैंड का एक शहर)

genial ('जीन्यल) *a* हंसमुख; मिलन-

सार; मृदु (स्वभाव का); अनुकूल; स्वास्थ्यकर

genie ('जीनि) *n* परियों की कहानियों में प्रकट होने वाला दास; जिन्न (*pl* **genii**)

genital ('जैनिट्‌ल) *a* जननेन्द्रियों से सम्बन्धित

genitals ('जैनिटल्ज़) *npl* जननेन्द्रियां

genius ('जीनिअस) *n* प्रतिभाशाली व्यक्ति; (राष्ट्र, जाति आदि की) विशिष्टता या स्वभाव

gent (जेन्ट) *n* **gentleman** का संक्षेप

genteel (जेन्'टील) *a* सुसंस्कृत, भद्र; फ़ैशन के अनुसार; जो सभ्य होने का आडम्बर करे

gentle ('जेण्ट्ल) *a* मृदु स्वभाव का; चुप रहने वाला; कोमल, सौम्य; मन्द, हल्का; सभ्य; नरम, मृदु; धीमा; कुलीन

gentleman ('जेण्ट्ल्मन) *n* सज्जन पुरुष; सम्भ्रांत या सुसभ्य पुरुष

gently ('जेण्टलि) *ad* धीमे या धीरे से; नरमी से

gentry ('जेंण्ट्रि) *n* संभ्रांत लोग, भद्रलोक

gents (जेण्ट्स) *n* पुरुषों का शौचालय

genuine ('जेन्युइन) *a* असली, सच्चा, जो झूठा या नकली न हो; यथार्थ; शुद्ध हृदय; पवित्र

geography (जि'ऑग्रफ़ि) *n* भूगोल (शास्त्र); **geographer** *n* भूगोल-शास्त्री

geology (जि'ऑलजि) *n* भूविज्ञान; **geologist** *n* भूविज्ञान विशेषज्ञ

geometric(al) (जिअ'मेट्रिक्(ल)) *a* ज्यामितीय

geometry (जि'ऑमिट्रि) *n* रेखागणित, ज्यामिति; **geometrician** *n* ज्यामिति विशेषज्ञ

geophysics (जीओ'फ़िज़िक्स) *n* भूभौतिकी

georgette (जॉर्'जेट) *n* महीन, रेशमी और झीना कपड़ा, जार्जेट

geranium (जि'रेनिअम) *n* लाल, गुलाबी या सफ़ेद फूलों वाला एक सामान्य पौधा; तेज़ गुलाबी रंग

geriatric (जेरि'ऐट्रिक) *a, n* वृद्ध (व्यक्ति)

geriatrics (जेरि'ऐट्रिक्स) *n* वृद्धों और उनके रोगों की चिकित्सा का विज्ञान; जरा-चिकित्सा

germ (जर्म) *n* (*MED*) रोगाणु (रोग फैलाने वाला कीटाणु); प्रारंभिक वस्तु या रूप; नये जीव का बीज या अंकुर

German ('जर्मन) *a* जर्मनी का // *n* जर्मनीवासी; (*LING*) जर्मन भाषा; **German measles** *n* खसरा या रोमान्तिका का रोग

germane (जर्'मेन) *a* संगत, उपयुक्त; सम्बद्ध

Germany ('जर्मनि) *n* जर्मनी

germinate ('जर्मिनेट) *vi* अंकुरित

gerontology 296 get

होना या फूटना; उगना

gerontology (जेर'न्टाल्जि) *n* = geriatrics

gerund ('जेरंड) *n* (*LING*) क्रियावाची संज्ञा, जैसे **living**

gesticulate (जेस्'टिक्युलेट) *vi* बोलते समय (भाव व्यक्त करने के लिए) हाथ हिलाना, इंगित करना

gesture ('जेस्चर) *n* चेष्टा, इंगित, इशारा; मनोदशा का लक्षण // *vi* इस प्रकार चेष्टा या इंगित करना

KEYWORD

get (गेंट), *pt, pp* **got**, *pp* **gotten** (*US*) *vi* **1.** (होना); **to get old/tired** बूढ़े हो जाना/थक जाना; **to get drunk** नशे में धुत्त हो जाना; **to get killed** मारे जाना; **when do I get paid?** मुझे वेतन कब मिलेगा ?; **it's getting late** बहुत देर हो गयी है
2. (*go*) **to get to/from** को/से जाना; **to get home** घर पहुंचना; **how did you get here?** तुम यहां कैसे पहुंचे ?
3. (*begin*) **I am getting to like him** मुझे वह पसंद आने/अच्छा लगने लगा है; **let's get going/started** आओ चलें/काम शुरु करें
4. (*modal auxiliary verb*) **you've got to do it** तुम्हें यह करना पड़ेगा; **I've got to tell the police** मुझे पुलिस को बताना पड़ेगा
♦ *vt*
1. to get sth done (*do*) कोई काम कराना; **to get one's hair cut** (*to have done*) अपने बाल कटवाना; **to get sb to do sth** किसी से कोई काम करवाना; **to get sb drunk** किसी को शराब के नशे में धुत्त करना
2. (*obtain : money, permission, results*); (पाना : नौकरी, मकान); (लाना : व्यक्ति, डाक्टर, वस्तु को); **to get sth for sb** किसी के लिए कुछ लाना; **get me Mr. Jones, please** (*on phone*) श्री जोन्स से (टेलीफ़ोन पर) बात कराइए; **can I get you a drink?** आप के पीने के लिए कुछ लाऊं ?
3. (*receive : present, letter*) (इनाम पाना); **what did you get for your birthday?** आपको अपने जन्मदिन पर क्या उपहार मिला ?
4. (*catch*) पकड़ना; (*hit the target*) निशाने पर मारना; **to get sb by the arm/throat** किसी की बांह या गला पकड़ना; **get him!** पकड़ो
5. (*take, move*) **do you think we'll get it through the door?** क्या आप समझते हैं कि हम इसे दरवाज़े से ले जा सकेंगे ?; **I'll get you there somehow** मैं जैसे-कैसे तुम्हें वहां पहुंचा दूंगा
6. (*catch, take : plane, bus etc*) **I got the 2 o'clock flight from Delhi** मैं दिल्ली से दो बजे वाले विमान में बैठा
7. (*understand*) **I've got it!** मैं समझ

getaway 297 geyser

गया !; **I didn't get your name** मैंने आप का नाम नहीं सुना

8. (*have, possess*) **to have got; how many have you got?** आप के पास कितने हैं ?

to get about *vi* इधर-उधर जाना; समाचार का फैल जाना

to get along *vi* किसी से गहरी छनना; (चले जाना) (गुज़ारा करना) = **to get by**

to get at *vt* आक्रमण करना; जा लेना या पकड़ लेना

to get away *vi* भाग निकलना; हाथ न आना

to get away with *vt* कोई काम करके उसके दंड से बच जाना; किए का फल न पाना

to get back *vi* वापिस आना ◆ *vt* वापिस ले लेना

to get by *vi* (*pass*) निकल जाना; (*manage*) गुज़ारा चलाना

to get down *vi, vt* से नीचे उतरना, नीचे हो जाना ◆ *vt* से नीच उतरना; (*depress*) दुखित कर देना

to get down to *vt* काम शुरु करना

to get in *vi* अन्दर आना; गाड़ी का पहुंचना

to get into *vt* गाड़ी, कार आदि में प्रवेश करना; कपड़े पहनना; **to get into bed/a rage** बिस्तर में घुसना/गुस्से में आना

to get off *vi* गाड़ी आदि से उतरना; (व्यक्ति या कार) का रवाना होना; (*escape*) बच जाना ◆ *vt* कपड़े उतारना; धब्बा दूर करना

to get on *vi* (*at exam etc*) सफल होना; (*agree*) : **to get on (with)** (से) निभना या निभाना ◆ *vt* घोड़े पर सवार होना; (गाड़ी) पर चढ़ना

to get out *vi* बाहर निकलना; गाड़ी से बाहर आना ◆ *vt* निकालना

to get out of *vt* किसी काम, ज़िम्मेदारी से बचना

to get over *vt* बीमारी, क्लेश से छुटकारा पाना

to get round *vt* घूम कर जाना; (*fig*) व्यक्ति को मना लेना

to get through *vt* (*TEL*) टेलीफ़ोन पर किसी से बात करने में सफल होना; **to get through to sb** किसी व्यक्ति तक पहुंच जाना

to get together *vi* किसी से (कुछ समय बाद) मिलना ◆ *vt* जमा होना

to get up *vi* सो कर जागना ◆ *vt* चढ़ना

to get up to *vt* पहुंचना; (*prank etc*) शरारत करना

getaway (गेट्'अवे) *n* भाग निकलने की क्रिया; पलायन, फ़रारी

get-up ('गेटप) *n* (*col*) सज्जा, सजावट

geyser ('गीज़र) *n* (*GEO*) चश्मा जहां गरम पानी का फ़व्वारा छूटता हो; पानी गरम करने का उपकरण जो नल के साथ लगाते हैं

ghastly ('गास्ट्लि) *a* भयंकर, डरावना; मृत्युसमान; पीला; अस्वस्थ; अप्रिय

gherkin ('गर्किन) *n* छोटे आकार का खीरा जिस का अचार डालते हैं

ghetto ('गेंटो) *n* घनी आबादी वाली गन्दी बस्ती जिसमें एक ही जाति के लोग रहते हों

ghost (गोस्ट) *n* भूत; मृत व्यक्ति जो फिर प्रकट हो जाय, प्रेतात्मा; छाया, आभास; (व्यक्ति) जो दूसरों के नाम से लिखे

G.I. **Government Issue** का संक्षेप; यह मुहर अमेरीका के सैनिक सामान पर लगी होती है // *n* (*col*) अमेरीकी सैनिक

giant ('जाइअंट) *n* मानवेतर आकार का काल्पनिक जीव; दैत्य; दानव; असाधारण गुणों से सम्पन्न या बड़े कद का व्यक्ति; महत्वाकांक्षी योजना // *a* भीमकाय

gibberish ('जिबरिश) *n* अर्थहीन भाषण या शब्द

gibe (जाइब) *n* ताना; उपहास // *vi* ताना मारना; हंसी उड़ाना

giblets ('जिब्लिट्स) *npl* मुर्गे की कलेजी और पोटा (जो खाए जाते हैं)

giddy ('गिडि) *a* : **to be giddy** जिसे चक्कर आ रहे हों, जो गिरने को हो; (ऊंचाई) जिस से सिर चकराए

gift (गिफ़्ट) *n* दी गयी वस्तु; भेंट; उपहार; प्रतिभा, योग्यता; सामर्थ्य, शक्ति // *vt* भेंट, उपहार या दान देना; **gifted** *a* प्रतिभाशाली; **gift token** *or* **voucher** *n* पत्र जिसे दिखा कर उपहार मिले (दुकानों से)

gigantic (जाइ'गैंटिक) *a* भीमकाय, विशालकाय

giggle ('गिगल) *vi* मूर्खों की तरह हंसना, ही-ही करना // *n* इस प्रकार की हंसी, मज़ाक

gild (गिल्ड) *vt* सोने का पानी चढ़ाना; मुलम्मा करना

gill (जिल) *n* तरल पदार्थ का माप (*Brit* = 0.148 लीटर; *US* = 0.118 लीटर)

gills (गिल्ज़) *npl* मछली के गलफड़े

gilt (गिल्ट) *n* सोने का पानी या मुलम्मा // *a* जिस पर सोने का पानी चढ़ा हो; **gilt-edged** *a* (*COMM*) सर्वोत्तम, उत्कृष्ट (शेयर आदि)

gimlet ('गिम्लिट) *n* बरमी (छेद करने का औज़ार)

gimmick ('गिमिक) *n* चाल या तिकड़म जो ध्यान आकृष्ट करने या प्रचार के लिए चली जाय

gin (जिन) *n* शराब जिसमें हौबेड़ा का अर्क मिलाया जाता है; कपास ओटने की मशीन, ओटनी; फंदा, जाल

ginger ('जिंजर) *n* अदरक; (*col*) साहस; जीवट; ललाई लिए पीला रंग // *vt* उत्साहित करना, जोश दिलाना; **ginger ale, ginger beer** *n*

अदरक से बना पेय, अदरक से बनी फेनिल बीयर; **gingerbread** *n* अदरक से बना केक

gingerly ('जिंजर्लि) *ad* सावधानी से, फूंक-फूंक कर; अनमने मन से; संकोचपूर्वक

gipsy ('जिप्सि) *n* एक बनजारा जाति

giraffe (जिं'राफ़) *n* लम्बी गर्दन वाला अफ्रीकी जीव, जिराफ़

girder (गर्डर) *n* बड़ा शहतीर, विशे॰ इस्पात का बना

girdle ('गर्ड्ल) *n* कमरबंद, मेखला, पेटी; घेरा; तवा

girl (गर्ल) *n* लड़की, (अविवाहित) युवती; **an English girl** एक अंग्रेज़ युवती; **girlfriend** *n* (लड़की की) सहेली, सखी; (लड़के की) प्रेमिका

giro ('जाइरो) *n* बैंकों और डाकघरों की जीरो चेकों के माध्यम से रुपया भेजने की पद्धति

girth (गर्थ) *n* घेरे का माप; घोड़े की कसन या तंग (जिस पर काठी रहती है)

gist (जिस्ट) *n* सार, सारांश; मुख्य बात (भाषण आदि की)

give (गिव़) *vb* (*pt* **gave**, *pp* **given**) *vt* देना (भेंट, स्वामित्व); पहुंचाना, ज़िम्मे लगाना // *vi* टूट जाना; फट जाना या फैल जाना; झुक जाना; **to give sb sth, give sth to sb** किसी को कुछ देना; **to give a cry/sigh** चिल्लाना/आह भरना; **to give away** *vt* दे देना; मुफ़्त (या दान में) दे देना; विश्वासघात करना; बता देना; कन्यादान करना; **to give back** *vt* वापिस देना; **to give in** *vi* झुक जाना, किसी की बात मान लेना // *vt* दान करना; **to give off** *vt* छोड़ना (धुआं, दुर्गन्ध); **to give out** *vt* बांटना; घोषणा करना; बताना; **to give up** *vi* त्याग करना, आत्मसमर्पण करना // *vt* छोड़ देना; **to give up smoking** तम्बाकू पीना छोड़ देना; **to give o.s. up** आत्मसमर्पण करना; **to give way** *vi* मान जाना (किसी की बात); (*Brit AUT*) सामने वाली गाड़ी को रास्ता देना

glacier ('ग्लैसिअर, 'ग्लेसिअर) *n* हिमनदी; पहाड़ों की घाटियों में जमी बर्फ़ का दरिया

glad (ग्लैड) *a* खुश, प्रसन्न, आनंदमग्न; सुहावना, मनोहर; प्रसन्न करने वाला

gladly ('ग्लैडलि) *ad* खुशी से

glair (ग्लेअर) *n* अण्डे की सफ़ेदी; चिपचिपा पदार्थ

glamorous ('ग्लैमरस) *a* आकर्षक, मनमोहक

glamour ('ग्लैमर) *n* मोहकता; मनोहरता; आकर्षण

glance (ग्लान्स) *n* उचटती निगाह; झांकी; भास; चमक; हल्की चोट // *vi* : **to glance at** पर सरसरी नज़र डालना // *vt* हल्का सा छूना; **to glance off** *vt* किसी से टकरा कर सरक जाना;

जल्दी से गुज़र जाना; **glancing** ('ग्लासिंङ) *a* तिरछी, हल्की (चोट)

gland (ग्लैंड) *n* शरीर का अंग जिस का स्राव अन्य अंगों को नियंत्रित करता है, ग्रन्थि

glare (ग्लेअर) *n* चकाचौंध, चमचमाहट // *vi* : **to glare at** गुस्से से देखना, आंखे तरेरना; चमकना; चमचमाना; सब से अलग दिखना; **glaring** *a (mistake)* भद्दी या बड़ी (भूल)

glass (ग्लास) *n* कांच, शीशा; कांच की बनी वस्तु; ग्लास; उसमें भरा पेय आदि; कैमरे का लेंस; (**looking glass** भी) आइना; दूरबीन; हवा का दबाव मापने का यंत्र; बैरोमीटर; खुर्दबीन या सूक्ष्मदर्शी यंत्र; **glasses** *npl* ऐनक, चश्मा; **glassware** *n* कांच के बरतन; **glassy** *a* कांच जैसा; भावशून्य (आंखें)

glaucoma (ग्लॉ'कोम्अ) *n* काला मोतिया (आंखों का एक रोग)

glaze (ग्लेज़) *vt* कांच लगाना; कांच जैसे पदार्थ से ढकना या लपेटना // *vi* कांच जैसा हो जाना; (आंखों का) पथरा जाना // *n* कांच जैसा पारदर्शी पदार्थ; चमकीली सतह

glazier ('ग्लेज़िअर) *n* खिड़कियों में कांच लगाने वाला

gleam (ग्लीम) *n* प्रकाश की झलक; हल्की या क्षणिक चमक // *vi* झलकना या चमकना; **gleaming** *a* चमकता, चमचमाता हुआ

glean (ग्लीन) *vt* जानकारी इकट्ठी करना; बटोरना; सिल्ला बीनना

glee (ग्ली) *n* उल्लास; आनन्द

glen (ग्लेन) *n* संकरी घाटी जिसमें पेड़ और झरना भी हो (विशे. स्काटलैंड में)

glib (ग्लिब) *a* धाराप्रवाह परन्तु ऊपरी और झूठी (बातें); जिस पर विश्वास हो सके

glide (ग्लाइड) *vi* सरकना; बहना; विमान का बिना इंजन के उड़ना // *n* सरकने की क्रिया; **glider** *n* (*AVIAT*) विमान जो बिना इंजन के, हवा के बहाव पर उड़ता है, ग्लाइडर; **gliding** *n* (*AVIAT*) ग्लाइडर उड़ाने का खेल

glimmer ('ग्लिमर) *n* टिमटिमाहट // *vi* टिमटिमाना; झलकना

glimpse (ग्लिम्प्स) *n* झलक; आभास; झांकी // *vt* झलक देखना

glint (ग्लिंट) *vi* चमकना; झिलमिलाना; झांकना

glisten ('ग्लिसन) *vi* झिलमिलाना; टिमटिमाना (प्रकाश पड़ने पर)

glitter ('ग्लिटर) *vi* तेज़, झिलमिलाते प्रकाश में जगमगाना; चमचमाना; भड़कीला होना // *n* चमक; जगमगाहट; तड़क-भड़क

gloat (ग्लोट) *vi* : **to gloat (over)** (किसी के नुक्सान पर) बग़लें बजाना

global ('ग्लोबल) *a* सारी पृथ्वी का; सर्वदेशीय

globe (ग्लोब) *n* गोला जिस पर पृथ्वी या तारों का मानचित्र बना होता है; पृथ्वी; गोला

gloom (ग्लूम) *n* अंधेरा, अंधकार; निराशा, उदासी; विषाद; **gloomy** *a* अंधकारमय; विषादपूर्ण

glorious ('ग्लोरिअस) *a* महिमामय, वैभवशाली, शानदार

glory ('ग्लॉरि) *n* प्रसिद्धि; महिमा; प्रताप; वैभव; शान-शौकत; परमानंद // *vi* : **to glory in** पर गर्व करना

gloss (ग्लॉस) *n* चमक-दमक; मुलम्मा // *vt* मुलम्मा चढ़ाना; **to gloss over** *vt* (भूल आदि) अनदेखी करना; उपेक्षा करना

glossary ('ग्लॉसरि) *n* विशेष प्रकार के शब्दों का संग्रह या कोश

glossy ('ग्लॉसि) *a* चमकदार, भड़कीला

glove (ग्लव़) *n* दस्ताना; **glove compartment** *n* (*AUT*) कार में छोटा सा खाना जिसमें छोटी-मोटी चीज़ें रखी जा सकती हैं

glow (ग्लो) *vi* चमकना; दीप्ति देना; उल्लास या उत्साह से भरे होना; गरम होना या दीखना; भावावेश में होना // *n* दीप्ति; चमक; लाली; उत्साह, जोश; **glow-worm** *n* जुगनू, दीपकीट

glower ('ग्लाउअर) *vi* : **to glower (at)** क्रोध भरी दृष्टि से देखना, आंखें तरेरना

glucose ('ग्लूकोस) *n* फलों में पायी जाने वाली शक्कर

glue (ग्लू) *n* गोंद, सरेस; कोई भी चिपचिपा पदार्थ // *vt* गोंद से चिपकाना

glum (ग्लम) *a* रूठा हुआ; चिड़चिड़ा; उदास; विषण्ण

glut (ग्लट) *n* बाहुल्य, भरमार, अत्यधिक मात्रा

glutton ('ग्लट्न) *n* लालची व्यक्ति; व्यक्ति जो किसी चीज़ को बहुत पसंद करता हो या जिसकी सामर्थ्य उसमें बहुत हो; पेटू, खाऊ; **a glutton for work** जिसे बहुत काम करने की आदत हो

glycerin(e), glycerol ('ग्लिसरिन, 'ग्लिसरॉल) *n* ग्लिसरीन

GMT = **(Greenwich Mean Time)** ग्रीनिच मानक समय का संक्षेप

gnarled (नार्ल्ड) *a* गांठदार; ऊबड़-खाबड़; मुड़ा-तुड़ा

gnash (नैश) *vt, vi* दांत पीसना या किटकिटाना (क्रोध से)

gnat (नैट) *n* छोटी डांस (मक्खी)

gnaw (नॉ) *vt* कुतरना या चबाना // *vi* : **to gnaw (at)** को सताना, तंग या परेशान करना

GNP = **(Gross National Product)** सकल राष्ट्रीय उत्पाद का संक्षेप

go (गो) *vb* (*pt* **went**, *pp* **gone**) *vi* जाना, चल देना, (यंत्र आदि का) काम करना या चलना; बिकना; **to go for**

Rs. 10 दस रुपये में बिकना; माफ़िक होना, जंचना; **to go with** किसी (चीज़, बात) का जंचना; **to go pale/mouldy** पीला हो जाना/फफूंदी लगना; टूट जाना // *n* (*pl* : **goes**) : **to have a go (at)** (किसी बात/काम) का प्रयत्न करना; **to be on the go** हर समय काम करते रहना; **whose go is it?** किस की बारी है ?; **he's going to do it** वह यह काम करेगा; **to go for a walk** सैर/चहलकदमी के लिए जाना; **to go dancing** नाच के लिए जाना; **how did it go?** कैसा रहा (भेंट, साक्षात्कार, परीक्षा आदि)?; **to go round the back/by the shop** घूम कर पीछे से/दुकान से हो कर जाना; **to go about** *vi* (अफ़वाह) फैलाना // *vt* घूमना; **how do I go about this?** मैं यह काम कैसे करूं ?; **to go ahead** *vi* आगे बढ़ना, काम शुरू करना; उन्नति, प्रगति करना; **to go along** *vi* जाना (किसी के साथ), किसी की बात मान लेना // *vt* आगे बढ़ना; **to go away** *vi* चले जाना, प्रस्थान करना; **to go back** *vi* लौट जाना; फिर जाना; **to go back on** *vt* वादे से मुकर जाना; **to go by** *vi* समय का बीतना // *vt* पास से निकल जाना; **to go down** *vi* नीचे जाना या गिरना; (जहाज़, सूरज) का डूबना; **to go for** *vt* लाना; पसंद करना; आक्रमण करना; **to go in** *vi* अन्दर जाना, प्रवेश करना; **to go in for** *vt* किसी प्रतियोगिता में भाग लेना; पसंद करना; **to go into** *vt* अंदर जाना; जांच-पड़ताल करना; काम शुरु करना; **to go off** *vi* (कोई भोजन) छोड़ देना; (बम आदि का) फटना; किसी घटना का होना; ठीक-ठाक सम्पन्न होना // *vt* (व्यक्ति या वस्तु) में रुचि/से लगाव न रखना, मन से उतार देना; **the gun went off** बन्दूक चल गयी; **to go on** *vi* जारी रहना; किसी घटना का होना; **to go on doing** कोई काम करते रहना, जारी रखना; **to go out** *vi* (आग, बत्ती का) बुझ जाना; **to go over** *vt* जांच करना; **to go through** *vt* किसी नगर आदि से होकर गुज़रना; **to go up** *vi* ऊपर जाना; (कीमतों का) बढ़ना // *vt* ऊपर चढ़ना; **to go without** *vt* किसी चीज़ के बिना गुज़ारा करना

goad (गोड) *n* अंकुश (जिस से पशु हांके जाते हैं); प्रेरणा; प्रोत्साहन // *vt* प्रेरित करना // *vi* अंकुश से चलाना; यातना देना

go-ahead ('गोअहेड) *a* परिश्रमी, उद्यमी; साहसी // *n* (काम शुरु करने की) अनुमति

goal (गोल) *n* (दौड़ आदि का) गंतव्य स्थान; लक्ष्य; (खेलों में) गोल; किया गया गोल; **goal-keeper** *n* गोलकीपर; **goal-post** *n* चौखटा जिसमें गेंद जाने पर गोल होता है

goat (गोट) *n* बकरा, बकरी; **to get (someone's) goat** (*sl*) किसी को तंग या परेशान करना; खिझाना

gobble ('गॉब्ल) *vt* (**gobble down/up** भी) जल्दी-जल्दी, मरभुक्खों की तरह खाना; भकोसना; निगलना

god (गॉड) *n* देवता; पूज्य व्यक्ति या वस्तु (मूर्ति आदि); मूर्ति; **God** *n* ईश्वर, परमात्मा; **godchild** *n* धर्मपुत्र; **god-daughter** *n* धर्मपुत्री; **goddess** *n* देवी; **godfather** *n* धर्मपिता; **godforsaken** *a* निराश या अंधकार में डूबा हुआ; **godmother** *n* धर्ममां; **godsend** *n* ईश्वरीय वरदान, सौभाग्य; **godson** *n* धर्मपुत्र

goggles ('गॉगल्ज़) *npl* धूप का चश्मा

going ('गोइंङ) *n* सड़क या रास्ते (की हालत) // *a* : **the going rate** चालू दर

goitre ('गाइटर) *n* थायराइड ग्रंथि की सूजन, गलगण्ड

gold (गोल्ड) *n* सोना, स्वर्ण; सोने के सिक्के; धन-दौलत; सुन्दर या कीमती वस्तु; सुनहरा रंग // *a* सोने का या उस जैसा; **golden** *a* स्वर्णिम, सुनहरी; **goldfish** *n* सुनहरी या रंग-बिरंगी छोटी मछली जो सजावट के लिए पाली जाती है; **gold-plated** *a* जिस पर सोने का पतरा चढ़ा हो; **goldsmith** *n* सुनार

golf (गॉल्फ़) *n* मैदान में खेला जाने वाला गॉल्फ़ का खेल; **golf ball** *n* गॉल्फ़ की गेंद; **golf club** *n* गॉल्फ़ क्लब; गॉल्फ़ का डंडा; **golf course** *n* गॉल्फ़ खेलने का मैदान; **golfer** *n* गॉल्फ़ का खिलाड़ी

gone (गॉन) **go** का *pp* // *a* मृत; नष्ट; गत; व्यतीत

gong (गॉङ) *n* घड़ियाल; घण्टा

good (गुड) *a* अच्छा; उपयुक्त; ठीक; लाभकारी; दयालु; साधु // *n* लाभ, कल्याण; **goods** *npl* माल-असबाब, सम्पत्ति; **good!** बहुत अच्छी बात है !; **to be good at** में कुशल, होशियार होना; **to be good for** के लिए लाभकारी होना; **it's good for you** आप के लिए यह अच्छा है; **would you be good enough to...?** क्या आप... करने की कृपा करेंगे ?; **a good deal (of)** की प्रचुर मात्रा (में); **a 'good many** बहुत से; **to make good** *vi* सफल होना // *vt* नुक्सान की पूर्ति करना, घाटा पूरा करना; **it's no good complaining** शिकायत करने का कोई लाभ नहीं; **for good** सदा के लिए; **good morning/evening/night** प्रातः/संध्या/रात्रि के समय अभिवादन में प्रयुक्त शब्द; **Good Friday** *n* ईस्टर से पहले का शुक्रवार; **good-looking** *a* सुन्दर, खूबसूरत; **good-natured** *a* अच्छे स्वभाव का, मिलनसार; **goodness** *n* साधुता;

for goodness sake! ईश्वर के लिए; **goodness gracious!** हे परमात्मा, हे राम; **goods train** *n* मालगाड़ी; **goodwill** *n* सद्भावना; मित्रता; (*COMM*) साख

goodbye (गुड्'बाइ) *interj*, *n* विदा लेते समय कहा जाने वाला शब्द, अलविदा

googly ('गुग्लि) *n* (*CRICKET*) गेंद जो उछलने के बाद अचानक रास्ता बदल लेती है

goose (गूस) *pl* **geese** *n* बतख; उस का मांस; मिट्टी का माधो

gooseberry ('गूज़्बरि) *n* काकबदरी की झाड़ी और उस का फल; **to play gooseberry** दो मित्रों, प्रेमियों में जा बैठना

gooseflesh ('गूस्फ़्लेश) *n* **goose pimples** ('गूस् पिम्पल्स) *npl* ठंड या डर के मारे खड़े रोंगटे

gore (गोर) *vt* (सींग) भोंकना // *n* घाव का जमा हुआ लहू

gorge (गॉर्ज) *n* खड्ड; जुगुप्सा; घृणा; नाराज़गी // *vi* **to gorge o.s. (on)** भकोसना, डटकर खाना

gorgeous ('गॉर्जस) *a* शानदार, बढ़िया; भड़कीला, चमचमाता हुआ; (*col*) बहुत सुन्दर

gorilla (ग'रिल्अ) *n* अफ़्रिका का बन्दर की जाति का विशालकाय जीव, गोरिल्ला

gorse (गॉर्स) *n* कंटीली झाड़ी

gory ('गॉरि) *a* लहू में लथपथ

go-slow ('गो'स्लो) *n* (*Brit*) मज़दूरों के धीमे काम करने की स्थिति

gospel ('गॉस्पल) *n* ब्रह्मवाक्य; ऐसा सत्य जिस पर आपत्ति न की जा सके; **Gospel** *n* बाइबल के न्यू टेस्टामेंट के पहले चार खण्डों में से कोई एक

gossip ('गॉसिप) *n* दूसरों के बारे में निराधार बातें; गप्प; ऐसी बातें करने वाला // *vi* गप्पें हांकना; बेकार की बातें करना; (*maliciously*) किसी की बदनामी करना

got (गॉट) **get** का *pt, pp*; **gotten** (*US*) **get** का *pp*

gouge ('गाउज) *vt* खुरच कर या औज़ार से निकालना; छेद या खांचा बनाना // *n* गोल छैनी, रुखानी, गोलची

gourd (गुअर्ड) *n* कद्दू या उस जैसे फल जो बेलों पर लगते हैं; तूंबा (सुखाए कद्दू का खोल)

gout (गाउट) *n* जोड़ों की सूजन का रोग, गठिया

govern ('गवर्न) *vt* शासन करना; निर्देश देना; पथ-प्रदर्शन करना; नियंत्रण रखना; निर्णय या फ़ैसले करना; (*LING*) अन्वय होना

governess ('गवर्निस) *n* अध्यापिका जो बच्चों को (उन के घर रह कर) पढ़ाए और उन की देखभाल करे

government ('गवर्न्मंट) *n* सरकार, शासन; (*Brit* : *ministers*) मंत्रिपरिषद; नियंत्रण

governor ('गव़र्नर) *n* शासक; राज्यपाल; किसी संस्था का सर्वोच्च अधिकारी; किसी संगठन की संचालन समिति का सदस्य

gown (गाउन) *n* चोग़ा, लबादा; स्त्री की टखनों तक की पोशाक, गाउन; विश्वविद्यालय आदि में रस्मी चोग़ा

G.P. general practitioner का संक्षेप

GPO General Post office का संक्षेप

grab (ग्रैब) *vt* अचानक पकड़ लेना, झपट लेना; (किसी की सम्पत्ति या अधिकार) छीन लेना

grace (ग्रेस) *n* लालित्य, मनोहरता; लावण्य; कृपादृष्टि, उपकार; सद्भावना; औचित्य // *vt* शोभा बढ़ाना, सम्मानित करना; **five days' grace** पांच दिन की रियायत; **to say grace** भोजन से पहले या बाद ईश्वर का धन्यवाद करने की क्रिया; **graceful** *a* ललित, मनोहर, लावण्यपूर्ण; **gracious** ('ग्रेशस) *a* दयामय, कृपालु; रमणीय; लाभकारी; दीनबन्धु (अपने से छोटों पर कृपादृष्टि रखने वाला)

grade (ग्रेड) *n* सोपान; श्रेणी; (*COMM*) कोटि; वर्ग, दरजा; (*US SCOL*) कक्षा; ढलान // *vt* क्रमबद्ध करना; श्रेणियों में बांटना या रखना; भूमि को समतल बनाना; **grade crossing** *n* (*US*) रेलवे लाइन का फाटक; **grade school** *n* (*US*) प्राइमरी स्कूल

gradient ('ग्रेडिअंट) *n* ढलान का ढालूपन या प्रवणता

gradual ('ग्रैड्युअल) *a* जो धीरे-धीरे हो; क्रमिक; धीरे लेकिन बराबर होने वाला; जो अधिक ढालू न हो; **gradually** *ad* क्रमशः; धीरे-धीरे

graduate *n* ('ग्रैड्युइट) स्नातक // *vi* ('ग्रैड्युएट) विश्वविद्यालय की उपाधि प्राप्त करना; स्नातक बनना // *vt* क्रमबद्ध करना, श्रेणीबद्ध करना; **graduation** (ग्रैड्यु'एशन) *n* स्नातक बनने की क्रिया

graffiti (ग्र'फ़ीति) *npl* दीवारों पर लिखे (अश्लील) शब्द या चित्र

graft (ग्राफ़्ट) *n* (*AGR*) पौधे में लगाई क़लम; क़लम लगाने की प्रक्रिया; (*MED*) एक स्थान की चमड़ी दूसरे स्थान पर लगाने की क्रिया; घूस, रिश्वत // *vt* क़लम लगाना; चमड़ी एक स्थान से दूसरे पर लगाना; **hard graft** *n* (*col*) कठोर परिश्रम, कड़ी मेहनत (का काम)

grain (ग्रेन) *n* अनाज; उस का दाना; गेहूं और उस जैसे अन्य अनाज; कण, कणिका; वजन का माप (पौंड का 1/7000 या 0.0648 ग्राम)

gram (ग्रैम) *n* भार की दशमलव प्रणाली में एक इकाई, किलोग्राम का हज़ारवां भाग, ग्राम

grammar ('ग्रैम्अर) *n* व्याकरण; शब्दों का शुद्ध प्रयोग; **grammar school** *n* (*Brit*) सरकारी माध्यमिक स्कूल

grammatical (ग्र'मैटिक्ल) *a* व्याकरण के अनुरूप

gramme (ग्रैम) *n* = **gram**

gramophone ('ग्रैमफ़ोन) *n* ग्रामाफ़ोन (बाजा जिस पर रिकार्ड बजाते हैं)

granary ('ग्रैनरि) *n* धान्यागार, अन्न का भंडार, कोठार; क्षेत्र जहां अनाज की बहुत पैदावार होती हो

grand (ग्रैंड) *a* भव्य, विशाल, शानदार; वैभवशाली; प्रमुख; अत्यंत महत्वपूर्ण; कुल (जोड़); **grandchildren** *npl* बेटे, बेटी के बच्चे, नाती, पोते-पोती; **granddad** *n* दादा; नाना; **granddaughter** *n* पोती; नातिन; **grandfather** *n* दादा, नाना; **grandma** *n* दादी, नानी; **grandmother** *n* दादी, नानी; **grandpa** *n* = **granddad**; **grandparents** *npl* माता/पिता के माता-पिता; नाना-नानी, दादा-दादी; **grand piano** *n* बड़ा प्यानो बाजा जिसमें हार्प से समान तार होते हैं; **grandson** *n* पोता, नाती; **grandstand** ('ग्रैंडस्टैंड, 'ग्रैन्स्टैंड) *n* (*SPORT*) दर्शकों के बैठने का स्थान जिसमें ऊपर-नीचे कुर्सियों की कतारें लगी हों

granite ('ग्रैनिट) *n* कड़ी दानेदार चट्टान

granny ('ग्रैनि) *n* दादी; नानी

grant (ग्रान्ट) *vt* प्रार्थना स्वीकार करना; अनुमति देना; अनुदान देना; मान लेना // *n* किसी विशेष काम के लिए दी गयी सरकारी राशि, अनुदान; भेंट; भत्ता; रियायत; **to take sth for granted** किसी बात को सिद्ध मान लेना

granulated ('ग्रैन्युलेटिड) *a* दानेदार; **granulated sugar** *n* दानेदार चीनी

grape (ग्रेप) *n* अंगूर

grapefruit ('ग्रेप्फ्रूट) *n* चकोतरा (नारंगी की जाति का, बड़े आकार का फल)

graph (ग्राफ़) *n* लेखाचित्र; आलेख; **graphic** ('ग्रैफ़िक) *a* सजीव (चित्रण); जीती-जागती (तस्वीर); लिखने, चित्रकला आदि से सम्बन्धित; **graphics** *n* लेखाचित्र कला // *npl* (*in magazine*) लेखाचित्र, फोटोग्राफ़ आदि

grapple ('ग्रैप्ल) *vi* : **to grapple with** से हाथापाई करना; सामना करना

grasp (ग्रास्प) *vt* पकड़ने की कोशिश करना; कसकर पकड़ना; समझना // *n* कस कर पकड़ने की क्रिया; पकड़; समझ; **grasping** *a* लालची, लोभी

grass (ग्रास) *n* घास; चरागाह; (*sl*)

चरस; **grasshopper** *n* टिड्डा; **grass-roots** *a* जो जनसाधारण में से आए; **grass snake** *n* सांप

grate (ग्रेट) *n* लोहे का ढांचा जो आतिशदान के बाहर लगा होता है; झंझरी, जाली // *vt* पीसना; (*CULIN*) कद्दूकस करना // *vi* रगड़ने की आवाज़ करना; किसी को खिझाना या गुस्सा दिलाना

grateful ('ग्रेट्फुल) *a* कृतज्ञ; एहसानमंद; सुखद

grater ('ग्रेटर) *n* कद्दूकस

gratify ('ग्रैटिफ़ाइ) *vt* संतुष्ट करना; प्रसन्न करना; किसी पर कृपा करना

grating ('ग्रेटिंग) *n* आतिशदान की जाली या जंगला // *a* कर्कश (ध्वनि)

gratitude ('ग्रैटिट्यूड) *n* आभार, अहसान

gratuity (ग्र'ट्यूइटि) *n* सेवा के लिए दी गयी अनुग्रह राशि, उपदान

grave (ग्रेव़) *n* कब्र; मृत्यु // *a* गंभीर; महत्वपूर्ण; गौरवपूर्ण; सीधासादा; गहरे रंग का; भारी (स्वर); घोर; विकट, संगीन (अपराध आदि)

gravel ('ग्रैव़ल) *n* कंकड़; बजरी // *vt* कंकड़ या बजरी बिछाना

gravestone ('ग्रेव़्स्टोन) *n* कब्र का पत्थर

graveyard ('ग्रेव़्यार्ड) *n* कब्रिस्तान

gravity ('ग्रैव़िटि) *n* (*PHYSICS*) पिण्डों, विशे॰ पृथ्वी और अन्य पिण्डों का परस्पर आकर्षण, गुरुत्वाकर्षण; गुरुत्व; महत्व; गंभीरता

gravy ('ग्रेव़ि) *n* पकाते समय मांस से निकला रस, यख़नी

gray (ग्रे) *a* = **grey**

graze (ग्रेज़) *vi* पशु का घास चरना // *vt* छू जाना; खुरच जाना; रगड़ खा जाना // *n* (*scrape*) खरौंच

grease *n* (ग्रीस) पिघली हुई चर्बी; गाढ़ा तेल जो मशीनी पुर्ज़ों में डाला जाता है // *vt* (ग्रीज़) ग्रीस देना; **greaseproof paper** *n* (*Brit*) मोमी काग़ज़; **greasy** *a* चिकनाई भरा, चर्बी वाला

great (ग्रेट) *a* बड़ा; विशाल; महान; महत्वपूर्ण; प्रतिष्ठित; (*col*) उत्कृष्ट; **Great Britain** *n* ब्रिटेन; **great-grandfather** *n* पड़दादा, पड़नाना; **great-grandmother** *n* पड़नानी; पड़दादी; **greatly** *ad* बहुत अधिक; बहुतायत से; **greatness** *n* महानता

Greece (ग्रीस) *n* यूनान

greed (ग्रीड) *n* (**greediness** भी) धन-दौलत आदि की अत्यधिक लालसा; लोभ, लालच; **greedy** *a* पेटू; लालची, लोभी; धनलोलुप

Greek (ग्रीक) *a* यूनान या यूनानी से सम्बन्धित // *n* (*LING*) यूनान की भाषा; ग्रीसवासी, यूनानी

green (ग्रीन) *a* हरे रंग का; घास के रंग जैसा; ज़मुर्रद जैसा; कच्चा; बिन पकी

Greenland 308 **grin**

(विशे॰ झींगा) मछली; (सूअर का) बिन भुना मांस; अनाड़ी; अनुभवहीन व्यक्ति; भोलाभाला; ईर्ष्यालु // *n* हरा रंग; घास-भरा क्षेत्र (**village green** भी) विशे॰ जहां बॉउल्स खेल खेला जाता हो; **greens** *npl* हरी शाक-भाजी; **green belt** *n* किसी नगर के पास हराभरा क्षेत्र, हरित पट्टी; **green card** *n* (*AUT*) मोटरगाड़ियों के बीमे का प्रमाणपत्र; अमेरिका में अन्य देश के नागरिक को रहने और काम करने का अधिकार-पत्र; **greenery** *n* हरियाली; **greengage** *n* एक प्रकार का आलूबुख़ारा; **greengrocer** *n* (*Brit*) फल और सब्ज़ी बेचने वाला, कुंजड़ा; **greenhouse** *n* कांच लगा पौधाघर

Greenland ('ग्रीनलैंड) *n* ग्रीनलैंड

greet (ग्रीट) *vt* स्वागत, अभिवादन या नमस्कार करना; अगवानी करना; **greeting** *n* अभिवादन; स्वागत; **greeting(s) card** *n* छपे बधाई-पत्र जो उत्सवों आदि पर भेजे जाते हैं

grenade (ग्रि'नेड) *n* हथगोला

grew (ग्रू) **grow** का *pt*

grey (ग्रे) *a* सफ़ेद और काले रंगों के बीच के रंग वाला, धूसर; धुंधला; अंधकारमय; जो सफ़ेद हो रहा हो (बाल); बूढ़ा; बीच का; अनिर्णीत // *n* धूसर रंग; धूसर या सफ़ेद रंग का घोड़ा; **greyhound** *n* कुत्ते की एक नस्ल

grid (ग्रिड) *n* झंझरी, जाली; एक-दूसरे से जुड़ी हुई प्रणालियां; (*ELEC*) राष्ट्र भर के लिए बिजली की व्यवस्था

grief (ग्रीफ़) *n* शोक, सोग; व्यथा, दुःख

grievance ('ग्रीवंस) *n* वास्तविक या काल्पनिक शिकायत

grieve (ग्रीव़) *vi* शोक मनाना; दुःखी होना // *vt* किसी को दुःख देना; **to grieve for sb** (की मृत्यु का) शोक मनाना

grievous ('ग्रीवस) *a* दुःखद, दारुण; अत्यंत गंभीर; गहरा (घाव आदि); घोर; **grievous bodily harm** (*LAW*) गंभीर चोट

grill (ग्रिल) *n* खाना पकाने के उपकरण में पुर्ज़ा जो गरमी नीचे को करता है (जिसमें मांस भूना जा सके); इस प्रकार भुना मांस आदि // *vt* भूनना; (*question*) पूछताछ करना (पुलिस द्वारा अपराधी से)

grille (ग्रिल) *n* लोहे की जाली; कार के रेडिएटर की जाली

grim (ग्रिम) *a* कड़ा, कठोर; निर्दय, निष्ठुर; विकराल; जो पीछा न छोड़े; अशुभ, निरानंद

grimace (ग्रि'मेस) *n* टेढ़ा मुंह या मुख विकृति // *vi* मुंह बनाना

grime (ग्राइम) *n* जमी हुई मैल; कालिख

grimy ('ग्राइमि) *a* जिस पर मैल जमी हो

grin (ग्रिन) *n* मुस्कराहट, खीस // *vi*

खीसें निकालना (हंसते समय)

grind (ग्राइंड) *vt* (*pt, pp* **ground**) पीसना; दमन करना; तेज़ करना; सान पर धरना; रगड़ना // *vi* पीसना; (*US* : *meat*) कीमा करना (*col*) डटकर मेहनत करना (विशे॰ अध्ययन में); (कद्दूकस आदि से) छोटे-छोटे टुकड़े करना // *n* कड़ी मेहनत; पीसने की क्रिया; **to grind one's teeth** गुस्से से दांत पीसना

grip (ग्रिप) *n* पकड़; मूठ; दस्ता; समझ; अधिकार या जानकारी; सफ़री थैला या सूटकेस // *vt* पकड़ना (कस कर); ध्यान आकृष्ट करना या रुचि बनाए रखना; **to come to grips with** से हाथापाई करना; (किसी समस्या) का सामना करना

gripping ('ग्रिपिंग) *a* जो ध्यान आकृष्ट करे; जिस से ध्यान हट न सके, बहुत दिलचस्प

grisly ('ग्रिज़्लि) *a* डरावना, भयानक; घिनौना

gristle ('ग्रिसल) *n* नरम, लचकीली हड्डी; लचीला ऊत्तक

grit (ग्रिट) *n* रेत के कण; बजरी, कंकड़, गिट्टी; हिम्मत, जीवट; // *vt* सड़क पर बजरी डालना; **to grit one's teeth** दांत पीसना

groan (ग्रोन) *n* कराह // *vi* कराहना; कष्ट सहना

grocer ('ग्रोसर) *n* पनसारी; **groceries** *npl* पनसारी का सामान

groin (ग्रॉइन) *n* शरीर का वह स्थान जहां टांगे मिलती हैं, चड्डा; जननेन्द्रिय; किनारा जहां दो मेहराबी छतें मिलती हों

groom (ग्रूम) *n* साईस; दूल्हा (**bridegroom** भी); राजघराने का अधिकारी // *vt* देखभाल करना; किसी चीज़ का प्रशिक्षण देना; साज़-सिंगार करना; (*fig*) **to groom sb for** किसी को किसी काम/पद के योग्य बनाना

groove (ग्रूव़) *n* खांचा; नाली; दिनचर्या

grope (ग्रोप) *vi* टटोलना, टोहना; **to grope for** *vt* इधर-उधर तलाश करना

gross (ग्रोस) *a* बहुत मोटा, स्थूलकाय; (*COMM*) कुल (जमा आदि); असभ्य; अश्लील; भीषण, घोर; मोटा // *n* बारह दर्जन; **grossly** *ad* बहुत अधिक; भीषणता से

grotto ('ग्रॉटो) *n* गुफा, कंदरा

ground (ग्राउंड) **grind** का *pt, pp* // *n* ज़मीन, भूमि, धरती; मिट्टी; कारण; प्रेरणा; अस्तर (रंग-रोग़न से पहले लगाया पदार्थ); पृष्टभूमि; (चित्र का) धरातल; विशेष क्षेत्र; समुद्र तल; (*SPORT*) खेल का मैदान; (*US* : **groundwire** भी) भूसंपर्क (तार), अर्थ की तार; आधार, कारण; मकान के आस-पास अहाता // *vt* स्थापित करना; प्रारंभिक ज्ञान देना;

भूमि पर रखना // *vi* तट पर जा चढ़ना (नाव आदि का); **grounds** *npl.* (*of coffee etc*) तलछट; (*gardens etc*) बग़ीचा, मैदान; **on the ground, to the ground** भूमि पर; **to gain/lose ground** का फ़ायदा/नुक्सान होना; **ground cloth** *n* (*US*) = **groundsheet; grounding** *n* किसी विषय का आधारभूत ज्ञान; **groundless** *a* निराधार; **ground-sheet** *n* (*Brit*) नीचे बिछाने का कैन्वस का कपड़ा; **ground staff** *n* हवाई अड्डे के कर्मचारी; **ground swell** *n* जनमत; लोगों की धारणाएं (किसी के पक्ष में या विरुद्ध); **groundwork** *n* प्रारंभिक काम, तैयारी

group (ग्रूप) *n* दल, टोली, समूह; वर्ग, श्रेणी; वादकों या गायकों का वृंद या टोली; एक कलाकृति में दो या अधिक आकृतियां // *vt* (**group together** भी) समूह में रखना // *vi* (**group together** भी) समूह में आना, इकट्ठे होना

grouse (ग्राउस) *n* तीतर; शिकायत // *vi* बड़बड़ाना, शिकायत करना

grove (ग्रोव़) *n* वृक्षों का झुंड; सड़क जिस के दोनों ओर पेड़ लगे हों

grovel ('ग्रॉव़ल) *vi* किसी के सामने नाक रगड़ना, घिघियाना; औंधे मुंह लेट जाना

grow (ग्रो) *pt* **grew**, *pp* **grown** *vi* बढ़ना (प्राकृतिक रूप से विकसित होना); आकार या कद बढ़ना; उत्पन्न होना; धीरे-धीरे बढ़ना या होना; (*become*) **to grow rich/weak** अमीर/कमज़ोर हो जाना // *vt* उगाना; **to grow up** *vi* बढ़ना, जवान होना; **grower** *n* उगाने वाला; किसान; **growing** *a* बढ़ता हुआ

growl (ग्राउल) *vi* गुर्राना, गरजना; बड़बड़ाना, शिकायत करना

grown (ग्रोन) **grow** का *pp* // *a* विकसित; **grown-up** *n* वयस्क व्यक्ति, (उम्र में) बड़ा आदमी

growth (ग्रोथ) *n* वृद्धि, बढ़ने की क्रिया, विकास; पैदावार, उपज; (*MED*) शरीर में कोई (गांठ) या रसौली

grub (ग्रब) *n* लारवा (सूंड़ी); (*col : food*) भोजन

grubby *a* गंदा, मैला

grudge (ग्रज) *n* शिकायत, दुश्मनी // *vt* : **to grudge sb sth** किसी को कुछ देने या उसके लिए कुछ करने की इच्छा न होना; **to bear sb a grudge (for)** (किसी कारण से) किसी से नाराज़ होना या उसके विरुद्ध मन में दुर्भावना होना

gruelling ('ग्रुअलिङ) *a* बुरी तरह थका देने वाला (अनुभव)

gruesome ('ग्रूसम) *a* वीभत्स, डरावना, घृणाजनक

gruff (ग्रफ़) *a* रूखा (स्वर अथवा

व्यवहार); बदमिज़ाज (व्यक्ति)

grumble ('ग्रम्बल) *vi* (शिकायत के रूप में) बड़बड़ाना, भुनभुनाना, झींकना

grumpy ('ग्रम्पि) *a* चिड़चिड़ा, बद-मिज़ाज

grunt (ग्रंट) *vi* (सूअर का) घुरघुराना // *n* सूअर की आवाज़; कानों को चुभने वाली भारी आवाज़

G-string ('जीस्ट्रिङ) *n* (स्त्रियों का) गुप्तांग को ढकने के कपड़े का एक छोटा सा टुकड़ा

guarantee (गैरन्'टी) *n* गारंटी, आश्वासन, ज़मानत; प्रतिश्रुति; ज़िम्मा // *vt* वस्तु की, के लिए गारंटी देना; ज़िम्मा लेना; **guarantor** (गैरन्'टॉर) *n* गारंटी देने वाला; ज़मानती

guard (गार्ड) *n* रक्षक, रक्षक-दल; संतरी; सुरक्षा सैनिक, रेल का गार्ड; पहरा, रखवाली; खतरनाक चीज़ के चारों ओर लगाया गया आवरण (जाल आदि) // *vt* रक्षा करना, चौकसी करना // *vi* सतर्क रहना, सावधानी बरतना; **guarded** *a* सतर्क, सोच-समझ से दिया (उत्तर आदि); **guardian** ('गार्डिअन) *n* संरक्षक, अभिभावक; **guard's van** *n* रेल में गार्ड का डिब्बा

guava ('ग्वावअ) *n* अमरूद

guerrilla (ग'रिलअ) *n* गुरिल्ला, छापामार सैनिक; **guerrilla warfare** *n* छापामारों का युद्ध

guess (गॅस) *vt* अनुमान लगाना, अन्दाज़ा लगाना; ताड़ना; समझना; (*US*) विश्वास करना; विचार रखना // *vi* अनुमान करना, अटकल लगाना // *n* अनुमान; **guesswork** *n* अटकलबाज़ी

guest (गेस्ट) *n* अतिथि, मेहमान; होटल में ठहरने वाला व्यक्ति; **guest-house** *n* आवास-गृह विशे॰ जहां शराब न बिकती हो; **guest room** *n* मेहमानों का कमरा

guffaw (ग'फ़ॉ) *n* अट्टहास, ठहाका // *vi* ठहाका लगाना

guidance ('गाइडंस) *n* मार्ग-दर्शन

guide (गाइड) *n* (*person, book etc*) मार्ग-दर्शक, पथ-प्रदर्शक; गाइड; संदर्शिका (पुस्तक); गति-निर्देशन का उपकरण // *vt* नेतृत्व करना, पथ-प्रदर्शन करना, मार्ग दिखाना, निर्देशन करना, संचालन करना; **girl guide** *n* स्काउट्स के अनुरूप लड़कियों की संस्था की सदस्या; **guidebook** *n* मार्ग-दर्शक पुस्तिका; विषय विशे॰ सम्बंधी संदर्शिका; **guide dog** *n* अंधों को रास्ता दिखाने वाला कुत्ता; **guidelines** *npl* (*fig*) किसी कार्य आदि को करने के लिए सामान्य निर्देश

guild (गिल्ड) *n* संघ, क्लब, परस्पर सहायता के लिए संस्था, समान उद्देश्य के व्यक्तियों का समाज, निकाय

guile (गाइल) *n* छल-कपट, धोखा; विश्वासघात; **guileless** *a* निष्कपट,

guillotine 312 **gusset**

भोला-भाला

guillotine ('गिलटीन) *n* सिर काटने का यंत्र, गिलोटिन, काग़ज़ काटने की मशीन; संसद आदि में किसी विषय पर मतदान का समय निश्चित करके बहस सीमित करने का उपाय // *vt* सिर काटना; मतदान का समय निश्चित करके बहस को सीमित करना

guilt (गिल्ट) *n* दोष, अपराध, पाप; **guilty** *a* दोषी

guinea ('गिनि) *n* गिन्नी, 21 शिलिंग का एक सोने का सिक्का

guinea pig ('गिनिपिग) *n* मूलतः दक्षिण अमेरिका का बड़े चूहे जैसा जानवर, गिनी-पिग; (*col*) शोध में प्रयुक्त व्यक्ति अथवा जानवर

guise (गाइज़) *n* (छद्म) रूप, वेष; बहाना

guitar (गि'टार) *n* गिटार (संगीत वाद्य)

gulf (गल्फ़) *n* खाड़ी; (*fig*) (विचारों की) खाई, बहुत बड़ा अंतर

gull (गल) *n* एक समुद्री पक्षी, गल; भोला-भाला व्यक्ति; मूर्ख

gullet ('गलिट) *n* (गले से पेट तक) खाने की नली, आहार नली

gullible ('गलिबल) *a* भोला-भाला, दूसरों की बात पर तुरंत विश्वास करने वाला

gully ('गलि) *n* तेज़ बहते पानी द्वारा बनाई गयी नाली

gulp (गल्प) *vi* घबराहट में मुंह से हवा निगलने की क्रिया करना // *vt* (प्रायः **gulp down**) तेज़ी से निगलना, गटकना

gum (गम) *n* मसूढ़ा; गोंद; (**chewing gum** भी) चिउइंग गम (चबाने का एक लचीला मीठा पदार्थ); गोंद वाला वृक्ष, सफ़ेदे का वृक्ष // *vt* गोंद चिपकाना; **gumboots** *npl* रबड़ के जूते

gumption ('गम्पशन) *n* सूझबूझ, समझदारी; साहस

gun (गन) *n* बंदूक, तोप, पिस्तौल आदि; **gunboat** *n* छोटा सा युद्धपोत, छोटा जंगी जहाज़; **gunfire** *n* गोलाबारी; **gunman** *n* सशस्त्र लुटेरा; **gunner** *n* तोपची; बंदूकची; **gunpoint** *n* : **at gunpoint** बंदूक दिखाकर (लूट लेना); **gunpowder** *n* बारूद; **gunshot** *n* तोप या बंदूक की मार की सीमा; गोली चलना // *a* गोली (का घाव); **gunsmith** *n* बंदूक बनाने वाला

gunny ('गनि) *n* टाट

gurgle ('गर्गल) *n* (पानी की) गड़-गड़ाहट की आवाज़ // *vi* गड़गड़ करना, गड़गड़ करते पानी निकलना

guru ('गुरू) *n* गुरू

gush (गश) *vi* तेज़ धार के रुप में बाहर निकलना; फूट पड़ना // *n* अचानक तेज़ धार; भावावेग

gusset ('गसिट) *n* कपड़ों में लगाई जाने वाली तिकोनी कली

gust (गस्ट) *n* हवा या वर्षा का तेज़ झोंका; भावावेग, अचानक तेज़ गुस्सा; **gusty** *a* तेज़ हवा (का मौसम)

gusto ('गस्टो) *n* मज़ा, चाव; उत्साह, जोश

gut (गट) *n* (*gen pl*) आंत, अंतड़ी; (*MUS*) जानवर की आंतों से बने सारंगी आदि के तार // *vt* आंतें निकालना (मछली आदि से); (घर का) सामान नष्ट कर देना या ले जाना; **guts** *npl* साहस और धैर्य

gutter ('गटर) *n* परनाला, गंदे पानी की नाली

guy (गाइ) *n* (**guyrope** भी); शामियाने आदि को खड़ा करने या खड़ा रखने की रस्सी या ज़ंजीर; (*col*) आदमी; (*figure*) इंगलैंड में 5 नवंबर को गाइ फॉक्स दिवस पर जलाया जाने वाला गाइ फॉक्स का पुतला; **wise guy** (प्रायः व्यंग में) चालाक, चतुर व्यक्ति

guzzle ('गज़ल) *vi* ठूंस कर खाना/पीना // *vt* (खाने-पीने की वस्तु) ठूंसना, गटकना

gym (जिम) *n* **gymnasium** व **gymnastics** का संक्षेप; **gym shoes** *npl* हलके रबड़ के तले वाले कपड़े के जूते; **gymslip** *n* (*Brit*) स्कूल छात्राओं द्वारा ब्लाउज़ आदि पर पहनी जाने वाली बिना आस्तीन की पोशाक

gymnasium (जिम्'नेज़िअम) *n* (*pl* **gymnasiums, gymnasia**) व्यायामशाला

gymnast ('जिम्नैस्ट) *n* व्यायाम में निपुण; **gymnastics** *npl* मांस-पेशियों को सुदृढ़ बनाने वाले व्यायाम (पैरलल बार जैसे साधनों पर या उनके बिना)

gynaecologist, (*US*) **gynecologist** (गाइनि'कॉलजिस्ट) *n* स्त्री-रोग विशेषज्ञ

gynaecology, (*US*) **gynecology** (गाइनि'कॉलजि) *n* स्त्री-रोग विज्ञान; **gynaecological,** (*US*) **gynecological** *a* स्त्री-रोग सम्बंधी

gypsum ('जिप्सम) *n* खड़िया मिट्टी, सेलखड़ी, दग्धाचूर्ण (प्लास्टर आफ़ पैरिस) बनाने में प्रयुक्त

gypsy ('जिप्सि) *n* = **gipsy**

gyrate (जाइ'रेट) *vi* चक्राकार घूमना, चक्कर काटना

H

habeas corpus ('हेबिअस 'कार्पस) *n* बंदी को न्यायालय में उपस्थित करने का आदेश, बंदी-प्रत्यक्षीकरण

haberdashery ('हैबरडैशरि) *n* (*Brit*) पोशाक में इस्तेमाल होने वाली चीज़ें जैसे रिबन, पिन, सुइयों आदि का सामूहिक नाम

habit ('हैबिट) *n* आदत; स्वभाव, प्रकृति; (*dress*) पोशाक, विशे॰ पादरी की

habitable ('हैबिटब्ल) *a* रहने योग्य

habitat ('हैबिटैट) *n* (पशुओं आदि का) प्राकृतिक आवास-स्थान; **habitation** (हैबि'टेशन) *n* रहने का स्थान

habitual (ह'बिट्युल) *a* अभ्यस्त, आदी; नियमित; सामान्य

hack (हैक) *vt* टुकड़े-टुकड़े कर देना, काटना; (*col*) खों-खों (सूखी खांसी) करना // *n* सामान्य घुड़सवारी के लिए घोड़ा; (*offens*) कोल्हू का बैल (विशे. घटिया दर्जे के लेखक के लिए प्रयुक्त)

hackneyed ('हैक्निड) *a* सामान्य, घिसा-पिटा (शब्द आदि)

hacksaw ('हैक्सॉ) *n* धातुओं को काटने की आरी

had (हैड) **have** का *pt, pp*

haddock, *pl* **haddock** *or* **haddocks** ('हैडक) *n* एक खाने योग्य समुद्री मछली, शाम्बरी; **smoked haddock** आग पर भुनी हुई शाम्बरी मछली

hadn't ('हैडंट) – **had not**

haema-, haemo- *comb form* खून-, रक्त-

haemoglobin (हीमो'ग्लोबिन) *n* रक्तकणों को लाल रंग प्रदान करने व आक्सीजन ले जाने वाला पदार्थ, रुधिर-वर्णिका

haemorrhage, (*US*) **hemorrhage** ('हेमरिज) *n* बहुत अधिक खून बहना, रक्तस्राव

hag (हैग) *n* कुरूप वृद्धा स्त्री; डायन

haggard ('हैगर्ड) *a* अजीब जंगली-सा; चिंतित; मरियल

haggle ('हैगल) *vi* सौदेबाज़ी करना, मोल-तोल करना

hail (हेल) *n* ओला; बौछार (शब्दों, पत्थरों आदि की) // *vt* आवाज़ देना; (*greet*) अभिवादन करना, स्वागत करना, बुलाना, पुकारना // *vi* ओले गिरना; **hailstone** *n* ओला

hair (हेअर) *n* बाल, रोएं; **to do one's hair** बाल संवारना; **hairbrush** *n* बाल सुलझाने, संवारने का बुरुश; **haircut** *n* बालों की कटाई, छंटाई; **hairdo** *n* बाल संवारने का ढंग, केशविन्यास; **hairdresser** *n* (स्त्रियों के) बाल सजाने, संवारने वाला व्यक्ति; **hairdryer** *n* बाल सुखाने का उपकरण; **hairgrip** *n* धातु का कसकर मोड़ा हुआ छोटा हेयरपिन; **hairline** *a, n* बहुत बारीक (रेखा); **hairpin** *n* बालों को अपने स्थान पर बनाए रखने का कांटा, हेयरपिन; **hairpin bend,** (*US*) **hairpin curve** *n* सड़क में U-आकार (नाल-रूप) का मोड़, कैंची-मोड़; **hairraising** *a* रोमांचकारी, रोंगटे खड़े करने वाला; **hair remover** *n* बाल-सफ़ा पदार्थ (क्रीम या पाउडर); **hairsplitting** *n*

छोटी-सी बात को बहुत अधिक महत्व देने, बाल की खाल निकालने की क्रिया; **hair spray** *n* बालों को ठीक रखने के लिए उन पर छिड़कने का तरल रसायन; **hairspring** *n* घड़ी की बाल-कमानी; **hairstyle** *n* केश-विन्यास; **hairy** *a* शरीर पर अत्यधिक बालों वाला; (*fig*) भयावह, डरावना

hake (हेक) *n* एक मछली

hale (हेल) *a* तगड़ा, स्वस्थ विशे॰ **hale and hearty** में

half (हाफ़) *n* आधा भाग (*pl* **halves** (हाव्ज़)) // *a* आधा // *ad* : **half an hour** आधा घंटा; **half a dozen** आधा दर्जन; **half a pound** आधा पाउंड; **two and a half** ढाई; **a week and a half** डेढ़ हफ़्ता; **half (of it)** का आधा; **half (of)** का आधा; **to cut sth in half** के दो हिस्से कर देना; **half-asleep** अर्ध-सुप्त; **halfback** *n* (*SPORT*) फ़ारवर्ड के पीछे का खिलाड़ी; **half-baked** *a* अधपका; (*col*) नासमझ, मूर्ख; अधूरा; **half-breed, half-caste** *n* व्यक्ति जिसके माता, पिता विभिन्न जातियों के हों, वर्णसंकर; **half-brother** *n* सौतेला भाई; **half-hearted** *a* बेमन से किया (कार्य); **half-hour** *n* अधघण्टा (ढाई, साढ़े तीन, साढ़े चार आदि); **half-mast : at half-mast** (*fig*) झुका हुआ (झण्डा); **half-penny** (हे'प्नि) *n* (*Brit*) आधी पैनी का सिक्का; **(at) half-price** आधे दाम (पर); **half-sister** *n* सौतेली बहिन; **half term** *n* (*SCOL*) सत्र के बीच अवकाश; **half-time** *n* (*SPORTS*) अर्ध-समय, विश्राम-काल; **halfway** *ad* आधे रास्ते में

halibut ('हैलिबट) *n* एक बड़ी खाने योग्य मछली

hall (हॉल) *n* मुख्य द्वार से अंदर जाता लंबा रास्ता; सभा-भवन, हाल; **hall of residence** *n* (*Brit*) विश्वविद्यालय में छात्रावास

hallmark ('हॉल्मार्क) *n* सोने व चांदी की शुद्धता-स्तर का प्रमाण-चिन्ह; उत्तमता का प्रतीक; विशिष्टता का चिन्ह

hallo (ह'लो) *excl* = **hello**

Hallowe'en (हैलो'ईन) *n* 31 अक्तूबर सायं, ईसाई धर्म में एक पवित्र दिन

hallucination (हलूसि'नेशन) *n* दृष्टिभ्रम, (वस्तु सामने न होने पर भी दिखाई देने का भ्रम); मतिभ्रम

hallway ('हॉल्वे) *n* गलियारा

halo ('हेलो) *n* चन्द्रमा, सूर्य आदि व चित्रों में संतों के सिर के चारों ओर दिखाया गया प्रभामण्डल (प्रकाश); व्यक्ति से जुड़ी महत्ता

halt (हॉल्ट) *n* रोक, विराम (विशे॰ सैनिकों आदि को मार्चिंग में रुकने का आदेश); बिना स्टेशन की इमारत वाला

छोटा रेलवे स्टेशन; पड़ाव // *vt* रोकना // *vi* रुकना; हिचकना, आगा-पीछा करना; **halting** *a* हिचकिचाता

halve (हाव़्) *vt* दो भाग करना, आधा कर देना; बांट लेना

halves (हाव़्ज़) **half** का *npl*

ham (हैम) *n* सूअर की रान के ऊपरी भाग का (विशे॰ सुखाया व भुना) मांस; **ham actor** *n* अभिनेता जो बढ़ा-चढ़ा कर अस्वभाविक अभिनय करे; व्यक्ति जो शौकिया बेतार-संचार में रुचि ले

hamburger ('हैम्बर्गर) *n* पावरोटी के टुकड़ों के बीच मांस आदि का टुकड़ा रख कर बनाया व्यंजन, हैम्बर्गर

hamlet ('हैम्लिट्) *n* छोटा गांव, पल्ली, खेड़ा

hammer ('हैमर) *n* हथौड़ा; हथौड़े की तरह ठोक-पीट करने वाली मशीन; बन्दूक का घोड़ा; नीलामकार का मुँगरा; खेल में फेंका जाने वाला तारगोला // *vt* हथौड़ा मारना, ठोकना // *vi* दर-वाज़ा खटखटाना; **to hammer out** *vt* समस्या का हल निकाल लेना

hammock ('हैमक) *n* रस्सियों पर झूलते कपड़े, कैन्वस आदि का बिस्तर, झूला, दलारा

hamper ('हैम्पर) *n* ढक्कन सहित टोकरा (डाला); खाने की वस्तुओं, शराब की बोतलों आदि का पार्सल, बाक्स आदि विशे॰ जो क्रिसमस के उपहार के रूप में भेजा जाय, डाली // *vt* बाधा डालना, उलझाना

hamster ('हैम्स्टर) *n* चूहे जैसा प्राणी, जिसे कुछ लोग पालते भी हैं

hand (हैंड) *n* हाथ (कलाई के नीचे का भाग); ओर (दायें, बायें); दिशा, तरफ़; लिखावट; बांटे गए ताश (का हाथ); चार इंच; मज़दूर; नाविक; सहायता; (घड़ी की) सूई; तालियां; **to give sb a hand** स्वागत के रूप में हाथ आगे बढ़ाना; तालियां बजाकर स्वागत करना; **at hand** समीप; **in hand** (कार्य आदि) हाथ में; **to be on hand** पास होना; सहायता का शीघ्र उपलब्ध होना; **to hand** (*information etc*) पास में ही, आसानी से उप्लब्ध; **on the one hand** एक ओर तो; **on the other hand** दूसरी ओर; **to hand in** *vt* पकड़ा देना, दे देना; **to hand out** *vt* बांटना; **to hand over** *vt* सौंप देना; **handbag** *n* हैंड बैग; औरतों का बड़ा पर्स, थैला; **handbook** *n* निर्देश-पुस्तिका; **handbrake** *n* हैंडब्रेक, हाथ से लगाने का ब्रेक; **handcuffs** *npl* हथकड़ी; **handful** *n* मुट्ठीभर

handicap ('हैंडिकैप) *n* अड़चन; बाधा-दौड़, बाधा-प्रतियोगिता; विक-लांगता // *vt* बाधा डालना, रोक लगाना, प्रतिबंध लगाना; **mentally handicapped** *a* मंद बुद्धि; **physically handicapped** *a* विकलांग

handicraft ('हैंडिक्राफ़्ट) *n* हस्त-शिल्प, दस्तकारी

handiwork ('हैंडिवर्क) *n* व्यक्ति विशेष का कार्य/की कृति; (*offens*) कारस्तानी

handkerchief ('हैंकर्चिफ़) *n* रूमाल

handle ('हैंडल) *n* मूठ, दस्ता, हत्था; // *vt* छूना, पकड़ना; संभालना; निपटाना, (से) निपटना, का व्यापार करना; कार्य संचालन करना; **'handle with care'** 'संभाल कर इधर से उधर रखिये'; **to fly off the handle** एक दम आपे से बाहर हो जाना; **handle-bar(s)** *n(pl)* साइकिल आदि का हैंडिल

hand : hand-luggage *n* हाथ में लटका कर ले जाया जाने वाला सामान; **handmade** *a* हाथ का बना; **handout** *n* (गरीबों को) मुफ़्त बांटा गया भोजन, पैसा आदि; विशेष समाचार, सूचना आदि देने वाली पुस्तिका; **handrail** *n* रेलिंग, (सीढ़ियों के किनारे सहारे के लिए) जंगला; **handshake** *n* हाथ मिलाने की क्रिया

handsome ('हैंड्सम) *a* सुन्दर; प्रचुर; काफ़ी

handwriting ('हैंड्राइटिंग) *n* लिखावट, लिपि; हस्तलेख

handy ('हैंडि) *a* दक्ष, माहिर; सुलभ, पास; सुविधाजनक, आराम का; **handyman** *n* छोटे-मोटे अनेक काम करने के लिए रखा गया नौकर

hang (हैंङ) *pt, pp* **hung** *vt* लटकाना, टांगना; (*criminal* : *pt, pp* **hanged**) फांसी देना // *vi* लटकना, टंगना; छाये होना; पकड़े रहना; **to get the hang of (doing) sth** (*col*) (की कार्य विधि) समझ जाना; **to hang about** *vi* आसपास मंडराते रहना; **to hang on** *vi* क्षण भर को रुकना या इंतज़ार करना; **to hang up** *vi* (*TEL*) बात ख़त्म करके टेलीफ़ोन का चोंगा नियत स्थान पर लगा देना // *vt* लटकाना (खूंटी आदि पर)

hangar ('हैंगर) *n* हवाई जहाज़ रखने का स्थान, विमानशाला

hanger ('हैंगर) *n* खूंटी, कपड़े टांगने का हैंगर

hanger-on (हैंगर्'ऑन) *n* पिछलग्गू, पलुआ

hang-gliding ('हैंग्लाइडिङ) *n* एक बड़ी पतंग के समान ग्लाइडर के फ्रेम से लटक कर उड़ान भरने की क्रिया

hangover ('हैंगोव़र) *n* ज्यादा शराब पीने के बाद होने वाला असर, खुमार

hang-up ('हैंगप) *n* निरंतर चल रही संवेगात्मक अथवा मनोवैज्ञानिक समस्या; मनोविकार

hanker ('हैंकर) *vi* ललचाना; **to hanker after** को पाने के लिए बहुत उत्सुक होना

hankie, hanky ('हैंकि) *n* **hand-kerchief** का संक्षेप

hanky-panky ('हैंकि'पैंकि) *n* (*col*) चालाकी, चालबाज़ी; अवैध यौन-सम्बंध

haphazard (हैप्'हैज़र्ड) *a* संयोग से, अव्यवस्थित, बेतरतीब

happen ('हैपन) *vi* होना, घटित होना; संयोग होना; **as it happens** संयोग है कि...; **happening** *n* घटना

happily ('हैपिलि) *ad* प्रसन्नतापूर्वक, खुशी से

happiness ('हैपिनिस) *n* प्रसन्नता, खुशी

happy ('हैपि) *a* प्रसन्न, खुश; संतुष्ट; भाग्यवान, उपयुक्त; **happy with** (*arrangements etc*) से संतुष्ट; **happy birthday!** जन्मदिन की शुभ-कामनाएं!; **happy-go-lucky** *a* मौजी, बेफ़िक्र, मस्त

harangue (ह'रैङ) *n* लम्बा-चौड़ा जोशीला भाषण, धुआंधार भाषण

harass ('हैरस) *vt* तंग करना, परेशान करना, सताना; **harassment** *n* परेशानी, तकलीफ़

harbour, (*US*) **harbor** ('हार्बर) *n* बंदरगाह; आश्रय // *vt* आश्रय, शरण देना; छिपाना; (दुर्भाव आदि) मन में रखना

hard (हार्ड) *a* कड़ा, सख़्त; ठोस; दुर्बोध, समझने में कठिन; कठोर, निष्ठुर; असहनीय; व्यावहारिक, तेज़ (समझ वाला); घोर (परिश्रम); भारी (पानी); (ऐसी नशीली दवा) जिसकी जल्दी लत पड़ जाए // *ad* ज़ोर से, परिश्रम से; कठिनाई से; (के) पीछे ही; **to look hard at** को ग़ौर से देखना; **no hard feelings!** कोई कटुता नहीं!; **to be hard of hearing** ऊंचा सुनना; **to be hard done by** से अच्छा व्यवहार न किया जाना; **hardback** *n* पक्की जिल्द वाली किताब; **hard-boiled** *a* खूब उबालने पर सख़्त हो गया (अण्डा); (*col*) अनुभवी; सहानुभूतिहीन; **hard cash** *n* नकदी; **hard disk** *n* (*COMPUT*) कमप्यूटर का एक भाग जिसमें आंकड़े, जानकारी आदि संचित होती है; **harden** *vt* कड़ा करना; (*fig*) मज़बूत या कठोर बनाना // *vi* कड़ा हो जाना, कठोर बन जाना; **hard-headed** *a* चतुर; व्यावहारिक; **hard labour** *n* कड़ी मेहनत; कठोर कारावास

hardly ('हार्ड्लि) *ad* मुश्किल से; शायद ही; **it's hardly the case** ऐसी तो बात नहीं है; **that can hardly be true** यह तो शायद ही सच हो; **hardly anywhere/ever** शायद ही कहीं/कभी

hardship ('हाड्र्शिप) *n* दुर्भाग्य; कष्ट, तकलीफ़; तंगी, तंगदस्ती

hard-up ('हार्डप) *a* (*col*) तंगहाल

hardware ('हार्ड्वेअर) *n* लोहे का सामान; मशीनी पुर्ज़े; (*COMPUT*) इलेक्ट्रानिकी पुर्ज़े; **hardware shop** *n* लोहे का सामान बेचने की दुकान

hard-wearing ('हार्ड्वेअरिङ) *a* खूब चलने वाले (कपड़े)

hard-working ('हार्ड्वर्किङ) *a* परिश्रमी, मेहनती

hardy ('हार्डि) *a* तगड़ा; साहसी; कष्ट सहने में समर्थ; खुले में सारा साल रह सकने वाला (पौधा)

hare (हेअर) *n* ख़रगोश, शशक; **hare-brained** *a* मूर्ख, मूर्खतापूर्ण; उतावला

harem ('हेरम) *n* हरम, ज़नानख़ाना, अंतःपुर

hark (हार्क) *vi* : **to hark back** बहस के पिछले विषय पर लौट कर आ जाना

harlot ('हार्लट) *n* वेश्या

harm (हार्म) *n* क्षति, हानि, नुकसान; चोट // *vt* हानि या चोट पहुंचाना; **out of harm's way** ख़तरे से दूर; सुरक्षित; **harmful** *a* हानिकारक; **harmless** *a* हानिरहित

harmony ('हार्मनि) *n* मेल, सहमति, संगति; शांति; स्वर-संगति, स्वरों का ताल-मेल; **harmonious** *a* संगत, मेल में; मैत्रीपूर्ण; **harmonium** *n* हार्मोनियम (बाजा)

harness ('हार्निस) *n* घोड़े का साज़, बैलों का जूआ आदि // *vt* साज़ चढ़ाना, जोतना; (जल प्रपात आदि की) ऊर्जा को काम में लाना

harp (हार्प) *n* वीणा जैसा एक संगीत वाद्य, हार्प // *vi* **to harp on/about** (का) राग अलापना

harrow ('हैरो) *n* पटरा, सुहागा, हल चलाने के बाद भूमि समतल करने का औज़ार

harrowing ('हैरोइङ) *a* हृदय-विदारक, कष्टपूर्ण

harry ('हैरि) *vt* तंग करना; उजाड़ना

harsh (हार्श) *a* रूखा, कठोर, कटु, निर्मम; भीषण; कर्णकटु; भड़कीला (रंग); तीखी (शराब)

harvest ('हार्विस्ट) *n* फ़सल (काटने का मौसम), पैदावार, उपज; कार्य का परिणाम // *vt, vi* (फ़सल) काटना व जमा करना

has (हैज़) *vb* दे॰ **have**

hash (हैश) *n* कीमा; (*fig* : *mess*) गड़बड़; (*col*) **hashish** का संक्षेप // *vt* कीमा करना; काट कर टुकड़े करना; मिलाना

hashish ('हैशीश) *n* भांग

hasn't ('हैज़ंट) = **has not**

hasp (हास्प) *n* कुण्डा

hassle ('हैसल) *n* झगड़ा; परेशानी

haste (हेस्ट) *n* जल्दी, शीघ्रता; जल्द-बाज़ी; हड़बड़ी; **hasten** ('हेस्न) *vt* तेज़ करना; (कुछ कहने या करने की)

जल्दी करना // *vi* जल्दी जाना; **hastily** *ad* जल्दी से; जल्दबाज़ी में; **hasty** *a* उतावला, जल्दबाज़ी में

hat (हैट) *n* हैट, टोप

hatch (हैच) *n* (*NAUT*) (**hatchway** भी) (जहाज़ आदि का) दरवाज़ा जिससे माल चढ़ाया जाता है; (**service hatch** भी) दो कमरों के बीच का दरवाज़ा जिसमें से भोजन परोसा जा सके; (दो हिस्से वाला) आधा दरवाज़ा // *vi* (अण्डे) सेना // *vt* (षड़यंत्र) रचना; (योजना) बनाना

hatchback ('हैच्बैक) *n* (*AUT*) कार जिसमें एक ही पीछे उठने वाला दरवाज़ा होता है

hatchet ('हैचिट) *n* छोटी कुल्हाड़ी

hate (हेट) *vt* घृणा करना, नफ़रत करना // *n* घृणा, द्वेष; वस्तु जिससे घृणा हो; **hateful** *a* घृणित; **hatefully** *ad* घृणा से

hatred ('हेट्रिड) *n* बहुत ज़्यादा नफ़रत, द्वेष

hat trick *n* (*SPORT, fig* भी) लगातार तीन सफलताएं (विशे॰ खेल में)

haughty ('हॉटि) *a* घमण्डी, अकड़ वाला

haul (हॉल) *vt* घसीटना, खींचना // *vi* (हवा) जहाज़ के अग्रभाग के पास से बहना // *n* ले जाई गयी वस्तु; पकड़ी गयी मछलियां, पकड़ा गया माल; तै करने वाला रास्ता; **haulage** ('हॉलिज) *n* वहन; ढुलाई (कीमत); **haulier,** (*US*) **hauler** *n* सड़क के रास्ते माल पहुंचाने वाली फ़र्म या व्यक्ति

haunch (हांच) *n* चूतड़, पुट्ठा, कूल्हा

haunt (हॉण्ट) *vt* (किसी स्थान पर) आते रहना; भूतों का (स्थान विशेष पर) आना-जाना या अड्डा होना; (का) किसी को बार-बार ध्यान आना // *n* अड्डा, बसेरा; **haunted** *a* भुतहा (मकान आदि); चिंतित

KEYWORD

have (हैव़) *pt, pp* **had** ♦ *auxiliary vb* **1.** (*gen*) होना, चुके होना; **to have arrived/gone** आ गये/चले गये होना; **to have eaten/slept** खा चुके/सो चुके होना; **he has been promoted** उसकी पदोन्नति हो गयी है अथवा वह पास हो गया है

2. (*in tag questions*) : **you've done it, haven't you?** तुम इसे कर चुके हो न ?

3. *in short answers and questions*) : **no I haven't !/yes we have!** नहीं मैंने नहीं किया है !/हां हम कर चुके हैं !; **so I have!** बिल्कुल कर चुका हूं ! (उपरोक्त प्रश्न का उत्तर); **I've been there before, have you?** मैं वहां पहले भी जा चुका हूं, तुम गये हो ?

♦ *modal auxiliary vb* (*be obliged*) : **to have (got) to do sth** करने के लिए बाध्य होना; **she has** (got) to do it उसे यह करना पड़ेगा/करना है; you haven't to tell her तुम्हें उसे यह बताना नहीं है

♦ *vt* **1.** (*possess, obtain*) होना, के पास होना, पाना; जन्म देना; कराना; **he has (got) blue eyes/dark hair** उसकी नीली आंखें हैं/काले बाल हैं; **may I have your address?** क्या मैं आपका पता ले सकता हूं? (क्या आप अपना पता बतायेंगे?)

2. (+ *noun* : *take, hold etc*) : **to have breakfast/a bath/a shower** नाश्ता करना/स्नान करना/फुहारे से नहाना; **to have dinner/lunch** रात्रि-भोजन/मध्यान्ह भोजन करना; **to have a swim** तैरना; **to have a meeting** बैठक/सभा करना; **to have a party** पार्टी करना

3. to have sth done कोई कार्य कराना; **to have one's hair cut** बाल कटवाना; **to have sb do sth** किसी से कुछ कराना

4. (*experience, suffer*) से पीड़ित होना; कराना; **to have a cold/flu** जुकाम/फ़्लू होना; **to have an operation** आपरेशन कराना

5. (*col* : *dupe*) धोखा देना; **he's been had** वह बेवकूफ़ बन गया है; **to have out** *vt* : **to have it out with sb** (*settle a problem etc*) (झगड़ा आदि) खुलकर बात करके निपटाना

haven ('हेव़न) *n* बन्दरगाह; (*fig*) आश्रय, सुरक्षित स्थान

haven't ('हैव़ंट) = **have not**

haversack ('हैव़र्सैक) *n* पैदल यात्रा आदि में पीठ या कंधे पर सामान भर कर ले जाने का कैन्वस का झोला

havoc ('हैव़क) *n* बरबादी, विध्वंस; (*col*) अस्तव्यस्तता, अव्यवस्था

hawk (हॉक) *n* बाज़, शिकरा; (*fig*) युद्ध की ओर ले जाने वाली नीतियों का समर्थक // *vt* फेरी लगाकर (माल) बेचना; **hawker** *n* फोरीवाला

hay (हे) *n* सूखी कटी हुई घास; **hay fever** *n* पुष्परज, धूल आदि के कारण हुआ बुख़ार, परागज ज्वर; **haystack** *n* सूखी घास का ढेर

haywire ('हेवाइअर) *a* (*col*) : **to go haywire** गड़बड़ या अस्तव्यस्त हो जाना

hazard ('हैज़र्ड) *n* ख़तरा, जोखिम, संभावित संकट // *vt* जोखिम में पड़ना, ख़तरा उठाना; **hazard warning lights** *npl* (*AUT*) ख़तरे का संकेत देने वाली बत्तियां

haze (हेज़) *n* धुंध (प्रायः गर्मी के कारण); धुंधलापन

hazelnut ('हेज़्लनट) *n* पहाड़ी बादाम

hazy ('हेज़ि) *a* (*photograph*) धुंधला; (*idea*) अस्पष्ट; अनिश्चित

H-bomb **hydrogen bomb** का संक्षेप

he (ही) *pronoun* वह; **it is he who ...** उसी ने तो ...

head (हेंड) *n* सिर; किसी भी वस्तु का सबसे ऊपर का भाग; (संस्था, स्कूल आदि का) अध्यक्ष, प्रधान; मुख्य भाग; योग्यता; संकट का चरम बिंदु; नेता; अध्याय का भाग; शीर्षक; अंतरीप; एक व्यक्ति (*per head* में) // *a* मुख्य, प्रधान; प्रतिकूल (पवन), उलटी (हवा) // *vt* सबसे ऊपर या प्रधान होना; नेतृत्व करना; निर्देशन करना; **heads or tails** चित या पट; **head first** सिर के बल; **head over heels in love** (के) प्यार में पूरी तरह डूबा हुआ; **to head the ball** फुटबाल को सिर से मारना; **to head for** (*col*) की ओर जाना; (विपत्ति की ओर) अग्रसर होना; **headache** *n* सिरदर्द; चिंता का विषय; **headdress** *n* टोपी, पगड़ी आदि सिर का वस्त्र; **heading** *n* शीर्षक; **headlamp** *n* (*Brit*) = **headlight**; **headland** *n* अंतरीप; **headlight** *n* कार आदि की आगे की बत्ती, हैडलाइट; **headline** *n* शीर्षक, सुर्ख़ी; **headlong** *ad* सिर के बल, बिना सोचे-विचारे; **headmaster** *n* प्रधानाध्यापक; **headmistress** *n* प्रधानाध्यापिका; **head office** *n* मुख्य कार्यालय; **head-on** *a* आमने-सामने (टक्कर); **headphones** *npl* हेडफ़ोन्स, रेडियो आदि से जुड़ा वह उपकरण जिसे कानों पर लगाने पर केवल लगाने वाले व्यक्ति को ही उसकी आवाज़ सुने; **headquarters (HQ)** *npl* (सेना का) मुख्यालय; **headrest** *n* सिरहाना; **headroom** *n* कमरे या पुल की छत व नीचे खड़े व्यक्ति या वाहन के बीच का स्थान; **head scarf** *n* सिर पर बांधने का रूमाल; **head-start** *n* किसी की अपेक्षा अधिक सुविधा; **headstrong** *a* अड़ियल, हठी, ज़िद्दी; **headwaiter** *n* (होटल में) प्रधान बैरा; **headway** *n* प्रगति : **to make headway** प्रगति करना, (किसी खोज-बीन आदि में) आगे बढ़ना; **headwind** *n* सम्मुख हवा; **heady** *a* मादक, उत्तेजक

heal (हील) *vt* ठीक करना, (घाव को) भरना // *vi* स्वस्थ होना; (घाव का) भरना

health (हेल्थ) *n* स्वास्थ्य; व्यक्ति के सम्मान में पिया जाने वाला जाम; **health food shop** *n* दुकान जहां बिना रासायनिक खाद के उपजाये गये पौष्टिक खाद्य-पदार्थ मिलतें हों; **the Health Service** *n* (*Brit*) (सरकारी) स्वास्थ्य-सेवा; **healthy** ('हेल्थि) *a* स्वस्थ, नीरोग; स्वास्थ्यप्रद, लाभप्रद (जलवायु, भोजन, दृष्टिकोण आदि)

heap (हीप) *n* ढेर, भारी मात्रा, राशि // *vt* ढेर लगाना; लादना

hear *pt, pp* **heard** (हीअर, हर्ड) *vt* सुनना; (*LAW*) मुकदमे की सुनवाई

करना; पर ध्यान देना // *vi* सुन सकना; पता चलना; **to hear about** के बारे में सुनना; **to hear from sb** का पत्र पाना; **hearing** *n* श्रवण-शक्ति, सुनने की सीमा; (अदालत में) सुनवाई; **hearing aid** *n* सुनने में सहायक उपकरण; **hear! hear!** *excl* प्रशंसा, सहमति का उद्‌गार; **hearsay : by hearsay** *ad* सुनी सुनाई बात/अफ़वाह द्वारा

hearse (हर्स) *n* शव को कब्रिस्तान/श्मशान ले जाने वाली गाड़ी, शव-वाहन

heart (हार्ट) *n* हृदय, दिल; प्रेम व भावनाओं का केंद्र, मन, आत्मा; साहस; केंद्र; **hearts** *npl* (*CARDS*) पान का पत्ता; **at heart** दिल में; **to learn by heart** रटना; **heart attack** *n* दिल का दौरा; **heartbeat** *n* दिल की धड़कन; **heartbroken** *a* : **to be heartbroken** दिल टूट जाना; **heartburn** *n* छाती में जलन; अम्लशूल; (*fig*) ईर्ष्या; **heart failure** *n* हृदयगति का रुक जाना; **heartfelt** *a* हार्दिक

hearth (हर्थ) *n* चूल्हा, भट्ठी; घर

heartily ('हार्टिलि) *ad* हृदय से, खुले दिल से; **to agree heartily** पूरी तरह सहमत होना

hearty ('हार्टि) *a* हार्दिक, सच्चा; स्वस्थ; पर्याप्त व जी भर कर (खाना)

heat (हीट) *n* गर्मी, ताप, ऊष्मा, गरमी का मौसम; भावनाओं, क्रोध आदि की तीव्रता, उत्तेजना; मादा जीवों में काम-भावना की उत्तेजना, मस्ती; अंतिम दौड़ में भाग लेने वालों के चुनाव के लिए प्रारंभिक दौड़ या प्रतियोगिता (**qualifying heat** भी) // *vt* गरम करना; **to heat up** *vi* गरम हो जाना // *vt* गरम करना; **heated** *a* गरम; (*fig*) उत्तेजनापूर्ण; **heater** *n* हीटर, तापक

heath (हीथ) *n* (*Brit*) बंजर भूमि

heathen ('हीदन) *a* जो ईसाई, इस्लाम, यहूदी मतों का अनुयायी न हो; विधर्मी; मूर्तिपूजक; काफ़िर; असभ्य, अज्ञानी // *n* ऐसा व्यक्ति

heather ('हेदर) *n* बंजर स्थल व पहाड़ों में उगने वाला झाड़ी

heating ('हीटिङ) *n* भवन को गर्म रखने की व्यवस्था

heatstroke ('हीट्स्ट्रोक) *n* लू लगना

heatwave ('हीटवेव़) *n* लू, गरमी की लहर

heave (हीव़) *vt* ज़ोर लगाकर उठाना; (भारी चीज़) फैंकना; (लम्बी सांस) भरना // *vi* फूलना; उभरना; मतली आना // *n* ज़ोर, धक्का

heaven ('हेव़न) *n* स्वर्ग; (*pl* भी) आकाश; **heavenly** *a* स्वर्ग जैसा, दिव्य, रमणीय, सुखद; आनंददायक

heavily ('हेविलि) *ad* (*rain*) ज़ोर

से; उदासी से (कहना); (*drink, smoke*) बहुत ज़्यादा (पीना); बहुत गहरी (नींद सोना); बहुत लम्बा (सांस लेना)

heavy ('हेवि) *a* (*fig* भी) भारी; ज़ोरदार (टकराना, गिरना); सघन; बहुत अधिक व धीमा (यातायात); कठिन; बहुत ज़्यादा (खाने, पीने वाला); तीव्र; दुःखी, उदास, गंभीर, नीरस; **heavy goods vehicle (HGV)** भारी मालवाहक गाड़ी; **heavyweight** *n* (*SPORT*) 79 किलो ग्राम से अधिक का मुक्केबाज़ अथवा 97 किलो ग्राम से अधिक का पहलवान

Hebrew ('हीब्रू) *a* यहूदियों का // *n* यहूदी, हीब्रू (इब्रानी) भाषा; इज़राइल में प्रयोग किया जाने वाला इसका आधुनिक रूप

heckle ('हेक्ल) *vt* वक्ता को प्रश्न पूछ-पूछ कर व उपहास आदि द्वारा तंग करना, बार-बार टोकना

hect-, hecto- (हेक्ट-, हेक्टो-) *comb form* मीट्रिक प्रणाली में एक सौ का सूचक जैसे, **hectolitre, hectometre**

hectare ('हेक्टार) *n* सौ आर अथवा 10,000 वर्ग मीटर (2.471 एकड़)

hectic ('हेक्टिक) *a* बहुत व्यस्त, भाग-दौड़ वाला (जीवन आदि)

he'd (हीड) = **he would, he had**

hedge (हेज) *n* कटी झाड़ियों से बना घेरा, हैज // *vt* ऐसा घेरा बनाना, रुकावट डालना; दोनों ओर दाव लगाना // *vi* हिचकिचाना; भविष्य की हानि से बचाव का प्रबंध करना; **to hedge one's bets** (*fig*) संभावित हानि को कम करना

hedgehog ('हेज्हॉग) *n* कांटा चूहा, झाऊ चूहा

heed (हीड) *vt* (: **take heed of** भी) ध्यान देना; **heedless** *a* असावधान

heel (हील) *n* एड़ी; जूते की एड़ी; (*fig*) अवांछनीय व्यक्ति, घटिया या कमीना आदमी // *vt* एड़ी लगाना, एड़ी से फुटबाल पीछे की ओर मारना

hefty ('हेफ़्टि) *a* भारी-भरकम, तगड़ा (व्यक्ति); बहुत अधिक (कीमत)

heifer (हेफ़र) *n* छोटी उम्र की गाय जिसके अभी बच्चा न हुआ हो, ओसर (बछिया)

height (हाइट) *n* कद; ऊंचाई; (*of glory*) शिखर; ऊंची भूमि; (*of stupidity*) चरमसीमा, पराकाष्ठा; (*gen pl*) पहाड़ की चोटी; **heighten** *vt* अधिक ऊंचा करना; (*fig*) बढ़ाना

heir (एँअर) *n* उत्तराधिकारी, वारिस; **heiress** *n* स्त्री-उत्तराधिकारी; **heirloom** *n* पुश्तों से चली आ रही वस्तु, कलाकृति

held (हेल्ड) **hold** का *pt, pp*

helicopter ('हेलिकॉप्टर) *n* हेलीकाप्टर; **heliport** *n* हेलीकाप्टरों के लिए हवाई अड्डा

hell (हेल) *n* नरक; प्रेतलोक; दुष्टता, दुःख या यातना का स्थान अथवा स्थिति; **hell!** (*col*) नाराज़गी प्रकट करने के लिए प्रयुक्त शब्द

he'll (हील) = **he will, he shall**

hellish ('हेलिश) *a* नरक जैसा, नारकीय

hello (हे'लो) (**hallo, hullo** भी) *excl* अभिवादन का शब्द, हलो; आश्चर्य-सूचक शब्द, अरे !

helm (हेल्म) *n* (*NAUT*) पतवार, कर्ण

helmet ('हेल्मिट) *n* (लोहे आदि का) टोप, हेल्मेट

help (हेल्प) *n* सहायता, मदद; (*assistant*) सहायक; (*charwoman*) महरी // *vt* सहायता करना; सहारा देना; आराम पहुंचाना, बचाना; **help!** बचाओ !; **help yourself (to bread)** (रोटी) ले लीजिए; **he can't help it** वह ऐसा किए बग़ैर नहीं रह सकता; **helper** *n* सहायक; **helpful** *a* सहायक; **helping** *n* एक बार में परोसा गया भोजन; **helpless** *a* बेकार, लाचार, असहाय

helter-skelter ('हेल्टर्-'स्केल्टर) *ad* जल्दबाज़ी, हड़बड़ी (में)

hem (हेम) *n* कपड़े का किनारा, गोट // *vt* गोट लगाना; रोक लगाना; **to hem in** *vt* घेर लेना

he-man ('हीमैन) *n* बलिष्ठ, शक्तिशाली पुरुष

hemi- (हेमि-) *comb form* आधा

hemisphere ('हेमिस्फ़िअर) *n* गोलार्द्ध, पृथ्वी का (उत्तरी या दक्षिणी) गोलार्द्ध

hemorrhage ('हेमरिज) *n* (*US*) = **haemorrhage**

hemp (हेम्प) *n* सन, जिससे रस्सी बनाई जाती है; गांजा

hen (हेन) *n* मुर्ग़ी

hence (हेन्स) *ad* यहां से; इसलिए; **2 years hence** अबसे दो वर्ष बाद; **henceforth** *ad* अब से

henchman ('हेन्च्मन) *n* (*offens*) अनुचर, गुर्गा; पिछलग्गू

henna ('हेनअ) *n* मेहंदी की झाड़ी; मेहंदी

henpecked ('हेनपेक्ट) *a* जोरू का गुलाम

hepatitis (हेप'टाइटिस) *n* जिगर की सूजन, यकृत-शोथ

hepta- (हेप्ट्अ-) *comb form* सात

heptagon ('हेप्टगन) *n* सप्तभुज; **heptagonal** (हैप्'टॉगनल) *a* सप्त-भुजीय

her (हर) *pronoun* उस (स्त्री का); उसे; दे॰ **she** // *a* स्त्री का या उससे सम्बन्धित; दे॰ **me, my** भी

herald ('हेरल्ड) *n* अग्रदूत, उद्घोषक, अधिकारी जो शासक की ओर से सार्वजनिक घोषणा करे // *vt* घोषणा

करना, (के) आने की पूर्वसूचना देना

herb (हर्ब) *n* जड़ी-बूटी; **herbal** *a* जड़ी-बूटी का, की (बनी दवा आदि)

herculean (हरक्यु'लीअन) *a* अत्यधिक शक्ति व साहस की आवश्यकता वाला (कार्य आदि)

herd (हर्ड) *n* पशुओं (विशे॰ एक से) का झुंड // *vt* एकत्र करना // *vi* भीड़ बना लेना, एकत्र हो जाना

here (हिअर) *ad* यहां; *excl* यहां हूं !; **here is** यह रहा/यह है; **here are** ये रहे/ये हैं; **here is my sister** यह रही/लो ये आ गयी मेरी बहिन; **here he/she is** लो वह आ गया/आ गयी; **here she comes** लो वह आ गयी; **hereafter** *ad* इसके बाद, भविष्य में // *n* : **the hereafter** मृत्यु के बाद जीवन, परलोक; **hereby** *ad* (*in letter*) इसके द्वारा

hereditary (हि'रेंडिट्रि) *a* वंशानुगत, पैतृक, पुश्तैनी

heredity (हि'रेंडिटि) *n* जीव की अपने लक्षण बच्चों में पहुंचा देने की प्रवृत्ति, आनुवंशिकता

heresy ('हेरसि) *n* रूढ़िवादी मत या सिद्धांत के विपरीत मत; विधर्म, कुफ़्र

heretic ('हेरटिक) *n* विधर्मी, काफ़िर

heritage ('हेरिटिज) *n* पैतृक सम्पत्ति, विरासत, दाय, कुल परम्परा

hermit ('हरमिट) *n* एकांतवासी (साधु, संन्यासी आदि)

hernia ('हर्निअ) *n* शरीर के किसी अंग (या उसके भाग) का अपनी त्वचा की परत से बाहर आ जाना, आन्त्रवृद्धि, हर्निया

hero, *pl* **heroes** ('हिअरो) *n* अपनी सफलताओं व गुणों के लिए सम्मानित व्यक्ति; साहित्यक कृति का नायक; शूरवीर, योद्धा, देवता समान

heroin ('हेरोइन) *n* मॉरफ़ीन से बना एक नशीला पदार्थ जिसकी शीघ्र लत पड़ जाती है

heroine ('हेरोइन) *n* नायिका

heron ('हेरन) *n* बगुला

herring ('हेरिङ) *n* हिलसा नाम की मछली

hers (हर्ज़) *pronoun* उस (स्त्री) का; दे॰ **mine** भी

herself (हर'सेल्फ़) *pronoun* (*reflexive*) (स्त्री के लिए प्रयुक्त) स्वयं को/से; (*emphatic*) स्वयं ही; (*after prep*) स्वयं; देखिए **oneself** भी

he's (हीज़) = **he is, he has**

hesitant ('हेज़िटंट) *a* हिचकिचाने वाला, अनिश्चयी

hesitate ('हेज़िटेट) *vi* : **to hesitate (about/to do)** करने में हिचकिचाना, आगा-पीछा करना; अनिच्छुक होना; **hesitation** (हेज़ि'टेशन) *n* झिझक, हिचकिचाहट

hessian ('हेसिअन) *n* पटसन का

कपड़ा, टाट

hetero- (हेटरो) *prefix* विभिन्न, विषम-

heterogeneous (हेटरो'जीनिअस) *a* विभिन्न तत्वों से बना, विषमांग, विषम जातीय

heterosexual (हेटरो'सेक्स्युअल) *a* जिसका विपरीतलिंगी व्यक्ति की ओर आकर्षण हो; विषमलिंगकामी

hew (ह्यू) *vb* (*pt* **hewed**, *pp* **hewed/hewn**) *vt* (कुल्हाड़ी से) काटना, चीरना

hex-, hexa *comb form* छः

hexagon ('हेक्सगन) *n* षटकोण; छः कोण वाली आकृति; **hexagonal** *a* षटकोणीय

heyday ('हेडे) *n* : **the heyday of** बहार, यौवन के दिन, स्वर्णकाल

HGV **heavy goods vehicle** (भारी माल वाहक) का संक्षेप

HH **His (or) Her Highness** (राजा, रानी की पदवी, महामान्य); **His Holiness** (महात्मा आदि के लिए सम्मान-सूचक सम्बोधन) का संक्षेप

hi (हाइ) *excl* हैलो ! का (*inf*) रूप

hiatus (हाइ'एटस) *n* क्रमभंग (वार्ता या अभिलेख में), अंतर, रिक्ति

hibernate ('हाइबरनेट) *vi* (जीवों का) शीतकाल निष्क्रय या सुप्त अवस्था में बिताना; **hibernation** (हाइबर्'नेशन) *n* शीतनिद्रा

hiccough, hiccup ('हिकप) *n* हिचकी // *vi* हिचकी लेना

hide (हाइड) *n* (*skin*) जानवर की खाल // *vb* (*pt* **hid**, *pp* **hidden** (हिड, 'हिड्न)) // *vt* : **to hide sth (from sb)** किसी से कुछ गुप्त रखना या छिपाना // *vi* : **to hide (from sb)** से छिपना; **hide-and-seek** *n* लुका-छिपी, आंखमिचौली; **hideaway** *n* स्थान (घर आदि) जहां मिलने वालों से बचने के लिए जाया जा सके

hideous ('हिडिअस) *a* घृणित, घिनौना, वीभत्स

hiding ('हाइडिङ) *n* बुरी तरह पिटाई; **to be in hiding** छिपे होना, अज्ञातवास में होना

hierarchy ('हाइअरार्कि) *n* श्रेणी-बद्ध संगठन, समाज या समूह, सोपानतंत्र

hi-fi ('हाइ'फ़ाइ) *a* **high fidelity** का संक्षिप्त रूप // *n* इस प्रकार के उपकरण

high (हाइ) *a* ऊंचा, उच्च; मुख्य (मार्ग), थोड़ा सा सड़ा हुआ (मांस); पूरे ज़ोर पर (शीत, ग्रीष्म आदि); तेज़, ऊंची (ध्वनि); मंहगा, अधिक (मूल्य); उत्तम (गुण); उच्च, बड़ा (पद); कुलीन; महत्वपूर्ण, श्रेष्ठ, उत्कृष्ट; (*col*) मस्ती में विशे॰ नशीली दवाइयों के प्रभाव में; (*col*) दुर्गन्ध वाला // *ad* ऊंचा; अत्यधिक; **20m high** 20 मीटर ऊंचा; **highboy** *n* (*US* : *tallboy*) दराज़ों वाली ऊंची आलमारी; **highbrow** *a, n* उच्च

बौद्धिक स्तर का (व्यक्ति) विशे॰ जिसे अपने बौद्धिक व सांस्कृतिक स्तर का अभिमान हो; **highchair** *n* छोटे बच्चे के बैठने की ऊंची कुर्सी; **higher education** *n* उच्च शिक्षा; **high-handed** *a* निरंकुश, मनमाना, दूसरों की इच्छाओं, भावनाओं का विचार किये बिना कार्य करने वाला (व्यवहार, व्यक्ति); **highjack** = **hijack**; **high jump** *n* ऊंची कूद (की प्रतियोगिता); **the Highlands** *npl* स्कॉटलैंड के पर्वतीय क्षेत्र; **highlight** *n* चित्र, फ़ोटो आदि में सबसे अधिक चमकता भाग; (*fig*) विशिष्टता // *vt* पर ज़ोर देना; (का) महत्व बताना, पर रोशनी डालना; **highly** *ad* बहुत अधिक; **highly strung** *a* उत्तेजनशील, तनाव में, अति संवेदनशील; **highness** *n* ऊंचा होने की स्थिति, का गुण; **Her Highness** राजकुमारी के लिए प्रयुक्त सम्बोधन; **high-pitched** *a* तीखा कान भेदने वाला स्वर; **high-rise block** *n* बहुमंज़िले भवनों का समूह; **high school** *n* हाई स्कूल; **high season** *n* (*Brit*) समय जब किसी जगह बहुत अधिक पर्यटक आते हों; **high street** *n* (*Brit*) नगर का मुख्य मार्ग जहां अधिकतर दुकानें व बैंक आदि हों

highway ('हाइवे) *n* राजमार्ग; मुख्य मार्ग; **Highway Code** *n* (*Brit*) सड़क पर चलने वालों के लिए निर्देश-पुस्तिका

hijack ('हाइजैक) *vt* किसी वाहन (विशे॰ विमान) अथवा उसकी सम्पत्ति, उसके यात्रियों आदि का अपहरण करना; लूटना; **hijacker** *n* अपहरणकर्ता

hike (हाइक) *vt* (झटके से) खींचना; बढ़ाना (जैसे कीमतें) // *vi* लंबी पद-यात्रा करना; **hiker** *n* लम्बी पदयात्रा करने वाला

hilarious (हि'लेअरिअस) *a* अत्यंत आनंददायक, बहुत हंसाने वाला (कार्य-क्रम, बात आदि); उल्लसित, प्रफुल्ल

hilarity (हि'लैरिटि) *n* उल्लास, प्रफुल्लता, आनंद

hill (हिल) *n* पहाड़ी, टीला; **hillock** *n* छोटी पहाड़ी; **hillside** *n* पहाड़ी ढलान वाला भाग; **hilly** *a* पहाड़ी (इलाका)

hilt (हिल्ट) *n* तलवार आदि की मूठ, दस्ता, हत्था; **to the hilt** (*fig* : *support*) पूरा (समर्थन)

him (हिम) *pronoun* **he** का *objective case* रूप, संप्रदान कारक; (*direct*) उसे; (*stressed, indirect after prep*) उसे ही; **me** भी देखिए; **himself** *pronoun* (*reflexive*) उसने स्वयं; (*emphatic*) उसने स्वयं ही; (*after prep*) स्वयं (का/से आदि) ही; **oneself** भी देखिए

hind (हाइंड) *a* पीछे का, पिछला // *n* हिरनी

hinder ('हिंडर) *vt* रुकावट डालना, अटकाना, बाधा डालना; **to hinder sb from doing** को करने से रोकना; **hindrance** ('हिंड्रन्स) *n* रुकावट, बाधा, विघ्न

hindsight ('हाइंड्साइट) *n* कुछ हो जाने के बाद यह समझ सकना कि क्या करना उचित था, पश्च-दृष्टि; **with hindsight** पिछले अनुभव से लाभ उठाकर

Hindu ('हिंडू) *n* भारतवासी, विशे॰ हिंदू

hinge (हिंज) *n* (दरवाज़े आदि का) कब्ज़ा, चूल // *vt* कब्ज़ा लगाना // *vi* (*fig*) घूमना; **to hinge on** पर निर्भर करना

hint (हिंट) *n* संकेत, इशारा // *vt* : **to hint that** संकेत देना कि // *vi* : **to hint at** की ओर इशारा करना

hinterland ('हिंटरलैंड) *n* समुद्रतट के पीछे, अथवा महानगर, बंदरगाह आदि के पास का क्षेत्र, पश्चभूमि, पृष्ठ प्रदेश

hip (हिप) *n* कूल्हा, पुट्ठा, नितम्ब; छत के दो ढालू भागों के मिलने का कोण

hippie, hippy ('हिपि) *n* व्यक्ति जिसके वस्त्र, व्यवहार आदि उसके द्वारा परम्परात मान्यताओं को अस्वीकार करने के सूचक हैं, हिप्पी

hippopotamus, *pl* **hippopotamuses** या **hippopotami** (हिप'पॉटमस, हिप'पॉटमाइ) *n* दरयाई घोड़ा

hire ('हाइअर) *vt* किराये या भाड़े पर लेना; नौकर रखना // *n* भाड़े पर लेना या लिया जाना; किराया, भाड़ा; **for hire** किराए पर; ख़ाली (टैक्सी); **hire purchase (H.P.)** *n* (*Brit*) किश्तों में भुगतान योजना के अंतर्गत वस्तु की ख़रीद, किराया-ख़रीद

his (हिज़) *pronoun* उसका, उसकी // *a* भी, साथ ही देखिए **my, mine**

hiss (हिस) *vi* (सांप का) फुफकारना, सी-सी करना विशे॰ गुस्से में // *vt* नाराज़गी ज़ाहिर करना, ऐसी आवाज़ करके किसी की खिल्ली उड़ाना // *n* फुंकार; **hissing** *n* फुफकार

historian (हि'स्टॉरिअन) *n* इतिहास-कार

historic(al) (हि'स्टारिक्(ल)) *a* ऐतिहासिक, अतीत में घटित

history ('हिस्टरि) *n* इतिहास, घटना-वृत्त, पूर्ववृत्त

hit (हिट) *vt* (*pt, pp* **hit**) (हाथों से, पत्थर आदि से) मारना, प्रहार करना, वार करना, ठोकर मारना; चोट पहुंचाना, (*fig*) अचानक पा लेना; वार करना, अचानक (योजना आदि) सोच पाना // *n* वार; सफलता; लोकप्रिय गाना आदि; **to hit it off with sb** किसी के साथ अच्छी तरह निभना; **hit-and-run driver** *n* दुर्घटना करके भाग जाने वाला ड्राइवर

hitch (हिच) *vt* (रस्सी आदि से)

hitch-hike 330 **hold**

बांधना, अटकाना; झटके से खींचना; अटक जाना; (**hitch up** भी) (पतलून आदि) ऊपर खींच लेना // *n* कठिनाई; अड़चन; गांठ; बंधन; झटका; **to hitch a lift** मुफ़्त सवारी कर लेना

hitch-hike ('हिचहाइक) *vi* लोगों से जगह-जगह मुफ़्त सवारी मांगकर यात्रा करना; **hitch-hiker** *n* इस प्रकार यात्रा करने वाला घुमक्कड़

hi-tech ('हाइ'टेॅक) *a* आधुनिकतम तकनीक व यंत्रों से बना // *n* आधुनिकतम तकनीक

hither ('हिदर) *ad* इधर

hitherto ('हिदर'टू) *ad* अब तक

hive (हाइव़) *n* मधुमक्खी-पेटी; (*fig*) भीड़-भाड़ व चहल-पहल वाला (कार्य) स्थान; **to hive off** *vt* अलग कर देना

HMS *His* या *Her Majesty's Service* या *Ship* का संक्षेप

hoard (होर्ड) *n* ज़खीरा, भंडार, कोष // *vt* जमा करना, संचय करना (विशे॰ छिपा कर)

hoarding ('होर्डिङ) *n* विज्ञापन के लिए बड़ा बोर्ड, होर्डिंग; इमारत या ज़मीन के चारों ओर लकड़ी के तख़्तों का अस्थायी घेरा

hoarfrost ('हॉरफ़्रास्ट) *n* जमी हुई ओस

hoarse (होर्स) *a* फटा-फटा (स्वर), कर्कश (ध्वनि)

hoax (होक्स) *n* बेवक़ूफ़ बनाने के लिए किया गया मज़ाक; धोखा, छल

hob (हॉब) *n* चूल्हे का ऊपरी चपटा भाग, स्टोव का ऊपरी भाग

hobble ('हॉब्ल) *vi* लंगड़ाना // *vt* (घोड़े आदि की) टांगों को बांध देना

hobby ('हॉबि) *n* शौक, हॉबी; छोटा बाज़; **hobby horse** *n* कठघोड़ा; (*fig*) (बातचीत का) प्रिय विषय, सनक

hobnob ('हॉब्नॉब) *vi* साथ शराब पीना; (से) मेलजोल रखना

hobo ('होबो) *n* (*US*) आवारा; घुमक्कड़, एक जगह न टिकने वाला व्यक्ति

hockey ('हॉकि) *n* हाकी का खेल

hocus-pocus ('होकस'पोकस) *n* हेराफेरी, मंत्रतंत्र, छूमंतर; बाज़ीगरी

hoe (हो) *n* फावड़ा, कुदाली

hog (हॉग) *n* खस्सी नर सूअर; (*fig*) लोभी, नीच व्यक्ति // *vt* (*col*) खाना, (किसी वस्तु का) अपने स्वार्थ के लिए उपयोग करना; **to go the whole hog** किसी कार्य को (विशे॰ नये कार्य को) पूरी तरह कर डालना

hoi polloi ('हॉइप'लॉइ) *n* (*offens*) जन साधारण, जनता जनार्दन

hoist (हॉइस्ट) *vt* ऊपर उठाना, कांटे से ऊपर उठाना // *n* ऊपर उठाने का यंत्र, कांटा, हविस

hold (होल्ड) *vb* (*pt, pp* **held**) *vt* पकड़ना, पकड़े रखना, स्थिर रखना,

थामना; धारण करना, का अधिकारी होना; (प्रदर्शनी, सभा आदि) करना; हिरासत में लेना; (समारोह आदि) मनाना; रोके रखना; विश्वास रखना // *vi* दृढ़ रहना, बना रहना, टिके रहना; डटे रहना; लागू रहना; पर्याप्त होना // *n* (*fig*) पकड़; प्रभाव; (*NAUT*) जहाज़ या विमान में माल रखने का स्थान; **hold the line!** (टेलीफ़ोन पर) प्रतीक्षा कीजिए!; **to hold one's own** (मुकाबले आदि में) डटे रहना; **to catch or get (a) hold of** पकड़ लेना; **to get hold of** (*fig*) पा लेना; **to hold back** *vt* रोक लेना, रोके रखना; **to hold down** *vt* (व्यक्ति को) काबू में रखना; (नौकरी) बनाये रखना; **to hold off** *vt* दूर रखना, रोकना; **to hold on** *vi* पकड़े रखना ताकि गिरे नहीं; **hold on!** (*TEL*) (टेलीफ़ोन पर) प्रतीक्षा कीजिए!; **to hold on to** *vt* (सिद्धांत आदि पर) अड़े रहना; को पकड़े रहना; **to hold out** *vt* प्रस्तुत करना, आगे बढ़ाना // *vi* डटे रहना; **to hold up** *vt* संभालना; करने में देरी करना; लूटने के इरादे से (बस आदि) रोकना; **holdall** *n* बिस्तरबंद; **holder** *n* (*ticket, record*) धारी, का स्वामी; (*office, title etc*) (पद, पदवी) धारी; **holding** *n* सम्पत्ति; कुल शेयर आदि; (*farm*) जोत-क्षेत्र; **holdup** *n* (*robbery*) सशस्त्र डाका; देरी; (*Brit*) सड़क पर भीड़ में रुके रहना

hole (होल) *n* छेद, छिद्र, सूराख़; गड्ढा; बिल; (*col*) गन्दा (रहने का) स्थान; (*col*) कठिन स्थिति, परेशानी

holiday ('हॉलिडे) *n* छुट्टी का दिन, अवकाश; **on holiday** छुट्टी पर; **holiday camp** *n* (*for children*) छुट्टियों का शिविर (**holiday centre** भी) पर्यटन केंद्र; **holiday-maker** *n* (*Brit*) घर से दूर छुट्टी मना रहा व्यक्ति; **holiday resort** *n* पर्यटन-स्थल; छुट्टियां मनाने के लिए उपयुक्त स्थान

holiness ('होलिनिस) *n* पवित्रता, साधुता

Holland ('हॉलंड) *n* हालैंड देश

hollow ('हॉलो) *a* खोखला; पोला; खाली; (*fig*) तत्वहीन; बनावटी, झूठा; खोखली (आवाज़) // *n* (*in land*) गड्ढा; छेद; घाटी // *vt* : **to hollow out** खोखला बनाना; छेद करना; खोदना

holly ('हॉलि) *n* छोटे लाल फलों व कांटेदार नुकीले पत्तों वाली सदाबहार झाड़ी, शूलपर्णी

holocaust ('हॉलकॉस्ट) *n* सर्वनाश, विध्वंस

holster ('होल्स्टर) *n* पिस्तौल रखने का ख़ोल

holy ('होलि) *a* धार्मिक, पवित्र, दैवी, ईश्वरीय; **Holy Spirit** *or* **Ghost** *n* पवित्र आत्मा

homage ('हॉमिज) *n* श्रद्धांजलि, सम्मान

home (होम) *n* घर, गृह; मातृभूमि, स्वदेश; वृद्ध, असहाय आदि व्यक्तियों के लिए संस्था, निकेतन, आश्रम // *a* घर से सम्बंधित; घरेलू, घर का; (*ECON, POL*) गृह, आंतरिक // *ad* घर को, घर पर; लक्ष्य स्थान तक; **at home** घर पर; **to go** (*or* **come**) **home** घर जाना (या आना); **make yourself at home** आराम से बैठो/रहो (जैसे अपने घर में ही हो); **home address** *n* घर का (स्थायी) पता; **home computer** *n* घरेलू-कम्प्यूटर (व्यावसायिक कार्यों में प्रयुक्त कम्प्यूटर के विपरीत); **homeland** *n* स्वदेश; **homeless** *a* बेघर; **homely** *a* सीधा-सादा, घर जैसा, साधारण; **home-made** *a* घर का बना; **Home Office** *n* (*Brit*) गृह मंत्रालय; **home rule** *n* स्वशासन; **Home Secretary** *n* (*Brit*) गृहमन्त्री; **homesick** *a* : **to be homesick** घर-परिवार की याद से दुःखी होना; **homespun** *a* घरेलू, साधारण; घर में बना (वस्त्र); **homeward** ('होम्वर्ड) *a* घर की ओर; **home town** *n* स्थान जहां व्यक्ति पैदा हुआ व पला हो; **homework** *n* विद्यार्थी को स्कूल में दिया गया अध्ययन-कार्य, होमवर्क

homicide ('हॉमिसाइड) *n* नर-हत्या; मानवघाती, हत्यारा

homily ('हॉमिलि) *n* प्रवचन, धर्म-उपदेश

homo- (होमो-) *comb form* सम-, समान, जैसे **homoeopathy, homosexual**

homoeopathy (होमि'ऑपथि) *n* होम्योपेथी चिकित्सा-प्रणाली; **homoeopath** *n* होम्योपैथी-चिकित्सक

homogeneous (होम'जीनस) *a* समरूप, समांगी, सदृश

homosexual (होमो'सेक्सयुअल) *a, n* जिसकी समलिंग की ओर कामभावना हो, समलिंगकामी

hone (होन) *n* धार तेज़ करने का सान // *vt* सान पर धार चढ़ाना

honest ('ऑनिस्ट) *a* सच्चा, ईमानदार; खरा, असली; निष्कपट; **honestly** *ad* सच्चाई से, सचमुच; **honesty** *n* ईमानदारी, सच्चाई

honey ('हनि) *n* शहद, मधु; **honeycomb** ('हनिकोम) *n* मधुमक्खियों का छत्ता // *vt* छेद, गड्ढे आदि बना देना; **honeymoon** *n* मधुमास; **honeysuckle** *n* (*BOT*) एक प्रकार की बेल

honk (हॉङ्क) *vi* कार आदि का पों-पों की ध्वनि करना

honorary ('आनरेरि) *a* सम्मान-सूचक (उपाधि); अवैतनिक (पद व कार्य)

honour, (*US*) **honor** ('ऑनर) *n* आदर, सम्मान, इज़्ज़त; प्रतिष्ठा, ईमानदारी; मर्यादा, गौरव; सतीत्व, सम्मान-सूचक (गुण, उपाधि); प्रसन्नता; सौभाग्य

// *vt* आदर करना, मान देना, सम्मान प्रदान करना; चेक, हुंडी आदि सकारना, का भुगतान करना; **honourable** *a* माननीय, आदरणीय; प्रतिष्ठित; ईमानदार; **honours degree** *n* (*SCOL*) प्रवीण-उपाधि, ऑनर्स डिग्री

hood (हुड) *n* टोप, सिर व गरदन को ढंकने वाला टोप, हुड, कार, बच्चा गाड़ी की खुल सकने वाली छत; टप, बरसाती; (*US*) कार के इंजन का ढक्कन

hoodlum ('हूड्लम) *n* गुण्डा, दादा

hoodwink ('हुड्विंक) *vt* धोखा देना

hoof (हूफ़), *pl* **hoofs** *or* **hooves** *n* खुर

hook (हुक) *n* आंकड़ा, कांटा, हुक; खूंटी; हंसिया; (*BOXING*) कुहनी मोड़ कर मारा गया मुक्का // *vt* पकड़ना, हुक से बांधना, फंसाना; (*GOLF*) (गेंद) काफी बांये मारना; (*CRICKET*) लेग की ओर गेंद को घुमा देना

hooligan ('हूलिगन) *n* गुण्डा, बदमाश, तोड़-फोड़ करने वाला (युवा) व्यक्ति

hoop (हूप) *n* पीपे आदि के चारों ओर लगाने का लोहे या लकड़ी का छल्ला, चक्करदार पट्टी; खिलौने या खेलों में (जैसे सर्कस में) कूदने का छल्ला

hoot (हूट) *n* उल्लू की आवाज़; नाराज़गी दिखाने व मज़ाक उड़ाने के लिए हू-हू की आवाज़ें // *vi* शोरगुल मचाना, सीटी बजाना, हूट करना; कार आदि के हार्न का पों-पों करना; (*col*) हंसना; **hooter** *n* (कारखाने आदि का) भोंपू

hoover ('हूव़र) ® निर्वात सफ़ाई-उपकरण (वेकूम-क्लीनर) // *vt* ऐसे उपकरण से सफ़ाई करना

hooves (हूव़्ज़) **hoof** का *npl*

hop (हॉप) *n* उछल, कूद; यात्रा का एक भाग // *vi* एक पैर से कूदना; (*col*) उछल कर आगे बढ़ना; फुदकना

hope (होप) *vt, vi* (की) आशा, उम्मीद करना // *n* आशा, अभिलाषा, उम्मीद; अभिलाषित वस्तु; **I hope so** मुझे ऐसी आशा है; **I hope not** आशा है ऐसा नहीं हुआ/होगा; **hopeful** *a* आशावान, आशापूर्ण (स्थिति); **hopefully** *ad* (विशे॰ आजकल) (*col*) आशा की जाती है; **hopeless** *a* निराशाजनक (स्थिति आदि)

hops (हॉप्स) *npl* एक बेल के कड़वे शंकुफल जो बीयर बनाने में प्रयुक्त होते हैं

horde (होर्ड) *n* भीड़; झुण्ड (विशे॰ इकट्ठे चलते या उड़ते जानवरों या कीड़ों का)

horizon (ह'राइज़न) *n* क्षितिज (जहां पृथ्वी और आकाश मिलते दिखाई पड़ते हैं), क्षितिज-रेखा; **horizontal** (हॉरि'ज़ॉण्टल) *a* क्षितिज के समानान्तर, अनुप्रस्थ, समतल

hormone ('हॉरमोन) *n* हारमोन

(कुछ ग्रंथियों से निकलने वाला एक पदार्थ जो शरीर के अवयवों का कार्य करने में सहायक है); इस प्रकार का कार्य करने वाला कृत्रिम (रसायनिक) पदार्थ, हारमोन

horn ('हॉर्न) *n* सींग, शृंग; इससे बनी अथवा मिलती-जुलती अनेक वस्तुएं; इससे बने वाद्य (तुरही जैसे); कार आदि का हार्न, भोंपू; **French horn** *n* एक फ्रांसीसी बाजा

hornet ('हॉर्निट) *n* ततैये की जाति का एक प्रकार का बड़ा कीड़ा, हाड़ा

horny ('हॉर्नि) *a* सख्त, कड़ा, सींग से बना; (*hands*) सख्त, कड़े व खुरदरे; (*col*) अति कामुक

horoscope ('हॉरस्कोप) *n* जन्मपत्री, जन्मकुण्डली

horrendous (हॉ'रेण्डस) *a* भयंकर, रोमांचकारी

horrible ('हॉरबल) *a* भयंकर, घृणा-वह, वीभत्स

horrid ('हॉरिड) *a* अप्रिय; घृणित; रूखा

horrify ('हॉरिफ़ाइ) *vt* भयभीत करना

horror ('हॉरर) *n* आतंक, संत्रास; घृणा; **horror film** *n* डरावनी फ़िल्म

horse (हॉर्स) *n* घोड़ा, अश्व; घुड़सवार सेना, रिसाला; (जिमनास्टिक में) कूदने का घोड़ा; कपड़े सुखाने का ढांचा, घोड़ी; **horseback : on horseback** घोड़े पर सवार; **horse chestnut** *n* गिरीदार फल वाला वृक्ष, हॉर्सचेस्टनट, वनखोर; **horseman/woman** *n* घुड़सवार पुरुष/स्त्री; **horsepower (h.p.)** *n* इंजन-शक्ति की इकाई, हार्स-पावर; **horse-racing** *n* घुड़दौड़; **horse-radish** मूली; **horseshoe** *n* नाल; नालाकार वस्तु

horticulture ('हॉर्टिकल्चर) *n* बाग़बानी, उद्यानकृषि

hose (होज़) *n* (**hose pipe** भी) द्रव या गैस ले जाने के लिए रबर आदि का लचीला पाइप; (**garden hose** भी) पानी देने का पाइप; जुराबें

hosiery ('होज़िअरि) *n* होज़री, जुराब बनियान आदि

hospitable ('हॉस्पिटब्ल) *a* अतिथि सत्कार करने वाला, मेहमाननवाज़

hospital ('हॉस्पिटल) *n* अस्पताल, चिकित्सालय; **in hospital** अस्पताल में भरती; **hospitalize** *vt* उपचार के लिए अस्पताल में भरती कराना

hospitality ('हॉस्पि'टैलिटि) *n* (अतिथियों का) आदर-सत्कार, आवभगत

host (होस्ट) *n* मेज़बान, अतिथियों का सत्कार करने वाला; सराय या होटल का मालिक; किसी कार्यक्रम का संचालक; ऐसा जानवर, पौधा जिसमें परजीवी (कीटाणु आदि) रहते हैं; बहुत बड़ी संख्या // *vt* मेज़बानी करना; **a host of** बहुत से

hostage ('हॉस्टिज) *n* बन्धक व्यक्ति, मांगे पूरी करवाने के लिए बन्दी बनाया गया व्यक्ति

hostel ('हॉस्ट्ल) *n* होस्टल, छात्रों, बेघर व्यक्तियों आदि के लिए कम खर्चे वाला आवास; **youth hostel** युवकों का होस्टल

hostess ('होस्टिस) *n* **host** का *fem*; स्त्री मेज़बान

hostile ('हॉस्टाइल) *a* विरोधी, प्रतिकूल, शत्रुतापूर्ण, शत्रुसम्बंधी; वैरपूर्ण

hostility (हॉ'स्टिलिटि) *n* शत्रुता; **hostilities** *npl* युद्ध, युद्ध की स्थिति

hot (हॉट) *a* गरम; तपता हुआ; क्रोधित, तीव्र, नवीन; अतिप्रिय; चरपरा; तीता (स्वाद), (*sl*) उत्तम, तेज़, चुस्त; (*sl*) चोरी का (माल); **to be hot** (*person*) बहुत गर्मी लगना; (*object*) गरम होना; (*weather*) गरमी होना; **hotbed** *n* क्यारी जिसमें पनीरी को गर्मी पहुंचाई जाय; (*fig*) अड्डा (बदमाशों आदि का); **hot dog** *n* गोल डबलरोटी के टुकड़ों में रखा गर्म सॉसेज (कीमे से बना पदार्थ), हॉटडॉग; (*INDIA*) : **vegetable hot dog** *n* कीमे के स्थान पर आलू से बना हॉटडॉग

hotchpotch ('हॉच्पॉच) *n* खिचड़ी; गड़बड़झाला

hotel (हो'टेल) *n* होटल; **hotel keeper, hotelier** (हॉ'टेल्यर) *n* होटल-मालिक या प्रबंधक

hot : hotheaded *a* क्रोधी, उतावला; **hothouse** *n* शीत प्रदेशों में उष्ण प्रदेशों के पौधे उगाने के लिए कृत्रिम रूप से गरम रखा हुआ भवन, कांचघर, गरम घर; **hot line** *n* (*POL*) (दो) देशों के मुख्य शासकों के मध्य सीधे बातचीत के लिए सम्पर्क व्यवस्था; **hotly** *ad* गुस्से में; ज़ोरदार ढंग से (विवाद करना); **hotplate** *n* बिजली के कुकर पर लगी प्लेट जो गरम की जा सकती है, तप्त प्लेट; खाना गरम रखने के लिए उपकरण; **hot water bottle** *n* सेंक करने के लिए गर्म पानी की बोतल

hound (हाउंड) *n* शिकारी कुत्ता // *vt* भगाना, पीछा करना; उकसाना

hour (आउअर) *n* घंटा; दिन का समय, निश्चित समय; **hours** *npl* कार्य, प्रार्थना आदि की निश्चित अवधि; प्रार्थना-संग्रह; **hourly** *ad* हर घंटे, बार-बार // *a* बारंबार होने वाला, हर घंटे होने वाला; **hourly paid** *a* जिसे प्रति घंटे कार्य के हिसाब से मेहनताना दिया जाय

houri ('हुअरि) *n* मुसलमानों की जन्नत (स्वर्ग) की हूर

house *n* (हाउस) (*pl* **houses** ('हाउज़िज़) मकान, गृह, भवन; (*POL*) सभाभवन, सदन आदि; परिवार; व्यापारिक फ़र्म; प्रतिष्ठान; (हाल में बैठे) श्रोतागण // *vt* (हाउज़) आश्रय, रहने का स्थान, माल रखने का स्थान आदि

देना या लेना; ढंकना या रखना; **on the house** (*fig*) होटल में मुफ़्त दिया जाने वाला (खाद्य पदार्थ); **houseboat** *n* नदी आदि पर रहने के लिए बना नौकाघर; **housebreaking** *n* घर में सेंध लगाना; **housecoat** *n* स्त्रियों का घर पर पहनने का लम्बा ढीला चोग़ा; **household** *n* गृहस्थी, कुटुम्ब, परिवार; **householder** *n* गृहस्वामी, घर का मालिक; **housekeeper** *n* घर की प्रबंधिका; **housekeeping** *n* घर का काम; **housekeeping money** घर चलाने का खर्चा; **house-warming party** *n* गृह-प्रवेश प्रीति-भोज; **housewife** *n* घर चलाने वाली स्त्री, गृहस्वामिनी; (हूज़िफ़) डिब्बा जिसमें सूईधागा, बटन आदि रखे जाते हैं; **housework** *n* घर-गृहस्थी का काम

housing ('हाउज़िङ) *n* आवास-प्रबंध; आवास; शरण, आश्रय; ढांचा; **housing development,** (*Brit*) **housing estate** *n* आवास खण्ड

hovel ('हॉव़ल) *n* झोंपड़ी, घरौन्दा

hover ('हॉव़र) *vi* पक्षियों का मंडराना; घूमना, चक्कर मारना; दुविधा में पड़े होना; **hovercraft** ('हॉव़रक्राफ़्ट) *n* एक प्रकार का यान जो पृथ्वी व समुद्र दोनों पर सतह से ऊपर वायु के दबाव से चलता है

how (हाउ) *ad* कैसे, किस दिशा में, किस सीमा तक : **how are you?** क्या हाल-चाल हैं ?; **how do you do?** कैसे हो, क्या हाल चाल हैं ?; **how far is it to...?** ...यहां से कितनी दूर है ?; **how long have you been here?** यहां कब से रह रहे हो ?; **how lovely!** अति सुंदर !; **how many/much?** कितना/कितने ?; **how many people/ much milk?** कितने लोग/कितना दूध ?; **how old are you?** तुम्हारी उम्र कितनी है ?; **however** (हाउ'ऍव़र) *ad* फिर भी; (+ *adjective*) चाहे जितना, चाहे जैसा; (*in questions*) (आश्चर्य प्रकट करने के लिए) भला कैसे ? // *cj* परंतु, लेकिन

howdah ('हाउड्अ) *n* हाथी पर बैठने का हौदा

howitzer ('हाउइट्सर) *n* ऊंचाई पर मार करने वाली छोटी तोप

howl (हाउल) *vi* हू-हू करना (विशे॰ भेड़िये व शिकारी कुत्तों का चिल्लाना) // *n* ऐसी आवाज़; **howler** (*inf*) *n* भद्दी भूल

h.p., HP **hire purchase, horse-power** का संक्षेप

HQ **headquanters** का संक्षेप

hub (हब) *n* पहिये का केंद्र जहां से आरे (स्पोक) चारों ओर निकलते हैं, नाभि; (*fig*) गतिविधियों का केंद्र

hubbub ('हबब) *n* शोरगुल, कोलाहल

hub cap *n* मोटर-गाड़ी के पहिये के

बीच लगा धातु का ढक्कन

huddle ('हड्ल) *n* घनी भीड़; तात्कालिक (और गुप्त) विचार-विमर्श // *vi* : to **huddle together** सटकर इकट्ठा होना, सिमट कर बैठ जाना

hue (ह्यू) *n* रंग, वर्ण, शेड; **hue and cry** *n* सार्वजनिक विरोध, ज़ोरदार विरोध, शोर, हो-हल्ला (किसी अन्याय के विरुद्ध)

huff (हफ़) *n* : **in a huff** खीज या झुंझलाहट से

hug (हग) *vt* चिपटाना, गले लगाना, (से) चिपके रहना; (*shore, kerb*) तट, सड़क की पटरी से सट कर चलना // *n* स्नेहपूर्ण आलिंगन

huge (ह्यूज) *a* बहुत बड़ा, विशाल

hulk (हल्क) *n* जहाज़ का (बेकार) ढांचा; (*offens*) विशालकाय भद्दा व्यक्ति या वस्तु

hull (हल) *n* जहाज़ का ढांचा, मुख्य भाग // *vt* ऊपर का खोल व छिलका हटाना, छीलना; (जहाज़ आदि को गोले से) भेदना

hullabaloo (हलब'लू) *n* शोरगुल, हो-हल्ला; शिकायत; झगड़ा

hullo (ह'लो) *excl* = **hello**

hum (हम) *vt* गुनगुनाना // *vi* (मधुमक्खी का) भिनभिनाना; (*sl*) (से) अप्रिय गंध आना; (*sl*) बहुत सक्रिय होना // *n* गुंजन; (*sl*) गंध; (*sl*) चहल पहल, गतिविधि; रेडियो में श्रवण में ख़राबी

human ('ह्यूमन) *a* मानवीय, मानव सम्बंधी // *n* मानव; **humanize** *vt* मानवीय या सभ्य बनाना; **humankind** *n* सम्पूर्ण मानव जाति

humane (ह्यू'मेन) *a* उदार, दयामय, सहृदय

humanitarian (ह्यूमैनि'टेअरिअन) *a* लोकोपकारी

humanity (ह्यू'मैनिटि) *n* मानव जाति; मानव स्वभाव, दयालुता; **humanities** *npl* साहित्य, दर्शन, कला (का अध्ययन)

humble ('हंबल) *a* विनम्र, दीन // *vt* नीचा दिखाना, का निरादर करना, अपमानित करना

humbug ('हंबग) *n* धोखेबाज़, कपटी; गप, धोखा; उबाली चीनी से बना एक मीठा पदार्थ

humdrum ('हमड्रम) *a* साधारण; फीका, रूखा

humid ('ह्यूमिड) *a* सीलनभरा, गीला, आर्द्र

humiliate (ह्यू'मिलिएट) *vt* अपमानित करना, नीचा दिखाना; **humiliation** (ह्यूमिलि एशन) *n* अपमान

humility (ह्यू मिलिटि) *n* विनम्रता, दीनता

humorous ('ह्यूमरस) *a* हास्यकर, मज़ाकिया

humour, (*US*) **humor** ('ह्यूमर)

n हास्य, परिहास, मज़ाक; (*mood*) मनोदशा; मिज़ाज; स्वभाव // *vt* (को) प्रसन्न करना, संतुष्ट करना; **humorist** *n* विनोदी, मज़ाक करने वाला व्यक्ति; हास्य लेखक

hump (हम्प) *n* (ऊंट आदि का) कूबर; छोटी पहाड़ी; (*col*) उदासी // *vt* कूबर के आकार का बनाना; **humpback** *n* कुबड़ा

hunch (हंच) *n* (*col*) पूर्वाभास; कूबर // *vt* कूबर के आकार में (शरीर का भाग) झुकाना; **hunchback** *n* कुबड़ा; **hunched** *a* आगे झुका हुआ, सिमटा हुआ

hundred ('हंड्रड) *num* सौ; **hundreds of** सैंकड़ों; **hundredweight** *n* (*Brit*) 112 पौंड = 50.8 किलोग्राम का भार; (*US*) = 45.3 kg; 100 पौंड

hung (हङ) **hang** का *pt, pp*

Hungary ('हंगरि) *n* हंगरी (देश)

hunger ('हंगर) *n* भूख; प्रबल इच्छा या कामना // *vi* : **to hunger for** प्रबल कामना रखना; **hunger-strike** *n* भूख-हड़ताल

hungry ('हंगरि) *a* भूखा; **to be hungry** भूख लगी होना

hunk (हंक) *n* मोटा टुकड़ा

hunt (हंट) *vt* तलाश करना; शिकार करना // *vi* शिकार करना; **hunt for** *vt* (को) तलाश करना // *n* शिकार, आखेट; पीछा; खोज, आखेट-मार्ग; शिकारी कुत्तों का समूह; शिकार-क्षेत्र; **hunter** *n* शिकारी; **hunting** *n* शिकार

hurdle ('हर्ड्ल) *n* (*SPORT*) डंडों का अस्थायी घेरा या कूदने के लिए बनाई बाधा; (*fig*) बाधा, रुकावट; **hurdles** *npl* बाधा-दौड़

hurl (हर्ल) *vt* ज़ोर से फ़ैंकना

hurrah (हु'रा), **hurray** (हु'रे) *n* प्रसन्नता या प्रशंसा का विस्मयादिबोधक शब्द

hurricane ('हरिकन) *n* तूफ़ान; **hurricane lamp** *n* लालटेन

hurried ('हरिड) *a* जल्दबाज़ी में किया गया (काम); **hurriedly** *ad* जल्दबाज़ी से

hurry ('हरि) *n* जल्दबाज़ी; उत्सुकता, उतावलापन, बेचैनी // *vb* (**hurry up** भी); *vi* जल्दी करना // *vt* (*person*) से जल्दी (काम) कराना; (*work*) तेज़ करना, (काम) की गति बढ़ाना; **to be in a hurry** जल्दी में होना; **to do sth in a hurry** जल्दबाज़ी में कुछ करना; **to hurry in/out** जल्दबाज़ी में आना/जाना

hurt (हर्ट) *vb* (*pt, pp* **hurt**) *vt* चोट पहुंचाना, नुकसान पहुंचाना; दर्द करना; (मानसिक) कष्ट देना, भावनाओं को ठेस पहुंचाना, दुःख देना // *vi* का दर्द अनुभव होना // *n* घाव, चोट,

हानि; **hurtful** *a* (*remark*) दुःखदायी, कष्टप्रद

hurtle ('हट्ल्) *vi* (वस्तु आदि का) तेज़ी से चलना, घूमना; **to hurtle past** के पास से बहुत तेज़ी से गुज़र जाना; **to hurtle down** (सड़क आदि) पर बहुत तेज़ी से भागना

husband ('हज़्बंड) *n* पति // *vt* संभलकर खर्च करना, बचत से (पैसों आदि का) पूरा उपयोग करना

hush (हश) *n* सन्नाटा, चुप्पी, पूरी शांति // *vt* चुप कराना; **hush!** चुप!; **hush-hush** *a* (*col*) गुपचुप, गुप्त; **to hush up** *vt* अफ़वाहें, मामला, सूचना आदि दबा देना; गोपनीय कर देना

husk (हस्क) *n* भूसा, छिलका; वस्तु का व्यर्थ का भाग // *vt* भूसा निकालना

husky ('हस्कि) *a* भारी (आवाज़); भूसे जैसा सूखा; सूखा (गला); भूसे या छिलके का, से भरा; (*col*) लम्बा, तगड़ा // *n* उत्तरी ध्रुव में पाया जाने वाला एक कुत्ता जो बर्फ़गाड़ी में जोता जाता है

hustings ('हस्टिंग्ज़) *npl* मंच जहां से संसदीय उम्मीदवारों को मनोनीत किया जाता था; संसदीय चुनाव की कार्यवाही

hustle ('हस्ल) *vt* धकेलना; जल्दी कराना // *vi* (*US sl*) (वेश्या का ग्राहकों को) ललचाना // *n* धक्कम-धक्का; **hustle and bustle** हलचल, चहल-पहल; **hustler** *n* वेश्या

hut (हट) *n* झोंपड़ी, कुटीर, कुटिया

hutch (हच) *n* खरगोश आदि रखने का बक्से जैसा पिंजरा

hyacinth ('हाइअसिंथ) *n* घण्टाकार, विशे॰ बैंगनी-नीले फूलों वाला पौधा, ऐसा नीला रंग, सम्बुल; राहुरत्न

hy(a)ena *n* = **hyena**

hybrid ('हाइब्रिड) *a, n* संकर, दोग़ला (पौधा अथवा जानवर)

hydrant ('हाइड्रंट) *n* नल; (**fire hydrant** भी) सड़क के किनारे आग बुझाने में प्रयोग के लिए लगा नल

hydraulic (हाइ'ड्रॉलिक) *a* पाइप में द्रव-दाब से सम्बंधित अथवा उससे चलने वाला (यंत्र); **hydraulics** *npl* द्रव-इंजीनियरी

hydro- *comb form* जल, जैसे **hydro-electric** में; हाइड्रोजन होना, जैसे **hydrocarbon**

hydroelectric (हाइड्रोइ'लेक्ट्रिक) *a* जल-विद्युत सम्बंधी

hydrofoil ('हाइड्रफ़ॉइल) *n* एक तीव्र गति वाला छोटा जहाज़ जो पानी की सतह से कुछ ऊपर उड़ता है

hydrogen ('हाइड्रजन) *n* हाइड्रोजन गैस; **hydrogen bomb** *n* हाइड्रोजन बम, उद्जन बम जो अति शक्तिशाली व विनाशकारी है

hydrophobia (हाइड्र'फ़ोबिअ) *n* पानी से डरना, जलभीति (पागल कुत्ते के

काटने से हुए रोग का लक्षण)

hyena (हा'इऍन्अ) *n* लकड़बग्घा

hygiene ('हाइजीन) *n* स्वास्थ्य-विज्ञान; **hygienic** *a* स्वास्थ्यकर

hymen ('हाइमेन) *n* कौमार्य-झिल्ली, योनिच्छद

hymn (हिम) *n* स्तुति, आरती, ईश-भजन, स्तोत्र

hype (हाइप) *n* (*col*) धोखा; जालसाज़ी; ज़ोरदार प्रचार // *vt* (किसी उत्पादन का) ज़ोरदार प्रचार करना; **hyped up** *a* नशीले पदार्थ से उत्तेजित

hyper- *prefix* से अधिक, बहुत अधिक जैसे **hyperactive** आदि में

hyperbole (हाइ'पर्बलि) *n* अतिशयोक्ति, अत्युक्ति

hypermarket ('हाइपरमार्किट) *n* विशाल दुकान जहां गाहक स्वयं सामान उठा लेते हैं

hypersensitive (हाइपर्'सेंन्सिटिव़) *a* अति संवेदनशील, बहुत नाज़ुक

hypertension (हाइपर्'टॅन्शन) *n* उच्च रक्तचाप, अति रक्तदाब

hyphen ('हाइफ़न) *n* समास-चिन्ह (-)

hypnosis (हिप्'नॉसिस) *n* सम्मोहन, सम्मोहन-विद्या

hypnotize ('हिप्नटाइज़) *vt* सम्मोहित करना; **hypnotism** *n* सम्मोहन

hypocrisy (हि'पॉक्रिसि) *n* धूर्तता; पाखण्ड, ढोंग

hypocrite ('हिपक्रिट) *n* धूर्त, पाखंडी; **hypocritical** (हिप'क्रिटिक्ल) *a* धूर्ततापूर्ण, पाखंडी, ढोंगी

hypothesis, *pl* **hypotheses** (हाइ'पॉथिसिस, हाइ'पॉथिसीज़) *n* परिकल्पना, अनुमान; प्राक्कल्पना

hysteria (हि'स्टिअरिअ) *n* हिस्टीरिया (एक मानसिक रोग जिसमें रोगी उत्तेजित होकर रोने, चिल्लाने या हंसने लगता है); उन्माद

hysterical (हि'स्टेरिक्ल) *a* उन्मत; हिस्टीरिया-पीड़ित

hysterics (हि'स्टेरिक्स) *npl* हिस्टीरिया के दौरे; (*laughter*) हंसी के ज़बरदस्त ठहाके

I

I (आइ) *pronoun* मैं

IATA *International Air Transport Association* का संक्षेप

ibid (इ'बिड) **ibidem** *Lat ad* पूर्वोक्त (पुस्तक) का संक्षेप

ICBM = **intercontinental ballistic missile**

ice (आइस) *n* (जमी हुई) बर्फ़ // *vt* बर्फ़ से ढकना या ढके जाना; बर्फ़ से ठंडा करना; (केक पर) चीनी की चाशनी चढ़ाना; पेय में बर्फ़ डालना // *vi* (**ice over** भी) बर्फ़ से ढक जाना (**ice up** भी); **ice axe** *n* पहाड़ों पर

चढ़ते समय बर्फ़ काटने की (कुदाली); **iceberg** *n* समुद्र में तैरता हिमशैल; **icebox** *n* (*US*) रेफ्रिजरेटर; **ice cream** *n* आइसक्रीम; **ice cube** जमायी हुई बर्फ़ का चौकोर टुकड़ा; **ice floe** *n* बर्फ़ की तैरती मोटी परत; **ice hockey** *n* बर्फ़ पर खेला जाने वाला हाकी का खेल

Iceland ('आइस्लंड) *n* आइसलैंड (देश)

ice : ice lolly *n* (*Brit*) लकड़ी की डंडी पर आइसक्रीम; **ice rink** *n* बर्फ़ जमा कर बनाया गया स्केटिंग का रिंक (क्षेत्र); **ice skating** *n* बर्फ़ पर स्केटिगं का खेल

icicle ('आइसिकल) *n* (छतों आदि से) लटकती नुकीली बर्फ़

icing ('आइसिङ) *n* (*AVIAT etc*) बर्फ़ की जमी हुई पतली परत; (*CULIN*) पिसी हुई चीनी और अण्डे की सफ़ेदी से बना मीठा पदार्थ (जो केक पर लगाया जाता है); **icing sugar** *n* (*Brit*) पिसी हुई चीनी

icy ('आइसि) *a* बर्फ़ीला, बहुत ठण्डा (मौसम); कम तापमान; बर्फ़ से ढकी (सड़क)

I'd (आइड) = **I would, I had**

idea (आइ'डिआ) *n* विचार, भाव, धारणा; योजना; मत; उद्देश्य

ideal (आइ'डिअल) *n* आदर्श; आदर्शस्वरूप // *a* सर्वांगपूर्ण; आदर्श

idealist (आइडि'अलिस्ट) *n* आदर्शवादी; अव्यावहारिक व्यक्ति

identical (आइ'डैंटिकल) *a* समान, एक से, अभिन्न

identification (आइडैण्टिफ़ि'केशन) *n* पहचान, परिचय; एकीकरण; **means of identification** पहचान के विशेष चिन्ह

identify (आइ'डैण्टिफ़ाइ) *vt* पहचानना, तादात्म्य स्थापित करना, (स्वयं को) वर्ग, वाद आदि से जोड़ना, अभिन्न समझना

identikit picture (आइ'डैंटिकिट 'पिक्चर) *n* अनेक व्यक्तियों के मन पर किसी अपराधी के अंकित चित्रों की सहायता से पुलिस द्वारा बनायी गयी समानाकृति जिससे उसे पहचाना जा सके

identity (आइ'डेण्टिटि) *n* व्यक्तित्व, अभिन्नता, एक से (होना), समानरूपता; **identity card** *n* पहचान-पत्र

ideology (आइडि'ऑलजि) *n* विचारधारा, समूह, समाज, देश आदि का (आर्थिक, राजनीतिक आदि) सिद्धांत, वाद

idiocy ('इडिअसि) *n* जड़बुद्धिता, निपट मूर्खता

idiom ('इडिअम) *n* मुहावरा; बोली; अभिव्यक्ति की विशिष्ट शैली; **idiomatic** *a* मुहावरेदार

idiosyncrasy (इडिओ'सिन्क्रिसि) *n* व्यक्ति की मानसिक, स्वाभाविक, चारित्रिक विशेषता या विलक्षणता; सनक

idiot ('इडिअट) *n* जड़बुद्धि, मूर्ख, बिलकुल नासमझ व्यक्ति; **idiotic** (इडि'ऑटिक) *a* मूर्खतापूर्ण

idle ('आइड्ल) *a* (*lazy, unemployed*) बेकार, निकम्मा; व्यर्थ; निराधार // *vi* (इंजन का) बिना गीयर लगे धीरे-धीरे चलना, खाली चलना // *vt* : **to idle away the time** व्यर्थ समय गंवाना; **to lie idle** (मशीन आदि का) इस्तेमाल में न आना

idol ('आइड्ल) *n* देवी-देवता की मूर्ति; भक्ति या श्रद्धायोग्य वस्तु; **idolize** *vt* ('आइड्लाइज़) (व्यक्ति आदि) की पूजा करना; की मूर्ति बनाना

i.e. *ad Lat* **id est** (का संक्षेप), अर्थात्

if (इफ़) *cj* यदि, अगर, यद्यपि, कि; **if so** यदि ऐसा है; **if not** यदि नहीं; **if only** यदि बस // *n* अनिश्चितता या संदेह, विशे॰ **ifs and buts** में

ignite (इग्'नाइट) *vt* सुलगाना, आग लगाना // *vi* सुलगना, आग पकड़ना

ignition (इग्'नीशन) *n* सुलगने, सुलगाने की क्रिया; (*AUT*) इंजन चालू होने की क्रिया; **to switch on/off the ignition** (कार आदि का) इंजन चालू/बंद करना; **ignition key** (*AUT*) (कार आदि की इंजन चालू करने की) चाबी

ignoble (इग्'नोबल) *a* नीच, अधम; हीन जाति का, नीच कुल में पैदा हुआ (व्यक्ति); हेय

ignorance ('इग्नरन्स) *n* अज्ञान, अनभिज्ञता

ignorant ('इग्नरंट) *a* अज्ञानी; अनपढ़; अनजान, अनभिज्ञ; **to be ignorant of** से अनभिज्ञ होना, के बारे में कुछ पता न होना

ignore (इग्'नोर) *vt* पर ध्यान न देना, उपेक्षा करना

ill (इल) *a* अस्वस्थ, बीमार; खराब, बुरा; दोषपूर्ण; अशुभ // *n* बुराई; हानि // *ad* बुरे रूप में; मुश्किल से; **to speak ill of** की बुराई करना; **to take** *or* **be taken ill** बीमार पड़ जाना; **ill-advised** *a* असावधान, अविवेकी; (*decision*) नासमझी से किया गया; **ill-at-ease** *a* बेचैन, परेशान

I'll (आइल) = **I will, I shall**

illegal (इ'लीगल्) *a* अवैध, ग़ैरकानूनी

illegible (इ'लैजिबल्) *a* अपाठ्य, जो पढ़ा न जा सके, अस्पष्ट

illegitimate (इलि'जिटिमिट) *a* अविवाहित माता-पिता से उत्पन्न, जारज, हरामी; अवैध; अनियमित // *n* जारज, हरामी बच्चा

ill-fated (इल्'फ़ेटिड) *a* भाग्यहीन, दुर्भाग्यपूर्ण; अशुभ

ill feeling *n* दुर्भावना, मन में मैल

ill-gotten (इल्'गॉटन) *a* बेइमानी से प्राप्त किया गया, हराम की (कमाई)

illicit (इ'लिसिट) *a* ग़ैरकानूनी, अवैध;

निषिद्ध, अनुचित

illiteracy (इल्'लिटरसि) *n* निरक्षरता

illiterate (इ'लिटरिट) *a* निरक्षर, अनपढ़, अशिक्षित; अनपढ़ों जैसी (लिखावट) // *n* निरक्षर व्यक्ति

ill-mannered (इल्'मैनर्ड) *a* अशिष्ट, बदतमीज़

illness ('इल्निस) *n* बीमारी

ill-treat (इल्'ट्रीट) *vt* बुरा सलूक/दुर्व्यवहार करना

illuminate (इ'लूमिनेट) *vt* आलोकित करना; स्पष्ट करना, पर प्रकाश डालना; रोशनी करके सजाना; **illumination** (इल्यूमि'नेशन) *n* आलोकित करने की क्रिया, रोशनी द्वारा सजावट, दीपमाला; चित्रावली; ज्ञान होना

illusion (इ'लूझ़न) *n* भ्रांति, भ्रम, धोखा, मिथ्या विश्वास, वहम; **to be under the illusion that** यह भ्रम होना कि

illustrate ('इलस्ट्रेट) *vt* चित्र, उदाहरण आदि (समझाने के लिए) साथ देना, उदाहरण देना; **illustration** (इल'स्ट्रेशन) *n* चित्र; आरेख; उदाहरण; चित्र आदि देने की क्रिया

illustrious (इ'लस्ट्रिअस) *a* प्रसिद्ध, सुविख्यात, प्रतापी

ill will *n* द्वेष, दुर्भावना, मन में मैल

I'm (आइम) = **I am**

image ('इमिज) *n* प्रतिमा, चित्र; छाया; प्रतिबिम्ब; प्रतिरूप; धारणा; मन में बसा चित्र; **imagery** ('इमिजरि) *n* (साहित्य में) बिम्बविधान

imaginary (इ'मैजिनरि) *a* काल्पनिक

imagination (इमैजि'नेशन) *n* कल्पनाशक्ति

imaginative (इ'मैजिनेटिव़) *a* कल्पनाशील

imagine (इ'मैजिन) *vt* कल्पना करना, सोचना, अनुमान लगाना; **imaginable** *a* जिसकी कल्पना की जा सके

imbalance (इम्'बैलन्स) *n* असंतुलन

imbecile ('इम्बिसील) *n* जड़बुद्धि, अल्पबुद्धि, मूर्ख व्यक्ति

imbibe (इम्'बाइब) *vt* (मदिरा) पीना; आत्मसात करना, (मन में) पूर्ण रूप से ग्रहण कर लेना // *vi* पीना

imbue (इम्'ब्यू) *vt* ओत-प्रोत करना, सराबोर कर देना, रंग चढ़ाना

IMF = **International Monetary Fund**

imitate ('इमिटेट) *vt* अनुकरण करना, नकल उतारना, के जैसा बनाना; **imitation** *n* नकल, के जैसी वस्तु; नकली वस्तु

immaculate (इ'मैक्युलिट) *a* (*REL*) निष्पाप; निष्कलंक, बेदाग़, निर्मल, साफ़; त्रुटिहीन

immaterial (इम'टिअरिअल) *a* महत्वहीन, तुच्छ; अमूर्त, अभौतिक; आत्मिक

immature 344 **impatient**

immature (इम'च्युअर) *a* (*fruit*) कच्चा; अपूर्ण; (*person*) अपरिपक्व

immediate (इ'मीडिअट) *a* तुरंत होने वाला, तात्कालिक; सीधा; निकटतम, आसन्न; **immediately** *ad* तत्काल, तुरंत, फ़ौरन; **immediately next to** अगला, बिलकुल साथ का

immemorial (इमि'मॉरिअल) *a* अति प्राचीन, बहुत पुराना

immense (इ'मेन्स) *a* विशाल, बहुत बड़ा

immerse (इ'मर्स) *vt* डुबोना, में लीन करना, में मग्न या तल्लीन होना; **immersion** *n* निमज्जन, डुबाने की क्रिया

immersion heater (इ'मर्शन हीटर) *n* (*Brit*) बिजली का उपकरण जिसे पानी में डुबाकर पानी गरम किया जाता है, निमज्जनतापक

immigrant ('इमिग्रंट) *n*, *a* आप्रवासी, आकर बसा हुआ

immigrate ('इमिग्रेट) *vi* किसी देश में आकर बस जाना

immigration (इमि'ग्रेशन) *n* आप्रवास, किसी देश में आकर बस जाने की क्रिया

imminent ('इमिनंट) *a* निकट भविष्य में घटित होने वाला; सन्निकट

immoral (इ'मॉरल) *a* अनैतिक, भ्रष्ट, लम्पट; अश्लील

immortal (इ'मॉरट्ल) *a* अमर, अविस्मरणीय // *n* अमर व्यक्ति, देवता; अविनाशी वस्तु या व्यक्ति

immune (इ'म्यून) *a* : **immune (to)** (रोग आदि से) प्रतिरक्षित, निरापद; मुक्त

immunity (इ'म्यूनिटि) *n* प्रतिरक्षा, निरापदता, मुक्ति (मुकदमे, कर आदि से)

immunize ('इम्यूनाइज़) *vt* प्रतिरक्षित करना; **immunization** *n* रोगों से प्रतिरक्षित करने की क्रिया (टीका आदि देकर)

imp (इम्प) *n* शैतान; नटखट बालक

impact ('इम्पैक्ट) *n* टक्कर, संघात; (*fig*) गंभीर प्रभाव

impair (इम्'पेअर) *vt* कमज़ोर करना, क्षीण करना, हानि पहुंचाना

impart (इम्'पार्ट) *vt* (सूचना आदि) देना, बताना

impartial (इम्'पार्शल) *a* निष्पक्ष; उचित, न्यायसंगत; **impartiality** *n* निष्पक्षता

impassable (इम्'पासबल) *a* (दर्रा आदि) जिसे पार न किया जा सके, दुर्गम

impasse (इम्'पास) *n* गतिरोध; विकट स्थिति, संकट; स्थान जिससे निकला न जा सके

impassive (इम्'पैसिव़) *a* भावशून्य; शांत

impatience (इम्'पेशन्स) *n* अधीरता, बेसब्री, बेताबी

impatient (इम्'पेशंट) *a* बेसब्र,

अधीर; **to get** *or* **grow impatient** धीरज खो बैठना

impeach (इम्'पीच) *vt* अभियोग लगाना; सफ़ाई मांगना; गंभीर आरोप लगाना; **impeachment** *n* (राज्य के विरुद्ध अपराध का) महाभियोग

impeccable (इम्'पेकॅब्ल) *a* त्रुटिहीन

impede (इम्'पीड) *vt* रोकना, बाधा डालना

impediment (इम्'पेडिमंट) *n* अड़चन, बाधा; हकलाहट (**speech impediment** भी)

impel (इम्'पेलॅ) *vt* प्रेरित करना, उकसाना; आगे ढकेलना या बढ़ाना

impending (इम्'पेण्डिङ) *a* शीघ्र ही घटित होने वाला; मंडराता, आसन्न

imperative (इम्'परटिव़) *a* अनिवार्य; अवश्यकरणीय; (*tone*) आदेशात्मक // *n* (*LING*) विधि, क्रिया का आदेशात्मक रूप

imperfect (इम्'पर्फ़िक्ट) *a* अधूरा; त्रुटिपूर्ण

imperial (इम्'पिअरिअल) *a* शाही, साम्राज्य का, शानदार, भव्य; (*measure*), कानूनी, विधिवत

imperialism (इम्'पिअरिअलिज़्म) *n* साम्राज्यवाद; उपनिवेशी साम्राज्य (बनाने) में विश्वास; **imperialist** *n* साम्राज्यवादी

imperil (इम्'पेरिल) *vt* ख़तरे में डालना

imperious (इम्'पिअरिअस) *a* घमण्डी, अकड़वाला, निरंकुश, दबंग

impersonal (इम्'पर्सनल) *a* भावनाओं से अप्रभावित; अवैयक्तिक, भावनाशून्य, व्यक्तित्वहीन

impersonate (इम्'पर्सनेट) *vt* दूसरा व्यक्ति बनना, दूसरे व्यक्ति का रूप धारण करना; (*THEATRE*) का अभिनय करना

impertinence (इम्'पर्टिनन्स) *n* धृष्टता, गुस्ताख़ी

impertinent (इम्'पर्टिनंट) *a* धृष्ट, ढीठ, गुस्ताख़

impervious (इम्'पर्व़िअस) *a* जिसमें से (पानी आदि) न निकल सके; **impervious to** (भावनाओं, तर्क आदि से) अप्रभावित; अभेद्य

impetuous (इम्पेटॅ्युअस) *a* उतावला, जल्दबाज़, अविवेकी

impetus ('इम्पिटस) *n* संवेग, प्रेरणा, प्रेरक शक्ति

impinge (इम्'पिंज) *vi* : **to impinge on** के क्षेत्र में जाना; (*rights*) अतिक्रमण करना; पर प्रभाव डालना; टकराना

implacable (इम्'प्लैकबल) *a* जिसे शांत या संतुष्ट न किया जा सके; कठोर

implant (इम्'प्लांट) *vt* रोपना; (मन में विचार) बैठाना

implement ('इम्प्लिमंट) *n* औज़ार,

implicate 346 impregnable

उपकरण // *vt* ('इम्प्लिमेन्ट) कार्यान्वित करना, लागू करना, अमल में लाना

implicate ('इम्प्लिकेट) *vt* फंसाना; में शामिल करना, उलझाना; का संकेत देना

implication (इम्प्लि'केशन) *n* निहितार्थ, विचार जिसका संकेत दिया गया हो

implicit (इम्'प्लिसिट) *a* अव्यक्त, अंतर्निहित, छिपा हुआ (अर्थ आदि); निर्विवाद; पूर्ण (विश्वास आदि); **implicitly** *ad* निर्विवाद रूप से

implore (इम्'प्लोर) *vt* अनुनय या याचना करना, प्रार्थना करना

imply (इम्'प्लाइ) *vt* का संकेत देना, में अंतर्निहित होना; का अर्थ होना

impolite (इम्प'लाइट) *a* अशिष्ट, अभद्र

import (इम्'पोर्ट) *vt* लाना, आयात करना; का अर्थ होना // *n* ('इमपोर्ट) (*COMM*) आयातित वस्तु; अर्थ; महत्व

importance (इम्'पार्टन्स) *n* महत्व, प्रभाव

important (इम्'पॉर्टंट) *a* महत्वपूर्ण, आवश्यक, प्रभावशाली

importer (इम्'पोर्टर) *n* आयातकर्ता

importune (इम्'पॉर्ट्यून) *vt* आग्रह करना, बार-बार मांगना

impose (इम्'पोज़) *vt* (कर) लगाना, थोपना // *vi* का लाभ उठाना; दुरुपयोग करना; **to impose on sb** किसी से उसकी इच्छा के विरुद्ध काम लेने की कोशिश करना या उसका समय लेना

imposing (इम्'पोज़िङ) *a* शानदार, भव्य

imposition (इम्प'ज़ीशन) *n* आरोपण, थोपा जाना; कर; भार; धोखा; **to be an imposition on** (*person*) पर भार होना, पर थोपा जाना

impossible (इम्'पॉसिब्ल) *a* असंभव, नामुमकिन; बेतुका, बिल्कुल अनुचित

impost ('इम्पोस्ट) *n* आयातकर, महसूल

impostor (इम्'पॉस्टर) *n* ढोंगी, धोखेबाज़

impotence ('इम्पटन्स) *n* (*also* **impotency**) लाचारी; नपुंसकता

impotent ('इम्पटण्ट) *a* लाचार, बेबस; नपुंसक, नामर्द

impound (इम्'पाउण्ड) *vt* (वाहन, मवेशी आदि) कानूनन ज़ब्त करना; (मवेशी) कांजी हाउस में बंद करना; कुर्क करना

impoverished (इम्'पॉव़रिश्ट) *a* दरिद्र, कंगाल

impractical (इम्'प्रैक्टिक्ल) *a* अव्यावहारिक, अनुपयोगी; (*person*) अव्यावहारिक

impregnable (इम्'प्रेग्नब्ल) *a* दुर्भेद्य; (*fig*) अजेय, अटल

impregnate ('इमप्रेग्नेट) *vt* भर देना, सराबोर करना, व्याप्त कर देना, संसेचित करना; गर्भाधान करना

impress *vt* (इम्'प्रेस) प्रभावित करना (विशे॰ अच्छे रूप में); मोहर लगाना, छाप लगाना // *n* ('इम्प्रेस) छाप, छाप लगाने की क्रिया; **to impress sth upon sb** किसी के मन में कोई बात बैठाना

impression (इम्'प्रेशन) *n* अंकित प्रभाव (विशे॰ मन पर); धारणा, विश्वास; छाप; छपाई; मुद्रित संस्करण, मुद्रित प्रति (पुस्तक आदि की); **to be under the impression that** यह भ्रम/विचार/ख़याल होना कि

impressive (इम्'प्रेसिव़) *a* प्रभावशाली

imprint ('इम्प्रिंट) *n* (*PUBLISHING*) छाप, मुहर

imprison (इम्'प्रिज़न) *vt* बन्दी बनाना, कैद करना; **imprisonment** *n* कारावास

improbable (इम्'प्रॉबबल) *a* जिसकी कम संभावना हो, असंभावित; (*excuse*) जो ठीक न लगे

impromptu (इम्'प्राम्पट्यू) *ad, a* तुरंत, तात्कालिक, बिना अभ्यास के (भाषण आदि)

improper (इम्'प्रॉपर) *a* अनुचित, अशोभनीय; अशुद्ध, ग़लत

improve (इम्'प्रूव़) *vt* सुधारना (गुण, स्तर आदि) // *vi* सुधरना; **improvement** *n* सुधार

improvident (इम्'प्राव़िडंट) *a* फिज़ूलखर्च, अपव्ययी; लापरवाह, अविवेकी, नासमझ

improvise ('इम्प्रव़ाइज़) *vt, vi* उपलब्ध वस्तुओं से काम चलाना; तत्काल रचना; बिना तैयारी के बोलना (कविता आदि); **improvisation** *n* कामचलाऊ प्रबंध, तात्कालिक भाषण आदि

impudent ('इम्प्यूडंट) *a* गुस्ताख़, ढीठ, निर्लज्ज, अक्खड़; **impudence** *n* गुस्ताख़ी

impulse ('इम्पल्स) *n* आवेश, कुछ करने की अचानक इच्छा, प्रेरणा; धक्का; आवेग; **on impulse** बिना सोचे समझे, जल्दबाज़ी में

impulsive (इम्'पल्सिव़) *a* बिना सोचे-विचारे कार्य करने वाला, जल्दबाज़

impunity (इम्'प्यूनिटि) *n* दंड के डर से मुक्ति, अपराध का दंड मिलने से छूट

impute (इम्'प्यूट) *vt* आरोप लगाना, लांछन लगाना; **imputation** *n* आरोप, लांछन, आरोपण

KEYWORD

in (इन) *prep* **1.** (*indicating place, position etc*) में, अंदर (स्थान, स्थिति के लिए); **in the house/the fridge** घर/फ़्रिज में; **in the garden** बाग़ में; **in town** शहर में; **in the country** देश में; **in school** स्कूल

में; **in here/there** यहां/वहां

2. (*with place names : of town, region, country*) : **in London** लंदन में; **in England** इंगलैंड में; **in Japan** जापान में; **in the United Stats** संयुक्त राज्य अमरीका में

3. (*indicating time : during*) के दौरान; **in spring** वसंत ऋतु में; **in summer** गर्मियों में; **in May/1992** मई/1992 में **in the afternoon** तीसरे पहर; **at 4 o'clock in the afternoon** अपरान्ह (तीसरे पहर) 4 बजे

4. (*indicating time : in the space of*) की अवधि में; **I did it in 3 hours/days** मैंने यह (काम) 3 घंटे/दिन में खत्म किया; **I'll see you in 2 weeks** *or* **in 2 weeks' time** मैं आपसे दो सप्ताह के अंदर-अंदर मिलूंगा

5. (*indicating manner etc*) : **in a loud/soft voice** ऊंची/धीमी आवाज़ में; **in pencil** पेन्सिल से; **in French** फ्रेंच भाषा में; **the boy in the blue shirt** नीली कमीज़ पहने लड़का

6. (*indicating circumstances*) : **in the sun** धूप में; **in the shade** छाया में; **in the rain** बारिश में

7. (*indicating mood, state*) : **in tears** रोता या चिल्लाता हुआ; **in anger** गुस्से में/से; **in despair** निराशा से/में; निराश; **in good condition** (मशीन आदि) ठीक-ठाक; काम में लिए जाने योग्य; **to live in luxury** ऐश से/ठाट-बाट से रहना

8. (*with ratios, number*) : **1 in 10 (households), 1 (household) in 10** दस (घरों) में से एक; **20 pence in the pound** एक पाउंड में से 20 पेन्स; **they lined up in twos** उन्होंने दो-दो की पंक्ति बना ली/लाइन लगा ली; **in hundreds** सैंकड़ों की संख्या में

9. (*referring to people, works*) में; **the disease is common in children** बच्चों में यह बीमारी आम है; **in (the works of) Dickens** डिकेन्स की रचनाओं में

10. (*indicating profession etc*) (व्यवसाय आदि के लिए प्रयुक्त) : **to be in teaching** अध्यापक होना (अध्यापन का कार्य करते होना)

11. (*after superlative*) : **the best pupil in the class** कक्षा का सबसे अच्छा छात्र

12. (*with present participle*) : **in saying this** यह कहने में

♦ *ad* **to be in** (*person : at home, work*) घर पर होना, अपने कक्ष में होना (जैसे डाक्टर का); (*train, ship, plane*) पहुंच गया होना; (*in fashion*) का फ़ैशन होना; **to ask sb in** किसी को अंदर बुलाना; **to run/limp** *etc* **in** भागते हुए/लड़खड़ाते हुए अन्दर आना

♦ *n* **the ins and outs (of)** (*of proposal, situation etc*) (का) पूरा विवरण, ब्यौरा

in., ins **inch(es)** का संक्षेप

inability (इन'बिलिटि) *n* असमर्थता, अयोग्यता

inaccurate (इन'ऐक्युरिट) *a* अशुद्ध, ग़लत; अयथार्थ

inadequate (इन'ऐडिक्वट) *a* अपर्याप्त, ज़रूरत से कम

inadvertantly (इनेड'व़र्टन्टलि) *ad* अनजाने में, असावधानी से

inane (इ'नेन) *a* मूर्ख, शून्य; रिक्त, अर्थहीन; **inanity** *n* मूर्खता; रिक्तता; अर्थहीनता

inanimate (इन्'ऐनिमिट) *a* जड़, अचेतन, जिसमें प्राणियों की विशेषता न हो; निर्जीव

inappropriate (इन'प्रोप्रिइट) *a* अनुपयुक्त, (*word, expression*) असंगत

inarticulate (इनार्'टिक्युलिट) *a* (*person*) जो अपनी बात न कह सके; ठीक तरह व साफ़-साफ़ न बोलने वाला, (*speech*) अस्पष्ट

inasmuch as (इनऐज़'मचैज़) *ad* इस कारण, क्योंकि; (*seeing that*) यह देखते हुए कि

inaugurate (इ'नॉग्युरेट) *vt* आरंभ करना, उद्‌घाटन करना, पदभार देना

inauguration (इनॉग्यु'रेशन) *n* उद्‌घाटन (समारोह); (*of president, official*) पदभार संभालने की क्रिया

inauspicious (इन'ऑस्पिशस) *a* अशुभ, अमंगल

in-between (इन्‌बि'ट्‌वीन) *a* के बीच का

inborn (इन'बार्न) *a* जन्म से, जन्म-सिद्ध; (*defect*) जन्मजात

inbred (इन्'ब्रेड) *a* अंतर्जातीय नर-मादा सम्बंधों से उत्पन्न संतान; जन्मजात, पक्का (गुण आदि)

Inc. **incorporated** का संक्षेप

incalculable (इन'कैल्क्युलब्ल) *a* गणना से परे, बहुत अधिक; अनिश्चित

in camera (इन कैम्'र्‌अ) *ad* गुप्त सम्मेलन/बैठक में

incapable (इन्'केपब्ल) *a* असमर्थ, अशक्त

incapacitate (इन्‌क'पैसिटेट) *vt* : **to incapacitate sb from doing** पंगु बना देना; अयोग्य, असमर्थ बनाना

incendiary (इन्'सेन्‌डिअरि) *a* वैर के कारण सम्पत्ति को आग लगाने का (कार्य); झगड़ा, हिंसा करने सम्बंधी; आग लगाने वाली (वस्तु)

incense ('इन्सेंन्स) *n* धूप या अगर-बत्ती; उसका सुंगधित धुआं // *vt* (इन्'सेन्स) (*anger*) बेहद गुस्सा दिलाना

incentive (इन्'सेंन्टिव़) *n* प्रोत्साहन, प्रेरणा

inception (इन्'सेप्शन) *n* प्रारंभ, शुरूआत

incessant (इन्'सेंसंट) *a* निरन्तर, लगातार होने वाला; **incessantly** *ad*

लगातार

inch (इंच) *n* इंच, एक फुट का बारहवां भाग; बहुत थोड़ा; **within an inch (of)** के बहुत नज़दीक; **he didn't give an inch** (*fig*) वह टस-से मस न हुआ; **to inch forward** *vi* बहुत धीरे-धीरे आगे बढ़ना

incidence ('इन्सिडंस) *n* घटित होने की सीमा या आवृत्ति (बारम्बारता); प्रभाव-सीमा; आपतन, (किरण का) तल से टकराना

incident ('इन्सिडंट) *n* घटना // *a* प्रासंगिक, सम्बद्ध; (*PHYSICS*) आपतित (किरण)

incidental (इन्सि'डेण्टल) *a* छोटा व अपेक्षाकृत कम महत्व का, आकस्मिक; **incidental to** (किसी विषय से) संलग्न, संगत, प्रासंगिक; **incidentally** *ad* संयोग से; अकस्मात्; इसी प्रसंग में

incipient (इन्'सिपिअंट) *a* आरंभिक

incision (इन्'सिझ़न) *n* चीरने, काटने आदि की क्रिया; चीरा, काट, छेदना; **incisive** (इन्'साइसिव़) *a* पैना, तीखा (व्यंग्य आदि)

incite (इन्'साइट) *vt* भड़काना, उत्तेजित करना

inclement (इन्'क्लेमंट) *a* (मौसम के लिए प्रयुक्त) तूफ़ानी, प्रतिकूल, बहुत ख़राब; बहुत ठंडा

inclination (इन्क्लि'नेशन) *n* प्रवृत्ति, झुकाव, अभिरुचि, पसंद

incline ('इन्क्लाइन) *n* ढलान // *vt* (इन्'क्लाइन) झुकाना, ढाल देना // *vi* : **to incline to** की ओर ढालू होना; की ओर झुकना; **to be inclined to do** करने की प्रवृत्ति होना

include (इन्'क्लूड) *vt* सम्मिलित करना, अंतर्गत करना, अंतर्विष्ट करना; **including** *prep* को मिला कर, को शामिल करके; **inclusion** (इन्'क्लूझ़न) *n* समावेश

inclusive (इन्'क्लूसिव़) *a* (सब) मिलाकर, **inclusive of tax** कर-सहित (मूल्य)

incognito (इन्कॉग्'निटो) *ad* अज्ञात रूप से, छद्मवेश में

incoherent (इन्को'हिअरंट) *a* अस्पष्ट, असम्बद्ध, असंगत

income ('इन्कम) *n* आय (विशे॰ वार्षिक); **income tax** *n* आयकर

incompetent (इन्'कांपिटंट) *a* असमर्थ, अक्षम

incomplete (इन्कम्'पलीट) *a* अपूर्ण; अधूरा

incongruous (इन्'कॉङ्ग्युअस) *a* असंगत, बेतुका, बेमेल

inconsequent (इन्'कानसिक्वंट), **inconsequential** (इन्कान्-सि'क्वेन्शल) *a* असंगत, अप्रासंगिक, महत्वहीन

inconsistency (इन्कन्'सिस्टन्सि) *n* (*of actions etc*) असंगति; (*of* *work*) अनियमित होना; (*of statement*) परस्पर-विरोध

inconsistent (इन्कन्'सिस्टंट) *a* असंगत; अनियमित; परस्पर-विरोधी; बिना तालमेल, सामंजस्यहीन

inconspicuous (इन्कॉन'स्पिक्युअस) *a* अस्पष्ट, जिस पर सहज में ध्यान न जाये या निगाह न पड़े; (*colour, dress*) बहुत साधारण

inconvenience (इन्कन्'व़ीन्यन्स) *n* असुविधा, कष्ट, तकलीफ़ // *vt* कष्ट देना

inconvenient (इन्कन्'व़ीन्यंट) *a* कष्टकर; (*time, place*) असुविधाजनक

incorporate (इन्'कॉर्परेट) *vt* सम्मिलित करना, मिला लेना; निगम बना लेना; **incorporated** *a* : **incorporated company** (*US* : संक्षेप में **Inc.**) निगमित कम्पनी

incorrect (इन्क'रॅक्ट) *a* अशुद्ध, ग़लत; अनुचित

incorrigible (इन्'कारिजबल) *a* जो सुधर न सके

increase ('इन्क्रीस) *n* वृद्धि, बढ़त; लाभ; // *vi, vt* (इन्'क्रीस) आकार, संख्या आदि में वृद्धि करना या होना

increasing (इन्'क्रीसिङ) *a* बढ़ती हुई (संख्या); **increasingly** *ad* ज्यादा ही ज्यादा

incredible (इन'क्रेडबल) *a* अविश्वसनीय; (*inf*) चकित करने वाला; शानदार

incredulous (इन्'क्रेडुलस) *a* जो विश्वास न करे; शंकालु

increment ('इन्क्रिमंट) *n* वृद्धि, विशे॰ क्रमिक (वेतन-वृद्धि)

incriminate (इन्'क्रिमिनेट) *vt* (का) अपराध इंगित करना; अभियोग लगाना, फंसाना; **incriminatory** *a* अपराध को इंगित करने वाला

incubator ('इन्क्युबेटर) *n* अण्डे सेने व अकाल प्रसव में जन्मे बच्चों को पालने की मशीन

inculcate ('इन्कल्केट) *vt* मन में बैठाना

incumbent (इन्'कम्बंट) *a* (*on* के साथ) के लिए आवश्यक // *n* पदधारी, विशे॰ चर्च में; **it is incumbent on him to...** यह उसका कर्त्तव्य है कि वह...

incur (इन्'कर) *vt* अपने ऊपर (ऋण आदि) लेना; खर्च करना; किसी की नाराज़गी मोल लेना; **incursion** *n* आक्रमण, घुसपैठ

indebted (इन्'डॅटिड) *a* : **to be indebted to sb (for)** (के लिए) किसी का आभारी होना

indecent (इन्'डीसंट) *a* अशोभनीय, अश्लील; **indecent assault** *n* (*Brit*) (स्त्री पर) हमला व उसके साथ अनुचित बर्ताव; **indecent exposure**

n लिंग आदि का प्रदर्शन; सब के सामने नंगे होने की क्रिया

indecisive (इन्डि'साइसिव़्) *a* अनिश्चित, जो कुछ निश्चय न कर पाए, ढुलमुल, डांवांडोल; (*discussion*) अपूर्ण

indeed (इन्'डीड) *ad* निस्संदेह, बेशक, वास्तव में; **yes indeed!** (आश्चर्य या संदेहबोधक) "बेशक!" "अच्छा!"

indefensible (इन्डि'फ़ेन्सबल) *a* असमर्थनीय; अरक्षणनीय, जिसका (तर्क आदि द्वारा) समर्थन न किया जा सके

indefinite (इन्'डॅफ़िनिट) *a* अनिश्चित; (*period, number*) अनिश्चित-कालीन, अनिश्चित संख्या वाला; **indefinitely** *ad* (*wait*) अनिश्चित काल तक; अनिश्चित रूप से

indelible (इन्'डेलिब्ल) *a* अमिट; स्थायी

indemnity (इन्'डेम्निटि) *n* (*compensation*) हरजाना, क्षतिपूर्ति; (*insurance*) बीमा; आश्वासन

indent (इन्'डेंट) *vt* हाशिये से हटकर अन्दर की ओर लिखना या छापना; (किसी से) माल मंगाना; मांग-पत्र से माल मंगाना // *n* ('इन्डेण्ट) मांग; मांग-पत्र, इंडेंट

independence (इंडि'पेन्डन्स) *n* स्वतंत्रता, स्वाधीनता; स्वावलम्बन

independent (इंडि'पेडंट) *a* स्वतंत्र; स्वावलम्बी, आज़ाद; स्वयं-सार्थक (वाक्य आदि), निर्दलीय; **to become independent** स्वतंत्र हो जाना

indescribable (इंडिस्'क्राइबब्ल) *a* वर्णनातीत, अकथनीय

indeterminate (इंडि'टर्मिनिट) *a* अनिश्चित, अनिर्धारित; जिसका अंतिम मूल्य न निकाला जा सके, अनिर्धार्य

index ('इंडेक्स) *n* (*pl* : **indexes** : *in book*) पुस्तक के अंत में दी गई विषय-सूची, (*in library etc*) अनुक्रमणिका; सूचक; (*MATH*) घातांक (*pl* **indices** ('इंडिसीज़)); **index card** *n* सूचक-कार्ड; **index finger** *n* तर्जनी, अंगूठे के साथ की उंगली; **index-linked**, (*US*) **indexed** *a* जुड़ा हुआ (जैसे मज़दूरी का मंहगाई से जुड़ा होना)

India ('इंडिआ) *n* भारत; **Indian** *a, n* भारतीय; **Red Indian** अमरीका का मूल-निवासी, रेड इंडियन; **Indian hemp** *n* गांजा; भांग का पौधा

indicate ('इंडिकेट) *vt* संकेत करना; बताना; दिखाना; **indication** (इंडि'केशन) *n* संकेत, लक्षण, चिन्ह, निर्देश

indicative (इन्'डिक्टिव़्) *a* निर्देशक, सांकेतिक // *n* (*LING*) निश्चयार्थक; **indicative of** का सूचक

indicator ('इंडिकेटर) *n* सूचक;

(*AUT*) कार आदि वाहनों की जलने-बुझने वाली बत्ती जो चालक के मुड़ने की दिशा का संकेत देती है

indices ('इंडिसीज़) index का *npl*

indict (इन्'डाइट) *vt* अभियोग लगाना

indictment (इन्'डाइटमंट) *n* अभियोगपत्र; इल्ज़ाम लगाया जाना

indifference (इन्'डिफ़रन्स) *n* उदासीनता; उपेक्षा

indifferent (इन्'डिफ़रंट)*a* उदासीन; तुच्छ; न अच्छा न बुरा; (*poor*) घटिया; तटस्थ

indigenous (इन्'डिजिनस) *a* देशी, देशज

indigent ('इंडिजंट) *a* दरिद्र, विपन्न, मुहताज

indigestion (इंडि'जेस्चन) *n* बदहज़मी, अपच, इससे उत्पन्न पेट दर्द

indignant (इन्'डिग्नंट) *a* : **indignant at** *or* **about sth/with sb** से/पर क्रुद्ध, नाराज़ (होने वाला)

indignity (इन्'डिग्निटि) *n* अपमान, तिरस्कार, अनादर

indigo ('इंडिगो) *n* कपड़ों में लगाने का नील

indirect (इन्डि'रेक्ट) *a* अप्रत्यक्ष, परोक्ष

indiscreet (इन्डि'स्क्रीट) *a* अविवेकी, नासमझ; असावधान; (*rash*) जल्दबाज़

indiscriminate (इंडि'स्क्रिमिनिट) *a* अविवेकी, अंधाधुंध (गोली आदि दाग़ने की क्रिया); अव्यवस्थित

indispensable (इंडि'स्पेंसबल्) *a* अनिवार्य, आवश्यक; जिसके बिना काम न चले

indisposed (इंडि'स्पोज़्ड) *a* अस्वस्थ, अनिच्छुक

indisposition (इंडिस्प'ज़िशन) *n* अस्वस्थता; अनिच्छा

indisputable (इंडि'स्प्यूटब्ल) *a* निर्विवाद, जिसके विरुद्ध कोई तर्क न हो

individual (इंडि'विड्युअल) *a* एक; पृथक; व्यक्तिगत; विशिष्ट // *n* एक व्यक्ति या वस्तु

indoctrination (इन्डॉकट्रि'नेशन) *n* कोई विचार, विश्वास आदि किसी के दिमाग में कूट-कूट कर भर देने की क्रिया

indolence ('इंडलंस) *n* आलस्य

indolent ('इंडलंट) *a* आलसी, निष्क्रिय

indomitable (इन्'डामिटब्ल) *a* जो न झुके, अदम्य

Indonesia (इंड'नीज़िअ) *n* इंडोनेशिया (देश)

indoor ('इन्डोर) *a* (*plant*) छाया में या कमरे में रखने का (पौधा), (*swimming pool, stadium*) अंदर, ढंका हुआ; (*sports, games*) ढके हुए स्टेडिअम में खेली जाने वाली (खेलें); **indoors** *ad* (घर के) अंदर

induce (इन्'ड्यूस) *vt* मनाना, राज़ी करना, (रिश्वत देकर) फुसलाना, प्रेरणा देना; प्रसव में तेज़ी लाना; **inducement** *n* प्रलोभन; (*offens*) लालच, घूस

induction (इन्'डक्शन) *n* (*MED : of birth*) दवाइयों द्वारा प्रसव-पीड़ा आरंभ करने की क्रिया; विशेष तथ्यों से सामान्य परिणाम; विद्युत या चुम्बक तरंग उत्पन्न करने की एक क्रिया; पदासीन करने की क्रिया; **induction course** *n* (*Brit*) प्रवेश-पाठ्यक्रम (कालिज, किसी नौकरी आदि में प्रवेश पाने वालों के लिए)

indulge (इन्'डल्ज) *vt* संतुष्ट करना; आनंद लूटना; को खुश करना; बच्चे से बहुत लाड़-प्यार करना; **to indulge in sth** में मग्न होना; (वासना आदि की) तृप्ति करना, भोगना; **indulgence** *n* आनंद लूटना; (अति) भोग, (अति) सेवन; अनुग्रह, कृपा; **indulgent** *a* आसक्त; कृपालु

industrial (इन्'डस्ट्रिअल) *a* औद्योगिक; (*injury*) उद्योगजनित (क्षति); **industrial action** *n* श्रमिकों की विरोधी कार्यवाही (हड़ताल आदि); **industrial estate** *n* औद्योगिक बस्ती/क्षेत्र/सम्पदा; **industrialist** *n* उद्योगपति; **industrialize** *vt* औद्योगीकरण करना; **industrial park** *n* (*US*) = **industrial estate**

industrious (इन्'डस्ट्रिअस) *a* परिश्रमी, मेहनती, अध्यवसायी

industry ('इंडस्ट्रि) *n* उद्योग; अध्यवसाय, कठिन परिश्रम करने की शक्ति; कठिन परिश्रम

inebriated (इन'ऍब्रिएटिड) *a* (शराब के) नशे में, धुत्त

inedible (इन'ऍडिब्ल) *a* अखाद्य, अभोज्य

ineffective (इनि'फ़ॅक्टिव़); **ineffectual** (इनि'फ़ॅक्चुअल) *a* प्रभावहीन, निष्फल; निकम्मा (व्यक्ति)

inefficiency (इनि'फ़िशन्सि) *n* अयोग्यता, अदक्षता; कार्यकुशल न होने की स्थिति

inefficient (इन'फ़िशन्ट) *a* अयोग्य, अकार्यकुशल

ineligible (इन'ऍलिजब्ल) *a* अयोग्य, अपात्र, अनुपयुक्त

inept (इन्'ऍप्ट) *a* भद्दा, असंगत; फूहड़, अनाड़ी

inequality (इनि'क्वॉलिटि) *n* असमानता

inescapable (इनि'स्केपब्ल) *a* अनिवार्य, जिससे बचा न जा सके

inestimable (इन'ऍस्टिमब्ल) *a* अपार, अपरिमेय

inevitable (इन'ऍविटब्ल) *a* जिससे बचा न जा सके, अपरिहार्य, जो अवश्य घटित होगा, अवश्यंभावी; **inevitably** *ad* हर हालत में, अनिवार्य रूप से

inexpensive (इनिक्'स्पेन्सिव़) *a*

सस्ता, जिसमें कम ख़र्च हो

inexperienced (इनिक्स्'पिअरिअन्स्ट) *a* अनुभवहीन

inexplicable (इनएॅक्स्'प्लिकब्ल) *a* जिसे स्पष्ट न किया जा सके

infallible (इन्'फ़ैलब्ल) *a* अचूक, अमोघ, पक्का

infamous ('इन्फ़मस) *a* कुख्यात, बदनाम; बहुत घटिया

infancy ('इन्फ़न्सि) *n* शैशव, बचपन; (*fig*) प्रारंभिक अवस्था

infant ('इन्फ़ंट) *n* बहुत छोटा बच्चा, शिशु; **infanticide** *n* शिशुहत्या; शिशुहत्या करने वाला, शिशुहन्ता; **infant school** *n* (*Brit*) 5 से 7 वर्ष के बच्चों का स्कूल

infantry ('इन्फ़ंट्रि) *n* पैदल सेना

infatuated (इन्'फ़ैट्युएटिड) *a* प्रेम में अंधा/दीवाना; **infatuated with** पर आसक्त, पर फ़िदा/लट्टू

infatuation (इन्फ़ैट्यु'एशन) *n* आसक्ति, प्रेमोन्माद; अन्धा प्रेम

infect (इन्'फ़ेक्ट) *vt* बीमार करना; छूत लगाना; **infection** (इन्'फ़ेक्शन) *n* रोग का संक्रमण, छूत; **infectious** (इन्'फ़ेक्शस) *a* असर करने वाला; संक्रामक, छूत का; फैलने वाला; (*fig*) जिसका प्रभाव दूसरों पर हो

infer (इन्'फ़र) *vt* निष्कर्ष निकालना, परिणाम पर पहुंचना; **inference** *n* निष्कर्ष

inferior (इन्'फ़िअरिअर) *a* गुण में घटिया, निम्न // *n* (पद, महत्व आदि में) नीचे; **inferiority** *n* घटियापन, हीनता; **inferiority complex** *n* (*Psychoanalysis*) दबी हुई हीन भावना

inferno (इन्'फ़र्नो) *n* नरक का भाग; भयानक आग

infertile (इन्'फ़र्टाइल) *a* अनुपजाऊ; बांझ

infest (इन्'फ़ेस्ट) *vt* बड़ी संख्या में रहते होना, या अप्रिय रूप से सब तरफ़ फैले होना

infidelity (इनफ़ि'डॅलटि) *n* विश्वासघात; धर्म-विशेष में अविश्वास, कुफ़्र; धोखा; **infidel** *n* क़ाफ़िर

in-fighting ('इनफ़ाइटिङ) *n* आपस में लड़ाई, आपसी लड़ाई

infiltrate ('इन्फ़िल्ट्रेट) *vt* घुसपैठ करना; रोमकूपों से अन्दर रिसना; गुप्त रूप से (कहीं) प्रवेश पाना; **infiltration** *n* (दुश्मन की) घुसपैठ

infinite ('इन्फ़िनिट) *a* असीमित, अनंत

infinitive (इन्'फ़िनिटिव़) *a* (*LING*) काल, लिंग, वचन से स्वतंत्र क्रिया भाव की अभिव्यक्ति // *n* क्रियार्थक संज्ञा; अकाल क्रिया

infinity (इन्'फ़िनिटि) *n* अनंतता, असीमता

infirm (इन्'फ़र्म) *a* दुर्बल (शारीरिक

या मानसिक रूप से); अशक्त; डांवांडोल

infirmary (इन्'फ़र्मरि) *n* अस्पताल, रुग्णालय; (*in school, factory*) दवाख़ाना

infirmity (इन्'फ़र्मिटि) *n* दुर्बलता

inflamed (इन्'फ़्लेम्ड) *a* (शरीर का) सूजा हुआ, जलन वाला (भाग, जैसे नाक, गला)

inflammable (इन्'फ़्लैमब्ल) *a* ज्वलनशील, तुरंत आग पकड़ने वाला

inflammation (इनफ़्ल'मेशन) *n* शरीर के किसी भाग में सूजन व जलन; **inflammatory** *a* उत्तेजक, भड़काने वाला

inflatable (इन्'फ़्लेटब्ल) *a* फूल सकने वाला, जिसमें हवा भरी जा सके

inflate (इन्'फ़्लेट) *vt* हवा, गैस से फुलाना; हवा भरना (गुब्बारे, ट्यूब आदि में); मुद्रा स्फीति करना, कीमत बढ़ाना विशे॰ कृत्रिम रूप से; **inflation** (इन्'फ़्लेशन) *n* (*ECON*) कीमतें बढ़ना व मुद्रा के मूल्य में कमी होना, मुद्रास्फीति; **inflationary** (इन्'फ़्लेशनरि) *a* स्फीतिकारी, कीमतें बढ़ाने वाला

inflect (इन्'फ़्लेक्ट) *vt* (*LING*) विभक्ति लगाना; झुकना; अन्दर की ओर मुड़ना; **inflection, inflexion** *n* रूपरचना; रूपान्तरण, विभक्ति; आवाज़ में उतार-चढ़ाव

(इन'फ़्लेक्सबल) *a* अनम्य, न मुड़ सकने वाला

inflict (इन्'फ़्लिक्ट) *vt* : **to inflict on** (कष्ट, पीड़ा आदि) पहुंचाना, लगाना, देना

influence ('इन्फ़्लुअंस) *n* प्रभाव, असर // *vt* प्रभावित करना (कोई कार्य आदि) करा लेना; **under the influence of drink** (शराब के) नशे में

influential (इन्फ़्लु'अंशल) *a* प्रभावशाली (व्यक्ति)

influenza (इनफ़्लु'एॅन्ज़ा) *n* इन्फ़्लुऐंज़ा, फ़्लू

influx ('इनफ़्लक्स) *n* (लोगों, वस्तुओं आदि की) बाढ़

inform (इन्'फ़ॉर्म) *vt* : **to inform sb (of)** (की) किसी को सूचना देना, बताना // *vi* : **to inform on sb** के बारे में गुप्त जानकारी देना, मुख़बरी करना; **to inform sb about** के बारे में किसी को सूचना/जानकारी देना

informal (इन्'फ़ॉर्मल) *a* (*person, manner*) बेतकल्लुफ़; (*visit, discussion*) अनौपचारिक; (*dress*) साधारण, सादा; **informality** ('मैलिटि) *n* अनौपचारिकता, बेतकल्लुफ़ी, सादापन

informant (इन्'फ़ार्मन्ट) *n* विषय-विशेष पर जानकारी देने वाला, सूचक; मुख़बर

information (इनफ़र्'मेशन) *n* सूचना, जानकारी; **a piece of infor-**

mation जानकारी; **information office** *n* सूचना-कार्यालय

informative (इन्'फ़र्मटिव़) *a* शिक्षाप्रद, ज्ञानप्रद; सूचनात्मक

informer (इन्'फ़ार्मर) *n* मुख़बर, सूचनादाता; (**police informer** भी) पुलिस-मुख़बर

infrastructure ('इनफ़्रस्ट्रक्चर) *n* किसी आर्थिक-व्यवस्था या संगठन की आधारभूत संरचना या ढांचा

infringe (इन्'फ़्रिंज) *vt* (नियम आदि का) उल्लंघन करना, अतिक्रमण करना, तोड़ना // *vi* : **to infringe on** अतिक्रमण करना; **infringement** *n* : **infringement (of)** (का) उल्लंघन, अतिक्रमण

infuriate (इन्'फ़्युअरिएट) *vt* बहुत अधिक क्रोधित करना

infuriating (इन्'फ़्युअरेटिंङ) *a* गुस्सा दिलाने वाला

infuse (इन्'फ़्यूज़) *vt* भिगोना, तर करना; प्रेरणा देना, जान फूंक देना

ingenious (इन्'जीन्यस) *a* (नई वस्तु, योजना आदि बनाने में) चतुर, कुशल; चतुरता से बनाई गयी (वस्तु)

ingenuity (इनजि'न्युइटि) *n* कुशलता, प्रवीणता

ingenuous (इन्'जेन्युअस) *a* सरल, भोला, निष्कपट, सच्चा

ingot ('इंगट) *n* धातु विशे॰ सोने की सिल्ली, या बड़ा लट्ठा (ढला हुआ)

ingrained (इन्'ग्रेंड) *a* पक्की, बहुत पुरानी लत या आदत

ingratiate (इन्'ग्रेशिएट) *vt* : **to ingratiate o.s. with** स्वयं को किसी का कृपापात्र बनाना, की कृपा-दृष्टि प्राप्त करना

ingredient (इन्'ग्रीडिअंट) *n* मिश्रण का एक अवयव, तत्व या उपादान

inhabit (इन्'हैबिट) *vt* में रहना, निवास करना

inhabitant (इन्'हैबिटंट) *n* निवासी

inhale (इन्'हेल) *vt* श्वास खींचना, सांस लेना // *vi* (*in smoking*) कश लेना; **inhalation** *n* कश; सांस लेने की क्रिया

inherent (इन्'हेअरंट) *a* : **inherent (in** *or* **to)** निहित, अंतर्निष्ठ, जन्मजात, स्वाभाविक रूप में

inherit (इन्'हेरिट) *vt* उत्तराधिकार में पाना, दाय पाना, माता-पिता से विरासत में पाना; **inheritance** *n* उत्तराधिकार, विरासत

inhibit (इन्'हिबिट) *vt* रोकना (आवेग, इच्छा आदि); (कार्य में) विघ्न डालना; **to inhibit sb from doing** को करने से रोकना; **inhibition** (इन्'हिबिशन) *n* निषेध, निरोध; प्रावरोध, मनोभावों का दमन

inhuman (इन्'ह्यूमन) *a* क्रूर, निर्दय, अमानुषिक

inimical (इ'निमिकल) *a* प्रतिकूल,

inimitable 358 **innocence**

विरोधी, अमैत्रीपूर्ण, वैरपूर्ण

inimitable (इ'निमिटब्ल) *a* जिसकी नकल न की जा सके, अद्वितीय

iniquity (इ'निक्विटि) *n* घोर अन्याय; दुष्टता, पाप

initial (इ'निशल) *a* आरंभिक // *n* नाम का प्रथम अक्षर // *vt* नाम के प्रथम अक्षरों में हस्ताक्षर करना; **initials** *npl* आद्याक्षर, व्यक्ति के नाम के प्रथम अक्षर; **initially** *ad* प्रारंभ में

initiate (इ'निशिएट) *vt* प्रारंभ करना, चलाना, किसी बहुत सीमित समाज, संस्था का सदस्य बनाना; प्रारंभिक शिक्षा, दीक्षा देना

initiative (इ'निशिएटिव़) *n* पहला कदम, शुरुआत, अगुआई, पहलकदमी

inject (इं'जेक्ट) *vt* अन्दर पहुंचाना (विशे॰ सुई द्वारा कोई दवाई या द्रव), टीका लगाना; **injection** *n* इंजेक्शन, टीका

injunction (इं'जंक्शन) *n* न्यायालय का निषेधादेश, निषेधाज्ञा

injure ('इन्जर) *vt* चोट, हानि या क्षति पहुंचाना; **injured** *a* घायल

injury ('इंजरि) *n* चोट, हानि, अन्याय; **injury time** *n* (*SPORT*) किसी खिलाड़ी को चोट लगने के कारण फुटबाल मैच की अवधि में जोड़ा गया समय; **injurious** *a* हानिकर

injustice (इन्'जस्टिस) *n* अन्याय, अनुचित कार्य, हानि

ink (इंक) *n* स्याही, मसि

inkling ('इंक्लिङ) *n* संकेत, आभास या संदेह

inlaid ('इन्लेड) *a* (से) जड़ा हुआ, खचित; (*table etc*) सजावटी डिज़ाइन से जड़ा हुआ

inland ('इन्लंड) *a* देश के भीतरी भाग का; अंतर्देशीय; अंतःस्थलीय; **Inland Revenue** *n* (*Brit*) आंतरिक कर विभाग

in-laws ('इन् लॉज़) *npl* पति अथवा पत्नी के सम्बंध से रिश्तेदार (सास, ससुर, साले आदि), ससुराल के लोग

inlet ('इन्‌लॅट) *n* (*GEO*) तंग प्रवेशमार्ग, संकरी खाड़ी का मुंहाना, छोटी खाड़ी

inmate ('इन्मेट) *n* निवासी विशे॰ कारावास, हस्पताल आदि का

inmost ('इन्मोस्ट) *a* बिल्कुल अंदर की ओर, अधिकतम गहरा; **in** का *superlative*

inn (इन) *n* सराय, होटल

innate (इ'नेट) *a* जन्मजात, स्वाभाविक

inner ('इनर) *a* आन्तरिक, भीतरी; **inner city** *n* नगर का केंद्रीय, प्रायः घनी आबादी वाला भाग; **innermost** *a* अंतरतम; **inner tube** *n* टायर के अन्दर की ट्यूब

innings ('इनिंग्ज़) *n* (*CRICKET*) बल्लेबाज़ी की पारी; अवधि; पारी

innocence ('इनसन्स) *n* निर्दोषता;

सीधापन, मासूमियत, भोलापन

innocent ('इनसंट) *a* अबोध; निर्दोष; अहानिकर

innocuous (इ'नॉक्युअस) *a* हानि-रहित

innuendo (इन्यु'एंण्डो) (*pl* -does) *n* कटाक्ष; व्यंग, अप्रत्यक्ष रूप में दोषा-रोपण

innumerable (इ'न्यूमरब्ल) *a* असंख्य, बहुत (से)

inoculate (इ'नॉक्युलेट) *vt* बीमारी से बचाने वाला टीका लगाना; **in-oculation** *n* टीका

inoperable (इन्'ऑपरब्ल) *a* जो क्रार्यान्वित न हो सके;

inoperative (इन्'ऑपरटिव़) *a* अमान्य, जो लागू न हो

inopportune (इन्'ऑपट्यून) *a* असामयिक, बेवक्त

inordinately (इनॉ'र्डिनटलि) *ad* बहुत अधिक, बेहद

inorganic (इनॉर्'गैनिक) *a* जिसकी संरचना या गुण जीव जैसे न हों, अजैव; (*CHEM*) अकार्बनिक (पदार्थ)

in-patient ('इनपेशंट) *n* अस्पताल में भरती बीमार, अंतरंग रोगी

input ('इनपुट) *n* लगाने की क्रिया; सामग्री जो औद्योगिक उत्पादन के संसा-धन रूप में प्रयुक्त हो, आगत, निवेश; कम्प्यूटर में भरे गए आंकड़े आदि

inquest ('इनक्वेस्ट) *n* मृत्यु-सम्बंधी तथ्य पता लगाने के लिए सरकारी जांच; विस्तृत जांच अथवा बहस

inquire (इन्'क्वाइअर) *vi* पूछताछ करना // *vt* कुछ पूछना; **to inquire about** के बारे में पूछताछ करना; **to inquire into** *vt* की जांच करना; **inquiry** *n* पूछताछ; (*LAW*) जांच, तहकीकात; **inquiry office** *n* पूछताछ कार्यालय

inquisitive (इन्'क्विज़िटिव) *a* जिज्ञासु, दूसरों के बारे में कुतूहल रखने वाला

inroad ('इन्रोड) *n* अतिक्रमण

insane (इन्'सेन) *a* पागल, ख़ब्ती, मूर्ख

insanity (इन्'सैनिटि) *n* पागलपन

insatiable (इन्'सेशब्ल) *a* संतुष्ट न की जा सकने वाली (भूख, लोभ आदि)

inscribe (इन्'सक्राइब) *vt* लिखना, उत्कीर्ण करना, (नाम आदि) खोदना

inscription (इन्'स्क्रिप्शन) *n* खुदाई, अभिलेख, शिलालेख

inscrutable (इन्'सक्रूटब्ल) *a* रहस्यमय; अज्ञेय, समझ न आ सकने वाला

insect ('इन्सेक्ट) *n* कीड़ा; **insecticide** (इन्'सैक्टिसाइड) *n* कीटना-शक दवा

insecure (इन्सि'क्युअर) *a* असुर-क्षित, अदृढ़; चिंतित, अविश्वस्त

inseminate (इन्'सेमिनेट) *vt* वीर्या-

रोपण करना; **artificial insemination** कृत्रिम गर्भाधान

insensate (इन्'सैंन्सेट) *a* जड़, मूर्ख; संज्ञाहीन, असंवेदनशील, भावशून्य

insensible (इन्'सेॅन्सब्ल) *a* मूर्छित; वेदनाशून्य; अनभिज्ञ; अनुभूतिहीन

insensitive (इन्'सैंन्सटिव़) *a* भावशून्य, संवेदनाशून्य, जिसके मन में दया, सहानुभूति आदि न हो

insert (इन्'सर्ट) *vt* अंदर डालना, (में, बीच में) रखना; **insertion** *n* अंदर रखने/डालने की क्रिया

in-service (इन्'सर्विस) *a* (*training, course*) सेवाकालीन (प्रशिक्षण, शिक्षा)

inshore ('इन्शोर) *ad, a* समुद्र-तट के पास

inside ('इन्साइड) *n* भीतरी भाग // *a* आंतरिक, भीतरी // *ad* भीतर, अन्दर की ओर // *prep* में; **inside of 10 minutes** दस मिनट से पहले ही; **insides** *npl* (*col*) शरीर का भीतरी भाग (जैसे पेट); **inside forward** (*SPORT*) *n* फुटबाल, हाकी में खिलाड़ी का अग्रिम पंक्ति में एक स्थान; **inside lane** *n* (*AUT : in Britain*) सड़क पर यातायात की बाहरी (एकदम बांयी) लेन; **inside out** *ad* उलटा (अंदर का भाग बाहर, जैसे वस्त्र का); (*know*) अच्छी तरह, रग-रग (को पहचानना); **to turn inside out** उलट देना

insight ('इन्साइट) *n* अंतर्दृष्टि, गहरी पहुंच, सूक्ष्म दृष्टि

insignia (इन्'सिग्निअ) *n* बैज; आदर, पद-सूचक चिन्ह

insignificant (इन्सिग्'निफ़िकंट) *a* महत्वहीन

insincere (इन्सिन्'सिअर) *a* धूर्त, कपटी; कपटपूर्ण, जिसमें ईमानदारी न हो

insinuate (इन्'सिन्युएट) *vt* संकेत देना; कृपापात्र बन जाना; धीरे-धीरे व चुपचाप स्थान बना लेना

insipid (इन्'सिपिड) *a* नीरस, स्वादहीन, फीका

insist (इन्'सिस्ट) *vi* (पर) ज़ोर देना; **to insist on doing** करने की ज़िद करना/का आग्रह करना; **to insist that** पर बल देना, ज़ोर देकर कहना; **insistence** *n* आग्रह; **insistent** *a* आग्रही

insole ('इन्सोल) *n* जूते का भीतरी तला, तल्ला, पतावा

insolent ('इन्सलण्ट) *a* अक्खड़, बदतमीज़, गुस्ताख़; **insolence** *n* गुस्ताख़ी, ढिठाई

insomnia (इन्'सॉम्निअ) *n* अनिद्रा रोग

inspect (इन्'स्पेक्ट) *vt* (सरकारी) निरीक्षण करना, जांच करना; **inspection** *n* निरीक्षण; जांच; **inspector** *n* निरीक्षक; थानेदार; (*Brit : on* *buses, trains*) कंडक्टर

inspire (इन्'स्पाइअर) *vt* अनुप्राणित करना, प्रेरणा देना, प्रेरित करना; भावनाओं, विचारों को जन्म देना; सांस खींचना; **inspiration** *n* उत्तम विचार; सृजनात्मक प्रभाव या प्रेरणा

instal(-l) (इन्'स्टॉल) *vt* (उपकरण, यंत्र आदि) लगाना; (व्यक्ति को) विधि-पूर्वक पदासीन करना; **installation** *n* संस्थापन; अधिष्ठापन; स्थापित संयंत्र आदि

instalment, (*US*) **installment** (इन्'स्टॉल्मंट) *n* किश्त, अंशिका; (*of TV serial etc*) भाग, कड़ी; **in instalments** (*pay*) किश्तों में (अदा करना)

instance ('इन्सटंस) *n* उदाहरण, दृष्टांत, अनुरोध, **in many instances** कई बार, कई परिस्थितियों में; **in the first instance** पहले चरण में, पहले-पहल

instant ('इन्सटंट) *n* क्षण // *a* तात्कालिक; (*coffee, food*) जिनके बनाने में बहुत कम समय लगे; **instantaneous** *a* तात्कालिक; **instantly** *ad* तुरंत

instead (इं'स्टेड) *ad* : **instead of** की बजाय, के स्थान पर; **instead of sb** किसी के स्थान पर

instep ('इन्स्टेप) *n* पैर का टख़ने व उंगलियों के बीच का ऊपरी भाग, पिचिण्डिका

instigate ('इन्सि्टगेट) *vt* भड़काना, उकसाना

instil (इन्'स्टिल) *vt* : **to instil (into)** मन में बैठाना; (*courage*) साहस की शिक्षा देना

instinct ('इन्स्टिकंट) *n* जन्मजात, मूल प्रवृति, स्वाभाविक प्रवृत्ति; सहजबोध, सहज-बुद्धि; **instinctive** *a* सहज, स्वाभाविक

institute ('इन्स्टिट्यूट) *n* किसी सार्वजनिक उद्देश्य (विशे॰ वैज्ञानिक) के लिए संस्थान; संस्थान-भवन // *vt* स्थापित करना, बनाना, आरंभ करना; नियुक्त करना

institution (इन्स्टि'ट्यूशन) *n* संस्थापन; संस्था; हस्पताल, कालिज आदि; प्रथा अथवा कानून; (*inf*) अनूठा व्यक्ति

instruct (इन्'स्ट्रक्ट) *vt* शिक्षा देना, सिखाना; आदेश देना; समझाना; **to instruct sb in sth** किसी को कुछ सिखाना; **to instruct sb to do** किसी को कुछ करने का आदेश देना; **instruction** (इन्'स्ट्रक्शन) *n* शिक्षा; आदेश; **instructions** *npl* हिदायतें; **instructions (for use)** प्रयोग- विधि, इस्तेमाल की हिदायतें; **instructor** *n* प्रशिक्षक

instrument ('इन्सट्रूमंट) *n* औज़ार; उपकरण; यंत्र; साधन; संगीत-वाद्य, बाजा; दस्तावेज़; **instrumental** *a*

सहायक; यंत्रीय; वाद्य (संगीत); **to be instrumental in** सहायक बनना, महत्वपूर्ण भूमिका निभाना; **instrument panel** *n* कार आदि में डायल, स्विच आदि का यंत्र-पट्ट

insubordination (इन्सबार्डि'नेशन) *n* अवज्ञा, आज्ञाभंग

insufficient (इन्स'फ़िशंट) *a* अपर्याप्त, आवश्यकता से कम

insular ('इन्सुलर) *a* द्वीपीय; दूरस्थ, अलग; संकीर्ण विचारों वाला, अनुदार

insulate ('इन्सुलेट) *vt* विद्युत, ताप अथवा ध्वनि आदि रोधी बनाना; अलग करना; **insulating tape** *n* विद्युत-रोधी पट्टी; **insulation** (इन्सु'लेशन) *n* रोधन

insulin ('इन्स्युलिन) *n* मधुमेह के उपचार में प्रयुक्त अग्नाशयी (*pancreatic*) हार्मोन

insult ('इन्सल्ट) *n* अपमानजनक बात, अपमान // (इन्'सल्ट) *vt* अपमान करना; **insulting** *a* अपमानजनक

insuperable (इन्'सूपरब्ल) *a* जिस पर काबू न पाया जा सके, दुस्तर, अत्यंत कठिन

insurance (इन्'शुअरन्स) *n* बीमा; **fire/life insurance** अग्नि/जीवन बीमा; **insurance policy** *n* बीमा-पालिसी

insure (इन्'श्युअर) *vt* बीमा करना, सुरक्षित करना

insurgent (इन्'सर्जंट) *a, n* विद्रोही, बाग़ी

intact (इण'टेक्ट) *a* समूचा, अक्षत, बिल्कुल सही हालत में

intake ('इंटेक) *n* ग्रहण किया जाने वाला पदार्थ; ग्रहण-मात्रा; (*Brit SCOL*) **an intake of 200 a year** प्रति वर्ष 200 छात्रों का प्रवेश

integer ('इंटिजर) *n* पूर्णांक, पूर्ण संख्या, अखंड वस्तु

integral ('इंटिग्रल) *a* सम्पूर्ण; अभिन्न (अंग), अंगभूत

integrate ('इंटिग्रेट) *vt* मिलाकर एक करना, (समाज के विविध तत्वों को) संगठित करना; **integration** *n* एकीकरण; (*MATH*) समाकलन; **integrated circuit** *n* छोटा इलेक्ट्रॉनिकी परिपथ (सरकिट), समाकलित-परिपथ

integrity (इण्'टेग्रिटि) *n* सच्चाई, ईमानदारी; अखंडता

intellect ('इंटिलेक्ट) *n* बुद्धि, सोच-विचार की शक्ति; **intellectual** (इंटि'लेक्ट्युअल) *a* बौद्धिक, बुद्धिमान // *n* बुद्धिजीवी

intelligence (इन्'टलिजन्स) *n* समझ; बुद्धि; ज्ञानशक्ति; गुप्त सूचना विशे॰ सामरिक महत्व की; **intelligentsia** (इंटेलि'जेण्टसिअ) *n* बुद्धिजीवी वर्ग

intelligent (इन्'टॅलिजंट) *a*

बुद्धिमान; समझदार; जानकार; मेधावी

intelligible (इन्'टलिजिब्ल) *a* सुबोधगम्य, समझ आने वाला

intemperate (इण्'टेम्परिट) *a* बहुत अधिक शराब पीने वाला; असंयमी

intend (इन्'टेंड) *vt* (*gift etc*) : **to intend sth for** (के देने) के लिए रखना; **to intend to do** करने का विचार रखना/इरादा करना; **intended** *a* अभीष्ट, जिसे करने, पाने, मिलने आदि का इरादा किया हो; (*insult*) जानबूझ कर किया गया अपमान

intense (इण्'टेन्स) *a* तीव्र; उत्तेजित, जोशीला; **intensely** *ad* तीव्रता से

intensive (इन्'टेन्सिव्) *a* तीव्र, घना, ज़ोरदार; **intensive care unit** *n* सख़्त बीमार रोगियों के लिए उपचार-कक्ष

intent (इण्'टेण्ट) *n* उद्देश्य, नीयत // *a* एकाग्र, तल्लीन; दृढ़ संकल्प; (कार्य में) लगा हुआ, ध्यानमग्न; **to all intents and purposes** लगभग; हर तरह; **to be intent on doing sth** करने पर अड़े होना, करने के लिए दृढ़संकल्प होना

intention (इन्'टेन्शन) *n* अभिप्राय, इरादा; **intentional** *a* जानबूझ कर किया गया

intently (इन्'टेन्टलि) *ad* ग़ौर से, बहुत ध्यान से

inter- *comb form* अंतर-, अन्त : जैसे **interrelation** में

interact (इंटरै'क्ट) *vi* एक दूसरे को प्रभावित करना; **interaction** *n* पारस्परिक क्रिया या प्रभाव

inter alia ('इंटर'एलिअ) *Lat ad* अन्य बातों के साथ-साथ

intercede (इंटर्'सीड) *vi* की ओर से बोलना; मध्यस्थता करना

intercept (इंटर्'सेप्ट) *vt* पकड़ लेना, रास्ते में रोक लेना; में बाधा डालना; **interception** *n* रोकने की क्रिया, अवरोधन

interchange ('इंटरचेंज) *n* मोटर-मार्ग-संगम (जंक्शन) // (इंटर्'चेंज) *vt* स्थान बदलना; **interchangeable** *a* जिनकी स्थान अथवा उपयोग में अदला-बदली की जा सके

intercom ('इंटर्कॉम) *n* आंतरिक टेलीफ़ोन व्यवस्था

intercontinental (इंटर्कॉण्टि'नेंण्ट्ल) *a* अंतर्महाद्वीपीय; **intercontinental ballistic missile** *n* एक महाद्वीप से दूसरे तक पहुंच सकने वाला (प्रक्षेपास्त्र)

intercourse ('इंटरकॉर्स) *n* संपर्क, पारस्परिक व्यवहार; संभोग

interest ('इंट्रिस्ट, 'इंटरिस्ट) *n* रुचि, दिलचस्पी; रुचि उत्पन्न करने वाली वस्तु; हित; अधिकार; लाभ, हिस्सा, अंश; ब्याज, सूद // *vt* दिलचस्पी पैदा करना; **interested** *a* सम्बद्ध; दिलचस्पी लेने वाला; **to be interested in** में दिलचस्पी लेना; **interesting** *a* रोचक,

दिलचस्प; **interest rate** *n* ब्याज-दर

interfere (इंटर्'फ़िअर) *vi* : **to interfere in** (*quarrel, other people's business*) में हस्तक्षेप करना, दख़ल देना; **to interfere with** (कार्य, योजना आदि में) बाधा डालना, रोकना

interference (इंटर'फ़िअरंस) *n* हस्तक्षेप; (*PHYSICS*) व्यतिकरण; (*RADIO, TV*) वायुमण्डल में विद्युतीय गड़बड़ी अथवा अवांछित सिग्नलों के कारण रेडियो श्रवण (आवाज़) या टी.वी. की चित्र में खराबी या रुकावट

interim ('इंटरिम) *a* अंतरिम // *n* : **in the interim** इसी (बीच की) अवधि में

interior (इण्'टिअरिअर) *n* भीतरी भाग, भीतरी प्रदेश // *a* आंतरिक; देशीय, आंतरस्थलीय, भीतरी (भाग)

interject (इंटर'जेक्ट) *vt* बीच में बोलना; **interjection** *n* उद्‌गार

interlock (इंटर'लॉक) *vi* गूंथना, गूंथ देना

interloper ('इंटर'लोपर) *n* दख़ल देने वाला व्यक्ति; अन्तःप्रवेष्ठा

interlude ('इंटरलूड) *n* (*THEATRE*) मध्यांतर; मध्यांतर में दिखाया जाने वाला कार्यक्रम

intermediate (इंटर्'मीडिअट) *a* मध्यम; मध्यवर्ती; (*SCOL*) इंटरमीडिएट

interminable (इण्'टर्मिनब्ल) *a* अंतहीन, असीम, बहुत लम्बा

intermission (इंटर्'मिशन) *n* अवरोध, (*THEATRE, CINEMA*) मध्यांतर; **intermittent** *a* रुक-रुक कर होने वाला, सविराम; आवर्तक

intern (इण्'टर्न) *vt* नज़रबंद करना // *n* ('इण्टर्न) (*US*) प्रशिक्षार्थी डाक्टर

internal (इण्'टर्न्‌ल) *a* आंतरिक, भीतरी; (देश, संस्था आदि के) अंदर के विषयों से सम्बंधित; **internally** *ad* अंदर से : **not to be taken internally** (दवा आदि) जो खाने के लिए न हो; **Internal Revenue Service (IRS)** *n* (*US*) आयकर विभाग

international (इंटर'नैशनल) *a* अंतर्राष्ट्रीय; **International Monetary Fund** *n* अंतर्राष्ट्रीय मुद्रा कोष

internecine (इंटर'नेसाइन) *a* दोनों पक्षों को नष्ट करने वाला (युद्ध आदि), परस्पर-सांघातिक

interplay ('इंटरप्ले) *n* दो वस्तुओं, पक्षों आदि की एक-दूसरे पर क्रिया व प्रतिक्रिया; पारस्परिक प्रभाव; आदान-प्रदान

interpret (इं'टर्प्रेट) *vt* की व्याख्या करना, अर्थ लगाना, स्पष्ट करना; अनुवाद करना (विशे॰ मौखिक); **interpretation** *n* अर्थनिर्णय; दुभाषिए का काम; **interpreter** *n* दुभाषिया

interrelated (इन्टरि'लेटिड) *a* परस्पर सम्बंद्ध

interrogate (इन्'टेरगेट) *vt* प्रश्न करना, (सरकारी तौर पर, ध्यान पूर्वक) पूछ-ताछ करना; **interrogation** (-'गेशन) *n* पूछताछ; **interrogative** *a* प्रश्नात्मक

interrupt (इंट'रप्ट) *vt* टोकना, बीच में बोलना या रोकना, बाधा डालना; **interruption** (-'रप्शन) *n* टोक, हस्तक्षेप; बाधा; रोक

intersect (इंटर्'सेक्ट) *vt* (रेखाओं को) काटना // *vi* (*roads*) एक दूसरे को काटना; प्रतिच्छेद करना; **intersection** *n* रेखाओं, मार्गों का संगम, चौराहा

intersperse (इंटर्'स्पर्स) *vt* : **to intersperse with** बिखराना, फैलाना, छितराना

interstate (इंटर्'स्टेट) *a* अंतर्राज्यीय

intertwine (इंटर'ट्वाइन) *vt* गूंथना, बंटना // *vi* लिपट जाना, गुथ जाना

interval ('इंटरव़ल) *n* अन्तर, अंतराल; (*THEATRE*) मध्यान्तर; (*SPORT*) मध्यावकाश; (*SCOL*) आधी छुट्टी; **at intervals** रुक-रुक कर

intervene (इंटर'व़ीन) *vi* (दो तिथियों के बीच) आना // *vt* बीच में पड़ना; हस्तक्षेप करना; बीच में घटित होना; बाधा डालना; **intervention** *n* हस्तक्षेप, दख़ल; मध्यस्थता

interview ('इंटरव्यू) *n* (*RADIO, TV etc*) भेंटवार्ता; (*for job*) इण्टर्व्यू, साक्षात्कार // *vt* से भेंट (वार्ता) करना, इण्टर्व्यू करना; **interviewer** *n* भेंटकर्ता, इण्टर्व्यू लेने वाला

intestine (इन्'टेस्टिन) *n* आन्त्र, आंत; **intestinal** *a* आन्त्र-सम्बंधी

intimacy ('इंटिमॅसि) *n* घनिष्ठता, आत्मीयता

intimate ('इंटिमिट) *a* घनिष्ठ, गहरा (मित्र), आत्मीय; परिचित; निजी, खुलकर (बातचीत); अनैतिक (स्त्री-पुरुष सम्बंध) // *vt* (इंटिमेट) सूचना देना, संकेत देना; **intimation** *n* सूचना

intimidate (इण'टिमिडेट) *vt* डराना (कोई कार्य कराने के लिए); धमकाना

into ('इंटु) *prep* के भीतर (बाहर से भीतर की ओर गति के लिए); गुणा; में; **he dived into the river** उसने नदी में डुबकी लगाई; **into pieces** टुकड़े-टुकड़े होना; **into French** फ्रेंच में (अनुवाद करना)

intolerable (इन्'टॉलरबल) *a* असहनीय

intolerance (इन्'टॉलरन्स) *n* असहिष्णुता, दूसरों के विचारों, मत आदि को सहन न करना/ठीक न समझना

intolerant (इन्'टॉलरंट) *a* : **intolerant of** के प्रति असहिष्णु, को सहन करने में असमर्थ

intone (इन्'टोन) *vt* गाना, एक ही लय

intoxicate 366 invalid

में पढ़ना; **intonation** ('इन्टो'नेशन) *n* स्वरशैली; एक ही स्वर में गायन; लहजा

intoxicate (इण'टॉक्सिकेट) *vt* नशे में धुत्त कर देना; **intoxicated** *a* धुत्त; मतवाला; बहुत उत्तेजित; **intoxicant** *a, n* मादक (पदार्थ); **intoxication** *n* नशा; धुत्त होने की स्थिति

intra- *comb form* में, अंदर

intractable (इन्'ट्रैक्टब्ल) *a* (*child, temper*) हठीला; उच्छृंखल; (*problem*) (समस्या) जिसका निदान कठिन हो

intransitive (इन्'ट्रैन्सिटिव़) *a* अकर्मक (क्रिया)

intravenous (इंट्र'व़ीनस) *a* अन्तः शिरा, शिरा में (इंजेक्शन आदि)

in-tray ('इन्ट्रे) *n* (दफ़्तरों में) ट्रे जिसमें वे कागज़ात रखे जाते हैं जिनका अभी निपटारा करना है

intricate ('इंट्रिकिट) *a* उलझा हुआ, जटिल, पेचीदा; **intricacy** *n* जटिलता

intrigue (इन्'ट्रीग) *n* षड़यंत्र, गुप्त प्रेम-सम्बंध // *vt* कुतूहल उत्पन्न करना // *vi* षड़यंत्र रचना; **intriguing** *a* कुतूहल उत्पन्न करने वाला, आकर्षक

intrinsic (इन्'ट्रिन्सिक) *a* आन्तरिक, मूलभूत

intro- *comb form* में, के अन्दर जैसे **introduce, introvert** आदि में

introduce (इंट्र'ड्यूस) *vt* परिचय कराना; प्रस्तुत करना; लाना; प्रयोग करना; **to introduce sb (to sb)** किसी का किसी से परिचय कराना; **to introduce sb to** (*pastime, technique etc*) किसी को किसी मनोरंजक विधि, नयी विधि आदि से परिचित कराना; **introduction** *n* परिचय; भूमिका; प्रस्तावना; **introductory** *a* प्रारंभिक, परिचायक

introspection (इंट्र'स्पेक्शन) *n* आत्मविश्लेषण, आत्मनिरीक्षण

introvert ('इंट्रव़र्ट) *n* (*PSYCH*) अन्तर्मुखी

intrude (इन्'ट्रूड) *vi* अनुचित रूप से घुस जाना; **to intrude on** (*conversation etc*) (बातचीत आदि में) दख़ल देना; **intruder** *n* व्यक्ति जो अनधिकार प्रवेश करे, घुसपैठिया

intuition (इन्ट्यु'इशन) *n* अंतर्ज्ञान, बिना सोचे-विचारे तुरंत आभास पा लेने की क्रिया; सहज-बुद्धि, अंतर्दृष्टि

inundate ('इनन्डेट) *vt* : **to inundate with** जलमग्न कर देना; की भरमार कर देना

invade (इन्'व़ेड) *vt* (पर) आक्रमण या हमला करना, चढ़ाई करना; सब तरफ़ फैल जाना; **invader** *n* आक्रमणकारी

invalid ('इन्व़लीड) *n* रोगी; रोग अथवा चोट से लाचार, असमर्थ // *a*

(इन्'वैलिड) अमान्य, रद्द

invaluable (इन्'वैल्युअब्ल) *a* अमूल्य, बहुमूल्य

invariably (इन्'वेअरिअब्लि) *ad* सदा ही; निरंतर; एक ही तरह से

invasion (इन्'वेझन) *n* चढ़ाई, हमला

invent (इन्'वेण्ट) *vt* आविष्कार करना, (कहानी आदि) गढ़ना; **invention** *n* आविष्कार, ईजाद, मनगढ़न्त कहानी; **inventive** *a* मौलिक, उपाय-कुशल; आविष्कारशील; **inventor** *n* आविष्कारक

inventory ('इन्वंटरि) *n* सामान आदि की विस्तृत सूची

inverse (इन्'वर्स) *a* उल्टा, विपरीत

invert (इन्'वर्ट) *vt* उल्टाना, (वस्तुओं आदि की) स्थिति, सम्बंध विपरीत करना; **inverted commas** *npl* उद्धरण-चिन्ह (" ")

invest (इन्'वेस्ट) *vt* लाभ के लिए (पूंजी, समय, शक्ति आदि) लगाना; प्रतिष्ठापित करना // *vi* किसी चीज़ में पैसा लगाना

investigate (इन्'वेस्टिगेट) *vt* जांच-पड़ताल या छान-बीन करना; **investigation** (-'गेशन) *n* जांच-पड़ताल

investment (इन्'वेस्टमंट) *n* लगी हुई पूंजी; निवेश; खरीदे हुए शेयर आदि

investor (इन्'वेस्टर) *n* पूंजी लगाने वाला, निवेशक

invidious (इन्'विडिअस) *a* द्वेषजनक; (*task*) आपत्तिजनक

invigilate (इन्'विजिलेट) *vt* निगाह रखना // *vi* (परीक्षार्थियों की) निगरानी करना; **invigilator** *n* परीक्षाओं की निगरानी करने वाला

invigorating (इन्'विगरेटिंग) *a* शक्तिदायक, बलवर्धक

invincible (इन'विन्सिब्ल) *a* अजेय

invisible (इन्'विज़िब्ल) *a* अदृश्य, दिखाई न देने वाला; **invisible ink** *n* स्याही जिसकी लिखावट किसी रसायन पदार्थ या गरमी से दिखाई देती है

invitation (इन्वि'टेशन) *n* निमंत्रण

invite (इन्'वाइट) *vt* निमंत्रण देना; मांगना, आकर्षित करना, बुलाना; **inviting** *a* चित्ताकर्षक, ललचाने वाला, मनमोहक

invoice ('इन्वॉइस) *n* बीजक, कीमतों सहित सामान सूची // *vt* बीजक बनाना, देना

involuntary (इन्'वॉलंटरि) *a* अनजाने में किया गया; बिना अभिप्राय या संकल्प के किया (कार्य); सहज स्वभाव से

involve (इन्'वाल्व) *vt* सम्मिलित करना; आवश्यक होना; (व्यक्ति को) फंसाना, से सम्बंधित होना; उलझाना; **involved** *a* जटिल; में फंसा या से सम्बद्ध; में जुटा हुआ; लगा हुआ; **to feel involved** गहरा लगाव हो जाना; में पूरी तरह डूबे होना/लगे होना; **involvement** *n* आवेष्टन, उलझाव;

लगाव; **involvement (in)** में सक्रिय भाग

inward ('इन्वर्ड) *a* (*movement*) अंदर की ओर; (*thought, feeling*) भीतरी, अंतर्मुखी; मन में; **inwards** *ad* मन में, अंदर की ओर; **inwardly** *ad* मन ही मन में, भीतर ही भीतर

I/O (*COMPUT*) = *input/output*

iodine ('आइअडीन) *n* आयोडीन; **iodize** ('आइओडाइज़) *vt* आयोडीन मिलाना

iota (आइ'ओट्अ) *n* (*fig*) (प्राय: *not* के साथ) बहुत कम

IOU *I owe you* का संक्षेप, मैंने तुमसे ऋण लिया है, इस आशय का लिखित हस्ताक्षर किया इकरार

IPA (= *International Phonetic Alphabet*) अंतरराष्ट्रीय स्वनिक वर्णमाला का संक्षेप

IQ (= *intelligence quotient*) बुद्धि-मापक अंक, बुद्धि-लब्धि का संक्षेप

IRA *Irish Republican Army* का संक्षेप

irate (आइ'रेट) *a* क्रुद्ध, उत्तेजित

ire (आइअर) *n* क्रोध, रोष; **irascible** (इ'रैसब् ल) *a* चिड़चिड़ा, गर्म-मिज़ाज

iris, -es ('आइरिस, -सीज़) *n* (आंख का) तारा मण्डल जिसमें पुतली होती है

irk (अर्क) *vt* तंग करना, (किसी में) झुंझलाहट पैदा करना

irksome ('अर्कसम) *a* क्लेशकर, थकाने वाला

iron ('आइरन्) *n* लोहा, लोहे का औज़ार, इस्तरी // *a* लोहे का, लोहे जैसा; कठोर, अटल, लौह, सशक्त // *vt* इस्तरी करना; **irons** *npl* (कैदी की) बेड़ियां; **to iron out** *vt* सिलवटें मिटाना; (*fig*) (मतभेद आदि) दूर करना, समाधान करना; **the iron curtain** *n* समाज व विचारधाराओं को विभक्त करने वाला कोई भी अवरोध

ironic(al) (आइ'रॉनिक्(ल)) *a* व्यंग्यपूर्ण; व्यंग्योक्तिपूर्ण

ironing ('आइरनिङ) *n* (कपड़ों की) इस्तरी; **ironing board** *n* इस्तरी करने की मेज़

ironmonger ('आइरन्मॉङगर) *n* लोहे के सामान का विक्रेता; **ironmonger's (shop)** *n* लोहा-विक्रेता की दुकान

irony ('आइरनि) *n* व्यंग्य, व्यंग्योक्ति; आशा के प्रतिकूल घटना व स्थिति का होना

irrational (इ'रैशन्ल) *a* असंगत; अकारण; निर्मूल; विवेकहीन

irrefutable (इ'रेफ़्युट्ब्ल) *a* अकाट्य, अखंडनीय

irregular (इ'रेग्युलर) *a* अनियमित, ग़ैरकानूनी; (आकार आदि में) विषम

irrelevant (इ'रेलवंट) *a* असंगत; असम्बद्ध; अप्रासंगिक

irreparable (इ'रेपरब्ल) *a* जिसकी

irresistible 369 **it**

मरम्मत न की जा सके; (हानि) जिस की पूर्ति न की जा सके

irresistible (इरि'ज़िस्टिब्ल) *a* अत्यंत आकर्षक; जिसका प्रतिरोध न किया जा सके

irrespective (इ'रिस्पेक्टिव़) : **irrespective of** *prep* का ध्यान किए बिना, का विचार किए बिना

irresponsible (इरि'स्पान्सिब्ल) *a* (*act, person*) गैर-ज़िम्मेदार

irrevocable (इ'रेव़कब्ल) *a* अपरिवर्तनीय; अटल

irrigate ('इरिगेट) *vt* सिंचाई करना; **irrigation** *n* सिंचाई

irritable ('इरिटेब्ल) *a* चिड़चिड़ा, गुस्सैल

irritate ('इरिटेट) *vt* चिढ़ाना, गुस्सा दिलाना; उत्तेजित करना; **irritating** *a* गुस्सा व खीज दिलाने वाला (व्यवहार आदि); **irritant** *a, n* व्यक्ति, वस्तु जो गुस्सा दिलाये; **irritation** *n* गुस्सा; जलन, खुजली

IRS *n* **Internal Revenue Service** का संक्षेप

is (इज़) *vb* दे॰ **be**

Islam ('इज़लाम) *n* मुस्लिम धर्म या संसार, इस्लाम

island ('आइलंड) *n* द्वीप; (**traffic island** भी) सड़क के बीच पैदल चलने वालों के लिए (गोलाई में बना) उठा हुआ स्थान; **islander** *n* द्वीप-निवासी

isle (आइल) *n* द्वीप; **islet** ('आइलिट) *n* छोटा द्वीप

isn't ('इज़ंट) = **is not**

isolate ('आइसलेट) *vt* अलग या पृथक करना; **isolated** *a* अलग; इक्का-दुक्का; **isolation** *n* अलग किया जाना; अकेला होना

issue ('इश्यू) *n* विवाद का विषय या प्रश्न; (*outcome*) परिणाम; (*of banknotes etc*) निर्गमन; (*of newspaper etc*) प्रकाशन, अंक; (*offspring*) संतान // *vt* (*rations, equipment*) बांटना, देना; (*orders*) देना, भेजना; (*book*) प्रकाशित करना; (*banknotes, cheques, stamps*) जारी करना; **at issue** विवाद का (विषय); **to take issue with sb (over)** किसी से किसी बात पर असहमत होना; झगड़ना

KEYWORD

it (इट) *pronoun* **1.** (*specific : subject*) यह, वह; (: *direct object*) यह; (: *indirect object*) इस, उस, उसे; इसे; **it's on the table** वह मेज़ पर रखा है; **about/from/of it** इसके बारे में/इससे/इसका; **I spoke to him about it** मैंने इस बारे में उससे बात की/उससे कहा; **what did you learn from it?** इससे तुम्हें क्या सबक मिला?/तुमने क्या सीखा?; **I'm proud of it** मुझे इस पर गर्व है; **put the books in it** किताबें इसमें

रख दो; **he agreed to it** वह यह बात मान गया; **did you go to it?** (*party, concert etc*) क्या तुम वहां गये थे ?

2. (*impersonal*) **it's raining** बारिश हो रही है; **it's Friday tomorrow** कल शुक्रवार है; **it's 6 o'clock** छः बजे हैं; **who is it?** कौन है ?; **it's me** मैं हूं

Italian (इ'टैल्यन) *n* इटली की भाषा या वहां का निवासी, इटालियन // *a* इटली का

italic (इ'टैलिक) *a* तिरछे (अक्षर); **italics** *npl* तिरछा टाइप, छपाई में (शब्दों पर) बल देने के लिए प्रयुक्त

itch (इच) *n* खुजली // *vi* खुजली होना; **I'm itching to do it** मैं यह करने के लिए बेचैन हूं; **itchy** *a* खुजली करने को बेचैन; **to be itchy** = **to itch**

it'd ('इट्ड) = **it would, it had**

item ('आइटम) *n* (*on agenda*) विषय; संग्रह आदि की एक मद, वस्तु; समाचार (**news item** भी); खाते आदि में प्रविष्टि या इंदराज; **itemize** *vt* अलग-अलग उल्लेख करना; मदवार लिखना

itinerary (आइ'टिनररि) *n* यात्रा वृत्तांत; यात्राक्रम; मार्ग-विवरण, मार्ग-सूची

it'll ('इट्ल) = **it will, it shall**

its (इट्स) *a* इसका, इसकी

it's (इट्स) = **it is, it has**

itself (इट'सेल्फ़) *pronoun* (*emphatic*) स्वयं को, (*reflexive*) **it** का भाववाचक रूप

ITV (= *Independent Television*) ब्रिटेन की एक टेलिविज़न (कार्यक्रम) कम्पनी का संक्षेप

I.U.D. (= *intrauterine device*) गर्भ-निरोध का एक साधन का संक्षेप

I've (आइव़) = **I have**

ivory ('आइव़रि) *n* हाथीदांत; **ivory tower** *n* यथार्थ के संसार से दूर रहने की प्रवृत्ति या स्थिति

ivy ('आइव़ि) *n* एक सदाबहार बेल, मारवल्ली

J

jab (जैब) *vt* : **to jab sth into** चुभाना, गड़ाना, भोंकना // *n* चुभोने या भोंकने की क्रिया, धक्का; (*MED : col*) इंजेक्शन

jack (जैक) *n* (*col*) व्यक्ति; (*AUT*) कार आदि उठाने की मशीन; जैक; अनेक यांत्रिक उपकरण; (ताश में) गुलाम का पत्ता; **to jack up** *vt* जैक से किसी वस्तु को उठाना; (कीमतें आदि) बढ़ाना

jackal ('जैकाल) *n* सियार, गीदड़

jackass ('जैकैस) *n* गधा; मूर्ख

jackdaw ('जैकडॉ) *n* एक प्रकार का कौआ

jacket ('जैकिट) *n* कोट, जैकेट; बाहरी आवरण (जैसे किताब का)

jack-knife ('जैकनाइफ़) *n* खटकेदार चाकू; **the lorry jack-knifed** *vi* लारी ने तेज मोड़ काटा (अपने ट्रेलर से एक तीखा कोण बनाते हुए)

jack plug *n* (*ELEC*) एक प्रकार का बिजली का प्लग

jackpot ('जैकपॉट) *n* बड़ा इनाम, इकट्ठी हुई दांव-राशि जैसे पोकर के खेल में

jade (जेड) *n* एक रत्न (प्रायः हरे रंग का), हरिताश्म, संगयशब

jaded ('जेडिड) *a* थका-मांदा, ढीला-ढाला; क्लान्त; उदास

jagged ('जैगिड) *a* नुकीला, दांतेदार

jail (जेल) *n* जेल, कारागार // *vt* बंदी बनाना, कैद करना; **jailer** *n* जेलर, कारापाल; **jailbird** *n* पक्का अपराधी

jam (जैम) *n* मुरब्बा, जैम; रुका हुआ/ अवरुद्ध यातायात (**traffic jam** भी); भीड़; उलझन // *vt* कसना; (*passage etc*) ठसाठस भीड़ कर देना, भीड़ करके (रास्ता) रोक देना; (*RADIO*) रेडियो स्टेशन का प्रसारण जाम कर देना या गड़बड़ कर देना // *vi* (पुर्ज़े) जकड़ जाना व काम न करना; **to jam sth into** में कुछ ठूंस देना; **jam-packed** *a* ठसाठस भरा हुआ; **jam session** *n* जाज़ संगीत की महफ़िल

jamboree (जैम्ब'री) *n* बालक स्काउटों का जमघट; मौज-मस्ती, जशन, जम्बूरी

jangle ('जैंगल) *vi* (वस्तुओं का) खड़खड़ाना जैसे घंटा; नसें खिंचना (परेशानी से)

janitor ('जैनिटर) *n* (इमारत का) रखवाला; द्वारपाल; सफ़ाई करने वाला, क्लीनर

January ('जैन्युअरि) *n* जनवरी मास

jar (जार) *n* मर्तबान, जार; (*col*) गिलास (विशे॰ बीयर का); खड़खड़ाहट की ध्वनि // *vi* ज़ोर-ज़ोर से कांपना (हिलना); **jarring** *a* कष्टप्रद, व्याकुल करने वाला

jargon ('जार्गन) *n* किसी विषय या व्यवसाय की विशिष्ट शब्दावली, वर्ग-बोली; शब्दजाल; अनापशनाप

jasmine ('जैस्मिन) *n* चमेली, जूही

jaundice ('जांडिस) *n* पीलिया रोग; ईर्ष्या; **jaundiced** *a* (*fig*) जिसके मन में निराशा, विरोध या वैमनस्य की भावना हो

jaunt (जांट) *n* भ्रमण, सैर, छोटी यात्रा; **jaunty** *a* बांका, ज़िंदादिल, प्रसन्नचित्त

javelin ('जेव़लिन) *n* भाला, बरछा, विशे॰ खेल प्रतियोगिता में फैंकने में प्रयुक्त

jaw (जॉ) *n* जबड़ा

jay (जे) *n* नीलकण्ठ (पक्षी)

jaywalker ('जेवाकर) *n* (सड़क पर) लापरवाह पैदल यात्री

jazz (जैज़) *n* द्रुतगति वाला एक प्रकार का पश्चिमी संगीत व नृत्य; **jazzy** *a* भड़कीला, दिखावटी; **to jazz up** *vt* संगीत तेज़ करना; अधिक सजीव व आकर्षक बनाना

jealous ('जॅलस) *a* ईर्ष्यालु, सशंकित; सतर्क, सजग; **jealousy** *n* ईर्ष्या, डाह

jeans (जीन्ज़) *npl* मोटे मज़बूत कपड़े की चुस्त पैंट

jeep (जीप) *n* ® जीप

jeer (जिअर) *vi* : **to jeer (at)** ताना मारना, खिल्ली उड़ाना

jelly ('जेलि) *n* जेली; फलों से बना अवलेह; जेली जैसा पदार्थ; **jellyfish** *n* जेली फ़िश, एक बहुत छोटा समुद्री जीव

jeopardy ('जॅपर्डि) *n* संकट, ख़तरा; **to be in jeopardy** संकट में/ख़तरे में होना; **jeopardize** *vt* संकट में डालना

jerk (जर्क) *n* झटका; ऐंठन; (*sl*) मूर्ख व्यक्ति // *vt* झटकना, झटकाना, झटका देना // *vi* (*vehicle*) गाड़ी आदि का झटका देना; **jerky** *a* झटके से रुक-रुक कर (चलने वाली वस्तु)

jerkin ('जर्किन) *n* बिना आस्तीन की जैकेट विशे. चमड़े की

jersey ('जर्सि) *n* जर्सी, ऊनी बण्डी

jessamin(e) ('जैसमिन) *n* = **jasmine**

jest (जेस्ट) *n, vi* मज़ाक या हंसी-दिल्लगी (करना); **jester** *n* मसख़रा, विदूषक

jet (जेट) *n* द्रव, गैस आदि की तेज़ धार विशे. संकरे छिद्र से निकलती हुई; संकरा छिद्र, टोंटी; (*AVIAT*) जेट विमान; **jet-black** *a* काला स्याह; **jet engine** *n* जेट विमान का इंजन; **jet lag** *n* जेट-विमान यात्रा में समय-क्षेत्र पार करने के कारण हुई थकावट

jettison ('जॅटिसन) *vt* जहाज़ से फेंक देना; छोड़ देना

jetty ('जॅटि) *n* जेटी, घाट

Jew (जिऊ) *n* यहूदी; *offens* (*inf*) कंजूस, कृपण

jewel ('जूअल) *n* रत्न, रत्न-जड़ित आभूषण; बहुमूल्य वस्तु; **jeweller** *n* जौहरी; **jeweller's shop** *n* जौहरी की दुकान; **jewellery** *n* ज़ेवर, जवाहरात

Jewess ('जिऊएस) *n* यहूदी स्त्री

Jewish ('जिऊइश) *a* यहूदी जैसा

jib (जिब) *n* (*NAUT*) किश्ती का तिकोना पाल; क्रेन (मशीन) आदि की आगे निकली भुजा

jibe (जाइब) *n* उपहास, ताना

jiffy ('जिफ़ि) *n* (*col*) : **in a jiffy** कुछ क्षणों, थोड़े से समय में

jig (जिग) *n* एक सजीव नृत्य, इसके

लिए संगीत; एक छोटा सा यांत्रिक उपकरण; काटने आदि में प्रयुक्त एक उपकरण

jigsaw ('जिग्सॉ) *n* छोटा चौखटी-आरा; (**jigsaw puzzle** भी) चित्र के बेतरतीब लगाए हुए टुकड़े, जिन्हें जोड़कर पूरी तस्वीर बन सकती है; चित्र पहेली

jilt (जिल्ट) *vt* (प्रेमी को) छोड़ देना, अस्वीकार करना

jingle ('जिंगल्) *n* छनकने की आवाज़; सरल तुकांत कविता, गाना आदि (जो विज्ञापनों में प्रयुक्त हो) // *vi* छनकना

jinx (जिंक्स) *n* (*col*) अशुभ शक्ति, व्यक्ति, वस्तु (जो किसी के लिए दुर्भाग्य-सूचक हो)

jitters ('जिटर्ज़) *npl* छटपटी, घबराहट, परेशानी; **to get the jitters** एकदम घबरा जाना; **jittery** *a* घबराया हुआ

job (जॉब) *n* काम, नौकरी *inf* मुश्किल कार्य; *inf* अपराध विशे० डाका; **it's a good job that–** अच्छा हुआ कि–; **just the job!** यही तो चाहिए (है/था)!; **job centre** *n* (*Brit*) सरकारी रोज़गार दफ़्तर; **jobless** *a* बरोज़गार (व्यक्ति)

jockey ('जॉकि) *n* (घुड़दौड़ में) पेशेवर घुड़सवार // *vi* : **to jockey for position** (व्यवसाय, राजनीति आदि में) ऊपर उठने के लिए तिकड़म लगाना

jocular ('जॉक्युलर) *a* विनोदी, विनोदपूर्ण, मज़ाकिया

jog (जॉग) *vt* झटका, धक्का देना; याद कराना, प्रेरित करना // *vi* (*SPORT*) धीरे-धीरे दौड़ना, धीमी चाल से चलना विशे० व्यायाम के लिए; **to jog along** *vi* धीरे-धीरे दौड़ते हुए आगे बढ़ना; **jogging** *n* धीमी दौड़

join (जॉइन) *vt* जोड़ना, जोड़ मिलाना, (का) सदस्य बनना // *vi* जुड़ना, मिल जाना; **to join in** *vi* में भाग लेना // *vt* शामिल होना, साथ देना; **to join up** *vi* (फ़ौज में) भरती होना

joiner ('जॉइनर) *n* कारीगर (लकड़ी की वस्तुएं बनाने वाला); **joinery** *n* कारीगर द्वारा बनायी गई वस्तुएं

joint (जॉइंट) *n* (*ANAT*) जोड़, संधि, (*CULIN*) भूनने के लिए मांस का टुकड़ा (प्रायः हड्डी सहित); (*col : place*) घर, स्थान आदि; (*sl*) बदनाम बार (शराबघर) या नाइट क्लब; (*sl*) नशीली सुलफ़े वाली सिगरेट // *a* संयुक्त, अनेक व्यक्तियों द्वारा मिलाकर; **joint account** *n* (*with bank etc*) संयुक्त खाता; **jointly** *ad* इकट्ठे

joist (जॉइस्ट) *n* (छत को सहारा देने के लिए) कड़ी

joke (जोक) *n* (**practical joke** भी) मज़ाक, दिल्लगी, परिहास, शरारत; **to play a practical joke on** किसी को बुद्धू बनाने के लिए कोई शरारत करना/ढोंग रचना // *vi* मज़ाक करना; **joker** *n* मज़ाकिया व्यक्ति, मसख़रा,

सर्कस का जोकर; (*sl*) व्यक्ति; ताश में अतिरिक्त पत्ता, जोकर

jolly (जॉलि) *a* प्रसन्न, प्रफुल्ल, खुश, मस्ती में // *ad* (*col*) बहुत

jolt (जोल्ट) *n* झटका, धक्का; हचकोला // *vi* झटके से चलना, घूमना // *vt* झटका देना, हचकाना

jostle ('जॉसल) *vt* धक्का देना, ढकेलना

jot (जॉट) *n* : **not one jot** रत्ती भर/ज़रा सा भी नहीं // *vt* : **to jot down** संक्षेप में जल्दी से लिख लेना; **jotter** *n* नोटबुक; **jotting** *n* संक्षेप में लिखी हुई बात

journal ('जर्नल) *a* समाचार-पत्र; पत्रिका; रोज़नामचा, घटनाओं आदि का दैनिक लेखा; **journalism** *n* पत्रकारिता; **journalist** *n* पत्रकार

journey ('जर्नि) *n* यात्रा, सैर, यात्रा-दूरी // *vi* यात्रा करना

jovial ('जोविअल) *a* मिलनसार, खुशमिज़ाज, प्रसन्नचित्त, आमोदप्रिय

joy (जॉइ) *n* आनंद, हर्ष, खुशी; **joyful, joyous** *a* हर्षित, खुश; **joy ride** *n* (चोरी की कार में) सैर; **joystick** *n* (*AVIAT, COMPUT*) वायुयान का गति-नियंत्रक यंत्र; कम्प्यूटर का यंत्र जो उस के परदे पर प्रकाश के वर्ग की गति नियंत्रित करता है

J.P. **Justice of the Peace** का संक्षेप

Jr, Jun., Junr **Junior** का संक्षिप्त रूप

jubilant ('जूबिलंट) *a* उल्लसित, बेहद खुश; आनंदविभोर; **jubilation** (जूबि'लेशन) *n* आनंदोत्सव, उल्लास

jubilee ('जूबिली) *n* खुशी मनाने का मौका, जयंती विशे॰ 25 अथवा 50 वर्षीय

judge (जज) *n* न्यायाधीश; निर्णायक (प्रतियोगिता, विवाद आदि में); सूझ-बूझ वाला व्यक्ति, पारखी; अधिनिर्णायक; अम्पायर, खेलपंच // *vt* न्याय करना; सुनवाई करना; आंकना; फ़ैसला देना; **judg(e)ment** *n* निर्णयशक्ति, न्यायालय का निर्णय; विचार; परख; ईश्वरीय दण्ड

judicial (जू'डिशल) *a* न्यायिक, अदालती; न्यायसम्मत; विवेचनात्मक

judiciary (जू'डिशिअरि) *n* न्यायतंत्र, न्यायपालिका, न्यायाधीशों, न्यायालयों की व्यवस्था

judicious (जू'डिशस) *a* विवेकपूर्ण, समझदारी का (निर्णय आदि)

judo ('जूडो) *n* जुजित्सु पर आधारित आधुनिक खेल, जूडो

jug (जग) *n* सुराही, जग

juggernaut ('जगरनॉट) *n* (*Brit*) भारी भरकम ट्रक; कोई भी विनाशकारी शक्ति

juggle ('जग्ल) *vi* बाज़ीगरी करना; (हिसाब-किताब में) हेराफेरी करना; धोखेबाज़ी करना; **juggler** *n* बाज़ीगर;

jugglery *n* बाज़ीगरी, धोखाधड़ी

juice (जूस) *n* रस; (*col*) विद्युत, करंट; (*fig*) बल, उत्साह, जीवन-शक्ति

juicy ('जूसी) *a* रसभरा; दिलचस्प

jujitsu, jujutsu, juijitsu (जू'जित्सू) *n* जापानी कुश्ती व आत्म-रक्षा का ढंग

jukebox ('जूकबॉक्स) *n* सिक्के डालने पर रिकार्ड बजाने वाली स्वचालित मशीन, जूकबॉक्स

July (जू'लाइ) *n* जुलाई मास

jumble ('जम्ब्ल) *n* बेतरतीब, फुटकर वस्तुओं का ढेर, अव्यवस्था; विक्रय के लिए फुटकर वस्तुओं का ढेर // *vt* (**jumble up** भी) (वस्तुओं को) मिलाकर गड़बड़ कर देना, अस्तव्यस्त कर देना, बेतरतीब कर देना; **jumble sale** *n* (*Brit*) पुरानी फुटकर वस्तुओं की बिक्री

jumbo ('जंबो) *n* (*inf*) हाथी; कोई भी विशालकाय वस्तु // *a* : **jumbo jet** जम्बोजेट विमान

jump (जम्प) *vi* कूदना, उछलना; (पन्ने आदि) छोड़ कर आगे पढ़ना; कूद कर परे होना // *vt* जल्दी से दूर होना; ऊंचा उठना, पैराशूट से नीचे कूदना, चौंक जाना; खराब फ़िल्म आदि का रुक-रुक कर चलना; (पटरी आदि से) उतर जाना; (*col*) अचानक हमला करना // *n* कूद, छलांग, बाधा जिसे छलांग से पार करना हो, छलांग द्वारा तै की गयी दूरी, ऊंचाई; चौंकने की क्रिया, झटका, अचानक मूल्य-वृद्धि

jumper ('जम्पर) *n* स्वेटर, पुलोवर; जंपर, कुरता; **jumper cables** *npl* (*US*) = **jump leads**

jump leads *npl* (*Brit*) इंजन चालू करने के लिए कार की निरावेशित (डिस्चार्ज हुई) बैटरी को बाहरी बैटरी से जोड़ने वाली तारें

jumpy ('जम्पि) *a* घबराया हुआ, बेचैन

junction ('जंक्शन) *n* रेलवे जंक्शन; कोई भी संगम, संधिस्थान, जोड़

juncture ('जंक्चर) *n* : **at this juncture** (संकट की) इस परिस्थिति में

June (जून) *n* जून मास

jungle ('जंग्ल) *n* गर्म प्रदेश के घने जंगल

junior ('जून्यर) *a, n* अवर; छोटा; **he's junior to me (by 2 years), he's my junior (by 2 years)** वह मुझसे दो वर्ष छोटा है; **he's junior to me** (*seniority*) (पद में) वह मुझसे छोटा है, मेरा कनिष्ठ है; **junior school** *n* (*Brit*) 7 से 11 वर्ष की आयु के बच्चों के लिए स्कूल, बाल-विद्यालय

junk (जंक) *n* कबाड़, कूड़ा-करकट; (*sl*) नशीली दवा, हैरोइन; **junk food** *n* भोजन, प्रायः कम पोषक तत्वों वाला जो नियमित भोजन के अतिरिक्त या

junta 376 keel

उसके स्थान पर खाया जाता है; **junk shop** *n* कबाड़ी की दुकान

junta ('जुंटा) *n* सैनिक शासक दल

Jupiter ('जूपिटर) *n* रोम का प्रमुख देवता, बृहस्पति ग्रह

jurisdiction (जुअरिस्'डिक्शन) *n* न्याय-अधिकार, क्षेत्राधिकार, अधिकार-क्षेत्र

juror ('जुअरर) *n* जूरी का सदस्य

jury ('जुअरि) *n* (न्यायालय में) जूरी, पंच, न्याय-सभ्य

just (जस्ट) *a* उचित, सही; ईमानदार // *ad* : **he's just done it** उसने अभी-अभी इसे समाप्त किया है; **he's just left** वह अभी-अभी गया है; **just as I expected** बिलकुल जैसी कि मुझे उम्मीद थी; **just right** बिलकुल ठीक; **just two o'clock** ठीक दो बजे; **he's just as clever as you** वह बिलकुल तुम्हारे जितना ही चतुर है; **it's just as well that ...** यह अच्छा ही हुआ (बिलकुल ठीक है/हुआ) कि ...; **just as he was leaving** वह जा ही रहा था कि...; **just before** कुछ पहले; **just enough** बस काफ़ी ही, केवल पर्याप्त ही; **just here** यहां ही; **it's just me** मैं (अकेला) ही हूं; **it's just a mistake** ग़लती से ही ऐसा हुआ है; **just missed** ज़रा सा चूक गया; **just caught** (बस आदि) पकड़ ही ली; **just listen to this!** लो, और सुनो !

justice ('जस्टिस) *n* न्याय, इंसाफ़; ईमानदारी; औचित्य; न्यायमूर्ति; **Justice of the Peace (J.P.)** *n* मैजिस्ट्रेट

justify ('जस्टिफ़ाइ) *vt* उचित ठहराना या सिद्ध करना; स्पष्टीकरण देना; आधार प्रस्तुत करना; **justification** (जस्टिफ़ि'केशन) *n* औचित्य; सफ़ाई

jut (जट) *vt* (**jut out** भी) आगे या बाहर निकला हुआ होना

jute (जूट) *n* जूट, पटसन

juvenile ('जूविनाइल) *a* तरुण, किशोर; (*court, books*) तरुणों के लिए // *n* किशोर व्यक्ति, बालक, नवयुवक

K

K (*chess*) **king;** (*chem*) **potassium** का चिन्ह; (= *one thousand*) **K**; (*kilobyte*) Ko

kaftan ('कैफ़्टैन) *n* पूर्व की लम्बी कोटनुमा पोशाक; इसकी नकल विशे॰ स्त्रियों का बाजू वाला ढीला लम्बा कुरता

kangaroo (कैंग'रू) *n* कंगारू

karate (क'राटि) *n* जापानी ढंग का द्वंद-युद्ध जिसमें हाथ, पैर, कुहनी आदि का शस्त्रों के रूप में प्रयोग होता है, कराटे

kebab (क'बैब) *n* सीख़ कबाब (**shish kebab** भी)

keel (कील) *n* जहाज़ के ढांचे का आधार, नौतल; **on an even keel**

(*fig*) ठीक-ठाक, संतुलित

keen (कीन) *a* तीव्र, तीक्ष्ण, प्रखर; पैना; उत्सुक, उत्साही; कुशाग्रबुद्धि; मुकाबले की (कीमतें); **to be keen to do** *or* **on doing sth** कुछ करने को उत्सुक होना; **to be keen on sth/sb** में दिलचस्पी रखना/पर आसक्त/फ़िदा होना

keep (कीप) *vb* (*pt, pp* **kept**) *vt* (*retain, preserve*) रखना, पास रखना, के पास होना; बनाए रखना; (*hold back*) रोके रखना; (*a shop*) चलाना; (*a diary*) लिखना; (*a promise*) निभाना; भरण-पोषण करना; (*chickens, bees etc*) पालना // *vi* (*food*) ठीक रहना, बना रहना, न बिगड़ना; चालू रहना // *n* किले का मुख्य मीनार; (*food etc*) **enough for his keep** उसके भरण-पोषण के लिए काफ़ी; (*col*) **for keeps** स्थायी रूप से; **to keep doing sth** कुछ करते रहना; **to keep sb from doing/sth from happening** किसी को कुछ करने से/कुछ होने से रोकना; **to keep sb happy/a place tidy** किसी को खुश रखना/जगह साफ़ रखना; **to keep sth to o.s.** कोई बात गुप्त रखना, दूसरों से छिपाये रखना; **to keep sth (back) from sb** किसी से कुछ छिपाये रखना; **to keep time** (*clock*) घड़ी का समय दिखाना; **to keep on** *vi* चालू रखना; **to keep on doing** करते रहना; **to keep out** *vt* दूर रखना; **'keep out'** अंदर मत आइए !; **to keep up** *vi* (गति) बनाए रखना; (काम) चालू रखना; **to keep up with** के बराबर/साथ रहना, से पीछे न रहना; **keeper** *n* रखवाला, देखरेख करने वाला; **keep-fit** *n* स्वास्थ्य बनाए रखने के लिए व्यायाम; **keeping** *n* देखभाल; **in keeping with** के अनुसार; **keepsake** *n* निशानी, स्मृति चिन्ह

keg (कॅग) *n* छोटा पीपा; बीयर रखने का धातु का पात्र

kennel ('कॅन्‌ल) *n* कुत्ताघर; **kennels** *npl* कुत्ते पालने, रखने का स्थान

kept (कैप्ट) **keep** का *pt, pp*

kerb (कर्ब) *n* (*Brit*) फुटपाथ का पत्थर से बना किनारा

kerchief ('कर्‌चिफ़) *n* सिर ढंकने का कपड़ा; रूमाल

kernel ('कर्न्‌ल) *n* बादाम, अख़रोट आदि की गिरी; (*fig*) समस्या का केन्द्र; तत्व

kerosene ('कॅरसीन) *n* मिट्टी का तेल

ketchup ('कॅचप) *n* सिरका व टमाटर आदि से बनाया सॉस (चटनी)

kettle ('कॅट्‌ल) *n* केतली, देगची

kettle drums *npl* एक संगीत-वाद्य

key (की) *n* ताले की चाबी, घड़ी आदि की चाबी; कुंजी, किसी पुस्तक आदि की

व्याख्या, समाधान, नियंत्रण-स्रोत; (*MUS*) सम्बंधित स्वर-समूह; टाइपराइटर, प्यानो, अन्य अनेक बाजों आदि को संचालित करने का लीवर, टाइपराइटर की कुंजी (अक्षर); स्पैनर, पाना (औज़ार); भाव; शैली // *vt* मानचित्र आदि में स्थान, क्षेत्र की पहचान के लिए संकेत-चिन्ह लगाना; (**key in** भी) सुर ठीक करना // *a* महत्वपूर्ण; **keyboard** *n* प्यानो, टाइपराइटर आदि का कुंजी-पटल; **keyed up** *a* (*person*) तनाव की स्थिति में; उत्तेजित; **keyhole** *n* चाबी लगाने का सुराख; **keynote** *n* मुख्य (व्याख्यान); मूल-स्वर; मूल सिद्धांत; **keyring** *n* चाबी का छल्ला; **keystone** *n* चाप के केंद्र का पत्थर, संधान-प्रस्तर, डाट

kg = **kilogram(s)**

khaki ('खाकि) *a* ख़ाकी (रंग) // *n* ख़ाकी कपड़ा; फ़ौजी वरदी

kick (किक) *vt* पैर से ठोकर मारना, ठुकराना; (*col*) (बुरी आदत से) पीछा छुड़ाना // *vi* पैर से ठोकर मारना, पैर से मारकर (रगबी आदि में) गोल करना; (*horse*) काबू से बाहर होना; (*of rifle*) झटके से पीछे आना // *n* ठोकर; पीछे झटका; (*thrill*) उत्तेजना, रोमांच; **he does it for kicks** वह रोमांच के लिए ऐसा करता है; **to kick off** *vi* (*SPORT*) खेल आरंभ करना; **kickback** *n* तीव्र प्रतिक्रिया, सहायता के बदले ग़ैरकानूनी रूप में दिया गया धन, रिश्वत

kid (किड) *n* बकरी, भेड़ का बच्चा, मेमना; मेमने की खाल; (*col*) बच्चा // *vt* परेशान करना, मज़ाक करना

kidnap ('किडनैप) *vt* अपहरण करना, भगा ले जाना; **kidnapper** *n* अपहरणकर्ता; **kidnapping** *n* अपहरण

kidney ('किडनि) *n* (*ANAT*) गुर्दा, वृक्क; (*CULIN*) भोजन के रूप में प्रयुक्त जानवर का गुर्दा; **kidney bean** मोठ; राजमां (दाल)

kill (किल) *vt* मारना, हत्या करना; नष्ट करना, समाप्त करना, विफल कर देना; (समय) काटना, फीका कर देना; (*col*) थका देना; (*inf*) पीड़ा देना; संसद में बिल रद्द कर देना, अस्वीकार कर देना // *n* मारने का कार्य या समय; शिकार में मारा गया जानवर; **killer** *n* हत्यारा, व्यक्ति, वस्तु आदि जो मारे या नष्ट करे; **killing** *n* (*col*) थकाने वाला; बहुत हास्यकर; **killjoy** *n* रंग में भंग करने वाला

kiln (किल्न) *n* भट्ठा, भट्टा

kilo ('किलो) **kilogram(me)** का संक्षेप

kilo- *comb form* एक हज़ार; **kilobyte** (*COMPUT*) कम्प्यूटर में रखी जाने वाली जानकारी की मात्रा की इकाई; **kilogram(me)** ('किलोग्रैम) *n* किलोग्राम; **kilometre**, (*US*) **kilometer** ('किलमीटर) *n* किलोमीटर;

kilowatt ('किलोवॉट) *n* किलोवाट (विद्युत-इकाई)

kilt (किल्ट) *n* घाघरे जैसी स्कर्ट जो मूलतः स्कॉटलेंड के पर्वतीय निवासी पहनते हैं

kin (किन) *n* (**next, kith** भी देखिए) सम्बंधी, रिश्तेदार; *a* खून के रिश्ते का

kind (काइंड) *a* दयालु, सहृदय, भला, उदार, भद्र // *n* प्रकार, जाति, वर्ग; **to be two of a kind** एक प्रकार के दो होना; दो व्यक्तियों का एक जैसे होना, एक ही थैली के चट्टे-बट्टे होना; **in kind** (*COMM*) पैसे के स्थान पर वस्तुओं से (भुगतान)

kindergarten ('किंडरगार्टन) *n* चार से छः वर्ष तक की आयु के बच्चों की कक्षा या स्कूल

kind-hearted (काइंड-'हार्टिड) *a* दयालु, कृपालु, सहृदय

kindle ('किंड्ल) *vt* आग जलाना, सुलगाना; प्रेरित करना, उत्तेजित करना, उकसाना

kindly ('काइंड्लि) *a* दयालु, भला // *ad* कृपया, मेहरबानी, करके; **will you kindly...** क्या आप, कृपया...

kindness ('काइंड्नॅस) *n* दया, मेहरबानी, दयालुता

kindred ('किंड्रिड) *a* के जैसा, सदृश; **kindred spirit** अपने समान प्रकृति व स्वभाव वाला व्यक्ति

kinetic (काइ'नेटिक) *a* बल के संदर्भ में गति का, गति-सम्बंधी, गतिज

king (किंग) *n* राजा, नरेश; शतरंज में एक मोहरा, बादशाह; ताश में बादशाह; **kingdom** *n* राज्य-क्षेत्र; **kingfisher** *n* मछली पकड़ने वाला एक छोटा पक्षी, कौड़िल्ला; **kingpin** *n* बड़ी धुरेवाली कील; बोलिंग के खेल में बीच की अथवा आगे की पिन; (*col*) मुखिया, संस्था, गुट आदि का सबसे महत्वपूर्ण व्यक्ति; **king-size** *a* बड़ा, सामान्य आकार से बड़ा

kink (किंक) *n* रस्सी, तार, बाल आदि में बल; ऐंठन जैसे गर्दन में; (*col*) सनक // *vt* बल डालना, बल देना, मरोड़ना

kinky ('किंकि) *a* (*fig*) सनकी

kiosk ('कीऑस्क) *n* छतरी, बूथ (छोटी दुकान) जहां पेय, सिगरेट, समाचार-पत्र आदि बिकते हों; (*Brit TEL*) सार्वजनिक टेलीफ़ोन बूथ

kipper ('किपर) *n* नमक लगाकर सुखायी मछली

kiss (किस) *n* चुम्बन; हलका सा छूना // *vt* चूमना; **to kiss (each other)** एक दूसरे को चूमना; **kiss of life** सीधे मुंह से मुंह में हवा भरकर बेहोशी दूर करना

kit (किट) *n* सामान, निजी प्रयोग की सभी वस्तुएं विशे॰ यात्री की; किसी उपकरण आदि के इकट्ठे बिकने वाले सभी भाग जो तुरंत जोड़े जा सकते हैं;

kitbag *n* यात्री या फ़ौजी के सामान का थैला

kitchen ('किचिन) *n* रसोईघर; **kitchenette** (किचि'नेट) *n* छोटा रसोईघर विशे॰ बड़े कमरे का भाग; **kitchen garden** *n* सब्ज़ियां आदि. उगाने के लिए घरेलू बाग़ीचा; **kitchen sink** *n* रसोईघर में नाबदान (सिंक)

kite (काइट) *n* पतंग; चील

kith (किथ) *n* : **kith and kin** मित्र व सम्बंधी

kitten ('किट्न) *n* बिल्ली का बच्चा

kitty ('किटि) *n* **kitten** का संक्षिप्त रूप; ताश के कुछ खेलों में दांवों की एकत्र धनराशि; सामुदायिक या पंचायती कोष

km = **kilometre(s)**

knack (नैक) *n* : **to have the knack (of doing)** कोई (मुश्किल) कार्य कर सकने का कौशल; **there's a knack** (करने का) ढंग, कौशल होता है

knapsack ('नैपसैक) *n* पीठ पर बांधने का फ़ौजी या यात्री झोला, रकसैक

knave (नेव़) *n* ताश में गुलाम का पत्ता

knead (नीड) *vt* (आटा) गूंथना, सानना; मालिश करना

knee (नी) *n* घुटना; **kneecap** *n* घुटने की हड्डी, चपनी, जानुफलक

kneel *pt, pp* **knelt** (नील, नेल्ट) *vi* (**kneel down** भी) घुटने टेकना, घुटनों के बल बैठना

knell (नेल) *n* घंटे बजाने की ध्वनि विशे॰ मृत्यु या दफ़न के समय; विनाश-संकेत

knew (न्यू) **know** का *pt*

knickers ('निकर्ज़) *npl* (*Brit*) स्त्रियों की नीचे पहनने की एक प्रकार की निकर

knickknack ('निक्नैक) *n* छोटी-मोटी नुमाइशी वस्तु, सस्ता ज़ेवर

knife (नाइफ़) *n* (*pl* **knives**) चाकू, छुरा, छुरी // *vt* छुरा मारना, घोंपना

knight (नाइट) *n* बेरनेट से नीचे 'सर' की उपाधि प्राप्त व्यक्ति, नाइट; मध्यकालीन समय में सामंत; शूरवीर; शतरंज में घोड़ा; **knighthood** *n* 'सर' की उपाधि; **to get a knighthood** 'सर' की उपाधि प्राप्त करना

knit (निट) *vt* बुनना; (*fig*) : **to knit together** *vt* एक सूत्र में बांध देना // *vi* (*broken bones*) जुड़ जाना; **knitting** *n* बुनाई कला; बुना जा रहा वस्त्र; **knitting needle** *n* बुनने की सलाई; **knitwear** *n* बुना हुआ वस्त्र

knives (नाइव्ज़) **knife** का *npl*

knob (नॉब) *n* लाठी आदि की मूठ, दस्ता; घुण्डी

knock (नॉक) *vt* वार करना; ठोंकना; (*fig : col*) कड़ी आलोचना करना // *vi* (*at door etc*) खटखटाना; **to knock at/on** पर दस्तक देना, खटखटाना // *n* दस्तक; **to knock down**

knoll 381 KW

vt (कार आदि का) टक्कर मार कर गिरा देना; **to knock off** *vi* (*col : finish*) काम बंद कर देना; **to knock out** *vt* पछाड़ देना; चकरा देना; (*BOXING*) प्रतिद्वंदी को बेहोश कर देना; **to knock over** *vt* टक्कर मार कर गिरा देना; **knocker** *n* खटखटाने के लिए दरवाज़े पर लगा धातु का उपकरण; **knockkneed** *a* (व्यक्ति) जिसकी टांगे अंदर की ओर मुड़ी हुई हों; **knockout** *n* (*BOXING*) धराशायी या बेहोश करने, होने की क्रिया

knoll (नोल) *n* टीला

knot (नॉट) *n* गांठ; समूह, पुंज; छोटा संगठित दल; बंधन; (वृक्ष की शाखा व तने के जोड़ पर) गांठ; जहाज़ी मील; कठिनाई, उलझन // *vt* गांठ बांधना, लगाना; **knotty** *a* गांठदार; (*fig*) पेचीदा, जटिल

know (नो) *vt* (*pt* **knew**, *pp* **known**) जानना; जानकारी होना; से परिचित होना; अनुभव करना, समझना // *vi* के बारे में जानकारी या समझ होना; **to know how to do** करना आना; **to know how to swim** तैरना आना; **to know about/of sth** के बारे में मालूम/पता होना; **to know about** *or* **of sb** के बारे में जानकारी होना; **know-all** *n* (व्यंग्य में प्रयुक्त) सब कुछ जानने वाला, सर्वज्ञ; **know-how** *n* (तकनीकी) जानकारी; **knowing** *a* कुछ जान लेने या समझ लेने का संकेत देने वाली (नज़र, मुस्कराहट आदि); **knowingly** *ad* जानबूझ कर, चतुरता से

knowledge ('नॉलिज) *n* जानकारी; परिचय; ज्ञान; **knowledgeable** *a* जानकार, सुविज्ञ

known (नोन) **know** का *pp*

knuckle ('नक्ल) *n* उंगली की गांठ, पोर; बछड़े या सुअर का घुटने का जोड़; **knuckle down** *vi* काम में लगना; **knuckle under** *vi* झुकना, हार जाना

KO **knockout** का संक्षेप

kohl (कोल) *n* सुरमा

Koran (कॉ'रान, कु'रान) *n* कुरान (मुसलमानों का धर्म-ग्रंथ)

kosher (कोशर) *a* अनुमत, हलाल, शुद्ध, अच्छा, जैसे, भोजन आदि जो यहूदी भोजन-नियमों के अनुसार हो; (*col*) वैध, प्रामाणिक

kowtow ('काउटाउ) *vt* झुकना; **to kowtow to** *vi* (*fig*) जी-हज़ूरी करना, चापलूसी करना

kudos ('क्यूडॉस) *n* ख्याति; गौरव

kulak ('कूलैक) *n* रूसी अमीर किसान, कुलक

kung fu ('कंग 'फ़ू) *n* चीनी कुश्ती जिसमें जूडो व कराटे के दांव-पेचों का समावेश है

KW = **kilowatt**

L

lab (लैब) *n* **laboratory** का संक्षेप

label ('लेब्ल) *n* लेबल, नामपत्र, किसी वस्तु पर लगा काग़ज़ या धातु का टुकड़ा जिस पर वस्तु के बारे में (नाम, मूल्य आदि की) जानकारी दी गई हो // *vt* लेबल लगाना

laboratory (ल'बॉरटरि) *n* प्रयोग-शाला

laborious (ले'बोरिअस) *a* उबाऊ या कठिन मेहनत वाला (कार्य), श्रमसाध्य

labour, (*US*) **labor** ('लेबर) *n* (*task*) श्रम, मेहनत, कार्य; श्रमिक वर्ग, मज़दूर; (**labour force** भी); (*MED*) प्रसव; प्रसव-पीड़ा // *vi* : **to labour at** कठोर परिश्रम करना; प्रयत्न करना; **in labour** (*MED*) प्रसव-पीड़ा में; **Labour** : **the Labour Party** (*Brit*) लेबर पार्टी (ब्रिटेन की एक राजनीतिक पार्टी); **laboured** *a* कठिनाई से कहा गया/किया गया; **labourer** *n* मज़दूर

labyrinth ('लैबरिंथ) *n* भूलभुलैयां; जटिल स्थिति आदि

lac (लैक) *n* लाख (मुहर लगाने में प्रयुक्त); (**lakh** भी) एक लाख (की संख्या)

lace (लेस) *n* (कपड़े में) लेस, जाली; डोरी; फ़ीता (जैसे जूते का) // *vt* फ़ीता बांधना; (किसी खाद्य-पदार्थ/पेय को शराब आदि का) पुट देना

lacerate ('लैसरेट) *vt* चीरना, फाड़ना, दुखाना; **laceration** *n* चीरा

lack (लैक) *n* अभाव, कमी; आवश्यकता // *vt* कमी होना, की आवश्यकता होना; **through** *or* **for lack of** की कमी के कारण, के अभाव में; **to be lacking** की कमी होना, न होना; **to be lacking in** (व्यक्ति में कोई गुण आदि) न होना; **lacklustre** *a* नीरस, भावशून्य

lackadaisical (लैक'डेज़िकल) *a* खोया हुआ; निस्तेज; सुस्त, निरुत्साह

lackey ('लैकि), (*pl* **-eys**) *n* नौकर, चापलूस, पिछलग्गू

laconic (ल'कॉनिक) *a* संक्षिप्त (उत्तर), अल्पाक्षरिक, बिना ज़्यादा सोचे (उत्तर आदि)

lacquer ('लैकर) *n* चमकीला रोग़न, मोटी वार्निश

lactic ('लैक्टिक) *a* दुग्ध-, दूध का; **lactation** *n* (लैक्'टेशन) दूध देने की अवधि; **lactometer** *n* दूध की शुद्धता व घनत्व मापने का उपकरण, लैक्टोमीटर

lacuna (ल'क्यून्अ) *n* रिक्त स्थान, अंतराल; कमी विशे. काग़ज़ात में या शृंखला में

lad (लैड) *n* लड़का, किशोर

ladder ('लैड्र) *n* सीढ़ी; (*Brit*) जुराबों आदि में खाली घर या उधड़ा हुआ भाग // *vt, vi* (*Brit*) उधेड़ देना या

लेना

laden ('लेड्न्) *a* : **laden (with)** (जहाज़) लदा होना

ladle ('लेड्ल) *n* कलछी

lady ('लेडि) *n* महिला; कुछ कुलीन महिलाओं की उपाधि जैसे **Lady Smith**; **the ladies' (room)** महिलाओं के लिए (कक्ष); **ladybird**, (*US*) **ladybug** *n* सोनपंखी (कीट), बीरबहूटी; **lady-in-waiting** *n* कुलीन वर्ग की महिला की संगिनी, अनुचरी; **ladylike** *a* महिला-सुलभ, शालीन; **lady's finger** *n* भिण्डी; **ladyship** *n* : **your ladyship** माननीया, अभ्यागता

lag (लैग) *vi* (**lag behind** भी) बहुत धीरे चलना // *vt* पिछड़ जाना; (*pipes*) ताप-अवरोधक पदार्थ से ढंकना // *n* पिछड़ना; दो घटनाओं के मध्य कालांतर; **laggard** *n* फिसड्डी, मंदबुद्धि; **lagging** *a* सुस्त; बेमतलब घूमने वाला

lager ('लागर) *n* एक प्रकार की बीयर

lagoon (ल'गून) *n* खारे पानी की झील, समुद्रताल

laid (लेड) **lay** का *pt, pp*; **laid back** *a* (*col*) निश्चिंत; बेफ़िक्री का (नज़रिया)

lain (लेन) **lie** का *pp*

lair (लेअर) *n* (शेर आदि की) मांद

laissez-faire (लेसे'फ़ेंअर) *n* अहस्तक्षेप नीति विशे॰ सरकार द्वारा देश के वाणिज्य क्षेत्र में; उदासीनता

laity ('लेइटि) *n* जनसाधारण, अयाजक-वर्ग (पुरोहित-वर्ग के विपरीत)

lake (लेक) *n* झील, ताल

lama ('लाम्अ) *n* तिब्बत व मंगोलिया में बौद्ध पुरोहित, लामा

lamb (लैम) *n* मेमना; (*fig*) भोला, सीधा-सादा, निर्दोष, असहाय प्राणी

lambast(e) (लैम्'बेस्ट) *vt* मारना; लताड़ना

lame (लेम) *a* लंगड़ा, पंगु; (*fig*) असंतोषजनक (बहाना); **lame duck** *n* पंगु; प्रभावहीन व्यक्ति या वस्तु

lament (ल'मेंट) *vt* का शोक या विलाप करना, // *n* विलाप, शोकगीत; **lamentable** ('लैमंटबल) *a* शोचनीय, दयनीय; **lamentation** (लैमेन्'टेशन) *n* विलाप

laminated ('लैमिनेटिड) *a* दो या अधिक शीट (परत) जोड़कर बनी (एक शीट); कूट कर बनी (पतली शीट); पतली (परत)

lamp (लैम्प) *n* बत्ती, लैम्प, दिया, चिराग़; **lampblack** *n* काजल

lampoon (लैम्'पून) *n* किसी व्यक्ति या साहित्यिक रचना पर व्यंग्य रचना (गद्य या पद्य में); निन्दा-लेख, हजो

lamp : lamppost *n* (*Brit*) बत्ती का खंभा; **lampshade** *n* लैम्पशेड, दीपछत्र

lance (लान्स) *n* घुड़सवार की बरछी, बल्लम // *vt* (*MED*) नश्तर से चीरना; **lance corporal** *n* (*Brit*) *n* सेना का एक ग़ैर-कमीशनप्राप्त अधिकारी

land (लैंड) *n* भूमि, ज़मीन; मिट्टी; देश; जायदाद // *vi* भूमि पर उतरना (जहाज़ आदि से); (*AVIAT*) विमान का भूमि पर, पानी पर उतरना; नीचे उतरना; (*fig* : *fall*) गिरना // *vt* भूमि पर लाना; किसी बिन्दु या स्थिति तक पहुंचाना; पाना, प्राप्त करना; पकड़ना; (*col*) प्रहार करना; **lands** *npl* जागीर; **to land up** *vi* जा/आ पहुंचना, फंसना; **landed** *a* जिस के पास भूमि हो, भूमि वाली (सम्पत्ति आदि); **landing** *n* भूमि पर उतरने की क्रिया; (सीढ़ियों में) चौकी; उतरने का स्थान; **landing stage** *n* (*Brit*) घाट (जहां से यात्री जहाज़ में चढ़ते, उतरते हैं); **landlocked** *a* (देश) जिसके आस-पास समुद्र न हो; **landlord** *n* (**landlady** *fem*) ज़मींदार, व्यक्ति जिस ने ज़मीन या मकान किराए पर उठा रखा हो; सराय आदि का मालिक या मालकिन; **landmark** *n* सीमा-चिन्ह; महत्वपूर्ण घटना या निर्णय (जिसे विकास की प्रक्रिया में विशिष्ट स्थान प्राप्त हो); **to be a landmark** (*fig*) महत्वपूर्ण होना; **landowner** *n* ज़मींदार, भूस्वामी

landscape ('लैन्स्केप) *n* (भूमि का) प्राकृतिक दृश्य; **landscape painter** *n* प्राकृतिक दृश्यों का चित्रकार

landslide ('लैंड्स्लाइड) *n* (*GEO*) पहाड़ की ढलान से मिट्टी, चट्टानों का गिरना; (*fig* : *POL*) चुनाव में एक पक्ष की भारी बहुमत से विजय

lane (लेन) *n* गली, वीथि; विमान या जहाज़ का निर्धारित रास्ता; (*AUT*) सड़क का भाग जहां एक ओर ही जा सकते हैं

language ('लैंग्विज) *n* भाषा; किसी वर्ग विशेष की भाषा; अभिव्यक्ति का एक प्रकार; **bad language** गाली, अप-शब्द; **language laboratory** *n* भाषा प्रयोगशाला

languid ('लैंग्विड) *a* कमज़ोर, निस्तेज; उत्साहरहित; सुस्त, निष्क्रिय; निर्जीव

languish ('लैंग्विश) *vi* कमज़ोर या दुर्बल हो जाना, घुल या सूख जाना; दुख में दिन काटना; मुरझाना; तरसना, ललकना

languor ('लैंग्गर) *n* निस्तेज होने की स्थिति; उत्साहहीनता; क्लांति; प्रेम-विह्वलता; वातावरण के मन्द होने की स्थिति

lank (लैंक) *a* दुबला-पतला और लम्बा, छरहरा

lanky ('लैंकि) *a* छरहरा; लम्बू

lantern ('लैंटर्न) *n* लालटेन; छत या महराब पर बना रोशनदान

lap (लैप) *n* (*of body*) गोद, गोदी;

घुड़दौड़ के मैदान का एक चक्कर; यात्रा का पड़ाव या अंश; (*of body*) **in** *or* **on one's lap** गोद में होना // *vt* लपेट लेना; (**lap up** भी) (कुत्ते, बिल्ली के समान) जीभ से पीना, लप-लप पीना // *vi* (लहरों का) किनारे से छप-छप करते हुए टकराना

lapel (ले'पॅल) *n* कोट (के गरेबान) की लौट या मोड़ी

lapse (लैप्स) *n* (मापदण्ड, स्थिति या चरित्र की) गिरावट, चूक; भूल, ग़लती; दोष; समय का बीतना या व्यपगत होना // *vi* (*LAW*) समाप्त हो जाना, विशे॰ प्रयुक्त न होने पर, व्यपगत या कालातीत हो जाना; **to lapse into bad habits** दुबारा बुरी आदतों का शिकार हो जाना; **lapse of time** समय का अंतराल (बीतना)

larceny ('लार्सनि) *n* चोरी

lard (लार्ड) *n* सूअर की चर्बी

larder ('लार्डर) *n* खाद्य भण्डार

large (लार्ज) *a* बड़ा, वृहत्; आकार या संख्या में अधिक; लम्बा-चौड़ा, विशाल; **at large** स्वतंत्र, अबाध; (*generally*) सामान्यतया; पूरी तरह; **largely** *ad* अधिकतर; मुख्यतया

lark (लार्क) *n* चंडूल (पक्षी); भरत; (*joke*) मज़ाक, शरारत; **to lark about** *vi* मौजमस्ती करना; नटखटी करना

larva ('लार्व़ुअ) *n* अपरिपक्व अवस्था में कीड़ा, इल्ली

laryngitis (लैरिन्'जाइटिस) *n* (गले में) स्वरतंत्री की सूजन

larynx ('लैरिंक्स) *n* स्वरतंत्री, कंठ

lascivious (ल'सिव़िअस) *a* कामुक, उत्तेजक

laser ('लेज़र) *n* विद्युत-चुम्बकीय किरणों या प्रकाश किरणों को संकेंद्रित करने की विधि, इस प्रकार उत्पन्न किरणें; **laser printer** *n* लेज़र के प्रयोग द्वारा छपाई करने का यंत्र, लेज़र प्रिंटर

lash (लैश) *n* कोड़ा, चाबुक; कोड़े की मार; (**eyelash** भी) बरौनी, पलक // *vt* चाबुक या कोड़े से मारना; टकराना (लहरों का); (*tie*) रस्सी से बांधना; लताड़ना; घुमाना; **to lash out** *vi* : **to lash out** (**at** *or* **against sb/sth**) (की) कटु आलोचना करना; **to lash out** (**on sth**) (*col : spend*) (पर) खूब खर्च करना

lass (लैस) *n* लड़की, छोकरी

lasso ('लैसो) *n* रस्से के आगे बना फंदा जो पशुओं को पकड़ने के लिए फैंका जाता है, फांदा

last (लास्ट) *a* अंतिम, आख़िरी, पिछला // *ad* अंत में // *vi* जारी रहना, बने रहना; **last week** गत (पिछले) सप्ताह; **last night** कल शाम/रात; **at last** अंत में, आख़िरकार; **last but one** अंतिम से एक पहले; **last-ditch** *a* आख़िरी मुमकिन (कोशिश), अंतिम

संभव (प्रयत्न); **lasting** *a* टिकाऊ, पक्का; **lastly** *ad* अंत में; **last-minute** *a* अंतिम क्षण में (किया गया कार्य)

latch (लैच) *n* अर्गला, सिटकिनी; खटकेदार ताला // *vt* सिटकिनी, अर्गला लगाना

late (लेट) *a* नियत समय के बाद का, देर या विलम्ब से आने या होने वाला; पिछला // *ad* देर से, देर तक, हाल में; **of late** पिछले कुछ समय से; **in late May** मई के अंतिम भाग (सप्ताह) में; **the late Mr. X** स्वर्गीय मिस्टर ऐक्स; **latecomer** *n* देर से आने वाला; **lately** *ad* हाल में

latent ('लेटंट) *a* जो विकसित न हुआ हो; अव्यक्त; प्रच्छन्न, छिपा हुआ

later ('लेटर) *a* बाद का; (*date etc*) उत्तरकालीन // *ad* बाद में, फिर कभी; **later on** बाद में

lateral ('लैटरल) *a* बाज़ू का, पार्श्विक

latest ('लेटिस्ट) *a* नवीनतम; **at the latest** अधिक से अधिक (तिथि) तक

latex ('लेटेंक्स) *n* पौधों का दूध, विशे॰ रबड़ का

lathe (लेद) *n* खराद, चाक

lather ('लादर) *n* साबुन की झाग; फेन जैसा पसीना

Latin ('लैटिन) *n* प्राचीन रोम की भाषा, लातीनी; **Latin America** *n* दक्षिणी अमरीका, मध्य अमरीका व मैक्सिको का सामूहिक नाम; **Latin American** *a* इन प्रदेशों का (निवासी, भाषा आदि)

latitude ('लैटिट्यूड) *n* अक्षांश (भूमध्य रेखा से उत्तर या दक्षिण की दूरी); किसी कसौटी से परे हटने की क्रिया; स्वच्छंदता; गुंजाइश

latrine (ल'ट्रीन) *n* पाख़ाना, शौचालय, संडास

latter ('लैटर) *a* दो में से बाद का, पिछला; हाल का // *n* : **the latter** दूसरा, पिछला; **latterly** *ad* अभी हाल में, कुछ समय पहले

lattice ('लैटिस) *n* जाली, झंझरी

laudable ('लॉडबल) *a* प्रशंसनीय

laugh (लॉफ़) *n* हंसी // *vi* हंसना; **to laugh at** *vt* किसी पर हंसना, का मज़ाक उड़ाना; **to laugh off** *vt* हंसी में उड़ा देना; **laughable** *a* हास्यास्पद, जिस पर हंसी आए; **laughing stock** *n* : **the laughing stock of** के लिए हंसी या उपहास का पात्र; व्यक्ति जिस पर सभी हंसें; **laughter** *n* हंसी, ठहाका

launch (लॉन्च) *n* जलावतरण; (नौका आदि) पानी में उतारा जाना; (*boat*) इंजन से चलने वाली नाव, मोटरबोट (**motor launch** भी) // *vt* पानी में (नौका आदि) उतारना; शुरू करना; राकेट या उपग्रह को अंतरिक्ष में छोड़ना; **launch(ing) pad** *n* स्थान जहां से

राकेट या अंतरिक्ष यान छोड़े जाते हैं

launder ('लॉन्डर) *vt* कपड़े धोना व उन पर इस्तरी करना

laundrette (लॉन्'ड्रेट), (*US*) **laundromat** ('लॉन्ड्रमैट) *n* दुकान जहां ग्राहक मशीन में स्वयं कपड़े धोते हैं

laundry ('लॉन्ड्रि) *n* धुलाईघर, धोबीखाना; धुलने के लिए रखे कपड़े

laureate ('लॉरिअट) *a* देखिए **poet**

laurel ('लॉरल) *n* चमकीले पत्तों वाली झाड़ी, जयपत्र; **laurels** *npl* इस झाड़ी के पत्ते जो विजेताओं या गुणी लोगों को पहनाए जाते थे; (*fig*) शाबाशी

lava ('लाव़ा) *n* ज्वालामुखी फटने से निकला उबलता हुआ धातु जैसा पदार्थ जो ठंडा होकर जम जाता है

lavatory ('लैव़टरि) *n* शौचघर

lavender ('लैव़ंडर) *n* सुगंधित फूलों की एक झाड़ी; उस के फूलों का रंग, चमेलिया

lavish ('लैव़िश) *a* दिल खोल कर देने या खर्च करने वाला, उदार; विपुल, प्रचुर, खूब // *vt* : **to lavish sth on sb** किसी को दिल खोल कर कुछ देना; पर खूब खर्च करना

law (लॉ) *n* कानून, विधि, नियम; नियमावली; विधि-संहिता; कानून का ज्ञान; विधि का प्रशासन; **law-abiding** *a* जो कानून का पालन करे; **law and order** *n* कानून और व्यवस्था; **law court** *n* न्यायालय; **lawful** *a* कानूनी, वैध

lawn (लॉन) *n* बाग़ या घर के आंगन में उगाई घास का मैदान; **lawnmower** *n* घास काटने की मशीन; **lawn tennis** *n* टेनिस का खेल जो घास पर खेला जाय

law school *n* विधि-संकाय; स्कूल या संस्था जहां वकालत पढ़ाई जाती है

lawsuit ('लॉसूट) *n* मुकदमा

lawyer ('लॉइअर) *n* वकील

lax (लैक्स) *a* जो कठोर न हो; ढीला; जिस में परिशुद्धता न हो; ढीला-ढाला; लचकीला

laxative ('लैक्सटिव़) *a* विरेचक, दस्तावर // *n* जुलाब

laxity ('लैक्सिटि) *n* ढिलाई, शिथिलता (नैतिक कसौटियों की)

lay (ले) **lie** का *pt* // *a* सांधारण, आम आदमी // *vt* (*pt, pp* **laid**) रखना; लगाना; बिछाना; **to lay the table** खाने की मेज़ लगाना; **to lay aside** *or* **by** *vt* अलग़ रख देना (बाद में इस्तेमाल के लिए); **to lay down** *vt* रख देना; **to lay down the law** नियम निर्धारित करना; **to lay off** *vt* काम कम होने पर मज़दूरों को निकाल देना; **to lay on** *vt* (*water, gas*) का प्रबंध करना; मुहैया करना; (*paint*) लगाना; **to lay out** *vt* डिज़ाइन तैयार करना; (*display*) प्रदर्शित

करना; (*spend*) खर्च करना; **to lay up** *vt* संचित करना, जोड़ना; (मरम्मत के लिए) चलाना बंद कर देना; **to be laid up** (बीमारी से) पड़ जाना, पड़ा रहना; **layabout** *n* निकम्मा, आलसी; **lay-by** *n* (*Brit*) सड़क के पास पट्टी जहां गाड़ियां कुछ देर के लिए रुक सकती हैं

layer ('लेअर) *n* परत, तह

layman ('लेमन) *n* साधारण व्यक्ति, सामान्य जन

layout ('लेआउट) *n* खाका; (*PRESS*) विन्यास विशे॰ छापने की सामग्री का

laze (लेज़) *vi* निठल्ले बैठे रहना; काम न करना

lazy ('लेज़ि) *a* जो काम न करना चाहे, आलसी

lb. **pound** का संक्षेप, पौंड का वज़न

l.b.w. (एल॰बी॰डब्ल्यू॰) (*CRICKET*) *leg before wicket* का संक्षेप, पगबाधा

lead (लीड) *n* नेतृत्व; आगे होने की क्रिया; सुराग़; (*ELEC*) तार जिससे किसी यंत्र में बिजली आए; (*THEATRE*) मुख्य भूमिका; (लॅड) (*metal*) सीसा; (*in pencil*) सिक्का // *vb* (*pt, pp* **led**) *vt* का पथ-प्रदर्शन करना, के आगे-आगे चलना, का नेतृत्व करना; (जीवन) व्यतीत करना; की ओर ले जाना; (*SPORT*) (टीम का) कप्तान होना; **to lead sb astray** किसी को पथभ्रष्ट (गुमराह) करना; **to lead away** *vt* को दूर ले जाना; **to lead back** *vt* : **to lead back to** पर वापिस ले आना; **to lead on** *vt* आगे ले जाना; **to lead on to** (*induce*) बहकाना; **to lead to** *vt* का कारण बनना, के लिए तैयार करना; **to lead up to** *vt* के लिए तैयार करना

leaden ('लेड्न) *a* (*sky, sea*) शांत, मटमैला; (*heavy : footsteps*) भारी, थके हुए (कदम)

leader ('लीडर) *n* नेता, अगुआ; (*in newspaper*) सम्पादकीय लेख, अग्र-लेख; **leadership** *n* नेतृत्व; नेतागण

leading ('लीडिङ) *a* प्रमुख (भूमिका); **leading man/lady** *n* (*THEATRE*) मुख्य अभि-नेता/अभिनेत्री, नायक/नायिका; **leading light** *n* (*person*) (संस्था आदि में) अत्यंत महत्वपूर्ण व्यक्ति; **leading question** *n* ऐसा प्रश्न जिसमें इच्छित उत्तर का इशारा भी हो

leaf (लीफ़), *pl* **leaves** *n* पत्ता, पत्ती; पत्रा; वरक़; पल्ला, किवाड़ // *vi* : **to leaf through sth** (पुस्तक) के पन्ने पलटना; **to turn over a new leaf** (जीवन) नए सिरे से शुरू करना

leaflet ('लीफ़्लिट) *n* (तह किया हुआ) इश्तहार; (*POL, REL*) पुस्तिका

league (लीग) *n* संघ; (*FOOTBALL*) खेल क्लबों का संघ; (*col*) वर्ग, श्रेणी; स्तर; (*measure*) दूरी का एक माप (लगभग 3 मील); **to be in league with** से मिले होना, के साथ सांठ-गांठ होना

leak (लीक) *n* छेद, छिद्र; रिसाव; (*fig*) रहस्योद्घाटन // *vi* (*liquid etc*) निकलना, रिसना; (*pipe*) चूना // *vt* (*liquid*) निकलने देना; भेद, गुप्त जानकारी आदि का पता दे देना; **to leak out** *vi* (गुप्त जानकारी) दे देना, विशे॰ समाचार-पत्रों को

lean (लीन) *a* दुबला-पतला, क्षीण // *vb* (*pt, pp* **leaned** *or* **leant** (लेन्ट)) *vt* : **to lean sth on sth** किसी वस्तु को किसी अन्य वस्तु पर टिकाना // *vi* झुकना; (*rest*) : **to lean against** का सहारा लेना, पर टिकना; **to lean on** पर झुकना, पर टिकना, का सहारा लेना; **to lean back/forward** *vi* पीछे/आगे झुकना; **to lean out** *vi* (खिड़की के बाहर) सिर निकालना; **to lean over** *vi* के ऊपर झुक जाना; **lean-to** *n* किसी दीवार के सहारे बना कमरा या सायबान

leap (लीप) *n* कूद, छलांग // *vi* (*pt, pp* **leaped** *or* **leapt** (लेप्ट)) कूदना, छलांग लगाना // *vt* के ऊपर से फांद जाना; **leap frog** *n* खेल जिसमें खिलाड़ी झुके हुए व्यक्ति के ऊपर से कूद जाता है, मेंढ़क-कूद; **leap year** *n* हर चौथा वर्ष जिसके फरवरी मास में 29 दिन होते हैं

learn *pt, pp* **learned, learnt** (लर्न्ड, लर्न्ट) *vt* सीखना, ज्ञान या शिक्षा प्राप्त करना // *vi* ज्ञान प्राप्त करना; अध्ययन करना; जान लेना; **to learn how to do sth** कुछ करने का तरीका सीखना; **learned** ('लर्निड) *a* विद्वान, पण्डित; पाण्डित्यपूर्ण; **learner** *n* (*Brit* : **learner driver** भी) नौसिखिया चालक; **learning** *n* अध्ययन द्वारा प्राप्त ज्ञान

lease (लीस) *n* पट्टा, इजारा // *vt* पट्टे पर देना या लेना; किराए पर देना या लेना; **leasehold** *a* पट्टे पर (दी गयी भूमि)

leash (लीश) *n* कुत्ते को बांधने की चमड़े की पट्टी; तीन पशु जो एक ही पट्टी से बंधे हों // *vt* बांध कर या नियंत्रण में रखना

least (लीस्ट) *a* : **the least** + *noun* सबसे कम; मात्रा या परिमाण में सबसे कम; **the least** + *adjective* सबसे कम; **the least money** सबसे कम रकम; **at least** कम से कम; **not in the least** बिलकुल भी नहीं

leather ('लेदर) *n* चमड़ा

leave (लीव़) *vb* (*pt, pp* **left**) *vt* छोड़ना; छोड़कर चले जाना; रखना; रहने देना; सौंपना; वसीयत में देना // *vi* चले जाना; यात्रा पर रवाना होना // *n*:

छुट्टी; छुट्टी की अवधि; (*MIL : consent* भी) अनुमति; **to be left** रह जाना, बच जाना; **there's some milk left over** थोड़ा दूध बच गया है; **on leave** छुट्टी पर; **to leave behind** *vt* पीछे छोड़ देना; छोड़ कर चले जाना; **to leave out** *vt* छोड़ देना; शामिल न करना; **leave of absence** *n* छुट्टी; (*MIL*) विशेष अनुमति

leaves (लीव्ज़) **leaf** का *npl*

lecher ('लेचर) *n* कामुक पुरुष, लम्पट; **lecherous** ('लेचरस) *a* लम्पट; जिस से कामुकता जन्मे; कामुक

lecture ('लेक्चर) *n* व्याख्यान; सीख या डांट // *vi* व्याख्यान देना // *vt* सीख या डांट देना; **to lecture on** (विषय) पढ़ाना; **to give a lecture on** पर व्याख्यान देना

lecturer ('लेक्चरर) *n* व्याख्यान देने वाला; प्राध्यापक; **lectureship** *n* प्राध्यापक का पद

led (लेड) **lead** का *pt, pp*

ledge (लेज) *n* दीवार के बाहर निकला पत्थर; कगार; मेढ़; समुद्र तल के नीचे की कगार

ledger ('लेजर) *n* बही, बहीखाता; (कब्र का) समतल या चपटा पत्थर

lee (ली) *n* शरण, ओट; जहाज़ का वह बाज़ू जो हवा से परे हो

leech (लीच) *n* जोंक

leek (लीक) *n* प्याज़ जैसा पौधा, गन्दना

leer (लिअर) *vi* : **to leer at sb** किसी की ओर कामुकता से देखना, बुरी नज़र डालना

leeway ('लीवे) *n* (*fig*) : **to have some leeway** (व्यक्ति को किसी कार्य-क्रम आदि में) अदल-बदल करने की छूट/स्वतंत्रता होना

left (लेफ़्ट) (**leave** का *pt, pp*) *a* बायां // *ad* बायें // *n* बायां हाथ या अंग; **on the left, to the left** बायें या बायीं ओर; **the Left** (*POL*) सुधारवादी या क्रांतिकारी दल, वामपक्ष; **left-handed** *a* लिखना, खाना-पीना आदि बायें हाथ से करने वाला, वाम हास्तिक, खब्बू; बायीं ओर का; **left-hand side** *n* बायीं तरफ़; **left-luggage (office)** *n* अमानती सामानघर; **left-overs** *npl* बचा-खुचा, अवशेष; जूठन; **left-wing** *a* (*POL*) वामपंथी

leg (लेग) *n* टांग, पाया (मेज़ आदि का); (यात्रा का) चरण, भाग; **1st/2nd leg** (*SPORT*) क्रिकेट में बल्लेबाज़ के बायीं ओर के मैदान में दो स्थान; (*of journey*) पड़ाव

legacy ('लेगसि) *n* वसीयत द्वारा छोड़ी सम्पत्ति, बपौती, थाती; उत्तराधिकारी को दी गयी वस्तु

legal ('लीगल) *a* कानून का, उस द्वारा नियुक्त या उस पर आधारित, वैध, कानूनी; **legal holiday** *n* (*US*) सार्वजनिक छुट्टी; **legality** *n* वैधता; **legalize**

vt वैध बनाना; **legal tender** *n* वैध मुद्रा

legend ('लेंजंड) *n* दंतकथा, किंवदन्ति; परम्परागत साहित्य; प्रसिद्ध व्यक्ति या घटना; लेख या शीर्षक; **legendary** *a* पौराणिक; परम्परागत; प्रसिद्ध

legible ('लेंजिब्ल) *a* जिसे आसानी से पढ़ा जा सके

legislation (लेंजिस्'लेशन) *n* कानून बनाने की क्रिया; कानून; **legislature** (लेंजिस्'लेचर) *n* विधानसभा, विधायिका

legislator ('लेंजिस्लेटर) *n* विधायक; **legislate** *vi* कानून बनाना

legitimate (लि'जिटिमिट) *a* विवाहित स्त्री-पुरुष की (औलाद), औरस; वैध, कानूनी; नियमानुकूल, नियमित; तर्कसंगत

leg-room ('लेग्रूम) *n* (कार आदि में) बैठने के बाद टांगों के लिए बची जगह

leguminous (लि'ग्यूमिनस) *a* (पौधे) जिन में फलियां लगती हों (जैसे दालों के)

leisure ('लेझ़र) *n* फ़ुरसत, अवकाश; ख़ाली समय; **at leisure** फ़ुरसत से, आराम से; **leisure centre** *n* मनोरंजन केंद्र, अवकाश का समय व्यतीत करने का स्थान; **leisurely** *a* धीरे-धीरे, फ़ुरसत से

lemon ('लेमन) *n* नींबू; उस का पेड़; उस का रंग; *sl* बेकार की वस्तु या गुणहीन व्यक्ति; **lemonade** ('लेमनेड) *n* नींबू के रस से बना पेय; **lemon tea** *n* नींबू वाली चाय

lend (लेण्ड) (*pt, pp* **lent**) *vt* : **to lend sth (to sb)** कोई वस्तु (किसी को) थोड़े समय के लिए उधार या किराये पर देना; प्रदान करना या देना

length (लेङ्थ) *n* लम्बाई; एक सिरे से दूसरे सिरे तक का माप, दूरी; समयावधि; टुकड़ा; **at length** अंततः, आखिरकार; विस्तार से; **lengthen** *vt* लम्बा करना, बढ़ाना // *vi* लम्बा होना, बढ़ना; **lengthways** *ad* (**lengthwise** भी) लम्बाई में; **lengthy** *a* अधिक लम्बा

lenient ('लीनिअंट) *a* मृदु, नरम; सहिष्णु; सदय, दयालु; ढील देने वाला; **leniency** *n* नरमी; सदयता

lens (लेंज़) *n* कैमरा, ऐनक और दूरबीन में लगा पारदर्शी कांच का टुकड़ा जो प्रकाश किरणों को केन्द्रित या विकेन्द्रित करता है, लेन्स

Lent (लेण्ट) *n* ईस्टर से पहले व्रत रखने की अवधि

lent (लेण्ट) **lend** का *pt, pp*

lentil ('लेण्टिल) *n* दाल

Leo ('लीओ) *n* सिंह; पांचवीं राशि जिस की अवधि 22 जुलाई से 21 अगस्त तक होती है

leopard ('लेपर्ड) *n* तेंदुआ (**leopardess** *fem*)

leotard ('लिअटॉर्ड) *n* चुस्त कपड़ा जो सारे शरीर को ढक लेता है और जिसे बाज़ीगर, नर्तक पहनते हैं

leper ('लेपॅर) *n* कोढ़ी, कुष्ठरोगी; व्यक्ति जिस की उपेक्षा हो या जिससे लोग घृणा करें

leprosy ('लेप्रॅसि) *n* कुष्ठ रोग, कोढ़

lesbian ('लेज़्बिअन) *n* स्त्री जो स्त्रियों से कामसम्बन्ध रखे, समलिंगकामी स्त्री, चपटी खेलने वाली स्त्री

less (लेस) *a* कम; *pronoun, ad* कम; **less than that/you** उससे/तुमसे कम; **less than half** आधे से कम; **less than ever** पहले से कहीं कम; **less and less** क्रमशः कम, कम ही कम; **the less he works...** जितना वह कम काम करता है/करेगा...

lessee (ले'सी) *n* जिसे पट्टा दिया गया हो, पट्टेदार

lessen ('लेसन) *vi* घटना, कम होना // *vt* घटाना, कम करना

lesser ('लेसॅर) *a* अपेक्षाकृत कम; लघु; कम महत्व वाला; **to a lesser extent** अपेक्षाकृत कुछ कम सीमा तक

lesson ('लेस्न) *n* पाठ, सबक, शिक्षा; सीख

lessor ('लेसॅर) *n* पट्टा देने वाला; किराए पर देने वाला

lest (लेस्ट) *cj* ऐसा न हो कि

let *pt, pp* **let** (लेट) *vt* अनुमति देना; होने देना; निकलने देना; पट्टे या किराए पर देना; **to let sb do sth** किसी को कुछ करने देना; **to let sb know sth** किसी को कुछ बता देना; **he let me go** उसने मुझे जाने दिया; **let's go** आओ चलें; **let him come** उसे आने दो; **to let down** *vt* (*lower*) नीचे कर देना, उतार देना; (*dress*) (स्कर्ट आदि) लम्बी कर देना; (*hair*) खोल देना; (*disappoint*) निराश कर देना; **to let go** *vi* जाने देना // *vt* छोड़ देना; **to let in** *vt* अंदर आने देना; **to let off** *vt* जाने देना; रिहा कर देना; (*firework etc*) छोड़ना; (*smell etc*) छोड़ना; **to let on** *vi* (*col*) (भेद) बता देना/खोल देना; **to let out** *vt* निकलने देना, जाने देना; (*dress*) ढीला करना, बड़ा करना; (*scream*) (चीख़) मारना; (मकान आदि) किराये पर देना; **to let up** *vi* कम होना, बंद हो जाना

lethal ('लीथल) *a* घातक, प्राणहर, जानलेवा

lethargy ('लेथर्जि) *n* उपेक्षा भाव; शक्ति या रुचि का अभाव; अकर्मण्यता, निर्जीवता, सुस्ती; तंद्रा

letter ('लेटॅर) *n* अक्षर, वर्ण; पत्र, चिट्ठी; **letter bomb** *n* लिफ़ाफ़े या पार्सल में रखा चिट्ठी जैसा बम; **letter-box** *n* लेटर-बक्स; **lettering** *n* अक्षर-लेखन

lettuce ('लैटिस) *n* सलाद के लिए उगाया पौधा, काहू

leukaemia, (*US*) **leukemia** (ल्यू'कीमिअ) *n* रोग जिसमें श्वेताणु बढ़ जाते हैं, रक्त-कैंसर

level ('लेव़्ल) *a* क्षैतिज, पड़ा; समतल, सपाट; सम या संतुलित // *n* क्षैतिज रेखा या तल; (**spirit level** भी) तलमापी यंत्र, साधनी; संतुलन; मानक स्तर; खान में क्षैतिज रास्ता // *vt* समतल करना; एक ही तल या स्तर पर लाना; गिराना, ढाना, निशाना साधना (बन्दूक आदि का); (*fig*) आरोप लगाना; **to be level with** के बराबर/के स्तर पर होना; **'A' levels** *npl* (*Brit*) स्कूल के विद्यार्थियों की विषय-विशेष में उच्च योग्यता का माप; **'O' levels** *npl* (*Brit*) प्राय: 15-16 वर्ष की आयु के स्कूली विद्यार्थियों की विषय-विशेष में योग्यता का माप; **on the level** समतल; (*fig : honest*) सच्चा, साफ़; **to level off** *or* **out** *vi* (*prices etc*) स्थिर हो जाना; **level crossing** *n* रेलवे का फाटक (जो सड़क पर बना हो); **level-headed** *a* जो भावावेश में न आए, सन्तुलित मन वाला

lever ('लीव़र) *n* टेक के पास की कड़ी छड़, उत्तोलक; कमानी (जिसे खींच कर यंत्र चलाया जाय) // *vt* : **to lever up/out** (ऊपर) उठाना; **leverage** *n* : **leverage (on** *or* **with)** (पर) प्रभाव

levity ('लिव़िटि) *n* गंभीर बातों की हंसी उड़ाने की प्रवृत्ति; छिछोरापन, हल्कापन; मज़ाक करने की आदत

levy ('लेंव़ि) *n* करारोपण; करों की उगाही; अनिवार्य सैन्य भरती; कर की राशि, भरती होने वालों की संख्या // *vt* कर लगाना; अनिवार्य भरती करना

lewd (लूड) *a* कामुक; अश्लील

lexicon ('लेक्सिकन) *n* शब्दकोष

liability (लाइअ'बिलटि) *n* जवाबदेही, उत्तरदायित्व; बाधा, परेशानी का कारण; असुविधा; **liabilities** *npl* ऋण; उत्तरदायित्व; देनदारी

liable ('लाइअबल) *a* (*subject*) : **liable to** का खतरा या संभावना; **liable (for)** (का) ज़िम्मेदार, उत्तरदायी; **liable to do** (*likely*) (व्यक्ति की) कुछ करने/कुछ करने के लिए बाध्य होने की संभावना

liaison (लि'एज़ों) *n* सम्पर्क; सम्बन्ध; घनिष्ठता, विशे॰ गुप्त जारसम्बन्ध; **liaison officer** *n* सम्पर्क अधिकारी

liar ('लाइअर) *n* जो झूठ बोलता हो, झूठा

libel ('लाइब्ल) *n* लिखित बयान जिस से किसी की मानहानि हो, अपमान-लेख // *vt* अपमान लेख लिखना

liberal ('लिबरल) *a* (**Liberal** भी) राजनीतिक दल का जिसका लोकतांत्रिक सुधारों या व्यक्ति की स्वतंत्रता में विश्वास हो; उदार; सहिष्णु; प्रचुर; **liberal with** देने या ख़र्च करने में उदार

liberate ('लिबरेट) *vt* आज़ाद कराना, बंधन से मुक्त कराना; **liberation** (लिब'रेशन) *n* मुक्ति

liberty ('लिबर्टि) *n* स्वतंत्रता; **to be at liberty to do** करने के लिए स्वतंत्र; **to take liberties (with)** (से) धृष्ठता, गुस्ताख़ी भरा बर्ताव करना

Libra ('लीब्रअ) *n* तुला, राशिचक्र का सातवां चिन्ह, जिसका समय 22 सितम्बर से 22 अक्तूबर है

librarian (लाइ'ब्रेअरिअन) *n* पुस्तकाध्यक्ष

library ('लाइब्ररि) *n* पुस्तकालय; पुस्तकों, ग्रामोफ़ोन रिकार्डों का संग्रह; घर में पढ़ने-लिखने का कमरा

libretto (लि'ब्रेटो) *n* नृत्यनाटिका के शब्द

lice (लाइस) **louse** का *npl*

licence, (*US*) **license** ('लाइसन्स) *n* अनुज्ञा पत्र लाइसेंस; स्वेच्छाचारिता; (*RADIO, TV*) लाइसेंस; (**driving licence** भी, (*US*) **driver's license**) चालक-लाइसेंस; **licence number** *n* लाइसेंस (पुस्तिका) का नम्बर; **licence plate** *n* नम्बर पट्टी

license ('लाइसन्स) *n* (*US*) = **licence** // *vt* लाइसेंस देना; **licensed** *a* (*for alcohol*) (होटल आदि) जिसे शराब बेचने की अनुमति प्राप्त हो

lick (लिक) *vt* चाटना; हल्के से छूना; (*sl*) हराना; (*sl*) पिटाई करना

licorice ('लिकरिस) *n* = **liquorice**

lid (लिड) *n* ढक्कन (जो अलग हो जाय), ढकना; पलक

lie (लाइ) *n* झूठ // *vi* झूठ बोलना; (*pt* **lay**, *pp* **lain**) (*rest*) लेटना; आराम करना; (*in grave*) दफ़न होना; (*of object*) स्थित होना; पड़े होना; **to lie low** (*fig*) छिपे होना, लोगों से बचते फिरना; **to give the lie to** ग़लत साबित करना; **to lie about** *vi* कुछ न करते रहना; **to have a lie-down** (*Brit*) लेटकर आराम करना; **to have a lie-in** (*Brit*) सुबह देर तक बिस्तर में पड़े रहना

lien ('लीअन) *n* किसी अन्य की ज़मीन-जायदाद ऋण आदि चुकाऐ जाने तक रखने का अधिकार

lieu (ल्यू) *n* स्थान; **in lieu of** के बदले में

lieutenant (लेफ़्'टेनंट, (*US*) लूटे'नंट) *n* (*Army* तथा *Navy* में) लेफ़्टिनेंट

life (लाइफ़), *pl* **lives** *n* जीवन; प्राण, जान; स्फूर्ति; **life assurance** *n* जीवन-बीमा; **lifebelt** *n* (*Brit*) (डूबने से बचने के लिए) रक्षा-पेटी; **lifeboat** *n* रक्षा-नौका; **lifeguard** *n* (तालाब आदि पर डूबते व्यक्तियों को बचाने के लिए नियुक्त) प्राण-रक्षक; **life insurance** = **life assurance**; **life-jacket** *n* (डूबने से बचने के

लिए) रक्षा-पेटी या रक्षा-जैकिट; **lifeless** *a* निर्जीव, फीका, नीरस; **lifelike** *a* सजीव, जीता-जागता; **lifelong** *a* आजीवन; **life preserver** *n* (*US*) रक्षा-जैकिट; **lifesaver** *n* प्राण-रक्षक; **life sentence** *n* आजीवन कारावास का दण्ड; **life-sized** *a* आदमकद; **life span** *n* जीवन- अवधि; **lifestyle** *n* जीवन-शैली; **life support system** *n* (*MED*) उपकरण या इलाज जिससे रोगी को जीवित रखा जा सकता है; **lifetime** *n* : **in his lifetime** उसके जीवन-काल में; **once in a lifetime** जीवन में केवल एक बार (मिलने वाला अवसर आदि)

lift (लिफ़्ट) *vt* स्थिति, दशा, मनोदशा, परिमाण आदि बढ़ाना; ऊपर उठाना; चुराना // *vi* (*fog*) हटना // *n* (*Brit : elevator*) (बहुमंज़िली इमारत में ऊपर ले जाने वाली) लिफ़्ट; **to give sb a lift** (कार आदि में) किसी को मुफ़्त सवारी देना; **lift-off** *n* (राकेट, अंतरिक्ष-यान का) ऊपर उठना

light (लाइट) *n* प्रकाश, रोशनी; दीपक, बत्ती; (*AUT : traffic lights, rear lights*) (यातायात नियंत्रण) बत्ती; (कार आदि के पीछे लगी) बत्ती; (*for cigarette etc*) : **have you got a light?** क्या आपके पास माचिस या लाइटर है ? // *vt* (*pt, pp* **lighted** *or* **lit**) (*candle, cigarette, fire*) जलाना; (*room*) रोशनी करना // *a* (*room*) प्रकाशमान, आलोकित; (*colour*) हल्का (रंग); (*not heavy, also fig*) हल्का; आसान, मामूली; **to come to light** का भेद खुलना; **to light up** *vi* आलोकित हो जाना; (*face*) (चेहरा) खिल उठना // *vt* में रोशनी करना/प्रकाश करना; **light bulb** *n* बिजली का बल्ब; **lighten** *vi* प्रकाशमान होना // *vt* प्रकाशमान करना; कम करना; हलका करना; **lighter** *n* (**cigarette lighter** भी) लाइटर; (*boat*) जहाज़ से माल उतारने की चपटे पेंदे की नाव; **light-headed** *a* जिसे चक्कर आ रहे हों, जो बेहोश होने को हो; **light-hearted** *a* प्रसन्नचित्त; **lighthouse** *n* (जहाज़ों को रास्ता दिखाने का) प्रकाश स्तंभ; **lighting** *n* (*on road*) प्रकाश-व्यवस्था, रोशनी; (*in theatre*) प्रकाश-व्यवस्था; **lightly** *ad* हल्के से; धीरे से; लापरवाही से; **to get off lightly** मामूली सज़ा ही मिलना; **lightness** *n* नरमी; कोमलता; हल्का-पन

lightning ('लाइट्निङ) *n* आकाश में चमकने वाली बिजली, तड़ित; **lightning conductor**, (*US*) **lightning rod** *n* छड़ जो बिजली गिरे तो उसे सीधे भूमि में ले जाती है और भवन नष्ट नहीं होता

light pen *n* कम्प्यूटर में प्रयुक्त एक

पेन जैसा उपकरण जो प्रकाश-पटल पर आंकड़े आदि भरने अथवा बदलने में प्रयुक्त होता है

lightweight ('लाइट्वेट) *a* अपेक्षाकृत हलका; 130 से 150 पौंड भार का (मुक्केबाज़); महत्वहीन (व्यक्ति) // *n* 130-150 पौंड के भार का मुक्केबाज़

like (लाइक) *vt* पसंद करना; चाहना; अच्छा समझना // *prep* के समान/सदृश // *a* समान, अनुरूप, जैसा // *n* : **the like** के समान व्यक्ति/वस्तु आदि, अन्य वर्णित व्यक्तियों/वस्तुओं आदि के ही समान; (*offens*) (तिरस्कार में) वैसा ही; **his likes and dislikes** उसकी पसंद और नापसंद की चीज़ें; **I would like/I'd like** मैं चाहता हूं/मेरी इच्छा है; **would you like a coffee?** क्या आप काफ़ी लेंगे?; **to be/look like sb/sth** किसी व्यक्ति/वस्तु जैसा होना/लगना; **that's just like him** उसका यह काम/व्यवहार उसके स्वभाव के अनुरूप ही है, उसका स्वभाव ही ऐसा है; **do it like this** इसे इस प्रकार करो; **nothing like** की कोई बराबरी नहीं, के जैसा और कुछ नहीं; **likeable** *a* मनोहर, आकर्षक, जो अच्छा लगे

likelihood ('लाइक्लिहुड) *n* संभावना

likely ('लाइक्लि) *a* बहुत संभव; **he's likely to leave** उसके चले जाने की बहुत संभावना है; **not likely!** कोई आशा नहीं!

likeness ('लाइक्निस) *n* सादृश्य, समानता

likewise ('लाइक्वाइज़) *ad* उसी प्रकार

liking ('लाइकिङ) *n* रुचि, पसंद

lilac ('लाइलक) *n* हल्के बैंगनी रंग के फूलों वाली झाड़ी, नीलक, बकायन; हल्का बैंगनी रंग

lilt (लिल्ट) *vi* झूम कर गाना, झूमना

lily ('लिलि) *n* गोल गांठ वाला फूलदार पौधा, कुमुदिनी; **lily of the valley** *n* बाग़ों में उगने वाला छोटा पौधा जिसके सफ़ेद घण्टाकार फूल होते हैं

limb (लिम) *n* बांह या टांग; पक्ष; पेड़ की शाखा

limber ('लिम्बर) *vi* : **to limber up** व्यायाम द्वारा सभी मांसपेशियों में लचक लाना

limbo ('लिम्बो) *n* : **to be in limbo** (*fig*) अनिर्णीत स्थान या स्थिति में होना, अधर में लटके होना, बेबसी की हालत में होना

lime (लाइम) *n* खुशबूदार फूलों वाला एक वृक्ष; नींबू; (*GEO*) चूना

limelight ('लाइम्लाइट) *n* : **in the limelight** (*fig*) प्रसिद्धि, लोगों के आकर्षण का केंद्र

limerick ('लिमरिक) *n* पांच पंक्तियों की हास्यपूर्ण कविता, तुक्तक

limestone ('लाइम्स्टोन) *n* चूने का

पत्थर

limit ('लिमिट) *n* सीमा; अंतिम सीमा (समय या क्षेत्र की) // *vt* सीमित करना; रोकना; सीमाबद्ध करना; **to be limited to** तक सीमित होना; **limited (liability) company (Ltd)** *n* (*Brit*) कम्पनी जिस के हिस्सेदारों की देनदारी सीमित हो, लिमिटिड कम्पनी

limousine ('लिमज़ीन) *n* बड़ी, बढ़िया कार

limp (लिम्प) *n* लंगड़ी चाल // *vi* लंगड़ा कर चलना // *a* ढीला, लचलचा; **to have a limp** (पैर में) लंगड़ेपन का दोष होना

limpet ('लिम्पिट) *n* घोंघा-मछली (जो चट्टानों से चिपक जाती है)

limpid ('लिम्पिड) *a* निर्मल, स्वच्छ, साफ़; पारदर्शी

line (लाइन) *n* (*gen*) रेखा, लकीर; (*rope*) रस्सी; (*wire*) तार; टेलीफ़ोन का कनक्शन; (*of poem*) पंक्ति; (*row, series*) शृंखला; कतार, पंक्ति; लाइन; (*COMM : series of goods*) वस्तुओं की श्रेणी // *vt* : (*clothes*) **to line (with)** अस्तर लगाना, गोट लगाना; (*box*) : **to line (with)** अंदर की ओर काग़ज़ आदि लगाना; (*subj : trees, crowd*) के किनारे-किनारे बड़ी संख्या में होना; **in his line of business** उसके व्यवसाय में; **in line with** के अनुसार/अनुरूप; **to line up** *vi* पंक्ति में खड़े होना // *vt* पंक्ति में खड़े करना

lined (लाइन्ड) *a* (*face*) झुर्रीदार; (*paper*) रेखित, लाइनदार

linen ('लिनिन) *n* सन का बना महीन कपड़ा; इस कपड़े की बनी वस्तुओं (मेज़-पोश, चादर आदि) या कमीज़ों (जो पहले इसी कपड़े से बनती थीं) का सामूहिक नाम

liner ('लाइनर) *n* यात्री ले जाने वाला जहाज़ या विमान

linesman ('लाइन्ज़्मन) *n* (*TENNIS, FOOTBALL*) रेफ़री (खेल-पंच) की सहायता करने वाला अधिकारी

line-up ('लाइनप) *n* (*SPORT*) किसी खेल के पहले खिलाड़ियों की क्रमबद्ध व्यवस्था

linger ('लिंगर) *vi* देर लगाना; इधर उधर डोलना; अधिक समय तक ठहरना/जारी रहना (कुप्रथा आदि का)

lingerie ('लैन्झ़रि) *n* स्त्रियों की अंगिया, जांघिया आदि या रात को पहनने के वस्त्र

lingo, -es ('लिंगो) *n* (*offens*) भाषा, विशे. बोली

lingua franca ('लिंग्वफ्रैंकअ) *It n* विभिन्न भाषाभाषियों की सांझी भाषा, सम्पर्क भाषा

lingual ('लिंग्वल) *a* जिह्वा या भाषा-सम्बन्धी

linguistics (लिङ'ग्विस्टिक्स) *n*

भाषाविज्ञान

lining ('लाइनिंङ) *n* कपड़े के अन्दर लगा कपड़ा, अस्तर

link (लिंक) *n* (*of a chain*) कड़ी; जोड़; सम्बन्ध; दूरी का माप = लगभग एक फुट // *vt* जोड़ना; सम्बन्ध स्थापित करना; लपेटना // *vi* जुड़ जाना; **links** *npl* (*GOLF*) गॉल्फ़ का मैदान; **to link up** *vt* (एक वस्तु को दूसरी से) जोड़ना; सम्बन्ध स्थापित करना // *vi* जुड़ना, सम्बद्ध हो जाना

lino, linoleum ('लिनो, लि'नोल्यम) *n* फ़र्श पर बिछाने का जाजम जो टाट, अलसी के तेल और काग से बनता है

linseed ('लिन्सीड) *n* अलसी

lint (लिंट) *n* घावों पर रखने का नरम कपड़ा, सूफ़

lintel ('लिंटल) *n* खिड़की या दरवाज़े का ऊपर का हिस्सा, सरदल, सोहावटी

lion ('लाइअन) *n* शेर, सिंह; **lioness** *n* शेरनी; **lion-hearted** *a* शेरदिल, बहादुर; **lionize** *vt* बहुत बड़ा आदमी मान कर स्वागत करना

lip (लिप) *n* होंठ, ओंठ, अधर; किनारा; **lipread** *vi* ओंठों को हिलते देख कर बात समझना; **lip salve** *n* होंठों पर लगाने की मरहम; **lip service** *n* : **to pay lip service to sb** किसी की दिखावटी प्रशंसा या सम्मान करना; **lipstick** *n* ओठों पर लगाने की सुर्ख़ी; लिपस्टिक

liqueur (लि'क्युअर) *n* मीठी शराब

liquid ('लिक्विड) *a* तरल (पदार्थ); द्रव; प्रवाही; (सम्पत्ति) जो रुपये के रूप में हो // *n* तरल पदार्थ

liquidate ('लिक्विडेट) *vt* ऋण आदि चुका कर (कम्पनी को) समाप्त करना; समाप्त करना; मार डालना; **liquidation** (लिक्वि'डेशन) *n* (कम्पनी आदि) समाप्त करने की प्रक्रिया; दिवालिया होने की स्थिति; **liquidator** ('लिक्विडेटर) *n* कम्पनी आदि को समाप्त करने के लिए नियुक्त अधिकारी

liquidity (लि'क्विडिटि) *n* वित्तीय देनदारी पूरी करने की क्षमता; रोकड़ राशि

liquidize ('लिक्विडाइज़) *vt* (*CULIN*) तरल बनाना; **liquidizer** *n* तरल बनाने का उपकरण, मिक्सी

liquor ('लिकर) *n* अल्कोहल युक्त द्रव पदार्थ; शराब; **liquor store** *n* (*US*) मदिरा-भंडार

liquorice ('लिकरिस) *n* मुलैठी, उस का पौधा, गुंजा

lisp (लिस्प) *n* तुतलाहट // *vi* तुतलाना ('z' और 's' का ग़लत उच्चारण करना); रुक-रुक कर बोलना

list (लिस्ट) *n* सूची, फ़हरिस्त, तालिका; (कपड़े की) किनारी; (*of ship*) जहाज़ का एक ओर झुकाव // *vt* (*write down*) सूची बनाना; (*enumerate*) गिनाना, नाम लेकर बताना // *vi* (*ship*) एक ओर झुकना

listen ('लिसन) *vt* कान लगा कर सुनना; **to listen to** की बात ध्यान से सुनना; **listener** *n* श्रोता

listless ('लिस्टलेस) *a* उदासीन, उपेक्षाशील; निर्जीव; निरुत्साह

lit (लिट) **light** का *pt, pp*

liter ('लीटर) *n* (*US*) = **litre**

literacy ('लिटरसि) *n* साक्षरता

literal ('लिटरल) *a* शाब्दिक; यथा-तथ्य; अक्षरों से सम्बन्धित; **literally** *ad* अक्षरशः

literary ('लिटररि) *a* साहित्यिक

literate ('लिटरिट) *a* पढ़ा-लिखा, साक्षर, शिक्षित // *n* साक्षर व्यक्ति

literature ('लिटरिचर) *n* (किसी देश, युग या विषय का) साहित्य

lithe (लाइद) *a* लचीला; लचकीला; फुर्तीला

litigant ('लिटिगंट) *n, a* मुकदमा करने वाला व्यक्ति, वादी

litigation (लिटि'गेशन) *n* मुकदमा; मुकदमेबाज़ी

litre, (*US*) **liter** ('लीटर) *n* तरल पदार्थों का माप, लिटर

litter ('लिटर) *n* कूड़ा-कचरा; बेकार की टूटी-फूटी वस्तुएं; पशुओं का झोल (एक ही बार जन्मे बच्चे); **litter bin** *n* (*Brit*) कूड़ेदान; **littered** *a* : **littered with** स्थान जहां कूड़ा-कचरा बिखरा हुआ हो

little ('लिट्ल) *a* छोटा; थोड़ा; **it's little** न के बराबर है; **little milk** न के बराबर दूध // *ad* मामूली तौर पर, बहुत थोड़ा; **a little** थोड़ा-सा; **little by little** क्रमशः, थोड़ा-थोड़ा करके

live *vi* (लिव़) जीना, जीवित रहना; निवास करना, रहना // *a* (लाइव़) (*animal*) जीता-जागता; (*wire*) तार जिसमें करंट हो; (*broadcast*) घटना स्थल से सीधा (रेडियो प्रसारण); **to live down** *vt* किसी ग़लती का फल भोगना और इस बात की प्रतीक्षा करना कि लोग उसे भूल जाएंगे; **to live on** *vt* (*food*) से जीवित रहना // *vi* जीवित रहना, जीते रहना; **to live together** *vi* इकट्ठे रहना; **to live up to** *vt* (किसी आदर्श) के अनुसार आचरण करना; पूरा करना

livelihood ('लाइव़्लिहुड) *n* आजीविका, रोज़ी

lively ('लाइव़्लि) *a* सजीव, सक्रिय; फुरतीला; **liveliness** *n* ज़िंदादिली, फुरती

liven up ('लाइव़न'अप) *vt* सजीव बना देना, में जान डाल देना

liver ('लिव़र) *n* जिगर, यकृत; कलेजी

livery ('लिव़रि) *n* वरदी, विशे॰ नौकरों की; घोड़ों के रातिब का भत्ता; (*US*) किराए के घोड़ों का अस्तबल (**livery stable** भी)

lives (लाइव़्ज़) **life** का *npl*

livestock ('लाइव़्स्टॉक) *n* मवेशी,

पशुधन

livid ('लिविड) *a* सुरमई रंग का; नीले धब्बे जैसा जो गुमटे से पड़ता है; (*furious*) बहुत नाराज़, लालपीला

living ('लिविङ) *a* जीवित; वर्तमान; सक्रिय; जीवंत // *n* : **to earn** *or* **make a living** जीविका अर्जित करना, रोज़ी कमाना; **living conditions** *npl* रहन-सहन की परिस्थितियां/के हालात; **living room** *n* बैठक; **living wage** *n* भरण-पोषण पारिश्रमिक, निर्वाह-मज़दूरी

lizard ('लिज़र्ड) *n* छिपकली

LL.B. *Bachelor of Laws* का संक्षेप

load (लोड) *n* बोझ, भार, बोझा; एक बार उठाया बोझ; (माल की) खेप; इंजन पर पड़ने वाला बोझ; (*ELEC, TECH*) ली गयी बिजली // *vt* (**load up** भी) : **to load (with)** (*lorry, ship*) (माल से) भर देना, लाद देना; (*gun*) गोली भरना; (*camera*) रील डालना; (*COMPUT*) कम्प्यूटर में जानकारी-डिस्क लगाना; **a load of, loads of** (*fig*) बहुत अधिक मात्रा में, बहुत; **loaded** *a* (*dice*) उल्टा (पांसा); (*question*) (प्रश्न) जिसमें प्रश्न-कर्ता का पूर्वाग्रह झलकता हो; (*col : rich*) मालदार; (: *drunk*) नशे में धुत्त; **loading bay** *n* (जहाज़ आदि पर) माल चढ़ाने-उतारने का स्थान

loaf (लोफ़), *pl* **loaves** *n* डबलरोटी, पावरोटी // *vi* (**loaf about, loaf around** भी) इधर-उधर घूमना, आवारागर्दी करना; **loafer** *n* आवारागर्द

loan (लोन) *n* ऋण, कर्ज़ा, उधार; प्रयुक्त करने की अनुमति; उधार दी गयी वस्तु // *vt* उधार देना; **on loan** उधार ली गयी/कुछ समय के लिए ली गयी (वस्तु)

loath (लोथ) *a* : **to be loath to do** करने का अनिच्छुक होना

loathe (लोद) *vt* घृणा/नफ़रत करना; **loathsome** *a* घृणित, जिससे घृणा उत्पन्न हो

loaves (लोव्ज़) **loaf** का *npl*

lobby ('लॉबि) *n* कमरों के आगे का बरामदा; (विधानसभा में) सभाभवन तक का रास्ता; (*POL*) व्यक्तियों का समूह जो संसद सदस्यों को प्रभावित करने की चेष्टा करे // *vt* किसी के लिए प्रचार करना

lobster ('लॉब्स्टर) *n* समुद्री झींगा मछली

local ('लोकल) *a* स्थानीय, (किसी क्षेत्र, शरीर के अंग तक) सीमित; किसी स्थान का // *n* (*pub*) (पास या पड़ोस का) शराबख़ाना; **the locals** *npl* किसी स्थान विशेष के निवासी; **local call** *n* (टेलीफ़ोन पर) स्थानीय काल; **local government** *n* स्थानीय शासन (नगर-पालिका)

locale (लो'काल) *n* (घटना) स्थल

locality (लो'कैलिटि) *n* स्थान;

स्थिति; बस्ती; क्षेत्र; मुहल्ला

locate (लो'केट) *vt* पता लगाना; स्थान निर्धारित करना; रखना, स्थापित करना

location (लो'केशन) *n* स्थान-निर्धारण, स्थिति; **on location** (*CINEMA*) स्टुडिओ से परे स्थान जहां चलचित्र बनाया जाता है

loch (लॉख़) *n* स्काटलैंड की झील या संकरी खाड़ी

lock (लॉक) *n* ताला; (बन्दूक का) घोड़ा; (नहर आदि में) जलपाश, बांध; (बालों की) लट, गुच्छा // *vt* ताला लगाना; ताले वाले कनस्तर आदि में रखना; जोड़ या बांध देना; स्थिर कर देना; बाहों में जकड़ लेना // *vi* (दरवाज़े आदि का) ताला बंद हो जाना; जुड़ या बंध जाना; स्थिर हो जाना

locker ('लॉकर) *n* छोटा ख़ाना जिसमें ताला लग सकता हो

locket ('लॉकिट) *n* लटकन जिसमें किसी का चित्र हो

lockout ('लॉकाउट) *n* मालिकों द्वारा कारख़ाना बंद कर देना व मज़दूरों को काम पर न आने देना, तालाबंदी

locksmith ('लॉक्स्मिथ) *n* तालों का मिस्त्री

lock-up ('लॉकप) *n* हवालात

locomotive (लोक'मोटिव़) *n* रेलवे इंजन

locum ('लोकम) *n* (*MED*) छुट्टी पर या बीमार डाक्टर के स्थान पर कार्य करने वाला डाक्टर, स्थानापत्र डाक्टर

locust ('लोकस्ट) *n* टिड्डी (जो फ़सलें खा जाती है)

lode star ('लोड्स्टार) *n* ध्रुवतारा

lodge (लॉज) *n* मकान या कोठड़ी जो कभी-कभी प्रयुक्त हो जैसे शिकार आदि के लिए; वन के रक्षक की कोठड़ी; (*FREEMASONRY*) फ़्रीमेसन आदि क्लबों की बैठक का स्थान; क्लब की शाखा // *vi* (*person*) : **to lodge (with)** (के यहां) रहना (प्रायः कुछ समय के लिए), टिकना // *vt* (*appeal etc*) दर्ज कराना; **to lodge a complaint** (के विरुद्ध) शिकायत दर्ज कराना; **lodger** *n* किराएदार; किराएदार जिसके आवास व भोजन दोनों की व्यवस्था हो

lodgings ('लाजिंग्ज़) *npl* किराए के कमरे

loft (लॉफ़्ट) *n* सब से ऊपर की मंजिल और छत के बीच का स्थान, अटारी; गिरजाघर की दीर्घा या गैलरी

lofty ('लॉफ़्टि) *a* उदात्त, बहुत ऊंचा; घमण्डी, अहंकारी; **loftily** *ad* घमंड से

log (लॉग) *n* लकड़ी का लट्ठा या कुन्दा; रोज़नामचा (विमान, जहाज़ आदि की यात्रा का); (*book*) = **logbook**

logbook ('लॉगबुक) *n* (*NAUT*) यात्रा का रोज़नामचा; (*AVIAT*) उड़ान का विवरण; (*Brit* : *of car*)

पंजीकरण-पुस्तिका

loggerheads ('लॉगर्‌हेड्ज़) *npl* : **at loggerheads (with)** (से) अनबन या झगड़ा होना

logic ('लॉजिक) *n* तर्क; तर्कशास्त्र; तर्कसंगत दलील या विचार; **logical** *a* तर्क का; तर्कसंगत; ठीक तर्क देने वाला

logo ('लोगो) *n* कम्पनी आदि का चिन्ह; प्रतीक-चिन्ह

loin (लॉइन) *n* कमर, कटि; (*CULIN*) इस अंग का मांस; **loin cloth** *n* धोती, लुंगी; लंगोटी

loiter ('लॉइटर) *vi* आवारा फिरना : **to loiter (about)** बेमतलब इधर-उधर घूमना; मटरगश्ती करना

loll (लॉल) *vi* (**loll about** भी) आराम से बैठे या लेटे रहना; (जीभ का) बाहर को लटकना // *vt* जीभ बाहर को लटकाना

lollipop ('लॉलिपॉप) *n* लकड़ी की तीली से चिपकाई मीठी गोली; **lollipop man/lady** *n* (*Brit*) बच्चों को सड़क पार कराने वाला पुरुष/स्त्री

lone (लोन) *a* अकेला, एकाकी

loneliness ('लोन्‌लिनिस) *n* एकाकीपन; अकेला होने की स्थिति

lonely ('लोन्‌लि) *a* एकाकी होने के कारण उदास; सुनसान (स्थान)

long (लॉङ) *a* लम्बा (दूरी या समय में); जो देर तक चले // *ad* देर तक // *vi* : **to long for sth** किसी चीज़ के लिए ललकना/लालायित होना; **to long to do** को करने की तीव्र इच्छा होना; **in the long run** आगे चलकर, अंत में; **so** *or* **as long as** जब तक कि; **don't be long** ज़्यादा देर न लगाना (आने में, काम ख़त्म करने में); **how long is this river/course?** यह नदी/रास्ता कितना लम्बा है?; **6 metres long** छः मीटर लम्बा; **6 months long** छः मास की अवधि का; **all night long** रात भर; **he no longer comes** वह अब नहीं आता; **long before** से बहुत पहले; **before long** (+ *future*) बहुत जल्दी (ऐसा होगा); (+ *past*) जल्दी ही (ऐसा हुआ); **at long last** अंत में, आख़िरकार; **long distance** *a* (*race*) लम्बी (दौड़); (*call*) दूर की (टेलीफ़ोन काल); **longhand** *n* पूरे अक्षरों में शब्द, पत्र आदि हाथ से लिखने की क्रिया (आशुलिपि के विपरीत); **longing** *n* लालसा, इच्छा

longevity (लां'जेविटि) *n* लम्बी आयु

longitude ('लान्जिट्यूड) *n* शून्य रेखांश से पूर्व या पश्चिम की दूरी, देशान्तर रेखांश

long : long jump *n* लम्बी छलांग (की प्रतियोगिता), लांग जम्प; **long-playing** *a* : **long-playing record (L.P.)** *n* रिकार्ड जो 10 से

30 मिनट तक चले; **long-range** *a* दूर तक जा सकने वाला (विमान, हथियार आदि); दूरमार (प्रक्षेपास्त्र आदि); **long-sighted** *a* जो दूर तक देख सके, दुरदर्शी; **long-standing** *a* पुराना; **long-suffering** *a* दुःख, यातना शांति से सहन करने वाला; **long-term** *a* दीर्घकालीन, लम्बी अवधि का (ऋण आदि); **long wave** *n* दीर्घ-तरंग; रेडियो प्रसारण की 1000 मीटर या इससे अधिक लम्बाई की तरंग; **long-winded** *a* लम्बी-चौड़ी और उबाऊ बातें करने वाला

loo (लू) *n* (*Brit : col*) शौचालय

look (लुक) *vi* देखना; नज़र डालना; सामना करना; दीखना या लगना; (*building etc*) **to look south/on to the sea** का मुंह दक्षिण की ओर होना/से समुद्र दिखाई देना // *n* दृष्टि, नज़र; दृश्य; **looks** *npl* रूपरंग; **to look after** *vt* की देखभाल करना; का ध्यान रखना; **to look at** *vt* को देखना; **to look back** *vi* : **to look back at** मुड़कर देखना; **to look back on** (*event etc*) (घटना आदि) को याद करना; **to look down on** *vt* (*fig*) को हीन/घटिया समझना; से घृणा करना; **to look for** *vt* को तलाश करना; **to look forward to** *vt* की उत्सुकता से प्रतीक्षा करना; **we look forward to hearing from you** आपके उत्तर की प्रतीक्षा है/आशा है आप उत्तर देंगे; **to look into** *vt* की जांच-पड़ताल करना; **to look on** *vi* देखना; समझना; **to look out** *vi* (*beware*) : **to look out (for)** सतर्क रहना; सावधान रहना; **to look out for** *vt* की ताक में रहना; **to look round** *vi* किसी स्थान, भवन आदि को घूम-फिर कर देखना; **to look to** *vt* से (मार्ग-दर्शन आदि की) आशा करना; **to look up** *vi* कीमतें बढ़ना; (स्थिति) सुधरना // *vt* (*word*) शब्द-कोश में शब्द का अर्थ ढूंढना; (*friend*) खोजना; पता लगाना; **to look up to** *vt* का आदर करना, पर श्रद्धा रखना; **look-out** *n* पहरेदार; पहरे या निगरानी का स्थान; ताक; **to be on the look-out (for)** की ताक में रहना

loom (लूम) *n* (कपड़ा बुनने का) करघा // *vi* धुंधला सा दिखाई देना; छाया सी दीखना; (*fig*) अत्यधिक महत्व हो जाना

loony ('लूनि) *n* (*col*) पागल व्यक्ति

loop (लूप) *n* फंदा, फांद, पाश; छल्ला; गर्भ-निरोधक उपकरण; विमान की गोलाई में उड़ान; **loophole** *n* दीवार में छेद जहां से बंदूक, तोप आदि दाग़ी जा सके; (*fig*) बच निकलने का साधन, नियम का उल्लंघन किये बिना बच निकलने का तरीका

loose (लूस) *a* खुला; बंधनमुक्त; ढीला, शिथिल; अस्पष्ट; स्वच्छंद; असंयत; लम्पट; **loose change** *n* रेज़गारी;

loot 404 loud

loose chippings *npl* (*on road*) बजरी, कंकड़; **to be at a loose end** *or* (*US*) **at loose ends** खाली बैठे होना, कुछ करने को न होना, ऊबते होना; **loosely** *ad* बिना संयम के, बिना सोचे-विचारे; **loosen** *vt* ढीला करना

loot (लूट) *n* लूट का माल // *vt* लूटना

lop (लॉप): **to lop off** *vt* (पेड़ की टहनियां) काटना; छांटना; काट देना

lop-sided ('लॉप्'साइडिड) *a* जिस का एक पक्ष दूसरे से नीचा हो, असंतुलित

loquat ('लोक्वाट) *n* लोकाट (फल)

lord (लॉर्ड) *n* ब्रिटेन का सामंत; उसकी उपाधि, लार्ड; जागीरदार; मालिक, स्वामी; शासक; ईश्वर; **Lord Smith** लार्ड स्मिथ; **the Lord** परमात्मा, यशु मसीह; **the (House of) Lords** (*Brit*) हाउस आफ़ लार्ड्स, ब्रिटेन की संसद का ऊपरी सदन; **Lordship** *n* : **Your Lordship** लार्ड, बिशप या हाइकोर्ट के जज को सम्बोधित करते समय प्रयुक्त शब्द

lore (लोर) *n* विद्या; दंतकथा; जनश्रुति

lorry (लॉरि) *n* (*Brit*) माल ढोने का ट्रक; **lorry driver** *n* (*Brit*) लारी-चालक

lose (लूज़) *pt, pp* **lost** *vt* हार जाना; (*opportunity*) से वंचित हो जाना, खो बैठना; (*pursuers*) पीछा करने वालों के हाथ न आना; इस्तेमाल न कर सकना या अपने पास न रख सकना; गंवा देना; पा न सकना // *vi* हार जाना; **to lose (time)** (*clock*) (घड़ी आदि का कुछ समय) पीछे रहना; **to get lost** *vi* खो जाना; गुम हो जाना; **loser** *n* हारने वाला, खोने वाला

loss (लॉस) *n* हानि; **to be at a loss** चकरा जाना, किंकर्त्तव्यविमूढ़ होना

lost (लॉस्ट) **lose** का *pt, pp* // *a* खोया हुआ, गुम; **lost property**, (*US*) **lost and found** *n* खोया सामान जो मिल गया हो

lot (लॉट) *n* (*at auctions*) नीलामी का सामान; (*destiny*) भाग्य; **the lot** ढेर, समूह; **a lot** बहुत बड़ी मात्रा; **a lot of** बहुत से; **lots of** (संख्या या मात्रा में) बहुत अधिक; **to draw lots (for sth)** (किसी वस्तु के लिए) पर्चियां डालकर पाने वाले का फ़ैसला करना

lotion ('लोशन) *n* तरल पदार्थ जिसे घाव पर लगाते या हाथ-मुंह पर मलते हैं, लोशन

lottery ('लॉटरि) *n* लाटरी; जुआ

lotus ('लोटस) *n* कमल (का फूल); **lotus position** *n* योग में पद्मासन

loud (लाउड) *a* ऊंचा (स्वर); कोलाहल-पूर्ण; (*gaudy*) चटकीला (रंग आदि) // *ad* ऊंचे स्वर में; **loudhailer** *n* (*Brit*) उपकरण जिसे मुंह पर लगा कर आवाज़ दूर तक पहुंचायी जा सकती है,

भोंपू; **loudly** *ad* ऊंचे स्वर में; **loudspeaker** *n* ध्वनि को दूर तक पहुंचाने का उपकरण, लाउडस्पीकर

lounge (लाउंज) *n* हवाई अड्डे, होटल आदि में लोगों के आराम से बैठने का स्थान // *vi* आराम से बैठना, लेटना, चलना या खड़े होना; पड़े रहना; अलसाना; **lounge suit** *n* (*Brit*) पुरुषों का दिन में पहनने का कोट-पतलून

louse (लाउस), *pl* **lice** *n* जूं

lousy ('लाउज़ि) *a* अप्रिय, घिनौना; (*sl*) बहुत अधिक (अमीर)

lout (लाउट) *n* असभ्य, गंवारू व्यक्ति

louvre, (*US*) **louver** ('लूव़र) *a* (दरवाज़े, खिड़की में) खपच्चियों से बनी (टट्टी जिस से हवा आ सकती है, पानी नहीं); झिलमिली

lovable ('लवब्ल) *a* प्यारा

love (लव़) *n* प्यार, प्रेम, स्नेह // *vt* प्यार करना; **to be in love with** से प्रेम होना; **to make love** संभोग करना; **'15 love'** (*TENNIS*) 15 शून्य का स्कोर; **love affair** *n* (के बीच) प्रेम का चक्कर; **they have a love affair** उनमें प्रेम चल रहा है; **love life** *n* किसी के जीवन में उसके अनेक प्रेम-सम्बंधों की कहानी

lovely ('लव़्लि) *a* सुंदर, चारु, मधुर; **loveliness** *n* सौंदर्य

lover ('लव़र) *n* प्रेमी; (*amateur*): **a lover of** में शौकिया रुचि रखने वाला

loving ('लविंङ) *a* स्नेही; दयालु

low (लो) *a* नीचा; साधारण; दरिद्र; गंवारु; मध्यम // *ad* नीचे // *n* (*METEOROLOGY*) कम दबाव वाला क्षेत्र // *vi* (*cow*) रंभाना; **to feel low** उदास होना; **to turn (down) low** *vt* नीचा करना, कम करना (जैसे रेडियो की आवाज़); **low-cut** *a* (*dress*) नीची कटाई वाला (ब्लाउज़ आदि जिसमें स्त्री की गर्दन, कंधे व वक्षस्थल का कुछ भाग नग्न रहे); **lower** *vt* नीचे कर देना; नीचे आने देना; उतारना; दर्जा घटाना; मात्रा में कम कर देना; **low fat** *a* कम वसा (चरबी) वाला (खाद्य पदार्थ); **low key** *a* मद्धिम स्वर में, संयत तरीके से; **lowlands** *npl* (*GEO*) क्षेत्र जहां भूमि सपाट हो व उसका स्तर समुद्र के तल के बराबर हो; **lowly** *a* नीचा; दीन, दरिद्र; **low-lying** *a* समुद्रतल से निचला अथवा उससे कुछ ही ऊंचा; आसपास के क्षेत्र से अपेक्षतया निचला (क्षेत्र)

loyal ('लॉइअल) *a* निष्ठावान, वफ़ादार; स्वामिभक्त, राजभक्त; **loyalist** *n* राजभक्त; **loyalty** *n* निष्ठा; वफ़ादारी

lozenge ('लॉज़िंज) *n* चूसने की मीठी गोली; (*MED*) दवा की चूसने की गोली; (*GEOM*) समचतुर्भुज, षट्कोण आकृति

L.P. long playing record का

संक्षेप

LPG *liquefied petroleum gas* (रसोई की गैस) का संक्षेप

L-plates *npl* (*Brit*) मोटरगाड़ी चलाना सीख रहे व्यक्ति की कार पर लटकती तख्ती

Lt **lieutenant** का संक्षेप

Ltd देखिए **limited**

lubricant ('लूब्रिकंट) *n* चिकना बनाने के लिए प्रयुक्त तेल या ग्रीस

lubricate ('लूब्रिकेट) *vt* तेल या ग्रीस डालना

luck (लक) *n* भाग्य, नियति; सौभाग्य; संयोग; **bad luck** बदकिस्मती, दुर्भाग्य; **good luck!** ईश्वर तुम्हें सफल करे!; **luckily** *ad* सौभाग्यवश; **lucky** *a* सौभाग्यशाली व्यक्ति; (अच्छा) संयोग

lucrative ('लूक्रटिव़) *a* आर्थिक दृष्टि से बहुत लाभदायक

ludicrous ('लूडिक्रस) *a* बेतुका; हास्यास्पद

lug (लग) *vt* ज़ोर लगा कर घसीटना

luggage ('लगिज) *n* यात्री का सामान; **luggage rack** *n* (*in train*) रेल में सामान रखने का रैक, टांड़; (*on car*) सामान के लिए छत पर बना रैक

lukewarm (लूक्'वॉर्म) *a* कुनकुना, गुनगुना; उपेक्षाशील; शिथिल

lull (लल) *n* तूफ़ान के दौरान थोड़े समय के लिए शांति या सन्नाटा // *vt* शांत करना; लोरी सुनाना; चुप कराना // *vi* चुप या शांत हो जाना

lullaby ('ललबाई) *n* लोरी

lumbago (लम्'बेगो) *n* कमर के निचले भाग का गठिया

lumber ('लम्बर) *n* काठ-कबाड़; कचरा; कटी हुई इमारती लकड़ी; **lumberjack** *n* लकड़हारा

luminous ('लूमिनस) *a* चमकीला; प्रकाशमान; उद्दीप्त; स्पष्ट, सुबोध

lump (लम्प) *n* लोंदा, ढेला, पिंड; गुमटा, गूमड़; सूजन // *vt* (**lump together** भी) ढेर लगा देना, गड्डमड्ड कर देना; **lump sum** *n* इकट्ठी रकम; एकमुश्त रकम

lunacy ('लूनसि) *n* पागलपन

lunar ('लूनर) *a* चांद का या उस से सम्बन्धित

lunatic ('लूनटिक) *a, n* पागल

lunch (लंच) *n* दोपहर का खाना

luncheon ('लंचन) *n* दोपहर का भोजन; **luncheon meat** *n* डिब्बा-बंद मांस का एक पकवान; **luncheon voucher** *n* कर्मचारियों को दिए जाने वाले कूपन जिन्हें देकर वे विशेष रेस्तरां में भोजन ले सकते हैं

lung (लंग) *n* फेफड़ा

lunge (लंज) *vi* (**lunge forward** भी) तलवार आदि से झपटना; **to lunge at** की ओर झपटना

lurch (लर्च) *vi* लड़खड़ाना // *n* अचानक एक ओर झुक जाने की क्रिया; झोंका; **to leave sb in the lurch** कठिनाई, मुसीबत में छोड़ देना; अधर में छोड़ देना

lure (ल्युअर) *n* प्रलोभन; चारा (मछली पकड़ने का); लुभाने, आकृष्ट करने की शक्ति // *vt* लुभाना, आकृष्ट करना

lurid ('ल्युअरिड) *a* भयंकर, डरावने (ब्यौरे वाला); सनसनी-खेज़

lurk (लर्क) *vi* घात में बैठना; छिपे रहना; **lurking** *a* (सन्देह) जो स्पष्ट न हो

luscious ('लशस) *a* मीठा, स्वादु; रसीला; अत्यधिक रमणीय या आकर्षक

lush (लश) *a* हरी-भरी (घास); रसीला; ताज़ा // *n* (*US*) पियक्कड़, शराबी

lust (लस्ट) *n* अत्यधिक तीव्र कामेच्छा; लालसा; उत्कण्ठा; **to lust after** *vt* के लिए तीव्र लालसा रखना; (*fig*) **to lust for** *vt* को पाने की अत्यधिक लालसा होना; **lustful** *a* कामुक; कामातुर

lustre ('लस्टर) *n* चमक, कांति, आभा; वैभव; ख्याति; महिमा

lusty ('लस्टि) *a* स्वस्थ; ओजस्वी

luxurious (लग्'ज्युअरिअस) *a* जिसे ऐश-आराम पसंद हो; विलासप्रिय; ठाठदार, राजसी

luxury ('लक्शरी) *n* भोग-विलास की वस्तुएं और उन का प्रयोग; ऐश्वर्य की वस्तु (जो जीवन के लिए अनिवार्य न हो), सुखसाधन; ऐयाशी, विषय-सुख

lying ('लाइङ) *n* झूठ, मिथ्याभाषण // *a* झूठा

lynch (लिंच) *vt* बिना मुकदमा चलाए मार डालना; भीड़ का कथित अपराधी को मार डालना

lyric ('लिरिक) *n* गीत; **lyrics** *npl* लोकप्रिय गीत के शब्द; **lyrical** *a* काव्यात्मक, गाये जाने योग्य; **lyricist** ('लिरिसिस्ट) *n* गीत-लेखक

M

m metre, mile, million का संक्षेप

M.A. Master of Arts का संक्षेप; देखिए M. Sc.

mac (मैक) *n* (*Brit*) बरसाती कोट

macaroni (मैक'रोनि) *n* मैदे का नलियों के आकार का खाद्य पदार्थ

mace (मेस) *n* चोब (पद का चिन्ह); गदा; (*spice*) जावित्री

machine (म'शीन) *n* यंत्र, कल, मशीन; नियंत्रक संगठन; उपकरण; (यंत्र-चालित) गाड़ी // *vt* (*dress etc*) यंत्र से सीना, छापना या बनाना; **machine gun** *n* बहुत तेज़ी से गोली दागने वाली बन्दूक, मशीन गन; **machinery** *n* मशीन के कल-पुर्जे; मशीनें; (*fig*) संगठन, व्यवस्था; कार्य-प्रणाली

mackerel ('मैकरल) *n* एक समुद्री मछली, बांगड़ा

mackintosh ('मैकिंटॉश) *n* (रबड़ मिले कपड़े का) बरसाती कोट

mad (मैड) *a* पागल, विक्षिप्त; मूर्ख; उत्तेजित; किसी बात के बारे में अत्यधिक उत्साही; क्रुद्ध, आगबबूला

madam ('मैडम) *n* स्त्री के लिए सम्मानसूचक सम्बोधन

madcap ('मैड्कैप) *n* दुस्साहसी या सिरफिरा व्यक्ति

madden ('मैड्न) *vt* पागल या उन्मत्त कर देना

made (मेड) **make** का *pt, pp*

Madeira (म'डिअर्अ) *n* उत्तरी अटलांटिक सागर का ज्वालामुखी भरा द्वीप; बढ़िया शेरी नाम की शराब

made-to-measure ('मेड्ट'मेझ़र) *a* (*Brit*) नाप देकर बनवाया गया (वस्त्र)

madly ('मैड्लि) *ad* बहुत जल्दी-जल्दी (काम करना); बहुत अधिक (प्यार होना)

madman ('मैड्मन) *n* पागल, उन्मत्त व्यक्ति

madness ('मैड्निस) *n* पागलपन; मूर्खता

maestro ('माइस्ट्रो) *n* सर्वश्रेष्ठ संगीतज्ञ; किसी भी कला का श्रेष्ठ कलाकार; आचार्य

Mafia ('मैफ़िअ) *n* गुप्त अन्तर्राष्ट्रीय अपराधी संगठन जो इटली में प्रारंभ हुआ था

magazine (मैग'ज़ीन) *n* (*PRESS*) पत्रिका; (*MIL : store*) रिसाला; बन्दूक की गोलियों का पुंज, मैगज़ीन; गोला-बारूद रखने का भण्डार, बारूद-ख़ाना

magenta (म'जेंण्टा) *a* ललाई लिए गहरा बैंगनी // *n* ऐसा रंग

maggot ('मैगट) *n* कई प्रकार के कीड़ों का प्रारंभिक रूप

magic ('मैजिक) *n* जादू, जादूगरी; कोई रहस्यमय शक्ति; मायाजाल; जादू-टोना; इंद्रजाल; **magical** *a* जादुई, मायिक; **magician** (मै'जिशन) *n* जादूगर; ऐन्द्रजालिक; बाज़ीगर; हाथ की सफ़ाई दिखाने वाला

magistrate ('मैजिस्ट्रेट) *n* दण्ड-नायक (असैनिक प्रशासनिक अधिकारी); मैजिस्ट्रेट

magnanimous (मैग्'नैनिमस) *a* उदार, उदारचेता; दानशील; विशालहृदय; **magnanimity** (मैग्नै'निमिटि) *n* उदारता

magnate ('मैग्नेट) *n* प्रभावशाली या धनी व्यक्ति

magnet ('मैग्निट) *n* चुम्बक; चुम्बक पत्थर; **magnetic** (मैग्'नेटिक) *a* चुम्बकीय

magnificent (मैग्'निफ़िसंट) *a* भव्य; शानदार; राजसी; उत्कृष्ट

magnify ('मैग्निफ़ाइ) *vt* बढ़ाना (आकार आदि का); अतिशयोक्ति से काम लेना, बढ़ाचढ़ा कर कहना; बड़ा बनाना; **magnifying glass** *n* आवर्धक लेन्स (कांच जिस से वस्तुएं, अक्षर आदि बड़े दीखते हैं)

magnitude ('मैग्निट्यूड) *n* महत्व; विस्तार; आकार; विशालता

magpie ('मैग्पाइ) *n* एक पक्षी, मुटरी

mahogany (म'हॉगनि) *n* आबनूस (का पेड़)

maid (मेड) *n* नौकरानी, कुंवारी युवती, कुमारी; **old maid** (*offens*) अधेड़ उम्र की कुंवारी स्त्री

maiden ('मेड्न) *n* कुंवारी युवती // *a* कुंवारी; कुंवारी के अनुकूल; पहली; जिसमें कुछ काम न हुआ हो; **maiden name** *n* विवाह से पहले स्त्री का कुलनाम; **maiden over** *n* (*CRICKET*) ओवर जिसमें कोई रन न बना हो

mail (मेल) *n* डाक; एक बार ले जाई चिट्ठियां; डाक-व्यवस्था; रेल-गाड़ी, जहाज़ जिसमें डाक जाती हो // *vt* डाक से भेजना; **mailbox** *n* (*US*) घर के बाहर लगा डाकिये द्वारा पत्र डालने का डिब्बा; **mailing list** *n* संस्था आदि द्वारा रखी जाने वाली व्यक्तियों की सूची जिन्हें समय-समय पर प्रचार सामग्री, सूचनाएं आदि भेजी जाती हैं, डाक-सूची; **mail order** *n* डाक द्वारा चीज़ें मंगाने/बेचने की व्यवस्था

maim (मेम) *vt* अपंग या लंगड़ा-लूला कर देना; विकृत करना, बिगाड़ना

main (मेन) *a* मुख्य; प्रमुख; प्रधान; चोटी का या अगुआई करने वाला // *n* पानी का बड़ा पाइप; **the mains** *npl* (*ELEC*) बिजली की तार जिस से घरों आदि में बिजली पहुंचती है; **in the main** कुल मिलाकर; **mainframe** *n* (*COMPUT*) तीव्रगति का सामान्य कम्प्यूटर; ऐसा कम्प्यूटर; कम्प्यूटर का मुख्य भाग; **mainland** *n* भूमि जो देश के क्षेत्र का मुख्य भाग हो; **mainly** *ad* मुख्यतया; मुख्य रूप से; **main road** *n* मुख्य मार्ग, बड़ी सड़क; **mainspring** *n* घड़ी की बड़ी कमानी; मुख्य कारण या प्रेरणा; **mainstream** *n* मुख्य धारा; **mainstay** *n* मस्तूल का रस्सा; (*fig*) मुख्य आधार, संबल

maintain (मेन्'टेन) *vt* जारी रखना; बनाए रखना; सहारा देना; चालू रखना; भरणपोषण करना; दावा करना या निश्चय-पूर्वक कहना; तर्क से समर्थन करना; रक्षा करना; **maintenance** ('मेंटनन्स) *n* भरणपोषण; मकानों आदि की देखभाल, मरम्मत आदि; (*alimony*) तलाक के बाद पत्नी को मिलने वाला गुज़ारा-भत्ता

maize (मेज़) *n* मकई, मक्का

majestic (म'जेंस्टिक) *a* राजसी, वैभवशाली

majesty ('मैजिस्टि) *n* वैभव, तेज; राजसत्ता; शानशौकत

major ('मेजर) *n* (*MIL*) सेना के कप्तान से बड़ा पद; संगीत में सरगम; (*US*) विश्वविद्यालय में अध्ययन का मुख्य विषय; वयस्क व्यक्ति // *a* मुख्य, प्रधान; बढ़िया; बड़ा; महत्वपूर्ण; गंभीर

majority (म'जॉरिटि) *n* बहुमत; अधिकांश; वयस्क होने की कानूनी आयु

make (मेक) *vt* (*pt, pp* **made**) बनाना, निर्माण करना; उत्पन्न करना; स्थापित करना; तैयार करना; **to make sb sad** *etc* किसी को दुःखी/उदास आदि करना; (*force*) बाध्य करना : **to make sb do sth** किसी को कुछ करने पर बाध्य करना/से कुछ करवाना; (*equal*) : **2 and 2 make 4** 2 और 2 चार होते हैं // *n* किस्म, प्रकार या शैली; (*brand*) मार्का; **to make a fool of sb** (*ridicule*) किसी को बेवकूफ़ बनाना; (*trick*) को धोखा देना; **to make a profit** लाभ कमाना; **to make a loss** घाटा उठाना; **to make it** (*arrive*) पहुंचना; (*achieve sth*) पा लेना; **what time do you make it?** तुम्हारे हिसाब से क्या बजा होगा?; **to make do with** से गुज़ारा करना; **to make for** *vt* (*place*) के लिए चल पड़ना, की ओर जाना; **to make out** *vt* (*write out*) लिखना; (*cheque*) भरना/ काटना; (*understand*) अर्थ निकालना; (*see*) स्पष्ट रुप से देख पाना; **to make up** *vt* (*invent*) (कहानी) गढ़ना; (*parcel*) पार्सल बनाना // *vi* (से) समझौता करना; (*with cosmetics*) बनाव-सिंगार करना; **to make up for** *vt* की क्षतिपूर्ति करना; **make-believe** *n* : **a world of make-believe** कल्पना का संसार; **it is just make-believe** यह बिलकुल मनगंढ़त/काल्पनिक है; **maker** *n* बनाने वाला, निर्माता; **makeshift** *a* कामचलाऊ (चीज़); **make-up** *n* बनाव-सिंगार, मेकप; **make-up remover** *n* मेकप हटाने का (तरल) पदार्थ

making ('मेकिङ) *n* (*fig*) : **in the making** उभरता हुआ (कलाकार आदि); **to have the makings of** (*actor, athlete etc*) किसी व्यक्ति में कुछ बनने के आवश्यक गुण/प्रतिभा होना

mal, male- *comb form* बुरा, बुरी तरह, जैसे, **malformation** *n*

malady ('मैलडि) *n* बीमारी, रोग

malaria (म'लेअरिअ) *n* जूड़ीताप, मलेरिया

male (मेल) *n* (*BIOL*) पुरुष; (*ELEC*) प्लग जिसे साकिट में लगाया जाता है, मेल // *a* पुरुष जाति-सम्बंधी; नर, पुंजातीय

malevolent (म'लेव़लंट) *a* द्वेषपूर्ण; अहितकारी

malfunction (मैल्'फ़ंक्शन) *n* (मशीनं आदि का) ठीक तरह काम न

करना, गड़बड़ी

malice ('मैलिस) *n* दुर्भावना; विद्वेष; **malicious** (म'लिशस) *a* बुराई करने या चाहने वाला; विद्वेषपूर्ण; घृणा से प्रेरित; (*LAW*) बुरे इरादे से किया गया (अपराध)

malign (म'लाइन) *vt* की बदनामी करना; के बारे में झूठी बातें कहना

malignant (म'लिग्नंट) *a* अहितकर, द्वेषपूर्ण; (*MED*) जिसका इलाज न हो सके, असाध्य (जैसे कैंसर की गांठ)

mall (मॉल) *n* समतल, छायादार रास्ता; छत्ता; (**shopping mall** भी) बाज़ार जिसमें गाड़ियों के जाने की मनाही हो

mallet ('मैलिट) *n* लकड़ी की हथौड़ी, मूगरी

malnutrition (मैल्न्यू'ट्रिशन) *n* अपर्याप्त आहार, कुपोषण

malpractice (मैल्'प्रैक्टिस) *n* अनैतिक या ग़ैर-कानूनी आचरण; अनाचार, कदाचार

malt (मॉल्ट) *n* अनाज जिस से शराब बनती है, माल्ट // *cpd* (*whisky*) माल्ट से बनी (व्हिस्की)

maltreat (मैल्'ट्रीट) *vt* बुरा व्यवहार करना; बुरी तरह पेश आना

mammal ('मैम्ल) *n* स्तनपायी जीव

mammoth ('मैमथ) *n* हाथी जैसा एक विशालकाय जीव जो अब लुप्त हो चुका है // *a* विशालकाय

man (मैन), *pl* **men** *n* आदमी, मनुष्य, मानव, इन्सान; मानव जाति; पुरुष; नौकर; (*CHESS*) शतरंज का मोहरा, पैदल या प्यादा; (*DRAUGHTS*) गोटी, मोहरा // *vt* कर्मचारियों का जहाज़ आदि चलाना; देखभाल करना; मोर्चेबन्दी करना; **an old man** एक बूढ़ा आदमी; **man and wife** पति-पत्नी

manage ('मैनिज) *vi* निर्वाह करना // *vt* (*be in charge of*) प्रबंध करना; प्रशासन चलाना; देखभाल करना; नियंत्रण करना; संभालना; चलाना; जारी रखना; राज़ी कर लेना; **to manage to do** करने में सफल होना; **manageable** *a* जिसे वश में रखा जा सके; **management** *n* प्रबन्ध; प्रबन्धकर्त्ता, जैसे प्रबन्ध-बोर्ड के सदस्य; प्रशासन; साधनों का उपयुक्त प्रयोग; प्रबन्ध-कौशल; **manager** *n* (कंपनी, होटल आदि का) प्रबन्धक; (*of artist*) किसी अभिनेता आदि के हितों की देखरेख करने वाला; **manageress** (मैनिज'रेस) *n* प्रबंधिका; **managerial** (मैन'जिअरिल) *a* प्रबंधकीय; **managing** *a* : **managing director** *n* (कंपनी का) प्रबंध-संचालक

mandarin ('मैंडरिन) *n* (**mandarin orange** भी) चीन की नारंगी; (*person*) बड़ा सरकारी अधिकारी

mandate ('मैंडेट) *n* किसी की ओर से कार्य करने का आदेश, अधिदेश; संयुक्त राष्ट्र संघ की ओर से किसी क्षेत्र का

mandatory 412 manoeuvre,

प्रशासन चलाने का आदेश; मतदाताओं की ओर से अपने प्रतिनिधि या सरकार को आदेश

mandatory ('मैंडटरि) *n* वह जिसे आज्ञा-पत्र दिया जाय // *a* (*of powers etc*) अधिदेश द्वारा प्राप्त (अधिकार आदि); आज्ञा-सूचक, आदेशात्मक

mane (मेन) *n* घोड़े, शेर की गरदन के लम्बे बाल, अयाल

maneuver *etc* (म'नूव़र) (*US*) = **manoeuvre** *etc*

manfully ('मैन्फुलि) *ad* साहस से, वीरता से

manger ('मेन्जर) *n* नांद, चरनी

mangle ('मैंग्ल) *vt* बुरी तरह काट-पीट देना; क्षतविक्षत करना, विकृत करना

mango, *pl* **mangoes** ('मैंगो, 'मैंगोज़) *n* आम (फल)

mangy ('मेन्जि) *a* खुजली वाला (कुत्ता); गन्दा

manhandle ('मैन्हैंड्ल) *vt* पीटना

manhole ('मैन्होल) *n* भूमि के नीचे नाले का ढक्कन

manhood ('मैन्हुड) *n* पौरुष, मरदानगी

man-hour ('मैन्'आउवर) *n* श्रम-घंटा, श्रमिकों द्वारा किये गये कार्य की अवधि

mania ('मेनिअ) *n* उन्माद, पागलपन; सनक, झक, शौक; **maniac** ('मेनिऐक) (*col*) *n* व्यक्ति जिसे किसी बात की सनक हो

manic ('मैनिक) *a* जिसे उन्माद का रोग हो

manicure ('मैनिक्युअर) *n* नाखूनों का तराशना और हाथों की सफ़ाई // *vt* नाखून आदि काटना; **manicure set** *n* नख़-श्रृंगार उपकरण; **manicurist** *n* नाख़ून आदि काटने, संवारने वाला

manifest ('मैनिफ़ेस्ट) *vt* व्यक्त करना, स्पष्ट करना // *a* स्पष्ट रूप से प्रकट; प्रकट, दृश्य; जिसमें सन्देह न हो

manifesto (मैनि'फ़ेस्टो) *n* राजनीतिक दल, सरकार या आन्दोलन की नीति की घोषणा, घोषणा-पत्र

manipulate (म'निप्युलेट) *vt* चलाना, चालाकी से काम लेना; झूठे (हिसाब आदि) तैयार करना

mankind (मैन्'काइंड) *n* मानव जाति, मानवता

manly ('मैन्लि) *a* पुरुषोचित

man-made ('मैन्'मेड) *a* कृत्रिम, (प्रकृति के विपरीत) मनुष्य द्वारा बनाया गया

manner ('मैनर) *n* ढंग, तौर-तरीका; प्रकार; किस्म; रीति; शैली; **manners** *npl* सामाजिक व्यवहार; आचरण; **mannerism** *n* व्यक्ति का विशेष स्वभाव या व्यवहार की विचित्रता

manoeuvre, (*US*) **maneuver**

(म'नूव़र) *vt, vi* तिकड़म लड़ाना, चाल या दांव चलना; कुशलता से काम लेना; अभ्यास करना // *n* चाल, दांव, तिकड़म; युक्ति; कुशल प्रबंध

manor ('मैनर) *n* (**manor house** भी) जागीरदार की हवेली

manpower ('मैन्पाउअर) *n* मानव-शक्ति; उपलब्ध मज़दूरों की संख्या

mansion ('मैन्शन) *n* हवेली, कोठी, बड़ा मकान

manslaughter ('मैन्स्लॉटर) *n* ऐसी हत्या जिसमें मूलतः केवल चोट पहुंचाने का इरादा रहा हो

mantelpiece ('मैंटल्पीस) *n* आतिशदान के ऊपर की कार्निस

mantle ('मैंटल) *n* ढीला-ढाला लबादा; आवरण; गैस की लालटेन में जलने वाली जाली, मैन्टल

manual ('मैन्युअल) *a* हाथ का (काम) // *n* नियमावली; गुटका; प्यानो का वह भाग जहां सुर होते हैं

manufacture (मैन्यु'फ़ैक्चर) *vt* निर्माण करना, बनाना, उत्पादन करना; गढ़ना // *n* निर्माण; उत्पादन; उत्पादित या निर्मित वस्तुएं; **manufacturer** *n* निर्माता; कारख़ाने का मालिक

manure (म'न्युअर) *n* प्राकृतिक या रासायनिक खाद // *vt* भूमि को उर्वरा बनाना; खाद डालना

manuscript ('मैन्युस्क्रिप्ट) *n* हाथ से लिखी पुस्तक; पाण्डुलिपि; छपने के लिए तैयार प्रति // *a* हस्तलिखित

many ('मैनि) *a* बहुत से, अनेक // *pronoun* बहुत बड़ी संख्या; **a great many** बहुत अधिक, बहुत बड़ी संख्या में; **many a ...** अनेक/बहुत से ...

map (मैप) *n* मानचित्र, नक्शा // *vt* का मानचित्र या नक्शा बनाना; **to map out** *vt* रूपरेखा तैयार करना

maple ('मेप्ल) *n* एक पेड़, द्विफल, जिस की एक किस्म से शक्कर बनती है

mar (मार) *vt* खराब कर देना, बिगाड़ देना

marathon ('मैरथन) *n* लगभग 42 कि॰मी॰ लम्बी दूरी की दौड़; क्षमता की प्रतियोगिता, मैराथन; कठिन व काफ़ी समय लेने वाला कार्य

maraud (म'रॉड) *vt* लूटमार करते फिरना; उजाड़ना

marble ('मार्बल) *n* संगमरमर; उस की सिल पर की गयी नक्काशी; बच्चों के खेलने की गोली, कंचा; **marbled** *a* चितकबरा

March (मार्च) *n* वर्ष का तीसरा महीना, मार्च

march (मार्च) *vi* (सैनिक के समान) चलना, क़वायद करना; जाना; आगे बढ़ना // *vt* चलाना, क़वायद कराना // *n* क़वायद; एक दिन में तय की गयी दूरी; क़वायद की धुन; (*demonstration*) प्रदर्शन

mare (मेअर) *n* घोड़ी

margarine (मार्ज'रीन) *n* शाक-भाजी की चिकनाई से बना मक्खन

margin ('मार्जिन) *n* हाशिया; किनारा; सीमा; सीमांत; अतिरिक्त राशि; **marginal (seat)** *n* (*POL*) ऐसा चुनाव क्षेत्र, जहां बहुत कम मतों से हार-जीत का फ़ैसला होता है

marigold ('मैरिगोल्ड) *n* गेन्दा (फूल)

marijuana (मैरिजु'आन्अ) *n* भांग के सूखे फल व पत्ते; सुल्फ़ा (एक नशीला पदार्थ)

marine (म'रीन) *a* समुद्र या जहाज़ों का या समुद्र में मिलने वाला // *n* जहाज़ी बेड़ा; (*US*) समुद्र या भूमि पर युद्ध के लिए प्रशिक्षित सैनिक

marital ('मैरिट्ल) *a* विवाह का, वैवाहिक; **marital status** वैवाहिक स्थिति (विवाहित या कुंवारे होना)

maritime ('मैरिटाइम) *a* समुद्री या नौवहन से सम्बन्धित; तटवर्ती

mark (मार्क) *n* चिन्ह, निशान, अंक, मारका; संकेत, निर्देश; अक्षर; छाप; अंक या नम्बर; निशाना; जर्मन सिक्का (मार्क) // *vt* निशान या छाप लगाना; चिन्ह विशेष होना; बताना, लक्षण होना; ध्यान देना; नज़र रखना; मूल्यांकन कर के नम्बर देना; खेल में विरोधी के साथ-साथ रहना जिससे कि उसके खेल में रुकावट पड़े // *vi* ध्यान देना; **to mark time** समय गंवाना; प्रतीक्षा करना; **to mark out** *vt* निशान लगाना (भूमि के टुकड़ों आदि पर); **marker** *n* चिन्ह; (*bookmark*) पुस्तक में रखा काग़ज़ का टुकड़ा (जिससे पता चले कि कहां तक पढ़ी है)

market ('मार्किट) *n* बाज़ार, हाट, मण्डी; (माल की) मांग; व्यापार केन्द्र // *vt* (*COMM*) बेचना या बिक्री के लिए उत्पादन करना; **market garden** *n* (*Brit*) संगठन/स्थान जहां बिक्री के लिए फल/शाकभाजी उगाई जाय; **marketing** *n* बेचने की व्यवस्था; **marketplace** *n* बाज़ार; **market research** *n* यह अनुसंधान कि किस वस्तु/माल की मांग है; **market value** *n* बाज़ार मूल्य

marksman ('मारक्स्मन) *n* निशानेबाज़

marmalade ('मार्मलेड) *n* नारंगी, नींबू आदि का मुरब्बे जैसा पदार्थ

maroon (म'रून) *n* भूरापन लिए लाल रंग; एक प्रकार की आतिशबाज़ी // *a* इस रंग का // *vt* (व्यक्ति को) निर्जन द्वीप या तट पर छोड़ देना; (*fig*) : **to be marooned (in** *or* **at)** किसी स्थान पर या में अकेले रह जाना (निकल न सकना)

marquee (मार्'की) *n* बड़ा तम्बू

marriage ('मैरिज) *n* विवाह, शादी; **marriage bureau** *n* शादी दफ़्तर (जहां वर-वधू को मिलाने का काम हो)

marrow ('मैरो) *n* हड्डियों का गूदा, मज्जा; महत्वपूर्ण अंश; वनस्पतियों का गूदा; (*vegetable*) कुम्हड़ा

marry ('मैरि) *vt* विवाह कराना (पिता, पुरोहित द्वारा पुत्री का) // *vi* (**get married** भी) विवाह कराना

Mars (मार्ज़) *n* मंगल गृह

marsh (मार्श) *n* दलदल

marshal ('मार्शल) *n* बड़ा सरकारी अधिकारी; (*US*) पुलिस अधिकारी; दमकल विभाग का अधिकारी; **field marshal** सेना का सब से बड़ा अधिकारी (वायुसेना में **air marshal**) // *vt* क्रमबद्ध करना; विधिपूर्वक ले चलना

mart (मार्ट) *n* व्यापार केन्द्र; बाज़ार

martial ('मार्शल) *a* युद्ध-सम्बन्धी या उस जैसा; लड़ाकू; बहादुर; **martial law** *n* सैनिक शासन

martini (मार्'टीनि) *n* शराब का एक पेय जिसमें जिन, वरमूथ और बिटर्स होते हैं

martyr ('मार्टर) *n* शहीद; हुतात्मा; जो सदा कष्ट सहता रहे // *vt* शहीद बना देना; **martyrdom** *n* शहादत; बलिदान

marvel ('मार्वल) *n* अद्भुत वस्तु; चमत्कार // *vi* : **to marvel (at)** किसी बात/वस्तु पर आश्चर्य करना, अचम्भे में आ जाना; **marvellous,** (*US*) **marvelous** *a* अद्भुत, आश्चर्यजनक

Marxist ('मार्क्सिस्ट) *a, n* मार्क्स की विचारधारा का समर्थक

marzipan ('मार्ज़िपैन) *n* बादाम, चीनी आदि का घोल जो मिठाई या केक में पड़ता है

mascara (मै'स्कार्अ) *n* पलकों को गहरा करने का अंजन

mascot ('मैस्कट) *n* सौभाग्य चिन्ह; शुभंकर वस्तु

masculine ('मैस्क्युलिन) *a* पुरुष या नर जाति से सम्बन्धित; पुल्लिंग

mashed (मैश्ट) *a* : **mashed potatoes** उबाल कर पीसे गए आलू

mask (मास्क) *n* नकाब; (*surgery*) कपड़ा जिस से नाक और मुंह ढक जायं; भेस; बहाना // *vt* नकाब पहनना; भेद बदलना; छिपाना

mason ('मेसन) *n* (**stonemason** भी) राज(गीर), राजमिस्त्री; (**freemason** भी) फ्रीमेसन सम्प्रदाय का सदस्य; **masonry** *n* चिनाई (ईंट या पत्थर की)

masquerade (मैस्क'रेड) *n* नाच जिसमें सभी नकाब पहने रहते हैं; (*fig*) छल-कपट // *vi* : **to masquerade as** का छद्मवेश/भेस धारण करना

mass (मैस) *n* ढेर, राशि; अंबार, पुंज; समूह; परिमाण, राशि, बहुत बड़ी मात्रा या संख्या; (*PHYSICS*) पिंड; (*REL*) प्रार्थना // *vi* इकट्ठे होना; **the masses** जनसाधारण, जनता जनार्दन

massacre ('मैसकर) *n* बड़े पैमाने पर हत्या, विशे॰ निरीह लोगों की; कत्ले-आम; नरसंहार // *vt* कत्ले-आम या नरसंहार करना

massage ('मैसाझ़) *n* मालिश // *vt* मालिश करना

massive ('मैसिव़) *a* भारी, विशाल, विशालकाय

mass media ('मैस्'मीडिअ) *npl* प्रचार-साधन जैसे आकाशवाणी, दूरदर्शन और समाचार-पत्र

mass-production ('मैस्-प्र'ड-क्शन) *n* बड़े पैमाने पर उत्पादन

mast (मास्ट) *n* जहाज़ का मस्तूल; एरियल; झण्डे आदि का सीधा खड़ा डंडा

master ('मास्टर) *n* कप्तान; नियंत्रक; मालिक; गृहस्वामी; स्वामी; मूल (दस्तावेज़ जिस की प्रतियां बनायी जायं); समुद्री जहाज़ का कप्तान; विशेषज्ञ; महान कलाकार, गुरू, अध्यापक; लड़कों के नाम से पहले प्रयुक्त शब्द // *vt* (*understand*) समझ लेना; (*learn*) सीख लेना; वश में कर लेना; **master key** *n* चाभी जिस से कई ताले खुल सकते हैं; **masterly** *a* (काम) जिसमें बहुत कौशल झलके; **mastermind** *n* नियंता // *vt* योजना बनाना; निर्देश करना; **Master of Arts/Science (M.A./M.Sc.)** जिसे एम॰ए॰ या एम॰एस॰सी॰ की डिग्री मिली हो; **masterpiece** *n* सर्वोत्कृष्ट कृति; **mastery** *n* पूर्णज्ञान, विशेषज्ञता; अधिकार; विजय

masturbate ('मैस्टर्बेट) *vi* हस्तमैथुन करना; **masturbation** *n* हस्तमैथुन

mat (मैट) *n* चटाई; पायदान; (उलझे हुए बालों आदि का) गुच्छा // *vt* ऐसा गुच्छा बनाना // *a* = **matt; door-mat** *n* पायदान; **on the mat** (*col*) जिसे डांट-फटकार के लिए बुलाया गया हो

match (मैच) *n* प्रतियोगिता, खेल; (*fig*) बराबर का; व्यक्ति, वस्तु जो दूसरे जैसी हो, जोड़ा; विवाह; विवाह योग्य व्यक्ति; दियासलाई, माचिस // *vt* (रंग से रंग) मिलाना; विवाह करना // *vi* से मेल खाना; बराबर का होना; जोड़ होना; **to be a good match** अच्छा जोड़ (वर या वधू) होना; **matchbox** *n* माचिस की डिबिया; **matching** *a* जो किसी के साथ उपयुक्त/सुन्दर लगे; एक जैसे रंग वाला

mate (मेट) *n* साथी, सखा; पति या पत्नी; जोड़े में से कोई एक; व्यापारिक जहाज़ का एक अधिकारी; (*col*) ब्रिटेन और आस्ट्रेलिया में पुरुषों द्वारा एक दूसरे के लिए प्रयुक्त शब्द // *vi* संभोग करना // *vt* नर-मादा का जोड़ा बनाना

material (म'टिअरिअल) *n* (*substance*) सामान (जिस से कोई चीज बने); कपड़ा // *a* भौतिक, शारीरिक; जिस का शारीरिक कल्याण पर प्रभाव हो, ऐंद्रीय; सांसारिक; पार्थिव; महत्वपूर्ण; अनिवार्य या अत्यावश्यक; **materials**

npl सामान

materialize (म'टिअरिअलाइज़) *vi* मूर्तरूप से सामने आना; प्रकट होना, दिखाई देना // *vt* मूर्तरूप देना

maternal (म'टर्नल) *a* माता का या उस के माध्यम से सम्बद्ध

maternity (म'टर्निटि) *n* मातृत्व; **maternity dress** *n* गर्भिणी की ढीली-ढाली पोशाक; **maternity hospital** *n* ज़च्चाओं का अस्पताल, प्रसूतिगृह

math (मैथ) *n* (*US*) = **maths.**

mathematical (मैथ'मैटिकल) *a* गणित शास्त्र का; गणितीय

mathematics (मैथ'मैटिक्स) *n* गणित शास्त्र

maths (मैथ्स), (*US*) **math** (मैथ्स, मैथ्) *n* गणितशास्त्र

matinee ('मैटिने) *n* दोपहर बाद दिखाया गया चलचित्र, नाटक आदि

mating ('मेटिङ) *n* संभोग

matriculation (मट्रिक्यु'लेशन) *n* मैट्रिक की परीक्षा

matrimonial (मैट्रि'मोनिल) *a* विवाह-सम्बन्धी

matrimony ('मैट्रिमनि) *n* विवाह

matron ('मैट्रन) *n* विवाहित स्त्री; (अस्पताल में) नर्सिंग अफ़सर; किसी संस्था, स्कूल आदि का प्रबन्ध चलाने वाली स्त्री; प्रबन्धिका; **matronly** *a* भारी, पुष्ट शरीर की

mat(t) (मैट) *a* मद्धिम, चमकहीन, धूसर

matted ('मैटिड) *a* उलझे हुए (बाल)

matter ('मैटर) *n* विषय, वस्तु; मामला; झगड़े की जड़; (*PHYSICS*) द्रव्य, पदार्थ; जड़ वस्तु; पुस्तक आदि की विषय वस्तु; (*MED*) पीव // *vi* महत्व होना; **it doesn't matter** कोई बात नहीं (मैं बुरा नहीं मानता); **what's the matter?** क्या बात है/मामला क्या है?; **no matter what** चाहे कुछ भी हो जाय; **as a matter of course** सामान्य/साधारण ढंग से; **as a matter of fact** सच तो यह है कि; **matter-of-fact** *a* यथार्थ, असली; सहज (भाव आदि)

mattress ('मैट्रिस) *n* गद्दा, तोशक

mature (मॅट्युअर, म'चुअर) *n* पका हुआ, परिपक्व; पूर्णतया विकसित; वयस्क, प्रौढ़ // *vi* परिपक्व होना; (हुंडी का) देय हो जाना; **maturation** (मैचु'रेशन) *n* परिपक्वता की प्रक्रिया; **maturity** *n* परिपक्वता

maul (मॉल) *vt* मारना-पीटना; गूमड़ डाल देना

mausoleum (मॉस'लिअम) *n* मकबरा, रोज़ा

mauve (मोव़) *a* हल्के बैंगनी रंग का

maw (मॉ) *n* पेट; (पक्षी का) पोटा

maxim ('मैक्सिम) *n* तथ्योक्ति; सूक्ति; नीतिवचन; कहावत; आचरण नियम;

सिद्धांत

maximum ('मैक्सिमम) *a* सब से अधिक // *n* (*pl* **maxima** ('मैक्सिम्अ)) सब से बड़ा आकार या संख्या; अधिकतम, महत्तम; सर्वोच्च बिन्दु

May (मे) *n* वर्ष का पांचवां महीना, मई

may (मे) *vi* (*conditional* : **might**); (संभावना-सूचक) : **he may come** शायद वह आए; (अनुमति मांगते समय) **may I smoke?** मैं सिग्रेट पी लूं?; (इच्छा-सूचक) **may God bless you!** ईश्वर तुम्हारा कल्याण करे!

maybe ('मेबी) *ad* शायद, संभवतः; **maybe he'll ...** शायद वह _

May Day *n* पहली मई को मनाया जाने वाला श्रमिक दिवस, मई दिवस; **Mayday** *n* संकट में पड़े विमान/जहाज़ द्वारा सहायता के लिए भेजा रेडियो संदेश

mayhem ('मेहेम) *n* मार-काट से व्यक्ति का अंगभंग करने की क्रिया; मार-काट, उत्पात; नाश, विध्वंस; गड़बड़झाला

mayonnaise (मेअ'नेज़) *n* अंडे, मलाई आदि फैंट कर बनाया घोल जो सलाद में मिलाया जाता है

mayor (मेअॅर) *n* नगरपालिका का अध्यक्ष, महापौर, मेयर; **mayoress** *n* मेयर की पत्नी या महिला मेयर

maze (मेज़) *n* भूलभुलैयां; पगडंडियों आदि का बाहुल्य; गड़बड़झाला

MB *Bachelor of Medicine* का संक्षेप

MD *Doctor of Medicine* का संक्षेप

me (मी) *pronoun* मुझे; (*stressed after prep*); **he heard me** उसने मेरी बात सुन ली थी; **give me a book** मुझे एक पुस्तक दो; **after me** मेरे बाद

meadow ('मेडो) *n* घास का मैदान

meagre, (*US*) **meager** ('मीगर) *a* दुबला, पतला; अपर्याप्त, कम

meal (मील) *n* भोजन; अन्न; **meal-time** *n* भोजन का समय

mean (मीन) *a* कंजूस, कृपण; निर्दय; नीच; कमीना, घटिया; साधारण // *vt* (*pt, pp* **meant**) आशय या अर्थ होना; इरादा होना; **to mean to do** कोई काम करने का इरादा होना; **means** *npl* साधन; धन-दौलत; **by means of** के माध्यम/साधन से; **by all means** निश्चय ही, अवश्य; **to be meant for sb/sth** किसी व्यक्ति/वस्तु या उद्देश्य के लिए होना; **do you mean it?** तुम मज़ाक तो नहीं कर रहे?/क्या तुम सच कह रहे हो?; **what do you mean?** आप का क्या अभिप्राय/आशय है?

meander (मि'ऐण्डर) *vi* टेढ़े-मेढ़े बहना; निरुद्देश्य घूमना, इधर-उधर भटकना

meaning ('मीनिङ)*n* अर्थ, अभिप्राय,

आशय; **meaningful** *a* अर्थपूर्ण; **meaningless** *a* अर्थहीन

meant (मेण्ट) **mean** का *pt, pp*

meantime ('मीन्टाइम) *ad*, **meanwhile** ('मीन्वाइल) *ad* (**in the meantime** भी) इसी बीच

measles ('मीज़ल्ज़) *n* खसरा, रोमांतिका

measly ('मीज़्लि) *a* (*col*) घटिया, बहुत कम, नीच; कृपण, कंजूस; खसरे का

measure ('मेझ़र) *vi, vt* नापना, माप लेना // *n* आकार; मात्रा, परिमाण; आकार या मात्रा नापने का बरतन या डंडा, माप; आकार या मात्रा की इकाई; कार्यवाही या उस की योजना, उपाय; कविता/संगीत में लय या ताल; **measurements** *npl* लम्बाई-चौड़ाई, नाप; **chest/hip measurement** छाती/कूल्हे का नाप

meat (मीट) *n* मांस; भोजन; **meatball** *n* कोफ़्ता; **meaty** *a* मांस जैसा या उस के स्वाद का; मांसल, मोटा ताज़ा; (*fig*) अर्थपूर्ण; दिलचस्प

Mecca ('मेका) *n* इस्लाम का पवित्र स्थल, मक्का; (आकर्षक) स्थान जहां बहुत लोग आते हों

mechanic (मि'कैनिक) *n* मिस्त्री; मकैनिक, मशीनें आदि ठीक करने वाला; **mechanics** *n* गति का वैज्ञानिक सिद्धांत // *npl* प्रक्रिया; **mechanical** *a* यंत्रों का या उन के संचालन से सम्बन्धित; मशीन द्वारा बना; बिना सोचे-समझे किया गया, यंत्रवत

mechanism ('मेकनिज़म) *n* मशीन का ढांचा; मशीन

medal ('मेड्ल) *n* पदक, तमग़ा, मैडल; **medallion** (मि'डैल्यन) *n* बड़ा पदक; फलक आदि जो सजावट में काम आए

meddle ('मेड्ल) *vi* : **to meddle in** किसी काम में टांग अड़ाना; **to meddle with** किसी को तंग करने के लिए उस के काम में हस्तक्षेप करना

media ('मीडिअ) *npl* प्रसार साधन, विशेष रूप से रेडियो, टेलिविज़न जैसे संचार साधनों के लिए प्रयुक्त शब्द

mediaeval (मेडि'ईव्ल) *a* = **medieval**

median ('मीडियन) *n* (*US* : **median strip** भी) माध्य (बिन्दु या रेखा)

mediate ('मीडिएट) *vi* (बीच-बचाव करने के लिए) मध्यस्थता करना; **mediation** (मीडि'एशन) *n* मध्यस्थता, बीच-बचाव; **mediator** *n* मध्यस्थ

Medicaid ('मेडिकेड) *n* (*US*) सार्वजनिक चिकित्सा सेवा

medical ('मेडिकल) *a* चिकित्सा-सम्बन्धी; डाक्टरी

Medicare ('मेडिकेअर) *n* (*US*) सार्वजनिक चिकित्सा सेवा

medicated ('मेंडिकेटिड) *a* जिसमें दवा मिली हो

medicine ('मेंडिसिन) *n* दवा, औषधि, जड़ी-बूटी; चिकित्सा शास्त्र

medieval (मेंडि'ईव़ल) *a* मध्य युग का

mediocre (मीडि'ओकर) *a* साधारण, मामूली, औसत; दूसरे दर्जे का

meditate ('मेंडिटेट) *vi* मनन या चिन्तन करना; ध्यानमग्न होना // *vt* के बारे में सोचना, योजना बनाना

Mediterranean (मेंडि'टेरनिअन) *a* भूमध्य (सागर) क्षेत्र; **the Mediterranean (Sea)** भूमध्य सागर

medium ('मीड्यम) *a* मध्यम, मंझला, बीच का; औसत // *n* मध्यम दर्जा या श्रेणी; (*pl* **media** : *means*) माध्यम, साधन; संचार साधन जैसे समाचार-पत्र, रेडियो आदि; (*pl* **mediums** : *person*) माध्यम; **the happy medium** बीच का रास्ता; **medium wave** *n* (*RADIO*) 100 से 1000 मीटर तक की तरंगें

medley ('मेंड्लि) *n* घालमेल; विभिन्न प्रकार के पदार्थों का मिश्रण

meek (मीक) *a* विनीत, विनम्र; दब्बू

meet (मीट) *pt, pp* **met** *vt* सामने होना; मिलना; लाना; पूरा करना (शर्त आदि); चुकाना; **I'll meet you at the station** मैं तुम्हें स्टेशन पर मिलूंगा; (*fig*) टकरा जाना; अचानक मिल जाना // *vi* इकट्ठे होना; सभा आदि का समवेत होना; किसी बिन्दु पर मिलना (रेखाओं आदि का); **to meet with** *vt* विचार-विमर्श के लिए मिलना; **meeting** *n* बैठक, सभा; विचार-विमर्श; साक्षात्कार; **she's at a meeting** (*COMM*) वह किसी सम्मेलन, बैठक आदि में व्यस्त है

megabyte ('मैगबाइट) *n* (*COMPUT*) जानकारी की 10 लाख इकाइयां

megaphone ('मेंगफ़ोन) *n* भोंपू

melancholy ('मेलन्कलि) *n* उदासी; निराशा; विषाद // *a* उदास; निराश

melee ('मेंले) *n* भीड़ या उसमें परस्पर हाथापाई करते लोग

mellow ('मेलो) *a* पका हुआ (फल आदि); सौम्य, मृदु (स्वभाव); नरम; मिलनसार; हंसमुख // *vi* नरम या मृदु (स्वभाव वाला) हो जाना

melody ('मेंलडि) *n* सुरीली लय या तान; स्वर या धुन

melon ('मेलन) *n* ख़रबूज़ा; तरबूज़

melt (मेंल्ट) *vi* पिघलना, गलना; घुलना; नरम हो जाना; घुल जाना; मिल जाना; विलीन हो जाना, गायब हो जाना // *vt* किसी की सहानुभूति प्राप्त करना; **to melt away** *vi* पिघल जाना; ग़ायब हो जाना; **to melt down** *vt* पिघलाना; **meltdown** *n* परमाणु बिजली घर में यूरेनियम ईंधन का पिघलना जिस

से उस के वातावरण में फैलने की आशंका रहती है; **melting pot** *n* (*fig*) बदलती हुई स्थिति

member ('मेम्बर) *n* (किसी सभा या संगठन का) सदस्य; (शरीर का) अंग; घटक; **Member of Parliament (MP)** (*Brit*) संसद सदस्य; **Member of the European Parliament (MEP)** (*Brit*) योरुपीय संसद का सदस्य; **membership** *n* सदस्यता; **membership card** *n* सदस्यता कार्ड

memento (म'मेन्टो) *n* निशानी, यादगार; स्मृतिचिन्ह

memo ('मेमो) *n* स्मरणपत्र, ज्ञापन

memoirs ('मेम्वार्ज़) *npl* आत्मकथा; व्यक्ति का इतिहास; जीवनी; घटनाओं का वृत्तांत

memorandum, *pl* **memoranda** (मैम'रैंडम, मैम'रैंडा) *n* ज्ञापन; स्मरणपत्र

memorial (मि'मॉरिअल) *n* स्मारक, यादगार // *a* स्मृति का या उसे बनाए रखने से सम्बंधित

memorize ('मेमॅराइज़) *vt* याद कर लेना, कण्ठस्थ कर लेना

memory ('मेमॅरि) *n* स्मृति, याद; स्मरणशक्ति; याद आई बात/घटना; स्मरणार्थ उत्सव आदि

men (मॅन) **man** का *npl*

menace ('मेनस) *n* धमकी; ख़तरा // *vt* धमकी देना; ख़तरे में डालना

mend (मॅण्ड) *vt* मरम्मत करना; पैवन्द या थिगली लगाना; रफ़ू करना; सुधारना; ठीक करना // *vi* सुधरना, विशे॰ स्वास्थ्य का // *n* मरम्मत किया टुकड़ा; **on the mend** जिस का स्वास्थ्य सुधर रहा हो

menial ('मीन्यल) *a* मामूली काम से सम्बन्धित; नौकर का, दासोचत; नीच, कमीना // *n* नौकर; नीच व्यक्ति

meningitis (मैनिन्'जाइटिस) *n* मस्तिष्क की झिल्ली की सूजन, गरदन तोड़ बुख़ार

menopause ('मैनोपॉज़) *n* बढ़ती उम्र के साथ मासिक धर्म का बंद होना, रजोनिवृत्ति

menstruation (मेंनूस्ट्रू'एशन) *n* मासिक धर्म; रजोधर्म

mental ('मॅन्टल) *a* मानसिक, मनोगत; (*col*) क्षीणबुद्धि; पागल

mentality (मॅन्'टैलिटि) *n* मनोवृत्ति

mention ('मॅन्शन) *n* चर्चा, उल्लेख, ज़िक्र // *vt* चर्चा, उल्लेख या ज़िक्र करना **don't mention it!** धन्यवाद करने वाले को सम्बोधित शब्द

menu ('मेन्यु) *n* व्यंजन सूची (रेस्तरां में); (*set* **menu,** *COMPUT*) कम्प्यूटर के स्क्रीन पर प्रदर्शित विकल्प

MEP *n* **Member of the European Parliament** का संक्षेप

mercenary ('मर्सिनरि) *a* धनलोलुप; जो केवल पैसे की खातिर काम करे //

n भाड़े का सैनिक

merchandise ('मर्चन्डाइज़) *n* व्यापारी का माल

merchant ('मर्चंट) *n* व्यापारी; थोक का व्यापारी; **merchant bank** *n* (*Brit*) विदेश व्यापार बैंक; **merchant navy,** (*US*) **merchant marine** *n* व्यापारिक जहाज़ों का बेड़ा

merciful ('मर्सिफुल) *a* दयामय; दयाशील

merciless ('मर्सिलिस) *a* निर्दय, निष्ठुर

mercury ('मर्क्युरि) *n* पारा, पारद; **Mercury** *n* बुध ग्रह

mercy ('मर्सि) *n* दया, करुणा; (*REL*) क्षमा; **at the mercy of** की दया पर आधारित/जीवित

mere (मिअर) *a* केवल, मात्र; निरा, शुद्ध; **merely** *ad* केवल

merge (मर्ज) *vi* विलीन हो जाना या कर देना; **merger** *n* (*COMM*) कम्पनियों का विलय

meringue (म'रैंग) *n* अण्डे की सफ़ेदी और शक्कर का पका घोल; उस से बना केक

merit ('मॅरिट) *n* उत्कर्ष, अच्छाई, गुण; योग्यता // *vt* योग्य, पात्र होना

mermaid ('मर्मेड) *n* काल्पनिक जीव जिस का धड़ स्त्री का और निचला भाग मछली का होता है, जलपरी, मत्स्य-कन्या

merry ('मॅरि) *a* प्रफुल्लित; हंसमुख, विनोदी; **Merry Christmas!** क्रिस्मिस की बधाई हो !; **merry-go-round** *n* चक्रदोला, गोल झूला

mesh (मॅश) *n* जाली // *vt* फंसाना या फंस जाना; इंजन की गरारियों का परस्पर लगना // *vi* (किसी के साथ) तालमेल स्थापित करना

mesmerize ('मैज़्मराइज़) *vt* सम्मोहित करना; आकृष्ट करना; जादू करना

mess (मॅस) *n* घालमेल; गड़बड़झाला; बखेड़ा, परेशानी, कठिनाई; (*MIL*) सैनिकों का समूह जो इकट्ठे भोजन करते हों; स्थान जहां भोजन करते हों, मेस; **to mess about** *or* **around** *vi* (*col*) इधर-उधर घूमना, यूं ही टांग अड़ाते फिरना; **to mess about** *or* **around with** *vt* (*col*) बिगाड़ देना, खराब कर देना; **to mess up** *vt* गड़बड़ करना

message ('मॅसिज) *n* सन्देश; अर्थ, शिक्षा, सीख; सौंपा गया काम

messenger ('मेसिंजर) *n* सन्देश-वाहक; दूत

Messrs ('मेसर्ज़) (*on letters*) **Mr** का *pl*

messy ('मेसि) *a* गंदा, मैला-कुचैला; अस्तव्यस्त

met (मॅट) **meet** का *pt, pp*

metal ('मेट्ल) *n* धातु; सड़क पर डालने की गिट्टी, रोड़ी; **metallic**

(म'टेलिक) *a* धातु का

metaphor ('मेंटफ़र) *n* रूपक, रूपकालंकार

mete (मीट) : **to mete out** *vt* बांटना; (दण्ड) देना

meteorology (मीटिअ'रॉलजि) *n* मौसम-विज्ञान

meter ('मीटर) *n* मापक यंत्र, मापी, बिजली आदि का मीटर; (*US* : *unit*) = **metre**

method ('मेंथड) *n* ढंग, तरीका, कायदा; प्रणाली, पद्धति; सुव्यवस्था; प्रक्रिया, तकनीक; **methodical** (मि'थॉडिक्ल) *a* सुव्यवस्थित

Methodist ('मेंथडिस्ट) *a*, *n* वैज़्ले और उस के अनुयाइयों द्वारा चलाए चर्च का (सदस्य)

methylated spirit ('मेथिलेटिड स्पिरिट) *n* (*Brit* : **meths** भी) मेथिल मिली अल्कोहल

metre, (*US*) **meter** ('मीटर) *n* लम्बाई का माप = 39.37 इंच; (कविता का) छंद

metric ('मेंट्रिक) *a* मीटर प्रणाली का

metropolitan (मेट्र'पॉलिटन) *a* महानगर का; **the Metropolitan Police** *n* (*Brit*) लंदन की पुलिस

mettle ('मेंट्ल) *n* साहस, हिम्मत; तेज, ओज, उत्साह

mew (म्यू) *vi* (बिल्ली का) म्याऊं, म्याऊं करना

mews (म्यूज़) *n* : **mews cottage** (*Brit*) पुराने अस्तबलों के अहातों में बना मकान

mg = **milligram**

miaow (मी'आउ) *vi* बिल्ली का म्याऊं, म्याऊं करना

mica ('माइक्अ) *n* अभ्रक

mice (माइस) **mouse** का *npl*

micro ('माइक्रो) *n* (**micro computer** भी) छोटा कम्प्यूटर

microbe ('माइक्रोब) *n* जीवाणु; रोगाणु

microchip ('माइक्रोचिप) *n* सिलिकॉन का पतला टुकड़ा जिसमें इलैक्ट्रानिक सर्किट हों (ऐसे टुकड़े कम्प्यूटरों में काम आते हैं)

microcomputer (माइक्रोकम्'प्यूटर) *n* कम्प्यूटर जिस की केन्द्रीय इकाई एक या अधिक सिलिकॉन टुकड़ों में हो

microfilm ('माइक्रोफ़िल्म) *n* फ़िल्म पर पुस्तक, पाण्डुलिपि की सूक्ष्म आकार की प्रतिलिपि

microphone ('माइक्रफ़ोन) *n* ध्वनि-प्रसारक यंत्र, माइक, माइक्रोफ़ोन

microscope ('माइक्रस्कोप) *n* सूक्ष्म-दर्शी यंत्र

microwave ('माइक्रोवेव़) *n* कुछ सेंटीमीटर लम्बी विद्युत चुम्बकीय तरंग जिस का प्रयोग राडार और खाना पकाने में होता है; **microwave oven** *n* खाना पकाने का उपकरण जिसमें ऐसी

किरणों का प्रयोग होता है

mid (मिड) *a* : **mid-May** मई के मध्य में; **mid-afternoon** तीसरे पहर के मध्य में; **in mid air** हवा में; **midday** *n* दोपहर

middle ('मिड्ल) *n* मध्यवर्ती भाग; कमर // *a* बीच का; मध्यवर्ती; **in the middle of the night** आधी रात को; **middle-aged** *a* अधेड़ (उम्र का); **the Middle Ages** *npl* मध्य युग (500-1500 ईस्वी); **middle-class** *a* मध्यमवर्ग (का); **the middle class(es)** *npl* मध्यम वर्गों के लोग; **Middle East** *n* मध्यपूर्व; **middleman** *n* बिचौलिया, आढ़तिया; **middle name** *n* बीच का नाम (जिस से पहले अपना और बाद में कुलनाम आता है); **middleweight** *n* (*BOXING*) 70 और 72.5 किलोग्राम के बीच का वज़न

middling ('मिड्लिङ) *a* मध्यम दर्जे का

midge (मिज) *n* मच्छर जैसा कीड़ा

midget ('मिजिट) *n* बौना (व्यक्ति); छोटे आकार की वस्तु

Midlands ('मिड्लंड्ज़) *npl* इंगलैंड का मध्यभाग

midnight ('मिड्नाइट) *n* आधी रात

midriff ('मिड्रिफ़) *n* शरीर का बीच का भाग

midst (मिड्स्ट) *n* : **in the midst of** से घिरा हुआ, के बीच में

midsummer ('मिड्समर) *n* गरमी के मौसम के बीच की अवधि, भरी गरमी का समय

midway (मिड्'वे) *a, ad* : **midway (between)** बीच में, आधे रास्ते में (स्थित)

midweek (मिड्'वीक) *n* सप्ताह के बीच का दिन

midwife, *pl* **midwives** ('मिड्वाइफ़, 'मिड्वाइव्ज़) *n* दाई; धात्री; **midwifery** ('मिडि्विफ़रि) *n* धात्री विद्या

might (माइट) *vb* देखिए **may** // *n* शक्ति, बल, सामर्थ्य; **mighty** *a* शक्तिशाली, बलवान; पराक्रमी; महत्वपूर्ण, महान

migraine ('मीग्रेन) *n* आधे सिर का दर्द (जिस के साथ बहुधा मतली आती है)

migrant ('माइग्रंट) *a* यायावर, प्रवासी; मौसम के अनुसार प्रवास करने वाला (पक्षी); दूसरे स्थान पर जा कर काम करने वाला (मज़दूर)

migrate (माइ'ग्रेट) *vi* एक स्थान, देश छोड़ कर दूसरी जगह जाना, प्रवास करना; **migration** (माइ'ग्रेशन) *n* प्रवास; प्रवासियों का समूह

mike (माइक) *n* **microphone** का संक्षेप

mild (माइल्ड) *a* मंद, नरम, मध्यम; कोमल, सदय; शांत, सौम्य; हल्की (डांट);

हल्का (बुख़ार)

mildew ('मिल्ड्यू) *n* फफूंद, भुकड़ी

mildly ('माइल्डलि) *ad* हल्के ढंग से; नरमी से; **to put it mildly** इस बारे में (कम से कम) यही कहा जा सकता है

mile (माइल) *n* लम्बाई का नाप, मील = 1760 गज़ = 1.609 किलोमीटर; **mileage** *n* मीलों में दूरी; प्रतिमील खर्च; पेट्रोल से प्रति गैलन तय की गयी दूरी; **milestone** *n* मील का पत्थर; (*fig*) महत्वपूर्ण घटना या सफलता

mil(e)ometer (माइ'लॉमिटर) *n* किसी वाहन द्वारा तै की गई दूरी मापने का यंत्र, माइलोमीटर

militant ('मिलिटंट) *a, n* युद्धप्रिय (व्यक्ति); किसी पक्ष का उग्र समर्थक; उग्रवादी, खाड़कू

military ('मिलिटरि) *a* सैनिकों, सेनाओं या युद्ध से सम्बन्धित, सैन्य // *n* सशस्त्र सेनाएं

milk (मिल्क) *n* दूध; पौधों से रिसता रस // *vt* दूध निकालना या दोहना; (*fig*) धोखे से उमेठना; **milk chocolate** *n* दूध से बना चाकलेट; **milkman** *n* ग्वाला; दूध बेचने वाला; **milkshake** *n* दूध को फैंट कर बनाया पेय; **milk teeth** *npl* (बच्चों के) दूध के दांत; **milky** *a* दूध मिला या उस जैसा; अपारदर्शी; कायरतापूर्ण; **Milky Way** *n* आकाश गंगा, मंदाकिनी

mill (मिल) *n* कारख़ाना; चक्की (आटा आदि पीसने की); (कपड़ा) मिल // *vt* पीसना; सिक्के पर दांते बनाना // *vi* (**mill about** भी) मवेशियों या मानवों की भीड़ का इधर-उधर घूमना

miller ('मिलर) *n* आटे की चक्की का मालिक

millet ('मिलिट) *n* बाजरा, मण्डुआ आदि मोटा अनाज

milli- *comb form* हज़ारवां जैसे, **milligram(me)**, **millimetre**, (*US*) **millimeter** में

milliner ('मिलिनर) *n* स्त्रियों के हैट, फ़ीते आदि बनाने, बेचने वाला

millinery ('मिलिनरि) *n* स्त्रियों के हैट, फ़ीते जैसा सामान

million ('मिल्यन) *n* दस लाख; **millionaire** (मिल्य'नेंअर) *n* करोड़पति; अमीर आदमी

millstone ('मिल्स्टोन) *n* चक्की का पाट

mime (माइम) *n* मूक अभिनय // *vt, vi* मूक अभिनय करना

mimic ('मिमिक) *vt* किसी की नक़ल उतारना, विशे॰ व्यंग्य के लिए // *n* नकलची, स्वांगिया; **mimicry** *n* नकल, स्वांग

min. **minim**, **minimum**, **minute(s)** का संक्षेप

minaret ('मिनरेंट) *n* मस्जिद का मीनार

mince (मिन्स) *vi* ठुमक-ठुमक कर चलना; चबा-चबा कर बातें करना // *vt* छोटे-छोटे टुकड़े करना, कीमा बनाना; शब्दों की कटुता कम करना; **mince-meat** *n* कीमा और मसालों का मिश्रण; **mince pie** *n* कीमा मिला कर पकाया व्यंजन; **mincer** *n* कीमा करने की मशीन

mind (माइंड) *n* मन, मानस, चित्त; बुद्धि, मस्तिष्क; स्मृति, यादाश्त; ध्यान; इरादा; मनोवृत्ति; पसंद; बुद्धिबल // *vt* (किसी बात का) बुरा मानना; परवाह करना, ध्यान रखना; सावधान रहना; चिंता करना // *vi* सावधानी बरतना; ध्यान देना; **I don't mind the noise** मुझे इस की परवाह नहीं कि शोर हो रहा है; **I don't mind** मैं बुरा नहीं मानता; **it is on my mind** यह बात मुझे परेशान किए है; **to my mind** मेरे विचार से; **to be out of one's mind** पागल हो जाना; **to bear sth in mind** किसी बात को याद/ध्यान में रखना; **to make up one's mind** अपना मन/इरादा बना लेना; निश्चय कर लेना; **mind you!** ध्यान रहे कि !; **never mind!** कोई चिंता नहीं !; **'mind the step'** 'संभल कर पैर रखो'; **minder** *n* (बच्चे की) देखभाल करने वाला; अंगरक्षक; **mindful** *a* सचेत, सतर्क; **mindless** *a* मूर्खतापूर्ण (काम); लापरवाह या मूर्ख (व्यक्ति)

mine (माइन) *pronoun* मेरा // *a* : **this book is mine** यह पुस्तक मेरी है // *n* खान; बारूदी सुरंग; लाभदायक स्रोत // *vt* खान से निकालना या खोदना; बारूदी सुरंगें लगाना

miner ('माइनर) *n* खान मज़दूर

mineral ('मिनरल) *a* खान का या उस से सम्बन्धित // *n* खनिज पदार्थ; **minerals** *npl* (*Brit*) बिना अल्कोहल के पेय; **mineral water** *n* पानी जिसमें खनिज मिला या मिलाया गया हो

minesweeper ('माइन्स्वीपर) *n* समुद्र में बिछी बारूदी सुरंगें हटाने वाला जहाज़

mingle ('मिंग्ल) *vi* : **to mingle with** मिलना, मिलाना; से मिलकर एक हो जाना

mini ('मिनि) *n* कोई भी छोटी वस्तु; मिनिस्कर्ट, स्त्रियों की ऊंची स्कर्ट

miniature ('मिन्यचर) *a* छोटे आकार का; छोटे पैमाने पर // *n* छोटा चित्र; छोटे आकार की कोई वस्तु

minibus ('मिनिबस) *n* छोटी बस

minimum ('मिनिमम) *a* न्यूनतम // *n* न्यूनतम मात्रा या आकार

mining ('माइनिङ) *n* खानों से खनिज पदार्थ निकालने का काम // *a* खानों का या उन से सम्बन्धित

miniskirt ('मिनिस्कर्ट) *n* घुटनों तक की स्कर्ट (लहंगा)

minister ('मिनिस्टर) *n* (*POL*)

मंत्री; राजदूत या कूटनीतिक प्रतिनिधि; (*REL*) पादरी // *vi* सेवा-सुश्रूषा करना, देखरेख करना; **to minister to sb** किसी की देखभाल करना; **to minister to sb's needs** किसी की आवश्यकताएं पूरी करना; **ministerial** (मिनिस्'टिअरिअल) *a* (*POL*) सरकार या मंत्रिमण्डल से सम्बन्धित

ministry ('मिनिस्ट्रि) *n* (*POL*) मंत्रिमण्डल; सरकार; (*REL*) : **to go into the ministry** पादरी बन जाना

mink (मिंक) *n* नेवले की जाति का जीव; उस की भूरी खाल

minnow ('मिनो) *n* छोटी दरियाई मछली; मीनिका

minor ('माइनर) *a* छोटा; गौण; अव्यस्क, नाबालिग़; (*MUS*) संगीत के एक स्वर से सम्बन्धित // *n* (*LAW*) अव्यस्क व्यक्ति; संगीत का एक सुर

minority (माइ'नॉरिटि) *n* अल्प-संख्या; अपसंख्यक दल; किसी राज्य के अल्पसंख्यक व्यक्ति; अव्यस्कता

mint (मिंट) *n* टकसाल, टंकशाला; पोदीना // *vt* सिक्के बनाना; आविष्कार करना; **the (Royal) Mint**, (*US*) **the (US) Mint** ब्रिटेन, अमरीका के सिक्के ढालने वाले संगठन, टकसालें; **in mint condition** बिल्कुल नया

minus ('माइनस) *n* (**minus sign** भी) ऋण चिन्ह (-) // *prep* कटौती से या कटौती कर के, घटा कर

minute *a* (माइ'न्यूट) क्षुद्र, सूक्ष्म; ठीक-ठाक, शुद्ध // *n* ('मिनिट) घण्टे या डिग्री का साठवां भाग, मिनिट, कला; क्षण; ज्ञापन // *vt* कार्यवाही का वृत्तांत तैयार करना; **minutes** *npl* बैठक आदि की कार्यवाही का वृत्तांत

miracle ('मिरकल) *n* चमत्कार, करामात, करिश्मा

mirage ('मिराझ़) *n* मृग मरीचिका; मृगतृष्णा

mire (माइअर) *n* दलदल वाली भूमि; कीचड़ // *vt* कीचड़ में फंसाना

mirror ('मिरर) *n* दर्पण, आईना, आरसी // *vt* प्रतिबिम्बित करना

mirth (मर्थ) *n* आमोद-प्रमोद; उल्लास

mis- *prefix* ग़लत या बुरी तरह, जैसे **misbehave**

misadventure (मिसड्'वेन्चर) *n* अनिष्ट; दुर्घटना; दुर्भाग्य; **death by misadventure** दुर्घटना में मृत्यु

misapprehension (मिसैप्रि'हेन्शन) *n* गलतफ़हमी; बुरी या ग़लत आशंका

misappropriate (मिस्अ'प्रोप्रिएट) *vt* बेइमानी से काम में लाना; ग़बन करना

misbehave (मिस्बि'हेव़) *vi* बुरा सुलूक/व्यवहार करना

miscarriage (मिस्'कैरिज) *n* (*MED*) गर्भपात; **miscarriage of**

miscellaneous 428 mislead

justice *n* गलत न्याय; न्यायालय की भूल जिस से वादी/प्रतिवादी से अन्याय हो जाय

miscellaneous (मिसि'लेन्यस) *a* फुटकर, प्रकीर्ण, विविध

mischief ('मिस्चिफ़) *n* खिजाने वाला व्यवहार; नटखटपन, शरारत; हानि; हानि या खीज का स्रोत; **mischievous** *a* (*naughty*) शरारती या नटखट (बालक); (*harmful*) हानिकारक, अनिष्टकारी

misconception (मिस्कन्'सेॅप्शन) *n* ग़लत विचार, भ्रांत धारणा

misconduct (मिस्'कॉण्डक्ट) *n* ग़लत या बुरा आचरण; **professional misconduct** किसी वृत्तिभोगी (डाक्टर या वकील आदि) द्वारा अनुचित आचरण

misconstrue (मिस्कन्'स्टू) *vt* ग़लत अर्थ लगाना

miscreant ('मिस्क्रिअंट) *n* दुष्ट, पाजी, बदमाश

misdeed (मिस्'डीड) *n* कुकर्म, पाप, बुरा काम

misdemeanour, (*US*) **misdemeanor** (मिस्डि'मीनर) *n* हल्का अपराध

miser ('माइज़र) *n* कंजूस, सूम, कृपण व्यक्ति

miserable ('मिज़रबल) *a* अत्यंत दुःखी; अभागा; दुःखदायक; बेकार का; घृणित, घिनावना

miserly ('माइज़र्लि) *a* कृपण या कंजूस जैसा; कंजूसी से किया गया

misery ('मिज़रि) *n* दुःखभरा जीवन; दुर्गति; तंगहाली, दरिद्रता, गरीबी

misfire (मिस्'फ़ाइअर) *vi* (गोली, इंजन आदि का) न चलना; (किसी काम का) न होना

misfit ('मिस्फ़िट) *n* व्यक्ति, जो अपने वातावरण या काम के अनुकूल न बन सके; बेमेल वस्तु या व्यक्ति

misfortune (मिस्'फ़ार्ट्यून) *n* दुर्भाग्य, बदकिस्मती

misgiving(s) (मिस्'गिविङ्ज़) *n(pl)* आशंका, संदेह, भय

misguided (मिस्'गाइडिड) *a* मूर्ख; जो तर्क की बात न सुने; जिसे बहकाया गया हो

mishandle (मिस्'हैण्डल) *vt* के साथ दुर्व्यवहार करना; गलत ढंग से चलाना

mishap ('मिस्हैप) *n* मामूली दुर्घटना

misinterpret (मिसिन्'टर्प्रिट) *vt* ग़लत अर्थ लगाना

misjudge (मिस्'जज) *vt* ग़लत अनुमान लगाना

mislay (मिस'ले) *vt irg* कोई वस्तु ऐसी जगह रख देना जहां मिले नहीं

mislead (मिस्'लीड) *vt irg* ग़लत सूचना देना; गुमराह या पथभ्रष्ट करना; बहकाना; **misleading** *a* भ्रामक,

भ्रमजनक

misnomer (मिस्'नोमर) *n* ग़लत नाम या शब्द; ऐसे नाम या शब्द का प्रयोग

misplace (मिस्'प्लेस) *vt* कोई वस्तु ऐसी जगह रख देना जहां से मिले नहीं

misprint ('मिस्प्रिन्ट) *n* छपाई की अशुद्धि; ग़लत छपा शब्द

misrepresent (मिसरॅप्रि'ज़ेण्ट) *vt* ग़लत ढंग से या भ्रामक रूप में प्रस्तुत करना

Miss (मिस) *n* अविवाहित स्त्री का सम्बोधन, सुश्री

miss (मिस) *vt* निशाना चूकना; देख, सुन, पहुंच, ढूंढ या पकड़ न पाना; देर से पहुंचना; छोड़ देना या चूक जाना; किसी की अनुपस्थिति खलना; बचना; **I missed him/it** मुझे उसकी बहुत याद आई // *vi* (इंजन का) न चलना // *n* चूक, भूल, अभाव; **to miss out** *vt* (*Brit*) अनदेखी कर देना; न समझ सकना

misshapen (मिस्'शेपन) *a* विकृत, बिगड़ा हुआ या मुड़ातुड़ा

missile ('मिसाइल) *n* जो वस्तु निशाने पर फैंकी जा सके; (*AVIAT*) प्रक्षेपास्त्र

missing ('मिसिंग) *a* गुम, लापता; जो ग़ायब (फ़रार) हो गया हो; **to go missing** लापता हो जाना

mission ('मिशन) *n* विशिष्ट काम या कर्तव्य; जीवन का लक्ष्य; शिष्टमण्डल; किसी विशेष काम पर भेजे जाना; इस प्रकार भेजे गए व्यक्ति; **missionary** *n* धर्मप्रचार के लिए भेजा गया व्यक्ति, धर्मप्रचारक, मिशनरी

misspent (मिस्'स्पेन्ट) *a* : **his misspent youth** उसकी अकारथ जवानी

mist (मिस्ट) *n* कुहासा, कुहरा // *vi* (**mist over/up** भी) धुंधला जाना; (*Brit*) ठंड के कारण खिड़की के कांच का धुंधला जाना

mistake (मिस्'टेक) *n* भूल, ग़लती; अशुद्धि // *vt* (*irg* : *like* **take**) न समझ पाना; ग़लत धारणा बना लेना; (व्यक्ति, वस्तु को) दूसरा समझ बैठना; **to make a mistake** भूल करना; **to mistake for** (किसी को) कोई और समझ लेना; **mistaken** *a* ग़लत (धारणा); **to be mistaken** ग़लती पर होना, भूल कर रहे होना

mister ('मिस्टर) *n* (*col*) पुरुष का सम्बोधन, श्री; देखिए **Mr.**

mistletoe ('मिस्ल्टो) *n* एक सदा-बहार बेल, बांदा

mistook (मिस्'टुक) **mistake** का *pt*

mistress ('मिस्ट्रिस) *n* रखेल, उपपत्नी; स्वामिनी; अध्यापिका; नियंत्रण रखने वाली स्त्री; देखिए **Mrs.**

mistrust (मिस्'ट्रस्ट) *vt* (किसी पर)

अविश्वास करना; भरोसा न करना

misty ('मिस्टि) *a* धुंधला, अस्पष्ट

misunderstand (मिसन्डर्'स्टैंड) *vt, vi irg* किसी को ग़लत समझना, ग़लतफ़हमी में होना; **misunderstanding** *n* ग़लतफ़हमी

misuse *n* (मिस्'यूस) दुरुपयोग, ग़लत इस्तेमाल // *vt* (मिस्'यूज़) ग़लत इस्तेमाल या दुरुपयोग करना

mitigate ('मिटिगेट) *vt* उग्रता, प्रचण्डता कम करना

mitt(en) ('मिट(न)) *n* दस्ताना जिसमें अंगूठे और बाकी उंगलियां डालने के दो खाने होते हैं

mix (मिक्स) *vt* इकट्ठे करना; मिलाना; मिश्रण करना; घोल बनाना; मिलाकर एक करना // *vi* इकट्ठे होना; मिलना जुलना // *n* सम्मिश्रण, घोल; **to mix up** *vt* गड्डमड्ड कर देना; **mixed** *a* मिला जुला; जिसमें विभिन्न घटक, जातियां, स्त्री-पुरुष हों; **mixed grill** *n* कई प्रकार का भुना मांस; **mixed up** *a* जिसे स्पष्ट रूप से पता न हो; **mixer** *n* (*for food*) मशीन जिसमें खाद्य पदार्थ पीसे, घोले या मिलाए जायं; मिलनसार (व्यक्ति); **he is a good mixer** वह बड़ा मिलनसार है; **mixture** *n* सम्मिश्रण, घोल; तरल दवाई; **mix-up** *n* अव्यवस्था, गड़बड़ी

ml **millilitre(s)** का संक्षेप

mm **millimetre(s)** का संक्षेप

moan (मोन) *n* कराह // *vi* कराहना; विलाप करना; (*col :complain*) : **to moan (about)** किसी बात की शिकायत करते रहना

moat (मोट) *n* खाई, विशे. जो किले के आसपास हो, परिखा

mob (मॉब) *n* अव्यवस्थित या उत्तेजित भीड़; जनसमूह; (*offens*) **the mob** जनसाधारण // *vt* भीड़ का आक्रमण करना, घेर लेना या दुर्व्यवहार करना

mobile ('मोबाइल) *a* जो चल सके; जो आसानी से चले या बदल जाय // *n* गत्ते, प्लास्टिक आदि का ढांचा जो हवा के साथ हिलता है; **mobile home** *n* (कार के साथ) ट्रेलर जिसमें लोग रहते हैं

mobilize ('मोबिलाइज़) *vi* लामबन्दी करना // *vt* किसी प्रयोजन के लिए संगठित करना

mock (मॉक) *vt* हंसी या खिल्ली उड़ाना, उपहास करना; नकल उतारना // *a* नकली, बनावटी; **mockery** *n* उपहास, विडम्बना; स्वांग

mod (मॉड) *a* देखिए **convenience**

mode (मोड) *n* विधि, तरीका, रीति; रीति-रिवाज, फ़ैशन

model ('मॉडल) *n* नमूना, प्रतिमान; ढांचा; अनुकरणीय व्यक्ति या वस्तु; चित्रकार, वस्त्र-विक्रेता द्वारा चित्र खींचने या कपड़े पहन कर दिखाने के लिए रखा व्यक्ति, मॉडल // *vt* नमूना या प्रतिमान

बनाना; सांचा बनाना // *vi* (फ़ैशन शो में) कपड़े पहन कर दिखाना // *a* नमूने का; आदर्श; **to model clothes** कपड़े पहन कर दिखाना

modem ('मॉडेम) *n* दो कम्प्यूटरों को टेलीफ़ोन लाइन द्वारा जोड़ने का साधन

moderate *a* ('मॉडरिट) संयत, सन्तुलित, संयमी; मिताचारी; मध्यम // *n* (*POL*) मध्यमार्गी या नरमपंथी व्यक्ति // *vb* ('मॉडरेट) *vi* हल्का या मंद होना; (सभा आदि का संचालन) करना // *vt* हल्का या मंद करना

modern ('मॉडर्न) *a* आजकल का, आधुनिक; अर्वाचीन; नया, प्रचलित // *n* आधुनिक युग का व्यक्ति; **modernize** *vt* आधुनिक बनाना

modest ('मॉडिस्ट) *a* विनम्र, निरहंकार; संकोची, अल्पभाषी; मर्यादित, सन्तुलित; जो अधिक न हो; शालीन; भला, शिष्ट; **modesty** *n* विनम्रता; संकोच; शालीनता

modicum ('मॉडिकम) *n* : **a modicum of** थोड़ी सी मात्रा

modify ('मॉडिफ़ाइ) *vt* थोड़ा परिवर्तन या फेरबदल करना; कम या हल्का कर देना

modus operandi ('मोडस ऑप'रैंडि) *n* *Lat* काम करने का तरीका, कार्यविधि

mogul ('मोगुल) *n* महत्वपूर्ण या प्रभावशाली व्यक्ति; (*fig*) नवाब

mohair ('मोहेअर) *n* अंगोरा बकरी के बाल व उनसे बना कपड़ा

Mohammed (मो'हैमिड) *n* पैग़म्बर मुहम्मद जिन्होंने इस्लाम धर्म चलाया; **Mohammedan** (मो'हैमिडन) *a, n* मुसलमान

moist (मॉइस्ट) *a* नम, आर्द्र, थोड़ा भीगा हुआ या गीला; **moisten** ('मॉइस्न) *vt* गीला या तर करना; **moisture** ('मॉइस्चर) *n* नमी, सील; आर्द्रता; **moisturizer** *n* (चमड़ी आदि की) नमी बहाल करने या आर्द्रता लाने का (तरल) पदार्थ

molar ('मोलर) *a* चबाने का (दांत) // *n* दाढ़

molasses (मो'लैसिज़) *n* शीरा (जो शक्कर बनाने के बाद बच रहता है)

mold (मोल्ड) *n, vt* (*US*) = **mould**

mole (मोल) *n* छछूंदर; जासूस, मुख़बर; तिल (चमड़ी का)

molest (मो'लेस्ट) *vi* छेड़ना, छेड़खानी करना; सताना, तंग करना; **molestation** (मो'लेस्टेशन) *n* छेड़खानी

mollycoddle ('मॉलिकॉड्ल) *vt* लाड़-प्यार करना; लाड़ से बिगाड़ देना

molt (मोल्ट) *vi* (*US*) = **moult**

molten ('मोल्टन) *a* पिघला हुआ

mom (मॉम) *n* (*US*) = **mum**

moment ('मोमंट) *n* पल, क्षण; वर्तमान का (क्षण, समय), महत्व; **at the moment** इस समय; **momentary**

a क्षणिक; **momentous** (मो'मेन्ट्स) *a* महत्वपूर्ण

momentum (मो'मेन्टम) *n* गतिशील पिण्ड की शक्ति, संवेग; गति से उत्पन्न वेग; **to gather momentum** गति पकड़ना, ज़ोर पकड़ना (किसी आन्दोलन आदि का)

mommy ('मॉमि) *n* (*US*) = **mummy**

monarch ('मॉनर्क) *n* राजा, सम्राट; **monarchy** *n* सम्राटतंत्र; सम्राट का शासन

monastery ('मॉनस्टरि) *n* मठ, विहार

Monday ('मण्डे) *n* सोमवार

monetary ('मॉनिटरि) *a* मुद्रा-सम्बन्धी; रुपये-पैसे का या उस से सम्बन्धित

money ('मनि) *n* रुपया-पैसा, मुद्रा; **to make money** पैसा कमाना; **moneylender** *n* महाजन; सूद पर रुपया चढ़ाने वाला; **money order** *n* धनादेश; मनीआर्डर; **money-spinner** *n* (*col*) काम या व्यापार जिस से बहुत लाभ होता है

mongoose ('मॉङ्गूस) *n* नेवला, नकुल

mongrel ('मॉङ्ग्रल) *n* दोग़ला पशु, विशे० कुत्ता; संकर

monitor ('मॉनिटर) *n* व्यक्ति या यंत्र जो किसी प्रक्रिया पर दृष्टि रखे या उस का रिकार्ड रखे; (*SCOL*) अध्यापक का सहायक छात्र, कक्षा-नायक; (*TV*) स्टुडिओ का टी॰वी॰ सेट जिससे पता चलता है कि क्या कार्यक्रम प्रसारित हो रहा है; (*COMPUT*) कम्प्यूटर नियंत्रक // *vt* दृष्टि या नज़र रखना

monk (मन्क) *n* मठवासी (भिक्षु)

monkey ('मंकि) *n* बन्दर, वानर; नटखट बच्चा // *vi* छेड़छाड़ करना; **monkey nut** *n* (*Brit*) मूंगफली; **monkey wrench** *n* चूड़ीदार रेंच

mono- *comb form* एक, जैसे **monochrome** *a* एक रंग का

monogamy (मॉ'नॉगमि) *n* एक समय एक ही पत्नी या पति होने की प्रथा

monograph ('मॉनग्राफ़) *n* एक विषय पर संक्षिप्त पुस्तक

monopoly (म'नॉपलि) *n* एकाधिकार, इजारेदारी

monotone ('मॉनटोन) *n* एकस्वर

monotonous (म'नॉटनस) *a* एकरस; फीका; उबाने वाला

monsoon (मॉन्'सून) *n* दक्षिणी-पूर्वी एशिया की बरसाती हवा; बरसात का मौसम

monster ('मॉन्स्टर) *n* काल्पनिक दैत्य; विकृत जीव या पौधा; दुष्टात्मा, राक्षस, क्रूर व्यक्ति; भीमकाय जीव या वस्तु

monstrous ('मॉन्स्ट्रस) *a* (*huge*) भीमकाय; विकराल; डरावना; दैत्याकार; (*atrocious*) दुष्टात्मा

month (मंथ) *n* मास, महीना; **monthly** *a* मासिक // *ad* महीने में एक बार // *n* मासिक पत्रिका

monument ('मॉन्युमंट) *n* स्मारक, विशे. भवन या मूर्ति

moo (मू) *n* गाय के रंभाने की आवाज़ // *vi* रंभाना

mood (मूड) *n* मनोदशा, मनःस्थिति; मौज, तरंग; **to be in a good/bad mood** खुश/नाराज़ होना; **moody** *a* निराश, उदास; तुनकमिज़ाज, बदमिज़ाज

moon (मून) *n* चांद, चन्द्रमा; उपग्रह; **moonlight** *n* चांदनी; **moonlighting** *n* अपनी नौकरी के साथ-साथ दूसरा काम; **moonlit** *a* जहां चांदनी छिटकी हो

moor (मुअर) *n* बंजर भूमि; बीहड़ // *vt* जहाज़ को रस्सों से तट से बांधना // *vi* जहाज़ का इस प्रकार बांधा जाना

moorland ('मुअरलंड) *n* बीहड़, बंजरभूमि

moose (मूस) *n* (*pl inv*) उत्तरी अमरीका का एक हिरण

mop (मॉप) *n* पुचारा; बालों आदि का गुच्छा // *vt* पुचारे या झाड़न से साफ़ करना; **to mop up** *vt* किसी बिखरे पदार्थ को पुचारे से साफ़ करना; **mop of hair** बालों का गुच्छा

mope (मोप) *vi* उदास या निराश होना; उपेक्षाशील होना

moped ('मोपेड) *n* साइकल जो हल्के इंजन से चलता है

moral ('मॉरल) *a* अच्छाई, बुराई से सम्बन्धित, नैतिक; सदाचार-सम्बन्धी // *n* सीख, शिक्षा; **morals** *npl* आचरण या स्वभाव विशे. स्त्री-पुरुष सम्बन्धों में

morale (मॉ'राल) *n* मनोबल; हौसला; साहस

morality (म'रैलिटि) *n* नैतिकता

morass (म'रैस) *n* दलदल; बखेड़ा, झंझट, परेशानी

KEYWORD

more (मोर) ♦ *a* **1.** (*greater in number etc*) अधिक, ज़्यादा; **more people/work (than)** –(से) अधिक व्यक्ति, काम

2. (*additional*) और अधिक; **do you want (some) more tea?** क्या आप (थोड़ी) और चाय लेंगे ? **I have no** *or* **I don't have any more money** मेरे पास पैसा/और पैसा नहीं है; **it'll take a few more weeks** इस (काम) में कुछ सप्ताह और लगेंगे

♦ *pronoun* अतिरिक्त मात्रा या संख्या; **more than 10** दस से अधिक; **it cost more than we expected** इसमें उस से अधिक लागत आई/पैसा लगा जितना कि हम समझते थे; **I want more** मुझे और चाहिए; **is there any more?** क्या और है ?; **there's no more** और नहीं है; **a little more** थोड़ा और;

moreover 434 MOT

many/much more और कई/अधिक ♦ *ad* : more dangerous/easily (than) (से) अधिक खतरनाक/आसानी से; more and more expensive अधिक से अधिक कीमती; more or less अधिक या कम, न्यूनाधिक; लगभग; more than ever पहले से अधिक

moreover (मो'रोव़र) *ad* और फिर; इसके अलावा

morgue ('मॉर्ग) *n* मुरदाघर

morning (मॉर्निंग) *n* प्रातः, सुबह, प्रभात; in the morning प्रातः, सवेरे के समय; 7 o'clock in the morning प्रातः सात बजे

Morocco (म'रॉको) *n* बकरी की खाल का चमड़ा

moron ('मॉरॉन) *n* मन्दबुद्धि व्यक्ति; मूर्ख

morose (म'रोस) *a* उदास; चिड़चिड़ा

Morse (मॉर्स) *n* (Morse code भी) तार भेजने की मोर्स पद्धति

morsel ('मॉर्सल) *n* ग्रास, कौर, निवाला; छोटा टुकड़ा

mortal ('मॉर्टल) *a* मरणशील; घातक // *n* मानव; मरणशील जीव; mortality (मॉर्'टैलिटि) *n* मरणशीलता, नश्वरता; मृतकों की संख्या; मृत्यु-दर

mortar ('मॉर्टर) *n* चूने, रेत आदि का मसाला; थोड़ी दूर मार करने वाली तोप; खरल (औषधि आदि पीसने की); ऊखल

mortgage ('मॉर्गिज) *n* बंधक, रहन, गिरवी // *vt* बन्धक, रहन रखना; ज़मानत के रूप में देना; mortgage company *n* (*US*) कम्पनी जो सम्पत्ति रहन रख कर कर्ज़ देती है

mortify ('मॉर्टिफ़ाइ) *vt* नीचा दिखाना; मानमर्दन करना; त्याग, आत्म-संयम द्वारा दमन करना // *vi* मांस का गल जाना; mortification (मॉर्टिफ़ि'केशन) *n* आत्मदमन; मान-मर्दन

mortuary ('मॉर्ट्युअरि) *n* मुरदाघर

mosaic (मो'ज़ेइक) *n* रंगीन कांच, पत्थर के टुकड़ों को जोड़ कर बना चित्र या नमूना; पच्चीकारी की यह विधि

Moslem ('मॉज़्लम) *a, n* = Muslim

mosque (मॉस्क) *n* मस्जिद

mosquito, -es (मॉस्'कीटो) *n* मच्छर

moss (मॉस) *n* काई; दलदल

most (मोस्ट) *a* अधिकतम; अधिकांश // *pronoun* सबसे अधिक // *ad* बहुत अधिक; the most (*also* : + *adjective*) सब से अधिक; most of them उनमें से अधिकतर; I saw (the) most मैंने सबसे अधिक देखा; at the (very) most अधिक से अधिक; to make the most of किसी परिस्थिति का अधिकतम लाभ उठाना; mostly *ad* ज़्यादातर; बहुधा

MOT *n* (*Brit*) *Ministry of*

Transport का संक्षेप; **the MOT (test)** पुरानी गाड़ियों का अनिवार्य वार्षिक निरीक्षण

motel (मो'टॅल) *n* सड़क पर बना होटल जिसमें मोटर-गाड़ियों के रखने की व्यवस्था हो

moth (मॉथ) *n* पतंगा; कपड़े में लगने वाला कीड़ा; **mothball** *n* (कपड़ों में रखने की) फ़िनाइल, काफ़ूर आदि की गोली

mother ('मदर) *n* मां, माता, जननी; भिक्षुणियों के मठ की अध्यक्षा // *vt* की देखभाल/सेवा-सुश्रूषा करना; **motherhood** *n* मातृत्व; **mother-in-law** *n* सास; **motherly** *ad* मातृसुलभ; **mother-of-pearl** *n* मुक्ता, सीप; **mother-to-be** *n* स्त्री जो मां बनने वाली हो, गर्भिणी; **mother tongue** *n* मातृभाषा

motion ('मोशन) *n* चाल, गति, गतिशीलता; प्रस्ताव; न्यायालय में प्रार्थना; मलत्याग, मल // *vt, vi* : **to motion (to) sb to do** किसी को (कुछ) करने का इशारा करना; **motionless** *a* गतिहीन, स्थिर; **motion picture** *n* चलचित्र, फ़िल्म

motivated ('मोटिवेटिड) *a* जिसे प्रेरणा/प्रोत्साहन दिया गया हो; किसी के कहे या ख़ास प्रयोजन से किया गया (काम)

motive ('मोटिव़) *n* प्रेरणा; आन्तरिक उद्वेग या प्रेरणा; उद्देश्य, अभिप्राय

motley ('मॉट्लि) *a* फुटकर; विविध; रंगबिरंगा

motor ('मोटर) *n* चलाने वाली मशीन; (*Brit* : *col*) मोटर कार // *a* गति सम्बन्धी; प्रेरक; चालक // *vi* मोटर कार द्वारा यात्रा करना; **motorbike** *n* मोटरसाइकल; **motorboat** *n* इंजन से चलने वाली नाव; **motorcar** *n* (*Brit*) (मोटर) कार; **motorcycle** *n* मोटर साइकल; **motorcyclist** *n* मोटर साइकल सवार; **motoring** *n* (*Brit*) कार से यात्रा करना; **motorist** *n* कार का चालक; **motor racing** *n* (*Brit*) मोटर कारों की दौड़; **motorway** *n* (*Brit*) तेज़ चलने वाली गाड़ियों के लिए मुख्य सड़क

mottled ('मॉट्लड) *a* चितकबरा, चित्तीदार

motto, -es ('मॉटो, -ज़) *n* आदर्श वाक्य; आचरण नियम के रूप में अपनायी सूक्ति

mould, (*US*) **mold** (मोल्ड) *n* सांचा; ढांचा; स्वभाव; गठन; रूप; आकृति; फफूंद, भुकड़ी // *vt* (*fig* भी) सांचे में ढालना; **moulder** *vi* (*decay*) गल-सड़ कर भुरभुरा हो जाना; **mouldy** *a* फफूंद या भुकड़ी लगा

moult, (*US*) **molt** (मोल्ट) *vi* (पक्षियों का) पर, (पशुओं का) रोंए आदि गिराना

mound (माउंड) *n* (मिट्टी या पत्थरों

का) टीला; छोटी पहाड़ी

mount (माउंट) *n* तख़्ता जिस पर चित्र आदि लगा या कोई वस्तु टिकी हो; (*horse*) घोड़ा; पहाड़ी // *vt* चढ़ाना; चित्र को चौखटे में लगाना; बैठाना; सवारी के लिए घोड़ा देना // *vi* (**mount up** भी) उठना; बढ़ना; घोड़े पर चढ़ना

mountain ('माउण्टिन) *n* ऊंची पहाड़ी; पर्वत // *cpd* पर्वतीय; **mountaineer** (माउंटि'निअर) *n* पर्वतवासी; पर्वतारोही; **mountaineering** (माउंटि'निअरिङ) *n* पर्वतारोहण; **mountainous** *a* पर्वतीय; बहुत ऊंचा; **mountainside** *n* पहाड़ का पार्श्व/पहलू या ढलान

mourn (मॉर्न) *vt* शोक मनाना, दुख प्रकट करना // *vi* : **to mourn (for)** (किसी के लिए) शोक मनाना; **mourner** *n* मातम करने वाला; **mournful** *a* शोकग्रस्त; उदास; **mourning** *n* शोक, मातम; विलाप // *cpd* (*dress*) मातमी पोशाक; **in mourning** जो शोक मना रहा हो

mouse (माउस), *pl* **mice** *n* चूहा; (*COMPUT*) हाथ में रखने का एक उपकरण जिसके द्वारा कम्प्यूटर की कुछ क्रियाओं को दूर से संचालित किया जा सकता है; **mousetrap** *n* चूहे पकड़ने का पिंजरा

mousse (मूस) *n* मलाई फैंट कर जमाया मीठा व्यंजन

moustache (मस्'टाश) *n* मूंछ

mousy ('माउसि) *a* दब्बू या शर्मीला (व्यक्ति); चूहे के रंग के (बाल)

mouth, *pl* **mouths** (माउथ, माउद्ज) *n* मुंह, मुख; (नदी का) मुहाना, दहाना; किसी खोखली वस्तु, स्थान का छिद्र; **mouthful** *n* थोड़ी मात्रा, ग्रास; **mouth organ** *n* मुंह से बजाने का बाजा; **mouthpiece** *n* होंठों में पकड़ी या उनके पास किसी वस्तु का सिरा जैसे टेलिफ़ोन का; प्रवक्ता, प्रतिनिधि; **mouthwash** *n* मुंह की बदबू दूर करने की तरल दवाई; **mouthwatering** *a* लुभावना; जिसे देख कर मुंह में पानी आए

movable ('मूव़बल) *a* जिसे एक स्थान से दूसरे तक ले जाया जा सके; चल (सम्पत्ति)

move (मूव़) *n* हटाने की क्रिया, चाल; (खेल में) चाल; बारी, पारी; घर बदलने की क्रिया // *vt* हटाना, उभाड़ना या उकसाना; (*POL*) प्रस्ताव रखना // *vi* स्थान बदलना, कार्यवाही करना; यातायात (वाहनों आदि) का चलना; (**move house** भी) मकान बदलना; **to move towards** किसी की ओर चलना; **to move sb to do sth** किसी को किसी काम के लिए प्रेरित करना; **to get a move on** कोई काम शुरू करना; **to move about** *or* **around** *vi* परेशानी से इधर-उधर घूमना; (*travel*) यात्रा करना; **to move along** *vi* आगे

बढ़ना; **to move away** *vi* चले जाना; **to move back** *vi* पीछे जाना, लौटना; **to move forward** *vi* आगे जाना // *vt* आगे जाना; लोगों को आगे भेजना; बाद की तिथि पहले कर देना; **to move in** *vi* (*to a house*) नए घर में जाना; **to move on** *vi* आगे चलना // *vt* लोगों को आगे चलाना या भेजना; **to move out** *vi* कोई मकान छोड़ कर दूसरे में जाना; **to move over** *vi* स्थान बदलना; **to move up** *vi* आगे बढ़ना; (कर्मचारी का) पदोन्नति पाना

movement ('मूव्मंट) *n* चलने, हटाने की प्रक्रिया; गति, चाल; मशीन के चलने वाले पुर्ज़े; आन्दोलन

movie ('मूवि) *n* चल-चित्र, फ़िल्म; **the movies** सिनेमा; **movie camera** *n* चलचित्र/फ़िल्म कैमरा

moving ('मूविङ) *a* हृदयस्पर्शी

mow *pt* **mowed**, *pp* **mowed** *or* **mown** (मो, मोन) *vt* काटना (घास आदि); **to mow down** *vt* काट डालना, मार डालना; **mower** (**lawn mower** भी) *n* घास काटने वाला व्यक्ति या मशीन

MP member of parliament का संक्षेप

mph *miles per hour* का संक्षेप (*60 m.p.h. = 96 km/h*)

Mr, Mr. ('मिस्टर) *n* **Mister** का संक्षेप; **Mr. Smith** श्री स्मिथ

Mrs, Mrs. ('मिसिज़) *n* विवाहित स्त्री का सम्बोधन; **Mrs. Smith** श्रीमती स्मिथ

Ms, Ms. (मिज़) *n* *Miss* या *Mrs* के स्थान पर प्रयुक्त सम्बोधन; **Ms. Smith = Mrs Smith, Miss Smith**

M. Sc. **Master of Science** का संक्षेप

much (मच) *a* बहुत // *ad, pronoun* बहुत बड़ी मात्रा; बहुत सा // *n* बहुत बड़ी मात्रा; **how much is it?** यह कितना है ?; **too much** बहुत अधिक; **as much as** इतना

muck (मक) *n* मवेशियों का गोबर; कूड़ा-करकट; **to muck about** *or* **around** *vi* (*col*) किसी काम में समय नष्ट करना; इधर-उधर घूमना (बेचैनी से); **to muck up** *vt* (*col : ruin*) काम बिगाड़ देना

mucus ('म्यूकस) *n* बलग़म, श्लेष्मा

mud (मड) *n* कीचड़, कीच; (*col*) बदनाम करने वाली बात

muddle ('मड्ल) *n* गड़बड़ी, अव्यवस्था; घालमेल // *vt* (**muddle up** भी) गड़बड़ी कर देना, अव्यवस्थित कर देना; घबरा देना; काम बिगाड़ना; **to be in a muddle** (व्यक्ति का) अव्यवस्थित होना; गड्डमड्ड होना; **to muddle through** *vi* किसी तरह काम चलाना

muddy ('मडि) *a* कीच-भरा, अव्यवस्थित

mud : mudguard *n* कार के पहियों का आवरण; **mud-slinging** *n* कीचड़ उछालने, बदनाम करने की क्रिया

muff (मफ़) *n* हाथ गरम रखने का बड़ा दस्ताने जैसा आवरण // *vt* अवसर गंवा देना, फूहड़ व्यक्ति की तरह काम करना, चूक जाना

muffin ('मफ़िन) *n* गोल, मोटी रोटी

muffle ('मफ़ल) *vt* (आवाज़) दबाना; लपेटना

muffler ('मफ़लर) *n* गुलूबन्द; (*US AUT*) इंजन की आवाज़ कम करने का उपकरण

mufti ('मफ़्टि) *n* साधारण कपड़े (वरदी के विपरीत)

mug (मग) *n* प्याला; (*col*) चेहरा; मूर्ख; मिट्टी का माधो; जो जल्दी धोखे में आ जाय // *vt* (*assault*) मारपीट कर लूट लेना; **mugging** *n* लूटने की क्रिया

muggy ('मगि) *a* सीलन वाला (स्थान) जहां दम घुटे

mulberry ('मल्बरि) *n* शहतूत का पेड़; शहतूत

mule (म्यूल) *n* खच्चर; संकर, दोग़ला; कातने की मशीन; **muleteer** (म्यूलि'टिअर) *n* खच्चर चराने वाला; **mulish** *a* ज़िद्दी, हठी

mull (मल) : **to mull over** *vt* सोचना, ध्यान देना

mullah ('मुल्अ) *n* मुल्ला (मुस्लिम धर्मगुरु)

mulled (मल्ड) *a* : **mulled wine** मसाले और चीनी डाल कर गरम की गयी शराब

multi-, mult- *prefix* बहुत, जैसे **multiracial** में

multi-level ('मल्टिलेवल) *a* (*US*) = **multistorey**

multiple ('मल्टिपल) *a* बहुविध; बहुखंड // *n* गुणज (दो संख्याओं के गुणा करने से प्राप्त संख्या); **multiple sclerosis** *n* एक स्नायुरोग जिसमें बोलने और देखने की क्षमता कम हो जाती है

multiplication (मल्टिप्लि'केशन) *n* गुणा करने की क्रिया

multiply ('मल्टिप्लाइ) *vt* गुणा करना // *vi* संख्या, मात्रा आदि में बढ़ना

multistorey ('मल्टि'स्टोरि) *a* (*Brit*) कई मंज़िलों/तल्लों का (भवन); (कार पार्क करने का स्थान) जिसमें कई तल्लों पर कारें खड़ी की जाती हैं

multitude ('मल्टिट्यूड) *n* बहुत बड़ी संख्या; बड़ी भीड़; जनता जनार्दन

mum (मम) *n* (*Brit*) मां, माता // *a* : **to keep mum** चुप रहना, कुछ न कहना

mumble ('मम्ब्ल) *vt, vi* बुदबुदाना; अस्पष्ट बोलना

mummy ('मॅमि) *n* (*Brit*) मां; पुराना शव (जिसे लेप लगा कर रखा हो जिससे वह गले नहीं)

mumps (मम्प्स) *n* कनपेड़े (छूत का एक रोग)

munch (मंच) *vt, vi* चबाना; चबाते हुए आवाज़ करना

mundane (मन्'डेन) *a* साधारण; सांसारिक, इहलौकिक

municipal (म्यू'निसिपॅल) *a* नगर से सम्बन्धित; **municipality** (म्यूनिसि'-पैलिटि) *n* स्थानीय स्वायत्तशासन वाला नगर; नगरपालिका

mural ('म्युअरल) *n* दीवार पर बना चित्र, भित्तिचित्र

murder ('मर्डर) *n* हत्या, कत्ल, ख़ून // *vt* हत्या या कत्ल करना; **murderer** *n* (**murderess** *fem*) हत्यारा, ख़ूनी; **murderous** *a* ख़ूनी या हत्यारे जैसा

murky ('मर्कि) *a* निरानंद, विषादमय; अंधकारपूर्ण

murmur ('मर्मर) *n* मद्धिम, अस्पष्ट आवाज़; गुनगुनाहट; फुसफुसाहट // *vt* धीमी आवाज़ में कहना // *vi* फुसफुसाना; शिकायत करना

muscle ('मसल) *n* मांसपेशी; मांसपेशी व्यवस्था; **to muscle in** *vi* जबर्दस्ती घुस जाना

muscular ('मस्क्युलर) *a* मांस-पेशियों से सम्बन्धित; हृष्ट-पुष्ट (व्यक्ति)

muse (म्यूज़) *vi* चिन्तन करना; ध्यान्-पूर्वक विचार करना; विचारमग्न होना

museum (म्यू'ज़िअम) *n* (प्राकृतिक, कलात्मक ऐतिहासिक या वैज्ञानिक वस्तुओं का) संग्रहालय, अजायबघर

mushroom ('मशरूम) *n* खुम्बी, कुकरमुत्ता

music ('म्यूज़िक) *n* संगीत; संगीत-रचना; **musical** *a* संगीत का या उस जैसा; संगीत-प्रेमी; संगीतमय; मधुर // *n* संगीत-प्रधान नाटक, फ़िल्म आदि; **musical instrument** *n* संगीत वाद्य; **musician** (म्यू'ज़िशन) *n* संगीतज्ञ; संगीतकार

musk (मस्क) *n* कस्तूरी (जो कस्तूरी मृग से मिलती है); कस्तूरी जैसी सुगंध वाले पौधे

Muslim ('मज़्लिम) *n* इस्लाम का अनुयायी, मुसलमान // *a* इस्लाम धर्म या उस की संस्कृति का

muslin ('मज़्लिन) *n* मलमल

mussel ('मसल) *n* शंखमीन; कोई भी सीपी में बंद मछली

must (मस्ट) *auxiliary vb* (*obligation*) : **I must do it** मुझे यह करना ही है; (*probability*) **he must be there by now** वह अब तक वहां अवश्य पहुंच गया होगा; **I must have made a mistake** मैंने अवश्य

भूल की होगी // *n* अनिवार्य काम; **it is a must** यह (काम) अनिवार्य है

mustard ('मस्टर्ड) *n* राई; सरसों

muster ('मस्टर) *vt* इकट्ठे या जमा करना

mustn't ('मसंट) = **must not**

musty ('मस्टि) *a* जिसमें फफूंद या भुकड़ी लगी हो; पुराना

mute (म्यूट) *a* गूंगा, मूक; मौन, चुप // *n* गूंगा व्यक्ति

muted ('म्यूटिड) *a* दबा हुआ (स्वर); हल्का (रंग)

mutilate ('म्यूटिलेट) *vt* अंग-भंग करना, लंगड़ा-लूला करना; बिगाड़ना, विकृत करना; **mutilation** (म्यूटि'लेशन) *n* विकृति

mutiny ('म्यूटिनि) *n* विद्रोह, बग़ावत, ग़दर

mutter ('मट्र) *vt, vi* बुदबुदाना, बड़बड़ाना

mutton ('मट्न) *n* भेड़ का मांस

mutual ('म्यूचुअल) *a* पारस्परिक, आपसी, एक-दूसरे का

muzzle ('मज़्ल) *n* जानवर की थूथनी; इसे बांधने का छींका; (*of gun*) बन्दूक का मुंह, नालमुख // *vt* पर छींका बांधना; मुंह बंद कराना, चुप कराना, (आवाज़) दबाना

my (माइ) *a* मेरा, अपना; मेरे, अपने; **my house/car/gloves** मेरा मकान/मेरी कार/मेरे दस्ताने; **I've washed my hair** मैंने अपने बाल धो लिए हैं; **I've cut my finger** मेरी उंगली कट गई है

myna(h) ('माइन्अ) *n* मैना

myopia (माइ'ओपिअ) *n* निकट-दृष्टिता, दूर की चीज़ें ठीक से न देख पाना

myriad ('मिरिअड) *a* असंख्य

myself (माइ'सेल्फ़) *pronoun* (*reflexive*) (व्याकरण में उत्तम पुरुष के लिए) स्वयं; (*emphatic*) स्वयं भी; स्वयं ही; (*after prep*) अपने (लिए, पर आदि); **oneself** भी देखिए

mysterious (मिस्'टिअरिअस) *a* रहस्यमय

mystery ('मिस्टरि) *n* रहस्य, भेद, मर्म

mystic ('मिस्टिक) *n* रहस्यानुभवी; रहस्यवादी, व्यक्ति जो प्रार्थना, ध्यान आदि द्वारा ईश्वरीय व आत्मिक ज्ञान खोजता है // *a* गूढ़ अर्थ सम्बंधी विशे॰ धार्मिक संदर्भ में; **mysticism** *n* रहस्यवाद

mystify ('मिस्टिफ़ाइ) *vt* रहस्यमय बना देना; (*puzzle*) उलझा देना, चकरा देना

myth (मिथ) *n* पौराणिक कथा, मिथक; मनगढ़ंत कथा; काल्पनिक व्यक्ति, वस्तु; **mythical** *a* काल्पनिक; **mythological** *a* पौराणिक; **mythology** *n* पौराणिक कथा समूह, पुराणशास्त्र

N

n/a *not applicable* का संक्षेप

nab (नैब) *vt* अपराधी को गिरफ़्तार करना; अचानक पकड़ना, धर लेना

nadir ('नेडिअर) *n* अधोबिन्दु (शीर्ष-बिंदु का विलोम); (*fig*) सबसे नीची स्थिति

nag (नैग) *vt* (*person*) लगातार परेशान करना, सिर खाना; **nagging** *a* (*doubt, pain*) लगातार परेशान करने वाला संदेह, दर्द

nail (नेल) *n* नाखून; कील // *vt* कील ठोंकना या लगाना, जकड़ देना; **to fight tooth and nail** डटकर मुक़ाबला करना; **to hit the nail on the head** पते की/बिलकुल ठीक बात कहना; **to nail sb down to a date/price** किसी से एक ही तारीख़/एक दाम पक्का करा लेना; **nailbrush** *n* नाखून साफ़ करने का बुरुश; **nailfile** *n* नाखून घिसने की रेती; **nail polish** *n* नाखून पालिश; **nail polish remover** *n* नाखून पालिश साफ़ करने का तरल पदार्थ; **nail scissors** *npl* नाखून काटने की छोटी कैंची; **nail varnish** *n* (*Brit*) = **nail polish**

naïve (नाइ'ईव़) *a* सीधा, निष्कपट, भोला; जिसमें बनावट न हो; **naïveté** *n* (नाईव़'टे) भोलापन, अकृत्रिमता

naked ('नेकिड) *a* नंगा, बिना ढंका, खुला, उघड़ा हुआ

name (नेम) *n* नाम; ख्याति; गौरव; वंश; प्रसिद्ध व्यक्ति // *vt* नाम रखना; नाम देना; उपाधि देना; नियुक्ति करना; ज़िक्र करना; (*price, date*) निश्चित या निर्धारित करना; **by name** नाम से; **nameless** *a* (*witness, contributor*) अनाम; अकथनीय, अत्यंत भयावना या घृणित; अज्ञात; **namely** *ad* अर्थात्, यानि, **namesake** *n* हमनाम, समनाम

nanny ('नैनि) *n* आया

nap (नैप) *n* झपकी; **to be caught napping** कुछ अचानक घटित होने पर (जैसे युद्ध, निरीक्षण आदि) उस के लिए तैयार न होना

napalm ('नेपाम) *n* बमों आदि में प्रयुक्त जमा हुआ पेट्रोल जो अत्यंत ज्वलनशील होता है

nape (नेप) *n* : **nape of the neck** गर्दन का पिछला भाग, घाटिका, गुद्दी

naphtha ('नैफ़्थ्अ) *n* कोयले से निकला ज्वलनशील तेल, नैफ़्था; **naphthalene** ('नैफ़्थलीन) *n* गर्म कपड़ों में डालने की कीटनाशक सफ़ेद गोलियां, फ़िनाइल की गोलियां

napkin ('नैप्किन) *n* काग़ज़ या कपड़े का बड़ा रूमाल, नैपकिन, छोटा तौलिया

nappy ('नैपि) *n* (*Brit*) तौलिये के कपड़े अथवा मुलायम काग़ज़ का पोतड़ा,

लंगोट (*gen pl*); **nappy rash** *n* : **to have nappy rash** लंगोट बांधने के कारण दाने पड़ना

narcissus, *pl* **narcissi** (नार्'सिसस, नार्'सिसाइ) *n* नरगिस (का फूल); **narcissism** ('नार्सिसिज़्म) *n* अत्यधिक या असामान्य आत्ममोह, अपने आप से प्यार

narcotic (नार्'कॉटिक) *n* (*drug*) नशीली दवा; (*MED*) औषधि रूप में प्रयुक्त नींद लाने वाली दवा, स्वापी // *a* स्वापक

narrate (न'रेट) *vt* वर्णन करना, बताना, (कहानी) सुनाना; **narration** (न'रेशन) *n* कथन, वर्णन; **narrator** *n* कथाकार

narrative ('नैरटिव़) *n* वर्णन, कथा // *a* कथात्मक

narrow ('नैरो) *a* संकीर्ण, तंग; (*fig*) सीमित; बहुत कम (बहुमत आदि) // *vi* (रास्ता, नहर आदि) तंग होना; **to have a narrow escape** बाल-बाल बचना; **to narrow sth down to** (*choice etc*) तक सीमित रखना; **narrowly** *ad* : **he narrowly missed injury/the tree** वह घायल होते-होते बचा/उसने मुश्किल से पेड़ से टक्कर बचाई; **narrow-minded** *a* अनुदार, संकीर्ण विचारों वाला

nasal ('नेज़ल) *a* नाक का

nascent ('नैसंट) *a* नवजात, जायमान; उदीयमान

nasty ('नास्टि) *a* (*person*) अप्रिय, गंदा; खीज पैदा करने या गुस्सा दिलाने वाला; (*smell*) अप्रिय (गंध); (*wound, situation*) गंभीर, बहुत ख़राब, परेशानी वाली (स्थिति)

natal ('नेटल) *a* जन्म-सम्बन्धी

nation ('नेशन) *n* राष्ट्र; कौम, जाति

national ('नैशन्ल) *a* राष्ट्रीय, सार्वजनिक // *n* राष्ट्र का नागरिक; **national dress** *n* राष्ट्रीय पहनावा; **National Health Service (NHS)** *n* (*Brit*) राष्ट्रीय स्वास्थ्य सेवा; **National Insurance** *n* (*Brit*) राष्ट्रीय बीमा व्यवस्था; **nationalism** *n* राष्ट्रवाद, स्वाधीनता के लिए आंदोलन; **nationality** (नैश'नैलिटि) *n* राष्ट्रीयता, राष्ट्रिकता; नागरिकता; **nationalization** (नैशनलाइ'ज़ेशन) *n* (उद्योग आदि का) राष्ट्रीयकरण; **nationalize** *vt* राष्ट्रीयकरण करना; **nationally** *ad* राष्ट्रीय आधार पर, सारे राष्ट्र में

nation-wide ('नेशन्वाइड) *a* राष्ट्रव्यापी, देशव्यापी (हड़ताल) // *ad* देश भर में

native ('नेटिव़) *n* जन्मतः किसी स्थान में पाये जाने वाले (पौधे, प्राणी, पक्षी); (*in colonies*) मूल निवासी // *a* प्राकृतिक अवस्था में (धातु); (*country*) स्वदेश; (*ability*) सहज, स्वाभाविक; **a native of Russia** रूस का मूल

निवासी; **a native speaker of French** फ्रैंच का देशीय भाषा-भाषी (जिसकी मातृभाषा फ्रैंच हो); **native language** *n* देशीय भाषा

NATO ('नेटो) *n* *North Atlantic Treaty Organization* का संक्षेप

natural ('नैच्रल) *a* प्राकृतिक, स्वाभाविक; **natural gas** *n* प्राकृतिक गैस (भूगर्भ से प्राप्त मीथेन गैस); **naturalize** *vt* नागरिकता प्रदान करना; (*plant*) नये वातावरण (मौसम आदि) के अनुकूल बनाना; **to become naturalized** (*person*) किसी देश का नागरिक बन जाना; **naturally** *ad* स्वाभाविक ढंग से; निस्सन्देह

nature ('नेचर) *n* स्वभाव, प्रकृति; प्रकार; स्वरूप; तत्व, सृष्टि, (संसार की विभिन्न क्रियाओं को नियंत्रित करने वाली शक्ति), प्रकृति, भौतिक संसार; प्राकृतिक दृश्य, स्थान, पेड़-पौधे अपने सुंदर मूल रूप में; **by nature** स्वभाव से

naught (नॉट) *n* = **nought**

naughty ('नाटि) *a* (*child*) नटखट, शरारती; (*story, film*) हल्की-सी अश्लील, भद्दी

nausea ('नॉसिअ) *n* मितली, उबकाई; **nauseate** ('नासिएट) *vt* मितली लाना, जी खराब करना

nautical ('नॉटिकल) *a* समुद्री, नौ- (जहाज़, नाविक, सामुद्रिक विषय-वस्तुओं के लिए प्रयुक्त); **nautical mile** *n* समुद्री मील = 1852 मीटर के बराबर

naval ('नेव्ल) *a* नौसेना विषयक; **naval officer** *n* नौसेना अधिकारी

nave (नेव़) *n* (गिरजाघर का) मध्यभाग

navel ('नेव्ल) *n* नाभि, तुन्दी

navigate ('नैविगेट) *vt* (जहाज़ अथवा वायुयान से) पार करना // *vi* जहाज़ आदि का मार्गनिर्देशन करना या चलाना; **navigation** (नैवि'गेशन) *n* जहाज़, नौका, वायुयान आदि के संचालन, मार्ग-निर्देशन सम्बंधी विज्ञान, जहाज़रानी; नौयात्रा; **navigator** *n* (नौ) चालक

navvy ('नैवि) *n* (*Brit*) सड़कों, रेलवे लाइनों पर काम करने वाला मज़दूर, बेलदार

navy ('नेवि) *n* नौसेना; **navy (-blue)** *a* गहरा नीला

nay (ने) *ad obs* नहीं

Nazi ('नात्सि) *n* नाज़ी; **Nazism** ('नात्सिइज़म) *n* नाज़ी-सिद्धांत

NB (= *nota bene*) (कृपया नोट कीजिए) का संक्षेप

NCO *n* **non commissioned officer** का संक्षेप

neap (नीप) *a* नीचा; **neap tide** *n* लघु ज्वार-भाटा

near (निअर) *a* निकट, समीप का; नज़दीकी (रिश्तेदार), मुश्किल से (बचाव); कंजूस; बांयी ओर (गाड़ियें, घोड़े आदि के लिए) // *ad* निकट, पास, करीब-करीब // *prep* (**near to** भी)

निकट // *vt* पास जाना; **nearby** *a* निकट के // *ad* निकट ही, पास में; **nearly** *ad* प्रायः लगभग, तकरीबन; **I nearly fell** मैं गिरते-गिरते बचा; **near miss** *n* बाल-बाल बचने की स्थिति; (*when aiming*) ज़रा सा निशाना चूक जाना; **nearside** *n* (*AUT* : *right-hand drive*) सड़क के किनारे की ओर वाले वाहन का बायां पार्श्व (बग़ल); **near-sighted** *a* निकटदर्शी; दूर की वस्तुएं देखने में असमर्थ

neat (नीट) *a* (*person*) कुशल, दक्ष; सुव्यवस्थित; (*work*) सुरुचिपूर्ण, साफ़-सुथरा; (*room etc*) साफ़-सुथरा; (*solution, plan*) सही, अच्छा; (*spirits*) अमिश्रित, विशुद्ध (शराब); **neatly** *ad* सही व अच्छी तरह से; दक्षता से

nebula, *pl* **nebulae** ('नेॅबुलअ, 'नेॅबुली) *n* (*ASTRONOMY*) आकाश में तारों की नीहारिका; **nebulous** *a* धूमिल, अस्पष्ट, अनिश्चित

necessarily ('नेॅसिस्‌रिलि) *ad* अनिवार्य रूप से

necessary ('नेॅसिस्‌रि) *a* आवश्यक, ज़रूरी; अनिवार्य

necessitate (नि'सेॅसिटेट) *vt* अनिवार्य बना देना, पर बाध्य कर देना

necessity (नि'सेॅसिटि) *n* आवश्यकता; ज़रूरत; आवश्यक वस्तु; अनिवार्यता

neck (नेॅक) *n* (*of horse, garment*) गर्दन; (*of bottle*) तंग भाग; दो चौड़े भागों के बीच में कोई भी तंग भाग // *vi* (*col*) गले लगना, लिपटना; **neck and neck** (प्रतियोगी) एकदम बराबर

necklace ('नेॅक्‌लिस) *n* गले का हार, नेकलेस, कण्ठी

neckline ('नेॅक्‌लाइऩ) *n* (कुर्ते आदि का) गला

necktie ('नेॅक्‌टाइ) *n* टाई

nectar ('नेॅक्टर) *n* अमृत, सुधा; फूलों का रस, मकरंद

need (नीड) *n* अभाव, कमी; आवश्यकता // *vt* की आवश्यकता होना; का अभाव होना; **to need to do** करने की आवश्यकता होना; करना आवश्यक होना; **you don't need to go** तुम्हें जाने की ज़रूरत नहीं; **needful** *a* आवश्यक

needle ('नीड्‌ल) *n* सुई, बुनने की सलाई; सूचक-यंत्र, रिकार्ड-प्लेयर की सुई; देवदार आदि की नुकीली पत्ती; (*col*) इंजेक्शन लगाने की सिरिंज // *vt* चिढ़ाना

needless ('नीड्‌लिस) *a* अनावश्यक, निरर्थक

needlework ('नीड्‌ल्‌वर्क) *n* (*activity*) कशीदाकारी, सिलाई; (*object*) कशीदा की हुई वस्तु

needn't (नीड्‌ंट) = **need not**

needy ('नीडि) *a* निर्धन, ज़रूरतमन्द

nefarious (नि'फ़ेअरिअस) *a* दुष्ट, घृणित

negate (नि'गेट) *vt* खण्डन करना, व्यर्थ कर देना; **negation** (नि'गेशन) *n* खण्डन, प्रतिवाद; इनकार

negative ('नॅगटिव़) *n* (*PHOT*) निगेटिव प्लेट, प्रतिचित्र; (*ELEC*) ऋणात्मक विद्युत चार्ज; (*LING*) नहीं अर्थ वाले शब्द या वाक्य // *vt* खण्डन करना; अस्वीकार करना // *a* नकारात्मक (उत्तर)

neglect (नि'ग्लॅक्ट) *vt* अवहेलना करना, का ध्यान न रखना; की देख-भाल न करना, (कर्त्तव्य आदि) न करना; उपेक्षा करना; छोड़ देना // *n* (*of person, duty, garden*) अवहेलना, उपेक्षा; अनादर

negligee ('नॅग्लिझे) *n* स्त्रियों का ढीला, पतला रात्रि वस्त्र, ड्रेसिंग गाउन

negligence ('नॅग्लिजन्स) *n* लापरवाही, असावधानी; उपेक्षा; **negligent** *a* असावधान

negligible ('नॅग्लिजबल) *a* नाममात्र को, नहीं के बराबर, महत्वहीन

negotiate (नि'गोशिएट) *vi* समझौते के लिए बातचीत करना, मोल-तोल करना // *vt* बात-चीत द्वारा समझौता करना; बेचना; (चैक, हुण्डी आदि) हस्तांतरित करना; (बाधा) पार करना; **negotiable** (नि'गोशब्ल) *a* जिस पर समझौता किया जा सके; पारणीय, हस्तांतरण योग्य (चैक आदि); **negotiation** (निगोशि'-एशन) *n* समझौता वार्ता; मोल-तोल; चैक आदि का हस्तांतरण

Negro ('नीग्रो) *a* (*gen*) नीग्रो विषयक; (*music, arts*) नीग्रो जाति का (संगीत, कला) // *n* (*pl* : **Negroes**) नीग्रो, हब्शी

neigh (ने) *vi* (घोड़े का) हिनहिनाना

neighbour, (*US*) **neighbor** ('नेबर) *n* पड़ौसी; **neighbourhood** *n* पड़ौस, पड़ौस का क्षेत्र व वहां के निवासी; **neighbouring** *a* निकटवर्ती, समीपवर्ती; **neighbourly** *a* पड़ौसी जैसे (सम्बंध आदि); मिलनसार, मैत्रीपूर्ण, सहायता को तत्पर

neither ('नाइदर) *a, pron* दोनों में से कोई भी नहीं // *cj* : **I didn't move and neither did Raman** न मैं हिला और न रमण; ..., **neither did I refuse** ..., और न मैंने मना किया // *ad* : **neither good nor bad** न अच्छा न बुरा

Nemesis ('नॅमिसिस) *n* प्रतिशोध (की देवी); दण्ड

neo- *comb form* नव-

neon ('नीऑन) *n* एक अक्रिय गैस, नीआन; **neon light** *n* इस गैस के प्रयोग से उत्पन्न बिजली का प्रकाश

nephew ('नॅव्यू) *n* भतीजा, भानजा

nepotism ('नॅपटिज़्म) *n* कुनबापरस्ती, भाई-भतीजावाद

Neptune ('नेप्ँचून) *n* वरुण देवता; नेपचून नक्षत्र

nerve (नर्व) *n* स्नायु, नस; (*fig*) आत्म-विश्वास, संकट में शांत रहना, धैर्य, साहस; **nerves** *npl* चिड़चिड़ापन, शीघ्र आशंकित या उत्तेजित होने की स्थिति; **to have a fit of nerves** बौखला जाना व पागल सा हो जाना; **nerve-racking** *a* अत्यंत कष्टप्रद (विशे॰ मानसिक रूप से)

nervous ('नर्व़स) *a* उत्तेजित; आशंकित; अधीर, चिंतित; स्नायु-सम्बन्धी; **nervous breakdown** *n* मानसिक व भावात्मक संतुलन का भंग हो जाना, भावात्मक विकार, तंत्रिका-भंग

nest (नेस्ट) *n* घोंसला, रहने का शांत, सुखदायी स्थान // *vi* घोंसला बनाना; बसेरा करना; **nest egg** *n* (*fig*) जमापूंजी, सुरक्षित धन (का कोष)

nestle ('नेस्ल) *vi* सुख से बस जाना या बसा होना (प्राय: किसी स्थान आदि के निकट); से लगा होना

nestling ('नेस्ट्लिंग, 'नेस्लिंग) *n* चिड़िया का बच्चा (जो घोंसला नहीं छोड़ सकता)

net (नेंट) *n* जाल // *a* (*profit*) कटौतियों, खर्चों आदि के बाद शुद्ध लाभ // *vt* जाल बिछाना या जाल में पकड़ना (मछली आदि); फंसाना; **netball** *n* बास्कटबाल जैसा एक खेल; **net curtains** *npl* जालीदार परदे

nether ('नेंदर) *a* निचला

nett (नेंट) *a* = **net**

netting ('नेटिङ) *n* (*for fence etc*) रस्सी या तार का जाल

nettle ('नेट्ल) *n* बिच्छू-बूटी // *vt* तंग करना, उत्तेजित करना, चिढ़ाना

network ('नेट्वर्क) *n* रेलों, नहरों आदि का जाल, सुसम्बद्ध लोगों या वस्तुओं का संगठन या व्यवस्था; रेडियो प्रसारण में रेडियो या टी॰वी॰ स्टेशनों का वर्ग जो एक ही समय पर कोई एक कार्य-क्रम प्रसारित करने के लिए जुड़े हों

neurotic (न्युअ'रॉटिक) *a* मानसिक असंतुलन से पीड़ित; अत्यधिक संवेदन-शील // *n* ऐसा व्यक्ति

neuter ('न्यूटर) *a* नपुंसक (लिंग) // *n* नपुंसक लिंगी शब्द, नपुंसक लिंग // *vt* खस्सी करना, (घरेलू मादा जानवरों का) अण्डाशय निकालना

neutral ('न्यूट्रल) *a* तटस्थ, उदासीन, निरपेक्ष, अनिश्चित // *n* तटस्थ देश; तटस्थ देशवासी; (*AUT*) इंजन से असम्बद्ध/न जुड़ा गीयर; **neutrality** (न्यू'ट्रैलिटि) *n* तटस्थता; **neutralize** *vt* प्रभावहीन करना; बराबर करना

neutron ('न्यूट्रॉन) *n* न्यूट्रॉन, परमाणु का एक कण; **neutron bomb** *n* आणविक बम जो केवल मनुष्यों को नष्ट करेगा, इमारतों को नहीं

never ('नेव़र) *ad* कभी नहीं, कदापि नहीं; **never in my life** मेरे जीवन में

कभी नहीं; **mind** भी देखिए; **never-ending** *a* अंतहीन; **nevertheless** (नेवर्द्अ'लेस) *ad* फिर भी, तथापि

new (न्यू) *a* नवीन, नया; ताज़ा, अनजाना, अपरिचित, अनोखा; **newborn** *a* नवजात; **newcomer** ('न्यूकमर) *n* नवागन्तुक; **new-fangled** ('न्यूफ़ैंगल्ड) *a* (*offens*) नये ढंग के (विचार आदि); **new-found** *a* कुछ ही समय पहले प्राप्त (विशेषता, योग्यता) या बने (मित्र); **newly** *ad* अभी-अभी (प्राप्त); **newly-weds** *npl* नव-दम्पत्ति

news (न्यूज़) *n* (*RADIO, TV*) समाचार, खबर; नयी जानकारी; **a piece of news** एक खबर; **news agency** *n* समाचार एजेन्सी; **newsagent** *n* समाचार-पत्र वितरण कर्ता व विक्रेता; **newscast** *n* समाचार प्रसारण; **newscaster** *n* समाचार प्रसारक/पढ़ने वाला; **newsdealer** *n* (*US*) = **newsagent**; **newsflash** *n* प्रायः कार्यक्रम के बीच दिया जाने वाला संक्षिप्त समाचार; **newsletter** *n* सूचना-पत्र; **newspaper** *n* समाचार-पत्र; **newsprint** *n* अखबारी काग़ज़; **newsreader** *n* = **newscaster**; **newsreel** *n* समाचार-दर्शन, समाचार-चित्र (फ़िल्म); **newsroom** *n* कमरा जिसमें समाचार प्रकाशन या प्रसारण के लिए प्राप्त होते हैं; समाचार कक्ष; **news stand** *n* समाचार-पत्र विक्रेता स्टाल; **newsworthy** *a* समाचार रूप में देने योग्य (घटना आदि)

newt (न्यूट) *n* एक छोटा जलस्थलचर पूंछ वाला जीव, सरटिका

New Year ('न्यूयिअर) *n* नव-वर्ष; **New Year's Day** *n* नव-वर्ष का प्रथम दिन; **New Year's Eve** *n* नव-वर्ष की पूर्वसन्ध्या

next (नेंक्स्ट) *a* (*seat, room*) अगला; निकटतम // *ad* इसके बाद; **the next day** अगले दिन; **next year** आगामी वर्ष; **when do we meet next?** अब हम कब मिलेंगे ?; **next door** *ad* साथ का/पास का (मकान); **next-of-kin** *n* निकटतम सम्बंधी; **next to** *prep* के बाद/से नीचे; **next to nothing** न के बराबर

nexus ('नेंक्सस) *n* सम्बंध, जोड़

NHS *n* = **National Health Service**

nib (निब) *n* निब; चिड़िया की चोंच

nibble ('निब्ल) *vt, vi* कुतरना // *n* छोटा सा (खाने का) कौर

nice (नाइस) *a* (*holiday, trip*) रुचिकर, सुखद; (*flat, picture*) अच्छा; (*person*) सहृदय, (*distinction, point*) बारीक (फ़र्क, बात); **nice-looking** *a* आकर्षक; **nicely** *ad* अच्छी तरह से; ठीक से

niceties ('नाइसिटीज़) *npl* बारीकियां

niche (निच, नीश) *n* दीवार में आला;

जीवन में, जनता की नज़रों में उपयुक्त स्थान

nick (निक) *n* खांचा // *vt* (*col*) चुराना; **in the nick of time** बिल्कुल ठीक समय (अंतिम क्षण) पर (पहुंचना)

nickel ('निक्ल) *n* निकल धातु; (*US*) पांच सैंट का सिक्का

nickname ('निक्नेम) *n* उपनाम; प्यार का नाम // *vt* प्यार से कोई नाम रखना

nicotine ('निकटीन) *n* तम्बाकू का विषैला तरल पदार्थ, निकोटीन

niece (नीस) *n* भतीजी, भानजी

niggard ('निगर्ड) *n* कंजूस, घटिया व्यक्ति

nigger ('निगर) *n* (*col : highly offensive*) नीग्रो, हब्शी

niggling ('निग्लिंग) *a* लगातार खीज दिलाने वाली, परेशान करने वाली (टिप्पणी आदि)

night (नाइट) *n* रात, रात्रि; संध्या **at night** रात को; **by night** रात में; **the night before last** परसों रात को; **nightcap** *n* सोने से पहले पी गयी शराब; **nightclub** *n* रात को नाच-गान आदि के लिए स्थान, नाइट-क्लब; **nightdress** *n* स्त्रियों की रात को पहनने की ढीली-ढाली पोशाक; **nightfall** *n* सन्ध्याकाल, झुटपुटा; **nightgown** *n*, **nightie** ('नाइटि) *n* स्त्रियों या बच्चों का रात को पहनने का लम्बा ढीला लबादा

nightingale ('नाइटिंगेल) *n* बुल-बुल

night life *n* किसी नगर की रात्रि की चहल-पहल (मनोरंजन के साधन आदि)

nightly ('नाइट्लि) *a* रात्रि-कालीन; रात में होने वाला // *ad* रात को

nightmare ('नाइट्मेअर) *n* डरा-वना सपना, दुःस्वप्न; भयानक अनुभव

night : night porter *n* होटल के मुख्य स्वागत-कक्ष पर रात्रि को तैनात व्यक्ति; **night school** *n* संध्या-कालीन प्रौढ़-शिक्षा केन्द्र; **night shift** *n* (फ़ैक्टरी आदि में) रात्रि-पारी; **night-time** *n* रात्रिकाल, रात का अंधेरा

nil (निल) *n* शून्य, कुछ नहीं; (*Brit SPORT*) खेल में शून्य स्कोर (गोल)

nimble ('निम्ब्ल) *a* फुरतीला, चुस्त, तेज़, दक्ष, कुशल

nine (नाइन) *num* नौ; **nineteen** *num* उन्नीस; **ninety** *num* नब्बे

ninetieth ('नाइंटिअथ) *num* नब्बेवां

ninth (नाइंथ) *num* नौवां

nip (निप) *vt* जोर से दबाना, चुटकी काटना; दबा कर काट लेना (अलग कर लेना); काटना, पौधों की छंटाई करके उनका विकास रोकना

nipple ('निप्ल) *n* (*ANAT*) स्तन

nitrogen 449 non-

का अगला भाग, चूची; इसके आकार-प्रकार की वस्तु

nitrogen ('नाइट्रजन) *n* नाइट्रोजन गैस

KEYWORD

no (नो) ♦ *ad* नहीं, न; **are you coming? - no (I'm not)** क्या तुम आ रहे हो? - नहीं (मैं नहीं आ रहा); **would you like some more? no, thank you** आप थोड़ा और लेंगे? जी नहीं, शुक्रिया

♦ *a* (*not any*) कोई नहीं, एक भी नहीं, बिल्कुल नहीं; **I have no money/books** मेरे पास बिल्कुल भी पैसे/कोई भी किताबें नहीं हैं; **no student would have done it** इसे कोई भी विद्यार्थी नहीं कर पाता; **'no smoking'** 'यहां धूम्रपान मना है'; **'no dogs'** 'यहां कुत्ते लाना मना है'

♦ *n* (*pl* **noes**) प्रतिकूल मत या मतदाता

nobility (नो'बिलिटि) *n* सामंतवर्ग; कुलीनता; उच्चता, श्रेष्ठता

noble ('नोब्ल) *a* कुलीन वर्ग का; उच्च गुणों, योग्यताओं वाला; प्रभावशाली; श्रेष्ठ, उदात्त

nobody ('नोबडि) *pronoun* कोई नहीं // *n* नगण्य (व्यक्ति)

nocturnal (नॉक्'टर्नल) *a* रात का; रात में सक्रिय, निशाचर (जीव)

nod (नॉड) *vi* सहमति या आदेश देने के लिए सिर हिलाना; झपकी लेना, ऊंघना // *vt* : **to nod one's head** सिर हिलाना; (*in agreement*) सिर हिला कर सहमति प्रकट करना // *n* सहमति; आदेश; **to nod off** *vi* ऊंघते-ऊंघते सो जाना

nodule ('नॉड्यूल) *n* छोटी सी गांठ

noise (नॉइज़) *n* आवाज़, ध्वनि, शोर-गुल, कोलाहल, हो-हल्ला; चर्चा; **noiseless** *a* शांत, मौन, चुप; **noisy** *a* शोरभरा, कोलाहलपूर्ण

nomad ('नोमैड) *n* ख़ानाबदोश, यायावर, बंजारा; **nomadic** (नो'मैडिक) *a* ख़ानाबदोशी का

nomenclature (नो'मेंन्क्लचर) *n* विज्ञान-विशेष आदि की नामावली, पारिभाषिक शब्दावली

nominal ('नॉमिन्ल) *a* नाममात्र (का); (फ़ीस आदि) बहुत कम; (*value*) नगण्य; नाम-सम्बंधी; **nominally** *ad* नाममात्र को, वास्तव में नहीं

nominate ('नॉमिनेट) *vt* मनोनीत करना, नामज़द करना; चुनना; नियुक्त करना; **nomination** (नॉमि'नेशन) *n* नामांकन

nominee (नामि'नी) *n* नामज़द उम्मीदवार या प्रतिनिधि

non- *prefix* **non-** लगाने से शब्द का विलोम बनता है; **non-alcoholic** *a* अल्कोहल-रहित; **non-committal** (नान्क'मिट्ल) *a* अनिश्चित, (उत्तर)

जिसमें "हां" या "न" न हो

nonaligned (नान्'अलाइंड) *a* गुट-निरपेक्ष

nonchalant ('नॉन्शलंट) *a* अनासक्त, उदासीन, भावहीन, लापरवाह, जो दिलचस्पी न ले

noncommissioned officer (NCO) *n* (*MIL*) अवर अफ़सर, साधारण सैनिक से बना अफ़सर, एन.सी.ओ.

nondescript ('नॉन्डिस्क्रिप्ट) *a* अवर्गीकृत; जिसकी (वर्णन योग्य) कोई विशिष्टता न हो, या जिसका निश्चित स्वरूप न हो

none (नन) *pronoun* कोई नहीं, कोई भी नहीं; **none of you** तुममें से कोई भी नहीं; **I've none left** मेरे पास एक भी नहीं बचा है; **he's none the worse for it** इससे उसे कोई फ़र्क नहीं पड़ा है/इससे कोई नुकसान नहीं हुआ है

nonentity (नॉ'नेंण्टिटि) *n* नगण्य व्यक्ति, व्यक्ति जिसका कोई महत्व न हो, वस्तु जिसका अस्तित्व न हो

nonetheless (नन्दद'लेंस) *ad* फिर भी

non : non-existent *a* काल्पनिक, ख़याली; **non-fiction** *n* कथा-साहित्य के अतिरिक्त साहित्य, कथेतर साहित्य

nonflammable (नॉन्'फ़्लैमब्ल) *a* अज्वलनशील

nonplussed (नॉन्'प्लस्ट) *a* परेशानी में, चकित, किंकर्तव्यविमूढ़

nonsense ('नॉन्सन्स) *n* अर्थहीन बातें, अनाप-शनाप, बकवास, मूर्खतापूर्ण व्यवहार; **nonsense!** बकवास !; **nonsensical** *a* निरर्थक; असंगत; मूर्खतापूर्ण, अनर्गल

non : non-smoker *n* धूम्रपान से परहेज़ करने वाला; **non-stick** *a* निर्लेप, बर्तन जिसमें भोजन न चिपके; **non-stop** *a* सीधी, बिना रुके जाने वाली (बस, गाड़ी आदि) // *ad* अविराम, निरंतर

noodles ('नूडल्ज़) *npl* नूडल (खाद्य-पदार्थ)

nook (नुक) *n* : **nooks and crannies** कोना, स्थान

noon (नून) *n* दोपहर; **noonday** *n* दोपहर

no one ('नोवन) *pronoun* = **nobody**

noose (नूज़) *n* फन्दा, जाल; फांसी का फन्दा

nor (नॉर) *cj* = **neither** // *ad* दे. **neither**

norm (नॉर्म) *n* मानक, मानदण्ड, प्रतिमान

normal ('नार्मल) *a* सामान्य, साधारण; नियमित // *n* (*GEOM*) अभिलम्ब; **normally** *ad* सामान्यतया, आमतौर पर

north (नॉर्थ) *n* उत्तर दिशा; उत्तरी भाग

// *a* उत्तरी // *ad* उत्तर की ओर, उत्तर में; **North America** *n* उत्तरी अमरीका; **north-east** *n* उत्तर-पूर्व; **northerly** ('नॉर्दलि) *a* उत्तरीय; **northern** ('नॉर्दन) *a* उत्तरी; **North Pole** *n* उत्तरी ध्रुव; **North Sea** *n* ब्रिटेन और उत्तरी योरुप के बीच का समुद्र; **northward(s)** ('नार्थ्‌वड्ज़्) *ad* उत्तर की ओर; **north-west** *n* उत्तर-पश्चिम

nos. = **numbers**

nose (नोज़) *n* नाक, नासिका, थूथनी; (*fig*) आगे निकला हुआ नुकीला भाग, जैसे जहाज़ या वायुयान का अग्रभाग // *vi* : **to nose about** ताक-झांक करना, टोह लेना; **nose-dive** *n* वायुयान का सीधा नीचे आना; **nosey** *a* = **nosy**

nostalgia (नॉस्'टैल्जिअ) *n* भूत-काल का समय, घटनाएं याद आना, उनकी पुनरावृत्ति की इच्छा; घर की याद आना, गृहातुरता; **nostalgic** *a* गृहातुर

nostril ('नॉस्ट्रिल) *n* नथुना, नासा-छिद्र

nosy ('नोज़ि) *a* कुतुहली, जानने को उत्सुक (विशे॰ पराए भेद)

nostrum ('नॉस्ट्रम) *n* कठवैद या नीम-हकीम की दवा; गुप्त औषधि, घरेलू नुस्ख़ा

not (नॉट) *ad* नहीं, न, मत; **he is not** *or* **he isn't here** वह यहां नहीं है; **you must not** *or* **you mustn't do that** तुम्हें ऐसा नहीं करना चाहिए; **it's too late, isn't it** *or* **is it not?** बहुत ज्यादा देर हो गयी है न ?; **not yet/now** अभी/अब नहीं; **not at all** बिलकुल नहीं; **all, only** भी दे॰

nota bene ('नोट्‌अ 'बीन्‌अ) *Lat n* ध्यान दीजिए

notable ('नोटब्‌ल) *a* ध्यान देने, स्मरण रखने योग्य; उल्लेखनीय // *n* विशिष्ट, प्रख्यात (व्यक्ति)

notably ('नोटब्‌लि) *ad* विशेष रूप से

notary ('नोटरि) *n* (**notary public** भी) अदालत के लिए अनुबंध, विलेख आदि तैयार करने वाला, लेख्य प्रमाणक, नोटरी

notation (नो'टेशन) *n* अंकन पद्धति, संकेतचिन्ह

notch (नॉच) *n* V-आकृति का खांचा; (*col*) चरण; श्रेणी

note (नोट) *n* संक्षिप्त टिप्पणी या विवरण; छोटा पत्र; (बैंक) नोट (जैसे 10 रुपये का नोट); स्वर चिन्ह; एकल स्वर; चिन्ह, संकेत; सूचना; ख्याति; ध्यान; (दफ्तर में) नोट // *vt* ध्यान देना, देखना; (**note down** भी) नोट करना; **notebook** *n* नोटबुक; **noted** ('नोटिड) *a* विख्यात, नामी; **notepad** *n* नोट करने या पत्र लिखने की कापी, नोट पैड; **notepaper** *n* पत्र लिखने का काग़ज़; **notes** *npl*

भविष्य में उपयोग के लिए संक्षिप्त विवरण; **noteworthy** *a* ध्यान देने योग्य; असाधारण

nothing ('नथिङ) *n* कुछ नहीं; शून्य; **he does nothing** वह कुछ नहीं करता; **nothing new** कोई नयी बात/चीज़ नहीं; **for nothing** (*free*) मुफ़्त

notice ('नोटिस) *n* ध्यान; (*of leaving*) सूचना, नोटिस; अधिसूचना, चेतावनी; अनुबंध समाप्त करने, नौकरी से निकालने आदि की पूर्वसूचना; समीक्षा // *vt* देख लेना, उल्लेख करना; **to take notice of** देख लेना, पर ध्यान देना; **to bring sth to sb's notice** किसी बात पर किसी का ध्यान दिलाना; **at short notice** थोड़ी सी पूर्वसूचना पर (कोई कार्य आदि करना); **until further notice** अगली सूचना तक; **to hand in one's notice** नौकरी छोड़ने के निश्चय की लिखित सूचना दे देना/नोटिस दे देना; **noticeable** *a* सुस्पष्ट; ध्यान आकर्षित करने वाला, सहज में दिखाई पड़ने वाला; **notice board** *n* नोटिस बोर्ड, सूचनापट्ट

notify ('नोटिफ़ाइ) *vt* : **to notify sth to sb** किसी बात की किसी को औपचारिक सूचना देना/अधिसूचना देना; **to notify sb of sth** किसी को किसी बात की सूचना देना

notion ('नोशन) *n* (*concept*) धारणा, विचार; सनक; **notional** *a* मीमांसात्मक, अभिप्रायात्मक, काल्पनिक, केवल विचारों में; अमूर्त

notorious (नो'टॉरिअस) *a* कुख्यात, बदनाम; **notoriety** (नोट'राइटि) *n* कुख्याति, बदनामी

notwithstanding (नॉट्‌विथ्'स्टैंडिङ) *ad* फिर भी, तथापि // *prep* के होते हुए भी, के बावजूद // *cj* यद्यपि

nought (नॉट) *n* कुछ नहीं; शून्य

noun (नाउन) *n* संज्ञा

nourish ('नरिश) *vt* खिलाना; पोषण करना, पुष्ट करना; **nourishing** *a* पौष्टिक, पुष्टिकर (आहार); **nourishment** *n* पोषण, आहार

novel ('नॉव़ल) *n* उपन्यास // *a* नया, नूतन, अनूठा; **novelist** *n* उपन्यासकार; **novelty** *n* नवीनता, अनूठापन, अनूठी वस्तु

November (नो'व़ेम्बर) *n* नवम्बर मास

novice ('नॉव़िस) *n* नवशिष्य; धर्मसंघ में नवदीक्षित; नौसिखिया, अनाड़ी

now (नाउ) *ad* अब, अभी // *cj* : **now (that)** क्योंकि; **right now** इसी समय, इसी क्षण; **by now** अब तक; **just now** : **I saw her just now** मैंने उसे अभी-अभी देखा था; **I'll read it just now** मैं इसे अभी पढ़ता हूं; **now and then, now and again** कभी-कभी, जब-तब; **from**

now on अब से; **nowadays** ('नाउअडेज़) *ad* आजकल

nowhere ('नोवेॅअर) *ad* कहीं (भी) नहीं; कहीं का भी नहीं (रहना)

nowise ('नोवाइज़) *ad* किसी भी तरह नहीं, कदापि नहीं

noxious ('नॉक्शस) *a* विषैला, ज़हरीला, हानिकर

nozzle ('नॉज़ल) *n* टोंटी, चंचु विशे॰ रबड़ के पाइप (होज़) के सिरे पर

nuance (न्यू'आन्स) *n* सूक्ष्मभेद (रंग, स्वर आदि में)

nuclear ('न्यूक्लिअर) *a* (परमाणु का) नाभिकीय; **nuclear energy** *n* नाभिकीय विखण्डन से उत्पन्न ऊर्जा, परमाणु ऊर्जा

nucleus, *pl* **nuclei** ('न्यूक्लिअस, 'न्यूक्लिआइ) *n* केन्द्र; केन्द्रक, परमाणु का नाभिक

nude (न्यूड) *a* नग्न // *n* (*ART*) नग्न चित्र, प्रतिमा आदि; **in the nude** नग्न अवस्था में (चित्र बनवाना)

nudge (नज) *vt* कुहनी मारकर कोई संकेत देना, टहोका देना // *n* टहोका

nudist ('न्यूडिस्ट) *n* नग्न रहने की प्रथा का समर्थक व नग्न रहने वाला, नग्नवादी; **nudity** *n* नग्नता, नंगापन

nuisance ('न्यूसन्स) *n* : **it's a nuisance** यह तो एक परेशान करने वाली वस्तु (मुसीबत) है; **he's a nuisance** वह काफ़ी परेशान किए रहता है *or* वह बहुत उपद्रवी है; **what a nuisance!** क्या मुसीबत है !

null (नल) *a* : **null and void** रद्द व अमान्य

numb (नम) *a* सुन्न, जड़ीभूत // *vt* सुन्न कर देना

number ('नंबर) *n* संख्या, अंक, नंबर; (*LING*) वचन (एक-, बहु- आदि); गाना, संगीत का स्वर-समूह; प्रदर्शन; समूह; (*of house, car, telephone*) नम्बर; (*of newspaper*) अंक // *vt* अंक लगाना; गिनना; (*include*) में सम्मिलित करना; की संख्या तक पहुंचना; **a number of** अनेक; **to be numbered among** में गिनती होना; **they were seven in number** वे सात थे; **numberless** *a* असंख्य; **number plate** *n* (*AUT*) (कार आदि की) नम्बर-प्लेट

numeral ('न्यूमरल) *n* अंक, संख्यांक

numerate ('न्यूमरिट) *a* : **to be numerate** जो गणन, हिसाब-किताब में अंकों का प्रयोग कर सके

numerator ('न्यूमरेटर) *n* (*MATH*) (भिन्न में लाइन के ऊपर का) अंश

numerical (न्यू'मेरिकल) *a* संख्यात्मक

numerous ('न्यूमरस) *a* बहुत से

numismatic (न्यूमिज़'मैटिक) *a*

सिक्कों से सम्बन्धित

nun (नन) *n* मठवासिनी, (ईसाई धर्म में) साध्वी, भिक्षुणी

nuptial ('नप्शल) *a* वैवाहिक; **nuptials** *npl* विवाह, विवाह-संस्कार

nurse (नर्स) *n* नर्स, उपचारिका; परिचारिका, आया // *vt* (*patient*) सेवा-सुश्रूषा करना; (*illness*) आराम करके ठीक होने देना; (*baby : Brit*) गोद में लेना व झुलाना; (: *US*) दूध पिलाना; (क्षेत्र पर) विशेष ध्यान देना; (दुर्भाव) मन में रखना

nursery ('नर्सरि) *n* नर्सरी, शिशु-सदन; पौधाशाला, ज़ख़ीरा, नर्सरी; **nursery rhyme** *n* शिशुगीत; **nursery school** *n* शिशु स्कूल; **nursery slope** *n* (*Brit SKI*) स्कीइंग सीखने वालों के लिए हलका ढलान

nursing ('नर्सिङ) *n* (*profession*) नर्स का कार्य, परिचर्या; **nursing home** *n* उपचर्यागृह, नर्सिंग-होम; (वृद्धों के लिए) सेवा-सदन

nurture ('नर्चर) *vt* लालन-पालन करना, शिक्षा देना

nut (नट) *n* काबले आदि में कसने का नट, ढिबरी; (*fruit*) गिरीदार फल, मेवा (बादाम आदि); **he is nuts** (*col*) वह सनकी/खब्ती है; **nutcrackers** *npl* सरौता; **nutty** *a* (*col*) पागल, सनकी (**nuts** भी)

nutmeg ('नॅट्मॅग) *n* जायफल

nutrient ('न्यूट्रिअंट) *a* पोषक, पुष्टि-कर // *n* पोषक पदार्थ

nutrition (न्यू'ट्रिशन) *n* आहार, पोषण

nutritious (न्यू'ट्रिशस) *a* पौष्टिक, विकास में सहायक

nutshell ('नट्शॅल) *n* छिलका; **in a nutshell** संक्षेप में

nylon ('नाइलन) *n* नाइलान (कपड़ा) // *a* नाइलोन का बना

nymph (निम्फ़) *n* अप्सरा, सुन्दरी, परी (समुद्र, वन, पर्वतों आदि में)

O

oak (ओक) *n* बांज, शाहबलूत, बलूत का वृक्ष // *a* बलूत का बना

O.A.P. **old-age pensioner** का संक्षेप

oar (ओर) *n* चप्पू, डांड़; खेवैया

oasis, *pl* **oases** (ओ'एसिस, ओ'एसीज़) *n* नख़लिस्तान, मरूद्यान

oath (ओथ) *n* शपथ, सौगन्ध, कसम; गाली

oatmeal ('ओट्मील) *n* जई का दलिया

oats (ओट्स) *n* जई

OAU *Organization of African Unity* का संक्षेप

obedience (अ'बीडिअन्स) *n* आज्ञा-कारिता

obedient (अ'बिडिअंट) *a* आज्ञा-कारी, कर्त्तव्यपरायण

obeisance (ओ'बेसन्स) *n* झुककर प्रणाम, अभिवादन, नमन

obelisk ('ऑबिलिस्क) *n* शिलास्तंभ, सूचिस्तंभ

obese (ओ'बीस) *a* मोटा, स्थूल; **obesity** *n* मोटापा

obey (अ'बे) *vt* की आज्ञा मानना, के अनुसार काम करना // *vi* आज्ञा पालन करना

obituary (अ'बिट्युअरि) *n* निधन-सूचना; मृतक का जीवन वृत्तांत

object *n* ('ऑब्जिक्ट) पदार्थ, वस्तु, चीज़; विषय, पात्र (भावनाओं व क्रिया का केंद्र); उद्देश्य, लक्ष्य; (*LING*) कर्म // *vi* (अब्'जेक्ट) : **to object to** (*attitude*) पर आपत्ति उठाना; (*proposal*) का विरोध करना; **expense is no object** खर्चे की कोई बात नहीं; **I object!** मुझे (इस पर) आपत्ति/एतराज़ है!; **he objected that....** उसने आपत्ति उठायी कि...; **objection** (अब्'जेक्शन) *n* आपत्ति; (*drawback*) कमी; **objectionable** (अब्'जेक्शनब्ल) *a* आपत्तिजनक; **objective** *n* उद्देश्य, लक्ष्य // *a* वास्तविक, यथार्थ; तटस्थ; **objectivity** *n* निष्पक्षता

obligation (ऑब्लि'गेशन) *n* कर्त्तव्य, दायित्व; वचन; आभार; **without obligation** बिना किसी दायित्व/ज़िम्मेदारी के; **obligatory** *a* अनिवार्य

oblige (अ'ब्लाइज) *vt* (*force*); **to oblige sb to do** किसी को कुछ करने के लिए बाध्य करना/विवश करना; (*do a favour*) उपकार करना, एहसान करना; **to be obliged to sb for sth** किसी बात के लिए किसी का आभारी होना; **obliging** *a* उपकारी, नम्र; सहायता करने के लिए तैयार

oblique (अ'ब्लीक) *a* तिरछा; (*allusion*) अप्रत्यक्ष, परोक्ष

obliterate (अ'ब्लिटरेट) *vt* मिटा देना, बिलकुल नष्ट कर देना

oblivion (अ'ब्लिविअन) *n* पूरी तरह भूल जाना, विस्मरण, विस्मृति

oblivious (अ'ब्लिविअस) *a* : **oblivious of** से अनजान या बेख़बर

oblong ('ऑब्लॉङ) *a* आयताकार // *n* दीर्घायात आकृति

obnoxious (अब्'नॉक्शस) *a* घृणित, अप्रियकर, घिनौना; (*smell*) गन्दी

oboe ('ओबो) *n* शहनाई जैसा वाद्य

obscene (अब्'सीन) *a* अश्लील, कुत्सित, गंदा; **obscenity** (अब्'सेनिटि) *n* अश्लीलता; अश्लील व्यवहार, शब्द आदि

obscure (अब्'स्क्युअर) *a* अस्पष्ट,

धुंधला, अंधकारमय; अज्ञात; दुर्बोध, गूढ़ // *vt* न समझने योग्य, दुर्बोध, अस्पष्ट या धुधला बना देना; छिपा लेना; **obscurant** (अब्'स्क्युअरंट) *n* रूढ़िवादी, दक़ियानूसी; **obscurity** (अब्'स्क्युअरिटि) *n* अस्पष्टता, दुर्बोधता, अन्धकार; अप्रसिद्ध (कम जाना जाने वाला) स्थान आदि, गुमनामी; सक्रिय न रहने की स्थिति

obsequious (अब्'सीक्विअस) *a* चापलूस, जी-हज़ूरी करने वाला

observant (अब्'ज़र्व़न्ट) *a* सतर्क, शीघ्र ध्यान देने वाला

observation (ऑब्ज़र्'व़ेशन) *n* अवलोकन, प्रेक्षण, सावधानी से देखना; टिप्पणी, कथन; (*by police*) निगरानी

observatory (अब्'ज़र्व़ट्रि) *n* नक्षत्र आदि का दूरबीन से अध्ययन करने का स्थान, वेधशाला

observe (अब्'ज़र्व़) *vt* ध्यानपूर्वक देखना; टिप्पणी करना, अवलोकन करना, निरीक्षण करना; पालन करना; मानना; **observer** *n* प्रेक्षक, पर्यवेक्षक

obsess (अब्'सेस) *vt* दिमाग़ पर छाये रहना, (विचार आदि का) सताते रहना; **obsession** *n* सनक, धुन, दिमाग़ पर छाया हुआ विचार आदि; **obsessive** *a* दिमाग़ पर छाया हुआ

obsolescence (ऑब्स'लेसॅन्स) *n* अप्रचलन, लोप

obsolete ('ऑब्सलीट) *a* अप्रचलित, पुराना, लुप्त; **obsolescent** (ऑब्स'लेसंट) *a* अप्रचलित होता हुआ, लुप्तप्राय

obstacle ('आब्स्टकल) *n* बाधा, रुकावट, अड़चन

obstetrics (ऑब्'स्टेट्रिक्स) *n* प्रसव व स्त्री रोगों से सम्बंधित चिकित्सा-विज्ञान, प्रसूति-विज्ञान

obstinate ('ऑब्स्टिनिट) *a* हठी, ज़िद्दी, दुराग्रही, अड़ियल; (*pain, cold*) कम न होने वाला

obstruct (अब्'सट्रक्ट) *vt* बाधा डालना; अड़चन डालना; रुकावट खड़ी करना; **obstruction** (अब्'सट्रक्शन) *n* बाधा, रुकावट; **obstructive** *a* बाधक

obtain (अब्'टेन) *vt* प्राप्त करना, पाना, प्रयत्न द्वारा प्राप्त कर लेना, हस्तगत कर लेना // *vi* (प्रथा आदि) प्रचलित होना; **obtainable** *a* प्राप्य, सुलभ

obtrusive (अब्'ट्रूसिव़) *a* धृष्ट; बाधक; ढीठ; (*smell*) तीव्र; (*building*) आगे को निकला हुआ (भवन का भाग)

obtuse (अब्'ट्यूस) *a* मंदबुद्धि, कुंद, नासमझ; 90° से अधिक (कोण)

obverse ('ऑब्व़र्स) *a* (तथ्य, विचार आदि) जो अन्य तथ्य आदि का पूरक हो; सिक्के, मैडल आदि का मुख्य (चित्रांकित) पासा

obviate ('ऑब्व़िएट) *vt* दूर करना,

अनावश्यक कर देना

obvious ('ऑब्विअस) *a* स्पष्ट, प्रकट, सीधा; **obviously** *ad* स्पष्टतया

occasion (अ'केझ़न) *n* अवसर; कारण; आवश्यकता; मौका, विशेष अवसर (समारोह आदि) // *vt* का कारण बनना; **occasional** *a* अवसरिक, यदा-कदा होने वाला; प्रासंगिक, विशेष अवसर के लिए प्रस्तुत, जैसे, **occasional music; occasionally** *ad* कभी-कभी, यदा-कदा

occupation (ऑक्यु'पेशन) *n* जीविका, व्यवसाय, पेशा; अधिकार, कब्ज़ा; **occupational hazard** *n* व्यवसाय-जनित ख़तरा, रोग

occupier ('ऑक्युपाइअर) *n* किराये-दार, रहने वाला

occupy ('ऑक्युपाइ) *vt* में रहना; घेरना, पर कब्ज़ा करना; **to occupy o.s. with** *or* **by doing** (किसी कार्य) में अपने आप को व्यस्त रखना/में लगे रहना

occur (अ'कर) *vi* पाया जाना; (*difficulty, opportunity*) सामने आना; (*phenomenon*) घटित होना; (*error*) हो जाना; **to occur to sb** किसी को सूझना; **occurrence** *n* उपस्थिति; घटना

ocean ('ओशन) *n* महासागर; **ocean-going** *a* समुद्रगामी (जहाज़)

o'clock (अ'क्लॉक) *ad* : **it is 5 o'clock** पांच बजे हैं

OCR *n* **optical character recognition/reader** का संक्षेप

oct-, octa-, octo- *prefix* आठ-; जैसे, **octagon** ('ऑक्टगन) *n* अष्ट-भुज (आकृति)

October (ऑक्'टोबर) *n* वर्ष का आठवां मास, अक्तूबर

octogenarian (ऑक्टोजि'नेअरिअन) *n* 80-90 वर्ष की आयु के बीच का व्यक्ति

octopus ('ऑक्टपस) *n* आठ भुजाओं वाला समुद्री जीव, ऑक्टोपस

ocular ('ऑक्युलर) *a* नेत्र, दृष्टि सम्बंधी

odd (ऑड) *a* (*strange*) विचित्र, अजीब; आकस्मिक; (*number*) विषम (संख्या); (*left over*) बराबर समूह बना देने के बाद बचा एक; (*not of a set*) समुच्चय (सेट) में से अलग निकला हुआ; **60-odd** 60 से कुछ ज्यादा; **at odd times** अनियमित समय पर; **the odd one out** किसी समूह में सबसे भिन्न व्यक्ति; **odds and ends** *npl* बचा-खुचा फुटकर सामान, छुट-पुट; **oddity** *n* विचित्र व्यक्ति, वस्तु या आचरण; **odd jobs** *npl* फुटकर, छोटे-मोटे काम; **oddly** *ad* अजीब ढंग से; **oddments** *npl* (*COMM*) फुटकर सामान; **odds**

npl कुछ होने या न होने की संभावनाएं; (*in betting*) जुए में दांव के विरुद्ध जीतने पर मिलने वाली रकम; **it makes no odds** कोई फ़र्क नहीं पड़ता; **against all odds** असंभव लगने के बावजूद; **at odds** से अनबन

ode (ओड) *n* सम्बोधगीत, भावगीत, ओड

odious ('ओडिअस) *a* घृणित, अप्रिय, कुत्सित, घिनौना

odometer (ऑ'डमिटर) *n* (कार आदि में) मील-मापी उपकरण, चक्कर-मापी

odour, (*US*) **odor** ('ओडर) *n* गन्ध, बू

KEYWORD

of (ऑफ़, अव) *prep* **1.** (*gen*) का, के, की; **a friend of ours** हमारा एक मित्र; **a boy of 10** दस वर्ष का एक लड़का; **that was kind of you** आपकी बड़ी मेहरबानी थी

2. (*expressing quantity, amount, dates etc*): **a kilo of flour** एक किलो आटा; **how much of this do you need?** यह (वस्तु) तुम्हें कितनी चाहिए?; **there were three of them** (*people*) वे तीन (लोग) थे; (*objects*) वे कुल तीन (वस्तुएं) थीं; **3 of us went** हम में से तीन गये थे; **the 5th of July** जुलाई की 5 तारीख

3. (*from, out of*) से/का (बना); **a statue of marble** संगमरमर की मूर्ति; **made of wood** लकड़ी से बना

4. (*of a disease*) से; **he died of malaria** वह मलेरिया से मर गया

off (ऑफ़) *a, ad* (*engine, tap*) बंद; (*Brit* : *food* : *bad*) खराब; (: *milk*) खट्टा; (*absent*) अनुपस्थित; (*cancelled*) रद्द, स्थगित // *prep* से दूर; से लगा हुआ; **to be off** (*to leave*) चल पड़ना; **to be off sick** बीमारी के कारण अनुपस्थित होना; **a day off** छुट्टी का दिन; **to have an off day** (*col*) (कभी-कभी) सामान्य क्षमता से काम न कर पाना; **he had his coat off** उसने अपना कोट नहीं पहना हुआ था; **10% off** (*COMM*) 10% की छूट; **off the coast** समुद्र-तट से दूर; **I'm off meat** मुझे अब मांस अच्छा नहीं लगता; **on the off chance** थोड़ी सी उम्मीद पर (कुछ कार्य करना)

offal ('ऑफ़ल) *n* (*CULIN*) खाने में प्रयुक्त पशु की अंतड़ियां

offbeat ('ऑफ़बीट) *a* सामान्य से परे; असाधारण

off-colour ('ऑफ़कलर) *a* (*Brit : ill*) मामूली सा अस्वस्थ

offence, (*US*) **offense** (अ'फ़ेंस) (*crime*) अपराध, दोष; **to take offence at** का बुरा मानना

offend (अ'फ़ेंड) *vt* (*person*) को नाराज़ करना, भावनाओं को ठेस पहुंचाना; **offender** *n* अपराधी;

(*against regulatious*) दोषी

offensive (अ'फ़ेंन्सिव़) *a* घृणाजनक; (*smell etc*) अप्रिय; (*weapon*) आक्रामक, हमलावर // *n* (*MIL*) हमला

offer ('ऑफ़र) *n* भेंट, प्रस्ताव // *vt* भेंट करना, देना, प्रस्तुत करना, सामने रखना, चेष्टा करना; **'on offer'** (*COMM*) 'छूट पर उप्लब्ध'; **offering** *n* भेंट, अर्पण, चढ़ावा

offhand (ऑफ़्'हैंड) *a* बिना विचारे // *ad* तुरंत

office ('ऑफ़िस) *n* (*place*) कार्यालय, दफ़्तर; (*position*) पद; सेवा; कार्य; **doctor's office** (*US*) डाक्टर का कक्ष; **to take office** पद-भार संभालना; **office automation** *n* दफ़्तर में मशीनें लगाना, मशीनीकरण; **office block**, (*US*) **office building** *n* कार्यालय भवन; **office hours** *npl* कार्यालय-समय; (*US MED*) डाक्टर से परामर्श का समय

officer ('ऑफ़िसर) *n* (*MIL etc*) अधिकारी, अफ़सर; (*of organization*) अधिकारी

office worker *n* दफ़्तर का कर्मचारी

official (अ'फ़िशल) *a* सरकारी, राजकीय, शासकीय, आधिकारिक // *n* (*civil servant*) कर्मचारी; अधिकारी विशे॰ सार्वजनिक सेवा में; **officialdom** *n* अधिकारी-वर्ग, उनका आचरण, कार्य आदि; अफ़सरशाही

officiate (अ'फ़िशिएट) *vi* (*REL*) अनुष्ठान कराना; **to officiate at a marriage** विवाह सम्पन्न कराना; (के) स्थान पर कार्य करना, स्थानापन्न होना

officious (अ'फ़िशस) *a* आज्ञा देने या सलाह देने में अत्यधिक तत्पर, दखलंदाज़

offing ('ऑफिङ) *n* : **in the offing** (*fig*) शीघ्र घटित होने वाली (घटना)

off : off-licence *n* (*Brit : shop*) दुकान जहां से शराब खरीद कर कहीं और पी जा सकती है; **off-line** *a, ad* (*COMPUT*) कम्प्यूटर की संचयन विधि द्वारा नियंत्रित (भाग); कम्प्यूटर से न जुड़ा हुआ; **off-peak** *a* कम मांग के समय की (विद्युत सेवा, रेल सेवा आदि); **off-putting** *a* (*Brit*) अप्रिय; **off-season** *a, ad* ग़ैर-मौसमी, सामान्य पर्यटन समय के बाहर

offset (ऑफ़्'सेट) *vt irg* (*counteract*) संतुलित कर देना, बराबर कर देना // *n* ('ऑफ़्सेट) छपाई की एक विधि

offshoot ('आफ़्शूट) *n* (*fig*) शाखा, प्रशाखा; (: *of discussion*) परिणाम

offshore (ऑफ़्'शॉर) *a* समुद्र की ओर (चलती पवन); (*fishing, island, oil wells*) तट से दूर (समुद्र में)

offside ('ऑफ़्साइड) *a, ad* (*SPORT*) नियम विरुद्ध आगे (हो

offspring 460 Olympiad

जाना), आफ़साइड // *n* (*AUT* : *with right-hand drive*) वाहन का दाहिना पार्श्व (चालक की ओर का भाग)

offspring ('ऑफ़स्प्रिङ) *n* बच्चे, संतान

off : off-stage *ad* नेपथ्य में; **off-the-peg**, (*US*) **off-the-rack** *a* सिले-सिलाए (कपड़े); **off-white** *a* कम सफ़ेद, श्वेताभ

often ('ऑफ़्न) *ad* प्रायः, बहुत बार; **how often do you go?** तुम (वहां) कितना/कितनी बार जाते हो?; **how often have you gone there?** तुम वहां कितनी बार गये हो?

ogle ('ओग्ल) *vt* घूरना, आंखें लड़ाना

ogre ('ओगर) *n* (*FOLKLORE*) नरभक्षी राक्षस, दानव (**ogress** *fem*)

oh (ओ) *excl* आश्चर्य, पीड़ा आदि बोधक शब्द

oil (ऑइल) *n* तेल; पेट्रोलियम पदार्थ // *vt* (*machine*) ग्रीस डालना, तेल देना; **oilcan** *n* (मशीन में) तेल डालने का डिब्बा; (*for storing*) तेल का डिब्बा; **oilfield** *n* तेल-क्षेत्र; **oil filter** *n* (*AUT*) तेल-फ़िल्टर; **oil-fired** *a* जिसमें ईंधन के रूप में तेल प्रयुक्त हो; **oil painting** *n* तैलचित्र; **oil rig** *n* भूमिगत तेल (विशे॰ समुद्र-तल के नीचे) निकालने की मशीन; **oil-seeds** *npl* तिलहन; **oilskins** *npl* मोमजामा; **oil tanker** *n* तेलवाहक जहाज़; **oil well** *n* तेलकूप; **oily** *a* तेलयुक्त, चिकना; (*food*) चिकनाई वाला

ointment ('ऑइंटमंट) *n* मरहम, मलहम

O.K., okay (ओ'के) *excl* ठीक है! अच्छा! ओके! // *vt* का अनुमोदन करना, मंज़ूरी देना; **is it O.K. ? are you O.K. ?** क्या यह ठीक है?, क्या तुम ठीक-ठाक हो ?

old (ओल्ड) *a* वृद्ध, बूढ़ा; प्राचीन, पुराना; आयु में बड़ा; **how old are you?** तुम्हारी कितनी आयु है?; **he is 10 years old** उसकी आयु 10 वर्ष है; **older brother/sister** बड़ा भाई/बहिन; **old age** *n* वृद्धावस्था; **old-age pensioner (O.A.P.)** *n* (*Brit*) वृद्धावस्था-पेन्शन भोगी; **old-fashioned** *a* पुराने ढंग का, अप्रचलित; दक़ियानूसी

oleander (ओलि'ऐण्डर) *n* कनेर का वृक्ष

oligarchy ('ऑलिगार्कि) *n* अल्प-तंत्र, कुलीन-तंत्र, केवल कुछ लोगों का शासन

olive ('ऑलिव़) *n* (*fruit*) ज़ैतून; (*tree*) ज़ैतून का वृक्ष // *a* (**olive-green** भी) भूरापन लिए हरा; **olive oil** *n* ज़ैतून का तेल

Olympiad (अ'लिम्पिऐड) *n* ओलिम्पिक खेलों के बीच चार वर्ष की अवधि; ओलिम्पिक खेल प्रतियोगिता का होना

Olympic (ओ'लिम्पिक) *a* ओलिम्पिक; **the Olympic Games, the Olympics** ओलिम्पिक खेल प्रतियोगिता

omelet(te) ('ऑम्लिट) *n* आमलेट (अंडे फैंट कर तला व्यंजन)

omen ('ओमन) *n* शकुन, लक्षण

ominous ('ऑमिनस) *a* ख़तरनाक; (*event*) अशुभ, अनिष्ट-सूचक

omit (ओ'मिट) *vt* छोड़ देना; जाने देना, नहीं करना; **omission** *n* चूक, त्रुटि

omnipotent (ऑम्'निपटंट) *a* सर्वशक्तिमान

omnipresent (ऑम्नि'प्रैज़ंट) *a* सर्वव्यापी, जो सभी जगह हो

omniscient (ऑम्'निसिअंट) *a* सर्वज्ञ, सब कुछ जानने वाला

KEYWORD

on (ऑन) ♦ *prep* 1. (*indicating position*) पर, के ऊपर, की ओर; **on the table** मेज़ पर; **on the wall** दीवार पर; **on the left** बायीं ओर

2. (*indicating means, method, condition etc*) : **on foot** पैदल; **on the train/plane** रेलगाड़ी में (होना)/वायुयान में (होना); **on the telephone** टेलीफ़ोन से (बात करते होना); **on the radio/television** रेडियो/टेलीविज़न पर (कार्यक्रम); **to be on drugs** नशीली दवा नित्य प्रयोग करते होना; **on holiday** छुट्टी पर

3. (*referring to time*) : **on Friday** शुक्रवार को; **on Fridays** हर शुक्रवार को; **on June 20th** 20 जून को; **a week on Friday** शुक्रवार को एक हफ़्ता; **on arrival** पहुंचने पर; **on seeing this** यह देखकर

4. (*about, concerning*) के विषय में, पर, की; **a book on Balzac/physics** बाल्ज़ाक पर/भौतिक विज्ञान की एक पुस्तक

♦ *ad* 1. (*referring to dress, covering*) : **to have one's coat on** कोट पहने होना; **to put one's coat on** अपना कोट पहन लेना; **what's she got on?** उसने क्या पहना हुआ है ?; **screw the lid on tightly** ढक्कन कसकर लगा दो

2. (*further, continuously*) निरंतर; **to walk** *etc* **on** चलते आदि जाना; **on and off** कभी-कभी, रुक-रुक कर

♦ *a* 1. (*in operation : machine*) काम करते होना; (: *radio, TV*) चालू; (*light*) जलते (होना); (: *tap, gas*) खुला (होना); (*brake(s)*) लगे (होना); **is the meeting still on?** (*not cancelled*) क्या बैठक होने का कार्यक्रम अभी है ?; (*in progress*) क्या सभा अभी भी चल रही है ?; **when is this film on?** यह फ़िल्म कब शुरू होगी

2. (*col*) **that's not on!** (*not acceptable*) यह स्वीकार नहीं किया जा सकता !; (*not possible*) यह असंभव

है।

once (वन्स) *ad* एक बार; (*formerly*) किसी समय; कभी // *cj* जब (यह हो जाय); **once he had left/it was done** जब वह चला जाय/यह हो जाय; **at once** तुरंत; साथ ही; **once more** एक बार और; **once and for all** सदा के लिए; **once upon a time** एक बार की बात है

oncoming ('ऑन्कमिंग) *a* (गाड़ियां आदि) सामने से आने वाली

KEYWORD

one (वन) ◆ *num* एक; **one hundred and fifty** एक सौ पचास; **one day** एक दिन

◆ *a* **1.** (एकमात्र) अकेला, अनूठा; **the one book which** एकमात्र पुस्तक जो; **the one man who** एकमात्र आदमी

2. (*same*) वैसा ही या एकमात्र; **they came in the one car** वे एक ही कार में आए

◆ *pronoun* **1. this one** यह; **that one** वह; **I've already got one/a red one** मेरे पास पहले से (यह) है; लाल रंग का/की (वस्तु) है; **one by one** एक एक करके

2. one another एक दूसरे (को/के); **to look at one another** एक दूसरे की ओर देखना

3. (*impersonal*) किसी; **one never knows** किसी को कुछ पता नहीं होता; **to cut one's finger** उंगली कट जाना (किसी की)

one : one-armed bandit *n* मशीन जिस का बटन दबा कर फल खरीदे जा सकते हैं; **one-day excursion** *n* (*US*) एक दिन की सैर; **one-man** *a* (व्यापार, काम) जो एक ही आदमी चलाता हो; **one-man band** *n* बैंड या वाद्यवृंद जिस में एक ही व्यक्ति हो; **one-off** *n* (*Brit col*) (काम या प्रयत्न) जो एक ही बार किया जाय

oneself (वन'सेल्फ़) *pronoun* (*reflexive*) से; (*after prep*) अपने को; (बल देने के लिए) स्वयं; **to hurt oneself** स्वयं घायल हो जाना; **to keep sth for oneself** कोई चीज़ अपने लिए रख लेना; **to talk to oneself** अपने आप से बातें करना

one : one-sided *a* एकतरफ़ा (तर्क); **one-to-one** *a* (सम्बन्ध) एक के मुकाबिले एक; **one-upmanship** (वन्'अपमैनशिप) *n* नहले पर दहला होने की कला; **one-way** *a* (*street, traffic*) बन्द (गली), एक ओर चलने वाला (यातायात)

ongoing ('ऑनगोइङ) *a* (परियोजना, काम) जो जारी हो या चल रहा हो, चालू

onion ('अन्यन) *n* प्याज़

on-line ('ऑन्लाइन) *a, ad* (*COMPUT*) (उपकरण) जो मुख्य कम्प्यूटर से जुड़ा हो; जो (बिजली से) चालू हो

onlooker ('ऑन्लुकर) *n* दर्शक, तमाशाई

only ('ओन्लि) *ad* केवल, सिर्फ़ // *a* एकमात्र, अकेला; **an only child** एकमात्र संतान; **not only...but also** न केवल...बल्कि (यह) भी; **I took only one** मैंने एक ही लिया था

onset ('ऑन्सेट) *n* आरंभ, शुरुआत

onshore ('ऑन्शॉर) *a* तट पर चलती (हवा आदि)

onslaught ('ऑन्स्लॉट) *n* घातक आक्रमण

onto ('ऑन्टु) *prep* = **on to**

onus ('ओनस) *n* ज़िम्मेदारी, दायित्व, भार

onward(s) ('ऑनवर्ड(ज़)) *ad* आगे बढ़ता हुआ या बढ़ने वाला, आगे

ooze (ऊज़) *vi* रिसना, टपकना // *n* कीचड़, पंक

opal ('ओपल) *n* विविध रंगों का चमकदार रत्न; दूधिया

opaque (ओ'पेक) *a* अपारदर्शी

op. cit. *ad* (*Lat* : *opere citato*) *in the work cited* : पहले उद्धृत रचना (पुस्तक आदि) से

OPEC (ओ'पेंक) *n* *Organization of Petroleum Exporting Countries* का संक्षेप

open ('ओप्न) *a* खुला/खुली, बिना छत्त की (कार); प्रकट; फैला हुआ; साफ़ (दिल), सच्चा; सबके लिए (बैठक, प्रतियोगिता आदि); उदारमति (व्यक्ति); (*question*) अनिश्चित; खाली // *vt* खोलना; चालू करना, (दिल की) बात बताना; सामने रखना, आरंभ करना (बहस आदि); में छेद बनाना // *vi* खुलना, आरंभ होना // *n* खुला स्थान, खुला ग्राम्य-क्षेत्र; (*SPORT*) प्रतियोगिता जिसमें सब भाग ले सकते हैं; **in the open (air)** खुले मैदान में; **to open on to** *vt* (कमरे, दरवाज़े का) किसी ओर खुलना; **to open up** *vt* बन्द रास्ता, सड़क खोलना // *vi* दिल की बात कहना; **opening** *n* छिद्र, रास्ता; मौका; नौकरी (जो खाली हो); **openly** *ad* खुले तौर पर; **open-minded** *a* उदारमना; निष्पक्ष; **open-plan** *a* (दफ़्तर आदि की मंज़िल) जिसमें दीवारें न हों

opera ('ऑपर्अ) *n* ऑपेरा, गीति-नाट्य; **opera house** *n* रंगशाला (जहां गीति-नाट्यों का मंचन होता है)

operate ('ऑपरेट) *vt* (यंत्र, प्रक्रिया या व्यवस्था) चलाना // *vi* कार्य करना; (दवाई आदि का) प्रभाव होना; आपरेशन करना; **to operate on sb (for)** (*MED*) (किसी रोगी) का आपरेशन करना

operatic (ऑप'रेटिक) *a* आपेरा या गीतिनाटिका से सम्बन्धित

operating ('ऑपरेटिङ) *a* : **operating table/theatre** आपरेशन करने की मेज़/कमरा

operation (ऑप'रेशन) *n* संचालन; क्रिया, काम; प्रचलन; चीरफाड़, आपरेशन; **to be in operation** मशीन/व्यवस्था/प्रक्रिया का चालू होना; **to have an operation** (*MED*) आपरेशन कराना

operative ('ऑपरेटिव़) *a* (कानून) जो लागू हो

operator ('ऑपरेटर) *n* मशीन चलाने वाला; (*TEL*) टेलीफ़ोन चालू रखने वाला कर्मचारी, आपरेटर

opinion (अ'पिनिअन) *n* विचार, राय, मत, विश्वास; **in my opinion** मेरे विचार में; **opinionated** *a* हठी; अपने को ही ठीक समझने वाला व्यक्ति; **opinion poll** *n* जनमत संग्रह

opium ('ओपिअम) *n* अफ़ीम

opponent (अ'पोनंट) *n* विरोधी, प्रतिद्वंद्वी

opportune ('ऑपर्ट्यून) *a* उपयुक्त, समयानुकूल

opportunist (आपर्'ट्यूनिस्ट) *n* अवसरवादी, मौकापरस्त

opportunity (आपर्'ट्यूनिटि) *n* अवसर, मौका; **to take the opportunity of doing** किसी मौके का लाभ उठा कर कोई काम करना

oppose (अ'पोज़) *vt* का विरोध करना, का सामना करना; **opposed to** *a* के विरुद्ध; **as opposed to** के विपरीत; **opposing** (अ'पोज़िंग) *a* विरोधी (पक्ष)

opposite ('ऑपज़िट) *a* विरुद्ध; सामने का // *ad* सामने // *prep* (आमने) - सामने // *n* विपरीत बात या व्यक्ति; विलोम शब्द

opposition (ऑप'ज़िशन) *n* विरोध; सामना; विरोधी दल

oppress (अ'प्रेस) *vt* अत्याचार करना, दबाना, दमन करना

opt (ऑप्ट) *vi* चुनना; **to opt for** (किसी रास्ते, विकल्प) का चुनाव करना; **to opt to do** करने का फ़ैसला करना; **to opt out of** (किसी काम) से हाथ खींच लेना, में भाग न लेने का फ़ैसला करना

optical ('ऑप्टिकल) *a* दृष्टि या नेत्र सम्बन्धी; (*instrument*) प्रकाशिक (यंत्र); **optical character recognition/reader (OCR)** *n* कम्प्यूटर का उपकरण जो जानकारी (आंकड़ों) को टेप पर उतारने में सहायक होता है

optician (ऑप्'टिशन) *n* ऐनकें बनाने और बेचने वाला

optimism ('ऑप्टिमिज़म) *n* आशावादिता; अंत में अच्छाई की बुराई पर विजय का मत; इस संसार की श्रेष्ठता में विश्वास

optimist ('ऑप्टिमिस्ट) *n* आशावादी व्यक्ति; **optimistic** (ऑप्टि'मिस्टिक) *a* आशावान, आशावादी

optimum ('ऑप्टिमम) *a, n*

option 465 **ordinary**

अनुकूलतम; श्रेष्ठ, सबसे अच्छा

option ('ऑप्शन) *n* विकल्प, चुनाव; पसंद; चुनी गई वस्तु; (*SCOL*) छात्र का विषय चुनने का अधिकार; (*COMM*) व्यापार में, निश्चित अवधि में निश्चित मूल्य पर (शेयर आदि) बेचने व खरीदने का (एक शुल्क देकर लिया गया) अधिकार; **optional** *a* वैकल्पिक, ऐच्छिक

or (ऑर) *cj* अथवा, या; (*negative* के साथ) : **he hasn't seen or heard anything** उसने न कुछ देखा, न सुना; **or else** नहीं तो; वरना

oral ('ऑरल) *a* मौखिक, ज़बानी // *n* मौखिक परीक्षा

orange ('ऑरिंज) *n* नारंगी, संतरा, या मुसम्मी आदि; इसका पेड़ // *a* नारंगी (रंग)

orator ('ऑरटर) *n* वक्ता, कुशल वक्ता, भाषणकर्त्ता

orbit ('ऑर्बिट) *n* नक्षत्र, ग्रह आदि का परिक्रमा-पथ; कक्षा; प्रभावक्षेत्र, दायरा; नेत्र-कोटर; आंख का गड्ढा

orchard ('ऑर्चर्ड) *n* फल-उद्यान; फल-वृक्षों का समूह

orchestra ('ऑर्‌किस्ट्रअ) *n* वाद्य-वृंद, वाद्य-मण्डल; थियेटर में वादक-स्थान; (*US : seating*) थियेटर में बैठने का एक स्थान; **orchestral** (ऑर्'केस्ट्रल) *a* (*concert*) आर्केस्ट्रा की संगीत सभा का

orchid ('ऑर्किड) *n* आर्किड जाति के अनेक फूलों वाले पौधे

ordain (ऑर्'डेन) *vt* (*REL*) ईसाई धर्म में नये पुरोहित (पादरी) का अभिषेक करना, को नियुक्त करना; विधान करना (ईश्वर, शासक द्वारा), निश्चय करना

ordeal (ऑर्'डील) *n* कठोर, कष्टकर अनुभव

order ('आर्डर) *n* व्यवस्था; क्रम, (समाज में) शांति-व्यवस्था; श्रेणी; वर्ग; गण; आदेश, आज्ञा; (*COMM*) मंगवाने का आर्डर; पद्धति; धार्मिक वर्ग (संन्यासियों का वर्ग विशेष आदि), सम्प्रादय // *vt* (*COMM*) आदेश देना; (माल) मंगवाना या बनवाना; व्यवस्थित करना, प्रबंध करना; **in order** नियामानुकूल; ठीकठाक; **in (working) order** चालू हालत में; **in order of size** आकार के क्रम में; **in order to do/that** करने के लिए/जिससे कि; **on order** (*COMM*) आदेश देने पर; **to order sb to do** किसी को कुछ करने का आदेश देना; **order form** *n* आदेश-पत्र; **orderly** *n* (*MIL*) अरदली // *a* (*room*) साफ़-सुथरा; सुशील, शांत; सुव्यवस्थित

ordinance ('आर्डिनन्स) *n* अध्या-देश; नियम; प्रथा; धर्म विधि

ordinary ('आर्ड्नरि) *a* साधारण; सामान्य; औसत, मामूली; (*offens*) घटिया; **out of the ordinary** असाधारण

ordnance ('आर्ड्नन्स) *n* (*MIL*) तोपख़ाना, सैन्य-सामग्री

ore (ऑर) *n* कच्ची धातु, धातुक

organ ('ऑर्‌गन) *n* शरीर का अंग, इन्द्रिय; (*MUS*) आर्गन वाद्य; साधन; सूचना, समाचार प्रसारण माध्यम (जैसे समाचार-पत्र), मुखपत्र; **organic** (ऑर्'गैनिक) *a* जैव, जीव से सम्बंधित; शारीरिक-अवयव सम्बन्धी, आंगिक; जैविक; (*CHEM*) कार्बन से बने यौगिक सम्बंधी; प्राकृतिक खाद से उठाया गया; सुव्यवस्थित, संघटित

organdie ('ऑर्‌गंडि) *n* पारदर्शक, महीन मलमल

organization (ऑर्गनाइ'ज़ेशन) *n* संघटित करने की क्रिया, संरचना-रूप; संगठन, संस्था, संघ

organize ('ऑर्गनाइज़) *vt* संगठित, संघटित करना, निश्चित रूप देना; स्थापित करना; आयोजित करना; व्यवस्थाबद्ध करना; **organizer** *n* संगठन करने वाला व्यक्ति

orgasm ('ऑरगैज़्म) *n* कामोत्कर्ष

orgy ('आर्जि) *n* अनियंत्रित रंगरलियां (विशे॰ मदिरापान व व्यभिचार सहित), विलासोत्व; असंयमित आचरण; अति करने की क्रिया

oriel ('ऑरिअल) *n* झरोखा

Orient ('ऑरिअंट) *n* : **the Orient** पूर्व (के देश); **oriental** *a* पूर्व का

orient ('ऑरिएँण्ट) *vt* परिस्थितियों के अनुकूल बना लेना या स्वयं को ढाल लेना; पूर्व की ओर अभिमुख करना

origin ('आरिजिन) *n* आरंभ, उत्पत्ति, मूल, स्रोत; कुल, वंश

original (अ'रिजिन्‌ल) *a* आदि-, मूल, प्रारंभिक; नवीन // *n* मूल (प्रति, बनावट, वस्तु जिसकी नकल की गई हो); **originally** *ad* आरंभ में; मूलतः

originate (अ'रिजिनेट) *vi* : **to originate from** से आरंभ होना, उत्पन्न होना; (*suggestion*) से आना; **to originate in** में प्रारंभ होना

ornament ('ऑर्नमंट) *n* आभूषण, ज़ेवर; सजावट का सामान; **ornamental** (ऑर्न'मेण्टल) *a* सजावटी; (*garden*) जिसमें सजावटी पौधे लगे हों

ornate (ऑर्'नेट) *a* अलंकृत, सजाया हुआ

orphan ('ऑर्फ़न) *n* अनाथ, यतीम // *vt* : **to be orphaned** अनाथ हो जाना; **orphanage** ('ऑर्फ़निज) *n* यतीमख़ाना, अनाथाश्रम

orthodox ('ऑर्थडॉक्स) *a* परम्परा-निष्ठ, रूढ़िवादी, कट्टरपंथी

orthopaedic, (*US*) **orthopedic** (ऑर्थ'पीडिक) *a* विकलांग-उपचार सम्बंधी, टूटी या मुड़ी हड्डियों का (इलाज)

ostensibly (ऑस्'टेन्सिब्लि) *ad* प्रकट; प्रत्यक्ष, कहने को

ostentation (ऑस्टेन्'टेशन) *n* दिखावा, पैसे का दिखावा, आडम्बर;

ostentatious *a* आडम्बरपूर्ण, दिखावटी, नुमाइशी

ostracize ('ऑस्ट्रसाइज़) *vt* बाहर निकालना, बहिष्कार करना, जात-बिरादरी से निकालना, हुक्कापानी बंद करना; **ostracism** *n* सामाजिक बहिष्कार, निष्कासन

ostrich ('ऑस्ट्रिच) *n* शुतुरमुर्ग़

other ('अदर) *a* दूसरा, अन्य, भिन्न, कोई और // *pronoun* : **the other (one)** दूसरा; **others** दूसरे लोग; **other than** के सिवाए; **otherwise** *ad, cj* वरना

otter ('ऑटर) *n* ऊदबिलाव (एक जलजीव)

ouch (आउच) *excl* अचानक दर्द का उद्‌गार, विस्मयादिबोधक शब्द, हाय !

ought, *pt* **ought** (ऑट) *auxiliary vb* : **I ought to do it** मुझे यह करना चाहिए; **this ought to have been corrected** इस का संशोधन (भूल सुधार) कर दिया जाना चाहिए था; **he ought to win** उसे जीत जाना चाहिए

ounce (आउन्स) *n* औंस (28.35 ग्राम के बराबर); पौंड का सोलहवां भाग, सोने-चांदी के भार में 31.1 ग्राम·

our (आउअर) *a* हमारा; देखिए **my** भी; **ours** *pronoun* हमारा; देखिए **mine** भी; **ourselves** *pronoun plural* में (राजाओं आदि के कथन व औपचारिक बातचीत की शैली में); साथ ही देखिए **oneself**

oust (आउस्ट) *vt* बाहर निकाल देना, बेदख़ल करना

out (आउट) *ad* बाहर; प्रकाशित (पुस्तक); घर से बाहर; बुझी (बत्ती, आग); **out here** यहां; **out there** वहां; **he is out** वह अनुपस्थित है/बेहोश है; **to be out in one's calculations** अनुमान ग़लत निकलना; **to run/back** *etc* **out** भाग जाना/बात से मुकर जाना; **out loud** *ad* ज़ोर से, ऊंची आवाज़ में; **out of** (के) बाहर; (*because of : anger etc*) (गुस्से) में/के कारण; (*from among*) : **out of 10** दस में से; (*without*) (बिना); **out of petrol** पेट्रोल खत्म हो गया; **out of order** (मशीन, टेलीफ़ोन आदि का) खराब होना; नियमविरुद्ध होना; **out-and-out** *a* निपट, पूरा, पक्का (झूठा, चोर, बेईमान आदि)

outback ('आउट्‌बैक) *n* (*Australia*) सुदूर बहुत कम आबादी वाला क्षेत्र

outboard ('आउट्‌बोर्ड) *n* : **outboard (motor)** (नाव का इंजन) पिछले भाग में या बाहर की ओर लगा हुआ

outbreak ('आउट्‌ब्रेक) *n* (बीमारी या झगड़े आदि का) अचानक फैल जाना, प्रकोप

outburst ('आउट्‌बर्स्ट) *n* फूट पड़ना विशे॰ तीव्र भावनाओं का जैसे क्रोध

outcast ('आउट्कास्ट) *n* बहिष्कृत, निर्वासित, जाति-बाहर; अछूत

outcome ('आउट्कम) *n* परिणाम, फल

outcrop ('आउट्क्रॉप) *n* पृथ्वी की सतह के ऊपर उठी चट्टान

outcry ('आउट्क्राइ) *n* शोर-शराबा, विरोध (प्रदर्शन)

outdated (आउट्'डेटिड) *a* पुराना

outdo (आउट्'डू) *vt irg* से बढ़ कर होना

outdoor (आउट्'डोर) *a* खुला स्थान; **outdoors** *ad* बाहर, खुले में

outer ('आउटर) *a* बाहर का; **outer space** *n* (वायुमण्डल से ऊपर का) अन्तरिक्ष

outfit ('आउट्फ़िट) *n* उपकरण; सज्जा (वस्त्र आदि); **'outfitter's'** (*Brit*) वस्त्र, साज़ सामान बनाने, बेचने वाला

outgoing ('आउट्गोइङ) *a* निर्गामी, जाने वाला, जावक; (*character*) मिलनसार; मित्र जैसा; **outgoings** *npl* (*Brit* : *expenses*) खर्चे

outgrow (आउट्'ग्रो) *vt irg* से अधिक बढ़ जाना, ज्यादा बड़ा हो जाना; कपड़ों का तंग या छोटा हो जाना

outhouse ('आउट्हाउस) *n* मुख्य भवन के पास बना शैड या छोटा मकान आदि, उपभवन

outing ('आउटिङ) *n* सैर-सपाटा

outlandish (आउट्'लैंडिश) *a* अजीबोग़रीब (सूरत, बरताव आदि में), अनोखा, अद्भुत

outlaw ('आउट्लॉ) *n* विधि-बहिष्कृत (बदनाम, डाकू आदि), भगोड़ा, फ़रार

outlay ('आउट्ले) *n* लागत, परिव्यय, खर्च

outlet ('आउट्लेट) *n* निकास; निर्गम, बाज़ार; (*US* : *ELEC*) बिजली का करेंट लेने का स्थान; मन की भड़ास निकालने का मौका, साधन; (**retail outlet** भी) परचून दुकान

outline ('आउट्लाइन) *n* रूपरेखा, ख़ाका, सामान्य योजना; रेखाचित्र; संक्षेप

outlive (आउट्'लिव़) *vt* (किसी की तुलना में) अधिक समय तक जीना

outlook ('आउट्लुक) *n* दृष्टिकोण, नज़रिया, संभावित परिणाम, दृश्य

outlying ('आउट्लाइङ) *a* दूरस्थ, सुदूर

outmoded (आउट्'मोडिड) *a* पुराना, अस्वीकार्य (विचार आदि)

outnumber (आउट्'नम्बर) *vt* (किसी की तुलना में) अधिक संख्या होना

out-of-date ('आउटव़्'डेट) *a* जिस की अवधि समाप्त हो गयी हो (पासपोर्ट आदि); (विचार, सिद्धांत या प्रथा) जो पुरानी पड़ गयी हो; (*theory, custom, clothes*) अप्रचलित

out-of-the-way ('आउटव़द'वे) *a* (स्थान) जो मुख्य रास्ते से दूर हो

outpatient ('आउट्पेशंट) *n* रोगी जो अस्पताल में इलाज कराए लेकिन वहां रहे नहीं; बाह्यरोगी

outpost ('आउट्पोस्ट) *n* बाहरी चौकी, सीमावर्ती चौकी

output ('आउट्पुट) *n* उत्पादन, पैदावार; (*COMPUT*) प्राप्त जानकारी

outrage ('आउट्रिज) *n* दूसरे के अधिकारों का हनन, घोर अपमान, अन्याय; अत्याचार; इससे उत्पन्न आक्रोश, गुस्सा // *vt* अपमान करना, गुस्सा दिलाना, आघात पहुंचाना; **outrageous** (आउट्'रेजस) *a* घृणित, निन्दनीय

outright *ad* (आउट्'राइट) पूर्णतया; एकदम, तत्काल; खुले तौर पर, साफ़-साफ़ // *a* ('आउट्राइट) निर्विवाद; स्पष्ट, साफ़, पक्का

outset ('आउट्सेट) *n* आरंभ, शुरुआत

outside (आउट्'साइड) *n* बाहर, बाहरी भाग // *a* बाहरी, कम संभावित; अधिकतम // *ad* बाहर, खुले में // *prep* बाहर से; **at the outside** (*fig*) अधिक से अधिक; **outside lane** *n* (*Brit AUT*) सड़क की बाहरी पट्टी; **outside-left/-right** *n* (*FOOTBALL*) खिलाड़ियों की स्थिति; **outside line** *n* (*TEL*) टेलीफ़ोन की बाहर की लाइन; **outsider** *n* (*in race etc*) बाहर का घोड़ा जिस के जीतने की आशा कम हो; (*stranger*) बाहर का व्यक्ति, अजनबी

outsize (आउटसाइज़) *a* बहुत बड़ा; (कपड़ा) जो व्यक्ति के लिए खुला/बड़ा हो

outskirts ('आउट्स्कर्ट्स) *npl* नगर का बाहरी क्षेत्र

outspoken (आउट्'स्पोकन) *a* स्पष्टवादी, खरा, बेलाग

outstanding (आउट्'स्टैंडिङ) *a* श्रेष्ठ, उत्कृष्ट; बकाया, जिस का भुगतान न हुआ हो; अपूर्ण (काम)

outstay (आउट'स्टे) *vt* : **to outstay one's welcome** मेहमान का बहुत अधिक समय तक टिके रहना/चिपक जाना

outstretched (आउट'स्ट्रेच्ट) *a* फैला हुआ (हाथ); बाहर को निकला (शरीर)

outstrip (आउट्'स्ट्रिप) *vt* से आगे बढ़ जाना; (*competitors, demand*) को पीछे छोड़ देना (मांग का आपूर्ति को, प्रतियोगियों को)

out-tray ('आउट्ट्रे) *n* दफ्तरों में वह ट्रे जिसमें बाहर जाने वाले दस्तावेज़ रखे जाते हैं

outward ('आउट्वर्ड) *a* बाहरी या बाहर से दिखने वाली (निशानी, शक्ल-सूरत); बाहर की ओर (यात्रा); **outwardly** *ad* देखने में, ऊपर से

outweigh (आउट्'वे) *vt* अधिक भारी या महत्वपूर्ण होना

outwit (आउट्'विट) *vt* चालाकी से किसी को मात दे देना

oval ('ओव़्ल) *a, n* अण्डाकार (वस्तु)

ovary ('ओव़रि) *n* स्त्रियों में डिम्बग्रंथि, अण्डाशय

oven ('अव़्न) *n* बक्सनुमा भट्टी, तन्दूर; **ovenproof** *a* बरतन जो गर्मी सह जाय

over ('ओव़र) *ad* ऊपर; पार; से अधिक // *a* (*or ad*) समाप्त, खत्म; बहुत अधिक // *prep* के ऊपर; दूसरी ओर; से अधिक; के दौरान; **over here!** यहां ! (मैं यहां हूं !); **over there** वहां; **all over** सभी जगह; समाप्त; **over and over (again)** बार-बार; **over and above** के अतिरिक्त; **to ask sb over** किसी को निमंत्रित करना // *n* (क्रिकेट) एक बार फैंके गेंद (आस्ट्रेलिया में 8, बाकी देशों में 6), ओवर

overall *a, n* ('ओव़रऑल) (*length*) एक सिरे से दूसरे सिरे तक; (*cost*) कुल; (*study*) समग्र; कपड़ों को धूल-मिट्टी से बचाने के लिए उनके ऊपर पहना जाने वाला ढीला-ढाला लबादा // *ad* (ओवर्'ऑल) कुल; सामान्यतया; **overalls** *npl* ढीला-ढाला लबादा (जो कपड़ों के ऊपर पहना जाय)

overawe (ओव़र्'ऑ) *vt* अविभूत कर देना, पर रोब जमा देना

overbalance (ओव़र्'बैलंस) *vi* संतुलन खो बैठना

overbearing (ओव़र्'बेंअरिङ) *a* धौंसिया, रोब जमाने वाला

overboard ('ओव़र्बोर्ड) *ad* जहाज़ पर से पानी में

overbook (ओव़र्'बुक) *vt* सीटों से अधिक टिकट बेच देना

overcast ('ओव़र्कास्ट) *a* घिरा हुआ विशे. बादलों से

overcharge (ओव़र्'चार्ज) *vt* : **to overcharge sb for sth** किसी से किसी चीज़ के बहुत अधिक दाम लेना

overcoat ('ओव़र्कोट) *n* कपड़ों के ऊपर पहनने का बड़ा कोट, ओवरकोट

overcome (ओव़र्'कम) *vt irg* पर काबू पाना, पराजित करना; **overcome with grief** शोकातुर; दुःख में डूबा हुआ

overcrowded (ओव़र्'क्राउडिड) *a* जहां बहुत अधिक भीड़ हो

overdo (ओव़र्'डू) *vt irg* अति कर देना; अधिक गला देना

overdose ('ओव़र्डोज़) *n* दवा की जरूरत से अधिक खुराक

overdraft ('ओव़र्ड्राफ़्ट) *n* बैंक में जमा राशि से अधिक निकाली गई धन राशि, ओवरड्राफ़्ट

overdrawn (ओव़र्'ड्रॉन) *a* (खाता) जिससे जमा राशि से अधिक रकम निकलवा ली गयी हो

overdue (ओव़र्'ड्यू) *a* जिसे आने में देर हो गयी हो; बहुत देर से मिला (सम्मान)

overflow *vi* (ओव़र'फ़्लो) बहने

overgrown 471 **overshadow**

लगना // *n* ('ओव़रफ़्लो) पात्र से बाहर बहने की क्रिया या बहता हुआ पानी आदि; (**overflow pipe** भी) नली जिस से फ़ालतू पानी बह जाए

overgrown (ओव़र्'ग्रोन) *a* (बाग़ीचा) जिसमें झाड़-झंखाड़ उग आया हो

overhaul *vt* (ओव़र्'हॉल) जांच के बाद ठीक-ठाक कर देना, मरम्मत करना; से आगे निकल जाना // *n* ('ओव़र्हॉल) पूरी जांच; जीर्णोद्धार

overhead *ad* (ओवर्'हेड) ऊपर, ऊपर से // *a, n* ('ओवर्हेड) सिर पर, ऊपर की (बत्ती) // *n* (*US*) = **overheads; overheads** *npl* व्यापार में उत्पादन व कच्चे माल की लागत के अतिरिक्त व्यय, उपरि-व्यय

overhear (ओव़र्'हिअर) *vt irg* किसी की बातें/बातचीत सुन लेना

overheat (ओव़र्'हीट) *vi* (इंजन का) बहुत गरम हो जाना

overjoyed (ओव़र्'जॉइड) *a* बहुत अधिक खुश; प्रफुल्लित

overkill ('ओव़र्किल) *n* : **that would be overkill** यह तो शक्ति का आवश्यकता से अधिक प्रयोग होगा

overlap (ओव़र्'लैप) *vi* कुछ अंश तक ढक लेना; (किसी काम का) दो व्यक्तियों द्वारा अलग-अलग किया जाना

overleaf (ओव़र्'लीफ़) *ad* अगले पृष्ट पर; पृष्ट के उल्टी ओर

overload (ओव़र्'लोड) *vt* क्षमता से अधिक भार लादना

overlook (ओव़र्'लुक) *vt* अनदेखी करना, नज़रअंदाज़ करना; क्षमा कर देना; उपेक्षा करना; ऊपर से (दृश्य) देखना

overnight *ad* (ओव़र्'नाइट) (रात में) होना; (*fig*) अचानक होना // *a* ('ओव़र्नाइट) रात का, रात में; अचानक; **he stayed there overnight** वह रात में वहां रहा

overpower (ओव़र्'पाउअर) *vt* काबू पा लेना, वश में कर लेना; **overpowering** *a* जो काबू पा ले; असह्य या दम-घोंटू (गर्मी, दुर्गन्ध)

overrate (ओव़र्'रेट) *vt* (किसी के महत्व को) बहुत अधिक आंकना

override (ओव़र्'राइड) *vt* (*irg : like ride*) रद्द कर देना (आदेश, फ़ैसला, आपत्ति); कुचलना; **overriding** *a* अत्यावश्यक, अभिभावी

overrule (ओव़र्'रूल) *vt* (फ़ैसले को) रद्द करना; (दावा) स्वीकार न करना

overrun (ओव़र्'रॅन) *vt* (*irg : like run*) (देश पर) कब्ज़ा कर लेना, (समय, सीमा) पार कर जाना; आगे निकल जाना

overseas (ओव़र्'सीज़) *ad* समुद्रपार // *a* (*trade*) विदेशी (व्यापार); (*visitor*) विदेश से आया व्यक्ति

overseer ('ओव़र्सिअर) *n* दारोग़ा, ओवरसियर (कारख़ाने में)

overshadow (ओव़र्'शैडो) *vt* (*fig*) छा जाना

overshoot (ओव़र्'शूट) *vt irg* आगे निकल जाना (गंतव्य स्थान से)

oversight ('ओव़र्साइट) *n* भूल, चूक; ग़लती

oversleep (ओव़र्'स्लीप) *vi irg* सोते रह जाना; समय पर न जागना

overstep (ओव़र्'स्टेप) *vt* : **to overstep the mark** सीमा (शिष्टाचार आदि की) से आगे निकल जाना

overt (ओ'व़र्ट) *a* प्रत्यक्ष, खुला

overtake (ओव़र्'टेक) *vt irg* (वाहन, व्यक्ति) से आगे निकल जाना, बराबर आ पहुंचना

overthrow (ओव़र्'थ्रो) *vt irg* (तख़्ता) पलट देना; उखाड़ फेंकना, हरा देना

overtime ('ओव़र्टाइम) *n* कार्यघंटों के अतिरिक्त समय (में किया गया कार्य), अतिरिक्त समय भत्ता, ओवरटाइम

overtone ('ओव़र्टोन) *n* (**overtones** भी) अतिरिक्त अर्थ, व्यंजना

overture ('ओव़र्ट्युअर) *n* (*MUS*) पूर्वरंग; (*fig*) बातचीत का आरंभ; प्रस्तावना

overturn (ओव़र्'टर्न) *vt* उल्टा कर देना, पलट देना // *vi* पलट जाना

overweight (ओव़र्'वेट) *a* (व्यक्ति) जिस का वज़न अधिक हो; (सामान) जिस का वज़न अनुमत सीमा से अधिक हो

overwhelm (ओव़र्'वेल्म) *vt* दबा देना, को पूरा ढक लेना; बुरी तरह हराना; **overwhelming** *a* भारी, ज़बरदस्त; बहुत अधिक; अविभूत करने वाला; करारी (हार)

overwork (ओव़र्'वर्क) *n* बहुत अधिक काम

overwrought (ओव़र्'रॉट) *a* अति उत्तेजित; अति अलंकृत

owe (ओ) *vt* का ऋणी होना; आभारी होना; **to owe sb sth, to owe sth to sb** किसी का ऋणी होना, देनदार होना

owing to ('ओइङ टू) *prep* के कारण

owl (आउल) *n* उल्लू

own (ओन) *vt* का स्वामी होना; स्वीकार करना // *vi* मान लेना // *a* अपना, निजी; **a room of my own** मेरा अपना कमरा; **to get one's own back** बदला लेना; **on one's own** अपने बल बूते पर; **to own up** *vi* कबूल/स्वीकार करना (दोष, भूल); **owner** *n* स्वामी; **ownership** *n* स्वामित्व

ox, *pl* **oxen** (ऑक्स, 'ऑक्सन) *n* बैल; गाय या बैल

oxtail ('ऑक्स्टेल) *n* : **oxtail soup** गाय/बैल की पूंछ की हड्डी की बनी यख़नी

oxygen ('ऑक्सिजन) *n* आक्सीजन गैस; **oxygen mask** *n* सांस लेने के लिए मुखौटा (जिस में सिलंडर से

आक्सीजन आती है)

oyster ('ऑइस्टर) *n* खाने योग्य शुक्ति, घोंघा, कस्तूरा मछली

oz. **ounce(s)** का संक्षेप

P

p (पी) **pence, penny** का संक्षेप

pa (पा) *n* (*col*) पापा, पिता

PA **personal assistant, public address system** का संक्षेप

p.a. **per annum** का संक्षेप

pace (पेस) *n* कदम; गति; चाल // *vi* : **to pace up and down** कदम-कदम चलना, टहलना; **to keep pace with** के साथ-साथ रहना; घटनाओं के अनुरूप व्यवहार करना; **pacemaker** *n* (*MED*) हृदयरोग से पीड़ित व्यक्तियों के लगाया जाने वाला उपकरण; पेसमेकर, गतिनियामक

pacific (पै'सिफ़िक) *a* शांत; स्थिर // *n* : **the Pacific (Ocean)** प्रशांत महासागर

pacify ('पैसिफ़ाइ) *vt* शांत करना, शांति स्थापित करना

pack (पैक) *n* गठरी, बंडल, जानवरों का झुंड; (*of thieves*) दल, गिरोह, समूह, पैकेट; (*of cards*) ताश की गड्डी; तैरती बर्फ़ का टुकड़ा // *vt* सूटकेस आदि में रखना, बांधना, बंडल बनाना; ठूंसना; में भरना; में ठसाठस भरना; (सभा में) समर्थक जुटाना; चलता कर देना; **to pack (one's bags)** सामान बांध लेना (चलने की तैयारी करना); **to pack off** *vt* (व्यक्ति को) चलता करना; भेज देना

package ('पैकिज) *n* गठरी या पार्सल; (**package deal** भी); समूह (वस्तुओं, प्रस्तावों का) **package tour** *n* समूहों के लिए यात्रा की व्यवस्था

packed lunch *n* डिब्बे आदि में बंद दोपहर का भोजन

packet ('पैकिट) *n* छोटा पार्सल, पैकट

packing ('पैकिङ) *n* भरने की क्रिया; पार्सल में चीज़ें सुरक्षित रखने के लिए भरी घास आदि; **packing case** *n* पेटी जिसमें माल भरा जाय

pact (पैक्ट) *n* समझौता, संविदा, करार

pad (पैड) *n* गद्दी; काग़ज़ों का पैड, जानवर के पैर का तला; मुहर लगाने का पैड, रॉकेट छोड़ने का स्थान; (*col* : *flat*) निवास, फ़्लैट // *vt* मुलायम पदार्थ भरकर गद्दीदार बनाना; **padding** *n* भरने का पदार्थ; साहित्यिक कृति में अनावश्यक विस्तार

paddle ('पैड्ल) *n* पैडल, छोटा चप्पू; (*US*) टेबल टैनिस का रैकट // *vi* नंगे पांव उथले पानी में या हल्के कदमों से चलना // *vt* : **to paddle a canoe** हल्की नाव खेना; **paddle steamer** *n* बड़े पहिए से चलने वाली नाव; **paddling pool** *n* (*Brit*)

छिछले पानी का तालाब; **paddle wheel** *n* जहाज़ का चप्पूदार चक्कर

paddy ('पैडि) : **paddy field** *n* धान का खेत

padlock ('पैड्लॉक) *n* कुण्डे में लगने वाला ताला

paediatrics, (*US*) **pediatrics** (पीडि'ऐट्रिक्स) *n* बाल-चिकित्सा

pagan ('पेगन) *a, n* जो ईसाई, यहूदी या मुस्लिम न हो; मूर्तिपूजक; काफ़िर

page (पेज) *n* पृष्ठ; लड़का (**page boy** भी); नौकर, परिचर; दूल्हे का अनुचर // *vt* (*in hotel etc*) लाउडस्पीकर पर नाम पुकार कर बुलाना

pageant ('पैजंट) *n* जलूस, शोभा-यात्रा; विशेष वस्त्रों में शानदार प्रदर्शन, विशे॰ नाटक में ऐतिहासिक दृश्यों आदि का; **pageantry** *n* वैभवपूर्ण या आकर्षक प्रदर्शन

paid (पेड) **pay** का *pt, pp* // *a* काम जिसके लिए वेतन मिले; अधिकारी जिसे वेतन दिया जाय; **to put paid to** (*Brit*) समाप्त कर देना, मिट्टी में मिला देना

pail (पेल) *n* बालटी

pain (पेन) *n* पीड़ा, दर्द, तकलीफ़; **to be in pain** पीड़ा होती होना; **to take pains to do** करने के लिए परिश्रम/मेहनत करना; **pained** *a* जिसे मानसिक क्लेश हो; **painful** *a* कष्टप्रद; कठिन; अप्रिय; **painfully** *ad* (*fig*) बहुत अधिक; **painkiller** *n* पीड़ाहर दवा; **painless** *a* जिसमें कष्ट या कठिनाई न हो

painstaking ('पेन्स्टेकिङ) *a* परिश्रमी, अध्यवसायी (व्यक्ति); कष्टसाध्य, श्रमसाध्य (काम)

paint (पेंट) *n* रंग, रोग़न // *vt* रंगना, रंग करना, रंग भरना, चित्र बनाना, मेक-अप करना; (*fig*) सजीव वर्णन करना; **to paint the door blue** दरवाज़े पर नीला रोग़न करना; **paintbrush** *n* रोग़न करने का बुश, चित्रकार की कूची; **painter** *n* चित्रकार; **painting** *n* चित्र, चित्रकारी; **paintwork** *n* रोग़न

pair (पेअर) *n* जोड़ा, जोड़ी // *vt* जोड़ा बनाना; **pair of scissors** कैंची; **pair of trousers** पतलून

pajamas (प'जामज़) *npl* (*US*) कमर तक का कुर्ता और पाजामा

pal (पैल) *n* (*col*) मित्र

palace ('पैलिस) *n* राजप्रासाद, महल, भवन

palatable ('पैलिटब्ल) *a* स्वादिष्ट; सुखद; अनुकूल

palate ('पैलिट) *n* तालु, तालू; स्वाद-शक्ति

palatial (प'लशल) *a* महल जैसा, भव्य, शानदार

palaver (प'लावर) *n* झंझट, बातचीत, बकबक; सभा (व्यंगात्मक), पंचायत

pale (पेल) *a* पीला, फीका, धुंधला; **to**

Palestine 475 **panel**

grow pale कांतिहीन हो जाना // *vi* फीका पड़ जाना; महत्वहीन हो जाना // *n* : **beyond the pale** समाज की मर्यादा से बाहर; अस्वीकार्य व्यवहार

Palestine ('पैलिस्टाइन) *n* फ़िलस्तीन; **Palestinian** (पैलिस्'टिनिअन) *a, n* फ़िलस्तीन का, फ़िलस्तीनी

palette ('पैलिट) *n* चित्रकार की रंग-पट्टिका

paling ('पेलिङ) *n* बाड़े का खंभा जो भूमि में गाड़ा जाय; (*fence*) जंगला, बाड़ा

pall (पॉल) *n* धुएं का बादल // *vi* : **to pall (on)** किसी पर उदासी छा जाना; किसी बात, वस्तु का आकर्षण न रहना

pallet ('पैलिट) *n* माल रखने व स्थानांतरित करने का सुवाह्य (पोर्टेब्ल) प्लेटफ़ार्म

pallid ('पैलिड) *a* पीला, फीका, विवर्ण

pallor ('पैलर) *n* पीलापन

palm (पाम) *n* हथेली; (**palm tree** भी) ताड़, खजूर; ताड़-पत्र विजय-चिन्ह के रूप में // *vt* : **to palm sth off on sb** (*col*) चालाकी से (खराब) वस्तु किसी के गले मढ़ देना; **Palm Sunday** *n* ईस्टर से पहला रविवार

palmist ('पामिस्ट) *n* हस्तरेखा विशेषज्ञ, हाथ की लकीरें देख कर भाग्य बताने वाला

palpable ('पैल्पब्ल) *a* सुस्पष्ट; निश्चित; स्पर्शगोचर, इंद्रियगोचर

palpitation (पैल्पि'टेशन) *n* तेज़ धड़कन; दिल के अनियमित ढंग से ज़ोर-ज़ोर से धड़कने की स्थिति

paltry ('पॉल्ट्रि) *a* तुच्छ, बेकार; नगण्य; निकृष्ट

pamper ('पैम्पर) *vt* ज्यादा लाड़-प्यार करना, लाड़-प्यार से बिगाड़ देना

pamphlet ('पैम्फ़्लिट) *n* पैम्फ़्लेट, पुस्तिका

pan (पैन) *n* (**saucepan** भी) कड़ाहा, कड़ाही, तसला, तवा; (**frying pan** भी) तलने का पात्र; शौचघर का पात्र // *vi* (*CINEMA*) पूरे सीन की फ़िल्म बनाते हुए फ़िल्म कैमरा धीरे-धीरे घुमाना

panacea (पैन'सिअ) *n* सर्वरोगहर, रामबाण औषधि

pancake ('पैन्केक) *n* माल-पुए के प्रकार का पकवान, पुआ

panda ('पैंड्अ) *n* एक चीनी वन्य प्राणी जो रीछ से मिलता-जुलता है, पैंडा; **panda car** *n* (*Brit*) पुलिस की गश्ती गाड़ी

pandemonium (पैंडि'मोनिअम) *n* ज़बरदस्त हंगामा, होहल्ला

pander ('पैण्डर) *vi* : **to pander to** (बुरी इच्छाओं आदि) की संतुष्टि करना

pane (पेन) *n* (खिड़की या शीशे का) कांच, कांचपट्ट

panel ('पैनल) *n* (दरवाज़े का) दिल्ला; कार आदि का वह भाग जिस पर गति

मापक आदि लगे होते हैं; फलक; वस्त्र में लगायी पतली पट्टी; (*RADIO, TV*) प्रश्नोत्तरी आदि में भाग लेने वालों के छोटे गुट; विशेष कार्य के लिए जूरी, डाक्टरों आदि की तालिका, नामिका; चित्र-फलक; **panelling,** (*US*) **paneling** *n* दीवारों पर लगे तख़्ते

pang (पैङ) *n* : **pangs of remorse** पश्चाताप की पीड़ा; **pangs of hunger/conscience** भूख की पीड़ा, अनुताप

panic ('पैनिक) *n* आतंक, भय, संत्रास // *a* आतंक-सम्बंधी // *vi* आतंकित, भयभीत आदि होना; **panicky** *a* शीघ्र संत्रस्त होने, घबराने वाला; **panic-stricken** *a* आतंकित

pansy ('पैंज़ि) *n* पैंज़ी फूल; (*col*) स्त्रैण पुरुष, ज़नाना आदमी

pant (पैंट) *vi* हांपना; लालायित होना, ललचाना

panther ('पैंथर) *n* तेंदुआ

panties ('पैंटिज़) *npl* स्त्रियों का जांघिया

pantihose ('पैंटिहोज़) *n* (*US*) स्त्रियों की तंग, चुस्त पतलून जो जुराबों के स्थान पर पहनी जाती है

pantomime ('पैंटमाइम) *n* (*Brit*) परी-कथा पर आधारित क्रिसमस-नाटक; मूक-अभिनय

pantry ('पैंट्रि) *n* रसोई-भण्डार; कमरा

pants (पैंट्स) *npl* (*Brit*) जांघिया; (*US*) पैंट

paper काग़ज़; (**news-paper** भी) समाचार-पत्र; (**wallpaper** भी) दीवार पर चिपकाने का काग़ज़; लेख; परीक्षा का प्रश्नपत्र // *a* काग़ज़ का बना // *vt* कागज़ लगाना या चिपकाना // **papers** *npl* (**identity papers** भी) काग़ज़ात; **paperback** *n* पतली जिल्द वाली पुस्तक; **paper clip** *n* काग़ज़ इकट्ठे रखने की चिमटी; **paper hankie** *n* हाथ पोंछने का पतले काग़ज़ का टुकड़ा (रूमाल); **paper-weight** *n* काग़ज़ दबा कर रखने का गोला; **paperwork** *n* काग़ज़ी कार्यवाही

papier-mâché (पैप्ये'मैशे) *n* रद्दी काग़ज़, चीथड़ों आदि की लुगदी से बना सख़्त पदार्थ, कुट्टी

par (पार) *n* मूल्यों या साख में समता; (शेयरों का) अंकित मूल्य; (*GOLF*) अनुमानित औसत स्कोर; **on a par with** के समान/बराबर

parable ('पैरबल) *n* दृष्टांत, नीति-कथा

parachute ('पैरशूट) *n* पैराशूट, (हवाई) छतरी

parade (प'रेड) *n* परेड, क़वायद; सैन्य प्रदर्शन; परेड मैदान; सार्वजनिक जलूस // *vt* (*fig*) दिखावा या प्रदर्शन करना, सेना का प्रदर्शन करना // *vi* कवायद करना

paradise ('पैरडाइस, 'पैरडाइज़) *n* वैकुण्ठ; स्वर्ग; पूर्ण आनंद की स्थिति

paradox ('पैरडॉक्स) *n* विरोधाभास (e.g. *I am always a liar*); **paradoxically** *ad* विरोधाभास के रूप में

paraffin ('पैरफ़िन) *n* मोमबत्ती आदि में प्रयुक्त तरल पैट्रोलियम पदार्थ; पैराफ़िन; (*Brit*) : **paraffin (oil)** मिट्टी का तेल

paragraph ('पैरग्राफ़) *n* पैराग्राफ़, अनुच्छेद

parallel ('पैरलल) *a* समानांतर; (*fig*) वैसा ही // *n* समानान्तर, प्रति-रूप; (*GEO*) अक्षांश

paralysis (प'रैलिसिस) *n* पक्षाघात, लकवा; (*fig*) गतिहीनता

paralyze ('पैरलाइज़) *vt* लकवा मारना; पंगु बनाना, अशक्त करना, ठप्प करना; बेकार कर देना

paramount ('पैरमाउंट) *a* : **of paramount importance** सर्वोपरि, सर्वोच्च, मुख्यतम

paranoid ('पैरनॉयड) *a* (*PSYCH*) विख्यात, अथवा सताए होने के भ्रम से पीड़ित व्यक्ति; (*neurotic*) अकारण घबराने वाला

parapet ('पैरपिट) *n* मुंडेर; पुल के दोनों ओर की नीची दीवार, प्राकार

paraphernalia (पैरफ़र्'नेलिअ) *n* निजी सामान या छुट-पुट सामग्री, तामझाम

parasite ('पैरसाइट) *n* परजीवी (प्राणी या पौधा), पराश्रयी (व्यक्ति)

parasol ('पैरसॉल) *n* छाता (विशे॰ महिलाओं का)

paratroops ('पैरट्रूप्स) *npl*; **paratrooper** *n* ('पैरट्रूपर) छतरी-सैनिक

parcel ('पार्सल) *n* पार्सल; भूमिखण्ड; एक बार में दी गयी मात्रा // *vt* (**parcel up** भी) लपेटना; (टुकड़ों में) बांटना

parch (पार्च) *vt* सुखाना; झुलसाना; भूनना; **parched** *a* (व्यक्ति) जिसे बहुत प्यास लगी हो

parchment ('पार्चमंट) *n* चर्मपत्र, पार्चमंट; (इस पर लिखी) पाण्डुलिपि

pardon ('पार्डन) *n* क्षमा, माफ़ी // *vt* क्षमा करना, माफ़ करना; **pardon me!** क्षमा कीजिए !; **I beg your pardon!** क्षमा कीजिए (मुझसे ग़लती हो गयी !); **(I beg your) pardon?**, (*US*) **pardon me?** क्षमा कीजिए, आप की बात सुन/समझ नहीं पाया); (किसी का ध्यान आकृष्ट करने के लिए प्रयुक्त) सुनिए !

parent ('पेंअरंट) *n* माता या पिता; **parents** *npl* माता और पिता

pariah (पै'रिअ) *n* अछूत; चाण्डाल; जाति बहिष्कृत व्यक्ति

parish ('पैरिश) *n* पैरिश, यजमानी (क्षेत्र); एक पादरी का क्षेत्र, पल्ली; नगर का विभाग // *a* पैरिश का

park (पार्क) *n* सार्वजनिक उद्यान, पार्क;

देहात में मकान के साथ अथवा सार्वजनिक प्रयोग के लिए घास या वृक्षों का एक बड़ा क्षेत्र; पड़ाव में फ़ौजी भंडार; कार आदि खड़ी करने का सार्वजनिक स्थान // *vt* (कार) पार्क करना, खड़ी करना // *vi* कार का पार्क में रखे जाना

parka ('पा`र्कअ) *n* एक गर्म वाटरप्रूफ़ कोट, प्रायः टोपी सहित, पारका

parking ('पार्किङ) *n* कारें खड़ी करने की क्रिया; **parking lot** *n* (*US*) स्थान जहां कारें खड़ी की जाती हैं; **parking meter** *n* मीटर जिस पर खड़ी की गयी कार का शुल्क दिखाई देता है; **parking ticket** *n* ग़लत स्थान पर कार खड़ी करने के जुर्माने की परची

parlance ('पार्लन्स) *n* भाषा-शैली, बोली, बोलचाल का तरीका; शब्दावली; मुहावरा

parliament ('पार्लमंट) *n* संसद, पार्लियामेंट; **parliamentarian** (पार्लमेन्'टेअरिअन) *n* संसद-सदस्य; **parliamentary** (पार्ल'मेण्टरि) *a* संसदीय; संसदोचित

parlour, (*US*) **parlor** ('पार्लर) *n* बैठक, वार्ता-कक्ष; (*US*) व्यवसाय-कक्ष, दुकान विशे॰ नाई की

parochial (प'रोकिअल) *a* किसी क्षेत्र विशेष का; (*offens*) संकीर्ण; सीमित

parody ('पैरडि) *n* कृति जिसमें किसी लेखक की शैली की नकल हो (प्रायः व्यंगात्मक); पैरोडी, विडंबना काव्य // *vt* की पैरोडी बनाना

parole (प'रोल) *n* : **on parole** इस शर्त पर जेल से अस्थायी रिहाई कि बन्दी का आचरण ठीक रहेगा

parrot ('पैरट) *n* तोता; (*fig*) अन्धानुकरण करने वाला

parry ('पैरि) *vt* वार बचाना, दूर हटना // *n* वार बचाने की क्रिया विशे॰ पटेबाज़ी के खेल में

parsley ('पार्स्लि) *n* अजमोद, अजवायन की तरह सुगंधित पत्तियों वाला एक पौधा

parsnip ('पार्स्निप) *n* सफ़ेद जड़ वाला पौधा, एक भाजी

parson ('पार्सन) *n* चर्च या पैरिश का पादरी, पुरोहित

part (पार्ट) *n* भाग, हिस्सा, अंश, खंड; (मशीन का) पुर्ज़ा; (*THEATRE*) भूमिका; संगीत का अंश; (*US* : *in hair*) मांग // *a* आंशिक // *ad* = **partly** // *vt* अलग करना // *vi* लोगों का अलग होना; (सड़कों का) फटना; **to take part in** में भाग लेना; **for my part** जहां तक मेरा सम्बन्ध है; **to take sth in good part** किसी बात को (बिना नाराज़ हुए) स्वीकार कर लेना; **to take sb's part** किसी का पक्ष लेना; **for the most part** अधिकांश, अधिकतर; **to part with** *vt* किसी से अलग होना/

बिछुड़ना; कोई वस्तु किसी को देना; **part exchange** *n* (*Brit*) : **in part exchange** पुरानी वस्तु और कुछ रकम देकर नयी खरीदना

partial ('पार्शल) *a* आंशिक, अपूर्ण; पक्षपाती; अन्यायी; का शौकीन, रसिया; **to be partial to** किसी का पक्षपाती होना; कोई वस्तु बहुत प्रिय होना

participate (पार्'टिसिपेट) *vi* : **to participate (in)** (में) भाग लेना, शामिल होना; भागी या साझेदार होना; **participation** (पार्टिसि'पेशन) *n* भाग, सहयोग, सहभागिता, भागीदारी

participle ('पार्टिसिपल) *n* कृदन्त रूप जैसे *lose* का present participle रूप *losing* व past participle रूप *lost* (*eg losing side, lost game*)

particle ('पार्टिकल) *n* कण, ज़र्रा, न्यूनतम मात्रा, लेशमात्र; व्याकरण में एक शब्दभेद; प्रत्यय; (*LING*) निपात

particular (पर्'टिक्युलर) *a* विशेष, विशिष्ट, ख़ास; सूक्ष्म; विस्तृत; नाज़ुक-मिज़ाज, सख़्त, सावधान; **particulars** *npl* विवरण, ब्यौरा, विशेष बातें; **in particular** *ad* विशेष रूप से; **particularly** *ad* विशेष रूप से

parting ('पार्टिङ) *n* बिछुड़ने की क्रिया; (*Brit* : *in hair*) बालों की मांग // *a* विदा से सम्बन्धित

partisan (पार्टि'ज़ैन) *n* दल-समर्थक, अंधभक्त; गुरिल्ला (छापामार), प्रतिरोधी-आंदोलन का सदस्य // *a* समर्थक, पक्षपाती

partition (पार्'टिशन) *n* विभाजन, बंटवारा; (कमरे, हॉल आदि की) विभाजक दीवार // *vt* विभक्त करना; बांट देना

partly ('पार्टलि) *ad* आंशिक रूप से

partner ('पार्ट्नर) *n* साथी; साझेदार (व्यापार आदि में); नृत्य में जोड़ीदार; पति या पत्नी; (*SPORT*) युगल खेल का साथी, जोड़ीदार; **partnership** *n* व्यवसाय आदि में साझेदारी

partridge ('पार्ट्रिज) *n* तीतर

part-time ('पार्ट'टाइम) *a, ad* अंशकालिक; दिन में कुछ समय के लिए

party ('पार्टि) *n* दल, टोली (यात्रियों की); मण्डली; (*POL*) पार्टी; गोष्ठी; व्यक्ति; प्रीतिभोज // *a* सहायक, समर्थक, भाग लेने वाला; **party dress** *n* दावत आदि में पहनने की पोशाक; **party line** *n* (*TEL*) दो या अधिक उपभोक्ताओं के द्वारा उपयोग की जा रही एक टेलीफ़ोन लाइन; राजनीतिक दल की नीतियां; **party politics** *npl* दलबंदी

pass (पास) *vt* आगे बढ़ना, गुज़रना, पार करना, से बढ़कर होना; स्वीकृत होना; पास या उत्तीर्ण होना; (समय) व्यतीत करना, को दे देना, उपेक्षा करना, ध्यान न देना // *vi* निकल जाना, परीक्षा में सफल होना // *n* दर्रा, घाटी; पास, पारपत्र; (*SCOL*) सफलता (परीक्षा में);

(*SPORT*) गेंद का पास देना (जैसे हाकी या फुटबाल में); (**pass mark** भी) : **to get a pass** परीक्षा में पास हो जाना; **to pass sth through a ring** *etc* छल्ले आदि में से कुछ निकालना; **to make a pass at sb** (*col*) किसी को अपने प्रेमपाश में फंसाने का प्रयत्न करना; **to pass away** *vi* मर जाना; **to pass by** *vi* पास से निकल जाना // *vt* किसी की उपेक्षा करना; **to pass on** *vt* कोई चीज़/जानकारी किसी को देना; अपने रोग को किसी और को लगा देना; **to pass out** *vi* बेहोश हो जाना; **to pass up** *vt* मौका हाथ से जाने देना; **passable** *a* (सड़क) जिस से गुज़र सकें; (काम) जो स्वीकार्य हो; काम चलाऊ (वस्तु)

passage ('पैसिज) *n* (**passageway** भी) रास्ता, मार्ग; गलियारा; पुस्तक का परिच्छेद; गुज़रने की क्रिया; (समुद्री) यात्रा; यात्रा-भाड़ा; संसद आदि का कानून बनाना

passbook ('पासबुक) *n* बैंक खाते की पुस्तिका; पासबुक

passenger ('पैसिंजर) *n* यात्री (विशे॰ सार्वजनिक परिवहन में)

passer-by (पासर्'बाइ) *n* राहगीर, राह चलता व्यक्ति

passing ('पासिङ) *a* (*fig*) अस्थायी; **in passing** चलते-चलते; **passing place** *n* (*AUT*) सड़क पार करने का क्षेत्र

passion ('पैशन) *n* मनोभाव, भाव, आवेश; तीव्र इच्छा विशे॰ कामेच्छा; काम वासना; क्रोध; क्षोभ; **passionate** *a* भावप्रवण, क्रोधी; कामुक

passive ('पैसिव़) *a* निष्क्रिय, निश्चेष्ट, अकर्मण्य; (*LING*) कर्मवाच्य

Passover ('पासोव़र) *n* पास्का, ईस्टर; यहूदी वसंत त्यौहार

passport ('पास्पोर्ट) *n* पासपोर्ट, पारपत्र; **passport control** *n* पासपोर्ट चौकी (जहां पासपत्रों का निरीक्षण होता है)

password ('पास्वर्ड) *n* गुप्त शब्द या वाक्यांश जो मित्र व शत्रु में अंतर स्पष्ट करे; पहचान-शब्द

past (पास्ट) *prep* के बाद (तक); से अधिक; के परे // *a* समाप्त, विगत, गुज़रा हुआ, भूत; भूतपूर्व // *n* भूतकाल, अतीत; **he's past forty** उस की उम्र चालीस साल से अधिक है; **for the past few/3 days** पिछले कुछ/3 दिन से; **he ran past me** वह दौड़ता हुआ मेरे पास से निकला

pasta ('पैस्ट्अ) *n* गुंधे आटे से बने विविध प्रकार के खाद्य-पदार्थ जैसे स्पागैटी (सेवई)

paste (पेस्ट) *n* लेई; लेई जैसी मुलायम वस्तु; (*CULIN*) पतला लेई जैसा चिपकाने वाला मिश्रण; नकली रत्न बनाने का कड़ा चमकदार कांच, पेस्ट // *vt*

लेई से चिपकाना

pasteurized ('पैस्टराइज़्ड) *a* जिसे ताप से कीटाणुरहित किया गया हो

pastille ('पैस्टिल) *n* चूसने की गोली; धूपबत्ती

pastime ('पास्टाइम) *n* मनोरंजन, मन-बहलाव (का साधन)

pastor ('पास्टर) *n* ईसाई पुरोहित, धर्मगुरु, पास्तर

pastry ('पेस्ट्रि) *n* पेस्ट्री (एक मिठाई)

pasture ('पास्चर) *n* चरागाह, गोचर भूमि

pasty *n* ('पैस्टि) मांस व डबलरोटी की पपड़ी से बना पकवान // *a* ('पेस्टि) (*complexion*) विवर्ण, पीला

pat (पैट) *vt* थपथपाना, थपकी देना // *n* थपकी

patch (पैच) *n* पैबंद, चकती; धब्बा; ज़मीन का टुकड़ा, खण्ड; आंख ढंकने का कपड़े का टुकड़ा; एक छोटी अवधि // *vt* थिगली लगाना, मरम्मत करना, उलटा-सीधा जोड़ लगाना; **to go through a bad patch** बुरे दिन होना; **to patch up** *vt* किसी के साथ बिगड़े रिश्ते सुधारना, फिर दोस्ती कर लेना; **patchy** *a* असमान गुण वाला; ठीक ढंग से न किया गया काम

pate (पेट) *n* सिर, खोपड़ी; चांद

pâté (पैटे) *n* मांस, मछली या शाक भाजी के घोल से बना एक पकवान

patent ('पेटंट) *n* किसी आविष्कार पर एकाधिकार का दस्तावेज़, पेटेंट // *vt* पेटेंट लेना // *a* प्रत्यक्ष; खुला; स्पष्ट, सार्वजनिक परिशीलन के लिए उपलब्ध जैसे **letters patent; patent leather** *n* कड़ा, चमकीला (नकली) चमड़ा

paternal (प'टर्नल) *a* पिता का, पैतृक

path (पाथ) *n* पथ, रास्ता; कार्यवाही का तरीका

pathetic (प'थेटिक) *a* करुणाजनक, दयनीय, दु:ख-भरा; बहुत ही अपर्याप्त

pathological (पैथ'लॉजिकल) *a* रोग-विज्ञान संबंधी; रोगात्मक; (*compulsive*) जो स्वभाव से विवश हो, जैसे **pathological liar**

pathos ('पेथॉस) *n* करुणा, करुणारस

patience ('पेशंस) *n* धीरज, धैर्य; सहनशक्ति, बर्दाश्त; (*CARDS*) ताश का खेल जिसमें एक ही खिलाड़ी होता है

patient ('पेशंट) *n* रोगी, मरीज़ // *a* धैर्यवान, सहनशील

patrimony ('पैट्रिमनि) *n* पैतृक सम्पत्ति, पुश्तैनी सम्पत्ति

patriot ('पैट्रिअट) *n* देशभक्त; **patriotic** (पैट्रि'ऑटिक) *a* देशभक्ति से प्रेरित; **patriotism** (पैट्रि'ऑटिज़्म) *n* देश-भक्ति

patrol (प'ट्रोल) *n* नियमित गश्त; गश्त लगाने वाला व्यक्ति या दल; बॉय स्काउट्स या गर्ल गाइड्स का दल // *vt* गश्त लगाना; **patrol car** *n*

patron 482 pay

पुलिस की गश्ती गाड़ी; **patrolman** *n* (*US*) पुलिस का सिपाही

patron ('पेट्रन) *n* संरक्षक (कलाकारों, दान संस्थाओं आदि का); समर्थक; नियमित ग्राहक; **patron of the arts** कलाओं का संरक्षक; **patronize** ('पेट्रनाइज़) *vt* (*fig*) किसी की ओर अपनी श्रेष्ठता का भाव अपनाना, अंहकारपूर्ण भाव से व्यवहार करना; नियमित ग्राहक होना; बढ़ावा देना

patter ('पैटर) *vi* पट-पट या तड़-तड़ (जैसे बारिश की) आवाज़ करना; प्रार्थना आदि बार-बार बोलना; अनाप-शनाप बोलना // *n* पट-पट या तड़-तड़ की आवाज़; धाराप्रवाह बोलना (सेल्समैन का)

pattern ('पैटर्न) *n* (*SEWING*) (काटने के लिए) कपड़ों आदि पर आकृति; (*design*) बनावट, डिज़ाइन; (*sample*) आदर्श, नमूना, ढांचा; प्रतिमान, प्रतिरूप

patty ('पैटि) *n* समोसे जैसा एक पकवान, पैट्टी

paucity ('पॉसिटि) *n* अभाव, कमी; अल्पमात्रा; अल्पसंख्या

paunch (पॉन्च) *n* मोटा पेट, तोंद

pauper ('पॉपर) *n* कंगाल, दरिद्र, निर्धन विशे॰ जिसे सार्वजनिक सहायता दी जाती थी

pause (पॉज़) *n* रुकने की क्रिया (*MUS*) विराम, विश्राम // *vi* कुछ समय के लिए रुकना, ठहरना

pave (पेव़) *vt* खड़ंजा डालना, ईंट-पत्थर से (गली आदि को) पक्का करना; **to pave the way for** के लिए मार्ग प्रशस्त करना

pavement ('पेव़मेन्ट) *n* खड़ंजा, फ़र्श, पटरी, खड़ंजा डालने की सामग्री; सड़क के दोनों ओर की पटड़ी

pavilion (प'व़िल्यन) *n* पैविलियन; (प्रदर्शनी) मंडप; विशाल सजा हुआ तम्बू

paving ('पेव़िङ) *n* खड़ंजा लगाने की क्रिया; **paving stone** *n* खड़ंजे का पत्थर

paw (पॉ) *n* जानवर का पंजा

pawn (पॉन) *n* (*CHESS*) प्यादा (पैदल); गिरवी रखी वस्तु; (*fig*) व्यक्ति जो दूसरे के हाथों में कठपुतली हो // *vt* गिरवी रखना, बन्धक या रेहन रखना; **pawnbroker** *n* व्यक्ति जिसका व्यवसाय वस्तुएं गिरवी रखकर पैसा उधार देना हो; **pawnshop** *n* सामान गिरवी रखने वाली दुकान, गिरवीघर

pay (पे) *n* वेतन, तनख्वाह, नौकरी // *vb* (*pt, pp* **paid**) *vt* देना, अदा करना // *vi* खर्च करना, लाभकर होना; **to pay attention (to)** किसी की बात ध्यान से सुनना; किसी बात पर ध्यान देना; **to pay back** *vt* वापिस करना; रकम चुकता करना; **to pay for** *vt* किसी चीज़ की कीमत अदा करना; **to pay in** *vt* रकम जमा कराना; **to pay off** *vt* देनदारी चुकाना // *vi* (*scheme, decision*) किसी योजना

या फ़ैसले का लाभ होना; **to pay up** *vt* देय राशि चुकाना; **payable** *a* : **payable to sb** किसी को देय होना; **payee** *n* पाने वाला; **pay envelope** *n* (*US*) = **pay packet**; **payment** *n* अदायगी; चुकाया हुआ धन; **advance payment** पेशगी की रकम; **monthly payment** मासिक भुगतान; **pay packet** *n* (*Brit*) वेतन; **payphone** *n* सार्वजनिक टेलीफ़ोन जहां सिक्के डालने पड़ते हैं; **payroll** *n* वेतन का रजिस्टर; **pay slip** *n* परची जिस पर वेतन का ब्यौरा लिखा होता है

PC *n* **personal computer** का संक्षेप

p.c. **per cent** का संक्षेप

pea (पी) *n* मटर; मटर का पौधा

peace (पीस) *n* शांति; मेलजोल; मानसिक शांति; नीरवता; आराम; **peaceable** *a* शांतिमय, शांतिप्रिय; **peaceful** *a* शांतिपूर्ण, शांत, नीरव

peach (पीच) *n* आड़ू; (*col*) प्रिय, रुचिकर (वस्तु), गुलाबी-पीला रंग

peacock ('पीकॉक) *n* मोर, मयूर; (**peahen** *fem* मोरनी)

peak (पीक) *n* चोटी, शिखर, नुकीला सिरा; चरम सीमा, पराकाष्ठा; एकदम वृद्धि; टोपी की नोक; **peak hours** *npl* घंटे जब काम का बहुत ज़ोर हो या लोग/गाड़ियां अधिक संख्या में आ-जा रही हों

peal (पील) *n* घण्टानाद, घण्टिकावली; **peals of laughter** हंसी का ठहाका

peanut ('पीनट) *n* मूंगफली

pear (पेअर) *n* नाशपाती, नाशपाती का पेड़

pearl (पर्ल) *n* मोती, मुक्ता

peasant ('पेज़ंट) *n* किसान, देहाती; **peasantry** *n* किसान-वर्ग, कृषक-समुदाय

peat (पीट) *n* दलदल में पाये जाने वाले सड़े-गले पौधे; सूखने के बाद उनसे बना ईंधन

pebble ('पेबॅल) *n* रोड़ा, कंकड़

peck (पॅक) *vt* (**peck at** भी) चोंच मारना; चुगना; जल्दी से चुम्बन लेना; कम खाना // *n* चोंच मारने की क्रिया; जल्दी से लिया गया चुम्बन; **pecking order** *n* सोपान तंत्र; समाज में दरजा; **peckish** *a* (*Brit col*) : **I feel peckish** मुझे थोड़ी भूख लगी है

peculiar (पि'क्यूलिअर) *a* अनोखा, निराला, अजीब; विशिष्ट; निजी; **peculiar to** किसी का विशेष गुण आदि

pedal ('पेडंल) *n* पैडल; पैरों से संगीत-वाद्य का स्वर आदि परिवर्तित करने का साधन // *vi* पैडल मारकर साइकिल चलाना; पैडल मारना

peddle ('पेड्ल) *vt* फेरी लगाना

peddler ('पेड्लर) *n* फेरी लगाने

वाला

pedestal ('पेडिस्टल) *n* स्तंभ-आधार; (मूर्ति की) मंचिका

pedestrian (पि'डेस्ट्रिअन) *n* पैदल चलने वाला; **pedestrian crossing** *n* (*Brit*) पैदल पार पथ

pediatrics (पीडि'ऐट्रिक्स) *n* (*US*) = **paediatrics**

pedigree ('पेडिग्री) *n* वंशावली, वंशवृक्ष // *cpd* (कुत्तों आदि पशुओं की) अच्छी नस्ल

pedlar ('पेडलर) *n* = **peddler**

pee (पी) *vi* (*col*) पेशाब करना

peek (पीक) *vi* (चोरी से) निगाह मारना, झांकना

peel (पील) *n* (*of orange, lemon*) छिलका, खाल // *vt* छीलना // *vi* (खाल) उतरना, छिलना; रोग़न की परतें उतरना

peep (पीप) *n* (*Brit*) ताकझांक // *vi* झांकना; ताकझांक करना; **to peep out** *vi* चोरी छिपे बाहर की ओर देखना; **peephole** *n* झरोखा, गवाक्ष; निरीक्षण छिद्र

peer (पिअर) *vi* : **to peer at** घूर कर देखना // *n* (*noble*) सामन्त, अभिजात; (*equal*) समकक्ष व्यक्ति, बराबर का व्यक्ति; **peerage** *n* अभिजात-वर्ग; सामन्त-पद

peeved (पीव्ड) *a* चिड़चिड़ा, रूठा हुआ

peevish ('पीविश) *a* चिड़चिड़ा, जल्दी नाराज़ होने वाला

peg (पेग) *n* खूंटी, मेख, कपड़ों की चिमटी; (*Brit* : **clothes peg** भी); स्तर या मानक चिन्ह // *vt* (मूल्य) स्थिर करना

pelican crossing ('पेलिकन् क्रासिङ) *n* (*Brit AUT*) पैदल सड़क पार करने वालों के लिए स्थान

pellet ('पेलिट) *n* गोली, छर्रा

pelmet ('पेल्मिट) *n* परदे लटकाने का लकड़ी का ढांचा

pelt (पेल्ट) *vt* : **to pelt sb (with)** (पत्थर आदि) मारना // *vi* पत्थर आदि फैंकना; झपटना, लगातार (वर्षा आदि का) गिरना

pelvis ('पेल्विस) *n* कूल्हा, पेडू, श्रोणिप्रदेश

pen (पेन) *n* पेन, कलम; भेड़ों का छोटा बाड़ा // *vt* रचना, लिखना

penal ('पीनल) *a* दण्ड-, दण्ड देने, दण्डभागी बनने से सम्बंधित; **penalize** *vt* दण्ड देना, दण्डनीय ठहराना या बनाना; हानि पहुंचाना

penalty ('पेनल्टि) *n* दण्ड, सज़ा, जुर्माना; (*SPORT*) नियम भंग करने का दण्ड (प्रतिद्वंद्वी को किसी प्रकार लाभ पहुंचाकर); **penalty (kick)** *n* फुटबाल में विरोधी टीम को किक मारने की सुविधा

penance ('पेनन्स) *n* तपस्या, तप,

प्रायश्चित

pence (पेन्स) penny का *npl*

pencil ('पेन्सल) *n* पेन्सिल; **pencil case** *n* पेंसिल आदि रखने का डिब्बा; **pencil sharpener** *n* पेंसिल गढ़ने का उपकरण

pendant ('पेन्डट) *n* लटकन, लटकने वाला आभूषण

pending ('पेंण्डिङ) *prep* तक, के समय // *a* विचाराधीन, अनिर्णीत; निश्चित (रूप से होने वाली घटना आदि)

pendulum ('पेण्ड्युलम) *n* लोलक, पेंडुलम (दीवार घड़ी का)

penetrate ('पेनिट्रेट) *vt* में प्रवेश करना, घुसना, छेदना; (गूढ़) अर्थ समझ लेना

penfriend ('पेन्फ्रैंड) *n* (*Brit*) चिट्ठी-पत्री के माध्यम से बनाया मित्र

penguin ('पेंङ्विन) *n* दक्षिणी ध्रुव का एक उड़ न सकने वाला जल पक्षी

penicillin (पेनि'सिलिन) *n* अनेक रोगों में प्रभावशाली ऐंटीबायटिक औषधि, पेन्सलीन

peninsula (पि'निन्स्युलअ) *n* प्रायद्वीप

penis ('पीनिस) *n* (पुरुष व अन्य नर प्राणियों का) लिंग, शिश्न

penitent ('पेनिटंट) *a* पश्चातापी, किये पर पछतावा करने वाला

penitentiary (पेनि'टेंन्शरि) *n* (*US*) जेल, बन्दीगृह

penknife ('पेंन्नाइफ़) *n* छोटा (जेबी) चाकू

pen name *n* (लेखक का) उपनाम

penniless ('पेनिलिस) *a* कंगाल, ठनठन गोपाल

pennon ('पेनन) *n* छोटा नुकीला (प्रायः दो नोक वाला) झण्डा

penny ('पेनि) *pl* **pennies** या (*Brit*) **pence** *n* ब्रिटेन का सिक्का, पाउंड का 100वां भाग, पैनी; (*US*) = **cent**

penpal ('पेंन्पैल) *n* चिट्ठी-पत्री के माध्यम से बना मित्र

pension ('पेन्शन) *n* पेंशन; (पान्स्यों) यूरोप में सस्ता आवास व खान-पान गृह; **pensioner** *n* जिसे पेन्शन मिलती हो

pentagon ('पेण्टगॉन) *n* पंचभुज; **Pentagon** अमरीका का सैनिक मुख्यालय

penthouse ('पेण्ट्हाउस) *n* भवन की सबसे ऊपर की मंज़िल पर फ़्लैट आदि

pent-up ('पेण्टप) *a* (*feelings*) घुटी-घुटी या दबी-दबी (भावनाएं)

penury ('पेन्युरी) *n* घोर दरिद्रता, ग़रीबी

people ('पीप्ल) *npl* लोग; (*citizens*) जनता // *n* राष्ट्र; जाति, परिवार // *vt* आबाद करना, बसाना; **several people came** बहुत से लोग आए; **the room was full of**

people कमरा लोगों से भरा पड़ा था

pep (पेप) *n* (*col*) शक्ति, स्फूर्ति, उत्साह, जोश; **to pep up** *vt* जोश दिलाना, स्फूर्ति देना

pepper ('पेपर) *n* (गोल या काली) मिर्च; शिमला मिर्च जैसी सब्ज़ियां // *vt* मिर्च डालना; बुरकना, लगाना, छिड़कना; पत्थर आदि की बौछार करना; **peppermint** *n* पोदीना, पिपरमिंट; इसके स्वाद वाली मिठाई

peptalk ('पेप्टाक) *n* (*col*) उत्साह बढ़ाने या जोश दिलाने के लिए कही बात

per (पर) *prep* प्रति, द्वारा, के अनुसार; **per hour** प्रतिघंटा (मज़दूरी आदि); **per kilo** प्रति किलो; **per day/person** प्रतिदिन, प्रति व्यक्ति; **per annum** *ad* प्रति वर्ष; **per capita** *a, ad* प्रति व्यक्ति

per-, par-, pel-, pil- *comb form* में से, पूर्णतया जैसे **perfect** में

perceive (पर'सीव़) *vt* अनुभव करना, महसूस करना; ध्यान से लेना; समझ लेना

per cent (पर'सेन्ट) *ad* प्रतिशत, प्रति सैंकड़ा

percentage (पर्'सेन्टिज) *n* प्रतिशतता

perception (प'र्सेप्शन) *n* देखने या महसूस करने की क्रिया; प्रत्यक्ष बोध

perceptive (पर्'सेप्टिव़) *a* जिसमें बोध क्षमता हो; पैनी दृष्टि/समझ वाला

perch (पर्च) *n* एक दरियाई मछली, कवई; छतरी या बैठने का स्थान (विशे॰ चिड़ियों का), ठिकाना // *vi* उतरना, टिकना, पर संतुलन करना, (पक्षी का) बसेरा करना

percolate ('पर्कलेट) *vi* रिसना, चूना, छनना

percolator ('पर्कलेटर) *n* फ़िल्टर सहित काफ़ी बनाने का बरतन

perennial (प'रेनिअल) *a* चिरस्थायी; (*BOT*) बारहमासी पौधा // *n* दो वर्ष से अधिक उगते रहने वाला पौधा

perfect ('परफ़िक्ट) *a, n* सम्पूर्ण, पूरा, पक्का, परिशुद्ध; दोषरहित, सही, उत्कृष्ट, आदर्श // *n* (**perfect tense** भी) पूर्णकाल // *vt* (पर्'फ़ेक्ट) सुधारना, पूरा करना, समाप्त करना; दक्ष बनाना; **perfectly** *ad* पूर्णतया

perforate ('परफ़रेट) *vt* छेद करना, बनाना; घुसना, पार करना; **perforation** ('परफ़रेशन) *n* (*line of holes*) काग़ज़ आदि में बनाए गए छेदों की पंक्ति

perform (पर्'फ़ॉर्म) *vt* पूरा करना, समाप्त करना, सम्पन्न करना; मंच पर अभिनय करना // *vi* कार्य करना (कुशलता से, ग़लत ढंग से), निष्पादित करना, अभिनय करना; संगीत-वाद्य बजाना; **performance** *n* पालन; निष्पादन; क्रिया; (*of artist, player*) अभिनय, प्रदर्शन आदि; (*of car engine*) काम करना, चलना;

performer *n* कलाकार; **performing** *a* सधाया हुआ (पशु) जो करतब दिखाए

perfume ('पर्फ़्यूम) *n* इत्र, सुगंधि, खुश्बू, महक

perfunctory (पर्'फ़ंक्टिरि) *a* लापरवाही या जल्दी-जल्दी किया गया, बेमन से किया गया

perhaps (पर'हैप्स) *ad* शायद, कदाचित, संभवत:

peri- *comb form* गोल, जैसे **perimeter, periphrasis** में

peril ('पेरिल) *n* संकट, ख़तरा, जोखिम; **perilous** *a* संकटपूर्ण, जोखिमभरा

perimeter (प'रिमिटर) *n* परिधि, किसी क्षेत्र की बाहरी सीमा; **perimeter wall** *n* अहाते की दीवार

period ('पिअरिअड) *n* अवधि, मुद्दत, (*HISTORY*) युग, काल; (*MED*) स्त्रियों का मासिक-स्राव, रजोधर्म; परिक्रमा की अवधि; समाप्ति; (*SCOL*) घंटा; पूर्ण विराम (.) // *a* (*costume, furniture*) काल-विशेष का फर्नीचर, वेश-भूषा, नाटक आदि; **periodic** ('पिअरिऑडिक) *a* आवर्ती, मियादी; **periodical** ('पिअरिऑडिकल) *a* निश्चित समयान्तर पर निकलने वाली // *n* पत्रिका (साप्ताहिक, पाक्षिक, मासिक आदि)

peripheral (प'रिफ़रल) *a* छोटा-मोटा, कम महत्व वाला; परिधीय // *n* (*COMPUT*) जानकारी अंकित करने के कार्ड, टेप आदि

periscope ('पेरिस्कोप) *n* पेरिस्कोप, यंत्र, विशे॰ पमडुब्बी में, जिसके द्वारा समुद्र की सतह के ऊपर देखा जा सकता है, परिदर्शी

perish ('पैरिश) *vi* मर जाना, नष्ट हो जाना, बरबाद हो जाना, सड़ या गल जाना; **perishable** *a* ज्यादा समय न टिकने वाला (पदार्थ), बिगड़ने वाला // **perishables** *npl* जल्दी खराब होने वाले खाद्य पदार्थ

perjury ('पर्जरि) *n* (*LAW*) झूठी गवाही देने या झूठी कसम खाने का अपराध, शपथ-भंग

perk (पर्क) *n* लाभ, सुविधा या रियायत (किसी नौकरी की); **to perk up** *vi* (*cheer up*) प्रसन्नचित्त होना; **perky** *a* (*cheerful*) प्रसन्नचित्त; चुस्त, फुर्तीला

perm (पर्म) *n* (*for hair*) स्थायी केशविन्यास

permanent ('पर्मनंट) *a* स्थायी, चिरस्थायी, हमेशा कायम रहने वाला; पक्का

permeate ('पर्मिएट) *vi* (गंध आदि) समा जाना, फैल जाना, व्याप्त हो जाना // *vt* फैला देना

permissible (पर्'मिसिबॅल) *a* अनुमति योग्य, अनुमेय, सम्मत

permission (पर्'मिशन) *n* अनुमति, इजाज़त, छुट्टी, स्वतंत्रता

permissive (पर्'मिसिव़) *a* उदार; **the permissive society** समाज जो यौन-सम्बन्धों में बहुत उदार हो

permit ('पर्मिट) *n* कुछ करने की अनुमति, अनुज्ञापत्र, परमिट // *vt* (पर्'मिट) अनुमति देना, करने देना; **to permit sb to do** किसी को (कोई काम) करने की अनुमति देना

perpendicular (परपन्'डिक्युलर) *a, n* किसी रेखा पर 90° का कोण बनाती सीधी खड़ी (रेखा), अभिलम्ब; सीधा खड़ा; लम्ब

perpetual (पर्'पेट्युअल) *a* निरंतर (चला आ रहा), सदा चलता रहने वाला, अनन्त

perplex (पर्'प्लेक्स) *vt* चक्कर में डालना, हैरान कर देना; (*complicate*) जटिल या पेचीदा कर देना; **perplexity** *n* असमंजस, उलझन, हैरानी की हालत; जटिलता

perquisite ('पर्क्विज़िट) *n* नौकरी में वेतन के अतिरिक्त मिलने वाली सुविधा या लाभ; वेतन के अतिरिक्त समय-समय पर मिलने वाला धन

persecute ('पर्सिक्यूट) *vt* धर्म, जाति आदि के कारण किसी को सताना; पर निरन्तर अत्याचार करना

persevere (पर्सि'व़िअर) *vi* डटे रहना; प्रयत्न करते रहना

Persian ('पर्शन) *a* ईरानी // (*LING*) फ़ारसी (भाषा); **the (Persian) Gulf** ईरान की खाड़ी

persist (पर्'सिस्ट) *vi* रुकावटों, आपत्तियों आदि के सामने भी डटे रहना; **to persist (in doing)** करते रहना, (कुछ) चलते, होते रहना; **persistent** *a* दृढ़, अध्यवसायी; दुराग्रही; ज़िद्दी; स्थायी; निरंतर

person ('पर्सन) *n* व्यक्ति; **in person** स्वयं; **personable** *a* रूपवान; रूपवती; **personal** *a* वैयक्तिक; **personal assistant (P.A.)** निजी सहायक; **personal computer (PC)** छोटा कम्प्यूटर; **personality** (पर्स'नैलिटि) *n* व्यक्तित्व; **personally** *ad* व्यक्तिगत रूप से

personnel (पर्स'नेंल) *n* कर्मचारी-गण

perspective (पर्'स्पेक्टिव़) *n* परिप्रेक्ष्य, मन में बना दृश्य या विचार; सपाट तल पर रेखाचित्र जिसमें ठोसपन, चित्रित वस्तुओं की अपेक्षाकृत दूरी व आकार का आभास हो; ऐसा रेखाचित्र बनाने की कला

perspiration (पर्स्पि'रेशन) *n* पसीना

persuade (पर्'स्वेड) *vt* : **to persuade sb to do sth** किसी को किसी काम के लिए राज़ी कर लेना, समझा लेना

pert (पर्ट) *a* शोख़; दलेर; ढीठ; चंट (विशे॰ लड़की या युवती)

pertaining (पर्'टेनिङ) : **pertaining to** *prep* के सम्बन्ध में, से सम्बन्धित

pertinent ('पर्टिनंट) *a* बिलकुल उपयुक्त, संगत

perturb (पर्'टर्ब) *vt* व्याकुल करना, चिन्तित करना, घबरा देना

peruse (प'रूज़) *vt* धीरे-धीरे व ग़ौर से या आराम से पढ़ना; **perusal** *n* ध्यानपूर्वक अध्ययन

pervade (पर्'व़ेड) *vt* में फैल जाना या समा जाना, व्याप्त होना

perverse (पर्'व़र्स) *a* (ग़लत बात के लिए) ज़िद्दी; दुष्ट; बिगड़ा हुआ, भ्रष्ट

pervert *n* ('पर्व़र्ट) पथभ्रष्ट या बिगड़ा हुआ, दुराचारी (विशे॰ यौन आचार में) // *vt* (पर्'व़र्ट) बिगाड़ना; दुरुपयोग करना; भ्रष्ट करना

pessimism ('पॅसिमिज़्म) *n* निराशावाद; यह धारणा कि अंत में सभी कुछ दुःख या बुराई में बदल जाता है

pessimist ('पॅसिमिस्ट) *n* निराशावादी व्यक्ति; **pessimistic** (पेसि'मिस्टिक) *a* निराशावादी

pest (पॅस्ट) *n* कष्टकारी या हानिकारक वस्तु; (*fig*) तंग या परेशान करने वाला व्यक्ति या कीड़ा

pester ('पेस्टर) *vt* सताना, तंग या परेशान करना

pesticide ('पॅस्टिसाइड) *n* कीटनाशक रसायन

pet (पेट) *n* पालतू जानवर; दुलारा (पशु या व्यक्ति) // *vt* दुलारना // *vi* (*col*) चिपटाना, पुचकारना

petal ('पेटल) *n* फूल की पंखड़ी, दल

peter ('पीटर) : **to peter out** *vi* (मात्रा, उत्तेजना आदि) कम होते जाना, धीरे-धीरे समाप्त हो जाना

petite (प'टीट) *a* छोटे कद की, नाज़ुक, कमनीय (युवती)

petition (पि'टिशन) *n* याचना, अर्ज़ी, याचिका, आवेदन (विशे॰ जो राष्ट्र के प्रमुख अथवा संसद के सम्मुख प्रस्तुत की जाय); **petitioner** *n* आवेदक, याची

petrified ('पॅट्रिफ़ाइड) *a* (*fig*) भय से स्तंभित; जिस की बोलती बंद हो गयी हो (डर के कारण)

petrol ('पेट्रल) *n* (*Brit*) पेट्रोल; **two-star petrol** सामान्य पेट्रोल; **four-star petrol** विशेष पेट्रोल; **petrol can** *n* पेट्रोल का कनस्तर

petroleum (प'ट्रोलिअम) *n* खनिज तेल (जिससे पेट्रोल बनता है)

petrol : petrol pump *n* (*Brit*) पेट्रोल मिलने का स्थान; **petrol station** *n* (*Brit*) जहां पेट्रोल के साथ-साथ गाड़ियों की मरम्मत की भी व्यवस्था हो; **petrol tank** *n* (*Brit*) पेट्रोल की टंकी

petticoat ('पॅटिकोट) *n* साया,

लहंगा, पेटीकोट

petty ('पेटि) *a* तुच्छ, बहुत मामूली; संकीर्ण विचारों वाला, घटिया; थोड़ा, छोटा-मोटा; **petty cash** *n* छोटे भुगतानों के लिए धन; **petty officer** *n* नौसेना में एक छोटा अफ़सर जो कमीशन प्राप्त न हो

petulant ('पेट्युलंट) *a* बदमिज़ाज; चिड़चिड़ा

pew (प्यू) *n* चर्च में बैठने का स्थान

pewter ('प्यूटर) *n* रांगे व सीसे की मिश्रधातु; इससे बना बरतन आदि

phantasm ('फ़ैंटैज़्म) *n* प्रेतदर्शन; दृष्टिभ्रम, छायाभास

phantom ('फ़ैंटम) *n* भूत, प्रेत; (अवास्तविक) छाया; माया

pharmacy ('फ़ार्मसि) *n* औषधि-निर्माण; औषधालय

phase (फ़ेज़) *n* विकास या घटना-क्रम की विशेष अवस्था, स्थिति या दशा; अवधि // *vt* : **to phase sth in/out** कोई काम/व्यवस्था लागू करना या उस का प्रचलन बन्द कर देना

Ph. D. *Doctor of Philosophy* का संक्षेप // *n* डाक्टर की उपाधि

pheasant ('फ़ेज़ंट) *n* तीतर की जाति का पक्षी, फ़ेज़ेंट, चेड़

phenol ('फ़ीनॉल) *n* कारबॉलिक एसिड

phenomenon, *pl* **phenomena** (फ़ि'नॉमिनन; फ़ि'नॉमिना) *n* परिघटना; कोई भी दृश्यघटना (*eg the* **phenomenon** *of eclipse*); तथ्य; उल्लेखनीय व्यक्ति या वस्तु

phial ('फ़ाइअल) *n* छोटी शीशी (दवा आदि की)

phil- *comb form* प्रेमी, हितैषी जैसे *philanthropy, philosophy* में

philanthropy (फ़ि'लैंथ्रपि) *n* परोपकार, मानव-प्रेम; **philanthropic** *a* लोकोपकारी, लोकहितैषी; **philanthropist** *n* लोकोपकारी व्यक्ति

philately (फ़ि'लैटलि) *n* डाक-टिकट इकट्ठे करना, डाक-टिकट-संग्राहकी; **philatelist** *n* डाक-टिकट इकट्ठे करने वाला

philology (फ़ि'लॉलजि) *n* भाषा-शास्त्र, वाङ मीमांसा

philosophical (फ़िल'सॉफ़िकल) *a* दर्शनशास्त्र सम्बन्धी; शांत, धीर; विद्वत्तापूर्ण

philosophy (फ़ि'लॉसफ़ि) *n* दर्शन-शास्त्र; मानसिक शांति, धैर्य; **philosopher** *n* दार्शनिक

phlegm (फ़्लेम) *n* बलग़म, कफ़, श्लेष्मा; भावशून्यता, निष्क्रयता

phobia ('फ़ोबिअ) *n* भय या घृणा; अकारण नापसंदगी या नफ़रत

phone (फ़ोन) *n* टेलीफ़ोन, दूरभाष // *vt* टेलीफ़ोन करना; **to be on the phone** घर में फ़ोन होना; टेलीफ़ोन पर बात कर रहे होना; **to phone back**

phonetics ·491 physics

vt, vi किसी के सन्देश के उत्तर में फ़ोन पर बात करना; **to phone up** *vt* टेलीफ़ोन करना // *vi* टेलीफ़ोन पर बात होना; **phone book** *n* टेलीफ़ोन की डायरेक्टरी; **phone box** *or* **booth** *n* टेलीफ़ोन का बूथ; **phone call** *n* टेलीफ़ोन पर बात करने की क्रिया; एक बार टेलीफ़ोन पर हुई बात; **phone-in** *n* (*Brit RADIO, TV*) रेडियो, टी॰वी॰ कार्यक्रम के दौरान फ़ोन पर किसी से बातचीत

phonetics (फ़'नेटिक्स) *n* स्वरविज्ञान

phoney ('फ़ोनि) *a* जाली, नकली, हेरा-फेरी वाला, संदिग्ध

phono- *comb form* ध्वनि जैसे **phonology** में

phonograph ('फ़ोनग्राफ़) *n* आरंभिक ग्रामोफ़ोन का रूप; (*US*) ग्रामोफ़ोन

phony *a* = **phoney**

phosphorus ('फ़ॉस्फ़रस) *n* अंधेरे में चमकने वाला एक ज्वलनशील पदार्थ, फ़ासफ़ोरस

photo ('फ़ोटो) *n* फोटोग्राफ़

photo... ('फ़ोटो) *prefix* : **photocopier** *n* काग़ज़ात की प्रतियां बनाने की मशीन; **photocopy** *n* ऐसी मशीन से बनी प्रति // *vt* फ़ोटोकापी बनाना; **photograph** *n* कैमरे से लिया चित्र, फ़ोटोग्राफ़ // *vt* फ़ोटो खींचना; **photographer** (फ़'टॉग्रफ़र) *n* कैमरे से चित्र खींचने वाला, फ़ोटोग्राफ़र; **photography** (फ़'टॉग्रफ़ि) *n* फोटो खींचने की कला, फ़ोटोग्राफ़ी

photogenic (फ़ोट'जेनिक) *a* (व्यक्ति) जिसका चेहरा चित्र में आकर्षक लगता हो, फ़ोटो-योग्य (चेहरा)

Photostat ® ('फ़ोटोस्टैट) *n* किसी भी प्रकार के छपे या हस्तलिखित काग़ज़, रेखाचित्र आदि की बिना नैगेटिव के सीधी प्रतिकृति (नकल) बनाने का उपकरण, फोटोस्टैट // *vt* इस प्रकार प्रतिलिपि बनाना

phrase (फ़्रेज़) *n* (*LING*) शब्द-समूह, वाक्यांश; मुहावरा; शैली // *vt* शब्दों में व्यक्त करना; **phrase book** *n* बहुत प्रयोग में आने वाले वाक्यांशों की पुस्तक जो विदेशी पर्यटकों के लिए हो

phut (फ़ट) *n* फ़टाक की भारी ध्वनि; **to go phut** अचानक ढेर हो जाना, बैठ जाना

physical ('फ़िज़िकल) *a* शारिरिक, भौतिक; **physical education** *n* शारीरिक शिक्षा; व्यायाम का प्रशिक्षण; **physically** *ad* शारीरिक रूप से

physician ('फ़िज़िशन) *n* डाक्टर, वैद्य

physicist ('फिज़िसिस्ट) *n* भौतिकी-विद

physics ('फ़िज़िक्स) *n* भौतिकी, भौतिकविज्ञान

physiology (फ़िज़ि'ऑलजि) *n* चेतन वस्तुओं की सामान्य क्रियाओं का विज्ञान, शरीर क्रिया-विज्ञान

physiotherapy (फ़िज़िओ'थेरपि) *n* मालिश, शारीरिक अंगों के विशेष व्यायाम आदि का चिकित्सा के लिए उपयोग

physique (फ़ि'ज़ीक) *n* शरीर का गठन, डील-डौल व विकास

pi (पाइ) *n* (*MATHS*) वृत्त की परिधि व उसके व्यास का अनुपात जिसका मूल्य लगभग 3.14 होता है

pianist ('पीअनिस्ट) *n* पियानो-वादक

piano, *pl* **pianos** (पि'ऐनो, पि'ऐनोज़) *n* पियानो (एक वाद्य)

pic, *pl* **pics, pix** (पिक्, पिक्स) *n* (*col*) चित्र

pick (पिक) *n* कुदाली (**pick-axe** भी) // *vt* छांटना; चुनना; तोड़ना (फूल आदि); इकट्ठे करना; खुरचना, कुरेदना, ढूंढना; **take your pick** चुन लो (जो भी तुम्हें पसंद हो); **the pick of** चुना हुआ, सब से अच्छा; **to pick off** *vt* मार डालना (गोली आदि से); **to pick on** *vt* किसी के पीछे पड़ जाना; **to pick out** *vt* छांटना, चुनना; पहचानना; **to pick up** *vi* (*improve*) सुधर जाना // *vt* (*telephone*) टेलीफ़ोन का चोंगा उठाना; (*collect*) लेना (यात्री, सामान); (*AUT : give lift to*) किसी को अपनी गाड़ी में बिठा कर आगे ले जाना; (*learn*) सीख लेना; **to pick up speed** गति तेज़ हो जाना; **to pick o.s. up** गिरने के बाद (धीरे धीरे) उठ खड़े होना

picket ('पिकिट) *n* (*in strike*) हड़ताल के दौरान काम के इच्छुक कामगारों को रोकने के लिए हड़ताली कामगारों का धरना देने वाला दल; खूंटा // *vt* धरना देना, घेरा डालना; खूंटे से बांधना

pickle ('पिकल) *n* (**pickles** भी) अचार; सिरका, नमक का पानी आदि जिसमें खाद्य पदार्थ को रख कर सड़ने से बचाया जाए; परेशानी की स्थिति // *vt* अचार बनाना; **pickled** *a* (*inf*) नशे में; धुत

pickpocket ('पिकपॉकिट) *n* जेब-कतरा

pickup ('पिकप) *n* (*Brit*) रिकार्ड प्लेयर का पुर्ज़ा जिसके आगे सूई लगी होती है; छोटा ट्रक

picnic ('पिकनिक) *n* सैर-सपाटा जिसमें उद्यान आदि में भोजन किया जाय, पिकनिक // *vi* पिकनिक में भाग लेना

pictorial (पिक्'टॉरिअल) *a* चित्रात्मक, सचित्र, चित्र में; सजीव, जीता-जागता // *n* सचित्र पत्रिका या समाचार-पत्र

picture ('पिक्चर) *n* चित्र, तस्वीर, फोटो; मन में छवि; मनोहर, चित्र समान वस्तु, दृश्य आदि; फ़िल्म // *vt* चित्रित करना, चित्र बनाना; सुंदर वर्णन करना;

picturesque 493 **piles**

the pictures (*Brit*) सिनेमा; **picture book** *n* चित्रावली; सचित्र पुस्तक

picturesque (पिक्च'रेंस्क) *a* चित्र जैसा मनोहर, आकर्षक, चित्रात्मक; अनोखा, सजीव

pie (पाइ) *n* मांस, फल आदि से बना केक, पकवान

piebald ('पाइबॉल्ड) *a* चितकबरा // *n* चितकबरा घोड़ा या अन्य पशु

piece (पीस) *n* टुकड़ा, खण्ड; अंश, हिस्सा, एक वस्तु (जिन्स), साहित्य, संगीत आदि की रचना, रचनांश; *sl* युवती; ड्राफ़्ट्स की गोटी व शतरंज का मोहरा आदि; (*item*) : **a piece of furniture** मेज़, कुर्सी में से कोई // *vt* : **to piece together** टुकड़े जोड़ कर कोई चीज़ बनाना, निष्कर्ष निकालना; **a piece of advice** सलाह; **to take to pieces** टुकड़े-टुकड़े कर देना; **piecemeal** *ad* थोड़ा-थोड़ा कर के, टुकड़ों में; **piece-work** *n* उजरती काम (जो दिहाड़ी पर न हो)

pie chart *n* गोलाकार रेखाचित्र/चार्ट

pier (पिअर) *n* समुद्रतट पर बना घाट; खंभा विशे॰ पुल का

pierce (पिअर्स) *vt* छेद करना, बेधना, भेदना, पार करना; प्रभावित करना

piety ('पाइइटि) *n* धार्मिकता, धर्म-निष्ठा, भक्तिभाव; साधुता, भलाई; आज्ञाकारिता

pig (पिग) *n* सूअर; उसका मांस; (*col*) लोभी, गंदा व्यक्ति; (तिरस्कार पूर्ण) (*sl*) पुलिसमैन; धातुपिण्ड

pigeon ('पिजिन) *n* कबूतर; **pigeonhole** *n* डेस्क आदि में काग़ज़ रखने के लिए खाना, कोष्ठ

piggy bank ('पिगिबैंक) *n* बच्चों की गोलक

pigheaded ('पिग्'हैडिड) *a* ज़िद्दी, हठी

pigskin ('पिग्स्किन) *n* सूअर की खाल या उस से बना (बटुआ आदि)

pigsty ('पिग्स्टाइ) *n* सूअरों का बाड़ा

pigtail ('पिग्टेल) *n* (बालों की) चोटी, वेणी

pike (पाइक) *n* पुराने समय में पैदल सैनिकों द्वारा प्रयोग किया जाने वाला भाला; एक मछली

pilau (पि'लाउ), **pilaf(f)** ('पिलैफ़) *n* पुलाव

pilchard ('पिल्चर्ड) *n* हेरिंग जैसी एक छोटी समुद्री मछली, सम्बहुला

pile (पाइल) *n* (*pillar*) भूमि में गाड़ा गया खम्भा; ढेर, अम्बार; राशि; भवन-समूह; कालीन के रोएं // *vt* (**pile up** भी) ढेर लगाना या बनाना; जमा करना // *vi* ढेर लग जाना; **to pile into** (*car*) (कार में) अव्यवस्थित ढंग से घुस कर बैठना

piles (पाइल्ज़) *npl* बवासीर (के मस्से)

pileup ('पाइलप) *n* (*AUT*) टक्कर के बाद मोटर-गाड़ियों का एक-दूसरे पर चढ़ जाना या सट जाना

pilfering ('पिल्फ़रिङ) *n* छोटी या कम मात्रा में वस्तुओं की चोरी

pilgrim ('पिल्ग्रिम) *n* तीर्थयात्री; घुमक्कड़; **pilgrimage** *n* तीर्थयात्रा

pill (पिल) *n* दवाई की गोली; कोई भी अप्रिय वस्तु जिसे सहना ही पड़े; **the pill** खाने की गर्भनिरोधक गोली

pillage ('पिलिज) *vt* लूटना, तहस-नहस करना, लूटपाट करना // *n* लड़ाई में लूटपाट

pillar ('पिलर) *n* खम्भा, स्तंभ; **pillar box** *n* (*Brit*) चिट्ठियां डालने का बकसा

pillion ('पिल्यन) *n* मोटर साइकिल, स्कूटर आदि पर पिछली सीट

pillow ('पिलो) *n* तकिया; **pillowcase** *n* तकिए का ग़िलाफ़

pilot ('पाइलट) *n* वायुयान या अंतरिक्षयान चालक, पायलट; बंदरगाह पर जहाज़ का मार्गदर्शक; मार्गदर्शक // *cpd* प्रायोगिक व आरंभिक (योजना आदि) // *vt* पथप्रदर्शन करना; चलाना; **pilot light** *n* गैस उपकरण आदि में मुख्य लौ को जलाने वाली छोटी सहायक लौ; विद्युत उपकरणों में संकेतक-प्रकाश

pimp (पिम्प) *n* वेश्या का दलाल, भड़ुवा

pimple ('पिंप्ल) *n* फुंसी, मुंहासा

pin (पिन) *n* पिन, आलपिन; (*TECH*) लकड़ी या धातु की खूंटी // *vt* पिन लगाना, पिन से नत्थी करना; जकड़ देना; **pins and needles** शरीर में सूइयां सी चुभना; **to pin sb down** (*fig*) किसी को विवश कर देना या उस से कोई वचन ले लेना; **to pin sth on sb** (*fig*) किसी पर कोई दोष प्रमाणित कर देना

pinafore ('पिनफ़ॉर) *n* ऐप्रन, बच्चों के कपड़ों के ऊपर पहनाया जाने वाला कपड़ा

pinball ('पिन्बाल) *n* (**pinball machine** भी) गोलियों से खेला जाने वाला खेल और उस की विद्युत-चालित मशीन

pincers ('पिन्सरज़) *npl* चिमटी, चिमटा; झींगा आदि के पंजे

pinch (पिंच) *n* चुटकी; चुटकी भर; तकलीफ़देह दबाव; विपत्ति // *vt* चुटकी से पकड़ना; चुटकी भरना या काटना; ऐंठना; (*col*) चोरी करना; (*col*) गिरफ़्तार करना // *vi* (जूते का) काटना; **at a pinch** यदि अनिवार्य हो

pincushion ('पिनकुशन) *n* आलपीन रखने की गद्दी

pine (पाइन) *n* (**pine tree** भी) चीड़ का वृक्ष, इसकी लकड़ी // *vi* : **to pine for** लालायित होना, पाने की तीव्र इच्छा करना; **to pine away** *vi* दु:ख

आदि में घुलना

pineapple ('पाइन्ऐप्ल) *n* अनानास

ping (पिंग) *n* पटकने की हल्की आवाज़; **ping-pong** *n* ® टेबल टैनिस का खेल

pinion ('पिन्यन) *n* पंख, गरारी // *vt* पक्षी को पंख या व्यक्ति को बाज़ू बांध कर जकड़ देना, मुश्कें बांधना

pink (पिंक) *a* गुलाबी // *n* गुलाबी रंग; अत्युत्तम स्थिति; अच्छा स्वास्थ्य; (*BOT*) सुगंधित फूलों का एक पौधा

pinnacle ('पिनकल) *n* शिखर, चोटी; नुकीला बुर्ज, कलश; (*fig*) पराकाष्ठा

pinpoint ('पिन्पॉइंट) *vt* ठीक-ठीक पता लगाना

pint (पाइंट) *n* द्रवमाप; (*Brit*) 1/8 गैलन (.568 लिटर); (*US*) 0.47 लिटर; (*Brit col*) बीयर का पाइंट

pioneer (पाइअ'निअर) *n* अन्वेषक, खोजी; (किसी स्थान पर) सबसे पहले बसने वाला; प्रवर्तक; अगुआ; सेना में आगे जाकर रास्ता तैयार करने वाला दल // *vi* अगुआ बनना, रास्ता तैयार करना, पथप्रदर्शन करना

pious ('पाइअस) *a* भक्त, धर्मपरायण; धार्मिक (दिखावे में)

pip (पिप) *n* फल का बीज; (*Brit*) रेडियो में समय की संकेत-ध्वनि; ताश आदि पर बुंदकी, बिन्दु

pipe (पाइप) *n* पाइप, नली, नलिका; तम्बाकू भरकर पीने का पाइप; बांसुरी; सीटी; शराब का पीपा // *vt* मुरली बजाना; चीख़कर बोलना; पाइप से (पानी आदि) पहुंचाना; (वस्त्र पर) गोट लगाना; **pipes** *npl* (**bagpipes** भी) मशकबीन; **to pipe down** *vi* (*col*) चुप कर जाना, आवाज़ धीमी कर लेना; **pipe cleaner** *n* तम्बाकू के पाइप को साफ़ करने की पतली छड़; **pipe dream** *n* असंभव योजना; बेपर की उड़ान; **pipeline** *n* तेल, पानी आदि के नलों की व्यवस्था; संचार-साधन; **piper** *n* मशकबीन बजाने वाला

piping ('पाइपिङ) *ad* : **piping hot** गरमागरम, बिल्कुल ताज़ा (पकाया गया) व्यंजन आदि

pique (पीक) *n* अपमान की भावना, खीज; चिढ़

pirate ('पाइरिट) *n* समुद्री डाकू; बिना अनुमति किसी अन्य प्रकाशक की पुस्तक आदि छापने वाला प्रकाशक

Pisces ('पाइसीज़) *n* मीन, राशि-चक्र की 12वीं राशि, जिस का काल 19 फ़रवरी से 20 मार्च तक होता है

piss (पिस) *vi* पेशाब करना // *n* (*col*) पेशाब, मूत्र; **pissed** *a* (*col*) धुत

pistachio (पि'स्टाशिओ) *n* पिस्ता; इसका पेड़

pistol ('पिस्ट्ल) *n* पिस्तौल, तमंचा

piston ('पिस्टन) *n* इंजन की पश्चाग्र

(आगे-पीछे) गति को घूर्णी (घूमने वाली) गति में परिवर्तित करने वाला एक भाग, पिस्टन

pit (पिट) *n* गड्ढा; खान, खदान (**coal pit** भी); रंगशाला में संगीत-मंडली (आरकेस्ट्रा) का स्थान (**orchestra pit** भी); जानवरों को लड़ाने का घेरा; मोटर-रेस मार्ग पर कारों की मरम्मत व उनमें तेल भरने का स्थान // *vt* (बीमारी आदि का) गड्ढे, दाग बनाना; **pits** *npl* (*AUT*) मोटरों की मरम्मत का स्थान; **to pit sb against sb** किसी को किसी से लड़ाना, मुकाबले पर खड़ा करना

pitch (पिच) *n* फेंक; ऊंचाई; अवस्था; पराकाष्ठा; ढाल; (*NAUT*) डूबना-उतराना; विमान के प्रोपेलर (पंख) के एक चक्कर की दूरी, पेच की चूड़ियों के बीच की दूरी; आरी आदि के दांते; (*MUS*) स्वर तारत्व; (*Brit SPORT*) खेल का मैदान; क्रिकेट में विकेटों के बीच का भाग; (*tar*) कोलतार // *vt* फैंकना; (तंबू) लगाना; (सुर) मिलाना // *vi* धड़ाम से गिरना; (*NAUT*) (जहाज़ का) डूबना- उतराना; **to pitch a tent** तम्बू गाड़ना; **pitched battle** *n* जमकर लड़ाई; घमासान लड़ाई

pitcher (पिचर) *n* घड़ा, बड़ी सुराही

pitchfork ('पिचफ़ॉर्क) *n* पांजा, पंजाली (जिससे पुआल उठाते हैं)

piteous ('पिटिअस) *a* करुणाजनक; जिससे दया उत्पन्न हो

pitfall ('पिट्फ़ॉल) *n* गड्ठा, चोर गड्ढा; (*fig*) ख़तरा

pith (पिथ) *n* कुछ पौधों की डाली के अंदर सफ़ेद लचीला पदार्थ; (*fig*) सार, महत्वपूर्ण अंश

pithy ('पिथि) *a* संक्षिप्त व ज़ोरदार; सारगर्भित, अर्थपूर्ण

pitiful ('पिटिफुल) *a* (*touching*) दया के योग्य; दया उत्पन्न करने वाला; (*contemptible*) तिरस्कार के योग्य

pitiless ('पिटिलिस) *a* निर्दयी, कठोर

pittance ('पिटंस) *n* बहुत कम मेहनताना, बहुत कम मात्रा

pity ('पिटि) *n* दया, तरस, सहानुभूति, करुणा, खेद का विषय // *vt* पर तरस खाना, पर दया आना, सहानुभूति रखना; **what a pity!** कितने दुःख की बात है !

pivot ('पिवट) *n* चूल, कीली, धुरी; (*fig*) केंद्र बिंदु // *vt* धुरी लगाना, धुरी पर रखना // *vi* धुरी पर घूमना

pizza ('पीत्स्अ) *n* (मूलतः) इटली का एक पकवान, पीत्सा (तंदूर में पके परांठे जैसा)

placard ('प्लैकार्ड) *n* काग़ज़ या गत्ते पर एक ओर लिखा विज्ञापन, सूचना आदि, पोस्टर, प्लेकार्ड, सूचना पत्रक

placate (प्ल'केट) *vt* शांत करना, समझाना-बुझाना, संतुष्ट करना, राज़ी करना

place (प्लेस) *n* (*proper position, rank, seat*) स्थान, जगह, दरजा, स्थिति;

कर्तव्य; नगर; गांव; (*house*) घर; रहने का स्थान; इमारत, दफ़्तर; नौकरी, सीट; खाली जगह; (*home*): **at/to his place** अपने स्थान पर/को // *vt* विशेष स्थान पर रख देना, लगाना; पहचानना, स्थान निश्चित करना; (शर्त) लगाना; (माल) मंगाना; **to take place** होना, घटित होना; **to change places with sb** किसी के साथ स्थान बदल लेना; **to place an order** किसी चीज़ का आर्डर देना या मंगाना; **out of place** अनुचित, असंगत; **in the first place** पहली बात तो यह है कि

placid ('प्लैसिड) *a* शान्त, स्थिर

plagiarism ('प्लेजरिज़्म) *n* दूसरे के विचारों, शब्दों को अपना बना कर प्रस्तुत करने की क्रिया, साहित्यिक चोरी

plague (प्लेग) *n* प्लेग, ताऊन; (*col*) आफ़त, मुसीबत; महामारी // *vt* (*fig*) परेशान करना, सताना

plaice (प्लेस) *n* (*pl inv*) एक चपटी मछली

plaid (प्लैड) *n* हाइलैंड (स्कॉटलैंड के पहाड़ी प्रदेश) का एक लम्बा लबादा या शाल

plain (प्लेन) *a* सपाट, समतल, खुला; सरल; साफ़, स्पष्ट; साधारण, सीधा-सादा, निष्कपट, साफ़-साफ़ (बोलने वाला); (*not handsome*) असुंदर; बिना फ़िल्टर का (सिग्रेट); बिना मसाले का (भोजन) // *ad* साफ़-साफ़ // *n* सपाट मैदान; **plain chocolate** *n* चाकलेट जिसमें मेवे या गिरियां न पड़ी हों; **plain clothes** *npl* : **in plain clothes** बिना वरदी के (पुलिस आदि का कर्मचारी); **plainly** *ad* स्पष्ट रूप से; (*frankly*) बिना लागलपेट के

plaint (प्लेंट) *n* (*LAW*) अर्ज़ी, दावा, शिकायत

plaintiff ('प्लेंटिफ़) *n* (*LAW*) मुकद्दमा दायर करने वाला, वादी, मुद्दई

plait (प्लेट) *n* बालों की चोटी; बट दिया हुआ फूस

plan (प्लैन) *n* योजना; रूपरेखा, ख़ाका; नक्शा; कार्यप्रणाली, तरीक़ा // *vt* की योजना बनाना, व्यवस्था करना // *vi* सोचना, कल्पना करना, इरादा होना

plane (प्लेन) *n* (*AVIAT*) विमान; चिनार का पेड़; बढ़ई का रंदा; (*ART, MATH etc*) समतल, तल // *a* समतल, जो ऊबड़-खाबड़ न हो // *vt* रन्दा फेरना या करना

planet ('प्लैनिट) *n* ग्रह (जो सूर्य की परिक्रमा करते हैं)

planetarium (प्लैनि'टेंअरिअम) *n* सूर्य, ग्रह, सितारों की गति कृत्रिम रूप से दर्शाने के लिए बना भवन, तारामण्डल, नक्षत्रकक्ष

plank (प्लैंक) *n* लकड़ी का तख़्ता, पटरा; (*fig*) चुनावी मुद्दा

planning ('प्लैनिङ) *n* नियोजन (योजना बनाने की क्रिया); **family planning** परिवार नियोजन;

planning permission *n* मकान बनाने की अनुमति

plant (प्लांट) *n* पौधा; संयंत्र, प्लांट (औद्योगिक उत्पादन में प्रयुक्त मशीनें आदि); सड़क आदि बनाने के भारी वाहन // *vt* पौधा लगाना, बीज डालना; (दिल, दिमाग़ में) जमाना; बसाना; (बम आदि) रखना

plantain ('प्लैंटिन) *n* केले का पेड़; केला

plantation (प्लैं'टेशन) *n* चाय, तंबाकू आदि के बाग़ान; लगाए गए वृक्षों का समूह या जंगल; रोपस्थली; (भूतकाल में) बस्ती, उपनिवेश

plaque (प्लैक, प्लाक) *n* सजावटी पटिया, तख़्ती; बैज (बिल्ला); जड़ाऊपिन; दांतों पर जमी सफ़ेदी जो उनके सड़ने का कारण बनती है

plaster ('प्लास्टर) *n* दीवारों आदि पर लगाने का पलस्तर (**plaster of Paris** भी); चोट आदि पर चिपकाने का औषधियुक्त प्लास्टर (**sticking plaster** भी) // *vt* पलस्तर लगाना, पोतना, पलस्तर जैसा पोतना; **to plaster with** से भर देना, पाट देना, ढक देना; **in plaster** (*leg etc*) जिस पर पलस्तर चढ़ा हो; **plastered** *a* (*col*) धुत

plastic ('प्लैस्टिक) *n* आसानी से मुड़ने वाला व कोई भी आकृति ले सकने वाला एक कृत्रिम व अत्यंत टिकाऊ पदार्थ, प्लास्टिक // *a* प्लास्टिक का बना; आसानी से मुड़ सकने वाला; लचीला; **plastic bag** *n* प्लास्टिक की थैली

plasticine ('प्लैस्टिसीन) *n* ® गीला मिट्टी जैसा प्लास्टिक का पदार्थ जिससे बच्चे खेल सकते हैं

plastic surgery *n* शरीर के जले अंग को सुधारने या किसी अंग का आकार घटाने/बढ़ाने के लिए की गयी शल्यक्रिया (आपरेशन)

plate (प्लेट) *n* तश्तरी, थाली, प्लेट; धातु की चद्दर; सोने या चांदी के बरतन; छपाई का एक साधन, मुद्रापट्ट; पुस्तक में छपा चित्र; चित्रपृष्ठ; बच्चों के दांतों पर चढ़ी प्लेट

plateau, *pl* **plateaus** *or* **plateaux** ('प्लैटो, 'प्लैटोज़) *n* पठार; स्थिरता का समय; (व्यापार आदि में) ठहराव

plate glass *n* चपटा कांच जो खिड़कियों आदि में लगता है

platform ('प्लैटफ़ार्म) *n* चबूतरा; मंच; (*RAIL*) प्लेटफ़ार्म; (*Brit : of bus*) प्लेटफ़ार्म; राजनीतिक दल का कार्यक्रम या मंच, मोर्चा आदि; · **platform ticket** *n* (*Brit*) रेलवे प्लेटफ़ार्म पर जाने के लिए टिकट

platinum ('प्लैटिनम) *n* प्लैटिनम धातु

platoon (प्ल'टून) *n* सैनिक प्लाटून, दस्ता, पलटन

platter ('प्लैटर) *n* चपटा, कम गहरा

बरतन; कठौती

plausible ('प्लॉज़ब्‌ल) *a* तर्कसंगत, ठीक लगने वाली (बात), सत्याभासी

play (प्ले) *n* खेल; (*THEATRE*) नाटक, अभिनय; विनोद, मज़ाक // *vt* (*game*) खेलना; (किसी टीम का) मुकाबिला करना, वाद्य (बाजा) आदि बजाना; अभिनय करना // *vi* खेलना; खिलवाड़ करना; **to play safe** सावधानी से काम करना, जोखिम न उठाना; **to play down** *vt* किसी बात का महत्व कम करना; **to play up** *vi* (*cause trouble*) मुसीबत पैदा करना; (पीड़ा आदि) फिर होने लगना; **playboy** *n* शौकीन मिज़ाज आदमी जो काम धाम कुछ न करे और गुलछर्रे उड़ाता फिरे; **player** *n* खिलाड़ी; (*THEATRE*) अभिनेता; (*MUS*) वादक (संगीत आदि का); **playful** *a* विनोदशील, ज़िन्दादिल; **playground** *n* खेल का मैदान; **playgroup** *n* नन्हें बच्चों का स्कूल जहां वे खेल-खेल में ही शिक्षा पाते हैं; **playing card** *n* ताश का पत्ता; **playing field** *n* खेल का मैदान; **playmate** *n* हमजोली, जो साथ खेलता हो; **play-off** *n* (*SPORT*) जब प्रतियोगिता में एक से अधिक टीमें एक जैसी हों तो विजेता का फैसला करने के लिए खेला मैच; **playpen** *n* बच्चे का खेलने का पालने जैसा कटघरा; **playschool** *n* = **playgroup**; **plaything** *n* खिलौना; **play-wright** *n* नाटककार

plc *public limited company* का संक्षेप

plea (प्ली) *n* (*request*) निवेदन; (*excuse*) बहाना, सफ़ाई; (*LAW*) कैदी या प्रतिवादी का (सफ़ाई) बयान

plead (प्लीड) *vt* सफ़ाई में कुछ कहना, बहाना करना // *vi* निवेदन करना, याचना करना; वकालत करना, बहस करना; (*beg*): **to plead with sb** किसी से अनुनय-विनय करना

pleasant ('प्लेंज़ंट) *a* सुखकर, प्रीतिकर, मनोहर; **pleasantries** *npl* हंसी-मज़ाक

please (प्लीज़) *vt* को प्रसन्न या संतुष्ट करना, अच्छा लगना, सुहाना // *vi* चाहना; (*think fit*): **do as you please** जैसा चाहो करो; **please!** (ज़ोर देते हुए) कृपया ऐसा न करो !; **please yourself!** जैसे चाहो, तुम्हारी मर्ज़ी !; **pleased** *a* : **pleased (with)** (किसी से) खुश; **pleased to meet you** आप से मिल कर बड़ी खुशी हुई; **pleasing** *a* आनंददायक, मनोहर, लुभावना

pleasure ('प्लेझ़र) *n* आनंद, खुशी, सुख; **'it's a pleasure'** 'यह बड़ी खुशी की बात है'

pleat (प्लीट) *n* चुनट, चुन्नट; वेणी // *vt* चुनट डालना

plebiscite ('प्लेबिसाइट, -सिट) *n*

जनमत से निर्णय, जनमत-संग्रह

pledge (प्लेॅज) *n* वचन, प्रतिज्ञा; बंधक, रेहन, गिरवी // *vt* वचन देना, प्रतिज्ञा करना, बन्धक रखना, गिरवी रखना

plenary ('प्लीनरि) *a* पूर्ण, परिपूर्ण; (सभा) जिसमें सभी सदस्य उपस्थित हों

plentiful ('प्लेॅण्टिफुल) *a* बहुत, प्रचुर; जहां बहुतायत हो

plenty ('प्लेॅण्टि) *n* प्रचुरता, बहुतायत; **plenty of** की बहुतायत

pliable ('प्लाइअब्ल) *a* जो आसानी से मुड़ सके; (*person*) आसानी से प्रभावित होने वाला

pliers ('प्लाइअर्ज़) *npl* प्लायर, प्लास (चिमटीनुमा औज़ार)

plight (प्लाइट) *n* बुरी हालत, दुर्दशा; परेशानी

plimsolls ('प्लिम्सल्ज़) *npl* (*Brit*) रबड़ के तले वाले कपड़े (कैन्वस) के जूते

plinth (प्लिंथ) *n* पत्थर जिस पर खंभा या मूर्ति खड़ी हो; स्तम्भमूल

PLO (*Palestine Liberation Organization*) का संक्षेप

plod (प्लॉड) *vi* लगातार धीरे-धीरे चलते या काम करते जाना; (*fig*) बिना उत्साह के काम करना; **plodder** *n* जो लगातार काम करता रहे (चाहे उसमें प्रतिभा न हो)

plonk (प्लॉङ्क) (*col*) *n* (*Brit* : *wine*) मादक पेय विशे॰ सस्ती शराब // *vt* : **to plonk sth down** कोई चीज़ थप से मेज़ आदि पर मारना

plop (प्लॉप) *n* छपाक से पानी में गिरने की आवाज़

plot (प्लॉट) *n* गुप्त योजना, षड्यंत्र; कहानी, नाटक आदि का कथानक, कथा-वस्तु; भूमि का टुकड़ा // *vt* षड्यंत्र रचना; स्थिति अंकित करना; नक्शा बनाना // *vi* षड्यंत्र करना; **plotter** *n* काग़ज़ पर कोण या रेखाएं अंकित करने का उपकरण

plough, (*US*) **plow** (प्लाउ) *n* हल, बर्फ़ हटाने का हल // *vt* हल चलाना, जोतना; **to plough back** *vt* (*COMM*) (मुनाफ़ा) फिर व्यापार में लगा देना; **to plough through** *vt* (*snow etc*) में से कठिनाई से आगे बढ़ना

ploy (प्लॉइ) *n* तिकड़म, युक्ति; दांव

pluck (प्लक) *vt* खींचना, (*fruit*) तोड़ना; नोंचना; गिटार आदि के उंगली से खींचकर तार बजाना; झंकृत करना; (*bird*) पर उखाड़ना // *n* साहस; झटका; **to pluck up courage** साहस बटोरना, हिम्मत करना; **plucky** *a* साहसी

plug (प्लग) *n* छेद बंद करने की डाट; (*Electricity*) प्लग; तम्बाकू की बट्टी; (*AUT* : *also* : **spark(ing) plug**) इंजन का प्लग // *vt* डाट लगाना; (*col*) बार-बार किसी वस्तु का नाम लेकर (जैसे टेलीविज़न पर) उसका विज्ञापन करना; **to plug in** *vt* बिजली का

प्लग लगाकर (रेडियो, पंखा आदि) चालू करना

plum (प्लम) *n* आलूचा, आलू बुख़ारा; सबसे बढ़िया या चुनिंदा भाग, टुकड़ा, नौकरी, कार्य आदि // *a* : **a plum job** नौकरी जिसमें बहुत वेतन आदि मिले

plumb (प्लम) *a* सीधा, लम्ब // *n* पानी की गहराई नापने, दीवार की सिधाई देखने आदि के लिए डोरी से बंधा सीसे का टुकड़ा, साहुल // *ad* सीधे; ठीक-ठीक // *vt* सीधा करना; थाह लेना; तक पहुंचना, समझ लेना; से गुज़रना; (नल-व्यवस्था आदि से) जोड़ना

plumber ('प्लमर) *n* पानी के नल, टोंटी आदि लगाने और मरम्मत करने वाला कारीगर

plumbing ('प्लमिङ) *n* नलसाज़ी; (*trade*) नल व पाइप आदि की व्यवस्था

plummet ('प्लमिट) *vt* सीधे गिर जाना

plump (प्लम्प) *a* गोल-मटोल // *vt* : **to plump sth (down) on** कोई चीज़ धड़ाम से गिराना; **to plump for** *vt* किसी को समर्थन देना या उस का चुनाव करना

plunder ('प्लंडर) *n* लूट; लूट का माल // *vt* लूटना; पसंद की वस्तुएं चुरा लेना

plunge (प्लंज) *n* ग़ोता, डुबकी // *vt* डुबाना // *vi* गोता लगाना, (में) छलांग लगाना; झपटना, तेज़ी से लपकना; **to take the plunge** जोखिम भरा काम शुरु करना; (*col*) शादी कर लेना; **plunger** *n* रुकी नाली खोलने का उपकरण; पम्प का पिस्टन

pluperfect (प्लू'पर्फिक्ट) *a, n* (*LING*) पूर्णभूत, past perfect का दूसरा नाम

plural ('प्लूरल) *a* बहुवचन // *n* शब्द का बहुवचन रूप

plus (प्लस) *n* (**plus sign** भी) धन (जिसका चिन्ह + होता है) // *prep* मिलाकर; **ten/twenty plus** दस/बीस से अधिक

plush (प्लश) *a* आलीशान व मंहगी वस्तुओं से सजाया हुआ

ply (प्लाइ) *n* सूत/ऊन की लड़; लकड़ी की परत // *vt* (*tool*) औज़ार चलाना; काम में लेना, इस्तेमाल करना; (*a trade*) व्यापार आदि करना; (सवालों की) झड़ी लगा देना // *vi* (जहाज़ आदि) आना जाना; **to ply sb with drink** किसी को खूब शराब पिलाना; **plywood** *n* परतदार लकड़ी, प्लाईवुड

P.M. **Prime Minister** का संक्षेप

pm, PM *post meridiem ad* (*Lat afternoon*); **post mortem** का संक्षेप

pneumatic drill (न्यू'मेटिक् ड्रिल) *n* हवा से भरा हुआ या दबी हुई हवा से

चलने वाला बरमा

pneumonia (न्यू'मोनिआ) *n* निमो-निया रोग

P.O. **Petty Officer, postal order, Post Office** का संक्षेप

poach (पोच) *vt* (अण्डा, मछली आदि) पानी में हलका उबालना; शिकार (पशु, पक्षी) चुरा लाना; (ज़मीन) रोंदना, (रोंद कर) दलदली बना देना // *vi* अनधिकार प्रवेश करना (शिकार के इरादे से); अतिक्रमण करना; **poacher** *n* शिकार-चोर

P.O.Box **Post Office Box** का संक्षेप

pock (पॉक) *n* फुन्सी, जैसे चेचक आदि में; **pockmarked** *a* जिस पर चेचक जैसे दाग़ हों

pocket ('पॉकिट) *n* जेब // *vt* जेब में रखना; हथिया लेना, चुरा लेना; **to be out of pocket** (*Brit*) हाथ तंग होना, पैसा न होना; **pocketbook** *n* बटुआ; नोटबुक; छोटे आकार की पुस्तक (जो जेब में आ जाए); **pocket knife** *n* जेबी चाकू; **pocket money** *n* जेब खर्च

pod (पॉड) *n* मटर आदि की फली

podgy ('पॉजि) *a* मोटा व नाटा

podiatrist (पॉ'डीअट्रिस्ट) *n* (*US*) पैरों के नाखून तराशने वाला

podium ('पोडिअम) *n* मंच, चबूतरा

poem ('पोइम) *n* कविता

poet ('पोइट) *n* कवि, शायर; **poetic** (पो'एँटिक) *a* कवितामय; कवि जैसा; **poet laureate** *n* राष्ट्र कवि; **poetry** *n* कविता, शायरी

poignant ('पॉइन्यंट) *a* हृदयविदारक, मन को छू जाने वाला; पैना, तीखा; कटु; चरपरा

point (पॉइंट) *n* (*tip*) नोक; (*in time*) क्षण; बिन्दु; (*subject, idea*) विषय, बात; विरामचिन्ह; (*GEOM, SCOL*) दशमांश का बिन्दु (**decimal point** भी) : **two point three** = 2.3 // *vt* दिखाना, इशारा करना; बन्दूक आदि किसी की ओर तानना; सीमेंट से दरारें भरना, टीप करना; (*gun etc*) **to point sth at** किसी की ओर किसी चीज़ को आगे करना (जैसे चाकू, छुरी), दिखाना; बन्दूक तानना // *vi* दिशा संकेत करना; **points** *npl* (*AUT*) पेच; रेल के कांटे (जहां पटड़ियां एक दूसरी को काटती हैं); **to be on the point of doing sth** कुछ करने को होना; **to make a point** कोई दलील देना; **to get the point** किसी का आशय समझ लेना; **to come to the point** असली मुद्दे पर आना; **there's no point (in doing)** (यह करने की) कोई तुक नहीं है; **to point out** *vt* किसी बात की ओर ध्यान दिलाना; **to point to** *vt* किसी चीज़/बात/तथ्य की ओर इशारा करना; **point-blank** *ad* (at poise 503 polish

point-blank range भी) बिल्कुल पास से; (*fig*) साफ़-साफ़; **pointed** *a* तीखा, नुकीला; तीखी (बात); **pointedly** *ad* साफ़-साफ़; **pointer** *n* इशारा करने की छड़ी; (मीटर आदि की) सूई; शिकारी कुत्ता; **pointless** *a* निरर्थक; **point of view** *n* दृष्टिकोण

poise (पॉइज़) *n* संतुलन; आत्मविश्वास; प्रभावशाली हावभाव व चलने का ढंग, ठवन // *vt* संतुलन रखना; **poised** *a* तैयार; स्थिर व शांत

poison ('पॉइज़न) *n* विष, ज़हर // *vt* विष देना; विष मिलाना; (किसी को किसी के विरुद्ध) भड़काना, बिगाड़ना; **poisoning** *n* विष देने की क्रिया; **poisonous** *a* (*snake*) विषधर; विषैला, जिसमें विष मिला हो

poke (पोक) *vt* ढकेलना; कोंचना; (*fire*) कुरेदना; (हाथ आदि) बाहर आगे निकालना; (*put*) : **to poke sth in(to)** किसी में कुछ घुसाना; **to poke about** *vi* इधर-उधर टटोलना, टोह लेना

poker ('पोकर) *n* (*CARDS*) ताश का एक खेल; आग कुरेदने की छड़; **poker-faced** *a* भावशून्य

poky ('पोकि) *a* छोटा सा (कमरा आदि)

polar ('पोलर) *a* ध्रुव का; **polar bear** *n* ध्रुवीय क्षेत्र का रीछ

Polaroid ('पोलरॉइड) *n* ® एक कैमरा जो थोड़े से समय में नैगेटिव की बजाय फ़ोटो तैयार कर देता है

polder ('पोल्डर) *n* समुद्र से प्राप्त भूमि (बांध आदि बनाकर)

Pole (पोल) *n* पोलैंड का नागरिक

pole (पोल) *n* स्तंभ, खंभा; लट्ठा; (*ELEC*) चुम्बक, विद्युत-बैटरी आदि के ध्रुव; (*GEO*) (उत्तरी व दक्षिणी) ध्रुव; **pole bean** *n* (*US*) एक प्रकार की फली, फ्रैंच बीन; **pole vault** *n* लम्बे बांस से ऊंचे कूदने का खेल, पोलवाल्ट

police (प'लीस) *npl* पुलिस // *vt* कानून-व्यवस्था बनाए रखना; **police car** *n* पुलिस की गाड़ी; **policeman** *n* पुलिसमैन, पुलिस का सिपाही; **police station** *n* पुलिस थाना; **policewoman** *n* पुलिस की महिला सिपाही

policy ('पॉलिसि) *n* नीति, कूटनीति; समझदारी, चालाकी; (**insurance policy** भी) बीमा-पालिसी, बीमा-पत्र

polio ('पोलिओ) *n* पोलियो रोग

Polish ('पोलिश) *a* पोलैंड का

polish ('पॉलिश) *n* चमक; चिकनी सतह; चमकाने का पदार्थ, पालिश; (*fig : refinement*) सुसंस्कृति, सभ्यता // *vt* (*put polish on wood, shoes*) चमकाना, पालिश करना; (*improve*) परिष्कृत करना, सुधारना; **to polish off** *vt* (काम) खत्म कर देना; (भोजन)

खा जाना; **polished** *a* (*fig*) सुसंस्कृत, सभ्य

polite (पो'लाइट) *a* भद्र, शिष्ट, विनम्र, सभ्य; **politeness** *n* शिष्टता, भद्रता

politic ('पॉलिटिक) *a* नीतिकुशल, चतुर, विवेकपूर्ण; **political** (पॉ'लिटिकल) *a* राजनीतिक; **politically** *ad* राजनीतिक ढंग से; **politician** (पॉलि'टिशन) *n* राजनीतिज्ञ; **politics** *npl* राजनीति; राजनीतिशास्त्र

polka (पॉल्कअ) *n* एक प्रकार का नृत्य; इसके लिए संगीत; **polka dot** *n* कपड़े पर अनेक बिंदियों का डिज़ाइन

poll (पोल) *n* मतदान; मतगणना; मत-संख्या; आम राय जानने के लिए आंशिक जनमत-संग्रह; (**opinion poll** भी) // *vt* जनमत संग्रह करना (राय जानने के लिए)

pollen ('पॉलिन) *n* (फूलों का) पराग

polling ('पोलिङ) (*Brit*) : **polling booth** *n* मतदान केन्द्र; **polling day** *n* मतदान का दिन; **polling station** *n* मतदान कार्यालय

pollute (प'लूट) *vt* दूषित करना, गंदा करना; अपवित्र करना

pollution (प'लूशन) *n* प्रदूषण

polo ('पोलो) *n* पोलो (चौगान) का खेल; **polo-neck** *a* गोल गले का

poly- *comb form* बहु- जैसे **polygon** *n* में

polyandry ('पॉलिऐंड्रि) *n* बहुपति-प्रथा, बहुपतित्व

polyester ('पॉलिऐस्टर) *n* प्लास्टिक, कपड़ा आदि बनाने में प्रयुक्त एक कृत्रिम पदार्थ

polygamy (पॉ'लिगमि) *n* एक व्यक्ति का एक से अधिक विवाह की प्रथा, बहु-विवाह प्रथा; **polygamist** *n* एक से अधिक विवाह करने वाला

polyglot ('पॉलिग्लॉट) *n* कई भाषाऐं जानने वाला, बहुभाषी

polygon ('पॉलिगॉन) *n* बहुभुज (आकृति)

polytechnic (पॉलि'टेक्निक) *n* कालिज जहां मुख्यतया विभिन्न शिल्प (दस्ताकारी) सिखाये जाते हैं

polythene ('पॉलिथीन) *n* एक कड़ा थर्मोप्लास्टिक पदार्थ; **polythene bag** *n* पोलिथीन की थैली

pomegranate ('पॉमिग्रैनिट) *n* अनार; अनार का वृक्ष

Pomeranian (पॉम'रेनिअन) *n* एक छोटे कद के कुत्ते की नस्ल

pomp (पॉम्प) *n* धूमधाम; आडम्बर; तड़क-भड़क

pompous ('पॉम्पस) *a* आडम्बरपूर्ण; अपने आपको बड़ा या महत्वपूर्ण समझने वाला; आडम्बरपूर्ण, घिसीपिटी (भाषा)

pond (पॉण्ड) *n* पोखर, जोहड़, तालाब, सरोवर, कुण्ड

ponder ('पॉण्डर) *vt* विचारना, गंभीर चिंतन करना, सोच-विचार करना;

ponderous *a* भारी, भारी-भरकम, आसानी से न संभलने वाला; नीरस

pong (पॉङ) *n* (*Brit col*) तेज़ अरुचिकर गंध, बदबू

pony ('पॉनि) *n* टट्टू; **ponytail** *n* सिर के पीछे लंबे बालों का बनाया गुच्छा; **pony trekking** *n* (*Brit*) टट्टुओं पर बैठ कर देशभ्रमण

poodle ('पूड्ल) *n* बहुत छोटे कुत्ते की नस्ल, पूडल

pool (पूल) *n* पोखर, ताल-तलैया; गन्दे पानी का गड्ढा; (**swimming pool** भी) तैरने का तालाब; (*money at cards*) धनराशि; संघ (जैसे टाइपिस्टों का जिनमें से कोई भी किसी भी मालिक के लिए कार्य कर सके); निकाय; बिलियर्ड्स का एक खेल // *vt* इकट्ठा करना, एक निकाय बनाना; **typing pool** टाइपिस्टों का समूह; **(football) pools** *npl* (*Brit*) फुटबाल पर दांव लगाने की व्यवस्था

poor (पुअर) *a* निर्धन, दरिद्र, गरीब; घटिया; थोड़ा, कम; तुच्छ; बेचारा, ज़रूरतमंद, अभागा // *npl* : **the poor** गरीब लोग; **poorly** *ad* थोड़ा-थोड़ा; ख़राब // *a* अस्वस्थ, बीमार

pop (पॉप) *n* तड़ाक या फ़क की आवाज़; (*MUS*) लोकप्रिय संगीत; (*US col*) पिता // *vt* तड़ाक या फ़क की आवाज़ करना; अचानक घुस पड़ना/आ जाना // *vi* काग या डाट का खुलना; **to pop in** *vi* अचानक कहीं आ जाना; **to pop out** *vi* अचानक बाहर आ जाना; **to pop up** *vi* अचानक प्रकट होना; टपक पड़ना; **pop concert** *n* लोकप्रिय संगीत की सभा/गोष्ठी

pope (पोप) *n* रोमन-कैथलिक चर्च का परम धर्माध्यक्ष, पोप

poplar ('पॉप्लर) *n* पहाड़ी पीपल, बनपीपल

poplin ('पॉप्लिन) *n* सूती, कमीज़ का कपड़ा, पापलीन

poppy ('पॉपि) *n* पोस्त का पौधा

popsicle ('पाप्सिकल) *n* (*US*) एक प्रकार की आइसक्रीम

populace ('पाप्युलेस) *n* जनसाधारण

popular ('पॉप्युलर) *a* लोकप्रिय; जिस का फ़ैशन हो; **popularity** (पॉप्यु'लैरिटि) *n* लोकप्रियता; **popularize** *vt* लोकप्रिय बनाना; (*science*) जनसाधारण तक पहुंचाना

populate ('पाप्युलेट) *vt* आबाद करना, बसाना

population (पाप्यु'लेशन) *n* जनसंख्या, आबादी

porcelain ('पॉर्सलिन) *n* चीनी-मिट्टी के बर्तन

porch (पॉर्च) *n* पोर्च, प्रवेशद्वार के आगे ढका हुआ भाग

porcupine ('पॉर्क्युपाइन) *n* साही

pore (पॉर) *n* रोमकूप, त्वचा का छिद्र

// *vi* : **to pore over** पर ध्यान केंद्रित करना; ध्यान से अध्ययन करना

pork (पॉर्क) *n* सूअर का गोश्त

pornography (पॉर्'नॉग्रफ़ि) *n* अश्लील साहित्य, फ़िल्म आदि

porpoise ('पार्पस) *n* डॉल्फ़िन जैसा एक समुद्री स्तनपायी जीव, सूंस, शिशुक

porridge ('पॉरिज) *n* दलिया

port (पॉर्ट) *n* बंदरगाह; बंदरगाह से लगा शहर; जहाज़ में मोखा; (*NAUT*) जहाज़ का बांयां भाग; एक लाल मीठी शराब; **port of call** बन्दरगाह जहां जहाज़ को रुकना हो

portable ('पॉर्टबल) *a* (वस्तु) जिसे आसानी से उठाकर ले जा सकें

portent ('पॉर्टेंट) *n* शकुन; अपशकुन, चेतावनी; चमत्कार

porter ('पोर्टर) *n* कुली विशे॰ रेलवे स्टेशन पर, भारिक; (*doorkeeper*) दरबान, द्वारपाल

portfolio (पॉर्ट्'फ़ोलिओ) *n* काग़-ज़ात रखने का बस्ता (प्रायः चमड़े का); सरकार में मंत्री का विभाग

porthole ('पॉर्टहोल) *n* जहाज़ के बग़ल में बनी खिड़की या मोखा

portico ('पॉर्टिको) *n* द्वारमण्डप, ड्योढ़ी

portion ('पॉर्शन) *n* भाग, हिस्सा, अंश

portly ('पॉर्टलि) *a* मोटा-तगड़ा, स्थूलकाय

portrait ('पॉर्ट्रिट) *n* चित्र; प्रतिकृति; शब्दचित्र

portray (पॉर्'ट्रे) *vt* का चित्र बनाना; सजीव वर्णन करना

Portugal ('पॉट्युगल) *n* पुर्तगाल

Portuguese (पॉट्यु'गीज़) *a* पुर्तगाली // *n* (*pl inv*) पुर्तगाल के नागरिक; उस की भाषा

pose (पोज़) *n* मुद्रा, ढोंग, (*offens*) आडम्बर // *vi* (चित्र के लिए) खड़ा होना या बैठना; (*pretend*) : **to pose as** का ढोंग रचना, दिखावा करना // *vt* रुख अपनाना; पेश करना

posh (पॉश) *a* (*col*) सुंदर, शानदार

position (प'ज़िशन) *n* स्थिति; स्थान; रुख, दृष्टिकोण; स्तर, प्रतिष्ठा; पद; अवस्था

positive ('पॉज़िटिव) *a* निश्चित, स्पष्ट; पक्का; रचनात्मक; निरपेक्ष; असंदिग्ध, निश्चयी; धनात्मक (संख्या); शून्य से अधिक (संख्या); (*ELEC*) धन-विद्युत; (*PHOT*) पाज़िटिव (नैगेटिव के विपरीत)

posse ('पॉसि) *n* (*US*) आरक्षी-दल, टुकड़ी

possess (प'ज़ेस) *vt* का स्वामी होना, पर अधिकार होना; नियंत्रण रखना; (दुष्ट आत्मा आदि का किसी को) ग्रस्त करना; **possession** (प'ज़ेशन) *n* स्वामित्व, अधिकार; सम्पत्ति; अधिकार में वस्तु

possibility ('पॉसिबिलिटि) *n*

संभावना

possible ('पॉसिब्ल) *a* संभव, मुमकिन; उद्देश्य के लिए उपयुक्त; **as big as possible** जितना बड़ा संभव हो

possibly ('पॉसिब्लि) *ad* शायद, संभवतः; **if you possibly can** यदि आप से यह करना संभव हो (आप कर सकें); **I cannot possibly come** मेरे लिए आना संभव नहीं है

post (पोस्ट) *n* खम्भा; डाक; स्थान, कार्य-स्थल; पद; (सैनिक) चौकी; किला // *vt* डाक में डालना; नवीनतम सूचना देना; स्थान विशेष पर सैनिक आदि तैनात करना; नियुक्त करना; (व्यापार में) खाते में चढ़ाना; (*Brit* : *appoint*) : **to post to** किसी को कहीं तैनात करना; **postage** *n* डाक-व्यय, डाक-शुल्क; **postal order** *n* पोस्टल-आर्डर; **postbox** *n* डाकघर में चिट्ठियां मंगाने की व्यवस्था; **postcard** *n* पोस्टकार्ड; **postcode, postal code** *n* (*Brit*) डाक छंटाई में प्रयुक्त अक्षरों व अंकों की संकेत प्रणाली

post- *prefix* के पश्चात, के बाद जैसे **postwar**

poster ('पोस्टर) *n* इश्तहार, पोस्टर

poste restante ('पोस्ट'रिस्टांट) *n* डाकघर जहां यात्रियों के पत्र रखे जाते हैं

posterior (पॉस्'टिअरिअर) *a* परवर्ती, पिछला

posterity (पॉस्'टॅरिटि) *n* भावी पीढ़ियां, वंशज

postgraduate (पोस्ट्'ग्रैड्युइट) *n* स्नातकोत्तर कक्षा, परीक्षा आदि पास किया व्यक्ति

posthumous ('पॉस्ट्युमस) *a* मरणोपरांत, मौत के बाद; पिता की मृत्यु के बाद जन्मा; लेखक की मृत्यु के पश्चात प्रकाशित

postman ('पोस्ट्मन) *n* डाकिया, हरकारा

postmark ('पोस्ट्मार्क) *n* डाकघर की मुहर

postmaster ('पोस्ट्मास्टर) *n* डाकघर का अध्यक्ष, पोस्टमास्टर

post mortem (पोस्ट्'मॉर्टम) *n* शव-परीक्षा // *a* मृत्यु के बाद

post office ('पोस्ट्आफ़िस) *n* डाकघर; **Post Office Box (P. O. Box)** *n* डाकघर में चिट्ठियां मंगाने के लिए किराए पर लिया बकसा

postpone (पोस्'पोन) *vt* स्थगित करना, मुल्तवी करना

postscript ('पोस्स्क्रिप्ट) *n* पश्चलेख, पुनश्च, पत्र या पुस्तक की समाप्त के बाद जोड़ी गई सामग्री

posture ('पॉस्चर) *n* मनःस्थिति, रवैया, रुख; ठवन, मुद्रा, स्थिति

postwar (पोस्ट'वार) *a* युद्ध के बाद का

posy ('पोज़ि) *n* फूलों का छोटा गुच्छा

pot (पॉट) *n* हंडिया, बरतन; केकड़े

आदि पकड़ने का साधन; (*col*) गांजा // *vt* पात्र में (सुरक्षित) रखना; गमले में पौधा लगाना; **to go to pot** (*col* : *work, performance*) बिगड़ जाना, खराब हो जाना

potable ('पोटब्ल) *a* पीने योग्य

potato, potatoes (प'टेटो, प'टेटोज़) *n* आलू; **sweet potato** शकरकंद; **potato peeler** *n* आलू छीलने का गोल चाकू

potent ('पोटंट) *a* शक्तिशाली; प्रभावकारी; मैथुन-समर्थ (पुरुष)

potential (प'टेंशल) *a* संभावित; अप्रकट // *n* संभावना; स्थितिज ऊर्जा की मात्रा; **potentially** *ad* संभावना सहित

pothole ('पॉट्होल) *n* सड़क का गड्ढा; जमीन धसकने से (उस के नीचे) बना गड्ढा; **potholing** *n* (*Brit*) : **to go potholing** भूमि के नीचे गुफाओं की खोज में जाना (एक लोकप्रिय खेल)

potluck (पॉट्'लक) *n* : **to take potluck** जो भोजन बना हो खा लेना (किसी के घर अचानक पहुंचने पर)

potshot ('पॉट्शॉट) *n* : **to take potshots** *or* **a potshot at** किसी पर अचानक गोली चला देना

potted ('पॉटिड) *a* (*food*) जो सुखा या नमक लगा कर रखा गया हो; (*plant*) जो गमले में लगाया गया हो

potter ('पॉटर) *n* कुम्हार // *vi* : **to potter around, potter about** इधर-उधर (बेमतलब) घूमना; **pottery** *n* मिट्टी के बर्तन; ऐसे बर्तन बनाने का स्थान; मिट्टी के बर्तन बनाने की कला

potty ('पॉटि) *a* (*col*) पागल; मामूली, निरर्थक // *n* बच्चे का पाखाने का पात्र

pouch (पाउच) *n* (*ZOOL*) थैली; (तम्बाकू रखने की) छोटी थैली

poultice ('पोल्टिस) *n* पुलटिस (राई, आटे आदि का हलवे जैसा पदार्थ जो फोड़े, चोट आदि पर लगाया जाय)

poultry ('पोल्ट्रि) *n* पाली गयी मुर्गियां, बत्तख आदि

pounce (पाउन्स) *vi* : **to pounce on** किसी पर झपटना, टूट पड़ना

pound (पाउंड) *n* पौंड, 453 ग्राम या 16 आउंस का वज़न; सिक्का = 100 पेंस; पशुओं का कांजी हौज़ // *vt* कूटना, पीसना, चूरा कर देना, कुचल देना // *vi* (पर) ज़ोर-ज़ोर से प्रहार करना, पीटना

pour (पॉर) *vt* उंडेलना // *vi* बहना, निकल पड़ना, लोगों की भीड़ का आ जाना; मूसलाधार बरसना; **to pour away** *or* **off** *vt* बहा देना; **to pour in** *vi* (*people*) जमा होते जाना; **to pour out** *vi* बाहर निकलना // *vt* उंडेलना, गिलासों में शराब डालना; **pouring** *a* : **pouring rain** मूसलाधार वर्षा

pout (पाउट) *vi* (खीज में) ओंठ आगे निकालना; मुंह फुलाना

poverty ('पॉवर्टि) *n* दरिद्रता, ग़रीबी; कमी, अभाव; **poverty-stricken** *a* गरीब; गरीबी के मारे हुए

POW (*prisoner of war*) का संक्षेप

powder ('पाउडर) *n* पाउडर, चूर्ण, चूरा; (दवाई का) चूर्ण; बारूद // *vt* पाउडर लगाना; पीस कर चूरा करना; **to powder one's face/nose** अपने चेहरे या अपनी नाक पर पाउडर लगाना; **powder compact** *n* पाउडर की डिबिया; **powdered milk** *n* दूध का पाउडर; **powder puff** *n* पाउडर पोतने की गद्दी; **powder room** *n* महिलाओं का प्रसाधन कक्ष

power ('पाउअर) *n* (*strength*) सामर्थ्य, शक्ति,. बल; अधिकार; नियंत्रण; प्रभावशाली अथवा अधिकार पूर्ण व्यक्ति या वस्तु; यांत्रिक ऊर्जा; (*ELEC*) विद्युत-ऊर्जा; बिजली की कार्य करने की इकाई (हार्स पावर आदि); (*MATH*) घात // *vt* शक्ति देना; बिजली से चालू करना; **to be in power** (*POL etc*) सत्ता में होना; **power cut** *n* (*Brit*) बिजली में कटौती; **power failure** *n* बिजली का न रहना या बन्द हो जाना; **powerful** *a* शक्तिशाली; **powerless** *a* शक्तिहीन; **power point** *n* (*Brit*) वह साकेट जहां प्लग लगाकर बिजली मिल सकती है; **power station** *n* बिजलीघर

pp (*pages*) का संक्षेप

p.p. *per procurationem* (की ओर से) का संक्षेप; **p.p. J. Shukla** जे॰ शुक्ल की ओर से

PR **public relations** का संक्षेप

practicable ('प्रैक्टकब्‌ल) *a* व्यावहारिक, उपयोगी

practical ('प्रैक्टिक्‌ल) *a* सक्रिय; व्यावहारिक; प्रयोगात्माक; उपयोगी; वास्तविक, यथार्थ; **practicality** (प्रैक्टि'कैलिटि) *n* (*no pl*) (स्थिति आदि की) व्यावहारिकता, यथार्थ; वास्तविक पहलू; **practical joke** *n* किसी को बुद्धू बनाने के लिए की गयी शरारत; **practically** *ad* लगभग

practice ('प्रैक्टिस) *n* प्रथा, रिवाज; अभ्यास; व्यवसाय, पेशा; व्यवहार, आचरण; अभ्यास, मश्क // *vt, vi* (*US*) = **practise; in practice** (*in reality*) वास्तव में; **out of practice** जिसे अभ्यास न रहा हो

practise, (*US*) **practice** ('प्रैक्टिस) *vt* अभ्यास करना, की आदत डालना; कार्यान्वित करना; (*religion*) के सिद्धान्तों आदि पर आचरण करना, अमल करना; (*profession*) व्यवसाय करना/में लगे होना // *vi* अभ्यास करना; **practising** *a* किसी सिद्धान्त आदि पर अमल करने वाला; व्यवसाय में लगा (जैसे वकील)

practitioner (प्रैक्'टिशनर) *n*

व्यवसाय (काम) में लगा, जैसे डाक्टर

prairie ('प्रेअरि) *n* घास का (वृक्ष-रहित) विशाल मैदान; (*US*) : **the prairies** अमरीका का घास के मैदानों का क्षेत्र

praise (प्रेज़) *n* प्रशंसा, सराहना, तारीफ़; बड़ाई; गुणगान // *vt* प्रशंसा या सराहना करना; गुणगान करना, बड़ाई करना; **praiseworthy** *a* प्रशसंनीय

pram (प्रैम) *n* (*Brit*) बच्चागाड़ी

prance (प्रान्स) *vi* अकड़ कर चलना, इठलाना; नाचना, कूदना-फांदना

prank (प्रैंक) *n* नटखटी, शरारत-भरा काम; उछल-कूद

prattle ('प्रैट्ल) *vi* बचकानी बातें करना

prawn (प्रॉन) *n* झींगा

pray (प्रे) *vt* निवेदन करना; बिनती करना // *vi* (प्रभु से) प्रार्थना करना

prayer ('प्रेअर) *n* प्रार्थना, पूजा-अर्चना; विनती, याचना

pre- *comb form* = पूर्व-

preach (प्रीच) *vt, vi* प्रवचन या उपदेश देना, धार्मिक या नैतिक उपदेश देना; प्रचार करना

preacher ('प्रीचर) *n* उपदेशक

preamble (प्री'ऐम्बल) *n* आमुख, प्रस्तावना

precarious (प्रि'केंअरिअस) *a* अनिश्चित, अस्थिर, संकटपूर्ण, नाज़ुक

precaution (प्रि'कॉशन) *n* सावधानी, सतर्कता, एहतियात

precede (प्रि'सीड) *vt, vi* समय, स्थान, क्रम आदि में पहले होना, पूर्ववर्ती होना

precedence ('प्रेसिडन्स) *n* वरीयता, पूर्ववर्तिता

precedent ('प्रेसिडंट) *n* पूर्वोदाहरण, नज़ीर; मिसाल, जिसे नियम मान लिया जाय

precinct ('प्रीसिङ्क्ट) *n* अहाता, दायरा, सीमित क्षेत्र; (*US*) प्रशासकीय क्षेत्र // **precincts** *npl* पड़ोस, परिवेश; **pedestrian precinct** (*Brit*) सड़क या नगर का वह भाग जहां पैदल चलने वाले ही जा सकते हैं, वाहन नहीं

precious ('प्रेशस) *a* बहुत प्रिय, बहुमूल्य, अनमोल, कीमती; विरला

precipitate *a* (प्रि'सिपिटिट) उतावली, जल्दबाज़ी का, बिना अधिक सोचे किया (कार्य) // *vt* (प्रि'सिपिटेट) जल्दी कराना; ऊंचाई से सीधा नीचे गिराना; (*CHEM*) ठोस टुकड़े बनाकर घोल से पृथक कर देना, अवक्षेप करना

precis ('प्रेसी) *n* संक्षेपण, सारांश {*pl* **precis** ('प्रेसीज़)}

precise (प्रि'साइस) *a* ठीक-ठीक, सही ढंग से कहा गया; नियमनिष्ठ; अति औपचारिक; **precisely** *ad* बिल्कुल सही, शुद्धता से; **precision**

preclude 511 prejudice

(प्रि'सिझ़न) *n* यथार्थता, बिलकुल स्पष्ट व सही होने का गुण

preclude (प्रि'क्लूड) *vt* घटित होने से रोकना, बाधा डालना, असंभव करना

precocious (प्रि'कोशस) *a* समय से पूर्व विकसित, अकालपक्व (पौधा); अकालप्रौढ़ (बालक)

precondition (प्रीकन्'डिशन) *n* आवश्यक या अनिवार्य शर्त

predecessor ('प्रीडिसेसर) *n* पूर्वाधिकारी; पूर्वज

predicament (प्रि'डिकमंट) *n* उलझन या परेशानी की हालत, कठिन परिस्थिति

predict (प्रि'डिक्ट) *vt* भविष्यवाणी करना; **predictable** *a* जिसके बारे में पहले से कुछ कहा जा सके

predominant (प्रि'डॉमिनंट) *a* मुख्य, सर्वाधिक, प्रबल

predominantly (प्रि'डॉमिनंट्लि) *ad* मुख्य रूप से

preen (प्रीन) *vt* : **to preen itself** पक्षी का चोंच से पंख ठीक-ठाक करना; **to preen o.s.** अपने आप को संवारना, सजाना (बुरे अर्थ में प्रयुक्त)

prefab ('प्रीफ़ैब) *n* अलग-अलग हिस्से जोड़ कर बना मकान

prefabricate (प्री'फ़ैब्रिकेट) *vt* इमारत के अलग-अलग हिस्सों को बनाना जिन्हें बाद में जोड़ कर इमारत खड़ी की जा सके

preface ('प्रेफ़िस) *n* पुस्तक आदि की भूमिका, प्रस्तावना

prefect ('प्रीफ़ेक्ट) *n* प्रशासक, (विभाग) अध्यक्ष; (*Brit*) कक्षा में व्यवस्था बनाये रखने का उत्तरदायी सीमित अधिकार-प्राप्त छात्र; (*in France*) क्षेत्रीय अधिकारी

prefer (प्रि'फ़र) *vt* अधिक चाहना या पसंद करना; किसी को (पद में) आगे बढ़ाना, उच्चतर पद पर नियुक्त करना; **preferably** ('प्रेफ़रब्लि) *ad* अच्छा हो कि; **preference** ('प्रेफ़रन्स) *n* अधिमानता; **preferential** (प्रेफ़'रन्शल) *a* अधिमान्य, अधिक अच्छा या महत्वपूर्ण; **preferential treatment** (किसी को) औरों की तुलना में अधिक रियायतें आदि देना

prefix ('प्रीफ़िक्स) *n* उपसर्ग; नाम से पूर्व जोड़ा गया शब्द

pregnancy ('प्रेग्नंसि) *n* गर्भ, गर्भवती होने की स्थिति

pregnant ('प्रेग्नंट) *a* गर्भवती, गर्भिणी; अर्थपूर्ण; मौलिक

prehistoric (प्रीहिस्'टॉरिक) *a* इतिहासपूर्व समय का, प्रागैतिहासिक

prejudice ('प्रेजुडिस) *n* पूर्वधारणा के अनुसार बनी राय, पूर्वाग्रह; पक्षपात; दूसरों के किसी काम से किसी व्यक्ति को या उस के हितों को पहुंचने वाली हानि // *vt* (प्रतिकूल) प्रभाव डालना, हानि पहुंचाना; **prejudiced** ('प्रेजुडिस्ट) *a* (*person*) पूर्वाग्रही; (*view*)

पूर्वाग्रहपूर्ण

preliminary (प्रि'लिमिनरि) *a* प्राथमिक, प्रारंभिक

prelude ('प्रेल्यूड) *n* (*MUS*) मंगलाचरण; पूर्वरंग; प्रस्तावना

premarital (प्री'मैरिट्ल) *a* विवाह-पूर्व (विशे. यौन सम्बंध)

premature (प्रेमॅ'ट्युअर) *a* उचित समय से पूर्व (होने वाली घटना आदि)

premier ('प्रेम्यर) *a* प्रमुख, प्रधान; सर्वप्रथम // *n* (*POL*) प्रधानमंत्री; आस्ट्रेलिया के राज्य (प्रांत) का प्रमुख

première ('प्रेमिएँअर) *n* नाटक, फ़िल्म आदि का प्रथम प्रदर्शन

premise ('प्रेमिस) *n* (*logic*) आधारवाक्य, आधारिका; **premises** *npl* ('प्रैमिसिज़) भवन, अहाता; परिसर; (*LAW*) आमुख, आदिखण्ड (किसी दस्तावेज़ का); **on the premises** भवन, दफ़्तर आदि में

premium ('प्रीमिअम) *n* बोनस; बीमाकिश्त; वास्तविक मूल्य से अधिक राशि, अधिमूल्य; महत्व या सम्मान; **to be at a premium** बहुत अधिक मांग या कीमत होना; **premium bond** *n* (*Brit*) ऋणपत्र जिस पर ब्याज नहीं मिलता, लेकिन इनाम जीते जा सकते हैं

premonition (प्रेम'निशन) *n* (संकट का) पूर्वाभास, पूर्वाशंका, पूर्वबोध

preoccupied (प्री'ऑक्युपाइड) *a* जो किसी काम में तल्लीन हो या जिस का ध्यान किसी काम में लगा हो

prep **preparation, preparatory** का संक्षेप; **prep school** *n* = **preparatory school**

prepaid (प्री'पेड) *a* जिस का भुगतान पहले ही किया जा चुका हो

preparation (प्रेपॅ'रेशन) *n* तैयारी, आयोजन; बनाई गयी वस्तु (भोजन, दवाई आदि); **preparations** *npl* (*for trip, war*) (किसी यात्रा, युद्ध या बड़े काम की) तैयारियां

preparatory (प्रि'पैरटरि) : **preparatory school** *n* (*Brit*) पब्लिक स्कूल के दाखिले की तैयारी कराने वाला स्कूल; (*US*) माध्यमिक स्कूल

prepare (प्रि'पेंअर) *vt* तैयार करना, बनाना // *vi* : **to prepare for** (किसी बात के लिए) तैयार होना; **prepared to** के लिए तैयार

preposition (प्रेप'ज़िशन) *n* (*LING*) पूर्वसर्ग जैसे *to* (go *to* school), *in* (*in* the park), *on* (*on* the table) आदि

preposterous (प्रि'पॉस्टरस) *a* नितांत हास्यास्पद, मूर्खतापूर्ण, निरर्थक, वाहयात

prerequisite (प्री'रेक्विज़िट) *n* पूर्वापेक्षित, अनिवार्य शर्त, पूर्वापेक्षा

prescribe (प्रि'स्क्राइब) *vt* (नियम) निर्धारित करना, (आदेश) देना; (दवाई) नियत करना, (नुस्खा) लिखना

prescription (प्रि'स्क्रिप्शन) *n* नियत वस्तु (दवाई); लिखा हुआ नुस्ख़ा

presence ('प्रेज़ंस) *n* मौजूदगी, उपस्थिति; व्यक्तित्व; **presence of mind** सुधबुध, कठिन परिस्थिति में ठीक सोच सकने की शक्ति

present *a* ('प्रेज़ंट) उपस्थित, हाज़िर, विद्यमान; वर्तमान, मौजूदा // *n* (**present tense** भी) वर्तमानकाल; उपहार // *vt* (प्रि'ज़ेण्ट) प्रस्तुत करना, परिचय कराना; दिखाना; देना, सलामी देना; (*give*) : **to present sb with sth** किसी को कोई भेंट या तोहफ़ा देना; **to give sb a present** किसी को भेंट देना; **at present** आजकल; **present arms** सलामी देना, (स्वयं को) उपस्थित करना; **presentation** (प्रेज़न्'टेशन) *n* भेंट; पेश करने की क्रिया, प्रस्तुति; प्रस्तुति समारोह; **present-day** *a* आज का, आधुनिक, समकालीन; **presenter** (प्रि'ज़ेन्टर) *n* रेडियो, टी॰वी॰ पर कार्यक्रम प्रस्तुत करने वाला; **presently** *ad* शीघ्र ही; आजकल, इन दिनों

preservative (प्रि'ज़र्वटिव़) *n* खाद्य पदार्थों को खराब होने से बचाने का रसायन

preserve (प्रि'ज़र्व़) *vt* सुरक्षित रखना; बनाए रखना; सड़ने-गलने से बचाना, परिरक्षण करना // *n* विशेष क्षेत्र; परिरक्षित वस्तु; (*often pl : jam*) मुरब्बा आदि; शिकार करने, मछली पकड़ने आदि का निजी क्षेत्र

preside (प्रि'ज़ाइड) *vi* सभा का अध्यक्ष होना, संचालन करना

president ('प्रेज़िडंट) *n* राष्ट्रपति; किसी संस्था, संघ, कंपनी आदि का प्रधान अथवा मुख्य संचालक; **presidential** (प्रेज़ि'डेन्शल) *a* राष्ट्रपति या अध्यक्ष का

press (प्रेस) *n* (*tool*) दबाने, निचोड़ने आदि का उपकरण; (*machine*) छापने की मशीन, मुद्रणयंत्र, प्रेस; मुद्रणालय, छापाखाना, मुद्रण-कला; (*newspapers*) समाचार-पत्र (सामूहिक रूप से); पत्रकार, संवाददाता; (*crowd*) दबाव // *vt* दबाना; निचोड़ना; (कपड़े) इस्तरी करना; लगातार अनुरोध करना; (*insist*) : **to press sth on sb** किसी को (मना करने पर भी) कुछ देना // *vi* भीड़ करना; (बहुत) जल्दी करना; किसी बात के लिए ज़ोर/दबाव डालना; **we are pressed for time** हमारे पास समय कम है; **to press for sth** किसी बात के लिए आग्रह करना, कोई मांग करना; **to press on** *vi* जारी रखना, आगे बढ़ते जाना; **press conference** *n* पत्रकार सम्मेलन; **pressing** *a* आवश्यक, ज़रूरी, जल्दी का; **press stud** *n* (*Brit*) दबाने से बंद होने वाला (आस्तीन का) बटन; **press-up** *n* (*Brit*) डंड (निकालने का व्यायाम)

pressure ('प्रेशर) *n* दबाव; प्रभाव; कठिनाइयां; (*physics*) दाब, प्रेशर;

pressure cooker *n* प्रेशर कुकर; **pressure gauge** *n* दबावमापी यंत्र; **pressure group** *n* प्रभावक-गुट, दबावगुट

prestige (प्रेस्'टीझ़) *n* प्रतिष्ठा, ख्याति; उससे उत्पन्न प्रभाव

presumably (प्रि'ज़्यूमब्लि) *ad* संभवतया; निस्संदेह

presume (प्रि'ज़्यूम) *vt* मानकर चलना, धारणा बना लेना; **to presume to do** (*dare*) करने का साहस (दुस्साहस) करना

presumption (प्रि'ज़म्प्शन) *n* धारणा, परिकल्पना; दुस्साहस, ढिठाई

pretence, (*US*) **pretense** (प्रि'टेन्स) *n* दावा; दिखावा; बहाना; **to make a pretence of doing** कोई काम करने का दिखावा करना

pretend (प्रि'टेंण्ड) *vt* (झूठ) दावा करना // *vi* स्वांग भरना, ढोंग रचना; दावा जताना; (*claim*): **to pretend to sth** ऐसा बनने का ढोंग, स्वांग करना जो वास्तव में न हो; **to pretend to do** (कुछ) करने का दिखावा करना

pretense (प्रि'टेंन्स) *n* (*US*) = **pretence**

pretension (प्रि'टेंन्शन) *n* दिखावा, ढोंग; प्रपंच

pretext ('प्रीटेक्स्ट) *n* बहाना

pretty ('प्रिटि) *a* मनोहर व आकर्षक // *ad* बहुत कुछ, पर्याप्त मात्रा में

prevail (प्रि'वेल) *vi* काबू पाना, जीतना, सफल होना; प्रचलित होना; (*persuade*): **to prevail (up)on sb to do** किसी को कोई काम करने के लिए राज़ी कर लेना; **prevailing** *a* प्रचलित, चालू

prevalent ('प्रेवलंट) *a* प्रचलित, फ़ैशन के अनुसार, जिस का रिवाज हो

prevent (प्रि'वेंण्ट) *vt* : **to prevent (from doing)** किसी को (करने से) रोकना, काम में बाधा डालना; **preventive** *a* जो बाधा डाले, निवारक, रोकने वाला

preview ('प्रीव्यू) *n* पूर्वदर्शन (आने वाली फ़िल्म का कुछ आमंत्रित लोगों के लिए प्रदर्शन); (*fig*) सर्वेक्षण

previous ('प्रीविअस) *a* पूर्ववर्ती, पिछला, पहले का; **previously** *ad* पहले (से)

prewar (प्री'वार) *a* युद्ध से पहले का

prey (प्रे) *n* शिकार // *vi* भोजन के लिए शिकार करना; शिकार जैसा बर्ताव करना; सताना; **to prey on** (को) अत्यधिक चिंतित या परेशान करना; (पशु का) किसी दूसरे का शिकार करना

price (प्राइस) *n* मूल्य, दाम, भाव; इनाम; जुए के दाव में (जीत की) संभावना // *vt* दाम निर्धारित करना, मूल्य लगाना; **priceless** *a* अमूल्य; बहुमूल्य; **price list** *n* कीमतों की सूची

prick (प्रिक) *vt* छेद करना, चुभाना;

दुखाना; (कान) खड़े करना // *n* छेद; छेदन; चुभन; कसक; नुकीला औज़ार या हथियार; नोक; **to prick up one's ears** कान खड़े करना

prickle ('प्रिकल) *n* कांटा (झाड़ी का); चुभन (की अनुभूति)

prickly ('प्रिक्लि) *a* कांटेदार, चुभन पैदा करने वाला; (*fig*) गुसैल (आदमी); **prickly heat** *n* गर्मी से उत्पन्न पित्ती, घमौरी

pride (प्राइड) *n* आत्मगौरव, गर्व, नाज़; संतोष व गर्व का अनुभव; संतोष व गर्व का विषय; अभिमान, घमंड, अहंकार; शेरों का झुण्ड // *vt* : **to pride o.s. on** किसी बात पर गर्व करना

priest (प्रीस्ट) *n* पुजारी; पुरोहित; याजक (**priestess** *fem*); **priesthood** *n* पुरोहित या पादरी का दर्जा, वर्ग या काम

prig (प्रिग) *n* दम्भी व्यक्ति जिसे अपने आचार-विचार, संस्कृति आदि पर अभिमान हो

prim (प्रिम) *a* औपचारिक, उचित अनुचित का अत्यधिक विचार करने वाला

primaeval देखिए **primeval**

prima facie ('प्राइमअ 'फ़ेशि) *Lat ad* प्रथम दृष्टि में, पहली नज़र में

primarily ('प्राइमरिलि) *ad* मूलतः मुख्यतया

primary ('प्राइमरि) *a* मुख्य; समय में प्राथमिक; मूल; आरंभिक; मौलिक; **primary school** *n* (*Brit*) प्राथमिक स्कूल

prime (प्राइम) *a* प्रथम; मूल, आदि; मुख्य; सर्वोत्तम // *vt* (बंदूक, इंजन, पम्प आदि) इस्तेमाल के लिए तैयार करना; (*fig*) किसी को सूचना, तथ्य आदि देकर तैयार करना; भरना (शराब आदि); **in the prime of life** यौवन में; **Prime Minister** (**P.M.**) *n* प्रधान मंत्री

primer ('प्राइमर) *n* (*book*) प्रारंभिक पाठ्य-पुस्तक, प्रवेशिका; (*paint*) रोग़न का अस्तर, रंजकी

primeval (प्राइ'मीव़ल) *a* आदिम, आदियुगीन; (जंगल) जो अक्षुण्ण हो

primitive ('प्रिमिटिव़) *a* आदिम, विकास की प्रारंभिक स्थिति का, पुरातन, प्राचीन; अपरिष्कृत, असभ्य

primrose ('प्रिम्रोज़) *n* वसन्त का एक पीला फूल

primus (stove) ('प्राइमस (स्टोव़)) ® (*Brit*) मिट्टी के तेल का स्टोव़

prince (प्रिन्स) *n* राजकुमार; छोटे राज्य का शासक

princess (प्रिन्'सॅस) *n* राजकुमारी

principal ('प्रिन्सिपल) *a* मुख्य, प्रधान, प्रमुख // *n* प्रधान; नायक; (कालिज आदि का) प्राचार्य, प्रिंसिपल; मूलधन

principle ('प्रिन्सिपल) *n* नैतिक

सिद्धांत, नियम; मूलतत्व, आधारभूत कारण; सत्यनिष्ठा; **in/on principle** सैद्धान्तिक रूप से

print (प्रिंट) *n* छापा, ठप्पा; छपाई जैसी लिखावट; छपा हुआ कपड़ा या कपड़े पर छपाई; (*ART*) मुद्रित या छपी हुई सामग्री; (*PHOT*) फ़ोटोग्राफ़ // *vt* छापना, प्रकाशित करना; बड़े अक्षरों में लिखना; **out of print** पुस्तक जिस की प्रतियां न मिलती हों; **printed matter** *n* छपी हुई सामग्री; **printer** *n* छापने वाला, मुद्रक; छपाई की मशीन; **printing** *n* छापने की क्रिया; **print-out** *n* कम्प्यूटर या टेलीप्रिंटर से छप कर निकली सामग्री

prior ('प्राइअर) *a* पहले का, पूर्व, पूर्ववर्ती // *n* मठाध्यक्ष; **prior to doing** करने से पहले

priority (प्राइ'ऑरिटि) *n* प्राथमिकता, तरजीह, अग्रता

prise (प्राइज़) *vt* : **to prise open** (डण्डा आदि अड़ा कर) खोलना

prison ('प्रिज़न) *n* जेलखाना, कारागार // *cpd* कारागार सम्बन्धी; **prisoner** *n* कैदी, बंदी

pristine ('प्रिस्टाइन, 'प्रिस्टीन) *a* आदि, मूल, पुरातन; मूल अक्षत व सुंदर रूप में

privacy ('प्राइव़सि) *n* एकांतता; गोपनीयता

private ('प्राइव़िट) *a* निजी, व्यक्तिगत; गुप्त; एकांतिक; साधारण; ग़ैर-सरकारी // *n* (सेना में सबसे नीचे का पद) सामान्य सैनिक; **'private'** (लिफ़ाफ़े पर) 'निजी'; **in private** अकेले में; **private enterprise** *n* निजी या गैर-सरकारी उद्यम; **private detective, eye** *n* (ग़ैर-सरकारी) जासूस; **privately** *ad* निजी तौर पर; अपने आप में; **private property** *n* निजी सम्पत्ति; **privatize** *vt* निजी सम्पत्ति बना देना, ग़ैर-सरकारी लोगों को दे देना

privation (प्राइ'व़ेशन) *n* आवश्यकताओं व सुख-साधनों का अभाव, तंगी, कष्ट; तंगी में रहने की स्थिति

privet ('प्रिव़िट) *n* एक सदाबहार झाड़ी

privilege ('प्रिव़िलिज) *n* विशेषाधिकार अथवा विशेष सुविधाएं जो कुछ ही व्यक्तियों को मिलें; अधिकार, वर्गविशेष को प्राप्त विशेष सुविधाएं

privy ('प्रिव़ि) *a* : **to be privy to** किसी गोपनीय मामले की जानकारी होना; **privy council** *n* (ब्रिटिश सम्राट की) सलाहकार परिषद

prize (प्राइज़) *n* पुरस्कार, इनाम; वस्तु जिसे पाने के प्रयास किये जाएं; पुरस्कार में प्राप्त वस्तु (जैसे लाटरी में) // *a* श्रेष्ठ; (*example, fool*) पक्का; (*roses, novel*) जिसकी पुरस्कार पाने की संभावना हो // *vt* महत्व देना; सम्मान देना; **prize giving** *n*

पुरस्कार वितरण; **prizewinner** *n* पुरस्कार विजेता

pro (प्रो) *n* (*SPORT*) पेशेवर खिलाड़ी; **the pros and cons** पक्ष और विपक्ष में कही जा सकने वाली बातें

pro- *comb form* प्रति-, उप-, पूर्व-, अग्र- जैसे *proconsul*

probability (प्रॉब्'बिलिटि) *n* संभाव्यता

probable ('प्रॉबब्ल) *a* संभावित; **probably** *ad* शायद

probation (प्र'बेशन) *n* (*LAW*) अपराधियों विशे॰ बाल-अपराधियों को नियत अवधि के लिए किसी की निगरानी में रख कर छोड़ने की व्यवस्था; (*in employment*) परिवीक्षा, परख-अवधि; **on probation** कर्मचारी जिस की परिवीक्षा चल रही हो; (*LAW*) निगरानी में छोड़ा गया (अपराधी)

probe (प्रोब) *n* डाक्टरी जांच का सलाईनुमा औज़ार; पूरी तहकीकात, जांच // *vt* ध्यान से खोज-बीन करना; जांच-पड़ताल करना; कुरेद-कुरेद कर पूछना

problem ('प्रॉब्लम) *n* समस्या, मामला; प्रश्न

procedure (प्र'सीजर) *n* (*ADMIN, LAW*) प्रक्रिया, कार्यविधि; (*method*) काम का तरीका

proceed (प्र'सीड) *vi* आगे बढ़ना, कार्यवाही करना; (*continue*): **to proceed (with)** कोई काम जारी रखना; कार्यवाही शुरू करना; **to proceed to** (के लिए) रवाना होना, प्रस्थान करना; **to proceed to do** कोई काम शुरु करना; **proceedings** *npl* (सभा आदि की) कार्यवाही (का विवरण); (*LAW*) कानूनी कार्यवाही, मुकदमा; (कार्यवाही का) रिकार्ड, लिखित ब्यौरा; **proceeds** ('प्रसीड्ज़) *npl* बिक्री आदि से प्राप्त आय

process ('प्रोसेस) *n* क्रिया या परिवर्तन की श्रृंखला; प्रक्रम; प्रक्रिया; विधि; मुकदमा, कार्यवाही // *vt* उत्पादन आदि की विशेष प्रणाली से (वस्तु) तैयार करना; **processing** *n* तैयारी की प्रक्रिया (किसी वस्तु की)

procession (प्र'सेशन) *n* जलूस, शोभायात्रा; **funeral procession** *n* शवयात्रा; अर्थी के पीछे जाने वालों का समूह

proclamation (प्रक्ले'मेशन) *n* घोषणा, एलान

proclaim (प्र'क्लेम) *vt* सार्वजनिक घोषणा करना

procrastinate (प्रो'क्रैस्टिनेट) *vi* देर लगाना, टालना

procure (प्र'क्युअर) *vt* प्राप्त करना, पाना; दिलाना; प्रबंध करना // *vi* वेश्या की दलाली करना; **procurement** *n* प्राप्ति; उगाही

prod (प्रॉड) *vt* कोंचना, खोदना // *n* कोंचना; अंकुश, खोदनी

prodigal ('प्रॉडिग्ल) *a* फिज़ूलखर्च, अपव्ययी // *n* फ़िज़ूलखर्च व्यक्ति

prodigy ('प्रॉडिजि) *n* विलक्षण प्रतिभा वाला व्यक्ति विशे० बालक; अद्भुत वस्तु

produce *n* ('प्रॉड्यूस) (*AGR*) उपज, पैदावार, उत्पादन // *vt* (प्र'ड्यूस) उत्पन्न करना, पैदा करना, बनाना; तैयार करना; पेश करना; (*THEATRE*) नाटक, फ़िल्म, टेलीविज़न का कार्यक्रम (अभिनय के लिए) प्रस्तुत करना; **producer** *n* (*AGR*) उत्पादक; (*THEATRE, CINEMA*) प्रस्तुत-कर्ता, निर्माता

product ('प्रॉडक्ट) *n* उत्पादन; (*MATH*) गुणनफल

production (प्र'डक्शन) *n* उत्पादन क्रिया; उपज, उत्पादन; (*THEATRE*) (नाटक आदि का) निर्देशन; **production line** *n* कारखाने में पुर्ज़े ले जाने वाली चलती पट्टी (कन्वेयर बेल्ट)

productivity (प्रॉडक्'टिविटि) *n* उत्पादकता; उपजाऊपन

Prof **professor** का संक्षेप

profane (प्र'फ़ेन) *a* श्रद्धाहीन, अनादरकारी, ईशनिंदात्मक, अधर्मी, अपवित्र, धर्म व ईश्वर का अपमान करने वाला (शब्द, भाषा आदि); अश्लील; **profanity** (प्र'फ़ैनिटि) *n* अश्लीलता

profess (प्र'फ़ेस) *vt* में विश्वास प्रकट करना; खुले आम कहना, घोषित करना; का अभिनय करना

profession (प्र'फ़ेशन) *n* जीविका व्यवसाय; पेशा विशे० उच्च शिक्षा, विज्ञान, कला सम्बंधी; **professional** *n* व्यावसायिक, पेशेवर (खिलाड़ी) // *a* (*work*) दक्षता, निपुणता से किया गया

professor (प्र'फ़ेसर) *n* प्रोफ़ेसर, प्राध्यापक, आचार्य

proficiency (प्र'फ़िशन्सि) *n* दक्षता, कुशलता, निपुणता

proficient (प्र'फ़िशंट) *a* दक्ष, कुशल, निपुण

profile ('प्रोफ़ाइल) *n* रूपरेखा, चेहरे का एक ओर का चित्र, पार्श्वचित्र; संक्षिप्त जीवनी

profit ('प्रॉफ़िट) *n* लाभ, फ़ायदा, नफ़ा // *vi* : **to profit** (**by** *or* **from**) (से) लाभ होना या उठाना; **profitable** *a* लाभदायक, लाभकारी

profiteer (प्रॉफ़ि'टीअर) *n* मुनाफ़ाख़ोर // *vi* मुनाफ़ाखोरी करनी; **profiteering** *n* (*offens*) मुनाफ़ाखोरी

profound (प्र'फ़ाउंड) *a* ज्ञानपूर्ण; गहरा

profuse (प्र'फ़्यूस) *a* प्रचुर, खूब; उदार; **profusely** *ad* बहुतायत से, बहुत अधिक

progeny ('प्रॉजिनि) *n* संतान, बच्चे

programme, (*US*) **program**

('प्रोग्रैम) *n* योजना; (*RADIO, TV*) कार्यक्रम, प्रोग्राम // *vt* (कम्प्यूटर में) प्रोग्राम लगाना, कम्प्यूटर के लिए निर्देश तैयार व नियोजित करना; **programmer,** (*US*) **programer** *n* कम्प्यूटर का प्रोग्राम तैयार करने वाला

progress *n* ('प्रोग्रेस) आगे बढ़ने की क्रिया, विकास, उन्नति, प्रगति // *vi* (प्र'ग्रेस) अग्रसर होना, आगे बढ़ना, उन्नति करना, सुधरना; **in progress** (काम) जो चल रहा हो; **to make progress** उन्नति करना; आगे बढ़ना; **progressive** *a* क्रमिक; प्रगतिशील (व्यक्ति)

prohibit (प्र'हिबिट) *vt* निषेध करना, मना करना

prohibition (प्रोइ'बिशन) *n* निषेध, मनाही, मद्य-निषेध, शराबबंदी

project *n* ('प्रॉजेक्ट) परियोजना, योजना; (*gen, SCOL : research*) शोध-विषय // *vb* (प्र'जेक्ट) *vt* परियोजना बनाना; फैंकना; (छाया आदि) डालना // *vi* बाहर निकला हुआ होना

projection (प्र'जेक्शन) *n* बाहर को निकले होने की स्थिति; बाहर निकला भाग

projector (प्र'जेक्टर) *n* परदे पर फ़िल्म दिखाने का उपकरण, प्रजेक्टर

proletariat (प्रोलि'टेअरिअट) *n* सर्वहारा; श्रमजीवी वर्ग

prolific (प्र'लिफ़िक) *a* प्रचुर; उर्वर, अधिक उत्पन्न करने वाला

prologue ('प्रोलॉग) *n* आमुख प्रस्तावना विशे॰ नाटक से पूर्व भाषण

prolong (प्र'लांग) *vt* बढ़ाना, लम्बा करना

prom *n* **promenade** का संक्षिप्त रूप; (*US :ball*) स्कूल या कालिज में नाच

promenade (प्रॉम'नाड) *n* विचरण स्थल (समुद्रतट पर); चहलकदमी; **promenade concert** *n* संगीत-गोष्ठी जिसमें श्रोता खड़े रहते हैं

prominent ('प्रॉमिनंट) *a* बाहर निकला हुआ; आसानी से नज़र आने वाला; विख्यात, प्रसिद्ध

promiscuous (प्र'मिस्क्युअस) *a* अविवेकी, स्वच्छंद विशे॰ यौन-संबंधों में; मिश्रित, गड्डमड्ड

promise ('प्रॉमिस) *n* प्रतिज्ञा, वचन; आशा; संभावना // *vt* वचन देना, वादा करना, विश्वास दिलाना // *vi* की संभावना होना; **promising** *a* आशाजनक; होनहार (व्यक्ति)

promote (प्र'मोट) *vt* तरक्की देना, पदोन्नति करना; समर्थन देना; (सुधार आदि) के लिए कार्य करना, बढ़ावा देना; (*new product*) की बिक्री बढ़ाने का प्रयत्न करना; **promoter** *n* संगठनकर्ता, आयोजक; **promotion** (प्र'मोशन) *n* पदोन्नति, बढ़ावा

prompt (प्रॉम्प्ट) *a* तत्काल, तरंत, ठीक समय पर; तैयार, तत्पर // *ad* -

promulgate 520 **property**

ठीक समय पर // *n* (*COMPUT*) कम्प्यूटर पर संकेत // *vt* प्रोत्साहन देना; सुझाना, जताना; (*THEATRE*) रंगमंच पर पर्दे के पीछे से बोल कर अभिनेता या वक्ता की सहायता करना, अनुबोधन करना; **promptly** *ad* तुरंत (बिना समय खोए)

promulgate ('प्रॉमल्गेट) *vt* घोषित करना; (*ordinance etc*) जारी करना

prone (प्रोन) *a* अधोमुख, मुंह के बल पड़ा हुआ; (की ओर) प्रवृत्त, झुकाव रखने वाला; **prone to** जिसका किसी ओर झुकाव हो

prong (प्रॉङ) *n* कांटा, शूल (किसी नुकीली वस्तु का जैसे खाने के कांटे का)

pronoun ('प्रोनाउन) *n* सर्वनाम

pronounce (प्र'नाउन्स) *vt* (शब्द) उच्चारित करना; सुनाना, घोषणा करना // *vi* : **to pronounce (up)on** किसी विषय पर निर्णय देना, अपना मत प्रकट करना

pronounciation (प्रनन्सि'एशन) *n* उच्चारण-रीति, उच्चारण

proof (प्रूफ़) *n* प्रमाण, सबूत; परीक्षण, जांच; छपाई में प्रूफ़, पहली प्रति जिसमें सुधार किया जा सकता है; (*PHOT*) निगेटिव से बना चित्र; मादक पेय की तीव्रता का मानक // *a* : **proof against** अभेद्य, जो पूरा बचाव, सुरक्षा दे, जैसे, **fireproof** (जिसमें आग न लग सके)

prop (प्रॉप) *n* सहारा देने वाला बांस, शहतीर आदि // *vt* (**prop up** भी) सहारा देना, टेकना, थामना, खड़ा रखना; **to prop sth against** किसी चीज़ को किसी के साथ टिकाना

propaganda (प्रॉप'गैंड्अ) *n* राजनीतिक प्रचार, मत-प्रचार

propagate ('प्रॉपगेट) *vt* उपजाना; बढ़ाना, फैलाना; प्रचार करना, प्रसारित करना // *vi* उत्पन्न करना, पैदा करके संख्या बढ़ाना

propel (प्र'पेॅल) *vt* आगे धकेलना, ठेलना; **propeller** *n* प्रोपेलर, (जहाज़ या वायुयान में लगा पंखेनुमा यंत्र); **propelling pencil** *n* (*Brit*) पेंसिल जिसका सिक्का आगे खिसकाया जा सकता है

propensity (प्र'पेन्सिटि) *n* झुकाव, प्रवृत्ति, रुचि

proper ('प्रॉपर) *a* उचित, उपयुक्त; सही, ठीक; मर्यादा के भीतर; (*col*) असली; **properly** *ad* ठीक, उचित ढंग से; **he doesn't eat/study properly** वह ठीक ढंग से खाता/पढ़ता नहीं है; **proper noun** *n* व्यक्तिवाचक संज्ञा

property ('प्रॉपर्टि) *n* सम्पत्ति, जायदाद; स्वामित्व; (*CHEM etc* : *quality*) गुण, विशेषता; धर्म; रंगमंच का साज़-सामान; **property owner** *n* सम्पत्ति का स्वामी

prophecy ('प्रॉफ़िसि) *n* भविष्य-वाणी

prophesy ('प्रॉफ़िसाइ) *vt* भविष्य-वाणी करना

prophet ('प्रॉफ़िट) *n* पैग़म्बर, नबी; भविष्यवक्ता

propitiate (प्र'पिशिएट) *vt* शांत करना, संतुष्ट करना, की कृपा प्राप्त करना

proponent (प्र'पोनंट) *n* समर्थक, प्रस्तावक

proportion (प्र'पॉर्शन) *n* अनुपात, समानुपात; तुलना; अंश; **proportional, proportionate** *a* ठीक अनुपात में; आकार; संख्या आदि में समान

proposal (प्र'पोज़ल) *n* प्रस्ताव; सुझाव; योजना; विवाह प्रस्ताव

propose (प्र'पोज़) *vt* प्रस्ताव रखना; सुझाव देना; चुनाव आदि के लिए किसी का नाम प्रस्तुत करना // *vi* विवाह का प्रस्ताव करना; **to propose to do** कोई काम करने का इरादा होना

proposition (प्रॉप्'ज़िशन) *n* प्रस्ताव; प्रमेय; (*MATH*) साध्य

propound (प्र'पाउंड) *vt* विचारार्थ अथवा समाधान रूप में प्रस्तुत करना

proprietor (प्र'प्राइअटर) *n* स्वामी, मालिक (दुकान, होटल आदि का); (**proprietress, proprietrix** *fem*)

propriety (प्र'प्राइटि) *n* (*seemliness*) औचित्य, मर्यादा, उचित आचरण; उपयुक्तता

pro rata ('प्रो'राट्अ) *Lat ad* अनुपात में

prorogue (प्र'रोग) *vt* संसद का सत्रावसान करना, अधिवेशन समाप्त करना

proscribe (प्रो'स्क्राइब) *vt* ग़ैर-कानूनी करार देना; (पुस्तक आदि) ग़ैरकानूनी ठहराना, ज़ब्त करना

prose (प्रोज़) *n* गद्य; (*SCOL : translation*) अनुवाद के लिए लेख आदि का भाग

prosecute ('प्रासिक्यूट) *vt* चालू रखना; पर मुकदमा चलाना, के विरुद्ध कानूनी कार्यवाही करना; **prosecution** (प्रॉसि'क्यूशन) *n* मुकद्दमा चलाने या कानूनी कार्यवाही करने का काम; वादपक्ष, इस्तग़ासा; **prosecutor** *n* (**public prosecutor** भी) मुकद्दमा चलाने वाला अधिकारी

prospect *n* ('प्रास्पेक्ट) संभावना; आशा; दृश्य, परिदृश्य; संभावित ग्राहक // *vt, vi* (प्रस्'पेक्ट) खोजना विशे॰ सोना, पूर्वेक्षण करना; **prospects** *npl* संभावनाएं, आशाएं; **prospective** (प्र'स्पेक्टिव़) *a* प्रत्याशित; अग्रदर्शी; भावी, भविष्य का

prospectus (प्र'स्पेक्टस) *n* कम्पनी, स्कूल आदि की विवरण-पत्रिका

prosper ('प्रॉस्पर) *vi* उन्नति करना, फलना-फूलना

prosperity (प्रॉ'सपेरिटि) *n* समृद्धि,

सम्पन्नता

prosperous ('प्रास्परस) *a* समृद्ध, खुशहाल; सफल; धनी

prostitute ('प्रॉस्टिट्यूट) *n* वेश्या // *vt* वेश्यावृत्ति करना; (प्रतिभा, शिक्षा आदि का) दुरुपयोग करना, बुरे काम में लगाना

prostrate ('प्रॉस्ट्रेट) *a* साष्टांग (प्रणाम की स्थिति), दण्डवत; धराशायी, पराजित; असहाय; टूटा हुआ (व्यक्ति) // *vt* धराशायी कर देना; थका देना

protagonist (प्रो'टैगनिस्ट) *n* नायक; मुख्य अभिनेता; समर्थक

protect (प्र'टेक्ट) *vt* रक्षा करना, बचाना, संरक्षण प्रदान करना; सुरक्षित रखना; **protection** (प्र'टेक्शन) *n* रक्षा; संरक्षण; **protective** *a* संरक्षण देने/बचाव करने वाला

protégé ('प्रोटिझे) *n* आश्रित, रक्षित व्यक्ति

protein ('प्रोटीन) *n* प्रोटीन, भोजन में एक पौष्टिक तत्व

pro tempore ('प्रो 'टेम्परि) *Lat ad* (**pro tem** भी) तत्कालीन, अल्प-कालीन

protest *n* ('प्रोटेस्ट) विरोध, प्रतिवाद; असहमति // *vb* (प्र'टेस्ट) *vi* विरोध प्रकट करना // *vt* किसी बात का प्रतिवाद करना; उस पर आपत्ति उठाना

Protestant ('प्रॉटिस्टंट) *a* ईसाई धर्म में प्रोटेस्टेंट चर्च (जो रोमन कैथलिक चर्च के बाहर है) से सम्बंधित // *n* प्रोटेस्टेंट चर्च का अनुयायी

protester (प्र'टेस्टर) *n* विरोध करने वाला

proto-, prot- *comb form* आदि-, पूर्व- जैसे *prototype* में

protracted (प्र'ट्रैक्टिड) *a* दीर्घ-कालिक, लम्बा, खिंचा हुआ (झगड़ा, मामला आदि); उबाऊ

protrude (प्र'टूड) *vi* बाहर या आगे निकला हुआ होना; बहिःसृत

proud (प्राउड) *a* अभिमानी, घमंडी, अक्खड़; गर्वीला, स्वाभिमानी; शानदार, वैभवशाली

prove (प्रूव़) *vt* सिद्ध करना, प्रमाणित करना, साबित करना; परीक्षण करना, जांचना // *vi* : सिद्ध होना, निकलना, प्रमाणित होना; **to prove correct** ठीक सिद्ध होना; **to prove o.s.** अपनी योग्यता सिद्ध करना

proverb ('प्रॉव़र्ब) *n* कहावत, लोकोक्ति

provide (प्र'व़ाइड) *vt* का प्रबंध करना; **to provide sb with sth** किसी को कुछ मुहैया करना; **to provide for** *vt* किसी के लिए कोई व्यवस्था करना, मुहैया करना; तैयारी करना; **provided (that)** *cj* बशर्ते (कि)

provident ('प्रॉव़िडंट) *a* मितव्ययी, कमख़र्च, दूरदर्शी; **provident fund** *n*

भविष्य निधि

providing (प्र'वाइडिङ) *cj* यदि ऐसा हो

province ('प्रॉविन्स) *n* प्रान्त, क्षेत्र, प्रदेश, कार्यक्षेत्र; **provincial** (प्र'विन्शल) *a* प्रान्तीय, प्रादेशिक; देहाती, सीधा-सादा; संकीर्ण दृष्टिकोण वाला

provision (प्र'विझन) *n* व्यवस्था विशे. भविष्य की आवश्यकताओं के लिए, तैयारी; सामग्री ; भण्डार; **provisions** *npl* रसद, खाद्य सामग्री; (*LAW*) धारा; **provisional** *a* अस्थायी, कामचलाऊ

proviso (प्र'वाइज़ो) *n* शर्त, प्रतिबंध

provocative (प्र'वॉकटिव़) *a* उत्तेजक, भड़काने वाल

provoke (प्र'वोक) *vt* चिढ़ाना, नाराज़ करना; उत्तेजित करना, उभाड़ना; उत्पन्न करना

prow (प्राउ) *n* जहाज़ का नुकीला अगला भाग, गलही, पोताग्र

prowess ('प्राउइस) *n* वीरता, ओज, पराक्रम; कौशल

prowl (प्राउल) *vi* (**prowl about, prowl around** भी) छिपे-छिपे घूमना विशे. शिकार की खोज में या चोरी के लिए // *n* : **on the prowl** जो तलाश में हो; **prowler** *n* आदमी जो अंधेरे में किसी को लूटने के लिए घूमता फिरे, गीदड़-गश्त

proxy ('प्रॉक्सि) *n* मुख़्तार, किसी की ओर से कार्य करने का अधिकार प्राप्त व्यक्ति, परोक्षी; ऐसे अधिकार का पत्र, प्रतिपत्र, मुख़्तारी

prudent ('प्रूडंट) *a* सावधान, विवेकपूर्ण, समझदार

prudish ('प्रूडिश) *a* बहुत शर्मीला (विशे. स्त्री-पुरुष सम्बन्धों के बारे में या ऐसा दिखावा करने वाला)

prune (प्रून) *n* सूखा आलूबुख़ारा // *vt* (सूखी व फ़ालतू टहनियों की) कांट-छांट करना, छांटना; छंटाई करना

pry (प्राइ) *vi* : **to pry into** किसी मामले में अनधिकृत रूप से जानकारी प्राप्त करना

PS *n* (*postscript*) का संक्षेप

Ps. (*psalm(s)*) का संक्षेप

psalm (साम) *n* भजन, स्तोत्र; (*in Old Testament*) ईश-स्तुति

pseudo- ('स्यूडो) *prefix* छद्म, नकली; **pseudonym** ('स्यूडनिम) *n* छद्म-नाम; उपनाम

psyche ('साइकि) *n* मानस, चित्त

psychiatric (साइ'किऐट्रिक) *a* मनश्चिकित्सा सम्बन्धी

psychiatrist (साइकि'ऐट्रिस्ट) *n* मनोरोग विशेषज्ञ

psychic ('साइकिक) *a* (**psychical** भी) सामान्य अनुभव से परे अनुभूति से सम्बन्धित; अतीन्द्रिय; (व्यक्ति) जिसे ऐसी अनुभूति होती हो

psychoanalyst (साइको'ऐनलिस्ट) *n* मनोविश्लेषण विशेषज्ञ

psychological (साइक्'लॉजिकल) *a* मानसिक; मन से सम्बन्धित

psychologist (साइ'कॉलजिस्ट) *n* मनोविज्ञान विशेषज्ञ

psychology (साइ'कॉलजि) *n* मनोविज्ञान; मानसिकता

PTA (*Parent Teacher Association*) का संक्षेप

P.T.O. (*please turn over*) का संक्षेप, (कृपया पृष्ठ उलटिये)

pub (पब) *n* (**public house** का संक्षेप) स्थान जहां शराब बिकती है व जहां यह पी जा सकती है

pubic ('प्यूबिक) *a* पेट से नीचे का (भाग), जघन-

public ('पब्लिक) *a* सार्वजनिक, आम, लोक- (निजी के विपरीत); जनता की सेवा में // *n* आम जनता, जनसाधारण; **in public** सब के सामने; **public address system (P.A.)** *n* घोषणाएं करने के लिए लाउडस्पीकर आदि उपकरण

publican ('पब्लिकन) *n* शराबघर/मधुशाला का मालिक

public : public company *n* सार्वजनिक कम्पनी; **public convenience** *n* (*Brit*) शौचालय; **public holiday** *n* सार्वजनिक छुट्टी; **public house** *n* (*Brit*) शराबघर

publicity ('पब्लिसिटि) *n* प्रचार, प्रसिद्धि

publicize ('पब्लिसाइज़) *vt* (विज्ञापन द्वारा) प्रचार करना

publicly ('पब्लिक्लि) *ad* खुले-आम, सब के सामने

public : public opinion *n* जनमत, आम लोगों की राय; **public relations (PR)** *n* जनसम्पर्क; **public school** *n* (*Brit*) ग़ैर सरकारी स्कूल; **public-spirited** *a* जिसमें जनकल्याण की भावना हो; **public transport** *n* सार्वजनिक परिवहन

publish ('पब्लिश) *vt* प्रकाशित करना; प्रकट करना; प्रचार करना; घोषित करना; **publisher** *n* प्रकाशक; **publishing** *n* प्रकाशन उद्योग

puck (पक) *n* बर्फ़ पर खेली जाने वाली हाकी में गेंद के स्थान पर प्रयुक्त रबड़ का डिस्क (चक्र)

pucker ('पकर) *vt* शिकन डालना, सिकोड़ना

pudding ('पुडिङ) *n* एक मीठा पकवान, पुडिंग, एक प्रकार की सासिज; **black pudding** गहरे रंग का पुडिंग जैसा व्यंजन

puddle ('पड्ल) *n* गंदे पानी से भरा गड्ढा

puff (पफ़) *n* झोंका; कश, फूंक; इसकी आवाज़ (जैसे इंजन से धुंआ निकलते

समय); एक प्रकार की पेस्ट्री // *vt* : **to puff one's pipe** पाइप में तम्बाकू पीते हुए धुंआ निकालना, पाइप पीना // *vi* सांस फूलना; धुआं छोड़ते हुए चलना; **to puff out smoke** धुआं छोड़ना; **puffed** *a* (*col*) जिस की सांस फूली हो; **puff pastry** *n* एक प्रकार की फूली हुई पेस्ट्री; **puffy** *a* फूला हुआ

puke (प्यूक) *vi* (*col*) उलटी करना // *n* (*col*) उलटी, वमन

pull (पुल) *n* खींचने की क्रिया; झटका; (*tug*) : **to give sth a pull** किसी को खींचना या झटका देना; (*fig*) प्रभाव // *vt* खींचना; तानना; फाड़ना; किसी मांसपेशी में बल पड़ जाना // *vi* खींचना, फाड़ना; **to pull to pieces** टुकड़े-टुकड़े कर देना; **to pull one's punches** लागलपेट से काम लेना, सीधी बात न कहना; **to pull one's weight** भरसक प्रयत्न करना; **to pull o.s. together** अपने भावावेश पर काबू रखना; धीरज से काम लेना; **to pull sb's leg** किसी से मज़ाक करना; **to pull apart** *vt* अलग कर देना; फाड़ देना; **to pull down** *vt* नीचे गिराना; (मकान आदि) ढा देना; पेड़ गिराना; **to pull in** *vi* (*AUT*) (कार आदि) सड़क के किनारे हो जाना; (*RAIL*) गाड़ी का स्टेशन पर पहुंचना; **to pull off** *vt* किसी काम में सफल होना; सौदा तय कर लेना; **to pull out** *vi* बाहर निकलना; अलग हो जाना; (कार आदि का) पंक्ति से बाहर आ जाना; (स्टेशन से) चल पड़ना // *vt* बाहर निकाल लेना; अलग करना; छांट लेना; **to pull over** *vi* (*AUT*) एक ओर गाड़ी रोकना; **to pull through** *vi* बच जाना, बच निकलना; **to pull up** *vi* रोकना // *vt* उखाड़ फेंकना; डांट-डपट करना; रोकना

pullet ('पुलिट) *n* छोटी (एक वर्ष तक की) मुर्ग़ी

pulley ('पुलि) *n* सामान उठाने की घिरनी, चरख़ी, गरारी

pullover ('पुलोव़र) *n* स्वेटर

pulp (पल्प) *n* (फल का) गूदा; (काग़ज़ आदि की) लुगदी

pulpit ('पुलपिट) *n* (चर्च में) उपदेशक का प्रवचन-मंच

pulsate (पल्'सेट) *vi* धड़कना, नाड़ी का चलना; संगीत का गूंजना

pulse (पल्स) *n* नाड़ी, नब्ज़; कोई भी नियमित कम्पन या स्पंदन; दाल

pummel ('पमल) *vt* मुक्कों से ताबड़तोड़ पिटाई करना

pump (पम्प) *n* पानी का पंप; हवा या द्रव आदि भरने या निकालने का पंप; (*shoe*) कैन्वास का हल्का जूता // *vt* पंप से भरना या निकालना; (*col*) भेद उगलवाना // *vi* पंप चलाना, पंप के समान कार्य करना; **to pump up** *vt* फुलाना, हवा भरना

pumpkin ('पम्प्किन) *n* कद्दू; लौकी

pun (पन) *n* समान उच्चारण परंतु भिन्न अर्थ वाले शब्दों का एक ही समय अथवा एक ही वाक्य में प्रयोग, यमक, श्लेष

punch (पंच) *n* (*tool*) छेद करने या छापा लगाने की मशीन, घूंसा; (*col*) बल, दम; (*drink*) शराब व फलों का रस, मसाला आदि मिलाकर बना पेय // *vt* (*hit*) : **to punch sb/sth** किसी को घूंसा मारना/काग़ज़ आदि में छेद करना; **punch line** *n* लतीफ़े की अंतिम पंक्ति; **punch-up** *n* (*Brit col*) हाथापाई; तू-तू मैं-मैं

punctual ('पंक्ट्युअल) *a* ठीक समय पर, यथासमय काम करने वाला

punctuation (पंक्ट्यु'एशन) *n* लेखन में लगाये गये विरामचिन्ह

puncture ('पंक्चर) *n* छेद (विशे॰ टायर में), पंक्चर; पंक्चर करने की क्रिया // *vt* छेद कर देना

pundit ('पंडिट) *n* स्वयंभू विशेषज्ञ

pungent ('पंजंट) *a* तीखा, तिक्त; (*fig*) तिलमिला देने वाला (कथन आदि)

punish ('पनिश) *vt* दण्ड देना, सज़ा देना, (किसी से) बहुत ज्यादा काम लेना; **punishment** *n* सज़ा, दंड

punk (पंक) *n* घटिया, बेकार व्यक्ति या सड़ी हुई वस्तु; (*US col*) छोटा-मोटा (बदमाश); (**punk rock** भी) रॉक-संगीत की शैली से सम्बन्धित

punt (पंट) *n* बांस से चलायी जाने वाली चपटे तले की नाव, डोंगी

punter ('पंटर) *n* (*Brit*) जुआरी, दांव लगाने वाला

puny ('प्यूनि) *a* छोटा व पतला-दुबला

pup (पप) *n* पिल्ला; सील मछली का छोटा बच्चा

pupil ('प्यूपिल) *n* शिष्य; आंख की पुतली

puppet ('पपिट) *n* कठपुतली; **puppet show** *n* कठपुतली का नाच

puppy ('पपि) *n* पिल्ला

purchase ('पर्चिस) *n* ख़रीद; ख़रीदी हुई वस्तु // *vt* ख़रीदना; **purchaser** *n* ख़रीदार

purdah ('पर्ड्अ) *n* पर्दा-प्रथा, पर्दा

pure (प्युअर) *a* शुद्ध, असली; बिना मिलावट का; साफ़, निर्मल

purely (प्युअरलि) *ad* शुद्ध, निरा

purge (पर्ज) *n* (*MED*) जुलाब; साफ़ करने, हटाने, निकाल फैंकने आदि की क्रिया; (*POL*) राजनीतिक पार्टी, सेना आदि से अवांछित लोगों को निकालने की क्रिया // *vt* शुद्ध करना, साफ़ करना; हटाना; निकाल फैंकना

purl (पर्ल) *n* बुनाई में उलटी सिलाई का बखिया

purple ('पर्पल) *n* गहरा गुलाबी रंग

purport (पर्'पॉर्ट) *vi* : **to purport to be/do** होने/करने का दावा करना; संकेत या आभास देना; अर्थ रखना //

n अर्थ, अभिप्राय, तात्पर्य

purpose ('पर्पस) *n* प्रयोजन, कारण; उद्देश्य, इरादा; लक्ष्य; **on purpose** जानबूझकर; **purposeful** *a* सोद्देश्य

purr (पर) *vi* बिल्ली का (पुचकारने पर) घुरघुराना

purse (पर्स) *n* बटुआ; साधन; इनाम स्वरूप राशि // *vt* (ओंठ) सिकोड़ना

purser ('परसर) *n* (*NAUT*) जहाज़ का खज़ांची

pursue (पर्'स्यू) *vt* पीछा करना, पीछे लगे रहना; लक्ष्य बनाना; में लगा रहना; आगे बढ़ाना; जारी रखना

pursuit (पर्'स्यूट) *n* पीछा, खोज; व्यवसाय

purvey (पर्'वे) *vt* (रसद) पहुंचाना या (उसका) प्रबंध करना

purveyor (पर्'वेअर) *n* रसद पहुंचाने या व्यवस्था करने वाला

pus (पस) *n* पीप, मवाद

push (पुश) *n* धक्का; उत्साह व आत्म-विश्वास; सैनिक अभियान, चढ़ाई; (*sl*) नौकरी से निकाले जाना // *vt* ढकेलना, ठेलना, धक्का देना; आगे बढ़ाना, ज़ोर डालना; (*col : sell*) अवैध रुप से (नशीली दवाएं) बेचना; (*thrust*) : **to push sth (into)** कोई वस्तु घुसेड़ना; (*fig*) लोकप्रिय बनाना, प्रचार करना // *vi* घुस जाना; (का) समर्थक होना; **to push aside** *vt* परे धकेल देना; **to push off** *vi* (*col*) चल देना; **to push on** *vi* जारी रहना; **to push through** *vt* कोई विधेयक पास कराना; **to push up** *vt* कीमत आदि बढ़ाना; **pushchair** *n* (*Brit*) बच्चा गाड़ी; **pusher** *n* (*drug pusher*) नशीले पदार्थ बेचने वाला; **pushover** *n* (*col*) : **it's a pushover** यह तो बाएं हाथ का खेल है; **push-up** *n* (*US*) डंड (एक व्यायाम); **pushy** *a* (*offens*) उत्साही और महत्वाकांक्षी

puss (पुस), **pussy(-cat)** *n* बिल्ली

put *pt, pp* **put** (पुट) *vt* रखना; फैंकना; कहना, व्यक्त करना; अनुमान लगाना; प्रश्न पूछना; **to put about** *vi* (*NAUT*) दिशा बदलना // *vt* प्रचारित करना, (*rumour*) फैलाना; **to put across** *vt* (*ideas*) ठीक ढंग से व्यक्त करना; **to put away** *vt* संभाल कर रखना; **to put back** *vt* वापिस रख देना; स्थगित करना; देरी करना; **to put by** *vt* आड़े वक्त के लिए धन जमा करना, बचत करना; **to put down** *vt* नीचे रखना; देना; लिखना; (विद्रोह आदि का) दमन करना; (किसी को किसी बात का) कारण समझना; **to put forward** *vt* विचार, प्रस्ताव पेश करना; (*advance*) निश्चित तिथि को पहले नियत करना; **to put in** *vt* शिकायत या प्रार्थनापत्र देना; बिजली या गैस का कनेक्शन लगाना; **to put off** *vt* (*light*) बुझाना; स्थगित करना;

(*discourage*) निरुत्साहित करना, हौसला तोड़ना; **to put on** *vt* (*clothes*) पहनना; (*lipstick etc*) लगाना; बत्ती जलाना; (*play etc*) प्रस्तुत करना; (*food, meal*) परोसना; (*cook*) पकाना; (*airs*) बनना, ढोंग करना; (*weight*) बढ़ाना; **to put out** *vt* (हाथ) फैलाना; (समाचार या अफ़वाह) फैलाना; बत्ती बुझाना; (किसी के लिए असुविधा, कठिनाई) उत्पन्न करना; **to put up** *vt* उठाना; नत्थी करना; लटकाना; निर्माण करना; तम्बू गाड़ना; बढ़ाना; किसी के रहने की व्यवस्था करना, ठहराना; **to put up with** *vt* सहना, बर्दाश्त करना

putrid ('प्यूट्रिड) *a* सड़ा हुआ

putt (पट) *vt* (गोल्फ़ की गेंद को) छेद की दिशा में इस प्रकार मारना कि वह लुढ़कती जाय; **putting green** *n* गोल्फ़ का घास भरा मैदान

putty ('पटि) *n* कांच लगाने व लकड़ी की वस्तुओं में सूराख़ भरने में प्रयुक्त पदार्थ, पुटीन; सुनार का (ज़ेवर) चमकाने का पाउडर

puzzle ('पज़्ल) *n* पहेली, चकराने वाली समस्या या खिलौना; वर्ग पहेली (**crossword puzzle** भी) // *vt* उलझन में डालना, चकरा देना // *vi* अनुमान लगाना, पहेली बूझना

PVC (*polyvinyl chloride*) का संक्षेप, कृत्रिम पदार्थ जो हल्की वस्तुएं (ब्रीफ़केस आदि) बनाने में प्रयुक्त होता है

pyjamas (प'जामज़) *npl* (*Brit*) सोते समय पहनने का जैकेट व पायजामा

pyorrhoea (पाइअ'रिअ) *n* मसूड़ों की सूजन व पीप निकलने का रोग जिसके कारण दांत हिल जाते हैं, पाइरिया

pyramid ('पिरमिड) *n* पिरैमिड, सूचीस्तंभ; व्यक्तियों अथवा वस्तुओं का समूह जिनकी संख्या अधिकतम मध्य भाग में हो

pyre (पाइअर) *n* चिता

python ('पाइथन) *n* अजगर

Q

quack (क्वैक) *n* बत्तख़ की कां-कां की आवाज़; (*offens*) नीम-हकीम, कठ-वैद्य // *vi* (बत्तख़ का) कां-कां करना

quad (क्वॉड) **quadrangle, quadruplet** का संक्षेप

quadr-, quadri- *comb form* चार

quadrangle ('क्वॉड्रैंगल) *n* (*MATH*) चतुर्भुज; चतुर्भुजीय चौक, प्रांगण (संक्षिप्त रूप **quad**)

quadruped ('क्वॉड्रूपेड) *n* चौपाया, चतुष्पाद

quadruple ('क्वॉड्रूपल) *a* चौगुना // *vt, vi* चौगुना हो जाना या कर देना

quadruplet ('क्वॉड्रुप्लिट) *n* एक ही मां के चार एक साथ जन्मे बच्चों में से प्रत्येक

quaff (क्वाफ़) *vt* एक घूंट में बहुत सारा पी जाना

quag (क्वैग), **quagmire** ('क्वैग-माइअर) *n* दलदल

quail (क्वेल) *n* (*ZOOL*) बटेर // *vi* डरना, कांपना, घबरा जाना

quaint (क्वेंट) *a* पुराने ढंग का या अजीब और इसलिए दिलचस्प, अनूठा, निराला; सनकी

quake (क्वेक) *vi* कांपना, सिहरना // *n* **earthquake** का संक्षेप

qualification (क्वॉलिफ़ि'केशन) *n* (*ability*) योग्यता, गुण; (*degree*) उपाधि; (*limitation*) सीमा, प्रतिबन्ध

qualified ('क्वॉलिफ़ाइड) *a* उपाधि प्राप्त; योग्य, समर्थ, गुणी; सीमित, सशर्त

qualify ('क्वॉलिफ़ाइ) *vt* (*limit : statement*) सीमित कर देना; शर्त आदि लगाना // *vi* : **to qualify (as)** (के रूप में) योग्यता प्राप्त करना; **to qualify (for)** की शर्तें पूरी करना; (*SPORT*) किसी प्रतियोगिता में भाग लेने की शर्तें पूरी करना

quality ('क्वॉलिटि) *n* गुण, विशेषता, स्वभाव; योग्यता; लक्षण, धर्म

qualm (क्वाम) *n* संदेह; आशंका (विशे॰ किसी किये गये कार्य के नैतिक रूप से ठीक न होने की)

quandary ('क्वॉण्ड्रि) *n* : **in a quandary** उलझन में, दुविधा में

quantity ('क्वॉन्टिटि) *n* मात्रा, राशि, संख्या, परिमाण, निर्धारित या काफी अधिक राशि या संख्या; **quantity surveyor** *n* निर्माण कार्य की लागत का आकलन करने वाला

quarantine ('क्वॉरन्टीन) *n* छूत के रोगी को बिल्कुल अलग रखना ताकि रोग फैल न सके, संगरोधन

quarrel ('क्वॉरल) *n* झगड़ा, कलह, गर्मागरम बहस // *vi* झगड़ा करना, दोष निकालना; **quarrelsome** *a* झगड़ालू

quarry ('क्वॉरि) *n* शिकार का पशु-पक्षी; खुली खान, खदान (पत्थरों की) // *vt* (*marble etc*) खान से खोद कर निकालना

quart (क्वॉर्ट) *n* द्रव माप जो चौथाई गैलन या 1.1 लिटर के बराबर है

quarter ('क्वॉर्टर) *n* चौथाई भाग; तिमाही (तीन महीने की अवधि); क्षेत्र, इलाका; दया या क्षमा // *vt* चार भागों में बांटना या चार टुकड़े करना; (*MIL*) सैनिकों को ठहराना; **quarters** *npl* निवासस्थान; (*MIL*) छावनी; **a quarter of an hour** 15 मिनट का समय; **quarter final** *n* खेल प्रति-योगिता का पहला चरण; क्वार्टर फाइनल; **quarterly** *a* त्रैमासिक // *ad* तीन महीने बाद होने वाला // *n* त्रैमासिक पत्रिका; **quartermaster** *n* (*MIL*) (सेना में) रसद व आवास का प्रबन्ध करने वाला

quartet(te) (क्वार'टेट) *n* चार

वादकों या गायकों का दल (जाज़ संगीत में)

quartz ('क्वॉट्र्स) *n* क्वार्ट्ज़, स्फटिक, कांचमणि

quash (क्वॉश) *vt* रद्द कर देना, (फ़ैसला) उलट देना; कुचल देना, दबा देना

quasi- ('क्वेसाइ, 'क्वाज़ि) *comb form* प्रतीयमान, लगने वाला, के समान लगने वाला, परन्तु वास्तव में नहीं, जैसे **quasi-scientific** *a* (वैज्ञानिक प्रतीत होने वाला)

quaver ('क्वेवर) *vi* (आवाज़ का) कांपना, थरथराना

quay (की) *n* (**quayside** भी) जहाज़ी घाट

queasy ('क्वीज़ि) *a* वमनकारी; **to feel queasy** मिचली आना, तबीयत खराब होने लगना; अरुचिकर लगना

queen (क्वीन) *n* राजा की पत्नी, रानी; देश की शासिका, महारानी; शतरंज में वज़ीर; रानी-मधुमक्खी (जो अण्डे देती है); ताश में बेगम; **queen mother** *n* राजमाता

queer (क्विअर) *a* विचित्र, अजीब, संदिग्ध, विलक्षण // *n* (*col*) समलिंगकामी

quell (क्वेल) *vt* कुचल देना, दबा देना; शांत करना

quench (क्वेन्च) *vt* (*flames*) आग बुझाना; दबाना; इच्छाएं पूरी करना; **to quench one's thirst** प्यास बुझाना

querulous ('क्वेरुलस) *a* (*person*) शिकायती, चिड़चिड़ा; (*voice*) कर्कष

query ('क्विअरि) *n* प्रश्न; संदेह; प्रश्न-चिन्ह // *vt* पूछना

quest (क्वेस्ट) *n* खोज, तलाश

question ('क्वेस्चन) *n* प्रश्न, सवाल; समस्या, विवाद का विषय; संदेह का विषय // *vt* प्रश्न पूछना, से पूछताछ करना; संदेह प्रकट करना; पर आपत्ति करना; **it's a question of doing** करने का प्रश्न है; **beyond question** निर्विवाद, निस्संदेह; **out of the question** असंभव; **questionable** *a* सन्देहपूर्ण; आपत्तिजनक; **question mark** *n* प्रश्नचिन्ह

questionnaire (क्वेस्च'नेअर) . *n* (किसी विषय पर) प्रश्नावली

queue (क्यू) *n* पंक्ति, कतार // *vi* पंक्ति में खड़े होना, कतार लगाना

quibble ('क्विबल) *n* निरर्थक बहस या आपत्ति, बहाना, टालमटोल // *vi* बाल की खाल उतारना

quick (क्विक) *a* तेज़, शीघ्रगामी, फुर्तीला; (*reply*) तुरंत, शीघ्र; तेज़ (सीखने, समझने में, स्वभाव में) // *ad* तेज़ी से काम करने, चलने वाला // *n* : **cut to the quick** (*fig*) जिस की भावनाओं को ठेस पहुंची हो; **be**

quick! जल्दी करो !; **quicken** *vt* तेज़ करना, चाल बढ़ाना; उभाड़ना // *vi* अधिक क्रियाशील होना; तेज़ी दिखाना; **quickly** *ad* तेज़ी से; **quicksand** *n* बालू की दलदल; **quick-witted** *a* हाज़िरजवाब, प्रत्युत्पन्नमति

quid (क्विड) *n* (*pl inv*) (*Brit col*) पाउंड (मुद्रा)

quid pro quo ('क्विड् प्रो'क्वो) *n Lat* बदले में दी गयी चीज़, प्रतिदान; बदला; एवज़ी, मुआवज़ा

quiet ('क्वाइअट) *a* शांत, चुप, मौन; बिना शोरगुल वाला (स्थान); (*ceremony*) आडम्बरहीन, सादा; (*colour*) हल्का // *n* शांति, नीरवता // *vt, vi* (*US*) = **quieten; keep quiet!** चुप रहो !; **quieten (quieten down** भी) *vi* चुप या शांत हो जाना // *vt* चुप कराना, शांत करना; **quietly** *ad* चुपचाप; धीरे से

quilt (क्विल्ट) *n* रज़ाई

quin (क्विन) *n* **quintuplet** का संक्षिप्त रूप

quinine (क्वि'नीन) *n* कुनीन, कुनैन (मलेरिया की दवाई)

quinquennial (क्विन्'क्वेनिअल) *a* पंचवार्षिक; पंचवर्षीय

quintuplet ('क्विन्ट्युप्लिट) *n* एक ही मां के एक साथ पैदा हुए पांच बच्चों में से एक, पंचज

quip (क्विप) *vt* चुटकुला सुनाना, ताना कसना, मज़ाक की बात कहना

quire (क्वाइअर) *n* काग़ज़ों का दस्ता (24 कागज़ों का)

quirk (क्वर्क) *n* व्यक्तिगत चारित्रिक विशेषता; (भाग्य का) आकस्मिक मोड़

quit, (*pt, pp* **quit, quitted**) (क्विट) *vt* छोड़ देना, से चले जाना; (नौकरी) छोड़ देना // *vi* कुछ करना बंद कर देना; चले जाना; इस्तीफ़ा दे देना

quite (क्वाइट) *ad* बिलकुल, पूर्णतया; काफ़ी, बेशक, निश्चय ही; कुछ सीमा तक; **I quite understand** मैं यह बात पूरी तरह समझता हूं; **quite a few of them** उनमें से बहुत से; **quite (so)!** बेशक ! ठीक है !

quits (क्विट्स) *a* : **quits with** हिसाब चुकता है; **let's call it quits** चलो हिसाब चुक गया

quiver ('क्विव़र) *vi* कांपना, थरथराना // *n* कम्पन; तरकश

quiz (क्विज़) *n* (किसी विषय में) ज्ञान-परीक्षण की प्रश्नोत्तरी; परीक्षा; पूछताछ // *vt* प्रश्न पूछना, पूछताछ करना; **quizzical** *a* प्रश्नात्मक; उपहासपूर्ण

quorum ('कॉरम) *n* उपस्थित सदस्यों की न्यूनतम संख्या जो सभा की कार्यवाही की वैधता के लिए आवश्यक है, कोरम, गणपूर्ति

quota ('क्वोट्अ) *n* कोटा, सामग्री, वितरण, आयात आदि का नियत अंश;

(छात्रों आदि की) नियत प्रवेश-संख्या

quotation (को'टेशन) *n* उद्धरण, हवाला; शेयरों के भाव; (लागत का) अनुमान; **quotation marks** *npl* उद्धरण चिन्ह (" ")

quote (क्वोट) *n* उद्धरण // *vt* उद्धरण या हवाला देना; कीमत बताना; (*shares*) भाव बताना // *vi* : **to quote from** किसी का हवाला देना

quotient ('क्वोशंट) *n* (*MATH*) भागफल

R

rabbi ('रैबाइ) *n* यहूदी विद्वान अथवा धर्मगुरु

rabbit ('रैबिट) *n* ख़रगोश, शशक; **rabbit hutch** *n* ख़रगोश का डरबा

rabble ('रैब्ल) *n* (*offens*) शोर मचाते लोगों की भीड़; निम्नवर्ग

rabid ('रैबिड) *a* पागल (कुत्ता, बंदर आदि); प्रचण्ड, उग्र; कट्टर

rabies ('रेबीज़) *n* पागल कुत्ते आदि के काटने से उत्पन्न रोग, जलातंक, रेबीज़

RAC *n* (*Brit*) *Royal Automobile Club* का संक्षेप

race (रेस) *n* जाति, नस्ल; दौड़-प्रतियोगिता; प्रतिद्वंद्विता, मुकाबला; तेज़ जलधारा विशे॰ पनचक्की की ओर जाती हुई // *vi* तेज़ी से दौड़ना, इंजन, पैडल आदि का तेज़ी से व अनियमित रूप से घूमना विशे॰ उस पर से भार हटने पर // *vt* (*horse*) दौड़ाना; (*engine*) तेज़ी से चलाना; (*person*) साथ दौड़ना; **races** *npl* घुड़दौड़ (विशेष मैदान पर होने वाली प्रतियोगिता); **race car** *n* (*US*) = **racing car; race car driver** *n* (*US*) = **racing driver; racecourse** *n* घुड़दौड़ का मैदान; **racehorse** *n* घुड़दौड़ का घोड़ा; **racetrack** *n* घुड़दौड़ का रास्ता

racial ('रेशल) *a* जाति या नस्ल का; **racialist** *a, n* (व्यक्ति) जो जातिभेद में विश्वास रखे

racing ('रेसिंग) *n* घुड़दौड़; **racing car** *n* (*Brit*) कारों की दौड़ में प्रयुक्त कार; **racing driver** *n* कार दौड़ में भाग लेने वाला ड्राइवर

racism ('रेसिज़म) *n* जातिभेद में विश्वास; **racist** *a* जातिभेद में विश्वास रखने वाला

rack (रैक) *n* (**luggage rack** भी) किताबें, बोतलें आदि वस्तुएं रखने का लकड़ी का रैक, टांड; (**roof rack** भी) कार की छत पर सामान रखने का जंगला // *vt* शिकंजे में फंसाकर खींचना; यातना देना; **to rack one's brains** बहुत सोच-विचार करना

racket ('रैकिट) *n* टैनिस का बल्ला, रैकिट; शोरगुल, हल्ला; ठग-व्यापार, धोखाधड़ी का धन्धा; संगठित अपराध

racquet ('रैकिट) *n* टैनिस आदि खेलने का बल्ला, रैकिट

racy ('रेसि) *a* सजीव, उत्साहभरा; तीखा, चरपरा; थोड़ा-सा अश्लील; चटकीला

radar ('रेडार) *n* रडार, एक इलेक्ट्रानिकी उपकरण जो रेडियो-तरंगों के द्वारा दूर की किसी ठोस वस्तु की पहचान व स्थिति बता सकता है

radial ('रेडिअल) *a* (**radial ply** भी) (टायर) जिसमें पड़े धागे पार्श्व से मध्य की ओर जायं

radiant ('रेडिअंट) *a* कांतिमय, चमकदार, विकिरण करने वाला

radiate ('रेडिएट) *vt* गरमी का बिखरना या निकलना // *vi* रेखाओं का (केन्द्र से चारों ओर) फैलना

radiation (रेडि'एशन) *n* प्रकाश, गरमी का फैलना; रेडियो सक्रियता का प्रभाव होना

radiator ('रेडिएटर) *n* कार के इंजन को ठंडा रखने का पुर्ज़ा जिसमें पानी भरा होता है, रेडिएटर

radical ('रैडिकल) *a* आमूल, बुनियादी, पूर्ण; अतिवादी, उग्र; जड़ का या जड़ से

radii ('रेडिआइ) **radius** का *npl*

radio ('रेडिओ) *n* रेडियो (प्रसारण-साधन); रेडियो (यंत्र); रेडियो प्रसारण व कार्यक्रम; **on the radio** रेडियो पर

radio- *comb form* विकिरण, रेडियम (तत्व) सम्बंधी जैसे **radiology** में

radioactive (रेडिओ'ऐक्टिव़) *a* रेडियोधर्मी (किरणें), किरणें जो पदार्थ को भेद लें

radiography (रेडि'ऑग्रफ़ि) *n* एक्स-रे चित्रण, विकिरण चित्रण

radiology (रेडि'ऑलजि) *n* विकिरण का चिकित्सा में उपयोग, विकिरण-चिकित्सा विज्ञान

radio station *n* प्रसारण केन्द्र, रेडिओ स्टेशन

radish ('रैडिश) *n* मूली

radium ('रेडिअम) *n* रेडियोधर्मी धातु, रेडियम

radius ('रेडिअस), *pl* **radii** *n* वृत्त में त्रिज्या, अर्धव्यास; बाजू की हड्डी, बहिप्रकोष्ठिका

RAF **Royal Air Force** का संक्षेप

raffle ('रैफ़ल) *n* लाटरी जिसमें टिकट पर इनाम के रूप में वस्तुएं दी जाती हैं

raft (राफ़्ट) *n* (**life raft** भी) लकड़ी के लट्ठों का बेड़ा

rafter ('राफ़्टर) *n* छत की एक मुख्य कड़ी

rag (रैग) *n* कपड़े का टुकड़ा, चिथड़ा; (*offens*) समाचार-पत्र (विशे॰ घटिया समझा जाने वाला); रैग टाइम संगीत की एक रचना // *vt* सताना, तंग करना, (विशे॰ कालिज में) मज़ाक करके परेशान करना; **rags** *npl* चीथड़े, पुराने कपड़े; **rag-and-bone man** *n* (*Brit*) = **ragman**; **ragdoll** *n* चीथड़ों से

बनी गुड़िया

rage (रेज) *n* (*fury*) रोष, बेहद गुस्सा // *vi* आग-बबूला होकर बोलना या कुछ करना; (तूफ़ान, युद्ध आदि का) प्रचण्ड हो जाना; (महामारी आदि) बुरी तरह फैल जाना; **it's all the rage** यह बहुत प्रचलित, फ़ैशन में है

ragged ('रैगिड) *a* फटा-पुराना, जीर्ण-शीर्ण; फटेहाल, फटीचर, कटा-फटा

ragman ('रैग्मैन) *n* पुरानी चीज़ें खरीदने-बेचने वाला, कबाड़ी

raid (रेड) *n* छापा; हमला // *vt* छापा मारना; हमला करना; **raider** *n* छापामार

rail (रेल) *n* छड़ विशे॰ जंगले, घेरे की; पटड़ी (रेल की); **rails** *npl* पटड़ियां; **by rail** रेलगाड़ी द्वारा; **railing(s)** *n(pl)* जंगला; **railway,** (*US*) **railroad** *n* रेलवे; **railway line** *n* रेलगाड़ी की पटड़ी; **railway man** *n* रेल कर्मचारी; **railway station** *n* रेलवे स्टेशन

rain (रेन) *n* वर्षा, बारिश // *vi* वर्षा होना // *vt* की बौछार या भरमार करना; **in the rain** वर्षा में; **it's raining!** वर्षा हो रही है !; **rainbow** *n* इन्द्रधनुष; **raincoat** *n* बरसाती (कोट); **raindrop** *n* वर्षा की बूंद; **rainfall** *n* वर्षा; वर्षा का माप; **rainy** *a* बरसात का, बरसाती

raise (रेज़) *n* बढ़ोतरी // *vt* (*lift*) उठाना; खड़ा करना; (*build*) निर्माण करना (मकान आदि); (*increase*) बढ़ाना, ऊपर उठाना, उन्नत करना; (*protest*) विरोध प्रकट करना; (प्रश्न) उठाना; (*cattle, family*) पालना; फ़सल उगाना; वसूल करना, (*fund*) उगाहना; (*army*) एकत्र करना; (घेरा) समाप्त करना; (*loan*) (कर्ज़) लेना; **to raise one's voice** ऊंची आवाज़ में कुछ कहना; विरोध प्रकट करना

raisin ('रेज़न) *n* किशमिश

raj (राज) *n* राज्य, विशे॰ भारत में; **rajah** *n* भारतीय राजा या राजकुमार

rake (रेक) *n* घास आदि समेटने का पांचा, जेली; लम्पट, दुश्चरित्र व्यक्ति // *vt* पांचे से समेटना; सफ़ाई करना; छान-बीन करना; (मशीनगन से) एक सिरे से दूसरे तक गोलीबारी करना

rally ('रैलि) *n* (*POL etc*) रैली, जमघट, सार्वजनिक सभा; कार आदि की रैली; (*TENNIS*) खिलाड़ियों का देर तक लगातार एक दूसरे की ओर गेंद पर स्ट्रोक लगाना // *vt* पुनः एकत्र करना विशे॰ बिखरे हुओं को, जैसे हारे हुए सैनिक // *vi* एकत्र होना; स्वास्थ्य लाभ करना, संभल ज़ाना; (*Stock Exchange*) गिरती कीमतों का थम जाना; **to rally round** *vt* किसी को समर्थन देना

RAM (रैम) *n* *random access memory* का संक्षेप

ram (रैम) *n* मेढ़ा, मेष; टक्कर मारने या

Ramadan 535 rank

कूटने का यंत्र, दुरमुट // *vt* टक्कर मारना; कूटना; ठूंसना

Ramadan (रैम'डान) *n* रमज़ान (महीना जिसमें मुसलमान रोज़ा रखते हैं)

ramble ('रैम्बल) *n* सैर // *vi* भ्रमण, सैर करना; (*offens* **ramble on** भी) बहकी-बहकी बातें करना; (मकान आदि) बेतरतीबी से फैले या बने होना; **rambler** *n* (*BOT*) गुलाब की झाड़ी; भ्रमणकारी; **rambling** *a* बेतरतीब (बातें); (*BOT*) इधर-उधर फैलने वाली (झाड़ी)

ramp (रैम्प) *n* ढाल, ढलान (दो तलों या मंज़िलों का जोड़ने वाला), रपटा; **on ramp, off ramp** (*US AUT*) गाड़ी खड़ी करने के लिए ऊपर जाने या नीचे जाने की ढलान

rampage (रैम्'पेज) *n* क्रोधोन्माद, तोड़फोड़; **to be on the rampage** क्रोध में इधर-उधर भागना व उत्पात मचाना

rampant ('रैम्पंट) *a* उग्र, प्रचण्ड; फैला हुआ; बढ़ता हुआ

rampart ('रैम्पार्ट) *n* सुरक्षा के लिए बना परकोटा, फ़सील

ramshackle ('रैम्शैकल) *a* टूटा-फूटा, खस्ता हालत में, जर्जर (मकान); खटारा (कार)

ran (रैन) **run** का *pt*

ranch (रांच) *n* अमरीका में पशु-पालन के लिए फ़ार्म, पशुफ़ार्म; **rancher** *n* पशुफ़ार्म का मालिक; चरवाहा

rancid ('रैन्सिड) *a* (मक्खन आदि) बासी, खट्टा, अप्रिय गंध वाला

rancour ,(*US*) **rancor** ('रैंकर) *n* अत्यधिक घृणा, देर से चला आ रहा वैर-भाव, पुरानी दुश्मनी

rand (रैण्ड) *n* दक्षिण अफ्रीका की मुद्रा

random ('रैंडम) *a* बिना किसी योजना के किया गया; (*COMPUT MATH*) यादृच्छिक, बेतरतीब // *n* : **at random** बिना तरतीब, यादृच्छया

randy ('रैंडि) *a* (*Brit col*) कामुक; कामातुर

rang (रैंङ) **ring** का *pt*

range (रेंज) *n* (पर्वत) माला, शृंखला; अस्त्र की दूरी, मार, परास; वस्तुओं के वर्ग; (*MIL* : **shooting range** भी) चांदमारी का क्षेत्र; (**kitchen range** भी) एक प्रकार का चूल्हा जिसमें एक ही समय कई व्यंजन बनाए जा सकते हैं // *vt* क्रमबद्ध या वर्गीकृत करना; घूमना, विचरना // *vi* : **to range over** एक ओर से दूसरी ओर पहुंचना; **to range from .. to ..** _ से _ तक होना

ranger ('रेंजर) *n* वन, पार्क आदि का रखवाला, राजक, रेंजर

rank (रैंक) *n* पंक्ति; टैक्सियां खड़ी होने का स्थान (*Brit* **taxi rank** भी); क्रम; सामाजिक वर्ग; पद, पदवी, दर्जा // *vi* : **to rank among** में गिनती होना या गिने जाना // *a* बदबूदार; बहुत

अधिक; **the ranks** (*MIL*) सामान्य सैनिक; **the rank and file** (*fig*) जनसाधारण, आम लोग

rankle ('रैंकल) *vi* (*insult*) अपमान पर गुस्सा, कड़ुवाहट का बने रहना, कसकना

ransack ('रैन्सैक) *vt* अच्छी तरह ढूंढना, छान मारना; लूट लेना

ransom ('रैन्सम) *n* फिरौती, मुक्तिधन // *vt* फिरौती देना; **to hold sb to ransom** (*fig*) किसी को मांगें मानने पर मजबूर करना

rant (रैंट) *vi* बकना, प्रलाप करना

rap (रैप) *n* ठक-ठक, खटखट // *vt, vi* ठकठकाना

rape (रेप) *n* बलात्कार, लूटखसोट; (*BOT*) तोरिया (सरसों जैसा पौधा) // *vt* बलात्कार करना; **rape(seed) oil** *n* तोरिए का तेल

rapid ('रैपिड) *a* तेज़, शीघ्रगामी; **rapids** *npl* नदी का तेज़ धारा वाला भाग; **rapidly** *ad* तेज़ी से

rapist ('रेपिस्ट) *n* बलात्कार करने वाला

rapport (रै'पॉर) *n* घनिष्ठता, सौहार्द, तालमेल

rapprochement (रैप्रॉश्मॉं) *n* पुनर्मेल विशे॰ राष्ट्रों का

rapt (रैप्ट) *a* तल्लीन, भावमग्न, तन्मय

rapture ('रैप्चर) *n* अत्यधिक प्रसन्नता, हर्षातिरेक

rare (रेंअर) *a* असाधारण, कभी-कभी होने वाली (घटना आदि); दुर्लभ; विरल वायुमण्डल, हवा के कम दबाव वाला (क्षेत्र); अधपका (मांस का टुकड़ा)

rarely ('रेंअरलि) कभी-कभी

raring ('रेंअरिङ) *a* : **to be raring to go** किसी काम के लिए अत्यधिक उत्सुक होना

rarity ('रेंअरिटि) *n* दुर्लभ वस्तु; विरलता; दुष्प्राप्यता

rascal ('रास्कल) *n* बदमाश; शरारती (युवा) व्यक्ति

rash (रैश) *a* जल्दबाज़, उतावला, बिना सोचे-विचारे कार्य करने वाला, लापरवाह // *n* (*MED*) शरीर पर छोटे-छोटे दाने

rasher ('रैशर) *n* सूअर के मांस का पतला टुकड़ा

raspberry ('राज़्बरि) *n* रसभरी (फल)

rasping ('रास्पिङ) *a* : **rasping noise** कर्णकटु आवाज़ें या शोर

rat (रैट) *n* चूहा; (*col*) घृणित व्यक्ति विशे॰ साथ छोड़कर भागने वाला, दलत्यागी; ग़द्दार, भेद देने वाला

ratchet ('रैचिट) *n* छड़ या चक्र पर लगे दांते जिनके कारण गति केवल एक ही दिशा में होती है, गरारी

rate (रेट) *n* (*ratio*) अनुपात; (*speed*) गति; (*price*) दर, भाव, कीमत // *vt* मूल्य निर्धारित करना; (स्थानीय कर के

लिए) मूल्यांकन करना; **to rate sb/sth as** किसी व्यक्ति/वस्तु का मूल्यांकन करना; **rates** *npl* (*Brit*) सम्पत्ति-कर; फ़ीस या शुल्क; **rateable value** *n* (*Brit*) कर के लिए सम्पत्ति का मूल्य; **ratepayer** *n* (*Brit*) नगरपालिका को कर देने वाला

rather ('रादर) *ad* कुछ-कुछ; **it's rather expensive** यह कुछ महंगा ही है; **there's rather a lot** कुछ अधिक ही (लोग, वस्तुएं) हैं; **I would** *or* **I'd rather go** मैं चला ही जाऊं तो अच्छा है

rating ('रेटिङ) *n* वर्ग, श्रेणी; (*Brit*) नाविक; जहाज़ का कर्मी

ratio ('रेशिओ) *n* अनुपात

ration ('रैशन) *n* राशन, रसद // *vt* रसद वितरित करना; राशन-व्यवस्था (किसी वस्तु पर) लागू करना

rational ('रैशन्ल) *a* (*solution*) विवेकपूर्ण; (*person*) समझदार, विचार-शील, तर्कशील; (*MED*) मानसिक रूप से स्वस्थ; **rationale** (रैश'नाल) *n* तर्काधार, किसी कार्य के पीछे कारण; **rationalize** *vt* तर्कसंगत बनाकर ठीक मान लेना या सिद्ध कर देना; कार्य कुशलता बढ़ाने के लिए व्यवस्था में सुधार करना

rat race *n* जीवन में सफलता पाने या दूसरों से आगे निकल जाने की होड़

rattle ('रैट्ल) *n* खड़खड़ाने की आवाज़; (बच्चे का) झुनझुना; (*of sports fan*) खिलाड़ियों को प्रोत्साहित करने के लिए तमाशाइयों का शोर // *vi* खड़-खड़ाना // *vt* किसी को घबराहट में डालना; **rattlesnake** *n* अमरीका महाद्वीप का विषैला सांप

raucous ('रॉकस) *a* कर्कश, कर्णकटु

ravage ('रैविज) *vt* उजाड़ना, बर्बाद करना // *n* विनाश, बर्बादी

rave (रेव़) *vi* बे सिर-पैर की बातें करना; अत्यधिक प्रशंसा करना; (*MED*) प्रलाप करना

ravel ('रैव़ल) *vt* उलझाना; उधेड़ना; सुलझाना

raven ('रेव़न) *n* कौए जैसा बड़ा पक्षी, द्रोण-काक

ravenous ('रैव़नस) *a* बहुत भूखा

ravine (र'व़ीन) *n* नदी के बहाव से बनी तंग घाटी, खड्ड

raving ('रेव़िङ) *a* : **raving lunatic** भीषण रूप से पागल

ravish ('रैव़िश) *vt* सम्मोहित करना; बलात्कार करना

ravishing ('रैव़िशिङ) *a* अत्यंत सुंदर, सम्मोहक

raw (रॉ) *a* कच्चा (खाद्य पदार्थ, माल आदि); प्राकृतिक अवस्था में, अपरिष्कृत; छिला हुआ; अनुभवहीन (जैसे नए भरती किए सैनिक), अप्रशिक्षित; संवेदनशील; ठंडा (मौसम), हरा (घाव); **raw deal** *n* (*col*) (किसी के साथ) पक्षपात या

अन्याय; **raw material** *n* कच्चा माल

ray (रे) *n* किरण, केंद्र बिन्दु से निकलती हुई कोई भी रेखा; **ray of hope** *n* आशा की किरण

rayon ('रेऑन) *n* रेयन (कपड़ा)

raze (रेज़) *vt* मिटा देना, नष्ट कर देना, ढा देना; काटना

razor ('रेज़र) *n* दाढ़ी बनाने या बाल काटने का उस्तरा; **razor blade** *n* उस्तरे का फल, ब्लेड

Rd **road** का संक्षेप

re (रे) *prep* के संदर्भ में, से सम्बंधित

re- *comb form* यह उपसर्ग 'फिर' का अर्थ देता है जैसे **reappoint** में

reach (रीच) *n* पहुंच, फैलने या पहुंचने की सीमा, विस्तार; (*of river*) दो मोड़ों के बीच नदी का भाग // *vt* पहुंचना, बढ़ाना, छू लेना; प्राप्त कर लेना // *vi* तक हाथ बढ़ाना, फैल जाना; **out of/within reach** पहुंच से बाहर/ पहुंच में; **to reach out** *vi* : **to reach out for** को प्राप्त करने/ पकड़ने की कोशिश करना

react (रि'ऐक्ट) *vi* प्रतिक्रिया करना या दिखाना; **reaction** (रि'ऐक्शन) *n* प्रतिक्रिया; **reactionary** (रि'ऐक्शनरि) *a, n* प्रतिक्रियावादी व्यक्ति

reactor (रि'ऐक्टर) *n* परमाणु ऊर्जा उत्पन्न करने में प्रयुक्त उपकरण, रिऐक्टर

read *pt, pp* **read** (रीड, रेड) *vi* पढ़ते होना; पढ़े जाना (यह लिखा होना) // *vt* पढ़ना; समझना; अर्थ लगाना; अध्ययन करना; (मापक यंत्र का) माप, दाब आदि बताना; **to read out** *vt* पढ़ कर सुनाना; **readable** *a* पढ़ने योग्य, रोचक; **reader** *n* पाठक; लेक्चरर से ऊपर का पद; स्कूल की पाठ्य-पुस्तक; **readership** *n* (समाचार-पत्र आदि के) पाठक; रीडर की पदवी

readily ('रेडिलि) *ad* खुशी से, इच्छा से; आसानी से; तुरंत

readiness ('रेडिनेस) *n* तैयारी होने की स्थिति; तत्परता; **in readiness** तैयार, तत्पर

reading ('रीडिङ) *n* पठन; समझने की क्रिया; (मापक यंत्र पर) माप

ready ('रेडि) *a* तैयार, तत्पर; इच्छुक; उपलब्ध // *ad* : **ready-cooked** पका-पकाया // *n* : **at the ready** (*MIL*) सावधान, तैयार; (*fig*) उत्सुक; तत्पर; **to get ready** *vi* तैयार हो जाना // *vt* तैयार करना; **ready-made** *a* बना-बनाया; सिला-सिलाया (कपड़ा); **ready money** *n* नकद राशि, नकदी; **ready reckoner** *n* परिकलित्र (पहले से आकलित राशियों आदि की सूची); **ready-to-wear** *a* सिलासिलाया (कपड़ा)

real ('रिअल) *a* वास्तविक, असली; **in real terms** वास्तव में; **real estate** *n* अचल (सम्पत्ति) (ज़मीन व

मकान); **realistic** (रिअ'लिस्टिक) *a* यथार्थवादी

reality (री'ऐलिटि) *n* यथार्थ; वास्तविकता

realization (रिअलाइ'ज़ेशन) *n* अनुभूति; वसूली, प्राप्ति; साकार होने की स्थिति

realize ('रिअलाइज़) *vt* समझ जाना; स्पष्ट अनुभव करना; वास्तविकता में लाना; साकार कर देना; धनराशि में परिवर्तित करना; वसूल करना

really ('रिअलि) *ad* वास्तव में; सचमुच; **really?** सच?

realm (रेल्म) *n* राज्य; क्षेत्र

realtor ('रिअल्टर) *n* (*US*) ज़मीन-जायदाद का दलाल

ream (रीम) *n* काग़ज़ के 480 या 500 पन्ने, रिम

reap (रीप) *vt* (फ़सल) काटना; (*fig*) किए का फल पाना

reappear (रीअ'पिअर) *vi* फिर प्रकट होना, दोबारा आ जाना

rear (रिअर) *a* पिछला; (*AUT*) पिछला (पहिया आदि) // *n* पिछला भाग; सेना, जलूस आदि का पृष्ठ-भाग // *vt* (*cattle, family*) पालना; पालन-पोषण करना व पढ़ाना-लिखाना // *vi* (**rear up** भी) (घोड़े का पिछली टांगों पर) खड़ा हो जाना

rear-view ('रिअर-व्यू) : **rear-view mirror** *n* (*AUT*) कार आदि में लगा छोटा आइना जिससे पीछे आने वाली गाड़ियां देखी जा सकती हैं

reason ('रीज़न) *n* कारण, हेतु; विवेक, सोचने या तर्क करने की शक्ति // *vi* : **to reason with sb** किसी के साथ तर्क/बहस करना; **to have reason to think** यह सोचने का कारण/आधार होना कि ..; **it stands to reason** दिल लगती/तर्कसंगत बात तो यह है; **reasonable** *a* तर्कसंगत; समझदार (व्यक्ति); **reasonably** *ad* तर्कसम्मत रूप से; **reasoning** *n* तर्क, दलील

reassurance (रीअ'शुअरन्स) *n* आश्वासन, तसल्ली

reassure (रीअ'शुअर) *vt* : **to reassure sb of** किसी को किसी बात का आश्वासन देना

rebate *n* ('रीबेट) छूट; वापिस किया गया अंश // *vt* (रि'बेट) (भुगतान राशि से) काटना

rebel *n* ('रेबॅल) विद्रोही, बाग़ी // *vi* (रि'बॅल) विद्रोह करना, बग़ावत करना; **rebellion** (रि'बेल्यन) *n* विद्रोह, सशस्त्र विद्रोह; **rebellious** *a* विद्रोही (प्रवृत्ति वाला)

rebound *vi* (रि'बाउण्ड) टकरा कर लौटना; (षड़यंत्र आदि) करने वाले को ही हानि पहुंचना // *n* ('रीबाउण्ड) टकरा कर लौटने की क्रिया; वापिसी

rebuff (रि'बफ़) *n* कोरा जवाब (देना), दो टूक उत्तर

rebuke (रि'ब्यूक) *vt* फटकारना, डांटना // *n* फटकार, डांट-डपट

rebut (रि'बट) *vt* खण्डन करना, ग़लत सिद्ध करना

recall (रि'कॉल) *vt* याद करना, (स्वयं को) याद आना, याद होना; वापस बुलाना; रद्द करना; वापस लेना; (सेवा आदि के लिए) वापस बुला लेना // *n* वापसी का हुक्म; याद रखने की क्षमता

recant (रि'कैंट) *vi* कथन वापिस लेना, मुकर जाना; (*REL*) विश्वास त्याग देना

recap ('रीकैप) *vt, vi* मुख्य बातों को दोहराना; **recapitulate** का संक्षेप

recapitulate (रीक'पिट्युलेट) *vt, vi* = **recap**

recapitulation (रीकपिट्यु'लेशन) *n* सार-कथन

rec'd *received* का संक्षेप

recede (रि'सीड) *vi* पीछे हटना, दूर हो जाना; (आशा) धूमिल हो जाना; पीछे झुका हुआ होना; (बाल) झड़ना शुरु हो जाना; **receding** *a* पीछे जाने वाला; (माथा, ठोड़ी) जो अन्दर को हो; **receding hairline** आगे से झड़ते बाल

receipt (रि'सीट) *n* रसीद, पावती; प्राप्ति // *vt* रसीद लिखना; **receipts** *npl* (*COMM*) बिक्री से प्राप्त राशि

receive (रि'सीव़) *vt* पाना, लेना; स्वीकार करना; अनुभव करना; (अतिथियों का) स्वागत करना

receiver (रि'सीव़र) *n* प्राप्तकर्ता; सरकारी खंज़ाची, आदाता; (*LAW*) दिवालिए की जायदाद का प्रबन्धक; चोरी का माल ख़रीदने वाला (व्यापारी); (टेलीफ़ोन का) सुनने में काम आने वाला भाग, रिसीवर; रेडियो या टी.वी. सेट

recent ('रीसंट) *a* हाल का, कुछ समय पहले का, नूतन; **recently** *ad* हाल ही में

receptacle (रि'सेप्टेकल) *n* कुछ भी रखने का पात्र (थैला, बाक्स आदि) या स्थान

reception (रि'सेप्शन) *n* प्राप्ति, ग्रहण करना; स्वागत, स्वागत-समारोह, रिसेप्शन; स्वागत-कक्ष; रेडियो प्रसारण में प्राप्त रेडियो-संकेतों का अभिग्रहण-गुण (साफ़ सुनाई देने का गुण); **reception desk** *n* स्वागत-कक्ष; **receptionist** *n* स्वागत-अधिकारी

recess (रि'सेस) *n* आला, ताक; गुप्त, एकांत स्थान; मध्यावकाश, विश्रांति; विरामकाल; **recession** (रि'सेशन) *n* अपगमन; (*ECON*) मन्दी

recipe ('रेसिपि) *n* नुसख़ा; पकवान बनाने के निर्देश

recipient (रि'सिपिअंट) *n* (लाभ) पाने वाला व्यक्ति; (*letter*) प्राप्तकर्ता

reciprocal (रि'सिप्रकल) *a* पारस्परिक, आपसी; आगे-पीछे घूमने वाला (इंजन का पिस्टन आदि)

recital (रि'साइटल) *n* कविता पाठ या गायन (का समारोह)

recite (रि'साइट) *vt* कवितापाठ करना; पढ़ कर सुनाना

reckless ('रेक्लिस) *a* दुःसाहसी; असावधान, लापरवाह

reckon ('रेक्न) *vt* गिनना; शामिल करना; मानना; समझना, मान लेना; हिसाब लगाना; **I reckon that ..** मैं समझता हूं कि ..; **to reckon on** *vt* पर भरोसा करना या निर्भर रहना; **reckoning** *n* हिसाब-किताब

reclaim (रि'क्लेम) *vt* (भूमि को) कृषियोग्य बनाना; वापस मांगना; सुधारना; किसी से कोई वस्तु वापिस मांगना

recline (रि'क्लाइन) *vi* लेट जाना, आराम की स्थिति में आधा लेटे हुए होना; **reclining** *a* (कुर्सी आदि) जिस की पीठ पीछे को हो जाय

recluse (रि'क्लूस) *a, n* एकांतवासी (विशे॰ संन्यासी आदि)

recognition (रेकग्'निशन) *n* पहचान; मान्यता; **to gain recognition** मान्यता प्राप्त करना; **transformed beyond recognition** इतना बदल जाना कि पहचाना न जा सके

recognize ('रेकग्नाइज़) *vt* : **to recognize (by/as)** (द्वारा/के रूप में) मान्यता देना

recoil (रि'कॉइल) *vi* : **to recoil from** (*person*) डर से पीछे हटना // *n* (*of gun*) पीछे धक्का, झटका (जो बन्दूक दग़ने पर लगता है)

recollect (रेक'लेक्ट) *vt* याद करना; स्मरण करना; **recollection** (रेक'लेक्शन) *n* याद/स्मरण करने की क्रिया; यादाश्त

recommend (रेक'मेण्ड) *vt* सिफ़ारिश करना, सलाह देना, उपयुक्त बताना; **recommendation** (रेकमन्'डेशन) *n* सिफ़ारिश, संस्तुति

reconcile ('रेकन्साइल) *vt* (*two people*) मेल-मिलाप कराना, झगड़े का निपटारा कराना; (*facts*) तथ्यों का मिलान करना; **to reconcile o.s. to** हालात आदि से समझौता करना

recondition (रीकं'डिशन) *vt* मरम्मत करके फिर से (मशीन आदि) चालू कर देना

reconnaisance (रि'कॉनिसन्स) *n* शत्रु की टोह लेने की क्रिया; सर्वेक्षण

reconnoitre, (*US*) **reconnoiter** (रेक'नॉइटर) *vt* (*MIL*) शत्रु की स्थिति, शक्ति आदि की टोह लगाना // *vi* सर्वेक्षण करना

reconstitute (री'कॉन्स्टिट्यूट) *vt* (खाद्य पदार्थ को) मूल प्राकृतिक अवस्था में लाना विशे॰ गाढ़े अथवा पाउडर रूप पदार्थ (जैसे दूध) में पानी मिलाकर

reconstruct (रीकन्'स्ट्रक्ट) *vt* भवन आदि फिर से बनाना; (*crime*)

अपराध आदि का घटनाक्रम निर्धारित करना

record *n* ('रेकॉर्ड) तथ्यों आदि का अभिलेख, रिकार्ड; विवरण, लेखा; रजिस्टर, फ़ाइल; (**police record** भी) पुलिस फ़ाइल; ग्रामोफ़ोन रिकार्ड; (किसी भी क्षेत्र में) कीर्तिमान, रिकार्ड; घटना-इतिहास // *vt* (रि'कॉर्ड) लिपिबद्ध करना, लिखना, दर्ज करना; ध्वनि, वीडियो (टेलिविज़न) कार्यक्रम भविष्य में उपयोग के लिए रिकार्ड करना; **in record time** सब से कम समय में; **to keep a record of** का लेखा-जोखा या अभिलेख रखना; **off the record** *a* (बातचीत आदि) जिसका रिकार्ड न रखा जाय // *ad* ग़ैर-सरकारी तौर पर; **record card** *n* अभिलेख का कार्ड; **recorded delivery** *n* (*Brit POST*) : **recorded delivery letter** चिट्ठी जिसके पहुंचने का रिकार्ड रखा जाय; **recorder** *n* (*LAW*) कुछ न्यायालयों में न्यायाधीश; (*MUS*) एक प्रकार की बांसुरी; **record holder** *n* (*SPORT*) खिलाड़ी जिसने कीर्तिमान स्थापित किया हो; **recording** *n* (*MUS*) रिकार्ड करने की क्रिया; रिकार्ड किया कार्यक्रम; **record player** *n* रिकार्ड बजाने या सुनने का यंत्र, रिकार्ड प्लेअर

recount (रि'काउंट) *vt* वर्णन करना

re-count *n* ('रीकाउंट) (*POL*) वोटों की फिर से गिनती // *vt* (री'काउंट) वोटों की फिर से गिनती करना

recoup (रि'कूप) *vt* : **to recoup one's losses** अपना घाटा पूरा कर लेना

recourse (रि'कोर्स) *n* शरण, सहारा (विशे. **to have recourse to** में)

recover (रि'कवर) *vt* पुनः प्राप्त करना, दुबारा पाना // *vi* स्वास्थ्य-लाभ करना; शांत होना, संभलना

recovery (रि'कवरि) *n* पुनः प्राप्ति, स्वास्थ्य-लाभ

recreation (रेक्रि'एशन) *n* मनोरंजन, मनबहलाव, विश्राम; **recreational** *a* मनोरंजन-सम्बन्धी

recruit (रि'क्रूट) *n* नया भरती हुआ सैनिक, रंगरूट; समाज, सभा आदि का नया सदस्य // *vt* सैनिक भरती करना; **recruitment** *n* भरती

rectangle ('रेक्टैंगल) *n* आयत; **rectangular** (रेक्'टैंग्युलर) *a* आयताकार

rectify ('रेक्टिफ़ाइ) *vt* ठीक करना, (भूल) सुधारना; परिशोधन करना

rector ('रेक्टर) *n* चर्च की देखभाल करने वाला पुरोहित; कालिज, विश्वविद्यालय आदि का अध्यक्ष, रेक्टर, महाचार्य; **rectory** *n* रेक्टर का निवास

rectum ('रेक्टम) *n* मलाशय

recuperate (रि'कूपरेट) *vi* (घाटा) पूरा कर लेना; बीमारी के बाद स्वास्थ्य-

लाभ करना

recur (रि'कर) *vi* पुनः घटित होना, फिर होना; बार-बार आना (समस्या आदि); मन में दुबारा आना; **recurrence** *n* पुनरावृत्ति, बार-बार होना; **recurrent** *a* बार-बार होने वाला

red (रेड) *n* लाल रंग; (*POL : offens*) साम्यवादी // *a* लाल; **in the red** देनदार; (व्यापार) जिस में घाटा हो रहा हो; **red carpet treatment** *n* भव्य स्वागत; **Red Cross** *n* रेड क्रास नाम का संगठन; **red currant** *n* एक प्रकार की झाड़ी जिसमें लाल रंग का बेर जैसा फल लगता है; **redden** *vt, vi* लाल कर देना या हो जाना; **reddish** *a* ललाई लिए (बाल)

redeem (रि'डीम) *vt* ऋण चुकाना; बंधक वस्तु छुड़ा लेना; मोचन करना; (*fig*) पाप-मुक्त करना; पूर्ति करना; **redeeming** *a* अच्छा (पहलू); जिससे किसी बात की गंभीरता कम होती हो

redeploy (रीडि'प्लाइ) *vt* (साधन आदि) फिर लगाना; (सेना, पुलिस आदि) फिर तैनात करना

red-haired (रेड्'हेअर्ड) *a* लाल बालों वाला

red-handed (रेड्'हैंडिड) *a* : **to be caught red-handed** रंगे हाथों पकड़े जाना

redhead ('रेड्हैड) *n* लाल बालों वाला/वाली

red herring *n* (*fig*) भ्रम में डालने या ध्यान बटाने के लिए चली गयी चाल

red-hot (रेड्'हॉट) *a* लाल; तपता हुआ

redirect (रीडाइ'रेक्ट) *vt* प्राप्त चिट्ठी नए पते पर भेजना

red light *n* : **to go through a red light** (*AUT*) लाल बत्ती होने पर सड़क पार करना; **red-light district** *n* क्षेत्र जहां वेश्याएं रहती हों

redo (री'डू) *vt irg* घर आदि को फिर से सजाना

redolent ('रेडोलंट) *a* : **redolent of** जिस से किसी चीज़ की गंध आती हो; (*fig*) (वस्तु आदि) जिससे कोई चीज़ याद आती हो

redress (रि'ड्रेस) *n* हरजाना, सुधार // *vt* ठीक कर देना, सुधारना; पूर्ति करना

Red Sea *n* लाल सागर

redskin ('रेडस्किन) *n* अमरीका के मूल निवासियों, रेड इण्डियन्स, के लिए प्रयुक्त शब्द

red tape *n* (*fig*) दफ़्तरी कार्यवाही, लाल फ़ीताशाही

reduce (रि'ड्यूस) *vt* कम करना; घटाना; निर्बल कर देना, बलपूर्वक किसी स्थिति विशेष में लाना; वज़न घटा लेना; **"reduce speed now"** (*AUT*) "अब गति धीमी कर लीजिए"; **reduction** (रि'डक्शन) *n* घटाने या कम

करने की क्रिया; (कीमत में) कमी; छूट या कटौती

redundancy (रि'डन्डंसि) *n* (मज़दूरों के) फ़ालतू होने की स्थिति

redundant (रि'डन्डंट) *a* अनावश्यक, फ़ालतू; अतिरिक्त (श्रमिक, कर्मचारी) जिसे काम न होने के कारण निकाल दिया गया हो; **to be made redundant** फ़ालतू, बेकार बना दिया जाना/घोषित करना

reed (रीड) *n* (*BOT*) नरकुल, सरकंडा

reef (रीफ़) *n* समुद्र की सतह से उभरती हुई चट्टान या प्रवाल, शैलभित्ति, प्रवाल-भित्ति

reek (रीक) *vi* : **to reek (of)** की दुर्गन्ध छोड़ना

reel (रील) *n* चरख़ी; (*CINEMA*) फ़िल्म की रील; (*FISHING*) मछली पकड़ने की डोरी की चरख़ी; फिरकी, बौबिन; इस पर लिपटा धागा // *vt* (**reel up** भी) रील में लपेटना; चरखी से उतारना // *vi* (*sway*) लड़खड़ाना, घूमना, डगमगाना

ref (रेफ़) *n* (*col*) *referee* का संक्षेप

refectory (रि'फ़ेक्टरि) *n* कालिज आदि में भोजनकक्ष

refer (रि'फ़र) *vi* : **to refer sth to** (कोई प्रश्न या झगड़ा) निर्णय के लिए किसी को सौंपना; **to refer sb to** (जानकारी मांगने वाले को) किसी के पास भेजना; **to refer to** *vt* ज़िक्र, चर्चा, संकेत करना; (*apply to*) पर लागू होना; (*consult*) सलाह मांगना

referee (रेफ़'री) *n* (खेल आदि में) निर्णय देने वाला, रेफ़री; (*Brit*) प्रार्थी के चरित्र का साक्षी

reference ('रेफ़रन्स) *n* निर्देशन, संदर्भ, हवाला; ज़िक्र, चर्चा; व्यक्ति जिस से किसी के चरित्र आदि के बारे में पूछताछ की जा सके; सिफ़ारिशी चिट्ठी; **with reference to** के बारे में; के संदर्भ में; (*COMM*) चिट्ठी का हवाला; **reference book** *n* निर्देश ग्रन्थ

refill *vt* (री'फ़िल) फिर से भरना (पेन में स्याही, लाइटर आदि में गैस) // *n* ('रीफ़िल) पेन आदि में स्याही भरी नली

refine (रि'फ़ाइन) *vt* (चीनी आदि को) शुद्ध या परिष्कृत करना; स्वाद सुधारना; **refined** *a* सुसंस्कृत (व्यक्ति); सुधरा हुआ (स्वाद)

reflect (रि'फ़्लेक्ट) *vt* प्रकाश किरणें आदि परावर्तित करना; (*fig*) बदनाम करना, प्रतिष्ठा घटाना // *vi* चिंतन करना; **to reflect on** *vt* किसी बात का बदनामी का कारण बनना; **reflection** परावर्तन (प्रकाश की किरणों का); प्रतिबिम्ब; आलोचना, धब्बा; **reflection on** पर धब्बा होना; **on reflection** सोचने के बाद

reflex ('रिफ़्लेक्स) *n* अनैच्छिक अथवा सहजक्रिया (जैसे डर से आंखे बंद होना); प्रतिबिम्ब, परावर्ती प्रकाश, रंग आदि // *a* अनैच्छिक (मांस-पेशी की

reform 545 **regard**

क्रिया), परावर्ती, बृहत् (कोण); **reflexive** (रि'फ़्लेक्सिव़) (*LING*) निवाचक (क्रिया)

reform (रि'फ़ॉर्म) *n* सुधार // *vt* सुधारना, का सुधार करना // *vi* (आदतें) सुधरना; **the Reformation** (रेफ़र्'मेशन) *n* 16वीं शताब्दी योरुप में सुधारवादी आन्दोलन; **reformatory** (रि'फ़ॉर्मटरि) *n* (*US*) बाल अपराधियों को सुधारने की संस्था

refrain (रि'फ्रेन) *vi* : **to refrain from doing** कोई कार्य न करना // *n* कविता या गीत की टेक

refresh (रि'फ्रेश) *vt* ताज़ा करना, नयी शक्ति प्रदान करना, स्फूर्ति देना; जलपान देना; जगाना, ताज़ा करना (यादाश्त आदि); **refresher course** *n* (*Brit*) पुराने पढ़े को दोहराने का पाठ्यक्रम; **refreshing** *a* ताज़गी या स्फूर्ति देने वाला (पेय); **refreshments** *npl* जलपान, नाश्ता

refrigerator (रि'फ्रिजरेटर) *n* खाद्यपदार्थ ठंडे रखने की अल्मारी, रेफ्रिजरेटर

refuel (री'फ़्युअल) *vi* इंजन में पेट्रोल आदि फिर भरना

refuge ('रेफ़्यूज) *n* शरण, आश्रय; शरण-स्थान; **to take refuge in** में शरण लेना

refugee (रेफ़्यू'जी) *n* शरणार्थी

refund *n* ('रिफ़ंड) वापस करने की क्रिया; वापस किया धन // *vt* (रि'फ़ंड) (पैसा) लौटाना

refurbish (री'फ़र्बिश) *vt* चमकाना, (कमरा आदि) फिर से साफ़ करना व सजाना

refusal (रि'फ़्यूज़ल) *n* इनकार, अस्वीकृति; विकल्प; **to have first refusal on** किसी वस्तु को खरीदने या न खरीदने का पहला अधिकार होना

refuse *n* ('रेफ़्यूस) कूड़ा-करकट // *vt, vi* (रि'फ़्यूज़) इनकार करना; **refuse collection** *n* कूड़ा-करकट इकट्ठा करने का काम

refute (रि'फ़्यूट) *vt* (कथन का) खण्डन करना

regain (रि'गेन) *vt* फिर से पाना, हासिल करना

regal ('रीगल) *a* राजसी; **regalia** (रि'गेलिअ) *n* राजचिन्ह, पदचिन्ह

regale (रि'गेल) *vt* मनोरंजन करना; दावत देना; **regalement** *n* मनोरंजन

regard (रि'गार्ड) *n* सम्मान; संदर्भ; संबंध // *vt* ध्यानपूर्वक देखना; मानना, समझना; सम्मान देना; ध्यान देना; से सम्बंध रखना; **to give one's regards to** को अपना प्रणाम भेजना; **'with kindest regards'** 'शुभकामनाओं के साथ'; **regarding, as regards, with regard to** *prep* के सम्बन्ध में; **regardless** *ad* के

होते हुए भी; **regardless of** के बावजूद

regenerate (रि'जेंनरेट) *vt* पुनरुज्जीवित करना, नवजीवन प्रदान करना, आध्यात्मिक उद्धार करना; नैतिक सुधार करना; पुनः उत्पन्न करना; पुनः रचना या बनाना; पुनः विकसित करना

regime (रे'झ़ीम) *n* शासन-प्रणाली; शासन

regimen ('रेंजिमेंन) *n* (चिकित्सक द्वारा) निर्देशित खानपान आदि; पथ्यापथ्य

regiment *n* ('रेंजिमंट) सैन्यदल, रेजीमेंट // *vt* ('रेजिमेंट) कड़े अनुशासन में रखना, संगठित करना; **regimental** (रेंजि'मेंटल) *a* रेजीमेंट का

region ('रीजन) *n* क्षेत्र, इलाका, प्रदेश; शरीर का कोई भाग; (*fig*) (कार्य) क्षेत्र; **in the region of** (*fig*) के आसपास, के क्षेत्र में; **regional** *a* क्षेत्रीय, प्रादेशिक

register ('रेजिस्टर) *n* रजिस्टर, सूची, पंजिका, मतदाताओं की सूची (**electoral register** भी); लिखित रिकार्ड; स्वर-विस्तार, सूचक यंत्र-विस्तार; प्रयुक्ति // *vt* पंजीकृत करना; दर्ज करना; पत्र की रजिस्ट्री करना; व्यक्त करना; लिख कर देना // *vi* सूचक यंत्र, मन, मुख आदि पर अंकित करना या होना; **registered** ('रजिस्टर्ड) *a* पंजीकृत (ट्रेडमार्क आदि); (चिट्ठी जो) रजिस्ट्री से भेजी जाय; **registered trade mark** *n* पंजीकृत व्यापार चिन्ह

registrar ('रेजिस्ट्रार) *n* पंजीयक; कालिज, विश्वविद्यालय का अधिकारी, रजिस्ट्रार

registration (रेजिस्'ट्रेशन) *n* पंजीकरण; पंजीकृत संख्या (**registration number** भी)

registry ('रेजिस्ट्रि) *n* पंजीकरण कार्यालय; **registry office** *n* (*Brit*) कार्यालय जहां विवाह आदि का पंजीकरण होता है; **to get married in a registry office** पंजीकरण कार्यालय में विवाह करना

regret (रि'ग्रेट) *n* खेद, अनुताप, दुःख (किसी कार्य आदि के न होने पर, कुछ हानि हो जाने पर आदि) // *vt* (के लिए) खेद प्रकट करना; **regretfully** *ad* खेद के साथ

regular ('रेंग्युलर) *a* सामान्य; नियमित; बार-बार किया जाने या घटित होने वाला; नियत, समतल; नियमनिष्ठ; (*COMM : size*) सामान्य; सुव्यवस्थित; नियमित (सैनिक) // *n* पक्का, नियमित ग्राहक आदि; **regularly** *ad* नियमित रूप से

regulate ('रेंग्युलेट) *vt* (मात्रा) नियंत्रित करना, (यंत्र) ठीक कर देना, समंजित करना; व्यवस्थित व नियमित करना; **regulation** (रेग्यु'लेशन) *n* नियम; विनियम; नियंत्रण; **regulator** *n* यंत्र का वह भाग जो गति, बहाव आदि को नियंत्रित करे जैसे फ़्लाइव्हील,

रेगुलेटर

rehabilitate (रीअ'बिलिटेट) *vt* व्यक्ति को (मानसिक) बीमारी, कारावास आदि के बाद समाज में स्थान पाने में सहायता करना; कलंक दूर करना; पुनः प्रतिष्ठित करना; अधिकार लौटाना; बहाल करना, पुनः नियुक्त करना; फिर बसाना

rehabilitation (रिअबिलि'टेशन) *n* पुनर्वास; किसी जेल से छूटे अपराधी को समाज में स्थान देने की क्रिया; विकलांग को आत्मनिर्भर बनाने की क्रिया

rehearsal (रि'हर्सल) *n* नाटक, नृत्य आदि का पूर्वाभ्यास

rehearse (रि'हर्स) *vt* नाटक आदि का पूर्वाभ्यास करना, बार-बार बोल कर अभ्यास करना, अभ्यास कराना

reign (रेन) *n* शासनकाल // *vi* शासन करना, का बोलबाला होना

reimburse (रीइम्'बर्स) *vt* (कर्मचारी द्वारा खर्च की गई रकम उसे) अदा करना, प्रतिपूर्ति करना

rein (रेन) *n* लगाम; बागडोर // *vt* रोकना, लगाम लगाना

reindeer ('रेन्डिअर) *n* रेण्डियर (ठण्डे प्रदेश का हिरन)

reinforce (रीइन्'फ़ोर्स) *vt* सुदृढ़ या मज़बूत करना; कुमुक भेजना; **reinforced concrete** *n* लोहे की छड़ें डाल कर सुदृढ़ किया गया कंक्रीट; **reinforcements** *npl* (MIL) कुमुक (मोर्चे पर सेना की सहायता के लिए भेजे सैनिक)

reinstate (रीइन्'स्टेट) *vt* पुनः नियुक्त करना, बहाल करना; पुनः प्रतिष्ठित करना; **reinstatement** *n* बहाली

reiterate (री'इटरेट) *vt* बार-बार दोहराना

reject *n* ('रीजेक्ट) (*COMM*) खराब होने के कारण अलग की गई वस्तु | *vt* (रि'जेक्ट) अस्वीकार करना; अलग कर देना; निकाल देना; **rejection** (रि'जेक्शन) *n* अस्वीकृति

rejoice (रि'जॉइस) *vi* : **to rejoice (at** *or* **over)** (किसी बात पर) हर्ष मनाना, खुशी मनाना

rejoin (री'जॉइन) *vt* का फिर कर्मचारी या सदस्य बन जाना; फिर से जोड़ना, से मिल जाना

rejoinder (रि'जॉइन्ड्र) *n* उत्तर, प्रत्युत्तर

rejuvenate (रि'जूविनेट) *vt* फिर से जवान बना देना

relapse (रि'लैप्स) *n* (*MED*) फिर से बीमार पड़ने की स्थिति

relate (रि'लेट) *vt* वर्णन करना, बतलाना; का सम्बंध दिखलाना // *vi* : **to relate to** से सम्बद्ध होना; **related** *a* सम्बंधित; **relating to** *prep* के बारे में

relation (रि'लेशन) *n* सम्बन्ध; सम्बन्धी, रिश्तेदार; **relationship** *n* सम्बन्ध; **(family relationship** भी)

रिश्तेदारी; (*affair*) प्रेम-सम्बन्ध

relative ('रेल्टिव़) *n* सम्बन्धी // *a* सम्बन्धित, से सम्बद्ध; सापेक्ष; **all her relatives** उस के सभी सम्बन्धी

relax (रि'लैक्स) *vi* (व्यवहार में) नरम पड़ जाना; विश्राम करना // *vt* ढीला या शिथिल करना; प्रयास या एकाग्रता कम कर देना; **relaxation** (रिलैक्' सेशन) *n* विश्राम, आराम; ढील; **relaxed** *a* नरम; ढीला; **relaxing** *a* आरामदेह

relay ('रीले) *n* (*SPORT*) नयी टोली जो पहली का स्थान ले; अन्य स्टेशन से रिले द्वारा कार्यक्रम प्राप्त करने वाला स्टेशन // *vt* सन्देश पहुंचवाना

release (रि'लीस़) *n* (जेल से) रिहाई; (किसी ज़िम्मेदारी से) मुक्ति; (गैस का) रिसाव; (फ़िल्म का) पहला प्रदर्शन; रिकार्ड, पुस्तक का विमोचन // *vt* कैदी को रिहा करना; पुस्तक का विमोचन करना; (रिपोर्ट, समाचार) प्रकाशित करना; (गैस) छोड़ना; (दबाव) से मुक्ति दिलाना; (कमानी या खटके को) छोड़ना; जाने देना

relegate ('रेलगेट) *vt* निकाल देना; पद कम कर देना; (*SPORT*) : **to be relegated** टीम का निचली श्रेणी में रखे जाना

relent (रि'लेण्ट) *vi* कम कठोर होना, नरम पड़ जाना; **relentless** *a* निर्दय; कठोर

relevant ('रैलिवण्ट) *a* प्रस्तुत विषय से सम्बद्ध, प्रासंगिक; **relevant to** से सम्बद्ध या प्रासंगिक

reliable (रि'लाइअबल) *a* भरोसेमंद; विश्वास योग्य; (यंत्र) जिस के ठीक चलने का आश्वासन हो; **reliably** *ad* : **to be reliably informed** विश्वस्त सूत्र से पता चलना

reliance (रि'लाइअंस) *n* : **reliance (on)** (पर) भरोसा, निर्भरता

relic ('रेलिक) *n* स्मृति चिन्ह; (*REL*) अतीत के अवशेष विशे॰ जो किसी महात्मा की स्मृति से जुड़े हों, स्मृति शेष; पुरावशेष; **relics** *npl* अवशेष, निशानी

relief (रि'लीफ़) *n* पीड़ा, कष्ट आदि से राहत, आराम; किसी घोर विपत्ति (बाढ़ आदि), निर्धनता से पीड़ित लोगों को धन, भोजन आदि की सहायता; ड्यूटी पर दूसरे कर्मचारी का आना; एक के स्थान पर ड्यूटी पर दूसरा आने वाला व्यक्ति, एवज़ी; नियमित गाड़ी, वायुयान आदि में जगह न होने पर अतिरिक्त यात्रियों को ले जाने वाली गाड़ी आदि; नगर आदि की घेरे से मुक्ति; (*ART, GEO*) (नक्काशी आदि में) उभार, सुस्पष्टता

relieve (रि'लीव़) *vt* छुटकारा, राहत देना (पीड़ा, कष्ट से); राहत या सहायता पहुंचाना; किसी के स्थान पर ड्यूटी देना; **to relieve sb of sth** किसी से कुछ छीन लेना; **to relieve o.s.** मल-मूत्र का त्याग करना

religion (रि'लिजन) *n* धर्म, मज़हब;

religious *a* धार्मिक, धर्मसम्बंधी; कर्त्तव्यनिष्ठ

relinquish (रि'लिंक्विश) *vt* त्याग देना, छोड़ देना

relish ('रेंलिश) *n* स्वाद, रस; (*CULIN*) सुगंधि या मसाला // *vt* स्वाद लेना, रस लेना, पसंद करना; **to relish doing** कोई काम करने में आनंद की अनुभूति होना

relocate (रीलो'केट) *vt* किसी दूसरे स्थान पर लगाना // *vi* किसी दूसरे स्थान पर चले जाना

reluctance (रि'लक्टंस) *n* अनिच्छा, अरुचि

reluctant (रि'लेक्टंट) *a* अनिच्छुक; अरुचि वाला; **reluctantly** *ad* अनिच्छा से, अनमने मन से

rely (रि'लाइ) : **to rely on** *vt* (पर) निर्भर होना; भरोसा रखना

remain (रि'मेन) *vi* रह जाना, शेष या बाकी रहना; बना रहना; **remainder** *n* शेषफल, बाकी; (*COMM*) बचा हुआ माल; **remaining** *a* शेष, बचा हुआ; **remains** *npl* अवशेष; मृत-शरीर, लाश

remand (रि'मांड) *n* : **on remand** अभियुक्त जिसे हवालात भेजा गया हो // *vt* : **to remand in custody** अभियुक्त को हिरासत में भेजना; **remand home** *n* (*Brit*) युवा अपराधियों की जेल

remark (रि'मार्क) *n* टिप्पणी, कथन, ध्यान से देखने की क्रिया // *vi* : **to remark on** के बारे में कहना // *vt* टिप्पणी करना, कहना; ध्यान से देखना; **remarkable** *a* असाधारण, उल्लेख-नीय

remedial (रे'मीडिअल) *a* उपचार-सम्बन्धी; कमज़ोर छात्रों के लिए (विशेष कक्षा)

remedy ('रेंमिडि) *n* : **remedy (for)** (का) इलाज, उपाय // *vt* का इलाज करना, सुधारना

remember (रि'मेंम्बर) *vt* याद करना या रखना, स्मरण करना // *vi* (को) याद रहना, (के) मन में रहना; **remembrance** *n* याद, स्मरणशक्ति; स्मृतिचिन्ह, यादगार

remind (रि'माइंड) *vt* : **to remind sb of sth** किसी को किसी बात की याद दिलाना; **to remind sb to do** किसी को याद दिलाना कि (अमुक काम) करे; **reminder** *n* स्मरणपत्र, याद दिलाने के लिए लिखी चिट्ठी

reminisce (रेमि'निस) *vi* : **to reminisce (about)** (किसी पुराने अनुभव) की बात करना; **reminiscence** *n* अतीत के अनुभव का स्मरण; **reminiscences** *npl* संस्मरण

reminiscent (रेमि'निसंट) *a* **reminiscent of** की याद दिलाने वाला

remiss (रि'मिस) *a* लापरवाह,काम में ढीला

remission (रि'मिशन) *n* कमी;(कर्ज़े या कैद की अवधि में) छूट; फ़ीस की माफ़ी

remit (रि'मिट) *vt* रकम भेजना; **remittance** *n* रकम भेजने की क्रिया; भेजी गयी रकम

remnant ('रेम्नंट) *n* शेष, अवशेष, बचा हुआ टुकड़ा (विशे॰ कपड़े का); **remnants** *npl* (*COMM*) बचे हुए कपड़े या दूसरा माल

remorse (रि'मॉर्स) *n* पश्चाताप; **remorseful** *a* पश्चातापी; **remorseless** *a* निष्ठुर

remote (रि'मोट) *a* समय या स्थान की दृष्टि से बहुत दूर, सुदूर; अलग, (व्यक्ति) जो अलग थलग रहे; **remote control** *n* टी॰वी॰ आदि को दूर से नियंत्रित करने का उपकरण; **remotely** *ad* बहुत कम; मामूली तौर पर

remould (रि'मोल्ड) *n* (*Brit*) पुराना टायर जिस पर फिर रबड़ चढ़ाई गयी हो

removable (रि'मूव़बल) *a* जो अलग किया जा सके या हटाया जा सके

removal (रि'मूव़ल) *n* हटाने की क्रिया; मकान बदलने की क्रिया; बर्ख़ास्तगी, पद से हटाया जाना; (*MED*) किसी अंग का काटा जाना; **removal van** *n* (*Brit*) घर का सामान ढोने की गाड़ी (ट्रक आदि)

remove (रि'मूव़) *vt* हटाना, दूर ले जाना; मिटाना (धब्बा आदि); स्थान बदलना; उतारना; बर्ख़ास्त करना // *vi* रहने का स्थान बदल लेना, चले जाना; **removers** *npl* (*Brit*) घर का सामान ढोने की कम्पनी

renaissance (र'नेसन्स)*n* (**renascence** भी) पुनर्जागरण, पुनरुज्जीवन विशे॰ (**Renaissance**) 14वीं से 16वीं शताब्दी की अवधि में यूरोप में सांस्कृतिक नवचेतना-युग

rend (रेण्ड) *vt* फाड़ना, चीरना; ज़ोर से खींचना

render ('रेन्डर) *vt* देना; प्रस्तुत करना; बदले में देना; अर्पित करना; बना देना; चित्रित करना; अनुवाद करना; पिघलाना; पलस्तर करना; **rendering** *n* (*MUS*) संगीत आदि की प्रस्तुति

rendezvous ('रान्डिवू) *n* पूर्व-निश्चित मिलने का स्थान; पूर्वनिश्चित भेंट; अभिसार; अड्डा (अपराधियों का) // *vi* मिलना

renew (रि'न्यू) *vt* नया या नवीन करना, ताज़ा करना; दोहराना (प्रतिज्ञा आदि); पुनः आरंभ करना, फिर से बनाना (लाइसेंस आदि); भरना; अवधि बढ़ाना; नया जीवन देना; पुनः स्थापित करना; **renewal** *n* नवीकरण,नवजीवन,पुनारंभ आदि

renounce (रि'नाउन्स) *vt* त्याग देना; दावा या पद छोड़ देना; सम्बंध तोड़ देना; संन्यास लेना; **renunciation** (रिनन्सि'एशन) *n* त्याग,संन्यास

renovate ('रेंनवेट) *vt* पुरानी अच्छी स्थिति में ले आना, मरम्मत करना; नया करना; पुनरुद्धार करना; **renovation** (रेन'वेशन) *n* मरम्मत

renown (रि'नाउन) *n* ख्याति, प्रसिद्धि; **renowned** *a* ख्यातिनामा, प्रसिद्ध

rent (रेण्ट) *n* ज़मीन, मकान आदि का किराया // *vt* किराये पर देना; **rental** *n* किराये की रकम

rep (रेप) *n* संक्षेप (*COMM* : = **representative**) प्रतिनिधि; (*THEATRE* : = *repertory*)

repaid (रि'पेड) **repay** का *pt, pp*

repair (रि'पेंअर) *n* मरम्मत // *vt* मरम्मत करना, ठीक करना; **in good/bad repair** अच्छी/बुरी हालत में; **repair kit** *n* मरम्मत करने के औज़ारों का समूह/बक्सा

repartee (रेपॉर्'टी) *n* व्यंगपूर्ण उत्तर; उत्तर-प्रत्युत्तर

repatriate (री'पैट्रिएट) *vt* स्वदेश वापस भेजना

repay (रि'पे) *vb irg* (रकम) वापिस लौटाना; बदले में करना या देना, का बदला चुकाना; **repayment** *n* वापसी, चुकौती

repeal (रि'पील) *n* रद्द, निरसन (कानून का) // *vt* रद्द करना, निरसित करना

repeat (रि'पीट) *n* फिर पेश करने की क्रिया, आवृति, विशे॰ रेडियो या टी॰वी॰ कार्यक्रम की // *vt* दोबारा कहना, करना; सुनाना, दोहराना // *vi* फिर घटित होना; **repeatedly** *ad* बार-बार

repel (रि'पेॅल) *vt* (*lit, fig*) मार भगाना, दूर हटाना; अस्वीकार करना; को घृणित लगना; **repellent** *a* घृणित; जो पानी आदि का असर न होने दे // *n* : **insect repellent** कीड़ों से वस्तुओं की रक्षा करने वाला पदार्थ, कीट-निवारक

repent (रि'पेण्ट) *vi* : **to repent (of)** (किसी बात पर) पछताना, पश्चाताप करना // *vt* (कार्य, ग़लती) के लिए पछताना; **repentance** *n* पश्चाताप

repertory ('रेपॅर्टरि) *n* संग्रह, भंडार; रंगपटल, नाटकचक्र; (**repertory theatre/company/group**) *n* लगातार अपने संग्रह से नाटक करने वाली मण्डली (सहित रंगशाला)

repetition (रेपि'टिशन) *n* पुनरावृत्ति, बार-बार दोहराने की क्रिया

repetitive (रि'पेॅटिटिव़) *a* (काम, गति) जो बार-बार दोहाराया जाय; घिसी-पिटी (बात या भाषण)

replace (रि'प्लेस) *vt* का स्थान ले लेना, एक के स्थान पर दूसरी वस्तु लेनी या देनी; के स्थान पर दूसरा नियुक्त करना, को बदल देना; वापस रख देना; **replacement** *n* (व्यक्ति) जो किसी के स्थान पर नियुक्त हो

replay ('रीप्ले) *n* (**action replay**

भी) खेल की किसी घटना को टी॰वी॰ पर फ़ौरन ही दुबारा दिखाना विशे॰ धीमी गति से; मैच का दुबारा खेला जाना

replenish (रि'प्लेंनिश) *vt* (*glass*) फिर से भरना, भरपूर करना, परिपूर्ण करना; (*stock*) माल भरना

replete (रि'प्लीट) *a* भरापूरा, परिपूर्ण; जिसका पेट भर गया हो

replica ('रेंप्लिक्अ) *n* प्रतिकृति, मूल (चित्र आदि) की एकदम नकल

reply (रि'प्लाइ) *n* उत्तर // *vi* उत्तर देना; **reply coupon** *n* जवाबी परिपत्र

report (रिं'पोर्ट) *n* रिपोर्ट, विवरण, प्रतिवेदन, सूचना; बच्चे की स्कूल में प्रगति का लिखित विवरण (**school report** भी); अफ़वाह; धमाका // *vt* सूचना देना, रिपोर्ट देना; विवरण देना; लिखना; शिकायत करना // *vi* (की) शिकायत करना; संवाददाता का कार्य करना; (के सम्मुख) उपस्थित होना; **to report (to sb)** (किसी को) प्रतिवेदन देना; **report card** *n* (*US, Scottish*) स्कूल की रिपोर्ट; **reportedly** *ad* : **she is reportedly living in ...** सुना है कि वह _ रहती है; **he reportedly told them to ...** सुना है कि उसने उन से कहा कि _; **reporter** *n* संवाददाता

repose (रि'पोज़) *n* : **in repose** शांत; निद्रा में या आराम करता हुआ

represent (रेंप्रि'ज़ेंन्ट) *vt* का अर्थ रखना, द्योतक होना; का प्रतिनिधित्व करना; (प्रतिवेदन) प्रस्तुत करना; **representation** (रेंप्रिज़ेंन्'टेशन) *n* प्रतिनिधित्व; **representations** *npl* विरोधपत्र; **representative** *n* प्रतिनिधि // *a* जो प्रतिनिधित्व करता हो, नमूने का

repress (रि'प्रेंस) *vt* दमन करना, दबाकर रखना; **repression** (रि'प्रेंशन) *n* दमन, अत्यधिक कठोर नियंत्रण

reprieve (रि'प्रीव़) *n* (*LAW*) क्षमा, जानबख़्शी; (*fig*) विपत्ति, संकट के टल जाने की स्थिति

reprimand ('रेंप्रिमाण्ड) *n* फटकार, डांट // *vt* डांटना, फटकारना

reprisal (रि'प्राइज़्ल) *n* प्रतिशोध, बदला

reproach (रि'प्रोच) *vt* :. **to reproach sb with sth** किसी को किसी बात का उलाहना देना, धिक्कारना; **reproachful** *a* उलाहने-भरा

reproduce (रीप्र'ड्यूस) *vt* प्रतिलिपि या प्रतिकृति बनाना, नकल करना; दुबारा उत्पन्न करना, पैदा करना; बच्चे पैदा करना // *vi* पैदा करना, उत्पन्न करना; **reproduction** (रीप्र'डक्शन) *n* उत्पत्ति की क्रिया; उत्पादन; प्रतिकृति, नकल

reproof (रि'प्रूफ़) *n* फटकार, डांट; भर्त्सना

reptile ('रेंप्टाइल) *n* रेंगने वाला जीव जैसे सांप, कछुआ आदि, सरीसृप

republic (रि'पब्लिक) *n* गणतंत्र, गणराज्य; **republican** *a, n* गणतंत्र का समर्थक

repudiate (रि'प्यूडिएट) *vt* के अधिकार या वैधता को अस्वीकार करना, खण्डन करना, नकारना; छोड़ देना, परित्याग करना; **repudiation** (रिप्यूडि'एशन) *n* खण्डन, नकार

repulsive (रि'पल्सिव़) *a* घिनौना; वीभत्स

reputable ('रेप्युटबल) *a* प्रसिद्ध, ख्यातनामा (व्यक्ति); सम्मानजनक (काम या पेशा)

reputation (रेप्यु'टेशन) *n* ख्याति, यश, प्रसिद्धि, नाम

repute (रि'प्यूट) *n* प्रतिष्ठा, नाम, ख्याति; **reputed** *a* प्रसिद्ध, ख्यातनामा; **reputedly** *ad* के रूप में; प्रसिद्ध

request (रि'क्वेस्ट) *n* अनुरोध, निवेदन, प्रार्थना // *vt* : **to request (of** *or* **from sb)** (किसी से) कुछ मांगना; **request stop** *n* (*Brit* : *for bus*) स्थान जहां यात्री के कहने पर बस रुकती है

require (रि'क्वाइअर) *vt* मांगना, आवश्यक होना; आदेश देना; **requirement** *n* शर्त; मांग; आवश्यकता, ज़रूरत

requisite ('रेक्विज़िट) *n* आवश्यक काम या शर्त // *a* आवश्यक, ज़रूरी, अपेक्षित

requisition (रेक्वि'ज़िशन) *n* : **requisition for** माल, सामग्री आदि के लिए औपचारिक रूप से मांग, अभिग्रहण // *vt* (*MIL*) मांग पेश करना और कब्ज़े में लेना

rescue ('रेस्क्यू) *n* बचाव, उद्धार; सहायता // *vt* (मुसीबत से) बचाना, छुड़ाना, निकालना; **rescue party** *n* बचाव दल; **rescuer** *n* बचाने वाला

research (रि'सर्च) *n* खोज, अनुसंधान विशे॰ तथ्यों की खोज के लिए वैज्ञानिक अध्ययन, शोध // *vt* शोध या अनुसंधान करना

resemblance (रि'ज़ेम्ब्लन्स) *n* सादृश्य; समरूपता

resemble (रि'ज़ेम्ब्ल) *vt* के सदृश होना, मिलना, के जैसा होना या लगना

resent (रि'ज़ेण्ट) *vt* का बुरा मानना, नाराज़गी ज़ाहिर करना; कुढ़ना; **resentful** *a* जो बुरा माने; **resentment** *n* नाराज़गी

reservation (रेज़र्'व़ेशन) *n* (स्थान आदि का) आरक्षण; सन्देह; आरक्षित स्थान; (*Brit* : **central reservation** भी) दोहरी सड़क के बीच की पट्टी; **to make a reservation (in an hotel/a restaurant/on a plane** किसी होटल/रेस्तरां/विमान में स्थान

सुरक्षित कराना

reserve (रि'ज़र्व) *n* संकट काल के लिए सुरक्षित धन, निधि; (*SPORT*) एवज़ी खिलाड़ी (जो टीम के किसी सदस्य के न खेल सकने पर ही खेलता है) // *vt* स्थान आदि सुरक्षित कराना; बचा कर रखना; **reserves** *npl* (*MIL*) रिज़र्व सेना; **in reserve** बचा कर रखा हुआ; **reserved** *a* आरक्षित (स्थान आदि)

reservoir ('रेंज़र्व्वार) *n* पानी की टंकी (सार्वजनिक उपयोग के लिए), जलाशय; द्रव, गैस आदि रखने का पात्र; भंडार, ख़ज़ाना

reshuffle (रि'शफ़ल) *n* : **Cabinet reshuffle** (*POL*) मंत्रिमंडल में फेरबदल

reside (रि'ज़ाइड) *vi* निवास करना, रहना

residence ('रेंज़िडंस) *n* घर, निवास; **residence permit** *n* (*Brit*) निवास की अनुमति (जो विदेशियों को लेनी पड़ती है)

resident ('रेज़िडंट) *n* निवासी व्यक्ति // *a* निवासी, रहने वाला; **residential** (रेंज़ि'डेंन्शल) *a* (*area*) आवासी, रिहायशी, आवास सम्बन्धी

residue ('रेंज़िड्यू) *n* अवशेष, बचा हुआ; (*CHEM, PHYSICS*) कोई तत्व निकालने के बाद बचा तरल (पदार्थ)

resign (रि'ज़ाइन) *vt* छोड़ देना // *vi* त्यागपत्र देना, इस्तीफ़ा देना; **to resign o.s. to** (अपनी स्थिति को) स्वीकार कर लेना; **resignation** (रेंज़िग्'नेशन) *n* त्यागपत्र, पद-त्याग, इस्तीफ़ा; **resigned** *a* सहने को तैयार; संतुष्ट

resilience (रि'ज़िलिअन्स) *n* लचक; उत्थान शक्ति (व्यक्ति की)

resilient (रि'ज़िलिअंट) *a* (व्यक्ति) जिसमें गिर कर संभलने की शक्ति हो

resin ('रेंज़िन) *n* राल (चिपचिपा तरल पदार्थ)

resist (रि'ज़िस्ट) *vt* विरोध करना, प्रतिरोध करना; प्रभाव न होने देना; **resistance** *n* विरोध, रोध; बाधा; मुकाबला

resolute ('रेंज़लूट) *a* दृढ़, अटल, पक्का, कृतसंकल्प

resolution (रेंज़'ल्यूशन) *n* संकल्प, दृढ़ता; प्रस्ताव; न्यायालय का फ़ैसला

resolve (रि'ज़ॉल्व) *n* संकल्प, प्रस्ताव // *vi* निश्चय करना; संकल्प करना; **to resolve to do** कोई काम करने का निश्चय करना // *vt* (शंका) समाधान करना; समस्या हल करना

resort (रि'ज़ॉर्ट) *n* सैरगाह, मनोरंजन-स्थल; आश्रय, सहारा // *vi* : **to resort to** का सहारा लेना; **in the last resort** अंतिम उपाय के रूप में

resound (रि'ज़ाउंड) *vi* गूंजना, प्रतिध्वनित होना, देर तक बजते रहना

resounding (रि'ज़ाउंडिंग) *a* प्रतिध्वनित; ज़ोरदार

resource (रि'सोर्स) *n* साधन; युक्ति, उपाय; **resources** *npl* आर्थिक सम्पदा के स्रोत, सम्पदा, धन

respect (रिस्'पेक्ट) *n* आदर-भावना, सम्मान, लिहाज़; पक्ष, पहलू; सम्बंध // *vt* आदर करना, (भावनाओं आदि) का ध्यान रखना; **respects** *npl* प्रणाम; **with respect to** के बारे में; **in this respect** इस सम्बन्ध में; **respectable** *a* आदरणीय; **respectful** *a* आदर करने वाला

respiration (रेॅस्पि'रेशन) *n* श्वास लेने की क्रिया

respite ('रेॅस्पिट, 'रेॅस्पाइट) *n* विलम्ब; विश्राम; राहत, आराम

resplendent (रिस्'प्लेॅन्डंट) *a* चमकता हुआ, भव्य

respond (रिस्'पॉण्ड) *vi* उत्तर देना, जवाब देना; प्रतिक्रिया दिखाना; उत्तर स्वरूप कार्य करना; दवा का असर होना

response (रिस्'पॉन्स) *n* उत्तर; प्रतिक्रिया; असर (दवा-दारू का)

responsible (रिस्'पॉन्सिबल) *a* उत्तरदायी, जवाबदेह; ज़िम्मेदार; विश्वस्नीय, भरोसेयोग्य; उत्तरदायित्व वाला (कार्य, पद आदि); **responsible for** के लिए ज़िम्मेदार, उत्तरदायी; **responsibly** *ad* ज़िम्मेदारी से

responsibility (रिस्पॉन्सि'बिलिटि) *n* उत्तरदायित्व; कर्त्तव्य, भार, ज़िम्मेदारी

responsive (रिस'पॉन्सिव़) *a* सहज में प्रतिक्रिया दिखाने वाला

rest (रेॅस्ट) *n* आराम, चैन; सहारा, टेक; विराम विशे॰ संगीत में; शेष, बचा हुआ, आश्रय // *vi* विश्राम या आराम करना, सुस्ताना; सहारा लेना; **to rest on** (पर) निर्भर होना; पर टिक जाना // *vt* आराम देना; पर रखना, टिकाना, सहारा देना; **to rest sth on/against** (किसी वस्तु की) टेक लगाना; **the rest of them** बाकी के; **it rests with him to** ज़िम्मेदारी उसकी है कि

restaurant ('रेॅस्टरां)*n* रेस्तरां, भोजनालय; **restaurateur** (रेॅस्टर'टॉर) *n* रेस्तरां का मालिक; **restaurant car** *n* (*Brit*) रेलगाड़ी में भोजनालय का डिब्बा

restful ('रेॅस्टफुल) *a* आरामदेह

restitution (रेॅस्टि'ट्यूशन)*n* (खोयी वस्तु, अधिकार की) वापसी; क्षतिपूर्ति; प्रत्यास्थापन

restive ('रेस्टिव़) *a* बेचैन, अशांत; नियंत्रण के बाहर जाता हुआ

restless ('रेस्टलिस) *a* बेचैन, अशांत

restoration (रेस्ट'रेशन) *n* पुनरुद्धार

restore (रि'स्टोर) *vt* दुबारा बना देना, मरम्मत करना, पुरानी स्थिति में ला देना, ठीक कर देना; फिर से चालू कर देना; पुनः स्थापित करना; वापिस कर देना

restrain (रिस्'ट्रेन) *vt* कुछ करने से रोकना; नियंत्रित किये रखना; कैद करना; **to restrain (from doing)** (करने से) रोकना; **restrained** *a* नियंत्रित, (*style, manner*) मर्यादित; **restraint** *n* रोक, नियंत्रण; (*moderation*) संयम

restrict (रिस्'ट्रिक्ट) *vt* सीमित करना; सीमा में रखना; **restriction** (रेस्ट्रिक्'शन) *n* रोक, नियंत्रण, प्रतिबंध; प्रतिबंधकारी नियम

rest room *n* (*US*) शौचालय और हाथ-मुंह धोने की सुविधाओं का स्थान

result (रि'ज़ल्ट) *n* परिणाम, फल, नतीजा // *vi* : **to result in** परिणाम होना या निकलना; (के रूप में) अंत होना; **as a result of** के परिणाम के रूप में

resume (रि'ज़्यूम) *vt, vi* (रुककर) पुनः आरंभ करना, दुबारा शुरु करना

résumé ('रेज़्युमे) *n* संक्षेप, सारांश; (*US*) व्यक्तिगत विवरण

resumption (रि'ज़म्प्शन) *n* पुनरारंभ, दोबारा शुरुआत

resurgence (रि'सर्जन्स) *n* (भावनाओं आदि का) पुनरुत्थान, दोबारा उठना, पुनः क्रियाशील होना

resurrect (रेज़'रेक्ट) *vt* पुनर्जीवित करना, (छोड़ी हुई वस्तु को) दोबारा काम में ले लेना

resurrection (रेज़'रेक्शन) *n* पुनरुज्जीवन; नवजागरण

resuscitate (रि'ससिटेट) *vt* (*MED*) (मृतप्राय को) जीवित करना या होश में लाना

retail ('रीटेल) *n* खुदरा, फुटकर, परचून // *cpd* परचून में // *ad* खुदरा (बिक्री) // *vt* खुदरा बेचना; (रि'टेल) विस्तार से सुनाना; **retailer** *n* खुदरा व्यापारी; **retail price** *n* खुदरा मूल्य

retain (रि'टेन) *vt* रखना; अधिकार में रखना; नौकर रखना; **retainer** *n* प्रतिधारण शुल्क, वकील आदि की व्यावसायिक परामर्श देते रहने की फ़ीस; (*servant*) सामंत आदि का परिचर, अनुजीवी

retaliate (रि'टैलिएट) *vi* : **to retaliate (against)** (से) बदला/प्रतिशोध लेना; जवाबी कार्यवाही करना; **retaliation** (रिटैलि'एशन) *n* बदला, प्रतिशोध

retarded (रि'टार्डिड) *a* कम विकसित, विशे॰ मानसिक रूप से; जिसकी बुद्धि विकसित न हुई हो

retch (रेंच) *vi* उबकाई आना, मतली होना, कै आने को होना

retentive (रि'टेन्टिव़) *a* : **retentive memory** धारणशील स्मृति, अधिक व अच्छी तरह याद रख सकने वाली यादाश्त

reticent ('रेटिसंट) *a* मितभाषी;

चुप्पा, मौन; **reticence** *n* बात करने की अनिच्छा या मितभाषिता; चुप्पी, मौन

retina ('रेटिन्अ) *n* आंख का परदा, दृष्टिपटल

retinue ('रेटिन्यू) *n* अनुयाइयों या नौकरों का दल, नौकर-चाकर

retire (रि'टाइअर) *vi* पद या काम छोड़ देना, सेवानिवृत्त होना; चले जाना; पीछे हट जाना; सो जाना या सोने के लिए शयन कक्ष में चले जाना; **retired** *a* (*person*) सेवानिवृत्त; **retirement** *n* सेवानिवृत्ति; **retiring** *a* (*person*) संकोची, अल्पभाषी, शर्मीला, जो मिलने-जुलने से झिझके

retort (रि'टॉर्ट) *vi* प्रत्युत्तर देना, ईंट का जवाब पत्थर से देना // *n* प्रत्युत्तर; (कांच का) भभका

retouch (री'टच) *vt* संवारना; रोग़न लगा कर साफ़-सुथरा बनाना

retrace (री'ट्रेस) *vt* का आरंभ से अवलोकन करना, (घटना आदि) पर सिलसिलेवार नज़र डालना; **to retrace one's steps** उसी रास्ते से या उल्टे पांव वापिस लौटना

retract (रि'ट्रैक्ट) *vt* (*statement*) से मुकर जाना; (*undercarriage, aerial*) खींच लेना, समेट लेना // *vi* स्थान से पीछे हट जाना; सिमट जाना

retrain (री'ट्रेन) *vt* (*worker*) पुनः प्रशिक्षण देना

retread *n* ('रीट्रॅड) रबड़ की परत चढ़ा पुराना टायर // *vt* (री'ट्रेड) पुराने टायर पर रबड़ की परत चढ़ाना

retreat (रि'ट्रीट) *n* पीछे हटने की क्रिया या उस का सैनिक संकेत; चले जाने की क्रिया; स्थान जहां कोई जा बसे; शरण-स्थल; एकांतवास; सूर्यास्त के समय बिगुल की पुकार // *vi* पीछे हटना; एकांतवास के लिए कहीं चले जाना; (*flood*) उतर जाना

retrench (रि'ट्रेन्च) *vt* खर्चा घटाना, विशे॰ कर्मचारियों की संख्या कम करके, छटनी करना; कम करना, घटाना; **retrenchment** *n* छटनी

retribution (रॅट्रि'ब्यूशन) *n* प्रतिफल, विशे॰ बुरे कामों का, दण्ड; प्रतिशोध, बदला

retrieval (रि'ट्रीव़ल) *n* (*see vb*) वापिस लाने, पूर्ति करने आदि की क्रिया; बचाव या सुधार की संभावना; कम्प्यूटर से जानकारी की पुनः प्राप्ति

retrieve (रि'ट्रीव़) *vt* (*sth lost*) वापिस लाना; की पूर्ति करना; (*situation, honour*) बचा लेना; (*error*) सुधारना; (*loss*) पूरा करना; (*COMPUT*) कम्प्यूटर से जानकारी पुनः प्राप्त करना; **retriever** (रि'ट्रीव़र) शिकारी कुत्ते की एक नस्ल

retrograde ('रॅट्रोग्रेड) *a* पश्चगामी (पीछे जाने वाला); प्रतिक्रियावादी

retrorocket ('रॅट्रोरॉकिट) *n* राकेट का इंजन जो अन्तरिक्ष यान आदि की

गति धीमी करता है

retrospect ('रेट्रस्पेक्ट) *n* : **in retrospect** बीती बातों का सर्वेक्षण या उन पर विचार करने के पश्चात; **retrospective** (रेट्र'स्पेक्टिव़) *a* (*LAW*) पूर्वप्रभावी, किसी पिछली तारीख से लागू

return (रि'टर्न) *n* वापसी; (*recompense*) लाभ; (*FINANCE : from land, shares*) आय, आमदनी; (*report*) सरकारी रपट, रिपोर्ट, आयकर घोषणा // *cpd* (*journey*) वापसी; (*Brit : ticket*) वापसी टिकट; (*match*) दो टीमों का दुबारा मैच // *vi* (*person etc*) लौटना; वापिस आना या जाना // *vt* लौटाना; वापिस करना; वापिस रखना; (*POL : candidate*) (संसद आदि के लिए) चुनना; **returns** *npl* (*COMM*) लाभ, आय; **in return (for)** (के) बदले में, के उत्तर में; **by return (of post)** लौटती डाक से; **many happy returns (of the day)!** जन्मदिन पर हार्दिक शुभकामना !; **return ticket** *n* वापसी टिकट

reunion (री'यून्यन) *n* पुनर्मिलन; ऐसे लोगों का जमावड़ा जो अलग हो गए हों

reunite (रीयू'नाइट) *vt* फिर मिलना या एक हो जाना

rev (रॅव़) *n* (*AUT*) **revolution** का संक्षेप, इंजन का चक्कर // *vb* (**rev up** भी) *vt* (कार आदि के) इंजन की गति बढ़ाना // *vi* कार आदि की गति बढ़ना

revalue (री'व़ैल्यू) *vt* मुद्रा का विनिमय मूल्य बढ़ाना; **revaluation** *n* पुनर्मूल्यन, पुनर्मूल्यांकन, दोबारा जांच

revamp (री'व़ैम्प) *vt* (*house*) नया बनाना; (*firm*) व्यवस्था आदि में काफ़ी फेर-बदल करना

reveal (रि'व़ील) *vt* प्रकट करना, बताना; प्रदर्शित करना; **revealing** *a* नवीन, नया, अनूठा (अनुभव, तथ्य आदि); (*dress*) (स्त्रियों के ऐसे वस्त्र) जिनमें सामान्य से अधिक अंग दिखाई दें

revel ('रेंवल) *vi* : **to revel in sth/in doing** किसी बात/काम में आनंद की अनुभूति होना

revelation (रेंव़'लेशन) *n* प्रकट होने या रहस्य खुलने की क्रिया

revelry ('रेंव़लरि) *n* आमोद-प्रमोद, रंग-रलियां

revenge (रि'व़ेन्ज) *n* बदला, प्रतिशोध // *vt* का बदला, प्रतिशोध लेना; प्रतिकार करना; जवाबी कार्यवाही करना; **to take revenge** बदला लेना

revenue ('रेंव़न्यू) *n* आय (विशे॰ कर आदि से सरकार की), राजस्व

reverberate (रि'व़बरिट) *vi* (*sound*) गूंजना, प्रतिध्वनित होना; (*light*) परावर्तित होना; **reverberation** (रिव़र्ब'रेशन) *n* गूंज, प्रतिध्वनि

revere (रि'व़िअर) *vt* आदर करना; पर

श्रद्धा रखना

reverence ('रेव़रंस) *n* आदर, श्रद्धा, पूजा

Reverend ('रेव़रंड) *a* (*in titles*) ईसाई पादरियों की पदवी; **the Reverend John Smith** रेवरंड जॉन स्मिथ

reverie ('रेव़रि) *n* दिवास्वप्न; अन्यमनस्कता

reversal (रि'व़र्सल) *n* (*of opinion*) बिलकुल बदलने या विपरीत होने की स्थिति, विपर्यय

reverse (रि'व़र्स) *n* उल्टी, विपरीत या दूसरी दिशा; उल्टा हिस्सा, (सिक्के आदि की) उल्टी ओर; (*AUT* : **reverse gear** भी) कार आदि को पीछे ले जाने के लिए उल्टी गरारी // *a* (*order, direction*) उल्टा, विपरीत // *vt* (*turn*) उल्टा देना; (*change*) बिलकुल बदल देना; (*LAW : judgement*) रद्द कर देना // *vi* (*AUT*) कार आदि को पीछे की ओर चलाना; **reversed charge call** *n* (*Brit TEL*) टेलीफ़ोन काल जिसमें दाम वह चुकाता है जिससे बात की जाए; **reversing lights** *npl* (*Brit AUT*) कार आदि के पीछे लगी सफ़ेद बत्ती जो वाहन को पीछे ले जाते समय जलती है

revert (रि'व़र्ट) *vi* : **to revert to** पहली स्थिति पर आ जाना, लौटना, वापिस आना; किसी विषय पर फिर आ जाना

review (रि'व्यू) *n* सर्वेक्षण; समीक्षा; समीक्षात्मक लेखों की पत्रिका; सेना का मुआयना, निरीक्षण // *vt* सर्वेक्षण करना; समीक्षा करना; **reviewer** *n* समीक्षक

revile (रि'व़ाइल) *vt* किसी के प्रति तिरस्कार और वैमनस्य का प्रदर्शन करना; निंदा करना; गाली देना

revise (रि'व़ाइज़) *vt* संशोधन करना, सुधारना; परीक्षा के लिए पढ़े हुए पाठ को फिर पढ़ना; (*opinion*) में परिवर्तन या रद्दोबदल करना; **revision** (रि'विझ़न) *n* संशोधन; परीक्षा के लिए फिर से अध्ययन; संशोधित प्रति

revival (रि'व़ाइव़ल) *n* पुनरुद्धार, पुनर्जीवन; पुनर्जागरण (विशे॰ धार्मिक उत्साह का); **revivalist** *n* धार्मिक पुनर्जागरण का प्रणेता

revive (रि'व़ाइव़) *vt* (*person*) होश में लाना; जीवित कर देना; (*custom, fashion*) फिर चालू कर देना; (*hope, courage*) (आशा, साहस) फिर से जगाना; (*play*) फिर प्रदर्शित करना // *vi* (*person*) होश में आना; जी उठना; (*hope*) जागृत होना; (*activity*) पुनः आरंभ होना

revoke (रि'व़ोक) *vt* वापिस लेना (आदेश आदि); रद्द करना

revolt (रि'व़ोल्ट) *n* विद्रोह, बग़ावत // *vi* विद्रोह करना; से घृणा या वीभत्सा का अनुभव करना // *vt* वी-

revolution 560 **rib**

भत्सा उत्पन्न करना; **revolting** *a* जघन्य, वीभत्स

revolution (रैव़'लूशन) *n* क्रांति, आमूल परिवर्तन; (*of wheel etc*) पूरा घूमने की क्रिया, चक्कर; **revolutionary** *a, n* क्रांतिकारी; **revolutionize** *vt* आमूल परिवर्तन करना

revolve (रि'व़ॉल्व़) *vi* के गिर्द घूमना, परिक्रमा करना; पर केन्द्रित होना

revolver (रि'व़ॉल्व़र) *n* पिस्तौल जिसमें एक गोली चलने के बाद दूसरी घोड़े के सामने आ जाती है, रिवाल्वर

revolving (रि'व़ॉल्विङ) *a* (*chair, light*) चक्री, घूमने वाली; **revolving door** *n* चक्रद्वार

revulsion (रि'व़ल्शन) *n* अचानक होने वाली घोर घृणा; जुगप्सा, वीभत्सा

reward (रि'वॉर्ड) *n* इनाम, पुरस्कार // *vt* : **to reward (for)** (का) इनाम, पुरस्कार देना; **rewarding** *a* (*fig*) सन्तोषप्रद; सार्थक

rewire (री'वाइअर) *vt* (*house*) बिजली की तारें बदलना

reword (री'वर्ड) *vt* नए शब्दों में व्यक्त करना

rhapsody ('रैप्सडि) *n* आडम्बरपूर्ण, भावप्रधान (संगीत) रचना या कथन; प्रशंसा या अतिश्योक्ति पूर्ण बातें

rheostat ('रिअस्टैट) *n* बिजली की धारा नियंत्रित करने का उपकरण; धारा नियंत्रक

rhesus ('रीसस) *n* दक्षिणी एशिया का छोटी पूंछ का बन्दर

rhetoric ('रॅटरिक) *n* प्रभावपूर्ण लेखन या भाषण की कला; वाक्पटुता; शब्दाडम्बर, लच्छेदार भाषा; **rhetorical** (रि'टॉरिकल) *a* प्रश्न जिस का उत्तर प्रश्न में ही निहित हो; **rhetorician** *n* अलंकारशास्त्री; **rhetorics** *n* अलंकारशास्त्र

rheumatism ('रूमटिज़्म) *n* जोड़ों या मांसपेशियों की सूजन और पीड़ा, गठिया, सन्धिवात; **rheumatic** (रू'मैटिक) *a* गठिया-सम्बन्धी // *n* गठिया रोगी

Rhine (राइन) *n* : **the Rhine** राइन नदी (यूरोप में बहने वाली)

rhinoceros (राइ'नॉसरस) *n* गैंडा

rhombus ('रॉम्बस) *n* समचतुर्भुज; छै कोनों वाली आकृति

Rhone (रोन) *n* : **the Rhone** रोन नदी (यूरोप में बहने वाली)

rhubarb ('रूबार्ब) *n* उद्यान में उगने वाला पौधा; इसी प्रकार के चीनी पौधे से प्राप्त रेचक पदार्थ

rhyme, rime (राइम) *n* तुक; तुकबंदी वाला काव्य

rhythm ('रिदम) *n* लय, ताल; सामंजस्य

rib (रिब) *n* (*ANAT*) पसली; मांस का टुकड़ा जिसमें पसली का मांस शामिल है; नाव के ढांचे की पट्टी; धारी

(स्वेटर आदि की) // *vt* (*mock*) छेड़ना, हंसी उड़ाना

ribald ('रिबल्ड) *a* अश्लील, गंदा

ribbon ('रिबन) *n* फ़ीता, पट्टी; किसी वस्तु का पतला, लम्बा टुकड़ा; **in ribbons** (*torn*) टुकड़े-टुकड़े

rice (राइस) *n* चावल; **rice paper** *n* महीन चीनी काग़ज़ जो खाया जा सकता है; **rice belt** *n* क्षेत्र जहां मुख्यतया धान की खेती होती हो

rich (रिच) *a* धनी, अमीर; उर्वर, उपजाऊ; (*gift, clothes*) प्रचुर, बहुत; मूल्यवान; (खाद्य पदार्थ) जिसमें चरबी और चीनी बहुत हो; **the rich** *npl* धनी वर्ग; **riches** *npl* धन-दौलत, समृद्धि; **richly** *ad* भरपूर, खूब; (*deserved, earned*) पूर्ण रूप से (कुछ पाने योग्य); **richness** *n* दौलतमंदी; प्रचुरता, बहुतायत; बहुमूल्यता

rickets ('रिकिट्स) *n* बच्चों को विटामिन 'डी' की कमी से होने वाला रोग, सूखा रोग

rickety ('रिकिटि) *a* डांवाडोल; खस्ता हाल; सूखे का रोगी

rickshaw ('रिक्शॉ) *n* रिक्शा

ricochet ('रिकशेट) *vi* (गोली का) ठोस सतह या जल से टकरा कर रास्ता बदल लेना

rid (*pt, pp* **rid**) (रिड) *vt* : **to rid sb of** से किसी को मुक्ति दिलाना/से किसी का पीछा छुड़ाना; **to get rid of** से छुटकारा पाना, से पिंड छुड़ाना

ridden ('रिड्न) **ride** का *pp*; **disease-ridden** बीमारी से पीड़ित

riddle ('रिड्ल) *n* पहेली, बुझौवल; रहस्यमयी वस्तु या व्यक्ति // *vt* : **to be riddled with** (छेदों, दोषों) से भरा होना; (गोलियों से) छलनी हो जाना

ride (राइड) *n* सैर, (घोड़े, साइकिल पर) सवारी; (*distance covered*) (घोड़े आदि पर) तय किया गया फ़ासला // *vb* (*pt* **rode**, *pp* **ridden** (रोड, 'रिड्न)) *vi* (*as sport*) घुड़सवारी करना; (*go somewhere on horse, bicycle*) (घोड़े, साइकल आदि पर) सवारी करना, चढ़ना; (*journey on bicycle, motorcycle, bus*) (साइकल, मोटर साइकल, बस आदि से) यात्रा करना // *vt* (*a certain horse*) पर सवार होना; (*distance*) (घोड़े आदि पर) चढ़ कर पार करना; **to ride a horse/bicycle/camel** घोड़े/साइकल/ऊंट की सवारी करना; **to ride at anchor** (*NAUT*) (जहाज़ का लंगर) डाले होना; **to take sb for a ride** (*fig*) को बेवकूफ़ बना देना/धोखा देना; **rider** *n* सवार; अनुपूरक खण्ड (करारनामे आदि में), दस्तावेज़ में जोड़ा गया अंश

ridge (रिज) *n* लम्बी, संकरी पहाड़ी; मेढ़; दो ढलानों के मिलन की रेखा; (*on object*) लम्बा उठा हुआ भाग

ridicule ('रिडिक्यूल) *n* उपहास,

खिल्ली // *vt* खिल्ली उड़ाना

ridiculous (रि'डिक्यूलस) *a* हास्यास्पद; बेतुका, मूर्खतापूर्ण

riding ('राइडिङ) *n* घुड़सवारी; **riding school** *n* घुड़सवारी प्रशिक्षण स्कूल

rife (राइफ़) *a* फैला हुआ, प्रचलित; **rife with** से भरा हुआ

riffraff ('रिफ़्रैफ़) *n* कुली-कबाड़ी; घटिया, कमीने लोग

rifle ('राइफ़ल) *n* लम्बी नली की बन्दूक, राइफ़ल // *vt* छान डालना और उड़ा लेना; लूटना; खाली कर देना; (बन्दूक की नली में) झिरी काटना; **rifle range** *n* चांदमारी; (*indoor*) बंदूक चलाने का अभ्यास-स्थान

rift (रिफ़्ट) *n* दरार, दरज; (*fig*) अनबन

rig (रिग) *n* (**oil rig** भी) तेल के लिए भूमि या समुद्रतल पर छेद करने के उपकरण, रिग; जहाज़ के मस्तूल आदि की व्यवस्था // *vt* (*election etc*) बेइमानी से कोई व्यवस्था करना, धांधली करना; **to rig out** *vt* विशेष प्रकार से वस्त्रों से सुसज्जित करना; (*offens*) बने-ठने होना; **to rig up** *vt* उपलब्ध सामान से जल्दी से (ढांचा आदि) तैयार कर देना; **rigging** *n* (*NAUT*) जहाज़ के मस्तूल आदि

right (राइट) *a* उचित, ठीक; न्यायसंगत, न्यायोचित; सच्चा; उपयुक्त; शुद्ध; दाहिना; दक्षिणपंथी; रूढ़िवादी या प्रतिक्रियावादी; सीधा; नेक, ईमानदार; कपड़े की सीधी सतह (जो सिल कर बाहर रहती है) // *n* अधिकार, हक; न्याय, रूढ़िवादी राजनीतिक दल; दाएं हाथ से मारी चोट // *ad* सीधे; उचित रूप से; ठीक; दायें या दाईं ओर // *vt* सीधा करना; खड़ा करना // *excl* ठीक है!, अच्छा!; **to be right** की बात ठीक होना; (*answer*) सही होना; **by rights** न्यायतः, उचित रूप से तो; **on the right** दाहिनी ओर; **to be in the right** न्यायसंगत या उचित व्यवहार होना; **right now** अभी, इसी समय, इसी क्षण; **right against the wall** ठीक दीवार के सामने; **right ahead** बिलकुल सामने/सीधे; **right in the middle** बिलकुल बीच में, बीचों-बीच; **right away** तुरंत; **right angle** *n* समकोण, 90° का कोण; **righteous** ('राइचस) *a* न्यायप्रिय, नियमों का पालन करने वाला; (*anger*) बिलकुल उचित; **rightful** *a* (*heir*) सही उत्तराधिकारी; **right-handed** *a* (*person*) दाहिना हाथ अधिक प्रयोग करने वाला; **right hand man** *n* (*fig*) (किसी का) मुख्य सहायक व विश्वासपात्र, दाहिना हाथ; **right-hand side** *n* दाहिनी ओर; **rightly** *ad* ठीक ही; उचित ही; **right of way** *n* मार्गाधिकार, से गुज़रने का अधिकार; (*AUT*) (कार आदि को) सड़क पार करने में

प्राथमिकता; **right-wing** *n* (*POL*) रूढ़िवादी, दक्षिणपंथी

rigid ('रिजिड) *a* अनम्य; कठोर; कड़ा; **rigidity** *n* कठोरता; कड़ापन

rigmarole ('रिग्मरोल) *n* निरर्थक शब्दों का समूह, बकवास; लम्बी, जटिल प्रक्रिया

rigour ('रिगर) *n* कठोरता, सख्ती, कड़ाई; कठिनाई, कष्ट; **rigorous** ('रिगरस) *a* कठोर, कड़ा, सख्त

rile (राइल) *vt* गुस्सा दिलाना; परेशान या तंग करना

rim (रिम) *n* किनारा, बाढ़, हाशिया; (*of spectacles*) घेरा; (*of wheel*) (पहिए का) बाहरी गोला, हाल; **rimmed** *a* हाशिएदार, किनारे वाला

rind (राइंड) *n* (*of bacon*) चमड़ा; (*of lime etc*) छिलका, छाल

rinderpest ('रिन्डर्पेस्ट) *n* पशुओं की छूत की बीमारी, पशु-महामारी

ring (रिङ) *n* चक्र; छल्ला; (**wedding ring** भी) अंगूठी; (*of people, object*) घेरा; (*of spies*) गिरोह, गुट्ट; (*of smoke etc*) छल्ला; (*arena*) अखाड़ा विशे. मुक्केबाज़ी का; (*sound of bell*) घंटी; (*telephone call*) टेलीफ़ोन काल, टेलीफ़ोन आना // *vb* (*pt* **rang**, *pp* **rung**) *vi* घंटी बजाना, घंटी बजना; (**ring out** भी : *voice, words*) (आवाज़, शब्द) साफ़ सुनाई देना; गूंजना; (*TEL*) टेलीफ़ोन करना // *vt* (*TEL* : **ring up** भी) (किसी को) टेलीफ़ोन करना; **to ring the bell** घंटी बजाना; **to ring back** *vt, vi* (*TEL*) दुबारा या अनुपस्थिति में टेलीफ़ोन करने वाले को प्रत्युत्तर में टेलीफ़ोन करना; **to ring off** *vi* (*TEL*) बात समाप्त होने पर टेलीफ़ोन का चोगा वापिस अपने स्थान पर रख देना; **ringing** *n* घनघनाहट; (*in ears*) गुंजन; **ringing tone** *n* (*Brit TEL*) टेलीफ़ोन की घंटी (की आवाज़), रणन स्वर; **ringleader** *n* गिरोह का सरदार, सरग़ना

ringlets ('रिङ्लिट्स) *npl* घुंघराले बालों के छल्ले, अलकें

ring road *n* (*Brit*) नगर के चारों ओर बनी सड़क, चक्राकार मार्ग

rink (रिंक) *n* (**ice rink** भी) स्केटिंग या कर्लिंग (**curling rink**) के खेल के लिए जमाई बर्फ़ की तह; स्केटिंग का फ़र्श

rinse (रिन्स) *vt* (साबुन निकालने के लिए कपड़े) खंगालना, धोना

riot ('राइअट) *n* दंगा, बलवा, हंगामा; गड़बड़, अव्यवस्था; रंगरलियां; हो-हल्ला, गुल-गपाड़ा, कोलाहल; बाहुल्य, प्राचुर्य // *vi* दंगा या बलवा करना; **to run riot** काबू के बाहर हो जाना, फैल जाना; **riotous** *a* उपद्रवी, ऊधमी; लम्पट

RIP *requiescat in pace* (*Lat rest in peace* = ईश्वर (उस की) आत्मा को शांति दे

rip (रिप) *n* चीर, चीरा // *vt* फाड़ना, चीरना, काटना // *vi* फटना, चिरना; **ripcord** *n* पैराशूट खोलने की रस्सी

riparian (राइ'पेॲरिअन) *a* नदी का या उस के तट पर स्थित

ripe (राइप) *a* पका हुआ, तैयार (फल, फ़सल आदि); परिपक्व; युक्तियुक्त (फ़ैसला, निर्णय); **ripen** *vt* पकाना // *vi* पकना; विकसित होना

rip-off ('रिपॉफ़) *n* (*col*) : **it's a rip-off!** (किसी वस्तु के विक्रेता द्वारा बहुत ज़्यादा दाम ले लेने पर) चूना/थूक लग गया!

ripple ('रिप्ल) *n* छोटी लहर; लहरी; लहरों की आवाज, कलकल // *vi* लहरियां बनना, उठना या वैसी आवाज़ आना; (आवाज़ का) ऊंची और नीची होना // *vt* छोटी लहरें उठाना

rise (राइज़) *n* ऊंचा ढलान; पहाड़ी; (*increase : in wages*) वेतन/मज़दूरी में वृद्धि; (: *in prices, temperature*) वृद्धि, ऊंचा जाना; (*fig : to power etc*) तरक्की, सत्तारूढ़ होने की स्थिति // *vi* (*pt* **rose**, *pp* **risen** (रोज़, रिज़न)) उठना, ऊपर को जाना; (सूर्य आदि का) उगना; (*prices*) बढ़ना; (*waters, river*) बढ़ना, चढ़ना; (*sun, wind*) तेज़ होना; (*person : from chair, bed*) उठना; (**rise up** भी) विद्रोह करना; सभा का विसर्जित होना; **to give rise to** उत्पन्न करना; **to rise to the occasion** किसी समस्या का सफलतापूर्वक सामना करना; **rising** *a* (*increasing : number, prices*) बढ़ते हुए; (*tide*) बढ़ती/उठती हुई; (*sun, moon*) निकलता/उगता हुआ // *n* (*uprising*) विद्रोह

risk (रिस्क) *n* जोखिम, ख़तरा // *vt* जोखिम उठाना, ख़तरा मोल लेना; दांव पर रखना; **at risk** ख़तरे में; **at one's own risk** अपनी ज़िम्मेदारी पर; **risky** *a* जोखिमभरा, ख़तरनाक

rissole ('रिसोल) *n* मछली या मांस का कोफ़्ता

rite (राइट) *n* धार्मिक कृत्य, संस्कार या अनुष्ठान; **last rites** अंतिम संस्कार

ritual ('रिट्युअल) *a* विधि अनुसार, नियमानुसार लेकिन घिसीपिटी कार्यवाही या व्यवहार सम्बंधी // *n* धार्मिक कृत्य, संस्कार या अनुष्ठान

rival ('राइव़ल) *n* प्रतिद्वन्द्वी, प्रतिस्पर्धी // *a* जो प्रतिद्वन्द्वी की स्थिति में हो // *vt* प्रतिस्पर्धा करना, होड़ करना; **to rival sb/sth in** (किसी गुण, विशेषता में) किसी से होड़ करना/के बराबर का होना; **rivalry** *n* प्रतिस्पर्धा, होड़

river ('रिव़र) *n* नदी, दरिया; (*fig*) प्रचुर प्रवाह // *cpd* (*port*) नदी पर (बंदरगाह); (*traffic*) नदी के रास्ते, जलमार्गीय (यातायात); **up/down river** नदी के बहाव के विपरीत/के अनुकूल; **riverbank** *n* नदी तट

rivet ('रिव़ट) *n* धातु के टुकड़ों को जोड़ने की कील जिस के सिरे पीट कर चपटे कर दिए जाते हैं, रिवट // *vt* रिवट लगाना, पक्का जोड़ लगाना; (*fig*) आश्चर्य, भय से जड़वत कर देना

Riviera (रिवि़'एँअर्अ) *n* **the (French) Riviera** फ्रांसीसी भूमध्य सागर तट क्षेत्र; **the Italian Riviera** इटली का भूमध्य सागर तट क्षेत्र

rivulet ('रिव़्युलिट) *n* छोटी सरिता, नाला

roach (रोच) *n* एक दरियाई मछली; तिलचट्टा

road (रोड) *n* (*in town*) रास्ता, मार्ग; सड़क; (*small*) गली, बाज़ार; (*fig*) दिशा; **major/minor road** प्रमुख/ साधारण मार्ग; **roadblock** *n* सड़क पर बाधा डाल कर आते-जाते वाहनों आदि के निरीक्षण हेतु सड़क पर खड़ी की गई बाधा, नाकाबन्दी; **roadhog** *n* गाड़ी का लड़ाका चालक जो दूसरों को रास्ता न दे; **road map** *n* सड़कों का मानचित्र; **road safety** *n* सड़क पर सुरक्षा (नियम); **road sense** *n* सड़क पर गाड़ी आदि चलाने की समझ; **roadside** *n* सड़क के किनारे; **roadsign** *n* सड़क-संकेत; **roadway** *n* सड़कमार्ग; **roadworks** *npl* सड़क की मरम्मत, विशे० यातायात में बाधा डालने वाले भाग की; **roadworthy** *a* (गाड़ी) जो ठीक चल सकती हो

roam (रोम) *vi* इधर-उधर घूमना, मटरगश्ती करना // *vt* (स्थान विशेष पर) घूमना

roar (रोर) *n* गरज, दहाड़; (*of crowd, vehicle, storm*) शोर; (*of thunder*) गर्जन // *vi* गरजना; दहाड़ना; **to roar with laughter** हंसी का ठहाका लगाना; **to do a roaring trade** का व्यापार खूब चमकना

roast (रोस्ट) *n* भुना हुआ मांस // *vt* (*meat*) भूनना, सेंकना, पकाना (भट्टी या खुली आग पर); **roast beef** *n* भुना हुआ गोमांस

rob (रॉब) *vt* लूटना, लूटपाट करना; चुराना; धोखा देना; **to rob sb of sth** किसी से छल से कुछ छीनना; (*fig : deprive*) किसी को किसी चीज़ (खुशी आदि) से वंचित करना; **robber** *n* लुटेरा, डाकू; **robbery** *n* डकैती

robe (रोब) *n* (*for ceremony etc*) लबादा, चोग़ा (बहुधा पद का सूचक); (**bath robe** भी) स्नान के बाद पहनने का वस्त्र; (*US*) कार चलाते समय टांगें ढंकने के लिए समूर या कपड़ा // *vt* वस्त्र पहनाना

robin ('रॉबिन) *n* छोटी, भूरे रंग की, लाल छाती वाली चिड़िया, रॉबिन

robot ('रोबॉट) *n* मानव की भांति काम करने वाली मशीन, यंत्र-मानव; व्यक्ति जो यंत्रवत काम करे

robust ('रोबस्ट) *a* हट्टा-कट्टा, तगड़ा, हृष्टपुष्ट; बलवान; (*material*) मज़बूत; (*appetite*) तेज़

rock (रॉक) *n* चट्टान; ऊब्बड़-खाबड़ पत्थर; (*Brit : sweet*) एक मिठाई // *vt* (*swing : cradle*) झुलाना; (*: child*) डुलाना; (*shake*) हिलाना (जैसे भूकंप से) // *vi* झूलना; डोलना; हिलना; **on the rocks** (*drink*) बर्फ़ मिलाकर (शराब); (*ship*) जो समुद्री चट्टान से टकरा गया हो; (*marriage etc*) टूटने की स्थिति में; **rock and roll** *n* एक लोकप्रिय नृत्य; **rock-bottom** *n* (*fig*) बहुत अधिक गरीबी की स्थिति // *a* (*fig : prices*) सबसे कम; **rockery** *n* उद्यान में बड़े पत्थरों का ढेर जिस में पौधे लगाए जाते हैं; शैलोद्यान

rocket ('रॉकिट) *n* आतिशबाज़ी (जो जलाने पर हवा में उठ जाय); संकेत के लिए प्रयुक्त आतिशबाज़ी; (*MIL*) राकेट, अग्निबाण; अन्तरिक्ष यान ले जाने वाला उपकरण, राकेट // *vi* आतिशबाज़ी की तरह तुरंत ऊपर उठना; **rocketry** *n* राकेट विज्ञान

rocking ('रॉकिङ) **rocking chair** *n* झूलने वाली कुर्सी, झूला-कुर्सी; **rocking horse** *n* (बच्चों के झूलने का) काठ का घोड़ा

rocky ('रॉकि) *a* पहाड़ी (क्षेत्र); (*path*) ऊब्बड़-खाबड़; (*unsteady : table*) हिलती-डुलती, दोलायमान

rod (रॉड) *n* पतली, सीधी छड़, छड़ी; डंडा; बेंत; एक पुराना माप 5½ गज़; (*TECH*) (धुरा-) दंड; (**fishing rod** भी) छड़, लग्गी

rode ride का *pt*

rodent ('रोडंट) *n* कुतरने वाला जीव जैसा चूहा

rodeo ('रोडिओ) *n* बिना काठी के घुड़सवारी और घोड़े पर बैठ कर पशु हांकने का प्रदर्शन

roe (रो) *n* (*species :* **roe deer** भी) छोटे कद का हिरण; (*of fish :* **hard roe** भी) मत्स्या-दंड (खाने में प्रयुक्त मछली का अंडाशय); **soft roe** मत्स्य-शुक्र (खाने में प्रयुक्त नर मछली की अंडग्रन्थि)

rogue (रोग) *n* बदमाश, दुष्ट, दुर्जन, शठ; नटखट बच्चा या आदमी; गुसैल जंगली पशु जो अपने झुण्ड से अलग रहता हो

role, rôle (रोल) *n* (अभिनेता की) भूमिका; विशिष्ट कृत्य या कर्त्तव्य

roll (रोल) *n* लुढ़कने, झूलने, डोलने या लहराने की क्रिया; गोल तह किए या लपेटे कागज़ की गड्डी; (**bread roll** भी) गोलाकार पावरोटी से बना खाद्य पदार्थ; सूची, तालिका; बेलन के आकार की रोटी; गड़गड़ाहट जैसे ढोल आदि की // *vt* बेलना; (**roll up** भी) (रस्सी) लपेटना; (**roll out** भी : *pastry*) बेलकर बनाना // *vi* (*wheel*) घूमना; लहराना; जहाज़ का डोलना; विमान का

rollicking 567 **roof,**

कलाबाज़ी खाना; **to roll about** *or* **roll around** *vi* (*person*) लोटना; लुढ़कना; **to roll by** *vi* (*time*) बीतना; **to roll in** (*mail, cash*) आना; **to roll over** *vi* पलटना; **to roll up** *vi* (*col : arrive*) पहुंचना // *vt* (*carpet*) लपेटना; **roll call** *n* हाज़िरी (लेना); **roller** *n* बेलन; रोलर; **roller coaster** *n* ऊपर-नीचे तेज़ी से चलने वाली रेल (मनोरंजन के लिए इस्तेमाल की जाने वाली); **roller skates** *npl* (मनोरंजन के लिए) पहिए लगे जूते; रोलर स्केट

rollicking ('रॉलिकिङ) *a* कल्लोल करता हुआ, उछल-कूद करके आनंद मनाता हुआ

rolling ('रोलिङ) *a* (*landscape*) विस्तृत फैला हुआ मैदान; **rolling pin** *n* (रोटी बेलने का) बेलन; **rolling stock** *n* (*RAIL*) रेल के इंजन व डिब्बे

roly-poly ('रोलि'पोलि) *n* एक प्रकार का हलुआ // *a* गोल-मटोल, मुटल्ला (व्यक्ति)

ROM (*COMPUT*) *read only memory* का संक्षेप, आंकड़े आदि कम्प्यूटर में स्थायी रूप से बनाए रखने का एक साधन

Roman ('रोमन) *a* रोम या चर्च आफ़ रोम का या उस से सम्बन्धित // *n* रोम निवासी; **Roman Catholic** *a* रोमन कैथलिक चर्च से सम्बन्धित // *n* ईसाई चर्च का वह अंग जो पोप की प्रभुता को स्वीकार करता है

romance (र'मैन्स) *n* प्रेम, विशे॰ उत्कट और सुखद प्यार, प्रेमाख्यान; रहस्यपूर्ण या उत्तेजक गुण; साहस व शौर्य कथा; कहानी जिस की घटनाएं साधरण से हट कर हों; ऐसा साहित्य

Romania (रो'मेनिअ) *n* रोमानिया

Roman numeral *n* रोमन अंक, जैसे I, V, X, L, C, D, M

roman type *n* सादा टाइप; छपाई की सामान्य **शैली**

romantic (र'मैंटिक) *a* जिसमें प्यार का वर्णन हो, प्रेमकथा साहित्य विषयक; वास्तविकता से परे (विचार आदि), रूमानी; भाव प्रधान

Rome (रोम) *n* रोम (नगर)

romp (रॉम्प) *n* उछल-कूद, कल्लोल // *vi* (**romp about** भी) उछल-कूद करना; कल्लोल करना; खुशी से खेलना (बच्चों का)

rompers ('रॉम्पर्ज़) *npl* बच्चे की पोशाक

roof, *pl* **roofs** (रूफ़) *n* छत; छाजन; ऊपर का भाग; किसी वस्तु का ढक्कन // *vt* छत डालना, छाजन डालना; **the roof of the mouth** तालू; **roofing** *n* छत बनाने का सामान, खपरैल; **roof rack** *n* (*AUT*) (कार के ऊपर लगा) सामान रखने का रैक

rook (रुक) *n* कौए की जाति का पक्षी; शतरंज का एक मोहरा, रुख, हाथी

room (रूम) *n* कमरा, कक्ष; (**bedroom** भी) शयनकक्ष; स्थान; पर्याप्त स्थान; **rooms** *npl* (*lodging*) (होटल आदि में) ठहरने का स्थान; **'rooms to let'**, (*US*) **'rooms for rent'** 'किराये के लिए खाली जगह'; **rooming house** *n* (*US*) भवन/ हवेली जिसमें केवल किराएदार बसे हों; **roommate** *n* होस्टल आदि में कमरे में साथ रहने वाला; **room service** *n* कक्ष-सेवा (होटल आदि में कमरे में ही उप्लब्ध चायपान आदि की सेवा); **roomy** *a* खुला (जहां पर्याप्त स्थान हो)

roost (रूस्ट) *n* पक्षी की छतरी, बसेरा या चक्कस // *vi* छतरी पर बैठना

rooster ('रूस्टर) *n* पालतू मुर्ग़ा

root (रूट) *n* (*BOT*) दांत, बाल, नाखून आदि की जड़; (*MATH*) मूल (संख्या का एक भाग); (*fig : of problem*) जड़, महत्वपूर्ण अंग; स्रोत; मूल कारण; (*of plant*) जड़; **to root about** *vi* (*fig*) ढूंढना, खोजबीन करना; **to root for** *vt* शोर मचाकर प्रोत्साहन देना; **to root out** *vt* जड़ से उखाड़ फैंकना, बिलकुल नष्ट कर देना

rope (रोप) *n* रस्सा // *vt* रस्से से बांधना या घेरना; **to rope sb in** (*fig*) किसी को किसी काम में शामिल होने के लिय मना या फुसला लेना; **to know the ropes** (*fig*) कोई समस्या आदि हल करने के तरीके जानना, तिकड़म जानना

rosary ('रोज़रि) *n* प्रार्थनाओं की शृंखला; माला, सुमिरनी; गुलाब-उद्यान

rose (रोज़) **rise** का *pt* // *n* गुलाब; (**rosebush** भी) गुलाब की झाड़ी; छेदों वाली टूंटी; गुलाबी रंग // *a* गुलाबी रंग का

rosé ('रोज़े) *n* गुलाबी शराब

rose : rosebud *n* गुलाब की कली; **rosebush** *n* गुलाब की झाड़ी

rosemary ('रोज़्मरि) *n* सुगंधित फूलों वाली एक सदाबहार झाड़ी

rosin ('रॉज़िन) *n* गंधा-बरोज़ा (चीड़ से निकलने वाला गोंद जैसा पदार्थ)

roster ('रॉस्टर) *n* : **duty roster** कर्मचारियों की सूची उन के काम के समय सहित, रोस्टर

rostrum ('रॉस्ट्रम) *n* चबूतरा, मंचिका, व्याख्यान-पीठ; पक्षी की चोंच

rosy ('रोज़ि) *a* गुलाबी, गुलाबी रंग का; **a rosy future** उज्जवल भविष्य

rot (रॉट) *n* क्षय; सड़न, गलन; रोग जिस से शरीर गलने लगे; (*fig : offens*) बकवास, बेकार की बात // *vt* सड़ाना, गलाना // *vi* सड़ना, गलना, खराब होना

rota ('रोट्अ) *n* कर्मचारियों की सूची (उनके कर्त्तव्यों सहित); **on a rota basis** सूची, क्रम से अनुसार

rotary ('रोटरि) *a* चक्रवात (गति); ऐसी गति द्वारा संचालित

rotate (रो'टेट) *vt* गोलाई में घूमना; (*change round : crops*) बारी-बारी से लगाना; (*: jobs*) बारी-बारी से करना // *vi* घूमना; **rotating** *a* गोलाई में घूमने वाली (गति); घूर्णी; **rotation** (रो'टेशन) *n* घूमने की क्रिया, परिभ्रमण

rote (रोट) *n* बार-बार दोहराने की क्रिया; **by rote** रट कर

rotten ('रॉट्न) *a* गला-सड़ा; (*dishonest*) पतित, भ्रष्ट; (*col : bad*) खराब; **to feel rotten** (*ill*) तबियत खराब महसूस करना

rotund (रो'टंड) *a* गोल-मटोल; गोल; गूंजता हुआ (स्वर आदि)

rouble ('रूबल) *n* रूस की मुद्रा; रूबल

rouge (रूझ़) *n* गालों पर लगाने का लाल रंग

rough (रॅफ़) *a* (*cloth, skin*) खुरदरा; रुक्ष; (*terrain, path*) ऊबड़-खाबड़; (*voice*) मोटी; कर्कश; (*person, manner : coarse*) गुस्ताख़; उद्धत, असभ्य, अशिष्ट, अभद्र; (*: violent*) प्रचण्ड, ऊधमी; (*weather*); तूफ़ानी; (*district*) गड़-बड़ वाला; (*plan*) कच्चा; (*guess*) मोटा // *n* (*GOLF*) गोल्फ़ के मैदान का एक भाग; स्थूल रेखाचित्र; **to rough it** कष्ट उठाना; **to sleep rough** (*Brit*) घर से बाहर खुले में सोना; **roughage** *n* भोजन का वह भाग जो पचता नहीं लेकिन पेट साफ़ करने में सहायक होता है (शाकभाजी आदि); **rough-and-ready** *a* काम चलाऊ; **roughcast** *n* चूने और मोटे रेत का पलस्तर, छितराई; **rough copy, rough draft** *n* कच्चा मसौदा; **roughly** *ad* (*handle*) रूखेपन से; (*make*) कामचलाऊ ढंग से; (*approximately*) लगभग, मोटे तौर पर

roulette (रू'लेंट) *n* जुए का एक खेल जिसमें घूमते पहिए में गोलियां टिकने पर दांव लगाए जाते हैं

Roumania (रू'मेनिअ) *n* = **Romania**

round (राउंड) *a* गोल, गोलाकार, वृत्ताकार; पूर्ण; मुड़ा हुआ // *n* गोल वस्तु, गोला; चक्कर, घेरा; (*Brit : of toast*) दौर; (*beat*) गश्त; (*duty : of doctor*) दौरा; ताश के खेल का, प्रतियोगिता का एक चरण, चक्कर; (*BOXING*) खेल की एक अवधि; (*of talks*) दौर; फेरा // *vt* का चक्कर लगाना; घेर लेना; (*bend*) गोल बनाना; (*cape*) (अंतरीप) को पार करना, घूमकर जाना // *prep* के चारों ओर, के आस-पास // *ad* : **all round** चारों ओर, सब तरफ; **the long way round** लंबे से लंबे रास्ते (से); **all the year round** सारे साल;

it's just round the corner (कोई स्थान) बिलकुल मुड़ते ही है; (*fig*) बहुत नज़दीक है; **round the clock** *ad* दिन-रात, 24 घण्टे; **to go round** (जगह-जगह) घूमना; **to go round to sb's (house)** किसी के यहां जाना; **go round the back** पीछे घूमकर जाना; **to go round a house** घर को अंदर घूमकर देखना; घर का निरीक्षण करना; **enough to go round** (खाना) सबके लिए काफ़ी (होना); **to go the rounds** (*disease*) फैलते जाना; (*story, joke*) एक से दूसरे को पता लगते जाना; **round of ammunition** *n* गोली, कारतूस आदि; **round of applause** *n* ज़ोर की तालियां; **round of drinks** *n* सबके लिए एक बार में खरीदी गयी शराब की बराबर-बराबर मात्रा; **round of sandwiches** *n* सब के लिए सैंडविच; **to round off** *vt* (*speech etc*) समाप्त करना; **to round up** *vt* घेर लाना; (*criminals*) पकड़ लेना; (*prices*) (कीमत में रुपये, डालर आदि के अंश को) पूर्ण रुपये, डालर आदि में परिवर्तित कर देना; **roundabout** *n* (*Brit* : *AUT*) सड़क के चौराहे पर चक्करदार मार्ग, गोल चक्कर; (: *at fair*) चरख़ी (गोल घुमावदार झूला) // *a* चक्करदार (रास्ता); घुमा-फिरा कर कही गई (बात); **rounders** *npl* (*game*) गेंद का एक खेल; **roundly** *ad* (*fig*) स्पष्ट रूप से, भरपूर; **round-shouldered** *a* कंधे आगे झुकाकर बैठने, चलने वाला; **round trip** *n* परिक्रमा; **roundup** *n* सिंहावलोकन, (समाचारों आदि का) सारांश; (*of criminals*) गिरफ़्तारी

rouse (राउज़) *vt* जगाना, उठाना; कार्यवाही के लिए उत्साहित करना; भड़काना; **rousing** *a* (*welcome*) शानदार

rout (राउट) *n* (*MIL*) घोर पराजय; भगदड़; हो-हल्ला // *vt* तितर-बितर करना; खदेड़ देना

route (रूट) *n* मार्ग, नियत या चुना हुआ रास्ता; **route map** *n* मार्ग-दर्शक मानचित्र

routine (रू'टीन) *a* (*work*) साधारण; (*procedure*) नियमित (कार्यवाधि) // *n* (*offens*) दस्तूरी, उबाने वाला लगातार कार्य; (*THEATRE*) अभिनेता/नर्तकी का रोज़मर्रा का अभिनय/नृत्य; **daily routine** नित्यचर्या, रोज़ाना का काम

roving ('रोविङ) *a* (*life*) घूमने-फिरने वाला, खानाबदोश (जीवन)

row (रो) *n* पंक्ति, कतार; दर्जा; (राउ) (*noise*) हो-हल्ला, ऊधम; झगड़ा, फटकार, डांट // *vi* (राउ) (*in boat*) चप्पू चलाना, खेना; (*as sport*) चप्पू नाव प्रतियोगिता में भाग लेना; (राउ) लड़ना झगड़ना, हल्ला मचाना // *vt* (*boat*) (नाव) खेना; **rowboat** *n* (*US*) चप्पू-नाव

rowdy ('राउडि) *a* उपद्रवी, दंगई, ऊधमी // *n* ऐसा व्यक्ति; बदमाश, गुण्डा

rowing ('रोइङ) *n* खेना; चप्पू-नाव चलाने का खेल; **rowing boat** *n* चप्पू-नाव

royal ('रॉइअल) *a* शाही, राजसी; **Royal Air Force (RAF)** *n* ब्रिटेन की हवाई सेना

royalty ('रॉइअल्टि) *n* राजस्व; राज-सत्ता; राजा या रानी; स्वत्व शुल्क, रायल्टी (जो पुस्तक की बिक्री पर लेखक को या आविष्कारक को उसके आविष्कार के व्यापारिक उपयोग पर प्रतिवर्ष मिलती है)

r.p.m. *revolutions per minute* का संक्षेप, प्रतिमिनट परिक्रमण/चक्कर (इंजन आदि के)

R.S.V.P. *répondez s'il vous plaît* (*Fr* कृपया उत्तर दें) का संक्षेप

Rt. Hon. (*Brit*) *Right Honourable* का संक्षेप

rub (रब) *n* रगड़ने, घिसने, छीलने, मलने आदि की क्रिया; रुकावट, बाधा, कठिनाई // *vt* मलना, रगड़ना, घिसना; **to rub sb up** *or* (*US*) **to rub sb the wrong way** चिढ़ाना; **to rub off** *vi* मिट जाना, दूर हो जाना; **to rub off on** *vt* पर असर हो जाना; **to rub out** *vt* रगड़ कर मिटा देना // *vi* रगड़ खाना, छिल जाना; घिस जाना

rubber ('रबर) *n* रबड़, रबर, लिखे को मिटाने के लिए रबड़ का टुकड़ा; कई खेलों या प्रतियोगिताओं में अयुग्म संख्या (3, 5 आदि); तीन में से दो जीती गयी प्रतियोगिताएं; **rubber band** *n* रबड़ का लचीला छल्ला; **rubber plant** *n* रबड़ का पौधा (एक सजावटी पौधा)

rubbish ('रबिश) *n* कूड़ा-करकट, काठ-कबाड़; रद्दी माल; कोई बेकार की चीज़; (*fig : offens*) अनाप-शनाप, बकवास; घटिया वस्तु; **rubbish bin** *n* कूड़ेदान; **rubbish dump** *n* (*in town*) कूड़े का ढेर

rubble ('रब्‌ल) *n* मलबा; (*smaller*) ईंट-पत्थरों के टुकड़े, रोड़ी

ruby ('रूबि) *n* माणिक्य, याकूत, (लाल रंग का हीरा) रूबी; उस का रंग

rucksack ('रक्‌सैक) *n* पीठ पर उठाने का थैला; पिट्ठू

ructions ('रक्‌शंज़) *npl* शोरगुल, होहल्ला

rudder ('रड्‌र) *n* नाव की पतवार; विमान में उस की दिशा बदलने का उपकरण

ruddy ('रडि) *a* स्वस्थ, लाल या गुलाबी रंग का; रक्ताभ; (*col : damned*) घृणित, निन्द्य

rude (रूड) *a* (*person*) अशिष्ट, उजड्ड, गुस्ताख़; (*manners*) अभद्र; अपरिष्कृत; रूखा, उग्र

rudiments ('रूडिमन्ट्स) *npl* मूल-तत्व; प्रारंभिक सिद्धांत; **rudimentary** *a* प्रारंभिक, प्राथमिक

rueful ('रूफुल) *a* दुःखी; उदास, दयनीय

ruffian ('रफ़िअन) *n* गुण्डा, बदमाश

ruffle ('रफ़ल) *vt* (*clothes*) शिकन या सिलवट डालना; (*hair*) खराब या अस्तव्यस्त कर देना; (*water*) (हवा द्वारा) सतह पर हल्की लहरें पैदा करना; (*fig : person*) तंग या परेशान करना; घबरा देना

rug (रग) *n* ग़ालीचा, कालीन; (*Brit : for kness*) मोटा ऊनी शाल या कम्बल

rugby ('रग्बि) *n* (**rugby football** भी) फ़ुटबाल खेल का एक प्रकार जिसमें गेंद हाथों में उठाई जाती है

rugged ('रगिड) *a* (*landscape*) ऊबड़-खाबड़; टूटा-फूटा; (*character*) अनपढ़, अपरिष्कृत; कठोर, कड़ा; गंभीर, सख्त-मिज़ाज

rugger ('रगर) *n* (*Brit col*) रगबी फुटबॉल

ruin ('रूइन) *n* विनाश, विध्वंस; पतन; जीर्णशीर्ण अवस्था // *vt* नष्ट करना, बरबाद करना; (*spoil : clothes*) खराब करना; **ruins** *npl* खण्डहर

rule (रूल) *n* (*regulation*) नियम, नियमावली; सिद्धांत; (*government*) शासन; सरकार // *vt* (*country*) राज करना, शासन चलाना; (*person*) को वश में रखना; (*decide*) निर्णय करना; सीधी रेखाएं डालना // *vi* शासन करना; निर्णय करना; (*LAW*) फ़ैसला देना; **as a rule** सामान्यतया, आमतौर पर; **to rule out** *vi* निकाल देना; **ruled** *a* (*paper*) लाइनदार; **ruler** *n* शासक; नेता; (*for measuring*) फुटा, रूलर; **ruling** *a* (*party*) शासक-(दल); (*class*) शासक-(वर्ग) // *n* (*LAW*) निर्णय, फ़ैसला

rum (रम) *n* गन्ने से बनी शराब, रम

Rumania (रू'मेनिअ) *n* = **Romania**

rumble ('रम्ब्ल) *vi* (बादलों का) गड़गड़ाना; (किसी भारी गाड़ी का) चलते हुए गड़गड़ की आवाज़ करना; पेट में गुड़गुड़ की आवाज़ होना

ruminate ('रूमिनेट) *vi* (पशु का) जुगाली करना; (*fig*) मनन करना, सोचना

rummage ('रमिज) *vi* छान डालना, पूरी तलाशी लेना (किसी स्थान आदि की)

rummy ('रमि) *n* ताश का एक खेल, रमी

rumour, (*US*) **rumor** ('रूमर) *n* अफ़वाह, उड़ती खबर; अपुष्ट बयान // *vt* : **it is rumoured that** यह अफ़वाह है कि

rump (रम्प) *n* (पशु का) पुट्ठा; चूतड़; **rump steak** *n* गाय के पुट्ठे का

गोश्त

rumple ('रम्पल) *vt* शिकन, सिलवट डालना

rumpus ('रम्पस) *n* (*col*) हुल्लड़-बाज़ी; हंगामा, उपद्रव

run (रन) *n* दौड़, दौड़ने की क्रिया; (*outing*) कार में यात्रा; रास्ता; (*CRICKET*) रन, दौड़; भारी मांग; (*series*) क्रम; (*THEATRE*) नाटक आदि के चलने की अवधि; (*SKI*) बर्फ़ से ढंकी खड़ी ढलान; (*in tights, stockings*) (जुराबों में) खाली घर // *vb* (*pt* **ran**, *pp* **run**) *vt* (*distance*) तय करना; (*operate : business, competition, course, hotel, house*) चलाना; (*COMPUT*) (कम्प्यूटर पर) किसी प्रोग्राम का कार्य करना; (*force through : rope, pipe*) : **to run sth through** में से कुछ गुज़ारना; (*to pass : hand, finger*) : **to run sth over** पर (हाथ आदि) फेरना; (*water*) (पानी) बहाना; (*bath*) भरना // *vi* दौड़ना, तेज़ चलना; (*pass, road etc*) (से) गुज़रना, (को) जाना; (*work, machine, factory*) चलना; (*bus, train : operate*) चलना, दौड़ना; (*: travel*) बस आदि का (एक स्थान से दूसरे) जाना; (*continue : play*) (नाटक आदि) चलते होना; (*: contract*) जारी रहना, वैध रहना; (*slide : drawer etc*) खिसकना, आगे-पीछे होना; (*flow : river, bath*) बहना; (*in election*) (चुनाव में) खड़े होना; **there was a run on** (*meat, tickets*) की बहुत मांग थी; **in the long run** अंत में, बाद में तो; **on the run** (मैदान छोड़ कर) भाग रहे, पीछे हट रहे; **I'll run you to the station** मैं तुम्हें (कार से) स्टेशन पहुंचा दूंगा; **to run a risk** खतरा मोल लेना; **to run about** *or* **around** *vi* (*children*) उछल-कूद करना, भाग-दौड़ करना; **to run across** *vt* दौड़कर पार करना; (*find*) पाना; **to run away** *vi* छोड़ कर चले जाना, भाग जाना; **to run down** *vt* (*production*) घटा देना, कम कर देना; (*factory*) की क्षमता, उत्पादन आदि कम करके महत्व को कम कर देना; (*AUT*) को टक्कर मारकर घायल कर देना; (*criticize*) की आलोचना करना; **to be run down** (*person : tired*) थके होना; **to run in** *vt* (*Brit : car*) ठीक तरह से चालू करना; **to run into** *vt* (*meet: person*) से अचानक मिलना; (*: trouble*) (मुसीबत) में फंस जाना; (*collide with*) से टकरा जाना; **to run off** *vi* भाग जाना // *vt* (*water*) बहा देना; **to run out** *vi* (*person*) बाहर निकल आना; (*liquid*) बह जाना; समाप्त हो जाना; (*lease*) की अवधि समाप्त हो जाना; (*money*) सारा खर्च हो जाना, न

बचना; **to run out of** *vt* (कोई वस्तु) सारी इस्तेमाल कर लेना; **to run over** *vt* (*AUT*) कुचल देना; (*revise*) दोहराना, पुनः अभ्यास कर लेना; **to run through** *vt* (*instructions*) (निर्देश) सरसरी तौर पर पढ़ जाना; **to run up** *vt* (*debt*) (कर्ज़ा) चढ़ा लेना; **to run up against** (*difficulties*) में फंस जाना, से सामना हो जाना; **runaway** *a* (*horse*) बेलगाम; (*truck*) बेकाबू; (*inflation*) अनियंत्रित (महंगाई)

rung (रंङ) **ring** का *pp* // *n* (*of ladder*) सीढ़ी का डंडा

runner ('रनर) *n* (*in race : person*) दौड़नेवाला, धावक; (: *horse*) रेस का घोड़ा; (*on sledge*) स्लेज (बर्फ़ गाड़ी) की लोहे या लकड़ी की पटरी; (*for drawer etc*) (दराज़ आदि के नीचे लगा) घूमने वाला भाग, रनर; (*carpet : in hall etc*) (गलियारे में बिछाने का) कालीन; **runner bean** *n* (*Brit*) एक लंबी फली; **runner-up** *n* प्रतियोगिता में दूसरे स्थान पर खिलाड़ी/टीम

running ('रनिङ) *n* तेज़ी से चलने या बहने की क्रिया; संचालन, प्रबंध // *a* (*water*) बहता हुआ; (*costs*) परिचालन लागत, चलाने का खर्चा; (*commentary*) आंखों देखा (हाल); **to be in/out of the running for sth** (दौड़, चुनाव आदि में) सफलता की संभावना होना/न होना; **6 days running** लगातार 6 दिन

runny ('रनि) *a* पतला, पनियाला (खाद्य-पदार्थ)

run-of-the-mill ('रनव़्दमिल) *a* साधारण, मामूली

runt (रंट) *n* (*offens* भी) नाटा (व्यक्ति); बालिश्तया

run-up ('रनप) *n* : **run-up to sth** (*election etc*) (चुनाव आदि की) पूर्वावधि

runway ('रन्वे) *n* (*AVIAT*) हवाई-पट्टी

rupee (रू'पि) *n* रुपया

rupture ('रप्चर) *n* फटन, दरार; (*MED*) हर्निया (आंत गिरने का रोग)

rural ('रुअरल) *a* ग्रामीण, देहाती

ruse (रूज़) *n* चाल; धोखा, छल

rush (रश) *n* दौड़; झपटने या टूट पड़ने की क्रिया; भारी मांग; (*of crowd*) भीड़-भाड़; (*hurry*) हड़बड़ी; (*current*) पानी या हवा का अचानक तेज़ प्रवाह; (*BOT*) जल बेंत (जिससे टोकरी, चटाई आदि बनती हैं) // *vt* जल्दी अचानक या हड़बड़ा कर आगे ले जाना या धकेलना; पिल पड़ना; झपटना; (*attack : town etc*) धावा बोलना, टूट पड़ना // *vi* जल्दी करना; झपटना या वेगपूर्वक आगे बढ़ना; तेज़ी से निकलना या फैल जाना; **rush hour** *n* प्रातः या संध्या का वह समय जब

अधिकतर लोग काम पर जाते या लौटते हैं

rusk (रस्क) *n* एक प्रकार का कड़ा बिस्कुट, रस

Russia ('रश्अ) *n* रूस; **Russian** *a* रूसी // *n* रूसी (नागरिक); (*LING*) रूसी (भाषा)

rust (रस्ट) *n* ज़ंग, मोरचा // *vi* ज़ंग या मोरचा लगना

rustic ('रस्टिक) *a* देहाती, ग्राम्य; सीधा; गंवारू; अनपढ़ // *n* देहाती, ग्रामवासी; किसान

rusticate ('रस्टिकेट) *vt* व्यवहार आदि में गंवार बना देना; विश्वविद्यालय से (अवधि विशेष) के लिए निकाल देना

rustle ('रसल) *vi* (सूखे पत्तों का) सरसराना // *vt* (*paper*) (काग़ज़ों का पलटते हुए) सरसराना; (*US : cattle*) चुरा ले जाना

rustproof ('रस्ट्प्रूफ़) *a* जिसे ज़ंग न लगे

rusty ('रस्टि) *a* (*object*) जिसे ज़ंग लगा हो; (*fig : person*) जिसे अभ्यास न रहा हो

rut (रट) *n* लीक; स्वभाव या जीवन शैली जिस का अभ्यास हो चुका हो; नाली, खांचा; (*ZOOL*) पशुओं का मदकाल (जब वे बयाने लगते हैं); **to be in a rut** (व्यक्ति का) वही पुराना ढर्रा होना

ruthless ('रूथ्लिस) *a* निर्दयी, निष्ठुर; बेरहम; **ruthlessly** *ad* बेरहमी से

rye (राई) *n* गेहूं जैसा अनाज जो चारे के रूप में और रोटी बनाने के काम आता है

S

Sabbath ('सैबथ) *n* शनिवार (जब यहूदी और कुछ ईसाई सम्प्रदाय विश्राम दिवस मनाते हैं); इतवार, (जब ईसाई पूजा-अर्चना करते और विश्राम दिवस मनाते हैं)

sabotage ('सैबटॉझ़) *n* सड़कों, मशीनों आदि की तोड़फोड़ या विध्वंस जो जानबूझ कर (विशे॰ चोरी-छिपे युद्ध के दौरान) किया जाय // *vt* तोड़-फोड़ करना; **saboteur** *n* (सैब'टर) तोड़-फोड़ करने वाला

sac (सैक) *n* शरीर, पौधे में थैली जैसा अंग

saccharin(e) ('सैकरिन) *n* बनावटी शक्कर

sachet ('सैशे) *n* छोटा लिफ़ाफ़ा या थैली, विशे॰ जिसमें शैम्पू जैसा तरल पदार्थ हो

sack (सैक) *n* (*bag*) बोरा; लूटपाट; (*inf*) बर्ख़ास्तगी, नौकरी से निकाले जाने की क्रिया; *sl* बिस्तर // *vt* नौकरी से निकाल देना; नगर जीत कर उसमें लूट-पाट मचाना; **to get the sack** नौकरी से निकाले जाना; **sacking** *n* टाट जिससे बोरे बनते हैं

sacrament ('सैक्रमंट) *n* ईसाई धर्म का संस्कार, विशे॰ यशु मसीह के अन्तिम भोज से सम्बन्धित

sacred ('सेक्रिड) *a* पवित्र, पावन; धार्मिक; सुरक्षित, आरक्षित

sacrifice ('सैक्रिफ़ाइस) *n* त्याग, उत्सर्ग; त्यक्त वस्तु; बलि देने की क्रिया; बलि, कुर्बानी // *vt* बलि देना; त्याग करना

sacrilege ('सैक्रिलिज) *n* किसी पवित्र वस्तु या स्थान का दुरुपयोग या अपवित्री- करण

sacrosanct ('सैक्रोसैंक्ट) *a* परम-पावन; अलंघनीय

sad (सैड) *a* उदास, दु:खी; असन्तोष-जनक; बहुत बुरा; **sadden** *vt* दु:खी या उदास कर देना

saddle ('सैड्ल) *n* घोड़े की काठी, ज़ीन; साइकल की गद्दी; मांस का पारचा; पहाड़ की मेढ़ // *vt* ज़ीन या काठी डालना; **to be saddled with sth** (किसी पर) बोझ या ज़िम्मेदारी पड़ना // *a* काठी जैसा; **saddlebag** *n* काठी के साथ लगा थैला

sadism ('सेडिज़्म) *n* परपीड़न से (काम-) सुख प्राप्त करने की प्रवृत्ति

sadistic (स'डिस्टिक) *a* परपीड़न-शील (दूसरों के दुख से सुख पाने वाला)

sadness ('सैड्निस) *n* उदासी

s.a.e. *stamped addressed envelope* का संक्षेप

safari (स'फ़ारि) *n* शिकारियों का दल, विशे॰ अफ़्रीक़ा में; **safari park** *n* मैदान जहां दर्शक कार में बैठे-बैठे शेर-चीतों को देख सकते हैं

safe (सेफ़) *a* ख़तरे से बाहर, सुरक्षित; जिसमें ख़तरा न हो, निरापद; (*cautious*) सावधान, सतर्क; (*sure : bet etc*) पक्का, निश्चित; **safe from** (से) सुरक्षित; **safe and sound** सुरक्षित, सही-सलामत; **(just) to be on the safe side** एहतियात, सावधानी के लिए; **safe-conduct** *n* परवाना राहदारी; **safe-deposit** *n* (*vault*) बैंक आदि का सुरक्षित गोदाम; **safeguard** *n* सुरक्षा, बचाव के उपाय // *vt* सुरक्षित करना; **safekeeping** *n* सुरक्षित रखने की क्रिया या व्यवस्था; **safely** *ad* बिना ख़तरे के, सुरक्षित; बिना दुर्घटना के, सही-सलामत

safety ('सेफ़्टि) *n* सुरक्षा, बचाव; **safety belt** *n* सुरक्षा पेटी; **safety pin** *n* बकसुआ; **safety valve** *n* सुरक्षा वाल्व

saffron ('सैफ़्रन) *n* केसर, ज़ाफ़रान; उस से प्राप्त रंग // *a* केसरिया

sag (सैग) *vi* झोल पड़ना, बैठ जाना; एक ओर लटक जाना; धसकना (बोझ से); स्थान से हट जाना; थक जाना; (कपड़ों का) ढलक जाना, लटकना // *n* झोल; धसकन

saga ('साग्अ) *n* वीरगाथा (विशे॰ प्राचीन नॉर्स वीरों की); आख्यान

sagacious (स'गेशस) *a* विचक्षण; दूरदर्शी, सूझ-बूझ वाला; **sagacity** (स'गैसिटि) *n* सूझ-बूझ, दूरदर्शिता; विचक्षणता

sage (सेज) *n* (*man*) मनीषी, पण्डित; (*herb*) कसूरी मेथी (जिसके पत्ते भोजन को स्वादिष्ट करने में प्रयुक्त होते हैं)

Sagittarius (सैजि'टेॲरइअस) *n* (धनुराशि) राशिचक्र की नौवीं राशि, जिस का काल 22 नवम्बर से 20 दिसम्बर तक होता है

sago ('सेगो) *n* साबूदाना

Sahara (स'हारा) *n* : **the Sahara (Desert)** सहरा (मरुस्थल)

said (सेंड) **say** का *pt, pp*

sail (सेल) *n* पाल; (*trip*) : जहाज़, नाव में यात्रा करना // *vt* (नाव) चलाना या खेना // *vi* (जहाज़ का यात्रा पर) रवाना होना; (यात्री का) जहाज़ में रवाना होना; **to go for a sail** नाव में सैर को जाना; **they sailed into Bombay** उनका जहाज़ बम्बई बन्दरगाह में प्रविष्ट हुआ; **to sail through** *vt, vi* (*fig*) (किसी काम का) आसानी से, बिना बाधा के करना; **sailboat** (*US*) *n* पाल वाली नाव; **sailing** *n* (*SPORT*) पाल वाली नाव खेने का खेल; **to go sailing** पाल वाली नाव में सैर को जाना; **sailing ship** *n* बड़ा समुद्री (यात्री) जहाज़; **sailor** *n* नाविक, जहाज़ी

saint (सेंट) *n* संत, धर्मात्मा

sake (सेक) *n* : **for the sake of** की ख़ातिर/कारण, के लाभ के लिए

salacious (स'लेशस) *a* कामुकतापूर्ण, अश्लील

salad ('सैलड) *n* सलाद; **salad bowl** *n* सलाद का कटोरा; **salad cream** *n* (*Brit*) अंडे की ज़र्दी, सिरके आदि से बना एक प्रकार का सलाद का मसाला; **salad dressing** सलाद में डाला तेल, सिरका आदि

salami (स'लामि) *n* एक मसालेदार सासिज (कीमे से बना व्यंजन)

salary ('सैलरि) *n* वेतन, पगार, तनख़ाह

sale (सेल) *n* बिक्री; कम कीमत पर बिक्री; **'for sale'** 'बिक्री के लिए'; **on sale or return** व्यवस्था जिसमें परचूनिया बचा हुआ माल थोकव्यापारी को लौटा देता है; **sale room** *n* नीलामीघर; **sales assistant**, (*US*) **sales clerk** *n* दुकान का कर्मचारी; **salesman** *n* दुकान का कर्मचारी; घूम-फिर कर माल बेचने वाला; **saleswoman** *n* दुकानदार की सहायक लड़की

salient ('सेलिअंट) *a* प्रमुख, उल्लेखनीय; उभरा हुआ, बाहर को निकला हुआ

saline ('सेलाइन) *a* जिसमें रसायनिक नमक, विशे॰ खाने का नमक हो, नमकीन

saliva (स'लाइव्अ) *n* लार, थूक; **salivary** *a* लारभरा

Salk vaccine (सॉक 'व्रेक्सीन) *n* पोलियो की रोकथाम की दवाई

sallow ('सैलो) *a* पीला, फीका

salmon ('सैमन) *n* (*pl inv*) बड़े आकार की चमकीली मछली, सामन

saloon (स'लून) *n* (*US*) शराबघर; यात्री जहाज़ का बड़ा कमरा; विशेष प्रयोजन (बिलियड्र्स आदि) के लिए सार्वजनिक कक्ष; (*Brit AUT*) कार जिसमें दो या चार दरवाज़े और 4 या 6 यात्रियों के बैठने का स्थान हो

salt (सॉल्ट) *n* नमक; तेज़ाब और धातु का रासायनिक मिश्रण // *vt* नमक लगाना या उसमें डाल कर सुरक्षित रखना; **to salt away** *vt* (*col* : *money*) (रुपया पैसा) बचा कर रखना; **salt cellar** *n* नमकदान; **salt-water** *a* समुद्री पानी की (मछली आदि); **salty** *a* नमकीन, नमक जैसा

salubrious (स'लूब्रिअस) *a* स्वास्थ्यवर्द्धक; लाभकारी

salutary ('सैल्यूटरि) *a* हितकर, लाभप्रद

salute (स'लूट) *n* अभिवादन, नमस्कार का शब्द; हाथ उठा कर सलाम करने की क्रिया (जैसे सेना में); (सेना में सम्मान प्रदर्शन के लिए) तोपों की सलामी // *vt* नमस्कार करना, अभिवादन करना; प्रशंसा करना

salvage ('सैल्विज) *n* जहाज़ या सम्पत्ति को नष्ट होने से बचाने की क्रिया; इस प्रकार बचाई सम्पत्ति // *vt* नष्ट होने से बचाना

salvation (सैल्'वेशन) *n* मुक्ति, मोक्ष; निस्तार; **Salvation Army** *n* एक समाजसेवी संगठन

salve (सैल्व़) *n* मरहम, मलहम // *vt* मरहम लगाना; शांत करना

salvo ('सैल्व़ो) *n* बन्दूकों, तोपों आदि का इकट्ठे छूटना; (गोलों की) बौछार, बाढ़

same (सेम) *a* वैसा ही; उस जैसा *pronoun* जिसकी चर्चा अभी हुई हो, वही; **the same** वही; **the same book as** वैसी ही किताब; **at the same time** उसी समय, तभी; **all** *or* **just the same** वैसा ही; **to do the same** वही करना; **to do the same as sb** वही करना जैसा कोई और कर रहा हो; **the same to you!** आप को भी (बधाई हो) (शुभकामनाऐं); (किसी के गाली देने पर) तुम्हारे साथ भी ऐसा ही हो !

sample ('साम्पल) *n* बानगी, नमूना; (*MED*) पेशाब आदि की मात्रा जो परीक्षण के लिए दी जाय // *vt* बानगी लेना या देना; परखना; खा या पहन कर देखना; चुनना

sanatorium (सैन'टॉरिअम) *n* पुराने रोगियों का अस्पताल, आरोग्य-स्थान, सैनिटोरिअम

sanctify ('सैंक्टिफ़ाइ) *vt* पवित्र, शुद्ध करना; पापमुक्त करना

sanctimonious (सैंक्टि'मोनिअस) *a* जो पवित्रता का ढोंग करे, पाखण्डी, बगुलाभगत

sanction ('सैंक्शन) *n* मंज़ूरी, अनुमति; आदेश या अधिकार, संस्वीकृति; कानून के उल्लंघन का दण्ड, अनुशास्ति // *vt* अनुमति, आदेश या अधिकार देना; **sanctions** *npl* एक राज्य द्वारा दूसरे के विरुद्ध किसी कानून या अधिकार का उल्लंघन करने पर किया गया बायकाट या अन्य कार्यवाही

sanctity ('सैंक्टिटि) *n* पवित्रता

sanctuary ('सैंक्ट्युरि) *n* (*holy place*) पवित्र स्थान; (*refuge*) शरण स्थल, (*for wild life*) अभयारण्य; पशुविहार

sand (सैंड) *n* रेत, बालू // *vt* रेगमार से रगड़ना; रेत से ढकना या रेत मिलाना; **sands** *npl* रेत-भरा स्थान जैसे मरुस्थल या समुद्रतट

sandal ('सैंड्ल) *n* सैंडल (तस्मे वाला जूता)

sandalwood ('सैंड्लवुड) *n* चंदन, संदल की लकड़ी

sandbox ('सैंड्बॉक्स) *n* (*US*) = **sandpit**

sandcastle ('सैंड्कॉसल) *n* बालू का घर (जो बच्चे खेल-खेल में बनाते हैं)

sandpaper ('सैंड्पेपर) *n* रेगमार, रेगमाल

sandpit ('सैंड्पिट) *n* बच्चों के खेलने के लिए रेत से भरा गड्ढा

sandstone ('सैंड्स्टोन) *n* भुरभुरा पत्थर

sandwich ('सैन्विच) *n* पावरोटी के दो टुकड़ों के बीच मांस, टमाटर आदि रख कर बनाया व्यंजन, सैन्डविच // *vt* (**sandwich in** भी); दो चीजों के बीच रखना; **cheese/ham sandwich** पनीर/सूअर के मांस से बना सैंडविच; **sandwich board** *n* इश्तहारों के दो तख्ते जो आगे-पीछे लटका लिए जाते हैं; **sandwich course** *n* (*Brit*) पाठ्यक्रम जो रोज़गार के साथ-साथ चले

sandy ('सैंडि) *a* बालू या रेत का, उस से भरा या उस जैसा, भूरा

sane (सेन) *a* (*person*) स्वस्थ मन वाला, समझदार; (*outlook*) समझदारी का

sang (सैङ) **sing** का *pt*

sanguine ('सैंग्विन) *a* हंसमुख, आत्मविश्वास वाला

sanitary ('सैनिटरि) *a* धूल, मिट्टी और गन्दगी से स्वास्थ्य की रक्षा सम्बन्धी; स्वच्छ; **sanitary towel**, (*US*) **sanitary napkin** *n* रजस्वला स्त्री द्वारा प्रयुक्त कपड़ा

sanitation (सैनि'टेशन) *n* सार्वजनिक स्वास्थ्य की रक्षा के लिए की गयी कार्यवाही या व्यवस्था; सफ़ाई व्यवस्था;

sanity 580 **saucer**

स्वच्छता; **sanitation department** *n* (*US*) सफ़ाई-विभाग

sanity ('सैनिटि) *n* मानसिक स्वास्थ्य; (*common sense*) सूझबूझ

sank (सैंक) **sink** का *pt*

Santa Claus (सैंट्‌अ 'क्लॉज़) *n* क्रिसमस के पर्व का प्रतीक संत

sap (सैप) *n* पेड़-पौधों का रस (दूध); ओज, तेज, स्फूर्ति // *vt* रस निकाल लेना; धीरे-धीरे या गुप्त रूप से नष्ट कर देना; निस्तेज या शक्तिहीन कर देना; दुर्बल या कमज़ोर कर देना

sapling ('सैप्लिङ) *n* पौधा

sapphire ('सैफ़ाइअर) *n* नीलम, नीलमणि

sarcasm ('सार्कैज़्म) *n* व्यंग्य, ताना, कटाक्ष; बोली-ठोली

sardine (सार्'डीन) *n* एक छोटी मछली, सार्डीन

sardonic (सार्'डॉनिक) *a* व्यंग्यात्मक; उपहासपूर्ण, खिल्ली उड़ाने वाला

sash (सैश) *n* कमरबन्द; शरीर के गिर्द लपेटा चौड़ा फ़ीता; खिड़की का लकड़ी का चौखटा जो झिरी पर ऊपर-नीचे किया जा सकता है, संधार, चौखटा

sat (सैट) **sit** का *pt, pp*

Satan ('सेटन) *n* शैतान; **satanic(al)** (स'टेनिक्)(ल)) *a* शैतानी, पैशाचिक, अति दुष्ट

satchel ('सैचल) *n* छोटा थैला, विशे॰ स्कूल का बस्ता

sated ('सेटिड) *a* छका या अघा हुआ

satellite ('सैटलाइट) *a, n* उपग्रह (प्राकृतिक या मानव-निर्मित); पिछलग्गू; अधीन (राज्य)

satiate ('सेशिएट) *vt* पूर्णतया तृप्त करना, छका देना

satin ('सैटिन) *n* रेशम, रेयान आदि का मुलायम, चमकदार कपड़ा, साटन // *a* साटन का या उस जैसा

satire ('सैटाइअर) *n* व्यंग्य रचना, भ्रष्टता और मूर्खता का परदाफ़ाश करने के लिए व्यंग्य का प्रयोग

satisfaction (सैटिस्'फ़ैक्शन) *n* सन्तोष, तुष्टि

satisfactory (सैटिस्'फ़ैक्टरि) *a* संतोषजनक

satisfy ('सैटिस्फ़ाइ) *vt* संतुष्ट करना; (की) इच्छा पूरी करना; अदा करना, भुगतान करना; पूरा करना (शर्तें आदि); पूरी या समुचित मात्रा में देना; (*convince*) विश्वास दिलाना; **satisfying** *a* संतोषप्रद

saturate ('सेचरेट) *vt* तर-ब-तर कर देना, शराबोर कर देना; पूरी तरह भिगो देना

Saturday ('सैटर्डे) *n* शनिवार

sauce (सॉस) *n* भोजन का स्वाद सुधारने के लिए उसमें डाला तरल पदार्थ; चटनी; **saucepan** *n* देगची जिसमें लम्बा दस्ता लगा हो

saucer ('सॉसर) *n* प्याले के नीचे

रखने की तश्तरी; पिर्च

saucy ('सॉसि) *a* धृष्ट, ढीठ

sauna ('सौन्अ) *n* (नहाने के लिए) भाप, भाप-स्नान

saunter ('सॉन्टर) *vi* चहलकदमी करना; **to saunter to** तक चहल-कदमी करते हुए जाना

sausage ('सॉसिज) *n* पशु की अंतड़ी में कीमा भर कर बना व्यंजन, सॉसिज; **sausage roll** *n* मैदे का बेलनाकार टुकड़ा जिसमें सासिज डाल दिया जाता है

savage ('सैविज) *a* जंगली; भीषण, खूंखार; असभ्य; वहशी // *n* जंगली या वहशी कबीले का सदस्य; बर्बर // *vt* नृशंसता से आक्रमण करना; **savagery** *n* नृशंसता, क्रूरता, बर्बरता

save (सेव़) *vt* (व्यक्तियों, सामान आदि) की रक्षा करना, बचा कर लाना; बचत करना; समय या भोजन का उचित उप-योग करना; (गोल आदि) रोक लेना, बचा लेना; (*COMPUT*) प्रोग्राम टेप या डिस्क पर उतार लेना // *vi* (**save up** भी) बचत करना // *n* (*SPORT*) गोल रोकने की क्रिया // *prep* सिवाए

saving ('सेविंग) *n* बचत // *a* : **the saving grace of** की कृपा; **savings** *npl* बचत की राशि; **savings bank** *n* बचत बैंक

saviour, (*US*) **savior** ('सेव़्यर) *n* उद्धारक, निस्तारक

savour, (*US*) **savor** ('सेव़र) *n* विशिष्ट स्वाद; सुगंध, गंध; विशिष्ट गुण // *vt* सुगंध, स्वाद देना; आनंद लेना; रस लेना; अच्छा लगना // *vi* विशिष्ट स्वाद या सुगंध होना; (का) पुट होना; **savoury** *a* स्वादिष्ट, सुगंधित; मसालेदार // *n* (भोजन से पहले खाया जाने वाला) मसालेदार व्यंजन; चाट

saw (सॉ) **see** का *pt* // *n* आरा, आरी // *vt* (*pt* **sawed**, *pp* **sawed** *or* **sawn** (सॉन)) आरे से काटना, चीरना // *vi* आरा चलाना; **sawdust** *n* लकड़ी का बुरादा; **saw-mill** *n* आरा मशीन; **sawn-off shotgun** *n* बंदूक जिसकी नली काट दी गयी हो

Saxon ('सैक्सन) *n* मध्ययुग में उत्तरी जर्मनी से आकर यूरोप भर में फैल जाने वाले वर्ग का सदस्य, सैक्सन

saxophone ('सैक्सफ़ोन) *n* एक बाजा जो फूंक कर बजाया जाता है, सैक्सोफ़ोन

say (से) *n* : **to have one's say** (किसी विषय पर) अपनी बात कहने का अधिकार होना; **to have a** *or* **some say in sth** किसी विषय पर निर्णय करने का कुछ अधिकार होना // *vt* (*pt, pp* **said**) कहना; **could you say that again?** आप अपनी बात दोहराइएगा?; **that goes without saying** यह कहने की आवश्यकता

नहीं; **saying** *n* कहावत

scab (स्कैब) *n* (घाव का) खुरंड; त्वचा की बीमारी, पामा; पौधों की एक बीमारी; (*offens*) मज़दूर जो हड़ताल तोड़ने में सहायक हो

scabbard ('स्कैबर्ड) *n* (तलवार की) म्यान

scabies ('स्केबीज़) *n* त्वचा की एक बीमारी, खुजली, ख़ारिश

scaffold ('स्कैफ़ल्ड) *n* पाड़, इमारत खड़ी कर रहे मज़दूरों के लिए अस्थायी ढांचा; फांसी का तख्ता; **scaffolding** *n* पाड़ बनाने का सामान

scald (स्कॉल्ड) *n* झुलसने से हुआ घाव // *vt* गरम द्रव या भाप से झुलसा देना; उबलते पानी से साफ़ और कीटाणु-रहित करना; तरल पदार्थ को लगभग उबाल बिन्दु तक गरम करना

scale (स्केल) *n* (मछली की त्वचा का) छिलका, शल्क; (संगीत का) स्वरग्राम; पैमाना; (थर्मामीटर आदि पर) नाप का निशान; (वेतन का) मान; (मानचित्र का) माप (क्रम) // *vt* पर्वत पर चढ़ना **scales** *npl* तराज़ू, कांटा; **on a large scale** बड़े पैमाने पर; **scale of charges** कीमत-सूची; (*ECON*) किराए/भाड़े का मान; **to scale down** *vt* आकार के अनुपात में कम कर देना; **scale model** *n* अनुपात का मॉडल

scallop ('स्कैलप) *n* घोंघा; घोंघे के आवरण के समान वक्र हाशिया या गोट // *vt* घोंघे के ख़ोल जैसा बनाना; उसी ख़ोल में या वैसे बरतन में पकाना

scalp (स्कैल्प) *n* सिर की खाल (बालों समेत) // *vt* बालों समेत सिर की खाल उतारना

scalpel ('स्कैल्पल) *n* शल्यक्रिया करने वाले (सर्जन) का चाकू

scamp (स्कैम्प) *n* शरारती पुरुष या बच्चा

scamper ('स्कैम्पर) *vi* : **to scamper away, scamper off** भाग जाना, चौकड़ी भरना

scampi ('स्कैंपि) *npl* बड़ी झींगा मछली

scan (स्कैन) *vt* ध्यान से देखना; छान-बीन करना; लय के साथ पढ़ना; परीक्षण करना; (*RADAR*) चारों दिशाओं में टटोलना, खोजना; छिछलती निगाह डालना // *vi* कविता का छन्द के अनुसार होना // *n* छानबीन; परीक्षण; **scanner** ('सेकैनर) *n* टोह लगाने वाला इलेक्ट्रॉनिक उपकरण

scandal ('स्कैण्ड्ल) *n* कार्य या घटना जो बदनामी का कारण मानी जाय; कलंक, बुराई; बदनामी; चुग़ली, चुग़लखोरी; **scandalize** *vt* आघात पहुंचना, विक्षुब्ध करना; **scandalous** *a* लज्जाजनक; अपमानजनक

scant (स्कैन्ट) *a* बहुत कम, अल्प; अपर्याप्त; **scanty** *a* कम, अपर्याप्त अल्प

scapegoat ('स्केप्गोट) *n* व्यक्ति जिस पर किसी और के किए का आरोप लगें, बलि का बकरा

scapegrace ('स्केप्ग्रेस) *n* शरारती या बदमाश व्यक्ति

scar (स्कार) *n* घाव का निशान, दाग़; किसी भावात्मक कष्ट का परिणाम // *vt* घाव का भर कर निशान छोड़ जाना

scarce (स्केअर्स) *a* दुष्प्राप्य, दुलर्भ; विरल, विरला; अपर्याप्त, कम; **scarcely** *ad* बड़ी मुश्किल से, नहीं के बराबर; निश्चय ही या शायद नहीं; **scarcity** *n* कमी, अभाव

scare (स्केअर) *n* डर, आतंक // *vt* डराना, आतंकित करना; **to scare sb stiff** इतना डराना कि सिट्टी गुम हो जाय; **bomb scare** यह डर कि कहीं बम रखा है; **scarecrow** *n* पक्षियों को डराने के लिए खेत में रखा फूस का आदमी; **scared** *a* : **to be scared** बहुत डर जाना

scarf, *pl* **scarves** (स्कार्फ़, स्कार्व्ज़) *n* गले पर लपेटने या सिर पर बांधने की लम्बी, संकरी पट्टी, गुलूबंद, रूमाल

scarlet ('स्कार्लिट) *n* चमकीला लाल रंग; इस रंग का कपड़ा, विशे॰ फ़ौजी वरदी // *a* इस रंग का; चरित्रहीन, विशे॰ ऐसी (स्त्री); **scarlet fever** *n* बुखार जिसमें लाल दाने निकल आते हैं

scathing ('स्केदिङ) *a* तीव्र (आलोचना), कटु

scatter ('स्कैटर) *vt* बिखेरना; छितराना; छिड़कना, प्रकीर्ण करना // *vi* तितर-बितर हो जाना; **scatter-brained** *a* मूर्ख, बुद्धिहीन

scavenger ('स्कैविन्जर) *n* कूड़ा-कबाड़ इकट्ठा करने वाला; पशु या पक्षी जो गन्दगी या कूड़ा-कबाड़ पर जीता है

scenario (सि'नारिओ) *n* नाटक के कथानक का संक्षेप या उस की व्याख्या; दृश्य-विधान

scene (सीन) *n* (उपन्यास, नाटक आदि का) घटनास्थल; (*THEATRE*) नाटक का अंश, दृश्य; घटना; तमाशा; प्रदर्शन (गुस्से आदि के कारण उठा बवंडर); **scenery** *n* प्राकृतिक दृश्य, परिदृश्य; मंचसज्जा; **scenic** *a* सुरम्य; नाटक मंच का

scent (सेण्ट) *n* कोई गंध, विशे॰ सुगंध; खोज; सुराग़, निशान; पता; इतर, खुशबू // *vt* सूंघ लेना या सूंघ कर पता लगा लेना; सन्देह होना, खटका होना; सुगन्धित कर देना

sceptic ('स्कॅप्टिक) *n* जिसे सन्देह या संशय हो; अज्ञेयवादी; संशयात्मक; अविश्वासी; **sceptical** ('स्कैप्टिकल) *a* संशयात्मा, अविश्वासी

schedule ('शॅड्यूल), (*US*) ('स्केड्यूल) *n* किसी परियोजना की प्रक्रिया; सूची, अनुसूची; कार्यक्रम // *vt* सूची या कार्यक्रम में लिखना; किसी समय विशेष पर करने की योजना बनाना; **on schedule** नियत समय पर;

ahead of/behind schedule नियत समय से पहले/बाद में; **scheduled caste** *n* (*INDIA*) अनुसूचित जाति; **scheduled flight** *n* निश्चित या नियमित उड़ान

scheme (स्कीम) *n* योजना, स्कीम; रूपरेखा; परियोजना; इरादा; षड़यंत्र // *vt, vi* योजना बनाना विशे॰ गुप्तरूप से; **scheming** *a* मनसूबेबाज़; षड़यंत्रकारी // *n* षड़यंत्र

schizophrenia (स्कित्सो'फ़्रीनिअ) *n* मानसिक रोग जिसमें व्यक्तित्व के बारे में भ्रम हो जाता है, खण्डित मनस्कता; स्कि्ज़ोफ़्रीनिया

scholar ('स्कालर) *n* विद्वान; **scholarly** *a* विद्वत्तापूर्ण, पांडित्यपूर्ण; **scholarship** *n* विद्वत्ता; छात्रवृत्ति

school (स्कूल) *n* पाठशाला, स्कूल; स्कूल का भवन; विचार सम्प्रदाय // *cpd* स्कूल सम्बन्धी // *vt* पढ़ाना; नियंत्रण में लाना; (*animal*) सधाना; प्रशिक्षित करना; **schoolbook** *n* (स्कूल की) पाठ्यपुस्तक; **schoolboy** *n* स्कूल का लड़का/छात्र; **schoolchildren** *npl* स्कूली बच्चे/छात्र; **schooldays** *npl* स्कूल में पढ़ाई के दिन; **schoolgirl** *n* स्कूल की लड़की/छात्रा; **schooling** *n* पढ़ाई, शिक्षा; **schoolmaster** *n* स्कूल का अध्यापक; **schoolmistress** *n* स्कूल की अध्यापिका; **schoolteacher** *n* स्कूल का अध्यापक/अध्यापिका

sciatica (साइ'ऐटिक्अ) *n* नितम्ब और जांघ की नाड़ी में पीड़ा

science ('साइन्स) *n* विज्ञान; शास्त्र; **science fiction** *n* विज्ञान कथा, वैज्ञानिक ज्ञान के आधार पर भावी घटनाओं की कल्पित कहानियां, उपन्यास आदि; **scientific** (साइं'टिफ़िक) *a* वैज्ञानिक; व्यवस्थाबद्ध; **scientist** *n* वैज्ञानिक

scissors ('सिज़र्ज़) *npl* (विशे॰ **pair of scissors**) कैंची

scoff (स्कॉफ़) *vt* (*Brit col : eat*) भकोसना // *vi* : **to scoff (at)** (किसी की) खिल्ली उड़ाना, उपहास करना

scold (स्कोल्ड) *vt* डांटना, झिड़कना; भर्त्सना करना

scone (स्कोन) *n* छोटा, सादा केक

scoop (स्कूप) *n* बेलचे जैसा छोटा उपकरण जो कलछी, डोई या गोलची के रूप में प्रयुक्त होता है; (*sl*) बहुत लाभकारी सौदा; (*PRESS*) विशेष समाचार (जो किसी एक ही संवाददाता को प्राप्त हो), स्कूप; **to scoop out** *vt* कलछी आदि से डालना; डोई आदि से समेटना; **to scoop up** *vt* समेट लेना

scooter ('स्कूटर) *n* हल्का मोटर साइकल, स्कूटर; बच्चे की खिलौना गाड़ी जिसे एक पैर से धकेला जाता है

scope (स्कोप) *n* गुंजाइश; विस्तार, प्रसार; विषय-क्षेत्र; परास, मार; मौका,

scorch 585 scrabble

अवसर; (व्यक्ति की) सामर्थ्य; **within the scope of** के क्षेत्र/परास में

scorch (स्कॉर्च) *vt* (*clothes*) गरम इस्तरी का दाग़ डाल देना; (*earth, grass*) झुलसा देना, सुखा देना

score (स्कोर) *n* खेल में प्राप्त अंक; बीस का समूह, कोड़ी, बीसी; बहुत अधिक (विशे॰ *pl* में); स्वर-लिपि, संगीत लेख // *vt* (*points*) खेल में अंक प्राप्त करना; (*goal*) करना; संगीत-लेखन करना; (*success*) प्राप्त करना // *vi* (*FOOTBALL*) गोल करना; खेल में खिलाड़ियों द्वारा प्राप्त बिन्दुओं का हिसाब रखना; सफल होना; **on that score** उस दृष्टिकोण से/आधार पर; **to score 6 out of 10** दस में से छह अंक लेना; **to score out** *vt* काट देना, हटा देना (नाम आदि); **scoreboard** *n* अंकफलक, अंकपट्ट, स्कोरबोर्ड

scorn (स्कॉर्न) *n* तिरस्कार; उपहास // *vt* घृणा करना

Scorpio ('स्कार्पिओ) *n* राशिचक्र की आठवीं राशि, वृश्चिक, जिस का समय 23 अक्तूबर से 21 नवम्बर तक होता है

scorpion ('स्कॉर्पिअन) *n* बिच्छू

Scot (स्कॉट) *n* स्काटलैंड का निवासी

scotch (स्कॉच) *vt* समाप्त कर देना, (का) अंत कर देना; **Scotch** *n* स्काटलैंड की व्हिस्की

scot-free ('स्कॉट् फ्री) *ad* : **to get off scot-free** बिना किसी हानि के, बिना कुछ खोए बच निकलना

Scotland ('स्काट्लंड) *n* स्काटलैंड (एक देश)

Scots (स्कॉट्स) *a* स्काटलैंड का; **Scotsman/Scotswoman** *n* स्काटलैंड का पुरुष/की नारी

Scottish ('स्कॉटिश) *a* स्काटलैंड का (निवासी)

scoundrel ('स्काउन्ड्रल) *n* बदमाश, लुच्चा, दुष्ट, दुर्जन

scour ('स्काउअर) *vt* साफ़ करना; मांजना; खंगालना; (किसी चीज़ की खोज में तेज़ी से किसी क्षेत्र में) घूमना, छान डालना

scourge (स्कर्ज) *n* विपत्ति, अनिष्ट; बीमारी; अनर्थ, मुसीबत

scout (स्काउट) *n* (*MIL*) टोह लगाने के लिए भेजा गया व्यक्ति; गुप्तचर; स्काउट संघ का सदस्य; (**boy scout** भी) बालचर; **to scout around** *vi* टोह लगाने के लिए जाना; पता लगाना, जानकारी इकट्ठी करना

scowl (स्काउल) *vi* त्योरी चढ़ाना, क्रोधभरी दृष्टि से देखना; बिसूरना; **to scowl at** किसी को गुस्से से देखना

scrabble ('स्क्रैबल) *vi* : **to scrabble (at)** अव्यवस्थित ढंग से हाथों या पंजों से खरोचना; (**scrabble around** भी) ढूंढना; खोजना // *n* अक्षरों को जोड़ कर शब्द बनाने का एक खेल,

स्क्रैबल ®

scraggy ('स्क्रैगि) *a* दुबला-पतला, मरियल

scram (स्क्रैम) *vi* (*col*) भाग जाना, दफ़ा हो जाना

scramble ('स्क्रैम्ब्ल) *n* छीना-झपटी // *vi* हाथ-पांव के बल चलना या चढ़ना; रेंगना; **to scramble out** (विमान कर्मचारियों का) जल्दी में विमान को उड़ा कर ले जाना; **to scramble for** (किसी चीज़ के लिए) संघर्ष करना, छीना-झपटी करना; **scrambled eggs** *npl* फैंटे अंडों से बना व्यंजन

scrap (स्क्रैप) *n* टुकड़ा; कतरन; काठ-कबाड़; (**scrap iron** भी) रद्दी लोहा; हाथापाई, मारपीट // *vt* बेकार समझ कर फैंक देना या बेकार वस्तु के टुकड़े कर देना // *vi* (*fight*) हाथापाई या मारपीट करना; **scraps** *npl* टुकड़े; **scrapbook** *n* नोटबुक या एल्बम जिसमें समाचार-पत्रों की कतरनें आदि रखी जाती हैं; **scrap dealer** *n* कूड़-कबाड़ बेचने वाला, कबाड़ी

scrape (स्क्रेप) *vt, vi* खुरचना; खुरच कर साफ़ करना; खड़खड़ की आवाज़ करना // *n* : **to get into a scrape** शरारत कर के किसी मुसीबत में पड़ जाना; **to scrape through** किसी प्रकार सफल हो जाना; **scraper** *n* खुरचनी, रांपी

scrap : scrap heap *n* (*fig*) : **on the scrap heap** जो रद्दी समझ कर फैंक दिया गया हो, बेकार, परित्यक्त; **scrap merchant** *n* (*Brit*) कबाड़ी; **scrap paper** *n* काग़ज़ की कतरनें या बेकार टुकड़े

scratch (स्क्रैच) *n* खरोंच का घाव या निशान; पंजे मारने की क्रिया // *a* : **scratch team** कामचलाऊ दल // *vt* खरोंचना, खरोंच के निशान डालना या वैसी आवाज़ निकालना; पंजों से कुरेदना // *vi* खुजाना (पंजों या नाखूनों से); **to start from scratch** शुरु से (जब कुछ न हो) काम शुरु करना; **to be up to scratch** किसी कसौटी/मापदंड के अनुरूप होना

scrawl (स्क्रॉल) *vi* घसीट कर लिखना // *n* इस प्रकार लिखे शब्द आदि; असावधानीपूर्वक लिखी लिखावट

scrawny ('स्क्रॉनि) *a* दुबला-पतला, हड्डियों का ढेर

scream (स्क्रीम) *n* चीख़; (*col*) हास्यास्पद व्यक्ति या वस्तु // *vi* चीख़ना, विशे॰ डर या पीड़ा से; बहुत स्पष्ट होना // *vt* चीख़ मार कर कहना

scree (स्क्री) *n* कंकड़-पत्थर जो ढुलकते रहें; ऐसे पत्थरों से ढकी ढलान, शैल-मलबा

screech (स्क्रीच) *vi* चीख़ना // *n* चीख़; ब्रेक लगने पर टायरों के घिसने की आवाज़

screen (स्क्रीन) *n* परदा, पट; चिक, चिलमन; खिड़कियों, दरवाज़ों पर लगी

screw 587 **scuffle**

जाली; (*CINEMA, TV*) परदा, पट; कार आदि के आगे का कांच; (*fig*) धोखे की टट्टी // *vt* शरण देना, छिपाना; देखे जाने से बचाना; (चलचित्र) दिखाना; निरीक्षण या छानबीन करना; लोगों के समूह का निरीक्षण करना जिससे कि यह पता चल सके कि उन्हें कोई रोग या उन के पास हथियार तो नहीं हैं; **screening** *n* (*MED*) डाक्टरी परीक्षा; **screenplay** *n* पटकथा

screw (स्क्रू) *n* पेच, पेंच; पेंच जैसी कोई भी वस्तु; जहाज़ का पंखा; फेर // *vt* पेंच से कसना; मोड़ना; बरबाद कर देना; **to screw up** (*col* : *ruin*) *vt* विकृत कर देना; (*col*) काम बिगाड़ देना; **screwdriver** *n* पेचकश

scribble ('स्क्रिब्ल) *vt* लापरवाही से (रेखाएं आदि) खींचना, घसीटना; निरर्थक चिन्ह, शक्लें बनाना // *n* घसीट; घसीट कर लिखी गयी लिखावट

scribe (स्क्राइब) *n* लेखक; लिपिक; पत्रकार

scrip (स्क्रिप) *n* प्रमाणपत्र, विशे॰ कम्पनी का शेयर-प्रमाणपत्र, प्रतिभूति पत्र, स्क्रिप

script (स्क्रिप्ट) *n* लिखावट, लिपि; (*CINEMA etc*) कार्यक्रम का आलेख, स्क्रिप्ट; परीक्षा में उत्तर पुस्तिका

Scripture ('स्क्रिप्चर) *n* धर्मग्रंथ; बाइबल

scroll (स्क्रॉल) *n* (काग़ज़ का) खर्रा, चीरक; सूची; मरगोल (खर्रे जैसी सजावट)

scrounge (स्क्राउंज) *vt* (*col*) : **to scrounge sth (off** *or* **from sb)** किसी से कोई चीज़ मांग कर गुज़ारा करना; **to scrounge on sb** किसी पर बोझ होना, किसी के पैसे पर पलना, मुफ्तख़ोरी करना

scrub (स्क्रॅब) *n* साफ़ करने या रगड़ने की क्रिया; झाड़, झाड़ी // *vt* पानी और ब्रुश से साफ़ करना; खुरचना; रद्द कर देना (कार्यक्रम आदि); पिण्ड, पीछा छुड़ाना

scruff (स्क्रफ़) *n* : **by the scruff of the neck** गुद्दी, गरदन के पिछले भाग (से पकड़ कर)

scruffy ('स्क्रफ़ि) *a* गंदा, मैला-कुचैला

scrum(mage) ('स्क्रम(इज)) *n* (*RUGBY*) खेल का फिर से शुरु होना जब अगले खिलाड़ी धक्कापेल कर के गेंद को हथियाने की कोशिश करते हैं; भीड़

scruple ('स्क्रूपल) *n* नैतिक दृष्टि से अच्छे-बुरे के बारे में संशय, धर्मसंकोच, शंका (पाप-पुण्य की)

scrutiny ('स्क्रूटिनि) *n* सूक्ष्म परीक्षण, छानबीन; वोटों आदि की सरकारी जांच; पैनी दृष्टि

scuff (स्कफ़) *vt* पैर घसीट कर चलना, चलते हुए पैर घिसटना

scuffle ('स्कफ़ल) *n* हाथापाई // *vi* हाथापाई करना

scullery ('स्कलरि) *n* बर्तन मांजने का स्थान

sculptor ('स्कल्प्टर) *n* मूर्तिकार

sculpture ('स्कल्प्चर) *n* मूर्तिकला; मूर्ति, प्रतिमा

scum (स्कम) *n* झाग, फेन; कचरा, बेकार का भाग; (*offens*) घटिया किस्म के लोग या वस्तुएं

scupper ('स्कपर) *vt* नष्ट कर देना, बर्बाद कर देना; बिगाड़ देना

scurrilous ('स्करिलस) *a* गंवारू, अभद्र (भाषा आदि); गाली-गलौज भरी (भाषा)

scurry ('स्करि) *vi* अचानक या तेज़ी से दौड़ पड़ना; **to scurry off** अचानक भाग पड़ना

scurvy ('स्कर्वि) *n* विटामिन 'सी' की कमी से उत्पन्न रोग, स्कर्वी

scuttle ('स्कट्ल) *n* (*NAUT*) जहाज़ का फलका या उसका आवरण; (**coal scuttle** भी) आतिशदान, अंगीठी के पास रखा कोयले का बरतन // *vt* पैंदे में छेद करके जहाज़ को डुबो देना // *vi* : **to scuttle away, scuttle off** भाग जाना, चम्पत हो जाना

scythe (साइद) *n* दरांती

SDP (*Brit*) *Social Democratic Party* का संक्षेप

sea (सी) *n* समुद्र, सागर; लहरें // *cpd* समुद्र का या उस से सम्बन्धित; **by sea** जहाज द्वारा (यात्रा); **on the sea** (जहाज़ आदि) जो समुद्र में हो; (नगर) जो समुद्र तट पर हो; **to be all at sea** (*fig*) अंधेरे में होना; समझ न आना; **out to sea** समुद्र की ओर; **(out) at sea** समुद्र में (यात्रा करते होना); **seaboard** *n* समुद्रतट; **seafood** *n* समुद्री जीव (मछलियां आदि) जो भोजन के काम आते हैं; **seafront** *n* समुद्रतट; **seagull** *n* एक समुद्री पक्षी, सामुद्रिकी

seal (सील) *n* सील नाम की मछली जो अंडे देने तट पर आ जाती है; मुहर (का निशान), छाप // *vt* मुहर लगाना; लिफाफ़ा आदि बंद करना; **to seal off** *vt* बंद कर देना; (*forbid entry to*) प्रवेश रोकना

sea level *n* समुद्र तल

seam (सीम) *n* सीवन, जोड़; (*coal*) (खान में) परत

seaman ('सीमन) *n* नाविक, जहाज़ का कर्मचारी

seamy ('सीमि) *a* घिनौना

seance ('सेऑन्स) *n* प्रेतों, आत्माओं को बुलाने वालों की बैठक

seaplane ('सीप्लेन) *n* विमान जो पानी पर उतर सकता है

sear (सिअर) *vt* झुलसाना; दाग़ना; कठोर बना देना

search (सर्च) *n* तलाश, खोज, ढूंढने की क्रिया; तलाशी; जामातलाशी // *vt* ढूंढना, तलाश करना; तलाशी लेना;

छानबीन करना // *vi* : **to search for** की तलाश करना; **to search through** *vt* में ढूंढना; **in search of** की तलाश में; **searching** *a* पैना, कड़ा; पूरी (छानबीन आदि); **searchlight** *n* खोजबत्ती, सर्चलाइट; **search party** *n* गुम हुए को खोजने वाला दल; **search warrant** *n* तलाशी का आदेशपत्र, वारंट

seashore ('सीशोर) *n* समुद्रतट/किनारा; तट के साथ की भूमि

seasick ('सीसिक) *a* जिसे जहाज़ में मतली आती हो

seaside ('सीसाइड) *n* समुद्रतट के साथ की भूमि; **seaside resort** *n* समुद्रतट पर बसा स्वास्थ्यवर्धक स्थान

season ('सीज़न) *n* ऋतु, मौसम; किसी बात, काम, व्यापार के होने की अवधि, काल; उचित समय; मौका // *vt* खाद्य पदार्थ में नमक-मिर्च लगाना; पूर्णरूप से तैयार करना या अधिक उपयोगी बनाना; (अधिक) अनुभवी बनाना; **seasonal** *a* मौसम पर निर्भर, मौसमी; **seasoned** *a* (*fig*) अनुभवी; **seasoning** *n* मिर्च-मसाले; **season ticket** *n* निश्चित अवधि के लिए जारी किया गया टिकट

seat (सीट) *n* बैठने का स्थान, आसन; नितम्ब; आधार; बैठने का अधिकार; (*PARLIAMENT*) सीट; स्थान जहां कोई वस्तु स्थित हो; रोग का स्थान; देहात में निवास-स्थान // *vt* बिठाना, बैठने के स्थान की व्यवस्था करना; स्थापित करना, बैठाना; **seat belt** *n* (विमान या कार की) सीट पर लगी पेटी

sea water *n* समुद्र का पानी

seaweed ('सीवीड) *n* समुद्री शैवाल (घास-पतवार)

seaworthy ('सीवर्दि) *a* (जहाज़) जो समुद्री यात्रा के योग्य हो

sec. **second(s)** का संक्षिप्त रूप

secede (सि'सीड) *vi* (किसी संघ या राष्ट्र आदि से विधिवत) अलग हो जाना; **secession** (सि'सॆशन) *n* अलग होने की क्रिया, संबंध-विच्छेद; **secessionist** *n* अलगाववादी

secluded (सि'क्लूडिड) *a* दूरस्थ; एकांत

seclusion (सि'क्लूझ़न) *n* एकांत-वास

second ('सॆकण्ड) *num* दूसरा // *ad* (दौड़ आदि में) दूसरे स्थान पर // *n* मिनट का साठवां भाग, सैकिंड; (दर्जे में) दूसरे स्थान पर; (*AUT* : **second gear** भी) दूसरा गिअर; (*COMM*) दूसरे दर्जे का माल // *vt* (प्रस्ताव का) समर्थन करना; **secondary** *a* गौण; **secondary school** *n* माध्यमिक स्कूल; **second-class** *a* दूसरी श्रेणी का // *ad* (*RAIL*) दूसरा दर्जा; **secondhand** *a* पुराना (जो पहले इस्तेमाल हो चुका हो); **second hand** *n* घड़ी में सैकिंड की सूई; **secondly**

ad दूसरे; दूसरी बात यह है कि; **secondment** (सि'कांड्मंट) *n* (*Brit*) कर्मचारी का किसी और संगठन में भेजा जाना; **second-rate** *a* घटिया; **second thoughts** *npl* विचार/राय में परिवर्तन; **on second thoughts** *or* (*US*) **thought** फिर सोचने के बाद

secrecy ('सीक्रिसि) *n* गोपनीयता; छिपाव, दुराव

secret ('सीक्रिट) *a* गुप्त, गोपनीय // *n* रहस्य, भेद; **in secret** *ad* गुप्त रूप से, चोरी-छिपे

secretary ('सेक्रिट्रि) *n* सचिव, मंत्री; **Secretary of State (for)** (*Brit POL*) (का) मंत्री

secretive ('सिक्रिटिव़) *a* छिपाऊ, गोपनशील; (*offens*) कपटी

sect (सेक्ट) *n* सम्प्रदाय, पंथ, मत

sectarian (सेंक्'टेअरिअन) *a* साम्प्रदायिक; सकुंचित विचारों का

section ('सेक्शन) *n* काटा हुआ हिस्सा, भाग; विभाग; खण्ड, टुकड़ा; (दस्तावेज़ का) भाग, अनुच्छेद; (*COMM*) विभाग

sector ('सेक्टर) *n* क्षेत्र, अंचल, खण्ड; वृत्त खण्ड

secular ('सेक्युलर) *a* लौकिक, सांसारिक, दुनियावी; जो धार्मिक न हो; जो किसी मत से सम्बन्धित न हो, धर्म-निरपेक्ष; चिरकालिक, चिरंतन; **secularism** ('सेक्युलरिज़्म) *n* धर्मनिरपेक्षता

secure (सि'क्युअर) *a* सुरक्षित, निरापद; भय, चिंता से मुक्त, निश्चिंत; पक्का, मज़बूत; निश्चित; विश्वस्त, विश्वस-नीय // *vt* कब्ज़ा करना; सुरक्षित करना; ज़मानत देना (कर्ज़ आदि की); पक्का, सुदृढ़ करना

security (सि'क्युअरिटि) *n* सुरक्षा, बचाव; आश्वासन; ज़मानत, प्रत्याभूति; ज़ामिन (ज़मानत देने वाला)

sedan (सि'डैन) *n* (*US AUT*) चार दरवाज़ों वाली कार

sedate (सि'डेट) *a* शांत; गंभीर; सौम्य; धीर // *vt* नींद की गोली दे कर शांत करना

sedative ('सेडिटिव़) *a* शामक प्रभाव वाला // *n* नींद लाने की दवा

sedentary ('सेडन्टरि) *a* (काम) जो बैठे-बैठे किया जाय; बैठा रहने वाला, घरघुसना

sediment ('सेडिमंट) *n* तलछट, तलौंछ

sedition (सि'डिशन) *n* राज्य को चुनौती देने वाला काम, भाषण; राजद्रोह

seduce (सि'ड्यूस) *vt* किसी ग़लत काम, विशे॰ संभोग, के लिए राज़ी करना; बहकाना; प्रलोभन देना; आकृष्ट करना; **seduction** (सि'डक्शन) *n* ऐसा काम; **seductive** (सि'डक्टिव़) *a* सम्मोहक

see (सी) *vb* (*pt* **saw**, *pp* **seen**) *vt* (*gen*) देखना; (साथ जाना) : **to see sb to the door** किसी को दरवाज़े तक छोड़ने जाना // *vi* देख सकना // *n* बिशप का पद; **to see that** इस बात की व्यवस्था करना कि; **see you soon!** शीघ्र फिर मिलेंगे; **to see about** *vt* व्यवस्था करना; **to see off** *vt* विदा करने जाना (रेलवे स्टेशन आदि पर); **to see through** *vt* किसी की नीयत पहचान लेना; आड़े समय में काम आना; **to see to** *vt* प्रबन्ध करना

seed (सीड) *n* बीज; (*fig*) अंकुर; (*TENNIS*) खिलाड़ी जिसे उसकी योग्यता के अनुसार किसी वर्ग में रखा जाय; **to go to seed** (*fig*) का बुरा हाल हो जाना (शारीरिक व मानसिक रूप से); **seedling** *n* पौधा जो फिर रोपा जाय, पनीरी; **seedy** *a* (*shabby*) फटीचर, पतोन्मुख

seeing ('सीइङ) *cj* : **seeing (that)** यह देखते हुए (कि)

seek (सीक) *pt, pp* **sought** *vt* को खोजना, ढूंढना, तलाश करना // *vi* चाहना, मांगना; ढूंढना

seem (सीम) *vi* लगना, प्रतीत होना; दिखना, जान पड़ना; **there seems to be ....** ऐसा लगता है कि ...; **seemingly** *ad* देखने में, ऊपर से

seemly ('सीम्लि) *a* उचित, मुनासिब; शोभनीय

seen (सीन) **see** का *pp*

seep (सीप) *vi* धीरे-धीरे रिसना

seer (सिअर) *n* मनीषी; देवदूत या पैग़म्बर

seersucker ('सिअरसकर) *n* हल्की शिकन वाला सूती कपड़ा, शीरशक्कर

seesaw ('सीसॉ) *n* बच्चों का खेल, झूमाझूमी, ढेंकी; इस खेल में प्रयुक्त तख्ता

seethe (सीद) *vi* उबलना; फेन उठना; **to seethe with anger** बहुत गुस्से, आवेश में होना

see-through ('सीथ्रू) *a* पारदर्शी, झीना

segregate ('सेग्रिगेट) *vt* पृथक या अलग करना; सम्बन्ध तोड़ना; जुदा करना; सब से अलग कर देना; **segregation** *n* पृथक, अलग

seismic ('साइज़्मिक) *a* भूकम्प-सम्बन्धी; **seismograph** *n* (**seismometer** भी) भूकम्पमापी

seize (सीज़) *vt* पकड़ लेना; कस कर जकड़ लेना; जीत लेना; (*take possession of*) कब्ज़ा कर लेना; (*LAW*) ज़ब्त कर लेना; **to seize (up)on** *vt* झपट लेना; मौके का लाभ उठाना; **to seize up** *vi* (*TECH*) (मशीन के बेयरिंग या पिस्टन का) गरम होकर बन्द हो जाना

seizure ('सीझ़र) *n* (*MED*) दौरा; (*LAW*) ज़ब्ती

seldom ('सेल्डम) *ad* कभी-कभार,

यदा-कदा

select (सि'लेक्ट) *a* चुनिंदा; छंटा हुआ; विशिष्ट // *vt* छांटना, चुन लेना; पसंद करना: **selection** (सि'लेक्शन) *n* चुनाव, पसंद

self (सेल्फ़) *n* (*pl* **selves**); **the self** अहम्, आत्मा // *prefix* आत्मवाचक; **self-catering** *a* (*Brit*) रेस्तोरां जहां गाहक स्वयं अपने लिए व्यंजन परोसते हैं; **self-centred,** (*US*) **self-centered** *a* आत्म-केन्द्रित, जो अपनी ही बात सोचे, स्वार्थी; **self-coloured,** (*US*) **self-colored** *a* एकरंगा; **self-confidence** *n* आत्मविश्वास; **self-conscious** *a* संकोची; भीरु; शर्मीला; **self-contained** *a* अपने आप में पूरा; (*Brit*) मकान/फ्लैट जिसमें सभी सुविधाएं हों; **self- control** *n* आत्मसंयम; **self-defence,** (*US*) **self-defense** *n* आत्मरक्षा; **self-discipline** *n* आत्म-अनुशासन; आत्मसंयम; **self-employed** *a* स्वतंत्र (व्यवसायी); **self-evident** *a* स्वतःसिद्ध; **self-governing** *a* स्वशासन/स्वतंत्र शासन वाला; **self-indulgent** *a* भोगासक्त; **self-interest** *n* स्वार्थ, अपना हित; **selfish** *a* स्वार्थी; **selfishness** *n* स्वार्थपरता; **selfless** *a* निस्वार्थ; **self-pity** *n* अपने पर तरस खाने का स्वभाव; **self-possessed** *a* आत्मविश्वासी; **self-preservation** *n* आत्मरक्षा; **self-respect** *n* आत्म-सम्मान; **self-righteous** *a* अपने को ठीक समझने वाला; दंभी; **self-sacrifice** *n* आत्मबलिदान; **self-satisfied** *a* आत्मतुष्ट; **self-service** *n* दुकान में गाहकों द्वारा स्वयं सामान उठाने/भोजनालय में स्वयं व्यंजन परोसने की व्यवस्था // *n* दुकान/भोजनालय जहां ग्राहक स्वयं सामान उठाते/भोजन परोसते हैं; **self-sufficient** *a* आत्मनिर्भर; **self-taught** *a* जिसने स्वयं अपने को शिक्षित किया हो

sell (सेॅल), *pt, pp* **sold** *vt* बेचना, बेचने के लिए रखना; बिक्री करना // *vi* बिकना; **to sell at** *or* **for Rs 10** दस रुपये में बिकना; **to sell off** *vt* सारा माल बेच डालना; **to sell out** *vi* : **to sell out (to sb/sth)** (*COMM*) किसी को सारा माल बेच डालना // *vt* माल बेच कर पूंजी उगाहना; **the tickets are all sold out** सारे टिकट बिक गए हैं; **sell-by date** *n* तिथि जिस तक माल बेचना हो; **seller** *n* विक्रेता; **selling price** *n* बिक्री मूल्य

sellotape ('सेॅलोटेप) *n* ® एक प्रकार का गोंद लगा फ़ीता

sellout ('सेॅलाउट) *n* विश्वासघात; आत्मसमर्पण; टिकटों की पूरी बिक्री; **it was a sellout** सभी टिकट बिक

गए थे

selves (सेल्व्ज़) **self** का *npl*

semantic (सि'मैन्टिक) *a* शब्दों के अर्थ से सम्बन्धित; **semantics** *n* शब्दों के अर्थों का अध्ययन, अर्थ विज्ञान

semblance ('सेम्ब्लन्स) *n* (झूठी) प्रतीति या आभास; आकृति; झलक; सादृश्य

semen ('सीमेँन) *n* वीर्य, शुक्र

semester (सि'मेस्टर) *n* (*US*) कई विश्वविद्यालयों, कालिजों में छै महीने का सत्र

semi- ('सेमि) *prefix* आधा, आंशिक, अपूर्ण; **semicircle** *n* अर्द्धवृत्त; **semicolon** *n* अर्द्ध विराम (;); **semidetached (house)** *n* (*Brit*) मकान जिसकी दीवार दूसरे मकान के साथ लगती हो; **semifinal** *n* मैच, प्रतियोगिता जो अन्तिम से पहले की हो; सेमीफ़ाइनल

seminar ('सैमिनार) *n* (छात्र समूहों की) विचारगोष्ठी, गोष्ठी

seminary ('सैमिनरि) *n* (*REL*) पादरियों का विद्यालय

semiskilled (सैमि'स्किल्ड) *a* अर्द्ध-प्रशिक्षित; अर्द्ध-कुशल; **semiskilled worker** *n* अर्द्ध-प्रशिक्षित मज़दूर

semolina (सेॅम'लीन्अ) *n* सूजी

senate ('सैनिट) *n* राज्य, विश्व-विद्यालय का ऊपरी सदन, राज्यपरिषद; **senator** ('सेनॅटर) *n* इस सदन/परिषद का सदस्य

send (सेंड), *pt, pp* **sent** *vt* भेजना; **to send away** *vt* चिट्ठी या माल भेजना; **to send away for** *vt* चिट्ठी लिखकर कोई माल/वस्तु मंगाना; **to send back** *vt* वापिस भेज देना; **to send for** *vt* कोई वस्तु मंगाना; व्यक्ति को बुलाना; **to send off** *vt* माल रवाना करना; (*Brit SPORT*) (खिलाड़ी को खेल के) मैदान से निकाल देना; **to send out** *vt* (डाक से निमंत्रण पत्र) भेजना; **to send up** *vt* कीमत बढ़ाना; व्यक्ति को जेल भेजना; (*Brit*) व्यंग्य-कविता लिखना; **sender** *n* भेजने वाला; **send-off** *n* : **a good send-off** भावभीनी विदाई

senior ('सीनिअर) *a* जो पद या स्थिति में बड़ा हो, वरिष्ठ; अग्रज, अधिक आयु का // *n* वरिष्ठ, वयप्राप्त व्यक्ति; **senior citizen** *n* वयोवृद्ध व्यक्ति; **seniority** (सीनि'ऑरिटि) *n* वरिष्ठता

sensation (सेन्'सेशन) *n* अनुभूति, अनुभव; प्रतीति; चेतना; उत्तेजित भावनाएं; उत्तेजना; सनसनी; **sensational** *a* सनसनीखेज़

sense (सेन्स) *n* इन्द्रिय, ज्ञानेन्द्रिय; संवेदन, अनुभूति; मानसिक सतर्कता; चेतना, होश; अर्थ; बोधगम्य अर्थ; समझ, समझदारी // *vt* समझ लेना, बूझ लेना, भांप लेना; **it makes sense** तर्क- संगत बात यही है; **senses** *npl* तर्कशक्ति, होश; **senseless** *a*

sensibility 594 **sequin**

मूर्खतापूर्ण; अचेतन, बेहोश

sensibility (सेंसि'बिलिटि) *n* संवेदनशीलता; **sensibilities** *npl* भावनाएं

sensible ('सेंन्सिबल) *a* समझदार, अक्लमंद; विवेकशील; समुचित; समीचीन

sensitive ('सेंन्सिटिव़) *a* संवेदनशील; नाज़ुकमिज़ाज; अत्यधिक संवेदी, सूक्ष्मग्राही

sensory ('सेंन्सरि) *a* इन्द्रियों से सम्बन्धित, ज्ञानेंद्रियों का

sensual ('सेंन्स्यूअल) *a* इन्द्रियों का (जिसका मन से सम्बन्ध न हो); विषयासक्त, इन्द्रियलोलुप; असंयमी; कामी, कामुक

sensuous ('सेंन्स्युअस) *a* इन्द्रियों द्वारा ज्ञेय, विशे॰ सौन्दर्यबोध के मामले में; इन्द्रियग्राह्य

sent (सेण्ट) **send** का *pt, pp*

sentence ('सेंन्टन्स) *n* वाक्य; न्यायालय का फ़ैसला, दण्डादेश, सज़ा // *vt* सज़ा सुनाना; **to sentence sb to death/5 yrs** किसी को मृत्युदंड/5 वर्ष का कारावास का दंड देना

sentiment ('सेंन्टिमंट) *n* तर्क की बजाय भावना से प्रभावित होने की प्रवृत्ति; भाव; भावना की अभिव्यक्ति; अनुभूति; मनोवेग; (*opinion*) विचार; **sentimental** (सेंन्टि'मेंटल) *a* भावुक, दुर्बल; बात-बात पर रो देने वाला

sentinel ('सेंन्टिन्ल) *n* संतरी, पहरेदार

sentry ('सेंन्ट्रि) *n* पहरेदार, संतरी

separate *a* (सें'परिट) अलग-थलग; कटा हुआ, विशिष्ट, खास; निजी, अपना // *vb* ('सेंपरेट) *vt* अलग करना; बांटना; काट कर अलग करना; अलग रखना; दो के बीच होना // *vi* अलग होना; बिछड़ जाना; **separates** *npl* कपड़े जो सूट का हिस्सा न हों, जैसे कमीज़, पतलून आदि; **separately** *ad* अलग-अलग; **separateness** *n* अलग होने की स्थिति; अलगाव; पृथक्करण; **separation** (सेप्'रेशन) वियोग की अवधि; विभाजन, अलग होना

September (सेंप्'टेंम्बर) *n* सितम्बर

septic ('सेंप्टिक) *a* पका हुआ (घाव); (घाव) जिसमें पीव पड़ गयी हो; **septic tank** *n* तालाब जिसमें पूतिरोधक कीटाणु गन्दगी को दूर करते हैं

septuagenarian (सेंप्ट्युअजि'नेंअरिअन) *a* 70 और 80 साल के बीच की आयु का

sequel ('सीक्वल) *n* परिणाम; (कहानी का) आगे का घटनाक्रम, उत्तर-कथा

sequence ('सीक्वन्स) *n* क्रमबद्ध करने की क्रिया; कथाक्रम; फ़िल्म का भाग या घटना

sequin ('सीक्विन) *n* सितारा जो स्त्रियों की ओढ़नी आदि पर टांका जाता है

serene (सि'रीन) *a* शांत, स्वच्छ; चुपचाप; धीर

serge (सर्ज) *n* एक प्रकार का मज़बूत ऊनी कपड़ा, सर्ज

sergeant ('सार्जन्ट) *n* सेना, पुलिस में एक अधिकारी, सार्जेन्ट

serial ('सिअरिअल) *n* धारावाहिक; धारावाहिक प्रकाशन; **serial number** *n* क्रमांक

series ('सिअरीज़) *n* शृंखला, श्रेणी; (*PUBLISHING*) माला; क्रम, सिलसिला; रेडियो, (टी॰वी॰ आदि कार्यक्रमों का) क्रम, धारावाहिक (जिसमें पात्र वही लेकिन घटनाएं अलग-अलग हों)

serious ('सिअरिअस) *a* गंभीर; संगीन; शुद्धहृदय; सच्चा; महत्वपूर्ण; चिंताजनक; **seriously** *ad* गंभीरता से

sermon ('सर्मन) *n* प्रवचन; उपदेश; धर्मोपदेश

serrated (सि'रेटिड) *a* दंदानेदार, आरी जैसे दांतों वाला

serum ('सिअरम) *n* शरीर का द्रव, विशे॰ लहू का द्रव भाग जो टीका बनाने के काम आता है, सीरम

servant ('सर्व़न्ट) *n* घरेलू नौकर; (*fig*) दास, गुलाम, चाकर

serve (सर्व़) *vt* किसी के अधीन काम करना, नौकरी करना; दुकान में गाहकों को सामान आदि दिखाना; भोजन परोसना; नियमित रूप से सामान आदि देना; सेना में नौकरी करना; समय बिताना (किसी काम सीखने, जेल आदि में) // *vi* के लिए काम आना, उपयोगी होना; (*be useful*) : **to serve as/for/to do** (किसी रूप में) काम करना; (टेनिस आदि खेलों में) गेन्द फैंकना // *n* (*TENNIS*) गेंद फैंकने की क्रिया; **it serves him right** अच्छा हुआ उसे करनी का फल मिला; **to serve out, serve up** *vt* भोजन परोसना

service ('सर्विस) *n* सेवा; नौकरी; (*AUT*) गाड़ी आदि की सफ़ाई, मरम्मत आदि // *vt* (*car, washing machine*) सफ़ाई, मरम्मत आदि करना; **the Services** सेनाएं; **to be of service to sb** किसी की सहायता करना या काम आना; **dinner service** मेज़ पर रखने के भोजन के बर्तनों का सामूहिक नाम; **serviceable** *a* जो चालू हालत में हो, इस्तेमाल के योग्य; **service charge** *n* (*Brit*) सेवा शुल्क (होटल आदि में भोजन की कीमत पर लगा अधिभार); **serviceman** *n* सैनिक; **service station** *n* स्थान जहां कारों के लिए पेट्रोल, तेल आदि की व्यवस्था हो

serviette (सर्वि़'एंट) *n* (*Brit*) खाने की मेज़ पर रखने का छोटा तौलिया

servitude ('सर्विट्यूड) *n* दासता, गुलामी, पराधीनता

sesame ('सेसमि) *n* तिल

session ('सेशन) *n* न्यायालय आदि

की बैठक; सभा; अधिवेशन, किसी कार्य-क्रम की अवधि, सत्र; (*SCOL*) स्कूल या विश्वविद्यालय का वर्ष

set (सॅट) *n* एक जैसी वस्तुओं या व्यक्तियों का समूह; रेडियो या टी॰वी॰ का सेट; (*TENNIS*) प्रतियोगिता में खेलों की श्रृंखला; (*CINEMA*) वह परिदृश्य जहां अभिनेता अभिनय कर रहे हों; (*THEATRE* : *stage*) मंच-सज्जा; (: *scenery*) दृश्यबंध; (*MATH*) संख्याओं का समुच्चय; (*HAIRDRESSING*) बाल बैठाने की प्रक्रिया (केशविन्यास में) // *a* (*fixed*) नियत, निश्चित, स्थिर; कृत-संकल्प; तैयार // *vb* (*pt, pp* **set**) *vt* रखना, बैठाना; जड़ना, जमाना, स्थिर करना; तय करना; ठीक करना; फेर-बदल करके अनुकूल बनाना; नियम आदि तय करना; (*TYP*) छपाई का टाइप जड़ना // *vi* (सूर्य का) अस्त होना, छिप जाना; (जेली, सीमेंट आदि का) जम जाना; **to be set on doing** कोई काम करने के लिए कृतसंकल्प होना; **to set (to music)** (गीत के लिए) संगीत तैयार करना; **to set on fire** आग लगा देना; **to set free** रिहा/आज़ाद करना; **to set sth going** किसी यंत्र आदि को चालू करना; **to set sail** जहाज़ का रवाना होना; **to set about** *vt* किसी काम में लग जाना; **to set aside** *vt* किसी काम के लिए अलग रखना; फ़ैसला रद्द कर देना; **to set back** *vt* (*in time*) : **to set back/(by)** स्थगित करना; **to set off** *vi* चल पड़ना // *vt* बम का विस्फोट करना; शुरु करना; उजागर या स्पष्ट करना; **to set out** *vi* : **to set out to do** कोई काम शुरु करने की तैयारी करना // *vt* व्यवस्था करना; वर्णन करना या ब्यौरा देना; **to set up** *vt* संगठन आदि स्थापित करना; **setback** *n* बाधा, कठिनाई; **set menu** *n* व्यंजन-सूची

settee (से'टी) *n* कोच, सोफ़ा

setting ('सॅटिङ) *n* पृष्ठभूमि; परिवेश, अड़ोस-पड़ोस; मंचसज्जा; जमाने या जड़ने का काम; चौखटा; (रत्न आदि का) घर; मेज़ पर एक व्यक्ति के खाने के बरतन, चम्मच आदि; (सूर्य का) अस्तगमन; गाने के लिए संगीत

settle ('सेट्ल) *vt* व्यवस्थित करना, ठीक करना, तरतीब से रखना; स्थापित, सुरक्षित, पक्का करना; निर्णय करना; (*argument, matter*) (झगड़ा आदि) निपटाना; भुगतान करना, अदा करना; कानूनी दस्तावेज़ द्वारा किसी को सम्पत्ति देना; (*MED* : *calm*) शांत करना // *vi* बैठ जाना; तह में बैठ जाना या धंस जाना; स्पष्ट हो जाना; बस जाना, रहने लगना; समझौता करना; **to settle down** कहीं बस जाना, पैर जमा लेना; **to settle for sth** कोई चीज़ स्वीकार कर लेना; **to settle in** *vi* कहीं स्थिर हो जाना; **to settle on sth** किसी चीज़ के बारे में समझौता कर लेना; **to**

settle up with sb किसी के साथ हिसाब चुकता करना; **settlement** *n* (हिसाब की) भरपाई या अदायगी; (*agreement*) समझौता; बस्ती; गांव आदि; **settler** *n* बाहर से आकर किसी देश में बस जाने वाला; उपनिवेशी

setup ('सेंटप) *n* व्यवस्था; परिस्थिति

seven ('सेव़न) *num* सात; **seventeen** *num* सत्रह; **seventh** *num* सातवां; **seventy** *num* सत्तर

sever ('सेव़र) *vt* अलग, पृथक करना; बांटना; काट देना

several ('सेव़्रल) *a* कुछ; थोड़े से; अलग; व्यक्तिगत; विभिन्न; अलग-अलग // *pronoun* अनिश्चित (थोड़ी सी) संख्या; **several of us** हम में से कई

severance ('सेव़रन्स) *n* (सम्बन्ध) विच्छेद; सम्बन्ध टूटने की क्रिया; **severance pay** *n* नौकरी से निकाले जाने की क्षतिपूर्ति

severe (सि'व़िअर) *a* सख़्त, कड़ा, कठोर; श्रमसाध्य; जिसे करना कठिन हो; कर्कश; सादा; तीव्र, प्रचंड; **severity** (सि'व़ेरिटि) *n* प्रचण्डता; सख़्ती

sew (सो) *pt* **sewed**, *pp* **sewn** *vt, vi* सीना, सिलाई करना; **to sew up** *vt* सिलाई कर देना; (*inf*) तय करना (सौदा आदि)

sewage ('स्यूइज) *n* कूड़ा-करकट; गंदगी; नाली में बहता मल

sewer ('स्यूअर) *n* बड़ा भूमिगत नाला; **sewerage** ('स्यूअरिज) *n* मलनिर्यास; मोरियों की व्यवस्था

sewing ('सोइङ) *n* सिलाई; **sewing machine** *n* सिलाई मशीन

sewn ('सोन) **sew** का *pp*

sex (सैक्स) *n* नर या मादा होने की स्थिति, लिंग; योनि, सैक्स; **to have sex with** संभोग करना; **sexist** *a* लिंग पर आधारित (भेदभाव) // *n* ऐसा भेदभाव करने वाला

sexual ('सेक्स्यूअल) *a* यौन, सैक्स-संबन्धी

sexy ('सेंक्सि) *a* कामुक, कामोत्तेजक

shabby ('शैबि) *a* बदरंग, फटा-पुराना; जीर्ण-शीर्ण; फटेहाल; (*behaviour*) घटिया; कंजूस

shack (शैक) *n* झोंपड़ी; **to shack up (with)** *vt* (*sl*) किसी के साथ रहना (विशे॰ प्रेमी-प्रेमिका का)

shackles ('शैकल्ज़) *npl* बेड़ी, हथकड़ी; बन्धन

shade (शेड) *n* छाया, साया; लैम्प पर छतरी जैसा ढक्कन, शेड; रंग की गहराई; रंगत; थोड़ी सी मात्रा; (*small quantity*) : **a shade of** की थोड़ी सी मात्रा // *vt* छाया दिखाना (चित्र में); गहरा करना; **in the shade** छाया में; **a shade smaller** थोड़ा सा छोटा

shadow ('शैडो) *n* परछाईं; छाया; (हल्का) आभास; अस्पष्ट आकृति या शक्ल; अंधेरा; साथी जो परछाईं की तरह

shady 598 shamrock

साथ रहे // *vt* पीछा करना; **shadow cabinet** (*Brit POL*) *n* विरोध पक्ष के उन सदस्यों का समूह जो सरकार बनाने की स्थिति में हो तो मंत्रि-मण्डल के सदस्य बनेंगे; **shadowy** *a* परछाईं जैसा; आभासमात्र

shady ('शेडि) *a* छायादार; (*fig*) बेइमानी भरा; संदेहजनक; नीच, कुत्सित

shaft (शाफ़्ट) *n* डंडा, बल्ला; हत्था, दस्ता; तीर; किरण; प्रकाश किरण; (*AUT, TECH*) इंजन का सीधा डंडा जो उसे चलाता है, शाफ़्ट; घोड़ागाड़ी के डंडों में से एक जिन के बीच घोड़ा बंधता है, बम; खान में जाने का रास्ता; (*of lift*) स्थान जिसमें लिफ़्ट चलती है; (*of light*) प्रकाश की किरण

shaggy ('शैगि) *a* झबरा, उलझे बालों वाला; मैला-कुचैला

shake (शेक) *vb* (*pt* **shook**, *pp* **shaken** (शुक, 'शेक्न)) *vt* (*bottle*) हिलाना; (हाथ) मिलाना; घबरा देना या विचलित करना; (*house*) हिला देना; लहराना; घुमाना // *vi* कांपना // *n* हिलाने, कंपाने आदि की क्रिया; स्पंदन; डगमगाहट; झटका; (*col*) क्षणभर; **to shake one's head** (नकारने के लिए) सिर हिला देना; इनकार करना; निराशा प्रकट करना; **to shake hands with sb** किसी से हाथ मिलाना/दोस्ती करना; **to shake off** *vt* हिलाकर परे कर देना; (*fig*) पीछा छुड़ाना; **to shake up** *vt* झंझोड़ देना; **shaky** *a* (*hand, voice*) कांपता, डगमगाता; असुरक्षित

shall (शैल) *auxiliary vb* : **I shall go** मैं जाऊंगा; **shall I open the door?** दरवाज़ा खोल दूं ?; **I'll get the coffee, shall I?** काफ़ी लाऊं ?

shallow ('शैलो) *a* छिछला, उथला; (*fig*) ओछा (व्यक्ति), कम बुद्धि व ज्ञान वाला; हल्का; जो शुद्ध-हृदय न हो

sham (शैम) *a* (*jewellery, furniture*) जाली; नकली // *n* नकली वस्तु // *vi* बनना; स्वांग भरना; का अभिनय करना

shambles ('शैम्बल्ज़) *n* अव्यवस्था की स्थिति; गड़बड़घोटाला

shame (शेम) *n* शर्म, लज्जा, लाज; कलंक, बदनामी; खेद का विषय; // *vt* लज्जित करना; **it is a shame (that/to do)** बड़े खेद का विषय है कि/ऐसा करना खेद की बात है; **what a shame!** कितनी शर्म की बात है !; **shamefaced** *a* लज्जित, शर्मिन्दा; **shameful** *a* लज्जाजनक; शर्मनाक; **shameless** *a* बेशर्म, निर्लज्ज

shampoo ('शैम्पू) *n* बाल धोने का तरल साबुन, शैम्पू; इससे धोने की प्रक्रिया // *vt* शैम्पू से बाल धोना; **shampoo and set** *n* शैम्पू से बाल धोना और उन्हें संवारना

shamrock ('शैम्रॉक) *n* एक पौधा जिसके पत्ते तीन में विभाजित होते हैं;

तिपतिया, विशे॰ आयरलैंड का चिन्ह

shandy ('शैंडि) *n* बीयर में लैम्नेड मिला कर बना पेय

shan't (शांट) = **shall not**

shanty town ('शैंटि टाउन) *n* झुग्गी-झोपड़ियों की बस्ती

shape (शेप) *n* शक्ल, आकार; सांचा; ढांचा; डीलडौल, रूप; (*col*) स्थिति, विशे॰ शारीरिक स्वास्थ्य की // *vt* बनाना, गढ़ना; (*sb's life*) रूप निर्धारित करना; रूप या आकार देना // *vi* (**shape up** : *events* भी) विकसित होना; (: *person*) विकसित होना; **to take shape** विकसित होना, बढ़ना, उजागर होना; = **shaped** *suffix* : **heart-shaped** हृदय के आकार का; **shapeless** *a* बेडौल, अनगढ़; कुरूप; **shapely** *a* सुडौल, सुगढ़, सुन्दर, कमनीय

share (शेअर) *n* भाग, हिस्सा, अंश; नियत हिस्सा (कोटा); खेप; (*COMM*) कम्पनी का हिस्सा, शेअर // *vt* बांट लेना, हिस्सा देना; किसी चीज़ को करने में दूसरों का साथ देना; हाथ बांटना; (*have in common*) (विशेषता आदि दो या आधिक व्यक्तियों आदि में) एक सी होना; **to share out (among** *or* **between)** (दो या अधिक लोगों में) बांटना; **shareholder** *n* कम्पनी आदि का हिस्सेदार

shark (शार्क) *n* शार्क मछली, हांगर, सोर; व्यक्ति जो दूसरों को धोखा देकर धन ऐंठता हो

sharp (शार्प) *a* (*razor, knife*) तीखा, तेज़, पैना, तीक्ष्ण; नुकीला; अचनाक (जो धीरे-धीरे न आए); फुर्तीला; कठोर; (*unscrupulous*) बेईमान; (*quick-witted*) चालाक; तीखा (स्वर); सुस्पष्ट // *n* (*MUS*) सामान्य से ऊंचा स्वर; (*sl*) धोखेबाज़, ठग // *ad* : **at 2 o'clock sharp** ठीक दो बजे; **sharpen** *vt* तेज़ करना, धार लगाना; (*fig*) अधिक प्रचंड कर देना; **sharpener** *n* (**pencil sharpener** भी) पेंसिल गढ़ने का उपकरण; **sharp-eyed** *a* पैनी/तीखी दृष्टि वाला; **sharply** *ad* तीखा (मोड़); अचानक (रुकना); उत्कटता से; तीखी (प्रतिक्रिया)

shatter ('शैटर) *vt* टुकड़े-टुकड़े या चकनाचूर कर देना; (योजना आदि) विफल बना देना; (*upset*) पर पानी फेर देना; (*ruin*) (व्यक्ति को) बुरी तरह ढा देना // *vi* टूट जाना, टुकड़े-टुकड़े हो जाना

shave (शेव़) *vt* मूंडना, हजामत करना; तराशना, छीलना, काटना // *vi* दाढ़ी बनाना // *n* : **to have a shave** दाढ़ी बनाना या बनवाना; **shaver** *n* (**electric shaver** भी) दाढ़ी बनाने का उपकरण

shaving ('शेविंग) *n* दाढ़ी बनाने की क्रिया; **shavings** *npl* लकड़ी आदि की छीलन; **shaving brush** *n*

दाढ़ी बनाने का बुरुश; **shaving cream** *n* दाढ़ी बनाने से पहले चेहरे पर लगाने की क्रीम (जो झाग पैदा करती है)

shawl (शॉल) *n* शाल

she (शी) *pronoun* तृतीय पुरुष एक वचन स्त्री॰ सर्वनाम, वह (स्त्री); **she-cat** *n* बिल्ली; **she-elephant** *n* हथनी; *NB* : जहाज़ों, देशों के लिए प्रयुक्त सर्वनाम

sheaf (शीफ़), *pl* **sheaves** *n* पूला, पूली (फूस की गठड़ी); काग़ज़ (खुले)

shear (शिअर) *vt* (*pt* **sheared,** *pp* **sheared** *or* **shorn**) बाल, ऊन आदि कतरना; काट कर टुकड़े करना; दरार या फटन डालना; **to shear off** *vi* टहनी का टूट जाना; **shears** *npl* बड़ी कैंची, कैंचा; काटने का (गोल) मशीनी आरा

sheath (शीथ) *n* म्यान (तलवार या चाकू की); (गर्भ-निरोधक) कंडोम; **sheathe** (शीद) *vt* म्यान में रखना; खोल चढ़ाना

sheaves (शीव्ज़) **sheaf** का *npl*

shed (शेड) *n* सायबान, छप्पर // *vt* (*pt, pp* **shed**) बहाना, विशे॰ आंसू, लहू; (पत्ते) गिराना, झाड़ना; छोड़ देना, अलग करना

she'd (शीड) = **she had, she would**

sheen (शीन) *n* चमक, कांति

sheep (शीप) *n* (*pl* *inv*) भेड़; **sheepdog** *n* कई नस्लों के कुत्ते जो भेड़ों की रखवाली करते हैं; **sheepish** *a* संकोची, लज्जित; मुंहचोर; **sheepskin** *n* भेड़ की खाल (ऊन समेत) जिससे कपड़े, कालीन आदि बनते हैं

sheer (शिअर) *a* (*steep*) सीधी खड़ी (चट्टान आदि); (*almost transparent*) बहुत महीन या झीना (कपड़ा); पारदर्शी; (*utter*) शुद्ध; निरा, मात्र // *ad* एकदम, अचानक

sheet (शीट) *n* चादर, खेस; (*of glass*) चौड़ी पट्टी; (*of metal*) चादर (लोहे आदि की); विस्तार

sheik(h) (शेक) *n* अरब सरदार, शेख़

shelf (शॅल्फ़) *pl* **shelves** *n* दीवार में लगा तख्ता, ताक, टांड; कगार

shell (शॅल) *n* खोल, कवच, आचरण कोष; छिलका; खोपड़ी (नारियल, कछुए की); (मोती की) सीप, सीपी; (तोप का) गोला; अन्दर की चीज़ें निकाल कर बचा (मकान आदि का) खाली ढांचा // *vt* ख़ोल, छिलका, आवरण उतारना; (*MIL*) (तोप से) गोले बरसाना; मटर छीलना

she'll (शील) = **she will, she shall**

shellac (श'लैक) *n* पतली परतों में मिलने वाली लाख, चपड़ा लाख (जो पालिश के काम आती है)

shellfish ('शॅल्फ़िश) *n* (*pl inv*)

कड़े खोल वाली मछलियां या अन्य समुद्री जीव जैसे केकड़े

shelter ('शेल्टर) *n* आश्रय, शरण, पनाह; शरणस्थल; सुरक्षित स्थान // *vt* ठहराना, शरण देना; छिपाना // *vi* शरण लेना

shelve (शेल्व़) *vt* ताक पर रखना; स्थगित करना; हटा, निकाल देना, अलग करना; (*fig*) अनिश्चित काल के लिए टाल देना; **shelves** **shelf** का *npl*

shepherd ('शेपर्ड) *n* गड़रिया, चरवाहा; (**shepherdess** *fem*) // *vt* मार्गदर्शन करना, देखभाल, रखवाली करना; **shepherd's pie** *n* कीमे से बना व्यंजन

sheriff ('शेरिफ़) *n* (*US*) पुलिस अधिकारी; इंगलैंड और वेल्ज़ प्रांत में सम्राट का मुख्य प्रशासनिक प्रतिनिधि; स्काटलैण्ड में ज़िले का मुख्य न्यायाधीश; शैरिफ़

Sherpa ('शर्पा) *n* तिब्बत की एक जाति का सदस्य, शेर्पा

sherry ('शेरि) एक तेज़ शराब

she's (शीज़) = **she is, she has**

Shetland ('शेटलंड) *n* (**Shetlands, Shetland Isles** भी) स्काटलैंड के उत्तरी तट के पास स्थित द्वीपसमूह जहां टट्टू पाले जाते हैं

shield (शील्ड) *n* ढाल; ढाल जैसा कोई अन्य उपकरण; कवच, परित्राण; खेलों में दी जाने वाली शील्ड // *vt* : **to shield (from)** (को) ओट देना; (से) रक्षा करना

shift (शिफ़्ट) *n* (मज़दूरों की) पाली; चाल, चकमा, दांव; उपाय, तरकीब; टाल-मटोल; बदली, हटाने की क्रिया; स्त्री का लहंगे (स्कर्ट) के नीचे पहनने का वस्त्र // *vt* हटाना, खिसकाना // *vi* स्थान परिवर्तित करना; **shiftless** *a* असमर्थ; जिसमें चरित्रबल न हो; **shift work** *n* पालियों में काम की व्यवस्था; **shifty** *a* बहानेबाज़; धूर्त; संदिग्ध चरित्र वाला

shilling ('शिलिङ) *n* (*Brit*) ब्रिटेन का सिक्का शिलिंग (= *12 old pence; 20 in a pound*)

shilly-shally ('शिलिशैलि) *vi* ढुलमुल होना, हिचकना, आगा-पीछा करना, टालमटोल करना // *n* हिचक; आगा-पीछा; निर्णय न करने की स्थिति

shimmer ('शिमर) *vi* झिलमिलाना, टिमटिमाना // *n* झिलमिलाहट, टिमटिमाहट

shin (शिन) *n* घुटने के नीचे टांग का अगला भाग

shine (शाइन) *n* चमक, चमक-दमक; आभा // *vb* (*pt, pp* **shone**) *vi* चमकना; बहुत अच्छा काम करना; औरों से आगे निकल जाना // *vt* चमकना; **to shine on** (किसी) पर केंद्रित होती (रोशनी)

shingle ('शिंगल) *n* छत पर लगाने की लकड़ी की टाइल, तख़्ता, पटरा;

(समुद्रतट के) कंकड़; **shingles** *n* (*MED*) नाड़ी की सूजन = *herpes zoster*

shiny ('शाइनि) *a* चमकीला

ship (शिप) *n* जहाज़, जलपोत // *vt* जहाज़ द्वारा भेजना; (*send*) भेज देना; (*load*) चढ़ाना, लादना; **shipbuilding** *n* जहाज़ निर्माण; **shipment** *n* जहाज़ द्वारा (माल) भेजने की क्रिया; ऐसा माल; **shipping** *n* जहाज़; नौवहन; **shipshape** *a* ठीक-ठाक, सुव्यवस्थित; **shipwreck** *n* जहाज़ का तूफ़ान या टक्कर के कारण टूट जाना // *vt* जहाज़ को इस प्रकार नष्ट करना // *vt* : **to be shipwrecked** जहाज़ का नष्ट होना; **shipyard** *n* जहाज़ निर्माण और उन की मरम्मत का कारख़ाना

shire (शाइअर) *n* (*Brit*) प्रान्त

shirk (शर्क) *vt* (काम से) जी चुराना; अपना कर्त्तव्य निभाने से भागना; **shirker** *n* काम से जी चुराने वाला

shirt (शर्ट) *n* कमीज़; **in shirt sleeves** जिसने सिर्फ़ कमीज़ पहन रखी हो

shit (शिट) *n* टट्टी, विष्ठा // *excl* (*col*) बकवास ! (क्रोध, जुगुप्सा आदि व्यक्त करने के लिए प्रयुक्त शब्द)

shiver ('शिव़र) *vi* कांपना, बहुधा डर या गुस्से से; सिहरना, ठिठुरना; डोलना // *n* सिहरन, कंपकंपी

shoal (शोल) *n* छिछले पानी का क्षेत्र; रेती

shock (शॉक) *n* धक्का या आघात; झटका; संक्षोभ; (*MED*) शारीरिक या मानसिक आघात से उत्पन्न दुर्बलता या बीमारी; अधरंग; टक्कर; (*ELEC*) बिजली का धक्का // *vt* धक्का या आघात पहुंचाना; नफ़रत या घृणा पैदा करना; **shock absorber** *n* कारों आदि में उपकरण जो उसे झटकों से बचाता है, शॉकर; **shocking** *a* दहलाने वाला; वीभत्स

shod (शॉड) **shoe** का *pt, pp*

shoddy ('शॉडि) *a* बेकार, निकम्मा, रद्दी; घटिया; घटिया सामान से बना

shoe (शू) *n* जूता (जो सिर्फ पैर ढके, टख़ना नहीं); (**horse shoe** भी) (घोड़े की) नाल // *vt* (*pt, pp* **shod**) जूते पहनाना; घोड़े को नाल लगवाना; **shoehorn** *n* जूता पहनने में सहायक चम्मच जैसा उपकरण, सीगड़ा; **shoelace** *n* तस्मा; **shoe polish** *n* जूतों का पालिश; **shoeshop** *n* जूतों की दुकान; **shoestring** *n* (*fig*) : **on a shoestring** बहुत कम साधनों से

shone (शोन) **shine** का *pt, pp*

shoo (शू) *excl* भाग जाओ !

shook (शुक) **shake** का *pt*

shoot (शूट) *n* टहनी, कोंपल // *vb* (*pt, pp* **shot**) *vt* गोली चला कर

घायल कर देना या मार डालना; गोली मारकर मृत्युदंड देना; फ़िल्म बनाना // *vi* (बंदूक या कमान से) वार करना; **to shoot (at)** (पर) गोली चलाना; (*FOOTBALL*) गेंद को लात से मार कर गोल की ओर फैंकना; **to shoot down** *vt* (विमान को) मार गिराना; **to shoot in/out** *vi* तेज़ी से अन्दर आना/बाहर जाना; **to shoot up** *vi* (*fig*) बहुत तेज़ी से बढ़ना या विकसित होना; **shooting** *n* गोलियां चलाने की क्रिया; (*HUNTING*) शिकार; **shooting star** *n* दुमछल्ला तारा, उल्का

shop (शॉप) *n* दुकान; कारीगर की दुकान; कारखाने का भवन // *vi* (**go shopping** भी) ख़रीदारी के लिए जाना; **shop assistant** *n* (*Brit* : *fig*) दुकान का कर्मचारी विशे० संगठित कर्मचारी; **shop floor** *n* (*Brit* : *fig*) कारख़ाने के कर्मचारी; **shopkeeper** *n* दुकानदार; **shoplifting** *n* दुकान से माल चुराने की क्रिया; **shopper** *n* ख़रीदार (जो दुकान पर माल ख़रीदने जाय); **shopping** *n* दुकान से ख़रीदा सामान; **shopping bag** *n* थैला जिसमें ख़रीदा सामान रखा जाता है; **shopping centre,** (*US*) **shopping center** *n* क्षेत्र जहां दुकानें हों; **shopsoiled** *a* सामान जो दुकान में पड़ा-पड़ा मैला हो गया हो; **shop steward** *n* (*Brit INDUSTRY*) मज़दूर संघ का प्रतिनिधि/नेता; **shop window** *n* दुकान की कांच लगी खिड़की जिसमें प्रदर्शन के लिए सामान रखा जाता है

shore (शोर) *n* तट, किनारा // *vt* : **to shore up** टेक, थूनी लगा कर सहारा देना

shorn (शॉर्न) **shear** का *pp*

short (शॉर्ट) *a* (*not long*) छोटा; लघु; ठिगना; नाटा; परिमाण या गुणों में आवश्यकता से कम; (*insufficient*) जो पूरा न हो, अपूर्ण; (*curt*) रूखा; बदमिज़ाज, बिगड़ैल; भुरभुरा // *n* (बीयर आदि की तुलना में) तेज़ शराब; (**short film** भी) छोटा चलचित्र; (**a pair of**) **shorts** घुटनों से ऊपर तक की निकर या जांघिया; **to be short of sth** (व्यक्ति के पास) किसी चीज़ की कमी होना; **in short** संक्षेप में; **short of doing** के इलावा; **everything short of** के इलावा सभी कुछ; **it is short for** यह . . . का संक्षेप/ संक्षिप्त रूप है; **to cut short** (प्रवास की अवधि) कम करना; (भाषण को) जल्दी समाप्त कर देना या बंद कर देना; (व्यक्ति को) टोक देना/अपनी बात पूरी न करने देना; **to fall short of** की कमी/ अभाव होना; **to stop short** अचानक रुक जाना; **shortage** *n* कमी, अभाव; **shortbread** *n* मैदे और चीनी का भुरभुरा केक; **short-change** *vt*

धोखा करना, पूरे पैसे न देना; **short-circuit** *n* बिजली का अपूर्ण सर्किट जिस से आग लगने का ख़तरा होता है; **shortcoming** *n* त्रुटि, दोष; कमी; **short(crust) pastry** *n* (*Brit*) भुरभुरी पेस्ट्री; **shortcut** *n* छोटा रास्ता; **shorten** *vt* छोटा या संक्षिप्त करना; **shortfall** *n* घाटा; कमी; **shorthand** *n* आशुलिपि, शार्टहैंड; **shorthand typist** *n* आशुलिपि का जानकार टाइपिस्ट; **short list** *n* *Brit : for job*) बहुत से उम्मीदवारों में से चुने गए कुछ की सूची जिन में से कुछ को नियुक्त किया जायगा; **shortly** *ad* शीघ्र/जल्दी ही; **short-sighted** *a* (*Brit*) जिसे दूर की चीज़ें न दिखती हों; (*fig*) अदूरदृष्टि, अल्पदृष्टि; **short-staffed** *a* संगठन जिसमें कर्मचारियों की संख्या अपर्याप्त हो; **short story** *n* कहानी; **short-tempered** *a* ग़ुसैल, बिगड़ैल, जिसे शीघ्र ग़ुस्सा आता हो; **short-term** *a* अल्पावधि (प्रभाव आदि); **shortwave** *n* (*RADIO*) छोटी तरंग

shot (शॉट) **shoot** का *pt, pp* // *n* गोली दाग़ने की क्रिया; गोली या गोला; छर्रों भरा कारतूस; निशानेबाज़; प्रयत्न, कोशिश; (*PHOTO*) फोटोचित्र; चलचित्र का एक छोटा अंश; ख़ुराक; टीका; **like a shot** गोली की तरह (तेज़ी से); **shotgun** *n* छर्रेदार कारतूसों वाली बन्दूक

should (शुड) *auxiliary vb* : **I should go now** अब मुझे चलना चाहिए; **he should be there now** अब तक उसे वहां होना चाहिए, **I should go if I were you** मैं आप के स्थान पर होता तो चल पड़ता; **I should like to** मैं चाहता हूं कि

shoulder ('शोल्डर) *n* कंधा; (*Brit: of road*) : **hard shoulder** सड़क का किनारा // *vt* (*fig*) ज़िम्मा लेना या ज़िम्मेदारी उठाना; **shoulder bag** *n* कंधे पर लटकाने का थैला; **shoulder blade** *n* कंधे की चपटी हड्डी; **shoulder strap** *n* गाउन आदि का कंधे का फ़ीता

shouldn't ('शुडन्ट) = **should not**

shout (शाउट) *n* चिल्लाहट, चीख़ // *vi* ज़ोर से चिल्लाना // *vt* **to shout down** किसी को बोलने न देना; **shouting** *n* चिल्लाहट

shove (शव़) *vt* धकेलना; (*col*) रखना; **to shove sth in** कोई चीज़ घुसेड़ देना; **to shove off** *vi* (*NAUT*) जहाज़ का लंगर उठाना; (*fig : col*) भाग जाना

shovel ('शव़ल) *n* बेलचा

show (शो) *n* प्रदर्शन; (*exhibition*) प्रदर्शनी; तमाशा; नाटक या अन्य कलात्मक प्रदर्शन; इशारा; प्रतियोगिता; दिखावा, आडम्बर; (*semblance*) ढोंग; झलक, आभास; (*THEATRE,*

CINEMA) शो // *vb* (*pt* **showed**, *pp* **shown**) *vt* दिखाना; (*exhibit*) प्रदर्शित करना; इशारा करना; व्यक्त करना; व्याख्या करना; सिद्ध करना; रास्ता दिखाना; अनुग्रह करना // *vi* सामने आना, प्रकट होना; **on show** (वस्तुएं) जो प्रदर्शनी में रखी हों; **to show in** *vt* को कमरे में लाना; **to show off** *vt* (*display*) प्रदर्शित करना // *vi* (*offens*) प्रशंसा पाने के लिए कोई काम करना; पाखंड करना; **to show out** *vt* व्यक्ति को मुलाकात के बाद बाहर तक छोड़ने जाना; **to show up** *vi* सब से अलग दिखना; (*col* : *turn up*) पहुंचना; किसी की पोल खोलना // *vt* दिखावा, नंगा करना, बेनकाब करना; **show business** *n* फ़िल्म और रंगमंच; **showdown** *n* मुठभेड़; अंतिम (बल) परीक्षा

shower ('शाउअर) *n* (*rain*) बौछार; (*of stones etc*) बौछार; (**showerbath** भी) स्नानघर में लगा फुहारा // *vt* : **to shower sb with** (*gifts etc*) किसी को खूब (भेंट आदि) देना; (*abuse*) जी भर कर (गाली) देना; (पत्थरों आदि की) बौछार करना // *vi* बौछार होना (पानी आदि की); **showerproof** *a* जिस पर वर्षा/पानी का असर न हो

showing ('शोइंग) *n* (फ़िल्म का) प्रदर्शन

show jumping *n* खेल जिसमें घोड़ों को दीवारों आदि पर से कुदाते हैं

shown (शोन) **show** का *pp*

show-off ('शोऑफ़) *n* (*col*) दंभी व्यक्ति; पाखंडी या रंग गांठने वाला आदमी

showroom ('शोरूम) *n* दुकान जहां सामान/चीज़ें प्रदर्शन (और बिक्री) के लिए रखीं जायं

shrank (श्रैंक) **shrink** का *pt*

shrapnel ('श्रैप्नल) *n* छर्रों से भरा गोला; गोले के टुकड़े

shred (श्रैंड) *n* धज्जी, छोटा टुकड़ा; थोड़ी सी मात्रा // *vt* धज्जियां उड़ाना, टुकड़े-टुकड़े कर देना; चीथड़े उड़ा देना; **shredder** *n* शाकभाजी काटने या कागज़ों को टुकड़े-टुकड़े करने का उपकरण

shrewd (श्रूड) *a* समझदार, सयाना, बुद्धिमान; चालाक; विवेकपूर्ण; तेज़

shriek (श्रीक) *n* चीख़ // *vt* (गाली आदि) ज़ोर से देना, बोलना // *vi* चीख मारना

shrill (श्रिल) *a* कर्णभेदी, तीखी

shrimp (श्रिम्प) *n* झींगा मछली

shrine (श्राइन) *n* समाधि, मकबरा या रौज़ा जो किसी संत, सूफ़ी आदि से सम्बन्धित हो

shrink (श्रिंक) *pt* **shrank**, *pp* **shrunk** *vi* सिकुड़ना, संकुचित हो जाना; पीछे हट जाना; झिझकना या डर जाना // *vt* (*wool*) सिकोड़ना //

shrivel 606 sick

n (*col* : *offens*) मनोरोग चिकित्सक; **to shrink from (doing) sth** कोई काम करने से कतराना/डरना; **shrinkage** *n* संकुचन; ह्रास, कमी; घटाव; **shrinkwrap** *vt* वस्तु को लचीले प्लास्टिक में लपेटना

shrivel ('श्रिव़ल) (**shrivel up** भी) *vt* सिकोड़ना // *vi* सिकुड़कर छोटा हो जाना; मुरझा जाना, कुम्हलाना

shroud (श्राउड) *n* कफ़न; कफ़न जैसी कोई वस्तु जो ढक ले // *vt* : **shrouded in mystery** रहस्य के परदे में

Shrove Tuesday ('श्रोव़ ट्यूज़डे) *n* **Ash Wednesday** से पहला दिन

shrub (श्रब) *n* झाड़ी; **shrubbery** *n* झाड़ी-झुरमुट (बाग में झाड़ियों से भरा स्थान)

shrug (श्रग) *vt, vi* : **to shrug (one's shoulders)** (उपेक्षा या अज्ञान जताने के लिए) कंधे उचकाना; **to shrug off** *vt* किसी बाते को महत्वहीन समझ कर उस की अनदेखी करना

shrunk (श्रंक) **shrink** का *pp*

shudder ('शडर) *vi* कांपना या थर्रा जाना (विशे॰ डर से) // *n* कंपकपी; थरथराहट

shuffle ('शफ़ल) *vt* ताश के पत्ते फैंटना; **to shuffle (one's feet)** पैर घसीटना

shun (शन) *vt* से बचना; से दूर रहना

shunt (शंट) *vt* एक ओर धकेलना; रास्ता बदलना; रेलगाड़ी को एक पटरी से दूसरी पर ले जाना

shut, *pt, pp* **shut** (शट) *vt* बंद करना; न आने देना, प्रवेश निषिद्ध करना // *vi* बंद होना; **to shut down** *vt* (मशीन या कारख़ाना) बंद कर देना // *vi* बंद होना; **to shut off** *vt* बंद कर देना, रोक देना; **to shut up** *vi* (*col*) खामोश हो जाना // *vt* बंद कर देना; चुप करा देना; **shutter** *n* (*PHOT*) कैमरे का कपाट, शटर; झिलमिली

shuttle ('शट्ल) *n* करघे की फिरकी, भरनी, ढरकी; सिलाई मशीन की फिरकी; (**shuttle service** भी) बस, गाड़ी आदि जो पास-पास के स्थानों के बीच आती-जाती हो

shuttlecock ('शट्ल्कॉक) *n* (बैडमिन्टन के खेल में) चिड़िया

shy (शाइ) *a* झेंपू, शर्मीला, लजालु; डरपोक; झिझकने वाला

siblings ('सिबलिंग्ज़) *npl* सहोदर भाई और बहिन

sick (सिक) *a* बीमार, रोगी, अस्वस्थ, रुग्ण; जिसे मतली या कै आ रही हो; घिनौना (मज़ाक); **to be sick** मतली आना; **to feel sick** बीमार होना; मतली आने को होना; **to be sick of** (*fig*) तंग आ जाना; **sick bay** *n* रोगियों के लेटने का स्थान, विशे॰ जहाज में; **sicken** *vi* मतली आना; **to be**

sickening for sth किसी रोग, जैसे ज़ुकाम, के लक्षण होना // *vt* जुगुप्सा या घिन पैदा करना

sickle ('सिकल्) *n* दरान्ती, हंसिया

sick: sick leave बीमारी की छुट्टी; **sickly** *a* बीमार; जिस से मतली उत्पन्न हो; **sickness** *n* रोग; मतली; **sick pay** *n* बीमारी के दिनों का वेतन

side (साइड) *n* पक्ष, बाज़ू, पार्श्व; (सड़क, झील आदि का) किनारा // *cpd* बाज़ू का (दरवाज़ा, प्रवेश मार्ग) // *vi* : **to side with sb** किसी का साथ देना; **by the side of** के बाज़ू में; पास; **side by side** साथ-साथ; **to take sides (with)** (किसी का) पक्ष लेना; **sideboard** *n* खाने की मेज़ के साथ की अल्मारी; **sideboards** (*Brit*), **sideburns** *npl* गलमुच्छे; **side effect** *n* (*MED*) दवा का प्रतिकूल प्रभाव; **sidelight** *n* (*AUT*) गाड़ी के दाएं-बाएं की छोटी बत्तियां; **sideline** *n* (*SPORT*) खेल के मैदान की सीमा; (*fig*) गौण या कम महत्व का काम; **sidelong** *a* तिरछा; **side-saddle** *n* स्त्रियों के लिए बनी घोड़े की काठी // *ad* स्त्री का ऐसी काठी पर बैठना; **side show** *n* गौण आकर्षण; **sidestep** *vt* (*fig*) बचना/ कन्नी काटना; **sidetrack** *vt* (*fig*) विषयान्तर करना, बात बदल देना; मुख्य विषय से परे हट जाना; **sidewalk** *n* (*US*) सड़क के किनारे की पटड़ी (पैदल चलने वालों के लिए); **sideways** *ad* तिरछे

siding ('साइडिङ) *n* (*RAIL*) पटड़ी जहां खाली डिब्बे खड़े किए जाते हैं

sidle ('साइड्ल) *vi* : **to sidle up (to)** दबे पांव या चोरी-चोरी (किसी के) पास पहुंचना

siege (सीज) *n* नगर या किले की घेराबन्दी, घेरा

siesta (सि'ऍस्ट्अ) *n* दोपहर के बाद की नींद या आराम

sieve (सिव़) *n* छलनी, चलनी, छालनी

sift (सिफ़्ट) *vt* छानना; बड़े ध्यान से देखना, निरीक्षण करना; (*fig*) झूठ-सच को पहचानना

sigh (साइ) *n* ठंडी सांस, आह, उच्छ्वास // *vi* ठंडी सांस भरना, आहें भरना

sight (साइट) *n* देखने की सामर्थ्य, दृष्टि; देखने की क्रिया; देखी वस्तु; दृश्य; झलक; नज़ारा, तमाशा; (*on gun*) बन्दूक की मक्खी; हास्यास्पद या करुणाजनक दृश्य // *vt* देखना; निशाना लगाना, साधना; **in sight** जो दीख रहा हो; (*fig*) समीप, नज़दीक; **out of sight** नज़रों से ओझल; **sightseeing** *n* सैर; **to go sightseeing** सैर/ भ्रमण के लिए जाना

sign (साइन) *n* (*gen*) चिन्ह, निशान; (*with hand*) संकेत; नाम या सूचना का

पट्ट; प्रतीक; लक्षण; शकुन; प्रमाण, साक्ष्य // *vt* हस्ताक्षर करना; अनुमोदन करना; **to sign on** *vi* (*MIL*) सेना में भरती होना; बेरोज़गारों में नाम लिखाना // *vt* (*MIL*) भरती करना; (मालिक का) किसी को नौकर रखना; **to sign over** *vt* : **to sign sth over to sb** किसी को कुछ दे देना; **to sign up** *vt* (*MIL*) भरती करना // *vi* भरती होना

signal ('सिग्नल) *n* संकेत, विशे० रेलवे सिगनल; किसी कार्यवाही का सूत्र-पात करने वाली बात, इशारा; (*RADIO*) प्रसारित या प्राप्त सन्देश // *vi* (*AUT*) संकेत के माध्यम से आदेश देना // *vt* (व्यक्ति को) इशारा करना; (सन्देश) देना; **signalman** *n* (*RAIL*) गाड़ियों के लिए संकेत देने वाला, सिगनलमैन

signatory ('सिग्नटरि) *n* हस्ताक्षर-कर्ता

signature ('सिग्निचर) *n* हस्ताक्षर; **signature tune** *n* रेडियो आदि के कार्यक्रम की विशिष्ट धुन, परिचायक-धुन, संकेत-धुन

signet ring ('सिग्निट रिंग) *n* छोटी मुहर वाली अंगूठी

significance (सिग्'निफ़िकंस) *n* महत्व; सार्थकता; अर्थ, अभिप्राय

significant (सिग्'निफ़िकंट) *a* सार्थक; अर्थपूर्ण; महत्वपूर्ण

signify ('सिग्निफ़ाइ) *vt* अर्थ होना; प्रकट, सूचित करना, पता देना; व्यक्त करना

signpost ('साइन्पोस्ट) *n* संकेत पट्ट

silence ('साइलन्स) *n* मौन, ख़ामोशी, सन्नाटा, चुप्पी // *vt* चुप करा देना; बन्द करा देना; **silencer** *n* इंजन या पिस्तौल आदि की आवाज़ कम करने का उपकरण/पुर्ज़ा

silent ('साइलंट) *a* चुप, ख़ामोश; बिना आवाज़ की (फ़िल्म); **to remain silent** ख़ामोश रहना; **silent partner** *n* (*COMM*) व्यापार का साझेदार जो उस के चलाने में कोई भाग नहीं लेता

silhouette (सिलू'एॅट) *n* सामने से आते प्रकाश में दीखती आकृति या रूप-रेखा, छायाकृति; काले रंग में बाज़ू से लिया चित्र (जिसमें चेहरे की एक ओर ही दिखाई दे)

silicon chip ('सिलिकन चिप) *n* सिलिकन धातु का पतला टुकड़ा

silk (सिल्क) *n* रेशम; रेशमी कपड़ा // *cpd* रेशम का बना; रेशम जैसा; **silky** *a* रेशमी, रेशम जैसा (नरम) मुलायम

sill (सिल) *n* खिड़की के नीचे की कगार (पत्थर की पट्टी); खिड़की या दर-वाज़े की चौखट का निचला भाग; दह-लीज़

silly ('सिलि) *a* मूर्ख, बेवकूफ़; तुच्छ; अल्पबुद्धि

silt (सिल्ट) *n* पानी के नीचे जमा कीचड़, गाद

silver ('सिल्व़र) *n* चांदी; (**silver-ware** भी) उससे बनी चीज़ें; (*money*) रुपया-पैसा; चांदी का सिक्का; चाकू-छुरियां (जो खाने की मेज़ पर काम आएं) // *cpd* चांदी का बना; चांदी जैसा या उस के रंग का; **silver paper** *n* (*Brit*) चांदी के रंग की पत्री चढ़ा काग़ज़ जो चीज़ें लपेटने के काम आता है; **silver-plated** *a* जिस पर चांदी का पानी चढ़ा हो; **silver-smith** *n* चांदी का सामान बनाने वाला (सुनार); **silvery** *a* चांदी जैसा

similar ('सिमिलर) *a* : **similar (to)** (के) समान, सदृश, (से) मिलता-जुलता; **similarly** *ad* वैसे ही, उसी तरह

simile ('सिमिलि) *n* उपमा (अलंकार)

simmer ('सिमर) *vi* बुदबुदाना (उबाल अंक के आस-पास गरम होकर); अन्दर ही अन्दर उबलना; खौलना; हंसी आदि को रोके हुए होना

simper ('सिम्पर) *vi* मूर्खता से या बहुत बनते हुए मुस्कराना या कोई बात कहना; दांत निपोरना, खीसें निकालना; **simpering** *a* मूर्खतापूर्ण हंसी हंसता हुआ (व्यक्ति)

simple ('सिम्प्ल) *a* सहज, साधारण; जो जटिल न हो, सादा; सीधासादा, भोला-भाला; **simplicity** (सिम्'प्लिसिटि) *n* सादगी; स्पष्टता; निश्छलता

simultaneous (सिमल्'टेनिअस) *a* जो उसी समय या साथ-साथ हो, समकालिक

sin (सिन) *n* पाप, गुनाह; सिद्धान्त या मापदण्ड का उल्लंघन // *vi* पाप करना; **sinful** ('सिनफ़ुल) *a* पापमय

since (सिन्स) *ad, prep* किसी काल विशेष के बाद की अवधि में या लगातार, से, के बाद से // *conj* के बाद से; (*because*) क्योंकि; **since then** तब से

sincere (सिन्'सिअर) *a* निष्कपट, सच्चा; खरा; वास्तविक, असली; जो पाखंड न करे, शुद्धहृदय; **sincerity** (सिन्'सेरिटि) *n* शुद्धहृदयता, निष्कपटता

sine die ('साइनि'डाइ) *ad Lat* अनिश्चित काल के लिए (स्थगित)

sine qua non ('साइनि क्वे 'नॉन) *n Lat* अनिवार्य शर्त या प्रतिबंध

sinew ('सिन्यू) *n* मांसपेशी को हड्डी से जोड़ने वाली कड़ी कंडरा; **sinews** *npl* मांस-पेशियां; बल, बाहुबल; साधन

sing (सिङ) *pt* **sang**, *pp* **sung** *vt, vi* गाना; गुनगुनाना

singe (सिन्ज) *vt* झुलसाना

singer ('सिंगर) *n* गायक, गवैया

singing ('सिंगिङ) *n* गाने की क्रिया, गायन

single ('सिंगल) *a* एक, एक ही, एकमात्र; एकाकी; अलग, पृथक;

अविवाहित; एक के लिए; एकांगी // *n* (*Brit* : **single ticket** भी) एक ओर की यात्रा का टिकट; **singles** *npl* (*TENNIS*) मैच जिसमें दोनों ओर एक-एक खिलाड़ी हो; **to single out** *vt* चुन लेना; **single bed** *n* एक व्यक्ति के लिए बनी चारपाई/बिछौना; **single-breasted** *a* साधारण कोट जिसका एक भाग दूसरे के ऊपर न आए; **single file** *n* : **in single file** इकहरी पंक्ति में खड़े या चलते (लोग); **single-handed** *ad* अकेले ही; **single-minded** *a* दत्तचित्त; जिस के मन में एक ही विचार हो; **single room** *n* एक व्यक्ति के ठहरने का कमरा

singlet ('सिंग्लिट) *n* बिना बाज़ू की बनियान

singly (सिंग्लि) *ad* अलग-अलग, अकेले

singular ('सिंग्युलर) *a* उल्लेखनीय, असाधारण, विशिष्ट; अनूठा, अनोखा // *n* (*LING*) एकवचन

sinister ('सिनिस्टर) *a* अहितकारी, अनर्थकारी; अशुभ, अमंगल; दुष्ट, बुरा; दुर्भाग्यपूर्ण

sink (सिंक) *n* नाबदान (झूठे बरतन आदि रखने का स्थान), सिंक; चौबच्चा, हौदी // *vb* (*pt* **sank**, *pp* **sunk**) *vt* डूब जाना; गिर जाना; ढह जाना; धंस जाना (नींव आदि का); कीमत गिरना; स्वास्थ्य गिरना; (: *piles etc*) **to sink sth into** किसी में कुछ धंसाना // *vi* बैठ जाना; धंस जाना (भूमि आदि का); **to sink in** *vi* बैठ जाना

sinner ('सिनर) *n* पापी, बुरे काम करने वाला

Sino- *comb form* चीन का, चीनी

sinus ('साइनस) *n* (*ANAT*) खातिका, विशे॰ खोपड़ी की हड्डियों में हवा जाने का रास्ता, शिरानाल

sip (सिप) *vt* घूंट-घूंट पीना, चुस्कियों से पीना

siphon ('साइफ़न) *n* हवा के दबाव से तरल पदार्थ को बोतल आदि से निकालने का उपकरण; **to siphon off** *vt* इस उपकरण से निकालना; कम मात्रा में निकालना

sir (सर) *n* पुरुष के लिए आदरसूचक सम्बोधन; (**sir**) बेरोनेट या नाइट की उपाधि जैसे **Sir John Smith; yes sir** जी हां, श्रीमान्

siren ('साइअरिन) *n* भोंपू, विशे॰ ख़तरे की चेतावनी देने वाला

sirloin ('सर्लॉइन) *n* गाय के पुट्ठे का मांस

sissy ('सिसि) *n* (*col*) कमज़ोर, कायर; स्त्री जैसा पुरुष, जनख़ा

sister ('सिस्टर) *n* बहन, सहोदरा, भगिनी; किसी धार्मिक सम्प्रदाय की सदस्या, साध्वी, सिस्टर; वरिष्ठ नर्स, सिस्टर; **sister-in-law** *n* भाभी; साली; सलहज; देवरानी; जेठानी; ननद

sit (सिट) *pt, pp* **sat** *vi* बैठना; (सभा आदि की) बैठक होना; तस्वीर बनवाने के लिए चित्रकार के सामने बैठना // *vt* परीक्षा में बैठना; **to sit down** *vi* बैठ जाना; **to sit in on** *vt* किसी सभा, बैठक में फ़ैसला करने में सहायक होना; **to sit up** *vi* बैठे रहना; जागते रहना

sitar (सि'टार) *n* सितार

sitcom ('सिट्काम) *n* (= *situation comedy*) घटना प्रधान हास्य नाटिका

site (साइट) *n* स्थल, स्थान; (**building site** भी) भवन के लिए या उसके साथ का स्थान

sit-in ('सिट-इन) *n* धरना

sitting ('सिटिङ) *n* बैठक, अधिवेशन; (कान्टीन आदि में) मेज़ पर बैठे लोगों को भोजन परोसने की व्यवस्था; **sitting room** *n* बैठक, दीवानखाना

situated ('सिट्युएटिड) *a* स्थित

situation (सिट्यु'एशन) *n* स्थिति, हालत; रोज़गार, नौकरी; **'situations vacant/wanted'** (*Brit*) 'स्थान खाली हैं/नौकरियां चाहिएं'

six (सिक्स) *num* छै की संख्या; **sixteen** *num* सोलह की संख्या; **sixth** *a* छठा // *n* छठा हिस्सा; **sixty** *num* साठ

size (साइज़) *n* आकार, परिमाण; माप (कपड़ों, जूतों आदि का); एक प्रकार की सरेस; **to size up** *vt* (किसी व्यक्ति/स्थिति को) आंकना, अनुमान लगाना; **siz(e)able** *a* काफ़ी बड़ा

sizzle ('सिज़ल) *vi* तले जाने की कड़-कड़ की आवाज़ होना

skate (स्केट) *n* जूते के नीचे लगा पतरा जिससे बर्फ़ पर फिसलते हैं, स्केट // *vi* इस प्रकार के जूते पहन कर फिसलना; **skateboard** *n* पहिए वाले स्केटों पर लगा तख्ता; **skater** *n* स्केटिंग करने वाला; **skating** *n* जूतों के नीचे पहिए लगे उपकरण से फिसलने की क्रिया; **skating rink** *n* लकड़ी के फर्श वाला बड़ा हाल जहां स्केटिंग की जाती है

skeleton ('स्कॅलिटन) *n* कंकाल, अस्थिपंजर, दुबला-पतला व्यक्ति (जो सूख कर कांटा हो गया हो); रूपरेखा, प्रारूप, ढांचा; केन्द्र; **skeleton key** *n* चाभी जिससे बहुत से ताले खुल सकते हों; **skeleton staff** *n* न्यूनतम आवश्यक कर्मचारी

skeptical ('स्कॅप्टिकल) *a* (*US*) = **sceptical**

sketch (स्कॅच) *n* कच्चा नक्शा, ख़ाका; संक्षिप्त विवरण; निबन्ध; (*THEATRE*) हास्य-नाटिका // *vt* रूपरेखा बनाना; **sketch book** *n* कापी जिसमें ख़ाके बनाए जाते हैं; **sketchy** *a* जिसमें ब्यौरा न हो; अपूर्ण; अपर्याप्त

skewer ('स्क्यूअर) *n* मांस भूनने की सीख

ski (स्की) *n* पैर के नीचे बंधी लम्बी पतरी जिसकी सहायता से बर्फ़ पर फिसलते हैं, स्की // *vi* स्की पहन कर बर्फ़ पर फिसलना; **ski boot** *n* स्कीइंग करते समय पहनने के जूते

skid (स्किड) *vi* (एक ओर) फिसल जाना, विशे॰ मोटर गाड़ी आदि का

skier ('स्कीअर) *n* स्की करने वाला

skiing ('स्कीइङ) *n* स्की करने की क्रिया, स्कीइंग

ski jump *n* स्कीइंग करते समय कूदने की क्रिया

skilful ('स्किल्फ़ुल) *a* कुशल, प्रवीण, पटु, माहिर

ski lift *n* स्कीइंग करने वालों को ऊंचाई तक ले जाने की लिफ़्ट

skill (स्किल) *n* प्रवीणता, पटुता, निपुणता; दक्षता, कारीगरी, कौशल; **skilled** *a* कुशल; दक्ष; प्रशिक्षित (मज़दूर)

skim (स्किम) *vt* मलाई, झाग, फेन, मल आदि उतारना, काछना; हल्के से छूते हुए तेज़ी से निकल जाना // *vi* : **to skim through** (*fig*) तेज़ी से पढ़ जाना; **skimmed milk** *n* सपरेटा दूध

skimp (स्किम्प) *vt* कम तोलना या देना; अधूरा काम करना; **skimpy** *a* अपर्याप्त, कम

skin (स्किन) *n* चमड़ी, खाल, त्वचा; (फल का) छिलका; खाल का बना बरतन जैसे मशक; ठंडे होते तरल पदार्थ पर आई हल्की परत; रूपरंग // *vt* खाल उधेड़ना; **skin-deep** *a* ऊपरी, हल्का; **skin diving** *n* सांस लेने का उपकरण, आक्सीजन आदि लेकर पानी के नीचे तैरना; **skinny** *a* कमज़ोर; **skintight** *a* चुस्त (कपड़े)

skip (स्किप) *n* मलबे के लिए बड़े आकार का खुले मुंह का बरतन; बड़े आकार की बाल्टी जिसमें खान मज़दूरों और सामान को खान के अंदर भेजा जाता है // *vi* (*with rope*) फांदना; रस्सी फांदना // *vt* (*pass over*) अनदेखी कर देना

ski : ski pants *npl* स्कीइंग करते समय पहनने की पैंट; **ski pole** *n* स्कीइंग में प्रयुक्त लाठी

skipper ('स्किपर) *n* (*NAUT, SPORT*) जहाज़, विमान या टीम का कप्तान

skipping rope ('स्किपिंग् रोप) *n* (*Brit*) फांदने की रस्सी

skirmish ('स्कर्मिश) *n* छोटे समूहों में भिड़ंत; मुठभेड़, छोटी सी लड़ाई

skirt (स्कर्ट) *n* स्त्रियों का घाघरे जैसा वस्त्र, स्कर्ट // *vt* इर्द-गिर्द जाना, सीमा के साथ-साथ (दीवार आदि) बनाना

ski suit *n* स्कीइंग करते समय पहनने के कपड़े

skit (स्किट) *n* प्रहसन

skittle ('स्किट्ल) *n* एक प्रकार की बड़ी गुल्ली; **skittles** *n* ऐसी

गुल्लियों से खेला जाने वाला एक खेल, नाइनपिन्स

skive (स्काइव़) *vi* (*Brit col*) काम या ज़िम्मेदारी से बचना

skulk (स्कल्क) *vi* इधर-उधर हो जाना; चुपके से चल देना; लुकना-छिपना

skull (स्कल) *n* खोपड़ी, कपाल

skunk (स्कंक) *n* उत्तरी अमरीका का जीव जो अपनी गुदा से अत्यंत दुर्गन्ध-युक्त द्रव छोड़ता है

sky (स्काइ) *n* आकाश, आसमान; अन्तरिक्ष; **skylight** *n* छत में बनी खिड़की, वातायन; **skyscraper** *n* बहुत ऊंची इमारत

slab (स्लैब) *n* (पत्थर की) पटिया; (लकड़ी, धातु की) पट्टी

slack (स्लैक) *a* ढीला; धीमा, मंद; लापरवाह; उपेक्षाशील; मन्दा (जब काम न हो) // *n* ढीला हिस्सा; ढील, जैसे रस्से की; **slacks** *npl* एक प्रकार की पतलून; **slacken (slacken off** भी) *vi* ढीला हो जाना; मंद पड़ जाना; (वेग या प्रचण्डता) कम हो जाना // *vt* ढीला करना

slag (स्लैग) *n* धातु का मल (जो उबलते हुए ऊपर आ जाता है), मैल; **slagheap** *n* ऐसे मैल का ढेर

slain (स्लेन) **slay** का *pp*

slam (स्लैम) *vt* (*door*) धम्म से बन्द करना; ज़ोर से मारना, पटकना, फैंक देना; दे मारना; कटु, तीव्र आलोचना करना // *vi* ज़ोर से बंद होना; पटक देना

slander ('स्लाण्डर) *n* किसी के बारे में दुर्भावना से कही गयी या झूठी बात या आरोप // *vt* ऐसी बात कहना

slang (स्लैङ) *n* बोलचाल की भाषा

slant (स्लांट) *n* ढलान; (*fig*) दृष्टि-कोण; विचार; **slanted** *a* ढालू; तिरछा; **slanting** *a* जो एक ओर झुका हुआ हो

slap (स्लैप) *n* थप्पड़, तमाचा, चपत // *vt* थप्पड़ या तमाचा मारना // *ad* सीधे, प्रत्यक्ष रूप से; **slapdash** *a* लापरवाही से; अंधाधुंध; लापरवाह (व्यक्ति); **slapstick** *n* (*comedy*) प्रहसन; **slap-up** *a* : **a slap-up meal** (*Brit*) बहुत बढ़िया भोजन

slash (स्लैश) *vt* काटना; कोड़े लगाना; चीरना; (*fig* : *prices*) कीमतें घटा देना

slat (स्लैट) *n* लकड़ी या धातु की लम्बी पट्टी

slate (स्लेट) *n* स्लेट पत्थर; छत पर इस पत्थर के टुकड़े; लिखने की स्लेट // *vt* (*fig*) आलोचना करना

slaughter ('स्लॉटर) *n* वध, हत्या // *vt* पशु को मांस के लिए काटना; (*people*) नरसंहार करना; **slaughter house** *n* कसाईघर, वधशाला, बूचड़-खाना

slave (स्लेव़) *n* गुलाम, दास (जिसे कोई अधिकार प्राप्त न हो); व्यक्ति जिस

पर किसी और का वर्चस्व हो या जो लतिया हो // *vi* (**slave away** भी) दासों के समान (कठोर) परिश्रम करना; **slavery** *n* गुलामी, दासता

slay (स्ले) *pt* **slew**, *pp* **slain** *vi* (*formal*) कत्ल करना, वध करना

sleazy ('स्लीज़ि) *a* गन्दा, घिनावना

sledge (स्लेज) *n* बर्फ़ पर फिसल कर चलने वाली गाड़ी, हिमगाड़ी; **sledgehammer** *n* भारी हथौड़ा, घन

sleek (स्लीक) *a* (*hair, fur*) चिकना, चमकदार, नरम; (*car, boat*) बढ़िया, खूबसूरत (कार, नाव)

sleep (स्लीप) *n* नींद, निद्रा; आराम // *vi* (*pt, pp* **slept** (स्लेप्ट)); **to go to sleep** सो जाना; **to sleep in** *vi* देर तक सोते रहना; बिस्तर में पड़े रहना; **sleeper** *n* सोने वाला व्यक्ति, पशु आदि; विदेशी जासूस जो मौका पड़ने पर ही काम करता है; (*Brit RAIL : on train*) गाड़ी का डिब्बा जिसमें सोने की व्यवस्था होती है; ऐसी गाड़ी; (*: on track*) रेल की पटरी के नीचे लगा स्लीपर; **sleeping bag** *n* थैले के आकार की रज़ाई जिस में घुस कर सोया जा सकता है; **sleeping car** *n* रेल का शयनागार (डिब्बा); **sleeping pill** *n* नींद की गोली; **sleepless** *a* : **a sleepless night** रात जो आंखों में कटे; **sleepwalker** *n* व्यक्ति जिसे नींद में चलने की आदत हो; **sleepy** *a* जिसे नींद आ रही हो

sleet (स्लीट) *n* वर्षा के साथ गिरती बर्फ़ या ओले

sleeve (स्लीव़) *n* आस्तीन, बांह; (इंजन में) शाफ़्ट का आवरण

sleigh (स्ले) *n* बर्फ़गाड़ी, स्लेज

sleight (स्लाइट) *n* : **sleight of hand** हाथ की सफ़ाई, जादू के करतब

slender ('स्लेण्डर) *a* दुबला-पतला; कम, नगण्य; दुर्बल, कमज़ोर

slept (स्लेप्ट) **sleep** का *pt, pp*

slew (स्लू) *vi* पूरा घूम जाना // **slay** का *pt*

slice (स्लाइस) *n* कतला, फांक (फल की); हिस्सा, भाग, अंश // *vt* कतले या फांकें बनाना; साफ़ काटना; बल्ले से गेंद को तिरछे मारना

slick (स्लिक) *a* चिकना; चिकनी-चुपड़ी बातें करने वाला; खुशामदी; ऊपर से आकर्षक // *n* फिसलन वाला क्षेत्र; (**oil slick** भी) पानी पर तेल की परत

slide (स्लाइड) *n* (*in playground*) बच्चों के फिसलने के लिए बना ढांचा, सरकना; (*PHOT*) फ़ोटो जो फ़िल्म पर हो (काग़ज़ पर नहीं); (*Brit* : **hair slide** भी) बालों में लगाने का क्लिप या बकसुआ; (*in prices*) गिरावट // *vb* (*pt, pp* **slid**) *vt* फिसलना; सरकना // *vi* नीचे को फिसलना; **slide rule** *n* परिकलन पट्टिका; **sliding** *a* दरवाज़ा जो खांचों में

सरकता है (कब्जों से जड़ा नहीं होता); **sliding scale** *n* ऐसी व्यवस्था कि एक घटक (कीमतें) बदले तो दूसरा (वेतन) उस के अनुसार अपने-आप बदल जाय

slight (स्लाइट) *a* छोटा, अल्प; तुच्छ; हल्का या थोड़ा-सा (*before n*); कमज़ोर, दुर्बल; पतला, छरहरा // *n* तिरस्कार; अनादर // *vt* उपेक्षा या तिरस्कार करना; **not in the slightest** बिल्कुल नहीं; **slightly** *ad* हल्के या मामूली तौर पर

slim (स्लिम) *a* दुबला-पतला, छरहरा // *vi* व्यायाम और भोजन पर नियंत्रण कर के वजन घटाना

slime (स्लाइम) *n* चिकनी, गाढ़ी गन्दगी या कीचड़

slimming ('स्लिमिङ) *n* व्यायाम और भोजन के माध्यम से वज़न घटाने की प्रक्रिया

sling (स्लिङ) *n* गोफना; (*MED*) गलपट्टी (घायल अंग को सहारा देने की पट्टी); भारी वजन उठाने का रस्सा आदि // *vt* (*pt, pp* **slung**) रस्से से उठाना

slip (स्लिप) *n* भूल, चूक; ग़लती; ग़लत काम; साया या पेटीकोट; काग़ज़ का पुर्ज़ा या परची // *vt* सरकाना, खिसकाना // *vi* सरकना, खिसकना; आसानी से जाना; **to slip into/out of** आसानी से कपड़े पहनना/उतारना; अवनति या ह्रास होना; **to slip sth on/off** कोई कपड़ा पहनना/उतारना; **to give sb the slip** किसी से बच निकलना, हाथ न आना; **a slip of the tongue** अनायास मुंह से निकली बात; **to slip away** *vi* भाग जाना, फ़रार हो जाना; **slipped disc** *n* रीढ़ की हड्डी के किसी जोड़ का अपने स्थान से हट जाना

slipper ('स्लिपर) *n* घर में पहनने का हल्का जूता, स्लीपर

slippery ('स्लिपरि) *a* फिसलने वाला; पकड़ में न आने वाला; बदलने वाला, परिवर्तनशील; अविश्वसनीय; चालाक, धूर्त

slip road ('स्लिप रोड) *n* (*Brit*) संकरी सड़क जो बड़ी सड़क से जा मिलती है

slipshod ('स्लिप्शॉड) *a* लापरवाही से किया गया (काम)

slip-up ('स्लिपप) *n* भूल, चूक, ग़लती

slipway ('स्लिप्वे) *n* बंदरगाह में पानी की ओर ढलान वाला चबूतरा जहां से जहाज़ पानी में उतारे जाते हैं

slit (स्लिट) *n* फटन, दरार // *vt* (*pt, pp* **slit**) चीरना, काटना, टुकड़े करना

slither ('स्लिदर) *vi* फिसलते हुए (ढलान से नीचे) जाना

sliver ('स्लिव़र) *n* किसी चीज़ का छोटा, पतला टुकड़ा; (*of glass, wood*) छिपटी; किरच

slob (स्लॉब) *n* (*col*) मूर्ख, गंवार

व्यक्ति

slog (स्लॉग) (*Brit*) *vt* (बल्लेबाज़ का) ज़ोर से गेंद को मारना // *vi* बड़ी मेहनत से पढ़ाई या कोई काम करना; कठिनाई से काम करना या चलना // *n* कड़ी मेहनत

slogan ('स्लोगॅन) *n* नारा

slop (स्लॉप) *vi* (**slop over** भी) (तरल पदार्थ का) छलकना // *vt* छलकाना, गिराना

slope (स्लोप) *n* ढाल; चढ़ाई // *vi* : **to slope up/down** ढाल पर होना या उस पर चढ़ना/उतरना; दबे पांव जाना

sloppy ('स्लॉपि) *a* लापरवाही या बेढंगेपन से किया (काम); मैला-कुचैला या अस्तव्यस्त (व्यक्ति); भावुकतापूर्ण (चलचित्र आदि)

slot (स्लॉट) *n* छिद्र, छेद; (सिक्कों के लिए) झिरी // *vt* : **to slot sth into** छेद में डालना; छांटना; शृंखलाबद्ध करना, किसी संगठन में स्थान देना // *vi* : **to slot into** किसी संगठन में स्थान पाना; **slot machine** *n* सिक्का डालकर चॉकलेट, सिग्रेट आदि खरीदने की मशीन

sloth (स्लोथ) *n* आलस्य, आलस

slouch (स्लाउच) *vi* आलस्य से या भोंडे ढंग से बैठना या चलना; **to slouch about** *vi* निठल्ले बैठे रहना

slovenly ('स्लवनलि) *a* गंदा; लापरवाह; फूहड़

slow (स्लो) *a* देर तक रहने वाला; धीमी चाल चलने वाला // *ad* धीमे, धीरे-धीरे // *vt, vi* (**slow down, slow up** भी); गति, रफ़्तार कम करना; **slowly** *ad* धीरे-धीरे; **to be slow** (घड़ी) जो समय से पीछे हो; **slow motion** *n* : **in slow motion** (फ़िल्म) जो सामान्य से कम गति से चलाई जाय

sludge (स्लज) *n* कीचड़; बर्फ़ से बना कीचड़; मोरी की गंदगी

slug (स्लग) *n* केंचुआ; (*bullet*) गोली; **sluggish** *n* धीमा, मंद, सुस्त; आलसी; जो काम न कर रहा हो

sluice (स्लूस) *n* नहर का पानी नियंत्रित करने का द्वार; जलद्वार

slum (स्लम) *n* गंदी बस्ती

slumber ('स्लम्बर) *n, vi* नींद, सोना

slump (स्लम्प) *n* कीमतों में अचानक गिरावट; मंदी // *vi* धम्म से गिरना; भोंडे ढंग से आराम करना; अचानक कीमत, परिमाण या आदर में कम हो जाना

slung sling का *pt, pp*

slur (स्लर) *n* तिरस्कार, अपमान; लांछन, कलंक, धब्बा; (**slur on** भी) // *vt* (पर) ध्यान न देना; शब्दों या संगीत चिन्हों को मिलाना, अस्पष्ट उच्चारण करना; निन्दा करना

slush (स्लॅश) *n* कीचड़; अत्यधिक भावुकता; **slush fund** *n* (*US*) घूस देने के लिए जमा धन

slut (स्लट) *n* गन्दी (दुष्चरित्रा) स्त्री, कुलटा

sly (स्लाइ) *a* धूर्त, चालाक; घुन्ना; छिपाऊ; धोखेबाज़

smack (स्मैक) *n* थप्पड़, चांटा; एक नशीला पदार्थ, स्मैक // *vt* चांटा मारना // *vi* : **to smack of** से की गंध आना

small (स्मॉल) *a* छोटा; नाटा; तुच्छ, महत्वहीन; **small ads** *npl* (*Brit*) संक्षिप्त विज्ञापन; **small change** *n* रेज़गारी, छोटी रकम; **smallholder** *n* (*Brit*) छोटा किसान; **small hours** *npl* : **in the small hours** आधी रात के बाद, तड़के; **smallpox** *n* चेचक; **small talk** *n* इधर-उधर की बातें

smart (स्मार्ट) *a* चतुर, चालाक; तेज़, फुर्तीला; हाज़िरजवाब; उद्धत; बना-ठना; फ़ैशनेबल; तीक्ष्ण, प्रचण्ड // *vi* पीड़ा अनुभव करना; **to smarten up** *vi* सजना-सवंरना // *vt* सजाना-संवारना

smash (स्मैश) *n* (**smash-up** भी) गाड़ियों की टक्कर; दिवाला // *vt* टुकड़े-टुकड़े/चकनाचूर कर देना; कुचलना; नष्ट कर देना; समाप्त कर देना; (*SPORT* : *record*) तोड़ना; (*hopes*) आशाओं पर पानी फेरना // *vi* तोड़ना; पटक कर मारना; **smashing** *a* (*col*) कमनीय, सुंदर

smattering ('स्मैटरिङ) *n* : **a smattering of** की थोड़ी सी (ऊपरी) जानकारी

smear (स्मिअर) *n* गन्दगी, मैल का धब्बा; (*MED*) डाक्टरी जांच के लिए शरीर के किसी द्रव पदार्थ का नमूना; बदनामी // *vt* चिकनाई आदि पोतना या लेपना; गंदगी लगाना, गंदा कर देना; (*fig*) बदनाम करना, कलंक लगाना

smell (स्मेॅल) *n* गन्ध; घ्राणशक्ति // *vb* (*pt, pp* **smelt** or **smelled**) *vt* सूंघना; (*fig*) सन्देह होना // *vi* गन्ध आना; नाक से काम लेना; **to smell (of)** गंध आना; (*offens*) दुर्गन्ध आना; **it smells good/smells of garlic** इस की गंध अच्छी है/इस से लहसुन की गंध आ रही है; **smelly** *a* जिससे दुर्गन्ध आ रही हो

smile (स्माइल) *n* मुस्कराहट // *vi* मुस्कराना; (पर) कृपा करना

smirk (स्मर्क) *n* तिरस्कारपूर्ण मुस्कराहट

smith (स्मिथ) *n* लोहार; सुनार आदि; **smithy** ('स्मिदि) *n* लोहारख़ाना

smock (स्मॉक) *n* ढीला-ढाला कुरता

smog (स्मॉग) *n* धुंए और कोहरे का सम्मिश्रण, धूम-कोहरा

smoke (स्मोक) *n* धुआं // *vi* तम्बाकू पीना // *vt* धुआं देना, धुएं से सुखाना; **smoked** *a* धुंए से सुखाया सूअर का मांस; काला किया (कांच); **smoker** *n* तम्बाकू पीने वाला व्यक्ति;

(*RAIL*) रेलगाड़ी का डिब्बा जिसमें तम्बाकू पी सकते हैं; **smoke screen** *n* धुंए के बादल; (*fig*) धोखे की टट्टी; **smoking** *n* : "**no smoking**" (*sign*) "तम्बाकू पीना मना है"; **smoky** *a* धुएं जैसा धुएं भरा

smolder ('स्मोल्डर) *vi* (*US*) = **smoulder**

smooth (स्मूद) *a* बराबर, समतल; जो खुरदरा न हो, चिकना; मधुर, मृदु; अबाध; शांत; धीर; चिकना, चिकनी-चुपड़ी कहने वाला // *vt* (सिल्वट) हटाना; (मुश्किलें) आसान करना; चिकना बनाना; (**smooth out** भी)

smother ('स्मदर) *vt* गला घोंटना // *vi* दम घुटना

smoulder, (*US*) **smolder** ('स्मोल्डर) *vi* सुलगना

smudge (स्मज) *n* धब्बा; घना धुआं // *vt* धब्बा डालना; मैला करना

smug (स्मग) *a* आत्मतुष्ट; संकीर्णमना

smuggle ('स्मगल) *vt* चोरी से (बिना शुल्क दिए) माल लाना, तस्करी करना; **smuggler** *n* तस्कर; **smuggling** *n* तस्करी

smutty ('स्मटि) *a* (*fig*) गंदा, मैला; अश्लील

snack (स्नैक) *n* व्यंजन जो हल्की भूख लगने पर खाया जाय, हल्का भोजन; **snack bar** *n* ऐसे व्यंजन बेचने की दुकान

snag (स्नैग) *n* बाधा, अड़चन; कठिनाई

snail (स्नेल) *n* घोंघा

snake (स्नेक) *n* सांप, नाग

snap (स्नैप) *n* चटाख़ की आवाज़; चित्र, फोटोग्राफ़; ताश का एक खेल; खटका; चुटकी बजाने की आवाज़ // *a* तत्काल; आकस्मिक // *vt* अचानक टूट जाना या चटक जाना; तस्वीर खींचना // *vi* तीखे स्वर में बोलना; **to snap open/shut** झटके से खोलना/बन्द करना; **to snap at** *vt* (कुत्ते का) काटने को दौड़ना; **to snap off** *vt* झटके से तोड़ देना; **to snap up** *vt* झपट लेना; **snappy** *a* तेज़; चिड़चिड़ा, तुनकमिज़ाज; **snapshot** *n* फोटो (जो जल्दी में ली गयी हो)

snare (स्नेअर) *n* जाल, फंदा

snarl (स्नार्ल) *vi* गुर्राना; उलझ जाना; **snarl-up** *n* सड़क पर गाड़ियों का जमघट होकर रास्ता रुक जाना

snatch (स्नैच) *n* (*fig*) दौर; झपटने की क्रिया; डाका; थोड़ी सी मात्रा, टुकड़ा // *vt* झपटना; लपक लेना, छीन लेना; चोरी करना; **snatches of** टुकड़े, अंश

sneak (स्नीक) *vi* : **to sneak in/out** दबे पांव या चोरी से आना/जाना; **sneakers** *npl* कैन्वस के रबड़ के तले वाले जूते; **sneaky** *a* चोरी छिपे किया गया; घुन्ना (व्यक्ति)

sneer (स्नीअर) *vi* हंसी या खिल्ली

उड़ाना

sneeze (स्नीज़) *n* छींक // *vi* छींकना, छींक मारना

sniff (स्निफ़) *vi* नाक से सांस लेना; सूं-सूं करना // *vt* सूंघना

snigger ('स्निगर) *vi* ठी-ठी करना; खिल्ली उड़ाने के लिए हंसना

snip (स्निप) *n* काट, तराश; (*bargain*) सस्ता सौदा // *vt* कतरना, काटना

sniper ('स्नाइपर) *n* छिपकर गोली चलाने वाला, कमीनदार

snippet ('स्निपिट) *n* टुकड़ा, कतरन

snivelling ('स्निवलिङ) *a* जो हर समय रीं-रीं करता रहे या जिस की नाक बहती रहे

snob (स्नॉब) *n* व्यक्ति जो अपने को ऊंचा समझे, वर्गदम्भी; **snobbish** *a* वर्गदम्भी

snooker ('स्नूकर) *n* बिलियर्ड जैसा खेल, स्नूकर

snoop (स्नूप) *vi* : **to snoop on sb** किसी पर निगाह रखना या ताकझांक करना; **to snoop about somewhere** ताकझांक करते फिरना; टोह लेना

snooty ('स्नूटि) *a* घमण्डी, दंभी

snooze (स्नूज़) *n* झपकी // *vi* झपकी लेना; ऊंघना

snore (स्नॉर) *vi* खर्राटे लेना; **snoring** *n* खर्राटे

snorkel ('स्नार्कल) *n* ग़ोता लगाते समय सांस लेने की नली

snort (स्नार्ट) *vi* तिरस्कार से फुफकारना, घोड़े का हिनहिनाना

snotty ('स्नॉटि) *a* नीच, कमीना; दम्भी, जो अपने को ऊंचा समझता हो

snout (स्नाउट) *n* (पशु की) थूथनी

snow (स्नो) *n* बर्फ़, शीन // *vi* बर्फ़ गिरना; **snowball** *n* बर्फ़ का गोला; **snowbound** *a* (इलाका) जहां इतनी बर्फ़ गिरी हो कि रास्ते बंद हो जायं; **snowdrift** *n* बर्फ़ का ढेर; **snowdrop** *n* घंटी के आकार का एक फूल; **snowfall** *n* बर्फ़ का गिरना, हिमपात; **snowflake** *n* बर्फ़ का पतला टुकड़ा; **snowman** *n* बर्फ़ से बना आदमी का पुतला; **snowplough**, (*US*) **snowplow** *n* बर्फ़ हटाने की मोटरगाड़ी; **snowshoe** *n* बर्फ़ में पहनने के जूते; **snowstorm** *n* बर्फ़ का तूफ़ान

snub (स्नब) *vt* (किसी की अवहेलना कर के) अपमान करना, धुत्कारना // *n* अवहेलना, अपमान, धुत्कार // *a* छोटा और भोथर; **snub-nosed** *a* चपटी नाक वाला

snuff (स्नफ़) *n* नसवार

snug (स्नग) *a* आरामदेह, सुखद

snuggle (स्नगल) *vi* : **to snuggle up to sb** प्यार से या गरमी के लिए (किसी से) सट कर लेटना

KEYWORD

so (सो) ♦ *ad* 1. (*thus, likewise*) ऐसे, वैसे ही; **if so** यदि ऐसा है; **so do/have I** मैं भी ऐसे ही करता/रखता हूं; **it's 5 o'clock - so it is!** पांच बज गए - सचमुच ऐसा ही है!; **I hope/think so** मैं भी ऐसी ही आशा करता हूं/ऐसा ही सोचता हूं; **so far** अब तक; पिछले दिनों

2. (*in comparison etc : to such a degree*) (तुलना करते समय) यहां तक, इतना; **so big (that)** इतना बड़ा (कि); **she's not so clever as her brother** वह उतनी चालाक नहीं है जितना कि उसका भाई

3. **so much** *a, ad* बहुत (अधिक); **I've got so much work** मेरे पास इतना ज़्यादा काम है; **I love you so much** मैं तुम से बहुत अधिक प्यार करता हूं; **so many** (संख्या में) बहुत अधिक

4. (*phrases*) : **10 or so** दस या उस के लगभग; **so long!** (*col* : विदा लेते समय प्रयुक्त) तो अब चलता हूं/फिर मिलेंगे

♦ *cj* 1. (*expressing purpose*) : **so as to do** जिस से कि- किया जा सके; **so (that)** जिससे कि

2. (*expressing result*) : **so that** जिससे कि

soak (सोक) *vt* भिगो देना, डुबा देना, तरबतर कर दना // *vi* भीगना, डूबना, तरबतर होना; **to soak in** *vi* सोखा जाना; **to soak up** *vt* सोख लेना

so-and-so ('सोअंडसो) *n* फ़लां-फ़लां (कोई व्यक्ति जिसका नाम याद न हो या न लेना चाहो)

soap (सोप) *n* साबुन; **soapflakes** *npl* साबुन के पतले टुकड़े; **soap opera** *n* रेडियो/दूरदर्शन का घरेलू जीवन सम्बन्धी धारावाहिक; **soap powder** *n* साबुन का चूर्ण; **soapy** *a* साबुन जैसा, चिकना

soar (सॉर) *vi* ऊंचे उड़ना; कीमतों आदि का बहुत अधिक बढ़ जाना

sob (सॉब) *n* सिसकी // *vi* सिसकना

sober ('सोब्अर) *a* जिसने शराब न पी रखी हो; सयंमी, परहेज़गार; मद्धिम; गंभीर; सौम्य; सीधासादा; संयत स्वभाव वाला; **to sober up** *vt* शान्त कर देना // *vi* नशा उतर जाना, होश में आना

so-called ('सोकॉल्ड) *a* तथाकथित

soccer ('साक्र) *n* फुटबाल का खेल

social ('सोशल) *a* समूह में रहने वाला; सामाजिक; मिलनसार // *n* किसी संगठित समूह का अनौपचारिक जमाव या बैठक; **social club** *n* सामाजिक क्लब; **socialism** *n* समाजवाद; **socialist** *a, n* समाजवादी; **socialize** *vi* : **to socialize (with)** (से) मेलजोल रखना/बढ़ाना; **social security** *n* सामाजिक

सुरक्षा; **social work** *n* समाज सेवा; **social worker** *n* समाजसेवी

society (सो'साइअटि) *n* मिलजुलकर रहने की स्थिति; परस्पर मिल कर रहते लोग, समाज; साहचर्य; साथ; संघ, क्लब; (**high society** भी) उच्च वर्ग

sociology (सोसि'ऑलजि) *n* समाज-शास्त्र

sock (सॉक) *n* जुराब, मौज़ा // *vt* (*col*) मारना (घूंसा आदि)

socket ('सॉकिट) *n* छेद जिसमें कोई वस्तु समा जाय, कोटर; **wall socket** दीवार में बिजली के साकिट

sod (सॉड) *n* मिट्टी का ढेला जिस पर घास उगी हो; घास की थिगली; (*Brit col*) व्यक्ति जिसे जघन्य समझा या कहा जाय; हरामी!

soda ('सोड्अ) *n* (*CHEM*) सोडियम का योगिक; (**soda water** भी) सोडा वाटर; **soda water** *n* पानी जिसमें कार्बन डायक्साइड मिलाया गया हो; (*US* **soda pop** भी) एक प्रकार का सोडा वाटर

sodden ('सॉडन) *a* तरबतर, शराबोर; शराब में धुत; भारी और पिचपिचा

sofa ('सोफ़अ) *n* दो या अधिक व्यक्तियों के बैठने की गद्देदार कुर्सी, सोफ़ा

soft (सॉफ़्ट) *a* नरम, मुलायम; मृदु; आसान; शांत; धीमा, मंद; भला; बहुत ढीला या नरम; बहुत भावुक; (*stupid*) मंद या क्षीण बुद्धि; पानी (जिसमें खनिज पदार्थ न हों); (दवा, पदार्थ) जिसकी लत न पड़े; **soft drink** *n* बिना अल्कोहल का पेय; **soften** (सॉफ़न) *vt* नरम या अधिक नरम बनाना; (क्रोध आदि) शांत करना; हल्का करना; कम करना; मद्धिम करना // *vi* नरम पड़ जाना; **softly** *ad* धीरे से; चुपके से; **softness** *n* नरमी

software ('सॉफ़्टवैअर) *n* (*COMPUT*) कम्प्यूटर का कार्यक्रम (टेप आदि)

soggy ('सॉगि) *a* गीला; दलदली (भूमि)

soil (सॉइल) *n* मिट्टी; भूमि; देश; प्रदेश // *vt* मैला, गंदा करना या हो जाना; (*fig*) धब्बा या कलंक लगाना; दूषित करना

solace ('सोलिस) *n* दिलासा, तसल्ली // *vt* (मुसीबत में) दिलासा, तसल्ली, सांत्वना देना

solar ('सोलर) *a* सूर्य का, सौर्य

sold (सोल्ड) **sell** का *pt, pp*; **sold out** *a* (*COMM*) (माल) जो सब बिक गया हो

solder ('सॉल्डर) *n* टांका लगाने की नरम गलनशील धातु (रांगा आदि) // *vt* टांका लगाना

soldier ('सोल्जर) *n* सैनिक, फ़ौजी (सिपाही)

sole (सोल) *n* (पैर का) तलवा; (जूते का)

तला; (*fish : pl inv*) एक प्रकार की मछली // *a* एकमात्र; अनुपम

solemn ('सॉलम) *a* गंभीर; औपचारिक, रस्मी; भव्य, शानदार

sole trader *n* (*COMM*) किसी वस्तु का एकमात्र व्यापारी

solicit (स'लिसिट) *vt* प्रार्थना करना; अनुचित प्रस्ताव करना; आग्रहपर्वक कहना // *vi* (वेश्या का) ग्राहक को लुभाना, फंसाना

solicitor (स'लिसिटर) *n* वकील जो कानूनी राय देता या दस्तावेज़ तैयार करता है, लेकिन छोटी अदालत में ही पेश होता है

solid ('सॉलिड) *a* ठोस; सघन; एक ही पदार्थ का बना; घना; पक्का; विश्वस्त; टिकाऊ; (*meal*) पर्याप्त // *n* घनाकृति; पिण्ड, पदार्थ जो वायु जैसा या तरल न हो

solidarity (सालि'डैरिटि) *n* एक जैसे हितों की एकता; एकजुटता; एकात्मकता

solitary ('सॉलिटरि) *a* अकेला, एकाकी; **solitary confinement** *n* (*LAW*) जेल की कोठड़ी में अकेले बन्द होने का दंड

solo ('सोलो) *n* एक गायक के लिए संगीत रचना; ताश का एक खेल; **soloist** *n* गायक या वादक जो अकेला गाए/वाद्य बजाए

soluble ('सॉल्युबल) *a* जो घुल जाय; घुलनशील

solution (स'लूशन) *n* घुलने की क्रिया; घोल; (समस्या का) समाधान, हल

solve (सॉल्व़) *vt* हल करना; रास्ता निकालना; समाधान करना; उत्तर पाना

solvent ('सॉल्वंट) *a* (*COMM*) जो अपनी देनदारी चुका सके // *n* तरल पदार्थ जो अन्य पदार्थों को घुला सके; **solvent abuse** *n* कुछ तरल पदार्थों की नशीली भाप सूंघना

KEYWORD

some (सम) ♦ *a* **1.** (*a certain amount or sum*) थोड़ा; **some water/tea/ice cream** थोड़ा पानी/चाय/आइसक्रीम; **some children/apples** कुछ बच्चे/सेब

2. (*certain : in contrasts*) कुछ; **some people say that ..** कुछ लोग कहते हैं कि .. ; **some films were excellent but most were mediocre** कुछ फ़िल्में अच्छी थीं लेकिन अधिकतर सामान्य थीं

3. (*unspecified*) कोई; किसी; **some woman was asking for you** कोई स्त्री तुम्हें पूछ रही थी; **he was asking for some book (or other)** वह कोई किताब मांग रहा था; **some day** किसी दिन; **some day next week** अगले सप्ताह किसी दिन

♦ *pronoun* **1.** (*a certain number*) **I've got some** (*books etc*) (किताबें आदि) मेरे पास कुछ हैं; **some** somebody 623 soppy

(of them) have been sold उनमें से कुछ बिक चुकी हैं

2. (*a certain amount*) थोड़ी (राशि/ मात्रा); **I've got some** (*money, milk*) मेरे पास थोड़ी (राशि/दूध) है

♦ *ad* : **some ten people** लगभग 10 व्यक्ति

somebody ('सम्बडि) = *pronoun* = **someone**

somehow ('सम्हाउ) *ad* किसी तरह; किसी न किसी कारण से

someone ('सम्वन) *pronoun* कोई (व्यक्ति)

someplace ('सम्प्लेस) *ad* (*US*) = **somewhere**

somersault ('समर्सॉल्ट) *n* कलाबाज़ी; बिल्कुल पलट जाने की क्रिया // *vi* बिल्कुल पलट जाना; (कार का) उलट जाना

something ('सम्थिङ) *pronoun* कुछ/कोई (बात); **something interesting** कोई रोचक बात

sometime ('सम् टाइम) *ad* (भविष्य में) किसी समय; पहले कभी; **sometime last month** पिछले महीने में कभी (किसी समय)

sometimes ('सम्टाइम्स) *ad* कभी-कभी; कभी-कभार

somewhat ('सम्वट) *ad* कुछ (हद तक); तनिक

somewhere ('सम्वेअर) *ad* कहीं, किसी स्थान पर

son (सन) *n* बेटा, पुत्र

son et lumière ('सों ए 'लूमिएँअ) *n Fr* किसी ऐतिहासिक स्थान पर रात के समय नाटक आदि जिस में उस के इतिहास पर प्रकाश डाला जाय

song (सॉङ) *n* गाना, गायन

sonic ('सॉनिक) *a* ध्वनि की लहरों से सम्बन्धित

son-in-law ('सनिनलॉ) *n* बेटी का पति, दामाद, जामाता

sonny ('सनि) *n* (*col*) बच्चा, बेटा

soon (सून) *ad* जल्दी, शीघ्र ही; निकट भविष्य में; तेज़ी से; **soon afterwards** उस के कुछ ही समय बाद; **sooner** *ad* (समय में) उस से पहले; (*preference*) : **I would sooner do** मैं _ की अपेक्षा _ पहले करूंगा; **sooner or later** जल्दी या देर में

soot (सूट) *n* कालिख; काजल

soothe (सूद) *vt* शांत करना; पीड़ा आदि कम करना

sophisticated (स'फ़िस्टिकेटिड) *a* सुसंस्कृत; दुनियादार; चालाक दिखने वाला; जटिल

sophomore ('सॉफ़मॉर) *n* (*US*) कालिज का दूसरे वर्ष का छात्र

sopping ('सॉपिङ) *a* (**sopping wet** भी) शराबोर, तरबतर, भीगा हुआ

soppy ('सॉपि) *a* (*offens*) भावुक;

भावुकतापूर्ण

soprano (स'प्रानो) *n* स्त्रियों और लड़कों का उच्चतम स्वर; ऐसी आवाज़ वाला गायक; इस स्वर के लिए लिखा संगीत

sorcerer ('सॉर्सरर) *n* जादूगर; जादू-टोना करने वाला

sore (सॉर) *a* दुखता, पीड़ाभरा; खीज उत्पन्न करने वाला; अप्रिय; प्रचंड, भीषण; दुखी; (*offended*) नाराज़, खीजा हुआ, चिड़चिड़ा // *n* फोड़ा आदि; स्थान जहां सूजन आदि हो; **sorely** *ad* भीषण, प्रचंड रूप से; (*tempted*) बहुत बुरी तरह

sorrow ('सॉरो) *n* मानसिक क्लेश, दुःख, व्यथा; शोक; उदासी

sorry ('सॉरि) *a* दुखी; जिसे किसी पर दया आए; विषण्ण; घटिया, नीच; दयनीय; **sorry !** क्षमा कीजिए !; **to feel sorry for sb** किसी पर तरस/दया आना

sort (सॉर्ट) *n* किस्म या प्रकार; वर्ग, श्रेणी // *vi* (**sort out** भी) श्रेणी-बद्ध करना, छांटना; खोजना; **sorting office** *n* चिट्ठियां छाटने का कार्यालय

SOS *n* (*save our souls*) का संक्षेप; संकट का सूचक अन्तर्राष्ट्रीय संकेत; सहायता के लिए पुकार, गुहार

so-so ('सोसो) *ad* मध्यम दर्जे का

sought (सॉट) **seek** का *pt, pp*

soul (सोल) *n* आत्मा, रूह; मूर्तरूप, अवतार; जीव, जीवात्मा; व्यक्ति; **soul-destroying** *a* जिससे नैतिक पतन हो; **soulful** *a* भावपूर्ण

sound (साउंड) *a* (*healthy*) स्वस्थ, निरोग; (*safe, not damaged*) अक्षत, सही-सलामत; (*reliable*) विश्वसनीय, ठोस; (*sensible*) समझदार; मज़बूत, पक्का // *ad* : **sound asleep** गहरी नींद में // *n* ध्वनि; शोर; (*GEO*) जलडमरूमध्य // *vt* (ख़तरे की घंटी) बजाना; चेतावनी देना; पता लगाना; (**sound out** भी) किसी से उसके विचार जानना/संकेत देना // *vi* आवाज़ होना, (*fig* : *seem*) लगना; **to sound like** के जैसा, के समान लगना; **sound barrier** *n* ध्वनि की गति से अधिक गति पर पहुंच कर विमान पर हवा का बढ़ता दबाव; **sound effects** *npl* किसी नाटक को अधिक प्रभावशाली बनाने के लिए कृत्रिम रूप से तैयार ध्वनियां; **soundly** *ad* पूरी तरह; (*beat*) बुरी तरह (पीटना); **soundproof** *a* (कमरा आदि) जिस की ध्वनि बाहर न जाय और बाहर की ध्वनि अंदर न आ सके; **soundtrack** *n* (*of film*) चलचित्र के साथ रिकार्ड की गयी आवाज़

soup (सूप) *n* यख़नी, शोरबा; **in the soup** (*fig*) कठिन परिस्थिति में; **soup plate** *n* शोरबा डालने की गहरी रकाबी; **soupspoon** *n* शोरबा पीने का बड़ा चम्मच

sour (सॉर) *a* खट्टा, अम्ल; जो सड़ या बिगड़ गया हो; फटा (दूध); चिड़चिड़ा; अप्रिय; **it's sour grapes** (*fig*) अंगूर खट्टे हैं

source (सोर्स) *n* उद्‌गम, स्रोत; झरना; जड़, आधार; सूत्र

south (साउथ) *n* दक्षिण; दक्षिणी दिशा; देश का दक्षिणी प्रदेश // *a* दक्षिणी // *ad* दक्षिणी दिशा में; **South Africa** *n* दक्षिण अफ़्रीका; **South African** *a* दक्षिण अफ़्रीका का // *n* दक्षिणी अफ़्रीका का नागरिक; **South America** *n* दक्षिण अमरीका; **South American** *a* दक्षिण अमरीका का // *n* दक्षिण अमरीका का नागरिक; **south-east** *n* दक्षिण-पूर्व; **southerly** ('सदर्लि) *a* दक्षिणी दिशा का; दक्षिणी-स्थित; **southern** ('सदर्न) *a* दक्षिणी; **South Pole** *n* दक्षिणी ध्रुव; **southward(s)** *ad* दक्षिण की ओर; **south-west** *n* दक्षिण-पश्चिम

souvenir (सूव़'निअर) *n* निशानी, स्मृति चिन्ह, यादगार; स्मारिका

sovereign ('सॉव्‌रिन) *a, n* सम्राट या साम्राज्ञी (का); बीस शिलिंग मूल्य का पुराना सोने का सिक्का; पौंड

soviet ('सोव़िअट) *n* रूस में निर्वाचित परिषद; रूस का नागरिक // *a* रूस, उसकी जनता या सरकार से सम्बन्धित; **Soviet Union** *n* सोवियत संघ, रूस

sow *n* (साउ) सूअर की मादा, सूअरी // *vt* (सो) (*pt* **sowed**, *pp* **sown** (सोड्, सोन)) बोना, बीज डालना, बिखेरना (बीज आदि); फैलाना, छितराना

soya ('सॉइअ), (*US*) **soy** (सॉइ) *n* : **soy(a) bean** *n* सेम जैसी फली, सोयाबीन; **soy(a) sauce** *n* इस बीज से बनी सॉस या चटनी

spa (स्पा) *n* (*US* : **health spa** भी) (गरम) पानी का झरना जिसमें स्वास्थ्य-वर्धक तत्व हों; (*town*) ऐसा स्थान जहां इस प्रकार का झरना हो

space (स्पेस) *n* स्थान, जगह; गुंजाइश; अन्तराल, काल, अवधि; खाली स्थान; क्षेत्र; विस्तार; दूरी; आकाश, अन्तरिक्ष // *cpd* अन्तरिक्ष का // *vt* (**space out** भी) थोड़ी-थोड़ी दूरी पर रखना; **spacecraft** *n* अन्तरिक्ष यान; **spaceman/woman** *n* अन्तरिक्ष यात्री; **spaceship** *n* = **spacecraft**; **spacing** *n* थोड़ी-थोड़ी दूर पर/ अन्तर से रखने की क्रिया

spade (स्पेड) *n* कुदाल, बेलचा; **spades** *npl* (*CARDS*) हुकम का पत्ता

spaghetti (स्प'गेटि) *n* सेवियों जैसा खाद्य पदार्थ

Spain (स्पेन) *n* स्पेन (देश)

span (स्पैन) **spin** का *pt* // *n* (पक्षी के पंखों, विमान के डैनों का) फैलाव; (मेहराब का) पाट; (समय की)

Spaniard 626 **spate**

अवधि // *vt* आरपार फैला होना; (*fig*) पार कर लेना, फैला होना

Spaniard ('स्पैन्यर्ड) *n* स्पेन का नागरिक

Spanish ('स्पैनिश) *a* स्पेन का या उससे सम्बन्धित // *n* (*LING*) स्पेनी भाषा; **the Spanish** *npl* स्पेन के लोग

spank (स्पैंक) *vt* थप्पड़ या चपत मारना, विशे॰ चूतड़ों पर

spanner ('स्पैनर) *n* (*Brit*) काबले या पेच को कस कर पकड़ने का औज़ार, पाना

spar (स्पार) *n* कड़ी या शहतीर विशे॰ जहाज़ के मस्तूल की // *vi* (*BOXING*) मुक्केबाज़ी का अभ्यास करना; (हंसी-मज़ाक में) बहस करना

spare (स्पेअर) *a* अतिरिक्त, फ़ालतू; आवश्यकता से अधिक // *n* मशीन आदि का पुर्ज़ा // *vt* के बिना काम चलाना; दे देना; दया करना, छोड़ देना, बख़्श देना; **to spare** फ़ालतू या आवश्यकता से अधिक होना; **spare part** *n* मशीन आदि का पुर्ज़ा; **spare time** *n* ख़ाली, फ़ालतू समय; **spare wheel** *n* (*AUT*) गाड़ी का पांचवां पहिया, स्टेपनी

sparing ('स्पेयरिंग) *a* : **to be sparing with** किफ़ायत, मितव्ययिता से काम लेना; कभी-कभी इस्तेमाल करना; **sparingly** *ad* किफ़ायत से

spark (स्पार्क) *n* चिनगारी; बिजली के तारों से निकलता क्षणिक प्रकाश; कार आदि के इंजन में बिजली की चिनगारी जो ईंधन (तेल) में आग लगाती है; **spark(ing) plug** *n* इंजन में चिनगारी उत्पन्न करने वाला पुर्ज़ा

sparkle ('स्पार्कल) *n* चिनगारी, शोला; चमक, कांति; तड़क-भड़क // *vi* चमकना, दमकना; चिनगारी छोड़ना; टिमटिमाना; **sparkling** *a* चमकता-दमकता हुआ; प्रकाशमान; ज़िन्दादिल; (शराब आदि) जिसमें झाग उठे

sparrow ('स्पैरो) *n* गौरैया, चिड़िया

sparse (स्पार्स) *a* छितरा या बिखरा हुआ

spartan ('स्पार्टन) *a* (*fig*) उद्यमी, कठोर परिश्रम करने वाला; मिताचारी, संयमी

spasm ('स्पैज़म) *n* (*MED*) मांस-पेशी की अचानक ऐंठन; (*fig*) किसी काम में अचानक तेज़ी की लहर; **spasmòdic** (स्पैज़'मॉडिक) *a* अनियमित; जो लहर के समान आए

spastic ('स्पैस्टिक) *n* जिसे ऐंठन के दौरे पड़ते हों; जिसका मस्तिष्क निष्क्रिय हो गया हो

spat (स्पैट) **spit** का *pt, pp*

spate (स्पेट) *n* (*fig*) : **spate of** बाढ़; किसी वस्तु की मात्रा में अचानक वृद्धि; **in spate** (नदी) जिसमें बाढ़ आई हो

spatter ('स्पैटर) *vt* छिड़कना; छींटे डालना // *vi* छींटे पड़ना

spawn (स्पॉन) *vi* (मछली या मेंढक का) अंडे देना // *n* मछली या मेंढक के अंडे; (*offens*) संतान, सन्तति

speak (स्पीक), *pt* **spoke**, *pp* **spoken** *vt* कहना, अपनी बात दूसरों तक पहुंचाना; (भाषा) बोलना // *vi* बोलना; बातचीत करना; भाषण देना; **to speak to sb/of** *or* **about sth** किसी से, के बारे में/विषय पर बात करना; **speak up!** बोलो भी !; **speaker** *n* भाषणकर्ता; लाउडस्पीकर; (*POL*) : **the Speaker** विधानसभा का अध्यक्ष

spear (स्पिअर) *n* बरछा, भाला // *vt* भाले या बरछे से बेधना, घायल करना; **spearhead** *vt* किसी आक्रमण/ अभियान की अगुआई करना

spec (स्पेॅक) *n* (*col*) : **on spec** सट्टा या जुआ

special ('स्पेॅशल) *a* विशेष, ख़ास; उत्कृष्ट, असाधारण; विशिष्ट; सीमित; **specialist** *n* विशेषज्ञ; **specialize** *vi* : **to specialize (in)** *vi* (में) विशेषज्ञता प्राप्त करना; **specially** *ad* विशेष रूप से

species ('स्पीशीज़) *n* जाति, वर्ग, विशे॰ जीवों का; वर्ग; उपवर्ग

specific (स्प'सिफ़िक) *a* (*BOT, CHEM etc*) विशिष्ट, विशेष, किसी वस्तु या जाति की विशेषता अथवा गुण; **specifically** *ad* विशेष रूप से

specimen ('स्पेॅसिमन) *n* नमूना, बानगी; प्रतिदर्श; (*MED*) पेशाब आदि की मात्रा जो जांच के लिए दी जाय

speck (स्पेॅक) *n* कण, कणिका; धब्बा

speckled ('स्पेॅकल्ड) *a* चित्तीदार

specs (स्पेॅक्स) *npl* (*col*) ऐनक, चश्मा

spectacle ('स्पेॅक्टकल) *n* प्रदर्शन, तमाशा; प्रदर्शित वस्तु; तमाशा; **spectacles** *npl* ऐनक, चश्मा; **spectacular** (स्पे'क्टेक्युलर) *a* भव्य, शानदार; तड़क-भड़क वाला; आडम्बरपूर्ण // *n* शानदार (नाटक, संगीत आदि का) कार्यक्रम

spectator (स्पेक्'टेटर) *n* दर्शक, तमाशाई

spectrum, *pl* **spectra** ('स्पेॅक्ट्रम, 'स्पेॅक्ट्रअ) *n* वर्णक्रम; परछाईं; (*fig*) क्षेत्र

speculate ('स्पेॅक्युलेट) *vi* अटकल लगाना; अनुमान करना; सट्टा खेलना, सट्टेबाज़ी करना; **speculation** (स्पेॅक्यु'लेशन) *n* सट्टा, सट्टेबाज़ी; अटकल, अनुमान; **speculator** *n* सट्टेबाज़

speech (स्पीच) *n* वाणी; भाषा, बोली; बातचीत, वार्तालाप; प्रवचन, भाषण; उच्चारण; **speechless** *a* मूक, मौन; अवाक्, हक्का-बक्का

speed (स्पीड) *n* रफ़्तार, फुर्ती, मुस्तैदी; **at full** *or* **top speed** पूरी तेज़ी से; **to speed up** *vi* गति तेज़ कर देना, जल्दी करना // *vt* गति देना; **speedboat** *n* इंजन लगी नाव जो बहुत तेज़ चलती है; **speedily** *ad* तेज़ी, फुर्ती, मुस्तैदी से; **speeding** *n* (*AUT*) मोटरगाड़ी आदि अनुमत गति से अधिक तेज़ चलाना; **speed limit** *n* निर्धारित गति सीमा; **speedometer** (स्पी'डॉमिटर) *n* गतिमापक यंत्र; . **speedway** *n* (*SPORT*) सड़क जहां कारों की दौड़ होती है (**speedway racing** भी); कार-दौड़ का खेल; **speedy** *a* तेज़, मुस्तैद, फुर्तीला

spell (स्पॅल) *n* (**magic spell** भी) जादू, सम्मोहन; संक्षिप्त अवधि, दौर // *vt* (*pt, pp* **spelt**) (*Brit*) *or* **spelled** (स्पॅल्ट, स्पॅल्ड)) वर्तनी या हिज्जे करना; (*fig*) का सूचक या परिणाम होना; **to cast a spell on sb** किसी पर जादू कर देना; अत्यधिक प्रभावित करना; **spellbound** *a* मंत्र-मुग्ध, सम्मोहित; **spelling** *n* वर्तनी, हिज्जे

spend, *pt, pp* **spent** (स्पॅण्ड, स्पॅण्ट) *vt* ख़र्च या व्यय करना; काम में समय लगाना; पूरी तरह व्यय करना, समाप्त कर देना; **spendthrift** *n* फ़िज़ूलखर्च आदमी

sperm (स्पर्म) *n* शुक्र, शुक्राणु

spew (स्प्यू) *vt* उगलना

sphere (स्फ़िअर) *n* गोला, गोल; परास; कार्यक्षेत्र; दर्जा; स्थिति; क्षेत्र

spice (स्पाइस) *n* मसाला; मसाले

spick-and-span ('स्पिकन'स्पैन) *a* साफ़-सुथरा; बना-ठना; जो नया लगे

spicy ('स्पाइसि) *a* मसालेदार; चटपटा; (*fig*) दिलचस्प

spider ('स्पाइडर) *n* मकड़ी

spigot ('स्पिगॉट) *n* डाट; टोंटी

spike (स्पाइक) *n* तीखी नोक; बड़ी कील, कीला

spill, *pt, pp* **spilt** *or* **spilled** (स्पिल, स्पिल्ट, स्पिल्ड) *vt* छलकाना; गिरा देना; बिगाड़ देना // *vi* छलकना, गिरना, बहना; **to spill over** *vi* छलक जाना (बरतन भर जाने के बाद)

spin (स्पिन) *n* पहिए का घूमना; (*AVIAT*) विमान का लट्टू की तरह घूमना; कार में सैर // *vb* (*pt* **spun, span,** *pp* **spun**) *vt* बटना, कातना (ऊन आदि); पहिया घुमाना // *vi* घूमना, चक्कर खाते हुए नीचे को गिरना; **to spin out** *vt* लम्बी कहानी सुनाना

spinach ('स्पिनिच) *n* पालक का साग

spinal ('स्पाइनल) *a* रीढ़ की हड्डी का; **spinal column, cord** *n* रीढ़

spindle ('स्पिन्डल) *n* तकला, तकली

spindly ('स्पिंडलि) *a* लम्बा और दुबला, लमछड़; पतला (द्रव)

spin-dryer (स्पिन'ड्राइअर) *n* (*Brit*) कपड़े धोने की मशीन जिस में कपड़ों का पानी भी निचुड़ जाता है

spine (स्पाइन) *n* रीढ़ की हड्डी, मेरुदण्ड; मछली जैसे जीवों के शरीर में लम्बी छड़ जैसी हड्डी; मेढ़; पुस्तक का पुट्ठा; (*thorn*) कांटा

spinning ('स्पिनिङ) *n* धागे की कताई; **spinning top** *n* लट्टू; **spinning wheel** *n* चरखा

spin-off ('स्पिनऑफ़) *n* किसी प्रक्रिया के प्रयोग या उत्पादित माल से प्राप्त नया उत्पाद या विकसित प्रक्रिया

spinster ('स्पिन्स्टर) *n* अविवाहिता स्त्री, चिरकुमारी

spiral ('स्पाइरॅल) *n* लगातार वक्र जो स्थिर बिन्दु से दूर होता जाय; कुंडली; इस जैसी कोई वस्तु // *a* कुंडली जैसा // *vi* (*fig*) तेज़ी से बढ़ना (लागत, कीमत आदि का); **spiral staircase** *n* घुमावदार ज़ीना

spire (स्पाइअर) *n* मीनार के ऊपर का तीखा भाग; तीखी डंडी

spirit ('स्पिरिट) *n* (*soul*) आत्मा, जीवात्मा; स्वभाव; ज़िन्दादिली; फुर्ती; जीवंतता; (*courage*) साहस; (*mood*) मनोदशा; आवश्यक गुण या अर्थ; अभिप्राय; सार; (*ghost*) भूत-प्रेत; **spirits** *npl* शराब; **in good spirits** प्रसन्नमुद्रा में, मस्ती में; **spirited** *a* साहसी, ज़िन्दादिल; उत्साहपूर्ण; **spirit level** *n* तलमापी यंत्र

spiritual ('स्पिरिट्युअल) *a* आध्यात्मिक, धार्मिक

spit (स्पिट) *n* सीख़ (कबाब भूनने की) // *vi* (*pt*, *pp* **spat**) थूकना // *vt* थूक देना

spite (स्पाइट) *n* द्वेष, दुर्भावना // *vt* द्वेष की भावना से (किसी को) विफल कर देना; **in spite of** के बावजूद, के होते हुए भी; **spiteful** *a* द्वेष, दुर्भावना रखने वाला

spittle ('स्पिटल) *n* थूक

splash (स्पलैश) *n* छिड़काव, छींटा; (रंग का) छपाका, धब्बा; टुकड़ा; प्रदर्शन (का प्रभाव); छोटी मात्रा // *excl* छप (की आवाज़) // *vt* छिड़कना; (पानी के) छींटे डालना; छपछप करना; मोटे अक्षरों में छापना // *vi* (**splash about** भी) पानी में छपछप करते फिरना

spleen (स्प्लीन) *n* (*ANAT*) तिल्ली

splendid ('स्प्लेण्डिड) *a* भव्य, शानदार; तड़क-भड़क वाला; उत्कृष्ट

splint (स्प्लिन्ट) *n* टूटी हड्डी को सीधा रखने की खपची

splinter ('स्प्लिंटर) *n* (लकड़ी या, धातु का) पतला टुकड़ा // *vi* चूर-चूर या टुकड़े-टुकड़े हो जाना

split (स्प्लिट) *n* दरार; फटन; (*fig* : *POL*) दल में फूट // *vb* (*pt*, *pp*

splutter 630 **sport**

split) *vt* चीरना; फाड़ना; अलग करना; फूट डालना; (काम, मुनाफ़ा) बांट लेना // *vi* टूट कर अलग हो जाना; फूट पड़ जाना; **to split up** *vi* (पति-पत्नी का) अलग हो जाना; बैठक का स्थगित हो जाना

splutter ('स्प्लटर) *vi* आवेश में जल्दी-जल्दी टूटीफूटी भाषा बोलना; बड़बड़ाना

spoil, *pt, pp* **spoiled** *or* **spoilt** (स्पॉइल, स्पॉइल्ड, स्पॉइल्ट) *vt* हानि, क्षति पहुंचाना; बिगाड़ना (विशे॰ बच्चों को लाड़-प्यार से); लूटना; **spoils** *npl* लूट का माल; **spoilsport** *n* रंग में भंग डालने वाला

spoke (स्पोक) **speak** का *pt* // *n* पहिए की अर

spoken ('स्पोकन) **speak** का *pp*

spokesman('स्पोक्स्मन), **spokeswoman** ('स्पोक्सवुमन) *n* प्रवक्ता

sponge (स्पंज) *n* तरल पदार्थ सोखने के लिए प्रयुक्त स्पंज या उस जैसा कोई और पदार्थ; एक प्रकार का केक // *vt* स्पंज से सोखना // *vi* : **to sponge off** *or* **on** औरों के टुकड़ों पर पलना; मुफ़्तख़ोरी करना; **sponge bag** *n* (*Brit*) छोटा थैला जिसमें साबुन तेल आदि रखते हैं; **sponge cake** *n* फूला हुआ केक

sponsor ('स्पॉन्सर) *n* (*RADIO, TV*) किसी कार्यक्रम का प्रायोजक; व्यक्ति जो किसी वस्तु को लोकप्रिय बनाने के लिए विज्ञापन आदि दे; किसी व्यक्ति का समर्थक या उसके लिए धन जुटाने वाला; बच्चे का धर्मपिता; ज़मानत देने वाला, ज़ामिन // *vt* ऐसे समर्थक के रूप में कार्य करना; **sponsorship** *n* विज्ञापन आदि देने, किसी कार्यक्रम को प्रायोजित, या किसी व्यक्ति को समर्थन अथवा सहयोग करने की क्रिया

spontaneous (स्पान्'टेनस) *a* स्वेच्छा से किया गया; स्वतः (जो किसी के दबाव में आकर न किया गया हो); सहज, स्वाभाविक

spook (स्पूक) *n* भूत, भूत-प्रेत

spooky ('स्पूकि) *a* जो आसानी से डर जाय; डराने वाला (स्थान)

spool (स्पूल) *n* चरख़ी, फिरकी

spoon (स्पून) *n* चम्मच, चमचा; **spoonfeed** *vt* चम्मच से खिलाना; (*fig*) बहुत अधिक संरक्षण देना; **spoonful** *n* चम्मचभर

sport (स्पोर्ट) *n* खेल; खेल कूद (प्रतियोगिता); व्यायाम; क्रीड़ा; मनोरंजन; उपहास; हंसमुख व्यक्ति (जो हार कर भी हंसता रहे) // *vt* पहनना, धारण करना (विशे॰ दिखावे के लिए); **sporting** *a* खेल का; न्यायप्रिय या विशालहृदय; **to give sb a sporting chance** किसी को उचित मौका देना; **sport jacket** *n* (*US*) = **sports jacket**; **sports car** *n* तेज़ चलने वाली

spot 631 spring

खुली कार; **sports jacket** *n* पुरुषों का कोट जो अनौपचारिक अवसरों पर पहनते हैं; **sportsman** *n* खिलाड़ी; **sportsmanship** *n* अच्छे खिलाड़ी की भावना; **sportswear** *n* खेल-कूद के समय पहनने के कपड़े; **sportswoman** *n* महिला खिलाड़ी; **sporty** *a* खेलकूद सम्बन्धी; आडम्बरपूर्ण

spot (स्पॉट) *n* चित्ती; धब्बा; दाग़; दोष; फुंसी; स्थान; कठिन स्थिति; (*small amount*) थोड़ी सी मात्रा; **a spot of** का कुछ अंश // *vt* चित्ती या धब्बे डालना; (*notice*) देख लेना; पता लगाना; **on the spot** मौके पर; **spot check** *n* मौके पर जांच; **spotless** *a* बेदाग़, शुभ्र; **spotlight** *n* थियेटर आदि में तेज़ प्रकाश जो छोटे से स्थान पर केन्द्रित हो जाता है; (*AUT*) कार की बत्तियों के अतिरिक्त दूर तक जाने वाले तीखे प्रकाश का उपकरण; **spotted** *a* चित्तीदार; **spotty** *a* दाग़भरा (चेहरा)

spouse (स्पाउज़) *n* पति या पत्नी

spout (स्पाउट) *n* टोंटी; धारा; फुहारा // *vi* फुहारे की तरह निकलना

sprain (स्प्रेन) *n* मोच (आना); मुड़कना // *vt* : **to sprain one's ankle** टख़ने में मोच आ जाना

sprang (स्प्रैङ) **spring** का *pt*

sprawl (स्प्रॉल) *vi* पसर कर बैठना या लेटना; भद्देपन से अंग पसारना; अव्यवस्थित ढंग से फैलना या बढ़ना (बस्ती, नगर का)

spray (स्प्रे) *n* तरल पदार्थ को फुहार के रूप में छोड़ने का उपकरण // *vt* फुहार छोड़ना; (फ़सलों आदि पर) दवाई छिड़कना

spread (स्प्रेड) *n* फैलाव; विस्तार; प्रचुर भोजन; रोटी के टुकड़ों पर लगाने का पनीर, मक्खन आदि // *vb* (*pt, pp* **spread**) *vt* फैलाना; खोलना; बिछाना; छितरा देना; बांट देना; तह खोलना; ढक देना; लगाना (मक्खन आदि) // *vi* फैलना, बिछना, खुलना; **spread-eagled** (स्प्रेडि'गल्ड) *a* जिसकी बाहें और टांगें बाहर को फैली हों; **spreadsheet** *n* (*COMPUT*) एक प्रकार का कम्प्यूटर कार्यक्रम

spree (स्प्री) *n* : **to go on a spree** रंगरलियां मनाना, मौज-मस्ती में मग्न रहना

sprightly ('स्प्राइटलि) *a* ज़िन्दादिल, प्रसन्नचित्त; फुर्तीला

spring (स्प्रिङ) *n* उछलने, लपकने, झपटने की क्रिया; कमानी, स्प्रिंग; झरना; वसन्त ऋतु // *vi* (*pt* **sprang**, *pp* **sprung**) उछलना; लपकना; झपटना; उगना, उत्पन्न होना; प्रकट होना; बढ़ना; मुड़ या फट जाना; **to spring from** से उत्पन्न होना; **to spring up** *vi* (समस्या का) अचानक उत्पन्न होना; **springboard** *n* तरण ताल पर लगा

तख़्ता जिस पर खड़े हो कर पानी में कूदते हैं; **spring-clean** *n* (**spring cleaning** भी) वसन्त ऋतु में घर की झाड़-पोंछ/सफ़ाई; **springtime** *n* वसन्त; **springy** ('स्प्रिंगि) *a* लचकीला

sprinkle ('स्प्रिंकल) *vt* छिड़कना; छितराना; बुरकना; **to sprinkle water** *etc* **on, sprinkle with water** *etc* पर पानी आदि छिड़कना; **to sprinkle sugar** *etc* **on, sprinkle with sugar** पर चीनी आदि बुरकना; **sprinkler** *n* बाग़ीची में पानी देने/आग बुझाने के लिए फ़व्वारा

sprint (स्प्रिंट) *n* थोड़ी दूरी तक तेज़ दौड़ // *vi* तेज़ी से दौड़ना

sprout (स्प्रॉउट) *vi* अंकुर निकलना, बीज का अंकुरित होना; ऊपर उठना; **sprouts** *npl* (**Brussels sprouts** भी) छोटे आकार की बंद गोभी

spruce (स्प्रूस) *n* देवदारू की एक किस्म // *a* साफ़-सुथरा; बना-ठना

sprung (स्प्रङ) **spring** का *pp*

spry (स्प्राइ) *a* फुर्तीला; चुस्त; ओजस्वी

spun (स्पङ) **spin** का *pt, pp*

spur (स्पर) *n* घुड़सवार की महमेज़; प्रेरणा; उत्तेजना; मुर्गे की टांग पर बढ़ा हुआ भाग, खांग; बाहर को निकला पर्वत; छोटी सड़क // *vt* (**spur on** भी) तेज़ी से घोड़ा दौड़ाना; **on the spur of the moment** तत्काल, बिना अधिक सोचे-समझे

spurious ('स्प्यूअरिअस) *a* जाली, नकली, खोटा

spurn (स्पर्न) *vt* तिरस्कार से ठुकराना, लात मारना

spurt (स्पर्ट) *vi* फूट निकलना, फुहारा छूटना या छोड़ना; थोड़ी देर के लिए बहुत तेज़ी से काम करना

sputnik ('स्पूत्निक) *n* रूस के अन्तरिक्ष यान का नाम

sputter ('स्पटर) *vi* बड़बड़ाना; (आग का) चिटकना

spy (स्पाइ) *n* गुप्तचर, जासूस (विशे॰ जो विदेश में या दूसरी कम्पनी में हो) // *vi* : **to spy on** गुप्तचर, जासूस का काम करना // *vt* देख लेना; **spying** *n* गुप्तचर, जासूस का काम

sq. (*MATH*) **square** का संक्षेप; **Sq.** (पते में) **Square** (चौक) का संक्षेप

squabble ('स्क्वॉबल) *n* तू-तू, मैं-मैं; टंटा // *vi* तू-तू, मैं-मैं करना; टंटा मचाना

squad (स्क्वॉड) *n* (*MIL, POLICE*) दस्ता; (*FOOTBALL*) खिलाड़ियों का दल

squadron ('स्कवॉड्रन) *n* घुड़सवारों, जहाज़ों या विमानों का दस्ता

squalid ('स्क्वॉलिड) *a* गन्दा;

squall 633 **squint**

कुत्सित, नीच

squall (स्क्वॉल) *n* चीख़; हवा का तेज़ झोंका; थोड़ी देर का तूफ़ान

squalor ('स्क्वॉलर) *n* गन्दगी

squander ('स्क्वॉण्डर) *vt* रुपया पानी की तरह बहाना, फ़िज़ूलखर्ची करना

square (स्क्वेअर) *n* वर्ग; वर्गाकार क्षेत्र; (नगर में) वर्गाकार चौक; वर्गफल; गुनिया, कोनिया (नाम का औज़ार) // *a* वर्गाकार; (*honest*) ईमानदार; सच्चा; समतल; बराबर; चौरस; (*col : ideas, tastes*) पुराने ढंग का; दकियानूसी // *vt* वर्गाकार बनाना; वर्गफल निकालना; देना; घूस देकर (मामला) ठीक कर लेना; मुंह बंद करना; (*MATH*) क्षेत्र का नाप (इतने वर्ग फुट आदि) // *vi* रास आना; अनुकूल होना; **all square** हिसाब बराबर या चुकता; **a square meal** पेट भर रोटी; **2 metres square** दो वर्ग मीटर; **1 square metre** एक वर्ग मीटर; **square root** *n* वर्गमूल

squash (स्क्वॉश) *n* (*Brit*) कुचले फलों का रस, जैसे **lemon/orange squash**; भीड़; (*SPORT*) टैनिस जैसा खेल; कुम्हड़ा // *vt* कुचलना; भुरता बना देना; समाप्त कर देना; अपमानित करना, नीचा दिखाना

squat (स्क्वॉट) *a* ठिगना और मोटा // *vi* अधिकार या कब्ज़ा करना; **squatter** *n* व्यक्ति जिसने किसी की ज़मीन या मकान पर अनधिकार कब्ज़ा कर रखा हो

squawk (स्क्वॉक) *n* छोटी कर्कष आवाज़ या चीख़, विशे॰ पक्षी की // *vi* ऐसी चीख़ निकालना

squeak (स्क्वीक) *vi* चीं-चीं या चूं-चूं करना

squeal (स्क्वील) *vi* लम्बी, पतली चीख़ मारना; (*sl*) (किसी और का) भेद बताना

squeamish ('स्क्वीमिश) *a* जिसे जल्दी मतली आ जाय या जो छोटी सी बात से स्तंभित रह जाय; नाज़ुक-मिज़ाज

squeeze (स्क्वीज़) *n* भींचने की क्रिया; तंगी का समय; तंगहाली // *vt* दबाना; भींचना; निचोड़ना; धकियाना; बलपूर्वक प्रवेश करना; गले लगाना; रुपया ऐंठना; **to squeeze out** *vt* दबा कर निकालना; (*fig*) ऐंठना

squelch (स्क्वेल्च) *vi* फच-फच की आवाज़ करना (जैसे कीचड़ में चल रहे हों)

squib (स्क्विब) *n* एक छोटा पटाख़ा; महत्वहीन व्यक्ति

squid (स्क्विड) *n* एक प्रकार की मछली, समुद्रफेनी

squiggle ('स्क्विग्गल) *n* लहरदार, टेढ़ा-मेढ़ा निशान

squint (स्क्विंट) *vi* भैंगा होना; तिरछी नज़र से देखना // *n* : **he has a squint** वह भैंगा है; **to squint at sth** तिरछी नज़र से देखना;

(*quickly*) उचटती निगाह डालना

squire (स्क्वॉइअर) *n* (*Brit*) संभ्रात ग्रामीण जिस के पास थोड़ी ज़मीन हो

squirm (स्क्वर्म) *vi* कुलबुलाना; झेंपना

squirrel ('स्क्विरल) *n* गिलहरी

squirt (स्क्वर्ट) *vi* फुहारा या पिचकारी छोड़ना

Sr **senior, sister** का संक्षेप

SS **steamship** का संक्षेप

St **saint, strait, street** का संक्षेप

stab (स्टैब) *n* छुरे से प्रहार या उस का घाव; टीस; हूक; प्रयत्न; (*col* : *try*) : **to have a stab at (doing) sth** कोई काम करने का प्रयास करना // *vt* छुरा घोंपना

stabilize ('स्टेबिलाइज़) *vt* स्थिर करना, मज़बूत या दृढ़ करना; फिर सन्तुलन लाना विशे० कीमतों, मज़दूरी आदि में; **stabilization** *n* स्थिरता; **stabilizer** *n* जहाज़, विमान आदि का सन्तुलन बनाए रखने का उपकरण

stable ('स्टेबल) *n* अस्तबल, घुड़साल; किसी मालिक के घोड़ों के लिए प्रयुक्त शब्द // *a* स्थिर, अचल, दृढ़; **stability** *n* स्थिरता, स्थायित्व

stack (स्टैक) *n* वस्तुओं का तरतीब से लगा ढेर; (ईंटों का) चट्टा; (ताश की) गड्डी; चिमनी // *vt* ढेर लगाना

stadium ('स्टेडिअम), *pl* **stadia** *or* **stadiums** *n* खेल का खुला मैदान या अखाड़ा

staff (स्टाफ़) *n* कर्मचारी-गण; सोटा, लाठी; पांच रेखाएं जिन पर पश्चिमी संगीत लिखा जाता है; (*Brit SCOL*) अध्यापकगण; (*MIL*) युद्ध की योजना बनाने वाले अधिकारी; घरेलू नौकर // *vt* कर्मचारियों को नौकर रखना

stag (स्टैग) *n* नर-हिरण // *a* केवल पुरुषों के लिए जैसे **stag party**

stage (स्टेज) *n* (विकास की) अवस्था, चरण; चबूतरा, मंच; (*profession*) : **the stage** अभिनेता का पेशा, रंगमंच; कार्यवाही का स्थल; पड़ाव (यात्रा में ठहरने का स्थान); दो पड़ावों के बीच की दूरी // *vt* नाटक का मंचन करना; (*fig*) व्यवस्था करना; आयोजित करना; **in stages** अलग-अलग चरणों में, थोड़ा-थोड़ा करके; **stagecoach** *n* घोड़ागाड़ी जो यात्रियों को लम्बी दूरी तक ले जाती थी; **stage door** *n* रंगमंच का दरवाज़ा (जहां से अभिनेता जाते हैं); **stage manager** *n* मंच-प्रबन्धक

stagger ('स्टैग्अर) *vi* लड़खड़ाना // *vt* स्तंभित या आश्चर्यचकित कर देना; टेढ़े-मेढ़े ढंग से रखना; (काम या छुट्टी का) भिन्न-भिन्न समय रखना

stagnate (स्टैग्'नेट) *vi* बहाव, प्रवाह रुक जाना; विकास या प्रगति रुक जाना

stag party ('स्टैग 'पार्टि) *n* दावत जिसमें केवल पुरुष भाग लें

staid (स्टेड) *a* गंभीर, सौम्य; संतुलित,

stain 635 stand

शांत

stain (स्टेन) *n* कलंक; धब्बा; बदनामी // *vt* धब्बा या निशान लगाना; लकड़ी पर तरल रंग लगाना; कलंक या बदनामी लाना; **stained glass window** *n* खिड़की जिसमें रंगीन कांच लगे हों; **stainless** *a* (इस्पात) जिसे मोरचा नहीं लगता; **stain remover** *n* धब्बे मिटाने का रसायन

stair (स्टेॲर) *n* (*step*) सीढ़ी का डंडा या तख़्ता; **stairs** *npl* सीढ़ी, ज़ीना; **on the stairs** सीढ़ियों में; **staircase, stairway** *n* मकान का वह भाग जहां सीढ़ी या ज़ीना हो

stake (स्टेक) *n* खूंटा, खूंटी; (*BETTING*) बाज़ी की रकम // *vt* खूंटियां गाड़ना; बाज़ी लगाना; जोखिम उठाना; **to be at stake** जोखिम में/दांव पर होना

stale (स्टेल) *a* पुराना; (*bread*) बासी; घिसापिटा; ओजहीन; उबाने वाला; जिसमें रुचि न हो

stalemate ('स्टेल्मेट)*n* (*CHESS*) ऐसी स्थिति कि खिलाड़ी अगली चाल न चल सके; (*fig*) ज़िच; गतिरोध

stalk (स्टॉक) *n* पौधे का डंठल; उस जैसी अन्य वस्तु // *vt* दबे पांव पीछा करना // *vi* अकड़ कर धीमी चाल चलना

stall (स्टॉल) *n* अस्तबल में घोड़े का थान; प्रदर्शनी आदि में कक्ष जहां वस्तुएं सजाई हों, स्टाल // *vt* (*AUT*) इंजन की गति इतनी धीमी करना कि वह बंद हो जाय // *vi* कार के इंजन का अचानक बंद हो जाना; विमान की गति इतनी धीमी हो जाना कि वह गिर पड़े; (*fig*) में बाधा डालना; **stalls** *npl* (*Brit*) सिनेमा या थियेटर में आगे का (परदे के पास का) स्थान

stallion ('स्टैलिअन) *n* घोड़ा जो नस्ल बढ़ाने के काम आए

stalwart ('स्टॉलवर्ट) *n* दृढ़निश्चयी व्यक्ति; किसी दल का पक्षधर व्यक्ति

stamina ('स्टैमिन्अ) *n* कठोर परिश्रम की शक्ति; ओजस्विता; दम

stammer ('स्टैमर) *n* हकलाहट // *vi* हकलाना

stamp (स्टैम्प) *n* पैर पटकने की क्रिया; मुहर, छाप; मुहर (लगाने का उपकरण); डाक टिकट; विशेष गुण, चरित्र // *vi* (**stamp one's foot** भी) भूमि पर पैर पटकना // *vt* छाप या मुहर लगाना; डाक का टिकट चिपकाना; मन में बैठा लेना; **stamp album** *n* डाक टिकटों की पुस्तक; **stamp collecting** *n* ऐसे टिकटों का संग्रह करना

stampede (स्टैम'पीड) *n* भगदड़

stance (स्टैंस) *n* मुद्रा; खड़े होने का अंदाज़; रवैया; दृष्टिकोण

stand (स्टैंड) *n* स्थिति; दृष्टिकोण, रवैया; (*MIL*) मुकाबला; संरचना; आधार; धानी; (*COMM*) प्रदर्शन

(सामान आदि का); (*SPORT*) दर्शकों के बैठने का स्थान // *vb* (*pt, pp* **stood**) *vi* खड़े होना; उठना, उठ खड़े होना; रखे जाना // *vt* रखना; सहना; डटे रहना (सिद्धान्तों आदि पर); **to make a stand** डटे रहना (शत्रु के सामने); **to stand for parliament** (*Brit*) संसद के लिए चुनाव लड़ना; **to stand by** *vi* तैयार रहना // *vt* अपने विचारों पर डटे रहना; **to stand down** *vi* (*withdraw*) पीछे हट जाना; **to stand for** *vt* का प्रतीक होना; सहना, बर्दाश्त करना; **to stand in for** *vt* किसी के स्थान पर काम करना; **to stand out** *vi* प्रमुख होना, सब से अलग लगना; **to stand up** *vi* खड़े होना; **to stand up for** *vt* किसी का समर्थन करना; **to stand up to** *vt* किसी का सामना करना/मुकाबला करना

standard ('स्टैन्डर्ड) *n* मापदंड, मानदंड, कसौटी; स्तर; गुण; झण्डा // *a* सामान्य; नियमित; औसत; माना हुआ, प्रामाणिक; टकसाली, मान्य; **standards** *npl* (नैतिक) सिद्धान्त, मापदंड, कसौटियां; **standard lamp** *n* (*Brit*) खड़ा लैम्प; **standard of living** *n* जीवनस्तर

stand-by ('स्टैंड्बाइ) *n* जो किसी के अनुपस्थित होने की स्थिति में काम करे; सहारा; **to be on stand-by** किसी अन्य के स्थान पर काम के लिए उपस्थित/तैयार रहना; **stand-by ticket** *n* (*AVIAT*) विमान का टिकट जो स्थान उपलब्ध होने पर यात्रा के काम आ सकता है

stand-in ('स्टैंड्इन) *n* ऐवज़ी कर्मचारी; (*CINEMA*) जो किसी अभिनेता के स्थान पर (ख़तरे आदि की स्थिति में) काम करे

standing ('स्टैंडिङ) *a* स्थायी // *n* स्थिति, ख्याति; **of many years' standing** किसी व्यवसाय/क्षेत्र में कई वर्ष का अनुभव; **standing order** *n* (*Brit*) (बैंक में) निश्चित अवधि पर निर्धारित राशि की अदायगी का आदेश; **standing orders** *npl* (*MIL*) स्थायी आदेश; **standing room** *n* खड़े होने की जगह

stand-offish (स्टैंडॉ'फ़िश) *a* रूखा, जो मिलनसार न हो; घमंडी

standpoint ('स्टैंड्पॉइंट) *n* दृष्टि-कोण; विचार; रवैया

standstill ('स्टैंड्स्टिल) *n* : **at a standstill** ठहराव की स्थिति में; (*fig*) गत्यवरोध की स्थिति में; **to come to a standstill** रुक जाना

stank (स्टैंक) **stink** का *pt*

stanza ('स्टैन्ज़्अ) *n* (कविता का) छंद

staple ('स्टेप्ल) *n* 'यू' अक्षर के आकार का नुकीली धातु का टुकड़ा जो काग़ज़ नत्थी करने के लिए प्रयुक्त होता है,

star 637 static

स्टेपल; मुख्य उत्पादन; रेशा; ऊन आदि का ढेर // *a* मुख्य (आहार आदि); नियमित रूप से उत्पादित (वस्तु) // *vt* स्टेपल से नत्थी करना; (ऊन आदि) छांटना; **stapler** *n* काग़ज़ नत्थी करने का छोटा उपकरण

star (स्टार) *n* तारा, सितारा; तारे का चिन्ह (*); प्रसिद्ध खिलाड़ी, अभिनेता आदि; तारे की आकृति का पदक, आभूषण आदि // *vi* : **to star (in)** (फ़िल्म आदि में) मुख्य भूमिका निभाना // *vt* (*CINEMA*) फ़िल्म में अभिनय करना

starboard ('स्टाबोर्ड) *n* जहाज़ का दायां बाज़ू

starch (स्टार्च) *n* मांड, कलफ़

stardom ('स्टार्डम) *n* प्रसिद्ध होने की स्थिति

stare (स्टेअर) *n* टकटकी // *vi* : **to stare at** टकटकी लगा कर देखना, आंखें फाड़ कर देखना, घूरना

starfish ('स्टार्फ़िश) *n* तारे के आकार की मछली

stark (स्टार्क) *a* कड़ा, कठोर; खाली; नंगा; निर्जन; निरा, बिल्कुल // *ad* : **stark naked** निर्वस्त्र, बिल्कुल नंगा

starling ('स्टार्लिङ) *n* एक पक्षी, तेलियर

starry ('स्टारि) *a* तारों भरा; **starry-eyed** *a* (*innocent*) भोला-भाला

start (स्टार्ट) *n* प्रारंभ, शुरुआत; चौंकने की क्रिया // *vt* शुरु, प्रारंभ करना; चालू करना // *vi* शुरु होना; रवाना होना; चौंक या चिहुंक उठना; **to start doing** *or* **to do sth** शुरु करना, करने लगना; **to start off** *vi* शुरु होना; चल देना; **to start up** *vi* चालू होना (कार आदि के इंजन का) // *vt* चालू करना (इंजन का); **starter** *n* (*AUT*) इंजन का पुर्जा जो उसे चालू करता है; दौड़ शुरु कराने वाला अधिकारी; दौड़ने वाला धावक या घोड़ा; (*Brit CULIN*) भोजन का पहला व्यंजन; **starting point** *n* प्रारंभ का बिंदु; शुरुआत, सूत्रपात

startle ('स्टार्टल) *vt* चौंका देना, डरा देना

starvation (स्टार'वेशन) *n* भुखमरी, फ़ाकाकशी

starve (स्टार्व) *vi* भूखों मरना // *vt* भूखों मारना

state (स्टेट) *n* दशा, हालत, अवस्था, स्थिति; स्थान; परिस्थिति; राज्य; सरकार; दर्जा // *vt* कहना; वर्णन करना; **the States** *npl* संयुक्तराज्य अमरीका; **to be in a state** उत्तेजना/चिन्ता की स्थिति में होना; **stately** *a* राजसी, वैभवशाली; **statement** *n* वर्णन, विवरण; (*LAW*) बयान, वक्तव्य; **statesman** *n* राजनेता

static ('स्टैटिक) *n* (*RADIO*) रेडियो में आने वाली कड़कड़ की आवाज़ // *a* निश्चल; निष्क्रिय;

गतिहीन

station ('स्टेशन) *n* स्थान जहां वस्तु रखी हो या ठहरती हो; रेलवे स्टेशन; पुलिस थाना या दमकल विभाग का दफ्तर; रेडियो या टी॰वी॰ का प्रसारण केन्द्र; बस का अड्डा; चौकी; नौकरी; (*rank*) पद; दर्जा; स्थिति // *vt* तैनात करना

stationary ('स्टेशनरि) *a* स्थिर, अचल; जो बदले नहीं

stationer ('स्टेशनर) *n* लिखने की सामग्री बेचने वाला; **stationer's (shop)** *n* लिखने की सामग्री बेचने वाली (दुकान); **stationery** ('स्टेश-नरि) *n* लिखने की सामग्री

station master *n* (*RAIL*) स्टेशन मास्टर

station wagon *n* (*US*) बड़ी कार जिसमें सामान और अधिक सवारियां आ सकती हैं

statistic (स्टै'टिस्टिक) *n* आंकड़े; **statistics** *n* (*science*) आंकड़ों का अध्ययन, सांख्यिकी

statue ('स्टैट्यू) *n* मूर्ति, प्रतिमा, बुत

stature ('स्टैचर) *n* कद, ऊंचाई; महिमा, बड़प्पन

status ('स्टेटस) *n* पद, दर्जा; स्थिति; प्रतिष्ठा; महत्व; **status quo** *n* यथा-पूर्व स्थिति; **status symbol** *n* कोई बात/वस्तु जो प्रतिष्ठा का प्रतीक हो

statute ('स्टैट्यूट) *n* कानून, संविधि; **statutes** *npl* क्लब आदि के नियम; **statutory** *a* लिखित कानून के अनुसार निर्दिष्ट; संविहित '

staunch (स्टॉन्च) *a* विश्वस्त; निष्ठावान; पक्का

stave (स्टेव़) *n* लकड़ी के पीपे की खपची; पद; बन्द; (*MUS*) संगीत-सारणी // *vt* : **to stave off** (आक्रमण आदि) रोकना, न होने देना

stay (स्टे) *n* स्थगन; रोकथाम; ठिकाना, प्रवास // *vi* रहना; ठहरना; कुछ समय बिताना; **to stay put** किसी स्थान पर बने रहना; **to stay with friends** मित्रों के साथ ठहरना; **to stay the night** रात को (कहीं) ठहरना, रात बिताना; **to stay behind** *vi* पीछे रह जाना; **to stay in** *vi* घर में रहना; **to stay on** *vi* और अधिक रुकना/ठहरना; **to stay out** *vi* घर से बाहर रहना; **to stay up** *vi* रात को देर तक जागना; **staying power** *n* बने रहने/कोई काम करते रहने की शक्ति, जीवट

STD (= *subscriber trunk dialling*) का संक्षेप

stead (स्टॅड) *n* : **in sb's stead** किसी के स्थान में; **to stand in good stead** आड़े समय में काम आना

steadfast ('स्टॅड्फ़स्ट) *a* दृढ़निश्चय; सुदृढ़, सुस्थिर

steadily ('स्टॅडिलि) *ad* लगातार

(दृढ़ता से); लगातार (चलते रहना)

steady ('स्टेडि) *a* स्थिर; नियमित; संयमित; अध्यवसायी; विश्वस्त // *vt* स्थिर करना, शांत करना; **to steady o.s.** अपने को स्थिर, शांत करना

steak (स्टेक) *n* मांस, विशे॰ गोमांस का मोटा टुकड़ा, मछली का टुकड़ा, तिक्का, कतला

steal (स्टील), *pt* **stole**, *pp* **stolen** *vi* चोरी करना; दबे पांव यो चोरी-छिपे जाना // *vt* चुरा लेना, ले उड़ना

stealth (स्टेल्थ) *n* छिपाव; दुराव; **by stealth** चोरी-छिपे; **stealthy** *a* गुप्त, चोरी-छिपे

steam (स्टीम) *n* भाप, वाष्प // *vt* भाप से पकाना या तैयार करना // *vi* भाप छोड़ना; भाप उठना; भाप से चलना; (*ship*) : **to steam along** जहाज़ का चलते रहना; **steam engine** *n* भाप से चलने वाला इंजन; **steamer** *n* भाप से चलने वाला जहाज़; भाप से खाना पकाने का बर्तन; **steamroller** *n* भाप से चलने वाला सड़क कूटने का इंजन; (*fig*) विरोध पक्ष को कुचलने के लिए प्रयुक्त शक्ति; **steamship** *n* = **steamer**; **steamy** *a* गरम और आर्द्र

steel (स्टील) *n* इस्पात; इस्पात से बना हथियार // *cpd* इस्पात का बना; **steelworks** *n* इस्पात का कारख़ाना

steep (स्टीप) *a* उठता हुआ; ढालू; प्रवण; कठिन; बहुत अधिक (कीमत आदि) // *vt* भिगोना, डुबोना

steeple ('स्टीपल) *n* गिरजा का मीनार

steer (स्टिअर) *n* बधिया बैल // *vt* जहाज़, कार आदि चलाना // *vi* रास्ता निर्दिष्ट करना; **steering** *n* (*AUT*) कार का संचालन; **steering wheel** *n* गाड़ी की दिशा मोड़ने का उपकरण, स्टीयरिंग व्हील

stem (स्टेम) *n* डंठल, डंडी; तना; लम्बा पतला भाग जैसे पाइप की डंडी // *vt* रोकना, रोक या बाधा लगाना; **to stem from** *vt* से उत्पन्न होना

stench (स्टेन्च) *n* दुर्गन्ध, बदबू

stencil ('स्टेन्सिल) *n* काग़ज़ जैसी पतली परत जिस पर शब्द आदि अंकित किए जाते हैं, स्टेन्सिल // *vt* स्टेंसिल काटना

stenographer (स्टे'नॉग्रफ़र) *n* (*US*) आशुलेखक; स्टैनो(ग्राफ़र)

step (स्टेप) *n* कदम; पदचिन्ह; चाल; सीढ़ी या ज़ीना; कार्यवाही; स्थिति // *vi* : **to step forward** आगे बढ़ना; **steps** *npl* (*Brit*) = **step-ladder**; **to be in/out of step (with)** (*fig*) (किसी के) अनुकूल/प्रतिकूल काम करना; **to step down** *vi* (*fig*) पद छोड़ देना; किसी मुकाबले आदि से हट जाना; **to step off** *vt* (किसी गाड़ी आदि से) उतरना;

to **step up** *vt* बढ़ा देना; **stepbrother** *n* सौतेला भाई; **stepdaughter** *n* सौतेली बेटी; **stepfather** *n* सौतेला बाप; **stepladder** *n* चौड़े तख़्तों वाली सीढ़ी; **stepmother** *n* सौतेली मां; **stepping stone** *n* पैर रखने का पत्थर; (*fig*) उन्नति की सीढ़ी; **stepsister** *n* सौतेली बहन; **stepson** *n* सौतेला बेटा

stereo ('स्टेरिओ) *n* संगीत का बाजा (रिकार्ड प्लेयर आदि) जिसमें आवाज़ कई दिशाओं से आती सुनाई दे // *a* (**stereophonic** भी) ऐसा बाजा आदि

sterile ('स्टेराइल) *a* जो फल, सन्तान आदि उत्पन्न न कर सके; बंजर (भूमि); बांझ (स्त्री); फलहीन (पौधा); जीवाणु या रोगाणुहीन; **sterilize** ('स्टेरिलाइज़) *vt* वन्ध्य बनाना; रोगाणुहीन करना

sterling ('स्टर्लिंग) *a* खरा; सच्चा; मूल्यवान; ब्रिटिश मुद्रा में // *n* (*ECON*) ब्रिटिश मुद्रा; **a pound sterling** एक ब्रिटिश पाउंड

stern (स्टर्न) *a* कठोर, कड़ा; सख़्त-मिज़ाज // *n* (*NAUT*) जहाज़ का पिछला भाग

stethoscope ('स्टेथस्कोप) *n* डाक्टर का उपकरण जिससे दिल की धड़कन और फेफड़ों की जांच की जाती है

stevedore ('स्टीविडॉर) *n* जहाज़ में माल लादने या उतारने वाला मज़दूर

stew (स्ट्यू) *n* धीमी आग पर बन्द बरतन में पकाया व्यंजन, दमपुख़्त; उत्तेजना या चिन्ता की स्थिति // *vt* दमपुख़्त करना // *vi* दमपुख़्त होना

steward ('स्ट्युअर्ड) *n* किसी की सम्पत्ति का प्रबन्धक; घुड़दौड़ का अधिकारी; (*AVIAT, NAUT, RAIL*) जहाज़ या विमान में कर्मचारी जो यात्रियों को भोजन आदि देता है; **stewardess** *n* विमान आदि की परिचारिका

stick (स्टिक) *n* छड़ी; छड़ी जैसी कोई वस्तु // *vb* (*pt, pp* **stuck**) *vt* गोंद चिपकाना; (*thrust*) : **to stick sth into** चुभाना; घुसेड़ना, भोंकना // *vi* चिपकाना; रुक जाना; फंस जाना; रहना; चिपके या बंधे होना; **to stick out, to stick up** *vi* आगे या ऊपर को निकले होना; **to stick up for** *vt* किसी का पक्षधर होना या उस की वकालत करना; **sticker** *n* पर्चा जिसमें गोंद लगी होती है; **sticking plaster** *n* दवाई लगा कपड़ा जो घाव आदि पर लगाते हैं और चिपक जाता है

stickler ('स्टिकलर) *n* : **to be a stickler for** किसी बात पर बहुत बल देना या आग्रह करना

stick-up ('स्टिकप) *n* लूटने की क्रिया, विशे. दुकान, बैंक आदि को

sticky ('स्टिकि) *a* चिपचिपा; चिपकने वाला (लेबल)

stiff (स्टिफ़) *a* कड़ा, सख़्त; बेढंगा; कठिन; गाढ़ा; औपचारिक, तकल्लुफ़

बरतने वाला; ज़िद्दी; हठीला; अप्राकृतिक; प्रचण्ड या ताज़ी जैसे हवा; (*col*) अत्यधिक, बेहद; **stiffen** *vt* कड़ा करना // *vi* कड़ा हो जाना; **stiff neck** *n* अकड़ी हुई गरदन (बल पड़ जाने से); **stiff-necked** *a* हठी, ज़िद्दी

stifle ('स्टाइफ़ल) *vt* दम घोंटना; दमन करना, दबाना, कुचलना

stigma, *pl* **stigmata,** (*fig*) **stigmas** ('स्टिग्म्अ, स्टिग्'माट्अ) *n* (*BOT*) पौधे का वर्तिगाग्र; (*MED*) दाग़; (*REL*) कलंक का टीका, लांछन

stile (स्टाइल) *n* सीढ़ी जो किसी बाड़ के साथ बनी हो; पैड़ी

stiletto (स्टि'लेटो) *n* कटार, कटारी; (*Brit* : **stiletto heel** भी) स्त्रियों के सैंडल की पतली, लम्बी एड़ी

still (स्टिल) *a* निश्चल, अचल; मौन, स्तब्ध; नीरव; निश्चेष्ट // *ad* अभी तक; अब तक भी; चाहे; **stillborn** *a* (बच्चा) जो मरा हुआ पैदा हुआ हो; **still life** *n* निर्जीव वस्तुओं का चित्र

stilt (स्टिल्ट) *n* पैर बांसा, गेड़ी; बड़ा शहतीर या टेक (भवन के लिए)

stilted ('स्टिल्टिड) *a* आडम्बरपूर्ण (शैली आदि); रूखे स्वभाव का

stimulate ('स्टिम्युलेट) *vt* उत्साहित, उत्तेजित या प्रेरित करना

stimulus, *pl* **stimuli** ('स्टिम्यूलस, 'स्टिम्युलाइ) *n* प्रेरणा; प्रोत्साहन; (*BIOL, PSYCH*) उद्दीपन

sting (स्टिंग) *n* डंक, दंश, टीस // *vb* (*pt, pp* **stung**) *vt* डंक मारना, डसना; अत्यधिक पीड़ा पहुंचाना // *vi* की पीड़ा का अनुभव होना

stingy ('स्टिन्जि) *a* कंजूस; लालची; कमीना

stink (स्टिंक) *n* दुर्गंध, बदबू // *vi* (*pt* **stank,** *pp* **stunk**) दुर्गन्ध फैलाना; से बदबू आना; (*sl*) जघन्य होना; **stinking** *a* (*fig* : *col*) दुर्गन्धयुक्त, जघन्य; **a stinking ...** बहुत गन्दा, बुरा ...

stint (स्टिंट) *n* नियत काम या समय; सीमा // *vi* : **to stint on** किसी काम में कंजूसी करना

stipend ('स्टाइपेण्ड) *n* वेतन, विशे॰ पादरी का; (छात्र)वृत्ति, वज़ीफ़ा

stipulate ('स्टिप्युलेट) *vi* (किसी करार में) शर्त लगाना

stir (स्टर) *n* आन्दोलन; गड़बड़; कोलाहल; हंगामा; हलचल; खलबली // *vt* हिलाना // *vi* हिलना, उत्तेजित होना; **to stir up** *vt* (मुसीबत आदि) खड़ी करना; उकसाना या उत्तेजित करना

stirrup ('स्टिरप) *n* रकाब (जिसमें घुड़सवार अपने पैर रखता है)

stitch (स्टिच) *n* (*SEWING*) टांका, तोपा; (*MED*) (आपरेशन के बाद लगा) टांका; (*pain*) पसली में अचानक ज़ोर का दर्द; कपड़े का छोटे से छोटा

टुकड़ा // *vt* (कपड़ा) सीना, टांका लगाना, तोपा भरना

stoat (स्टोट) *n* नेवले की जाति का जीव जिस की रोंएदार खाल के कपड़े बनते हैं

stock (स्टॉक) *n* (*COMM*) माल (बिक्री का); सामान; भण्डार; संग्रह; निधि; (*FINANCE*) कम्पनी आदि के शेयर; प्रतिष्ठा, साख; मवेशी, ढोर; (*AGR*) पौधा या टहनी जिस से कलम काटी जाय; बन्दूक का कुन्दा; औज़ार का दस्ता; (*CULIN*) शोरबा विशे॰ मांस का; फूलदार पौधा // *a* जो भण्डार में पड़ा हो; मानक; (*fig* : *reply etc*) घिसा-पिटा // *vt* (भण्डार में) रखना; के पास होना; **in/out of stock** माल होना/न होना; **to take stock** (*fig*) (स्थिति का) सर्वेक्षण करना/जायज़ा लेना; **stocks and shares** कम्पनियों के हिस्से; **to stock up** *vi* : **to stock up (with)** (कोई माल) दुकान में भर लेना

stockbroker ('स्टाक्ब्रोकर) *n* शेयरों का दलाल/आढ़तिया

stock cube *n* सुखाई यख़नी (सूप) का पिंड (जिसे पानी में उबालने से फिर सूप बन जाता है)

stock exchange *n* शेयर बाज़ार

stocking ('स्टॉकिंग) *n* मोज़ा, जुराब

stock: **stock market** *n* शेयर बाज़ार; **stock phrase** *n* घिसापिटा वाक्यांश; **stockpile** *n* भंडार // *vt* जमा करना; **stocktaking** *n* (*COMM*) दुकान के माल की गिनती

stocky ('स्टॉकि) *a* छोटे कद का और भारी-भरकम

stodgy ('स्टॉजि) *a* भारी, गरिष्ठ; नीरस

stoke (स्टोक) *vt* कोयला झोंकना; भट्टी को जलाए रखना

stole (स्टोल) **steal** का *pt* // *n* कम चौड़ा शाल

stolen ('स्टोलन) **steal** का *pp*

stolid ('स्टॉलिड) *a* जिसे उत्तेजित करना मुश्किल हो; भावशून्य; शांत, धीर

stomach ('स्टमक) *n* आमाशय, मेदा; क्षुधा, भूख; इच्छा; रुझान // *vt* सहना, बर्दाश्त करना; **stomach ache** *n* पेट-दर्द, उदरशूल

stone (स्टोन) *n* पत्थर, पाषाण, शिला-खंड; फल की गुठली; (*MED*) गुर्दे की पथरी; (*Brit* : *weight*) 14 पौंड का वज़न // *cpd* पत्थर का (बना); सख़्त; **stone-cold** *a* बिल्कुल ठंडा; **stone-deaf** *a* पूरा बधिर; एकदम बहरा // *vt* पत्थर मारना; **stonework** *n* पत्थर की चिनाई

stood (स्टुड) **stand** का *pt, pp*

stool (स्टूल) *n* चौकी, बिना पीठ की कुर्सी, स्टूल; पाख़ाना, मल

stoop (स्टूप) *vi* (आगे या नीचे को) झुकना; (**have a stoop** भी) कुबड़ों

की तरह आगे झुके होना

stop (स्टॉप) *n* रुकने की क्रिया; ठहराव; पड़ाव; पूर्णविराम // *vt* रोकना; बाधा डालना; (**put a stop to** भी) करने न देना // *vi* रुक जाना, ठहर जाना; काम बंद कर देना; **to stop doing sth** कोई काम करना बंद कर देना; **to stop dead** *vi* अचानक रुक जाना; **to stop off** *vi* कहीं पड़ाव करना; **to stop up** *vt* छेद बंद करना; **stopgap** *n* अस्थायी/एवज़ी कर्मचारी; अस्थायी कार्यवाही; **stoplights** *npl* सड़क पर यातायात नियंत्रित करने की बत्तियां; **stopover** *n* कहीं रुकने या पड़ाव डालने की क्रिया; (*AVIAT*) विमान के अपने गंतव्य स्थान से पहले कहीं रुकने की क्रिया

stoppage ('स्टापिज) *n* रुकने की क्रिया; (वेतन आदि) रोकने की क्रिया; हड़ताल

stopper ('स्टॉपर) *n* बोतल का ढक्कन या काग

stop press *n* छपते-छपते (समाचार पत्र में छपी नयी खबर)

stopwatch ('स्टापवॉच) *n* दौड़ आदि में समय नापने की घड़ी, स्टॉपवॉच

storage ('स्टॉरिज) *n* भंडार में रखने की क्रिया; (*COMPUT*) कम्प्यूटर में आंकड़े रखने की क्षमता; **storage heater** *n* बिजली का उपकरण जो कमरे को गरम रखता है

store (स्टॉर) *n* दुकान; बाहुल्य; माल (जो गोदाम में हो); गोदाम; भण्डार // *vt* (गोदाम, भण्डार में) रखना; पास रखना; **stores** *npl* माल का भण्डार; रसद (खाने-पीने का सामान); **to store up** *vt* माल जमा करना, गोदाम में भरना; **storeroom** *n* भण्डार-घर

storey, (*US*) **story** ('स्टॉरि) *n* (मकान की) मंज़िल, तल्ला

stork (स्टॉर्क) *n* लम्बी टांगों वाला जलपक्षी, चमरघेंघ

storm (स्टॉर्म) *n* तूफ़ान; किले आदि पर आक्रमण, धावा; उपद्रव, हुल्लड़; हंगामा; बौछार, भरमार; बाढ़ // *vi* (*fig*) गुस्से में आग बबूला होना // *vt* आक्रमण करना; धावा बोलना; आक्रमण कर के अधिकार कर लेना; **stormy** *a* तूफ़ानी, प्रचण्ड; उत्तेजनापूर्ण

story ('स्टॉरि) *n* कहानी, किस्सा, कथा; (*US*) = **storey**; **storybook** *n* कहानी संग्रह

stout (स्टाउट) *a* मोटा; बलिष्ठ; दृढ़ निश्चय // *n* एक प्रकार की बीयर

stove (स्टोव़) *n* चूल्हा, स्टोव

stow (स्टो) *vt* एक ओर संभाल कर रख देना; **stowaway** *n* जहाज़ में छिप कर यात्रा करने वाला

straddle ('स्ट्रैडल) *vt* टांगें फैलाकर बैठना

strafe (स्ट्राफ़) *vt* विमान से गोली

बरसाना या राकेट से आक्रमण करना

straggle ('स्ट्रैगल) *vi* (सैनिक आदि का) अपने दल से अलग हो जाना या साथियों से बिछुड़ जाना; भटक जाना; पीछे रह जाना; **straggler** *n* सैनिक आदि जो अपने दल से बिछुड़ गया हो

straight (स्ट्रेट) *a* सीधा, जिसमें बल या मोड़ न हों; ईमानदार, निष्कपट; नियम के अनुसार // *ad* शुद्ध, जिसमें पानी न मिला हो (शराब); **to put** *or* **get straight** सीधी (साफ़-साफ़) बात कहना, समझ लेना; **straight away, straight off** तुरंत; **straighten** *vt* (**straighten out** भी) मामले को सुलझाना, समस्या हल करना; **straight-faced** *a* भावशून्य; **straightforward** *a* निष्कपट, स्पष्टवादी

strain (स्ट्रेन) *n* (*TECH*) तनाव; दबाव, श्रम का बोझ; (मानसिक) तनाव; (*MED*) शरीर पर किसी श्रम का बोझ; श्रांति // *vt* कस कर तानना; निथारना // *vi* अत्यधिक प्रयास, श्रम करना; **strains** *npl* (*MUS*) गीत की लय/तान; **strained** *a* दबी-दबी (हंसी); बिगड़े हुए (सम्बन्ध); **strainer** *n* चलनी; छलनी

strait (स्ट्रेट) *n* (*GEO*) समुद्र जो भूमि के दो बड़े खण्डों को जोड़ता हो, जलडमरूमध्य; **straitjacket** *n* हिंसक पागलों की बाहें बांधने का उपकरण; **strait-laced** *a* संयमी; कठोर; अतिनैतिक

strand (स्ट्रैंड) *n* धागे या रस्से की लड़ी; **stranded** *a* बेसहारा; जिसके पास आगे जाने का साधन/सवारी न हो

strange (स्ट्रेंज) *a* अजीब, अद्भुत; अजनबी; अनूठा, विलक्षण; एकाकी, अकेला; **stranger** *n* अज्ञात व्यक्ति; विदेशी; अजनबी

strangle ('स्ट्रैंगल) *vt* गला घोंट कर मार डालना; दबाना, दमन करना; मुंह बंद करना; **stranglehold** *n* (*fig*) गलघोंटू पकड़; वर्चस्व

strap (स्ट्रैप) *n* पट्टा, पट्टी, तस्मा, विशे॰ चमड़े का // *vt* पट्टे से बांधना या पीटना

strategic (स्ट्र'टीजिक) *a* युद्धनीति सम्बन्धी

strategy ('स्ट्रैटिजि) *n* युद्ध नीति

straw (स्ट्रॉ) *n* पुआल; फूस; तिनका, तृण; पानी आदि पीने की पतली नलकी; **that's the last straw!** यह घातक बोझ है !

strawberry ('स्ट्राबरि) *n* स्ट्राबेरी, हिसालू

stray (स्ट्रे) *a* (पशु) जो रेवड़ से अलग हो गया हो; आवारा; भूला-भटका; गली का (कुत्ता) // *vi* रास्ता भटक जाना; इधर-उधर घूमना; **stray bullet** *n* गोली जो निशाने से हट कर किसी और को जा लगे

streak (स्ट्रीक) *n* धारी; (*fig* : *of*

madness etc) तनिक आभास या पुट (जैसे पागलपन का); **a streak of** का पुट // *vt* धारियां डालना // *vi* : **to streak past** तेज़ी से भागते हुए पास से निकल जाना

stream (स्ट्रीम) *n* धारा; सरिता; प्रवाह; बहाव; स्कूली बच्चों का समूह जो एक-जैसी योग्यता के आधार पर एक कक्षा में रखा जाय // *vt* स्कूली बच्चों को कक्षाओं में रखना // *vi* बहना; तरल पदार्थ के साथ बहना; हवा में हिलना; **to stream in/out** लोगों की पंक्ति का अन्दर/बाहर होना

streamer ('स्ट्रीमर) *n* काग़ज़ की पट्टी या झण्डी

streamlined ('स्ट्रीम्लाइन्ड) *a* (ऐसे आकार की कार, विमान आदि) जिसकी गति में हवा बाधक न हो; (*fig*) सरल और कारगर

street (स्ट्रीट) *n* गली, बाज़ार // *cpd* गली का, बाज़ारू; **streetcar** *n* (*US*) ट्राम; **street lamp** *n* सड़क पर बिजली के खम्भे की रोशनी; **street plan** *n* बाज़ारों का मानचित्र; **streetwise** *a* (*col*) जो नगरों की सभ्यता (विशे॰ बाज़ारू सभ्यता) से परिचित हो

strength (स्ट्रेंन्‌थ) *n* शक्ति, बल, ताकत; व्यायाम या परिश्रम करने की सामर्थ्य; प्रचण्डता, भीषणता; बल; आवश्यक या पूरी संख्या; **strengthen** *vt* शक्तिशाली, मज़बूत बनाना, सुदृढ़ करना

strenuous ('स्ट्रेन्युअस) *a* श्रम-साध्य; कठोर; अनवरत (प्रयत्न आदि)

streptomycin (स्ट्रेप्टो'माइसिन) *n* एक जीवाणु-नाशक औषधि

stress (स्ट्रेंस) *n* बल; दबाव; प्रतिबल; प्रयत्न; मानसिक तनाव // *vt* बल देना; बलाघात करना; यांत्रिक दबाव डालना

stretch (स्ट्रेंच) *n* विस्तार; दौर; अवधि // *vt* खींचना, लम्बा करना; अत्यधिक प्रयत्न करना; कसना; आगे बढ़ कर पकड़ना // *vi* पहुंचना; लचक होना; **to stretch to** *or* **as far as** तक (जहां तक) फैलाना; अधिकतम प्रयोग करना; **to stretch out** *vi* फैलना // *vt* फैलाना; तानना

stretcher ('स्ट्रेंचर) *n* रोगी या घायल को ले जाने का तख़्ता, स्ट्रैचर

strewn (स्ट्रून) *a* : **strewn with** जिस पर _ बिखरे पड़े हों

stricken ('स्ट्रिकन) *a* बीमारी, शोक, भुखमरी का मारा हुआ; आक्रांत, पीड़ित; **stricken with** (*disease etc*) का मारा हुआ

strict (स्ट्रिक्ट) *a* कड़ा, कठोर, सख़्त; नियमनिष्ठ; सुनिश्चित; जिसमें अपवाद की गुंजाइश न हो

stride (स्ट्राइड) *n* कदम; उस की दूरी; नियमित चाल // *vi* (*pt* **strode**, *pp* **stridden**) (स्ट्रोड, 'स्ट्रिडन)

लम्बे-लम्बे डग भरना

strife (स्ट्राइफ़) *n* संघर्ष; फूट, अनबन; कलह, झगड़ा

strike (स्ट्राइक) *n* आक्रमण; हमला; (ज़मीन में तेल आदि) का मिलना; हड़ताल // *vb* (*pt, pp* **struck**) *vt* प्रहार करना; चोट लगाना; (तेल आदि) खोज निकालना // *vi* मारना; हमला करना; घड़ी का बजना; मज़दूरों का हड़ताल करना; **to strike a match** माचिस की तीली जलाना; **to strike down** *vt* (*fig*) रद्द करना, ग़ैर कानूनी ठहराना; **to strike out** *vt* (लिखा हुआ) काट देना; **to strike up** *vt* (*MUS*) वाद्य बजाना; **to strike up a friendship with** से दोस्ती कर लेना; **striker** *n* हड़ताली; (*SPORT*) गेंद, गोटी आदि को मारने, धकेलने का उपकरण; **striking** *a* उल्लेखनीय; प्रभावशाली

string (स्ट्रिङ) *n* रस्सी, सुतली, डोरी; लड़, लड़ी (मोतियों आदि की); पंक्ति; श्रृंखला; वाद्य (सितार आदि) का तार // *vt* (*pt, pp* **strung**) धागा या डोरी डालना; लड़ी या माला बनाना; पंक्ति या श्रेणीबद्ध करना; **to string out** फैला देना; **to string together** इक्ट्ठे करना, पिरोना (धागे आदि में); **the strings** *npl* (*MUS*) वाद्य के तार; तारों वाले वाद्य; **to pull strings** (*fig*) तिकड़म लड़ाना; **string bean** *n* एक प्रकार की पतली फली; **string(ed) instrument** *n* तारों वाला वाद्य जैसे सितार

stringent ('स्ट्रिन्जन्ट) *a* कड़ा, अनम्य; बाध्यकारी

strip (स्ट्रिप) *n* लम्बा, संकरा टुकड़ा, पट्टी // *vt* अनावृत करना, उधाड़ना, नंगा करना, वस्त्र या आवरण उतारना (**strip down** : *machine* भी) के पुर्ज़े-पुर्ज़े अलग कर देना, खोल देना // *vi* अपने कपड़े उतारना; **strip cartoon** *n* कार्टून-श्रृंखला, हास्य चित्र-कथा

stripe (स्ट्राइप) *n* धारी; (सेना में) फ़ीता, फ़ीता (जो वर्दी पर लगा होता है); **striped** *a* धारीदार

strip lighting *n* ट्यूबें लगाकर प्रकाश की व्यवस्था

stripper ('स्ट्रिपर) *n* कलाकार जो मंच पर निर्वस्त्र होकर लोगों का मनोरंजन करती है

strive, *pt* **strove,** *pp* **striven** (स्ट्राइव़, स्ट्रोव़, 'स्ट्रिव़न) *vi* घोर प्रयास करना; संघर्ष करना; सामना करना; **to strive to do** कोई काम करने के लिए घोर प्रयत्न करना

strode (स्ट्रोड) **stride** का *pt*

stroke (स्ट्रोक) *n* आघात, प्रहार; (*MED*) रक्ताघात का दौरा; (*caress*) सहलाने की क्रिया // *vt* सहलाना; **at a stroke** एक ही बार में

stroll (स्ट्रोल) *n* सैर, चहलकदमी //

vi सैर करना, चहलकदमी करना; **stroller** *n* (*US*) बच्चागाड़ी

strong (स्ट्रॉङ) *a* तगड़ा, बलवान, बलशाली; हृष्टपुष्ट, स्वस्थ; मज़बूत; ज़ोरदार; **they are 50 strong** उन की संख्या 50 है; **strongbox** *n* तिजोरी, सेफ़; **stronghold** *n* गढ़, किला, मोर्चा; **strongly** *ad* ज़ोरदार शब्दों में, बलपूर्वक; **strongroom** *n* अभेद्य कक्ष (जैसा बैंकों में होता है)

strove (स्ट्रोव़) **strive** का *pt*

struck (स्ट्रक) **strike** का *pt, pp*

structural ('स्ट्रक्चरल) *a* ढांचे से सम्बन्धित, संरचनात्मक; रूपात्मक

structure ('स्ट्रक्चर) *n* ढांचा, बनावट, संरचना; रूप; संगठन

struggle ('स्ट्रगल) *n* संघर्ष // *vi* संघर्ष करना; सामना करना; हाथ-पैर मारना; कठिनाई से आगे बढ़ना; परिश्रम करना

strum (स्ट्रम) *vt* वीणा आदि के तार छेड़ना; झंकारना

strung (स्ट्रङ) **string** का *pt, pp*

strut (स्ट्रट) *n* टेक (जो आड़ी हो); अकड़फूं // *vi* अकड़कर या ऐंठ कर चलना; इठलाना

stub (स्टब) *n* सिगरेट या पेंसिल का छोटा टुकड़ा; चेक का प्रतिपन्ना // *vt* : **to stub one's toe** पैर की उंगलियों का किसी चीज़ से टकराना; **to stub out** *vt* सिगरेट आदि दबा कर बुझा देना

stubble ('स्टब्ल) *n* (कटे घास की) खूंटी; थोड़ी उगी दाढ़ी

stubborn ('स्टबर्न) *a* हठी, ज़िद्दी, अड़ियल

stucco ('स्टको) *n* पलस्तर

stuck (स्टक) **stick** का *pt, pp* // *a* (*jammed*) फंसा हुआ, जो खुल न सके; **stuck-up** *a* दम्भी, गर्वीला

stud (स्टड) *n* गुलमेख, फुलिया (बड़े सिर वाला काबला); दोहरा बटन; सीधी खड़ी टेक (दीवार की); (**stud horse** भी) नस्ल बढ़ाने के लिए रखा घोड़ा // *vt* (*fig*) : **studded with** से जड़ा हुआ

student ('स्टूडंट) *n* छात्र, विद्यार्थी // *cpd* छात्रों का या उनसे सम्बन्धित; **student driver** *n* (*US*) ड्राइवर जो गाड़ी चलाना सीख रहा हो

studio ('स्ट्यूड्इओ) *n* कलाकार, चित्रकार की कार्यशाला; भवन जहां चलचित्र, टी॰वी॰ और रेडियो कार्यक्रम तैयार किए जाते हैं

studious ('स्ट्यूडिअस) *a* अध्ययनशील, जिसे पढ़ने का शौक हो; जानबूझ कर किया गया; **studiously** *ad* (*carefully*) सावधानी से

study ('स्टडि) *n* अध्ययन; पढ़ने-लिखने का कमरा // *vt* का अध्ययन करना; जांच करना // *vi* अध्ययन करना, पढ़ना

stuff (स्टफ़) *n* सामग्री; कपड़ा; कोई भी पदार्थ // *vt* ठूंस कर भर देना; बहुत अधिक खाना, भकोसना; (*CULIN*) तैयार सम्मिश्रण भरना (जैसे समोसे में आलू); पशु की खाल में भूसा आदि भरना; **stuffing** *n* भरने के लिए प्रयुक्त सामग्री, विशे; मुर्गे को पकाने से पहले उसमें भरे मेवे आदि; **stuffy** *a* स्थान जहां ताज़ी हवा न आती हो; घुटनभरा; नीरस; पुराणपंथी (व्यक्ति)

stumble ('स्टम्बल) *vi* ठोकर खाकर गिरने को होना; लड़खड़ाना; **to stumble across** (*fig*) संयोगवश कुछ पा लेना; **stumbling block** *n* रुकावट, बाधा

stump (स्टम्प) *n* कटे पेड़ का ठूंठ; टूटे दांत की जड़; कटे अंग का ठूंठ; क्रिकेट की विकेट // *vt* : **to be stumped** घबरा जाना, चक्कर में आना

stun (स्टन) *vt* प्रहार कर के अचेत कर देना; आश्चर्यचकित या स्तंभित कर देना

stung (स्टङ) **sting** का *pt, pp*

stunk (स्टंक) **stink** का *pp*

stunt (स्टंट) *n* करतब, कलाबाज़ी आदि; साहसिक काम; करतब जो सामान्यतया प्रसिद्धि या प्रचार के लिए किया जाय // *vt* विकास रोक देना; **stunted** *a* जिसका विकास रुक गया हो, बौना; **stuntman** *n* करतब दिखाने/करने वाला

stupendous (स्ट्यू'पेण्डस) *a* बहुत बड़ा; आश्चर्यजनक

stupid ('स्ट्यूपिड) *a* मन्दबुद्धि, जड़मति; जड़, सम्मोहित; **stupidity** (स्ट्यू'पिडिटि) *n* मूर्खता

sturdy ('स्टर्डि) *a* हट्टा-कट्टा, तगड़ा, हृष्टपुष्ट; बलवान

stutter ('स्टटर) *vi* हकलाना; बोलने में कठिनाई होना

sty (स्टाइ) *n* सूअर-बाड़ा; गन्दी जगह

stye (स्टाइ) *n* (*MED*) गुहांजनी, अंजनहारी (आंख पर फुंसी)

style (स्टाइल) *n* शैली; रंगढंग; पद्धति; श्रेष्ठ आचरण, गुण; डिज़ाइन, फ़ैशन; **stylish** *a* फ़ैशनेबल; **stylist** *n* जो साहित्य, कला आदि में किसी शैली विशेष को अपनाए; डिज़ाइन तैयार करने वाला; (*hair stylist*) बाल बनाने वाला

stylus ('स्टाइलॅस) *n* तेज़ नोक की कलम (स्टैंसिल आदि पर लिखने के लिए); रिकार्ड पर चलने वाली सुई

suave (स्वाव़) *a* सौम्य, विनम्र; मिलनसार, खुशमिज़ाज; चिकना-चुपड़ा; मीठा

sub ... (सब) *prefix* अधीन, से कम, निचली स्थिति में, गौण अवस्था में या उपविभाग के अर्थ में प्रयुक्त, जैसे **subconscious** *a* अर्द्धचेतन मन का // *n* अर्द्धचेतन मन; **subcontract** *vt* ठेकेदार से छोटा ठेका लेना

subdue (सब्'ड्यू) *vt* अधीन या वश में करना; **subdued** *a* डरा हुआ; शांत; मद्धिम (प्रकाश)

subject *n* ('सब्जिक्ट) विषय, मामला; कर्ता; अहम्; जो किसी के अधीन हो, प्रजा; (*SCOL*) पाठ्य-विषय // *vt* (सब्'जेक्ट) अधीन करना; प्रभाव डालना; **to subject to** (अप्रिय बात) का अनुभव कराना; **to be subject to** (*law*) अधीन होना; **subjective** (सब्'जैक्टिव़) *a* व्यक्तिपरक, व्यक्ति-निष्ठ; जो तटस्थ न हो; **subject matter** *n* विषय, विषय- वस्तु

sub judice (सब् 'जूडिसि) *a Lat* न्यायालय के विचाराधीन

subjugate ('सब्जुगेट) *vt* अधीन या वश में करना; परास्त करना

subjunctive (सब्'जंक्टिव) *n* संभाव्य क्रियार्थ, लेट्

sublet (सब्'लेंट) *vt* (किराएदार का) मकान किसी और को किराए पर दे देना, शिकमी (पट्टा) देना

submachine gun ('सब्म'शीन्गन) *n* छोटी नली की मशीनगन जो हाथ में उठा कर चलाई जाती है

submarine (सब्म'रीन) *n* पनडुब्बी

submerge (सब्'मर्ज) *vt* पानी में डुबो देना // *vi* डूब जाना

submission (सब्'मिशन) *n* निवेदन, प्रार्थना; आत्मसमर्पण

submissive (सब्'मिसिव़) *a* आज्ञा-कारी; दब्बू; विनीत, विनम्र

submit (सब्'मिट) *vt* अधीनता स्वीकार करना, झुक जाना // *vi* हार मानना; विचार के लिए पेश करना, निवेदन करना

subnormal (सब्'नॉर्मल) *a* साधा-रण या सामान्य से कम; (*backward*) पिछड़ा हुआ

subordinate (स'बॉर्डिनिट) *a* छोटे दर्जे या कम महत्व का; अधीनस्थ, मातहत // *n* अधीनस्थ कर्मचारी, मातहत

subpoena (सब्'पीना) *n* (*LAW*) न्यायालय में उपस्थिति का आदेश

subscribe (सब्'स्क्राइब) *vt* चन्दा देना; किसी दस्तावेज़ के नीचे अपना नाम लिखना // *vi* मानना; **to subscribe to** किसी विचारधारा का अनुयायी हो-ना; समाचार-पत्र का गाहक होना; **subscriber** *n* अखबार का गाहक; टेलीफ़ोन रखने वाला

subscription (सब्'स्क्रिप्शन) *n* चन्दा; अखबार का चंदा

subsequent ('सब्सिक्वन्ट) *a* बाद का, अनुवर्ती; **subsequently** *ad* बाद में

subside (सब्'साइड) *vi* घट जाना, उतर जाना (बाढ़ के पानी का); समाप्त हो जाना; धंस जाना (भूमि का); बैठ जाना (मिट्टी आदि का); ढह जाना, ढेर हो जाना; **subsidence** (सब्'साइडंस) *n* धंस जाने की क्रिया

subsidiary (सब्'सिडिअरि) *a* सहायक // *n* सहायक या सम्बद्ध कम्पनी या संगठन

subsidize ('सब्सिडाइज़) *vt* आर्थिक सहायता देना; अनुदान देना

subsidy ('सब्सिडि) *n* आर्थिक सहायता

substance ('सब्स्टंस) *n* पदार्थ, द्रव्य; विशेष प्रकार का पदार्थ; मुख्य अंग या सामग्री; सार; सम्पत्ति

substantial (सब्'स्टैंशल) *a* प्रचुर, पर्याप्त, काफ़ी; वास्तविक मूल्य का; ठोस; विशाल, बड़ा; महत्वपूर्ण; वास्तविक अस्तित्व वाला

substantiate (सब्'स्टैंशिएट) *vt* प्रमाण देना, प्रमाणित करना

substitute ('सब्स्टिट्यूट) *n* स्थानापत्र वस्तु या व्यक्ति; ऐवज़ी; सहायक // *vt* : **to substitute sth/sb for** के स्थान पर रखना; प्रति-स्थापित करना

subterranean (सब्ट'रेनिअन) *a* भूमि के नीचे; छिपा हुआ

subtitle ('सब्टाइटल) *n* पुस्तक का गौण शीर्षक, उपशीर्षक; (*CINEMA*) फ़िल्म के संवाद का दूसरी भाषा में लिखित अनुवाद जो उस के साथ ही पढ़ा जा सकता है

subtle ('सट्ल) *a* जो तुरंत स्पष्ट न हो; प्रछन्न; सूक्ष्म; चातुर्यपूर्ण; जटिल, कोमल; हल्का-फुल्का; जिसमें सूक्ष्म विभेद हो

subtotal (सब्'टोटल) *n* आंशिक जोड़

subtract (सब्'ट्रैक्ट) *vt* घटाना; **subtraction** (सब्'ट्रैक्शन) *n* घटाने की क्रिया, व्यवकलन

suburb ('सबर्ब) *n* नगर के साथ लगती बस्ती; **the suburbs** बस्तियां; **suburban** (स'बर्बन) *a* नागरिक बस्तियों का; **suburbia** (स'बर्बिअ) *n* किसी नगर की बस्तियां

subvert (सब्'व़र्ट) *vt* तख़्ता पलटना; भ्रष्ट कर देना, बिगाड़ देना; **subversive** (सब्'व़र्सिव़) *a* तोड़फोड़ सम्बन्धी

subway ('सब्वे) *n* (*Brit*) भूमि के नीचे बना रास्ता; (*US*) भूमि के नीचे चलने वाली रेल

succeed (सक्'सीड) *vi* सफल होना; उद्देश्यपूर्ति करना; सन्तोषजनक परिणाम होना; बाद में आना, अनुवर्त्ती होना // *vt* बाद में आना; (का) स्थान लेना; उत्तराधिकारी होना; **to succeed in doing** करने में सफल होना; **succeeding** *a* बाद का

success (सक्'सेस) *n* सफलता, कामयाबी; **successful** *a* सफल, कामयाब; **to be successful (in doing)** (करने में) सफल हो जाना; **successfully** *ad* सफलता से

succession (सक्'सेशन) *n* एक के बाद एक आने की क्रिया; उत्तराधिकार

successive (सक्'सेसिव़) *a* बाद में आने वाला, अनुवर्ती

such (सच) *a* ऐसा; वैसा; उस प्रकार

का; **such a book** ऐसी पुस्तक; **such books** इस प्रकार की पुस्तकें; (*so much*) : **such courage** इतनी हिम्मत/बहादुरी // *ad* : **such a long trip** इतनी लम्बी यात्रा; **such good books** इतनी अच्छी पुस्तकें; **such a lot of** इतना/इतने; **such as** जैसे कि; **a noise such as to** ऐसा शोर कि; **as such** *ad* ऐसी दशा में; **such-and-such** *a* अमुक-अमुक

suck (सक) *vt* चूसना; मुंह में लेना; सोख लेना; **sucker** *n* (*ZOOL*) व्यक्ति आदि जो चूस या सोख ले; (*TECH*) उपकरण जो हवा को सोख कर कहीं चिपक जाय; (*BOT*) पौधे की जड़ या तने के निचले भाग से फूटी कोंपल; (*col*) व्यक्ति जो आसानी से धोखे में आ जाय; बुद्धू

suckle ('सकल) *vt* (*of mother*) बच्चे को स्तनपान कराना, दूध पिलाना; **suckling** *n* दुधमुंहा बच्चा

suction ('सक्शन) *n* द्रव का चूसा जाना या हवा का खींचा जाना; दबाव में अन्तर के कारण प्रवृत्त बल

sudden ('सडन) *a* अचानक, आकस्मिक; जल्दी से (किया गया); **all of a sudden** अचानक; **suddenly** *ad* अचानक, अकस्मात्

suds (सड्स) *npl* साबुन मिले पानी का झाग, फेन

sue (सू) *vt* (पर) मुकदमा चलाना; न्याय मांगना // *vi* अनुनय-विनय करना; चिरौरी करना; दांत निपोरना

suede (स्वेड) *n* कमाया हुआ मख़मल जैसा चमड़ा // *cpd* ऐसे चमड़े का बना

suet ('सुइट) *n* भेड़ या गाय की कड़ी चरबी

suffer ('सफ़र) *vt* झेलना, भुगतना, भोगना (कष्ट, पीड़ा आदि) // *vi* होने देना, स्वीकार करना; **sufferer** *n* बीमार, रोगी; **suffering** *n* कष्ट, मुसीबत

sufficient (स'फ़िशंट) *a* पर्याप्त, काफ़ी; **sufficient money** काफ़ी, पर्याप्त धन; **sufficiently** *ad* प्रचुरता से

suffix ('सफ़िक्स) *n* प्रत्यय; अन्त में जोड़ा भाग

suffocate ('सफ़केट) *vi* दमघुट कर मरना; **suffocation** *n* घुटन

suffrage ('सफ़्रिज) *n* वोट या मताधिकार

suffused (स'फ़्यूज़्ड) *a* भरा हुआ, आप्लवित; **to be suffused with** आप्लावित होना

sugar ('शूगर) *n* चीनी, शक्कर, खांड // *vt* शक्कर मिलाना; मीठा बनाना (शक्कर से); **sugar beet** *n* चुकन्दर जिस से चीनी बनती है; **sugar cane** *n* ईख, ऊख, गन्ना; **sugary** *a* चीनी का; मीठा

suggest (स'जेस्ट) *vt* प्रस्ताव रखना; सुझाव देना; **suggestion** (स'जेस्चन) *n* इशारा; सुझाव; प्रभाव (किसी के मन में कोई बात बैठाने की क्रिया)

suicide ('सुइसाइड) *n* आत्महत्या, आत्मघात, खुदकशी

suit (सूट) *n* कपड़ों का जोड़ा, सूट; (ताश का) रंग; वाद, मुकदमा // *vt* अनुकूल या माफ़िक होना; स्वीकार्य, उचित होना; (*adapt*) : **to suit sth to** कोई चीज़ किसी के अनुकूल बनाना; **suitable** *a* अनुकूल, माफ़िक, उचित, सुविधाजनक; शोभनीय; उचित; **suitably** *ad* उचित ढंग से

suitcase ('सूट्केस) *n* सूटकेस

suite (स्वीट) *n* मेजकुर्सी का सेट जो कमरे के अनुकूल हो; कमरों का सेट; नौकर-चाकर; (*furniture*) : **bedroom/dining room suite** कमरों का सेट जिसमें शयनागार/भोजन का कमरा हो

suitor ('सूटर) *n* प्रेमी; बादी; प्रार्थी

sulfur ('सल्फ़र) *n* (*US*) = **sulphur**

sulk (सल्क) *vi* मुहं फुलाए बैठना; रूठना, विशे॰ दूसरों का ध्यान आकृष्ट करने के लिए; **sulky** *a* जो रूठा या मुंह फैलाए बैठा हो

sullen ('सलन) *a* जो किसी से बात न करना चाहे; रूठा हुआ; उदास, विषण्ण; निराश; फीका

sulphur, (*US*) **sulfur** ('सल्फ़र) *n* गंधक

sultan ('सल्टन) *n* मुस्लिम देश का शासक, सुल्तान

sultana (सल्'टाना) *n* सुल्तान की पत्नी; (*fruit*) एक प्रकार की किशमिश

sultry ('सल्ट्रि) *a* उमस (वाला मौसम); कामोत्तेजक (व्यक्ति)

sum (सम) *n* जोड़ (राशियों का); राशि; (*SCOL*) गणित का सवाल; **to sum up** *vt, vi* जोड़ निकालना; संक्षेप या सार तैयार करना

summarize ('समराइज़) *vt* संक्षेप या सार तैयार करना

summary ('समरि) *n* संक्षेप या सार (किसी लम्बी दस्तावेज़ का) // *a* जल्दी किया गया (न्याय)

summer ('समर) *n* ग्रीष्म ऋतु, गरमी का मौसम // *cpd* गरमी का; **summerhouse** *n* उद्यान में कक्ष जहां गरमी के दिनों में बैठ सकते हैं; **summer time** *n* (*by clock*) कुछ देशों में घड़ियां एक घण्टा आगे करने की प्रथा जिससे कि अधिकतर काम सूर्य के प्रकाश में हो सके; **summertime** *n* (*season*) गरमी का मौसम

summit ('समिट) *n* चोटी, शिखर

summon ('समन) *vt* (किसी सभा आदि की) बैठक के लिए बुलाना; बुला भेजना; साक्षी को न्यायालय में आने का आदेश देना; **to summon up** *vt* (साहस, शक्ति) बटोरना; **summons** *n*

(न्यायालय में) उपस्थिति का आदेश, समन

sump (सम्प) *n* (*Brit AUT*) इंजन के बीच तेल रखने का स्थान

sun (सन) *n* सूर्य, सूरज; सूरज की किरणें; धूप; **in the sun** धूप में; **sunbathe** *vi* कपड़े उतार कर (या कुछ पहन कर) धूप सेंकना; **sunburn** *n* धूप से त्वचा पर उभरे दाने

Sunday ('सण्डे) *n* इतवार, रविवार; **Sunday school** *n* बच्चों को ईसाई धर्म की शिक्षा देने का स्कूल जो इतवार को लगता है

sundial ('सन्डाइअल) *n* धूपघड़ी

sundown ('सन्डाउन) *n* सूर्यास्त

sundry ('सण्ड्रि) *a* नाना प्रकार के; कई; **all and sundry** ऐसा ग़ैरा, नत्थू खैरा; **sundries** *npl* फुटकर मदें जिन का ब्यौरेवार लेखा-जोखा न हो

sunflower ('सन्फ़्लाउअर) *n* सूरजमुखी (का फूल)

sung (सङ) **sing** का *pp*

sunglasses ('सन्ग्लासिज़) *npl* धूप का चश्मा

sunk (संक) **sink** का *pp*

sun : sunlight *n* सूर्य का प्रकाश; **sunny** *a* धूप-भरा; (*fig*) हंसमुख; आशावादी; **sunrise** *n* सूर्योदय; **sun roof** *n* (*AUT*) कार की (कपड़े की बनी छत जो लपेटी जा सकती है); **sunset** *n* सूर्यास्त; **sunshade** *n* छजली; (खुले स्थान में लगा) बड़ा छाता; **sunshine** *n* धूप; **sunstroke** *n* लू लगने की बीमारी; **suntan** *n* धूप से बदला त्वचा का रंग; **suntan oil** *n* धूप सेंकते समय शरीर पर लगाने का तेल

super ('सूपर) *a* (*col*) बहुत बढ़िया

super- *comb form* अधि-, उपरि-, वाह्य, परा, अति, महा, उच्च, परम आदि के अर्थ में प्रयुक्त, जैसे **super-human** *a* अतिमानवीय; दैवी; (*col*) बहुत अच्छा, बढ़िया

superannuation (सूपरैन्यु'एशन) *n* सेवा-निवर्तन; सेवानिवृत्ति-पेन्शन; कर्मचारी का पेन्शन निधि में योगदान

superb (सू'पर्ब) *a* शानदार, भव्य; महान, राजसी; उत्कृष्ट; **superbly** *ad* शानदार ढंग से

supercilious (सूपर्'सिलिअस) *a* घमण्डी, तिरस्कार या उपेक्षा करने वाला

superficial (सूपर्'फ़िशल) *a* ऊपरी, सतही; जिसमें पूरी सावधानी न बरती गयी हो, उथला, छिछला; सरसरी; **superficiality** *n* सतहीपन; छिछोरापन

superfluous (सू'परफ़्लूअस) *a* अत्यधिक; फ़ालतू, अतिरिक्त; अनावश्यक; बचा हुआ

superintendent (सूपरिन्'टेन्डंट) *n* अधीक्षक, विशे॰ पुलिस का उच्च अधिकारी

superior (सू'पिअरिअर) *a, n* (गुण या मात्रा में) अधिक श्रेष्ठ; उत्कृष्ट; ऊपरी; पद या गुण में अधिक ऊंचा; उत्तम; अभिमानी; **superiority** (सुपिअरि'ऑरिटि) *n* श्रेष्ठता, उत्तमता; उच्चता

superlative (सू'परलटिव़) *a* सर्वोच्च, सर्वोत्तम; सर्वश्रेष्ठ // *n* (*LING*) उत्तमता सूचक विशेषण या क्रिया-विशेषण

superman ('सूपर्मन) *n* बहुत अधिक शारीरिक अथवा मानसिक शक्तिवाला मानव, अति मानव

supermarket ('सूपर्मार्किट) *n* सुपर बाज़ार, स्वयं चयन की दुकान

supernatural (सूपर्'नैचरल) *a* प्रकृति के नियमों के परे, अलौकिक; लोकोत्तर, चमत्कारपूर्ण

superpower ('सूपर्पाउअर) *n* बड़ी शक्ति, अति शक्तिशाली राष्ट्र

supersede (सूपर्'सीड) *vt* (का) स्थान लेना; हटा लेना; त्याग देना; किसी दूसरे का स्थान लेना; **supersession** (सूपर्'सेंशन) *n* अधिक्रमण, निवर्तन, एक (नियम आदि) का स्थान दूसरे द्वारा लिया जाना

supersonic (सूपर्'सॉनिक) *a* ध्वनि की गति से अधिक तेज़

superstition (सूपर्'स्टिशन) *n* किस्मत, जादू-टोना, शकुन-अपशकुन में विश्वास पर आधारित धर्म, मान्यता या व्यवहार, अंधविश्वास

superstitious (सूपर्'स्टिशस) *a* अंधविश्वासी

superstructure ('सूपर्स्ट्रक्चर) *n* नींव के ऊपर का ढांचा

supertax ('सूपर्टैक्स) *n* अधिक आय पर कर के अतिरिक्त कर, अधिकर

supervise ('सूपर्वाइज़) *vt* देखरेख, निगरानी या निरीक्षण करना; **supervision** (सूपर्'विझन) *n* अधीक्षण, निगरानी; **supervisor** *n* अधीक्षक; **supervisory** *a* अधीक्षण सम्बन्धी

supine (सू'पाइन) *a* चित (लेटा हुआ); अकर्मण्य, निष्क्रिय, आलसी // *n* लैटिन भाषा में क्रियात्मक संज्ञा

supper ('सपर) *n* रात का (हल्का) भोजन; ब्यालू, ब्यारी

supplant (स'प्लांट) *vt* किसी का स्थान ले लेना, विशे॰ गलत ढंग से; निकाल बाहर करना; (के) पैर उखाड़ देना

supple ('सप्ल) *a* लचीला, लचकदार; नम्य; दब्बू, आज्ञाकारी

supplement *n* ('सप्लिमेंट) परिशिष्ट, संपूरक; पत्रिका का (किसी विषय पर) अतिरिक्त या विशेष संस्करण; समाचार-पत्रों का (सचित्र) परिशिष्ट // *vt* (सप्लि'मैंट) जोड़ना; बढ़ाना; कमी पूरी करना; **supplementary** (सप्लि'मेन्टरि) *a* अनुपूरक

suppliant ('सप्लिअंट) *a* प्रार्थना करने वाला, प्रार्थी

supplier (स'प्लाइअर) *n* सामग्री मुहैया कराने वाला, संभरक, पूर्तिकार

supply (स'प्लाइ) *vt* (*provide*) देना; (*equip*) : **to supply (with)** मुहैया करना, संभरण या आपूर्ति करना; प्रदान करना // *n* आपूर्ति, संभरण; सामान; भण्डार // *cpd* (*teacher etc*) स्थानापत्र (अध्यापक); **supplies** *npl* खाद्य सामग्री; (*MIL*) रसद

support (सॅ'पोर्ट) *n* (*moral, financial etc*) सहायता, समर्थन; आधार; (*TECH*) टेक, भरणपोषण; समर्थन // *vt* (*financially*) (आर्थिक) सहायता देना; सही मानना; **supporter** *n* (*POL, SPORT*) समर्थक, अनुयायी; **supporting** *a* (फ़िल्म में भूमिका) गौण; कम महत्वपूर्ण

suppose (स'पोज़) *vt, vi* मान लेना; सही मान लेना; समझना; संभाव्य समझना; **to be supposed to do** से करने की आशा या उपेक्षा होना; की ज़िम्मेदारी होना; **supposed** (स'पोज़िड) *a* कथित, माना हुआ; **supposedly** (स'पोज़िड्लि) *ad* माना हुआ; **supposing** *cj* मान लो, यदि; **supposition** (स'पॉज़िशन) *n* कल्पना; अभिधारणा; अनुमान

suppress (स'प्रेॅस) *vt* दबाना, कुचलना, दमन करना; रोकना, निग्रह करना; **suppression** (स'प्रेशन) *n* दमन; निरोध; निषेध, निग्रह

suppurate ('सप्यूरेट) *vi* में पीव या मवाद पड़ना; से पीप बहना या निकलना

supreme (सु'प्रीम) *a* सर्वोच्च; सर्वोपरि; **supremacy** (सु'प्रेमसि) *n* सर्वोच्चता; परमाधिकार; **supremely** *ad* पूरी तरह से, अत्यधिक

surcharge ('सर्चार्ज) *n* अधि-शुल्क या अधिमूल्य

sure (शुअर) *a* निश्चित; विश्वस्त, भरोसे-मंद; निस्सन्देह; **sure!** (*of course*) निश्चय ही !, अवश्य ! ; **sure enough** निश्चय ही; **to make sure of sth** को निश्चित कर लेना, पक्का कर लेना; **to make sure that** निश्चय कर लेना, देख लेना/यकीन कर लेना कि; **surely** *ad* बेशक, निश्चय ही

surety ('श्युअरटि) *n* ज़मानत; ज़मानती; निश्चयात्मकता; पक्का होना

surf (सर्फ़) *n* (तट से टकराती) लहरें

surface ('सर्फ़िस) *n* सतह, बाहरी हिस्सा; पृष्ठ; फलक; तल; बाह्यरूप // *a* सतही, ऊपर का; बाहरी, वाह्य; जो सतह तक ही रहे, छिछला // *vi* सतह पर आना // *vt* सतह पर लाना; समतल बना देना; सतह चढ़ाना; **surface mail** *n* साधारण (स्थल) डाक, समुद्री डाक

surfboard ('सर्फ़बोर्ड) *n* समुद्र-विहार करने का तख़्ता

surfeit ('सर्फ़िट) *n* : **a surfeit of** की प्रचुरता/अधिकता

surfing ('सर्फ़िङ) *n* नाव के साथ रस्से से बंधे तख़्ते पर समुद्र-विहार

surge (सर्ज) *n* लहर; अचानक उमड़ने की स्थिति // *vi* लहरें उठना; उमड़ना; ठाठें मारना

surgeon ('सर्जन) *n* शल्य-चिकित्सक, सर्जन

surgery ('सर्जरि) *n* आपरेशन की क्रिया; डाक्टर या दांतों के डाक्टर का कमरा (जहां मरीज़ देखे जाते हैं); **to undergo surgery** शल्य चिकित्सा कराना; **surgery hours** *npl* (*Brit*) मरीज़ों को देखने का समय

surgical ('सर्जिकल) *a* शल्य चिकित्सा-विषयक, शल्य-; **surgical spirit** *n* (*Brit*) घाव आदि साफ़ करने की मैथिलेटिड स्पिरिट

surly ('सर्लि) *a* बहुत उदास या विषण्ण; चिड़चिड़ा, बदमिज़ाज; रूखा, उजड्ड

surmise (सर्'माइज़) *n* अनुमान, अटकल // *vi* अनुमान लगाना

surmount (सर्'माउंट) *vt* पार कर लेना (बाधा आदि); पर विजयी होना

surname ('सर्नेम) *n* कुलनाम

surpass (सर्'पास) *vt* आगे निकल जाना; मात देना; (औरों से) बढ़ कर या श्रेष्ठ होना

surplus ('सर्प्लस) *n* आधिक्य; बढ़ती, अधिशेष; बचत // *a* फ़ालतू, बचा हुआ

surprise (सर्'प्राइज़) *n* आश्चर्य, हैरानी; अप्रत्याशित बात या घटना // *vt* आश्चर्यचकित या हैरान करना, अचम्भे में डालना; अचानक जा लेना या पकड़ लेना, रंगे हाथों पकड़ लेना; चौंका देना; अकस्मात् टूट पड़ना; **surprising** *a* आश्चर्यजनक; अनोखा; **surprisingly** *ad* आश्चर्यजनक रूप से

surrender ('सरेण्डर) *n* आत्मसमर्पण // *vi* हथियार डालना, आत्मसमर्पण करना; हार मान लेना // *vt* सौंपना; के हवाले करना

surreptitious (सरप्'टिशस) *a* चोरी-छिपे किया गया; गुप्त, प्रछन्न; **surreptitiously** *ad* चोरी-छिपे

surrogate ('सरगिट) *n* प्रतिनिधि, विशे॰ बिशप का; ऐवज़ी, स्थानापत्र; **surrogate mother** *n* स्त्री जो निस्संतान दम्पति के लिए बच्चा जनती है

surround (स'राउण्ड) *vt* घेर लेना; घेरा डालना; बाड़ा लगाना; किनारा लगाना; **surrounding** *a* आस-पास का; **surroundings** *npl* किसी व्यक्ति, स्थान के आस-पास का वातावरण; परिवेश; अड़ोस-पड़ोस

surveillance (सर्'वेलन्स) *n* निगरानी; निगाह रखने की क्रिया

survey *n* ('सर्वे) निरीक्षण; (*in housebuying etc*) मकान देखना (खरीदने के विचार से); (भूमि) सर्वेक्षण // *vt* (सर्'वे) चारों ओर देखना; सर्वेक्षण करना; भूमि को देखना, मापना

और मानचित्र बनाना; **surveyor** *n* सर्वेक्षक; निरीक्षक

survival (सर्'वाइवल) *n* (व्यक्तियों, वस्तुओं के) बने, जीवित रहने की स्थिति; उत्तरजीविता

survive (सर्'वाइव) *vi* जीवित रहना; (*custom etc*) जारी रहना, बने रहना; // *vt* (किसी के बाद) जीते रहना, बने रहना; (किसी विपत्ति आदि से) जीवित बच जाना, बच निकलना; **survivor** *n* व्यक्ति जो दुर्घटना आदि से बच निकला हो

susceptible (स'सेप्टिब्ल) *a* : **susceptible (to)** आसानी से प्रभावित हो जाने या झुक जाने वाला; भावप्रवण; (*disease*) जिसे रोग आसानी से लग जाय

suspect *a* ('सस्पेक्ट) संदिग्ध चरित्र वाला // *n* ('सस्पेक्ट) संदिग्ध व्यक्ति // *vt* (सस्'पेक्ट) किसी के निर्दोष होने पर सन्देह करना; किसी के अस्तित्व या उपस्थिति का आभास होना; समझना, लगना; भरोसा या विश्वास करना

suspend (सस्'पेण्ड) *vt* लटका देना; कुछ समय के लिए रोक देना; स्थगित करना; निलम्बित या मुअत्तिल करना; (नियम, कानून आदि पर) अमल स्थगित करना; तरल पदार्थ में रखना; **suspended sentence** *n* निलबिंत दंड (जो अपराधी दुबारा अपराध करने पर ही भोगेगा); **suspender belt** *n* गेटिस जो स्त्रियां अपने मोज़ों को यथास्थान रखने के लिए पहनती हैं; **suspenders** *npl* (*Brit*) मरदों के पतलून को यथास्थान रखने के फ़ीते, गेटिस

suspense (सस्'पैन्स) *n* अनिश्चतता की स्थिति, (किसी समाचार की प्रतीक्षा में) चिन्ता; असमंजस; (*film etc*) यह जानने की उत्सुकता कि आगे क्या होगा

suspension (सस्'पैन्शन) *n* लटके होने की स्थिति; (*AUT*) गाड़ी की धुरी की कमानियां; (*of driving licence*) निलंबन; स्थगन; **suspension bridge** *n* झूला-पुल

suspicion (सस्'पिशन) *n* सन्देह करने या सन्देहभाजन होने की स्थिति; हल्का आभास या पुट

suspicious (सस्'पिशस) *a* (*suspecting*) संदेही, शक्की; (*causing suspicion*) संदेहजनक, संदिग्ध

sustain (सस्'टेन) *vt* उठाए रखना; सहारा देना; बने रहना; जीवित रखना; पुष्टि करना; **sustained** *a* (*effort*) निरंतर, लम्बे समय तक का (प्रयत्न)

sustenance ('सस्टिनन्स) *n* आहार

swab (स्वॉब) *n* (*MED*) फाहा, फुरेरी; झाड़न

swagger ('स्वैगर) *vi* अकड़ कर चलना; शेख़ी बघारना

swallow ('स्वॉलो) *n* अबाबील (एक पक्षी) // *vt* निगलना; (*fig*)

(अपमान) चुपचाप सह लेना; आंख मूंद कर विश्वास कर लेना; **to swallow up** *vt* समो लेना

swam (स्वैम) **swim** का *pt*

swamp (स्वॉम्प) *n* दलदल // *vt* जलमग्न कर देना; की भरमार या बौछार कर देना; बाढ़ सी ला देना

swan (स्वॉन) *n* राजहंस; **swan song** *n* अंतिम कृति, अभिनय, प्रदर्शन आदि

swap (स्वॉप) *vt* : **to swap (for)** (से) अदला-बदली करना

swarm (स्वॉर्म) *n* टिड्डीदल; विशाल भीड़ // *vi* (मधुमक्खियों का) बड़ी संख्या में इकट्ठे उड़ना, टिड्डीदल के समान चलना

swarthy ('स्वॉर्दि) *a* सांवला

swastika ('स्वास्टिक्अ) *n* स्वस्तिक (का चिन्ह)

swat (स्वॉट) *vt* मारना, विशे॰ मक्खी, मच्छर आदि

sway (स्वे) *vi* डोलना, झूलना // *vt* दूसरों के विचारों को प्रभावित करना // *n* नियंत्रण, अधिकार; शक्ति

swear (स्वेअर), *pt* **swore**, *pp* **sworn** *vi* कसम खाना, शपथ लेना; **to swear to sth** की शपथ लेना; **swearword** *n* गाली, अपशब्द

sweat (स्वेट) *n* पसीना, स्वेद // *vi* पसीना आना

sweater ('स्वेटर) *n* स्वेटर

sweaty ('स्वेटि) *a* पसीने में लथपथ, जिसे पसीना आ रहा हो

Swede (स्वीड) *n* स्वीडन-निवासी

swede (स्वीड) *n* (*Brit*) शलजम जैसी एक सब्ज़ी

Sweden ('स्वीडन) *n* स्वीडन

Swedish ('स्वीडिश) *a* स्वीडन का // *n* (*LING*) स्वीडन की भाषा

sweep (स्वीप) *n* साफ़ करने, बुहारने की क्रिया, प्रवाह, बहाव; (*curve*) चौड़ा वक्र; (*range*) पहुंच या परास; (**chimney sweep** भी) चिमनी साफ़ करने वाला // *vb* (*pt, pp* **swept**) *vt* को झाड़ू से साफ़ करना // *vi* झाड़ू लगाना, बुहारना; फैलना; **to sweep away** *vt* उड़ा/बहा ले जाना; **to sweep past** *vi* अकड़कर या शान से पास से निकल जाना; **to sweep up** *vt, vi* बुहार देना, साफ़ कर देना; **sweeping** *a* (*gesture*) (हाथ) फैलाकर (इशारा); व्यापक; पूरा-पूरा; आमूल (परिवर्तन); **a sweeping statement** कुछ ही तथ्यों के आधार पर अति व्यापक कथन/बयान

sweet (स्वीट) *n* मिठाई; भोजनोपरांत मिष्टान्न; (*Brit* : *pudding*) हलुआ // *a* मीठा, प्रिय, रुचिकर; दयाशील; कमनीय; ताज़ा; सुगन्धित, अच्छी हालत में; (*fig*) सुरीला; मृदु; **sweetcorn** *n* मकई का भुट्टा; **sweeten** *vt* मीठा बनाना, मधुर बनाना; **sweetheart** *n*

swell 659 swirl

प्रेमी या प्रेमिका; **sweetmeat** *n* मिठाई; **sweetness** *n* मिठास; **sweet pea** *n* मटर का पौधा; **sweet potato** *n* शकरकंदी

swell (स्वॅल) *n* (*of sea*) लहर (का उतार-चढ़ाव); उभार, फुलाव; सूजन // *a* (*col : excellent*) ऊंची श्रेणी/वर्ग का (व्यक्ति); बना-ठना // *vb* (*pt* **swelled**, *pp* **swollen** *or* **swelled**) *vt* फुलाना-बढ़ाना // *vi* फैल जाना; उभरना; गर्व से फूलना, फूले न समाना; भावों का उमड़ना; (*MED*) सूजना; **swelling** *n* (*MED*) सूजन; उभार, फुलाव

sweltering ('स्वेॅल्टरिङ) *a* उमस वाली (गर्मी)

swept (स्वेॅप्ट) **sweep** का *pt, pp*

swerve (स्वर्व़) *vi* मुड़ना या दिशा बदल लेना; पथ से हटना; कर्त्तव्य से विमुख होना

swift (स्विफ़्ट) *n* अबाबील जैसा पक्षी // *a* तेज़, द्रुतगामी; फुर्तीला; तैयार; **swiftly** *ad* तेज़ी से

swig (स्विग) *n* (*col : drink*) लम्बा या बड़ा घूंट

swill (स्विल) *n* सूअरों का पतला रातिब/खाना // *vt* (**swill out, swill down** भी) खूब शराब पीना; पानी से खूब धोना/साफ़ करना

swim (स्विम) *n* तैरने की क्रिया; **to go for a swim** तैरने जाना // *vb* (*pt* **swam**, *pp* **swum**) *vi* तैरना; (*SPORT*) तैराकी प्रतियोगिता में भाग लेना; (*head, room*) घूमना, (सिर में) चक्कर आना // *vt* तैर कर पार करना; **swimmer** *n* तैराक; **swimming** *n* तैराकी, तैरने की क्रिया; **swimming cap** *n* तैराकी टोपी, तैरते समय बालों को भीगने से बचाने के लिए पहनने की तंग टोपी; **swimming costume** *n* (*Brit*) तैराकी-पोशाक; **swimming pool** *n* तैरने का तालाब; **swimsuit** *n* (स्त्रियों की) तैराकी-पोशाक

swindle ('स्विन्डल) *n* धोखा, छल // *vt* से धोखा करना

swine (स्वाइन) *n* (*pl inv*) सूअर; (*col!*) नीच, कमीना!

swing (स्विङ) *n* झूला; (*movement*) झूलने, डोलने आदि की क्रिया; (*MUS : rhythm*) लय, गति // *vb* (*pt, pp* **swung**) *vt* झुलाना; डुलाना; (**swing round** भी) (लाठी) घुमाना, फिराना // *vi* झूलना, डोलना; लटकना; (**swing round** भी) घूम जाना; **to be in full swing** ज़ोरों पर होना; **swing door**, (*US*) **swinging door** *n* गोल घूमने वाला दरवाज़ा

swingeing ('स्विंजिङ) *a* (*Brit*) कठोर; विशाल

swipe (स्वाइप) *vt* लम्बे हाथ से प्रहार करना; (*col : steal*) चुरा लेना

swirl (स्वर्ल) *vi* भंवर पड़ना; बल खाते

हुए बहना

swish (स्विश) *a* (*col* : *smart*) फैशनेबल; चुस्त // *n* सरसराहट // *vi* सरसराहट की आवाज़ होना

Swiss (स्विस) *a* स्विट्ज़रलैंड का // *n* (*pl inv*) स्विट्ज़रलैंड के निवासी, नागरिक

switch (स्विच) *n* स्विच, बिजली का बटन; खटका; अचानक परिवर्तन या कायापलट // *vi* बदलना; स्थान बदलना; झूलना // *vt* अचानक; **to switch off** *vt* बत्ती बुझाना (स्विच दबाकर); बदल जाना; (इंजन) बंद करना; **to switch on** *vt* बत्ती जलाना; (इंजन, मशीन) चालू करना; **switchboard** *n* (*TEL*) टेलीफ़ोन के कनेक्शनों का समूह, स्विचबोर्ड

Switzerland ('स्विट्ज़रलंड) *n* स्विट्ज़रलैंड

swivel ('स्विव़ल) *vi* (**swivel round** भी) चूल/छल्ले पर घूमना

swollen ('स्वोलन) **swell** का *pp*

swoon (स्वून) *vi* मूर्च्छा आना; बेहोश हो जाना

swoop (स्वूप) *vi* (**swoop down** भी) झपटना (बाज़ की तरह) // *n* झपटने की क्रिया; आकस्मिक आक्रमण

swop (स्वॉप) *vt* = **swap**

sword (सॉर्ड) *n* तलवार, खड्ग, कृपाण; **swordfish** *n* तेग़ा मछली

swore (स्वोर) **swear** का *pt*

sworn (स्वार्न) **swear** का *pp*

swot (स्वॉट) *vt, vi* बहुत मेहनत से पढ़ाई करना

swum (स्वम) **swim** का *pp*

swung (स्वङ) **swing** का *pt, pp*

sycophant ('सिकफ़ंट) *n* चापलूस, चाटुकार

syllable ('सिलबल) *n* अक्षर, शब्द; उच्चारण इकाई (*button* के दो **syll-able** हैं : **bu-tton** (ब-ट्न)

syllabus ('सिलबस) *n* पाठ्यक्रम, पाठ्यविवरण

symbol ('सिम्बल) *n* प्रतीक, चिन्ह, संकेत; **symbolic** (सिम्'बॉलिक) *a* प्रतीकात्मक

symmetry ('सिमिट्रि) *n* (वस्तु के) भागों के आकार-प्रकार में समता, सममिति, दो भागों में संतुलन, सुडौलपन; **symmetrical** (सि'मेट्रिकल) *a* सममित; संतुलित, सुडौल

sympathetic (सिंप'थेटिक) *a* सहानुभूतिशील, हमदर्द; अनुकूल; **sympathetic towards** की ओर अनुकूल भाव/रवैया

sympathize ('सिंपथाइज़) *vi* : **to sympathize with sb** किसी से सहानुभूति रखना/प्रकट करना; **sympathizer** *n* (*POL*) समर्थक; हमदर्द

sympathy ('सिम्पथि) *n* सहानुभूति, हमदर्दी, समवेदना; दया; संगीत; **in**

sympathy with से सहमत, (*strike*) के समर्थन में (हड़ताल); **with our deepest sympathies** हमारी हार्दिक सहानुभूति सहित

symphony ('सिम्फ़नि) *n* आरकेस्ट्रा द्वारा बजाई जाने वाली संगीत-रचना, संध्वनिकता, सिम्फ़नि; स्वरसंगति

symposium (सिम्'पोज़िअम) *n* परिसंवाद, परिचर्चा, विचार-गोष्ठी, संगोष्ठी

symptom ('सिम्पटम) *n* रोगलक्षण, लक्षण; चिन्ह, आसार

synagogue ('सिनगॉग) *n* यहूदी पूजास्थल या प्रार्थना-भवन; यहूदी प्रार्थना-सभा

synchronize ('सिंक्रनाइज़) *vt* एक ही समय में घटित होने देना या करना, समय मिला देना // *vi* समकालिक करना या होना, एक ही समय पड़ना

syndicate ('सिंडिकिट) *n* सिंटिकेट, अभिषद्, व्यवसाय-संघ; प्रकाशक-संघ

syndrome ('सिनड्रोम) *n* रोग के विभिन्न लक्षणों का संयोग; लक्षण, लक्षण-समुच्चय अथवा विशेषता-समुच्चय

synonym ('सिननिम) *n* पर्याय, समानार्थी शब्द

synopsis (सि'नॉप्सिस) *n* सारांश, रूपरेखा

syntax ('सिंटैक्स) *n* वाक्य रचना, वाक्य-विन्यास

synthetic (सिन्'थेटिक) *a* कृत्रिम, नकली; संश्लेषित

synthesis, *pl* **syntheses** ('सिंथिसिस, 'सिंथिसीज़) *n* संश्लेषण, संयोजन, विभिन्न तत्वों का मेल; **synthesize** *vt* संश्लेषण करना, मिलाना, (मिलाकर) कृत्रिम रीति से बनाना

syphon ('साइफ़न) *n, vb* = **siphon**

Syria ('सीरिअ) *n* सीरिया

syringe (सि'रिंज) *n* पिचकारी; (इंजेक्शन लगाने की) सिरिंज // *vt* फुहार मारना; पिचकारी से (घाव) साफ़ करना

syrup ('सिरप) *n* चाशनी; (**golden syrup** भी) गाढ़ा शीरा

system ('सिस्टम) *n* व्यवस्था, योजना; तंत्र; पद्धति; (*ANAT*) शारीरिक-तंत्र व्यवस्था; **systematic** (सिस्ट'मैटिक) *a* सुव्यवस्थित, आयोजित; **system disk** *n* (*COMPUT*) कम्प्यूटर-भाषा में विषय-विशेष पर कम्प्यूटर-डिस्क में भरा प्रोग्राम; **systems analyst** *n* सुधार करने की दृष्टि से वैज्ञानिक व औद्योगिक कार्यप्रणाली के ढंगों का कम्प्यूटर की सहायता से विश्लेषण करने वाला, व्यवस्था-विश्लेषक

T

ta (टा) *excl* (*Brit col*) धन्यवाद !

TA = **Territorial Army**

tab (टैब) *n* कपड़ों पर लगा लेबल, पट्टी, टैब; **to keep tabs on** (*fig*) पर निगरानी रखना

tabby ('टैबि) *n* (**tabby cat** भी) धारीदार भूरा बिलाव या बिल्ली

table ('टेब्‌ल) *n* मेज़, टेबल; भोजन; सारणी (तथ्यों आदि की सूची) // *vt* मेज़ पर रखना; (विधेयक आदि) विधान-सभा के सम्मुख प्रस्तुत करना; **to lay** *or* **set the table** खाने के लिए मेज़ लगाना; **table of contents** *n* विषय-सूची; **tablecloth** *n* मेज़-पोश; **table d'hôte** ('टेबल'डोट) *a* (*meal*) निश्चित मूल्य पर (थाली); **table lamp** *n* टेबल लैम्प; **tablemat** *n* मेज़ पर तश्तरी आदि के नीचे रखने का कपड़े आदि का टुकड़ा; **tablespoon** *n* भोजन आदि परोसने का बड़ा चमचा; **tablespoonful** *n* बड़ा चमचाभर

tableau ('टैब्लो) *n* झांकी, नाटकीय दृश्य

tablet ('टैब्‌लिट) *n* (*MED*) दवाई की गोली; साबुन आदि की टिकिया; (शिला)लेख आदि में प्रयुक्त पत्थर, लकड़ी आदि

table: table tennis *n* टेबल टेनिस का खेल; **table wine** *n* भोजन के साथ पीने की सस्ती शराब

tabloid ('टैब्लॉइड) *n* छोटे आकार का लोकप्रिय, सनसनीखेज़ सुर्खियों वाला सचित्र समाचार-पत्र

taboo (ट'बू) *a* वर्जित, निषिद्ध // *n* निषेध; निषिद्ध वस्तु

tabular ('टैब्युलर) *a* सारणीबद्ध, तालिकाबद्ध

tabulate ('टैब्युलेट) *vt* आंकड़ों, तथ्यों आदि को सारणीबद्ध करना; **tabulation** *n* सारणीकरण; **tabulator** *n* सारणीकार; (*COMPUT*) सारणी बनाने का यंत्र

tacit ('टैसिट) *a* अनकहा (अर्थ); मौन; **taciturn** ('टैसिटर्न) *a* अल्पभाषी, प्रायः मौन

tack (टैक) *n* चपटी कील, बिरिंजी, कच्चा टांका; (*NAUT*) जहाज़ का टेढ़ा-मेढ़ा (पवनाभिमुख) रास्ता; दिशा // *vt* बिरिंजी से जड़ना, कच्चा टांका लगाना, जोड़ना; संलग्न करना // *vi* जहाज़ का टेढ़े-मेढ़े चलना, दिशा बदलना

tackle ('टैक्‌ल) *n* भारी वस्तु उठाने का साज़-सामान (रस्से, कील-कांटा आदि), टैकल; (*RUGBY*) खिलाड़ियों की भिड़ंत // *vt* कस कर पकड़ना; सामना करना; (*RUGBY*) से जूझना, भिड़ जाना

tacky ('टैकि) *a* चिपचिपा; घटिया; आडंबरपूर्ण

tact (टैक्ट) *n* व्यवहार-कौशल,

व्यक्तियों अथवा परिस्थितियों से उचित ढंग से निपटने का कौशल; **tactful** *a* व्यवहार-कुशल

tactical ('टैक्टिक्ल) *a* निपुण, कुशल; सामरिक; स्थिति के अनुसार (चाल)

tactics ('टैक्टिक्स) *n, npl* रण-कौशल; चाल, युक्ति, दावपेंच

tactless ('टैक्ट्लिस) *a* स्थिति को बिना सोचे-समझे कार्य करने वाला (व्यक्ति), ऐसे किया गया (व्यवहार आदि); असामयिक

tadpole ('टैड्पोल) *n* मेंढक का बच्चा, वेंगची

taffeta ('टैफ़िट्अ) *n* मुलायम रेशमी, रेयन आदि का वस्त्र, टाफ़टा

taffy ('टैफ़ि) *n* (*US*) एक प्रकार की टॉफ़ी

tag (टैग) *n* (वस्तु में लगा) मूल्य का लेबल; जूते के फ़ीते आदि का नुकीला धातु का अंश; लटकन; जोड़ा गया अंश // *vt* (से) जोड़ देना, बांध देना; **to tag along** *vi* पीछे-पीछे चलना

tail (टेल) *n* पूंछ, दुम; किसी वस्तु का निचला, पिछला या घटिया भाग; (*of shirt*) पिछला भाग; वायुयान का पिछला भाग // *vt* पीछे लगे रहना, पीछा करना; **to tail away, tail off** *vi* (*in size, quality etc*) धीरे-धीरे घटना; **tails** *npl* सिक्के का वह भाग जिधर उसका मूल्य लिखा हो, पट; **tail-back** *n* (*Brit AUT*) किसी रुकावट के कारण बनी वाहनों की लंबी पंक्ति; **tail coat** *n* शाम को पहनने का कोट; **tail end** *n* सिरा, अंतिम छोर; **tail-gate** *n* (*AUT*) कुछ कारों में पिछला दरवाज़ा जो ऊपर की ओर खुलता है; **tailpiece** *n* किसी कालम के अन्त में छपी संक्षिप्त टिप्पणी

tailor ('टेलर) *n* दरज़ी; **tailoring** *n* सिलाई; **tailor-made** *a* दरज़ी का सिला (वस्त्र), पहनने में बिल्कुल ठीक; (*fig*) बिलकुल उपयुक्त

tailwind ('टेल्विंड) *n* वायुयान, जहाज़ आदि की गति के अनुकूल (पीछे से आती) हवा

tainted ('टेंटिड) *a* (*food, water, air*) दूषित, खराब; छूत वाला; (*fig*) पाप का (धन); भ्रष्ट (चरित्र)

take, *pt* **took,** *pp* **taken** (टेक, टुक, 'टेकिन) *vt* लेना; ग्रहण करना; (*gain : prize*) पाना; (*require : effort, courage*) आवश्यक होना; (*tolerate*) सहन करना; (*hold : passengers etc*) ले जाने की क्षमता होना; (*accompany*) साथ ले जाना; (*bring, carry*) ले लेना, ले जाना; (*exam*) (परीक्षा) देना; खाना या पीना; मानना, समझाना; घटाना, (कदम) उठाना; **to take sth from** (*drawer etc*) से कुछ निकालना; (*person*) से कुछ लेना; **I take it that** तो मैं यह समझूं कि; **to take for a walk** (*child,* *dog*) घुमाने ले जाना; **to take after** *vt* (मुखाकृति या चरित्र में) के जैसा होना; **to take apart** *vt* के हिस्से अलग-अलग करना; **to take away** *vt* हटा लेना, छीन लेना; ले जाना; **to take back** *vt* (*return*) (वस्तु, शब्द) वापिस लेना; **to take down** *vt* (*letter etc*) लिख लेना, उतारना; (*building*) गिराना; का घमंड तोड़ना; **to take in** *vi* (*deceive*) धोखा देना; (*understand*) समझ लेना; (*include*) सम्मिलित करना; (*lodger*) ठहराना; **to take off** *vi* (*AVIAT*) उड़ान भरना // *vt* हटा लेना; (*imitate*) नकल करना; **to take on** *vt* (*work*) हाथ में लेना; (*employee*) नौकर रखना, काम में लगाना; (*opponent*) का मुकाबला करना; **to take out** *vt* ले जाना, हटाना; (*licence*) प्राप्त करना; **to take sth out of sth** में से कुछ घटाना; (*drawer, pocket etc*) में से कुछ निकालना; **to take over** *vt* (*business*) अपने नियंत्रण/स्वामित्व में ले लेना // *vi* : **to take over from sb** किसी से पदभार ग्रहण करना; **to take to** *vt* (*person*) पसंद करना; (*activity*) करने लगना; का आदी बन जाना; **to take up** *vt* की ज़िम्मेदारी लेना; (*one's story*) आगे बढ़ाना; (*a dress*) समेटना; (*occupy : time*) लेना; (*: space*) घेरना; (*engage in : hobby etc*) में लग जाना; **takeaway** *a* (*food*) घर आदि ले जाकर खाने वाला (भोजन); **take-home pay** *n* हाथ में आने वाला असल वेतन, निवल वेतन; **takeoff** *n* (*AVIAT*) हवाई जहाज़ का उड़ान-आरंभ (का क्षण); **takeout** *a* (*US*) = **takeaway**; **takeover** *n* (*COMM*) (कंपनी आदि) नियंत्रण में लेने की क्रिया

takings ('टेकिंग्ज़) *npl* (*COMM*) व्यापार में प्राप्ति, आय

talc (टैल्क) *n* (**talcum powder** भी) (चेहरे आदि पर लगाने का) टेलकम पाउडर

tale (टेल) *n* कहानी, किस्सा; विवरण; (*offens*) मनगढ़ंत किस्सा; **to tell tales** (*fig*) भेद खोलना

talent ('टैलंट) *n* प्रतिभा, योग्यता; प्राचीन काल में भार या धन की इकाई; **talented** *a* प्रतिभासम्पन्न, प्रवीण

talisman ('टैलिज़्मन) *n* तावीज़, जन्तर

talk (टॉक) *n* वार्ता, बातचीत; विचार-विमर्श; अफ़वाह; (*offens*) बकवाद // *vi* बोल सकना; बात करना, बातचीत करना; बकबक करना; **talks** *npl* (*POL etc*) वार्ता, बातचीत; **to talk about** के विषय में बात करना; परामर्श करना; **to talk sb out of/into doing** कुछ न करने/करने के लिए राज़ी कर लेना; **to talk shop**

tall 665 **tanker**

एक ही व्यवसाय के लोगों का अपने व्यवसाय के बारे में बातचीत करना; **to talk over** *vt* पर विचार-विमर्श करना; **talkative** *a* बातूनी; **talker** *n* वार्ताकार; **talk show** *n* रेडियो या टेलीविज़न पर कार्यक्रम जिसमें भेंटकर्ता अपने अतिथियों से विभिन्न विषयों पर बेतकल्लुफ़ी से बातचीत करे

tall (टॉल) *a* (*person*) लम्बा; (*building, tree*) ऊंचा; **to be 6 feet tall** छः फीट लम्बा/ऊंचा होना; **tallboy** *n* (*Brit*) एक प्रकार की ऊंची आलमारी; **tall order** *n* कठिनता से पूरा किया जा सकने वाला कार्य/मांग; **tall story** *n* अविश्सनीय बात; गप्प; **tall talk** *n* शेख़ी, डींग

tallow ('टैलो) *n* चरबी

tally ('टैलि) *n* हिसाब; लेखा; कुल संख्या // *vi* : **to tally (with)** (से) मेल खाना, (के) अनुरूप होना

talon ('टैलन) *n* पंजा, विशे॰ शिकारी पक्षी का

tamarind ('टैमरिंड) *n* इमली

tambourine ('टैम्बुरिन) *n* डफली, खंजरी

tame (टेम) *a* पालतू, घरेलू; शांत; दब्बू; (*fig : story, style*) नीरस // *vt* पालतू बनाना, वश में करना; **tamely** *ad* बिना विरोध किये, आसानी से

tamper ('टैम्पर) *vi* : **to tamper with** बेइमानी से बदल देना; में हेर-फेर कर देना

tampon ('टैम्पन) *n* रूई का फाहा, विशे॰ रजस्वला स्त्री द्वारा प्रयुक्त, टैम्पान

tan (टैन) *n* (**suntan** भी) भूरा, कत्थई, पिंगल रंग // *vt* (अधिक धूप से) तांबे जैसा रंग कर देना; चमड़ा कमाना (पशु की खाल को रासायनिक क्रिया द्वारा उपयोगी चमड़े में परिवर्तित करना) // *vi* (धूप में) तांबे जैसा रंग हो जाना // *a* भूरा, कत्थई रंग; **tannery** *n* चर्मशोधन-शाला, चमड़ा कमाने का कारखाना, टैनरी

tang (टैङ) *n* तीखा स्वाद, तेज़ गंध; संकेत; नोंक; **tangy** ('टैंजि) *a* तीखे स्वाद वाला

tangent ('टैंजंट) *n* (*MATH*) स्पर्श रेखा; **to go off at a tangent** (*fig*) अचानक विषय बदल देना

tangerine (टैंज'रीन) *n* एक प्रकार की नारंगी, संतरा

tangible ('टैंजिब्ल) *a* स्पर्शनीय, वास्तविक, ठोस, निश्चित व स्पष्ट

tangle ('टैंग्ल) *n* गुत्थी, उलझन; उलझी हुई शाखाएं आदि // *vt* उलझाना, जटिल बनाना // *vi* किसी से उलझ जाना

tank (टैंक) *n* टंकी, हौज़; तालाब; (*MIL*) सेना का टैंक

tanker ('टैंकर) *n* द्रव पदार्थ-वाहक

tantalizing 666 tartan

जहाज़, ट्रक आदि

tantalizing ('टैंटलाइज़िङ) *a* (*smell*) अत्यंत मोहक (सुगंध); (*offer*) ललचाने वाला (प्रस्ताव); तरसाने वाला

tantamount ('टैंटमाउंट) *a* : **tantamount to** (के) तुल्य/बराबर होना

tantrum ('टैंट्रम) *n* बच्चे की तरह मचलने की क्रिया, रूठने की क्रिया

tap (टैप) *n* टोंटी, डाट; चूड़ी काटने का औज़ार, पेचतराश; हल्की सी थपकी // *vt* टोंटी लगाना, (टोंटी से) निकालना; दूसरों की बातचीत सुनने के लिए टेलीफ़ोन तार से (गुप्त रुप से) तार जोड़ना; थपकी देना, धीरे से खटखटाना; (किसी स्रोत का अपनी योजना के लिए) उपयोग करना; चूड़ी काटना; **on tap** (*fig : resources*) तैयार, प्रयोग के लिए उप्लब्ध; **tap-dancing** *n* नाच जिसमें नर्तक एड़ी में लोहे के सुम लगे जूते पहनता है

tape (टेप) *n* काग़ज़, कपड़े आदि की पट्टी, फ़ीता; (**magnetic tape** भी) टेपरिकार्डर का टेप // *vt* (संगीत आदि) टेपरिकार्डर में भरना; टेप करना; **tape measure** *n* इंची-टेप

taper ('टेपर) *n* पतली मोमबत्ती; चुस्त पतलून की मोहरी आदि // *vi* एक सिरे पर पतला होते जाना, कम होते जाना

tape recorder *n* टेप रिकार्डर

tapestry ('टैपिस्ट्रि) *n* परदों का विशेष प्रकार का कपड़ा

taproot ('टैप्रूट) *n* ज़मीन में सीधी जाने वाली जड़, मूसला-जड़

tar (टार) *n* डामर, तारकोल // *vt* तारकोल लगाना, तारकोल डालना

tardy ('टार्डि) *a* धीमा, ढीला, सुस्त; विलम्बित

target ('टार्गिट) *n* बंदूक आदि का निशाना लगाने का चांद; लक्ष्य, निशाना; (*fig*) आलोचना अथवा हंसी का निशाना

tariff ('टैरिफ़) *n* (*COMM*) आयात-शुल्क, सीमा-शुल्क; दर-सूची; (बिजली, पानी आदि की वितरण) सेवा की दर-व्यवस्था

tarmac ('टार्मैक) *n* (*Brit : on road*) सड़क पर बिछाने का तारकोल, रोड़ी का मिश्रण; (*AVIAT*) हवाई-पट्टी (जहां विमान आकर रुकते हैं)

tarnish ('टार्निश) *vt* बदरंग कर देना; (*fig*) बट्टा लगाना

tarpaulin (टार्'पॉलिन) *n* तिरपाल

tarragon ('टैरगन) *n* एक सुगंधित बूटी

tart (टार्ट) *n* (*CULIN*) पेस्ट्री जैसा पकवान; (*col : offens*) कुलटा // *a* (*flavour*) तीखा, तेज़; कड़वा; **to tart o.s. up** (*col*) सज-संवर जाना; (*offens*) भड़कीली पोशाक पहन कर बन-ठन जाना

tartan ('टार्टन) *n* चारख़ाना ऊनी कपड़ा (विशे॰ स्कॉटलैंड के कुछ वर्गों

द्वारा पहना जाने वाला); ऐसा पैटर्न, बनावट // *a* ऐसी बनावट वाला

tartar ('टार्टर) *n* दांतों पर जमा मैल; शराब बनाते समय उसकी सतह पर जमा पदार्थ; **tartar sauce** *n* अनेक खाद्य पदार्थों को मिलाकर बनी एक चटनी

task (टास्क) *a* कार्य, काम (विशे॰ कठिन या अरुचिकर), नियत कार्य; **to take to task** डांटना, खबर लेना; **task force** *n* (*MIL*) विशेष कार्य पूरा करने के लिए भेजी गई सैनिक या नौसैनिक टुकड़ी

tassel ('टैस्ल) *n* धागों को गूंथ कर बना फुंदना, झब्बा

taste (टेस्ट) *n* स्वाद, ज़ायका; स्वाद-शक्ति; (*fig*) वस्तु का कुछ अनुभव; पुट; अल्प मात्रा; पसंद; सुरुचि, पहचान // *vt* चखना, स्वाद लेना; अनुभव करना // *vi* : **to taste of** का विशिष्ट स्वाद होना; **it tastes like fish** इसका स्वाद मछली जैसा है; **you can taste the garlic (in it)** (इसमें) तुम्हें लहसुन का स्वाद आयेगा; **can I have a taste of this wine?** क्या मैं यह शराब चख कर देख सकता हूँ ?; **to have a taste for sth** को पसंद करना, में रुचि रखना; **in good/bad taste** रुचिकर, ठीक/अरुचिकर, भद्दा; **tasteful** *a* सुरुचिपूर्ण; **tasteless** *a* (*food*) स्वादहीन, फीका; (*remark*) अशिष्ट, भद्दा;

tasty *a* स्वादिष्ट, चटपटा

tatters ('टैटर्ज़) *npl* चीथड़े; **in tatters** (*also* : **tattered**) चीथड़े पहने हुए

tattoo (टै'टू) *n* रात का बिगुल; सैनिक परेड; शरीर पर गोदा गया नाम आदि // *vt* शरीर पर नाम गोदना

taught (टॉट) **teach** का *pt, pp*

taunt (टॉण्ट) *n* ताना // *vt* ताने मारना

Taurus ('टॉरस) *n* राशिचक्र की दूसरी राशि, वृष या वृषभ, जिस का काल 21 अप्रैल से 20 मई तक होता है

taut (टॉट) *a* कसा हुआ, तना हुआ

tautology (टॉ'टॉलजि) *n* किसी विचार आदि को एक ही वाक्य में विभिन्न शब्दावली में दोहराना, पुनरुक्ति

tavern ('टैव़र्न) *n* शराबखाना, सराय

tawdry ('टॉड्रि) *a* भड़कीला, दिखाऊ, भद्दा, कुरुचिपूर्ण

tawny ('टॉनि) *a, n* हल्का (पीलापन लिए) भूरा (रंग), पिंगल

tax (टैक्स) *n* कर, टैक्स, महसूल; (*fig*) भार // *vt* टैक्स लगाना; भार डालना; का आरोप लगाना; दोष देना, (धैर्य) समाप्त करना; **taxable** *a* कर-योग्य; **taxation** (टैक्'सेशन) *n* कराधान, टैक्स-व्यवस्था; **tax avoidance** *n* टैक्स बचाना; कर न देना; **tax collector** *n* कर-समाहर्ता, महसूलदार; **tax disc** *n* (*Brit*

AUT) टैक्स-टोकन; **tax evasion** *n* करापवंचन, टैक्सों की चोरी; **tax-free** *a* कर-मुक्त

taxi ('टैक्सि) *n* टैक्सी // *vi* (*AVIAT*) वायुयान का ज़मीन पर (उतरते या चढ़ते समय) दौड़ना; टैक्सी से जाना; **taxi driver** *n* टैक्सी ड्राइवर; **taxi rank** (*Brit*), **taxi stand** *n* टैक्सी स्टैंड, टैक्सियों का अड्डा

tax: tax payer *n* कर-दाता; **tax relief** *n* कर में कमी, कर-अनुतोष; **tax return** *n* व्यक्तिगत आय का टैक्स सम्बंधी ब्यौरा, टैक्स विवरणी

TB **tuberculosis** का संक्षेप

tea (टी) *n* चाय; तीसरे पहर का चाय-पानी; (*Brit*) सांध्य भोजन; **high tea** (*Brit*) तीसरे पहर का चाय सहित भोजन, चायपानी; **tea bag** *n* चाय की पत्तियों का छोटा सा काग़ज़ का थैला जिसे उबले पानी में डालकर चाय बनायी जाती है; **tea break** *n* (*Brit*) चाय का अवकाश

teach (टीच) *pt, pp* **taught** *vt* : **to teach sb sth, teach sth to sb** किसी को कुछ सिखाना, शिक्षा देना, पढ़ाना // *vi* शिक्षण/अध्यापन कार्य करना; **teacher** *n* अध्यापक, शिक्षक; **teaching** *n* अध्यापन कार्य

tea cosy *n* चाय गरम रखने के लिए चायदानी पर ढकने का कपड़े का आवरण, टी कोज़ी

teacup ('टीकप) *n* चाय का प्याला

teak (टीक) *n* सागवान, सागौन, इसकी लकड़ी

team (टीम) *n* खिलाड़ियों की टीम; दल; (जानवरों की) जोड़ी // *vi* : **to team up** (के साथ) मिलकर कार्य करना; **team spirit** *n* दल या टीम की भलाई के लिए व्यक्तिगत आकांक्षाओं, इच्छाओं को दबाना; **teamwork** *n* मिलजुल कर काम

teapot ('टीपॉट) *n* चायदानी

tear *n* (टेंअर) (कपड़े में) खोंच, चीर; (टिअर) आंसू // *vb* (टेंअर) (*pt* **tore**, *pp* **torn**) *vt* फाड़ना, चीरना // *vi* फट जाना; **in tears** रोता हुआ, रो रहा; **to tear along** *vi* तेज़ी से भागना; **to tear up** *vt* (*sheet of paper etc*) काग़ज़ के टुकड़े-टुकड़े कर देना; **tearful** *a* आंसू-भरा, रोआंसा; **tear gas** *n* आंसू-गैस; **tearjerker** *n* (*col*) अत्यंत भावुकता-भरी (रुलाने वाली) फ़िल्म आदि

tearoom ('टीरूम) *n* चाय की दुकान

tease (टीज़) *vt* तंग करना, परेशान करना, चिढ़ाना; धुनाई करना

tea set *n* टी-सेट

teaspoon ('टीस्पून) *n* छोटा चम्मच; (**teaspoonful** भी) = छोटे चम्मच के बराबर मात्रा

teat (टीट) *n* स्तनाग्र, चूची; दूध पिलाने

की बोतल का रबड़ का निप्पल

teatime ('टीटाइम) *n* चायपान का समय

tea towel *n* (*Brit*) धुले हुए बर्तन पोंछने का कपड़ा

tech. (टेक) **technical, technology** का संक्षेप

technical ('टेक्निकल) *a* तकनीकी, तकनीक से सम्बंधिक; तकनीकी कार्य में कुशल; नियमानुसार, पूर्णतया विधिक, कानूनी; **technicality** (टैक्नि'कैलिटि) *n* कानूनी बारीकी

technician (टेक्'निशन) *n* किसी विशेष तकनीक में पारंगत, कुशल, तकनीशियन, यंत्रविद

Technicolor ('टेक्निकलर) ® *n* रंगीन फ़ोटोग्राफ़ी विशे॰ सिनेमा में, टेक्नीकलर

technique (टेक्'नीक) *n* तकनीक, प्रविधि, विशेष कौशल से सम्पन्न करने की कार्य-प्रणाली; किसी विषय को पूरी तरह समझने का कौशल या ढंग

technological (टेक्न'लॉजिकल) *a* तकनीकी विधियों, कौशल, ज्ञान आदि से सम्बन्धित, प्रौद्योगिकी-विषयक; शिल्प-विज्ञानीय

technology (टेक्'नॉलजि) *n* उद्योग, व्यापार में वैज्ञानिक (विशे॰ यांत्रिक) विधाओं का उपयोग; प्रौद्योगिकी; तकनीकी विधियां, कौशल, ज्ञान आदि

teddy (bear) ('टेडि (बेअर)) *n* रीछ की शक्ल का खिलौना

tedious ('टीडिअस) *a* उबाऊ, नीरस; **tedium** *n* ऊब, नीरसता, उबाऊपन

tee (टी) *n* (*GOLF*) छोटा-सा टीला, टी

teem (टीम) *vi* : **to teem (with)** (से) भरा होना; भरपूर होना; **it is teeming (with rain)** भारी वर्षा हो रही है

teenage ('टीनेज) *a* (*fashions etc*) किशोरावस्था के (फ़ैशन); **teenager** *n* किशोर, किशोरी

teens (टीन्ज़) *npl* : **to be in one's teens** 13 से 19 तक की आयु का होना, किशोर होना

tee-shirt ('टीशर्ट) *n* = **T-shirt**

teeter ('टीटर) *vi* झूमाझूमी, खेलना; डोलना, लड़खड़ाना; आगा-पीछा करना

teeth (टीथ) **tooth** का *npl*

teethe (टीद) *vi* (बच्चे के) दांत निकलना

teething ('टीदिङ) : **teething ring** *n* दांत निकलते समय बच्चे के लिए चबाने का ठोस छल्ला; **teething troubles** *npl* (*fig*) (किसी कार्य में) आरंभिक कठिनाईयां

teetotal (टी'टोट्ल) *a* जो शराब न पिए

teetotaller (टी'टोट्लर) *n* शराब बिलकुल न छूने वाला

tele- *comb form* दूर, दूर से

telecast ('टेलकास्ट) *n* टेलिविज़न कार्यक्रम // *vt* टेलिविज़न कार्यक्रम प्रसारित करना

telecommunications (टेलि-कम्यूनि'केशन्ज़) *npl* संचार विज्ञान व प्रौद्योगिकी उपयोग

telegram ('टेलिग्रैम) *n* तार, टेली-ग्राम

telegraph ('टेलिग्राफ़) *n* टेलीग्राफ़, तार भेजने का उपकरण, दूर सांकेतिक संदेश भेजने का उपकरण // *vi* तार भेजना

telepathy (टि'लेपथि) *n* एक मस्तिष्क का दूसरे मस्तिष्क पर दूर से ही प्रभाव, दूरसंवेदन, दूर-बोध, पर-चित्तज्ञान

telephone ('टेलिफ़ोन) *n* टेलीफ़ोन, दूरभाष // *vt* (*person*) टेलीफ़ोन करना; (*message*) टेलीफ़ोन द्वारा (संदेश) भेजना; **telephone booth,** (*Brit*) **telephone box** *n* (सार्वजनिक) टेलीफ़ोन बूथ; **telephone call** *n* टेलीफ़ोन कॉल, टेलीफ़ोन द्वारा संदेश; **telephone directory** *n* टेलीफ़ोन निर्देशिका; **telephone number** *n* टेलीफ़ोन नंबर; **telephone operator** *n* टेलीफ़ोन ऑपरेटर/प्रचालक; **telephonist** (ट'लेफ़निस्ट) *n* (*Brit*) टेलीफ़ोन ऑपरेटर

telephoto (टेलि'फ़ोटो) *a* : **tele-photo lens** *n* दूर की वस्तु का आवर्धित (बड़ा) बिम्ब बनाने वाला लैन्स, दूरचित्र लैन्स, टेलीफ़ोटो लैन्स

teleprinter ('टेलिप्रिंटर) *n* दूरमुद्रक, टेलिप्रिंटर (दूर से टाइप किए संदेश तारों द्वारा भेजने का उपकरण)

telescope ('टेलिस्कोप) *n* दूरबीन, टेलिस्कोप // *vi* एक दूसरे में धंस जाना या दब जाना, विशे॰ दो बेलनाकार वस्तुओं का

teletext ('टेलिटेक्स्ट) *n* इलेक्ट्रानिकी व्यवस्था जिसके द्वारा ग्राहकों को विभिन्न प्रकार की जानकारी व समाचार टेलीविज़न पर पहुंचाए जा सकते है

televise ('टेलिवाइज़) *vt* टेलीविज़न पर दिखाना; टेलिविज़न कार्यक्रम बनाना, प्रसारित करना

television ('टेलिविझ़न) *n* टेलि-विज़न; **television set** *n* टेलिविज़न सैट

telex ('टेलेक्स) *n* अंतरराष्ट्रीय बेतार टेलिप्रिंटर सेवा, टेलेक्स

tell (टेल) *pt, pp* **told** *vt* बताना; (*relate : story*) कहना, सुनाना, वर्णन करना; सूचित करना; (*distinguish*) : **to tell sth from sth** दो वस्तुओं का अंतर पहचानना // *vi* (*talk*) : **to tell (of)** बताना; (*have effect*) प्रभाव डालना; **to tell sb to do** किसी को कुछ करने का आदेश देना; **to tell off** *vt* डांटना, फटकारना; **teller** *n* (*in bank*) बैंक-खज़ांची; **telling** *a* (*remark, detail*) ज़ोरदार,

प्रभावशाली; **telltale** *a* (*sign*) स्पष्ट संकेत; भेद बताने वाला; चुग़लखोर

telly ('टेॅलि) *n* (*Brit* : *col television*) का संक्षेप

temerity (टि'मेॅरिटि) *n* दुःस्साहस, धृष्टता, गुस्ताख़ी

temp (टेॅम्प) (*temperature, temporary*) का संक्षेप

temper ('टेॅम्पर) *n* मनोदशा, मिज़ाज; क्रोध (प्रायः चिल्लाना भी); स्वभाव; इस्पात आदि का कड़ापन // *vt* (उग्रता) मंद करना, कम करना; नरम करना; (इस्पात आदि) कड़ा करना; तैयार करना; **to be in a temper** बहुत गुस्से में होना; **to lose one's temper** गुस्से में आग-बबूला होना

temperament ('टेॅम्प्रमंट) *n* स्वभाव, प्रकृति, मिज़ाज; **temperamental** (टेॅम्प्र'मंटल) *a* तुनकमिज़ाज; मनमौजी

temperate ('टेॅम्परिट) *a* संतुलित, संयमी; न अधिक गर्म न अधिक ठण्डी (जलवायु), शीतोष्ण; **temperance** ('टेम्परन्स) *n* संयम, शराब से परहेज़; मिताचार

temperature ('टेॅम्प्रचर) *n* ताप, तापमान, टेम्परेचर; **to have** *or* **run a temperature** बुख़ार होना

tempest ('टेॅम्पिस्ट) *n* तूफ़ान

template ('टेॅम्पलिट) *n* सांचा, (गत्ते या प्लास्टिक में) काटी गई आकृति जो (कपड़े आदि पर) उतारी जा सके

temple ('टेॅम्पल) *n* मंदिर, पूजास्थल; (*ANAT*) कनपटी

tempo ('टेॅम्पो) *n* गति, रफ़्तार; ताल

temporal ('टेॅम्परल) *a* काल (समय) सम्बंधी; सांसारिक, लौकिक, दुनियावी

temporary ('टेॅम्परि) *a* अस्थायी, कुछ समय के लिए; **temporary secretary** *n* अस्थायी सचिव; **temporarily** *ad* अस्थायी रूप से

tempt (टेॅम्प्ट) *vt* लुभाना, लालच देना; **to tempt sb into doing** किसी को कोई कार्य करने के लिए बहकाना; **temptation** (टेम्प्'टेशन) *n* प्रलोभन, लालच; बहकावा; **tempting** *a* लुभावना, आकर्षक

ten (टेॅन) *num* दस

tenable ('टेॅनबल) *a* तर्कसंगत, समर्थनयोग्य (बात, तर्क आदि)

tenacious (टि'नेशस) *a* दृढ़, पक्का, हठी, अड़ा हुआ

tenacity (टि'नैसिटि) *n* दृढ़ता, हठ

tenancy ('टेॅनन्सि) *n* किरायेदारी; किरायेदारी की अवधि

tenant ('टेॅनंट) *n* किरायेदार; पट्टेधारी, काश्तकार आदि

tend (टेॅण्ड) *vt* की देखभाल/परिचर्या करना // *vi* : **to tend to do** प्रायः करना, करने की प्रवृत्ति होना

tendency ('टेॅण्डन्सि) *n* प्रवृत्ति,

झुकाव

tender ('टेंण्डर) *a* कोमल, नरम; नाज़ुक; स्नेहशील, प्यारभरा // *n* (*COMM : offer*) निविदा, (ठेके का) टेण्डर; भुगतान के रूप में कानून के अनुसार दिया जा सकने वाला धन का रूप (सिक्का, नोट) // *vt* प्रस्तुत करना

tenement ('टेनमंट) *n* अनेक कमरों या कोठरियों वाली इमारत जिसमें अनेक परिवार रहते हैं, चाल

tenet ('टेनिट) *n* सिद्धांत, मत

tenner ('टेनर) *n* (*Brit*) दस का नोट

tennis ('टेनिस) *n* टेनिस का खेल, लान टेनिस; **tennis ball** *n* टेनिस की गेंद; **tennis court** *n* टेनिस का मैदान; **tennis player** *n* टेनिस खिलाड़ी; **tennis racket** *n* टेनिस का बल्ला; **tennis shoes** *npl* टेनिस खेलने के लिए जूते

tenor ('टेनर) *n* (*MUS*) सामान्य पुरुष का उच्चतम स्वर; जीवन-प्रवाह; (*of speech*) भाव, तात्पर्य, कहने का मतलब

tense (टेन्स) *a* तना हुआ, खिंचा हुआ; तनावपूर्ण, बेचैन // *n* (*LING*) क्रिया का काल

tension ('टेन्शन) *n* खिंचाव, तंनाव, बेचैनी, उत्तेजना; तनातनी, वैर; अनिश्चय

tent (टेण्ट) *n* तम्बू, ख़ेमा

tentacle ('टेन्टकल) *n* कुछ प्राणियों के लंबे, पतले व लचीले अवयव (जैसे अष्टभुज [अक्टोपस] के) जो शिकार पकड़ने के काम आते हैं; स्पर्शक

tentative ('टेण्टटिव़) *a* सुझाव के रूप में; आज़माइशी, प्रयोगात्मक; काम-चलाऊ; सतर्क; (*conclusion*) अंतरिम

tenterhooks ('टेण्टरहुक्स) *npl* : **on tenterhooks** बेचैन, चिंतित, व्यग्र

tenth (टेन्थ) *num* दसवां (भाग)

tent peg *n* तम्बू लगाने का खूंटा; **tent pole** *n* तम्बू लगाने का बाला/लट्ठा

tenuous ('टेन्युअस) *a* कच्चा, थोथा (तर्क आदि); पतला, बारीक

tenure ('टेन्युअर) *n* (*of property*) भूमि-प्रयोग (की अवधि), काश्तकारी; (*of job*) कार्यकाल, सेवा-अवधि

tepid ('टेपिड) *a* गुनगुना, कुनकुना (पानी); ढीला

term (टर्म) *n* (*limit*) सीमा; (*word*) शब्द, पद; अवधि; स्कूल, न्यायालय आदि का सत्र // *vt* नाम रखना, नाम देना; **terms** *npl* शर्तें; सम्बन्ध; **term of imprisonment** कारावास-अवधि; **terms of reference** विचारार्थ विषय; **in the short term** थोड़े समय में; **in the long term** भविष्य में; **to come to terms with** समझौता करना, झुक जाना

terminal ('टर्मिनल) *a* अंतिम,

आख़री; टर्मिनस संबंधी; (बीमारी) जिसमें मृत्यु निश्चित हो // *n* अंतिम छोर, सिरा; (*ELEC*) विद्युत-साधन (बैटरी आदि) का सिरा; (*COMPUT*) कम्प्यूटर को कुछ दूर से संचालित करने का साधन; (**air-terminal** भी) अंतिम या आरंभिक हवाई अड्डा; (*Brit* : **coach terminal** भी) अंतिम बस अड्डा, बस टर्मिनल

terminate ('टर्मिनेट) *vt* समाप्त करना // *vi* : **to terminate in** में अंत होना; **termination** *n* समापन, अंत, समाप्ति

terminology (टर्मि'नॉलजि) *n* पारिभाषिक शब्दावली

terminus, *pl* **termini** ('टर्मिनस, 'टर्मिनाइ) *n* अंतिम छोर, अंतिम सीमा; अंतिम रेलवे स्टेशन, बस अड्डा आदि, टर्मिनस

termite ('टर्माइट) *n* दीमक (**white ant** भी)

terrace ('टेरस) *n* ऊंचा समतल स्थान, चबूतरा; पहाड़ी पर काटा गया समतल भाग; (ढाल पर बने) मकानों की शृंखला; खुला छत्ता; छज्जा; **the terraces** (*Brit SPORT*) स्टेडियम में दर्शकों के बैठने की सीढ़ियां; **terraced** *a* (*garden*) सीढ़ी नुमा बागीचा

terracotta ('टेरअ'काट्अ) *n* (गहरी भूरी) पक्की मिट्टी के बर्तन या इसकी मूर्ति

terrain ('टेरेन) *n* भूभाग विशे॰ इसकी भौतिक विशेषताओं के संदर्भ में

terrestrial (ट'रेस्ट्रिअल) *a* पार्थिव, पृथ्वी का, स्थलीय, स्थलचर, ज़मीन पर रहने वाला

terrible ('टेरब्ल) *a* भयानक, डरावना; बहुत अधिक, बहुत गंभीर; **terribly** *ad* बहुत अधिक (अच्छा, बुरा); बुरी तरह (डरा हुआ, घबराया हुआ आदि)

terrier ('टेरिअर) *n* छोटे कद के कुत्ते की नस्ल, टेरियर

terrific (ट'रिफ़िक) *a* बहुत अधिक; (*col*) अच्छा, बढ़िया, भय व विस्मय उत्पन्न करने वाला

terrify ('टेरिफ़ाइ) *vt* भयभीत करना, आतंकित करना

territory ('टेरिटरि) *n* क्षेत्र, प्रदेश, इलाका, राज्यक्षेत्र, ज्ञान क्षेत्र; **territorial** (टेरि'टॉरिअल) *a* राजक्षेत्रीय, प्रादेशिक; **Territorial Army** *n* प्रादेशिक सेना

terror ('टेरर) *n* आतंक, खौफ़, दहशत; (*col*) परेशान करने वाला व्यक्ति या वस्तु; **terrorism** *n* आतंकवाद; **terrorist** *n, a* आतंकवादी; **terrorize** *vt* आतंकित करना, आतंक फैलाना

terse (टर्स) *a* अत्यंत संक्षिप्त; रूखा

Terylene ('टेरलीन) *n* ® टेरिलीन (कपड़ा)

test (टेस्ट) *n* (*trial, check*) परख, जांच; (*of goods in factory*) परीक्षण, जांच; (*of courage*) कठिन परीक्षा, कसौटी; (*MED*) (डाक्टरी-) परीक्षा; (*CHEM*) परीक्षण, परीक्षा; (**driving test** भी) वाहन चलाने की क्षमता की परीक्षा, चालक-परीक्षा // *vt* परखना, जांचना; परीक्षा लेना; परीक्षण करना; **testing** *a* कठिन

testament ('टेस्टमण्ट) *n* (*LAW*) वसीयत (नामा); **the old/new Testament** बाइबल के दो मुख्य भाग

test case *n* मिसाल कायम करने के लिए अदालत में ले जाया गया कोई मामला

testicle ('टेस्टिकल) *n* नर की अण्ड-ग्रंथि, अण्ड

testify ('टेस्टिफ़ाइ) *vi* (*LAW*) गवाही देना; **to testify to sth** (*LAW*) के सत्य होने की गवाही देना

testimony ('टेस्टिमनि) *n* (*LAW*) प्रमाण; गवाही; **testimonial** (टेस्टि-'मोनिअल) *n* चरित्र, योग्यता आदि का प्रमाण-पत्र; व्यक्ति के सम्मान में उसे दिया गया उपहार, थैली

testis, *pl* **testes** ('टेस्टिस, -टीज़) *n* नर की अण्ड-ग्रंथि, अण्ड

test: **test match** *n* (*CRICKET, RUGBY*) अंतर्राष्ट्रीय मैच; **test pilot** *n* नये वायुयान की कार्य-क्षमता का परीक्षण करने के लिए उसे उड़ाने वाला पायलट; **test tube** *n* परख-नली, टेस्ट-ट्यूब; **test tube baby** *n* (आरम्भिक अवस्था में) कृत्रिम गर्भाशय में बना बच्चा

tetanus ('टेटनस) *n* टेटनस, एक भयंकर संक्रामक रोग जिसमें शरीर की अनेक मांसपेशियां अकड़ जाती हैं (**lockjaw** भी)

tether ('टेदर) *vt* खूंटे पर बांधना // *n* जानवर को बांधने का रस्सा या ज़ंजीर; **to be at end of one's tether** बर्दाश्त की हद तक पहुंच जाना

text (टेक्स्ट) *n* मूल-पाठ; उद्धरण, अवतरण; विषय वाक्य (विशे॰ धार्मिक-ग्रंथ से); **textbook** *n* पाठ्य-पुस्तक; **textual** *a* मूलपाठ-विषयक

textile ('टेक्स्टाइल) *n* कपड़ा, वस्त्र // *a* वस्त्र बनाने सम्बंधी

texture ('टेक्स्चर) *n* प्रकृति; गठन, (छूने पर महसूस होने वाली) बनावट, (कपड़े की) बुनावट

than (दैन, दन) *cj* अपेक्षाकृत, की निस्बत, की तुलना में; (संख्या के साथ प्रयुक्त) : **more than 10/once** 10 से/एक बार से अधिक; **I have more/less than you** मेरे पास तुमसे अधिक/कम है; **she has more apples than pears** उसके पास नाशपातियों की अपेक्षा सेब अधिक हैं

thank (थैंक) *vt* आभार प्रकट करना, धन्यवाद देना; को ज़िम्मेदार ठहराना;

thank you (very much) (बहुत-बहुत) शुक्रिया; **thanks** *npl* कृतज्ञता, आभार // *excl* धन्यवाद !; **thanks to** *prep* के कारण; **thankful** *a* : **thankful (for)** (के लिए) आभारी, शुक्रगुज़ार; **thankless** *a* कृतघ्न, नाशुक्रा; व्यर्थ (का कार्य), (कार्य) जिसके करने से कोई प्रशंसा न मिले; **Thanksgiving (Day)** *n* कनाडा व संयुक्त राज्य अमरीका में सार्वजनिक छुट्टी का दिन

KEYWORD

that (दैट) ♦ *a* (*demonstrative* : *pl* **those**) वह: **that man/ woman** वह पुरुष/स्त्री ; **that one** वह

♦ *pronoun* **1.** (*demonstrative*: *pl* **those**) वे, वह, यही; (*not 'this one'*) ('यह' के विपरीत); वह; **who's that?** (वह) कौन है ?; **what's that?** वह क्या है ?; **is that you?** तुम हो क्या ?; **I prefer this to that** मुझे उसकी अपेक्षा यह पसंद है; **that's what he said** उसने यही कहा था; **that is (to say)** अर्थात, यानि

2. (*relative : subject, object*) जो, जिसे; *pl* जिन, जिन्हें; **the book that I read** जो किताब मैंने पढ़ी; **the books that are in the library** जो किताबें लायब्रेरी में हैं; **all that I have** जो कुछ भी मेरे पास है; **the box that I put it in** जिस बक्से में मैंने उसे रखा था; **the people that I spoke to** जिन लोगों से मैंने बात की थी

3. (*relative : of time*) जब, जिस (दिन आदि); **the day that he came** जिस दिन वह आया था

♦ *cj* कि; **he thought that I was ill** उसका ख्याल था कि मैं बीमार हूं

♦ *ad* (*demonstrative*) इतना; **I can't work that much** मैं इतना काम नहीं कर सकता; **I didn't know it was that bad** मुझे नहीं मालूम था कि स्थिति इतनी खराब है; **it's about that high** वह (कोई वस्तु) लगभग इतनी ऊंची है

thatched (थैचृट) *n* (*roof*) घासफूस से बनी (छत); **thatched cottage** घासफूस के छप्पर वाली कुटिया

thaw (थॉ) *n* पिघलने की क्रिया // *vi* (*ice*) पिघलना; (*food*) (ठण्डा किया हुआ भोज्य पदार्थ) गरम होना; (व्यवहार में) मैत्रीमूर्ण हो जाना, नरम पड़ जाना // *vt* (*food*) (ठण्डा रखा गया भोजन) गरम करना; **it's thawing** (*weather*) बरफ़ पिघलने पर मौसम गरम हो रहा है

KEYWORD

the (दी, द) *definite article* **1.** (*gen*) ('किसी भी' के विपरीत) विशेष व्यक्ति, वस्तु आदि से पहले प्रयुक्त जहां 'वह', 'वही' का आभास हो ('एक' या 'किसी' के विपरीत); **the boy/girl/ink** (वह) लड़का/लड़की/स्याही; **the children** (वे) बच्चे; **the history of the**

world विश्व का इतिहास; **give it to the postman** यह डाकिये को दे दो; **to play the piano/flute** पियानो/बांसुरी बजाना; **the rich and the poor** अमीर और ग़रीब
2. (*in titles*) : **Elizabeth the First** ऐलिज़ाबेथ प्रथम; **Peter the Great** पीटर महान
3. (*in comparisons*) : **the more he works, the more he earns** जितना ज्यादा काम करता है उतना ज्यादा कमाता है

theatre, (*US*) **theater** ('थिअटर) *n* थियेटर, रंगशाला; नाट्य-साहित्य, नाट्य-कला, व्याख्यान आदि का बड़ा कमरा जिसमें (सीढ़ीनुमा) बैठने की सीटें हों; शल्यकक्ष, आपरेशन का कमरा; **theatre-goer** *n* प्रायः नाटक देखने वाला, नाटक देखने का शौकीन

theatrical (थि'ऐट्रिकल) *a* रंगशाला-विषयक; अति नाटकीय; कृत्रिम, दिखावटी

theft (थेफ़्ट) *n* चोरी

their (दैअर) *a* उनका; इनका; **theirs** *pronoun* उनका, इनका; **my, mine** भी देखिए

them (देम) *pronoun* (*direct*) उन्हें, उनको, इन्हें, इनको; (*stressed after prep*) इन्हीं को; **me** भी देखिए

theme (थीम) *n* विषय (वस्तु); प्रसंग; मूल विषय; (संगीत में) विषय-धुन, टेक की धुन; **theme song** *n* फ़िल्म आदि में बार-बार आने वाला एक गीत, कथानक गीत

themselves (दम्'सेल्व्ज़) *pl pronoun* (*reflexive*) 'स्वयं' के अर्थ में प्रयुक्त; **they considered themselves lucky** उन्होंने अपने आप को भाग्यशाली माना, (*emphatic*) **let's turn to the books themselves** हम पुस्तकों को ही देखें; **oneself** भी देखिए

then (देन) *ad* तब, उस समय; उसके बाद; और... भी, तो // *cj* (*therefore*) अतः // *a* : **the then president** उस समय का राष्ट्रपति; **by then** (*past*) तब तक; **from then on** तब से

theology (थि'ऑलजि) *n* धर्मों तथा धार्मिक विश्वासों का विधिवत अध्ययन

theorem ('थिअरम) *n* प्रमेय, तर्क द्वारा सिद्ध किया जा सकने वाला साध्य

theoretical (थिअ'रेटिकल) *a* सैद्धांतिक, मीमांसात्मक

theory ('थिअरि) *n* सिद्धांत (व्यवहार के विपरीत); वाद, मत

therapy ('थेरपि) *n* उपचार, चिकित्सा (प्रायः समास में प्रयुक्त जैसे *radio-therapy*); **therapeutic** ('थेरप्यूटिक) *a* चिकित्सा-संबंधी; आरोग्यकर, रोगहर

KEYWORD

there (देअर) *ad* **1. there is, there are** : *is, are* से पहले प्रयुक्त

शब्द जब कि वास्तविक कर्ता बाद में आता है; **there are 3 of them** (*people, things*) कुल 3 (व्यक्ति/वस्तुएं) हैं; **there has been an accident** एक दुर्घटना हुई है

2. (*referring to place*) वहां, उस स्थान पर, उधर; **it's there** वह (वस्तु) वहां पर है; **in/on/up/down there** वहां/अंदर/ऊपर/नीचे; **he went there on Friday** वह वहां शुक्रवार को गया था; **I want that book there** मुझे वहां रखी वह किताब चाहिए; **there he is!** लो वह आ गया!

3. **there, there!** (*esp to a child*) (रोते बच्चे को चुप कराने के लिए) बस! बस!, कोई बात नहीं!

thereabouts (देंअर'बाउट्स) *ad* (*place*) वहां कहीं; (*amount*) लगभग

thereafter (देंअर्'आफ़्टर) *ad* उसके बाद

thereby (देंअर्'बाइ) *ad* उसके द्वारा

therefore ('देअर्फ़ॉर) *ad* अतः, इसलिए

there's ('देंअर्ज़) = **there is, there has**

thermal ('थर्मल) *a* ऊष्मीय, ऊष्मा/ताप से (चलने वाला संयंत्र जैसे बिजली घर)

thermo- *comb form* ऊष्मा-संबंधी, ऊष्मा से उत्पन्न

thermodynamics (थर्मोडाइ'नैमिक्स) *npl* ऊर्जा के विभिन्न रूपों में अंतर्सम्बन्ध तथा अंतर्परिवर्तन के अध्ययन-सम्बंधी विज्ञान, ऊष्मा-गतिकी

thermometer (थर्'मॉमिटर) *n* बुखार नापने का यंत्र, थर्मामीटर

thermonuclear (थर्मो'न्यूक्लिअर) *a* ताप-नाभिकीय

Thermos ('थर्मस) *n* ® (**Thermos flask** भी) थर्मस-बोतल

thermostat ('थर्मोस्टैट) *n* ताप को स्थायी बनाये रखने का उपकरण, तापस्थायी

thesaurus (थि'सरस) *n* पर्याय शब्दकोश

these (दीज़) *pl pronoun* ये // *pl a* ये (*not 'those'*) : **these books** ये किताबें

thesis, *pl* **theses** ('थीसिस, 'थीसीज़) *n* (विश्विद्यालय की डिग्री, डिप्लोमा आदि के लिए प्रस्तुत) शोध-प्रबंध; धारणा, अभिधारणा

they (दे) *pl pronoun* वे; ये; लोग; **they say that ...** लोगों का कहना है कि ...; **they'd** = **they had, they would; they'll** = **they shall, they will; they're** = **they are; they've** = **they have**

thick (थिक) *a* मोटा (**thin** के विपरीत); (*crowd*) भारी (भीड़); गहरी (धुन्ध आदि); गाढ़ा; घना (जंगल); (*inf*)

मंदबुद्धि, मोटी अक्ल; भारी (आवाज़); (*col*) घनिष्ठ, बहुत मैत्रीपूर्ण // *n* : **in the thick of** के बीचो-बीच; **it's 20 cm thick** यह 20 से॰मी॰ मोटा है; **thicket** *n* (पेड़ों का) झुरमुट; **thicken** *vi* गाढ़ा, मोटा या घना होना; अधिक जटिल हो जाना // *vt* गाढ़ा आदि करना; **thickness** *n* मोटाई; गाढ़ापन; सघनता; **thickset** *a* नाटा व गठीला; **thick-skinned** *a* (*fig*) मोटी चमड़ी वाला (व्यक्ति)

thief, *pl* **thieves** (थीफ़, थीव्ज़) *n* चोर

thigh (थाइ) *n* जांघ, जंघा

thimble ('थिम्ब्ल) *n* (दरज़ी द्वारा कपड़े सीते समय उंगली पर चढ़ाने के लिए) अंगुश्ताना

thin (थिन) *a* (*person*) दुबला-पतला; (*thing*) पतला, बारीक, महीन; (*hair*) हलके; (*crowd*) कम; (*fog*) हलकी, कम गहरी // *vt* (*hair*) कम होना; **to thin (down)** (*sauce, paint*) हलका या पतला करना // *vi* (बादल) छंटना; **thinner** *n* गाढ़े द्रव को पतला करने में प्रयुक्त द्रव

thing (थिङ) *n* वस्तु, पदार्थ, चीज़; कोई भी विचार-वस्तु; बात; **things** *npl* चीज़ें, सामान; **the best thing would be to** उचित यही होगा कि (ऐसा करें); **how are things?** क्या हाल-चाल है ?/कैसे हो ?

think (थिंक), *pt, pp* **thought** *vi* सोचना, विचार करना; कल्पना करना; ध्यान करना // *vt* समझना, मानना; विश्वास करना; **to think of** के बारे में सोचना; **what did you think of them?** उनके बारे में तुम्हारी क्या धारणा बनी ?; **to think about sth/sb** किसी वस्तु/व्यक्ति के विषय में सोचना; **I'll think about it** मैं इस पर विचार करूंगा; **to think of doing** करने का विचार करना; **I think so/not** मेरा ऐसा ही ख्याल है/मैं ऐसा नहीं समझता; **to think well of** किसी के विषय में अच्छी धारणा होना; **to think over** *vt* पर विचार करना/को सोचना-समझना; **to think up** *vt* (उपाय) सोच निकालना; **think tank** *n* विशेष समस्याओं के अध्ययन के लिए बना विशेषज्ञों का दल

third (थर्ड) *num* तृतीय, तीसरा // *n* तीसरा भाग; (परीक्षा में) तृतीय श्रेणी; **thirdly** *ad* तीसरे, तीसरी बात; **third party insurance** *n* (*Brit*) (मोटर दुर्घटना आदि से संबन्धित) तृतीय पक्ष-बीमा; **third-rate** *a* घटिया; **the Third World** *n* अफ्रीका, एशिया व लैटिन अमरीका के विकासशील देश

thirst (थर्स्ट) *n* प्यास, तृष्णा; तीव्र इच्छा, लालसा; **thirsty** *a* प्यासा

thirteen ('थर्टीन) *num* तेरह

thirty ('थर्टि) *num* तीस

KEYWORD

this (दिस) ♦ *a* (*demonstrative* : *pl* **these**) यह, ये; **this man/woman/book** यह आदमी/औरत/किताब; (*not 'that'*) यही आदमी/औरत/किताब; **this one** यह वाला/वाली

♦ *pronoun* (*demonstrative* : *pl* **these**) यह, ये; (*not 'that one'*) यही; **who's this?** यह कौन है ?; **what's this?** यह क्या है ?; **I prefer this to that** उसकी अपेक्षा यह मुझे अधिक पसंद है; **this is what he said** उसने यह कहा था; **this is Mr Brown** (*in introductions, in photo*) ये श्रीमान ब्राउन हैं; (*on telephone*) मैं ब्राउन बोल रहा हूं

♦ *ad* (*demonstrative*) **it was about this big** यह करीब इतना बड़ा था; **I didn't know it was this bad** मुझे नहीं पता था कि स्थिति इतनी खराब है

thistle ('थिस्ल) *n* कांटेदार पौधा, भटकैया

thong (थॉङ) *n* चमड़े का पट्टा; कोड़ा

thorn (थॉर्न) *n* कांटा, कांटेदार झाड़ी

thorough ('थर्अ) *a* (*search*) ध्यानपूर्वक व पूर्ण; (*knowledge, research, work*) पूरी तरह, मेहनत से किया गया; (*cleaning*) अच्छी तरह की गई (सफ़ाई); **thoroughbred** *n* (*horse*) अच्छी या असली नस्ल का घोड़ा; **thoroughfare** *n* आम रास्ता; **'no thoroughfare'** 'यह आम रास्ता नहीं है'; **thoroughly** *ad* पूरी तरह, अच्छी तरह; **he thoroughly agreed** वह बिलकुल सहमत था

those (दोज़) *pl pronoun* वे // *pl a* वे; (*not 'these'*) वही; **those books** वे किताबें

thou (दाउ) *pronoun obs* तू

though (दो) *cj* यद्यपि, हालांकि, भले ही // *ad* पर, फिर भी

thought (थॉट) **think** का *pt, pp* // *n* सोच-विचार, चिंतन; (*intention*) विचार; धारणा, ख़याल; (*opinion*) राय, मत; विचारधारा; **thoughtful** *a* (*considerate*) लिहाज़ करने वाला; विचारशील; ध्यान-मग्न, विचारमग्न; **thoughtless** *a* बेलिहाज़; लापरवाह

thousand ('थाउजंड) *num* हज़ार, सहस्र; **one thousand** एक हज़ार; **thousands of** हज़ारों; **thousandth** *num* हज़ारवां

thrash (थ्रैश) *vt* पिटाई करना, कोड़े लगाना; बुरी तरह पराजित करना, हराना; अनाज पीट-पीट कर दाने निकालना, गाहना; **to thrash about** *vi* हाथ-पैर पटकना, छटपटाना; **to thrash out** *vt* (समस्या का) हर पक्ष

पर विचार-विमर्श करके हल निकालना

thread (थ्रेड) *n* तागा, सूत; पेच पर चूड़ी; (कहानी आदि में) सिलसिला, क्रम // *vt* (सुई) पिरोना; (माला) पिरोना, गूंथना; **threadbare** *a* फटा-पुराना (कपड़ा); घिसा-पिटा (तर्क, चुटकुला आदि); मामूली, फटीचर

threat (थ्रेट) *n* धमकी, आशंका, ख़तरा; वस्तु या व्यक्ति जिससे ख़तरा हो; **threaten** *vi* धमकी देना; आशंका उत्पन्न करना // *vt* : **to threaten sb with sth/to do** को/कुछ करने की धमकी देना

three (थ्री) *num* तीन; **three-dimensional, 3-D** *a* जिसके तीन आयाम हों (लम्बाई, चोड़ाई, मोटाई या गहराई), त्रि-आयामीय; गहराई का अनुकरण (जैसे त्रि-आयामीय फ़िल्म में); **three-piece suit** *n* जैकिट सहित सूट; **three-piece suite** *n* (थ्री पीस स्वीट) *n* दो कुर्सियों व एक सैटी (सोफ़ा) वाला कमरा; **three-ply** *a* (*wood*) तीन परत वाली लकड़ी

thresh (थ्रेश) *vt* (*AGR*) धान आदि को कूट-पीट कर दाना निकालना, गाहना

threshold ('थ्रेशोल्ड) *n* द्वार की देहली, देहलीज़

threw (थ्रू) **throw** का *pt*

thrice (थ्राइस) *ad* तीन बार; तिगुना

thrift (थ्रिफ़्ट) *n* मितव्ययिता, कम-खर्ची, किफ़ायत; **thrifty** *a* मितव्ययी, किफ़ायती

thrill (थ्रिल) *n* रोमांच, खुशी व उत्तेजना की लहर, कंपकंपी // *vi* रोमांचित होना // *vt* (*audience*) पुलकित कर देना; खुशी की लहर दौड़ा देना; **to be thrilled** (*with gift etc*) अत्यंत पुलकित या रोमांचित होना; **thriller** *n* रोमांचक, रहस्यपूर्ण (पुस्तक, फ़िल्म); **thrilling** *a* रोमांचक, उत्तेजक

thrive *pt* **thrived, throve,** *pp* **thrived, thriven** (थ्राइव़, थ्रोव़, 'थ्रिव़न) *vi* फलना-फूलना; (*business*) उन्नति करना, चमकना; **he thrives on it** वह इस पर पनपता है; **thriving** *a* फलता-फूलता; सफल

throat (थ्रोट) *n* कंठ, गला; हलक, श्वास-नली; **to have a sore throat** गला ख़राब होना, गले में सूजन होना

throb (थ्रॉब) *vi* (*heart*) धड़कना; (*engine*) धक-धक करना; (*with pain*) कांपना; (*wound*) तीखा दर्द होना, टीस उठना

throes (थ्रोज़) *npl* : **in the throes of** उलझा हुआ, जूझता हुआ

throne (थ्रोन) *n* (राज) सिंहासन, गद्दी

throng (थ्रॉङ) *n* भीड़ // *vt* भीड़ लगाना

throttle ('थ्रॉट्ल) *n* (*AUT*) मोटर-कार आदि के इंजन में तेल-प्रवाह व गति

नियंत्रक वाल्व, थ्रौटल // *vt* गला घोंटना; दबाना; (द्रव प्रवाह आदि) नियंत्रित करना

through (थ्रू) *prep* के आर-पार, के पार; में से; (*time*) के अंत तक; (*by means of*) के द्वारा, के ज़रिये; (*owing to*) के कारण // *a* (*ticket, train, passage*) सीधा // *ad* आर-पार, अंत तक; **to put sb through to sb** (*TEL*) किसी की किसी से लाइन मिलाकर बात कराना; **to be through** (*TEL*) (टेलीफ़ोन पर) बात करने के लिए लाइन मिल जाना; (*have finished*) समाप्त कर लेना; **I am through with you** तुमसे मेरा सम्बंध समाप्त; **'no throughway'** (*Brit*) 'आगे रास्ता बंद है'; **throughout** *prep* (*place*) (के) हर भाग में; (*time*) सारा (दिन, रात आदि) // *ad* पूर्णतया, शुरु से अंत तक

throve (थ्रोव) **thrive** का *pt*

throw (थ्रो) *n* फैंकने की क्रिया, फैंकने की दूरी; (*SPORT*) फैंकने की शक्ति // *vt* (*pt* **threw**, *pp* **thrown**) (थ्रू, थ्रोन) फैंकना, डाल देना; (*SPORT*) फैंकना; (*rider*) गिरा देना, पटक देना; (*fig*) (किसी स्थिति में) कर देना; (जेल में) डाल देना; (*pottery*) कुम्हार के चाक पर गढ़ना; **to throw a party** पार्टी देना; **to throw away** *vt* फैंक देना, गंवा देना; **to throw off** *vt* (कपड़े) उतार फैकना; (गुलामी) से मुक्ति पा लेना; **to throw out** *vt* निकाल बाहर करना; (*reject*) अस्वीकार कर देना; **to throw up** *vi* उलटी करना; **throwaway** *a* एक बार अथवा कुछ समय प्रयोग के बाद फैंकने योग्य (वस्तु); **throw-in** *n* (*SPORT*) बाहर गई फुटबाल मैदान में वापिस फैकना

thru (थ्रू) *prep, a, ad* (*US*) = **through**

thrush (थ्रश) *n* बाम्कार या कस्तूरिका पक्षी

thrust (थ्रस्ट) *n* प्रहार, घोंपने की क्रिया; कटाक्ष, चुभती बात; (*TECH*) (इंजन का) धकेलने का बल, प्रणोद // *vt* (*pt, pp* **thrust**) धक्का देना, धकेलना; (*push in*) घोंपना, भोंकना

thud (थड) *n* धम की आवाज़

thug (ठग) *n* गुण्डा, बदमाश

thumb (थम) *n* (*ANAT*) अंगूठा // *vt* (पुस्तक के पन्नों को) जल्दी-जल्दी पलटना; **to thumb a lift** वाहन को संकेत देकर मुफ्त सवारी लेना; **thumbtack** *n* (*US*) तख़्ती पर काग़ज़ लगाने का पिन

thump (थम्प) *n* (मुट्ठी से) प्रहार; ऐसे ठोकने की आवाज़ // *vt, vi* (मुट्ठी से) ठोकना

thunder ('थंडर) *n* (बादलों की) गरज, गड़गड़ाहट, कड़क // *vi*

गरजना; (व्यक्ति का) गरजना; (*train etc*) : **to thunder past** धड़धड़ाते हुए गुज़र जाना; **thunderbolt** *n* इमारत आदि पर कड़क के साथ गिरने वाली बिजली; **thunderclap** *n* बिजली की कड़क; **thunderstorm** *n* गरजन वाला तूफ़ान; **thundery** *a* (मौसम) जब बादल गरज रहे हों और तूफ़ान की आशंका हो

Thursday ('थर्ज़डे) *n* बृहस्पतिवार

thus (दस) *ad* इस प्रकार, इसलिए

thwart (थ्वॉर्ट) *vt* विफल करना, नाकाम करना; अड़चन डालना

thy (दाइ) *a* तेरा; **thyself** *pronoun* तुम स्वयं

thyme (टाइम) *n* जंगली अजवायन

thyroid gland ('थाइरॉइड'ग्लैंड) *n* शारीरिक विकास नियंत्रक ग्रंथि, अवटुग्रंथि

tiara (टि'आर्अ) *n* छोटा मुकुट; त्रिमुकुट

tick (टिक) *n* घड़ी की टिकटिक; (सही का) निशान (√); (*ZOOL*) चिचड़ी; (*col*) : **in a tick** एक क्षण में // *vi* टिकटिक करना // *vt* (सही का) निशान लगाना; **to tick off** *vt* निशान लगाना; डांटना; **to tick over** *vi* (*engine*) गीयर से मुक्त चलना; (*fig*) ठीक चलते रहना

ticket ('टिकिट) *n* टिकट, लेबल; (*from cash register*) सामान की ब्यौरे सहित रसीद; लाइब्रेरी-कार्ड; (*US*) चुनाव में पार्टी के उम्मीदवारों की सूची; **ticket collector** *n* टिकट कलैक्टर; **ticket office** *n* टिकट घर

tickle ('टिक्ल) *n* गुदगुदी // *vt* गुदगुदाना; खुश करना; (*fig*) मनोरंजन करना; पसंद आना; **ticklish** *a* नाज़ुक

tidal ('टाइड्ल) *a* ज्वारीय (समुद्री लहर); **tidal wave** *n* बहुत बड़ी समुद्री लहर

tidbit ('टिड्बिट) *n* (*US*) = **tit-bit**

tiddlywinks ('टिड्लिविंक्स) *n* एक खेल जिसमें खिलाड़ी छोटे-छोटे प्लास्टिक के गोल टुकड़े बड़े टुकड़ों से दबा कर प्याले में डालने की कोशिश करते हैं

tide (टाइड) *n* ज्वार-भाटा; धारा; (*fig*) (घटना-) प्रवाह // *vt* : **to tide sb over** किसी को मुसीबत से निकालना; **high/low tide** ज्वार/भाटा

tidings ('टाइडिंग्ज़) *npl* समाचार

tidy ('टाइडि) *a* ठीक-ठाक; साफ़-सुथरा; (*col*) काफ़ी बड़ा // *vt* (**tidy up** भी) ठीक-ठाक करना, सुव्यवस्थित करना; **to tidy o.s. up** अपने आप को संवारना, कपड़े आदि ठीक करना

tie (टाइ) *n* बंधनी, डोरी आदि; (**neck-tie** भी) टाई; (*fig*) मैत्री सम्बंध;

(*SPORT*) बराबरी का खेल; (खेल में) बराबरी // *vt* (*parcel, ribbon*) बांधना // *vi* (*SPORT*) मैच में दो टीमों या खिलाड़ियों का बराबर रहना; **to tie sth in a bow** (कपड़े आदि) में फंदा लगाना; **to tie a knot in sth** (रस्सी आदि) में गांठ लगाना; **to tie down** *vt* बांध देना; (*fig*) : **to tie sb down to** किसी को (किसी करार-नामे आदि में) बांध देना; **to tie up** *vt* (*parcel, dog, boat*) बांध देना; **to be tied up** (*busy*) बहुत व्यस्त होना, काम में फंसे होना

tier (टिअर) *n* पंक्ति; एक के ऊपर एक बैठने के स्थान; (*of cake*) केक के एक दूसरे के ऊपर रखे भागों में से एक

tiff (टिफ़) *n* मामूली-सा झगड़ा, अनबन

tiger ('टाइगर) *n* बाघ, शेर

tight (टाइट) *a* (*rope*) तना हुआ, कसा हुआ; (*clothes*) तंग, चुस्त; (*bend*) तंग (मोड़); (*budget*) जिसमें ख़र्च की ज्यादा गुंजाइश न हो; (*programme*) बहुत व्यस्त; (*control*) कड़ा (नियंत्रण); (*col*) नशे में // *ad* कसकर (निचोड़ना, दरवाज़ा बंद करना); **tights** *npl* (*Brit*) एकदम चुस्त पतलून; **tighten** *vt* (*rope*) तानना; (*screw*) कसना; (*control*) कड़ा करना // *vi* कसना, तनना; **tight-fisted** *a* कंजूस; **tightly** *ad* कसकर; **tightrope** *n* (कलाबाज़ों द्वारा) तानी गयी रस्सी

tile (टाइल) *n* टाइल; खपरा, खपरैल

till (टिल) *n* गोलक, नकदी रखने की दराज़ या तिजोरी; नकदी रजिस्टर // *vt* (*land*) जोतना, हल चलाना // *prep, cj* = **until**

tiller ('टिलर) *n* (*NAUT*) पतवार का डण्डा

tilt (टिल्ट) *n* झुकाव // *vt* झुकाना, तिरछा करना // *vi* (मध्ययुगीन) बरछेबाज़ी की प्रतियोगिताओं में भाग लेना; बरछा मारना, निशाना लगाना

timber ('टिम्बर) *n* इमारती लकड़ी; कटाई-चिराई योग्य पेड़

time (टाइम) *n* समय; (*epoch : often pl*) काल; युग; अवधि; अवसर, मौका; अवकाश, फ़ुरसत; (*occasion, MATH* भी) बार (जैसे एक बार); (*MUS*) ताल // *vt* (*race, programme*) समय का हिसाब रखना; (टिप्पणी आदि) का (उचित) समय चुनना या निश्चित करना; **a long time** काफ़ी अधिक समय; **for the time being** फ़िलहाल, अभी तो; **4 at a time** एक बार में 4; **from time to time** समय-समय पर; **in time** (*soon enough*) शीघ्र ही; (*after some time*) कुछ समय बाद; (*MUS*) ताल में; **in a week's time** एक सप्ताह के अंदर-अंदर; **in no time** तुरंत; **any time** कभी भी; **on time** ठीक समय पर; **5 times 5** 5 गुणा 5; **what time is it?** क्या

timid 684 **tip**

बजा है ?; **to have a good time** मौज मनाना; **'time's up!'** (परीक्षार्थियों के लिए) 'समय समाप्त'; **time bomb** *n* बम जो निश्चित समय पर फटे; **time lag** *n* कालांतर, दो घटनाओं के बीच का अंतर; (*in travel*) अभयांतर; **timeless** *a* अनंत; **timely** *a* समयोचित; समय पर, समय से पहले; **time off** *n* कार्य से कुछ समय के लिये अवकाश; **timer** *n* (*time switch*) कालमापी; समयांकक; **time scale** *n* समयमापी-क्रम; कालमान; **time switch** *n* टाइम स्विच (जो किसी यंत्र आदि को नियत समय पर स्वयं चला दे); (*for lighting*) टाइम-स्विच; **timetable** *n* (*RAIL*) समयसारिणी; (*SCOL*) टाइमटेबल, दैनिक शिक्षण कार्यक्रम; **time zone** *n* समय-क्षेत्र

timid ('टिमिड) *a* कायर, भीरु, डरपोक; संकोची; **timidity** *n* भीरुता; संकोच

timing ('टाइमिङ) *n* काल-मापन; (किसी कार्यक्रम करने का) समय-निर्धारण; **the timing of his resignation** उसके त्यागपत्र का (उचित/अनुचित) समय/क्षण

timpani ('टिम्पनि) *npl* नगाड़े, ड्रम

tin (टिन) *n* टिन, टीन, रांगा; (**tinplate** भी) टिन-प्लेट, रांगे की परत वाली इस्पात की प्लेट; (*can*) टीन, डिब्बा; (*for baking*) थाल; **tinfoil** *n* रांगे की पत्री

tincture ('टिंक्चर) *n* टिंचर; झलक, पुट

tinder ('टिंडर) *n* आग जलाने की सूखी लकड़ियां आदि

tinge (टिंज) *n* झलक, रंगत; पुट, गंध // *vt* : **tinged with** के हलके से पुट सहित, की झलक लिए

tingle ('टिंगल) *vi* झुनझुनाहट या सनसनी होना

tinker ('टिंकर) *n* घूम-फिरकर बर्तन-भांडे ठीक करने वाला, ठठेरा; **to tinker with** *vt* (मशीन के पुर्ज़ों) को छेड़ना या गड़बड़ करना, बिना जानकारी मरम्मत करने का प्रयत्न करना

tinkle ('टिंकल) *vi* (घंटी की) टनटन आवाज़ होना

tinned (टिंड) *a* डिब्बाबंद (खाद्य पदार्थ)

tin opener (टिन्'ओप्नर) *n* डिब्बा खोलने का उपकरण

tinsel ('टिन्सल) *n* भड़कीली सजावटी वस्तु; सस्ती, दिखावटी वस्तु

tint (टिंट) *n* रंग, आभा, झलक; (*for hair*) हलका रंग; **tinted** *a* (*hair*) हलके रंगे हुए; (*spectacles, glass*) हलके रंगीन (कांच)

tiny ('टाइनि) *a* बहुत छोटा, नन्हा

tip (टिप) *n* (*end*) नोक, सिरा; (*protective : on umbrella*) नोक पर लगी लोहे की टोपी; शाम; बख़्शीश,

इनाम; (कोयले की खान का) कूड़ा-करकट; (*Brit* : *for rubbish*) कूड़े-करकट का घर; (*advice*) उपयोगी संकेत, जानकारी // *vt* उंडेलना; को बख़्शीश देना; टेढ़ा करना; (**tip over** भी) उलटा देना; (*empty* : **tip out** भी) उलटाना, खाली कर देना; **tip-off** *n* (*hint*) संकेत, जानकारी; **tipped** *a* (*Brit* : *cigarette*) फ़िल्टर वाली

tipsy ('टिप्सि) *a* हलके से नशे में

tiptoe ('टिप्टो) *n* : **on tiptoe** पंजों के बल

tiptop ('टिप्'टॉप) *a* : **in tiptop condition** बढ़िया हालत में

tirade (टाइ'रेड) *n* उत्तेजना व निंदा पूर्ण लम्बा भाषण; तीव्र निन्दा

tire ('टाइअर) *n* (*US*) = **tyre** // *vt* थका देना, उबा देना; खीज पैदा कर देना // *vi* थक जाना, ऊब जाना; **tired** *a* थका हुआ; **to be tired of** से ऊबा हुआ; **tiresome** *a* थकाऊ, उबाऊ, खीज उत्पन्न करने वाला; **tiring** *a* थकाने या उबाने वाला

tissue ('टिशू) *n* शरीर, पौधे आदि की झिल्ली, ऊतक; पतला मुलायम काग़ज़ (विशे॰ इसका रूमाल); महीन बुना हुआ कपड़ा; **tissue paper** *n* टिशू पेपर, पतला मुलायम काग़ज़

tit (टिट) *n* (*bird*) गंगरा चिड़िया; **to give tit for tat** जैसे के साथ तैसा करना

titanic (टाइ'टैनिक) *a* विशालकाय

titbit ('टिट्बिट), (*US*) **tidbit** ('टिड्बिट) *n* चटपटे खाने का ग्रास; मज़ेदार, चटपटी ख़बर

titillate ('टिटिलेट) *vt* गुदगुदी करना; सहलाना व पुलकित करना, उत्तेजित करना (विशे॰ काम भावना)

titivate ('टिटिवेट) *vt* (अपना) शृंगार करना, संवारना

title ('टाइट्ल) *n* शीर्षक; उपाधि; पुस्तक का नाम, ख़िताब, पदवी; **title deed** *n* (*LAW*) (जायदाद के स्वामित्व का) अधिकार-पत्र; **title role** *n* मुख्य भूमिका

titter ('टिटर) *vi* दबी हुई हंसी हंसना

titular ('टिट्युलर) *a* (*in name only*) नाम मात्र को

TM **trademark** का संक्षेप

KEYWORD

to (टू, टुअ) ♦ *prep* **1.** (*direction*) को, की ओर; **to go to France/Portugal/London/school** फ्रांस/ पुर्तगाल/लंदन/स्कूल जाना; **to go to Shanta's/the doctor's** शांता/ डाक्टर के पास जाना; **the road to Calcutta** कलकत्ता जाने वाली/की सड़क

2. (*as far as*) तक; **to count to 10** दस तक गिनना; **from 40 to 50 people** 40 से 50 तक लोग

3. (*with expressions of time*): **a quarter to 5** पौने पांच; **it is twenty to 3** तीन बजने में बीस मिनट हैं

4. (*for, of*) का/की/को; **the key to the front door** अगले दरवाज़े की चाभी; **a letter to his wife** अपनी पत्नी को (के नाम) पत्र

5. (*expressing indirect object*) को/से; **to give sth to sb** किसी को कुछ देना; **to talk to sb** किसी से बात करना

6. (*in relation to*) की तुलना/अनुपात में; **3 goals to 2** दो के विरुद्ध तीन गोल; **20 kilometres to the litre** एक लीटर में 20 किलोमीटर

7. (*purpose, result*) : **to come to sb's aid** किसी की मदद करना; **to sentence sb to death** किसी को मृत्युदंड देना; **to my surprise** मुझे आश्चर्य हुआ कि

♦ *with vb* **1.** (*simple infinitive*) : **to go/eat** जाना/खाना

2. (*following another vb*) : **to want/try/start to do** करने की इच्छा रखना/का प्रयत्न करना/शुरु करना; *see also relevant verb*

3. (*with vb omitted*) : **I don't want to** मैं नहीं चाहता कि ...

4. (*purpose, result*) के लिए; **I did it to help you** मैंने यह आपकी सहायता करने के लिए किया

5. (*equivalent to relative clause*) : **I have things to do** मुझे कई काम करने हैं; **the main thing is to try** असली चीज़ कोशिश करना है

6. (*after adjective etc.*) : **ready to go** जाने को तैयार; **too old/young to ...** ... के लिये बहुत बड़ा/बहुत छोटा; *see also relevant adjective etc*

♦ *ad* : **push/pull the door to** दरवाज़ा बंद कर दो (भेड़ दो)/खोल दो

toad (टोड) *n* टोड, (एक प्रकार का मेंढक); **toadstool** *n* (प्राय: ज़हरीला) कुकुरमुत्ता, खुंभी; **toady** *n* चाटुकार, चापलूस

toast (टोस्ट) *n* (*CULIN*) (डबल-रोटी का) टोस्ट; (*drink, speech*) किसी की सफलता पर खुशी प्रकट करते हुए, शुभकामना देते हुए पिया गया जाम; शुभकामना का पात्र; लोकप्रिय व्यक्ति // *vt* (*CULIN*) टोस्ट सेंकना; (*drink to*) की सलामती आदि का जाम पीना; **a piece** *or* **slice of toast** टोस्ट की एक स्लाइस/टुकड़ा; **toaster** *n* टोस्ट सेंकने का विद्युत-उपकरण

tobacco (ट'बैको) *n* तम्बाकू; **tobacconist** *n* तम्बाकू-विक्रेता; **tobacconist's (shop)** *n* सिगरेट, तम्बाकू आदि की दुकान

toboggan (ट'बॉगन) *n* बर्फ़गाड़ी

today (ट'डे) *ad, n* (*also fig*) आज (का दिन), आजकल

toddler ('टॉड्लर) *n* बच्चा जो चलना सीख रहा हो, नन्हा बालक

toddy ('टॉडि) *n* ताड़ी

to-do (ट'डू) *n* (*fuss*) बतंगड़, हंगामा

toe (टो) *n* पैर की उंगली या अंगूठा; (*shoe*) पंजा; खुर या सुम; **to toe the line** (*fig*) के अनुसार काम करना

toffee ('टॉफ़ि) *n* टाफ़ी

toga ('टोग्अ) *n* (प्राचीन रोम में) चोग़ा

together (ट'गेदर) *ad* साथ में, साथ-साथ; (*at the same time*) इकट्ठे; **together with** *prep* साथ ही, इसके साथ

toil (टॉइल) *n* कठोर परिश्रम // *vi* कठिन परिश्रम करना

toilet ('टॉइलिट) *n* शौचघर, टट्टी; नहाना-धोना व श्रृंगार, प्रसाधन // *cpd* (*bag, soap etc*) प्रसाधन सामग्री; **toilet bowl** *n* शौच-पात्र; **toilet paper** *n* शौच का काग़ज़; **toiletries** *npl* सौंदर्य प्रसाधन सामग्री; **toilet roll** *n* शौच के बाद पोंछने के पतले काग़ज़ का गोला; **toilet water** *n* एक हलका, सस्ता इत्र

token ('टोकन) *n* चिन्ह, प्रमाण; प्रतीक, टोकन (धन के स्थान पर प्रयुक्त); उपहार-कार्ड जिसे देकर विशेष मूल्य तक की वस्तुएं प्राप्त की जा सकती हैं; **book/record token** *n* (*Brit*) चैक बुक/रिकार्ड

told (टोल्ड) **tell** का *pt, pp*

tolerable ('टॉलरब्ल) *a* सहनीय; पर्याप्त, ठीक-ठीक

tolerant ('टॉलरंट) *a* : **tolerant (of)** (के प्रति) सहिष्णु; उदारचेता, सहनशील; **tolerance** *n* सहनशीलता, उदारता

tolerate ('टॉलरेट) *vt* करने देना या होने देना; (*MED*) सहन करना, बर्दाश्त करना; (*TECH*) संभाल सकना; **toleration** (टॉल'रेशन) *n* सहन, बर्दाश्त

toll (टोल) *n* (*tax, charge*) कर, महसूल; मार्ग-कर // *vi* (*bell*) (प्रायः किसी की मृत्यु का संदेश देने के लिए गिरजाघर का घण्टा) बजना; **the accident toll on the roads** सड़क-दुर्घटनाओं में हताहतों की संख्या

tomato, *pl* **tomatoes** (ट'माटो) *n* टमाटर

tomb (टूम) *n* कब्र, मकबरा, समाधि

tombola (टॉम्'बोल्अ) *n* तम्बोला (एक प्रकार की लाटरी)

tomboy ('टॉम्बॉइ) *n* लड़कों जैसे वस्त्र पहनने व उनके समान आचरण करने वाली लड़की

tomfoolery (टॉम्'फ़ूलरि) *n* मूर्खतापूर्ण आचरण

tombstone ('टूमस्टोन) *n* समाधि का पत्थर, समाधि-प्रस्तर

tomcat ('टॉम्कैट) *n* बिलाव

tommy ('टॉमि) *n* (*sl*) ब्रिटिश सेना का सिपाही; **Tommy gun** *n* एक प्रकार की सब-मशीनगन, टॉमीगन

tomorrow (ट'मॉरो) *ad, n* (*fig* भी) आने वाला कल; **the day after tomorrow** परसों; **a week tomorrow** कल से पूरे एक सप्ताह बाद; **tomorrow morning** कल सुबह

tom-tom (टाम'-टाम) *n* ढोल

ton (टन) *n* टन (*Brit* = *1016 kg*; *US* = *907 kg*, *metric* = *1000 kg*); (*NAUT* : **register ton** भी) जहाज़ की धारिता (भार ले जाने की क्षमता) की इकाई (= *2.83 cu.m*); **tons of** (*col*) बहुत अधिक मात्रा (मात्रा में)

tone (टोन) *n* स्वर, ध्वनि; आभा; सामान्य वातावरण; भाव // *vi* (से) मेल खाना; **to tone down** *vt* (*colour, criticism*) हल्का करना, की तीव्रता कम करना; **to tone up** *vt* तीव्र करना, बढ़ाना; रंग गहरा करना; **tone-deaf** *a* सुर में न गा सकने या सुर न पहचान सकने वाला, बेसुरा

tongs (टॉङ्ज़) *npl* चिमटा; संड़सी; (*for hair*) चिमटी

tongue (टङ) *n* जीभ; जीभ के आकार की वस्तु; भाषा; वाणी; स्वर; **tongue in cheek** *ad* व्यंग्य से; **tongue-tied** *a* (*fig*) जिसकी ज़बान एक दम बंद हो, अवाक्, मौन; **tongue-twister** *n* जबड़ातोड़, बोलने में मुश्किल शब्द

tonic ('टॉनिक) *n* (*MED*) बल-वर्धक, स्फूर्तिदायक दवा; प्रायः जिन (एक प्रकार की शराब) में मिलाया जाने वाला कड़वा सोडावाटर जैसा पेय, (**tonic water** भी)

tonight (ट'नाइट) *ad* आज रात को // *n* आज की रात

tonne (टन) *n* मीट्रिक टन, 1000 किलोग्राम

tonsil ('टॉन्सिल) *n* टॉन्सिल, गले की ग्रन्थि; **tonsillitis** (टॉन्सि'लाइटिस) *n* टॉन्सिल बढ़ना या उन की सूजन

tonsure ('टॉन्शर) *n* मुण्डन

too (टू) *ad* भी, के अतिरिक्त; **too much** *ad* बहुत अधिक // *a* बहुत; **too many** *a* बहुत अधिक (संख्या में); **too bad!** बहुत अफ़सोस की बात है !

took (टुक) **take** का *pt*

tool (टूल) *n* औज़ार; (*fig*) कठ-पुतली; साधन // *vt* औज़ार चलाना विशे॰ पत्थर काटने के लिए; चमड़े की जिल्द पर छाप लगाना; **tool box** *n* औज़ारों का बक्सा; **tooling** *n* नक्काशी; मशीन चालू करने के लिए औज़ारों की व्यवस्था

toot (टूट) *vi* भोंपू बजाना; कार का हार्न बजाना

tooth (टूथ), *pl* **teeth** *n* दांत;

(*TECH*) दांता; **toothache** *n* दांत का दर्द; **toothbrush** *n* टुथ-ब्रश; दातून; **toothpaste** *n* टुथपेस्ट; **toothpick** *n* दांत कुरेदनी

top (टॉप) *n* (*of mountain, hill*) चोटी, शिखर; (*of head*) चांद; (*of page*) सिरा; (*of ladder*) आखिरी डण्डा; (*of box, cupboard*) ऊपरी सतह; (*of table*) फलक; (*lid : of box, jar, bottle*) ढक्कन; (*highest rank*) प्रथम स्थान; (*toy*) लट्टू // *a* ऊपरी; (*in rank*) सर्वप्रथम; (*best*) सर्वोत्तम // *vt* (*exceed*) से बढ़कर होना; (*be first in*) सर्वप्रथम होना; **on top of** के ऊपर; (*in addition to*) के अतिरिक्त; **from top to bottom** ऊपर से नीचे तक; **to top up,** (*US*) **to top off** *vt* ऊपर तक भरना; **top floor** *n* सबसे ऊपर की मन्ज़िल; **top hat** *n* ऊंचा रेशमी हैट; **top-heavy** *a* (वस्तु) जिस का ऊपर का हिस्सा भारी हो; असंतुलित

topaz ('टोपैज़) *n* पुखराज रत्न

topic ('टॉपिक) *n* व्याख्यान, बातचीत आदि का विषय; प्रसंग; **topical** *a* प्रासंगिक, सामयिक

top: topknot *n* जूड़ा; **topless** *a* (*bather etc*) जिसकी छाती नंगी हो, नग्न-उरोज; **top-level** *a* (*talks*) उच्च-स्तरीय; **topmost** *a* सर्वोच्च; **topnotch** *a* सर्वोत्तम, उत्कृष्ट

topography (ट'पॉग्रफ़ि) *n* स्थल-आकृति (-विवरण)

topple ('टॉपल) *vt* लुढ़का देना // *vi* लुढ़क जाना

top-secret ('टॉप्'सीक्रिट) *a* परम गुप्त

top soil *n* ऊपरी उपजाऊ मिट्टी, धरातल मृदा

topsy-turvy ('टॉप्सि'टर्वि) *a, ad* उलटा-पुलटा, अव्यवस्थित

torch (टॉर्च) *n* बैटरी की टार्च, मशाल; कोई भी तेज गर्म लौ वाला उपकरण जैसे वैल्डिंग उपकरण; **torch-bearer** *n* मशालची; (*fig*) पथ-प्रदर्शक

tore (टोर) **tear** का *pt*

torment *n* ('टॉर्मेण्ट) पीड़ा, तकलीफ़, यातना, परेशानी // *vt* (टार्'मेण्ट) यातना देना, सताना; (*fig*) तंग करना

torn (टॉर्न) **tear** का *pp*

tornado, *pl* **tornadoes** (टॉर्'नेडो) *n* टॉर्नेडो, बवंडर, तूफ़ान

torpedo, *pl* **torpedoes** (टॉर्'पीडो) *n* पनडुब्बी से छोड़ा जाने वाला जहाज़ डुबाने का अस्त्र, टारपीडो

torpid ('टॉर्पिड) *a* निष्क्रिय, सुस्त, निर्जीव, भावशून्य

torpor ('टार्पर) *n* निष्क्रियता, भाव-शून्यता, काहिली

torrent ('टॉरंट) *n* बहुत तेज़ धारा, मूसलाधार वर्षा; **torrential**

(टॉ'रेन्शल) *a* बेगवान, बौछार जैसा

torrid ('टॉरिड) *a* बहुत गरम व सूखा (मौसम, प्रदेश); अत्यंत भावप्रधान (विशे॰ काम भावना में)

torso ('टॉर्सो) *n* धड़

tort (टार्ट) *n* (*LAW*) व्यक्तिगत या दीवानी स्तर पर हानि या अन्याय

tortoise ('टॉर्टस) *n* कछुआ; **tortoiseshell** ('टॉर्टशेल) *a* कछुए के कवच का (बना)

tortuous ('टॉर्ट्युस) *a* टेढ़ा-मेढ़ा, चक्करदार; टेढ़ा; कपटी

torture ('टॉर्चर) *n* यातना, बहुत अधिक पीड़ा; यंत्रणा // *vt* यंत्रणा देना

Tory ('टोरि) (*Brit POL*) *a* ब्रिटेन के रूढ़िवादी टोरी राजनीतिक दल सम्बंधी (नीति); अनुदारदलीय // *n* (*pl* **Tories**) टोरी पार्टी का सदस्य

toss (टॉस) *vt* झटकना; उछालना; (*head*) झटकना; **to toss a coin** सिक्का उछालना; **to toss up for sth** किसी वस्तु के लिए चित-पट करना; **to toss and turn** (*in bed*) करवटें बदलना

tot (टॉट) *n* (*Brit : drink*) छोटी मात्रा; (*child*) नन्हा बालक

total ('टोट्ल) *a* पूरा, सम्पूर्ण, सारा // *n* जोड़, योग, सम्पूर्ण राशि // *vt* (*add up*) जोड़ना; (*amount to*) कुल योग होना

totalitarian (टोटैलि'टेंअरिअन) *a* सर्वाधिकारी; तानाशाही; एक-दलीय (सरकार)

totally ('टोटलि) *ad* पूर्णतया, पूर्ण-रूप से

totter ('टॉटर) *vi* लड़खड़ाना, डगमगाना

touch (टच) *n* स्पर्श, छूने की क्रिया; स्पर्शेन्द्रिय; बुश से घसीट; हलकी सी चपत; (*fig : note, also FOOTBALL*) हलका सा धक्का // *vt* स्पर्श करना, छूना; से सटा होना, तक पहुंचना; (*tamper with* हाथ लगाना, छेड़ना; (मन को) छू लेना; **a touch of** (*fig*) पुट, रंग; **in touch with** से संपर्क (होना); **to get in touch with** से संपर्क स्थापित करना, से बात करना; **to lose touch** (*friends*) (से) मिलना बंद हो जाना; **to touch on** *vt* का उल्लेख/ज़िक्र करना; **to touch up** *vt* (*paint*) अंतिम रूप देना; **touch-and-go** *a* जोखिमभरा; अनिश्चित; **touchdown** *n* (वायुयान का) उतरना; (*US FOOTBALL*) गोल के पास गेंद हाथ में होने पर छः अंक प्राप्त करने की क्रिया; **touched** *a* प्रभावित; (*col*) जिसका दिमाग़ कुछ खराब हो; **touching** *a* मर्मस्पर्शी, करुणाजनक; **touchline** *n* (*SPORT*) सीमा-रेखा (रगबी खेल में); **touchy** *a* अति संवेदनशील; चिड़चिड़ा

tough (टफ़) *a* (*resistant*) मज़बूत,

जो आसानी से कट या फट न सके, जो भुरभुरा न हो; पक्का; कठिनाइयां सह सकने वाला; मुश्किल; (*meat*) चबाने में सख़्त // *n* (*inf*) बदमाश, गुण्डा; असभ्य व्यक्ति

toupee ('टूपे) *n* नकली बाल, विग

tour (टूअर) *n* दौरा, यात्रा, पर्यटन, टूर; (**package tour** भी) संपुटित पर्यटन, पैकेज टूर // *vt* दौरा लगाना, यात्रा करना; **touring** *n* यात्रा

tourism ('टुअरिज़्म) *n* पर्यटन-उद्योग

tourist ('टुअरिस्ट) *n* पर्यटक, सैलानी // *ad* (*travel*) पर्यटक-श्रेणी (से यात्रा) // *cpd* पर्यटक (श्रेणी जिसकी टिकट प्रथम श्रेणी की अपेक्षा सस्ती होती है); **tourist office** *n* पर्यटन कार्यालय

tournament ('टुअर्नमंट) *n* खेल-प्रतियोगिता, टूर्नामेंट

tousled ('टाउज़्ल्ड) *a* (*hair*) उलझे हुए

tout (टाउट) *vi* : **to tout for** के लिए ग्राहक जुटाना // *n* (**ticket tout** भी) अनधिकृत रूप से महंगी टिकटें बेचने वाला, टिकट दलाल

tow (टो) *vt* रस्सी से खींच कर ले जाना; **'on tow'**, (*US*) **'tow'** (*AUT*) 'खींच कर ले जाई जा रही गाड़ी'

toward(s) (ट'वॉर्ड(ज़)) *prep* की ओर; के विषय में; के लिए, के हेतु

towel ('टाउअल) *n* तौलिया; (**tea towel** भी) पौना (बर्तन पोंछने का कपड़ा); **towelling** *n* तौलिये का कपड़ा; **towel rail**, (*US*) **towel rack** *n* तौलिया टांगने का डण्डा

tower ('टाउअर) *n* मीनार, टावर, गढ़; **tower block** *n* (*Brit*) बहुमंज़िला भवन; **towering** *a* बहुत ऊंचा

town (टाउन) *n* कस्बा, शहर; **to go to town** शहर जाना; (*fig*) (किसी समारोह आदि पर) बहुत कुछ (मेहनत व खर्च) करना; **town centre** *n* नगर-केंद्र; **town clerk** *n* (*Brit*) नगर का मुख्य प्रशासनिक अधिकारी; नगर-पालिका मुंशी; **town council** *n* नगर-पालिका; **town hall** *n* टाउन-हाल, नगर-भवन; **town plan** *n* नगर योजना; **town planning** *n* नगर-आयोजन

towrope ('टोरोप) *n* गाड़ी खींचने की ज़ंजीर/रस्सा, गून

tow truck *n* (*US*) ख़राब हुई गाड़ी को खींचकर ले जाने वाला ट्रक

toxic ('टॉक्सिक) *a* विषैला, ज़हरीला, विष से उत्पन्न

toy (टॉइ) *n* खिलौना; छोटी प्रतिकृति; **to toy with** *vt* से खिलवाड़ करना; (किसी विषय पर) बिना गंभीरता से सोचना

trace (ट्रेस) *n* चिन्ह, संकेत, निशान // *vt* (*draw*) रूपरेखा बनाना;

trachoma 692 **trail**

(*follow*) (के रास्ते) पर चलना; (*locate*) खोज निकालना; **tracing paper** *n* ख़ाका उतारने का पारदर्शी काग़ज़

trachoma (ट्र'कोम्अ) *n* कुकरे, रोहे (आंखों का एक रोग)

track (ट्रैक) *n* (*mark*) चिन्ह; पगडण्डी, रास्ता, लीक; (बंदूक की गोली का) रास्ता; (अपराधी, जानवर आदि का) पदचिन्ह, पैरों के निशान; (*RAIL*) रेल की पटरी; (*on tape*) टेप पर रिकार्ड किये गए संगीत का एक भाग; (*SPORT*) दौड़ का रास्ता, ट्रैक; (*on record*) ग्रामोफ़ोन रिकार्ड पर एक गाना या संगीत का एक भाग // *vt* खोज निकालना या खोज पर चलना; **to keep track of** की खोज-खबर रखना; **to track down** *vt* (*prey*) पीछा करके शिकार पकड़ लेना; (*sth lost*) खोज निकालना; **tracksuit** *n* (खिलाड़ियों की) चुस्त पोशाक, ट्रैक सूट

tract (ट्रैक्ट) *n* (*GEO*) भूभाग, विस्तार-क्षेत्र; (*pamphlet*) (धार्मिक) पुस्तिका

traction ('ट्रैक्शन) *n* खींचने की क्रिया

tractor ('ट्रैक्टर) *n* ट्रैक्टर

trade (ट्रेड) *n* व्यापार, लेन-देन; व्यवसाय, पेशा // *vi* व्यापार करना, लेन-देनं करना; **to trade with/in** से/का व्यापार करना; **to trade in** *vt* (*old car etc*) (नयी कार आदि के मूल्य का पुरानी कार आदि देकर) आंशिक भुगतान करना; **trade fair** *n* व्यापार मेला; **trade-in price** *n* आंशिक भुगतान के रूप में दी जाने वाली वस्तु का मूल्य; **trademark** *n* ट्रेडमार्क, मार्का; **tradename** *n* व्यापार नाम; **trader** *n* व्यापारी; **tradesman** *n* (*shopkeeper*) दुकानदार; **trade union** *n* मज़दूर यूनियन, श्रमिक संघ; **trade unionist** *n* श्रमिक संघवादी, मज़दूर नेता; **trading** *n* लेन-देन, व्यापार; **trading estate** *n* (*Brit*) औद्योगिक क्षेत्र

tradition (ट्र'डिशन) *n* परम्परा; **traditional** *a* परम्परागत

traffic ('ट्रैफ़िक) *n* (सड़क) यातायात; (अवैध) व्यापार // *vi* : **to traffic in** (*offens* : *liquor, drugs*) का अवैध व्यापार करना; **traffic circle** *n* (*US*) (चौराहे पर बना) गोल चक्कर; **traffic jam** *n* ट्रैफ़िक जाम (चौराहे पर गाड़ियों का अटक जाना); **traffic lights** *npl* यातायात-नियंत्रक रंगीन बत्तियां; **traffic warden** *n* सड़क यातायात निरीक्षक

tragedy ('ट्रैजिडि) *n* दुःखद घटना; दुखान्त नाटक अथवा अन्य साहित्यिक रचना, त्रासदी

tragic ('ट्रैजिक) *a* दुःखांत, दुःखद, कारुणिक

trail (ट्रेल) *n* (*tracks*) पगडण्डी; (*path*) रास्ता, पथ; पदचिन्ह; (*of* *smoke etc*) (धुएं आदि की) लकीर // *vt* घसीटना, खींचना; (*follow*) पीछा करना // *vi* (प्रतियोगिता, चुनाव में) पीछे होना; **to trail behind** *vi* के पीछे धीरे-धीरे चलना; **trailer** *n* (*AUT*) एक वाहन से बंधकर चलने वाला दूसरा वाहन; (*CINEMA*) फ़िल्म का ट्रेलर या झलकी; **trailer truck** *n* (*US*) लम्बी छड़ से जुड़े दो भागों वाला ट्रक

train (ट्रेन) *n* रेलगाड़ी, ट्रेन; वस्त्र का पीछे ज़मीन पर लटकता भाग; सेवक-दल // *vt* (*apprentice, doctor*) शिक्षित करना; (*sportsman*) प्रशिक्षण देना, सिखाना; (*dog*) सिखाना, सधाना; (*memory*) तीव्र करना; (*point : gun etc*) : **to train sth on** किसी चीज़ (बंदूक आदि का) किसी पर निशाना बांधना // *vi* (खेलकूद का) अभ्यास करना; **one's train of thought** किसी का विचारों का तांता/सिलसिला; **trained** *a* प्रशिक्षित; कुशल; **trainee** (ट्रे'नी) *n* प्रशिक्षार्थी, सीखने वाला; **trainer** *n* (*SPORT*) प्रशिक्षक; (*of dogs etc*) सधाने वाला; **training** *n* प्रशिक्षण; व्यायाम; अभ्यास; **in training** (*SPORT*) (किसी खेल प्रतियोगिता की) तैयारी करते हुए; (*fit*) (खेल प्रतियोगिता के लिए) पूरी तरह स्वस्थ; **training college** *n* प्रशिक्षण महाविद्यालय; **training shoes** *npl* खेल प्रशिक्षण के लिए जूते

traipse (ट्रेप्स) *vi* थके-थके से चलना, घिसटकर चलना

trait (ट्रेट) *n* विशेषता

traitor ('ट्रेटर) *n* विश्वासघाती; देशद्रोही, ग़द्दार

trajectory (ट्र'जेक्टरि) *n* उड़ान-पथ, प्रक्षेपास्त्र का रास्ता, प्रक्षेप-पथ

tram (ट्रैम) *n* (*Brit* : **tramcar** भी) ट्रामगाड़ी

tramp (ट्रैम्प) *n* (*person*) आवारागर्द; घुमक्कड़; (*col : offens : woman*) : **to be a tramp** भ्रष्टा/कंजरी होना // *vi* आवारा फिरना, पैदल यात्रा करना // *vt* (*walk through : town, streets*) भारी कदमों से चलते हुए जाना, गुज़रना

trample ('ट्रैम्पल) *vt* : **to trample (under foot)** (पैरों तले) कुचलना/रौंदना; (*fig*) दबाना, कुचलना

trampoline ('ट्रैम्पलीन) *n* जिमनास्टिक या कलाबाज़ी के करतब दिखाने के लिए तानी गई मज़बूत कैनवस की चादर

trance (ट्रान्स) *n* बेहोश या चकराये होने की स्थिति; परम आनंद अथवा स्वयं में तल्लीनता की स्थिति, आत्मविस्मृति, भाव-समाधि

tranquil ('ट्रैंक्विल) *a* शांत, शांतिमय; **tranquillizer** *n* (*MED*) (तनाव दूर करके) शांत करने की औषधि,

उपशामक

trans- *comb form* के पार, के परे

transact (ट्रैन्'ज़ैक्ट) *vt* पूरा करना; (कारोबार, सौदा) करना; **transaction** (ट्रैन्'ज़ैक्शन) *n* सौदा; कार्य-सम्पादन; कारबार संचालन; **transactions** *npl* (*minutes*) (कार्यवाई का) संक्षिप्त ब्यौरा

transatlantic ('ट्रैंज़ट्'लैंटिक) *a* अटलांटिक-पार

transcend (ट्रैन्'सेण्ड) *vt* से बढ़ कर होना, ऊपर होना, परे होना

transcribe (ट्रैन्'स्क्राइब) *vt* नकल उतारना, प्रतिलिपि बनाना; **transcript** ('ट्रैन्स्क्रिप्ट) *n* प्रतिलिपि, प्रतिलेख

transfer *n* ('ट्रैन्स्फ़र) स्थानांतरण, बदली, तबादला; हस्तांतरण; (*SPORT*) खिलाड़ी का एक क्लब से दूसरे में जाना; (*POL* : *of power*) (सत्ता) हंस्तातरण, (शासन) एक से दूसरे को सौंपा जाना; (*picture, design*) चित्र आदि जो एक तल से दूसरे पर उतारा जाये; अनुचित्रण; (: *stick-on*) अनुचित्रण काग़ज़ // *vt* (ट्रैन्स्'फ़र) स्थानांतरण करना, तबादला करना; एक का दूसरे को (सम्पत्ति आदि) सौंपना

transfix (ट्रैन्स्'फ़िक्स) *vt* स्तंभित कर देना, हक्का-बक्का कर देना; बेधना

transform (ट्रैन्स्'फ़ॉर्म) *vt* आकार, चरित्र, स्वरूप आदि बदल देना; **transformation** (ट्रैन्स्फ़र्'मेशन) *n* परिवर्तन, रूपांतर

transfusion (ट्रैन्स'फ़्यूझ़न) *n* रक्त-आधान, (घायल, रोगी आदि को) खून चढ़ाने की क्रिया

transgress (ट्रैन्ज़्'ग्रेस) *vt* नियम भंग करना; पाप करना; (सीमा का) अतिक्रमण करना

transient ('ट्रैन्ज़िअंट) *a* क्षणिक, क्षणभंगुर

transistor (ट्रैन्'ज़िस्टर) *n* (*ELEC* : **transistor radio** भी) ट्रांज़िस्टर

transit ('ट्रैन्सिट, 'ट्रैन्ज़िट) *n* पार-गमन, गुज़रना; **in transit** रास्ते में

transition (ट्रैन्'ज़ीशन) *n* एक स्थिति से दूसरी में परिवर्तन, संक्रमण

transitive ('ट्रैंज़िटिव़) *a* (*LING*) सकर्मक (क्रिया)

translate (ट्रैन्स्'लेट) *vt* अनुवाद करना; अर्थ बताना; **translation** (ट्रैन्स'लेशन) *n* अनुवाद; **translator** *n* अनुवादक

translucent (ट्रैन्ज़'लूसंट) *a* पार-भासक, अर्ध-पारदर्शी

transmigrate (ट्रैन्ज़्माइ'ग्रेट) *vi* पुनर्जन्म लेना

transmission (ट्रैंज़्'मिशन) *n* प्रसारण; भेजने की क्रिया

transmit (ट्रैंज़'मिट) *vt* पहुंचाना, भेजना, संचारित करना; (*RADIO, TV*) प्रसारित करना; **transmitter** *n* ट्रान्समिटर, प्रसारण-यंत्र

transparency (ट्रैन्स्'पेअरन्सि) *n* पारदर्शिता; (*PHOT*) पीछे से प्रकाश डाल कर देखा जाने वाला फ़ोटो-चित्र

transparent (ट्रैन्स'पैरंट) *a* पार-दर्शी (जिसके आर-पार देखा जा सके)

transpire (ट्रैन्'स्पाइअर) *vi* (*turn out*) : **it transpired that ...** पता चला कि _; (*happen*) घटित होना

transplant *vt* (ट्रैन्स्'प्लांट) प्रतिरोपित करना, (पौधा) एक स्थान से हटा कर दूसरे स्थान पर लगाना; एक व्यक्ति के शरीर का अंग (हृदय, गुर्दा आदि) दूसरे के शरीर में लगाना // *n* ('ट्रैन्स्प्लांट) (*MED*) (किसी अंग का) प्रतिरोपण; **transplantation** (ट्रैन्सप्लान्'टेशन) *n* प्रतिरोपण

transport *n* ('ट्रैन्सपॉर्ट) परिवहन // *vt* (ट्रैन्स'पॉर्ट) ढोना, ले जाना; मंत्र-मुग्ध करना; **transportation** (ट्रैन्सपॉर्'टेशन) *n* परिवहन, ढोने की क्रिया; (*of prisoners*) देश-निकाला, काला पानी; **transport café** *n* (*Brit*) मुख्यमार्ग/राजमार्ग पर ढाबा

transpose (ट्रैन्स्'पोज़) *vt* दो वस्तुओं का स्थान (क्रम) बदलना

trap (ट्रैप) *n* फंदा, जाल; घात; (*carriage*) दुपहिया घोड़ा-गाड़ी // *vt* पकड़ना; फंसाना; (किसी यंत्र द्वारा) गैस आदि निकलने से रोकना; **to be trapped** (इमारत गिरने पर अंदर) फंस जाना; **trap door** *n* छत या फ़र्श में दरवाज़ा

trapeze (ट्र'पीज़) *n* कलाबाज़ी का झूला (विशे॰ सरकस में)

trappings ('ट्रैपिंग्ज़ज) *npl* साज-सामान

trash (ट्रैश) *n* (*offens*) कूड़ा-करकट, रद्दी; (*nonsense*) बकवास; **trash can** *n* (*US*) कूड़ेदान

trauma ('ट्रॉम्अ) *n* मानसिक आघात, सदमा, अभिघात; **traumatic** (ट्रॉ'मैटिक) *a* मानसिक आघात का, उससे उत्पन्न; मानसिक आघात पहुंचाने वाला

travail ('ट्रैवे़ल) *n* कष्टप्रद परिश्रम

travel ('ट्रैव़ल) *n* यात्रा, पर्यटन, सैर // *vi* लंबी यात्रा करना; एक स्थान/बिंदु से दूसरे पर पहुंच जाना // *vt* (फ़ासला) तय करना; **travel agency** *n* यात्रियों की टिकटों आदि का प्रबन्ध करने वाली कम्पनी, ट्रैवल एजेन्सी; **travel agent** *n* ट्रैवल एजेंट; **traveller,** (*US*) **traveler** *n* यात्री; **traveller's cheque** *n* यात्रा-चैक, ट्रैवलर्स-चैक; **travelling,** (*US*) **traveling** *n* यात्रा // *cpd* (*bag, clock, expenses*) यात्रा- (खर्च आदि); **travel sickness** *n* (बस आदि में) यात्रा में मतली आदि (आना)

traverse ('ट्रैव़र्स) *vt* पार करना

travesty ('ट्रैव़स्टि) *n* भोंडी नकल, (का) मज़ाक; विडम्बना

trawler ('ट्रॉलर) *n* मछलियां पकड़ने

का जहाज़, ट्रालर, जाल-पोत

tray (ट्रे) *n* ट्रे, तश्तरी, चौकोर थाली

treachery ('ट्रेचरि) *n* धोखा, विश्वासघात; **treacherous** *a* विश्वासघाती; अविश्वसनीय; ख़तरनाक

treacle ('ट्रीकल) *n* चाशनी; राब

tread (ट्रेड) *n* चाल, चलने का ढंग; पग-ध्वनि; (*of tyre*) टायर का जमीन को छूने वाला भाग // *vi* (*pt* **trod**, *pp* **trodden**) चलना; **to tread on** *vt* पर पैर रखना; को कुचलना

treason ('ट्रीज़न) *n* राजद्रोह, ग़द्दारी; विश्वासघात

treasure ('ट्रेझ़र) *n* खज़ाना, कोष // *vt* (*store*) संचित करना; संजोए रखना; (*value*) बहुमूल्य मानना, कद्र करना

treasurer ('ट्रेझ़रर) *n* कोषपाल, ख़ज़ांची

treasury ('ट्रेझ़रि) *n* ख़ज़ाना, राज-कोष; (*Brit*) **the Treasury**, (*US*) **the Treasury Department** वित्त-मंत्रालय

treat (ट्रीट) *n* आनंददायक वस्तु आदि; मनोरंजन; दावत // *vt* से बर्ताव करना; (*consider*) समझना; का इलाज करना; **to treat sb to sth** किसी को किसी चीज़ का आनंद देना; को खाना आदि खिलाना

treatise ('ट्रीटिज़) *n* शोधग्रंथ, निबंध

treatment ('ट्रीट्मंट) *n* इलाज; व्यवहार

treaty ('ट्रीटि) *n* संधि, संधिपत्र

treble ('ट्रेबल) *a* तिगुना // *vt* तिगुना करना // *vi* तिगुना होना; **treble clef** *n* संगीत-स्वर का एक चिन्ह

tree (ट्री) *n* वृक्ष, पेड़

trek (ट्रेक) *n* नई बस्ती की खोज में सफ़र; लम्बी यात्रा; (*tiring walk*) थकानभरी पैदल यात्रा // *vi* (*as holiday*) शौकिया पैदल यात्रा करना

tremble ('ट्रेम्बल) *vi* कांपना, डर से थरथराना

tremendous (ट्रि'मेण्डस) *a* विशाल, बहुत अधिक; आश्चर्यजनक, असाधारण; (*excellent*) बहुत बढ़िया

tremor ('ट्रेमर) *n* कम्पन, कंपकंपी; हलका भूकम्प (**earth tremor** भी)

tremulous ('ट्रेम्युलस) *a* कांपता हुआ; संकोची

trench (ट्रेन्च) *a* खाई, ख़ंदक

trenchant ('ट्रेन्चंट) *a* तीखा, चुभता, कटु

trend (ट्रेन्ड) *n* (*tendency*) प्रवृत्ति, झुकाव; (*of events*) सामान्य दिशा; प्रचलन, फ़ैशन; **trendy** *a* (*idea*) नये ज़माने का; (*clothes*) नये फ़ैशन के

trepidation (ट्रेपि'डेशन) *n* घबरा-हट, डर, चिंता

trespass ('ट्रेसॅपस) *vi* : **to trespass on** (किसी स्थान) में अनधिकार प्रवेश करना; (*fig*) का अनुचित लाभ उठाना; **'no trespassing'** 'अनधिकार प्रवेश वर्जित/मना है'

tress (ट्रॅस) *n* लट, जुल्फ़

trestle ('ट्रेसॅल) *n* लकड़ी का ढांचा जिस पर भवन निर्माण में तख्ते, मेज़ का ऊपरी तख्ता आदि टिकाये जाते हैं, घोड़ी, टिकटिकी; **trestle table** *n* इस प्रकार बनी लम्बी मेज़

tri- *comb form* त्रि-, तीन

trial ('ट्राइअल) *n* (*LAW*) मुकदमा; (*test : of machihe etc*) परीक्षण, परख; प्रयोग; (*hardship*) मुसीबत, संकट; (*worry*) आफ़त; **by trial and error** बार-बार परीक्षण व त्रुटि-सुधार (की प्रणाली) द्वारा

triangle ('ट्राइऐंगल) *n* (*MATH*) त्रिकोण; (*MUS*) एक ताल-वाद्य; **triangular** *a* त्रिकोणीय

tribe (ट्राइब) *n* जनजाति, कबीला; **tribal** *a* जनजाति सम्बंधी

tribulation (ट्रिब्यु'लेशन) *n* विपत्ति, दुःख-तकलीफ़, कष्ट, मुसीबत

tribunal (ट्राइ'ब्यूनल) *n* न्यायालय; अधिकरण, विशे॰ मामले की जांच व निर्णय के लिए नियुक्त न्यायाधिकरण

tributary ('ट्रिब्युटरि) *n* सहायक नदी

tribute ('ट्रिब्यूट) *n* श्रद्धांजलि, प्रशंसा; **to pay tribute to** को श्रद्धांजलि अर्पित करना

trice (ट्राइस) *n* : **in a trice** तुरंत ही

trick (ट्रिक) *n* चाल, दांवपेच; धोखा, करतब; हाथ की सफ़ाई; (*joke*) शरारत; (*CARDS*) (ताश में) एक हाथ // *vt* धोखा देना, छलना; **to play a trick on sb** किसी को बेवकूफ़ बनाना, किसी के साथ शरारत करना; **that should do the trick** इससे काम चल जायेगा; **trickery** *n* चालबाज़ी

trickle ('ट्रिकल) *n* (*of water etc*) बूंद-बूंद, अल्पमात्रा // *vi* बूंद-बूंद पतली धार में टपकना या बहना

tricky ('ट्रिकि) *a* कठिन, जटिल

tricolour ('ट्राइकलर) *a* तिरंगा // *n* तिरंगा झंडा, जैसे भारत का

tricycle ('ट्राइसिकल) *n* तिपहिया साइकिल

trident ('ट्राइडंट) *n* त्रिशूल

trifle ('ट्राइफ़ल) *n* तुच्छ वस्तु, मामूली चीज़, बहुत थोड़ी राशि; (*CULIN*) एक मीठा पकवान // *ad* : **a trifle long** ज़रा ज्यादा ही लंबा (भाषण आदि) // *vi* खिलवाड़ करना; व्यर्थ बातों या काम में समय गंवाना; **trifling** *a* हलका, मामूली, महत्वहीन

trigger ('ट्रिगर) *n* बंदूक आदि का घोड़ा; **to trigger off** *vt* शुरू करना,

प्रेरित करना

trillion ('ट्रिल्यन) *n* एक के अंक के आगे 18 शून्य लगाकर बनी संख्या, 10^{18}; एक करोड़ खरब; (*US*) एक लाख करोड़, 10^{12}

trim (ट्रिम) *a* साफ़-सुथरा; सुव्यवस्थित; चुस्त, देखने में आकर्षक // *n* (*haircut*) ठीक कटे हुए बाल; (*embellishment*) सजावट; (*on car*) सजावटी सामग्री (गद्दियां आदि) // *vt* कतरना, छांटना; (*decorate*) : **to trim (with)** (से) संवारना; (*NAUT : a sail*) जहाज़, वायुयान का संतुलन ठीक करना; **trimmings** *npl* सजावट; (*extras : gen CULIN*) भोजन के साथ परोसे गये अतिरिक्त पदार्थ (सलाद, चटनी आदि)

trinity ('ट्रिनिटि) *n* तीन का समूह, त्रिक; **Trinity** ईश्वर के तीन रूप, त्रिमूर्ति

trinket ('ट्रिंकिट) *n* सस्ता, साधारण गहना; मामूली चीज़

trio ('ट्रीओ) *n* तीन का वर्ग, त्रिक

trip (ट्रिप) *n* (*excursion*) छोटी आमोद यात्रा; (*stumble*) लड़खड़ाने की क्रिया; नशीली औषधि का भ्रांतिजनक प्रभाव (काल्पनिक दृश्य सामने आने लगना) // *vi* (*stumble*) ठोकर खाना, लड़खड़ाना; (*go lightly*) फुदकना, थिरकना; **on a trip** यात्रा पर; **to trip up** *vi* टकरा कर गिरना // *vt* (स्विच आदि) चालू कर देना

tripartite (ट्राइ'पार्टाइट) *a* त्रिभागी, त्रिपक्षीय, त्रिदलीय

tripe (ट्राइप) *n* (*CULIN*) पकाने के लिए तैयार किया गया पशु के पेट का भाग; (*offens*) बकवास

triple ('ट्रिप्ल) *a* तिगुना

triplets ('ट्रिपलिट्स) *npl* एक साथ जन्मे तीन बच्चे

triplicate *a* ('ट्रिप्लिकिट) त्रिविध, तेहरा // *vt* ('ट्रिप्लिकेट) तिगुना करना, तीन प्रतियां बनाना

tripod ('ट्राइपॉड) *n* तिपाई, तीन टांगों का स्टैंड

trite (ट्राइट) *a* घिसा-पिटा, मामूली

triumph ('ट्राइअम्फ़) *n* बहुत बड़ी सफलता; विजय, जीत; विजयोल्लास // *vi* : **to triumph (over)** (किसी पर) अपूर्व सफलता पाना, जीतना; **triumphant** *a* (सफलता पर) उल्लास भरा

trivia ('ट्रिविअ) *npl* तुच्छ, नगण्य, मामूली वस्तुएं; महत्वहीन बातें

trivial ('ट्रिविअल) *a* महत्वहीन; साधारण, मामूली

trod (ट्रॉड) **tread** का *pt*; **trodden; tread** का *pp*

trolley ('ट्रॉलि) *n* (होटल आदि में) खाने-पीने की सामग्री इधर-उधर ले जाने वाली ट्राली; ठेला; (*US*) ट्राम

trombone (ट्रॉम्'बोन) *n* तुरही (बाजा)

troop (ट्रुप) *n* दल, टोली; झुंड;

troops *npl* (*MIL*) सेना; (: *men*) सैनिक; **to troop in/out** *vi* इकट्ठे अंदर आना/बाहर जाना; **trooper** *n* (*MIL*) घुड़सवार सिपाही; बख्तर-बंद रेजिमेंट का सिपाही; **trooping the colour** *n* (*ceremony*) परेड में रेजिमेंट का झंडा लेकर आगे-आगे चलना

trophy ('ट्रॉफ़ि) *n* पुरस्कार, इनाम, विजयोपहार, ट्राफ़ी

tropic ('ट्रॉपिक) *n* कर्क-रेखा या मकर-रेखा; **Tropic of Cancer** *n* भूमध्य रेखा के उत्तर में 23 डिग्री से 27 डिग्री तक का क्षेत्र; **Tropic of Capricorn** *n* भूमध्य रेखा के दक्षिण में 23 डिग्री से 27 डिग्री तक का क्षेत्र; **tropics** *npl* उष्णकटिबंध; **tropical** *a* उष्णकटिबंध का; बहुत गरम (मौसम)

trot (ट्रॉट) *n* घोड़े की दुलकी चाल // *vi* दुलकी चाल से चलना; **on the trot** (*Brit fig*) बहुत व्यस्त

trouble ('ट्रबल) *n* कष्ट, तकलीफ़; (*worry*) परेशानी; (*bother, effort*) प्रयत्न; (*POL*) गड़बड़ी, अशांति; (*MED*) : **stomach** *etc* **trouble** पेट (आदि) की तकलीफ़/बीमारी // *vt* दुःखी करना, कष्ट देना; (*worry*) परेशान करना; असुविधा उत्पन्न करना // *vi* : **to trouble to do** करने का कष्ट उठाना; **troubles** *npl* चिंताएं, परेशानियां; (*POL etc*) समस्याएं; **to be in trouble** मुसीबत में होना; (*ship, climber etc*) संकट में होना; **it's no trouble!** कोई बात नहीं !; **what's the trouble?** क्या समस्या है ?; **troubled** *a* (*person*) चिंतित; (*epoch, life*) उतार-चढ़ाव वाला (समय), अशांतिपूर्ण; **troublemaker** *n* उपद्रवी, अशांति फैलाने वाला; **troubleshooter** *n* (*in conflict*) झगड़ा निपटाने वाला; **troublesome** *a* कष्टकारी, परेशान करने वाला

trough (ट्रफ़) *n* पशुओं के खाने-पीने की नांद (**drinking trough, feeding trough** भी); (*channel*) दो लहरों के बीच का स्थान, गर्त

trounce (ट्राउन्स) *vt* बुरी तरह से पीटना या हरा देना

trousers ('ट्राउज़र्ज़) *npl* पतलून; पायजामा; **short trousers** निकर

trout (ट्राउट) *n* (*pl inv*) मीठे जल की कर्बुरी मछली, ट्राउट

trowel ('ट्राउअल) *n* करनी, पाटा, खुरपा

truant ('ट्रूअंट) *n* : **to play truant** (*Brit*) बिना छुट्टी लिए स्कूल से अनुपस्थित रहना

truce (ट्रूस) *n* युद्धविराम, कुछ समय के लिए युद्ध रोकने का समझौता; अस्थायी शांति, राहत

truck (ट्रक) *n* ट्रक; (*RAIL*)

माल-गाड़ी का खुला डब्बा; **truck driver** *n* ट्रक चालक; **truck farm** *n* (*US*) सब्जियों का खेत

truculent ('ट्रक्युलंट) *a* लड़ाका, उद्धत, अवज्ञाकारी

trudge (ट्रज) *vi* थके-थके चलना, धीरे-धीरे पैर घसीट कर चलना

true (ट्रू) *a* सच; (*accurate*) ठीक, सही; (*genuine*) असली; (*faithful*) वफ़ादार

truffle ('ट्रफ़ल) *n* एक प्रकार की खुम्भी; एक मिठाई

truly ('ट्रूलि) *ad* सचमुच, वास्तव में; ईमानदारी से; (*faithfully*) ठीक-ठीक

trump (ट्रम्प) *n* तुरुप का पत्ता; **trumped-up** *a* मनगढ़ंत, गढ़े हुए (आरोप)

trumpet ('ट्रम्पिट) *n* तुरही (बाजा)

truncate (ट्रं'केट) *vt* काट कर छोटा कर देना

truncheon ('ट्रंचन) *n* गदा, डण्डा; (अधिकारी का) अधिकारदण्ड

trundle ('ट्रंड्ल) *vt* धक्का देते हुए (गाड़ी आदि) ले जाना // *vi* : **to trundle along** वस्तु, जैसे, बस का बेढंगे चलना, लुढ़कना

trunk (ट्रंक) *n* (*of tree*) तना; (*of person*) धड़; (*of elephant*) सूंड; (*case*) संदूक, ट्रंक; (*US AUT*) कार में सामान रखने की डिक्की; **trunks** *npl* (**swimming trunks** भी) पुरुषों का तैरने का जांघिया; **trunk call** *n* ट्रंककाल, लंबी दूरी पर टेलीफ़ोन से बातचीत; **trunk road** *n* मुख्यमार्ग, राजमार्ग

truss (ट्रस) *n* (*MED*) हर्निया रोग में बांधी जाने वाली पेटी; **to truss (up)** *vt* (*CULIN*) (पकाने से पहले मुर्गे आदि को) कस कर बांध देना

trust (ट्रस्ट) *n* आस्था, पक्का विश्वास; (*LAW*) ट्रस्ट, न्यास; (*COMM*) व्यापार संघ; संभालने का उत्तरदायित्व // *vt* (*rely on*) पर भरोसा होना; (*entrust*) : **to trust sth to sb** कोई वस्तु किसी के पास धरोहर के रूप में रखना; **trusted** *a* भरोसे का, विश्वासपात्र; **trustee** (ट्रस'टी) *n* (*LAW*) न्यासी; (*of school etc*) प्रबंधक समिति का सदस्य; **trustful, trusting** *a* विश्वास करने वाला; **trustworthy** *a* विश्वसनीय, जिस पर भरोसा किया जा सके

truth, truths (ट्रूथ, ट्रूद्ज़) *n* सचाई, सच बात; **truthful** *a* (*person*) सच्चा; (*description*) ठीक-ठाक, सही

try (ट्राइ) *n* प्रयत्न, प्रयास, कोशिश; (*RUGBY*) प्रतिद्वंद्वी की गोल-रेखा के पार गेंद पहुंचाने पर प्राप्त अंक (स्कोर) // *vt* (*LAW*) पर मुकदमा चलाना; (*test : sth new*) परखना, प्रयोग करके देखना; (*strain*) पर अधिक भार डालना; (कुछ करने का) प्रयास करना

// *vi* कोशिश करना; **to try to do** करने की कोशिश करना; (*seek*) पाने का प्रयत्न करना; **to try on** *vt* (*clothes*) पहन कर देखना; **to try out** *vt* की (कठोर) परीक्षा लेना, आज़माना; **trying** *a* कष्टकर, कठिन

tryst (ट्रिस्ट) *n* अभिसार, पूर्वनिश्चित भेंट, मिलन; मिलनस्थल (प्रेमियों का)

T-shirt ('टीशर्ट) *n* टी-शर्ट

T-square ('टीस्क्वेअर) *n* समानांतर रेखाएं खींचने, समकोण बनाने में प्रयुक्त T के आकार का रूलर

tub (टब) *n* टब, नांद; (*bath*) स्नान (का टब)

tuba ('ट्यूबअ) *n* एक वाद्य

tubby ('टबि) *a* गोल-मटोल

tube (ट्यूब) *n* नली; टुथपेस्ट, तरल दवाइयों आदि की ट्यूब; (*Brit : underground*) भूमिगत रेलवे; (*for tyre*) ट्यूब

tuber ('ट्यूबर) *n* कंद (आलू, शकरकंदी आदि)

tubing ('ट्यूबिङ) *n* नलिका, ट्यूबें; **a piece of tubing** ट्यूब का टुकड़ा

tuberculosis (ट्युबर्क्यु'लोसिस) *n* तपेदिक, क्षयरोग, टी.बी.

TUC *n* (*Brit : Trades Union Congress*) का संक्षेप) श्रमिक संघ कांग्रेस

tuck (टक) *n* (*SEWING*) चुन्नट // *vt* (*put*) रख देना; **to tuck away** *vt* छिपाकर (सुरक्षित स्थान पर) रख देना; **to tuck in** *vt* अंदर डालना (जैसे पैंट में कमीज़); (*child*) बिस्तर में लिटा देना व कम्बल आदि से ढक देना // *vi* (*eat*) ठूंसना, मज़े से खूब खाना; **to tuck up** *vt* (*child*) बिस्तर पर लिटा कर कम्बल आदि से ढंक देना; **tuck shop** *n* स्कूल में या उसके पास मिठाई आदि की दूकान

Tuesday ('ट्यूज़डे) *n* मंगलवार

tuft (टफ़्ट) *n* परों, बालों आदि का गुच्छा

tug (टग) *n* झटका; (*ship*) नावों, जहाज़ों आदि को खींचने वाली नाव; झटका // *vt* झटके से खींचना; **tug-of-war** *n* रस्साकशी (का खेल)

tuition (ट्यू'इशन) *n* शिक्षण, शिक्षा-शुल्क; (*private tuition*) व्यक्तिगत शिक्षण, ट्यूशन; (*US : school fees*) स्कूल की फ़ीस

tulip ('ट्यूलिप) *n* ट्यूलिप फूल (का पौधा)

tumble ('टंब्ल) *n* गिरने की क्रिया; कलाबाज़ी // *vi* धड़ाम से गिरना; (*with somersault*) कलाबाज़ी खाना; **to tumble to sth** (*col*) किसी बात को एकाएक समझ जाना; **tumble-down** *a* टूटा-फूटा, खस्ता हालत में; **tumble dryer** *n* (*Brit*) कपड़े सुखाने की मशीन

tumbler ('टंब्लर) *n* गिलास

tummy ('टमि) *n* (*col*) पेट

tumour, (*US*) **tumor** ('ट्यूमर) *n* अर्बुद, रसौली

tumult ('ट्यूमल्ट) *n* कोलाहल, शोरगुल; **tumultuous** (ट्यू'मल्ट्युअस) *a* उपद्रवी; शोर भरा

tuna ('ट्यूनअ) *n* (*pl inv*) (**tuna fish** भी) ट्यूना मछली

tundra ('टण्ड्रअ) *n* विशाल उत्तर-ध्रुवीय वृक्षरहित प्रदेश, टुण्ड्रा का मैदान

tune (ट्यून) *n* (*melody*) धुन, लय, राग // *vt* (*MUS*) सुर मिलाना; (*RADIO, TV*) ध्वनि ठीक करना; (*AUT*) (कार आदि का इंजन) सुचारू रूप से चला देना, ट्यून करना; **to be in/out of tune** (*instrument*) (वाद्य का) सुर मिलना/न मिलना; (*singer*) सुर में होना/न होना; **to tune in (to)** (*RADIO, TV*) लगाना, चालू करना; **to tune up** *vi* (*musician*) सुर मिलाना; **tuneful** *a* सुरीला

tunic ('ट्यूनिक) *n* वर्दी की चुस्त जाकिट; लम्बा कोट

tuning ('ट्यूनिङ) *n* (वाद्य के) स्वर मिलाना; **tuning fork** *n* सुर वाद्य के स्वर मिलने में प्रयुक्त लोहे का द्विभुज

tunnel ('टन्ल) *n* सुरंग; (*in mine*) (खान में) लंबा रास्ता

turban ('टर्बन) *n* पगड़ी, साफ़ा

turbid ('टर्बिड) *a* गंदला (पानी)

turbine ('टर्बाइन) *n* टर्बाइन

turbulent ('टर्ब्युलंट) *a* अशांत, अस्तव्यस्त; उग्र, तूफ़ानी; **turbulence** *n* (*AVIAT*) वायुमण्डल में अशांति जिसके कारण तेज़ हवाएं चलें

tureen (ट'रीन) *n* शोरबा परोसने का बड़ा बरतन

turf (टर्फ़) *n* घास का लॉन (मैदान); (*clod*) घास की थिगली // *vt* (लॉन पर) घास लगाना; **to turf out** *vt* (*col*) निकाल देना; निकाल फेंकना

turgid ('टर्जिड) *a* (*speech*) शब्दाडम्बरपूर्ण

Turk (टर्क) *n* तुर्क

Turkey ('टर्कि) *n* तुर्की

turkey ('टर्कि) *n* एक बड़ा पक्षी, टर्की, पीरू

Turkish ('टर्किश) *a* तुर्की, तुर्की का // *n* (*LING*) तुर्की (भाषा); **Turkish bath** *n* हम्माम; तुर्की स्नानागार

turmeric ('टर्मरिक) *n* हल्दी

turmoil ('टर्मॉइल) *n* शोरगुल, हुल्लड़, खलबली

turn (टर्न) *n* घुमाव; (*in road*) मोड़; (*tendency : of mind, events*) झुकाव; (*performance*) प्रदर्शन; (*MED*) दौरा // *vt* घुमाव; गढ़ना, बनाना; (*collar*) मोड़ना; (परांठा आदि) पलटना; (*milk*) खट्टा कर देना; (*change*) : **to turn sth**

into किसी वस्तु का रूप परिवर्तित कर देना // *vi* मुड़ना, घूमना; (*person : look back*) पलटना, मुड़ना; (*reverse direction*) उल्टा घूम जाना; (*change*) बदलना; (*become*) (सफ़ेद, खट्टा) हो जाना; **to turn into** में परिवर्तित होना; **a good turn** भलाई; **it gave me quite a turn** इसने तो मुझे चौंका दिया; **'no left turn'** (*AUT*) 'बायें मुड़ना मना है'; **it's your turn** अब तुम्हारी बारी है; **in turn** बारी-बारी; **to take turns** बारी-बारी करना; **to take turns at** बारी-बारी से (करने का) प्रयत्न करना; **to turn away** *vi* मुंह मोड़ लेना; **to turn back** *vi* वापिस मुड़ जाना, लौटना; **to turn down** *vt* अस्वीकार कर देना; (की आवाज़, गर्मी) कम करना; (*fold*) मोड़ना, तह लगाना; **to turn in** *vi* (*col : go to bed*) सोने जाना // *vt* (*fold*) अंदर मोड़ना, तह लगाना; **to turn off** *vi* (*from road*) से मुड़ जाना // *vt* (*light, radio etc*) बुझा देना/बंद कर देना; **to turn on** *vt* (*light*) जलाना; (*radio*) चलाना; (*engine*) चालू करना; **to turn out** *vt* (*light, gas*) बंद करना // *vt* : **to turn out to be ...** ... पाया जाना, (ग़लत, ठीक) साबित होना; **to turn over** *vi* (*person*) करवट लेना // *vt* (*object, page*) उलटना; **to turn round** *vi* घूम जाना; (*rotate*) घूमना; **to turn up** (*person*) आ जाना, पहुंच जाना; (*lost object*) मिल जाना // *vt* (*collar*) उठाना; खड़ा करना; (*increase : sound, volume etc*) बढ़ाना; **turning** *n* (*in road*) मोड़; **turning point** *n* (*fig*) मोड़

turncoat ('टर्न्कोट) *n* दलबदलू, पक्षघाती

turnip ('टर्निप) *n* शलजम, शलग़म

turnout ('टर्नाउट) *n* भीड़, जमाव

turnover ('टर्नोव़र) *n* (*COMM : amount of money*) अवधि-विशेष में कुल बिक्री; (*: of goods*) कुल उत्पादन; (*CULIN*) छोटी पेस्ट्री

turnpike ('टर्न्पाइक) *n* (*US*) मोटरमार्ग जिसके प्रयोग के लिए शुल्क देना पड़ता है

turnstile ('टर्न्स्टाइल) *n* चक्रद्वार (गोल घूमने वाला द्वार)

turntable ('टर्न्टेब्ल) *n* ग्रामोफ़ोन का घूम-चक्कर (जिस पर रिकार्ड घूमता है)

turn-up ('टर्नप) *n* (*Brit : on trousers*) पतलून में नीचे मोहरी का मोड़

turpentine ('टर्पन्टाइन) *n* (**turps** भी) तारपीन का तेल, गंधाबरोज़ा

turpitude ('टर्पिट्यूड) *n* भ्रष्टता, चरित्रहीनता

turquoise ('टर्क्वॉइज़) *n* फ़िरोज़ा मणि // *a* फ़िरोज़ी रंग

turret ('टरिट) *n* बुर्ज, कंगूरा; युद्ध-पोत, टैंक आदि पर तोप के घूमने के लिए लगा लोहे का कंगूरा

turtle ('टर्टल) *n* समुद्री कछुआ; **turtleneck (sweater)** *n* गोल बंद गला (ऐसा स्वेटर)

tusk (टस्क) *n* हाथी का दांत; जंगली सुअर आदि का बड़ा दांत, खांग; **tusker** *n* हाथी; खाँगदार जानवर

tussle ('टस्ल) *n* लड़ाई, संघर्ष

tutelage ('ट्यूटिलिज) *n* संरक्षण, अभिभावक का कार्य या पद

tutor ('ट्यूटर) *n* (*in college*) ट्यूटर, अनुशिक्षक; (*private teacher*) निजी शिक्षक; ट्यूटर; **tutorial** (ट्यू'टॉरिअल) *n* (*SCOL*) ट्यूटर के साथ बिताया शिक्षा का समय

tuxedo (टक्'सीडो) *n* (*US*) सायं-काल पहनने की जैकिट, डिनर-जैकिट

TV (टी'वी) *n* (= *television*) का संक्षेप

twang (ट्वैङ) *n* (*of instrument*) टन की आवाज़; टंकार; नाक से निकली ध्वनि

tweed (ट्वीड) *n* मोटा ऊनी कपड़ा

tweet (ट्वीट) *vi* चिड़िया का चीं-चीं (करना)

tweezers ('ट्वीज़र्ज़) *npl* चिमटी

twelfth (ट्वेल्फ़्थ) *num* बारहवां

twelve (ट्वेल्व़) *num* बारह; **at twelve (o'clock)** दोपहर बारह बजे; (*midnight*) मध्यरात्रि को

twentieth ('ट्वेन्टिइथ) *num* बीसवां

twenty ('ट्वेन्टि) *num* बीस

twice (ट्वाइस) *ad* दो बार; दुगना; **twice as much** से दुगना

twiddle ('ट्विड्ल) *vt, vi* : **to twiddle (with)** (उंगलियों से) कुछ फिराना, घुमाना, मोड़ना; **to twiddle one's thumbs** (*fig*) समय गंवाना

twig ('ट्विग) *n* टहनी // *vt, vi* (*col*) देख लेना, समझ जाना

twilight ('ट्वाइलाइट) *n* सांध्य प्रकाश, झुटपुटा

twin (ट्विन) *a, n* जुड़वां बच्चों में से एक // *vt* जोड़ा बनाना; **twin (-bedded) room** *n* (होटल में) दो बिस्तरों वाला कमरा

twine (ट्वाइन) *n* सुतली, डोरा // *vi* (*plant*) गूंथना, (के चारों ओर) लिपटाना

twinge (ट्विंज) *n* (*of pain*) टीस, हूक; (*of conscience*) पश्चाताप

twinkle ('ट्विंक्ल) *vi* टिमटिमाना; (*eyes*) झपकना, मिचमिचाना; **twinkling** *n* पलभर, क्षणभर

twirl (ट्वर्ल) *vt* घुमाना, मरोड़ना; चक्कर खिलाना, फिराना // *vi* घूमना,

चक्कर खाना, फिरना

twist (ट्विस्ट) *n* घुमाव; (तार, रस्सी आदि में) मरोड़ी; गूंथी वस्तु; (कहानी में) तोड़-मरोड़ // *vt* बांटना; (*weave*) गूंथना; (*roll around*) लपेटना; (*fig*) तोड़-मरोड़ देना // *vi* लिपटना; मुड़ना; (*road*) सड़क का घूमते जाना

twit (ट्विट) *n* (*col*) मूर्ख व्यक्ति // *vt* ताना देना, मारना

twitch (ट्विच) *vi* फड़कना; खिंच जाना; ऐंठ जाना

twitter ('ट्विटर) *vi* (चिड़ियों का) चहकना

two (टू) *num* दो; **to put two and two together** (*fig*) देखे-सुने को समझ कर वास्तविक अर्थ निकालना; **two-door** *a* (*AUT*) दो दरवाज़ों वाली (कार); **two-faced** *a* (*offens: person*) पाखण्डी, कपटी; **two-fold** *ad* : **to increase twofold** दुगना बढ़ जाना; **two-piece (suit)** *n* (स्त्रियों की धड़ से ऊपर तथा नीचे के लिए) दो भागों वाली पोशाक (सूट); **two-piece (swimsuit)** *n* तैराकी की दो भागों वाली पोशाक; **two-seater** *n* (*plane*) दो के बैठने योग्य वायुयान; (*car*) दो यात्रियों के लिए बनी कार; **twosome** *n* (*people*) दो का जोड़ा; **two-way** *a* (*traffic*) (सड़क पर) दो विपरीत दिशाओं में (यातायात)

tycoon (टाइ'कून) *n* : (**business**) **tycoon** प्रभावशाली बड़ा व्यापारी

type (टाइप) *n* (*category*) वर्ग, जाति; (*model*) नमूना, प्ररूप; (*example*) प्रकार, किस्म; (*TYP*) टाइप (छपाई के धातु के बने अक्षर) // *vt* (*letter etc*) टाइप (टंकन) करना; **type-cast** *a* (*actor*) बार-बार एक ही प्रकार की भूमिका अदा करने वाला; **typeface** *n* टाइप फ़ेस (छपाई में अक्षरों का आकार, प्रकार); **typescript** *n* टाइप-प्रति; **typewriter** *n* टाइप-राइटर; **typewritten** *a* टाइप किया हुआ

typhoid ('टाइफ़ॉइड) *n* आंत्रज्वर, मोतीझरा, टाइफ़ाइड

typhoon (टाइ'फून) *n* प्रचण्ड तूफ़ान, चक्रवात

typical ('टिपिक्ल) *a* प्रतिनिधक, नमूने के रूप में, विशिष्ट

typify ('टिपिफ़ाइ) *vt* का प्रतीक अथवा नमूना होना

typing ('टाइपिङ) *n* टाइप करने की क्रिया, टंकण

typist ('टाइपिस्ट) *n* टाइपिस्ट, टंकक

tyrant ('टाइरंट) *n* अत्याचारी, ज़ालिम शासक, तानाशाह; **tyrannical** (टि'रैनिक्ल) *a* अत्याचारी, निरंकुश

tyre, (*US*) **tire** (टाइअर) *n* टायर; **tyre pressure** *n* टायर में वायुदाब/हवा

U

U-bend ('यू'बेन्ड) *n* (*AUT, in pipe*) (पाइप में) यू अक्षर के आकार का घुमाव

ubiquitous (यू'बिक्विटस) *a* सर्व-व्यापी, सब जगह मौजूद

udder ('अडर) *n* (गाय आदि की) ऊंडी, पाखी (जिस के नीचे थन लटकते हैं)

UFO *n* (= *unidentified flying object*) का संक्षेप, उड़न तश्तरी

Uganda (यू'गैंड्अ) *n* युगांडा (देश)

ugh (अह) *excl* छि: !, उफ़ !

ugly ('अग्लि) *a* कुरूप, बदसूरत; (*fig*) घिनौना; अप्रिय

UK *n* दे॰ **united**

ulcer ('अल्सर) *n* फोड़ा, व्रण; (**mouth ulcer** भी) छाला

Ulster ('अल्स्टर) *n* अल्सटर (आयरलैंड का भाग)

ulterior (अल्'टिअरिअर) *a* परवर्ती; छिपा हुआ; **ulterior motive** *n* छिपा हुआ या गुप्त उद्देश्य

ultimate ('अल्टिमिट) *a* अंतिम; सबसे महत्वपूर्ण; (*authority*) उच्चतम; **ultimately** *ad* अंत में; आखिरकार; मूलत:

ultimatum (अल्टि'मेटम) *n* अंतिम चेतावनी; अंतिम रूप से प्रस्तुत (समझौते की) शर्तें

ultra *comb form* परे, से भी अधिक चरम, जैसे **ultramodern** *a* अत्याधुनिक

ultramarine (अल्ट्रम'रीन) *a* नीला रंजक (रंग)

ultrasonic (अल्ट्र'सॉनिक) *a* पराध्वनिक (उन ध्वनि तरगों का जो सुनाई नहीं देतीं)

ultrasound (अल्ट्र'साउंड) *n* (*MED*) पराध्वनि (मनुष्य की श्रवण शक्ति से परे की ध्वनि तरंगें) जिसका उपयोग रोग-निदान में होता है

ultraviolet (अल्ट्र'व़ाइअलिट) *a* पराबैंगनी (सूर्य की किरणें)

umbilical cord (अम्'बिलिकल् कॉर्ड) *n* नाभि-नाल; अंतरिक्ष यात्री को अंतरिक्ष यान से जोड़ने वाली डोरी

umbrella (अम्'ब्रेल्अ) *n* छाता, छतरी

umpire ('अम्पाइअर) *n* खेल-निर्णायक, अम्पायर; पंच, मध्यस्थ

umpteen (अम्प्'टीन) *a* बहुत-से; **for the umpteenth time** बहुत बार पहले और एक बार फिर

UN, UNO *n* **United Nations (Organization)**

un- *comb form* नकारात्मक जैसे, **unfair, unreal** में

unable (अन्'एबल) *a* : **to be unable to do sth** कुछ करने में असमर्थ होना

unaccompanied (अन'कम्पनिड) *a* (*child, lady*) अकेला

unaccountably (अन'काउंटब्लि) *ad* अकारण, (कार्य) जिसका कारण न बताया जा सके

unaccustomed (अन'कस्टमड) *a* अनभ्यस्त, जिसकी आदत न हो; **to be unaccustomed to sth** किसी चीज़ की आदत न होना

unanimous (यू'नैनिमस) *a* एकमत, सर्वसम्मत; **unanimity** *n* सर्वसम्मति; **unanimously** *ad* एकमत से

unarmed (अन्'आर्म्ड) *a* निहत्था; (*combat*) बिना हथियारों के (संघर्ष)

unassuming (अन'स्यूमिङ) *a* जिसमें अहंकार न हो, विनीत

unattached (अन'टैच्ट) *a* असम्बद्ध (जो किसी से जुड़ा न हो)

unattended(अन'टेन्डिड) *a* (*child*) अकेला; (*luggage*) बिना निगरानी के

unauthorized (अन्'ऑथराइज़्ड) *a* अनधिकृत, अवैध

unavailing (अन'वेलिङ) *a* व्यर्थ, बेकार, निष्फल

unavoidable (अन'वॉइडब्ल) *a* अनिवार्य

unaware (अन'वेॲर) *a* : **to be unaware of** से अनभिज्ञ/अनजान होना; **unawares** *ad* अनजाने, अकस्मात्

unbalanced (अन्'बैलन्स्ट) *a* असंतुलित

unbearable (अन्'बेॲरब्ल) *a* असह्य, बर्दाश्त के बाहर

unbeknown(st) (अन्बि'नोन्(स्ट)) *ad* : **unbeknown(st) to** को बिना पता चले

unbelievable (अन्बि'लीव़ब्ल) *a* अविश्वसनीय

unbend (अन्'बेंण्ड) *vb* (*irg*) *vi* सीधा हो जाना, नरम पड़ जाना // *vt* (*wire*) सीधा करना

unbias(s)ed (अन्'बाइअस्ट) *a* निष्पक्ष, पक्षपात-रहित

unborn (अन्'बॉर्न) *a* जो अभी जन्मा न हो

unbosom (अन्'बुज़म) *vt* मन का हाल बताना, अपना भेद, दुःख आदि बताना

unbreakable (अन्'ब्रेकब्ल) *a* जो टूट न सके, अटूट

unbroken (अन्'ब्रोकन) *a* अखण्ड, निरंतर; अटूट

unbutton (अन्'बट्न) *vt* बटन खोलना

uncalled-for (अन्'काल्ड् फ़ॉर) *a* अनावश्यक, अनुचित

uncanny (अन्'कैनि) *a* भयानक, रहस्यमय, अस्वाभाविक

unceasing (अन्'सीज़िङ) *a* अविरल, निरंतर

unceremonious (अनसेरि'मोनिअस) *a* अनौपचारिक, बेतकल्लुफ़; (*abrupt, rude*) अशिष्ट, रूखा; **unceremoniously** *ad* अशिष्टता से

uncertain (अन्'सर्टन) *a* अनिश्चित; ढीला, अनिश्चयी; **uncertainty** *n* अनिश्चितता; संदेह

unchecked (अन्'चेक्ट) *a* बेरोक, अनियंत्रित

uncivilized (अन्'सिविलाइज़्ड) *a* (*gen*) उजड्ड, असभ्य, गंवार; (*fig : behaviour etc*) असभ्य, अशिष्ट

uncle ('अंकल) *n* चाचा; ताऊ; मामा; मौसा; फूफा

uncomfortable (अन्'कम्फ़र्टबल) *a* बेआराम; (*uneasy*) परेशान, बेचैन; लज्जित

uncommon (अन्'कॉमन) *a* असाधारण, असामान्य, ग़ैरमामूली

uncomplimentary (अन्कॉम्पिलि'मेण्टरि) *a* निन्दात्मक, अपमानजनक

uncompromising (अन्'कॉम्प्रमाइज़िङ) *a* अटल, हठी, न झुकने वाला

unconcerned (अन् कन्'सर्न्ड) *a* : **to be unconcerned (about)** (की ओर से) उदासीन होना

unconditional (अन्कन्'डिशनल) *a* बिना किसी शर्त के

unconscious (अन्'कॉन्शस) *a* बेहोश; (*unaware*) अनभिज्ञ, अनजान // *n* : **the unconscious** अचेतन मन; **unconsciously** *ad* अनजाने (में)

uncontrollable (अन्कन्'ट्रोलबल) *a* अनियंत्रणीय, जो काबू न किया जा सके; बेलगाम, अनुशासनहीन

unconventional (अन्कन्'वेन्शनल) *a* अपरम्परागत, रूढ़िमुक्त, सामान्य से हटकर

uncouth (अन्'कूथ) *a* गंवार, असभ्य, अपरिष्कृत

uncover (अन्'कवर) *vt* उघाड़ना

unction ('अंक्शन) *n* मालिश; मरहम; अत्यधिक या बनावटी नम्रता, चिकनी-चुपड़ी बातें; **unctuous** ('अक्ट्युअस) *a* चिकना; बातचीत, व्यवहार में चिकना-चुपड़ा या अत्यधिक मीठा, (बनावटी) जोशपूर्ण

undecided (अनडि'साइडिड) *a* अनिर्णीत; अनिश्चयी

under (अंडर) *prep* के नीचे; के अंदर; के भीतर; (*less than*) से कम; (*according to*) के अनुसार, के अंतर्गत, के नाम से; के राज्यकाल या समय में // *ad* नीचे; के नीचे; **from under sth** (किसी चीज़) के नीचे से; **under there** वहां नीचे; **under repair** जिसकी मरम्मत हो रही हो

under... (अंडर) *prefix* (के) नीचे, के अंदर; **under-age** *a* कम उम्र,

अल्पवय; **undercarriage** *n* (*AVIAT*) वायुयान का निचला ढांचा; **undercharge** *vt* कम दाम लेना; **undercoat** *n* (*paint*) रंग का पहला लेप; **undercover** *a* गुप्त; **undercurrent** *n* सतह के नीचे धारा, अंतर्धारा; (मन में छिपे हुए गुस्से, बेचैनी आदि की) अंतर्धारा; **undercut** *vt irg* (प्रतिद्वंदी की अपेक्षा) कम दाम लेना; **underdeveloped** *a* अल्पविकसित; **underdog** *n* कमज़ोर वर्ग का सदस्य; **underdone** *a* (*CULIN*) अधपका; अधकचरा; **underestimate** *vt* कम आंकना; कम महत्व देना; **underfed** *a* जिसे कम खाने-पीने को मिलता हो, अल्पपोषित; **underfoot** *ad* पैरों तले; **undergo** *vt irg* से गुज़रना, सहना, भुगतना; (*treatment*) (इलाज) कराना; **undergraduate** *n* पूर्वस्नातक; **underground** *n* (*railway*) भूमिगत (ज़मीन के नीचे) रेलवे; (*POL*) गुप्त संगठन // *a* भूमिगत; (*fig*) गुप्त; **undergrowth** *n* झाड़-झंकाड़; **underhand(ed)** *a* (*fig*) चोरी-छिपे किया गया; बेइमानी का; **underlie** *vt irg* का आधार होना; **underline** *vt* रेखांकित करना; **underling** ('अंडर्लिङ) *n* (*offens*) नौकर; टहलुआ; **undermine** *vt* अंदर से खोखला कर देना, जड़ें काटना, (किसी का) गुप्त रूप से नुक्सान करना; **underneath** (अंडर्'नीथ) *ad* नीचे // *prep* के नीचे; **underpaid** *a* अल्पवैतनिक (जिसे योग्यता से कम वेतन/पारिश्रमिक मिले); **underpants** *npl* जांघिया; **underpass** *n* (*Brit*) अंडरपास, रेलवे लाइन/सड़क के नीचे सड़क; भूमिगत रास्ता, सबवे; **underprivileged** *a* अल्पाधिकार प्राप्त, पददलित; **underrate** *vt* कम महत्व देना, कम समझना; **undershirt** *n* (*US*) बनियान; **undershorts** *npl* (*US*) लम्बा जांघिया/निकर; **underside** *n* निचला हिस्सा; **underskirt** *n* (*Brit*) (स्त्रियों का नीचे पहनने का) साया

understand (अंडर'स्टैंड) *vb* (*irg* : *like* **stand**) *vt, vi* समझना, पता चलना; **I understand that ...** मुझे पता चला है कि ... ; मेरा ख्याल है कि; **understandable** *a* जिसे समझा जा सके, स्वाभाविक; **understanding** *a* जो समझ सके, हमदर्द // *n* समझ; (*agreement*) समझौता

understatement (अंड्र्'स्टेटमंट) *n* न्यूनोक्ति (महत्ता घटा कर गही कयी बात); **that's an understatement** (बात) इससे कहीं ज्यादा बड़ी है

understood (अंड्र्'स्टुड) **understand** का *pt, pp* // *a* (*implied*) माना हुआ, समझा हुआ; ज्ञात

understudy ('अंडर्स्टडि) *n*

आवश्यकता होने पर नियमित अभिनेता या (अभिनेत्री) का स्थान लेने वाला व्यक्ति

undertake (अंडर्'टेक) *vt irg* की ज़िम्मेदारी अपने ऊपर लेना, भार अपने ऊपर लेना; **to undertake to do sth** कुछ करने की ज़िम्मेदारी लेना

undertaker ('अंडर्टेकर) *n* (पश्चिम में) दफ़नाने का प्रबन्ध करने वाला, अंत्येष्टि-प्रबंधक

undertaking ('अंडर्टेकिङ) *n* कार्य, कारबार, उपक्रम; (*promise*) आश्वासन

undertone ('अंडर्टोन) *n* : **in an undertone** मंद या हलके स्वर/दबी आवाज़ में

underwater (अंडर्'वाटर) *ad* पानी के नीचे // *a* अंतर्जलीय, समुद्र आदि के नीचे (पायी जाने वाली)

underwear ('अंडरवेअर) *n* नीचे पहनने के कपड़े (बनियान आदि); (*women's only*) चोली; पैंटी

underworld ('अंडर्वर्ल्ड) *n* अपराधी समाज; (*MYTHOLOGY*) पाताल लोक

underwrite ('अंडर्राइट) *vt* (*irg*: *like* **write**) भुगतान का वचन देना; बीमा-पालिसी में भुगतान की ज़िम्मेदारी लेना

underwriter ('अंडर्राइटर) *n* (*INSURANCE*) बीमा एजेंट

undies ('अंडिज़) *npl* (*col*) स्त्रियों के नीचे पहनने के वस्त्र

undo (अन्'डू) *vt irg* (गांठ आदि) खोलना; बिगाड़ देना; उलट देना; रद्द कर देना, तबाह कर देना; **undoing** *n* सर्वनाश का कारण; **undone** *a* बर्बाद

undoubted (अन्'डाउटिड) *a* जिस के विषय में कोई संदेह न हो; **undoubtedly** *ad* निस्संदेह

undress (अन्'ड्रैस) *vi* कपड़े उतारना

undue (अन्'ड्यू) *a* अनुचित, अत्यधिक

undulating ('अनड्युलेटिङ) *a* लहरदार, तरंगों वाला

unduly (अन्'ड्यूलि) *ad* अनुचित रूप से; अत्यधिक

unearth (अन्'अर्थ) *vt* खोद कर निकालना; (*fig*) खोज निकालना

unearthly (अन्'अर्थलि) *a* अलौकिक, डरावना; (*hour*) असमय (बहुत सवेरे या बहुत रात को)

uneasy (अन्'ईज़ि) *a* घबराया हुआ, परेशान; (*worried*) बेचैन, चिंतित

unemployed (अनिम्'प्लॉइड) *a* बेरोज़गार, बेकार, खाली // *n* : **the unemployed** बेरोज़गार लोग

unemployment (अनिम्'प्लॉइमंट) *n* बेरोज़गारी

unending (अन्'एँण्डिङ) *a* अनन्त, लगातार

unerring (अन्'अरिंग) *a* ठीक,

UNESCO 711 unharmed

बिलकुल सही, अचूक

UNESCO (यू'नॅस्को) (= *United Nations Educational, Scientific and Cultural Organization*) का संक्षेप

uneven (अन्'ईव़्न) *a* ऊंचा-नीचा; (*irregular*) अनियमित

unexpected (अनिक्'स्पॅक्टिड) *a* जिसकी आशा न हो, अप्रत्याशित; **unexpectedly** *ad* अचानक, सहसा

unfailing (अन्'फ़ेलिङ) *a* सदा बना रहने वाला (गुण); अचूक

unfair (अन्'फ़ॅअर) *a* अनुचित, बेजा; **unfair (to)** (के साथ) अन्याय

unfaithful (अन्'फ़ेथफुल) *a* बेवफ़ा, कृतघ्न

unfamiliar (अनफ़'मिलिअर) *a* अपरिचित, अनजान

unfashionable (अन्'फ़ैश्नबल) *a* (*clothes*) जिनका चलन न हो; (*district*) अलोकप्रिय (रहने का इलाका)

unfasten (अन्'फ़ास्न) *vt* खोलना; ढीला करना

unfavourable, (*US*) **unfavorable** (अन्'फ़ेव़रब्ल) *a* प्रतिकूल

unfeeling (अन्'फ़ीलिंग) *a* कठोर, हृदयहीन

unfit (अन्'फ़िट) *a* अस्वस्थ; ख़राब (खाने की चीज़); (*incompetent*) : **unfit (for)** (के) लिए अयोग्य; (*work, service*) (के लिए) अनुपयुक्त

unfold (अन्'फ़ोल्ड) *vt* खोलना; (*fig*) प्रकट करना // *vi* खुलना; (*fig*) प्रकट होना, सामने आना

unforeseen ('अन्फ़ॉर्'सीन) *a* आकस्मिक, अप्रत्याशित

unforgettable (अन्फ़र्'गॅटब्ल) *a* जिसे भुलाया न जा सके, अविस्मरणीय

unfortunate (अन'फ़ार्चनिट) *a* बदकिस्मत, अभागा; (*event*) दुर्भाग्यपूर्ण; (*remark*) खेदजनक; **unfortunately** *ad* बदकिस्मती से, दुर्भाग्यवश

unfounded (अन्'फाउंडिड) *a* निराधार, बेबुनियाद, निर्मूल

unfriendly (अन्'फ्रॅन्ड्लि) *a* शत्रुतापूर्ण, रूखा

ungainly (अन्'गेन्लि) *a* बेढंगा, भद्दा

ungodly (अन्'गॉड्लि) *a* : **at an ungodly hour** अनुचित समय पर (बहुत तड़के या बहुत रात को)

ungrateful (अन्'ग्रेट्फुल) *a* अकृतज्ञ, ग़ैर असहानमंद

unhappiness (अन्'हैपिनिस) *n* दुःख, निराशा

unhappy (अन्'हैपि) *a* दुःखी; अभागा; **unhappy with** (*arrangements etc*) से अप्रसन्न/नाखुश, से असंतुष्ट

unharmed (अन्'हार्म्ड) *a* सुरक्षित, सकुशल

unhealthy (अन्'हेल्थि) *a* (*gen*) हानिकर; (*person*) अस्वस्थ

unheard-of (अन्'हर्डाव) *a* अभूत-पूर्व, असाधारण

uni- *comb form* एक-, इक- जैसे **uniform, unilateral** आदि में

UNICEF ('यूनिसेफ़) *n* (= *United Nations International Childrens' Emergency Fund*) का संक्षेप

uniform ('यूनिफ़ॉर्म) *n* वर्दी // *a* जिसमें परिवर्तन न हो, अपरिवर्ती, एक-समान, एकरूप, एकसार; **uniformity** (यूनि'फ़ॉर्मिटि) *n* एकरूपता

unify ('यूनिफ़ाइ) *vt* एक कर देना

uninhabited (अनइन्'हैबिटिड) *a* वीरान, बग़ैर आबादी वाला

unilateral (यूनि'लैटरल) *a* एक-तरफ़ा, एकपक्षीय, केवल एक पक्ष पर लागू (अनुबंध)

union ('यूनयन) *n* संयोजन, जोड़; एकता; (**trade union** भी) यूनियन, मज़दूर संघ // *cpd* मज़दूर-संघ सम्बंधी; **Union Jack** *n* ब्रिटेन का राष्ट्रीय झंडा

unique (यू'नीक) *a* अद्वितीय, बेमिसाल, एकमात्र, बेजोड़

unison ('यूनिसन) *n* (*MUS*) स्वरमेल; मैत्री, मेल-मिलाप

unit ('यूनिट) *n* इकाई, एकक; मात्रक; दल, टुकड़ी, यूनिट

unite (यू'नाइट) *vt* एक करना, जोड़ना, संगठित करना, मिलाना // *vi* एक हो जाना; **united** *a* संगठित, एक; (*efforts*) इकट्ठे, मिलकर; **United Kingdom** (**UK**) *n* ब्रिटेन; **United Nations** (**Organization**) (**UN, UNO**) *n* संयुक्त राष्ट्र संघ; **United States of America** (**US, USA**) *n* संयुक्त राज्य अमरीका

unit trust *n* (*Brit & India*) यूनिट ट्रस्ट (जनता से धन इकट्ठा करके विभिन्न कंपनियों में लगाने वाला संगठन)

unity ('यूनिटि) *n* एकता

universal (यूनि'वर्सल) *a* सार्व-भौमिक; किसी समाज के सभी सदस्यों पर लागू

universe ('यूनिवर्स) *n* सृष्टि; विश्व, ब्रह्माण्ड

university (यूनि'वर्सिटि) *n* विश्व-विद्यालय

unjust (अन्'जस्ट) *a* अन्यायी, बेइंसाफ़; अनुचित

unkempt (अन्'केम्प्ट) *a* फूहड़, अस्तव्यस्त; मैला-कुचैला

unkind (अन्'काइंड) *a* निर्दय, रूखा

unknown (अन्'नोन) *a* अज्ञात, अपिरिचित

unlawful (अन्'लॉफुल) *a* ग़ैर-कानूनी, अवैध

unleash (अन्'लीश) *vt* खोल देना, छोड़ देना; (*fig*) खुला छोड़ देना,

unless 713 **unprecedented**

अनियंत्रित कर देना

unless (अन्'लेॅस) *cj* यदि ... नहीं; जब तक ... नहीं; **unless he leaves** जब तक वह न जाये; **unless we have some money** यदि/जब तक हमारे पास कुछ धन न हो; **unless otherwise stated** जब तक कि इसके विपरीत कुछ न कहा गया हो

unlike (अन्'लाइक) *a* भिन्न, अलग; असमान // *prep* से भिन्न, के विपरीत

unlikely (अन्'लाइक्लि) *a* लगभग असंभावित; जिसकी आशा न हो

unlisted (अन्'लिस्टिड) *a* (*US TEL*) (नाम व नंबर) जो टेलीफ़ोन डायरेक्टरी में न दिया गया हो

unload (अन्'लोड) *vt* (माल) उतारना

unlock (अन्'लाक) *vt* (ताला) खोलना

unlucky (अन्'लकि) *a* भाग्यहीन, अभागा, बदकिस्मत; (*object, number*) अशुभ; **to be unlucky** अभागा होना

unmarried (अन्'मैरिड) *a* अविवाहित

unmistakable (अन्मिस्'टेकब्ल) *a* सुस्पष्ट, साफ़; जिसके बारे में किसी ग़लती या संदेह की संभावना न हो

unmitigated (अन्'मिटिगेटिड) *a* पूरा (ख़राब, विनाशकारी); पक्का

unnatural (अन्'नैचरल) *a* अस्वाभाविक; बनावटी

unnecessary (अन्'नैससरि) *a* अनावश्यक, फ़िज़ूल

unnoticed (अन्'नोटिस्ट) *a* : (**to go**) **unnoticed** (पर) किसी का ध्यान न जाना

UNO ('यूनो) *n* = **United Nations Organization**

unobtainable (अनब्'टेनब्ल) *a* अप्राप्य (जो न मिल सके); (*TEL*) (टेलीफ़ोन नंबर) जो मिल न रहा हो

unobtrusive (अनब्'ट्रूसिव़) *a* अप्रत्यक्ष (जल्दी से दिखाई न देने/सामने न आने वाला)

unofficial (अन'फ़िशल) *a* ग़ैर-सरकारी; (*strike*) ग़ैर-कानूनी, अवैध (हड़ताल)

unpack (अन्'पैक) *vi* (सामान) खोलना

unpalatable (अन्'पैलटब्ल) *a* अप्रिय; अस्वादिष्ट, बेस्वाद (भोजन); (*truth*) अप्रिय

unparalleled (अन्'पैरलेल्ड) *a* अद्वितीय, लाजवाब, बेमिसाल

unpleasant (अन्'प्लेज़ंट) *a* अप्रिय, ख़राब

unplug (अन्'प्लग) *vt* (बिजली का) प्लग निकालना

unpopular (अन्'पॉप्युलर) *a* बदनाम, अलोकप्रिय

unprecedented (अन्'प्रेसिडंटिड) *a* अभूतपूर्व, जिसकी नज़ीर न हो

unpredictable (अन्प्रि'डिक्टब्ल) *a* जिसके व्यवहार, स्वभाव आदि के बारे में कुछ न कहा जा सके, अनुनमेय

unprofessional (अन्प्र'फ़ेशनल) *a* (*conduct*) अव्यावसायिक, (आचरण) जो व्यक्ति के व्यवसाय के अनुरूप न हो

unqualified (अन्'क्वालिफ़ाइड) *a* (*teacher*) न्यूनतम से कम योग्यता वाला, अयोग्य; (*success*) पूरी तरह, पूर्ण

unquestionably (अन्'क्वेस्चनब्लि) *ad* निस्संदेह, निर्विवाद

unravel (अन्'रैव्ल) *vt* सुलझाना, खोलना; रहस्योद्घाटन करना

unreal (अन्'रिअल) *a* अवास्तविक

unrealistic (अन्रिअ'लिस्टिक) *a* वास्तविकता से परे; अव्यावहारिक

unreasonable (अन्'रीज़नब्ल) *a* तर्क-रहित; हठीला; अविवेकी; अनुचित

unrelated (अन्रि'लेटिड) *a* असम्बद्ध (जिसका आपस में कोई सम्बंध न हो); (से) रिश्ता न हो

unreliable (अन्रि'लाइअब्ल) *a* अविश्वसनीय, बेऐतबार

unremitting (अन्रि'मिटिङ) *a* निरंतर, अविरल

unreservedly (अन्रि'ज़र्विड्लि) *ad* निस्संकोच, पूरी तरह से

unrest (अन्'रेस्ट) *n* अशांति, गड़बड़ी

unroll (अन्'रोल) *vt* खोलना, फैलाना

unruly (अन्'रूलि) *a* उपद्रवी, अनियंत्रित, बेकाबू

unsafe (अन्'सेफ़) *a* असुरक्षित, ख़तरनाक

unsaid (अन्'सेडॅ) *a* : **to leave sth unsaid** कुछ अनकहा रहने देना

unsatisfactory ('अन्सैटिस्'फ़ैक्टरि) *a* असंतोषजनक

unsavoury, (*US*) **unsavory** (अन्'सेव़रि) *a* अरुचिकर; (*fig*) अप्रिय; ख़राब

unscathed (अन्'स्केद्ड) *a* सही-सलामत, बिलकुल ठीक

unscrew (अन्'स्क्रू) *vt* (पेच) खोलना

unscrupulous (अन्'स्क्रूप्युलस) *a* बेईमान, अनैतिक

unsettled (अन्'सेटॅल्ड) *a* अनिश्चित; परेशान; डांवांडोल

unshaven (अन्'शेव़न) *a* जिसने दाढ़ी न बनाई हो

unsightly (अन्'साइट्लि) *a* कुरूप, देखने में गंदा या भद्दा

unskilled (अन्'स्किल्ड) *a* : **unskilled worker** बेहुनर/मज़दूर, अकुशल श्रमिक

unspeakable (अन्'स्पीकब्ल) *a* अकथनीय; (*awful*) घिनौना

unstable (अन्'स्टेब्ल) *a* अस्थिर, डांवांडोल

unsteady (अन्'स्टेडि) *a* अस्थिर,

हिलता-डुलता, डांवांडोल

unstuck (अन्'स्टक) *a* : **to come unstuck** अलग हो जाना; (*fig*) निष्फल होना

unsuccessful (अनसक्'सेस्फुल) *a* (*attempt*) विफल, नाकामयाब; (*writer, proposal*) असफल; (*marriage*) विवाह-सम्बंध जो टूट गया हो; **to be unsuccessful** (*in attempting sth*) (कुछ करने में) असफल/नाकामयाब होना; (*application*) अस्वीकार होना

unsuitable (अन्'सूटब्ल) *a* अनुपयुक्त; अनुचित

unsure (अन्'शुअर) *a* अनिश्चित; **to be unsure of o.s.** (किसी कार्य आदि के संदर्भ में) अपनी सामर्थ्य में सन्देह होना

unsympathetic (अनसिंप'थेटिक) *a* (*person*) सहानुभूतिहीन, बेदर्द; (*attitude*) कठोर

untapped (अन्'टैप्ट) *a* (*resources*) जिन्हें अभी इस्तेमाल न किया गया हो, अप्रयुक्त

unthinkable (अन्'थिंकबल) *a* असंभव, कल्पनातीत

untidy (अन्'टाइडि) *a* (*room*) अस्तव्यस्त; (*appearance*) बेढंगी (सूरत); (*person*) गंदा, मैला-कुचैला; लापरवाह; (*work*) ख़राब

untie (अन्'टाइ) *vt* (*knot, parcel*) (गांठ, पार्सल) खोलना; (*prisoner, dog*) की बेड़ियां/ज़ंजीर खोलना

until (अन्'टिल) *prep* तक; (*after negative*) जब तक नहीं // *cj* जब तक, जब तक न; **until now** अब तक; **until then** तब तक

untimely (अन्'टाइम्लि) *a* असामयिक, बेमौके; (*death*) अकाल (मृत्यु)

untold (अन्'टोल्ड) *a* अनकही (कहानी); बयान के बाहर; असीम (कष्ट)

untouched (अन्'टच्ट) *a* अछूता; अक्षत; **untouchable** *a* जो छुआ न जा सके, अस्पृश्य // *n* (*INDIA*) अछूत (पुराने समय में शूद्र, हरिजन)

untoward (अन्ट'वॉर्ड) *a* अप्रिय, अनुचित

untranslatable (अन्ट्रैंज़'लेटब्ल) *a* जिसका अनुवाद न किया जा सके

unused (अन्'यूज़्ड) *a* जो प्रयोग में न लाया गया हो; (अन्'यूस्ट) : **unused to** का अनभ्यस्त (जिसे किसी वस्तु, कार्य आदि का अभ्यास न हो)

unusual (अन्'यूझुअल) *a* असाधारण, असामान्य, विरला

unveil (अन्'वेल) *vt* (मूर्ति आदि का) अनावरण करना

unwavering (अन्'वेव़रिंग) *a* अटल, (इरादे का) पक्का

unwelcome (अन्'वेल्कम) *a* अप्रिय, नापसंद; (*situation*) परेशानी

वाली

unwell (अन्'वेॅल) *a* अस्वस्थ; **to feel unwell** तबीयत ख़राब होना

unwieldy (अन्'वील्डि) *a* भारी-भरकम; भद्दा; संभालने में मुश्किल

unwilling (अन्'विलिंग) *a* : **to be unwilling to do** करने का अनिच्छुक होना; **unwillingly** *ad* अनिच्छा/बिना मरज़ी के

unwind (अन्'वाइंड) *vb* (*irg*) *vt* (पट्टियां आदि) खोलना // *vi* (*relax*) शांत हो जाना, आराम करना

unwise (अन्'वाइज़) *a* मूर्ख, नासमझ; मूर्खतापूर्ण

unwitting (अन्'विटिङ) *a* अनजाने में (किया कार्य आदि); अनभिज्ञ

unworkable (अन्'वर्कब्ल) *a* (*plan*) जो कार्यान्वित न हो सके

unworthy (अन्'वर्दि) *a* अयोग्य, नालायक

unwrap (अन्'रैप) *vt* (ऊपर लिपटा काग़ज़ आदि हटा कर पार्सल) खोलना; (ऊपर लिपटा काग़ज़ आदि) हटाना

unwritten (अन'रिटन) *a* अलिखित; मौन (सहमति)

KEYWORD

up (अप) ♦ *prep* : **he went up the stairs/the hill** वह सीढ़ियों से ऊपर गया/पहाड़ी पर गया; **the cat was up a tree** बिल्ली पेड़ पर थी; **they live further up the street** वे इस सड़क पर कुछ और आगे रहते हैं

♦ *ad* **1.** (*upwards, higher*) : **up in the sky/the mountains** आसमान में/पहाड़ों पर; **put it a bit higher up** इसे थोड़ा और ऊपर रख दो; **up there** वहां ऊपर; **up above** ऊपर

2. to be up (*out of bed*) जागना; (*prices*) बढ़ना

3. up to (*as far as*) यहां तक; **up to now** अब तक

4. to be up to (*depending on*) : **it's up to you** (अब) तुम्हारी ज़िम्मेदारी है; (*equal to*) : **he's not up to it** (*job, task etc*) वह इसके योग्य नहीं है/इसे नहीं कर सकता; (*col* : *be doing*) : **what is he up to?** वह क्या करने में लगा हुआ है ?

♦ *n* : **ups and downs** उतार-चढ़ाव

up-and-coming (अपंड्'कमिंग) *a* उभरता हुआ; प्रगति की राह पर

upbringing ('अप्ब्रिंगिङ) *n* पालन-पोषण व लिखाई-पढ़ाई

update (अप्'डेट) *vt* नवीनतम करना (जानकारी, तकनीक आदि)

upgrade (अप्'ग्रेड) *vt* ग्रेड बढ़ाना, (पद का) महत्व व वेतन बढ़ाना

upheaval (अप्'हीव़ल) *n* क्रांति; उथल-पुथल; महापरिवर्तन

uphill (अप्'हिल) *a* ऊपर (पहाड़ के); (*fig* : *task*) कठिन, मेहनत वाला (काम) // *ad* : **to go uphill** ऊपर

(ढलान पर) चढ़ना

uphold (अप्'होल्ड) *vt irg* बनाए रखना, कायम रखना; अनुमोदन या समर्थन करना

upholstery (अप'होल्स्टरि) *n* कुर्सी, सोफ़ा आदि की गद्दियां, कवर आदि; (*of car*) गद्दियों पर लगाने का कपड़ा

upkeep ('अप्कीप) *n* देख-रेख, संभाल; उसका खर्चा

uplift *n* ('अप्लिफ़्ट) उत्थान, सुधार // *vt* (अप्'लिफ़्ट) ऊपर उठाना; सुधारना

upon (अ'पॉन) *prep* के ऊपर

upper ('अपर) *a* ऊपरी; ऊपर का; उच्च, वरिष्ठ // *n* (*of shoe*) ऊपरी भाग; **upper-class** *a* उच्चवर्गीय; **upper hand** *n* : **to have the upper hand** किसी के मुकाबले ज्यादा मज़बूत स्थिति में होना; **uppermost** *a* उच्चतम, सर्वोच्च

upright ('अप्राइट) *a* खड़ा, सीधा; लम्ब; (*fig*) सच्चा, ईमानदार // *n* खड़ी वस्तु (विशे॰ खंभा)

uprising ('अप्राइज़िङ) *n* विद्रोह, बग़ावत

uproar ('अप्रॉर) *n* कोलाहल, शोर-गुल; **uproarious** (अप्'रॉरिअस) *a* शोरभरा

uproot (अप्'रूट) *vt* उखाड़ फेंकना

upset *n* ('अप्सेट) आशा के विपरीत हार; गड़बड़ // *vt* (अप'सेट) (*irg* : *like* **set**) (*glass etc*) उलट देना; (*plan*) उलटा देना, विफल कर देना; (*person* : *offend*) को नाराज़ करना; (: *grieve*) को दु:ख पहुंचाना; अशांत कर देना; चिंतित कर देना // *a* (अप्'सेट) उलटा हुआ; घबराया हुआ, चिंतित; (*stomach*) अपच होना

upshot ('अप्शॉट) *n* निष्कर्ष, परिणाम

upside-down ('अप्साइड्'डाउन) *ad* उलटा

upstairs (अप्'स्टेअर्ज़) *ad* ऊपर // *a* (*room*) ऊपर का

upstart ('अप्स्टार्ट) *n* व्यक्ति जिसे सहसा धन, शक्ति आदि प्राप्त हुए हों; कल का नवाब

upstream (अप्'स्ट्रीम) *ad* जलधारा की प्रतिकूल दिशा में

uptake ('अप्टेक) *n* : **he is quick/slow on the uptake** वह बात जल्दी समझ लेता है/धीरे समझता है

uptight (अप्'टाइट) *a* (*col*) चिड़चिड़ा, उत्तेजित, गुस्से, खीज से भरा हुआ

up-to-date ('अप्ट'डेट) *a* आज तक का, अद्यतन; आधुनिकतम

upturn ('अप्टर्न) *n* (*in luck*) पलटा, सुधार; (*COMM* : *in market*) वृद्धि

upward ('अप्वर्ड) *a* ऊपर की ओर

जाने वाला; से ज्यादा; **upward(s)** *ad* ऊपर की ओर

urban ('अर्बन) *a* नगरीय, शहरी; **urbanize** ('अर्बनाइज़) *vt* का शहरीकरण करना

urbane (अर्'बेन) *a* भद्र, विनम्र, सुसभ्य

urchin ('अर्चिन) *n* नटखट, मैला-कुचैला बालक

urea ('यूरिअ) *n* मूत्र में एक पदार्थ, यूरिआ, खाद में प्रयुक्त रसायण

urge (अर्ज) *n* तीव्र इच्छा; प्रेरणा; झुकाव, प्रवृत्ति // *vt* : **to urge sb to do** किसी से (कुछ) करने का आग्रह करना, का अनुरोध करना; के लिए उकसाना

urgency ('अर्जन्सि) *n* तुरंत कार्य करने की आवश्यकता; (*of tone*) आग्रह

urgent ('अर्जन्ट) *a* अत्यावश्यक, बहुत ज़रूरी

urine ('यूअरिन) *n* मूत्र, पेशाब; **urinal** ('यूअरि'नल) *n* पुरुषों का मूत्रालय, पेशाबघर

urn (अर्न) *n* कलश, घट विशे॰ भस्म कलश; अस्थिकलश; (**tea urn** भी) चाय, काफ़ी आदि बनाने व देने का टोंटीदार पात्र

US, USA *n* (= **United States (of America)**) का संक्षेप, संयुक्त राज्य अमरीका

us (अस) *pronoun* हम, हमें; **me** भी देखिये

use *n* (यूस) प्रयोग, उपयोग, इस्तेमाल; प्रयोजन; लाभ, उपयोगिता // *vt* (यूज़) प्रयोग करना; उपयोग करना; का फ़ायदा उठाना; **she used to do it** वह ऐसा किया करती थी, उसे ऐसा करने की आदत थी; **in use** इस्तेमाल किया जा रहा; **of use** लाभकारी; **to be of use** उपयोगी होना, काम में आ सकना; **it is no use** इसका कोई फ़ायदा नहीं; **to be used to** का आदी होना; **to use up** *vt* सारा (इस्तेमाल करके) खत्म कर डालना; खर्च कर डालना; **used** *a* (*car*) पुरानी; **useful** *a* उपयोगी, लाभदायक; **usefulness** *n* उपयोगिता; **useless** *a* निकम्मा, बेकार; **user** *n* उपभोक्ता, इस्तेमाल करने वाला; **user-friendly** *a* (*computer*) जिसे चलाना आसान हो

usher ('अशर) *n* प्रवेशक (लोगों को हॉल में उनकी सीटों तक पहुंचाने वाला) // *vt* प्रारंभ करना; जगह तक पहुंचाना; **usherette** (अश'रॅट) *n* (*in cinema*) लड़की जो लोगों को सीटों तक पहुंचाती है, प्रवेशिका

USSR *n* (= **Union of Soviet Socialist Republics**) का संक्षेप, सोवियत समाजवादी गणतंत्र संघ

usual ('यूझुअल) *a* सामान्य, साधारण, आम; **as usual** हमेशा की तरह; **usually** *ad* प्राय, अकसर; सामान्यत:

usurp (यू'ज़र्प) *vt* हड़प लेना, हथिया लेना

utensil (यु'टेन्स्ल) *n* घर में काम आने वाले बरतन; **kitchen utensils** रसोई के बर्तन-भांडे

uterus ('यूटरस) *n* गर्भाशय, बच्चे-दानी

utility (यू'टिलिटि) *n* उपयोग, लाभ; (**public utility** भी) जनोपयोगी सेवा (बस सेवा आदि); **utility room** *n* (निजी घर में) स्टोर

utilize ('यूटिलाइज़) *vt* का उपयोग करना

utmost ('अट्मोस्ट) *a* परम, चरम; सर्वाधिक; उच्चतम; अंतिम (स्थान, नगर आदि); भरसक // *n* : **to do one's utmost** भरसक प्रयत्न करना, पूरी कोशिश करना

utter ('अटर) *a* पूरा, निरा // *vt* कहना, बोलना; आवाज़ निकालना; **utterance** *n* कथन, उक्ति; **utterly** *ad* बिलकुल, पूरी तरह

U-turn ('यू'टर्न) *n* विपरीत दिशा में जाने के लिए वाहन द्वारा यू अक्षर के आकार का मोड़; राजनीतिक नीति में आमूलचूल परिवर्तन

V

v **verse, versus, volt** का संक्षेप

vacancy ('वे़कन्सि) *n* (*job*) खाली जगह; (*room*) खाली कमरा (होटल में)

vacant ('वे़कंट) *a* (*post*) रिक्त, खाली (नौकरी की जगह); (*seat, room etc*) रिक्त, खाली; (*expression*) भावशून्य (मुद्रा); **vacant lot** *n* (*US*) ज़मीन जिस पर किसी का कब्ज़ा न हो; (*for sale*) बिकाऊ ज़मीन

vacate (व़'केट) *vt* छोड़ना, खाली करना

vacation (व़'केशन) *n* अवकाश, विश्वविद्यालयों व न्यायालयों में लम्बी छुट्टी

vaccinate ('वै़क्सिनेट) *vt* किसी रोग-विशेष से बचाव का टीका लगाना; **vaccination** (वै़क्सि'नेशन) *n* टीका

vacillate ('वै़सिलेट) *vi* विचारों में अस्थिर होना, डांवांडोल होना, आगा-पीछा करना, हिचकना; डोलना; **vacillation** (वैसि'लेशन) *n* अनिश्चय, दुविधा; अस्थिरता

vacuum ('वै़क्युम) *n* शून्य, ख़ाली जगह, रिक्त स्थान; **vacuum bottle** *n* (*US*) = **vacuum flask**; **vacuum cleaner** *n* वैक्युम-क्लीनर (धूल-मिट्टी खींचकर सफ़ाई करने का यंत्र), निर्वात-मार्जक; **vacuum flask** *n* थर्मस बोतल ®, निर्वात फ्लास्क; **vacuum-packed** *a* खाद्य-पदार्थ जिसे डिब्बे की हवा निकाल कर उसमें सील बंद किया गया हो

vagabond ('वै़गबॉण्ड) *n* आवारागर्द;

vagina 720 vane

घुमक्कड़; आवारा (भिखारी या चोर)

vagina (व़'जाइन्अ) *n* योनि

vagrant ('वे्ग्रंट) *n* आवारा; घुमक्कड़

vague (वे़ग) *a* अनिश्चित, अस्पष्ट; (*photo, memory*) धुंधली; **vaguely** *ad* अनिश्चित रूप से

vain (वे़न) *a* (*useless*) व्यर्थ, बेकार, तुच्छ; (*conceited*) दंभी, घमंडी; **in vain** व्यर्थ ही, निष्फल

valediction (वै़लि'डिक्शन) *n* विदाई; **valedictory** *a* विदाई का (भाषण)

valentine ('वै़लन्टाइन) *n* (**valentine card** भी) सेंट वैलंटाइन दिवस (14 फरवरी) को भेजा गया प्रेम-पत्र

valet ('वै़ले, 'वै़लिट) *n* निजी सेवक

valiant ('वै़ल्यंट) *a* शूरवीर, साहसी

valid ('वै़लिड) *a* (*excuse*) ठोस; तर्कसंगत; विधिमान्य, वैध, कानूनन सही; **validity** *n* मान्यता, वैधता; तर्क-संगति; **validate** *vt* विधिमान्य बनाना

valley ('वै़लि) *n* घाटी

valour, (*US*) **valor** ('वै़लर) *n* पराक्रम, बहादुरी

valuable ('वै़ल्युअब्ल) *a* (*jewel*) बहुमूल्य, मूल्यवान; (*time*) बहुमूल्य, कीमती; **valuables** *npl* बहुमूल्य वस्तुऐं (ज़ेवर आदि)

valuation (वै़ल्यु'एशन) *n* मूल्यांकन

value ('वै़ल्यू) *n* मूल्य; उपयोगिता; महत्व // *vt* (*fix price*) मूल्य आंकना; (*cherish*) कद्र करना; को महत्वपूर्ण समझना; **value added tax (VAT)** *n* (*Brit*) लागत तथा विक्रय मूल्य के अंतर पर लगा टैक्स; **valued** *a* (*appreciated*) सम्मानित

valve (वै़ल्व़) *n* (*in machine*) वाल्व, प्रवाह नियंत्रक; (*on tyre*) वाल्व; (*in radio, TV*) वाल्व; (*ANAT*) (दिल में खून का) प्रवाह-नियंत्रक, वाल्व

vamp (वै़म्प) *n* पुरुषों को लुभाने/अपने जाल में फंसाने वाली स्त्री

vampire ('वै़म्पाइअर) *n* (लोक कथाओं में) रक्त चूसने वाला प्रेत; **vampire bat** *n* रक्त चूसने वाला चमगादड़

van (वै़न) *n* (*AUT*) वैन, बंद मोटर गाड़ी; (*Brit RAIL*) माल ले जाने व गार्ड के उपयोग का रेल-डिब्बा

vandal ('वै़ड्ल) *n* बर्बर, सम्पत्ति (विशे॰ कला वस्तुओं) को जानबूझ कर नष्ट करने वाला; **vandalism** *n* बर्बरता, कला विध्वंस; **vandalize** *vt* (कलाकृतियां) नष्ट करना

vane (वे़न) *n* पवनदिशा-सूचक, वातसूचक; पवन चक्की आदि का फलक; बम आदि का पंख जैसा फलक

vanguard ('वैन्गार्ड) *n* अग्रणी, अगुआ; आग्रगामी दल, मोरचा

vanilla (व़'निल्अ) *n* वैनिला फूलों की बेल; इसके बीज; इसका सुगंधित अरक

vanish ('वैनिश) *vi* ग़ायब हो जाना, लुप्त हो जाना

vanity ('वैनिटि) *n* दंभ, मिथ्या-भिमान, घमण्ड; दिखावा; **vanity case** *n* शृंगार का सामान रखने का छोटा डिब्बा जिसे स्त्रियां हाथ में लेकर चलती हैं

vanquish ('वैंक्विश) *vt* परास्त करना, हरा देना, काबू पा लेना

vantage ('वांटिज) *n* लाभ, अनुकूल परिस्थिति; **vantage point** *n* स्थान जहां से बहुत कुछ देखा जा सके

vapour, (*US*) **vapor** ('वेपर) *n* भाप, वाष्प; (*on window*) कोहरा, वायु में अदृश्य आर्द्रता (गीलापन)

variable ('वेअरिअब्ल) *a* परिवर्तन-शील; (*mood*) बदल जाने वाला, परिवर्ती

variance ('वेॲरिअन्स) *n* : **to be at variance (with)** (के विचारों से) भिन्न होना; (*facts*) से मेल न खाना

variation (वेॲरि'एशन) *n* परि-वर्तन; विभिन्नता, विविधता

varicose ('वैरिकोस) *a* : **varicose veins** (टांग की) फूली हुई नसें, स्फीत शिरा

varied ('वेॲरिड) *a* विविध, अलग-अलग

variegated ('वेॲरिगेटिड) *a* रंग-बिरंगा, रंगबिरंगी धारियों वाला

variety (व़'राइटि) *n* (*quantity*) विविधता; विविध वस्तुओं का संग्रह; **variety show** *n* रंगारंग कार्यक्रम

various ('वेॲरिअस) *a* विभिन्न, अनेक; (*several*) तरह-तरह के

varnish ('वार्निश) *n* वारनिश, रोग़न // *vt* वारनिश करना

vary ('वेॲरि) *vt* परिवर्तित करना // *vi* से भिन्न होना या हो जाना

vase (वाज़) *n* फूलदान, कलश

vasectomy (वै'सेक्टमि) *n* गर्भ-निरोधक उपाय के रूप में शुक्रवाहिका का शल्य क्रिया द्वारा कुछ अंश काटना; नसबन्दी

vaseline ('वैसिलीन) *n* ® वैस-लीन (मुंह पर मलने की क्रीम)

vast (वास्ट) *a* विशाल; (*amount, success*) बहुत बड़ी; **vastly** *ad* अत्यधिक; **vastness** *n* विशालता; विस्तार

VAT (वैट) *n* **value added tax** का संक्षेप

vat (वैट) *n* टंकी, बड़ा टब, कुण्ड

vault (वॉल्ट) *n* (*of roof*) मेहराब-दार छत; मेहराबदार भवन; (*tomb*) गुंबद, शव-कक्ष; (*in bank*) बहुमूल्य वस्तुऐं रखने का कमरा, कोष-कक्ष;

vaunted 722 **venom**

तहख़ाना; (*jump*) छलांग // *vt* (**vault over** भी) (के ऊपर से) छलांग लगाना

vaunted ('व़ॉन्टिड) *a* : **much-vaunted** जिसकी बहुत प्रशंसा व चर्चा हो

VCR *n* = **video cassette recorder**

VD *n* = **venereal disease**

VDU *n* = **visual display unit**

veal (व़ील) *n* बछड़े का मांस

veer (व़िअर) *vi* दिशा परिवर्तन करना; विचार, रुख बदल लेना

vegetable ('वे़ंजिटबल) *n* वनस्पति; शाक, सब्ज़ी // *a* वनस्पति विषयक

vegetarian (वे़ंजि'टेअरिअन) *a, n* शाकाहारी (व्यक्ति)

vegetation (वे़ंजि'टेशन) *n* वनस्पति, पेड़-पौधे

vehement ('व़ीइमंट) *a* ज़ोरदार, तेज़; (*impassioned*) उग्र, तीव्र (भावनाएं)

vehicle ('व़ीइक्‌ल) *n* वाहन (कार, बस, बैलगाड़ी आदि), सवारी; (*fig*) अभिव्यक्ति का माध्यम या साधन; **vehicular** (वि'हिक्युलर) *a* वाहन-सम्बंधी

veil (व़ेल) *n* पर्दा, घूंघट, बुरक़ा // *vt* पर पर्दा डालना, छिपा देना

vein (व़ेन) *n* रक्त को दिल की ओर ले जाने वाली शिरा; रग, नस; (*on leaf*) पत्ते की नसें; (*fig* : *mood*) मिजाज

velocity (वि़'लॉसिटि) *n* वेग

velodrome ('वे़लड्रोम) *n* साइकिल-दौड़ का मैदान, वैलोड्रोम

velvet ('वे़ल्‌वि़ट) *n* मख़मल

vendetta (वे़न्'डेट्अ) *n* हिंसक प्रतिशोध; कुल वैर, पुश्तैनी दुश्मनी

vending machine ('वे़न्डिङ्म' शीन) *n* मशीन जिसमें निर्धारित राशि का सिक्का आदि डालने पर वस्तु-विशेष बाहर आती है, बिक्री-मशीन

veneer (व़'निअर) *n* मामूली लकड़ी (के फर्नीचर) पर लगी बढ़िया लकड़ी की परत; (*fig*) (नम्रता, सौम्यता का) दिखावा, मुलम्मा

venerable ('वे़नॅरबल) *a* पूजनीय, श्रद्धेय

venereal (वि़'निअरिअल) *a* : **venereal disease (VD)** मैथुन-संचारित रोग, यौन रोग

Venetian (वि़'नीशन) *a* : **Venetian blind** पट्टियों से बनी खिड़की जिन्हें ऊपर-नीचे करके रोशनी अंदर आने या न आने दी जा सकती है; झिलमिली

vengeance ('वे़न्जन्स) *n* प्रतिशोध, बदला; **with a vengeance** (*fig*) बहुत अधिक, पूरी तरह

venial ('व़ीनिअल) *a* क्षमायोग्य (अपराध)

venison ('वे़निसन) *n* हिरण का मांस

venom ('वे़नॅम) *n* विष, ज़हर; द्वेष,

वैर; **venomous** *a* विषैला

vent (वे़ण्ट) *n* छेद, निकास; (*in dress, jacket*) सीधा चीर // *vt* (*fig* : *one's feelings*) (दबी भावनाओं को) व्यक्त करना

ventilate ('वे़ण्टिलेट) *vt* (*room*) हवा आने-जाने का प्रबंध करना; खुल कर चर्चा करना; **ventilation** (वे़ण्टि'लेशन) *n* संवातन; **ventilator** *n* रोशनदान

ventriloquist (वे़न्'ट्रिलक्विस्ट) *n* व्यक्ति जो इस प्रकार बोल सके कि आवाज़ कहीं और से अथवा किसी अन्य व्यक्ति से आती जान पड़े, पेटबोला

venture ('वे़न्चर) *n* जोखिम भरा काम, साहसिक कार्य // *vt* दांव पर लगाना, ख़तरे में डालना // *vi* जोखिम उठाना, (का) साहस करना; **venturesome** *a* साहसिक

venue ('वे़न्यू) *n* (सभा, मैच आदि का निश्चित किया गया) स्थान, स्थल

veracity (वे़'रैसिटि) *n* सच्चाई

veranda(h) (व़'रैंड्अ) *n* बरामदा, दालान

verb (व़र्ब) *n* (*LING*) क्रिया; **verbal** *a* मौखिक, ज़बानी; शाब्दिक; (*translation*) शब्दशः (एक-एक शब्द का)

verbatim (व़र्'बेटिम) *a, ad* शब्दशः

verdant ('व़र्डंट) *a* हरा-भरा (मैदान)

verdict ('व़र्डिक्ट) *n* ज्यूरी का निर्णय; निर्णय

verge (व़र्ज) *n* (*Brit*) सड़क के किनारे घास की पट्टी; किनारा; **on the verge of doing** जल्द ही करने वाला; **to verge on** *vt* की सीमा तक पहुंचना

verify ('वे़रिफ़ाइ) *vt* सत्यसिद्ध करना, कथन आदि को सत्य प्रमाणित करना; की सत्यता जांचना; **verification** (वे़रिफ़ि'केशन) *n* (काग़ज़ात, तथ्य की) सत्यता की जांच; सत्यापन

verity ('वे़रिटि) *n* सच्चाई, वास्तविकता; सत्य कथन

vermicelli (व़र्मि'सैलि) *n* सेंवई; केक पर लगाने के छोटे-छोटे चाकलेट के लच्छे

vermilion (व़र्'मिल्यन) *n* सिंदूर

vermin ('व़र्मिन) *npl* हानि पहुंचाने वाले जीव, कीड़े

vermouth ('व़र्मथ) *n* जड़ी-बूटियों की सुगंधि वाली मीठी शराब

vernacular (व़र्'नैक्युलर) *n* देश या स्थान विशेष की जनभाषा // *a* जनभाषा का, देशी

versatile ('व़र्सटाइल) *a* सर्वतोमुखी प्रतिभा वाला (व्यक्ति), हरफ़नमौला

verse (व़र्स) *n* छंद; पद्य; पद्य-पंक्ति; कविता; बाइबल का एक अनुवाक्य (पैरा)

version ('व़र्शन) *n* विशेष दृष्टिकोण से विवरण, बयान; अनुवाद; रूपांतर

versus ('व़र्सस) *prep* प्रति, विरुद्ध, बनाम

vertebra ('व़र्टिब्रअ) *n* रीढ़ का छोटा भाग, कशेरुका

vertical ('व़र्टिक्ल) *a* खड़ा, सीधा; **vertically** *ad* सीधे/खड़े रूप में

vertigo ('व़र्टिगो) *n* (सिर में) चक्कर

verve (व़र्व़) *n* उत्साह, जोश; ओज, बल

very ('वॅरि) *ad* बहुत // *a* बिल्कुल, ठीक वही; पक्का; असली; **the very book which** वही पुस्तक जो; **at the very end** बिल्कुल अंत में; **the very last** बिल्कुल अंतिम; **at the very least** कम से कम; **very much** बहुत ही; बहुत-बहुत

vessel ('व़ॅसल) *n* द्रव-पात्र (प्याला, बोतल आदि), बरतन; (*ANAT*) शरीर में वाहिका, नलिका; (*NAUT*) जहाज़, बड़ी नाव

vest (व़ॅस्ट) *n* (*Brit*) बनियान, बंडी आदि; (*US*) वास्कट // *vt* को देना, प्रदान करना; (से) सम्पन्न करना; पहनाना; **vested interests** *npl* (*COMM*) निहित स्वार्थ

vestry ('व़ॅस्ट्रि) *n* चर्च में वस्त्रागार

vet (व़ेट) *n* (=*veterinary surgeon*) का संक्षेप // *vt* परीक्षण करना; जांचना

veteran ('व़ॅटरन) *n* अनुभवी व्यक्ति; पुराना सैनिक; (**war veteran** भी) सेवा-निवृत्त सैनिक

veterinary ('व़ॅट्रिनरि) *a* पशुरोग सम्बंधी; **veterinary surgeon**, (*US*) **veterinarian** *n* (वॅट्र'नेॲरिअन) पशु-चिकित्सक, शालिहोत्री

veto ('वीटो) *n* (*pl* **vetoes**) निषेधाधिकार, वीटो; मनाही // *vt* वीटो का प्रयोग करना; निषेध करना

vex (व़ॅक्स) *vt* नाराज़ करना, खिझाना, परेशान करना; **vexed** *a* नाराज़, खीझा हुआ; परेशान; उलझा हुआ (प्रश्न), विवादग्रस्त (मामला)

VHF (= *very high frequency*) का संक्षेप, 30 से 300 मेगाहर्ट्स की रेडियो फ्रिक्वन्सी का बैंड (सीमा)

via ('व़ाइअ) *prep* के रास्ते, बरास्ता

viable ('व़ाइअब्ल) *a* व्यवहार्य, कारगर; जीवनक्षम; स्वतंत्र रूप से जीवित रहने व विकसित होने योग्य

vibrate (व़ाइ'ब्रेट) *vi* : **to vibrate (with)** (के साथ) कांपना; हिलना; गूंजना

vicar ('व़िकर) *n* पल्ली (पैरिश) का पादरी, विकर; **vicarage** *n* विकर का घर

vicarious (व़ि'कॅअरिअस, व़ाइ'कॅअरिअस) *a* कल्पना द्वारा स्वयं अनुभव किया गया (दूसरे का सुख, आनंद, दुःख आदि)

vice (व़ाइस) *n* व्यसन, बुरी लत, बुराई; पापाचार जैसे वेश्यावृत्ति; दोष, त्रुटि;

vice- 725 vigil

(*TECH*) बढ़ई आदि का शिकंजा

vice- *prefix* के स्थान पर, उप- जैसे **vice-chairman** उप-सभापति, **vice-chancellor** उप-कुलपति

viceroy ('वाइस्रॉइ) *n* वाइसराय, बड़े लाट

vice squad *n* पुलिस का विशेष दस्ता जो वेश्यावृत्ति को रोकता है

vice versa ('वाइसि'वर्स्अ) *ad Lat* इसके विपरीत

vicinity (वि'सिनिटि) *n* पास-पड़ोस, आस-पास, नज़दीकी

vicious ('विशस) *a* दुष्ट, क्रूर, खूंखार; ख़तरनाक; ज़ोरदार (प्रहार); भ्रष्ट, पापमय; अनैतिक; **vicious circle** *n* दुष्चक्र

victim ('विक्टिम) *n* शिकार; पीड़ित या सताया हुआ व्यक्ति, वर्ग आदि; **victimize** *vt* अनुचित दण्ड देना; सताना

victor ('विक्टर) *n* विजेता

Victorian (विक्'टोरिअन) *a* ब्रिटिश साम्राज्ञी विक्टोरिया के समय का; पुराणपंथी

victory ('विक्टरि) *n* विजय, सफलता

vide ('वाइडि) *ad Lat* देखिए

video ('विडिओ) *cpd* टेलीविज़न-चित्र प्रसारण सम्बंधी अथवा प्रसारण में प्रयुक्त (उपकरण आदि) // *n* (**video film** भी); **video cassette** *n* वीडियो कैसट, वीडियो फ़िल्म; **video cassette recorder** *n* वीडियो कैसट रिकार्डर, वीडियो; **video tape** *n* टेलीविज़न कार्यक्रम आदि रिकार्ड करने का टेप; (*cassette*) वीडियो कैसट

vie (वाइ) *vi* : **to vie with** से या के लिए होड़ लगाना, मुकाबला करना, प्रतिस्पर्धा करना

Vienna (वि'अन्अ) *n* ऑस्ट्रिया का नगर वियना

Vietnam (विएँट्'नैम) *n* वीयतनाम; **Vietnamese** (विएँट्नै'मीज़) *a* वीयतनाम का // (*pl inv*) वीयतनाम के नागरिक

view (व्यू) *n* दृष्टि, निगाह, नज़र; चित्र; दृष्य; मत; दृष्टिकोण; उद्देश्य // *vt* देखना, निहारना; (*house*) सर्वेक्षण करना; (*situation*) विचार करना; **on view** दर्शनीय वस्तु (जो किसी संग्रहालय में रखी हो); **in full view of** सब के सामने; (*building etc*) जो दिखाई पड़े; **in view of the fact that** इस बात को देखते हुए कि; **viewer** *n* फ़िल्म, टेलीविज़न का दर्शक; कैमरे का वह पुर्ज़ा जिसमें से चित्र खींचते समय देखा जाता है; **viewfinder** *n* कैमरे का पुर्ज़ा जिसमें से चित्र खींचते समय देखा जाता है; **viewpoint** *n* दृष्टि-कोण

vigil ('विजिल) *n* जागरण; निगरानी, सतर्कता; कुछ ईसाई उत्सवों की पूर्व-संध्या; **vigilance** *n* सतर्कता,

vigorous 726 **virtue**

चौकसी; **vigilant** *a* सतर्क, चौकस

vigorous ('विगरस) *a* ज़ोरदार; तेजस्वी; उत्साही; बलवान

vigour ('विगर) *n* बल, शक्ति, ओज, तेज; उत्साह

vile (वाइल) *a* दुष्ट; (*action*) शर्मनाक; (*smell*) अप्रिय, ख़राब; (*temper*) गुस्सेवाला (स्वभाव); घिनौना; घटिया

villa ('विल्अ) *n* गांव में आलीशान मकान, ग्राम-निवास; उपनगरीय-निवास

village ('विलिज) *n* गांव; **villager** *n* ग्रामवासी

villain ('विलन) *n* दुष्ट, बदमाश; (*in novel*) खलनायक

vindicate ('विन्डिकेट) *vt* निर्दोष ठहराना; सच या उचित सिद्ध करना

vindictive (विन्'डिक्टिव) *a* प्रतिशोधी, बदले की भावना या इच्छा रखने वाला; नाराज़गी से प्रेरित

vine (वाइन) *n* अंगूर की बेल

vinegar ('विनगर) *n* सिरका

vineyard ('वाइनयार्ड) *n* अंगूर का बाग

vintage ('विंटिज) *n* अंगूर एकत्र करना; अंगूर की फसल, वर्ष-विशेष की (अंगूरी) शराब; (वस्तु के बनने का) वर्ष, समय; **vintage wine** *n* पुरानी शराब

violate ('वाइअलेट) *vt* (कानून, समझौते आदि का) उल्लंघन करना, भंग करना, अतिक्रमण करना; बलात्कार करना; अपवित्र अथवा दूषित करना; **violation** (वाइअ'लेशन) *n* उल्लंघन, अतिक्रमण

violence ('वाइअलंस) *n* हिंसा; तीव्रता, उग्रता; (*POL*) हिंसात्मक घटनाएं

violent ('वाइअलंट) *a* उग्र, तीक्ष्ण; हिंसात्मक; प्रचंड, तीव्र, ज़ोरदार

violet ('वाइअलिट) *a* बैंगनी (रंग) // *n* नीलपुष्प, बनफ़्शा

violin (वाइअ'लिन) *n* वायलिन, बेला; **violinist** *n* वायलिन-वादक

VIP *n* (= *very important person*) अति महत्वपूर्ण व्यक्ति

viper ('वाइपर) *n* वाइपर (एक विषैला सांप)

virgin ('वर्जिन) *n* कुमारी, कुंआरी // *a* कुमारी; शुद्ध, अछूती (वस्तु); कभी न जोती गई (भूमि)

Virgo ('वर्गो) *n* राशिचक्र की छठी राशि, कन्या, जिसका समय 22 अगस्त से 21 सितंबर तक होता है

virile ('विराइल) *a* मैथुन समर्थ; मरदाना, पुरुषोचित; बलशाली, तेजस्वी

virtual ('वर्चुअल) *a* वास्तविक (यद्यपि औपचारिक या प्रत्यक्ष रूप में नहीं), असली; **virtually** *ad* वस्तुतः, असल में (*almost*) लगभग

virtue ('वर्चू) *n* गुण, सद्‌गुण; नैतिक गुण; विशेषता; निहित शक्ति; **by**

virtue of के बल या आधार पर

virtuous ('व़र्चुअस) *a* सच्चरित्र; नेक; गुणवान

virus ('व़ाइरस) *n* सूक्ष्म जीवाणु जिन में से कुछ छूत के रोग फैलाते हैं, वाइरस

visa ('व़ीज़अ) *n* किसी देश में प्रवेश की अनुमति, वीज़ा, प्रवेशपत्र

vis-à-vis (व़ीज़ा'व़ी) *ad Fr* की तुलना में; के सम्बंध में; के विपरीत

visibility (व़िज़ि'बिलिटि) *n* दृष्टि-सीमा, दृष्टिक्षेत्र; स्पष्ट दिखाई देने की सीमा

visible ('व़िज़िब्ल) *a* दृष्टिगोचर, दिखाई देने वाला, स्पष्ट; **visibly** *ad* स्पष्टतया

vision ('व़िझन) *n* (*sight*) दृष्टि; कल्पना शक्ति; अंतर्दृष्टि; स्वप्न में दिखाई देने वाला दृश्य या आकृति; दिव्यदर्शन

visit ('व़िज़िट) *n* भेंट, मुलाकात, जाने व ठहरने की क्रिया // *vt* मिलने जाना या आना, भेंट करना; (*stay*) कुछ समय के लिए (किसी के यहां) ठहरना; (*place*) जाना; **visiting hours** *npl* (*in hospital etc*) मुलाकात का समय; **visitor** *n* मुलाकाती, आगन्तुक; **visitor's book** *n* पुस्तक जिसमें प्रदर्शनी आदि में जाने वाले अपनी राय लिख सकते हैं; (*in hotel*) रजिस्टर

visor ('व़ाइज़र) *n* हेलमेट का (प्रायः कांच का) ऊपर-नीचे किया जा सकने वाला अग्र भाग; (कार में) सूर्य की किरणें रोकने वाला शेड; टोपी पर शेड, वाइज़र

vista ('व़िस्ट्अ) *n* दृश्य विशे॰ दूर तक का

visual ('व़िझुअल) *a* दृष्टि-सम्बंधी; दृष्टि; **visual aid** *n* दृश्य उपकरण जो प्रशिक्षण आदि में काम आए; **visual display unit (VDU)** *n* कम्प्यूटर का वह स्क्रीन (परदा) जिस पर मांगी गयी जानकारी दिखाई पड़ती है

visualize ('व़िज़ुअलाइज़) *vt* (भविष्य की किसी घटना) की कल्पना करना; मन में स्पष्ट रूप से देखना

vital ('व़ाइट्ल) *a* जीवन के लिए अत्यावश्यक; जीवन-सम्बंधी; सजीव, जानदार, आवश्यक, अत्यंत महत्वपूर्ण; **vitally** *ad* आवश्यक रूप से; **vital statistics** *npl* (*fig*) छाती, कमर, नितम्बों का माप; जीवन-सम्बन्धी आंकड़े

vitamin ('व़िटमिन, 'व़ाइ-) *n* विटामिन (जीवन के लिए आवश्यक तत्व)

vivacious (व़ि'व़ेशस) *a* सजीव, हंसमुख, ज़िंदादिल, फुरतीला

viva voce ('व़ाइव़्अ'व़ोशि) *ad, n Lat* (प्रायः **viva**) मौखिक (परीक्षा)

vivid ('व़िव़िड) *a* चमकीला, तेज़; स्पष्ट; सजीव; विशद, जीवन्त (चित्रण, वर्णन आदि); **vividly** *ad* स्पष्ट रूप से (वर्णन, चित्रण आदि करना); ठीक-ठीक (याद रखना)

vizier (व़ि'ज़िअर) *n* वज़ीर

V-neck ('व़ीनेॅक) *n* वी अक्षर के आकार का गला (स्वेटर आदि का)

vocabulary (व़'कैब्युलरि) *n* शब्दावली, शब्द-संग्रह, शब्द-भंडार, शब्द-समूह

vocal ('व़ोकल) *a* उच्चरित, बोला गया; मुखरित, बोलने में प्रयुक्त; मौखिक; स्पष्ट बात कहने वाला, शोर करने या खूब बोलने वाला; **vocal chords** *npl* स्वरतंत्री

vocation (व़ो'केशन) *n* व्यवसाय-विशेष की ओर प्रवृत्ति, पेशा; **vocational** *a* व्यवसाय-सम्बन्धी

vociferous (व़'सिफ़रस) *a* शोर-भरा, ज़ोरदार; चिल्लाने वाला

vodka ('व़ॉड्कअ) *n* वोदका (एक रूसी शराब)

vogue (व़ोग) *n* प्रचलन, फ़ैशन; लोकप्रियता

voice (व़ॉइस) *n* वाणी, ध्वनि, आवाज़, स्वर; मत, राय; (किसी विषय पर) बोलने का अधिकार; (*LING*) वाच्य // *vt* व्यक्त करना, कहना

void (व़ॉइड) *n* रिक्ति, शून्य // *a* रिक्त, खाली; अभावग्रस्त; अमान्य, रद्द; **void of** से खाली, के बिना

voile (व़ॉइल) *n* महीन कपड़ा, वायल

volatile ('व़ॉलटाइल) *a* (*spirit*) वाष्पशील; (*fig*) चुलबुला, चंचल, अस्थिर

volcano, *pl* **volcanoes** (व़ॉल्'केॅनो) *n* ज्वालामुखी

volition (व़'लिशन) *n* : **of one's own volition** अपनी इच्छा से

volley ('व़ॉलि) *n* (गोलियों, पत्थरों आदि की) बौछार; (प्रश्नों, गालियों आदि की) झड़ी, बौछार; (*TENNIS etc*) ज़मीन पर गिरने से पहले गेंद पर वार; **volleyball** *n* वालीबाल

volt (व़ोल्ट) *n* विद्युत-बल की इकाई, वोल्ट; **voltage** *n* वोल्ट (परिमाण), वोल्टेज

volte-face ('व़ॉल्ट'फ़ास) *n Fr* विचारों आदि में एकदम परिवर्तन; कायापलट

voluble ('व़ॉल्युबल) *a* धाराप्रवाह बोलने वाला, बातूनी, बक्की

volume ('व़ॉल्यूम) *n* घेरा गया स्थान; आयतन; परिमाण, मात्रा, राशि, ढेर; ध्वनि प्रबलता, आवाज़ की ऊंचाई; रेडियो, टी॰वी॰ पर ध्वनि-नियंत्रक; पुस्तक; अलग-अलग खंडों में पुस्तक का एक खंड, जिल्द

voluntarily ('व़ॉलंट्रिलि) *ad* अपनी इच्छा से; बिना किसी के कहे

voluntary ('व़ॉलंटरि) *a* इच्छा से किया गया, स्वैच्छिक; (*unpaid*) अवैतनिक (काम, सेवा); स्वयंसेवी (संस्था)

volunteer (व़ॉलन्'टिअर) *n* स्वयंसेवी // *vi* (*MIL*) स्वेच्छा से सेना

vomit 729 **wafer**

में भरती होना; **to volunteer to do** स्वेच्छा से कोई काम करने की पेशकश करना

vomit ('व़ॉमिट) *vt, vi* उलटी करना, वमन करना // *n* वमन, उलटी, कै

voodoo ('वूडू) *n* जादू-टोना विशे॰ वेस्ट इंडीज़ में

vortex, *pl* **vortices** ('व़र्टेक्स, 'व़र्टिसीज़)) *n* भंवर; बगूला

votary ('व़ोटरि) *n* व्रती, धर्मसंघी; भक्त; समर्थक

vote (व़ोट) *n* मत; मतदान; मताधिकार; मतदान का परिणाम; मतदान द्वारा स्वीकृत की गई राशि; वोट // *vt* वोट देना, मत देना; चुनना; स्वीकृति देना; विधेयक पास करना // *vi* वोट देना, मत देना; **vote of censure** निंदा-प्रस्ताव; **vote of thanks** धन्यवाद-प्रस्ताव; **voter** *n* मतदाता; **voting** *n* मतदान

vouch (व़ाउच) : **to vouch for** *vt* किसी की ईमानदारी आदि का ज़िम्मा लेना

voucher ('व़ाउचर) *n* (भोजन, पेट्रोल आदि की) पर्ची; रसीद

vow (व़ाउ) *n* प्रतिज्ञा, वचन, व्रत // *vi* प्रतिज्ञा करना; (बदले आदि की) कसम खाना

vowel ('व़ाउअल) *n* स्वर; स्वर अंकित करने वाला अक्षर (*a, e, i, o, u*)

voyage ('व़ॉइज) *n* यात्रा विशे॰ समुद्री या हवाई यात्रा

voyeur (व़्वाइ'अर) *n* दूसरों को वस्त्र उतारते अथवा संभोग करते देख कर यौन सुख का अनुभव करने वाला व्यक्ति, दर्शनरतिक

vs. **versus** का संक्षेप

VTR (*video tape recorder*) का संक्षेप

vulcanize ('व़ल्कनाइज़) *vt* विशेष क्रिया द्वारा (रबड़ का) टिकाऊपन बढ़ाना

vulgar ('व़ल्गर) *a* असभ्य, अशिष्ट, भद्दा, गंवारू; **vulgarity** (वल्'गैरिटि) *n* अभद्रता, कुरुचि

vulnerable ('व़ल्नरब्ल) *a* जिसे घायल किया जा सके अथवा जिसकी भावनाओं को चोट पहुंचाई जा सके, अति संवेदनशील, नाज़ुक; असुरक्षित; आसानी से मान जाने वाला

vulture ('व़ल्चर) *n* गीध, गिद्ध

vulva ('व़ल्व़अ) *n* भग

W

wad (वॉड) *n* (*of cotton wool, paper*) गद्दी, मोटी तह; (*of banknotes etc*) गड्डी

waddle ('वॉड्ल) *vi* बतख की तरह चलना

wade (वेड) *vi* : **to wade through** पैदल पार करना विशे॰ नदी आदि // *vt* कठिनाई से आगे बढ़ना

wafer ('वेफ़र) *n* (*CULIN*) वेफ़र (एक प्रकार का पतला कुरमुरा बिस्कुट);

किसी भी पदार्थ की पतली टुकड़ी

waffle ('वॉफ़ल) *n* (*CULIN*) पतली मीठी रोटी; (*col*) गप्प; बकवास

waft (वॉफ़्ट) *vt* उड़ा ले जाना; बहा ले जाना // *vi* बहते चले जाना; (महक) फैल जाना

wag (वैग) *vt* (पूंछ) हिलाना // *vi* हिलना // *n* (*inf*) मसख़रा

wage (वेज) *n* (**wages** भी) वेतन, मज़दूरी // *vt* : **to wage war** युद्ध करना; **wage packet** *n* वेतन (का लिफ़ाफ़ा)

wager ('वेजर) *n* शर्त, दांव

waggle ('वैग्ल) *vt, vi* तेज़ी से घुमाना या हिलाना

wag(g)on ('वैगन) *n* भार, माल वाहक चौपहिया गाड़ी; (*Brit* : *RAIL*) मालगाड़ी का डिब्बा, वैगन

wail (वेल) *vi* रोना, बिलखना; (*siren*) (भोंपू) ज़ोर से देर तक बजना

waist (वेस्ट) *n* कमर; मध्यभाग; **waistcoat** *n* वास्कट; **waistline** *n* चोली आदि की स्कर्ट से मिलने वाली रेखा; कमर का माप, उसकी निचली रेखा

wait (वेट) *n* प्रतीक्षा (काल) // *vi* होटल आदि में बैरे का काम करना; **to lie in wait for** किसी के लिए घात लगा कर बैठना; **to wait for** किसी की प्रतीक्षा करना; **I can't wait to** (*fig*) मैं (के लिए) बहुत अधीर हो रहा हूं; **to wait behind** *vi* (जानकर) पीछे रह जाना; **to wait on** *vt* किसी की सेवा (भोजन आदि परोसने) में लगे होना; **waiter** *n* होटल का बैरा; **waiting** *n* : **'no waiting'** (*Brit AUT*) 'यहां तुरंत सेवा उपलब्ध है'; **waiting list** *n* प्रतीक्षा-सूची (यात्रियों की जिन्हें सीट न मिली हो); **waiting room** *n* प्रतीक्षा-कक्ष; प्रतीक्षालय; **waitress** *n* बैरे का काम करने वाली लड़की

waive (वेव़) *vt* (अधिकार आदि) छोड़ देना; पर आग्रह न करना

wake (वेक) *vb* (*pt* **woke, waked,** *pp* **woken, waked**) *vt* (**wake up** भी) जगाना // *vi* (**wake up** भी) जागना // *n* मृत व्यक्ति के शव के पास रात भर जागना; (*NAUT*) जहाज़ के पीछे पानी में बनी गहरी लकीर; **waken** *vt, vi* = **wake**

Wales (वेल्ज़) *n* इंगलैंड के पश्चिमी भाग में स्थित स्थान, वेल्स

walk (वॉक) *n* सैर के लिए बना रास्ता; सैर; चहलकदमी; चाल; पगडंडी // *vi* चलना; सैर या चहलकदमी करना // *vt* चलना; (कुत्ते को) टहलाना; **10 minutes' walk from** से 10 मिनट पैदल का रास्ता; **from all walks of life** सभी व्यावसायिक वर्गों से; **to walk out on** *vt* (*col*) किसी का साथ छोड़ देना; दग़ा करना; **walker** *n* चहलकदमी करने वाला; **walkie-talkie** ('वाकि'टाकि) *n* चलता-

walkman 731 **ward**

फिरता रेडियो उपकरण, वाकी-टाकी; **walking stick** *n* छड़ी; **walkout** *n* (मज़दूरों का) अचानक काम छोड़ कर चल देना; (सदस्यों का) सभा से उठ कर चले जाना; **walkover** *n* (*col*) सहज या निर्विरोध जीत; **walkway** *n* सैर करने का रास्ता

walkman ('वॉक्मन) *n* ® छोटा स्टीरियो कैसट रिकार्डर जिसे चलते चलते कान से लगाया जा सकता है

wall (वॉल) *n* दीवार; **walled** *a* (नगर) जिस के चारों ओर दीवार हो

wallet ('वॉलिट) *n* बटुआ, मनीबैग

wallflower ('वालफ़्लाउअर) *n* दीवार पर उगने वाला एक फूल; **to be a wallflower** (*fig*) कुछ न करना और केवल सजावट की चीज़ बन कर बैठे रहना

wallop ('वॉलप) (*col*) *vt* खूब मारना; ज़ोर से वार करना // *n* ज़ोर का वार

wallow ('वॉलो) *vi* लोटना; (*fig*) (में) लिप्त हो जाना, डूब जाना

wallpaper ('वाल्पेपर) *n* दीवार पर सजावट के लिए चिपकाने का काग़ज़

wally ('वॉलि) *n* (*col*) मूर्ख, गधा

walnut ('वॉल्नट) *n* अखरोट; अखरोट का पेड़; उसकी लकड़ी

walrus, *pl* **walrus** *or* **walruses** ('वॉल्रस) *n* वालरस (समुद्री जीव)

waltz (वॉल्ट्स) *n* बालरूम-नृत्य; इसके साथ संगीत // *vi* नाचना

wan (वॉन) *a* पीला (चेहरे का रंग), फीका; निस्तेज

wand (वॉण्ड) *n* (**magic wand** भी) (जादूगर की) छड़ी

wander ('वॉण्डर) *vi* घूमना; भटक जाना; विषय से भटक जाना; (*river*) टेढ़े-मेढ़े बहना // *vt* (गलियों, सड़कों पर) निरर्थक इधर-उधर घूमना

wane (वेन) *vi* (चांद का) घटना, कम हो जाना; (ख्याति) कम हो जाना

wangle ('वैंग्ल) *vt* (*Brit col*) जोड़-तोड़ लगाकर काम निकालना या कुछ प्राप्त करना; में गोलमाल करना

want (वॉन्ट) *vt* चाहना, की इच्छा होना; (व्यक्ति को किसी वस्तु की) आवश्यकता होना; का अभाव होना // *n* : **for want of** के अभाव में; **wants** *npl* आवश्यकताएं; **to want to do** करने की इच्छा होना; **to want sb to do** किसी से कोई काम कराने की इच्छा होना; **wanting** *a* : **to be found wanting** (योग्यता, सामर्थ्य आदि की व्यक्ति, वस्तु) में कमी पाई जाना

wanton ('वॉन्टन) *a* व्यभिचारी, लम्पट; चंचल; निरर्थक, बिना उद्देश्य के; अनियंत्रित, बेलगाम, मनमाना

war (वॉर) *n* युद्ध, संग्राम; संघर्ष; **to make war (on)** (से) युद्ध करना

ward (वॉर्ड) *n* (*POL*) नगर का प्रशासनिक भाग, हलक़ा, वार्ड; अस्पताल,

जेल आदि में वार्ड; (*LAW : child*) अभिभावक के संरक्षण में नाबालिग़; **to ward off** *vt* बचाव करना, रोक लेना

warden ('वॉर्डन) *n* होस्टल, पार्क आदि का कार्यभारी, वार्डन, छात्रपाल; (*Brit* : **traffic warden** भी) यातायात नियंत्रण में पुलिस की सहायता करने वाला

warder ('वार्डर) *n* (*Brit*) जेल का अधिकारी, वार्डर

wardrobe ('वॉर्ड्रोब) *n* (*cupboard*) कपड़े रखने या टांगने की आलमारी; (*clothes*) व्यक्ति का वस्त्र-संग्रह; (*THEATRE*) नाटक कम्पनी की वेश-सामग्री

warehouse ('वेॲरहाउस) *n* माल-गोदाम, भांडागार

wares (वेॲर्स) *npl* सौदा, माल

warfare ('वार्फ़ेॲर) *n* युद्ध (संचालन); युद्ध (कला)

warhead ('वार्हेड) *n* (*MIL*) बम, राकेट आदि का वह भाग जिसमें विस्फोटक पदार्थ भरे होते हैं

warily ('वेॲरिलि) *ad* फूंक-फूंक कर; झिझकते-झिझकते

warm (वॉर्म) *a* गरम; भरपूर (धन्यवाद); भावभीना (स्वागत आदि); **it's warm!** गरमी है !; **I am warm** मुझे गरमी लग रही है; **to warm up** *vi* गरम हो जाना (कमरे आदि का); (पानी) गरम हो जाना; खिलाड़ी का दौड़ने आदि को तैयार हो जाना; बहस में गरमी आ जाना // *vt* गरम करना; दुबारा (ठण्डे पदार्थ को) गरम करना; (इंजन) चला कर गरम करना; **warm-hearted** *a* स्नेही; **warmly** *ad* स्नेहपूर्वक; जोश से; भरपूर (धन्यवाद); **warmth** *n* गरमी; स्नेह

warn (वॉर्न) *vt* सतर्क या सावधान करना, सचेत करना; चेतावनी देना; पूर्व-सूचना देना; **warning** *n* चेतावनी; पूर्वसूचना; **warning light** *n* चेतावनी देने वाली बत्ती; **warning triangle** *n* (*AUT*) त्रिकोण रूपी सड़क संकेत जो बताता है कि आगे एक रास्ता निकलता है

warp (वॉर्प) *vi* संवलित होना, की आकृति बिगड़ जाना; (मानसिक अथवा नैतिक स्तर पर) विकृत हो जाना // *vt* (*fig*) विकृत करना, बिगाड़ देना

warrant ('वॉरंट) *n* (*guarantee*) ज़मानत या गारंटी; (तलाशी या गिरफ़्तारी) वारंट, अधिपत्र

warranty ('वारंटि) *n* माल की गुणवत्ता के बारे में आश्वासन

warren ('वॉरन) *n* (अनेक बिलों से बनी) खरग़ोशों की आबादी

warrior ('वॉरिअर) *n* योद्धा

Warsaw ('वारसॉ) *n* पोलैंड की राजधानी, वारसा

warship ('वार्शिप) *n* जंगी जहाज़, युद्धपोत

wart (वॉर्ट) *n* मस्सा, चर्मकील

wartime ('वार्टाइम) *n* : **in wartime** युद्ध के दिनों में

wary ('वेअरि) *a* सतर्क, सावधान, चौकस, होशियार

was (वॉज़) **be** का *pt*

wash (वॉश) *vt* धोना // *vi* नहाना // *n* रंग का पतला लेप; एक बार धोए कपड़े या कपड़े धोने का कार्यक्रम; जहाज़ के पीछे पानी में बनी नाली; **to have a wash** नहाना, हाथ-मुंह धोना; **to wash away** *vt* धोकर धब्बे मिटाना; (नदी आदि का) बहा कर ले जाना; **to wash off** *vi* धुल जाना, उतर जाना (रंग, रोग़न आदि का); **to wash up** *vi* (*Brit*) समुद्र आदि की लहरों के साथ तट पर आना; (*US*) हाथ-मुंह धोना; **washable** *a* धोने योग्य; जो धुल सके; **washbasin,** (*US*) **washbowl** *n* हाथ-मुंह धोने की चिलमची; **washcloth** *n* (*US*) मुंह धोने का रूमाल; **washer** *n* (*TECH*) पेच कसने के लिए उस में डाला छल्ला, वाशर; **washing** *n* कपड़े जो धोने हों; **washing machine** *n* कपड़े धोने की मशीन, वाशिंग मशीन; **washing powder** *n* (*Brit*) कपड़े धोने का पाउडर; **washing-up** *n* गन्दे बरतन मलने की क्रिया; **washing-up liquid** *n* बरतन साफ़ करने का तरल पदार्थ; **wash-out** *n* (*col*) असफलता, विपत्ति; **washroom** *n* पाखाना, शौचघर

wasn't ('वॉज़ंट) = **was not**

wasp (वॉस्प) *n* भिड़, ततैया

wastage ('वेस्टिज) *n* हानि, क्षति, बरबादी; **natural wastage** सेवा-निवृत्ति, त्यागपत्र आदि के कारण मज़दूरों की संख्या में कमी

waste (वेस्ट) *n* रद्दी, कूड़ा-करकट; (समय की) बरबादी; अपशेष, बचा हुआ व्यर्थ पदार्थ; कूड़-कबाड़; (**household waste** भी) कचरा // *a* बेकार, रद्दी; ऊसर, बंजर (भूमि) // *vt* बरबाद करना; अपव्यय करना; (समय आदि) नष्ट करना; (अवसर से) लाभ न उठाना; **wastes** *npl* ऊसर या बंजर मैदान; मरुस्थल; **to lay waste** नष्ट कर देना; **to waste away** *vi* ह्रास हो जाना, दुबले-पतले हो जाना (किसी रोग आदि के कारण); **waste disposal unit** *n* (*Brit*) रसोई घर में बरतन धोने की चिलमची के पैंदे में लगा उपकरण जो जूठन के टुकड़े-टुकड़े करके उसे पानी में बहा देता है; **wasteful** *a* फिज़ूल खर्च; (प्रक्रिया) जिसमें साधनों का अपव्यय होता हो; **waste ground** *n* (*Brit*) बंजर या ऊसर भूमि; **wastepaper basket** *n* रद्दी की टोकरी; **waste pipe** *n* गंदगी ले जाने की नाली

watch (वॉच) *n* घड़ी; चौकसी; निगरानी, पहरा; (*MIL*) पहरेदार, संतरी; (*NAUT*) मल्लाह जो पहरा दे रहा हो;

(*NAUT*) ऐसे पहरेदार के काम की अवधि // *vt* ध्यान से देखना; (*match, programme*) देखना; निगरानी, चौकसी रखना; पहरा देना; सावधान या सतर्क रहना // *vi* पहरा देना; चौकस रहना; **to watch out** *vi* सावधान, सतर्क रहना; **watchdog** *n* निगरानी रखने वाला कुत्ता; (*fig*) हित-प्रहरी, हितों का सतर्क रक्षक; **watchful** *a* सतर्क; **watchmaker** *n* घड़ी-साज़; **watchman** *n* (**night watchman** भी) पहरेदार, चौकीदार; **watch strap** *n* कलाई की घड़ी का फ़ीता

water ('वॉटर) *n* पानी // *vt* (पौधे आदि को) पानी देना, सींचना // *vi* (आंखों, मुंह में) पानी आ जाना; **in British waters** ब्रिटिश समुद्र में; **to water down** *vt* (दूध में) पानी मिलाना; (*fig*) किसी कथ्य, बयान आदि का प्रभाव कम कर देना; **water-colour** *n* पानी में घुला रंग (जो पिचकारी में प्रयुक्त होता है); **water colours** *npl* पानी के (उस में घुल जाने वाले) रंग; **watercress** *n* चरपरे पत्तों वाला पौधा जिसके पत्ते सलाद में काम आते हैं; **waterfall** *n* जलप्रपात (ऊंचाई से गिरने वाला झरना); **water heater** *n* पानी गरम करने का बिजली का उपकरण; **water ice** *n* एक प्रकार की आइसक्रीम; **watering can** *n* पौधों को पानी देने का बरतन (जिसके आगे फव्वारा लगा होता है); **water lily** *n* एक प्रकार का कमल; **waterlogged** *a* (भूमि) जो पानी में डूबी हो; जहां हर समय पानी खड़ा रहे; **waterline** *n* (*NAUT*) जहाज के चारों ओर खिंची रेखा जहां तक पानी आता हो; **water main** *n* पानी का बड़ा नल (जहां से घरों को पानी पहुंचता है); **watermark** *n* काग़ज़ में बना चिन्ह; **watermelon** *n* तरबूज़; **waterproof** *a* जिस पर पानी का असर न हो, जलसह; **watershed** *n* (*GEO*) दो नदी क्षेत्रों की विभाजक रेखा; (*fig*) निर्णायक बिन्दु, क्षण; **water-skiing** *n* पानी पर स्की करने का खेल; **watertight** *a* जिस में पानी न जा सके; **waterway** *n* जल-मार्ग (नदी, नहर आदि जिसमें नावें चलती हों); **waterworks** *npl* पानी का भंडार जहां से नगरवासियों को पानी दिया जाता हो; **watery** *a* हल्का (रंग); पतली (काफ़ी)

watt (वॉट) *n* विद्युत ऊर्जा की इकाई, वाट

wave (वेव़) *n* लहर; तरंग; हिलोर; हाथ को हिलाने की क्रिया; (*RADIO*) रेडियो तरंग; बालों की लहर // *vi* हिलना; झण्डे का लहराना // *vt* हिलाना (हाथ, रूमाल आदि का); (छड़ी) घुमाना या लहराना; **wavelength** *n* रेडियो तरंग की लम्बाई

waver ('वेव़र) *vi* (*voice*) कांपना;

हिचकिचाना, आगा-पीछा करना; डांवां-डोल होना, डगमगाना

wavy ('वेवि़) *a* लहरदार, लहरिया

wax (वैक्स) *n* मोम; कान का मैल; (*for skis*) स्की के डण्डों को चिकना करने का पदार्थ // *vt* (*car*) मोम लगाना, चमकाना // *vi* चांद का बढ़ना; **waxworks** *npl* विशिष्ट व्यक्तियों के मोम के पुतले

way (वे) *n* ढंग; तरीका; साधन; मार्ग, रास्ता; फ़ासला; दिशा; प्रगति; दशा, हालत, आदत; स्वभाव; **which way? — this way** किधर को ? — इधर; **on the way** रास्ते में; **to be on one's way** रवाना हो जाना, चल पढ़ना; **to be in the way** बाधक होना; (*fig*) रोकना, रुकावट डालना; **to go out of one's way to do** कोई काम करने के लिए असाधारण प्रयत्न करना; **to lose one's way** रास्ता भूल जाना; भटक जाना; **in a way** किसी प्रकार; **in some ways** कई तरह से; कुछ हद तक; **by the way** प्रसंगवश; **'way in'** (*Brit*) 'प्रवेश इधर से'; **'way out'** (*Brit*) 'बाहर जाने का रास्ता'

waylay (वें'ले) *vt irg* आक्रमण करके (लूट लेना); (*fig*) : **I got waylaid** मुझे किसी ने रास्ते में रोक लिया था

wayward ('वेवर्ड) *a* सनकी, झक्की

W.C. ('डब्ल्यू'सी) *n* (*Brit*) शौचालय (में पानी की टंकी)

we (वी) *pl pronoun* हम

weak (वीक) *a* दुर्बल, कमज़ोर, नाज़ुक; ढीला; आसानी से प्रभाव में आ जाने वाला; हल्का; **weaken** *vt* कमज़ोर कर देना // *vi* कमज़ोर हो जाना; **weakling** *a* (शारीरिक व मानसिक रूप से) कमज़ोर व्यक्ति; **weakness** *n* दुर्बलता, कमज़ोरी; नैतिक दोष

wealth (वेल्थ) *n* धन-दौलत, सम्पत्ति; प्रचुरता, बहुतायत; **wealthy** *a* धनी, समृद्ध

wean (वीन) *vt* (बच्चे का) मां का दूध छुड़ाना; मना लेना; (से) अलग या दूर कराने में सफल होना

weapon ('वेपन) *n* शस्त्र, हथियार

wear (वेअर) *n* प्रयोग; पहनने की क्रिया; प्रयोग से होने वाली घिसावट, छीज; (*clothing*) : **sports/baby-wear** खिलाड़ियों/बच्चों के कपड़े // *vb* (*pt* **wore**, *pp* **worn**) *vt* (कपड़े) पहनना; प्रयोग से छीज या घिसा देना // *vi* चलना (इस्तेमाल होते रहना); घिस जाना; **evening wear** शाम को पहनने के कपड़े; **to wear away** *vt* घिसा देना // *vi* घिस जाना; **to wear down** *vt* घिसा देना; शक्ति क्षीण कर देना; **to wear off** *vi* धीरे-धीरे समाप्त हो जाना; **to wear on** *vi* जारी रहना; चलते रहना; **to wear out** *vt* घिसा देना, क्षीण कर देना (व्यक्ति, शक्ति का); **wear and**

tear *n* (इस्तेमाल से होने वाली) घिसाई, टूट-फूट

weary ('विअरि) *a* थका-मांदा, निढाल; कांतिहीन; निराश

weasel ('वीज़ल) *n* (*ZOOL*) एक छोटा शिकारी जानवर, कथियान्याल

weather ('वेदॅर) *n* मौसम // *vt* (लकड़ी को) इस प्रकार सुखाना कि वह मुड़े नहीं; (तूफ़ान, संकट आदि से) उबर आना; बच निकलना; **under the weather** (*fig*) तबियत खराब होना, बीमार होना; **weather-beaten** *a* जिस की त्वचा धूप से लाल व कड़ी हो; (भवन) जो धूप और पानी से जीर्ण-शीर्ण हो गया हो; **weathercock** *n* पवन दिशा सूचक, बादनुमा; **weather forecast** *n* मौसम का पूर्वानुमान; **weather vane** *n* = **weather-cock**

weave, *pt* **wove,** *pp* **woven** (वीव़, वोव़, 'वोव़न) *vt* बुनना; (कहानी की) रचना करना; टेढ़े-मेढ़े चलकर रास्ता निकालना // *vi* बुनाई का काम करना; **weaver** *n* कपड़ा बुनने वाला; जुलाहा

web (वेॅब) *n* मकड़ी का जाला; बुना हुआ कपड़ा; जलमुर्गी, मेंढक आदि के पैरों की उंगलियों के बीच झिल्ली; (*fig* भी) ताना-बाना

wed (वेॅड), *pt, pp* **wedded** *vt* विवाह कराना; जोड़ना // *vi* विवाह करना

we'd (वीड) = **we had, we would**

wedding ('वेॅडिंग) *n* विवाह, शादी; **silver/golden wedding anniversary** विवाह की रजत/स्वर्ण जयन्ती; **wedding day** *n* विवाह का दिन; **wedding dress** *n* शादी का जोड़ा; **wedding ring** *n* विवाह की अंगूठी

wedge (वेॅज) *n* लकड़ी या धातु की फन्नी; पच्चर; (केक का) टुकड़ा // *vt* पच्चर लगाना; फन्नी से दो भाग कर देना; तंग जगह भीड़ आदि में फंस जाना या घुसा देना

wedlock ('वेॅड्लॉक) *n* दो जनों का मिलन, विवाह

Wednesday ('वेॅन्ज़डे) *n* बुधवार

wee (वी) *a* (*Scottish*) बहुत छोटा, बहुत कम

weed (वीड) *n* जंगली पौधा, खरपतवार // *vt* खरपतवार हटाना; **weed-killer** *n* खरपतवार-नाशक दवाई; **weedy** *a* घासपात से भरा; (*col*) पतला-दुबला

week (वीक) *n* सप्ताह, हफ़्ता; **a week today/on Friday** आज के दिन एक सप्ताह बाद/अगले शुक्रवार को; **weekday** *n* शनिवार, इतवार को छोड़ कर कोई भी दिन; दफ़्तरों आदि में काम का दिन; **weekend** *n* शनिवार और इतवार; **weekly** *ad* प्रति सप्ताह // *a, n* साप्ताहिक (पत्रिका)

weep (वीप), *pt, pp* **wept** *vi* रोना,

weevil 737 wellingtons

के लिए अफ़सोस करना, शोक मनाना; **weeping willow** *n* नीचे झुकी हुई डालियों वाला बैंस जाति का वृक्ष, बैदे-मजनूं

weevil ('वीविल) *n* घुन

weft (वेफ़्ट) *n* (बुनाई में) बाना, भरनी

weigh (वे) *vt, vi* तोलना, वज़न करना; **to weigh down** *vt* (शाखा को) झुकाना; (*fig*) चिंता के बोझ तले दबा देना; **to weigh up** *vt* जांच या परीक्षण करना

weight (वेट) *n* भार, वज़न; **to lose/put on weight** वजन कम/अधिक हो जाना (पतले या मोटे हो जाना); **weighting** *n* विशेष स्थिति में दिया जाने वाला अतिरिक्त भत्ता; **weight lifter** *n* भार उठाने वाला (खिलाड़ी); **weighty** *a* भारी, वज़नी; (*fig*) महत्वपूर्ण

weir (विअर) *n* नदी पर छोटा बांध, वीयर

weird (विअर्ड) *a* अलौकिक, भयानक; (*eerie*) अजीबोग़रीब, बेतुका, मायिक

welcome ('वेल्कम) *a* अभिनंदन योग्य, सुखदायी; जिसे छूट हो; जिसकी छूट हो // *n* स्वागत, सत्कार, आव-भगत // *vt* स्वागत करना; (**bid welcome** भी) अभिनन्दन करना; **to be welcome** का स्वागत है; के आने से खुशी होना; **thank you — you are welcome!** धन्यवाद ! — कोई बात नहीं; **questions are welcome** आपको सवाल पूछने की पूरी छूट है

weld (वेल्ड) *n* धातु के टुकड़े गरम कर के जोड़ने की क्रिया // *vt* धातु के टुकड़ों को गर्म करके जोड़ देना, झलाई करना, वेल्ड करना; एक करना; **welder** *n* वेल्ड करने वाला व्यक्ति, वेल्ड करने की मशीन

welfare ('वेलफ़ेअर) *n* कल्याण, हित, भलाई; **welfare state** *n* कल्याण-कारी राज्य; ऐसा राज्य जिसमें नागरिकों की सामाजिक, आर्थिक आदि सुरक्षा सरकार की ज़िम्मेदारी हो

well (वेल) *n* कुआं // *ad* अच्छी तरह // *a* : **to be well** अच्छा/स्वस्थ होना // *excl* अच्छा !; **as well** भी; **as well as** वह भी; **well done!** शाबाश !; **get well soon** शीघ्र अच्छे हो जाओ (तुम्हारे स्वास्थ्य की कामना करता हूं); **to do well in sth** किसी काम में सफल होना या उसे अच्छी तरह करना; **to well up** *vi* उभरना, ऊपर को आना; उमड़ना

we'll (वील) = **we will, we shall**

well : well-behaved *a* सभ्य, भलामानस, शिष्ट; **well-being** *n* कल्याण, भलाई; **well-built** *a* हृष्ट-पुष्ट, तगड़ा; **well-dressed** *a* जिसने ढंग के कपड़े पहन रखे हों; **well-heeled** *a* (*col*) मालदार, धनी

wellingtons ('वेलिंगटन्ज) *npl* (**wellington boots** भी) ऊंचे

वाटरप्रूफ़ जूते

well : well-known *a* जाना-माना, प्रसिद्ध; **well-mannered** *a* सभ्य, शिष्टाचारी; **well-meaning** *a* शुद्धहृदय, सदाशय; **well-off** *a* खाता-पीता, समृद्ध; **well-read** *a* पढ़ालिखा, सुसंस्कृत; **well-to-do** *a* खाता-पीता, खुशहाल; **well-wisher** *n* : **scores of well-wishers had gathered** बीसियों शुभचिंतक इकट्ठे हो गए थे

Welsh (वेल्श) *a* इंगलैंड के वेल्ज़ प्रांत का // *n* वेल्ज़ की भाषा; **the Welsh** *npl* वहां के लोग; **Welshman/woman** *n* वेल्ज़ का पुरुष/नारी; **Welsh rarebit** *n* टोस्ट पर लगाने का पनीर का एक चटपटा पकवान

welterweight ('वेल्टर्‌वेट) *n* (*BOXING*) 63.5 से 66.5 कि. ग्राम का भार; इस भार का मुक्केबाज़

went (वेण्ट) **go** का *pt*

wept (वेप्ट) **weep** का *pt, pp*

were (वर) **be** का *pt*, **was** का *pl* थे; होता, होते; **if I were there** अगर मैं वहां होता

we're (विअर) = **we are**

weren't (वर्न्ट) = **were not**

west (वेस्ट) *n* पश्चिम; पश्चिम के देश // *a* पश्चिमी // *ad* पश्चिम की ओर; **the West** *n* पश्चिम के देश; **the West Country** *n* (*Brit*) इंगलैंड का दक्षिण-पश्चिमी क्षेत्र; **westerly** *a* पश्चिमी (हवा); **western** *a* पश्चिमी; पाश्चात्य सभ्यता संबन्धी // *n* (*CINEMA*) अमरीका के पश्चिमी क्षेत्र की कहानियों पर आधारित फ़िल्में; **West Germany** *n* पश्चिम जर्मनी; **West Indian** *a* वेस्टइडीज़ का // *n* वेस्टइंडीज वासी; **West Indies** *npl* वेस्ट इंडीज़; **westward(s)** *ad* पश्चिम की ओर

wet (वैट) *a* गीला; तर; भीगा; बरसाती (मौसम); (*col*) बुद्धू; नीरस (व्यक्ति); (क्षेत्र) जहां शराबबंदी न हो; **to get wet** भीग जाना; **'wet paint'** 'रोगन अभी सूखा नहीं है'; **wet blanket** *n* (*fig*) अपनी उदासी से दूसरों को उदास करने वाला व्यक्ति; **wet suit** *n* ग़ोताख़ोर के कपड़े

we've (वीव़) = **we have**

whack (वैक) *vt* ज़ोर से सटाक की आवाज़ के साथ मारना // *n* ज़ोरदार मार; सटाक की आवाज़

whale (वेल) *n* व्हेल मछली

wharf, *pl* **wharves** (वॉर्फ़, वार्व्ज़) *n* बंदरगाह, नदी आदि पर माल चढ़ाने-उतारने का प्लेटफ़ार्म, जहाज़-घाट

KEYWORD

what (वॉट) ◆ *a* कौन सा, कितना, क्या; **what size is he?** उसका क्या आकार (साइज़) है ?; **what colour is it?** इस का क्या रंग है.?; **what**

books do you need? आप को कौन-कौन सी पुस्तकें चाहिएं ?; **what a mess!** कितनी गड़बड़ी है !; कितनी गन्दगी है !

♦ *pronoun* **1.** (*interrogative*) **what are you doing?** आप क्या कर रहे हैं ?; **what is happening?** क्या हो रहा है ?; **what are you talking about?** आप क्या/किस बारे में कह रहे हैं ?; **what is it called?** इसे क्या कहते हैं ?; **what about me?** मेरा क्या होगा ?; **what about doing ...?** क्या खयाल है _करें ?

2. (*relative : subject*) क्या; (: *direct object*), क्या, जो; (: *indirect object*) जो; **I saw what you did/was on the table** मैंने देखा कि आप ने क्या किया/मेज़ पर क्या था; **tell me what you remember** तुम्हें जो याद है मुझे बताओ

♦ *excl* (*disbelieving*) क्या !

whatever (वटे'व़र) *a* : **whatever book** जो भी पुस्तक हो // *pronoun* : **do whatever is necessary** जो भी जरूरी हो करो; **whatever happens** चाहे जो हो; **no reason whatever** *or* **whatsoever** कोई भी कारण नहीं; **nothing whatever** कुछ भी नहीं

wheat (वीट) *n* गेहूं; **wheaten** *a* गेहुंआ; गेहूं से बना

wheedle ('वीड्ल) *vt* : **to wheedle sb into doing sth** किसी को फुसला कर कुछ करवाना; **to wheedle sth out of sb** किसी को फुसला/मना कर कुछ ले लेना

wheel (वील) *n* चक्र, पहिया; पहिये के आकार वाली वस्तु; (कार आदि का) स्टीयरिंग-व्हील, चालन-चक्का; (*NAUT*) जहाज़ का दिशा-परिवर्तन चक्र // *vt* घुमाना; (उलटा) मोड़ देना // *vi* (**wheel round** भी) घूमना, मुड़ना; **wheelbarrow** *n* एकपहिया ठेला; **wheelchair** *n* पहियों वाली कुर्सी (रोगियों के लिए); **wheel clamp** *n* (*AUT*) ग़लत स्थान पर खड़ी की गई कार के पहिये में (पुलिस द्वारा) लगाया जाने वाला शिकंजा

wheeze (वीज़) *vi* घर-घर करते हुए कठिनाई से सांस लेना

KEYWORD

when (वेन) ♦ *ad* कब; **when did it happen?** यह कब हुआ ?

♦ *cj* **1.** (*at, during, after the time that*) समय पर, दौरान, बाद में; **she was reading when I came in** जब मैं अंदर आया वह पढ़ रही थी

2. (*on, at which*) **on the day when I met him** जिस दिन मैं उसे मिला, उसी दिन

3. (*whereas*) जब कि; **you said I was wrong when in fact I was right** तुमने कहा था कि मैं ग़लती पर हूं जबकि मैं ठीक ही कह रहा था

whence (वेन्स) *ad, cj old* कहां से; जहां से; कैसे

whenever (वेंन्'एंव़र) *ad* कभी भी, जब भी // *cj* जब; हर बार; **you may leave whenever you like** तुम जब भी चाहो जा सकते हो

where (वेंअर) *ad, cj* कहां, जहां; **this is where** यहां; **whereabouts** *ad* कहां // *n* : **sb's whereabouts** किसी का अता-पता; **whereas** *cj* क्योंकि; जबकि; **whereby** *pronoun* जिस के द्वारा; **whereupon** *cj* इस पर, तिस पर; **wherever** (वेअर्'एंव़र) *ad* कहीं भी; जहां कहीं // *cj* जहां भी; **wherewithal** ('वेअरविदॉल) *n* आवश्यक धन/साधन

whet (वेंट) *vt* धार लगाना, पैना करना; तीव्र करना, बढ़ाना; **whetstone** *n* सान (औज़ार तेज़ करने का पत्थर)

whether ('वेंदर) *cj* कि : **I don't know whether to accept or not** मैं नहीं जानता कि स्वीकार करूं या नहीं; **it's doubtful whether** इसमें सन्देह है कि; **whether you go or not** तुम जाओ या कि नहीं

whey (वे) *n* छाछ, तोड़, दही का पानी

KEYWORD

which (विच) ◆ *a* 1. (*interrogative : direct, indirect*) कौन सा; **which picture do you want?** आप को कौन सा चित्र चाहिए?; **which one?** कौन सा?

2. **in which case** उस हालत में

◆ *pronoun* 1. (*interrogative*) कौन; **I don't mind which** मुझे इस से फ़र्क नहीं पड़ता कि वह कौन सा है; **which (of these) are yours?** इनमें से आप के कौन कौन से हैं?; **here are the books – tell me which you want** ये पड़ीं किताबें — बताओ कि तुम इनमें से कौन सी लेना चाहते हो

2. (*relative : subject*) वह; जो; जिस; (: *object*) **the apple which you ate** जो सेब तुमने खाया था; **the apple which is on the table** सेब जो मेज़ पर है; **the chair on which you are sitting** जिस कुरसी पर तुम बैठे हो; **the book of which you spoke** जिस पुस्तक की बात तुम ने की थी; **he said he knew, which is true/I feared** उसने कहा या कि उसे पता है; जो कि (और यह) सच है/जिसका (और इसी का) मुझे डर था; **after which** जिस के बाद

whichever (विच'एंव़र) *a* : **take whichever book you prefer** आप को जो भी पुस्तक अच्छी लगे ले लीजिए; **whichever way you** आप जैसा भी चाहें

whiff (विफ़) *n* हवा, गंध का झोंका

while (वाइल) *n* कुछ समय // *cj* जबकि, हालांकि; जब तक; **for a while** थोड़ी देर तक; **to while**

whim 741 **white**

away *vt* बेकार (समय) गंवाना

whim (विम) *n* सनक, झक, तरंग

whimper ('विम्पर) *vi* ठिनकना, रोते हुए शिकायत करना

whimsical ('विम्सिकल्) *a* (*person*) सनकी, मनमौजी; (*look*) अजीब (शक्ल)

whine (वाइन) *vi* रिरियाना; चिल्लाना; झींखना

whinny ('विनि) *vi* हिनहिनाना // *n* हिनहिनाहट

whip (विप) *n* कोड़ा, चाबुक; (*POL*) संसद आदि में किसी दल का सचेतक जो अनुशासन रखने का ज़िम्मेदार होता है; दल का सदस्यों को सभा में उपस्थित रहने का आदेश // *vt* चाबुक या कोड़े से मारना; खींचना या छीन लेना; फेंटना; **whipped cream** *n* फेंटी हुई मलाई; **whip-round** *n* (*Brit*) चंदा इकट्ठा करने की क्रिया

whirl (वर्ल) *vt* तेज़ी से घुमाना; तेज़ी से चक्कर देना; (कार आदि) बहुत तेज़ चलाना // *vi* तेज़ी से घूमना, चक्कर खाना या चलना; **whirlpool** *n* भंवर; **whirlwind** *n* बवण्डर, बगोला

whirr (वर) *vi* घूं-घूं की आवाज़ के साथ घूमना; (इधर-उधर) भाग-दौड़ करना

whisk (विस्क) *n* हल्की झाड़ू; कूंची, चँवर; (अंडा फैंटने की) फेंटनी, रई // *vt* हलका सा झाड़ना, साफ़ करना; **to whisk sb away** *or* **off** जल्दी से उठा ले जाना, तुरंत ले जाना

whisker ('विस्कर) *n* : **whiskers** (बिल्ली आदि की) मूंछ; दाढ़ी (प्रायः कनपटी वाली), गलमुच्छा

whisky, (*Irish, US*) **whiskey** ('विस्कि) *n* एक तेज़ शराब, व्हिस्की

whisper ('विस्पर) *vt, vi* फुसफुसाना, कान में कहना; सरसराहट होना // *n* फुसफुसाहट, कानाफूसी; सरसराहट; नामोनिशान; अफ़वाह

whistle ('विसल) *n* सीटी की आवाज़; सीटी // *vi* सीटी बजाना; सीटी की आवाज़ करना // *vt* सीटी बजाकर बुलाना, रोकना आदि; **whistleblower** *n* (*col*) भेद देने वाला; काम रुकवा देने वाला; **whistler** *n* सीटीबाज़

white (वाइट) *a* सफ़ेद, गौरवर्ण, गोरा; (डर से) हलका पीला, रंग में हलका // *n* सफ़ेद रंग; सफेद भाग; (अण्डे की) सफ़ेदी; गोरी जाति का व्यक्ति; **white coffee** *n* (*Brit*) दूध व क्रीम मिली काफ़ी; **white-collar worker** *n* लिखने पढ़ने का काम करने वाला कर्मचारी; **white elephant** *n* (*fig*) सफ़ेद हाथी (कर्मचारी या व्यवस्था जो बहुत महंगी हो); **white lie** *n* किसी की भावनाओं को ठेस न पहुंचाने के लिए बोला झूठ, मीठा झूठ; **white paper** *n* (*POL*) किसी विषय पर जानकारी की सरकारी रिपोर्ट, श्वेतपत्र;

whitewash *vt* सफ़ेदी करना; (*fig*) लीपा-पोती करना, छिपाना

whiting ('वाइटिंङ) *n* (*pl inv*) एक प्रकार की मछली

whitlow ('विटलो) *n* उंगली पर फोड़ा विशे॰ नाखून के आसपास, गलका

Whitsun ('विटसन) *n* ईस्टर के बाद सातवें रविवार से आरंभ सप्ताह

whittle ('विट्ल) *vt* काटना, (चाकू से) छीलना; **to whittle away, whittle down** *vt* (*costs*) कम कर देना, धीरे-धीरे घटाना

whizz (विज़) *n* सनसनाहट की आवाज़ // *vi* (सनसनाते हुए) तेज़ी से निकल जाना; **whizz kid** *n* (*col*) किसी कार्य विशेष में अत्यंत कुशल व्यक्ति

WHO *n* (= *World Health Organization*) का संक्षेप

who (हू) *pronoun* कौन; जो

whodunit (हू'डनिट) *n* (*col*) जासूसी कहानी

whoever (हू'एँव़र) *pronoun* : **whoever finds it** जिसे भी यह मिले; **ask whoever you like** जिससे भी चाहो पूछ लो; **whoever he marries** वह जिससे भी विवाह करे; **whoever told you that?** यह आप को किसने बताया ?

whole (होल) *a* सम्पूर्ण, पूरा-पूरा; अखंड, समूचा; स्वस्थ // *n* सम्पूर्ण इकाई अथवा व्यवस्था, समष्टि; पूरी वस्तु; **the whole of the town** सारा नगर; **on the whole, as a whole** कुल मिलाकर; **whole-hearted** *a* पूरे मन से/शुद्ध हृदय से किया गया; **wholemeal** *a* रोटी या आटा जिससे सूजी न निकाली गयी हो; **wholesale** *n* थोक बिक्री // *a* थोक में; (*destruction*) बड़े पैमाने पर; **wholesaler** *n* थोक व्यापारी; **wholesome** *a* पुष्टिकारक; (*advice*) लाभकारी; **wholewheat** *a* = **wholemeal; wholly** *ad* पूरी तरह

KEYWORD

whom (हूम) *pronoun* **1.** (*interrogative*) किसे; **whom did you see?** तुम किसे मिले थे ?; **to whom did you give it?** वह तुम ने किसे दिया था ?

2. (*relative*) : **the man whom I saw/to whom I spoke** जिस आदमी से मैं मिला था/जिससे बात की थी

whooping cough ('हूपिङ कॉफ़) *n* काली खांसी

whore (हॉ) *n* (*col* : *offens*) वेश्या

KEYWORD

whose (हूज़) ♦ *a* **1.** (*possessive, interrogative*) : **whose book is this?** यह पुस्तक किसकी है ?; **whose pencil have you taken?** तुमने किस की पेंसिल ली है ?; **whose**

daughter are you? तुम किसकी बेटी हो ?

2. (*possessive* : *relative*) : **the man whose son you rescued** वह आदमी जिसके बेटे को तुमने बचाया था; **the girl whose sister you were speaking to** वह लड़की जिसकी बहन से तुम बात कर रहे थे; **the woman whose car was stolen** वह स्त्री जिसकी कार चोरी हो गयी थी

♦ *pronoun* किसका; **whose is this?** यह किस.का है ?; **I know whose it is** मुझे मालूम है यह किसका है

why (वाइ) *ad* क्यों // *excl* अरे !; **the reason why** यही कारण; **tell me why** मुझे बताओ कि क्यों; **why not?** क्यों नहीं ? **whyever** *ad* भला क्यों

wick (विक) *n* (मोमबत्ती, लैंप की) बत्ती

wicked ('विकिड) *a* दुष्ट; पापी; बहुत बुरा; भ्रष्ट; शरारती

wicker ('विकर) *n* टोकरी आदि बुनने की खपची; (**wickerwork** भी) खपची, विशेष प्रकार की टहनियों आदि से बनी वस्तु

wicket ('विकिट) *n* छोटा फाटक; (*CRICKET*) विकेट, क्रिकेट पिच

wide (वाइड) *a* विशाल, विस्तीर्ण; चौड़ा; लम्बा-चौड़ा, खुला; उदार; बड़ा; निशाने से बहुत दूर; पूरा खुला हुआ // *ad* : **to open wide** पूरा खोलना; **to shoot wide** गोली निशाने से परे जाना; **wide-angle lens** *n* कैमरे का लेंस जो नज़दीक से अधिक चौड़े क्षेत्र के चित्र ले सकता है; **wide-awake** *a* सतर्क, चौकन्ना; **widely** *ad* बहुत अधिक अन्तर (विचारों का); वस्तुओं का परस्पर अधिक अन्तर होना; सामान्यतया (सभी को विश्वास होना); **widen** *vt* चौड़ा करना; **wide open** *a* पूरा खुला; **widespread** *a* व्यापक (विश्वास आदि); दूर तक फैला हुआ

widow ('विडो) *n* विधवा; **widower** *n* विधुर

width (विड्थ) *n* चौड़ाई

wield (वील्ड) *vt* (लाठी, तलवार आदि) पकड़ कर इस्तेमाल करना; घुमाना, चलाना; नियंत्रित करना; (*powers*) इस्तेमाल करना

wife, *pl* **wives** (वाइफ़, वाइव्ज़) *n* पत्नी

wig (विग) *n* विग, नकली बालों की टोपी

wiggle ('विग्ल) *vt* हिलाना-डुलाना, झटके देना

wild (वाइल्ड) *a* जंगली; तूफ़ानी (समुद्र); अटकलपच्चू (विचार); बेलगाम; असयंमित (जीवन-शैली); **wilds** *npl* जंगली क्षेत्र; **wilderness** ('विल्डर्-निस) *n* जंगल, निर्जन प्रदेश; **wild-goose chase** *n* निरर्थक परिश्रम; **wildlife** *n* वन्य प्राणी;

wildly *ad* अत्यधिक उत्साह से (तालियां पीटना); अटकलपच्चू (अनुमान लगाना या बिना निशाना साधे मारना); बहुत आधिक (प्रसन्न होना)

wildfire ('वाइल्ड्फ़ाइअर) *n* भयानक आग जिस पर काबू न पाया जा सके, दावानल; तेज़ी से फैलने वाली वस्तु (जैसे अफ़वाह)

wile (वाइल) *n* चाल, छल-कपट

wilful ('विल्फ़ुल) *a* हठीला, ज़िद्दी; जानबूझकर किया गया (कार्य)

KEYWORD

will (विल) ◆ *auxiliary vb*

1. (*forming future tense*) : **I will finish it tomorrow** मैं इसे कल समाप्त करूंगा; **I will have finished it by tomorrow** मैं इसे कल तक समाप्त कर चुका हूंगा; **will you do it? — yes, I will/no, I won't** क्या तुम यह कर दोगे ? — हां, कर दूंगा/नहीं, मैं नहीं करूंगा

2. (*in conjectures, predictions*) : **he will** *or* **he'll be there by now** वह अब तक वहां पहुंच गया होगा/पहुंच जायगा; **that will be the postman** यह डाकिया होगा

3. (*in commands, requests, offers*) : **will you be quiet!** चुप हो जाओ !; **will you help me?** आप मेरी सहायता करेंगे ?, मेरी सहायता कीजिए; **will you have a cup of tea?** आप चाय पिएंगे ?; **I won't put up with it!** मैं इसे सहन नहीं करूंगा !

◆ *vt* (*pt, pp* **willed**) : **to will sb to do** किसी से कुछ कराने की इच्छा होना; **he willed himself to go on** इच्छाशक्ति के बल पर वह काम करता ही रहा

◆ *n* वसीयत

willing ('विलिङ) *a* (करने को) तैयार, राज़ी; **he's willing to do it** वह यह करने के लिए तैयार है; **willingly** *ad* स्वेच्छा से; **willingness** *n* स्वीकृति; मर्ज़ी, इच्छा

willow ('विलो) *n* बैंस जाति के अनेक वृक्ष, इनकी लकड़ी

will power *n* इच्छाशक्ति

willy-nilly ('विलि'निलि) *ad* चाहे-अनचाहे

wilt (विल्ट) *vi* मुरझा जाना; कुम्हला जाना; क्षीण हो जाना

wily ('वाइलि) *a* धूर्त, चालाक, सयाना, होशियार

win (विन) *n* जीत, सफलता // *vb* (*pt, pp* **won**) *vt* (युद्ध, पैसा) जीत लेना; (*prize*) पाना; (*popularity*) पाना; *vi* जीतना; **to win over**, (*Brit*) **win round** *vt* किसी को मना लेना, राज़ी कर लेना, का समर्थन पा लेना

wince (विन्स) *vi* चौंकना, झिझकना, पीछे हटना (दर्द आदि से)

winch (विन्च) *n* विंच (भारी वस्तु ऊपर उठाने का उपकरण)

wind *n* (विण्ड) हवा, पवन; (*MED*) अफ़ारा (पेट में हवा) // *vb* (वाइण्ड) (*pt, pp* **wound** (वाउंड)) *vt* लपेटना, कुण्डली बनाना; (*clock*) चाबी देना; स्तंभित कर देना // *vi* (सड़क, नदी का) मोड़ खाते जाना; **to wind up** *vt* (*clock*) चाबी देना; (*debate*) समाप्त करना; (कंपनी) बंद कर देना; **windfall** *n* अप्रत्याशित लाभ; **winding** *a* (*road*) घुमावदार; (*staircase*) (ज़ीना) सर्पिल, घुमावदार; **wind instrument** *n* (*MUS*) धौंकनी वाले वाद्य जैसे हार्मोनियम; **windmill** *n* पवनचक्की

window ('विंडो) *n* खिड़की, झरोखा; (**windowpane** भी) कार, रेलगाड़ी आदि की खिड़की; जहाज़ का झरोखा; **window box** *n* खिड़की की चौखट पर रखा बकसा जिसमें फूलों के गमले आदि रखे जाते हैं; **window cleaner** *n* खिड़की साफ़ करने वाला मज़दूर; **window ledge** *n* खिड़की के नीचे बाहर को निकला तख्ता; **window pane** *n* खिड़की का कांच; **windowsill** *n* खिड़की के नीचे अन्दर या बाहर को निकला तख्ता

windpipe ('विंडपाइप) *n* श्वासनली

windscreen, (*US*) **windshield** ('विंडस्क्रीन, 'विंडशील्ड) *n* कार के आगे लगा कांच; **windscreen washer** *n* कार में लगा उपकरण जो सामने कांच को पानी की फुहार से साफ़ करता रहता है; **windscreen wiper** *n* कार के कांच को बारिश में साफ़ रखने का उपकरण

windswept ('विंड्स्वेप्ट) *a* (स्थान) जहां बहुत तेज़ हवा चलती हो

windy ('विंडि) *a* (मौसम) जब तेज हवा चल रही हो; (स्थान) जहां तेज़ हवा चलती हो; **it's windy** बहुत तेज़ हवा चल रही है

wine (वाइन) *n* (अंगूरी) शराब; **wine cellar** *n* तहखाना जहां शराब रखी जाती है; **wine glass** *n* शराब पीने का गिलास; **wine list** *n* रेस्तरां में शराबों की सूची; **wine tasting** *n* शराब चख कर उस की गुणवत्ता बताने का पेशा; **wine waiter** *n* रेस्तरां में शराब लाने वाला बैरा

wing (विंङ) *n* पक्षी का पंख, पर; हवाई जहाज का पंख; भवन का पक्ष, खंड; राजनीतिक दल का धड़ा; **wings** *npl* (*THEATRE*) रंगमंच का पार्श्वभाग; **winger** *n* (*SPORT*) मैदान (पिच) के दोनों में से किसी भी भाग पर खेलने वाला खिलाड़ी

wink (विंक) *n* आंख मारने की क्रिया; कनखी; झपकी // *vi* झपकाना, पलक मारना, आंख मारना; टिमटिमाना

winner ('विनर) *n* विजेता

winning ('विनिङ) *a* (*team*) विजेता; (*goal*) जिससे मैच जीत लिया जाय; **winnings** *npl* जुए में

जीती राशि; **winning post** *n* विजय-स्तम्भ, स्थान जहां दौड़ समाप्त होती है

winter ('विंटर) *n* शीतकाल, जाड़ा // *vi* शीतकाल व्यतीत करना, जाड़ा काटना; **winter sports** *npl* खुले में बर्फ़ पर खेली जाने वाली खेलें

wintry ('विंट्रि) *a* बहुत ठण्डा (मौसम)

wipe (वाइप) *n* पोंछने की क्रिया // *vt* पोंछना; **to wipe off** *vt* पोंछ डालना // **to wipe out** *vt* मिटा देना, सारा (कर्ज़) चुका देना; भुला देना, नष्ट कर देना; **to wipe up** *vt* पोंछ कर सुखा देना

wire ('वाइअर) *n* धातु की तार; (*ELEC*) बिजली की तार; (*TEL*) तार, टेलीग्राम // *vt* (घर में) बिजली की तारें लगाना; (**wire up** भी); तार से जोड़ देना, बिजली का कनक्शन लगा देना; तार भेजना

wireless ('वाइअर्लिस) *n* बेतार; रेडियो का पुराना नाम

wiring ('वाइरिङ) *n* भवन में बिजली के तार लगाने की क्रिया

wiry ('वाइरि) *a* दुबला-पतला लेकिन तगड़ा

wisdom ('विज़डम) *n* बुद्धिमानी, विवेक; अक्लमंदी; **wisdom tooth** *n* अक्लदाढ़

wise (वाइज़) *a* बुद्धिमान, अक्लमंद, समझदार

...wise (वाइज़) *suffix* : **timewise** जहां तक समय का ताल्लुक/प्रश्न है

wisecrack ('वाइज़्क्रैक) *n* (*col*) चुटकुला, फबती

wish (विश) *n* इच्छा, चाह; आभिलाषा; इच्छित वस्तु // *vt* चाहना, इच्छा करना; **best wishes** (*on birthday etc*) शुभकामनाएं; **with best wishes** (*in letter*) शुभकामनाओं सहित; **to wish sb goodbye** किसी को विदा कहना; **he wished me well** उसने मुझे अपनी शुभकामनाएं दीं; **to wish to do/sb to do** कुछ करने की इच्छा होना/इच्छा होना कि कोई (किसी काम को) कर दे; **to wish for** की कामना करना; **it is wishful thinking** यह ख़ामख़्याली/खुश-फ़हमी है

wishy-washy (विशि'वाशि) *a* (*col : colour*) हल्का; (विचार, तर्क) निस्सार, निराधार

wisp (विस्प) *n* हल्का, पतला लच्छा (बालों आदि का); धुएं की हल्की लकीर; फूस की पूली, आंटी

wistful ('विस्ट्फुल) *a* उत्कंठित; विचारमग्न, उदास

wit (विट) *n* बिलकुल असंगत बातों को जोड़ने की सूझ; जिसे दूर की सूझे; हाज़िरजवाब व्यक्ति; समझ, बुद्धि; हाज़िर-जवाबी

witch (विच) *n* डायन; जादूगरनी; भद्दी, दुष्टा स्त्री

KEYWORD

with (विद) *prep* 1. (किसी के) साथ; (किसी के) घर में; **we stayed with friends** हम अपने मित्रों के घर रहे; **I'll be with you in a minute** मैं एक मिनट में तुम्हारे साथ चलता हूं (या तुम्हारे पास आता हूं)

2. (*descriptive*) : **a room with a view** कमरा जहां से बाहर का दृश्य दिखाई देता हो; **the man with the grey hat/blue eyes** आदमी जिसने सलेटी रंग का हैट पहन रखा है/जिस की आंखें नीली हैं

3. (*indicating manner, means and cause*) : **with tears in her eyes** आंखों में आंसू भरे; **to walk with a stick** छड़ी लेकर चलना; **red with anger** गुस्से से लाल; **to shake with fear** डर से कांपना; **to fill sth with water** किसी चीज़ में पानी भरना

4. : **I am with you** (*I understand*) मैं तुम्हारी बात समझ रहा हूं; **to be with it** (*col : up-to-date*) किसी बात के बारे में ताज़ी जानकारी होना

withdraw (विद्'ड्रॉ) *vb* (*irg*) *vt* हटाना, निकाल लेना; (पैसे) निकालना; वापस ले लेना, पीछे खींच लेना // *vi* वादे से मुकर जाना; (चुनाव मैदान से) हट जाना; **withdrawal** *n* पीछे हटना; (*MED*) नशीली दवा लेना बंद कर देना; **withdrawn** *a* चुप-चुप, ग़ैर मिलनसार

wither ('विदर) *vi* सूख जाना, मुरझा जाना

withhold (विद्'होल्ड) *vt irg* रोकना; रोक रखना; (भुगतान, मंजूरी, फ़ैसला आदि) न देना, रोक लेना; **to withhold (from)** (अनुमति) न देना; (जानकारी) न देना

within (विद्'इन) *prep* (के) अंदर // *ad* अंदर; **within sight of** ऐसी जगह जहां से कोई स्थान दिखाई देता हो; **within a mile of** से एक मील से भी कम दूरी पर; **within the week** सप्ताह के अन्दर-अन्दर

without (विद्'आउट) *prep* के बिना

withstand (विद्'स्टैंड) *vt irg* का सामना करना; झेलना, सहन करना

witness ('विट्निस) *n* दर्शक; साक्षी, गवाह; प्रत्यक्षदर्शी // *vt* देखना, प्रमाणित या सिद्ध करना; (समझौते आदि के) साक्षी के रूप में हस्ताक्षर करना; गवाही देना; **witness box**, (*US*) **witness stand** *n* अदालत में गवाह का कटघरा

witticism ('विटिसिज़्म) *n* चुटकुला, लतीफ़ा

witty ('विटि) *a* सूझबूझ वाला; हाजिरजवाब, प्रत्युत्पन्नमति

wives (वाइव्ज़) **wife** का *npl*

wizard ('विज़र्ड) *n* ओझा, जादूगर,

मायाकार

wk **week** का संक्षेप

wobble ('वॉब्‌ल) *vi* लड़खड़ाना; डगमगाना

woe (वो) *n* शोक; व्यथा, दुर्भाग्य

woke (वोक) **wake** का *pt*; **woken** **wake** का *pp*

wolf, *pl* **wolves** (वुल्फ़, वुल्व्ज़) *n* भेड़िया; (*col*) पुरुष जो प्रायः स्त्रियों को बहकाने व उनका शील भंग करने का प्रयत्न करता हो

woman, *pl* **women** ('वुमन, 'विमिन) *n* स्त्री, नारी; **woman doctor** *n* महिला डाक्टर; **women's lib** *n* (*col*) नारी मुक्ति आन्दोलन

womb (वूम) *n* (*ANAT*) गर्भाशय, बच्चेदानी, कोख

women ('विमिन) **woman** का *npl*

won (वन) **win** का *pt, pp*

wonder ('वंडर) *n* आश्चर्य, विस्मय; चमत्कार, करिश्मा; जानने की उत्सुकता // *vi* : **to wonder whether** यह सोचना कि शायद ऐसा है; **to wonder at** पर आश्चर्य करना; **to wonder about** किसी बात पर अटकलें लगाना; **it's no wonder that** इस में कोई हैरानी नहीं कि; **wonderful** *a* बढ़िया, कमाल का; अद्भुत; प्रशंसनीय

won't (वोंट) = **will not**

woo (वू) *vt* प्रेम जताना, प्रणय निवेदन करना

wood (वुड) *n* लकड़ी; वन, जंगल; **wood carving** *n* लकड़ी पर खुदाई का काम; **wooded** *a* जंगल भरी (भूमि, क्षेत्र); **wooden** *a* लकड़ी का या उससे बना; (*fig*) भावशून्य चेहरा आदि; बुद्धिहीन; **woodpecker** *n* कठफोड़ा (एक पक्षी); **woodwind** *n* (*MUS*) वृंदवाद्य में एक वाद्य; **the woodwind** (*MUS*) ऐसे वाद्यों का सामूहिक नाम; **woodwork** *n* लकड़ी का काम; **woodworm** *n* घुन

wool (वुल) *n* ऊन; **to pull the wool over sb's eyes** (*fig*) किसी को धोखा देना; **woollen,** (*US*) **woolen** *a* ऊन का बना; ऊन उद्योग से सम्बन्धित; **woollens** *npl* ऊनी कपड़े; **woolly,** (*US*) **wooly** *a* ऊन का बना; (*fig*) अस्पष्ट/उलझे विचार

word (वर्ड) *n* शब्द; कथन; बातचीत; संदेश; समाचार, सूचना; वादा, वचन // *vt* किसी विशेष ढंग से शब्दों में व्यक्त करना; **in other words** दूसरे शब्दों में; **to break/keep one's word** वादा तोड़ना/निभाना; **wording** *n* शब्दों का चुनाव; वाक्य रचना; **word processing** *n* कम्प्यूटर पर किसी विषय विशेष पर सामग्री तैयार करने की क्रिया; **word processor** *n* ऐसा करने वाला कम्प्यूटर

wore (वोर) **wear** का *pt*

work (वर्क) *n* काम, कार्य; कला या साहित्य की कृति/रचना // *vi* काम, परिश्रम करना; (किसी यंत्र आदि का) चलना; (योजना का) सफल होना; (औषधि का) असर करना // *vt* (मिट्टी, लकड़ी से) वस्तुएं बनाना; (खान से) खनिज पदार्थ निकालना; (यंत्र आदि) चलाना; **to be out of work** बेरोज़गार होना; **works** *n* (*Brit*) कारख़ाना // *npl* (घड़ी, यंत्र आदि के) पुर्ज़े; **to work loose** *vi* अपने स्थान से हिल/हट जाना; **to work on** *vt* पर काम करना; (यंत्र आदि का) किसी नियम/सिद्धांत के अनुसार चलना; **to work out** *vi* (योजना आदि) कारगर साबित होना // *vt* (समस्या का) समाधान खोजना; (योजना) बनाना; **it works out at Rs 100** इस की लागत/का जोड़ 100 रुपये बैठता है; **to get worked up** गुस्से में आना, उत्तेजित होना; **workable** *a* व्यावहारिक (हल आदि); **workaholic** *n* व्यक्ति जिसे काम का नशा हो (जो हर समय काम में लगा रहता हो); **worker** *n* मज़दूर, कामगार; **workforce** *n* कर्मचारीगण; **working class** *n* मज़दूर/सर्वहारा वर्ग; **working-class** *a* मज़दूर वर्ग का; **working man** *n* कामगार, कर्मचारी; **working order** *n* : **in working order** चालू हालत में (मशीन); **workman** *n* मज़दूर; **workmanship** *n* कारीगरी; **worksheet** *n* काम का कार्यक्रम; **workshop** *n* कार्यशाला; **work station** *n* काम का केन्द्र; **work-to-rule** *n* (*Brit*) एक प्रकार की हड़ताल जिसमें मज़दूर नियमों में निर्धारित सीमा से अधिक काम करने से इनकार कर देते हैं

world (वर्ल्ड) *n* विश्व, संसार, दुनिया, जगत; मानवजाति, लोग; समाज // *cpd* विश्व-; **to think the world of sb** (*fig*) किसी के बारे में बहुत अच्छी राय होना; कोई बहुत प्रिय होना; **world champion** *n* विश्व चैम्पियन; **worldly** *a* सांसारिक; **world power** *n* विश्व शक्ति; **world war** *n* विश्व युद्ध; **worldwide** *a* विश्वव्यापी

worm (वर्म) *n* कीड़ा, कृमि

worn (वॉर्न) **wear** का *pp* // *a* घिसा हुआ; **worn-out** *a* फटी पुरानी (वस्तु); थका-मांदा (व्यक्ति)

worried ('वरिड) *a* चिंतित, परेशान

worry ('वरि) *n* चिंता, फ़िक्र, परेशानी // *vi* (बहुत अधिक) चिंतित होना, परेशान होना, फ़िक्र करना // *vt* परेशान करना, तंग करना, सताना; (कुत्ते का पक्षी आदि को) पकड़कर झंझोड़ना, फाड़ खाना

worse (वर्स) *a* (से) आधिक खराब, बदतर // *ad* बुरी तरह से // *n* वस्तु/बात जो आधिक खराब हो; **a**

worship 750 **wound**

change for the worse परिवर्तन जिससे स्थिति और अधिक बिगड़े; **worsen** *vt* खराब कर देना // *vi* खराब हो जाना; **worse off** *a* आर्थिक दृष्टि से अधिक बुरी स्थिति में; (*fig*) : **you'll be worse off this way** इस प्रकार तुम्हारी स्थिति पहले से खराब हो जायेगी

worship ('वर्शिप) *n* पूजा, पूजन; भक्ति, आराधना // *vt* पूजा करना, आराधना करना; समादर करना, पर श्रद्धा रखना, का भक्त होना; **Your Worship** (*Brit*) (मेयर, न्यायाधीश के लिए प्रयुक्त) सम्बोधन

worst (वर्स्ट) *a* सबसे बुरा // *ad* सबसे बुरी तरह // *n* सबसे बुरी वस्तु; **at worst** अधिक से अधिक

worsted ('वुस्टिड) *n* : (**wool**) **worsted** ऊनी धागा; विशेष प्रकार का ऊनी वस्त्र

worth (वर्थ) *n* कीमत, मूल्य; गुण; उपयोगिता // *a* : **to be worth** मूल्य/महत्व होना; **it's worth it** यह महंगा नहीं; **it's worth one's while (to do)** (यह करना) लाभकारी होगा; **worthless** *a* निकम्मा, बेकार; मूल्यहीन; **worthwhile** *a* (काम) लाभकारी; (सिद्धांत, आदर्श आदि) उचित, समर्थन योग्य

worthy ('वर्दि) *a* अच्छा (व्यक्ति); श्रेयस्कर (विचार); **worthy of** के योग्य

KEYWORD

would (वुड) *auxiliary vb* **1.** (*conditional tense*) : **if you asked him he would do it** यदि तुम उससे कहो तो वह कर देगा; **if you had asked him he would have done it** यदि तुमने उस से कहा होता तो वह ऐसा कर देता

2. (*in offers, invitations, requests*) : **would you like a biscuit?** आप बिस्कुट लेंगे ?; **would you close the door please?** कृपया दरवाज़ा बंद कर दीजिये

3. (*in indirect speech*) : **I said I would do it** मैंने कहा था कि मैं कर दूंगा

4. (*emphatic*) : **it WOULD have to snow today!** आज तो बर्फ़ गिरेगी ही

5. (*insistence*) : **she wouldn't do it** उस का यह आग्रह था कि वह नहीं करेगी

6. (*conjecture*) : **it would have been midnight** आधी रात का समय रहा होगा

7. (*indicating habit*) : **he would go there on Mondays** वह हर सोमवार वहां जाया करता था

would-be ('वुड्बी) *a* (*offens*) भावी (जो होना चाहे लेकिन जिसमें योग्यता न हो)

wouldn't ('वुंट) = **would not**

wound *vb* (वाउंड) **wind** का *pt*,

wove 751 **write**

pp // *n, vt* (वूंड) *n* घाव, चोट; ठेस // *vt* घायल करना, चोट पहुंचाना

wove (वोव) **weave** का *pt*; **woven** **weave** का *pp*

wpm = *words per minute*

wrangle ('रैंग्ल) *n* झगड़ा, तू-तू मैं-मैं

wrap (रैप) *n* ओढ़नी; चोग़ा // *vt* (**wrap up** भी) लपेटना; **wrapper** *n* (*Brit*) किताब का आवरण; **wrapping paper** *n* चीज़ें लपेटने का काग़ज़

wrath (रॉथ) *n* रोष, क्रोध

wreak (रीक) *vt* : **to wreak havoc on** के विनाश का कारण बनना; **to wreak vengeance (on)** (से) बदला लेना

wreath, *pl* **wreaths** (रीथ, रीथ्ज़) *n* समाधि, कब्र आदि पर चढ़ाने की चक्राकार तार में पिरोई फूल-माला

wreck (रेक) *n* जहाज़ का नष्ट होना; क्षतिग्रस्त अथवा बरबाद जहाज़, भग्न-पोत; (*offens : person*) खंडहर; (*fig*) विध्वंस, बरबादी; ध्वस्त वस्तु // *vt* ढाना; (*ship*) तोड़ देना; (*fig*) बरबाद कर देना; **wreckage** *n* मलबा (नष्ट जहाज़ आदि का), भग्नावशेष

wren (रेन) *n* एक चिड़िया, पिटपिटी

wrench (रेन्च) *n* मरोड़; (*TECH*) रेन्च (औज़ार); पाना (औज़ार); (*fig*) बिछुड़ने की पीड़ा // *vt* मरोड़ना; विकृत करना, बिगाड़ना; छीन लेना; नोच खाना; **to wrench sth from** किसी से कुछ छीन लेना

wrest (रेस्ट) *vt* छीन लेना; ज़ोर से मरोड़ना, ऐंठना

wrestle ('रेस्ल) *vi* : **to wrestle (with sb)** (किसी से) कुश्ती लड़ना, संघर्ष करना; **to wrestle with** (*fig*) से संघर्ष करना; (समस्या) हल करने की कोशिश करना; **wrestler** *n* पहलवान; **wrestling** *n* कुश्ती; (**all-in wrestling** भी) कुश्ती जिसमें मारपीट की भी इजाज़त है

wretched ('रेचिड) *a* अभागा, दुःखी; बदकिस्मत; (*col*) घटिया, बेकार

wriggle ('रिग्ल) *vi* रेंगना; तड़पना, छटपटाना, कुलबुलाना

wring (रिङ) *pt, pp* **wrung** *vt* मरोड़ना; (पीड़ा) देना, (कपड़े) निचोड़ना; (*fig*) : **to wring sth out of** किसी से कुछ ऐंठना

wrinkle ('रिंक्ल) *n* झुर्री, शिकन; (कपड़े पर) शिकन, सिलवट // *vi* झुर्रियां या शिकन पड़ना // *vt* शिकन डालना

wrist (रिस्ट) *n* कलाई, पहुंचा; **wristwatch** *n* कलाई की घड़ी

writ (रिट) *n* न्यायालय अथवा अन्य किसी अधिकारी का लिखित आदेश

write (राइट), *pt* **wrote,** *pp* **written**

vt, vi लिखना; **to write down** *vt* लिखना, नोट कर लेना; **to write off** *vt* (ऋण) माफ़ कर देना; मूल्यह्रास दिखाना; **to write out** *vt* लिख लेना; प्रतिलिपि तैयार करना; **to write up** *vt* करार आदि का मसौदा तैयार करना; **write-off** *n* पूरी हानि; वस्तु जिसे सुधारा न जा सके; **writer** *n* लेखक

writhe (राइद) *vi* तड़पना, छटपटाना

writing ('राइटिङ) *n* लिखने की क्रिया; लेखक की कृति; **in writing** लिखित में; **writing paper** *n* लिखने का काग़ज़

written ('रिटन) **write** का *pp*

wrong (रॉङ) *a* (*incorrectly chosen : number, road etc*) ग़लत; अशुद्ध; अनुचित; (*not suitable*) अनुपयुक्त; (*wicked*) अनैतिक, बुरा; असत्य; (मशीन का) खराब होना; (*unfair*) अन्यायपूर्ण; ग़ैरकानूनी // *ad* ग़लती से // *n* अन्याय; हानि; पाप, बुराई // *vt* के साथ अन्याय करना; को ग़लत समझना, के बारे में ग़लत सोचना; **you are wrong to do it** तुम्हारे लिए ऐसा करना ग़लत है; **you are wrong about that, you've got it wrong** तुम इसे ग़लत समझे हो; **to be in the wrong** ग़लती/ग़लत रास्ते पर होना; **what's wrong?** क्या गड़बड़ है ?; **to go wrong** (व्यक्ति का) पथभ्रष्ट हो जाना या ग़लत रास्ते पर चल पड़ना; (योजना का) असफल हो जाना; (मशीन का) बिगड़ जाना; **wrongful** *a* अन्यायपूर्ण; **wrongly** *ad* ग़लत तरीके से

wrote (रोट) **write** का *pt*

wrought (रॉट) *a* : **wrought iron** लोहे का शुद्ध रूप जो विशे. रेलिंग आदि बनाने के काम आता है

wrung (रङ) **wring** का *pt, pp*

wry (राइ) *a* मरोड़ा हुआ; तिरछा, टेढ़ा; व्यंगात्मक, कटु

wt. **weight** का संक्षेप

X Y Z

x (एक्स) *n*: (*MATHS*) अज्ञात संख्या, राशि

Xmas ('एँक्समस) *n* **Christmas** का संक्षेप

X-ray (एँक्स्'रे) *n* एक्स-रे; एक्स-रे फ़ोटो

xylophone ('ज़ाइलफ़ोन) *n* काष्ठ-तरंग (लकड़ी की पट्टियों से बना एक वाद्य)

yacht (यॉट) *n* नौका; नौका-विहार आदि में प्रयुक्त पाल अथवा इंजन युक्त नाव; **yachting** *n* नौका-दौड़; नौका विहार

yak (यैक) *n* तिब्बत की सुरागाय, याक

yam (यैम) *n* घुइयां, रतालू, जिमीकंद

yank (यैंक) *vt* झटके से खींचना

Yank, Yankee (यैंक, 'यैंकि) *n* (*offens*) अमरीकावासी

yap (यैप) *vi* (छोटे कुत्ते का) भूंकना; बकना, निरर्थक बोलना

yard (याडे) *n* (*measure*) गज़ (=0.914 मीटर, 3 फीट); (*of house etc*) बाड़ा, अहाता; **yardstick** *n* (*fig*) मानदण्ड, कसौटी

yarn (यार्न) *n* धागा, सूत; (*tale*) किस्सा

yawn (यॉन) *n* जम्हाई // *vi* जम्हाई लेना; **yawning** *a* (*gap*) बहुत अधिक (अंतर)

yd. **yard(s)** का संक्षेप

yeah (येअ) *ad* (*col*) हां

year (यिअर) *n* वर्ष; **to be 8 years old** 8 वर्ष का होना; **an eight-year-old child** आठ वर्ष का बच्चा; **yearly** *a* वार्षिक // *ad* प्रतिवर्ष

yearn (यर्न) *vi* : **to yearn for sth** किसी चीज़ के लिए ललकना, लालायित होना, तरसना; के लिए दया, स्नेह उमड़ आना; **to yearn to do** कुछ करने के लिए अत्यधिक उत्सुक होना; **yearning** *n* लालसा

yeast (यीस्ट) *n* ख़मीर, यीस्ट

yell (येल़) *vi* ज़ोर से चिल्लाना; चीख़ना; बुलाने के लिए आवाज़ देना

yellow ('येलो) *a* पीला; (*inf*) कायर, डरपोक // *n* पीलापन, पीतवर्ण

yelp (येल्प) *vi* (कुत्ते का) चीखना, कराहना

yen (येन) *n* जापानी मुद्रा; (*col*) लालसा, उत्कंठा, चाह

yeoman ('योमन) *n* : **Yeoman of the Guard** (*Brit*) सम्राट का अंगरक्षक

yes (यस) *ad* हां; (नकारात्मक प्रश्न के उत्तर में) जी हां // *n* हां; **to say/answer yes** हां कहना/में जवाब देना

yesterday ('यस्टर्डे) *ad, n* बीता हुआ कल, अभी बीता समय; **yesterday morning/evening** कल सवेरे/संध्यासमय; **all day yesterday** कल सारा दिन

yet (येट) *ad* अभी, अभी तक; इसके अतिरिक्त; फिर भी // *cj* यद्यपि; फिर भी; **it's not finished yet** यह अभी समाप्त नहीं हुआ; **the best yet** अब तक का सब से बढ़िया; **as yet** अभी तक

yeti ('येटि) *n* येति, हिममानव = **abominable snowman**

yew (यू) *n* एक सदाबहार वृक्ष, यू

yield (यील्ड) *n* पैदावार; लाभ; प्राप्ति // *vt* (अनाज, फल आदि) पैदा करना, उत्पन्न करना; लाभ देना; हवाले करना, सौंपना; (*surrender*) आत्मसमर्पण करना // *vi* पैदा करना; झुक जाना, दे देना; (*US AUT*) किसी दूसरी गाड़ी को रास्ता देना

YMCA *n* *Young Men's Christian Association* का संक्षेप

yoga ('योग्अ) *n* योग; **yogi** *n* योगी

yog(h)ourt, yog(h)urt ('यॉगर्ट) *n* एक प्रकार का दही

yoke (योक) *n* बैलों आदि का जूआ; बहंगी; जोड़ी, जोड़ा

yokel ('योक्ल) *n* (*offens*) देहाती, गंवार

yolk (योक) *n* अण्डे की ज़र्दी; भेड़ की त्वचा से निकलने वाला चिकना द्रव

yonder (यॉण्डर) *ad* वहां, उधर, उस ओर

KEYWORD

you (यू) *pronoun* 1. (*subject*) तुम, आप; **you French enjoy your food** आप फ्रांसवासियों को अपना भोजन बहुत पसंद है; **you and I will go** आप और मैं जायंगे

2. (*object : direct, indirect*) : **I know you** मैं तुम्हें जानता हूं; **I gave it to you** मैंने यह तुम्हें दिया था

3. (*stressed*) : **I told YOU to do it** मैंने तुम से कहा था कि यह कर देना/मैंने यह करने के लिए तुमसे कहा था

4. (*after prep : in comparisons*) : **it's for you** यह तुम्हारे लिए है; **she's younger than you** वह आयु में तुम से छोटी है

5. (*impersonal : one*) : **fresh air does you good** ताज़ी हवा व्यक्ति के लिए लाभकारी होती है; **you never know** कोई नहीं जानता

you'd (यूड) = **you had, you would**

you'll (यूल) = **you will, you shall**

young (यङ) *a* (आयु में) छोटा, किशोर, जवान // *npl* (पशु के) बच्चे; (*people*) : **the young** कच्ची उम्र के लोग; युवापीढ़ी; **younger** *a* आयु में छोटा (भाई, बहिन); **youngster** *n* कम आयु का व्यक्ति; बच्चा

your (यॉर) *a* तुम्हारा, आपका; **my** भी देखिए

you're (युअर) = **you are**

yours (यॉर्ज़) *pronoun* तुम्हारा, आप का; **yours sincerely/faithfully** मित्रों/परिचितों के नाम चिट्ठी के अन्त में (अपने हस्ताक्षर से पहले) प्रयुक्त शब्द; **mine** भी देखिए

yourself (यॉर्'सेल्फ़) *pronoun* (*reflexive*) तुम स्वयं, आप स्वयं (बल देने के लिए **your** के स्थान पर प्रयुक्त); **yourselves** *pl pronoun* आप स्वयं; **oneself** भी देखिए

youth (यूथ) *n* यौवन, किशोरावस्था, जवानी; (नव) युवक; नौजवान लड़के-लड़कियां (*pl* **youths** (यूद्ज़)); **youth club** *n* युवा क्लब; **youthful** *a* जवान, युवा; फुर्तीला व उत्साही; **youth hostel** *n* युवाओं का आवास/होस्टल

you've (यूव़) = **you have**

YTS *n* (*Brit*) *Youth Training Scheme* का संक्षेप

Yugoslav ('यूगोस्लाव़) *a* यूगोस्लाविया का // *n* यूगोस्लाविया का नागरिक

Yugoslavia (यूगो'स्लाव़िअ) *n* यूगोस्लाविया

yuppie ('यपि) *n* (= *young urban professional*) युवा व्यावसायिक (जैसे डाक्टर, वकील, इंजीनियर)

YWCA *n* *Young Women's Christian Association* का संक्षेप

zany ('ज़ेनि) *a* हास्यजनक, अजीब (विशे. व्यवहार में)

zap (ज़ैप) *vt* (*COMPUT*) स्क्रीन (पर अंकित सामग्री) को साफ़ कर देना, मिटा देना

zeal (ज़ील) *n* उत्साह, जोश; लगन

zebra ('ज़ेब्रअ) *n* ज़ेबरा (जंगली जानवर); **zebra crossing** *n* सड़क पर सफ़ेद धारियों से बना पैदल-पारपथ

zenith ('ज़ॆनिथ) *n* ठीक सिर के ऊपर आकाश का बिंदु, शिरोबिंदु; (*fig*) चरम-बिंदु, चोटी, पराकाष्ठा

zero ('ज़िअरो) *n* शून्य, सिफ़र, 0 का अंक; कुछ नहीं; शून्यांक; अधोबिंदु

zest (ज़ॆस्ट) *n* मज़ा, रस; चाव, जोश; रुचि, दिलचस्पी

zigzag ('ज़िग्ज़ैग) *n* टेढ़ी-मेढ़ी रेखा या टेढ़ा-मेढ़ा रास्ता // *vi* टेढ़े-मेढ़े चलना

Zimbabwe (ज़िम्'बाबवे) *n* अफ़्रीका महाद्वीप का एक देश ज़िम्बाबवे

zinc (ज़िंक) *n* जस्ता, ज़िंक (धातु)

zip (ज़िप) *n* (**zip fastener**, (*US*) **zipper** भी) धातु की दो हिस्सों में बंटी खुलने व बंद होने वाली ज़ंजीर (बटनों के स्थान पर प्रयुक्त), ज़िप ®; सनसनाहट; उत्साह, जोश, फुर्ती // *vt* (**zip up** भी) ज़िप से बंद करना; **zip code** *n* (*US*) डाकघर का कोड, पिनकोड

zodiac ('ज़ोडिऐक) *n* राशिचक्र

zone (ज़ोन) *n* क्षेत्र, मण्डल; कटिबंध (जैसे **temperate zone**)

zoo (ज़ू) *n* चिड़ियाघर; (**zoological gardens** *npl* (ज़ो'ऑलॉजिकल 'गार्डन्ज़) का संक्षेप

zoology (ज़ो'ऑलजि, ज़ू'ऑलजि) *n* प्राणि-विज्ञान

zoom (ज़ूम) *vi* : **to zoom past** तेज़ी से पास से निकल जाना; **zoom lens** *n* कैमरे का लेंस जिस से दूर की वस्तु पास दिखाई देती है

zucchini (ज़्सू'कीनि) *n* (*pl*) (*US*) कद्दू की एक किस्म

Zulu ('ज़ूलु) *n* दक्षिण अफ़्रीकी आदिम जातियों का सदस्य, उनकी भाषा

IRREGULAR VERBS

present	pt	pp	present	pt	pp
arise	arose	arisen	catch	caught	caught
awake	awoke	awaked	choose	chose	chosen
be (am, is, are; being)	was, were	been	cling	clung	clung
			come	came	come
			cost	cost	cost
bear	bore	born(e)	creep	crept	crept
beat	beat	beaten	cut	cut	cut
become	became	become	deal	dealt	dealt
befall	befell	befallen	dig	dug	dug
begin	began	begun	do (3rd person; he/she/it does)	did	done
behold	beheld	beheld			
bend	bent	bent			
beseech	besought	besought			
beset	beset	beset			
bet	bet, betted	bet, betted	draw	drew	drawn
			dream	dreamed, dreamt	dreamed, dreamt
bid	bid	bid			
bind	bound	bound	drink	drank	drunk
bite	bit	bitten	drive	drove	driven
bleed	bled	bled	dwell	dwelt	dwelt
blow	blew	blown	eat	ate	eaten
break	broke	broken	fall	fell	fallen
breed	bred	bred	feed	fed	fed
bring	brought	brought	feel	felt	felt
build	built	built	fight	fought	fought
burn	burnt, burned	burnt, burned	find	found	found
			flee	fled	fled
burst	burst	burst	fling	flung	flung
buy	bought	bought	fly	flew	flown
can	could	(been able)	forbid	forbade	forbidden
			forego	forewent	foregone
cast	cast	cast	foresee	foresaw	foreseen

present	pt	pp	present	pt	pp
foretell	foretold	foretold	lie (lying)	lay	lain
forget	forgot	forgotten	light	lit,	lit,
forgive	forgave	forgiven		lighted	lighted
forsake	forsook	forsaken	lose	lost	lost
freeze	froze	frozen	make	made	made
get	got	got,	may	might	–
		(US)	mean	meant	meant
		gotten	meet	met	met
give	gave	given	mistake	mistook	mistaken
go (goes)	went	gone	mow	mowed	mown,
grind	ground	ground			mowed
grow	grew	grown	must	(had to)	(had to)
hang	hung,	hung,	pay	paid	paid
	hanged	hanged	put	put	put
have	had	had	quit	quit,	quit,
hear	heard	heard		quitted	quitted
hide	hid	hidden	read	read	read
hit	hit	hit	rend	rent	rent
hold	held	held	rid	rid	rid
hurt	hurt	hurt	ride	rode	ridden
keep	kept	kept	ring	rang	rung
kneel	knelt,	knelt,	rise	rose	risen
	kneeled	kneeled	run	ran	run
know	knew	known	saw	sawed	sawn
lay	laid	laid	say	said	said
lead	led	led	see	saw	seen
lean	leant,	leant,	seek	sought	sought
	leaned	leaned	sell	sold	sold
leap	leapt,	leapt,	send	sent	sent
	leaped	leaped	set	set	set
learn	learnt,	learnt,	shake	shook	shaken
	learned	learned	shall	should	–
leave	left	left	shear	sheared	shorn,
lend	lent	lent			sheared
let	let	let	shed	shed	shed

present	pt	pp	present	pt	pp
shine	shone	shone	stick	stuck	stuck
shoot	shot	shot	sting	stung	stung
show	showed	shown	stink	stank	stunk
shrink	shrank	shrunk	stride	strode	strode
shut	shut	shut	stroke	struck	struck, stricken
sing	sang	sung			
sink	sank	sunk	strive	strove	striven
sit	sat	sat	swear	swore	sworn
slay	slew	slain	sweep	swept	swept
sleep	slept	slept	swell	swelled	swollen, swelled
slide	slid	slid			
sling	slung	slung	swim	swam	swum
slit	slit	slit	swing	swung	swung
smell	smelt, smelled	smelt, smelled	take	took	taken
			teach	taught	taught
sow	sowed	sown, sowed	tear	tore	torn
			tell	told	told
speak	spoke	spoken	think	thought	thought
speed	sped, speeded	sped, speeded	throw	threw	thrown
			thrust	thrust	thrust
spell	spelt, spelled	spelt, spelled	tread	trod	trodden
			wake	woke, waked	woken, waked
spend	spent	spent			
spill	spilt, spilled	spilt, spilled	waylay	waylaid	waylaid
			wear	wore	worn
spin	spun	spun	weave	wove, weaved	woven, weaved
spit	spat	spat			
split	split	split	wed	wedded, wed	wedded, wed
spoil	spoiled, spoilt	spoiled, spoilt			
			weep	wept	wept
spread	spread	spread	win	won	won
spring	sprang	sprung	wind	wound	wound
stand	stood	stood	wring	wrung	wrung
steal	stole	stolen	write	wrote	written

List of important geographical names

African ('ऐफ़्रीकन) *a* अफ़्रीका का // *n* अफ़्रीका का निवासी

Algeria (ऐल्'जिअरिअ) *n* अल्जीरिया

America (अ'मैरिकअ) *n* अमरीका महाद्वीप; **American** (अ'मैरिकन) *a* अमरीका का // *n* अमरीका का निवासी; **American Indian** *n* अमरीका का मूल निवासी

Amsterdam (ऐम्स्टर'डैम) *n* हालैंड का प्रमुख नगर, एम्स्टर्डेम

Arabia (अ'रेबिअ) *n* अरब प्रदेश (जिसमें सऊदी अरब, उत्तर यमन, ओमान, बहरीन, कतार, कुवैत और संयुक्त अरब अमीरात शामिल हैं)

Asian ('एशन) *a* एशिया का // *n* एशिया का नागरिक

Australia (ऑ'स्ट्रेलिअ) *n* आस्ट्रेलिया; **Australian** *a* आस्ट्रेलिया का // *n* आस्ट्रेलिया का नागरिक

Austria ('ऑस्ट्रिअ) *a* आस्ट्रिया; **Austrian** *a* आस्ट्रिया का // *n* आस्ट्रिया का नागरिक

Beijing ('बेजिङ) *n* चीन की राजधानी जिसे पीकिंग भी कहा जाता था

Belfast ('बेल्फ़ास्ट) *n* उत्तरी आयरलैंड की राजधानी बेल्फ़ास्ट

Belgian ('बेल्जन) *a* बैल्जियम का // *n* बेल्जियम का नागरिक

Belgium ('बैल्जम) *n* बेल्जियम

Berlin (बर्'लिन) *n* जर्मनी का प्रमुख नगर बर्लिन

Bonn (बॉन) *n* जर्मनी का एक प्रमुख नगर, बॉन

Brazil (ब्र'ज़िल) *n* ब्राज़ील

Cardiff ('कार्डिफ) *n* वेल्ज की राजधानी कार्डिफ़

Czechoslovakia ('चैकोस्लो'वैकिअ) *n* चैकोस्लोवाकिया

Danish ('डेनिश) *a* डेन्मार्क का // *n* डेन्मार्क की भाषा

Denmark ('डेन्मार्क) *n* डेन्मार्क

Dublin ('डब्लिन) *n* आयरलैंड की राजधानी, डबलिन

Edinburgh ('ऐडिन्बर्अ) *n* स्काटलैंड की राजधानी, एडिनबरा

England ('इंग्लंड) *n* इंगलैंड

Europe ('युअरप) *n* योरुप

France (फ्रांस) *n* फ्रांस

Himalayas (हिम'लेअज़, हिम्'लियाज़) *n* हिमालय पर्वतमाला

Holland ('हॉलंड) *n* हालैंड जिसे नीदरलैंड्स भी कहते हैं

Hungary ('हंगरि) *n* हंगरी

Iceland ('आइसलंड) *n* आइसलैंड

Iran (इ'रान) *n* ईरान

Iraq (इ'राक) *n* इराक

Ireland ('आइअरलंड) *n* आयरलैंड

Irish ('आइरिश) *a* आयरलैंड का // *n* आयरलैंड का नागरिक

Israel ('इज़रेअल) *n* इज़राइल

Italy ('इटलि) *n* इटली

Japan (ज'पैन) *n* जापान

Jordan ('जॉर्डन) *n* जार्डन

Kuwait (कु'वेत) *n* कुवैत

Lebanon ('लैबनन) *n* लेबनान

Lisbon ('लिज़्बन) *n* लिसबन

London ('लण्डन) *n* लंदन

Luxembourg ('लक्सम्बर्ग) *n* लक्सम्बर्ग

Madrid (म'ड्रिड) *n* स्पेन की राजधानी, मेडरिड

Mexico ('मैक्सि'का) *n* मैक्सिको

Moscow ('मॉस्को) *n* मास्को

Myanmar ('म्यान्मार) *n* बर्मा का नया नाम, म्यान्मार

New Delhi (न्यू 'डैलि) *n* नयी दिल्ली

New York (न्यू 'यार्क) *n* अमरीका का प्रमुख नगर, न्यूयार्क

New Zealand (न्यू 'ज़ीलैंड) *n* न्यूज़ीलैंड

North American (नार्थ अ'मैरिकन) *a* उत्तरी अमरीका का // *n* उत्तरी अमरीका का नागरिक

Norway ('नार्वे) *n* नार्वे

Paris ('पैरिस) *n* फ्रांस की राजधानी, पेरिस

Peking ('पी'किङ) *n* चीन की राजधानी, पीकिंग जिस का नाम अब बेजिङ है

Peru (प'रु) *n* दक्षिण अमरीका का देश, पेरु

Poland ('पोलंड) *n* पोलैंड

Polish ('पोलिश) *a* पोलैंड का // *n* पोलैंड की भाषा

Prague (प्राग) *n* चेकोस्लोवाकिया की राजधानी, प्राग

Saudi Arabia ('सौदि अ'रेबिअ) *n* सऊदी अरब

Spain (स्पेन) *n* स्पेन

Sweden ('स्वीड्न) *n* स्वीडन

Swiss (स्विस) *a* स्विटज़रलैंड का // *n* स्विटज़रलैंड का नागरिक

Switzerland ('स्विट्सरलंड) *n* स्विटज़रलैंड

Syria ('सिरिअ) *n* सीरिया

Tokyo ('टोक्यो, 'टोकियो) *n* जापान की राजधानी, टोकियो

UK (यू॰के॰) *n* **United Kingdom** का संक्षेप

Washington ('वाशिङ्टन) *n* संयुक्त राज्य अमरीका की राजधानी, वाशिंगटन